DICTIONNAIRE

HISTORIQUE ET CRITIQUE

DE PIERRE BAYLE.

M.

MACCIUS (SÉBASTIEN), savant humaniste , a fleuri au commencement du XVIIᵉ. siècle. Je n'en parle qu'à l'égard des choses que Moréri a oubliées. Maccius était un homme fort laborieux, et qui composait des vers avec une facilité surprenante. Il en publia un grand nombre. Il s'appliqua si fort à écrire, qu'il se forma un gros creux aux deux doigts dont il se servait pour tenir la plume (a). Il perdit un fils qui n'avait que dix-huit ans, et qui était déjà docteur (b). Il n'est pas vrai que ses deux filles aient été religieuses (A). Sa définition de l'histoire enferme une contradiction (B).

(a) *Tam multa in scribendo opera fecit, ut dexteræ manûs pollice atque indice quâ parte calamus adstringitur, ex assiduâ illius tractatione , duo quasi sulci altè impressi conspicerentur.* Nicius Erythræus, pinacoth. I, *pag.* 278.
(b) *Tiré de* Nicius Erythræus, *ibid.*

(A) *Il n'est pas vrai que ses deux filles aient été religieuses.*] Afin qu'on voie si l'on peut ajouter foi à M. Moréri, je comparerai sa traduction avec le latin qu'il a traduit. Maccio, dit-il , *avait deux filles religieuses qui écrivaient des lettres latines* Il se fonde sur ces paroles de Nicius Érythréus (1) : *Ex duabus fœminis ejus quæ monasticam amplexa est disciplinam, epistolæ aliquot latinæ leguntur (2).* Peut-on se fier à un homme qui falsifie si étrangement les choses les plus faciles à bien rapporter ?

(B) *Sa définition de l'histoire enferme une contradiction.*] Voyez Vossius (3) , qui le nomme *Sebastianus Maccius Durentinus.* Il fallait dire *Durantinus.* Maccius était de Chateaudurant. *Castri Durantis quod nunc Urbania* (4) *appellatur ortus* (5). Léandre Albert (6) veut que ce lieu ait été ainsi nommé à cause que Guillaume Durant, auteur du *Speculum juris ,* le fit bâtir pendant qu'il était nonce et trésorier de Martin IV, dans la Romagne.

(1) *Et non pas* Érithéus , *comme dit* Moréri.
(2) Nicius Erythræus , pinacoth. I , *pag.* 279.
(3) Vossius, de Arte historicâ , *cap. IV.*
(4) Moréri *dit* Urbenia.
(5) Nicius Erythr., pinacoth. I, *pag.* 277.
(6) *In Descriptione* Italiæ , *pag. m.* 436.

MACCOVIUS, théologien protestant. Cherchez MAKOWSKI.

MACÉDO * (FRANÇOIS (a)), l'une des plus fertiles plumes du XVIIᵉ. siècle, naquit à Conimbre, l'an 1596, et se fit jésuite

Leclerc dit qu'il s'appelait *de Macédo.*
(a) *Depuis qu'il fut cordelier, il se nomma* Franciscus à Sancto Augustino.

l'an 1610. Il enseigna la rhétorique plusieurs années, la philosophie pendant un an, la chronologie assez long-temps. Il fit profession du quatrième vœu, l'an 1630 (*b*), et néanmoins il quitta l'ordre des jésuites, et entra chez les cordeliers l'an...*¹ Il ne cessa point pour cela de travailler à la gloire de saint Ignace (A). Il embrassa avec chaleur le parti du duc de Bragance, élevé à la couronne de Portugal, et publia plusieurs livres pour la justice de cette cause (B). Il accompagna en France et en Angleterre les ambassadeurs de ce prince. Il fut appelé à Rome pour des emplois honorables ; car on lui donna à professer la théologie polémique dans le collége *de propagandâ fide* ; et puis l'histoire ecclésiastique dans le collége de la Sapience, avec la fonction de censeur du saint office. Il passa de Rome à Padoue, environ l'an 1670, pour y enseigner la théologie(*c*). C'était un esprit ardent et assez universel, et qui a eu beaucoup de querelles (C). On s'étonne qu'avec beaucoup de savoir et de mémoire, il ait blanchi sous le froc, et n'ait pas été promu à l'épiscopat *². Il n'a pas manqué de se plaindre

qu'on l'eût si fort négligé (D). Les bibliothécaires des jésuites n'ont fait mention que des ouvrages qu'il publia avant que d'entrer chez les cordeliers (E). Don Nicolas Antonio donne le titre de quelques autres (F). Macédo vivait encore l'an 1676, et était lecteur plus que jubilé *. Les éloges que M. Leti lui donne (*d*) sont capables d'étonner tous les lecteurs.

* Leclerc dit qu'il mourut en 1681, à quatre-vingt-cinq ans.
(*d*) Dans son Italia regnante. *Vous en trouverez des extraits dans le* Polyhistor. *de* Morhofius, *lib. I, cap. XXII, p.* 269 *et suiv.*

(A) *Il ne cessa point . . . de travailler à la gloire de saint Ignace.*] Voyez le livre qu'il publia à Venise, l'an 1668, intitulé : *Concentus Euchologicus Sanctæ Matris ecclesiæ in breviario, et sancti Augustini in libris, adjunctâ Harmoniâ exercitiorum sancti Ignatii soc. Jesu Fundatoris, et operum sancti Augustini ecclesiæ doctoris.* Après avoir montré amplement dans cet ouvrage que les oraisons du bréviaire ont une merveilleuse conformité avec les écrits de saint Augustin, il fait voir une semblable conformité entre ces mêmes écrits et les exercices spirituels de saint Ignace ; et non content de cela il compare ensemble les mœurs et la vie de ces deux saints, pour y trouver une grande sympathie (1).

(B) *Il embrassa . . . le parti du duc de Bragance,... et publia plusieurs livres pour la justice de cette cause.*] Entre autres *de jure succedendi in regnum Lusitaniæ*, à Paris 1641, in-4°., et *Propugnaculum Lusitano-Gallicum contra calumnias Hispano-Belgicas, in quo firmè omnia utriusque regni tùm domi tùm foris præclarè gesta continentur.* A Paris, 1647, in-folio. Je me souviens d'un passage de Hexaméron rustique que je m'en vais alléguer. « Les deux frères de Sainte- » Marthe ayant rapporté quelque

(*b*) Nathan. Sotuel, Biblioth. Scriptorum societ. Jesu, pag. 235.
*¹ Ce fut, dit Joly, après 1633, mais avant 1640.
(*c*) *Tiré de don* Nicolas Antonio, Biblioth. Scriptor. Hispan., *tom. I, pag.* 336. *Notez que dans plusieurs livres que le père Macédo a publiés pendant son professorat de Padoue, il se qualifie professeur en philosophie morale.*
*² Ce fut cependant, suivant Joly, le désir de l'épiscopat, auquel la robe de jésuite ne lui permettait pas d'aspirer, qui l'engagea à entrer dans un autre ordre.

(1) *Voyez le* Giornale de' Letterati, *du* 29 *de décembre* 1669, *pag.* 135.

» chose dans la Layette de Champa-
» gne cotée F, le père Macédo , dans
» sa Lusitano-Gallia cite cela , et fait
» un homme d'un tiroir , *Francis-*
» *cus Layette Campanus* (2).

(C) *Il a eu beaucoup de querelles.*]
J'en parlerai plus amplement une
autre fois. Il me suffit ici de marquer
qu'il n'entreprit la critique du cardinal Bona , que parce que ce cardinal ne l'avait jamais cité (3). C'est
une preuve que Macédo était fier
et querelleur. La république des lettres a ses bretteurs ; Macédo en était
un (4).

(D) *On s'étonne qu'avec beaucoup
de savoir et de mémoire ... il n'ait
pas été promu à l'épiscopat. Il n'a
pas manqué de se plaindre qu'on
l'eût si fort négligé.*] M. Leti croit
que c'est une honte à notre siècle,
qu'un tel religieux n'ait pas été élevé
aux dignités de l'église. Lisez ce qui
suit, vous y trouverez les complain-
tes de Macédo. *E pure, vergogna del
nostro secolo, quando morrà, si po-
trà di lui dire quello che esso medesimo scrisse à carte* 12 *del dottissimo
abate Ilarione Rancati. Et tamen,
tantus hic Vir domesticis duntaxat
insignitus honoribus occubuit, et
monastico indutus habitu sepelitur.
Ogni uno poi vede à chi spesse volte
si danno i vescovadi ; e l'altre digni-
tà. Benche modestissimo , non ha po-
tuto far di meno tal volta di non si
dolere della sua cattiva fortuna, onde
per tralasciare diversi altri luoghi,
nella prefazione al lettore del suo
primo tomo delle Collationi della
Dottrina di santo Tomaso, e di Sco-
to. Scribo procul à fuco, longè ab
ambitione : omni spe honoris non
modò abjectâ , sed etiam amissâ :
victimâ veritatis non mactâ , sed
mactatâ. Contigit mihi jactare in
scholâ , quod ille alter in acie ,*

Disce, legens, doctrinam ex me , verumque
laborem ,

(2) Hexaméron rustique , *pag.* 29.
(3) Jean Pastricius *apprit cela au père* Mabillon. *Voyez le* Musæum Italicum *de ce père.* [Le-
clerc observe que Mabillon , à la page 593 du
tome II de son *Musæum*, a mis un correctif en
ces termes : *Verùm id alii pernegant , asserunt-
que Macedonem ad impugnandum Bonum im-
pulsum fuisse à gravissimis viris, quibus Bonæ
sententia non placebat.*]
(4) *Voyez l'article* ANGLUS, tom. II, p. 112,
remarque (E).

Fortunam ex aliis : nam te mea Penna Miner-
væ
Addictum dabit , et nulla inter præmia ducet.

*E nella seconda prefazione all' apolo-
gia per San Vincentio Lirinense , in-
tendendo del padre M. Noris, e di se
medesimo. Scias, mi lector, hujusmodi auctoribus nihil esse invidendum ,
præter fortunam. In aliis nihil desiderari præter eandem* (5). On ne
saurait voir de plus grandes marques
d'un esprit présent , et fourni d'une
riche provision de connaissances, que
celles que le père Macédo donna
lorsqu'il soutint pendant trois jours
une thèse sur toutes sortes de sujets.
Voici du détail (6) : *Has theses summâ omnium expectatione, et admiratione exceptas sustinuit pater Macedo , eventu felicissimo , præsentibus
multis excellentissimis D. D. procu-
ratoribus sancti Marci , et complu-
ribus senatoribus, et nobilibus Venetæ reipublicæ , et magno numero
doctorum , ac religiosorum rivorum,
etiam alienigenarum quos fama exci-
verat. Interrogârunt , et probârunt
hominem innumeris quæsitis , et argumentis doctores , ac magistri omnium ordinum , quibus ipse ad votum
respondit ac sì præmeditata omnia
habuisset. Tantâ felicitate , ut nunquàm titubaverit, nunquàm dubita-
verit , nunquàm hæserit , nunquàm
cunctatus fuerit. Imò sæpè accidit ,
ut arguentibus quæ objiciebant, obli-
viscentibus , aut malè recitantibus,
ipse dicenda subministraret, et cor-
rigeret. Inter quos fuit unus , qui
Sacræ Scripturæ locum malè ci-
târat : et alter cui locus Virgilii
memoriâ exciderat : et tertius , qui
nonnullos autores suspectos pro suâ
sententiâ allegaverat. Primò igitur
testimonium Sacræ Scripturæ correxit. Secundò versus Virgilii sug-
gessit. Tertiò subtraxit suspectos auctores , et idoneos subministravit.* Joignez à cela ces paroles du comte
Jules-Clément Scot (7) *. *Romæ com-
morans, cum omnium profectò dignâ
admiratione , non solùm in sancti*

(5) Leti , Italia regnante , *part. III, p.* 193,
194.
(6) *Il padre* Arcangelo di Parma , *à carte* 16
e 17 *della sua Risposta al Padre Noris, apud*
Leti, *Italia regnante, part. III, pag.* 209, 210.
(7) *A la page* 3 *de ses Notæ ad Historiam
Concilii Tridentini patris Sfortiæ Pallavicini,
apud* Leti, *ibidem, pag.* 208, 209.
* Joly observe qu'il fallait dire *Scotti.*

*Augustini, cujus doctrinæ est addic-
tissimus, templo, trium spatio dierum
anno 1685 de omni plane scibili theses exposuit, ac respondit ; verùm et
ex improviso de quácumque re -sibi
propositá, copiosum, concinnumque
sermonem habuit, oppositasque, ne
dum diversas doctorum opiniones catholicorum ingeniosissimè defendit.*

(E) *Les bibliothécaires des jésuites
n'ont fait mention que des ouvrages
qu'il publia avant que d'entrer chez
les cordeliers.*] Ce sont des thèses de
rhétorique qu'il fit soutenir dans Madrid, et des poésies lyriques sur l'a-
pothéose de François Xavier, et de
sainte Élisabeth, reine de Portugal,
ou des élégies sur la mort de François de Mendoza, et outre cela un
abrégé de chronologie, depuis le
commencement du monde jusques à
l'année 1633. Un traité de l'art poétique, et la vie de don Louis de Ataide,
vice-roi des Indes. Ce dernier ouvrage est en espagnol.

(F) *... Don Nicolas Antonio* (8)
donne le titre de quelques autres.]
Des deux dont je parle dans la remarque (B); des *Elogia Gallorum,*
à Aix en Provence, 1642, in-4°.; *du
Tessera Romana authoritatis pontificiæ adversùs Buccinam Thomæ
Angli, et Lituus Lusitanus, hoc est
Apologia mentis Innocentii X adversùs Thomam Anglum,* à Londres,
1654, in-4°.; du *Scrinium divi Augustini de prædestinatione gratiæ, et
libero arbitrio,* à Paris, 1648, in-4°.;
du *Mens divinitùs inspirata sanctissimo P. N. Innocentio X super quinque propositionibus Cornelii Janse-
nii,* à Londres, 1643, in-4°.; du
*Scholæ theologiæ positivæ ad doctri-
nam Catholicorum et refutationem
Hæreticorum apertæ,* à Rome, 1664,
in-folio ; et de plusieurs autres. Je ne
garantis pas que don Nicolas Antonio
marque bien partout le lieu et l'année de l'impression. Consultez Konig
(9) qui vous dira que Macédo a publié XLVII volumes : il donne le titre
de quelques-uns, et nous renvoie à
l'Italia regnante de M. Leti *. Le

(8) Bibliotheca Scriptor. hispan., tom. I,
pag. 337.

(9) Konig, Biblioth. vet. et nova, *pag.* 491.

* Niceron, dans le tome XXV de ses *Mémoires,* a donné un catalogue curieux des ouvrages
de Macédo ; mais il en oublie plusieurs qui n'ont

XIIIe. *Giornale de' Letterati* de l'an
1676, nous apprend que le *Schema
sacræ congregationis Sancti Officii
Romani,* imprimé à Padone l'an
1676, était le XLVIIe. tome des œuvres du père François Macédo. On
élève l'inquisition jusques aux nues
dans cet ouvrage : que dis-je, *jusques
aux nues ?* on en met la première
institution dans le paradis terrestre,
et l'on prétend que Dieu commença
d'y faire la fonction d'inquisiteur, et
qu'il la continua hors du paradis contre Caïn, et contre ceux qui bâtirent
la tour de Babel ; et que saint Pierre
agit en la même qualité contre Ana-
nias et Saphira, et qu'il la transmit
aux papes qui en investirent saint
Dominique et ses successeurs. C'est
ainsi que Macédo prouve par l'écriture la justice de ce tribunal (10). Je
ferai mention ci-dessous (11) de sa
réponse au critique de l'apologiste
d'Annius de Viterbe.

point été imprimés, et que l'auteur composa
pendant qu'il était jésuite. Joly donne les titres
de six, dont un seul est mentionné dans Sotuel.
Dans l'*Italia regnante,* à laquelle renvoie Konig,
on trouve le catalogue de tous les ouvrages qu'a-
vait composés Macédo. Ce catalogue, fait par
l'auteur lui-même, et qu'il avait fait imprimer
à la suite de son *Myrothecium morale,* 1675,
in-4°., a été réimprimé dans le *Polyhistor.* de
Morhoff, liv. I, chap. XXII, n°. 40. Ce catalogue
qui, dans l'*Italia regnante* au moins, offre
beaucoup de fautes d'impression, a donné lieu à
une inadvertance de la part de Joly. Joly s'étonne
que ce catalogue porte à deux mille six cents
le nombre des poèmes épiques composés par Macédo. « Quand chaque poème épique, dit-il,
» n'aurait coûté qu'une semaine à l'auteur, il
» n'aurait pu composer les deux mille six cents
» que dans l'espace de cinquante années; il faut
» sans doute que ces poèmes ne fussent guère
» plus longs que les épîtres des Lacédémoniens. »
Or voici le texte tel qu'on le lit, soit dans le *Myrothecium,* soit dans l'*Italia,* soit dans le *Polyhistor.: Poëmata epica recitavi publicè quadraginta octo. Elegias composui centum viginti
tres... poemata epica justa bis mille sexcenta...*
Joly n'a pas fait attention à l'épithète de *justa,*
qui indique qu'il est question de poëmes funèbres
ou funéraires. Quant au mot *epica,* il est mis
pour indiquer la mesure des vers employés dans
ces poëmes, en opposition à ceux que l'auteur
avait employés dans ses élégies.

(10) *Voyez le* XIIIe. Journal d'Italie, 1676,
pag. 201, 202.

(11) *Dans la première remarque de l'article
suivant.*

MACÉDO (Antoine), frère du
précédent, naquit à Conimbre
l'an 1612, et se fit jésuite l'an
1626. Il enseigna les humanités et la morale; il prêcha, et

puis il passa en Afrique, pour y
être missionnaire; et enfin il fut
choisi par Jean IV, roi de Portugal, pour accompagner l'ambassadeur que l'on envoyait en Suède auprès de la reine Christine.
Il plut tellement à cette princesse, que ce fut à lui qu'elle
s'ouvrit secrètement du dessein
où elle était de changer de religion. Elle l'envoya à Rome avec
des lettres au général des jésuites, par lesquelles elle demandait qu'on lui dépêchât deux religieux de la compagnie, Italiens
de nation et savans, qui prendraient un autre habit, et avec
qui elle pourrait conférer tout
à son aise sur les matières de religion. On lui accorda sa demande (A); mais Antoine Macédo ne
retourna point en Suède. Il demeura à Rome en qualité de pé-
nitencier apostolique de l'église
du Vatican, depuis l'année 1651,
jusqu'à l'année 1671, après quoi
il s'en retourna en Portugal, et
eut à Lisbonne (a) divers emplois (b)*. Il a composé quelques ouvrages (B).

(a) *Modo est Ulyssipone rector domûs
probationis, et magister Tironum.* Sotuel,
ubi infrà.
(b) *Tiré de* Natanaël Sotuel, Biblioth.
societ. Jesu, *pag.* 77.
* Sotuel, que Bayle avait pour guide et
dont l'ouvrage a paru en 1676, n'a pu donner
la date de la mort de Macédo arrivée le 15
juillet 1693. Joly dit quels furent ses emplois depuis 1677.

(A) *On accorda à* Christine *sa demande.*] On lui envoya tout aussitôt
deux jésuites, savoir : François Malines qui enseignait la théologie dans
Turin, et Paul Casatus qui professait les mathématiques à Rome (1).
Ceux-ci achevèrent ce qu'Antoine
Macédo, le premier confident du
dessein de cette reine, avait commencé. Je l'appelle premier confident,

(1) Sotuel, Biblioth. societat. Jesu, *pag.* 77.

quoique je n'ignore pas qu'Hensche-
nius et Papebroch donnent à un autre cette gloire : mais le bibliothécaire de leur compagnie est contre
eux, et le père François Macédo les a
réfutés solidement. La chose lui tenait si fort au cœur, à cause des intérêts de son frère, qu'il fit un appendice pour les soutenir dans un
ouvrage qui n'avait aucun rapport à
cela. Cet ouvrage est intitulé, *Responsio ad notas nobilis critici ano-
nymi in apologiam* (2) *F. Thomæ
Mazzæ pro Jo. Annio Viterbiensi,*
et fut imprimé à Vérone l'an 1674.
Voici ce que le journaliste d'Italie a
dit de l'appendice : *Si aggiugne nel
fine una scrittura dove l'autore prova
che il padre Antonio Macedo giesui-
ta, fù il primo al qual la regina di
Suezzia communicasse il pensiero della sua conversione, e non il padre
Gottofredo Frankenio, come hanno
scritto Henschenio et Papebrokio nella vita del Bollando* (3).
(B) *Il a composé quelques ouvrages.*] En voici les titres : *Lusitania
infulata et purpurata, seu pontificibus et cardinalibus illustrata,* à
Paris, chez Sébastien Cramoisi, 1673
(4), *in-*4°. *Vita patris Joannis de Almeida societatis presbyteri in Brasi-
lia; Theses rhetoricæ varia erudizione
refertæ; Elogia nonnulla et descriptio coronationis serenissimæ Christinæ
reginæ Sueciæ,* en prose et en vers,
à Stockholm, 1650 (5) *.

(2) *Cette* Apologie *est un ouvrage italien,
imprimé à Vérone, l'an 1673, in-folio.* Tomaso Mazza, *qui en est l'auteur est un jacobin.
Le* Journal *d'Italie du 28 février 1674, parle
amplement de cet ouvrage.*
(3) Giornale de' Letterati, *du 28 janvier 1675,
pag. 13.*
(4) *Ou plutôt 1663, comme le marque* Nicolas Antonio, *tom. I, pag. 112.*
(5) *Ex* Natan. Sotuel, Bibliotheca Scriptorum societatis Jesu, *pag. 77.*
* La *Vie d'Almeida* est de Padoue, 1669,
in-4°. Une seconde édition augmentée fut donnée à Rome, en 1671, in-8°. Les *Theses rhetoricæ* avaient été imprimées à Funchal, capitale
de l'île de Madère, en 1637. Joly, qui donne ces
détails, ajoute le titre d'un cinquième ouvrage :
Divi Tutelares orbis christiani, Lisbonne,
1687, in-folio. En 1683 il avait donné au public
un recueil de poésies latines de son frère.

MACÉDOINE (ALEXANDRE LE
GRAND ROI DE) a été le plus extraordinaire de tous les hommes ;
et si tout ce que les livres rap-

portent de lui est véritable, c'é-
tait moins un homme qu'une
intelligence incarnée. On dirait
que la providence l'avait choisi
pour montrer à la terre jusqu'où
se peuvent étendre les forces
d'un instrument humain, lorsque le temps des révolutions les
plus surprenantes est arrivé. Les
poëtes et les orateurs n'ont pas
été les meilleurs panégyristes
d'Alexandre ; les rois qui se mêlent le plus de guerres et de conquêtes, font son éloge beaucoup
mieux que ne sauraient faire les
écrivains (A). Qu'on ne dise pas
que les occasions lui ont été favorables (B); et que tel prince,
qui dans une longue guerre ne
gagne que peu de pays, aurait
subjugué un grand empire s'il
avait eu à combattre contre les
Perses. Ce sont des excuses, ce
sont des consolations peu solides. La rapidité avec laquelle
Alexandre se servait de l'occasion, et profitait de ses avantages, lui eût fait trouver une
moisson de triomphes, où bien
d'autres rois ne peuvent rien
conquérir. C'est à lui que l'on
pouvait dire après ses premières
victoires,

Je t'attends dans deux ans *sur les bords de
l'Euphrate.*

Je ne prétends pas donner ici
un abrégé de sa vie ; car outre
que les autres dictionnaires sont
assez prolixes sur ce sujet, il
n'y a rien de plus connu à toutes sortes de lecteurs que l'histoire d'Alexandre le Grand. Il
semble même que ce serait un
travail superflu, que de donner
son caractère (C). On le connaît
assez ; personne n'ignore que les
grandes vertus et les grands vi-

ces y entrent également. Il n'y
avait rien de médiocre en sa
personne que la taille; tout le
reste bon ou mauvais était ex-
cessif. Son ambition allait jusqu'à la fureur (D). Il prenait
pour un crime que l'on doutât
du succès de ses desseins (E).
D'un côté il était assez impie
pour vouloir qu'on le regardât
comme un dieu (F); et de l'autre il était superstitieux jusqu'à
la faiblesse féminine (G). Quelque louange qu'il ait méritée en
certaines occasions par rapport
à la continence (H), il s'en faut
bien que sa vie n'ait été dans
l'ordre sur ce chapitre (I). Son
déréglement à l'égard du vin fut
prodigieux (K). La cruauté qu'il
fit paraître contre les habitans
de Tyr n'est point excusable (L).
Tant de vices n'ont point empêché qu'après sa mort on ne l'ho-
norât comme un dieu, et que
même sous les empereurs romains, il n'y ait eu des familles
qui le choisissaient pour leur divinité tutélaire (M). La flatterie
n'avait point de part à cela, comme lorsque pendant sa vie on lui
rendait des honneurs divins :
c'était un vrai culte de superstition. Il mourut à Babylone, âgé
d'environ trente-trois ans. Les
uns disent qu'on l'empoisonna ;
les autres en plus grand nombre
le nient (a). Ses conquêtes furent
brisées en plusieurs pièces après
sa mort ; mais les morceaux en
furent bons, et rendirent célèbre et puissante pendant long-
temps la nation grecque dans l'A-
sie. Il n'avait mis guère de temps
à les faire ; car il passa l'Helles-

(a) *Voyez* Plutarque, *in* Alex. *sub fin.*,
pag. 707, *et ci-dessous la remarque* (K).

pont la 2ᵉ. année de la 111ᵉ. olympiade, et il mourut la 1ʳᵉ. année de la 114ᵉ. Il était né la 1ʳᵉ. année de la 106ᵉ., et il avait commencé son règne la 1ʳᵉ. année de la 111ᵉ. (b). Il eut un bonheur fort particulier ; c'est que l'on ne put pas dire, pour diminuer l'éclat de sa gloire, que les trahisons eussent eu beaucoup de part à ses triomphes (N). Il n'est pas besoin de dire que Philippe son père descendait d'Hercule, et qu'Olympias sa mère descendait d'Achille, et qu'ainsi son extraction était aussi glorieuse qu'elle l'eût pu être, s'il avait eu la liberté de se la choisir dans l'histoire. Nous ne parlerons pas ici de ses femmes et de ses enfans; nous renvoyons cela à l'article ROXANE *. Il serait de l'esprit de ce Dictionnaire de marquer toutes les fautes qui concernent ce conquérant : je n'en marquerai néanmoins que quelques-unes. Les Juifs prétendent qu'il vida plusieurs procès qu'ils avaient avec leurs voisins (O). Quelques-uns disent que les Romains lui envoyèrent des ambassadeurs (P). Tite-Live est tombé en contradiction quand il a parlé de ce prince (Q). Un de nos plus excellens poëtes semble s'être contredit sur le même sujet (R). Nous verrons ailleurs (c) s'il est croyable que la reine des Amazones ait fait un très-long voyage pour coucher avec ce roi ; et (d) que la mer de Pam-

phylie ait abandonné le rivage pour faciliter la marche de l'armée macédonienne. Si pour rallier ses troupes il s'était servi d'une corne dont le son portait jusqu'à cent stades, quelqu'un des historiens qui nous reste en aurait parlé ; nous n'aurions pas besoin de chercher cela dans un manuscrit du Vatican (e). Je ne mets point au nombre des fables ce que l'on rapporte du mépris qu'il eut pour un homme qui lui donna des preuves d'une adresse extraordinaire (S).

(e) Le père Kircher, in Arte magnâ Lucis et Umbræ, lib. II, part. I, cap. VII, dit que ce manuscrit traite de Secretis Aristotelis ad Alexandrum. Voyez les Mémoires des Arts et des Sciences de M. Denis, 2 de mai 1672, pag. 111, 112.

(A) Les rois . . . . . font son éloge beaucoup mieux que ne sauraient faire les écrivains.] Rien n'est plus propre à nous remplir d'admiration pour Alexandre, et à nous faire soupçonner en lui des qualités qui surpassent l'imagination, que de voir dans tous les siècles plusieurs grands princes, qui, avec tout leur courage, toutes leurs intrigues, toute leur prudence, tous leurs bons succès, ne s'agrandissent que bien peu. Ils savent vaincre, mais non pas profiter de leurs victoires. Voyez la remarque (A) de l'article de CÉSAR. De quoi servirent à Charles-Quint tant d'avantages qu'il remporta sur la France ? Augmentèrent-ils son patrimoine ? Ne fut-ce pas beaucoup, après la grande victoire qui fut gagnée à Saint-Quentin par son successeur, que de recouvrer ce que la France avait pris au duc de Savoie, allié de la maison d'Autriche? et ne fallut-il pas même obtenir cela par la sottise, ou par l'infidélité des favoris de Henri II (1) ?

(B) Qu'on ne dise pas que les occasions lui ont été favorables.] Je ne prétends pas le nier : ma pensée est

(b) Juxtà Sethum Calvisium, qui fait concourir l'année de la mort d'Alexandre avec l'an 430 de Rome, et avec l'an 321 avant Jésus-Christ.

* Bayle n'a pas donné cet article.

(c) Dans l'article de THALESTRIS, [cet article n'existe pas.]

(d) Dans l'article PHASÉLIS, tom. XII.

(1) Voyez l'article HENRI II, tom. VIII, pag. 16-18, remarques (G) et (H).

seulement que ceux qui veulent diminuer par-là son mérite, et justifier les princes qui ont usé inutilement toute leur vie à vouloir faire des conquêtes, se font des illusions. Je crois bien que contre un Sésostris, contre un Cyrus (2), contre un César, les grands desseins d'Alexandre auraient pu échouer de fond en comble ; mais combien y a-t-il eu de grands rois, qui, avec des troupes plus nombreuses et plus aguerries que celles d'Alexandre, n'eussent fait qu'un petit mal à Darius? Ainsi tout ne dépendait pas des occasions. Voyez nos remarques sur Jules César (3).

(C) *Ce serait un travail bien superflu que de donner son caractère.*] Renvoyons à un ouvrage que tout le monde peut consulter aisément, et qui est d'un grand débit. Voyez, dis-je, M. de Saint-Évremond, dans le jugement sur une tragédie de M. Racine, intitulée *le grand Alexandre*, au Ier. tome de ses OEuvres mêlées, et dans la Comparaison de César et d'Alexandre au même tome. Voyez-le aussi au IIe. tome, à la page 97 de l'édition de Hollande, 1693.

(D) *Son ambition allait jusqu'à la fureur.*] Son père ne se trompa pas, lorsqu'il crut que la Macédoine était trop petite pour son fils (4). Il dit cela après qu'Alexandre, âgé d'environ seize ans, eut dompté l'un des plus terribles chevaux du monde (5). Comment est-ce que la Macédoine lui aurait suffi, puisque toute la terre ne lui paraissait pas un royaume assez étendu ? Il pleura lorsqu'il entendit dire au philosophe Anaxarque qu'il y avait une infinité de mondes (6) : ses larmes vinrent de ce qu'il désespérait de les pouvoir conquérir tous, voyant qu'il n'avait pu encore en conquérir un. Juvénal exprime cette ambition sous une image très-vive. Il se figure Alexandre suant d'être logé à l'étroit dans un royaume aussi grand que toute la terre :

Unus Pellæo juveni non sufficit orbis :
Æstuat infelix angusto limite mundi,

(2) *Voyez les* Pensées diverses sur les Comètes, *num.* 213.
(3) *C'est-à dire les remarques* (A), (B) *et* (C) *de son article. tom. V.*
(4) Plutarch., *in* Alexandro, *pag.* 667.
(5) *Le cheval* Bucéphale.
(6) Plutarch., *de* Tranquillitate Animi, *pag.* 466.

Ut Gyaræ clausus scopulis parvâque Seripho (7).

Le monde était pour Alexandre ce qu'était une petite île pour des malfaiteurs qu'on y confinait. S'ils se trouvaient bornés dans leurs promenades, Alexandre de son côté regardait la possession de toute la terre comme le malheur d'être réduit à un petit coin. Un auteur espagnol enchérit sur Juvénal ; il nomme le cœur d'Alexandre un *archicœur*, dans un coin duquel le monde était si à l'aise, qu'il y restait de la place pour six autres (8). Mais ne semble-t-il pas que ce cœur si vaste bornait à bien peu de chose sa dernière fin, puisqu'il ne se proposait que d'être loué des Athéniens ? On prétend que les peines extraordinaires qu'il eut à passer l'Hydaspe l'obligèrent à s'écrier : *O Athéniens, pourriez-vous bien croire à quels périls je m'expose pour être loué de vous* (9) ? N'est-ce point, me dira-t-on, être tout ensemble insatiable, et se contenter de peu de chose ? N'est-ce pas une folie de s'exposer à tant de peines et à tant de douleurs, pour l'amour d'une harangue ?

. . . I, demens, et sævas curre per Alpes,
Ut pueris placeas et declamatio fias (10).

Je consens qu'on dise tout ce qu'on voudra sur les contradictions du cœur de l'homme, sur ses folies, et sur ses extravagances : je ne laisserai pas de croire que la fin que se proposait Alexandre, s'accordait très-bien avec la vaste et avec l'immense étendue de son ambition : il voulait tenir à tous les siècles futurs, à la postérité la plus reculée, et il n'espérait cela ni d'un ni de plusieurs mondes conquis, mais des livres. Il ne se trompait pas ; car si la Grèce ne lui eût fourni de bonnes plumes, il y a long-temps qu'on ne parlerait pas plus de lui que de ceux qui comman-

(7) Satyra Juven. X, *vs.* 168.
(8) *Archicoraçon, pues cupo en un rincon del todo este mundo holgadamente, dexando lugar para otros seis.* Lorenzo Gracian.
(9) Ὦ Ἀθηναῖοι, ἆρά γε πιστεύσαιτε ἂν ἡλίκους ὑπομένω κινδύνους ἕνεκα τῆς παρ' ὑμῖν εὐδοξίας. *Quis credat, Athenienses, quanta pericula vestri præconii causâ subeam?* Plutarch., *in* Alexandro, *pag.* 698, E.
(10) Juvenal., sat. X, *vs.* 166.

daient dans la Macédoine avant la naissance d'Amphitryon. Il s'intéressait de telle sorte à ce qu'on dirait de lui après sa mort, qu'il souhaitait de pouvoir revenir au monde pour autant de temps qu'il lui en aurait fallu, afin de connaître comment on lirait ses historiens (11). Par cet insatiable désir de louange, il rendait plus de justice à la valeur de ses ennemis, qu'à celle de ses capitaines; car tout ce qu'il ôtait à ceux-ci, et tout ce qu'il donnait à ceux-là, lui revenait avec usure. *Simpliciùs famam æstimabat in hoste quàm in cive; quippè à suis credebat magnitudinem suam destrui posse; eandem clariorem fore quo majores fuissent quos ipse vicisset* (12).

(E) *Il prenait pour un crime que l'on doutât du succès de ses entreprises.*] Ceux qui par son ordre avaient tué Parménion ne lui allèrent pas rendre compte de ce service important sans quelque sujet d'inquiétude; car ils furent suivis par des députés de la province qu'ils avaient gouvernée, lesquels avaient ordre de les accuser de plusieurs crimes. On étala les pilleries de ces gouverneurs, les sacriléges qu'ils avaient commis, leurs attentats sur l'honneur des dames (13). Alexandre ayant examiné cette accusation déclara que les députés avaient oublié le plus atroce, c'est que les accusés avaient cru qu'il ne reviendrait jamais de l'expédition des Indes; car s'ils avaient cru, disait-il, que j'en reviendrais, ils n'auraient pas eu la hardiesse de se porter à ces violences. *Rex, cognitá caussá, pronunciavit ab accusatoribus unum et id maximum crimen præteritum, desperationem salutis suæ, nunquàm enim talia ausuros, qui ipsum ex Indiá sospitem aut optássent reverti, aut credidissent reversurum. Igitur hos quidem vinxit,* DC *autem militum qui sævitiæ eorum ministri fuerant, interfici jussit* (14).

(F) *Il était assez impie pour vou-*

loir qu'on le regardât comme un dieu.] Une fine politique l'obligea à faire croire qu'il était fils de Jupiter, et à souffrir les honneurs de l'adoration. Il avait éprouvé que cela portait les peuples barbares à se soumettre; et dans le fond, qui oserait prendre les armes contre un conquérant qu'il regarderait comme un dieu? Il était donc de son intérêt que l'on eût de lui cette opinion avantageuse; aussi la fomentait-il adroitement. Il était plus réservé là-dessus envers les Grecs qu'envers les barbares (15) : c'est que les Grecs étaient plus habiles, et moins opposés à ses desseins. Il avoua un jour publiquement, que le bien de ses affaires avait demandé qu'il passât pour dieu, et qu'il souhaitait que les Indiens le prissent pour dieu. *Illud penè dignum risu fuit, quod Hermolaus postulabat à me ut aversarer Jovem cujus oraculo adgnoscor. An etiam quid Diï respondeant, in meá potestate est? Obtulit nomen filii mihi; recipere ipsis rebus quas agimus haud alienum fuit. Utinàm Indi quoque Deum esse me credant! Famá enim bella constant, et sæpè etiam, quod falsò creditum est, veri vicem obtinuit* (16). Je me laisserais aisément persuader qu'à force de le dire aux autres, et d'entendre ceux qui le flattaient sur ce chapitre, il vint quelquefois à croire qu'il était dieu, ou à douter s'il ne l'était point; car il n'y a guère de pensées de vanité qu'un bonheur et qu'une puissance extraordinaire, avec les adresses d'une flatterie sans bornes, ne soient capables d'inspirer (17); mais je ne crois point que cette opinion ou ce doute aient jamais pu prendre racine dans son âme. Il disait que deux choses l'empêchaient de croire qu'il fût immortel, le dormir, et la jouissance des femmes. Ἔλεγε δὲ μάλισα συνιέναι θνητὸς ὢν ἐκ τοῦ καθεύδειν καὶ συνουσιάζειν· ὡς ἀπὸ μιᾶς ἐγγινόμενον

(11) Lucianus quomodò conscribenda sit Historia, *Oper.* tom. *I, pag.* 694, *edit. Salmur.*
(12) Quintus Curtius, *lib. VIII, sub fin.*
(13) *Quum omnia profana spoliássent, ne sacris quidem abstinuerant: virginesque et principes feminarum stupra perpessæ, corporum ludibria deflebant.* Idem, *lib. X, cap. I.*
(14) Idem, ibidem.

(15) Τοῖς δὲ Ἕλλησι μετρίως καὶ ὑποφειδόμενος ἑαυτὸν ἐξεθείαζεν. *Apud Græcos verò divinitatem usurpabat modicè et parciùs.* Plutarch., *in ejus Vitâ, pag.* 681. *A.*
(16) Quintus Curtius, *lib. VIII, cap. VIII.* Consultez là-dessus le Commentaire du Frein shémius.
(17) *Nihil est quod credere de se Non possit, cùm laudatur Diis æqua potestas.* Juven., sat. IV, vs. 70.

ἀσθενείας τῇ φύσει καὶ τὸ πονοῦν καὶ τὸ
ἡδόμενον. Dicebat mortalem se esse in-
telligere se potissimùm ex somno et
concubitu , quòd ab eôdem imbecilli-
tate naturam incessat lassitudo et voluptas (18). Il raisonnait bien , quoique peu conséquemment aux principes de la théologie païenne , qui
ne parlait que des amours de Jupiter,
et de ses bonnes fortunes auprès du
sexe : mais comme les deux choses
qui lui servaient de preuve qu'il
n'était point dieu revenaient souvent,
je ne vois pas de quelle manière il
aurait pu laisser ancrer dans son âme
la foi de sa prétendue nature divine.
Nous rapporterons plusieurs choses
sur ce sujet dans les remarques de
l'article OLYMPIAS , tome XI.

(G) *Il était superstitieux jusqu'à la
faiblesse féminine* (19).] Jamais cela
ne parut autant que l'année de sa
mort ; ce qui ne pouvait pas être attribué au déclin de l'âge , et aux
malignes influences de la vieillesse ,
vu qu'il n'avait pas encore trente-
trois ans lorsqu'il mourut. Cette augmentation notable de superstition
procéda de quelques événemens
qu'on lui fit prendre pour des présages d'autant plus sinistres , qu'il
était allé à Babylone malgré les avis
de n'y point aller, que Néarchus lui
avait donnés au nom de quelques
devins chaldéens. Ce redoublement
de mauvais présages le consterna de
telle sorte , qu'il se défiait et des
dieux et des hommes. Il crut que la
protection divine l'abandonnait , et
que ses amis lui devenaient infidèles.
Cette défiance lui troubla tellement
l'esprit , que la moindre chose extraordinaire qui lui arrivait lui paraissait un prodige : sa maison ne dés-
emplissait point de prêtres et de
devins ; il ne s'occupait que de sacrifices , que d'expiations , que d'augures. Écoutons Plutarque qui ne raconte pas la chose sans y apposer sa
réflexion (20). *Alexander igitur post-*

quàm semel religione obstrictus est [1]
tumultuante et trepidante animo præditus, nulla res insolita et aliena
tàm oblata exigua est quàm non ver-
teret in prodigium et ostentum , sed
sacrificantium, expiantium , et va-
ticinantium erat regia referta. Adeò
res est horrenda incredulitas et con-
temptio deorum, horrenda item su-
perstitio , quæ aquæ modo vergit ad
demissa , impletque absurdis opinionibus et metu mortales , ut tunc
Alexandrum. Tant a de pouvoir, je
me sers de la version d'Amyot, *et de
fiance, d'un costé la mecreance et
impieté de contemner les dieux , quand
elle se met es cœurs des hommes , et
de l'autre costé aussi la superstition ,
coulant tousjours ne plus ne moins
que l'eau contre bas es ames abaissées
et ravalées par crainte , comme elle
remplit alors Alexandre de folie depuis qu'une fois la frayeur l'eut saisi.*
Il est bon de dire que les avis des
Chaldéens , notifiés par Néarchus ,
firent tant d'impression sur Alexandre , qu'il n'osa entrer dans Babylone , jusques à ce que les philosophes Grecs ayant su le fondement
de ses scrupules , l'allèrent voir, et
lui firent reconnaître par la force de
leurs raisons , la vanité des sciences
divinatrices. Il fit alors son entrée
dans Babylone (21). Les mauvais augures dont il se remplit la tête effacèrent les impressions que ces philosophes lui avaient données : il revint
à la grande estime qu'il avait conçue
pour la science des Chaldéens ; il dé-
testa les philosophes qui lui avaient
persuadé d'entrer dans la ville , et il
se fâchait contre tous ceux qui voulaient lui faire entendre raison (22).
Voyez plusieurs choses concernant la
superstition d'Alexandre dans les remarques de l'article d'ARISTANDRE ,
son devin. Je les ai renvoyées là , de
peur que cet article-ci ne fût trop

(18) Plutarch., *in Alexandr.* , *pag.* 677 , B.
Voyez aussi de Discrim. Adulat. et Amici, *pag.*
65 , F.

(19) *Voyez l'article* ARISTANDRE , *tom. II*,
pag. 318 , *remarque* (A).

(20) Ὁ δ' οὖν Ἀλέξανδρος ὡς ἐνέδωκε
τότε πρὸς τὰ θεῖα , παραχώδης γενόμενος
καὶ περίφοβος τὴν διάνοιαν, οὐδὲν ἦν μικρὸν
οὕτως τῶν ἀνθῶν καὶ ἀτόπων ὃ μὴ τέρας ἐ-

ποιεῖτο καὶ σημεῖον , ἀλλὰ θυομένων καὶ
καθαιρόντων καὶ μαντευόντων μεϛὸν ἦν
τὸ βασίλειον· οὕτως ἄρα δεινὸν μὲν ἀπιϛία
πρὸς τὰ θεῖα καὶ , καταφρόνησις αὐτῶν·
δεινὴ δὲ αὖθις ἡ δεισιδαιμονία, δίκην ὕδα-
τος ἀεὶ πρὸς τὸ ταπεινούμενον , καὶ ἀνα-
πληροῦν ἀδελτηρίας καὶ φόβου τὸν Ἀλέξαν-
δρον γενόμενον. Plutarch. , *in* Alexandr. ,
pag. 706.

(21) Diodor. Sicul. , *lib. XVII*, *pag. m.* 429.
(22) *Idem* , *ibidem* , *pag.* 431.

long : j'en ai usé d'une semblable manière à l'égard de bien d'autres faits ; et , quand l'occasion le demandera , je me servirai de cette méthode.

(H) *Quelque louange qu'il ait mérité . . . . . par rapport à la continence.*] Dans le premier feu de sa jeunesse il parut si indifférent à l'égard des femmes, que sa mère craignit que cela n'allât trop loin , et ne procédât d'impuissance : c'est pourquoi , du consentement de son mari , elle fit coucher auprès d'Alexandre une très-belle courtisane de Thessalie, afin de fondre la glace , et de réveiller le goût du jeune homme. Callixéna (c'était le nom de la belle Thessalienne) fit de son mieux à plusieurs reprises pour se faire caresser , et n'obtint rien (23). Si ce conte est vrai, il faut croire que la nature, qui en toutes autres choses avait été fort diligente pour ce prince, fut paresseuse , et se leva un peu tard sur ce point-là. On débite (24) qu'il porta son pucelage en Asie , et que la veuve de Memnon (25) a été la première femme dont il ait joui , et que quand il se maria , il n'avait eu encore affaire qu'avec cette veuve. Il fallut même que Parménion le poussât à la caresser , quelque capable qu'elle fût de toucher un homme. Si cela est vrai, ceux qui nous parlent de la complaisance d'Alexandre pour Apelles se trompent. Ils disent qu'ayant donné à peindre toute nue la plus chérie de ses concubines (26) à Apelles, et s'étant aperçu qu'Apelles en était devenu amoureux, il lui en fit un présent. Cette histoire et celle de Plutarque sont incompatibles ; car la veuve de Memnon ne fut prise que lorsqu'Alexandre se rendit maître de Damas, et ce fut à Éphèse qu'il connut Apelles , assez long-temps avant la prise de Damas. On pourrait rendre compatibles ces deux histoires, si l'on supposait , ou qu'Alexandre n'avait point encore joui de sa concubine lorsqu'il en fit cession au peintre, ou

qu'il la lui donna à peindre depuis la prise de Damas. Mais la 1re. de ces deux suppositions est contre l'histoire même dont il s'agit ; car Pline (27) qui la rapporte ne se contente pas d'observer que cette maîtresse était fort belle (28) , et la plus aimée de toutes les concubines d'Alexandre, il remarque encore que ce prince céda son lit et son affection au peintre. Élien qui rapporte la même histoire, marque cette circonstance , que la concubine en question était de Larisse en Thessalie , et la première femme qui eût fait sentir à Alexandre ce que c'est que le plaisir vénérien (29). La 2e. supposition n'a nulle ombre de vraisemblance : aurait-on envoyé à Éphèse une femme d'une si grande beauté, et qu'on aimait si tendrement? l'y aurait-on, dis-je, envoyée de si loin , pour l'y faire peindre toute nue? Et si l'on avait mandé Apelles , ne verrions-nous pas cette circonstance dans les auteurs qui ont conservé la mémoire de ce beau présent ? outre que cette seconde supposition n'ôte pas l'incompatibilité qui est entre Élien et Plutarque. Jusqu'ici donc ce dernier auteur n'a guère prouvé la continence de son héros ; mais il nous va dire des choses qui ont beaucoup plus de force. La mère , la femme , et les filles de Darius étaient prisonnières d'Alexandre : la femme était une beauté achevée ; ses filles lui ressemblaient. Le jeune prince qui les avait en son pouvoir , non-seulement leur rendit tous les honneurs qui leur étaient dus , mais aussi il ménagea leur réputation avec la dernière exactitude. Elles furent gardées comme dans un cloître hors de la vue du monde , hors de la portée de tout objet déshonnête. Ὥσπερ οὐκ ἐν ϛρατοπέδῳ πολεμίων, ἀλλ' ἐν ἱεροῖς καὶ ἁγίοις φυλαττομένας παρθενῶσιν, ἀπόῤῥητον ἔχειν καὶ ἀόρατον ἑτέροις δίαιταν. *Quasi non in hostium castris , verùm in sacris et sanctis*

(23) Theophrastus, *referente* Hieronymo, *in* Epistolis, *apud* Athenæum, *lib.* X , *cap.* X , *pag.* 435.
(24) Plutarch., *in* Alex., *pag.* 676.
(25) *Elle s'appelait* Barsène. *Voyez l'article de* MEMNON, *dans ce volume.*
(26) *Élien le nomme* Pancaste, *et Pline* Campaspe.

(27) *Se vicit, nec torum tantùm suum , sed etiam affectum donavit artifici.* Plin. , *lib.* XXXV. *cap.* X.
(28) *Selon Pline, le portrait de Vénus sortant des ondes fut fait sur celui de Campaspe.*
(29) Ταύτῃ καὶ πρώτῃ φασὶν ὁ Ἀλέξανδρος ὡμίληǝεν. *Cum quâ primùm Alexander rem habuisse dicitur.* Ælian., *diver.* Histor., *lib.* XII, *cap.* XXXIV.

Vestæ templis servatæ , in abdito extrà aliorum oculos agerent (3o). Ses visites, ses regards, ses discours , ne donnèrent aucun lieu à la médisance ; et à l'égard des autres dames de Perse qui étaient aussi prisonnières , et dont la beauté et la taille étaient fort charmantes, il se contenta de dire en riant lorsqu'il les vit, que les Persanes causaient beaucoup de douleur aux yeux, et passa devant elles comme devant de belles statues (31). Il se fâcha tout de bon plus d'une fois contre ceux qui pour lui faire leur cour,lui voulurent envoyer de beaux garçons (32); et il marqua dans une lettre , que non-seulement il n'avait point vu la femme de Darius , ni songé à la voir, mais que même il n'avait pas voulu qu'on lui vînt tenir des discours sur la beauté de cette reine. Ἐγὼ γὰρ οὐχ᾽ ὅτι ἑωρακὼς ἂν εὑρεθείην τὴν Δαρείου γυναῖκα ἢ βεβουλευμένος ἰδεῖν , ἀλλ᾽ οὔτε τῶν λεγόντων περὶ τῆς εὐμορφίας αὐτῆς προσδέδεγμένος τὸν λόγον. *Ego enim non solùm non vidisse inveniar Darii uxorem aut videre cogitâsse , verùm nec verba facientes de ejus decore sustinuisse audire* (33). Il est aisé d'accorder Plutarque avec Quinte-Curce : ce dernier historien a dit (34) qu'Alexandre n'avait vu qu'une fois la femme de Darius , et cela par accident, parce qu'elle s'était trouvée avec sa belle-mère à qui il rendit visite le jour qu'on les prit. Sur ce pied-là, Alexandre se pouvait vanter de n'avoir point vu , c'est-à-dire de n'avoir point visité la femme de Darius. C'est assurément l'un des plus beaux endroits de sa vie par rapport à la morale (35) , et je ne m'étonne point que Darius l'ait admiré; Darius, dis-je , qui avait eu tant d'alarmes pour son honneur conjugal. Considérons les vicissitudes de ses passions à la nouvelle que son épouse était morte. Premièrement il soupçonna que

le messager lui venait apprendre que l'on avait attenté à cet honneur , et il regardait cela comme le plus grand de tous les supplices. Puis ayant su la mort de sa femme , il crut qu'on l'avait tuée à cause de sa résistance aux désirs impurs du victorieux. Cette pensée lui donna beaucoup de douleur et de colère : il apprit ensuite qu'Alexandre avait été extrêmement affligé de cette mort , et qu'il ne l'avait pas moins pleurée que lui Darius la pleurait. Ce fut une cruelle attaque ; sa douleur et sa colère s'étaient ralenties , il retomba dans une affreuse inquiétude, s'imaginant qu'Alexandre regrettait les faveurs qu'on lui avait accordées. Enfin , il fut assuré du contraire, et pria les dieux que s'ils ne voulaient pas le rétablir , ils donnassent son royaume à un si honnête vainqueur : *Ludibria meorum nunciaturus es , mihi , et , ut credo , ipsis quoque , omni graviora supplicio. . . . . . Nec dubitavit Darius quin interfecta esset , quia nequisset contumeliam pati . . . . Ob hæc ipsa amantis animus in sollicitudinem suspicionemque revolutus est ; desiderium captivæ profectò à consuetudine stupri ortum esse conjectans. . . . . Dii patrii , primùm mihi stabilite regnum ; deindè si de me jam transactum est , precor ne quis Asiæ rex sit quàm iste tam justus hostis , tam misericors victor* (36).

(I) . . . . . . *Il s'en faut bien que sa vie n'ait été dans l'ordre sur ce chapitre.*] C'est déjà une chose qui tient du déréglement , que d'avoir épousé trois ou quatre femmes sans être veuf (37) , et que d'avoir donné à peindre nue sa concubine Pancaste. Les plaisirs de l'attouchement ne suffisaient pas à sa passion , il voulait encore repaître ses yeux de la nudité en peinture de sa maîtresse ; signe évident qu'il les repaissait aussi de la nudité originale : il donnait donc dans l'excès, et dans un excès que le dieu Mars , galant de Vénus , ne connaissait pas , si nous en jugeons par les paroles de Lucrèce (38). On pardonnerait plus facilement ce mau-

---

(3o) Plutarch. , *in Alexandr.* , *pag.* 6₇6.

(31) *Idem* , *ibidem.*

(32) *Idem* , *ibidem.*

(33) *Ibidem* , *pag.* 6₇₇ , B.

(34) *Semel omninò eam viderat quo die capta est , nec ut ipsam , sed ut Darii matrem videret , eximiamque pulchritudinem formæ ejus non libidinis habuerat incitamentum , sed gloriæ.* Quint. Curtius, *lib. IV , cap. X.*

(35) *C'est ainsi que* Diodore de Sicile, *liv. XVII , en juge.*

(36) Quint. Curtius, *lib. IV , cap. XI.*

(37) *J'en parle dans l'article* ROXANE, [cet article n'existe pas.]

(38) *Pascit amore avidos in te , Dea , visus.* Lucret. , *lib. I , vs.* 3₇.

vais plaisir des yeux aux personnes qui, ne pouvant avoir que cela, *pascon gli avidi sguardi*. Mais cette débauche d'Alexandre, quelque criminelle qu'elle fût, n'est rien en comparaison de ce qu'il fit après ses grandes prospérités. Je ne parle pas des concubines qu'il voulut avoir au même nombre que Darius, c'est-à-dire autant qu'il y a de jours dans l'année ; car l'historien (39) qui rapporte que ces concubines se présentaient chaque soir au roi, afin qu'il en choisît une pour passer la nuit avec elle, témoigne qu'Alexandre faisait rarement ce choix. Il est certain que les princes de l'Orient, et Salomon tout le premier à leur exemple, qui se piquaient d'avoir tant de femmes, ne couchaient pas avec toutes. Ils en usaient avec elles à peu près comme aujourd'hui les sultans ; ils en assemblaient un grand nombre, afin de faire un meilleur choix de quelques-unes : les autres servaient à montrer leur opulence, comme font tant de meubles inutiles des maisons riches, dont on ne se sert jamais, et que même l'on ne connaît pas (40). Les rois qui se piquent d'avoir les plus belles écuries ne montent qu'un très-petit nombre de leurs chevaux ; ils en laissent vivre et mourir la plus grande part sans jamais les essayer. Quelques-uns dressent de magnifiques bibliothèques, et ne touchent jamais à aucun livre. Ce serait donc une preuve un peu équivoque de l'impudicité d'Alexandre, que d'alléguer le grand nombre de ses concubines ; quoiqu'il soit certain que cet attirail et le reste du bagage ait justement scandalisé ses anciens sujets (41), et doive flétrir sa mémoire : mais voici des témoignages plus formels contre sa réputation. Il faisait mettre à sa table quantité de femmes de joie, et il

accepta Bagoas qui avait été le mignon de Darius (42). *Nabarzanes acceptâ fide occurrit ; dona ingentia ferens, inter quœ Bagoas erat specie singulari spado, atque in ipso flore pueritiae, cui et Darius fuerat adsuetus, et mox Alexander adsuevit* (43). On ne saurait représenter son débordement par des termes plus expressifs que ceux d'Athénée. Φιλόπαις δ᾽ ἦν ἐκμανῶς καὶ Ἀλέξανδρος ὁ βασιλεύς. Δικαίαρχος γοῦν ἐν τῷ περὶ τῆς ἐν Ἰλίῳ θυσίας, Βαγώου τοῦ εὐνούχου οὕτως αὐτὸν φησὶν ἡρᾶσθαι, ὡς ἐν ὄψει θεάτρου ὅλου καταφιλεῖν αὐτὸν ἀνακλάσαντα, καὶ τῶν θεατῶν ἐπιφωνησάντων μετὰ κρότου, οὐκ ἀπειθήσας πάλιν ἀνακλάσας ἐφίλησεν. *Alexander Rex ad insaniam amore puerorum exarsit. Dicœarchus libro de sacrificio quod ad Ilium peractum est, eunuchum Bagoam adeò ipsum deperiisse scribit ; ut resupinus in conspectu theatri totius eum suaviaretur, acclamante verò cum plausu spectatorum turbâ, et tanquàm ad iteranda oscula invitante paruisse, atque rursùm inflexâ cervice basia congeminâsse* (44).

(K) *Son dérèglement à l'égard du vin fut prodigieux.*] Il s'enivrait, et il faisait en cet état mille désordres. Le vin fut cause qu'il tua Clitus, qui lui avait sauvé la vie, et qu'il brûla Persépolis, l'une des plus belles villes de l'Orient (45). La courtisane Thaïs, qui ne se mêlait pas moins de la débauche bachique que de la vénérienne (46), le poussa à cet incendie ; et cette circonstance ne peut servir qu'à rendre l'action plus mauvaise. Ceux qui firent le journal de sa vie (47) remarquèrent qu'il cuvait son vin quelquefois pendant deux jours et deux nuits. Si fort peu de verres l'eussent enivré, il eût été moins condamnable de succomber quelquefois à cette faiblesse ; mais il avalait jusqu'à vingt coupes d'une grandeur énorme avant que d'être ivre. Aussi mourut-il de trop boire ; ce fut le lit

(39) Diod. Siculus, *lib. XVII.* Quinte-Curce, liv. *VI*, chap. *VI*, *les met au nombre de trois cent soixante.*

(40) *Exilis domus est, ubi non et multa supersunt,*
　　Et dominum fallunt, et prosunt furibus.
　　　　Horat., epist. VI, lib. I, vs. 45.

(41) Pellices 360 totidem quot Darii fuerant, regiam implebant; quas spadonum greges, et ipsi muliebria pati admeti, sequebantur. Hœc luxu et peregrinis infecta moribus veteres Philippi milites, rudis natio ad voluptates, aversabantur. Quint. Curtius, *lib. VI, cap. VI*, num. 8.

(42) Quint. Curtius, *lib. V, cap. VI*, *et lib. VI, cap. II.*

(43) *Idem*, *lib. VI, cap. V.*

(44) Athen., *lib. XIII*, pag. 603.

(45) Quint. Curtius, *lib. VIII, cap. I.*

(46) *Idem*, *lib. V, cap. VII.*

(47) Eumenes Cardianus, et Diodorus Erythrœus, apud Athenœum, *lib. X, cap. IX*, pag. 434.

d'honneur où il expira. Il voulut porter une santé au plus grand buveur de son siècle (48) , et il lui fallut vider un vase qui tenait furieusement (49). Aussitôt qu'il l'eut vidé , il tomba évanoui , et fut saisi de la maladie dont il mourut (5o). Plutarque réfute cela : il dit (51) qu'Alexandre n'avait point vidé la coupe d'Hercule , ni senti tout aussitôt une grande douleur au dos , comme si on l'eût blessé d'un coup de lance ; ce sont , dit-il , des inventions destinées à un embellissement lugubre et tragique de la scène. Ταῦτα τινὲς ᾤοντο δεῖν γράφειν, ὥσπερ δράματος μεγάλου τραγικὸν ἐξόδιον καὶ περιπαθὲς πλάσαντες. *Hæc putaverant quidam scribenda , quasi magnæ fabulæ tragicum exodium et lamentabile fingentes* (52). Mais il avoue que ce prince n'avait fait que boire le jour que la maladie le saisit. C'est en avouer autant qu'il en faut pour cette proposition générale , qu'Alexandre mourut de trop boire. Qui aurait cru qu'un guerrier, aussi téméraire que celui-là , ne recevrait qu'à table le coup mortel ? Écoutons· là - dessus Sénèque : *Alexandrum tot itinera, tot prælia, tot hiemes per quas , victâ temporum , locorumque difficultate , transierat, tot flumina ex ignoto cadentia, tot maria tutum dimiserant , intemperantia bibendi , et ille Herculeanus ac fatalis scyphus perdidit* (53). Diodore de Sicile (54) raconte qu'Alexandre , n'ayant déjà que trop bu , voulut vider la coupe d'Hercule , et ne l'eut pas plus tôt vidée qu'il fut atteint d'une cruelle douleur, comme si on lui eût donné un grand coup. Voilà donc l'unique poison qui le tua, et qui fit gagner aux astrologues le procès que les philosophes leur avaient fait perdre (55) : car pour le poison effectif , il n'en fut parlé que seize ans après la mort d'Alexandre ,

et apparemment ceux qui en furent les délateurs n'avaient envie que d'obliger Olympias à faire mourir beaucoup de personnes , comme elle fit. Aristote n'y a été mêlé que sur la parole d'un certain Agnothémis , qui avait ouï dire à Antigonus (disait-on) qu'Aristote découvrit à Antipater le poison qu'il fallait mettre en usage (56). N'oublions point qu'Alexandre fit pompeusement célébrer les funérailles de Calanus (57). Oraison funèbre , combats , jeux solennels , tout en fut ; mais vu l'inclination des Indiens pour le vin , il s'avisa d'établir un combat d'ivrognerie (58) : il y eut trois prix pour les vainqueurs ; le premier valait un talent. De ceux qui entrèrent en lice il y en eut trente-cinq qui moururent sur-le-champ , et six qui les suivirent d'assez près. Le vainqueur, nommé Promachus , avait avalé quatre congies (59), et ne vécut que trois jours depuis sa victoire (60).

(L) *La cruauté qu'il fit paraître contre les habitans de Tyr n'est point excusable.*] La fortune d'Alexandre , qui avait jusque-là couru avec la rapidité d'un torrent, trouva devant cette place une forte digue qui la contraignit de s'arrêter plusieurs mois (61). Ce prince ne comprit que trop les mauvaises suites que pouvait avoir cette interruption ; il perdait la principale roue de sa machine , s'il donnait lieu de croire qu'on le pouvait arrêter. Trouvant donc mille sujets de chagrin et à lever le siège , et à le continuer , il se résolut à faire de nouveaux efforts contre cette ville. *Hic rex fatigatus statuerat solutâ obsidione Ægyptum petere , quippè quùm Asiam ingenti celeritate percurrisset circà muros unius urbis hærebat, tot maximarum rerum opportunitate dimissâ. Ceterùm tàm discedere invitum quàm morari pudebat.*

---

(48) *C'était un Macédonien nommé Protéas.*

(49) *Quòd duos congios capiebat.* Q. Curt., *lib. V, cap. VII.*

(5o) *Idem , ibidem.*

(51) Plutarch., *in Alexandr., pag.* 706. *Voyez la remarque* (D) *de l'article* HERCULE, *tom. VIII, pag.* 82.

(52) Plut. , *ibidem.*

(53) Seneca, epist. LXXXIII.

(54) *Lib. XVII, sub fin.*

(55) *Voyez ce qui a été cité de* Diodore de Sicile , *dans la remarque* (G).

(56) Plutarch., *in Alexandr. ; pag.* 707.

(57) *Philosophe indien qui se brûla lui-même en grande cérémonie.*

(58) Ἀκρατοπωσίας ἀγῶνα, *merum potionis certamen.* Chares Mitylenæus, *in Historiis de Alexandro , apud* Athenæum , *lib. X, pag.* 437.

(59) *Ibidem.*

(60) Plutarch. , *in Alexandr. , pag.* 703.

(61) *Appliquez à cela ces paroles :* Hinc sive invidiâ Deûm , sivè fato , rapidissimus procurrentis imperii cursus parumper... supprimitur. Florus , lib. I , cap. XIII.

Famam quoque quá plura quàm armis everterat ratus leviorem fore, si Tyrum quasi testem se posse vinci reliquisset. Igitur ne quid inexpertum omitteret, etc. (62). Ses nouveaux efforts réussirent, il força la place, mais il déshonora sa victoire par sa cruauté. Il commanda qu'on mît le feu aux maisons, et qu'on passât au fil de l'épée tout ce qui ne se serait pas retiré dans les temples, et il fit attacher en croix deux mille habitans qui étaient moins échappés à la fureur du soldat, qu'à la lassitude de tuer. *Triste deindè spectaculum victoribus ira præbuit regis : duo millia in quibus occidendi defecerat rabies crucibus adfixi per ingens littoris spatium pependerunt* (63). Il n'y a point aujourd'hui de prince que mille volumes ne dégradassent de toute sa gloire s'il faisait la vingtième partie de ce que fit alors Alexandre.

(M) *Des familles... le choisissaient pour leur divinité tutélaire.*] Je n'oserais assurer que son pourpoint, que l'on se vantait d'avoir à Rome, passât pour un gage de quelque bénédiction céleste ; et il ne faut pas compter beaucoup sur ce que Caligula ne manqua pas de le prendre un jour de cérémonie. Ce n'était pas un homme superstitieux que Caligula, et s'il eût été chrétien, je ne pense pas qu'il eût eu beaucoup de foi pour le scapulaire, sans que pour cela je prétende disconvenir qu'il n'y ait de grands scélérats qui ont des superstitions puériles. Mais, quoi qu'il en soit, je ne puis rien dire sur le sentiment de Caligula, par rapport à cette relique d'Alexandre, puisque Dion n'en parle pas (64). Le zèle de Caracalla pour Alexandre était bien ardent : cet empereur se servait d'armes et de gobelets, et de soldats, semblables à ceux d'Alexandre : il persécuta les péripatéticiens, et voulut jeter au feu tous les livres de leur maître, à cause du bruit qui courait que ce philosophe fut complice de l'empoisonnement d'Alexandre. Il témoigna par cent autres choses sa vénération pour ce conquérant; mais je me garderai bien d'imiter un sa-

vant critique (65), qui se sert de ces faits-là pour prouver que l'on rendait à Alexandre un culte de religion. Ce qu'il cite de Trébellius Pollio et de Lampridius est d'une tout autre force. Le premier de ces deux historiens nous apprend que l'on croyait que l'effigie d'Alexandre gravée en or ou en argent portait bonheur à quiconque l'avait sur soi. L'autre historien nous dit qu'il y avait dans la ville d'Arce un temple consacré à Alexandre le Grand. *Alexandri nomen accepit* (Alexander Severus) *quòd in templo dicato apud Arcenam urbem Alexandro magno natus esset, quùm casu illuc die festo Alexandri pater cum uxore patriæ solennitatis implendæ causá venisset. Cui rei argumentum est quod eádem die natalem habet hic Mammeæ Alexander, quá ille Magnus excessit è vitá* (66). Ce passage montre que les habitans d'Arce célébraient la fête d'Alexandre tous les ans, le jour qu'il mourut. Voilà ce qu'on fait encore aujourd'hui à l'égard de plusieurs saints ; leur fête tombe au jour de leur mort. Quant au passage de Trébellius Pollio, je m'en vais le rapporter tout du long : c'est en faveur de ceux qui liront ce Dictionnaire sans avoir beaucoup d'autres livres, ou qui n'aimeront pas à se remuer de leur place pour consulter cet auteur. Ceux qui ne se soucieront pas de savoir ce qu'il a dit n'ont qu'à sauter les lignes suivantes. *Videtur mihi non prætermittendum de Macrianorum familiá, quæ hodièque floret, id dicere quod speciale semper habuerunt. Alexandrum Magnum Macedonem viri in annulis et argento, mulieres in reticulis et dextrocheriis, et in annulis, et in omni ornamentorum genere, exsculptum semper habuerunt : eò usque vel tunicæ et limbi et penulæ matronales in familiá ejus hodièque sint, quæ Alexandri effigiem de liciis variantibus monstrent. Vidimus proximè Cornelium Macrum in eádem familiá virum, quùm cœnam in templo Herculis daret, pateram electrinam, quæ in medio vultum Alexandri haberet, et in circuiti omnem*

(62) Quint. Curtius, *lib. IV, cap. IV.*
(63) *Idem, ibidem.*
(64) *Lib. LIX.*

(65) Barthius, *in Statium, tom. I, pag.* 404.
(66) Lampridius, *in Alexandro Severo, pag. m.* 889, *tom. I.*

historiam contineret signis brevibus et minutulis, pontifici propinare, quam quidem circumferri ad omnes tanti illius viri cupidissimos jussit. Quod idcircò posui, quia dicuntur juvari in omni actu suo, qui Alexandrum expressum vel auro gestitant vel argento (67). Je n'allègue point les prières dont parle Justin ; elles ne sont pas une preuve d'un culte et d'une invocation fixe. Les Macédoniens étaient alors dans la dernière consternation ; ils imitaient ceux qui se noient, ils se prenaient à tout ce qu'ils rencontraient. En ce temps-là on canonise des sujets qui n'ont ni temple ni fête. Si vous voulez néanmoins savoir ce qu'a dit Justin, vous pourrez vous satisfaire sans changer de place. *Hæc cùm nuntiata per omnem Macedoniam essent, portæ urbium clauduntur, luctu omnia replentur, nunc orbitatem amissorum filiorum dolebant, nunc excidia urbium metuebant, nunc Alexandri Philippique regum suorum nomina sicuti numina in auxilium vocabant. Sub illis se non solùm tutos, verùm etiam victores orbis terrarum extitisse; ut tuerentur patriam suam quam gloria rerum gestarum cœlo proximam reddidissent, ac opem afflictis ferrent quos furor et temeritas Ptolemæi regis perdidisset, orabant* (68).

(N) *On ne peut point dire que les trahisons eussent eu beaucoup de part à ses triomphes.*] Lisez Pausanias, dans l'endroit où il expose le préjudice qui fut fait en divers temps à la liberté des Grecs , par les pratiques de ceux qui se laissèrent corrompre : vous y trouverez que Philippe, roi de Macédoine, se servait de pareilles intelligences pour s'agrandir , mais qu'Alexandre son fils eut le bonheur de fortifier et d'augmenter sa puissance sans ces moyens-là. Κατὰ δὲ τὴν Φιλίππου βασιλείαν τοῦ Ἀμύντου, Λακεδαίμονα πόλεων μόνην οὐ προδοθεῖσαν τῶν ἐν Ἕλλησιν εὕροι τις ἂν· αἱ δὲ ἄλλαι πόλεις αἱ ἐν τῇ Ἑλλάδι , ὑπὸ προδοσίας μᾶλλον, ἢ ὑπὸ νόσου πρότερον τῆς λοιμώδους ἐφθάρησαν. Ἀλεξάνδρῳ δὲ τῷ Φιλίππου πάρεσχεν ἡ εὐτυχία, μικρὰ ἀνδρῶν προδοτῶν καὶ οὐκ ἄξια λόγου προσδεηθῆναι. *Philippo verò Amyntæ*

(67) Trebellius Pollio, in 30 Tyrann., pag. 295, tom. II.
(68) Justinus, lib. XXIV, cap. V.

filio ad Græciæ imperium adspirante unam invenias proditionis immunem Spartam : ceteras Græcorum urbes non magis pestilentia superiorum temporum, quàm proditiones deleverunt. Alexandri felicitas effecit, ut nullum magnoperè insigne proditionis exemplum, quo res ejus adjutæ fuerint, possit commemorari (69). Cette opposition entre le caractère du père et le caractère du fils a été fort bien décrite par l'historien Justin. *Nulla apud eum* (Philippum) *turpis ratio vincendi . . . . . Amicitias utilitate , non fide còlebat. Gratiam fingere in odio , in gratiâ offensam simulare , instruere inter concordantes odia , apud utrumque gratiam quærere , solennis illi consuetudo . . . . Huic Alexander filius successit , et virtute et vitiis patre major. Vincendi ratio utrique diversa. Hic apertè , ille artibus bella tractabat. Deceptis ille gaudere hostibus , hic palàm fusis. Prudentior ille consilio , hic animo magnificentior* (70). Il n'y a guère d'endroits par où la fortune ait mieux témoigné qu'elle était prodigue de ses faveurs envers Alexandre ; car enfin tous les hommes sont portés naturellement à rabattre beaucoup de la gloire d'un conquérant, ou plutôt à l'effacer toute entière , lorsqu'ils savent qu'il a corrompu les généraux de ses ennemis,et les gouverneurs des places qu'il avait dessein d'assiéger.

(O) *Les Juifs prétendent qu'il vida plusieurs procès qu'ils avaient avec leurs voisins.*] Ils supposent que trois sortes de gens s'adressèrent à Alexandre , pour lui demander la restitution des biens que les Juifs leur retenaient injustement. Les Chananéens qui échappèrent aux armes de Josué vinrent de l'Afrique pour se plaindre de l'usurpation des Juifs : les Égyptiens vinrent demander la vaisselle que les Juifs leur empruntèrent en sortant d'Égypte ; les Arabes , ou les descendans d'Ismaël et des fils de Kéthura, vinrent demander leur part à la succession d'Abraham. Le rabbin Gibéa Ben-Pésisa (71) plaida pour

(69) Pausan., lib. VII, cap. X, pag. 546 , edit. Lips., 1696.
(70) Justin., lib. IX, cap. VIII, p. m. 207.
(71) Il s'appelle aussi Gibéa Ben Kosan. C'était un fameux jurisconsulte, à ce que dit Abraham Zacuth in Sepher Juchasin, folio 13 ; *ad* Autoritatem Polygamiæ triumph., p. 287.

les Juifs. Les demandeurs citèrent quelques passages de l'Écriture, et dès la première réponse du rabbin, tirée pareillement de l'Écriture, ils ne surent plus que dire , et se retirèrent de honte. Jamais cause ne fut gagnée plus facilement. Je n'entends rien à la réponse que Gibéa fit aux Égyptiens : on dirait qu'il se servit de ce principe , que les Juifs avaient tant travaillé pour les Égyptiens , que leur emprunt n'égalait pas le moindre salaire qu'on puisse donner à un ouvrier. Tertullien a dit quelque part (72) que les juifs prétendent qu'il y eut des conférences entre les envoyés des Égyptiens et les leurs , et que les Égyptiens renoncèrent à leur vaisselle , quand ils entendirent les prétentions que les Juifs fondaient sur leurs grands travaux d'Égypte. Il semble appprouver qu'en vertu de cette raison ils aient gardé la vaisselle qui leur avait été prêtée ; mais il est certain que ce serait introduire la mauvaise morale des casuistes modernes , que de se fonder sur un tel droit : comment pourrait-on par ce principe blâmer un valet qui vole son maître jusques à la concurrence de ses gages ? Il est même vrai que la cause de ce valet serait meilleure que celle des Israélites , puisqu'ils emportèrent le bien de ceux pour qui ils n'avaient point travaillé : leur travail était pour le prince, et ils prenaient leur salaire sur le bien des particuliers. C'est comme si aujourd'hui les protestans , à qui la persécution a ôté leurs biens en France, se dédommageaient sur leurs concitoyens catholiques en se retirant dans les pays étrangers. Il ne faut donc justifier la conduite des Israélites que par l'ordre exprès de Dieu , qui , étant le maître souverain de toutes choses, en peut transporter la propriété d'une personne à une autre comme il lui plaît. Il n'est pas nécessaire que je dise que ces procès intentés aux Juifs devant Alexandre sont des chimères ; il suffit de dire que ce conte est rapporté un peu autrement dans le *Béreschith Rabba* (73) , que dans la *Gemara Babyloni-*

ca (74). Je me garderai bien de mettre au nombre des fables le voyage d'Alexandre à Jérusalem : la narration que Josephe en a laissée (75) pourrait bien être fabuleuse quant à certains points. Dira qui voudra qu'elle l'est en tout et partout : le silence des auteurs païens qui ont parlé de tant d'autres choses moins considérables concernant ce prince , arrivées dans des pays aussi obscurs pour le moins que la Judée, sera une raison forte pour qui voudra , mais non pas pour moi.

(P) *Quelques-uns disent que les Romains lui envoyèrent des ambassadeurs.*] On en doute, quoique Clitarque l'ait assuré ; car ce Clitarque ne passe point pour un écrivain fidèle (76). Il fut de la suite d'Alexandre, et il pouvait par-là être bien instruit des choses ; mais cela ne sert de rien quand on se plaît à mentir. Un auteur moderne (77) rapporte que cette ambassade des Romains est mise au nombre des fables , à cause que ni les historiens de Rome, ni Ptolomée et Aristobule n'en ont point parlé. *Romanos Alexandrum M. legatione veneratos esse contra* Memnonem c. 24, Plinium *lib. III, c. 5, negant cum* Arriano, *lib. VII, quòd de eâ re sileant non solùm scriptores romani omnes , sed et* Ptolomæus *et* Aristobulus *historici , uterque Alexandri socius , alter etiam dux et posteà rex Ægypti.* Je ne trouve point au chapitre XXIV des Extraits que Photius donne de Memnon , qu'Alexandre ait reçu aucune ambassade de Rome. Pline ne le dit point non plus ; il dit seulement que Clitarque en avait parlé.

(Q) *Tite-Live est tombé en contradiction quand il a parlé de ce prince.*] Il examine avec soin ce qui eût pu arriver si Alexandre eût porté la guerre dans l'Italie, après avoir subjugué l'Asie, et il dit que les Romains avaient choisi Papyrius Cursor, pour l'opposer en ce cas-là à ce conqué-

(72) *Adversus Marcionem , tom. II , cap. XX, apud eumdem.*
(73) *Parasch. LXI, folio 68 , col. 21 , apud auctorem* Polygam. trinmph. , *pag.* 283.

(74) *Ad Titul. Sanhedr. , cap. XI, folio 91 , apud eumdem autorem, pag.* 287.
(75) Joseph. , *Antiquitat. , lib. XI, c. VIII.*
(76) *Clitarchi probatur ingenium , fides infamatur.* Quintil. , *lib. X, cap. I.*
(77) *Johannes Eisenhart de Fide historicâ , p.* 130, *ex* Ruperto *in Histor. univ. Obs. ad Synopsim min.* Besoldi, *cap. XVIII , pag.* 678.

rant. *Haud dubiè illâ ætate , quâ nulla virtutum feracior fuit , nemo unus erat vir quo magis innixa res Romana staret ; quin eum parem* DESTINARANT *animis magno Alexandro ducem , si arma Asiâ perdomitâ in Europam vertisset* (78). La digression de l'historien n'est pas fort longue : néanmoins , à peu près vers le milieu , il déclare qu'il ne croit pas que la renommée d'Alexandre fût venue jusques à Rome. Il dit cela pour répondre à une objection (79). Les Grecs, jaloux de la gloire des Romains qui les avaient subjugués , jaloux , dis-je , de cette gloire jusques à devenir flatteurs envers les Parthes pour tâcher de l'obscurcir , disaient qu'Alexandre par la seule majesté de son nom , par le seul éclat de sa renommée , aurait abattu le courage des Romains. Tite-Live répond que ce danger était peu à craindre pour des gens qui n'avaient pas même ouï parler de ce prince : pourquoi donc avaient-ils destiné le commandement de leurs armées à Papyrius Cursor , en cas qu'Alexandre, fier de ses conquêtes d'Asie , vînt faire la guerre en Italie ? On ne peut disculper Tite-Live ; sa distraction , son peu d'attention, sa contradiction en un mot, sautent aux yeux *.

(R) ... *Un de nos plus excellens poëtes semble s'être contredit sur le même sujet.*] Je n'ai plus les remarques que Desmarets , de l'académie française, publia contre les satires de M. Despréaux , environ l'an 1674 (*) ; mais il me reste une mémoire confuse qu'on critiqua fortement cette belle et ingénieuse invective (80) :

(78) Tit. Livius , *lib. IX, cap XVI.*

(79) *Id verò periculum erat, quod levissimi ex Græcis qui Parthorum quoque contrà nomen Romanum gloriæ favent* (voilà un esprit qui paraît dans plusieurs livres sur les matières du temps) *dictitare solent, ne majestatem nominis Alexandri,* QUEM NE FAMA QUIDEM ILLIS NOTUM ARBITROR FUISSE, *sustinere non potuerit populus Romanus.* Livius , *lib. IX, cap XVII.*

* L'auteur des *Observations* insérées dans la *Bibliothéque française* , tom. XXX, propose de lire *destinarent.* Crévier remarque que quelques éditeurs ont mis *destinarent*, mais qu'il faut *destinant.* C'est *destinant* qu'on lit dans l'édition de J. Leclerc et dans d'autres : avec ce mot la phrase de Tite-Live n'offre plus la contradiction que signale Bayle.

(*) Il devait dire, *en* 1674, *à Paris, in-4°.* REM. CRIT.

(80) *Elle est dans la satire VIII.*

Quoi donc , à votre avis , fut-ce un fou qu'A-
    lexandre ?
Qui ? cet écervelé qui mit l'Asie en cendre ?
Ce fougueux l'Angéli qui de sang altéré
Maître du monde entier s'y trouvait trop serré?
L'enragé qu'il était , né roi d'une province ,
Qu'il pouvait gouverner en bon et sage prince,
S'en alla follement , et pensant être Dieu ,
Courir comme un bandit qui n'a ni feu ni
    lieu ,
Et traînant avec soi les horreurs de la
    guerre ,
De sa vaste folie emplir toute la terre.
Heureux ! si de son temps , pour cent bonnes
    raisons ,
La Macédoine eût eu de petites maisons;
Et qu'un sage tuteur l'eût en cette demeure ,
Par avis de parens , enfermé de bonne heure.

Le critique se fondait entre autres choses , si je m'en souviens bien, sur ce que M. Despréaux louait ailleurs Alexandre , et le comparait à Louis XIV. Il ne tint pas à Desmarets qu'on ne convertît sa censure en accusation de crime d'état , capable de faire perdre à l'accusé les bonnes grâces du prince. Le public était tellement prévenu en faveur de M. Despréaux , et si reconnaissant de s'être bien diverti aux dépens de plusieurs personnes à la lecture de ses satires , qu'on ne fit nul cas des remarques de Desmarets. Quand elles eussent été toutes très-solides et victorieuses, on les aurait méprisées : la saison ne leur était pas favorable ; et c'est à quoi un auteur ne doit pas moins prendre garde qu'un jardinier. On peut appliquer à cela ce que je cite (81).

(S) *Le mépris qu'il eut pour un homme . . . . . d'une adresse extraordinaire.*] On lit ce fait dans plusieurs modernes. Voici de quelle manière M. de la Mothe-le-Vayer s'en est servi dans son Instruction de monseigneur le Dauphin (82) : *Il y a des arts de si peu de considération, et qui consistent en des subtilités si inutiles, que les princes ont fort bonne grâce de les ignorer, et ne doivent pas seulement en faire état, ni reconnaître ceux qui y ont mis leur étude, qu'avec des récompenses aussi légères que sont leurs ouvrages. Un homme se présenta devant Alexandre* (*), *si adroit à faire passer un pois chiche par le trou d'une aiguille , qu'il en*

(81) *Parcendum est maximè caritati hominum , ne temerè in eos dicas qui diliguntur.* Cicero , de Orat. , *lib. II, cap. LVIII.*

(82) La Mothe-le-Vayer, *tom. I , pag.* 226 , édit. in-12 , 1681.

(*) Quintil., *lib. II* Instit. , *cap. XX.*

jetait d'une assez grande distance beaucoup l'un après l'autre sans y manquer. Alexandre récompensa son industrie, en lui faisant distribuer un boisseau de ce même légume. Cet exemple suffit pour prescrire la règle de ce qui doit être pratiqué par tous les souverains en de semblables rencontres. Le livre et le chapitre de Quintilien sont bien cités ; mais les paroles sont très-mal traduites. Voyons-les en original. *Mαταιοτεχνία quoque est quædam, id est, supervacua artis imitatio, quæ nihil sanè nec boni nec mali habeat, sed vanum laborem : qualis illius fuit qui grana ciceris ex spatio distante missa in acum continuò, et sinè frustratione inserebat, quem cùm spectásset Alexander, donásse dicitur ejusdem leguminis modio. Quod quidem præmium fuit illo opere dignissimum.* L'adresse de cet homme-là ne consistait pas , comme l'assure M. de la Mothe-le-Vayer, à faire passer *un pois chiche par le trou d'une aiguille*, en jetant ce pois *d'une assez grande distance.* Cela n'était guère plus praticable que ce qui est proposé par Notre-Seigneur Jésus-Christ comme une chose impossible (83). Voici l'industrie de ce personnage : il mettait un pois dans sa bouche, et en soufflant il le jetait vers une aiguille assez éloignée, et le fichait à la pointe de cette aiguille. Naudé , sans se servir des propres termes de Quintilien , a heureusement exprimé la chose (84) , et ne s'y est pas mépris comme l'autre auteur que j'ai cité *.

(83) Εὐκοπώτερόν ἐςι κάμηλον (ou plutôt κάμιλον) διὰ τρυπήματος ῥαφίδος διελθεῖν, ἢ πλούσιον εἰς τὴν βασιλείαν τοῦ Θεοῦ εἰσελθεῖν. *Il est plus facile qu'un chameau* (ou plutôt qu'un *câble*) *passe par le trou d'une aiguille, qu'il ne l'est qu'un riche entre au royaume de Dieu.* Matth., *chap. XIX, vs.* 24.

(84) *Alexander Magnus hominem solo oris halitu cicera minutissima ex magno intervallo in acum certissimè infigentem, cicerum modio donari voluit, quò se ille nugator in tam ludicræ artis fatuitate diutius exerceret.* Naudæus, *in* Syntagm. , de Studio liberali.

* Joly prétend que Bayle n'a fait cette longue remarque que pour avoir occasion de censurer la Mothe-le-Vayer. « Peut-être, dit-il , que » Bayle , sans le secours de Naudé, s'y serait » trompé comme les autres. » Au reste Joly ne regarde pas comme prouvé que l'explication de Naudé soit ce qu'a voulu dire Quintilien. « Peut-» être la difficulté , ajoute Joly, ne sera-t-elle » pas moins grande à y réussir de la sorte. » Les

Je ne me souviens point d'avoir jamais lu qu'Alexandre ait été blâmé du peu de compte qu'il fit du souffleur de pois. Platon n'eût pas jugé plus sainement de cette adresse qu'Alexandre ; car il fut le seul qui n'admira pas un certain Annicéris , qui était si bon cocher , qu'il faisait faire cent tours à son chariot sans s'écarter de la même ornière le moins du monde (85). Platon jugea qu'une personne qui s'est appliquée avec tant de diligence à se perfectionner dans un art si inutile , n'est point capable de grandes choses. Πλάτων , τὴν ὑπερβάλλουσαν αὐτοῦ σπουδὴν διέβαλεν , εἰπὼν , ἀδύνατόν ἐςι , τὸν εἰς μικρὰ οὕτω , καὶ οὐδενὸς ἄξια , τοσαύτην φροντίδα κατατιθέμενον , ὑπὲρ μεγάλων τινῶν σπουδάσαι· πᾶσαν γὰρ αὐτῷ τὴν διάνοιαν εἰς ἐκεῖνα ἀποτεθεῖσαν ἀνάγκη ὀλιγωρεῖν τῶν ὄντως θαυμάζεσθαι δικαίων. *Plato nimiam ejus industriam reprehendit, inquiens, fieri non posse , ut, qui rebus tam nullius pretii operam navaret adeò diligentem, possit magnis et præclaris negotiis ullis vacare. Quùm enim omnis cogitatio in ista conferatur, necessum esse , ut ea negligat , quæ reverà sunt admiratione digna* (86).

commentateurs ont fait des notes sur ce passage ; mais, suivant l'usage, il n'y en a aucune qui tende à éclaircir la difficulté.

(85) Lucian. , *in* Encom. Demosth. , *pag. m.* 929, 930 , *tom. II.*

(86) Ælian. , *Var. Hist., lib. II, c.* **XXVII.**

MACHIAVEL (Nicolas), natif

de Florence, a été un homme de beaucoup d'esprit , et une très-belle plume. Il ne savait que peu de latin (a); mais il fut au service d'un savant homme, qui lui ayant indiqué plusieurs beaux endroits des anciens auteurs, lui donna lieu de les insérer dans ses ouvrages (A). Il fit une comédie sur le modèle des anciens Grecs (B) , qui réussit admirablement , de sorte que Léon X en voulut régaler la

(a) *In nullá vel certè mediocri latinarum litterarum cognitione.* Jovius, Elog., *cap.* **LXXXVII**, *pag.* 205.

ville de Rome. Il fut secrétaire, et puis historiographe de la république de Florence. Les Médicis lui procurèrent ce dernier emploi avec de bons gages, afin d'apaiser le ressentiment où il était de la question qu'il avait soufferte(*b*). On la lui fit donner parce qu'on le soupçonna d'être complice des machinations qui furent faites par les Sodérini, contre la maison de Médicis. Il eut la force de résister aux tourmens, et n'avoua rien (*c*). Les louanges qu'il donnait à Brutus et à Cassius dans ses discours et dans ses livres, le rendirent fort suspect d'avoir été le principal directeur d'un attentat qui fut découvert (*d*) (C). Néanmoins on ne fit contre lui nulles procédures. Mais depuis ce temps-là il vécut dans la misère, se moquant de tout, et n'ayant nulle religion (*e*). Un remède qu'il avait pris par précaution lui donna la mort, l'an 1530 (D). Quelques-uns disent qu'il fallut avoir recours à l'autorité publique pour le contraindre de prendre les sacremens (*f*). D'autres assurent qu'il mourut en proférant des blasphèmes (*g*). Celui de ses livres contre lequel on s'est le plus soulevé (*h*), est un ouvrage de politique qu'il intitula *le Prince* (E). Plusieurs auteurs l'ont réfu-

té. Possevin, qui ne l'avait point lu, fut néanmoins cause que l'inquisition le condamna (F). Machiavel publia sept livres de l'art militaire, qui le firent passer dans l'esprit du duc d'Urbin pour un homme très-capable de mettre une armée en bataille; mais il eut la prudence de n'oser jamais essayer sa théorie, non pas même sur un escadron (G). On a publié depuis peu une nouvelle version française de la plupart de ses livres (H). Sa nouvelle de Belphégor, pièce très-ingénieuse, fut publiée par M. le Fèvre de Saumur, l'an 1664(*i*). On trouve dans la suite du *Menagiana* (*k*) une chose très-curieuse, sur la finesse dont Machiavel se servit en composant la vie de Castrucio Castracani. Cette Vie a été traduite en français par M. Guillet. On prétend qu'elle fut écrite de mauvaise foi (I); et on fait le même jugement de son Histoire de Florence (*l*) (K). Vous verrez ci-dessous quelques contes touchant son irréligion (L). Il y a des gens qui disent(*m*) qu'il fut au service de César Borgia en qualité de conseiller favori(*n*); et peut-être négociait-il pour lui en France, lorsqu'il eut à Nantes avec le cardinal de Rouen, la conversation dont il a parlé dans le IIIe. chapitre du Prince.

Ceux qui disent que dans cet ouvrage-là il avait dessein de représenter Charles-Quint, s'a-

(*b*) Jovius, Elog., c. LXXXVII, p. 206.
(*c*) Varillas, Anecd. de Florence, *pag.* 247.
(*d*) Jovius, Elog., c. LXXXVII, p. 206.
(*e*) *Voyez la remarque* (D).
(*f*) *Voyez* Varillas, Anecd. de Florence, *pag.* 249.
(*g*) *Blasphemans evomuit improbum spiritum.* Th. Raynaudus, de malis et bonis Libris, *num.* 46, *pag.* 48.
(*h*) Theophil. Raynaud, *là même*, donne *la liste de plusieurs auteurs qui ont réfuté* Machiavel.

(*i*) *Voyez le* Journal des Savans *du* 12 *janvier* 1665.
(*k*) *Pag.* 96 *de l'édition de Hollande.*
(*l*) Jovius, Elogior. *cap.* LXXXVII, *pag.* 205.
(*m*) Bosius de Comp. Prud. Civ., *num.* 42.
(*n*) Conring. Præf. Principis Machiavelli.

busent grossièrement (M). On a
débité que c'était un livre dont
Catherine de Médicis faisait son
étude particulière , et qu'elle
mettait entre les mains de ses
enfans (N). Ceux qui font cette
observation ne manquent pas de
l'accompagner de plusieurs termes injurieux, et à cette reine ,
et à notre Nicolas Machiavel. Il
y a bien peu d'auteurs qui parlent de lui sans donner leur malédiction à sa mémoire (o). Quelques-uns l'excusent, et se portent pour ses défenseurs (p) ; et
il y en a même qui le regardent
comme un écrivain fort zélé
pour le bien public (O), et qui
n'a représenté les artifices de la
politique qu'afin d'inspirer de
l'horreur contre les tyrans , et
d'exciter tous les peuples au
maintien de la liberté. Si l'on
peut révoquer en doute que ç'ait
été son véritable motif, on doit
pour le moins reconnaître qu'il
se montra par sa conduite bien
animé de l'esprit républicain (P).
L'un de ses plus nouveaux antagonistes est le père Lucchésini ,
jésuite italien, consulteur de la
congrégation des rites. Voyez
son *Saggio della Sciocchezza di
Nicolo Machiavelli*, imprimé à
Rome, l'an 1697 (q). L'auteur
de l'Appendix du traité *de Litteratorum Infelicitate* a placé
Machiavel dans son catalogue (r),
et n'a pas eu tort; car ce Florentin fut persécuté de la mauvaise
fortune autant qu'un autre (Q).

(A) *Il fut au service d'un savant
homme , qui , lui ayant indiqué plusieurs beaux endroits des anciens ,
lui donna lieu de les insérer dans ses
ouvrages.*] Ce fut Marcellus Virgile,
comme nous l'apprenons de Paul Jove
qui le tenait de Machiavel. *Constat
enim , sicuti ipse nobis fatebatur , à
Marcello Virgilio , cujus et notarius ,
et asseccla publici muneris fuit, græcæ
atque latinæ linguæ flores accepisse ,
quos scriptis insereret* (1).

(B) *Il fit une comédie sur le modèle
des anciens Grecs.*] Il y joua plusieurs
Florentins qui n'osèrent témoigner le
chagrin qu'ils en conçurent. *Comiter
æstimemus Etruscos sales , ad exemplar comœdiæ veteris Aristophanis ,
in Niciá præsertim comœdiá ; in quá
adeò jucundè vel in tristibus risum
excitavit , ut illi ipsi ex personá scitè
expressá , in scená inducti cives ,
quanquàm præaltè commorderentur,
totam inustæ notæ injuriam civili leni-
tate pertulerint: actamque Florentiæ,
ex eá miri leporis fama Leo pontifex,
instaurato ludo , ut Urbi ea voluptas
communicaretur , cum toto scenæ cultu, ipsisque histrionibus Romam acci-
verit* (2). Ces paroles de Paul Jove
nous apprennent que le pape , ayant
appris le grand succès que cette pièce
avait eu sur le théâtre de Florence,
donna ordre qu'elle fût jouée à Rome,
par les mêmes acteurs, et avec les
mêmes décorations. Je ne sais d'où
M. Varillas a pris tant d'autres particularités qu'il n'a point lues dans
Paul Jove. Voici son narré (3) : *Un
jour que* Machiavel *contrefaisait les
gestes et les démarches irrégulières
de quelques-uns des Florentins, le
cardinal lui dit qu'elles paraîtraient
bien plus ridicules sur le théâtre ,
dans une comédie faite à l'imitation
de celles d'Aristophanes. Il n'en fallut pas davantage pour disposer Machiavel à travailler à Sunitia* (4), *où
les personnes qu'il voulait jouer se
trouvèrent si vivement dépeintes ,
qu'elles n'osèrent s'en fâcher, quoiqu'elles assistassent à la première*

(o) *Voyez* Clasen, *au chapitre IX de son
Traité* de Religione politicá, *pag.* 162 ,
édit. 1682.
(p) *Voyez les remarques* (O) *et* (F).
(q) Le Journal de Leipsic. 1698, *pag.*
352, *en donne l'extrait.*
(r) *Voyez* Cornelius Tollius, *in* Appendice ad Pierrium Valerianum , *pag.* 20, 21.

(1) Paul. Jov., El., c. LXXXVII, p. m. 206.
(2) *Idem, ibidem*, pag. 205.
(3) Varillas , Anecdotes de Florence, p. 248.
(4) Paul Jove *nomme cette comédie* Nicia : il
aurait donc fallu imprimer sa Nicia. Cette pièce
ne paraît point dans les Œuvres de Machiavel.
On n'y trouve que deux comédies : la première
est intitulée Mandragola, et la seconde Clitia.

représentation de la pièce, de peur d'augmenter la risée publique en se découvrant. Le cardinal de Médicis en fut si charmé, que depuis, étant pape, il fit transporter à Rome la décoration du théâtre, les habits et les acteurs mêmes, pour en donner le divertissement à sa cour. Non-seulement M. Varillas raconte des choses que Paul Jove n'a point dites ; mais il suppose, contre le narré de cet auteur, que la pièce fut jouée sur le théâtre de Florence avant que Léon X fût pape. M. de Balzac observe que la *Clitie* de Machiavel est une copie de la *Casina* de Plaute, et il blâme avec raison ce Florentin d'avoir suivi son original, jusque dans les choses où les matières de religion étaient tournées en raillerie. *Scriba quem nósti Florentinus . . . è latinâ bonâ Hetruscam fecit meo judicio non malam. Clitia siquidem illius, eadem est quæ Plauti Casina ; ex quâ nonnulla interpres fidissimus penè ad verbum reddidit, quædam correxit cum arte, multa felicissimè imitatus est, aliqua verò aut imprudenter aut perversè; velut illa Olympionis villici ad Stalinonem herum :*

Inimica est tua uxor mihi, inimicus filius,
Inimici familiares. Stal. Quid id refert tuâ?
Unus tibi hic dùm propitius sit Jupiter,
Tu istos minutos cave Deos floccifeceris.
Olymp. Nugæ sunt istæ magnæ, quasi tu nescias,
Repentè ut emoriantur humani Joves.
Sed tandem si tu Jupiter sis emortuus,
Cùm ad Deos minores redieris regnum tuum
Quis mihi subveniet, tergo, aut capiti, aut
cruribus?

Quæ sic Thuscus effinxit scenâ sextâ actûs tertii, ubi Pyrrhus hunc cum Nicomacho sermonem habet :

Nic. Ch'importa à te? Stà ben con Christo,
e fatti beffe de' Santi (5).
Pir. Si, ma se voi morissi, e Santi mi trat-
terebbeno assai male
Nic. Non dubitare, io ti farò tal parte, chei
Santi ti potranno dar poca briga, etc.

Hæc, quòd ad elegantiam, multò inferiora sunt Plautinis, indigna verò homine Christiano, qui sanctiores musas colit, et in ludicris quoque meminisse debet severitatis (6).

Par occasion je dirai ici une chose que j'ai promise (7). Léon X, ou-

(5) *Conférez ce que dessus, citation* (40) *de l'article* Dassouci, *tom. V, pag.* 394.
(6) Balzacius, Epist select., , *p. m.* 202, 203.
(7) *Dans l'article* Léon X, *tom. IX, p.* 150. *remarque* (F), *à la fin.*

bliant la dignité de son caractère, assista un jour à la comédie, au vu et au su de tout le monde. Ce fut à la prière du cardinal Bibienna qui était bon poëte italien, et qui composa une pièce de théâtre en l'honneur de la duchesse de Mantoue. *Poëtices et Hetruscæ linguæ studiosus, comœdias multo sale, multisque facetiis refertas componebat : ingenuos juvenes ad histrionicam hortabatur, et scenas in Vaticano spatiosis in conclavibus instituebat. Proptereà quùm fortè Calandrum comœdiam à mollibus argutisque leporibus perjucundam in gratiam Isabellæ Mantuani principis uxoris per nobiles comœdos agere statuisset, precibus impetravit, ut ipse pontifex è conspicuo loco despectaret* (8). Je croirais sans peine, quoique l'historien ne le dise pas, que Léon X assista à la représentation du *Pœnulus*. C'est une pièce de Plaute, qui fut jouée à la cour du capitole avec toute sorte de pompe, l'an 1513. *Eodem quoque anno Julianus Medices Leonis frater ab senatu populoque Romano civitate donatus est : in cujus gratiam, in areâ Capitolii temporarium theatrum extructum est omni picturarum varietate mirificè cultum. Egére in scend Plauti Pœnulum decore mirabili, et priscâ quidem elegantiâ Romanæ juventutis lepidissimi quique, variaque extrà ordinem poëmata recitata, florentibus non aliàs fœcundiore sœculo poëtarum ingeniis* (9). Famien Strada raconte, que non-seulement ce pape assistait aux conférences des poëtes, mais qu'il approuvait aussi qu'ils instituassent des combats publics dont il était spectateur (10). Il est vrai qu'il se plaçait dans une loge où l'assemblée ne le voyait pas. *In aulá omnium ordinum frequentia, et pontificiis potissimùm asseclis refertâ, nullo exedrarum, locique discrimine considunt. Nam Leo pontifex ratus*

(8) Paulus Jovius, *in* Vità Leonis X, *pag. m.* 189.
(9) Paulus Jovius, Historiar. *lib. XI, sub fin. Voyez-le aussi in* Vità Leonis X, *lib. III, pag.* 145.
(10) Strada, Prolusion. academ., *lib. II, prolus. V, pag. m.* 334. *Voyez aussi pag.* 359; où il dit : *Fuit id Leoni perjucundum qui explorata haberet illorum ingenia, et solitus esset interdùm severitatem imperii atque acres generis humani curas eruditis hisce voluptatibus temperare.*

inferius esse majestate principis , si
se in conspectum concioni daret , in
aulæ recessu , loculumento se suo
sublatus in speculam inseruerat (11).
Ne doutez point que la fiction que
Strada récite ne fût fondée sur des
faits connus.

(C) *Il fut suspect d'avoir été le*
directeur d'un attentat qui fut dé-
couvert.] Il en coûta la vie à un poëte,
et à un garde du corps, si nous en
croyons Paul Jove. *Quùm dicendo*
scribendoque Brutos et Cassios lau-
daret ejus conjurationis architectus
fuisse putaretur, in quâ Ajacetus
poëta, et Alamanus ex ipsâ turmâ
prætoriâ levissimus eques, concepti
sceleris capite pœnas dederunt. Ces
gens-là avaient eu dessein de tuer le
cardinal Julien de Médicis, qui fut
ensuite le pape Clément VII. Celui
que Paul Jove nomme *Ajacetus* est
nommé par d'autres Jacques Diacettin, ou *Jacobo da Diaceto* , ou
Jacobus Jacettus. Il *fréquentait sou-*
vent les maisons et les jardins de Rus-
cellai : les *gens de savoir, citoyens*
et étrangers, y étaient bienvenus, et
entre autres, Zanobi Buondelmont ,
et Louis Alamanni , et s'entrete-
naient communément à l'entour de
Cosimin Ruscellai....... même impo-
tent qui se faisait porter comme dans
un berceau : et avec eux se trouvait
aussi Nicolas Machiavel , qui leur
faisait voir ses œuvres , et dédia ses
discours, œuvres de nouvelle inven-
tion, à Cosimin. Ceux-ci qui avaient
connaissance des bonnes lettres et
de la philosophie, se mirent en tête de
tuer le cardinal , non pour aucune
malveillance ; mais pour mettre ,
comme ils disaient , la république en
liberté. Diacettin le confessa ainsi
devant les juges , et lui et le courrier
furent exécutés par justice. Machiavel
en fut fort soupçonné : Alamanni se
trouva aux champs , et se sauva au
duché d'Urbin : Buondelmont fut
forcé par sa femme de sortir de sa
maison , et se jeta hors la ville , et se
sauva en la Carfagnana , où était
gouverneur pour le duc de Ferrare ,
le poëte Louis Arioste, qui le con-
serva (12). M. Varillas (13) suppose

que Léon X était en vie au temps de
cette conspiration : il s'abuse en cela
autant que dans l'intervalle qu'il a
mis entre la promotion de Machiavel
à la charge d'historiographe , et l'exaltation de ce pontife (14). Mais les
fautes de Paul Jove sont bien plus
grossières Il suppose que la principale
qualité de son *Ajacetus* , et son caractère distinctif étaient d'être poëte:
cela n'est pas vrai (15). Il devait dire
cela de son *Alamannus*, au lieu d'en
faire un chevau-léger de la garde ; et
il ne devait pas le mettre au nombre
de ceux qui furent décapités. Aloisio
Alamanni , bel esprit et grand poëte,
fut complice de cette conspiration ;
mais il n'en fut pas puni : il se sauva
au delà des Alpes , et fut très-bien
reçu de François 1er. Il publia plusieurs poëmes à la louange de ce prince , et sur quantité d'autres sujets ;
et il florissait en France l'an 1540 ,
comme le Poccianti l'a remarqué
(16) ; et l'an 1544 , comme on l'a vu
ci-dessus (17). Il y a un chapitre (18)
qui le concerne dans les *Ragguagli*
du Boccalin. Il y est blâmé des éloges
excessifs qu'il avait donnés aux Français dans une harangue ; et l'on
ajoute qu'il fut bientôt dégoûté de
cette nation , à cause que les Français lui firent connaître trop clairement qu'ils le méprisaient. Voici un
passage de Jacques Gohory : « Fina-
» lement il ha fait de jolys petitz
» traitez, c'est assavoir la vie de Cas-
» truccio Castracani (de qui j'entens
» qu'il y a un fort honneste gentil-
» homme son parent aujourd'huy en
» cette ville) envoyée par luy à Luigi
» Alamanni , qui ha écrit le livre de
» l'Agricolation , et reduit le romant
» de Giron le Courtois, par com-
» mandement du grand roy Fran-
» cois , fort élegamment en ryme
» italienne : lequel ha laissé deux
» fils en la cour de France , l'un à
» present evesque de Macon doué de
» toutes bonnes lettres, l'autre mais-

(14) Là même , pag. 248.
(15) *Voyez l'article* JACCÈTUS, *tom. VIII,*
pag. 315.
(16) *Floruit in maximo pretio in Galliâ trans-*
alpinâ , 1540. Michaël Pocciantius, *in Catalog.*
Scriptorum Florentinor., pag. 7 , *edit. Florent.,*
1589.
(17) *Citation (26) de l'article* FRANÇOIS 1er.,
tom. VI, pag. 568.
(18) *C'est le XIXᵉ. de la IIᵉ. centurie.*

(11) *Idem , ibidem, prolus. VI, pag.* 363.
(12) Pierre de Bois-at, Histoire généalogique
de la Maison de Médicis, *pag.* 241, 242.
(13) Anecdotes de Florence , *pag.* 249.

» tre d'hostel du roy, fort adroit aux
» armes (19). »

(D) *Un remède..... pris par précaution lui donna la mort, l'an 1530.*]
Voici les termes de Paul Jove (20) :
*Fato functus est quùm accepto temerè
pharmaco, quo se adversùs morbos
prœmuniret,* VITÆ SUÆ JOCABUNDUS
ILLUSISSET, *paulò antequàm Floren-
tia Cæsarianis subacta armis, Me-
diceos veteres dominos recipere cogeretur* (21). Il avait dit peu auparavant, *fuit exindè semper inops,
uti irrisor et Atheos.* Il suppose
donc que les Médicis l'abandonnèrent
dès qu'ils l'eurent soupçonné d'avoir
eu part au complot de Diacettin ;
mais il se trompe. Clément VII n'é-
tait point encore pape, et nous
voyons que Machiavel, en dédiant
les huit livres de l'histoire de Florence à Clément VII, avoue qu'il
était entretenu par les libéralités de
ce pontife. *Io vengo allegro in campo
sperando che come io sono dalla hu-
manità di V. B. honorato e* NUTRITO,
*cosi sarò delle armate legioni del suo
sanctissimo giudicio ajutato e difeso.*
Cette circonstance du temps nous fait
voir une fausseté insigne de Varillas :
il dit (22) que *Machiavel écrivit les
huit livres que nous avons de l'histoire de son pays, dont le style est si
fleuri et si châtié, qu'on l'accuse de
l'être trop. Et c'est principalement en
cela, qu'on lui préfère la facilité et
la douce liberté de Boccace. Sa narration est quelquefois maligne, et
satirique ; et Marc Musurus l'en
convainquit si clairement, qu'il n'osa
lui répondre.* Musurus mourut sous
le pape Léon X : il n'a donc point
critiqué cet ouvrage de Machiavel
qui ne parut que sous Clément VII.
M. Varillas pervertit et falsifie d'une
étrange sorte ces paroles de Paul
Jove (23) : *Pedestrem patrii sermonis
facultatem à Boccacii conditoris vetustate diffluentúm novis et planè
atticis vinculis astrinxerat, sic ut
ille castigatior, sed non purior aut*

gravior otiosis ingeniis existimetur.
Selon Paul Jove, le style de Boccace
est plus châtié que celui de Machiavel ; mais il n'est pas plus pur, ni
plus grave. Au reste, si j'ai dit que
Machiavel mourut l'an 1530, je l'ai
fait pour m'accommoder aux expressions de Paul Jove ; sans savoir s'il
vaut mieux le faire que de suivre le
Poccianti, qui met sa mort à l'an
1526 (24). Le feuillant Pierre de
Saint-Romuald, l'a mise au 5 de décembre 1530. Voyez le IIᵉ. tome (25)
de son Journal chronologique. Ce
n'est point s'accorder avec Paul Jove.
Voyez ci-dessus la citation (20).

(E) *Un ouvrage de politique qu'il
intitula le Prince.*] Les maximes de
cet auteur sont très-mauvaises : le
public en est si persuadé, que le
machiavélisme, et l'art de régner
tyranniquement, sont des termes de
même signification. Cet ouvrage de
Machiavel a été traduit en français
par M. Amelot de la Houssaye. L'auteur des Nouvelles de la République
des Lettres (26), en parlant de la
troisième édition de cette version,
fit la remarque suivante. « La préface
» est pleine de réflexions qui frap-
» pent au but. On y lit entre autres
» choses cette pensée de M. de Wic-
» quefort, *Machiavel dit presque
» partout ce que les princes font, et
» non ce qu'ils devraient faire* (27).
» Il est surprenant qu'il y ait si peu
» de personnes qui ne croient que
» Machiavel apprend aux princes
» une dangereuse politique ; car au
» contraire ce sont les princes qui
» ont appris à Machiavel ce qu'il a
» écrit. C'est l'étude du monde, et
» l'observation de ce qui s'y passe,
» et non pas une creuse méditation
» de cabinet, qui ont été les maîtres
» de Machiavel. Qu'on brûle ses
» livres, qu'on les réfute, qu'on les
» traduise, qu'on les commente, il
» n'en sera ni plus ni moins par

(19) Jacques Gohory, *dans la Vie de Machiavel, au-devant de sa traduction française
du Prince et des Discours sur Tite-Live, imprimée à Paris, l'an 1571.*

(20) Jovius, Elogior. pag. 206.

(21) *Florence se rendit le 9 d'août 1530.*

(22) Varillas, Anecdotes de Florence, pag.
248.

(23) Jovius, Elogior. pag. 206.

(24) Pocciantius, *in Catalogo Scriptorum
Florentinorum, pag.* 137.

(25) *Pag. m.* 592.

(26) Nouvelles de la République des Lettres,
mois de janvier, 1687, pag. 99.

(27) *Le chancelier* Bacon, de Augment.
Scientiar., *lib. VII, cap. II, pag. m.* 397,
avait dit la même chose. Est quòd gratias aga-
mus Machiavello et hujusmodi scriptoribus, qui
apertè et indissimulanter proferunt quid homines
facere soleant, non quid debeant.

» rapport au gouvernement. Il faut
» par une malheureuse et funeste
» nécessité que la politique s'élève
» au-dessus de la morale ; elle ne
» l'avoue point , mais elle fait pour-
» tant comme Achille, *jura negat*
» *sibi nata.* Un grand philosophe de
» ce siècle ne saurait souffrir qu'on
» dise qu'il a été nécessaire que
» l'homme péchât, je crois néan-
» moins qu'il avoue qu'à l'égard des
» souverains le péché est désormais
» une chose nécessaire, sans que
» pour cela ils soient excusables ;
» car outre qu'il y en a peu qui se
» contentent du nécessaire, ils ne
» seraient point dans cette fâcheuse
» nécessité, s'ils étaient tous gens de
» bien. » On peut ajouter à cela ce
que dit un ancien poëte, que par le
seul exercice de la royauté les plus
innocens apprendraient le crime sans
l'aide d'aucun précepteur :

Ut nemo doceat fraudis et sceleris vias,
Regnum docebit (28).

Tout le monde a ouï parler de la maxime, *qui nescit dissimulare nescit reg-*
nare, et pour nier qu'elle soit très-véritable, il faut être fort ignorant dans
les affaires d'état. Boccalin nous fait
entendre finement, que le règne de
quelques papes avait appris à Machiavel la politique de son Prince. Voici
l'apologie qu'il prête à cet écrivain.
Io in tanto non intendo difendere gli
scritti miei, che pubblicamente gli ac-
cuso, e condanno per empj, per pieni
di crudeli, ed esecrandi documenti da
governare gli stati. Di modo, che se
quella, che ho pubblicata alla stam-
pa, è dottrina inventata di mio capo,
e sono precetti nuovi, dimando, che pur'
hora contro di me irremissibilmente
si eseguisca la sentenza, che a i giu-
dici è piaciuto darmi contro : ma se
gli scritti miei altro non contengono,
che quei precetti politici, e quelle
regole di stato, che ho cavate dalle
attioni di alcuni principi, che se vos-
tra maestà mi darà licenza nominarò
in questo luogo, de' quali è pena la
vita dir male, qual giustitia, qual
ragione vuole, ch' essi, che hanno
inventata l' arrabbiata, e disperata

(28) Seneca, in Thyeste, act. *II, vs.* 312. Il
avait dit, *vs.* 217,
Sanctitas, pietas, fides, privata bona sunt :
quâ juvant,
Reges sant. . . . .

politica scritta da me, sieno tenuti
sacrosanti, io che solo l'ho pubbli-
cata, un ribaldo, un atheista? Che
certo non sò vedere, per qual ca-
gione stia bene adorar l'originale di
una cosa come santa, ed abbrucciare
la copia di essa come esecrabile : e
come io tanto debba esser persegui-
tato, quando la lettione delle his-
torie, non solo permessa, ma tanto
commendata da gn' uno notoria-
mente hà vertù di convertire in tanti
Machiavelli quelli, che vi attendono
con l'occhiale politico (29). Prenez
garde à ces dernières paroles : Boccalin prétend que, puisqu'on permet
et qu'on recommande la lecture de
l'histoire, on a tort de condamner la
lecture de Machiavel. C'est dire que
l'on apprend dans l'histoire les mêmes
maximes que dans le Prince de cet
auteur. On les voit là mises en pratique : elles ne sont ici que conseillées.
C'est peut être sur ce fondement que
des personnes d'esprit jugent qu'il
serait à souhaiter qu'on n'écrivît
point d'histoires (30). Cela ne disculpe point Machiavel : il avance des
maximes qu'il ne blâme pas; mais
un bon historien qui rapporte la
pratique de ces maximes la condamne. Cela met une grande différence entre le livre du Florentin, et
l'histoire, et néanmoins il est sûr
que par accident la lecture de l'histoire est très-propre à produire le
même effet que la lecture de Machiavel. Il y a d'habiles gens qui ont
fait son apologie (31), et qui ont dit
que tous ceux qui l'ont attaqué témoignent leur ignorance dans les
matières de politique (32). *Quicun-*
que sanè hactenus MACHIAVEL-
LUM sibi sumsère confutandum, si
verum licet profiteri, suam civilis
philosophiæ ἀπαιδευσίαν *nimis apertè*
prodiderunt. Ita voce cum Aristo-
tele, summo dicendi magistro, im-
peritiam τοῦ τρόπου τῆς ἐπιστήμης *sive*
naturæ et indolis politicæ scientiæ

(29) Boccalin, Ragguagli di Parnasso, *centur.*
I, cap. LXXXIX.
(30) *Voyez* Mascardi, de Arte historicâ.
(31) Pro Machiavello *inter alios apologiam*
scripsit Gasp. Scioppius in libello Pædia poli-
ticæ et Dissertatione adversus Paganinum Gau-
dentium. Bosius, de comparandâ Prud. Civil.,
num. 93, *apud Magirum Eponymol.*, *pag.* 552.
(32) Conringius, *in præfat. suæ libri de*
Principe *editionis, apud Magirum, pag.* 554.

ignorantiam (33). *Enim verò omnes pené videas disserere, quasi non aliæ sint respublicæ, quam quæ primo ac per sese, imò unicè, salutem populi spectant, aut verò affectant plenam exactamque humanæ vitæ felicitatem; eòque et politico magistro de solis illis agendum esse : hinc sanè omnem doctrinam, quæ non est de rebuspublicis, quas illi unicè cognoscendas hominibus arbitrantur, damnare solent, et extra limites politicæ methodi abjicere.* Vous trouverez plusieurs remarques de cette nature dans la préface que le docte Conringius a mise au-devant du prince de Machiavel. Prenez garde qu'on accuse notre Florentin de s'être enrichi des dépouilles d'Aristote : il y a donc long-temps que ses maximes de politique sont dans les livres. C'est le même Conringius qui lui intente cette accusation. *Nicolaus Machiavellus, cymbalum illud politicarum artium, nullum ferè dominatus arcanum consilium Principem suum potuit docere, quod non dudum antè ad tyrannidem et dominatum conservandum facere Aristoteli sit libro V (Politicorum) observatum. Quin sua omnia vaferrimus hic nequitiæ doctor dissimulato plagio ex Aristotele fortassè transcripsit : eo tamen discrimine, quod hic impiè ac impudenter omni principi commendet, quæ non nisi dominis ac tyrannis convenire longè rectius ac prudentius scripserat antè Aristoteles* (34). Gentillet (35) l'accuse d'être le plagiaire de Bartole. Je m'étonne qu'on ne dise pas qu'il a dérobé ses maximes au docteur angélique, le grand saint Thomas d'Aquin. Voyez dans les Coups d'État de Naudé (36) un long passage du com-

mentaire de Thomas d'Aquin, sur le Vᵉ. livre de la Politique d'Aristote. M. Amelot (37) prouve que Machiavel n'est que le disciple ou l'interprète de Tacite, et il fait la même remarque que Conringius. *De tous ceux qui censurent Machiavel*, dit-il (38), *vous trouverez que les uns avouent qu'ils ne l'ont jamais entendu, comme il paraît bien par le sens littéral qu'ils donnent à divers passages, que les politiques savent bien interpréter autrement. De sorte qu'à dire la vérité, il n'est censuré que parce qu'il est mal entendu : et il n'est mal entendu de plusieurs, qui seraient capables de le mieux entendre, que parce qu'ils le lisent avec préoccupation, au lieu que s'ils le lisaient comme juges, c'est - à -dire tenant la balance égale entre lui et ses adversaires, ils verraient que les maximes qu'il débite, sont pour la plupart absolument nécessaires aux princes, qui, au dire du grand Côme de Médicis, ne peuvent pas toujours gouverner leurs états avec le chapelet en main* (*). Il venait de dire (39) qu'*il ne faut pas s'étonner si Machiavel est censuré de tant de gens, puisqu'il y en a si peu qui sachent ce que c'est que raison d'état, et par conséquent si peu qui puissent être juges compétens de la qualité des préceptes qu'il donne, et des maximes qu'il enseigne. Et je dirai en passant, qu'il s'est vu force ministres, et force princes, les étudier, et même les pratiquer de point en point, qui les avaient condamnées et détestées avant que de parvenir au ministère, ou au trône. Tant il est vrai qu'il faut être prince, ou du moins ministre, pour connaître, je ne dis pas l'utilité, mais la nécessité absolue de ces maximes.* C'est appliquer à Machiavel ce qu'un autre a dit de Tacite : « Ceux qui l'accusent » de tenir des maximes pleines d'im- » piété, et contraires aux bonnes » mœurs, me pardonneront, si je » leur dis que jamais politique ne » traita les règles d'état plus raison-

---

(33) *Rapportez à ceci ces paroles du sieur* Naudé, *chap. I des* Coups d'État : Vouloir parler de la politique suivant qu'elle se traite et exerce aujourd'hui, sans rien dire de ces coups d'état, c'est proprement ignorer la pédie, et le moyen qu'enseigne Aristote dans ses Analytiques, pour parler de toutes choses à propos, et suivant les principes et démonstrations qui leur sont propres et essentielles, *Est enim pædiæ inscientia nescire, quorum oporteat quærere demonstrationem, quorum verò non oporteat;* comme il dit en sa Métaphysique.

(34) Conringius, Introduct. in Polit. Aristotelis, *cap. III, pag.* 583, *apud* Thomasium, de Plagio litterario, *pag.* 223, 224.

(35) *In præfat.*, lib. *III* Commentarior. adversùs Machiav.

(36) *Au chap. I, pag.* m. 16.

(37) *Dans ses Notes sur le Prince de Machiav.*

(38) Amelot de la Houssaye, *préface du Prince de Machiavel.*

(*) *Che gli stati non si tenevano con paternostri.* Machiavel, Histor. VII.

(39) *Dans l'épître dédicatoire.*

» nablement que lui , et que les plus
» scrupuleux , qui les ont blâmées
» tandis qu'ils étaient personnes pri-
» vées , les ont étudiées et prati-
» quées lorsqu'ils ont été appelés
» au maniement des affaires publi-
» ques (40). » M. Amelot , ayant cité
ces paroles de M. de Chanvalon, les
confirme tout aussitôt par un exemple. *L'Allemagne*, dit-il (41) , *en a
vu tout récemment un bel exemple
dans le dernier évêque de Vienne ,
qui , lorsqu'il n'était que le père Éme-
ric in puris naturalibus , invectivait
dans tous ses sermons contre les maximes de la politique, jusqu'à ne croire
point de salut pour ceux qui les
mettaient en usage : mais qui , dès
qu'il fut introduit à la cour de l'empereur, et poussé dans le ministère ,
changea d'opinion, comme de fortune, et pratiqua lui-même (mais plus
finement) tout ce qu'il condamnait
auparavant dans ses prédécesseurs ,
les princes d'Aversberg et de Lobko-
witz, dont il avait procuré la disgrâce, et dans le comte Augustin de
Walstein, son concurrent à l'évêché
de Vienne et au cardinalat (*).*
Il faut dire quelque chose de l'ouvrage qui fut composé par Innocent
Gentillet, contre celui de Machiavel.
Il a pour titre dans l'édition dont je
me sers (42), *Discours sur les moyens
de bien gouverner et maintenir en
bonne paix un royaume ou autre
principauté, divisés en trois livres :
à savoir du Conseil, de la Religion ,
et Police que doit tenir un prince.
Contre Nicolas Machiavel Florentin.*
Il est dédié au duc d'Alençon , frère
du roi Henri III. On n'y voit ni le
nom de l'auteur, ni celui de l'imprimeur, ni celui du lieu où il a été
imprimé ; mais seulement la date de
1576. Ce livre est cité ordinairement
comme s'il était intitulé *Anti-Ma-
chiavel :* cette citation est plus courte
que celle du véritable titre ; et c'est
ce qui a fait naître le titre *Anti-*

Machiavel *. Consultez M. Baillet
(43).
    Je me persuade que ce que je vais
citer du sieur de la Popelinière se
rapporte au traité de Gentillet. Il
blâme la tolérance que l'on avait
pour les livres du Florentin , remplis de maximes pernicieuses ; et puis
il ajoute (44 : « Or puis que les ma-
» gistrats chrestiens connivoient à si
» prejudiciables escrits : Un gentil
» esprit se reveilla parmy les Fran-
» cois , pour en confuter les erreurs
» et impietez qu'il jugeoit trop ou-
» vertes et si favorisées par le com-
» mun. Mais avec si pauvre succez ,
» que pour ne se fonder qu'en auc-
» toritez et assez mal propres exem-
» ples (dont les deux parties se peu-
» vent ayder, et que le Florentin ap-
» pelle ridicules) et se faire veoir
» despourveu de vives raisons qui
» sont les vrayes armes avec les-
» quelles il appelle tout le monde
» au combat : que le pauvre auteur
» n'a sceu tirer pour recompense de
» tant de peines à defendre l'estat ,
» la religion , et le devoir de tous
» ensemble : qu'injures et menaces
» au lieu des honneurs et autres
» dignes salaires que meritoit un tant
» affectionné et laborieux travail. »
Si l'on jugeoit du mérite d'un ouvrage par la multitude des éditions
et des traductions , celui de Gentillet pourrait prétendre à un haut
degré de gloire : car il a été traduit
en diverses langues , et imprimé
plusieurs fois. L'édition de Leyde,
1609, porte qu'il avait été *augmenté
de plus de la moitié.* L'épître dédicatoire en a été retranchée.
    Si nous avions tout entier l'ou-
vrage dont on publia une partie
l'an 1622, nous aurions peut-être ce
qui a été fait de meilleur sur le
Prince de Machiavel. Cette partie
tout entrecoupée de lacunes est intitulée , *Fragment de l'examen du
Prince de Machiavel : où il est traité
des confidens , ministres , et conseillers particuliers du prince, ensemble*

(40) *M.* de Harlai Chanvalon, *Préface de la
traduction de* Tacite.
(41) *Dans son* Discours critique, *au devant
de la* Morale de Tacite , *imprimée l'an* 1686. Il
l'a mis depuis au-devant de sa traduction française des six premiers livres des* Annales de
Tacite.
(*) *Dans une* Relation manuscrite de la cour
de *Vienne, d'un prince allemand.*
(42) *Elle est in-8o.*

* Il existe encore sous le même titre d'*Anti-
Machiavel,* un ouvrage du roi de Prusse, connu
sous le nom de Frédéric-le-Grand , et qui n'était
alors que prince royal. Voltaire en fut l'éditeur.
(43) *Au* II*e.* tome des Anti, *pag.* 129 *et suiv.*
(44) La Popelinière, Histoire des Histoires,
liv. VII, pag. 405 , 406.

de la fortune des favoris. Elle est in-12, et contient 339 pages. J'en ai cité quelque chose dans les remarques de l'article du chancelier de l'Hospital. On a une nouvelle édition latine du prince de Machiavel, faite à Amsterdam, in-8°., l'an 1699, *interprete Casparo Langenhert philosopho, qui sua ei commentaria adjecit.* Celui qui a donné cette nouvelle traduction, *ne l'a entreprise que parce que celle que nous avions auparavant lui a paru défectueuse* (45).

(F) *Possevin, qui ne l'avait point lu, fut.... cause que l'inquisition le condamna.*] Ce tribunal s'avisa bien tard de condamner cet ouvrage. Le Prince de Machiavel fut publié environ l'an 1515, et dédié à Laurent de Médicis, neveu de Léon X. Il ne fit nul tort à l'auteur auprès de ce pape, qui néanmoins est le premier qui ait menacé de l'excommunication ceux qui liraient un ouvrage défendu. *Nec tamen à papâ isthoc vel liber ullo fuit sinistro verbo notatus* (*quamvis Leo omnium primus intenderit vim librorum prohibitoriam, vetitis legi dissidentium scriptis omnibus sub excommunicationis pœnâ, quod hactenùs carebat exemplo), vel auctor pristino gratiæ loco motus* (46) : ce que je remarque afin de faire connaître que l'impunité de ce livre de Machiavel ne doit pas être attribuée à quelque relâchement général du pontificat de Léon, par rapport aux mauvais livres. Le pape discontinua si peu de témoigner son amitié à l'auteur, qu'il l'employa à faire un livre qui demandait le secret. Il lui fit faire un Traité sur la manière de réformer la république de Florence. *Valuit in tantum apud Leonem, ut hujus jussu arcanam dissertationem concinnaverit de* reformatione reipublicæ Florentinæ, *quam manuscriptam in bibliothecâ Gaddianâ superesse testatur Jacobus Gaddus* (47). Adrien VI, successeur de Léon X, laissa en repos l'écrit de Machiavel. Clément VII, successeur d'Adrien VI, fit plus que cela : car,

non-seulement il trouva bon que Machiavel lui dédiât son Histoire de Florence; mais aussi il accorda un privilége (48) à Antoine Bladus, pour imprimer à Rome les œuvres de cet auteur. Les successeurs de Clément VII, jusqu'à Clément VIII exclusivement, permirent dans toute l'Italie le débit du Prince de Machiavel, dont il se faisait souvent des éditions et des traductions. On savait pourtant que cet ouvrage déplaisait à quelques docteurs ; car un livre d'Ambroise Catharin (49) imprimé à Rome, l'an 1552, contient un chapitre contre les Discours et le Prince de Machiavel. Enfin, sous le pontificat de Clément VIII, on condamna les écrits de ce Florentin, après les vacarmes que firent à Rome le jésuite Possevin et un prêtre de l'oratoire, nommé Thomas Bozius. Il est néanmoins certain que ce jésuite n'avait point lu le Prince de Machiavel. Voyez le jugement qu'il a publié sur quatre écrivains, La Noue, Bodin, du Plessis Mornai et Machiavel (50) : vous verrez qu'il suppose que le Prince du quatrième est divisé en trois livres ; ce qui est visiblement faux. Il impute à Machiavel des choses qui ne sont point dans le Prince. Conringius devine très-bien la source de ces bévues ; c'est que Possevin ne connaissait cet ouvrage que par la lecture de Gentillet. *In eâ* (dissertatione Possevini) *verò ita disseritur, quasi à MACHIAVELLO tres de Principe libri compositi sint : hinc statim initio, ubi de MACHIAVELLO agit, aliquot ejus sententiis enumeratis, et hæc quidem, inquit ille, sceleratum illud Satanæ organum prioribus duobus libris, quibus de Principe agit, insipienti mundo obtrusit. Non multò post cùm diceret : redeo ad easdem labes MACHIAVELLI, ut cognita pestis magis caveatur. In margine libri notat librum tertium : quasi libro tertio MACHIAVELLUS doceat, belli*

(45) Journal des Savans, *du 15 de mars 1700, pag.* 211, *édition de Hollande.*

(46) Conringius, *præfat.* Principis Machiav. *apud* Magirum Eponymolog., *pag.* 548.

(47) Conring., *ibidem.*

(48) Daté du 23 d'août 1531. *Il est à la tête des* OEuvres de Machiavel.

(49) De libris à Christiano detestandis, *et ex* Christianismo penitùs removendis.

(50) *Il le composa par ordre d'Innocent IX, et il le publia à Rome, l'an 1592. Il en a inséré une partie dans sa Bibliothèque choisie.* Conring., *ibidem.*, *apud eumdem* Magirum, *ibidem.*

justitiam in eâ , quam sibi quisque putat esse necessitatem, collocari. At verò certo est certius , non nisi unicum , et quidem exiguum libellum de Principe MACHIAVELLO auctore esse conscriptum , et nusquàm terrarum tres in partes illum fuisse sectum , nec in hoc libello reperiri ea , quœ inter alia criminatur Possevinus , religionem ethnicam christianœ prœferendam , aut doctores christianœ religionis nihili faciendos , ut nec quicquam hoc libro (quod itidem Possevinus conqueritur) inclementiùs dicitur in romanam ecclesiam, sed potiùs illud caput XI , ipsum principatum pontificium non humanis consiliis atque artibus, sed quâdam inusitatâ vi , et quidem solius Dei favore, salvum esse ; quod vix quisquam Zelotici gregis affirmaverit. Nec tamen longè petenda aut hariolanda venit causa crassi illius Possevianierroris, modò quis inspexerit volumen illud , quod Anti-Machiavelli titulo ἀνονύμως opposuit, hinc indè ex variis libris Machiavellicis excerptis sententiis , Innocentius Gentilletus. Hoc enim tres in libros est distinctum , et in ejus duobus prioribus reprehensa sunt illa, quœ duobus prioribus de Principe libris haberi Possevinus ridiculè affirmat : in tertio etiam illorum librorum animadvertitur in eâ , quœ ex tertio libro de Principe frustrà repetit MACHIAVELLUS (51). Ut liquidò appareat, ex illo volumine Anti-Machiavellico , non autem ex MACHIAVELLO ipso Possevinum sua accepisse, etc. (52). Voyez en note la réflexion de Conringius (53).

(G) *Il eut la prudence de n'oser jamais essayer sa théorie, non pas même sur un escadron.*] Quand on ne sait la guerre que par la lecture, on s'en doit tenir à la théorie ; car si l'on entreprenait d'aller faire faire l'exercice à un régiment , on s'exposerait à la risée du moindre soldat.

(51) *Il semble qu'il faudrait Possevinus , et non pas Machiavellus.*

(52) Conringius , *ibidem , apud eumdem,* pag. 549.

(53) *Et verò illud Possevini facinus luculentè ostendit, non dreess etiam extiniæ dignitatis atque existimationis viros , qui scripto publico ne inspectum quidem MACHIAVELLI Principem sœvo calculo abjecerint.* Couring., *apud Magirum, ibid., pag.* 550.

Machiavel est louable d'avoir résisté aux exhortations du duc d'Urbin (54). Nous ignorerions peut-être cette particularité , si Cardan n'en eût fait mention. *Machiavellum seculi superioris doctorem qui tot et tanta de militari Romanorum disciplinâ disertissimè scripserat, ne unam quidem cohortem , quantumvis eum id ut tentaret, Urbini princeps hortaretur, instruere ausum esse Cardanus testatur* (55).

(H) *On a publié une nouvelle version française de la plupart de ses livres.*] C'est le sieur Henri Desbordes, libraire français à Amsterdam, qui l'a imprimée en six volumes *in-*12. Le 1er. parut l'an 1691, et comprend les deux premiers livres des Discours sur Tite-Live. Le troisième livre de ces Discours fait le second tome, et parut l'an 1692. L'Art de la Guerre fut imprimé l'an 1693. L'Histoire de Florence, en deux volumes, fut imprimée l'an 1694, et le Prince et quelques autres opuscules, l'an 1696. On a traduit ce dernier livre , quoique M. Amelot de la Houssaye l'eût publié en français depuis peu d'années ; on l'a , dis-je , traduit nonobstant cette raison, parce qu'on a cru le public serait bien aise d'avoir de la même main tout le corps des Œuvres du Florentin. Elles méritaient d'être traduites tout de nouveau en notre langue ; car l'ancienne version française n'a plus de grâces. Je l'ai vue d'une édition de Paris , postérieure à l'an 1630 ; mais c'était une nouvelle édition : car on y trouve des vers français composés par le sieur des Essars, traducteur de l'Amadis. M. de Beauval (56) nous a fait savoir le nom de celui (57) qui a donné la nouvelle traduction de Machiavel , et qui a mis à la tête du premier volume une préface qui mé-

(54) *Il était fils de Pierre de Médicis et neveu de Léon X.*

(55) Cardan., *lib. III* de Utilit., *ex advers.* capiendâ , *citante* Besoldo de Arte Jureque Belli, *cap. I , pag.* 3 *et* 4*, apud* Thomasium, præfat. XXI, *pag.* 118.

(56) Histoire des Ouvrages des Savans, *juillet* 1691, *pag.* 483.

(57) *C'est M. Tétard , réfugié français et médecin à la Haye. Il est de Blois , de la famille de M. Tétard , ministre de Blois , dont on parla beaucoup dans les synodes de France, au temps des disputes de Saumur, sur la Grâce universelle.*

rite d'être lue (58) : elle sert d'apologie à Machiavel, et traite l'inquisition comme il faut. La traduction
dont j'ai parlé, où l'on voit des vers
du sieur des Essars, est sans doute
celle de Jacques Gohory. Elle contient le Traité du Prince, et les Discours sur Tite-Live ; et elle fut imprimée à Paris, l'an 1571, in-8°.
C'était une seconde édition retouchée
fort soigneusement, et beaucoup
meilleure que la précédente. L'auteur ne mit pas son nom à la première : mais il le mit à la seconde,
pour empêcher que sa traduction des
Discours de Tite-Live ne lui fût dé-
robée par l'un (59) des deux autres
traducteurs du Prince (60). On dit
que le prince de Machiavel a été
traduit en turc, et que Sultan Amu-
rath IV le lisait en cette langue (61).

(I) *On prétend que la vie* de Castrucio Castracani *fut écrite de mauvaise foi.*] Vossius touche cela en peu
de mots. *Machiavellus,* dit-il (62),
*planè multa comminiscitur in Vitâ
Castrucii: Nempè quia is hostis fuisset
reipublicæ florentinæ.* Paul Jove se
plaint vivement de cette supercherie
de Machiavel. C'est dans l'éloge de
Nicolas Tégrimus, jurisconsulte et
historien de Lucques, qui a décrit
fort exactement les actions de Castracani. *Sed Machiavellus Florentinus
historicus, patrii veteris odii memor,
petulanti malignitate, non interitu-
ràm memorabilis ducis famam fa-
bulis involvit, quùm vitam acerrimi
hostis etrusco sermone scribere or-
sus, tàm impudenti, quàm astuto il-
ludendi genere, sacrosanctam rerum
gestarum fidem corruperit* (63).

(K).... *Et on fait le même jugement
de son Histoire de Florence.*] J'ai déjà

parlé de cet ouvrage (64), et j'ajoute
que Jérôme Turlérus, jurisconsulte
allemand, en fit imprimer le premier
livre, l'an 1564. Il l'avait traduit en
latin ; et comme Machiavel explique
dans cette première partie de son ouvrage, les révolutions que l'empire
romain souffrit par les irruptions des
peuples barbares, le traducteur en
prend occasion de faire une Épître
dédicatoire, toute remplie de mystères astrologiques et numéraux, qui
faisaient périr la religion mahométane au bout de cent ans, et mar-
quaient la fin du monde (65). Lazare
Zetznérus, libraire de Strasbourg,
ayant vu que la traduction latine du
premier livre se vendait bien, et se
réimprimait de temps en temps, fit
traduire le reste en la même langue,
et publia cette histoire toute entière
avec la vie de Castracani. L'édition
dont je me sers est de l'année 1610,
in-8°.

Jacques Gohory débite que cette
histoire de Florence a été *descripte
en telle singularité et perfection, que
feu Milles Perrot, maistre des comptes, mon proche parent (personnage
en son temps des plus sçavans de ce
royaume en diverses langues et sciences), l'ayant cotté plus diligemment
de sa main que son Tite-Live et Cor-
nélius Tacitus, me dit qu'il estimoit
plus de proffit en sa lecture estant
accommodée à l'humeur de nostre
temps, qu'en celle de ses grandz historiens antiques tant eslongnée de noz
meurs et façons et present usage* (66).

(L) *Voici quelques contes touchant
son irréligion.*] Si j'avais voulu rapporter tous ceux que l'on débite là-
dessus, j'aurais eu un très-beau
champ. Voici l'un de ces contes :
« On arrive à ce détestable point
» d'honneur, où arriva Machiavel
» sur la fin de sa vie : car il eut
» cette illusion peu devant que ren-
» dre son esprit. Il vit un tas de
» pauvres gens, comme coquins,
» déchirés, affamés, contrefaits,
» fort mal en ordre, et en assez petit
» nombre ; on lui dit que c'étaient

(58) *Voyez M.* de Beauval, 1691, *pag.* 483,
et la Bibliothèque universelle, tom. XX, pag.
328. *M.* Reugham, *Bibliographiæ, consp. II,
pag.* 192, *se trompe en disant que la traduction dont parle la Bibliothèque universelle, là
même, est de M.* Amelot

(59) Guillaume Cappel, *fils aîné de l'avocat
du roi, et médecin, a traduit le* Prince de Machiavel, *imprimé en* 1553. *Voyez* la Croix du
Maine, Bibliothèque française, *pag.* 144.

(60) *Voyez l'épître dédicatoire du* Prince, *et
celle des* Discours sur Tite-Live, *traduits par*
Gohory.

(61) Sagredo, Memorie Historiche de' Monar-
chi Ottomani. *Ce livre fut imprimé à Venise,
l'an* 1673.

(62) Vossius, de Arte historicâ, *c. X, p.* 56.
(63) Jovius, Elog., *cap. CXLI, p. m.* 283.

(64) *Dans la remarque* (D).

(65) *Centro excentrici ad alterum terminum
mediocrem perveniente, speramus adfuturum
Dominum nostrum Jesum Christum, nam hoc
loco circà creationem mundi fuit.*

(66) Gohory, *épître dédicatoire des* Discours
sur Tite-Live.

» ceux de paradis, desquels il était
» écrit, *Beati pauperes, quoniam ip-*
» *sorum est regnum cœlorum.* Ceux-
» ci étant retirés, on fit paraître un
» nombre innombrable de person-
» nages pleins de gravité et de ma-
» jesté : on les voyait comme un
» sénat où on traitait d'affaires
» d'état, et fort sérieuses ; il entrevit
» Platon, Sénèque, Plutarque, Ta-
» cite, et d'autres de cette qualité.
» Il demanda qui étaient ces mes-
» sieurs-là si vénérables ; on lui dit
» que c'étaient les damnés, et que
» c'étaient des âmes réprouvées du
» ciel : *sapientia hujus sæculi ini-*
» *mica est Dei.* Cela étant passé, on
» lui demanda des quels il voulait
» être. Il répondit qu'il aimait beau-
» coup mieux être en enfer avec ces
» grands esprits, pour deviser avec
» eux des affaires d'état, que d'être
» avec cette vermine de ces bélîtres
» qu'on lui avait fait voir. Et à tant
» il mourut, et alla voir comme
» vont les affaires d'état de l'autre
» monde (67). » Spizélius rapporte
en substance le même récit (68). Il y
a des gens qui font le conte d'une
autre manière. Ils prétendent que
Machiavel a dit dans quelqu'un de
ses ouvrages, qu'il aimerait mieux
être envoyé aux enfers après sa mort,
que d'aller en paradis : car, ajoutait-
il, je ne trouverais au paradis que
des mendians, et de pauvres moines,
et des ermites, et des apôtres ; mais
dans les enfers je vivrais avec les
papes, et avec les cardinaux, et avec
les rois et les princes. François Hotman (69) témoigne qu'on lit cela dans
les Commentaires de Wolfius, sur les
Tusculanes de Cicéron, et il déplore
que nonobstant ces blasphèmes, et
plusieurs autres, on permit à Bâle
l'impression des OEuvres de Machiavel, traduites par un professeur
qu'il nomme Stupanus. Il observe
que Perna, qui avait été emprisonné
plusieurs fois par l'ordre des magistrats, pour avoir mis sous la presse
divers livres exécrables et impies,

imprimait cette traduction. Hotman
raconte cela, et quelques autres choses curieuses, dans une lettre datée
du 25 décembre 1580.

(M) *Ceux qui disent que dans son*
Prince *il avait dessein de représenter*
Charles-Quint, s'abusent grossière-
ment.] Je m'étonne que Jacques Gohory ait débité cette pensée Machiavel, dit-il (70), *ha fait un livre du*
Prince..... auquel il descrit singulie-
rement toutes les parties requises au
seigneur tendant à monarchie, y
voulant secrettement representer l'em-
pereur Charles Quint lors regnant,
comme il en donne tesmoignage en
un passage. Comment n'avait-il point
vu que cet ouvrage fut composé avant
que l'on sût si Charles-Quint acquer-
rait beaucoup de réputation ? N'avait-
il point lu dans le chapitre XXI,
que Ferdinand, roi d'Aragon, était
en vie quand Machiavel faisait cet ouvrage ? N'avait-il point lu dans un
autre endroit (71) que l'auteur parle
de l'empereur Maximilien, comme
d'un prince qui vivait encore ? Ne
savait-il pas que cet empereur mourut
au mois de janvier 1519, trois ans
après Ferdinand, et lorsque son
petit-fils Charles-Quint n'avait pas
encore dix-neuf ans accomplis ?

(N)..... *On a débité que c'était un*
livre dont Catherine de Médicis fai-
sait son étude particulière, et qu'elle
mettait entre les mains de ses enfans.]
L'auteur du *Tocsin contre les Mas-*
sacreurs observe (72) que Charles IX
avait été très-mal élevé, et qu'on lui
avait laissé ignorer ces enseignemens
de l'Écriture (*), *que le roi établi sur*
le peuple de Dieu ne doit point éle-
ver son cœur sur ses frères, ains
qu'il doit ensuivre la loi du Seigneur
de point en point, et y méditer en la
lisant tous les jours de sa vie (73)....
Au contraire de quoi la reine a fait
instruire ses enfans ès préceptes qui
étaient plus propres à un tyran qu'à
un roi vertueux, lui faisant faire
leçon, non pas seulement des sots
contes de Perceforest, mais surtout
des traits de cet athée Machiavel,

(67) Binet, du Salut d'Origène, *pag.* 359 *et*
suiv.
(68) Spizélius, *in* Scrutinio Atheismi Historico
Ætiologico, *pag. m.* 132. *Il cite* Jac. Marchant,
in Hort. Pastor., *tract. I, lect. VI, pro-*
pos. II.
(69) Francis. Hotomanus, epist. XCIX, *pag.*
139.

(70) Gohory, *dans la* Vie de Machiavel, *au-*
devant de sa traduction du Prince.
(71) *Dans le chapitre* XXIII.
(72) Tocsin contre les Massacreurs, *pag.* 53.
(*) *Deut.* XVII, 19, 20.
(73) Tocsin, *pag.* 54.

dont le but a été plutôt d'enseigner le prince à se faire craindre qu'aimer; et à régner en grandeur, qu'à bien régner. Et de fait, on peut bien appeler ce livre-là l'évangile de la reine-mère. Car encore qu'elle se couvre de la religion communément reçue, si voit-on par effet qu'elle n'en a qu'autant qu'elle estime nécessaire pour se maintenir. Aussi son principal conseiller Morviliers a toujours ce beau chrétien livre au poing, pour en faire souvent leçon à sa maîtresse, et ne l'abandonne non plus qu'Alexandre faisait son Homère. En somme, il est vraisemblable que c'est de là en partie que cette tyrannique institution a été tirée, et que la reine y a puisé ses principaux artifices pour persuader au roi que, nonobstant toutes promesses de paix, et d'amitié, voire tout lien de consanguinité, il se pouvait venger furieusement de tous ceux qu'il estimait ses ennemis, en prenant quelque léger soupçon (voire s'il faut appeler soupçon une calomnie forgée à plaisir) pour suffisante preuve. Davila rapporte que Corbinelli lisait souvent le Prince et les Discours de Machiavel au duc d'Anjou, qui fut ensuite le roi Henri III (74).

(O) *Quelques-uns..... le regardent comme un écrivain fort zélé pour le bien public.*] Cela sent un peu le paradoxe; c'est pourquoi il faut rapporter un peu au long les propres paroles d'un célèbre jurisconsulte, qui a jugé si avantageusement du but de Machiavel. Je les accompagnerai d'une espèce de préface empruntée d'un autre savant, afin de fournir tout d'un coup deux témoins considérables, Albéric Gentilis, et Christophle Adam Rupertus. *Ego verò non possum hic præterire, qui cane pejùs et angue odisse soleo conceptas de auctoribus opiniones, accuratissimi icti ac dignissimi censoris judicium* l. 3. *de legationib.* c. 9. *ubi legatum suum ex philosophiâ instruens,* nec verò, *inquit,* in negotio isto verebor omnium præstantissimum dicere, et ad imitandum proponere Machiavellum, ejusque planè aureas in Livium observationes. Quòd namque hominem indoctissimum esse

volunt et scelestissimum, id nihil ad me, qui prudentiam ejus singularem laudo, nec impietatem ac improbitatem, si qua est, tueor. Quanquàm si librum editum adversùs illum considero, si Machiavelli conditionem respicio, si propositum scribendi suum rectè censeo, si etiam meliori interpretatione volo dicta ipsius adjuvare, non equidem video cur et iis criminibus mortui hominis fama liberari non possit. Qui in illum scripsit (*intelligit* Innocentium Gentilletum *ictum Delphinensem*) illum nec intellexit, nec non in multis calumniatus est, et talis omninò est qualis, qui miseratione dignissimus sit. Machiavellus democratiæ laudator et assertor acerrimus: natus, educatus, honoratus, in eo reip. statu; tyrannidis summè inimicus. Itaque tyranno non favet; sui propositi est non tyrannum instruere, sed arcanis ejus palàm factis ipsum miseris populis nudum et conspicuum exhibere. An enim tales, quales ipse describit principes, fuisse plurimos ignoramus? Eccur istiusmodi principibus molestum est, vivere hominis opera, et in luce haberi. Hoc fuit viri omnium præstantissimi consilium, ut sub specie principalis eruditionis populos erudiret. *Hæc* Albericus Gentilis (75) Allongeons un peu le passage; car il me semble que Rupert en a supprimé une portion qui mérite d'être connue. La voici: *Et eam speciem prætexuit, ut spes esset, cur ferretur ab his, qui rerum gubernacula tenent, quasi ipsorum educator, ac pædagogus. Cæterùm hæc disceptatio ulteriùs haud ducitur. Si favere scriptoribus volumus, multa et in hoc vitia emendabimus, aut illa saltem feremus in eo, quæ in Platone ferimus, et Aristotele, aliisque, qui non dissimilia commisére peccata. Feremus autem, quia meliora deterioribus longè plurima et is habet* (76). Il y a deux choses à considérer dans cette dernière partie du passage d'Albéric Gentilis. Il veut, 1°. Que Machiavel ait pris cette route d'instruire les peuples afin que les

(75) Christoph. Adamus Rupertus, Dissertat. ad Valer. Maximum, *lib. I, cap. II et III*, pag. 50.

(76) Alber. Gentilis, de Legationibus, *lib. III, cap. IX.*

princes souffrissent son livre, ce qu'ils n'auraient pas fait s'ils l'eussent considéré non pas comme leur pédagogue, mais comme celui des amateurs de la liberté populaire ; 2°. que l'on doit excuser dans Machiavel ce que l'on excuse dans Platon et dans Aristote. Notez que Léonclavius était bien éloigné de ce sentiment d'Albéric Gentilis. Voyez l'épître dédicatoire (77) qu'il a mise au-devant de l'Éducation des Princes, composée par Bélisaire Aquaviva.

(P) *Il se montra par sa conduite bien animé de l'esprit républicain.*] M. Amelot de la Houssaye sera ici mon commentateur. « Je dirai que » Machiavel, qu'on fait passer par- » tout pour un maître de tyrannie, » l'a détestée plus que pas un homme » de son temps, ainsi qu'il est aisé » de voir par le chapitre X du pre- » mier livre de ses Discours, où il » parle très-fortement contre les ty- » rans. Et le Nardi (*¹), son contem- » porain, dit qu'il fut un de ceux » qui firent des panégiriques de la » liberté, et du cardinal Jules de » Médicis, qui, après la mort de » Léon X, feignait de la vouloir » rendre à sa patrie : et qu'il fut » soupçonné d'être complice de la » conjuration de *Jacopo da Diacetto*, » *Zanobi Buondelmonti*, *Luigi Ala- » manus*, et *Cosimo Ruscellai*, contre » ce cardinal, à cause de la liaison » étroite qu'il avait avec eux, et les » autres libertins. (C'est ainsi que » les partisans des Médicis (*²) appe- » laient ceux qui voulaient maintenir » Florence en liberté) et probable- » ment ce fut ce soupçon qui em- » pêcha, qu'il ne fût récompensé de » son Histoire de Florence, quoi- » qu'il l'eût composée par l'ordre du » même cardinal, comme il le mar- » que tout au commencement de son » épître dédicatoire (78). »

(Q) *Il fut persécuté de la mauvaise fortune autant qu'un autre.*] Si j'emploie un plus long passage de Jacques Gohory que mon texte ne de-

(77) Keckerman *en allègue ce qu'elle contient au désavantage de Machiavel. Voyez M.* Crénius, *Method. Stud., part. II, pag.* 194.
(*¹) *Hist. Fior.*, lib. 3.
(*²) *Ibidem.*
(78) Amelot de la Houssaye, *préface de la traduction du Prince, vers la fin.*

mande, c'est afin d'y remarquer une assez grosse bévue. « Aussi ne fut pas » grandement soustenu ny enrichy » par les princes et seigneurs de son » temps, comme le pape Clement VII, » auquel il dedia son Histoire de Flo- » rence, ne du magnifique Laurens » de Medicis à qui il envoya son livre » du Prince, lequel remit sus le sie- » cle doré des disciplines de son » temps en Italie, favorisant et se- » courant tous les personnages doctes » comme *Marcilius Ficinus*, qui luy » a dedié ses traductions et commen- » taires sur Platon, *Angelus Poli- » tianus*, *Hieronymus Donatus*, et » plusieurs autres desquelz les epis- » tres se voyent au recueil intitulé : » *Epistolæ Virorum illustrium.* Aussi » s'en plaint Machiavel à luy, implo- » rant taysiblement son ayde en la » dedicatoire de son Prince en ces » termes : *E se vostra magnificenza » d'all' apice della sua altezza, qual- » che volta volgera gli occhi in questi » luoghi bassi, cognoscera quanto » indignamente io supporti una gran- » de e continua malignità di fortu- » na* (79). » Ces paroles italiennes ont été ainsi traduites par M. Amelot : *Et si, du lieu éminent où vous êtes, vous regardez quelquefois en bas, vous connaîtrez que c'est à tort que je souffre si rude et si longue persécution de la fortune.* L'erreur crasse de Gohory est d'avoir cru que Laurent de Médicis, le patron et le fauteur de Politien, etc., était le même Laurent à qui Nicolas Machiavel dédia son Prince. Ce prince Laurent était petit-fils de l'autre.

(79) Gohory, *dans la Vie de Machiavel.*

MACON, ville de France sur la Saône, dans la duché de Bourgogne. César en parle (a), et lui donne le nom de *Matisco*. Les tables de Peutinger, et l'itinéraire d'Æthicus en parlent aussi; mais Strabon et Ptolomée n'en disent rien. Il y a cinq cents ans que, par une transposition assez ordinaire, on changea *Matisco* en *Mastico ;* et c'est de là qu'est

(a) *De Bello Gall.*, lib. VII, *fin.*

venu le nom français *Mascon*
que l'on prononce *Mâcon* (*b*).
Cette ville se sentit cruellement
des désordres que les guerres de
religion causèrent en France ,
dans le XVIᵉ. siècle. Les réformés y dressèrent une église , l'an
1560 (*c*), et ils y multiplièrent
de telle sorte, qu'ils se rendirent
les maîtres de la ville fort facilement (*d*), lorsque le massacre
de Vassi les eut obligés à songer
à leur sûreté. Ce fut au commencement de mai 1562 , qu'ils s'en
rendirent les maîtres sans beaucoup de violence, et sans effusion
de sang. Trois jours après on
apprit que les images avaient été
brisées dans la ville de Lyon , et
il fut impossible aux ministres
et aux anciens d'empêcher que
ceux de Mâcon n'en fissent autant, et dès lors l'exercice de la
religion romaine y fut supprimé.
Tavanes tâcha plusieurs fois de
reprendre cette ville, sans y pouvoir réussir ; mais enfin il y pratiqua des intelligences , par le
moyen desquelles il la surprit
le 19 d'août 1562 (*e*). Il s'en
rendit maître après quelques
combats assez chauds qu'il lui
fallut essuyer dans les rues. On y
exerça toutes sortes de pilleries
et de barbaries (A) ; et ce fut
alors que se firent les sauteries de
Mâcon (B), desquelles j'ai promis
ailleurs (*f*) que je parlerais ici.
Je m'acquitte de ma promesse ;
et en même temps on verra pourquoi je touche ces effroyables dés-

ordres en divers endroits de cet
ouvrage (C). Ces sauteries ont été
mieux immortalisées que celles
de l'île de Caprée (D).

(A) *On y exerça toutes sortes de
pilleries et de barbaries.*] Lorsque les
maisons de ceux de la religion eurent
été si bien nettoyées qu'il semblait
qu'on n'y eût rien laissé, madame de *Tavanes y* sut bien découvrir
les cachettes si subtilement qu'elle
eut pour sa part du pillage environ
cent quatre-vingts bahus de meubles
tous pleins, outre le fil, pièces de
toiles, et toutes sortes de linge, comme linceuls , nappes et serviettes ,
dont *Mâcon avait la réputation d'être
bien meublé entre les villes de France. Quant aux rançons , bagues ,
vaisselle et autres joyaux, on n'en a
pas bien su la valeur ; mais tant y a
que ceux qui avaient le maniement de
tels affaires disaient à leurs amis , que
Tavanes y avait acquis de quoi acheter comptant dix mille livres de rente*
(1). Il ne faut pas s'étonner après cela que les grands seigneurs fomentas-
sent la discorde , et nourrissent, autant qu'ils pouvaient , les flammes
de la persécution. C'étaient leurs finances ; c'était une maltôte très-lu-
crative.

(B) *Les sauteries de Mâcon.*] Je me
servirai des propres termes de l'historien qui a parlé dans la remarque
précédente. « (2) L'exercice de l'é-
» glise romaine y fut aussi rétabli in-
» continent, et les prêtres et moines
» redressés en leur premier état , et
» le bordeau tout ensemble (3). Pour
» comble de tous malheurs, Saint-
» Point (4) (homme du tout sangui-
» guinaire et plus que cruel, lequel
» sa propre mère a déclaré en juge-
» ment, pour décharger sa conscien-
» ce, être fils d'un prêtre qu'elle-
» même nommait) fut laissé par
» Tavanes , gouverneur de la ville ,
» lequel pour son passe-temps, après
» avoir fêtoyé les dames, avait ac-

(*b*) Hadr. Valesius, Notit. Gall. , *pag.*
322 , 323.

(c) Bèze, Hist. eccl., *lib. III, pag.* 214.

(*d*) *Là même, liv. XV, pag.* 407.

(*e*) *La même, pag.* 422.

(*f*) *Dans la Remarque* (C) *de l'article*
BEAUMONT, *tom. III , pag.* 234.

(1) Bèze , Histoire ecclés. , *liv. XV, p.* 429.
(2) *Là même.*
(3) *Il avait dit , pag.* 424, que les ribaudes
et les paillardes des prêtres qui avaient été
chassées auparavant, rentrèrent le jour de la
prise , et servirent à ces bourreaux d'enseigner
les maisons de ceux de la religion , et surtout de
ceux qui avaient poursuivi leur déchassement.
(4) D'Aubigné *l'appelle Saint-Poni.*

» coutumé de demander si la farce , » qui depuis fut nommée la farce de » Saint-Point, était prête à jouer. » C'était comme un mot du guet, par » lequel ses gens avaient accoutumé » de tirer de la prison un ou deux » prisonniers , et quelquefois davan- » tage , qu'ils menaient sur le pont » de la Saône ; là où comparaissant » avec les dames , après leur avoir » fait quelques belles et plaisantes » questions , il les faisait précipiter » et noyer en la rivière. Ce lui était » aussi une chose accoutumée de » faire donner de fausses alarmes , et » de faire , sous ce prétexte , noyer » ou arquebuser quelque prisonnier, » ou quelque autre qu'il pouvait at- » traper de ceux de la religion , leur » mettant à sus d'avoir voulu trahir » la ville. » Il fut tué par Achon avec lequel il avait une querelle. Il revenait alors *de sa maison près de la ville, où il avait porté environ vingt mille écus de pillage.* Ce fut peu après la pacification du mois de mars 1563. D'Aubigné (5) peint merveilleusement la barbarie de cet homme , sous l'image d'une école où, pendant le dernier service de la table , au milieu des fruits et des confitures, on enseignait aux filles et aux enfans à voir mourir les huguenots sans pitié. Il dit ailleurs (6) que Saint-Pont *bouffonnait en exécutant* ses cruautés, et qu'*au sortir des festins qu'il faisait, il donnait aux dames le plaisir de voir sauter quelque quantité du pont en bas.* La conduite de ce gouverneur était beaucoup plus criante que celle de Lucius Flaminius, qui donna ordre, pendant qu'il dînait, que l'on fît mourir en sa présence un criminel , afin de faire plaisir à l'objet de ses infâmes amours , qui n'avait jamais vu tuer personne (7). Mais d'autre côté , la conduite de ces dames de Mâcon était beaucoup plus blâmable que celle de ces vestales qu'un poëte chrétien a tant censurées du plaisir qu'elles prenaient à voir tuer des gladiateurs (8) Je ne doute pas

que Saint-Point n'alléguât pour ses excuses les sauts que des Adrets avait fait faire aux soldats de Montbrison (9), comme celui-ci s'excusait sur les cruautés exercées à Orange : et voilà comment un mauvais exemple en attire un autre presque à l'infini, *abyssus abyssum invocat.* C'est pourquoi la plus grande faute est celle de ceux qui commencent ; ils devraient porter en bonne justice la peine de tous les crimes qui suivent le leur. D'Aubigné n'avait pas bien consulté les dates, lorsqu'il dit (10) que le baron des Adrets, piqué du saccagement d'Orange et des précipices de Mâcon, marcha à Pierrelate, se rendit maître de plusieurs villes, et enfin vint à Montbrison. Il paraît , par Théodore de Bèze (11), que Pierrelate et d'autres villes avaient été subjuguées par des Adrets avant le 26 de juin, et que les soldats de Montbrison sautèrent le 16 de juillet (12), et que Mâcon fut pris par Tavanes le 19 d'août (13).

(C) *On verra pourquoi je touche ces effroyables désordres en divers endroits de cet ouvrage.*] Pour l'honneur du nom français et du nom chrétien, il serait à souhaiter que la mémoire de toutes ces inhumanités eût été d'abord abolie, et qu'on eût jeté au feu tous les livres qui en parlaient. Ceux qui semblent trouver mauvais que l'on fasse des histoires , parce, disent-ils (14) , qu'elles n'apprennent aux lecteurs que toutes sortes de crimes , ont à certains égards beaucoup de raison par rapport à l'histoire des guerres sacrées. Elle paraît extrêmement propre à nourrir dans les esprits une haine irréconciliable ; et c'est un de mes plus grands étonnemens que les Français de différente religion aient vécu après les édits dans une aussi grande fraternité que celle que nous avons vue, quoiqu'ils eussent éternellement entre les mains les histoires de nos guerres civiles, où l'on ne voit que saccagemens, que profanations , que

(5) D'Aubigné , Hist. , tom. I, pag. 216.
(6) Pag. 202.
(7) Plutarch. , in Flamin. , pag. 379.
(8) . . . . . . *Consurgit ad ictus :*
Et quotiæ victor ferrum jugulo inserit , illa
Delicias ait esse suas , pectusque jacentis
Virgo modesta jubet converso pollice rumpi.
Prudentius , lib. II, in Symmach. , vs. 1095.

(9) *Voyez l'article* BEAUMONT , tom. III, p. 232 , remarque (B).
(10) Tom. I, pag. 204.
(11) Liv. XII, pag. 265, 269.
(12) Pag. 224.
(13) Pag. 422.
(14) *Voyez* Mascardi , Discours sur l'Histoire.

massacres, qu'autels renversés, qu'assassinats, que parjures, que fureurs. La bonne intelligence eût été moins digne d'admiration, si tous les particuliers eussent ignoré ce que les histoires de chaque parti reprochent à l'autre. Ne peut-on pas donc me dire qu'il semble que j'aie dessein de réveiller les passions, et d'entretenir le feu de la haine, en répandant par-ci par-là, dans mon ouvrage, les faits les plus atroces dont l'histoire du XVIe. siècle fasse mention : siècle abominable (15), et auprès duquel la génération présente pourrait passer pour un siècle d'or, quelque éloignée qu'elle soit de la véritable vertu ? Il est juste que je satisfasse à cette difficulté. Je dis donc que tant s'en faut que j'aie dessein d'exciter dans l'esprit de mes lecteurs les tempêtes de la colère, que je consentirais volontiers que personne ne se souvînt jamais de cette espèce d'événement, si cela pouvait être cause que chacun étudiât mieux, et remplît mieux ses devoirs dans le silence de ses passions; mais comme ces choses sont répandues dans un trop grand nombre d'ouvrages pour espérer que l'affectation de n'en rien dire dans celui-ci pût apporter aucun bien, je n'ai point voulu me contraindre, et j'ai cru que je devais prendre librement tout ce que je trouverais sur ma route, et me laisser conduire par la liaison qui serait entre les matières. Mais je ne dois pas oublier que, comme toutes choses ont deux faces, on peut souhaiter, pour de très-bonnes raisons, que la mémoire de tous ces effroyables désordres soit conservée soigneusement. Trois sortes de gens auraient besoin d'y jeter chaque jour la vue, et de s'en faire un *songez-y bien*. Ceux qui gouvernent se devraient faire dire tous les matins par un page: *Ne tourmentez personne sur ses opinions de religion, et n'étendez pas le droit du glaive sur la conscience. Voyez ce que Charles IX et son successeur y gagnèrent; c'est un vrai miracle que la monarchie française n'ait point péri pour leur catholicité. Il n'arrivera tous les jours de tels miracles, ne vous y fiez point.* On ne

voulut pas laisser *en repos l'édit de janvier, et il fallut, après plus de trente ans de désolation, après mille et mille torrens de sang répandus, mille et mille perfidies et incendies, en accorder un plus favorable.* Ceux qui conduisent les affaires ecclésiastiques sont la seconde espèce de gens qui doivent se bien souvenir du XVIe. siècle. Quand on leur parle de tolérance, ils croient ouïr le plus affreux et le plus monstrueux de tous les dogmes ; et afin d'intéresser dans leurs passions le bras séculier, ils crient que c'est ôter aux magistrats le plus beau fleuron de leur couronne, que de ne leur pas permettre pour le moins d'emprisonner et de bannir les hérétiques. Mais s'ils examinaient bien ce que l'on peut craindre d'une guerre de religion, ils seraient plus modérés. *Vous ne voulez pas, leur peut-on dire, que cette secte prie Dieu à sa mode, ni qu'elle prêche ses sentimens ; mais prenez garde, si l'on en vient aux épées tirées, qu'au lieu de parler et d'écrire contre vos dogmes, elle ne renverse vos temples, et ne mette vos propres personnes en danger. Que gagnâtes-vous en France et en Hollande, que cette sainte la persécution? Ne vous fiez point à votre grand nombre. Vos souverains ont des voisins, et par conséquent vos sectaires ne manqueront ni de protecteurs, ni d'assistance, fussent-ils Turcs.* Enfin, que ces théologiens remuans, qui prennent tant de plaisir à innover, jettent continuellement la vue sur les guerres de religion du XVIe. siècle. Les réformateurs en furent la cause innocente ; nulle considération ne devait les arrêter, puisque, selon leurs principes, il n'y avait point de milieu, il fallait ou laisser damner éternellement tous les papistes, ou les convertir au protestantisme. Mais que des gens qui sont persuadés qu'une erreur ne damne pas ne respectent point la possession, et qu'ils aiment mieux troubler le repos public, que supprimer leurs idées particulières, c'est ce qu'on ne peut assez détester. Qu'ils considèrent donc les suites de leurs nouveautés, et de l'action qu'ils intentent à l'usage ; et s'ils peuvent s'y embarquer sans une absolue nécessité, il faut qu'ils aient une âme de tigre, et plus

(15) *Conférez ce que dessus, à la fin de la remarque* (F) *de l'article* LOGNAC, *tom. IX, pag.* 301.

de bronze autour du cœur que celui qui hasarda le premier sa vie sur un vaisseau (16). Il n'y a point d'apparence qu'il s'élève jamais, dans le sein des protestans, aucun parti qui entreprenne de réformer leur religion de la manière qu'ils ont réformé l'église romaine, c'est-à-dire sur le pied d'une religion d'où il faut sortir nécessairement, si l'on n'aime mieux être damné : ainsi, les désordres qu'ils auraient à craindre d'un parti innovateur, seraient moins terribles que ceux du siècle passé, les animosités pourraient être moins échauffées qu'en ce temps-là, vu principalement qu'aucun des partis ne trouverait à détruire dans l'autre aucun objet sensuel de superstition ; point de divinités topiques, ni de saints tutélaires à briser ou à monnayer; point de reliques à jeter au vent; point de ciboires, point d'autels à renverser (17). On pourrait donc être en dissension de protestant à protestant, sans avoir à craindre toutes les fureurs qui parurent dans les démêlés du protestant et du catholique; mais le mal serait toujours assez funeste pour mériter qu'on tâchât de le prévenir, en appliquant ceux qui aiment trop les disputes à la considération des maux horribles qu'elles ont causés, et en leur représentant, avec quelque force, que la plus funeste intolérance n'est pas celle des souverains qui usent du droit du glaive contre les sectes; c'est celle des docteurs particuliers, qui, hors les cas d'une très-urgente nécessité, s'élèvent contre des erreurs protégées par la prévention des peuples et par l'usage, et qui s'obstinent à les combattre, lors même qu'ils voient que tout est déjà en feu.

(16) *Illi robur et œs triplex*
Circà pectus erat qui fragilem truci
Commisit pelago ratem
Primus, nec timuit præcipitem Africum
Decertantem Aquilonibus,
Nec tristeis Hyadas, nec rabiem Noti.
. . . .
Quem mortis timuit gradum,
Qui siccis oculis monstra natantia,
Qui vidit mare turgidum et
Infameis scopulos Acroceraunia ?
Horat., od. III, *lib. I*, ʊɪʂ. 9.

(17) *Il y a de l'apparence que les Français et les Espagnols auraient beaucoup moins répandu de sang protestant qu'ils ne firent, si on ne les avait mis en fureur par le renversement de leurs autels, de leurs images, reliques, etc.*

(D) *Les sauteries de Mâcon ont été mieux immortalisées que celles de l'île de Caprée.*] Et néanmoins un célèbre historien les a insérées dans son ouvrage, et en quelque façon l'on montrait le lieu comme l'une des singularités de l'île. *Carnificinæ ejus* (Tiberii) *ostenditur locus Capreis, unde damnatos post longa et exquisita tormenta præcipitari coràm se in mare jubebat, excipiente classiariorum manu et contis atque remis elidente cadavera, ne cui residui spiritûs quidquam inesset* (18). Mais enfin je ne crois pas que les anciens puissent être comparés aux modernes, en fait de transporter les mêmes choses de livre en livre, et par conséquent les sauteries de Mâcon se lisent en plus de lieux, et ont plus de monumens pour gages de leur immortalité, que celles de l'empereur Tibère. Il n'était pas honorable à ceux qui se servirent de ce supplice dans le XVIe. siècle d'avoir marché sur les traces d'un tel tyran. On se souviendra peut-être, en lisant ceci, des remarques de l'article de LEUCADE.

(18) Sueton., *in Tiberio, cap. LXII.*

MACRIN (SALMON), l'un des meilleurs poëtes latins du XVIe. siècle, était de Loudun. Ce que M. de Thou a dit de lui, et les additions de M. Teissier, sont entre les mains de tout le monde depuis l'édition d'Utrecht. J'y renvoie donc mon lecteur *, et je me contenterai de dire une chose fort singulière, mais un peu douteuse, que M. Varillas avait apprise de M. Bouillaud (A). On dit que *Macrin* n'était pas le nom de famille de notre poëte(B).

* Leclerc a fait quelques observations sur l'article que Teissier a consacré à Macrin, elles sont bonnes à lire avec Teissier. Le père Nicéron a consacré un article à Macrin dans le tome XXXI de ses *Mémoires*. Dreux du Radier qui trouve exact le catalogue des ouvrages de Macrin, donné par Nicéron, a parlé aussi de cet auteur dans la *Bibliothèque du Poitou*, II, 148-164.

(A) *Je dirai une chose fort singulière, mais un peu douteuse, que*

M. Varillas avait apprise de M. Bouillaud.] « Son (1) grand ami de » Loudun, qui avait changé son nom » de Mitron en celui de Macrin, valet » de chambre du roi, poëte latin, et » grand imitateur de Catulle, comme » lui ne fut pas plus heureux. On » l'accusa devant le roi d'être de la » nouvelle religion ; et sa majesté le » menaça de le faire pendre, s'il en » était convaincu. On ne sait s'il était » coupable, et tout ce que l'on en » peut dire est que presque tous les » beaux esprits penchaient alors vers » le calvinisme. La menace de sa ma- » jesté intimida Macrin jusque-là » que, sortant du Louvre, voyant de » loin un poulain, instrument dont » les tonneliers se servent pour des- » cendre le vin dans les caves, il le » prit pour une potence, et en per- » dit l'esprit, de sorte qu'il se jeta et » se noya dans le premier puits qu'il » rencontra (2). » L'autorité de M. Bouillaud *, natif de Loudun, comme Macrin, et l'un des hommes du monde qui avait le plus de mé- moire, et qui savait le mieux l'his- toire des hommes doctes, donne un grand poids à ceci, et particulière- ment si l'on suppose que M. Varillas mit par écrit tout aussitôt ce qu'il lui avait ouï dire. D'autre côté, quand on songe que Scévole de Sainte-Mar- the, natif de Loudun, et plus voisin de ce temps-là que M. Bouillaud, as- sure que Salmon Macrin mourut de vieillesse à Loudun, où il s'était re- tiré depuis long-temps (3), on a de la peine à croire le récit de Varillas. Car comment se persuader qu'un ac- cident si tragique demeure inconnu à tous les auteurs qui ont parlé de Macrin ; à Scévole de Sainte-Marthe, son compatriote, qui recherchait des mémoires de toutes parts ; à M. de

(1) *C'est-à-dire, de* Marot.
(2) Varillas, *Histoire de l'Hérésie, tom. V, liv. XXI, pag. m.* 50, 51. *Il met en marge :* J'ai appris ces particularités du savant M. Bouil- laud.
* Le nom de ce personnage est *Bouilliau ;* il ne signait jamais autrement. On peut à ce sujet consulter la *Bibliothèque historique du Poitou, par Dreux du Radier,* IV, 275-76.
(3) *Vitæ cœlibis pariter et aulicæ pertæsus, uxorem duxit, civem suam... mortuamque suis et amicorum versibus... commendavit, susceptis ex eâ utriusque sexûs liberis... domi suæ senio plane confectus occidisset.* Sammarthanus, *in Elog., lib. I, pag. m.* 21, 22.

Thou (4), qui n'en recherchait pas moins, etc. ? Mettons donc ceci entre les choses qui demandent une plus ample information, puisque non- seulement les meilleurs auteurs n'en parlent pas, mais aussi qu'ils font un narré destructif de celui-là *1.

(B) *Macrin n'était pas le nom de famille de notre poëte* (*).] Nous ve- nons de voir que selon M. Varillas *il changea son nom de Mitron, en ce- lui de Macrin ;* mais selon M. Baillet (5) *il s'appelait* Jean Salmon *2 ; et, pour sa maigreur, il était souvent ap- pelé en riant* Macrinus, *par le roi François Ier., de sorte que voyant que son nom de Jean ne plaisait point à sa femme, il s'en défit, et s'appela pour toujours Salmonius Macrinus.* Ceci se trouve dans la bibliothèque de du Verdier Vau-Privas, et d'une manière qui marque plus clairement la raison pourquoi notre Macrin, ayant égard à sa femme, changea de nom : *Jean Salmon, ayant laissé le nom propre, qui par aventure lui fâ- chait à cause de sa femme, print pour nom propre Salmon, etc.* (6).

(4) Thuan., *l. XIX, sub fin., ad ann.* 1557.
*1 Salmon Macrin mourut en 1557, dit Dreux du Radier; et le récit de Varillas est relégué par- mi les fables.
(*) Le nom français de ce poëte était *Maigret.* De *Mæcrinus,* comme il s'est nommé dans ses poésies latines, a été fait celui de *Macrin* qui lui est demeuré. Voyez Fauchet, liv. IV, chap. XIV de ses *Antiquités.* Rem. crit.
(5) Jugem. sur les Poëtes, *tom. III, num.* 1293, pag. 258.
*2 Dreux du Radier dit qu'il est certain que Salmon était son nom; et il en apporte des preuves. Macrin n'était qu'un surnom. Leclerc fait venir ce nom de *Maternus.*
(6) Du Verdier, *Bibliothèque française, pag.* 754.

MACRON (Nævius Sertorius), s'acquit une grande autorité sous l'empire de Tibère. Il fut l'un des principaux instrumens de la ruine de Séjan, et son successeur à la charge de capitaine des gar- des (a). Il les surpassait en finesse, et principalement lorsqu'il s'agis- sait de faire périr un ennemi (A). Il refusa les honneurs qui lui furent décernés par le sénat

(a) Dio, *lib. LVIII, pag. m.* 718.

après la mort de Séjan (b) , et je pense que la politique eut plus de part à ce refus que la modestie. Il se chargea d'une commission odieuse dans l'instruction des procès que les délateurs faisaient aux gens ; car il présidait à la question qui était donnée pour découvrir les coupables, et pour avoir des témoignages. On envoyait ensuite au sénat les preuves qu'il avait recueillies par cette voie , et l'accusation des délateurs , de sorte qu'on ne laissait à la compagnie que le soin de prononcer la sentence (c). Il y eut des temps où aucun des accusés ne fut absous, et quelques-uns même furent condamnés sans que l'on sût par les lettres de Tibère, et par les certificats de Macron, touchant les dépositions des torturés, en quoi consistait le crime : on ne suivait point d'autre règle que ce qui semblait conforme aux désirs de l'empereur et de son capitaine des gardes(d). Chacun voit que Macron avec une telle conduite avait besoin de l'avis de Tibère; car il avait tout à craindre sous un changement de gouvernement. Il sentit bien cela ; et de là vint qu'aussitôt qu'il eut réfléchi sur l'âge et sur les infirmités de cet empereur, il travailla à gagner les bonnes grâces de celui qui succéderait à l'empire. Il fit sa cour à Caligula; et , pour mieux s'insinuer dans sa faveur , il se servit des cajoleries de sa femme Ennia(B). Il faisait en sorte qu'elle lui donnât de l'amour, et l'assurât de l'empire pourvu que ce jeune prince lui promît de l'épouser. Tibère n'ignora point cette trame , et s'ouvrit assez là-dessus par un reproche qu'il fit à Macron (C), et il voulut même renverser tout ce projet; mais les difficultés qu'il y trouva l'engagèrent à laisser faire les destins (e). Le médecin Chariclès ayant dit à Macron que Tibère ne passerait pas deux jours , on se hâta de préparer toutes choses selon l'intérêt de Caligula (f). Dans ces entrefaites il courut un bruit que l'empereur était mort, et tout aussitôt Caligula se mit en marche pour aller prendre possession de l'empire. Il était environné de beaucoup de courtisans qui venaient en foule le féliciter. On entendit tout d'un coup que Tibère était revenu de la défaillance que l'on avait prise pour sa mort. Cette nouvelle consterna les courtisans de Caligula : ils s'écartèrent les uns d'un côté , les autres de l'autre , et dissimulèrent le mieux qu'ils purent. Quant à lui, il se crut perdu , et il attendait avec un profond silence sa dernière heure; mais Macron sans s'étonner donna ordre qu'on étouffât Tibère , et que tout le monde se retirât(g). Ni lui, ni sa femme , ne jouirent pas long-temps de la faveur qu'ils s'étaient promise sous le nouvel empereur qui leur était si obligé. Ils furent contraints l'un et l'autre de s'ôter la vie (D). Le mari avait obtenu un fort beau gouvernement (h);

(b) Idem , ibid., pag. 722.
(c) Idem , ibid., pag. 727.
(d) Idem , ibid., pag. 730.

(e) Voyez la remarque (C).
(f) Tacit., Annal., lib. VI, cap. L.
(g) Ex Tacito , ibid.
(h) Celui d'Égypte. Voyez Dion, lib. LIX, pag. 743.

mais il ne sut point apprivoiser
l'humeur farouche de Caligula.

(A) *Il surpassait* Séjan *en finesse ,
et principalement lorsqu'il s'agissait
de faire périr un ennemi.*] La haine
de Macron était bien terrible. Mamercus Scaurus en fit une triste expérience. C'était un homme de mauvaise vie, mais illustre par sa naissance, et grand orateur. Il fut entrepris par Macron, sous prétexte qu'il
avait fait une tragédie dont quelques
vers pouvaient concerner la conduite
de Tibère. D'autres l'accusèrent de
magie et d'adultère. Il prévint sa
condamnation en se tuant, et il fut
animé à cela par son épouse qui se
tua elle aussi. Lisez ces paroles de
Tacite. *Mamercus dein Scaurus rursùm postulatur , insignis nobilitate et
orandis caussis, vitâ probrosus , nihil
hunc amicitia Sejani , sed labefecit
haud minùs validum ad exitia Macronis odium , qui easdem artes oc-
cultiùs exercebat : detuleratque argumentum tragœdiæ à Scauro scrip-
tæ , additis versibus qui in Tiberium
flecterentur. Verùm ab Servilio et
Cornelio accusatoribus , adulterium
Liviæ , magorum sacra objectaban-
tur. Scaurus , ut dignum veteribus
Æmiliis , damnationem anteit; hortante Sextiâ uxore : quæ incitamentum mortis, et particeps fuit* (1). Dion
fournit des circonstances qui éclair-
cissent ce qui concerne la tragédie
dont l'empereur se fâcha. Elle avait
pour titre *Atrée*, et contenait des
paroles d'Euripide qui conseillaient
à un sujet de supporter la folie de
son roi (2). Tibère s'imagina que
cette pièce de théâtre avait été faite
contre lui, et qu'à cause des meurtres qu'il avait commis, on le dé-
signait sous le nom d'Atrée. Je ferai de l'auteur un Ajax , dit-il. La
menace fut suivie de l'effet: mais au
lieu de se servir de ce prétexte, il
accusa Scaurus d'avoir couché avec
Liville (3).

Ajoutons un autre exemple de la
force de l'inimitié de Macron. Il vou-

lait du mal à Lucius Arruntius , et
le voyant enveloppé dans un procès
de crime d'état, il se prévalut de
l'occasion, il présida à l'examen des
témoins et à la question des esclaves
(4) , et il fit tellement connaître que
les effets de son animosité ne pourraient pas être éludés , que l'accusé
se fit mourir sans attendre que la
cause fût jugée. Il est bon de voir ce
qu'il répondit à ceux qui lui conseillèrent de chicaner le terrain. J'ai
assez vécu , leur dit-il, et je n'aurais
rien de bon à me promettre d'une
plus longue vie , les temps seraient
encore plus malheureux sous le successeur de Tibère; tout est à craindre sous Caligula gouverné par Macron. Tacite représenta cela plus au
long et plus noblement ; mettons
donc ici ses paroles : elles servent à
faire connaître celui qui est le sujet
de cet article. *Arruntius cunctatio-
nem et morus suadentibus amicis :*
Non eadem omnibus decora, *respondit* : sibi satis ætatis : neque aliud
pœnitendum , quàm quòd inter ludibria et pericula anxiam senectam to-
leravisset, diù Sejano, nunc Macroni, semper alicui potentiæ invisus;
non culpâ, sed ut flagitiorum impatiens. Sanè paucos et supremos principis dies posse vitari ; quemadmodùm evasurum imminentis juven-
tam? An cùm Tiberius post tantam
rerum experientiam, vi dominationis convulsus et mutatus sit : C. Cæsarem vix finitâ pueritiâ, ignarum
omnium, aut pessimis innutritum ,
meliora capessiturum , Macrone duce? qui ut deterior ad opprimendum
Sejanum dilectus , plura per scelera
Remp. conflictavisset. Prospectare
jam se acrius servitium , eòque fu-
gere simul acta et instantia. Hæc
vatis in modum dictitans , venas re-
solvit (5). Notez qu'Arruntius et
deux autres (6) furent accusés comme complices de la conjuration d'Albucilla, femme qui n'était pas moins
décriée pour ses impudicités (7) que
l'étaient il y a quarante ans les hé-
roïnes de Bussi (8). Je crois que l'ac-

(1) Tacit., Annal., *lib. VI, cap. XXIX, ad
ann.* 787.

(2) Ἵνα τὴν τοῦ κρατοῦντος ἀϐουλίαν
φέρη. *Ut stultitiam imperantis ferret.* Dio, *lib.
LVIII , pag. m.* 730.

(3) *Ex* Dione, *ibidem.*

(4) Tacit., Annal. , *lib. VI, cap. XLVII.*

(5) Idem , *ibidem , cap. XLVIII, ad ann.*
790.

(6) Cn. *Domitius et Vibius Marsus.*

(7) *Multorum amoribus famosa Albucilla.*
Tacit. , Annal. , *lib. VI, cap. XLVII.*

(8) *On écrit ceci l'an* 1700.

cusation fut fondée sur ce que ces trois Romains étaient reconnus pour des galans d'Albucilla (9) : on concluait apparemment qu'ils avaient su sa conspiration, puisqu'ils avaient avec elle un mauvais commerce de galanterie. Ordinairement parlant, cette manière de raisonner est assez juste ; et si l'on ne voit guère de femmes dans des procès de crime d'état, sans qu'elles aient des galanteries, on n'en voit guère non plus qui n'aient communiqué leur complot à leurs galans. La liaison de ces choses est un fait dont on devine facilement les raisons, et l'on voit aussi sans beaucoup de peine pourquoi les femmes qui ressemblent à *donna Hippolyte d'Aragon*, baronne d'*Alby* (10), sont celles qui s'engagent le plus fréquemment à une conspiration. N'oublions pas qu'Albucilla se voulut tuer ; mais elle n'eut pas la force de se donner un bon coup. *Albucilla inrito ictu à semet vulnerata, jussu senatûs in carcerem fertur* (11). Tacite, qui nous apprend que le sénat la fit porter en prison, s'arrête là, et ne dit point ce qu'elle devint. Il observe que presque toutes les preuves qui furent envoyées contre les trois accusés, étaient des suppositions de Macron. C'est qu'on le connaissait pour l'ennemi déclaré d'Arruntius. *Sed testium interrogationi, tormentis servorum Macronem præsedisse, commentarii ad senatum missi ferebant : nullæque in eos imperatoris litteræ , suspicionem dabant , invalido ac fortassè ignaro , ficta pleraque ob inimicitias Macronis notas in Arruntium* (12). Il est assez probable que Macron se comporta tres-injustement dans cette affaire : mais il n'eût pas pu éviter, non pas même par l'observation exacte des procédures juridiques, que l'on ne le soupçonnât d'avoir opprimé des innocens ; car lorsqu'un monarque, ou ses fa-

voris, ou ses ministres, sont haïs du peuple, on ne veut presque jamais croire que ceux qu'ils punissent soient coupables. C'est ce qu'on a vu en France sous le ministère du cardinal de Richelieu (13).

(B) *Il se servit des cajoleries de sa femme Ennia.*] C'est l'opinion de Tacite : *Supremi Tiberio consules , Cn. Acerronius, C. Pontius magistratum occepere, nimiâ jam potentiâ Macronis : qui gratiam C. Cæsaris nunquàm sibi neglectam , acriùs in dies fovebat , impuleratque post mortem Claudiæ , quam nuptam ei rettuli, uxorem suam Enniam immittendo , amore juvenum inlicere , pactoque matrimonii vincire , nihil abnuentem dùm dominationis apisceretur* (14). Mais Suétone narre le fait autrement. Il veut que Caligula ait fait toutes les avances auprès de la femme de Macron , et l'ait engagée par une promesse de mariage à lui procurer les bons offices de son mari. *Quam* (spem successionis) *quo magis confirmaret , amissâ Juniâ ex partu , Enniam Næviam* (15) *Macronis uxorem , qui tùm prætorianis cohortibus præerat , sollicitavit ad stuprum, pollicitus et matrimonium suum , si potitus imperio fuisset : deque eâ re et jurejurando et chirographo cavit. Per hanc insinuatus Macroni , veneno Tiberium aggressus est* (16). Dion a mieux aimé se conformer à la narration de Tacite qu'à celle de Suétone ; car il a dit que Caligula fut attiré par le mari même à faire l'amour à la femme (17). Tournez-vous de quelque côté qu'il vous plaira, vous rencontrerez partout de la probabilité. On ne choquera point la vraisemblance en disant que Macron , plus ambitieux que jaloux , porta sa femme à mettre Caligula dans ses filets , et à ne lui rien refuser de tout ce qui serait propre à captiver un jeune prince impudique.

(9) *Connectebantur ut conscii et adulteri ejus.* Tacit. , Annal. , *lib. VI, cap. XLVII.*

(10) *Voyez, dans le Recueil de diverses pièces curieuses pour servir à l'Histoire* , la Conjuration *de cette dame* sur la ville de Barcelone en faveur du roi catholique , en l'an 1645, 1646, 1647 et 1648, *pag.* 43 *et suiv.* , *édit. de Hollande,* 1664.

(11) Tacit., Annal. , *lib. VI, c. XLVIII.*

(12) *Idem* , *ibid.* , *cap. XLVII.*

(13) *Voyez, tom. IX, pag.* 448 , *la remarque* (F) *de l'article de* Louis XIII.

(14) Tacit. , Annal. *lib. VI, cap. XLV , ad ann.* 790.

(15) *Il faut lire , comme* Casaubon *l'a fort bien conjecturé,* Nævii Macronis.

(16) Sueton. , *in* Calig. , *cap. III.*

(17) Ἐς ἔρωτα αὐτὸν τῆς ἑαυτοῦ γυναικὸς Ἐννίας Θρασύλλης προὔπτικτο. *Eum in amorem uxoris suæ Enniæ Thrasyllæ pellexerat.* Dio , *lib. LVIII, in fine.*

Si Macron avait fait cela , il aurait pris un parti qui n'est rien moins qu'une rareté parmi les courtisans , et en général parmi ceux qui veulent faire fortune. L'une de leurs maximes est celle que Tirésias donnait à Ulysse :

...... *Scortator erit? cave te roget. Ultrò*
Penelopen facilis potiori trade (18).

Aujourd'hui l'on ne ferait pas semblant de dormir (19); mais l'on passerait dans une autre chambre , si l'on voyait son Mécène disposé à caresser. On se rendrait plus commode que ce Galba qui *donnant à souper à Mécénas*, favori d'Auguste, *et voyant qu'il commençait à escrimer des yeux et de petits regards amoureux avec sa femme, il laissa tout doucement aller sa tête sur le coussin, comme faisant semblant de dormir* (20). Supposez d'un autre côté que Caligula se défiant des intentions de Tibère , et ne voyant rien encore de sûr pour lui à l'égard de la succession impériale , tâcha de corrompre la femme de Macron, et s'imagina que s'il la mettait dans ses intérêts par une promesse de mariage , elle engagerait son mari à le servir; vous supposerez une chose très-probable. Une pareille conduite a été tenue cent et cent fois. Supposons enfin qu'Ennie, persuadée que Caligula succéderait à Tibère , tâcha de lui donner de l'amour à l'insu de son mari, et n'épargna rien pour fomenter l'espérance d'être un jour impératrice , nous trouverons encore une grande probabilité. Je crois néanmoins que la narration de Tacite est préférable à celle de Suétone , n'en déplaise à Philon qui assure (21) que Macron ignora les galanteries de son épouse.

(C) *Tibère......... s'ouvrit assez là-dessus par un reproche qu'il fit à Macron.*] Vous quittez le soleil couchant, lui dit-il , et vous regardez le soleil levant (22). C'est ainsi que va le monde , et c'est l'un des plus grands chagrins de la vieillesse des princes. Je ne donne point le détail

des mesures que Tibère voulut prendre, lorsqu'il eut su les intrigues de Macron ; il suffit de rapporter ces paroles de Tacite : *Gnarum hoc principi : eoque dubitavit de tradendá republicá primum inter nepotes.......* *Mox incertus animi , fesso corpore , consilium , cui impar erat , fato permisit , jactis tamen vocibus , per quas intelligeretur providus futurorum. Namque Macroni non abditá ambage , Occidentem ab eo deseri, Orientem spectari exprobravit , etc. (23).*

(D) *Ils furent contraints l'un et l'autre de s'ôter la vie.*] Dion Cassius , rapportant les choses qui firent blâmer Caligula , n'oublie point l'ingratitude de cet empereur à l'égard de Macron et d'Ennia. Elle fut si grande qu'il les réduisit à la dure nécessité de se tuer. Il ne se souvint , ni de l'amour qu'Ennia avait eu pour lui , ni des services que Macron lui avait rendus, et qui avaient été d'une si grande importance, qu'il était monté par-là sur le trône sans aucun collègue. Il ne se contenta point de lui enlever la vie , il le diffama , et se servit même d'une accusation dont la honte rejaillissait principalement sur sa personne ; car il déclara que Macron lui avait servi de maquereau : Καὶ ἐς αἰσχύνην ἧς αὐτὸς τὸ πλεῖςον μετεῖχε , κατέςησε προαγωγείας γάρ ἔγκλημα αὐτῶ πρὸς τοῖς ἄλλοις ἐπήγαγε(24). *Et eá infamiá oneravit, cujus ipse maximá in parte futurus esset , objecto nimirium eo crimine quod stuprorum conciliatores fuissent* (25). Voilà ce qu'on trouve dans le LIXᵉ. livre de Dion Cassius : et prenez garde que cet historien avait remarqué, que c'est une chose plus dure de contraindre les gens à se faire mourir eux-mêmes, que de les livrer au bourreau. Il fait cette observation contre Tibère , qui pour ne paraître pas l'auteur de la mort des accusés , les engageait par des motifs assez tentans (26) à prévenir

(18) Horat., sat. V, lib. II, vs. 75.
(19) . . . . *Doctus spectare lacunar ,*
Doctus et ad calicem vigilanti stertere naso.
Juven., sat. I , vs. 56.
(20) Plut. , in Amatorio, pag. 759, 760. *Version d'Amyot.*
(21) *Voyez la remarque* (D).
(22) Dio, lib. I. VIII, in fine.

(23) Tacit., Annal., lib. VI, cap. XLVI.
(24) Dio, lib. LIX, pag. 743.
(25) *C'est ainsi que Xylander et Léonclavius ont traduit; mais il eût mieux valu traduire* Objecto nimirium ei (Macroni) præter alia eo crimine, quod stuprorum conciliator fuisset.
(26) *Ceux qui attendaient leur condamnation mouraient dans des tourmens très-cruels, et tous leurs biens étaient confisqués; mais rarement confisquait-on les biens de ceux qui s'ô-*

leur condamnation en s'ôtant la vie.

Προκαλουμένου διὰ τούτου τοὺς ἀνθρώπους τοῦ Τιβερίου αὐτέντας γενεσθαι, ἵνα μὴ αὐτὸς σφᾶς ἀποκτεῖνειν δόκῃ· ὥσπερ οὐ πολλῷ δεινότερον ὃν αὐτοχειρίᾳ τινὰ ἀποθανεῖν ἀναγκάσαι, τοῦ τῷ δημίῳ αὐτὸν παραδοῦναι. *Alliciente per hæc Tiberio homines ad consciscendam sibi ipsis mortem, ne ipse eos necásse videretur : quasi verò non longè gravius sit adigere aliquem ad manus sibi inferendas , quàm spiculatori eum tradere.* (27). On voit aussi dans Suétone la mort violente de Macron et d'Ennia parmi les grands crimes de cet empereur. *Et in primis ipsum Macronem, ipsam Enniam adjutores imperii quibus..... pro meritorum gratiâ cruenta mors persoluta est* (28). Si l'on ne connaissait Macron que par le portrait que l'on en trouve dans un ouvrage d'un auteur juif, on le plaindrait d'avantage, on le prendrait pour un honnête homme , et l'on ne saurait rien des mauvaises qualités que Tacite et Dion Cassius lui attribuent.

Philon a fait une liste des crimes de Caligula , dans laquelle il a mis au premier rang le meurtre du petit-fils de Tibère, et au second la mort de Macron. Il dit que Tibère, ayant découvert , par la sagacité et par la pénétration de son esprit, le naturel corrompu de Caligula, n'avait nulle envie de lui laisser l'empire romain ; mais que Macron s'appliqua si adroitement à lui lever tous ses soupçons, et à lui faire l'apologie de ce jeune prince, que cela prévint toujours le coup fatal qui l'eût pu exclure. Lorsque les raisons de Macron n'agissaient pas assez fortement, il s'offrait d'être caution de tout ce qu'il alléguait en faveur de Caligula. Cette promesse était de grand poids; car il avait donné de très-grandes preuves de son zèle pour la famille impériale , et pour la personne de Tibère en particulier, lorsqu'il avait eu la commission de faire périr Séjan. Ce qu'il fit pour Caligula, auprès de Tibère , égalait ou surpassait tout ce qu'on peut mettre en œuvre pour un frère ou pour un fils. Deux choses l'y engagèrent ;

car il voyait que son amitié était cultivée par Caligula avec toutes sortes de soin, et il avait une femme qui le sollicitait incessamment de ne perdre aucune occasion de servir et d'obliger ce jeune prince. L'auteur que j'abrège remarque que la raison qui engageait cette femme à prendre si fort à cœur les intérêts de Caligula, était une chose dont on ne parlait pas (29) : mais il la fait assez entendre , lorsqu'il ajoute qu'une femme , et surtout quand elle est infidèle , a beaucoup de force sur l'esprit de son mari ; car comme elle se sent coupable , elle redouble ses caresses et ses flatteries. Macron, continue-t-il, ne savait pas son déshonneur domestique, et s'imaginait que l'amitié conjugale rendait son épouse si caressante envers lui. Δεινὸν δὲ γυνὴ γνώμην ἀνδρὸς παραλύσαι καὶ παραγαγεῖν, καὶ μάλιϛα μαχλάς· ἕνεκα γὰρ τοῦ συνειδότος κολακικωτέρα γίνεται· ὁ δὲ τὴν διαφθορὰν μὲν τοῦ γάμου καὶ τῆς οἰκίας ἀγνοῶν, τὴν δὲ κολακείαν εὔνοιαν ἀκραφνεστάτην εἶναι νομίζων, ἀπατᾶται. *Est autem ad impellendum virum efficax impudica mulier, ut quæ blandior sit propter conscientiam. At ille ignarus probri domestici, et ratus ab amore conjugali proficisci eas blanditias, decipitur* (30). Or se souvenant très-bien qu'il avait sauvé Caligula plus d'une fois, il lui donnait des avis fort librement : il voulait en bon ouvrier, que la durée de son ouvrage lui fît honneur ; c'est pourquoi il corrigeait par ses bons avertissemens , et le mieux qu'il lui était possible, les défauts de l'empereur qu'il avait créé, et lui faisait connaître les devoirs et la véritable gloire de ceux qui occupent un tel poste. Caligula se montrait rebelle à ces leçons , et se vantait hautement de n'avoir aucun besoin d'un tel pédagogue. Voilà comment Macron lui devint odieux. Ce méchant prince ne songea qu'à s'en défaire , et qu'à chercher des prétextes qui eussent un air plausible. Il crut en avoir trouvé de tels, lorsqu'il allégua que Macron disait : *Caligula est mon ouvrage ; c'est ma créature autant ou

taient tués avant la fin du procès. *Voyez* Dion, lib. *LVIII*, pag. 723.

(27) Dio , *lib. LVIII*, pag. 723.

(28) Suéton. , in *Calig.*, cap. *XXVI.*

(29) Ἡ Μάκρωνος γυνὴ διά σιωπωμένην αἰτίαν. *Uxor Macronis propter quiddam tectum silentio.* Philo , de Legatione , pag. 997.

(30) *Idem , ibidem , E.*

plus que la créature de ceux qui l'ont engendré. Mes prières ont arrêté trois fois les ordres que Tibère voulait donner de le tuer; c'est moi qui suis cause qu'il succéda seul à l'empire après la mort de Tibère. Macron ne vécut guère depuis : il fallut qu'il se tuât de sa propre main. Sa femme fut exposée à la même nécessité, et ne trouva aucune ressource dans l'amour que Caligula avait eu pour elle. Aussi est-ce une passion sur laquelle il n'est pas permis de compter; elle est sujette à trop de dégoûts. Λέγεται ὅτι ἠναγκάϛη, ὁ δείλαιος, αὐτοχειρία κτεῖναι ἑαυτὸν, καὶ τὴν αὐτὴν ἀναδέξασθαι συμφορὰν ἢ γυνὴ, καίτοι ποτὲ νομισθεῖσα διὰ συνηθείας αὐτῷ γενέσθαι. Βέᵃκων δὲ οὐδέν φασι τῶν ἐν ἔρωτι φίλτρων εἶναι διὰ τὸ τοῦ πάθους ἀψίκορον. *Fertur miser coactus seipsum interficere, uxor quoque habuisse eundem exitum, quamvis putaretur constuprata à Cæsare, sed negant in amore firmum præsidium, propter crebra ejus affectûs inconstantissimi fastidia* (31). Toute la famille de Macron fut exterminée en même temps (32).

Trois choses, dont chacune était capable de le ruiner, concoururent à sa perte. Il avait sauvé la vie, et procuré un grand empire à Caligula ; il s'en vantait ; il le censurait. Il y a très-peu de grands qui puissent aimer ceux à qui ils ont trop d'obligation (33); et l'on ne voit guère que ceux qui élèvent sur le trône un particulier, conservent long-temps ses bonnes grâces. Ils lui deviennent odieux, ou parce qu'on n'aime pas les personnes qui croient avoir le droit de tout demander, ou parce qu'ils vantent trop leurs services, et se plaignent de n'en être pas récompensés dignement. Je vous laisse à penser si Caligula, l'âme du monde la plus mal faite, pouvait supporter long-temps un bienfaiteur qui étalait toute l'importance de ses services, et qui

(31) Philo, de Legatione, *pag.* 1000, *D.*

(32) *Tiré de Philon, in libro de Legatione ad Caium, pag.* 997 *et seq.*

(33) *Beneficia eò usque læta sunt, dùm videntur exsolvi posse : ubi multùm antevenère, pro gratiâ odium redditur.* Tacit. , Ann. , *lib. IV, cap. XXVIII. Voyez , dans la Vie de du Plessis Mornai, pag.* 257, *une traduction de cela, appliquée au froid accueil qu'il avait reçu du roi Henri IV.*

se donnait la liberté de lui donner des avis de gouverneur?

MAETS (CHARLES DE), ministre et professeur en théologie à Utrecht, naquit à Leyde, le 25 de janvier 1597. A peine avait-il deux ans lorsque son père se transporta à Middelbourg (a). Ce fut là que notre Charles fit ses études jusques en l'année 1615. Alors il fut temps de l'envoyer aux académies, et l'on préféra celle de Franeker à celle de Leyde, parce que l'on regardait celle-ci comme le principal champ de bataille des remontrans et des contre-remontrans. Après avoir assez demeuré à Franeker, il fut étudier à l'académie de Sedan. Il fit son tour de France; il retourna chez lui ; il se fit recevoir ministre l'an 1620, et servit l'église de *Scherpenisse* dans la Zélande, jusqu'à ce qu'il fut appelé à celle de Middelbourg, l'an 1629. Cinq ans après il fut employé, avec quelques autres savans ministres, à la révision de la traduction flamande du Nouveau Testament et des livres apocryphes. En 1636 on lui offrit, à Utrecht, une place de ministre, et la profession en théologie, qu'il ne voulut pas accepter à cause que les magistrats et le consistoire de Middelbourg, souhaitaient passionnément de le retenir. Mais la même vocation lui ayant été présentée l'an 1639, il l'accepta. Il fut installé l'année suivante, et il exerça ce double emploi jusques à sa mort, qui arriva en 1651. Il épousa trois

(a) *Il avait été chassé de Flandre à cause de la religion protestante.*

femmes (A). Il publia quelque chose (b) (B) ; et il fut fort opposé à M. Descartes (c).

(b) *Tiré de son Oraison funèbre, prononcée par* Hoornbeek *le* 20 *d'avril* 1651, *d'où à coup sûr l'on peut conclure que le sieur* Witte *se trompe de mettre dans son* Diarium Biographicum *la mort de Charles de Maets au* 20 *d'avril.*

(c) *Voyez* M. Baillet, Vie de Descartes, *tom. II , passim.*

(A) *Il épousa trois femmes.*] La première à Scherpenisse , la seconde (1) à Middelbourg , et la troisième à Utrecht. Il laissa des enfans des deux premières. L'un de ses fils , nommé CHARLES , est devenu professeur en médecine et en chimie dans l'université de Leyde, et a publié des Expériences. Voyez les Nouvelles de la République des Lettres (2).

(B) *Il publia quelque chose.*] Nous avons un livre in-4°. , de Charles de Maets , imprimé à Utrecht, l'an 1650, et intitulé *Sylva quæstionum insignium.* La principale chose qu'il y a traitée roule sur une question qui fit un grand bruit en ce temps-là , c'est de savoir s'il est permis aux hommes de porter les cheveux longs. Un théologien nommé Jacques de Rèves (3) avait écrit pour l'affirmative : de Maets fit des thèses contre lui ; on lui répliqua dans le livre qui a pour titre : *Libertas christiana circà usum capillitii defensa* , et il répliqua à de Rèves dans sa *Sylva quæstionum* , où , par occasion , il traite de plusieurs cas de morale. On a rafraîchi depuis peu le titre de cet ouvrage : c'est un signe qu'il ne s'est pas bien vendu.

(1) *Elle était sœur de la femme de* Boxhornius, *professeur à Leyde.*
(2) *Mois de septembre* 1685 , *au catalogue , num. VIII.*
(3) *En latin* Revius.

MAGIN (JEAN-ANTOINE), professeur en mathématiques dans l'université de Bologne , était de Padoue. Il publia beaucoup de livres d'astronomie (a) ; et il s'attacha entièrement à faire des

(a) Moréri *a donné le titre des principaux.*

horoscopes. On prétend qu'il réussissait à merveille dans ces sortes de prédictions (A) , et qu'il ne se trompa point sur son propre pronostic (B). L'empereur Rodolphe , ne pouvant l'attirer à Vienne , où il lui voulait donner une chaire de professeur, ne laissa pas de l'honorer d'une fort bonne pension. Magin est le premier qui ait fait des cartes et des commentaires (b) sur la géographie de Ptolomée (c). Il était si gros et si replet , qu'il ne faut pas s'étonner qu'il soit mort d'apoplexie. Ce fut le 11 de février 1617. Il était dans sa soixante et deuxième année. Il eut trois fils et une fille : celle-ci fut religieuse. Deux de ses fils moururent de son vivant : le troisième fut jacobin (d).

Je viens de trouver une lourde faute dans l'ouvrage d'un abbé de la confession d'Augsbourg (C).

(b) *Il les publia l'an* 1597.
(c) *Ptolomæi* Geographiam PRIMIS *Commentariis et Tabulis illustravit.* Tomasin. in Elog., *pag.* 285. *Notez que c'est une erreur; d'autres avant lui avaient publié Ptolomée avec des cartes et des commentaires.*
(d) *Tiré de son Éloge , composé par* Jacques Philippe Tomasini.

(A) *On prétend qu'il réussissait à merveille dans les* horoscopes.] Il ne flattait point les gens ; car s'il prédisait aux uns le cardinalat et de belles charges , il avertissait les autres qu'ils seraient blessés, bannis ou affligés en d'autres manières : il annonçait ingénuement tout ce que ses conjectures lui faisaient lire dans les astres , à quoi , disait-il , toutes choses sont soumises. *Urbis proceribus ex natalitiâ illorum figurâ multa feliciter divinabat : equitibus tiaram et purpuratas togas , hæreditates , et accessus ad magistratus et aulas principum : aliis vulnera, odia , exilia , domestica dissidia , res adversas omnes quoad ejus conjectura consequi potuit , prædicebat. Idem astrolo-*

giam aliorum nugis et inanibus ac superstitiosis auspiciis obtenebratam miris conatibus illustravit, et æmulis ac insciæ plebi cuncta cœlo subjici, à cœlo cuncta moveri liquidò demonstravit (1).

(B) ..... *qu'il ne se trompa point sur son propre pronostic.*] Tomasini observe que Magin, ayant atteint son année soixante et unième, fut frappé d'une apoplexie qui l'envoya dans l'autre monde, et qu'il y avait longtemps qu'il avait dit à lui, Tomasini, et à d'autres, qu'il craignait cette année-là. Cet historien se réfute peu après, par l'épitaphe qu'il produit. Cette épitaphe témoigne que Magin vécut soixante et un ans, sept mois, vingt-huit jours et une heure. On n'a donc point dû alléguer, comme une marque de l'habileté astrologique de Magin, les malignités qu'il avait trouvées dans son horoscope par rapport à sa soixante et unième année, car il vécut près de huit mois au delà de cette terrible année. Son disciple Jean-Antoine Roffénus, professeur en philosophie, ménagea mieux l'honneur de son maître, car sans faire aucune mention de l'année soixante et unième, il se contenta de dire que Magin mourut sous un aspect de planètes qui, selon ses prédictions, lui devait être funeste. *Infestis astrorum solis ad corpus Martis quos sibi prænoverat obtutibus concedens. Roffénus in epitaphio Magini. Obiit.... sole currente propè diametrum Martis, et circà exagonum Saturni* (2). Le sieur Jean Goad (3) n'a pas manqué de citer cette épitaphe, pour prouver, par un exemple de grand poids, la certitude de l'astrologie judiciaire. Roffénus, ajoute-t-il, connut aussi par son horoscope le temps de sa mort; car pendant la maladie dont il mourut, il assura qu'il n'en échapperait pas, et que la figure de sa nativité et son année climatérique le condamnaient à cela. *Sic enim genesim suam et climatericum annum requirere.* Ricciolus qui le rapporte le lui avait ouï dire.

(C) *Je viens de trouver une lourde faute dans l'ouvrage d'un abbé de la confession d'Augsbourg.*] J'y trouve que Jean-Antoine Magin, premier professeur en mathématiques dans l'université de Bologne, mourut l'an 1629, et qu'il faut compter entre les services qu'il a rendus au public le soin qu'il eut en mourant de remettre entre les mains de César Marsille, son ami, quelques traités de Bonaventure Cavalleri, mathématicien très-célèbre, qui n'avaient pas été encore imprimés, ou qui n'étaient pas encore assez connus dans la république des lettres. Il lui en recommanda l'impression, et fut cause que, par ce moyen, son ami Marsille obtint la chaire de professeur. On cite le Journal de Leipsic, mois de décembre 1691, page 557 (4). Il n'y a point de faute dans la citation, mais on trouve tout autre chose dans cette page du journal: on y voit que Bonaventure Cavalléri, ayant appris que Jean-Antoine Magin était mort l'an 1629, se proposa de lui succéder dans la profession des mathématiques à Bologne, et que, pour cet effet, il donna à César Marsille, son ami, deux traités qu'il avait faits, l'un sur les sections coniques, l'autre sur la géométrie des indivisibles. Marsille les communiqua aux géomètres de l'académie de Bologne qui, les ayant admirés, en parlèrent aux sénateurs: ceux-ci agirent si bien en faveur de Cavalléri, qu'au mois de novembre 1629, il obtint la chaire qu'il souhaitait. Voilà ce que disent les journalistes de Leipsic, en donnant un Abrégé de la Vie de Cavalléri, mise au-devant de sa *Sphera astronomica* (5), par Urbano d'Aviso. Il est étonnant qu'on dise là que notre Magin mourut l'an 1629; car son épitaphe rapportée par le Tomasini (6) met sa mort au onzième de février, 1617. Il est encore plus étonnant que l'on ait si peu compris le latin de ces journalistes qui est le plus clair du monde. Et d'ailleurs, une telle chose

(1) Jacob. Philippus Tomasinus, in Elog. Virorum illustrium, *pag.* 283, 284.

(2) Tomasinus, *ibid.*

(3) *In* Astro-meteorologiâ sanâ, *pag.* 129. *Il est parlé de ce livre dans l'*Histoire des Ouvrages des Savans, *janvier* 1691, *pag.* 204.

(4) *Tiré d'un livre imprimé à Tubinge, l'an* 1697, *composé par* Andréas Carolus, *abbé de Saint-George au pays de Wirtemberg, et intitulé :* Memorabilia ecclesiastica.

(5) *A la seconde édition, qui est de Rome* 1690, *in-*12*, et posthume.*

(6) Jac. Philipp. Tomasinus, Elog., *part. I,* *pag.* 287, 288.

répond-elle au titre de l'ouvrage où elle a été fourrée ? Ce titre ne nous promet que les événemens mémorables de l'église.

MAGIUS (a) (Jérôme) a été un des savans hommes du XVIᵉ. siècle. Il était né à Anghiari dans la Toscane (A), et ayant étudié les humanités, et les premiers élémens du droit civil sous Pierre Antoine Ghéti (b), il s'en alla à Bologne, pour y profiter des leçons de Robortel. Il fit des progrès considérables en diverses sciences, et donna à connaître de bonne heure qu'il était propre aux emplois publics ; car il fut député à Florence pendant sa jeunesse(c). C'était un esprit qui ne se bornait pas à un certain nombre d'études : il donnait presque dans tout ; car, outre les belles-lettres et la jurisprudence, il voulut savoir l'art militaire, et composer même des livres là-dessus (d), quoique la médiocrité de sa fortune, qui l'obligea à se mettre aux gages des imprimeurs de Venise (e), semblât demander qu'il ne se répandît pas sur ces sortes d'occupations. Mais c'est de ce côté-là qu'il s'est signalé davantage, puisqu'ayant été envoyé dans l'île de Chypre par les Vénitiens, pour y exercer la charge de juge d'armée, et les Turcs ayant as-

siégé Famagouste, il y rendit tous les services qu'on pouvait attendre d'un excellent ingénieur. Il trouva l'invention de certains fourneaux et de certains feux d'artifice, avec lesquels il ruinait les travaux des Turcs, et en un moment il renversait des ouvrages qui leur avaient coûté une longue peine (f). Mais ils n'eurent que trop d'occasions de se venger du retardement qu'il causa à leur entreprise ; car la ville étant enfin tombée en leur puissance au mois d'août 1571, Magius devint leur esclave, et en fut traité cruellement. Sa consolation en ce triste état fut le souvenir des choses qu'il avait autrefois apprises ; et comme il avait beaucoup de mémoire, il ne se crut pas incapable, quoique destitué de toutes sortes de livres, d'en composer qui fussent remplis de citations. Ce fut à quoi il employait une bonne partie de la nuit (B), étant obligé de travailler pendant le jour comme le plus vil esclave. Il conjura l'ambassadeur de l'empereur et celui de France, de travailler à sa liberté : mais soit qu'ils ne prissent pas assez à cœur ses intérêts, soit que leurs bonnes intentions fussent éludées par la barbarie des Turcs (C), il est certain que Magius, bien loin de recouvrer sa liberté, fut étranglé en prison le 27 de mars 1572 * ou 1573 (D), comme on l'a su par le Journal d'Arnoul

(a) *Je le mets sous son nom latin, que quelques-uns, comme* du Ryer *dans sa version de M.* de Thou, *ont traduit par* Maggi, *quelques autres par* Maggio, *comme M.* le Pelletier *dans la version* de Gratiani, *de la Guerre de Chypre.*

(b) Magius, *Miscell., lib. IV, cap. I.*

(c) *Idem de* Tintinnab., *cap. XVIII.*

(d) *Voyez ce qu'il en dit*, Miscell., *lib. I, cap. I.*

(e) *Ad hæc Venetiis, ubi et typographis operam navâsse fertur*, etc. Fr. Swertius, *in* Elogio Magii, *init. lib.*, de Tintinnab.

(f) Ant. Maria Gratiani, Guerre de Chypre. *liv. III.*

* « C'est sûrement 1572, dit Leclerc, le » Mémoire de Manlius, portant : *27 martii*, » *nocte diei Jovis.* Le 27 était un jeudi en » 1572. »

Manlius, médecin de l'ambassadeur de l'empereur. Je donne la liste des livres qu'il avait publiés avant que d'aller en Chypre (E).

(A) *Il était né à Anghiari dans la Toscane.*] En latin, on nomme cette ville *Anglara*, et il ne faut pas la confondre avec celle qu'on nomme en latin *Angleria* ou *Anglaria*, ou en italien *Angiera*, et qui est dans le Milanais, sur le lac Majeur. C'est à tort que M. de Thou (1), Swert, Aubert-le-Mire, Quenstedt, et plusieurs autres, ont donné cette dernière ville pour patrie à Magius ; car il nous apprend lui-même qu'il était d'*Anghiari* dans la Toscane. M. Trichet du Fresne a rapporté deux passages qui sont si formels sur cela, que M. Teissier (2), qui le cite, ne devait pas, ce me semble, laisser ses lecteurs dans l'incertitude où il les laisse par ces paroles : *Jérôme Maggi naquit à Anglaria dans le duché de Milan, ou à Anghiari dans la Toscane, suivant quelques-uns.* L'un des deux passages allégués par M. Trichet du Fresne est tiré du chapitre II du Ier. livre *de muniendis civitatibus ;* et l'autre du chapitre IX du IVe. livre des Miscellanées. Il cite aussi le témoignage de Gratiani, qu'il a trouvé au IIIe. livre de *Bello Cyprio*, page 181. Il aurait pu citer l'endroit des Miscellanées où Magius nomme la Toscane, *nostram Hetruriam.* C'est au chapitre XX du Ier. livre.

(B) *Il employait à composer des livres une bonne partie de la nuit.*] Il composa dans sa prison un Traité des Cloches (3), *de Tintinnabulis*, et un autre du Chevalet, *de Equuleo.* Ce qui lui fit choisir ces matières, fut d'un côté qu'il remarqua que les Turcs ne se servaient point de cloches, et de l'autre qu'en roulant dans son esprit diverses sortes de tourmens à quoi sa condition l'exposait, il se souvint que personne n'avait bien expliqué encore ce que c'était que l'*Equuleus*. Il dédia le premier de ces deux traités à Charles Rym, natif de Gand, ambassadeur de l'empereur à Constantinople, et l'autre à l'ambassadeur de France au même lieu. Jungerman, dans ses notes sur le Traité *de Equuleo*, croit que cet ambassadeur de France était François de Noailles, évêque d'Ax. M. du Fresne Trichet le croit aussi. Voyez son éloge de Magius, au commencement du Traité *de Equuleo*, à l'édition d'Amsterdam. Ces deux traités de Magius ne sont sortis de dessous la presse que plusieurs années après sa mort. Le manuscrit de celui *de Tintinnabulis* fut donné par Philibert Rym aux jésuites, qui le laissèrent imprimer avec des notes de François Swertius, à Hanau, l'an 1608 (4). L'année d'après on imprima au même lieu, avec des notes de Jungerman, le traité *de Equuleo*, dont le manuscrit avait été laissé à Arnoul Manlius par Magius même (5). Ils ont été réimprimés à Amsterdam, l'an 1664 et l'an 1689.

(C) *Soit que les ambassadeurs de l'empereur et de France..... ne prissent pas assez à cœur ses intérêts, soit que leurs bonnes intentions fussent éludées par la barbarie des Turcs, etc.*] Je crois qu'on fait tort à ces deux ambassadeurs, quand on affirme qu'ils ne firent aucun compte des prières de Magius ; et je ne saurais comprendre comment M. Trichet du Fresne a pu les accuser de surdité à cet égard (6), lui qui, immédiatement après, cite le journal du médecin Manlius, par où l'on apprend que ce qui perdit Magius, fut que, par une ostentation imprudente, on le fit venir au logis de l'ambassadeur, et qu'on le délivra à contre-temps. *Imprudenti ambitione in nostram carvassarani ductus..... Constantinopoli intempestivè liberatus, strangulari à Mahomete Bassâ in carcere jussus.* Il n'y a

---

(1) *Remarquez que M.* de Thou *la nomme* Anglara *: ainsi il ne se trompe pas au nom, mais à la position.*

(2) *Addit.* aux Éloges de M. de Thou, *tom. I, pag.* 381.

(3) *J'ai plus de raison de donner le premier rang à celui-ci, que le Journal des Savans, du* 4 *janvier* 1666, *de le donner au Traité de* Equuleo.

(4) Swert., in Elogio Magii.

(5) Epist. Segheti ad Jungerm., *et* Jungermannus, Not in Tractat. de Equuleo.

(6) *Fuit ea fati inclementia et atrocitas, ut legati (dictu pudendum) ejus precibus surdi fuerint (barbarique, immisso in collum laqueo, eum in carcere strangulaverint.*

plus lieu de douter après ces paroles, que le marché pour la rédemption n'ait été conclu ; mais voici apparemment ce qui gâta tout. Mahomet Bacha apprit que Magius avait été chez l'ambassadeur de l'empereur, il crut remarquer là trop d'empressement ; il se souvint des coups que cet habile ingénieur avait su faire : il n'en fallut pas davantage pour le porter à donner ordre qu'on l'étranglât la nuit suivante. M Gallois (7) en parle d'un ton encore plus affirmatif dans l'extrait du Traité des Cloches. Les ambassadeurs, dit-il, *traitèrent de sa rançon : mais en pensant avancer sa liberté, ils ne firent qu'avancer sa mort ; car un bacha, qui n'avait pas oublié les maux que Magius avait faits aux Turcs au siége de Famagouste, ayant appris qu'on l'avait mené au logis de l'ambassadeur de l'empereur, l'envoya reprendre, et le fit étrangler la nuit même dans la prison.*

M. de Thou n'a pas été assez bien instruit sur cet article. Il avait bien ouï dire que Magius avait fait quelque chose dans sa prison ; mais, 1°. il ignorait ce que c'était, et ainsi M. Moréri ne devait pas lui faire dire que c'était un *Traité de Culeo* (8), et une autre de Tintinnabulis. 2°. Il ignorait que Magius eût dédié l'un de ces deux livres à l'ambassadeur de l'empereur, et l'autre à l'ambassadeur de France, et les eût suppliés de travailler à sa liberté. 3°. Il ignorait qu'ils y eussent travaillé. 4°. Il ignorait que celui qui fit étrangler Magius n'était point son maître: l'auteur de cette barbarie était Mahomet Bacha : mais le maître de Magius n'était qu'un capitaine de vaisseau (9). 5°. Il ignorait la raison pourquoi on fit mourir cet illustre prisonnier, puisqu'il croit qu'on se porta à cette fureur par avarice, *quasi bos*, dit-il (10), *vetulus ab ingrato aratro fastiditus, ab immani hero sumptibus parcente strangulatus est.* 6°. Enfin il n'a pas dû dire que Magius fut amené en Asie (ce que bien d'autres ont dit après lui (11) : il fut amené à Con-

stantinople, et y passa tout le temps de sa servitude. Concluez de tout cela hardiment que le Dictionnaire de Moréri avait bon besoin d'être rectifié sur cet article, qui n'y est composé que des paroles de M. de Thou.

(D) *Il fut étranglé le 27 de mars* 1572, *ou* 1573.] Ce qui me fait marquer avec si peu de certitude l'année de sa mort, est que d'un côté Manlius a écrit dans son journal que *Magius fut tué en prison, la nuit du jeudi 27 de mars 1572* (12), et de l'autre qu'il a écrit sur la première page du livre *de Equuleo*, que Magius lui ayant laissé ce livre fut étranglé peu de jours après par l'impie Mahomet Bacha, à Constantinople, 1573 (13). Ce serait à Manlius, s'il était en vie, à ôter l'ambiguïté de cette date. Jungerman y a trouvé assez de clarté pour pencher à croire que la fin tragique du pauvre Magius arriva l'an 1573. L'imprimeur de M. Teissier a mis 27 mai, pour 27 mars.

(E) *Je donne la liste des ouvrages qu'il avait publiés avant que d'aller en Chypre.*] Magius avait fait imprimer *de Mundi exitio per Exustionem, libri quinque, Basileæ,* 1562 *fol.; Vitæ illustrium Virorum, auctore Æmilio Probo, cum commentariis, Basileæ, fol.* Lambin a été accusé d'avoir pris beaucoup de choses dans ces commentaires, sans en faire honneur à Magius (14). *Commentaria in quatuor Institutionum civilium libros, Lugduni, in-8°.; Miscellanea* (15), *sive variæ Lectiones, Venetiis, apud Jordanum Ziletium,* 1564, *in-8°.* Il avait publié aussi quelques livres en italien, comme il le dit expressément dans l'épître dédicatoire *de Tintinnabulis*; et néanmoins l'un (16) de ceux qui nous ont donné son éloge ne marque qu'un livre italien parmi ceux qui ont été publiés, duquel il

(7) Journal des Savans, *du 4 janvier* 1666.
(8) *Nouvelle faute : il fallait dire* Equuleo, *et non pas* Culeo.
(9) Trichet du Fresne, in Elogio Magii.
(10) Histor., lib. XLIX, ad ann. 1571.
(11) Swert., *in* Elog. Konig. Biblioth., p. 494.

(12) 1572, 27 martii, nocte diei Jovis necatur in carcere Hieronymus Magius.
(13) Hunc librum mihi reliquit D. Hieronymus Magius, paucis post diebus ab impio Mahomete Bassá strangulatus, Const. 1573. Ex Segheti epist. ad Jungerm.
(14) Swert., in Elogio Magii.
(15) *Ils sont divisés en quatre livres.* Gruter les a insérés dans le II°. volume de son Thesaurus Criticus. L'Épitome de la Bibliothéque de Gesner, 1583, distingue mal à propos les Miscellanea des variæ Lectiones.
(16) Trichet du Fresne.

rapporte l'impression à l'an 1584. Il a pour titre : *della Fortificazione delle città*. Magius avait écrit plusieurs autres ouvrages qui n'ont jamais paru ; Swertius (17) en donne la liste : quelques - uns de ceux-là ne laissent point d'être rapportés par Simler, comme s'ils avaient vu le jour, et nommément celui qui était intitulé : μισσπυγισία, *Odium pædiconum*, titre bien opposé à celui qu'on veut que Jean de la Casa ait mis au-devant de l'un de ses poëmes.

(17) *In* Elogio Magii.

MAGNI (VALÉRIEN), capucin milanais, s'est rendu célèbre dans le XVIIe. siècle. Il s'appliqua non-seulement à la controverse (A), mais aussi aux expériences physiques. On prétend qu'il se voulut attribuer l'invention de celles de Torricelli (B), et qu'on le convainquit d'être plagiaire. Il écrivit contre Aristote violemment (*a*). Mais je ne sais s'il y a rien qui le fasse tant connaître, que l'usage que l'on a fait de l'une de ses pensées dans les Lettres Provinciales (C). Il eut de grandes querelles avec les jésuites (D), et y perdit sa liberté. Il fut l'un des convertisseurs du prince Ernest, landgrave de Hesse (*b*). Je pense qu'il donnait trop d'étendue à son caractère de missionnaire apostolique aux pays du Nord.

Il était d'une famille noble, illustre, et nombreuse dans le Milanais, et il naquit vers l'an 1587 (*c*). « Ce ne fut qu'en recevant l'habit de capucin qu'il prit le nom de Valérien. Il fut long-temps maître des novices et souvent gardien des maisons de son ordre. Il professa aussi la philosophie et la théologie, et comme il était fort expérimenté dans la controverse, le pape Urbain VIII, qui avait beaucoup d'estime et de considération pour lui, le fit missionnaire apostolique par toute l'Allemagne, la Pologne, la Bohème et la Hongrie, et le déclara chef des missions du Nord. On était persuadé qu'il n'était pas moins expérimenté dans la politique que dans la théologie : c'est ce qui porta les puissances de l'Europe à l'envoyer en diverses ambassades. Il se trouva par ces routes fort près du cardinalat (E) ; mais le généreux mépris qu'il avait fait des grandeurs de la terre le fit réduire aux fatigues de la mission » qui furent grandes et périlleuses (*d*). *Il eut aussi beaucoup à souffrir de la part des péripatéticiens qui le considéraient comme l'ennemi de leur Aristote. On le jeta dans un affreux cachot sous quelque prétexte de nouvelle entreprise ; mais il en sortit à son honneur avec l'assistance de l'empereur Ferdinand III. Il se retira sur la fin de ses jours à Saltzbourg, où il mourut (e) âgé de soixante-quinze ans, dont il avait passé soixante dans l'ordre des capucins. L'histoire de sa mort se trouve dans un petit livre imprimé l'an 1662 in-12 sous le titre :* Relatio veridica de pio obitu R. P. Valeriani (*f*).

(*a*) *Voyez la remarque* (B).
(*b*) *Il disputa, pour cet effet, verbalement à Rhinfelds, l'an* 1651, *avec* Haberkorn, *professeur luthérien en théologie à Giesse.*
(*c*) Baillet, *au* Ier. *tome des* Anti, *pag.* 257, 259.
(*d*) *Là même, pag.* 259.
(*e*) *L'an* 1661.
(*f*) Baillet, *tome I des* Anti, *pag.* 260.

Je dirai quelque chose d'une réponse qu'il fit à un livre de Coménius (F).

(A) *Il s'appliqua.... à la controverse.*] Son *Judicium de Acatholicorum regulá credendi*, publié l'an 1628, l'exposa à une longue dispute, parce qu'il fut obligé de répliquer à plusieurs écrits des protestants. J'en parle ailleurs (1).

(B) *On prétend qu'il se voulut attribuer l'invention. . . de Torricelli.*] M. Baillet nous va instruire de cette affaire. « Le père *Valérien Magni*...
» ne s'était avisé de faire l'expérience
» de Torricelli, qu'après avoir pu-
» blié à Varsovie son traité de l'*A-*
» *théisme d'Aristote*, qu'il avait
» dédié (*) au père Mersenne; et l'édi-
» tion de ce livre était postérieure
» non-seulement à l'imprimé de M.
» Pascal, mais encore à la mort de
» Torricelli. Quoique le père capucin
» n'eût fait autre chose que répéter
» l'expérience de Torricelli sans y
» rien ajouter de nouveau, il ne
» laissa pas de se l'attribuer, comme
» si elle lui eût été propre, dans le
» récit qu'il en fit imprimer l'année
» suivante, sans reconnaître qu'elle
» eût été faite en Italie et en France
» avant lui. L'écrit du père Valérien
» surprit les connaisseurs qui décou-
» vrirent son usurpation : et sa pré-
» tention fut repoussée incontinent
» par M. de Roberval, qui se servit
» de l'imprimé de M. Pascal comme
» d'une preuve indubitable contre
» lui. Il le convainquit de n'avoir
» même fait son expérience que sur
» l'énonciation qu'il en avait vue dans
» l'écrit que M. Pascal en avait fait
» envoyer en Pologne comme dans
» le reste de l'Europe : et la lettre
» latine qu'il lui en écrivit lui ayant
» été rendue par l'entremise de M.
» de Noyers, secrétaire des comman-
» demens de la reine de Pologne, ce
» bon père ne fit point de réponse,
» et l'on prit son silence pour un
» désistement de son usurpation (2). »

(1) *A la fin de la* Dissertation sur Junius Brutus*, à la fin de cet ouvrage.*

(*) *La date de l'épître dédic. est du 19 de novembre, l'an 1647.*

(2) Baillet, Vie de Descartes, *tom. II, pag.* 329, *à l'an.* 1647.

J'ai un livre de ce capucin, imprimé à Varsovie, l'an 1648 *. C'est un recueil de Traités Philosophiques dédié à la Sainte-Vierge, *de Peripatu; de Logicâ; de per se Notis; de Syllogismo demonstrativo; Experimenta de incorruptibilitate Aquæ; de Vitro mirabiliter facto.* On y a joint une lettre d'un jésuite, où l'on soutient *Experimenta vulgata non vacuum probare, sed plenum et antiperistasim stabilire.* Il avait publié à Venise, l'an 1639, *Ocularis Demonstratio loci sinè locato, corporis successivè moti in vacuo, et luminis nulli corpori inhærentis;* et à Rome, l'an 1642 *de Luce mentium et ejus Imagine.*

(C) *L'usage que l'on a fait de l'une de ses pensées dans les Lettres Provinciales.*] Cette pensée est une méthode sûre de pousser à bout les médisans et les calomniateurs, qui cherchent une retraite dans des termes vagues. *Ne semble-t-il pas*, dit M. Pascal (3), *qu'on ne peut convaincre d'imposture un reproche si indéterminé? Un habile homme néanmoins en a trouvé le secret. C'est un capucin qui s'appelle le père Valérien, de la maison des comtes de Magni. Vous apprendrez par cette petite histoire comment il répondit à vos calomnies. Il avait heureusement réussi à la conversion du landgrave de Darmstadt. Mais vos pères, comme s'ils eussent eu quelque peine de voir convertir un prince souverain sans les y appeler, firent incontinent un livre contre lui, (car vous persécutez les gens de bien partout,) où falsifiant un de ses passages, ils lui imputent une doctrine hérétique. Ils firent aussi courir une lettre contre lui, où ils lui disaient: Oh! que nous avons de choses à découvrir, sans dire quoi, dont vous serez bien affligé! car si vous n'y donnez ordre, nous serons obligés d'en avertir le pape et les*

* Leclerc dit que Wading cite une édition de Milan, 1647. Leclerc en conclut que l'expérience avait été faite par Magni *avant le milieu de l'année.* C'est peut-être remonter un peu haut. Mais comme c'est en 1647 que Pascal publia son livre, et que, *surtout par rapport à Pascal,* Leclerc veut prendre la défense de Magni, il fallait bien tirer la conséquence qu'il tire; mais comme il n'y sentait la faiblesse de ses conclusions, il insinue qu'il est probable que le livre de Pascal n'est parvenu en Pologne, que c'était Magni, que lorsque ce dernier avait fait son expérience.

(3) Pascal, XVᵉ. lettre provinciale, *p. m.* 252.

cardinaux..... *Que ferai-je*, répondit-il (4), *contre ces injures vagues et indéterminées ? Comment
convaincrai-je des reproches qu'on
n'explique point? En voici néanmoins
le moyen. C'est que je déclare hautement et publiquement à ceux qui me
menacent, que ce sont des imposteurs
insignes , et de très-habiles et très-
impudens menteurs , s'ils ne découvrent ces crimes à toute la terre.
Paraissez donc , mes accusateurs ,
et publiez ces choses sur les toits ; au
lieu que vous les avez dites à l'oreille,
et que vous avez menti en assurance
en les disant à l'oreille.* L'auteur des
Provinciales (5) observe que les jésuites, n'ayant point répondu à ce défi,
ne laissèrent pas quelque temps après
d'*attaquer encore de la même sorte
sur un autre sujet* le père Valérien. Il
se défendit aussi de même (6). Il y a
peu de gens , dit-il (7), *qui soient
capables de s'opposer à une si puissante tyrannie. C'est ce que j'ai fait
néanmoins. J'ai arrêté leur impudence , et je l'arrêterai encore par le
même moyen. Je déclare donc qu'ils
ont menti très-impudemment*, MEN-
TIRIS IMPUDENTISSIMÈ. *Si les choses
qu'ils m'ont reprochées sont véritables,
qu'ils les prouvent, ou qu'ils passent
pour convaincus d'un mensonge plein
d'impudence. Leur procédé sur cela
découvrira qui a raison. Je prie tout
le monde de l'observer, et de remarquer cependant que ce genre d'hommes , qui ne souffrent pas la moindre
des injures qu'ils peuvent repousser ,
font semblant de souffrir très-patiem-
ment celles dont ils ne se peuvent
défendre , et couvrent d'une fausse
vertu leur véritable impuissance. C'est
pourquoi j'ai voulu irriter plus vivement leur pudeur , afin que les plus
grossiers reconnaissent , que s'ils se
taisent , leur patience ne sera pas un
effet de leur douceur , mais du trouble de leur conscience.* M. Pascal n'a
pas plus tôt rapporté cette méthode
du père Valérien, qu'il s'en sert en fa-

veur des jansénistes. *Ce père* , dit-il
(8), *a trouvé le secret de vous fermer
la bouche ; c'est ainsi qu'il faut faire
toutes les fois que vous accusez les
gens sans preuves. On n'a qu'à répondre à chacun de vous comme le
père capucin* , mentiris impudentissimè. Il renouvela l'imitation quinze
jours après. « Il faut parler , mes pè-
» res , il faut le nommer , ou souffrir
» la confusion de n'être plus regardés
» que comme des menteurs indignes
» d'être jamais crus. C'est en cette
» manière que le bon père Valérien
» nous a appris qu'il fallait *mettre à
» la gêne* et pousser à bout de tels
» imposteurs. Votre silence là-dessus
» sera une pleine et entière conviction
» de cette calomnie diabolique. Les
» plus aveugles de vos amis seront
» contraints d'avouer *que ce ne sera
» point un effet de votre vertu , mais
» de votre impuissance* (9). » Depuis ce
temps-là M. Arnauld s'est servi plus
d'une fois de la pensée du capucin ,
et enfin elle est passée dans quelques
livres des protestans. Elle a paru dans
la Cabale chimérique (10), et n'a pas
produit un autre effet que dans le
livre de son inventeur; car le dénonciateur de cette cabale n'a point relevé ce défi , et s'est obstiné à se taire
Mais, quoi qu'il en soit, le nom du
père Valérien s'est fait connaître de
toutes parts à la faveur de cette invention.

(D) *Il eut de grandes querelles avec
les jésuites.*] Ce que j'ai cité des Provinciales ne nous permet pas d'en
douter ; mais on n'y voit point que
ce capucin ne tira aucun avantage
d'avoir trouvé le secret de faire taire
ses calomniateurs ; il fit connaître
leur impuissance de prouver leurs
accusations, et il ne laissa pas d'être
emprisonné. Ce fut , dit-on , à cause
qu'il accordait aux protestans que
la primauté et l'infaillibilité du pape
n'étaient point fondées sur l'Écriture,
mais seulement sur la tradition (11).
*In æstu disputationis eò se abripi
passus homo est , ut sua vineta gra-*

(4) *Dans un livre imprimé à Prague, l'an*
1655, *pag.* 112.

(5) Pascal, Lettres provinciales, *pag.* 253.

(6) *Je crois que ce fut dans son livre de Homine infami personato sub titulis* M. Jocosi Se-
verii medii. Dannhawer *en cite quelques passages dans son* Vale triumphale, *pag.* 8 , 9 , 136,
188.

(7) Pascal, Lettres provinciales, *pag.* 254.

(8) *Là même.*

(9) *Le même* Pascal, lettre XVI , *pag.* 275.

(10) *Imprimée à* Roterdam, 1691 , *pag.* 357,
358 *de la seconde édition.*

(11) *Voyez le passage de son livre de* Homine
infami personato, *cité par* Dannhawerus, *in* Vale triumphali, *pag.* 288.

viter cædens , quod res est, scriberet,
primatum et infaillibilitatem Romani
pontificis ex Scripturis probari non
posse , sed solâ traditione constare.
Quod majestati pontificiæ violatæ
nefas interpretati jesuitæ λεγόμενοι ,
effecerunt , ut Valerianus in vincula
raptus , ex iisdem causam dicere
coactus fuerit (12). Il ne s'agissait pas
toujours d'hétérodoxie dans ses démêlés avec les jésuites : les intérêts pécuniaires y furent aussi mêlés. Ce
capucin se plaint fort des piéges qui
avaient été tendus à une veuve sa
parente , au préjudice d'un pupille.
Est quoddam genus hominum grave ,
dit-il (13), *et intolerabile orbi chris-*
tiano , viduis verò piis specialiter
exitiale..... Neminem nomino , sed
do in argumentum veritatis , si nemo
omnium sit , qui non intelligat quos
designo : si nemo eorum sit , qui me
postulet reum detractionis apud ju-
dicem competentem. Huic genti , eo-
rumque mancipiis imputo , quæ sub
nomine meæ charissimæ cognatæ
fiunt. Hos enim nec postulante , vir
omni exceptione major, ex meo scrip-
to monuit, frustrà tamen, de omnibus,
quæ iniquissimè perpetrantur , velut
ex sententiâ viduæ , in quam pravis
artibus conantur devolvere jura hæ-
redis minorennis , futuri hæredes ip-
sius viduæ , in præmium quòd eam ir-
retierint iis artibus.

(E) *Il se trouva . . . fort près du*
cardinalat.] Je citerai les paroles
d'un écrivain allemand qui raconte ,
1°. que ce capucin fit une harangue
à Rome dans la congrégation de la
Propagation de la foi , pour faire voir
par de puissantes raisons , que l'on
devait abolir la communauté de certaines femmes et filles qui prenaient
le nom de jésuitesses. Elle fut abolie
par une bulle d'Urbain VIII, publiée
au mois de mai 1631 ; 2°. que les
jésuites empêchèrent qu'il ne fût
promu au cardinalat, quoique Uladislas , roi de Pologne , eût écrit
en sa faveur sur ce sujet au pape
Urbain VIII. *Ille* (*Kortholtus ait*)

(12) Heideggerus, Historiæ Papatûs p. 319.
Notez *que par un passage du Memorabilia ec-*
clesiastica , lib. VI , cap. XII , ad ann 1651 ,
je trouve que M. Heidegger ne rapporte pas
bien ce fait-là.
(13) *In Comment. de Homine infami perso-*
nato , apud Dannhaw., in Vale triumphali ,
pag. 136.

coràm sacrâ congregatione de Pro-
pagandâ Fide , gravissimam et ner-
vosis rationum momentis infructam
orationem Romæ habuit , quâ mo-
vit et pervicit, ut nova , et ad mo-
rum virtutumque confusionem Vien-
næ ac Pragæ propagata jesuitissa-
rum societas , pontificiâ autoritate
dissolveretur. Sed eidem deinceps
Lojolitæ, *ne cardinalitiam dignitatem*
impetraret , obicem posuére. Quæ
Uladislao , Poloniæ regi , *de Vale-*
riano steterit sententia, testatum fecit
vel una epistola ad Urbanum VIII
perscripta , quâ prædictus rex Vale-
riano cardinalatûs dignitatem acqui-
rere contendit ; ac præter difficulta-
tem acquisita fuisset , nisi jam tùm
societas , quam vocant , JESU , in-
vidia et odia adversùs monachum
flagrans , impetrandæ dignitati ob-
stitisset ; veluti nominatus autor ,
Christianus Kortholtus , D. et Prof.
Kiloniensis refert, in Valeriano con-
fessore , lit. a. 4. 5. (14). Notez que
M. Kortholt , cité dans ces paroles
latines , est un des auteurs qui ont
écrit contre le père Valérien. Une
infinité d'autres l'ont fait aussi , et
nommément Dannhawérus , professeur en théologie à Strasbourg. Voyez
son traité *de Gorgiâ Leontino in Va-*
leriano Magno redivivo.

(F) *Je dirai quelque chose d'une*
réponse qu'il fit à un livre de Comé-
nius.] Ce livre , comme je l'ai dit
ailleurs (15), est intitulé *Absurdita-*
tum Echo, et parut sous le faux nom
de *Huldricus Newfeldius.* Valérien
Magni intitula sa réponse : *Echo Ab-*
surditatum Ulrici de Neufeld blæsa,
demonstrante Valeriano Magno, ca-
pucino , et la publia à Cracovie, l'an
1646 , *in-12.*

(14) Andreas Carolus , Memorabil. eccles. sæculi XVII , *lib. IV , cap. IX, pag.* 766.
(15) *Citation* (16) *et* (17) *de l'article* COMÉ-
NIUS ,*tom. V, pag.* 265.

MAHOMET, fondateur d'une
religion qui eut bientôt, et qui
a encore une très-grande éten-
due(A), naquit à la Mecque dans
l'Arabie, au VIe. siècle. On n'est
point d'accord sur l'année de sa
naissance(B), ni sur l'état de sa
famille (C); mais personne ne

nie qu'Abdalla son père, et Émina sa mère ne fussent pauvres. Abdalla mourut deux mois avant la naissance de Mahomet (*a*). Émina le suivit au bout de six ans, et Abdolmutleb, père d'Abdalla, mourut deux ans après elle. Il fallut que cet enfant fût élevé par Abutaleb, son oncle. Abutaleb et sa femme furent fort contens de la conduite de leur neveu (*b*) ; mais n'ayant pas assez de bien pour le marier, ils trouvèrent à propos de le placer au service d'une femme qui envoyait des marchandises dans la Syrie. Cette femme, nommée Chadighé, devint amoureuse de Mahomet son voiturier, ou le conducteur de ses chameaux, et l'épousa (D). Il avait alors vingt-cinq ans. Il eut de cette femme trois fils qui moururent fort jeunes, et quatre filles qui furent bien mariées (*c*). Comme il était sujet au mal caduc, et qu'il voulut cacher à sa femme cette infirmité, il lui fit accroire qu'il ne tombait dans ces convulsions, qu'à cause qu'il ne pouvait soutenir la vue de l'ange Gabriel, qui lui venait annoncer de la part de Dieu plusieurs choses concernant la religion (E). Chadighé, ou trompée ou feignant de l'être, s'en allait dire de maison en maison que son mari était prophète, et par ce moyen elle tâchait de lui procurer des sectateurs (*d*). Son valet et quelques autres personnes qu'il suborna,

travaillèrent à la même chose; et cela avec tant de succès, que les magistrats de la Mecque craignirent une sédition. Afin donc de prévenir les désordres que la naissance d'une secte a coutume de produire, ils résolurent de se défaire de Mahomet. Il en fut averti, et il prit la fuite. Le temps de cette évasion est l'époque des mahométans (F), et c'est de là qu'ils comptent les années de l'*Hégire*. Il se retira à Médine, accompagné de peu de gens ; mais il y fut joint bientôt après par plusieurs de ses disciples. Il ne tarda guère à faire éclater le dessein qu'il avait pris d'établir sa religion par les armes. Il donna son grand étendard à son oncle Hamza, et l'envoya en parti avec trente hommes (*e*). Cette première tentative n'eut aucun succès. La seconde fut très-heureuse : il chargea avec 319 hommes une caravane d'environ mille Koréischites, et la battit. Le butin fut considérable. Il perdit quatorze hommes, qui ont été honorablement placés au martyrologe mahométan (G). Après plusieurs combats bien plus importans, il se rendit maître de la Mecque, l'an 8 de l'Hégire (*f*). Il mourut trois ans après à Médine, à l'âge de soixante-trois ans, selon quelques historiens (*g*). Il n'est pas aisé de savoir le vrai détail de ses actions ; car si les écrivains de sa secte ont inventé mille fables pour l'honorer, il n'y a point d'apparence que ses adversaires aient fait scru-

---

(*a*) Elmacin. *apud* Hottinger. Historiæ oriental., *lib. II, cap. I, pag.* 205.

(*b*) Abunazarus, *pag.* 161, *apud* Hottinger., *ibid.*

(*c*) Idem, *apud eumdem* Hottingerum. *Ibid.*, *pag.* 210.

(*d*) *Voyez la remarque* (E).

(*e*) Hottinger. Histor. oriental. *pag.* 269, *ex* Elmacino.

(*f*) Idem, *pag.* 271.

(*g*) Idem, *ibid. pag.* 273, *ex* Elmacino *et* Patricide.

pule de débiter des mensonges contre lui. C'est une chose bien notable ; qu'il disait lui-même qu'il ne faisait point de miracles, et cependant ses sectateurs lui en attribuent beaucoup (H). Ils prétendent même que sa naissance fut accompagnée de circonstances si miraculeuses, qu'on n'en saurait être assez étonné(I). Il y a des gens qui s'imaginent qu'il a pu croire ce qu'il disait (K), et qui désapprouvent que l'on débite qu'il n'attira tant de sectateurs, qu'à cause que sa morale s'accommodait à la corruption du cœur(L), et parce qu'il promettait aux hommes un paradis sensuel(M). La principale cause de ses progrès fut sans doute le parti qu'il prit de contraindre par les armes à se soumettre à sa religion (N) ceux qui ne le faisaient pas volontairement. Par-là nous conservons à la religion chrétienne l'une des preuves de sa divinité(O) : c'est celle qui est tirée de sa prompte propagation par toute la terre : mais nous perdons la preuve que son étendue avait fournie (P). Il ne faut plus s'étonner que ce faux prophète n'ait pas eu recours à un artifice dont tous les chefs de parti, en matière d'hérésies et de sectes, se sont servis (h) : il ne s'est point appuyé sur des intrigues de femme (i); et il n'a nullement mis le beau sexe dans ses intérêts(Q). Il a cru que la valeur de ses troupes lui suffirait. Peut-être ne redouta-t-il les

Persanes(R), que parce qu'il voulut établir un code plein de dureté contre les femmes. Il en aimait pourtant furieusement la jouissance , et l'on conte des choses bien singulières de sa vigueur à cet égard (S). Sa lubricité fut sans doute cause qu'il permit la polygamie avec quelques bornes , et le concubinage sans aucunes bornes (k). Il n'osa pas être le seul qui jouît de ce privilége, quoique pour l'inceste il ait eu l'audace de l'interdire à ses sectateurs, et de s'en donner la permission par un privilége spécial(T). M. Moréri rapporte un conte à quoi l'on a oublié de joindre une circonstance essentielle , c'est touchant cet homme qui fut accablé de pierres dans un puits sec(V). L'un des plus impertinens mensonges qu'on ait débités touchant Mahomet est de dire qu'il a été cardinal(X). Il y a eu , même dans la communion des protestans, quelques docteurs qui l'ont pris pour l'Antechrist(Y). Je ne saurais croire que son cadavre ait été mangé des chiens(Z) , comme plusieurs le débitent ; et le père Louis Maracci a raison de remarquer que les chrétiens font des reproches à la secte de Mahomet, qui témoignent tant d'ignorance des faits véritables, que cela fait rire les infidèles, et les rend plus opiniâtres dans leur infidélité(l). On a publié un Tes-

(h) Voyez la remarque(Q).

(l) Esse etiam in illis dicit qui ex rerum turcicarum ignorantiâ in medium proferant quæ risum potiùs Mahumetanis excitent, ac in errore eos obstinatiores reddunt. Lud. Maraccius, è congregatione clericorum regularium Matris Dei, in Prodromo ad Refutatiouem Alcorani , apud Acta Eruditorum Lips. 1692 , pag. 329.

(h) Conférez ce que dessus , remarque (D) de l'article GRÉGOIRE I, tome VII, pag.216.

(i) Exceptez , si vous voulez , les bons offices que sa femme Chadighé lui rendit au commencement, comme je l'ai marqué ci-dessus.

tament de Mahomet (AA), qui a bien la mine d'être une pièce supposée : c'est un traité de mutuelle tolérance, qui fut conclu, dit-on, entre lui et les chrétiens. On peut alléguer des preuves de fausseté tirées de la pièce même (BB). Quoi qu'il en soit, il est sûr qu'au commencement il eut pour eux plus d'humanité que pour les Juifs : ce qui est assez étrange ; car avec l'esprit de conquérant qu'il fit éclater, il était fort propre à se faire suivre par la nation judaïque, comme le Messie qu'elle attendait (CC). Les mahométans ont pour lui une très-grande vénération (DD), de quoi ils donnent des témoignages bien particuliers. Ils font des pèlerinages fort dévots à la ville de sa naissance, et à celle où est son tombeau. Il n'est pas vrai que ce tombeau soit suspendu (EE), comme plusieurs écrivains le disent en se copiant les uns les autres ; et il n'est pas trop certain qu'aucun architecte soit capable d'un tel ouvrage (FF). Il court plusieurs prédictions qui menacent le mahométisme depuis long-temps (GG), et l'on conte que Mahomet, interrogé combien durerait sa religion, montra ses doigts étendus, et l'on prétend que cela signifiait qu'elle durerait mille ans, et qu'ainsi elle finirait l'an 1639 (*m*). Je n'examine point si le calcul est bien juste, et ne m'amuse pas à réfuter de semblables choses. Je dois dire en faveur des auteurs chrétiens, que ce sont les sectateurs de cet imposteur qui ont débité de lui les fables les plus ridicules. Ce sont eux qui nous apprennent que le riz et la rose naquirent de sa sueur (HH); et que l'ange Gabriel lui enseigna la composition d'un ragoût qui lui donnait de grandes forces pour jouir des femmes (II). Au reste, la religion de ce faux docteur a été sujette au même inconvénient qu'on a remarqué à la naissance du christianisme, et à celle de la réformation de Luther ; car dès qu'il eut prophétisé, il s'éleva plusieurs faux prophètes (KK), et ses sectateurs se divisèrent bientôt. Je m'étonne moins de sa hardiesse à l'égard de la promesse du *Paraclet*, que de celle de quelques auteurs arabes, qui se vantent d'avoir lu des exemplaires de l'Évangile, qui contenaient des choses touchant Mahomet, qu'ils prétendent que les chrétiens ont effacées (LL). Je ne sais si l'on doit croire ce que disent quelques-uns, que Mahomet déclara qu'il n'y avait que le tiers de l'Alcoran qui fût véritable (MM).

Qui voudra voir une suite chronologique des actions et des aventures de ce faux prophète, soutenue de fort bonnes citations, et d'un beau détail de circonstances, n'aura qu'à lire l'ouvrage de M. Prideaux (*n*). Il a été traduit d'anglais en français (*o*) depuis la première édition de ce Dictionnaire. On y voit entre autres choses beaucoup de preuves que Mahomet a été un imposteur, et qu'*il a fait servir son imposture à sa cupidité* (*p*).

(*m*) *Voyez* Andréas Carolus, *à la page* 953 *du* Memorabilia eccles. sæculi XVII.

(*n*) *Intitulé* la Vie de Mahomet.

(*o*) *La traduction française a été publiée à Amsterdam, l'an* 1698.

(*p*) Prideaux, Vie de Mahomet, *pag.* 155.

L'une de ces preuves est tirée de ce que les variations de son esprit prophétique répondaient au changement de ses intérêts particuliers (NN). Ce qu'on rapporte de ses amours est assez étrange. Il était jaloux au souverain point, et il ne laissa pas de prendre patience par rapport aux galanteries de celle de ses épouses qui lui était la plus chère (OO). Il ne put jamais se résoudre à la renvoyer, et il fit intervenir les grandes machines de ses révélations, pour faire en sorte que l'on cessât de médire d'elle, et de se scandaliser de son amitié pour une épouse de mauvais bruit. Ses sectateurs crurent enfin qu'elle était honnête; car ils reçurent comme des oracles l'interprétation qu'elle donnait aux paroles de leur loi (PP). Quelques auteurs chrétiens débitent un conte fort ridicule touchant la crédulité des mahométans pour les miracles (QQ). On a blâmé M. Simon de certaines choses qu'il a publiées, qui tendent à exténuer l'infamie du mahométisme (q). Voyez le dernier chapitre de son Histoire critique de la Créance et des Coutumes des Nations du Levant. Mais s'il a raison quant au fond, il mérite qu'on le loue; car il ne faut point fomenter la haine du mal en le décrivant plus noir et plus haïssable qu'il ne l'est effectivement.

(q) Voyez Difficultés proposées à mons. Steyaert, VIe. partie, depuis la page 303 jusques à la pag. 316.

(A) Sa religion eut bientôt, et a encore une très-grande étendue.] Il ne faut pas croire ceux qui disent qu'elle occupe la moitié du monde ou

plus (1): il suffit de dire que si nous divisons les régions connues de la terre en trente parties égales, celle des chrétiens sera comme cinq, celle des mahométans comme six, et celle des païens comme dix-neuf (2). Ainsi la mahométane est beaucoup plus étendue que la chrétienne; car elle la surpasse de la trentième partie du monde connu: or cette trentième partie est un pays bien considérable.

(B) On n'est point d'accord sur l'année de sa naissance.] Il naquit, selon quelques-uns, l'an 560 (3), ou l'an 577 (4): selon d'autres, l'an 580 (5), ou l'an 593 (6), ou l'an 600 (7), ou l'an 620 (8). Mais l'opinion la plus vraisemblable est celle qui le fait naître l'an 571, ou l'an 572. C'est l'opinion d'Elmacin: vous voyez que même en ne s'attachant qu'à un seul auteur, on n'évite pas les variétés. Elmacin, si nous en croyons Hottinger (9), met la naissance de Mahomet à l'an 571; mais si nous en croyons Reiskius, il la met à l'an 572. Cum nativitas Muhammedis inter arabes et christianos historicos valdè sit controversa, ex omnibus Elmacinum se sequi profitetur Reiskius, tanquàm antiquum in historiâ saracenicâ scriptorem, et ex seculo post N. C. septimo superstitem. Emergit verò sic annus nativitatis post N. C. 572, diesque 22 mensis Nisan, h. e. aprilis. C'est ainsi que parlent les journalistes de Leipsic (10), dans l'extrait du Chronicon Saracenicum et Turcicum Wolfgangi Drechsleri, imprimé pour la première fois l'an 1550, et en dernier lieu à Leipsic, l'an 1689. N'est-ce pas une honte à l'homme, que l'on ait si mal observé l'année où naquit un faux prophète qui fit tant

(1) Postel, in præfat. Grammat. Arabicæ. Ludovicus Regius, de Vicissitud. Rerum, lib. VIII, in fine, cités par Brérewood, Recherches sur la Diversité des langues, chap. XIV, p. 203.
(2) Brérewood, là même.
(3) Freherus, in Chronologiâ ad Jus Græco-Romanum Leunclavii.
(4) Pfeiffer, ubi infrà, citation (28), p. 267.
(5) Erpenius, Orat. II de Ling. arabicâ, pag. 42, apud Hottinger., Historia oriental., p. 145.
(6) Scindlerus, in Lexico, apud Hoornb. Summa Controv., pag. m. 76.
(7) Vide Genebr. Chronol.
(8) Joh. Audreas, in Confusione Sectæ Muhammedicæ, apud Hotting., Historia oriental., pag. 145.
(9) Histor. orient., pag. 745.
(10) Acta Erudilor. Lips., 1689, pag. 377.

parler de lui pendant sa vie, et qui est devenu l'idole de tant de peuples après sa mort ?

(C) ..... *ni sur l'état de sa famille.*] Une infinité d'auteurs ont écrit que ce faux prophète était d'une basse naissance, et que son père était païen, et sa mère juive. *Mahometis Arabis vitam qui descripserunt multi fuerunt qui etsi non uno modo illius res tradunt, in eo tamen conveniunt omnes quòd eum è plebeio vilique genere ortum pauperibus parentibus, patre Ethnico, matre Judæâ affirmant* (11). M. Moréri a suivi ce sentiment, qui est peu conforme aux auteurs arabes : ils ne prétendent pas que le père de Mahomet fût riche : mais ils soutiennent qu'il était de grande naissance, et que la tribu de Koréischites, à laquelle il appartenait, surpassait en rang et en dignité toutes les autres tribus arabes (12). Ibn Calican, auteur arabe, dit expressément qu'Émine était de cette tribu, et cela est fort vraisemblable, vu que les Arabes gardent encore aujourd'hui fort exactement la coutume de se marier avec des femmes de leur tribu (13).

(D) *Chadighé devint amoureuse de Mahomet ..... et l'épousa.*] Quelques-uns disent qu'il se servit de sortiléges pour se faire aimer de cette femme ; mais d'autres prétendent qu'il n'eut besoin que de sa jeunesse (14), et de sa vigueur naturelle qui était fort surprenante, comme on le verra ci-dessous. M. Chevreau dit une chose que la plupart des écrivains ne disent pas ; c'est que cette femme était mariée lorsque Mahomet servait chez elle. « Il fut vendu » ou confié à *Abdimonéphi*, le plus » riche marchand des Ismaélites. » Outre qu'il rendit à ce marchand » d'assez grands services, il lui donna » dans la vue de sa femme *Chadijah* : » et le facteur avait peut-être des » qualités qui manquaient au maître. » Si l'on s'en rapporte à quelques » auteurs, il avait la taille ramassée » et médiocre, la tête grosse, le vi-

» sage brun, la couleur vive, le » regard modeste, l'air noble, le » corps libre et dégagé, l'abord civil, la conversation insinuante, » l'esprit fin et souple ; était éloquent, robuste, et méprisait ordinairement les dangers que craignent les autres (15). » Voici un passage qui témoigne ce que j'ai dit de ses sortiléges. *Tùm verò animi æquè ac corporis dotibus... ornatus, Chadigam heram suam in sui primum convertit amorem (præstigiis illud factum scribit Zonaras* (*1), *habitum eum pro mago testantur* Richardus *in Confusione Alcorani, et non paucæ Alcorani Azoaræ) cujus potitus matrimonio* (*2)*, et cum eâ divitiis amplissimis* (*3)*, ingentia moliri cæpit, et amplarum regionum imperium tantùm non dèglutire* (16).

(E) *Il fit accroire à sa femme, qu'il ne tombait dans ces convulsions qu'à cause...... de l'ange Gabriel, qui lui venait annoncer..... des choses concernant la religion.*] Il avait quarante ans lorsqu'il commença à s'ériger en prophète, et il voulut que sa femme fût sa première prosélyte. *Uxori suæ primùm,* (*4) *adjutus monachi illius Byzantini operâ, suas persuasit revelationes, Gabrielem angelum à DEO missum secum colloqui fingens ; et de diversis ad religionem spectantibus rebus monere ac instruere, cujus aspectus quod ferre nequiret, se obortâ ex metu vertigine, collabi, et humi procumbere ; huic autem ratione comitialem morbum quo vexabatur, callidè excusabat* (*5)*. Illa verò Chadiga circum cursitare, maritum suum ceu prophetam deprædicare, in eundemque errorem alias gentiles suas pertrahere, pari* (*6)

(11) Ludovicus Godofredus, *in* Archontol. Cosmogr., *apud* Hotting., Histor. oriental., pag. 136.

(12) Hottinger., *ibidem*, pag. 137.

(13) *Ibidem*, pag. 136.

(14) *Conférez ce qui a été dit d'Apulée, dans la remarque* (I) *de son article*, tom. II, p. 213

(15) Chevreau, Histoire du monde, *liv. V, chap. I*, pag. 10 du *III*e. tome, édit. de Hollande, 1687.

(*1) Tom. 3, pag. 127. b.

(*2) Zonaras, *l. c.* Cedren., p. 347, ad A. 21. Heracl.

(*3) Eutrop. contin. rerum R. *l.* 18, pag. 255.

(16) Samuel Schultetus, *in* Ecclesiâ Muhammedanâ, pag. 13, 14. *C'est une thèse soutenue* à Strasbourg, *l'an* 1667, sous Dannhawérus.

(*4) Zonaras, tom. 3 in Heraclio, p. m. 127. b. Cedren., p. 347.

(*5) Cedren., anno 21 Heracl., pag. m. 347. It. Anastasius bibliothecarius et alii ap. Baron., ad A. 630, n. 2.

(*6) Cedr. c. 1. Eutrop. contin. rerum Rom. l. 18, pag. 255.

*etiam munere fungente servo Zeido,
aliísque,* (*) *quos auro corruperat
Muhammed* (17). S'il voulut commencer par la séduction de sa femme,
ce ne fut pas dans la vue de se servir
de l'artifice de presque tous les novateurs. Ils affectent d'avoir des dévotes,
et d'employer les intrigues et le zèle
de quelques femmes pour réussir dans
leur dessein. Mahomet, comme on le
verra ci-dessous, (18) négligea ce
stratagème. Il eut des femmes et des
concubines en fort grand nombre ;
mais ce fut pour l'usage naturel, pour
le remède de son incontinence, pour
le plaisir vénérien, en un mot, et
non pas pour la propagation de sa foi.
Il ne gagna point l'affection de ses
épouses, ce furent elles, dit-on , qui
lui ôtèrent la vie (19). Il leur était
infidèle, et il les battait ; et il fit
même une loi qui permettait aux
maris de battre leurs femmes, quand
cela serait nécessaire. Il allégua cet
édit lorsqu'il eut battu l'une des siennes, et qu'il eut vu que les autres en
murmuraient ; et de peur que cette
raison ne suffît pas à les apaiser, il
y joignit un plaisant sophisme, un
distinguo ridicule. Je ne l'ai pas battue, dit-il, en tant qu'elle est mon
épouse, mais en tant que c'est une
très-méchante vieille. *Licentiam ver-
berandarum uxorum, ex proprio da-
bat exemplo, nam quùm aliquandò
duriùs excepisset mulierum suarum
aliquam, et cæteræ indignarentur,
ipse tùm legis patrocinio usus fuit,
tùm tali distinctione : quòd illam ver-
berásset, non quatenùs uxor ejus,
sed quòd execranda esset vetula* (20).

(F) *Le temps de cette évasion est
l'époque des mahométans.*] Ils la nomment *hégire*. Ce mot signifie *fuite* ;
mais afin que leur époque portât un
nom honorable, ils affectèrent de
prendre ce mot dans un sens particulier, je veux dire pour un acte de
religion, qui fait que l'on quitte sa

patrie, et que l'on cède à la violence
des persécuteurs de la foi (21). Les
Koréischites regardaient Mahomet
comme un séditieux et comme un
impie, qui s'enfuyait afin d'éviter le
juste supplice qu'on lui préparait.
Lui, au contraire, et les compagnons
de son exil, prétendirent être de
saints pèlerins et des fugitifs pour la
religion et pour la cause du vrai
Dieu. Il y avait déjà long-temps que
Mahomet faisait le prophète lorqu'il
abandonna sa patrie, et il avait passé bien des jours dans une caverne
pour préparer ses prophéties. *Quòd
autem seditionem hinc metuerunt
Mecchani, prœveniendum his cen-
suére motibus novis Muhammedem-
que seditionis , sub religionis prætextu motæ, accusatum, convictum et
condemnatum è medio tollere consti-
tuerant, nisi Muhammed de periculo
admonitus solum ac civitatem vertisset, quod anno ætatis ipsius quinqua-
gesimo quarto contigit, cùm jam* 15
*per annos pseudoprophetiam in spe-
luncâ Garberâ (uti Nunia cum Ege-
riâ) propè Meccam, in quâ multos
ad crepusculum usquè delituerat soles*
(*) *, partim conflásset, partim in vulgus sparsisset* (22). Cette fuite tombe
au 16 de juillet 622 (23).

(G) *Il perdit quatorze hommes, qui
furent placés au martyrologe mahométan.*] Ce sont de plaisans martyrs
que des gens qui sont tués au pillage
d'une riche caravane, et en faisant
le métier de miquelets et de bandits.
Elmacin rapporte que Mahomet ne
fit cette course que pour piller cette
caravane. *Audiverat autem Abusso-
phianum filium Harethi in Syriam
cum magnâ caravanâ Koreischitarum
opibus onustâ contendere. Egressus
igitur est eas direptum... Vicerunt
Muslimini occidentes infidelium* 70
*totidemque capientes. Ex Musliminis
verò tanquàm martyres occubuerunt*
14 (24). Les auteurs arabes ont fort
loué ce combat ; l'Alcoran même en
fait mention plus d'une fois (25),
comme d'une affaire où Dieu et ses

(*) *Elmac. Hist. Sar.*, *l.* 1. *c.* 1, *apud Hotting. l.* 1, *pag.* 257.

(17) Schultetus, *in Eccles. Muhammed.,
pag.* 14.

(18) *Dans la remarque* (Q).

(19) *Mahumedes... dolo suarum uxorum pe-
rüt anno Heraclii* 22 *, Christi* 632. Joannes Clu-
verus, Historiar. totius mundi epitome : *in Heraclio , pag. m.* 346. *Il cite* Paulus Diac. , *lib.*
18. Ildeph.

(20) Hoornbeek, Summa Controv. , *pag.* 162.

(21) Hotting. , Hist. orient., *pag.* 261.

(*) Joh. *Andreœ, l.* 1, *p.* 15.

(22) Schultet. , *in Eccles. Muhammed. , p.* 14.

(23) Hotting. , Hist. orient. , *pag.* 262.

(24) Elmacin. , *pag.* 5, *apud* Hotting , *pag.*
269.

(25) *Voyez* Hottinger, *ibidem, pag.* 261, 270.

anges protégèrent merveilleusement
la bonne cause.

(H) *Il disait lui-même qu'il ne faisait point de miracles, et cependant
ses sectateurs lui en attribuent beaucoup.*] Grotius s'est servi de cet aveu
pour combattre le mahométisme,
après avoir observé que Mahomet ne
nie point les miracles de Jésus-Christ.
*Jesus visum cæcis, claudis gressum,
ægrotis sanitatem dedit, imò fatente
Mahumete, etiam vitam mortuis. Ma-
humetes* (*¹) *se missum ait non cum
miraculis, sed cum armis. Secuti tamen sunt, qui ei et miracula attribue-
rent, at qualia? Nempè quæ aut arte
humanâ facilè possunt effecta reddi,
ut de columbâ ad aurem advolante :
aut quorum nulli sunt testes, ut de
camelo noctu ei locuto; aut quæ suî
absurditate refelluntur* (*²), *ut de
magnâ lunæ parte in manicam ipsius
delapsâ, et ab ipso remissâ ad red-
dendam sideri rotunditatem* (26). Je
m'étonne que M. Simon ait oublié le
beau miracle dont Grotius vient de
nous parler, cette portion de la lune
qui était tombée dans la manche de
Mahomet, et que Mahomet renvoya
au ciel, afin que cet astre ne perdît
rien de sa rondeur. Voici les paroles
de M. Simon (27). *Les mahométans
attribuent quelques miracles à leur
législateur. Ils assurent qu'il fit sortir de l'eau de ses doigts, et qu'en
marquant la lune de son doigt, il la
fendit. Ils disent aussi que les pierres, les arbres, les bêtes le reconnurent pour le véritable prophète de
Dieu, et qu'ils le saluèrent en ces
termes : Vous êtes le véritable envoyé
de Dieu. Ils affirment de plus, que
Mahomet alla une nuit de la Mecque
à Jérusalem, d'où il monta au ciel;
qu'il vit là le paradis et l'enfer; qu'il
parla avec Dieu, quoique cela soit
réservé aux bienheureux après la
mort; qu'enfin il descendit du ciel
cette même nuit, et qu'il se trouva
dans la Mecque avant qu'il fût jour.*
Mais ne quittons pas cette matière
sans rapporter la remarque d'un docte

allemand. Il dit que quelques chrétiens, poussés d'un faux zèle contre
Mahomet, l'accusent de s'être vanté
de certains miracles que les écrivains
arabes ne lui ont jamais donnés. « Il
» y a des auteurs arabes qui attri-
» buent des miracles à Mahomet;
» mais les autres les nient. Par exem-
» ple, les premiers font dire à Maho-
» met, que la lune s'étant approchée
» de lui, il la fendit en deux. M. Pfeif-
» fer remarque, après *Beidavi,* que
» jamais Mahomet n'a dit cela; mais
» seulement, qu'avant le dernier
» jour, on verra ce prodige dans le
» ciel. Ils lui font dire qu'à la prise
» de la ville de *Chaibar,* une femme
» juive lui ayant présenté un agneau
» empoisonné, l'agneau tout rôti l'a-
» vertit de ne le manger pas. Mais
» *Abulféda* rapporte simplement
» cette histoire, comme si Mahomet,
» en ayant goûté un morceau, et s'é-
» tant aperçu qu'il était empoisonné,
» avait dit, après l'avoir craché con-
» tre terre : Cet agneau me dit qu'il
» est empoisonné; c'est-à-dire, je
» sens que cela est empoisonné. En
» effet, il confesse souvent, dans
» l'Alcoran, qu'il ne pouvait faire de
» miracles. C'est pourquoi il faut re-
» garder comme une fable ce qu'on
» dit du pigeon qui venait manger
» dans son oreille, et du taureau
» qui ne voulait rien manger qu'il
» ne le lui donnât de sa propre main.
» M. Pfeiffer (*) reconnaît que les
» Arabes n'ont jamais rien écrit de
» pareil, et que ce sont des produc-
» tions du zèle déréglé de quelques
» chrétiens contre cet imposteur
» (28). »

Ne pourrions-nous pas représenter
à M. Pfeiffer que les chrétiens en ont
usé à l'égard des mahométans, comme ceux de la religion en usent à l'é-
gard des catholiques? Il y a dans
quelques légendaires plusieurs miracles dont les auteurs graves de la
communion romaine ne parlent jamais, ou même dont ils se moquent.
S'ensuit-il que les protestans soient
des calomniateurs, ou des écrivains

(*¹) Azoara III, XIV, XVII, XXX, LXXI.
(*²) *Azoara LXIV. Vide latius hanc fabu-
lam ex capite Ceramir, apud Cantacuzenum
orationes in Mahumetem,* n. 23.
(26) Grotius, de Veritate Religionis Christianæ, *lib. VI, pag. m.* 202. *Il cite* Azoara v. XIII.
(27) Simon, Histoire critique de la Créance
des Nations du Levant, *chap. XV, pag.* 167.

(*) *Pag.* 272, 273.
(28) Augustus Pfeifferus, *dans le VIIe. volume de la* Bibliothèque universelle, *pag.* 257. *Le
livre dont l'extrait se trouve dans ce volume est
intitulé :* Theologiæ... Judaicæ atque Muhammedicæ principia sublesta et fructus pestilentes.

transportés de trop de zèle, lorsqu'ils reprochent aux catholiques l'absurdité de tels miracles ? Pourquoi ne dirions-nous pas que les chrétiens qui ont raillé les mahométans sur des miracles qu'on ne trouve point aujourd'hui dans les écrivains arabes, avaient lu quelques auteurs de néant qui s'étaient donné l'essor en l'honneur du faux prophète, comme font nos légendaires en l'honneur des saints ? Si l'on ne trouve pas dans les auteurs graves tout ce que M. Chevreau va nous dire, on le trouve peut-être dans des écrivains de mauvais aloi, et semblables à ceux qui publient les petits livrets couverts de bleu que les colporteurs vendent dans les rues. Laissons parler M. Chevreau (29) : « Quand les Koréischites » de la Mecque l'eurent (30) prié de » faire un miracle pour faire connaî- » tre ce qu'il était, *il divisa la lune* » *en deux pièces, entre lesquelles ils* » *aperçurent une montagne. Ayant* » *appelé deux arbres, ils se joigni-* » *rent pour aller à lui, et se séparè-* » *rent, en se retirant, par le com-* » *mandement qu'il leur en fit. Dans* » *tous les endroits où il passait, il* » *n'y avait ni arbre ni pierre qui ne* » *le saluât avec respect, et qui ne* » *lui dît :* La paix soit sur vous, apô- » tre de Dieu. *Il faisait sortir d'entre* » *ses deux doigts des fontaines, qui,* » *dans la plus grande sécheresse,* » *fournissaient de l'eau à tous ses* » *soldats, et à toutes les bêtes de* » *charge de son armée qui était nom-* » *breuse. Avec un chevreau et quatre* » *petites mesures d'orge, il contenta* » *la faim de quatre-vingts hommes ;* » *en nourrit un plus grand nombre* » *avec quelques pains ; et une autre* » *fois généralement toutes ses troupes* » *avec peu de dattes qu'une jeune* » *fille lui avait portées dans sa main.* » *Un tronc de palmier, devant lequel* » *il avait accoutumé de prier Dieu,* » *eut une si grande passion pour lui,* » *qu'en son absence on l'entendit* » *crier plus haut qu'un chameau, et* » *ne cria plus dès le moment qu'il* » *s'en approcha.....* S'il fallait comp- » ter ses miracles, on en compterait » jusques à mille, selon quelques-

» uns ; jusques à trois mille , selon » quelques autres. »

Je ne voudrais pas nier qu'à certains égards le zèle de nos disputeurs ne soit injuste ; car s'ils se servent des extravagances d'un légendaire mahométan , pour rendre odieux ou ridicule Mahomet même, ils violent l'équité que l'on doit à tout le monde, aux plus méchans, comme aux gens de bien. Il ne faut jamais imputer aux gens ce qu'ils n'ont point fait ; et par conséquent il n'est point permis d'argumenter contre Mahomet en vertu des rêveries que ses sectateurs content de lui , s'il n'est pas vrai qu'il les ait lui-même débitées. Il sera assez chargé , quand même on ne lui fera porter que ses propres fautes, sans le rendre res- ponsable des sottises qu'un zèle indiscret et romanesque a fait couler de la plume des disciples.

(I)...... *Ils prétendent que sa naissance fut accompagnée de circonstances si miraculeuses, qu'on n'en saurait être assez étonné.*] « Pourvu » qu'on en croie quelques Arabes, » voici les miracles qui précédèrent » ou qui accompagnèrent la nais- » sance de Mahomet, et qui donnè- » rent de l'étonnement à tout le » monde. *Emine porta sans inquié-* » *tude, dans son ventre, ce nouveau* » *prophète. Elle accoucha de lui sans* » *douleur ; et il tomba, quand il vint* » *au monde, le visage contre terre* » *pour honorer Dieu. En se relevant,* » *et haussant la tête, il s'écria , qu'il* » *n'y avait qu'un seul Dieu qui l'a-* » *vait choisi pour son envoyé. Il na-* » *quit circoncis ; ce que la plupart* » *des Juifs croient d'Adam, de Moïse,* » *de Joseph et de David ; et les dé-* » *mons furent tous alors chassés du* » *ciel. Sa nourrice Halima, ou la* » *débonnaire , qui n'avait point de* » *lait dans son sein , en eut quand* » *elle s'offrit au nouveau-né. Quatre* » *voix furent entendues aux quatre* » *coins de la Caabah, et en publiè-* » *rent les merveilles. Le feu des Per-* » *ses , qui avait toujours éclairé, s'é-* » *teignit. Un palmier sec poussa des* » *feuilles et du fruit. Des sages-* » *femmes d'une beauté extraordinaire* » *se trouvèrent là sans y avoir été* » *appelées ; et il y eut, même des* » *oiseaux qui avaient pour bec des*

(29) Chevreau, Histoire du Monde, *liv. V, tom. III, pag.* 8.
(30) C'est-à-dire, *Mahomet.*

» jacintes, dont l'éclat brillait depuis » l'Orient jusqu'à l'Occident (31). » Il n'y a rien de plus risible que ce qu'on veut qu'aient fait les anges gardiens de Mahomet. Ils le transportèrent sur une montagne, et ils lui fendirent le ventre; ils lui lavèrent si bien les boyaux, qu'ils les rendirent plus blancs que la neige; ils lui ouvrirent la poitrine, et lui ôtèrent du cœur le grain noir, ou la goutte noire, qui est une semence diabolique qui tourmente tous les autres hommes : ils lui firent tout cela sans qu'il sentît aucune douleur; et ayant été ainsi lavé et nettoyé au dedans du corps, il s'en retourna de lui-même au logis. Notez qu'il n'avait alors que quatre ans (32).

(K) *Il y a des gens qui s'imaginent qu'il a pu croire ce qu'il disait.*] Voici leur raisonnement. Tous les chrétiens demeurent d'accord que le diable est le vrai auteur du mahométisme, et qu'il ne s'est servi de Mahomet que comme d'un instrument pour établir dans le monde une fausse religion. Il faut donc dire que Mahomet fut livré au diable par la providence de Dieu, et que le pouvoir que Dieu donna au démon sur ce misérable fut beaucoup moins limité que celui qu'il eut sur Job; car Dieu ne permit point au démon de pervertir l'âme de Job, comme il lui permit de se servir de l'âme de Mahomet pour tromper les hommes. Avec un si grand empire, qui de l'aveu de tous les chrétiens a été cause que le démon a poussé ce personnage à dogmatiser, n'a-t-il pas pu lui persuader que Dieu l'avait établi prophète? Il aura pu lui inspirer le vaste dessein d'établir une religion; il aura pu lui communiquer l'envie de se donner mille peines pour tromper le monde, et il n'aura pu le séduire? Quelle raison peut-on avoir d'admettre l'un, et de nier l'autre? Est-il plus difficile de pousser la volonté à de grands desseins, malgré les lumières opposées de l'entendement, que de tromper l'entendement par une fausse persuasion, ou que d'in-

cliner la volonté vers une fausse lumière, en sorte qu'il y acquiesce comme à une vraie révélation? J'avoue que l'une de ces deux choses ne me semble pas plus difficile que l'autre. Mais si le démon a pu séduire Mahomet, n'est-il pas très-vraisemblable qu'il l'a séduit effectivement? Cet homme était plus propre à exécuter les desseins du diable, s'il était persuadé, que ne l'étant pas. On ne saurait me nier cela; car toutes choses étant égales d'ailleurs, il est manifeste qu'un homme qui croit bien faire, sera toujours plus actif et plus empressé qu'un homme qui croit mal faire. Il faut donc dire que le démon, se conduisant avec une extrême habileté dans l'exécution de ses projets, n'a point oublié la roue la plus nécessaire à sa machine, ou la plus capable d'en augmenter le mouvement; c'est-à-dire qu'il a séduit ce faux prophète. S'il l'a pu, il l'a voulu; et s'il l'a voulu, il l'a fait : or on a prouvé ci-dessus qu'il l'a pu faire. Ajoutez à cela, disent ces messieurs, que l'Alcoran est l'ouvrage d'un fanatique; tout y sent le désordre et la confusion; c'est un chaos de pensées mal accordantes (33). Un trompeur aurait mieux rangé ses doctrines : un comédien aurait eu plus de justesse. Et qu'on ne dise pas que le démon ne lui aurait point persuadé de combattre l'idolâtrie, ni de tant recommander l'amour du vrai Dieu et la vertu; cela prouve trop : on en pourrait conclure que Mahomet n'a point été son instrument. Outre que nous pouvons dire, 1°. qu'il lui suffisait d'opposer au christianisme une fausse religion, encore qu'elle tendît à la ruine du paganisme; 2°. qu'il n'est pas possible de faire accroire que l'on vient de la part de Dieu, si l'on ne produit de beaux dogmes de morale (34). Il ne servirait de rien de dire que ce faux prophète se vante d'avoir un commerce avec l'ange Gabriel; car puisque l'Écriture nous apprend que le démon se transfigure en ange de lumière, ne pouvions-nous pas préten-

---

(31) Chevreau, Histoire du Monde, pag. 7. *Voyez aussi* Hotting., Histor. orient., pag. 149 *et seq.*, *et* Hoorub.. Summa Controv., p. 77, 78.

(32) Hoornbeek, *ibid*, pag. 78. *Il cite* Joh. Andream, Confus. Secte Muhammed., cap. I, *et* Alcoranum Germanicum, cap. IV.

(33) . . . . . *Rudis indigestaque moles :*
Nec quicquam nisi pondus iners, congestaque eodem
Non benè junctarum discordia semina rerum.
Ovid., Metam., *lib.* I, vs. 7.

(34) *Voyez les* Pensées diverses *sur les Comètes*, *num.* 190.

dre qu'il s'est présenté à Mahomet sous le nom et sous la figure de l'ange Gabriel ? Mais Mahomet faisait accroire que cet ange lui venait parler à l'oreille sous la figure d'un pigeon; or c'était un vrai pigeon que Mahomet avait dressé à lui venir béqueter l'oreille. Nous verrons bientôt (35) que c'est un conte dont les Arabes ne font aucune mention. Le célèbre Gisbert Voëtius ne doute point que Mahomet n'ait été un enthousiaste, et même un énergumène : voici ses paroles ; on y verra d'autres gens qui en ont jugé de la sorte. *Non video cur hoc negandum sit* (epilepsiæ , et maniacis deliriis aut enthusiasmis diabolicis Muhammedi adfuisse energema), *si vitam et actiones ejus intueamur. Et exsertè de illo probat* Johannes Andreas Maurus in Confusione sectæ Mahometicæ, cap. i, *eum à Meccanis civibus pro fatuo et obsesso, et à propriâ uxore pro phrenetico et à Satanæ tentationibus deluso fuisse habitum.* Idem, ibid. et Philippus Guadagnolo in Apologiâ contrà Achmedum Alabadin c. 10. sect. 1 , *ex libris Saracenicis Agar et Assifa probant eum ex vitâ eremiticâ, et nimio jejunio factum fuisse insomnem et furiosum, et in speluncâ commorantem audiisse voces et sermones, loquentem autem neminem vidisse. Ita cum furiosis et dæmoniacis enthusiastis, ac prophetis Monasteriensibus quos patrum nostrorum ætas vidit, in ea comparari posse* (36).

Quelque spécieuses que puissent être ces raisons, j'aime mieux croire, comme l'on fait communément, que Mahomet a été un imposteur; car, outre ce que je dirai ailleurs (37), ses manières insinuantes, et son adresse à s'acquérir des amis, témoignent qu'il ne se servait de la religion que comme d'un expédient de s'agrandir. *Facetus moribus, voce suavi, visitandi et excipiendi vices talionis legi suis reddens, pauperes munerans, magnates honorans, conversans cum junioribus, petentem à se aliquid repulsâ nunquàm abigens, aut sermone facili non excipiens* (38). Un vrai fa-

natique eut-il jamais un tel caractère ? entend-il si bien son monde? Un homme qui aurait cru pendant quelque temps que Dieu lui envoie son ange pour lui révéler la véritable religion , ne se désabuserait-il pas en éprouvant qu'il ne peut justifier sa mission par aucun miracle ? Or voilà l'état où Mahomet se trouva réduit. Les Koréischites lui offraient d'embrasser sa nouvelle religion , pourvu qu'il fît des miracles ; mais jamais il n'eut la hardiesse de leur en promettre : il éluda subtilement leur proposition , tantôt en disant que les miracles n'étaient plus nécessaires , tantôt en les renvoyant à l'excellence de l'Alcoran (39). N'y avait-il point là de quoi se convaincre soi-même que l'on n'était pas appelé de Dieu extraordinairement pour fonder une nouvelle religion ? Voyez la remarque (N) à la fin.

(L).... *Et qui désapprouvent qu'on débite qu'il n'attira tant de sectateurs que parce que sa morale s'accommodait à la corruption du cœur.*] Sur ce point-ci, je ne doute pas que les personnes dont je parle dans la remarque précédente ne soient mieux fondées , que quant à la prétendue bonne foi de Mahomet. Je ne vois point que ce faux prophète ait dérogé à la morale de l'Évangile (40), et je vois au contraire qu'à l'égard des cérémonies il aggrave notablement le joug des chrétiens. Il ordonne la circoncision, qui, pour les adultes, est une chose bien dure : il veut qu'on s'abstienne de certaines viandes; c'est une servitude qui n'accommode guère les gens du monde : il interdit l'usage du vin ; or c'est un précepte qui , à la vérité, n'est pas aussi rude pour les peuples asiatiques que pour les nations septentrionales , et qui, à coup sûr, eût fait échouer les Willibrod et les Boniface : mais néanmoins il est incommode dans tous les pays où il croît du vin ; et l'on sait, par l'ancienne histoire et par la moderne, que cette liqueur ne déplait pas aux Orientaux. Outre cela, Mahomet impose des jeûnes et des lavemens très-importuns , et une assiduité aux prières qui est

(35) *Dans la remarque* (V).
(36) Voet. , Disputat., tom. *I, pág.* 1057 , 1058.
(37) *Dans les remarques* (T) et (NN).
(38) Elmacin , *apud* Hottinger., Hist. orient., *pag.* 241.

(39) *Voyez* Hottinger. , *là même, pag.* 302 , 303.
(40) *Voyez* Hottinger. , *là même, pag.* 247 *et seq.*

bien pénible. Il veut qu'on fasse des
pèlerinages : en un mot, vous n'avez
qu'à considérer les quarante aphorismes de sa morale (41), vous y trouverez tout ce qui s'oppose le plus à
la corruption du cœur; le précepte
de la patience dans l'adversité, celui
de ne point médire de son prochain,
celui d'être charitable, celui de renoncer à la vanité, celui de ne faire
tort à personne, et enfin celui qui
est l'abrégé de la loi et des prophètes (42), *faites à votre prochain ce
que vous voudriez qui vous fût fait*
(43).

C'est donc se faire illusion que de
prétendre que la loi de Mahomet ne
s'établit avec tant de promptitude,
et tant d'étendue, que parce qu'elle
ôtait à l'homme le joug des bonnes
œuvres et des observances pénibles,
et qu'elle lui permettait les mauvaises mœurs. Si je ne me trompe, les
seules choses en quoi elle lâche le
nœud que l'Évangile a serré, sont le
mariage et la vengeance ; car elle
permet la polygamie, et de rendre
le mal pour le mal : mais les juifs et
les païens n'y gagnaient guère ; ils
étaient en possession d'un usage qui
ne les gênait pas beaucoup à cet
égard. Hottinger (44) nous donne une
longue liste des aphorismes moraux,
ou des apophthegmes des mahométans. On peut dire sans flatter cette
religion, que les plus excellens préceptes qu'on puisse donner à l'homme
pour la pratique de la vertu, et pour
la fuite du vice, sont contenus dans
ces aphorismes. Hottinger ne fait
point difficulté de relever cette morale au-dessus de celle de plusieurs
moines (45). M. Simon n'a point
parlé moins avantageusement de la
religion mahométane, par rapport
à la morale. Elle *consiste*, dit-il

(46), *à faire le bien, et éviter le mal :
c'est ce qui fait qu'ils examinent
avec soin les vertus et les vices, et
leurs casuistes ne sont pas moins
subtils que les nôtres.* Après avoir
rapporté quelques-uns de leurs principes touchant la nécessité de la foi,
et la confiance en Dieu, et l'humilité, et la repentance, etc., il ajoute
(47) : *Je passe sous silence le reste
de leur morale, d'autant que ce que
j'en ai rapporté suffit pour montrer
quelle elle est ; et je puis assurer,
qu'elle n'est point si relâchée que
celle de quelques casuistes de notre
siècle. J'ajouterai seulement qu'ils
ont quantité de beaux préceptes touchant les devoirs des particuliers
envers leur prochain, où ils donnent même des règles de la civilité.
Ils ont aussi écrit de la manière
dont on se doit comporter envers
son prince; et une de leurs maximes est, qu'il n'est jamais permis de le tuer, ni même d'en dire
du mal sous prétexte qu'il est un
tyran.*

(M) ...... *Et parce qu'il promettait
aux hommes un paradis sensuel.*] Il
faut convenir que cette promesse
pouvait être un leurre pour les
païens, qui n'avaient que des idées
confuses du bonheur de l'autre vie :
mais je ne sais si elle était propre à
tenter les juifs, et je ne crois pas
qu'elle ait pu rien opérer sur les
chrétiens ; et cependant combien y
eut-il de chrétiens que ce faux prophète fit tomber dans l'apostasie ? Je
veux qu'il faille prendre à la lettre
ce qu'il disait des voluptés de son
paradis, *que chacun y aurait la force
de cent hommes pour se satisfaire entièrement avec les femmes, aussi bien
que pour boire et pour manger* (48) :
cela ne balancerait point l'idée que
l'Écriture nous donne du bonheur
de l'autre vie ; car elle en parle (49)
comme d'un état dont les délices
surpassent tout ce que les yeux ont
vu, tout ce que les oreilles ont ouï,
et tout ce qui peut monter au cœur
de l'homme. Dès qu'on ajoute foi à
l'Écriture, on se représente le bon-

(41) *Vous les trouverez dans* Hottinger, *ibid.*,
pag. 248 et seq.
(42) Évangile de saint Matthieu, *chap. VII*,
vs. 12.
(43) *Si tandem feceris alii quicquid gratum
esset, si tibi fieret.* Hottinger., Histor. orient.,
pag. 250.
(44) Hottinger., *ubi suprà, pag.* 315 et seq.
(45) *Ipsi judicent adversarii ex illis quæ ex
Arabum nunc monumentis afferemus, nonne
majus sæpè et virtutum studium et vitiorum
odium præ se ferant Muhammedani, quàm
pontificiorum plerique religiosi.* Idem, p. 314.
(46) Histoire critique du Levant, pag. 173.

(47) *Là même*, pag. 175, 176.
(48) Chevreau, Histoire du Monde, *liv. V*,
tom. III, pag. 14. *Voyez les remarques* (Q)
et (II).
(49) Ire. Corinth., *chap. II, vs.* 9.

lieur du paradis comme quelque chose qui surpasse l'imagination, on n'y donne point de bornes. Tâchez de vous fixer à quelque idée, vous n'en venez point à bout, vos espérances vous portent plus haut, elles s'élancent au delà de toutes bornes. Mahomet ne vous laisse point cette liberté : il vous renferme dans de certaines limites ; il multiplie cent fois le plaisir que vous avez éprouvé, et vous laisse là. Qu'est-ce que cent fois en comparaison d'un nombre où l'on ne trouve jamais le dernier terme ? Mais, dira-t-on, l'Écriture ne vous parle que de plaisir en général, et si elle se sert d'une image corporelle, si elle promet *que l'on sera rassasié de la graisse de la maison de Dieu, que l'on sera abreuvé au fleuve de ses délices* (50), vous êtes avertis tout aussitôt que ce sont des métaphores qui cachent un plaisir spirituel. Cela ne touche pas les âmes mondaines comme si on leur promettait les plaisirs des sens. Je réponds que les âmes les plus plongées dans la matière préféreront toujours le paradis de l'Évangile à celui de Mahomet, pourvu qu'elles ajoutent foi historiquement à la description de la vision béatifique, quand même elles ajouteraient la même foi à l'Alcoran (51). Je m'explique par cette supposition : Représentons-nous deux prédicateurs, l'un chrétien, et l'autre mahométan, qui prêchent devant des païens. Chacun tâche de les attirer à soi par l'étalage des joies du paradis. Le mahométan promet des festins et de belles femmes ; et pour mieux toucher ses auditeurs, il leur dit qu'en l'autre monde les plaisirs des sens seront cent fois plus délicieux qu'ils ne le sont dans celui-ci. Le chrétien déclare que les joies du paradis ne consisteront ni à manger, ni à boire, ni dans l'union des deux sexes ; mais qu'elles seront si vives, que l'imagination d'aucun homme n'est capable d'y atteindre, et que tout ce que l'on se peut figurer en multipliant cent fois, mille fois,

cent mille fois, etc., les plaisirs de cette vie, n'est rien en comparaison du bonheur que Dieu communique à l'âme en se faisant voir à elle face à face, etc. N'est-il pas vrai que les auditeurs les plus impudiques et les plus gourmands aimeront mieux suivre le prédicateur chrétien que l'autre, quand même on supposerait qu'ils ajoutent autant de foi aux promesses du mahométan qu'aux promesses du chrétien ? Ils feraient sans doute ce que l'on voit faire à un soldat qui sait les offres de deux capitaines dont chacun lève du monde. Quoiqu'il se persuade qu'ils sont tous deux bien sincères, c'est-à-dire qu'ils donneront tout ce qu'ils promettent, il ne laisse pas de s'enrôler sous celui qui offre le plus. Tout de même ces païens préféreraient le paradis de l'Évangile à celui de Mahomet, quand même ils seraient persuadés que l'un et l'autre de ces deux prédicateurs ferait trouver à ses disciples la récompense qu'il aurait promise (52). Car il ne faut pas s'imaginer qu'un voluptueux aime les plaisirs des sens, uniquement parce qu'ils découlent de source : il les aimerait également s'ils venaient d'ailleurs. Faites-lui trouver plus de plaisir à humer l'air dans une caverne, qu'à manger de bons ragoûts, il quittera de bon cœur les meilleurs repas pour aller dans cette caverne (53). Faites-lui trouver plus de plaisir à examiner un problème géométrique, qu'à jouir d'une belle femme, il quittera volontiers cette belle femme pour ce problème : et par conséquent on serait déraisonnable si l'on supposait qu'un mahométan entraînerait après lui tous les auditeurs voluptueux ; car puisqu'ils n'aiment les plaisirs des sens que parce qu'ils n'en trouvent point de meilleurs, il est clair qu'ils y renonceraient sans aucune peine pour jouir d'un bonheur encore plus grand. Que nous importe, diraient-ils, que le paradis des chre-

(50) Psaume XXXVI, *vs.g. Voyez* Gassendi, Ethicæ lib. *I*, cap. *II*, pag. *m.* 679, *qui s'attachant à la force de l'hébreu, rapporte ainsi ce passage :* Inebriabuntur ab ubertate domûs tuæ, et de torrente voluptatis tuæ potabis eos.

(51) *Prenez garde à la note suivante.*

(52) *Ceci se doit entendre en mettant à part la doctrine de la grâce, selon laquelle il faut dire que c'est par un don de Dieu, et par la faveur du Saint-Esprit, que l'on choisit la vraie église. Nous parlons ici selon la supposition où l'on ne considère que les motifs d'intérêt ou d'amour-propre, qui détermineraient les gens au choix d'une religion.*

(53) . . . *Trahit sua quemque voluptas.* Virgilius, eclog. II, vs. 65.

tiens ne fournisse pas les plaisirs de la bonne chère, la jouissance des belles femmes, etc., puisqu'il fournit d'autres plaisirs qui surpassent infiniment tout ce que les voluptés de la terre ont de plus sensible ? Je crois donc qu'il ne se faut pas imaginer que les espérances que Mahomet a données du bonheur de l'autre vie aient attiré à sa secte les chrétiens qui s'y engagèrent. Disons à peu près la même chose à l'égard des juifs ; car il paraît par plusieurs psaumes de David qu'ils se faisaient une idée merveilleuse du bonheur de l'autre vie. Les païens étaient plus aisés à leurrer, à cause que leur religion les laissait dans des ténèbres fort épaisses sur le détail des joies du paradis : mais ne tient-il qu'à dire aux gens qu'après cette vie ils jouiront des voluptés sensuelles avec beaucoup plus de satisfaction que dans ce monde ? Et qui êtes-vous, demanderait-on, qui nous promettez cela? qui vous l'a dit? d'où le savez-vous ? Il faut donc supposer avant toutes choses que Mahomet, indépendamment des promesses de son paradis, s'est établi sur le pied d'un grand prophète ; et qu'avant que de se laisser prendre à l'appât de ces voluptés, on a été persuadé qu'il avait une mission céleste pour l'établissement de la vraie foi. Ainsi les progrès de cette secte n'ont point eu pour cause les promesses d'un paradis sensuel : car ceux qui ne le croyaient pas envoyé de Dieu ne tenaient nul compte de ses promesses ; et ceux qui le croyaient un vrai prophète n'auraient pas laissé de le suivre, encore qu'il ne leur eût promis qu'un bonheur spirituel dans l'autre monde. Ne donnons point lieu aux libertins de rétorquer contre l'Évangile cette objection, comme s'il n'avait eu tant d'efficace pour convertir les païens, qu'à cause qu'il leur promettait un paradis, ou une félicité qui surpasse infiniment tout ce que l'on peut imaginer de délicieux. En particulier, abstenons-nous des railleries qui seraient fondées sur l'or et les pierreries, et sur tels autres ornemens du paradis de Mahomet ; car vous trouvez de telles choses, et autant d'espèces de pierres précieuses, que dans la boutique du plus

fameux joaillier, dans la description que l'Apocalypse (54) nous donne du paradis. Et qu'on ne me dise pas qu'une âme charnelle et brutale croit plutôt les plaisirs grossiers que les plaisirs spirituels ; car s'il y a des choses qui lui paraissent incroyables, c'est principalement la résurrection ; de sorte que si Mahomet a pu lui persuader la résurrection, un chrétien lui eût pu persuader les joies spirituelles de l'autre monde. Voyez la note (55).

(N) *Il prit le parti de contraindre par les armes à se soumettre à sa religion.*] Il ne faut point chercher ailleurs la cause de ses progrès ; nous l'avons ici toute entière. Je ne nie point que les divisions de l'église grecque, où les sectes s'étaient malheureusement multipliées, le mauvais état de l'empire d'Orient, et la corruption des mœurs, n'aient été une favorable conjoncture pour les desseins de cet imposteur ; mais enfin, comment résister à des armées conquérantes qui exigent des signatures ? Interrogez les dragons de France qui servirent à ce métier, l'an 1685 : ils vous répondront qu'ils se font fort de faire signer l'Alcoran à toute la terre, pourvu qu'on leur donne le temps de faire valoir la maxime, *compelle intrare, contrains-les d'entrer.* Il y a bien de l'apparence que si Mahomet eût prévu qu'il aurait de si bonnes troupes à sa dévotion, et si destinées à vaincre, il n'aurait pas pris tant de peine à forger des révélations, et à se donner des airs dévots dans ses écrits, et à rajuster ensemble plusieurs pièces détachées du judaïsme et du christianisme. Sans s'embarrasser de tout ce tracas, il eût été assuré d'établir sa religion partout où ses armes auraient pu être victorieuses ; et si quelque chose était capable de me faire croire qu'il y a du bien du fanatisme dans son fait, ce serait de voir une infinité de choses dans l'Alcoran, qui ne peuvent sembler nécessaires qu'en cas qu'on ne veuille

(54) *Dans le chap. XXI.*

(55) *On ne prétend pas nier que Mahomet n'ait proposé un grand leurre aux Sarrasins en leur permettant la polygamie ; car ils étaient fort enclins à l'acte vénérien.* Incredibile est quo ardore apud eos in Venerem uterque solvitur sexus. *Ammian. Marcellin.*, lib. XIV, cap. IV, pag. m. 14.

point user de contrainte. Or il y a beaucoup de choses dans cet ouvrage qui ont été faites depuis les premiers succès des armes de Mahomet.

(O) *Nous conservons à la religion chrétienne l'une des preuves de sa divinité.*] L'Évangile, prêché par des gens sans nom, sans étude, sans éloquence, cruellement persécutés et destitués de tous les appuis humains, ne laissa pas de s'établir en peu de temps par toute la terre. C'est un fait que personne ne peut nier, et qui prouve clairement que c'est l'ouvrage de Dieu. Mais cette preuve n'aura plus de force dès que l'on pourra marquer une fausse église, qui ait acquis une semblable étendue par des moyens tout semblables ; et il est certain que l'on ruinerait cet argument, si l'on pouvait faire voir que la religion mahométane ne doit point à la violence des armes la promptitude de ses grands progrès. Comme donc ce sont deux choses également claires dans les monumens historiques, l'une que la religion chrétienne s'est établie sans le secours du bras séculier, l'autre que la religion de Mahomet s'est établie par voie de conquête, on ne peut former aucune objection raisonnable contre notre preuve, sous prétexte que cet infâme imposteur a inondé promptement de ses faux dogmes un nombre infini de provinces. Bien nous en prend d'avoir les trois premiers siècles du christianisme à couvert du parallèle ; car sans cela ce serait une folie que de reprocher aux mahométans la violence qu'ils ont employée pour la propagation de l'Alcoran : ils nous feraient bientôt taire ; ils n'auraient qu'à nous citer ces paroles de M. Jurieu (56) : *Peut-on nier que le paganisme est tombé dans le monde par l'autorité des empereurs romains ? On peut assurer sans témérité que le paganisme serait encore debout, et que les trois quarts de l'Europe seraient encore païens, si Constantin et ses successeurs n'avaient employé leur autorité pour l'abolir* (57)........

Les empereurs chrétiens ont ruiné le paganisme en abattant ses temples, en consumant ses simulacres, en interdisant le culte de ses faux dieux, en établissant les pasteurs de l'Évangile en la place des faux prophètes et des faux docteurs, en supprimant leurs livres, en répandant la saine doctrine. Voyez la VIIIe. lettre du Tableau du Socinianisme, à la page 501, *où le même auteur assure que, sans l'autorité des empereurs, il est indubitable que les temples de Jupiter et de Mars seraient encore debout, et que les faux dieux du paganisme auraient encore un grand nombre d'adorateurs.*

Il faut avouer la dette : les rois de France ont établi le christianisme dans le pays des Frisons, et dans celui des Saxons, par les voies mahométanes. On s'est servi de la même violence pour l'établir dans le Nord. Cela fait horreur aux gens modérés, quand ils le lisent dans l'ouvrage de M. Ornhialms (58). On s'est servi des mêmes voies contre les sectes qui ont osé condamner le pape ; on s'en servira dans les Indes dès qu'on le pourra (59) : et de toute cette conduite il résulte manifestement qu'on ne peut plus former une preuve au préjudice de Mahomet de ce qu'il a étendu sa religion par la contrainte, je veux dire en ne voulant point souffrir les autres. Car voici ce qu'il pourrait dire en argumentant *ad hominem :* Si la contrainte était mauvaise de sa nature, on ne s'en pourrait jamais servir légitimement : or vous vous en êtes servis depuis le IVe. siècle jusques à cette heure, et vous prétendez n'avoir rien fait en cela que de très-louable ; il faut donc que vous avouiez que cette voie n'est point mauvaise de sa nature, et par conséquent j'ai pu m'en servir légitimement dès les premières années de ma vocation : car il est absurde de prétendre qu'une chose qui serait très-criminelle dans le Ier. siècle, devient juste dans le IVe. ; ou qu'une chose, qui est juste dans le IVe.,

(56) Jurieu, Droits des deux Souverains, *p.* 280. *Il dit, pag.* 297, 298, *que jamais le papisme ne sera aboli que par l'autorité des princes qui l'ont établi, et que le paganisme serait encore vivant et régnant à l'ombre du dogme de la tolérance.*
(57) *Là même, pag.* 289.

(58) *Intitulé :* Historiæ Suecorum Gothorumque ecclesiasticæ libri IV. *Voyez l'Histoire des Ouvrages des Savans, mois de novembre* 1690 : *pag.* 109 *et suiv.*
(59) *Voyez, dans la remarque* (AA), *les paroles du jésuite* Frois.

ne l'est pas dans le Ier. On pourrait le prétendre, si Dieu faisait de nouvelles lois au IVe. siècle : mais ne fondez-vous pas la justice de votre conduite, depuis Constantin jusqu'au temps présent, sur ces paroles de l'Évangile *Contrains-les d'entrer* (60), et sur le devoir des souverains ? Vous auriez donc dû, si vous l'aviez pu, user de contrainte dès le lendemain de l'Ascension. Bellarmin, et plusieurs autres écrivains du parti de Rome, lui avoueraient cela ; car ils disent que (61) *si les chrétiens ne déposèrent pas Néron et Dioclétien, c'est parce qu'ils n'avaient pas les forces temporelles pour le faire, et que quant au droit ils le pouvaient faire, étant tenus de ne point souffrir sur eux un roi qui n'est pas chrétien, s'il tâche de les détourner de la foi* (62). Ils étaient donc obligés à se donner un souverain qui établît l'Évangile, et qui ruinât le paganisme par la voie de l'autorité. M. Jurieu ne s'éloigne pas du sentiment de Bellarmin, il enseigne que la plupart des premiers chrétiens n'étaient patiens que *par faiblesse et par impuissance* (63) ; et quoiqu'il ne blâme pas la conduite qu'ils ont tenue de ne point prendre les armes contre leurs princes, il juge qu'ils avaient droit de le faire, et que s'ils les eussent prises, on ne les en pourrait pas blâmer. Il approuverait sans doute que, s'ils l'eussent pu, ils eussent mis sur le trône un Constantin et un Théodose dès le siècle de Néron. Notez, je vous prie, qu'il ne rapporte pas comme un simple fait la manière dont le paganisme a été ruiné, mais comme une chose juste : car il la compare avec la conduite des protestans, et avec celle que les princes catholiques tiendront bientôt, à ce qu'il prétend, pour ruiner l'église romaine. Les trois exemples qu'il donne de la voie de l'autorité légitimement employée, sont celui des rois d'Israël, celui des empe-

reurs chrétiens, et celui des princes réformés (64). Ceux-ci, dit-il (65), ont aboli le papisme dans leurs états en lui ôtant les chaires, en y mettant des docteurs sains en la doctrine, et purs pour les mœurs, en brûlant les images, en faisant enterrer les reliques, en interdisant tout culte idolâtre. Bien loin qu'en faisant cela ils aient fait contre la loi de Dieu, ils ont entièrement suivi ses ordres. Car c'est sa volonté que les rois de la terre dépouillent la bête et brisent son image. Jamais aucun protestant jusqu'ici n'y a trouvé à redire, et jamais aucun esprit droit ne comprendra la chose autrement. Les choses ont toujours été ainsi, et s'il plaît à Dieu, elles iront toujours de même, malgré nos libertins ou nos imprudens. Consultez la page 284 de son livre, vous y trouverez ces paroles mémorables : pour le petit profit que vous en tireriez aujourd'hui (66), l'église en souffrirait de grandes pertes, et vous-même peut-être, dans quelques années, seriez obligé de vous dédire, et vous le feriez sans doute. Car si les rois de France et d'Espagne venaient à se servir de leur autorité pour chasser le papisme de leurs états, comme ont fait les rois d'Angleterre et de Suède, bien loin de les blâmer et de le trouver mauvais, vous le trouveriez fort bon. Soyez assuré que cela doit arriver ainsi ; car le Saint-Esprit dit que les rois de la terre qui ont donné leur puissance à la bête la lui ôteront ; qu'ils la dépouilleront, et qu'ils mangeront sa chair. C'est l'autorité des rois de l'Occident qui a bâti l'empire du papisme, ce sera leur autorité qui le détruira. Et cela sera entièrement conforme au dessein de Dieu et à sa volonté : c'est pourquoi nous n'aurons aucun lieu d'y trouver à redire. Afin donc d'être toujours uniformes dans vos sentimens, soyez dans la vérité qui ne change jamais, et ne les réglez point selon les intérêts qui changent tous les jours. Vous voyez bien qu'il établit comme un principe immuable et de tous les temps, que la voie de l'autorité est

(60) *Voyez, sur tout ceci, le Commentaire philosophique sur Contrains-les d'entrer, Ire. part., chap. VII.*

(61) Bellarmin, de Rom. Pont., *lib. V, cap. VII*, § quod si, *cité par* Daillé, Réplique à Adam, *11e. part., chap. XXI, pag.* 125.

(62) Bellarmin., *ibidem*, § probatur hujus, *cité par* Daillé, *là même.*

(63) IXe. lettre pastorale *de l'an* 16 *pag.* 202, *édit. in-12.*

(64) Droits des deux Souverains, *pag.* 289.

(65) *Là même.*

(66) *C'est-à-dire, de ce que la cour de France serait persuadée qu'il faut tolérer les fausses religions.*

juste pour la propagation de la foi. Il faudrait donc que, s'il entrait en dispute avec des mahométans, il renonçât aux argumens qu'a toujours fournis contre eux la manière dont leur religion s'est étendue; car ce n'a pas été, dit-il (67), en mettant *l'épée à la gorge des chrétiens pour leur faire abjurer le christianisme et leur faire embrasser le mahométisme, mais par la pauvreté, la bassesse, la misère et l'ignorance auxquelles ils ont réduit les chrétiens :* voies beaucoup moins dures, et plus lentes, que celles dont il dit qu'on se servira très-justement pour abolir le papisme. Voyez la remarque (AA) à la fin.

(P) . . . . . *Mais nous perdons la preuve que son étendue avait fournie.]* Je ne quitte point encore cette matière : il me reste à faire une observation qui a quelque poids. Les pères se sont servis d'une preuve que l'on emploie mal à propos contre les réformateurs du XVIe. siècle. L'étendue de l'Évangile fournissait aux pères un bon argument contre les juifs, et contre les sectes qui se formaient dans le sein du christianisme, parce qu'elle faisait voir l'accomplissement des oracles de l'Écriture, qui avaient prédit que la connaissance et le service du vrai Dieu sous le Messie ne seraient point renfermés comme auparavant dans un petit coin de la Palestine, mais qu'alors toutes les nations seraient le peuple de Dieu (68). Ce raisonnement terrassait les juifs et les hérétiques, et a conservé toute sa force jusqu'au temps de Mahomet. Depuis ce temps-là il y fallut renoncer, puisqu'à ne considérer que l'étendue, la religion de ce faux prophète se pouvait attribuer les anciens oracles, tout de même que le christianisme se les était attribués. On ne saurait donc être assez surpris que le Bellarmin, et tels autres grands controversistes aient dit en général que l'étendue est la marque de la vraie église, et qu'ils aient prétendu par-là gagner leur procès contre l'église protestante. Ils ont eu même l'imprudence de mettre

la prospérité entre les marques de la vraie église (69). Il était facile de prévoir qu'on leur répondrait, qu'à ces deux marques l'église mahométane passera plus justement que la chrétienne pour la vraie église. La religion de Mahomet a beaucoup plus d'étendue que n'en a le christianisme, cela n'est pas contestable : ses victoires, ses conquêtes, ses triomphes ont incomparablement plus d'éclat que tout ce de quoi les chrétiens se peuvent glorifier en ce genre de prospérités. Les plus grands spectacles que l'histoire puisse produire, sont sans doute les actions des mahométans. Que peut-on voir de plus admirable que l'empire des Sarrasins, étendu depuis le détroit de Gibraltar jusques aux Indes? Tombe-t-il? voilà les Turcs d'un côté, et les Tartares de l'autre, qui conservent la grandeur et l'éclat de Mahomet. Trouvez-moi parmi les princes chrétiens des conquérans qui puissent tenir la balance contre les Saladin, les Gengis-Kan, les Tamerlan, les Amurat, les Bajazeth, les Mahomet II, les Soliman. Les Sarrasins ne resserrèrent-ils pas le christianisme jusqu'au pied des Pyrénées? N'ont-ils pas fait cent ravages dans l'Italie, et jusques au cœur de la France (70)? Les Turcs n'ont-ils pas poussé leurs conquêtes jusques aux confins de l'Allemagne, et jusques au golfe de Venise? Les ligues et les croisades des princes chrétiens, ces grandes expéditions qui épuisaient d'hommes et d'argent l'église latine, ne doivent-elles pas être comparées à une mer qui pousse ses flots depuis l'occident jusqu'à l'orient, pour les briser à la rencontre des forces mahométanes, comme à la rencontre d'un rivage bien escarpé? Il a fallu enfin céder à l'étoile de Mahomet, et au lieu de l'aller chercher dans l'Asie, on a compté pour un grand bonheur de le pouvoir battre en retraite dans le centre de l'Europe. Voyez ci-dessous

(67) IXe. lettre pastorale *de l'an 1688*, *pag.* 196.

(68) *Voyez le père* Thomassin, de l'Unité de l'Église, *tom. II.*

(69) *Elmacini Historia Saracenica luculentissimè quos brevi tempore Muhammedica pestis habuerit progressus, quos contrà christianos successus. Adeò ut mirari lubeat quid animi fuerit Bellarmino, cùm ad ejusmodi lapsus est nugas.* Hotting., Hist. orient., *pag.* 339.

(70) *Voyez l'article* d'ABDÉRAME, *tom. I, pag.* 28.

(71) les monumens éternels que le christianisme a élevés à la supériorité de la fortune mahométane. On peut appliquer aux mahométans et aux chrétiens ce que Salluste remarque des Athéniens et des Romains : *Atheniensium res gestæ, sicut ego existimo, satis amplæ, magnificæque fuére, verùm aliquantò minores tamen, quàm famâ feruntur : sed, quia provenére ibi magna scriptorum ingenia, per terrarum orbem Atheniensium facta pro maximis celebrantur. Ita eorum qui ea fecére, virtus tanta habetur, quantùm verbis ea potuére extollere præclara ingenia. At populo R. nunquàm ea copia fuit : quia prudentissimus quisque negotiosus maximè erat. Ingenium nemo sinè corpore exercebat. Optimus quisque facere, quàm dicere ; sua ab aliis benefacta laudari, quàm ipse aliorum narrare, malebat* (72). Les mahométans, plus appliqués à la guerre qu'à l'étude, n'ont point composé d'histoires qui égalent leurs actions ; mais les chrétiens, fertiles en gens d'esprit, ont composé des histoires qui surpassent tout ce qu'ils ont fait. Ce manque de bons historiens n'empêche pas que ces infidèles ne sachent dire, que le ciel a de tout temps rendu témoignage à la sainteté de leur religion, par les victoires qu'ils ont remportées (73). Il leur fallait laisser ce sophisme, et ne les point imiter mal à propos, comme a fait un père de l'oratoire (74). Son ouvrage est scandaleux et de pernicieuse conséquence ; car il roule sur cette fausse supposition, que la vraie église est celle que Dieu a le plus enrichie de bénédictions temporelles. A vider par cette règle les disputes de religion, le christianisme perdrait bientôt son procès. La prudence ne souffre pas qu'on le mette en compromis, sans se retrancher sur les confessions de foi, et sans stipuler qu'on n'aura égard, ni à l'étendue, ni au plus grand nombre de victoires. Je ne sais si l'on devrait se hasarder à être jugé par les mœurs ; mais si les infidèles consentaient que l'on adjugeât la préférence à l'esprit, à

l'érudition, et à la vertu militaire, il les faudrait prendre au mot, ils perdraient infailliblement leur cause à l'heure qu'il est. Ils sont fort au-dessous des chrétiens à l'égard de ces trois choses. Bel avantage que d'entendre beaucoup mieux qu'eux l'art de tuer, de bombarder, et d'exterminer le genre humain (75)! Notez, je vous prie, que la religion mahométane a eu bonne part autrefois à la gloire temporelle, qui consiste dans la culture des sciences. Elles ont fleuri dans l'empire des Sarrasins avec un très-grand éclat (76). On y a vu de beaux esprits, et de bons poëtes : on y a vu de grands philosophes, et de fameux astronomes, et des médecins très-illustres ; pour ne pas dire que plusieurs califes se sont acquis une très-belle réputation par leurs qualités morales, et par ces vertus de paix qui ne sont pas d'un moindre prix que les vertus militaires. Il n'y a donc aucune espèce de prospérité temporelle dont cette secte n'ait été favorisée avec une insigne distinction.

J'ai dit qu'il ne serait pas trop sûr de laisser juger par les mœurs si le christianisme est la vraie église. Cela demande une petite explication. Je ne prétends pas que les chrétiens soient plus déréglés quant aux mœurs que les infidèles ; mais je n'oserais affirmer qu'ils le soient moins. Les relations des voyageurs ne s'accordent pas : il y en a qui donnent beaucoup d'éloges à la probité, à la charité, à la dévotion des Turcs, et qui représentent les femmes turques comme la pudeur et la modestie mêmes : il y en a aussi qui parlent très-mal des mœurs de cette nation. Hottinger cite un auteur qui admire la vertu des Turques, et qui l'oppose à la conduite des chrétiennes. *Certè mihi magna admiratio oritur quandò honestatem quam vidi in fœmineo sexu inter Turcos considero, et impudicissimos, improbos et damnatos mores fœminarum inter christianos conspicio* (77). Les femmes turques ne

(75) *Voyez les* Pensées sur les Comètes, *num.* 141.
(76) *Voyez* l'Histoire ecclésiastique d'Hotting.
(77) Septem Castrensis, *cap. XII*, *apud* Hotting., Histor. orient., *pag.* 311. Septem Castreensis *est un moine qui fut long-temps prisonnier parmi les Turcs.*

(71) *Dans l'article suivant, remarque* (D).
(72) Sallust., in Bell. Catilin., *pag. m.* 14.
(73) *Voyez l'article suivant, remarque* (D).
(74) Thomas Bozius, de Ruinis Gentium.

montrent jamais le visage, sortent peu, et croiraient se déshonorer si elles allaient à cheval. Les discours qu'un mari tient à sa femme dans son logis sont si modestes, qu'on n'y remarque rien de sensuel, non plus que dans sa contenance. *Etiam in domibus propriis viri cum uxore nunquàm in actibus et motibus vel collocutione minimum indicium lasciviæ vel inhonestatis deprehendi potest* (78). M. Chardin nous apprend qu'en Perse on se marie sans se voir, *et qu'un homme ne voit sa femme que quand il a consommé le mariage, et souvent il ne le consomme que plusieurs jours après qu'on l'a conduite chez lui, la belle fuyant et se cachant parmi les femmes, ou ne voulant pas laisser faire le mari. Ces façons arrivent souvent entre les personnes de qualité, parce qu'à leur avis cela sent la débauchée de donner sitôt la dernière faveur. Les filles du sang royal en usant particulièrement de la façon, il faut des mois pour les réduire* (79). Il parle tout autrement des Géorgiennes, qui font profession du christianisme; car après avoir donné aux Géorgiens tous les défauts imaginables, il ajoute, *les femmes ne sont ni moins vicieuses, ni moins méchantes; elles ont un grand faible pour les hommes, et elles ont assurément plus de part qu'eux en ce torrent d'impureté qui inonde tout leur pays* (80). L'auteur cité par Hottinger n'élève pas moins les mœurs des Turcs au-dessus des mœurs des chrétiens, que la conduite des Turques au-dessus de la conduite des chrétiennes (81). D'autres relations accusent les Turcs d'un extrême dérèglement, et n'oublient pas la multitude de leurs concubines, qu'ils achètent au marché, et qu'ils visitent et touchent partout avant que de convenir du prix (82), tout comme font les bouchers, quand ils achètent quelque bête. *Verè ut Pius II* (lib. 1

Epist. 131 *et Boskhierus ex eodem* Philip. 10, pag. 362) *de Turcis scripserit esse populum lambentem, fellatorem, lesbiatorem, fœminarum omnium concubitum gustantem et delibantem, addimus et verè fornicatorium, utpote, qui non tantùm virgines violant* (*scribente Bartholomæo Georgieviz.*) (cap. 6 et 7) *etiam antè ora patrum, sed etiam masculos captivos, indomitæ libidinis hi homines sibi substernunt* (Boskhier. pag. 61 et 89.) *In foro venales, nudosque exponunt viros, fœminasque, videndos et coram omnibus contrectandos, etiam quà pudor naturæ debetur, nudos currere, saltare jubent, quò vitia, sexus, ætas, corruptio vel integritas appareant* (83). Voilà un pape qui impute aux Turcs beaucoup de sales actions : mais ce que des écrivains catholiques ont écrit de la cour de Rome, et ce que l'on peut écrire de plusieurs nations chrétiennes, n'est pas meilleur : de sorte qu'il semble qu'on puisse assurer en général, que les chrétiens et les infidèles n'ont rien à se reprocher; et que s'il y a quelque différence entre leurs mauvaises mœurs, c'est plutôt la diversité de climat qui en est la cause, que la diversité de religion.

(Q) *Il n'a nullement mis le beau sexe dans ses intérêts.*] La permission qu'il accorde aux hommes d'avoir plusieurs femmes, et de les fouetter quand elles ne voudront pas obéir (84), et de les répudier si elles viennent à déplaire (85), est une loi très-incommode au beau sexe. Il se garda bien d'accorder aux femmes la permission d'avoir plusieurs hommes, et il ne voulut pas même qu'elles pussent quitter des maris fâcheux, à moins qu'ils n'y consentissent (86). Il ordonna qu'une femme répudiée ne pût se remarier que deux fois, et que si elle était répudiée de son troisième mari, et que le premier ne la voulût point reprendre, elle renon-

(78) *Idem, ibidem.*

(79) Nouvelles de la République des Lettres, *octobre 1686, pag.* 1139, *dans l'Extrait des* Voyages de M. Chardin.

(80) *Là même, pag.* 1129.

(81) Septem Castreusis, de Turcarum Moribus, *cap. VIII, pag.* 38, *apud* Hotting., Hist. orient., pag. 304.

(82) *Conférez ce qu'on cite de* Suétone, tom. I'I, pag. 621, *citation* (64) *de l'article* FULVIA.

(83) Cornelius Uythagius, *in* Antichristo Mahomete, *pag.* 276.

(84) *Quæ si fortè præcepta non observaverint, à vobis correctæ et castigatæ, in domibus lectisuæ detentæ verberentur, usquè quo vestris nutibus et præceptis pareant.* Alcor., surat. IX.

(85) *Quandò illæ non ampliùs tibi placent, commutare eas licet.* Ibid., surat. VIII.

(86) *Mulier ad fugam se præparans invito marito recupretur ab eo.* Alcoran, surat 111.

cât au mariage pour toute sa vie (87). Bien loin de leur permettre de montrer la gorge, ou du moins le cou, il ne voulut pas qu'on leur vît les pieds : leur mari seul pouvait avoir ce privilége. *Mulieres itaque bonæ se curent, ne lunaticum aspiciant, suoque peplo tegentes collum et pectus, omnemque suam pulchritudinem, nisi quantum apparere necessitas coget, celent omnibus, speciemque pedum etiam eundo nisi maritis suis* (88). Mais il est vrai qu'en cela il ne fit que retenir la coutume qui s'observait dans l'Arabie ; car nous apprenons de Tertullien que les femmes de ce pays-là couvraient tellement leur visage, qu'elles ne se pouvaient servir que d'un œil. *Judicabunt vos Arabiæ fœminæ ethnicæ, quæ non caput, sed faciem quoque ita totam tegunt, ut uno oculo liberato contentæ sint dimidiam frui lucem, quàm totam faciem prostituere* (89). Je crois qu'on se trompe (90) quand on débite que Mahomet a permis aux hommes d'épouser autant de femmes qu'ils voudraient ; car il modifie sa proposition, et il la limite de telle sorte, qu'on voit bien qu'il a seulement voulu permettre qu'ils en épousassent jusqu'à quatre, s'ils se sentaient capables de les contenir en paix. *Quotcunque placuerit, duas scilicet, aut tres vel quatuor uxores ducite, nisi timueritis eas pacificare posse* (91). Mais on ne se trompe point quand on assure qu'il ne leur a point limité le nombre des concubines. Aussi voit-on que les Turcs en peuvent avoir tout autant qu'ils sont capables d'en entretenir. La condition des quatre épouses n'est-elle pas déplorable, sous une loi qui donne droit au mari de leur ôter ce qui leur est dû et de le détourner sur de jolies esclaves, autant qu'il en pourra acheter ? Ce divertissement des fonds matrimoniaux ne réduit-il pas à l'indigence et à une extrême souffrance ? Qu'on ne me dise point que la loi y a pourvu, ayant accordé aux quatre

épouses de coucher une fois chaque semaine avec le mari. *De sorte que s'il s'en trouve quelqu'une qui ait passé une semaine entière sans jouir de ce privilége, elle est en droit de demander la nuit du jeudi de la semaine suivante, et peut poursuivre son mari en justice, en cas de refus* (92). Ce droit-là n'empêche point que la loi ne soit très-dure ; une loi, dis-je, qui réduit à de petites portions ce qui suffirait à peine s'il était entier, et qu'on peut enfreindre à si bon marché. Voilà une belle satisfaction pour la partie offensée ! une seule nuit, obtenue en réparation d'une semaine perdue, est bien peu de chose ; ce n'est pas la peine de se pourvoir devant les juges, et de s'engager à une poursuite si délicate, et si contraire à la pudeur. Et quel agrément peut-on trouver dans une chose de cette nature, quand on ne l'obtient qu'en exécution de la sentence du magistrat ? Ce ne doit pas être œuvre de commande, *nihil hæc ad edictum prætoris.* Quand on ne fait cela que par manière d'acquit, *perfunctoriè, et dicis causâ*, ce ne doit pas être un grand ragoût. Avouons donc que Mahomet ne ménageait guère le sexe.

Voici bien d'autres nouvelles. Il ne se contenta pas de le rendre malheureux en ce monde, il le priva même de la joie du paradis. Non-seulement il ne voulut pas l'y admettre, mais il voulut aussi que cette joie servît d'affliction aux femmes ; car on prétend qu'il a enseigné que les plaisirs du mariage, dont les hommes jouiront après cette vie, leur seront fournis par des pucelles d'une beauté ravissante, que Dieu a créées au ciel, et qui leur ont été destinées de toute éternité ; et pour ce qui est des femmes, elles n'entreront pas dans le paradis, et ne s'en approcheront qu'autant qu'il faudra pour découvrir, à travers les palissades, ce qui s'y fera. C'est ainsi que leurs yeux seront témoins du bonheur des hommes, et du plaisir qu'ils prendront avec ces filles célestes. Que pouvait-on imaginer de plus incommode ? N'était-ce point être ingénieux à mortifier son prochain ? Lucrèce a

(87) Alcoran, *surat. III.*

(88) Ibid., *surat. XXXIV.*

(89) Tertull., de Virginibus velandis.

(90) *Voyez* Ricaut, État de l'Empire ottoman, *liv. II, chap. XXI, et les Notes de Bespier.*

(91) Alcor., *surat. VIII.*

(92) Ricaut, État de l'Empire ottoman, *pag.* 457.

dit quelque part qu'il est agréable de voir un naufrage que l'on ne craint pas (93) :

Quand on est sur le port à l'abri de l'ora-
ge (94) ,
On sent à voir l'horreur du plus triste nau-
frage
Je ne sais quoi de doux :
Non que le mal d'autrui soit un objet qu'on
aime ,
Mais nous prenons plaisir à voir que ce mal
même
Est éloigné de nous (*)

C'est tout le contraire pour les femmes dans le système de Mahomet : la vue d'un bonheur dont elles seraient privées les affligerait, et leur serait plus douloureuse, tant parce qu'elle leur ferait connaître le bien d'autrui, que parce qu'elle leur ferait connaître le bien qui leur manque ; car le tourment de la jalousie vient beaucoup moins de ce que l'on est dans l'indigence, que de savoir que d'autres jouissent. J'ai ouï dire à bien des gens, et je pense même l'avoir lu, que les damnés auront une idée fort exacte du bonheur du paradis, afin que la connaissance des grands biens qu'ils ont manqué d'acquérir augmente leur désespoir (95), et que ce sera le diable qui se servira de cet artifice, pour les rendre plus malheureux. C'est bien entendre la méthode d'aggraver les peines d'un misérable. Disons donc encore un coup que Mahomet n'aurait pu faire connaître sa dureté plus malignement. Il voulait que l'on vît de loin ce qui n'était propre qu'à donner des tentations inutiles et des regrets insupportables.

Mais, pour dire les choses comme elles sont, je dois avertir que les habiles mahométans ne disent point

(93) *Suave mari magno turbantibus æquora*
ventis ,
E terrâ, magnum alterius spectare laborem.
Non quia vexari quemquam est jucunda vo-
luptas ,
Sed quibus ipse malis careas, quia cernere
suave est.
Lucret., lib. *II,* init.

(94) Sentimens de Cléanthe, *pag. m.* 36.

(*) Ces vers sont en effet de la II°. part. de cet ouvrage, *pag.* 36, édit. de Hollande, 1672. REM. CRIT.

(95) *On pourrait appliquer ici ces vers de* Perse, sat. VIII, vs. 36 :
Magne pater divûm, sævos punire tyrannos
Haud aliâ ratione velis, cùm dira libido
Moverit ingenium, ferventi tincta veneno :
Virtutem videant, intabescantque relictâ.

que les femmes seront exclues du paradis (96) : j'ai cru néanmoins qu'il m'était permis de rapporter ce que j'avais lu dans plusieurs auteurs. Je n'en cite qu'un. *Hasce mulieres statuunt non humanas atque ex hominibus genitas, sed ab æterno in hunc finem à Deo creatas, et cœlestes esse; suas enim quas hic habuerint Muhammedani mulieres statuunt exsortes fore paradysi, atque extrà eum foris constitutas, per cancellos eminùs virorum gaudia, et cum aliis sc. uxoribus congressus conspecturas. Longè plures ibi credunt fore mulieres, quàm viros, singulisque viris plures vel pauciores pro merito addendas, quibus non ad prolem, sed unicè ad lubitum et satietatem voluptatis usuri sint; quin et vires iis subministrandas majores eum in finem, ut sæpiùs coire possint, easque eundem in finem fore mundas à menstruis (97).* Cet auteur ne cite personne, et il venait de rapporter quelques passages de l'Alcoran, qui ne nous apprennent autre chose, sinon que les dames du paradis auront les yeux très-brillans, et de la grandeur d'un œuf, et qu'elles seront si modestes, qu'elles ne jetteront jamais la vue que sur leurs maris (98). Ce n'est donc point dans l'Alcoran que l'on trouve ce que cet auteur rapporte touchant ces dames; c'est qu'elles seront en plus grand nombre que les hommes, afin que chacun en puisse avoir deux ou trois, ou davantage à proportion de son mérite ; c'est qu'elles ne seront données que pour le plaisir, et non pas pour enfanter : c'est qu'elles seront toujours en état de contenter leurs maris, n'étant point sujettes au flux menstruel, comme l'appellent les médecins ; c'est qu'elles seront si belles, qu'il n'en faudrait qu'une pour éclairer toute la terre pendant la nuit ; c'est que si elles crachaient dans la mer, elles lui ôteraient son amertume. *Tanta istarum puellarum deprædicatur pulchritudo et gratia,*

(96) *Voyez l'article* HALI-BEIG, *tom. VII, pag.* 459, *remarque* (C).

(97) Hoornbeek, Summa Controv., *pag.* 175.

(98) *Fruentur fœminis quibus oculi clarissimi grandesque ut ova quos non ad alios quàm maritos suos erigent.* Surat. XLVIII, *Ducturi virgines decentissimas cum oculis immensis atque pudibundis nusquam nisi tantùm ad maritos suos flectendis.* Surat. LXII.

*ut si istarum modò una aliquandò
noctu in terrâ appareret, totam eam
facilè esset collustratura; vel si in
mare fortè dispueret, totam ejus sal-
sedinem extingueret, inque mel dul-
cissimum commutaret* (99). J'ai trouvé
une partie de ces choses dans une
lettre de Clénard; mais ce n'est que
l'opinion d'un particulier : cela ne
donne point droit de les imputer à
tout le corps du mahométisme. *Audi,
quæso*, ce sont les paroles de Clénard, *quod hîc mihi narravit præ-
ceptor dùm legeremus locum Alcorani de Paradiso, ubi sic scriptum
est*, et in eo uxores habituri sunt
mundas. *Mundas*, *inquit*, id est,
liberas à menstruis, scilicet ut quovis tempore liceat coire. *Quid*, *inquam*, *an in paradiso celebrabuntur
nuptialia?* Quid ni? Attamen non
est futura proles, *inquit*. Nam voluptatis causâ illic erunt uxores, non
propagandis liberis, quin et singulis viris complures illic futuræ
sunt uxores, pro meritorum ratione.
Deusque huic plus, illi minùs virium largiturus est, ut vel paucis,
vel multis reddat debitum (100). Faisons la même remarque touchant ce
que je vais dire. On ne doit point
l'imputer à Mahomet, comme fait
Pierre Belon : ce sont des contes, ou
de fausses gloses de quelques docteurs visionnaires ou burlesques.
*Apres que les Turcs auront beu et
mangé leur saoul dedans ce paradis,
alors les pages ornez de leurs joyaux
et de pierres precieuses, et anneaux
aux bras, mains, jambes, et aureilles, viendront aux Turcs chacun
tenant un beau plat à la main, por-
tans un gros citron ou poncire dedans, que les Turcs prendront pour
odorer et sentir : et soudain que chaque Turc l'aura approché de son nez,
il sortira une belle vierge bien aornée
d'accoustremens, qui embrassera le
Turc, et le Turc elle, et demeureront
cinquante ans ainsi embrassans l'un
l'autre, sans se lever ne separer l'un
de l'autre, prenans ensemble le plaisir en toutes sortes que l'homme peut
avoir avec une femme. Et après cinquante ans, Dieu leur dira, ô mes
serviteurs, puis que vous avez fait
grand' chere en mon paradis,* je

vous veuil monstrer mon visage. Lors
ostera le linge de devant sa face.
Mais les Turcs tomberont en terre de
la clarté qui en sortira, et Dieu leur
dira : levez vous mes serviteurs, et
jouïssez de ma gloire ; car vous ne
mourrez jamais plus, et ne recevrez
tristesse ni desplaisir. Et levans leurs
testes, voirront Dieu face à face : et
de là chacun reprenant sa vierge, la
menera dedans sa chambre au palais, où il trouvera à boire et à manger : et faisant grand' chere, en prenant plaisir avec sa vierge, passera
son temps joyeusement sans avoir
peur de mourir. Voilà que Mahomet
a raconpté de son paradis, avec plusieurs autres telles follies, dont nous
semble que l'origine des serrails des
Turcs provient de ce que Mahomet a
dit des pages et des vierges du paradis, car il dit que les vierges chastes
furent ainsi créées de Dieu en paradis, et sont bien gardées et renfermées de murailles. Et dit Mahomet,
que si une d'elles sortoit hors du ser-
rail de paradis à la minuict, elle donneroit lumiere à tout le monde, comme fait le soleil : et que si l'une
d'elles crachoit dedans la mer, l'eau
en deviendroit douce comme miel*
(101).

(R) *Il redouta..... les Persanes.*]
Un auteur moderne (102), sans citer
personne, m'apprend que ce séducteur avoua que *l'apprehension seule
des femmes de Perse*, était cause
qu'il n'allait point en ce pays-là, *puisqu'elles étaient si pleines d'attraits,
que les anges mêmes en pourraient
devenir amoureux, et s'assujettir à
elles*. Il craignit apparemment qu'elles
ne réglassent sa plume, et ses prétendues révélations, pour lui faire
prononcer des lois trop efféminées
(103), qui l'eussent fort décrié ; car
il sentait bien que ses actions impudiques donnaient bien du scandale.
Voyez la note (104).

(101) Pierre Belon, Observations de plusieurs
Singularités, *liv. III, chap. IX, pag.* 391.
(102) La Mothe-le-Vayer, lettre CXIV, *tom.
XII, pag.* 11, 12.
(103) *C'est-à-dire*, trop favorables aux femmes, comme on le dit de quelques lois de Justinien dont l'épouse avait un fort grand crédit.
(104) On trouve ces paroles dans Brantôme,
Dames galantes, tome I, pag. 304. Les Mores,
par un ancien et commun proverbe, disent que
leur prophète Mahomet ne voulut jamais aller à

(99) Hoornbeek, Summa Controv., *pag.* 175.
(100) Clénard, Epist, *lib. I, pag.* 42.

(S) *On conte des choses bien singu-*
lières de sa vigueur à l'égard des
femmes.] Les auteurs ne sont pas
d'accord sur le nombre des femmes ;
mais on convient assez généralement
qu'il en eut plusieurs à la fois, et
qu'il s'acquittait de la fonction conjugale avec une grande force (105).
« L'on peut voir dans Abul-Farage
» qu'il eut, selon quelques-uns, jus-
» qu'à dix-sept femmes, sans les
» maîtresses qu'il entretenait (106)...
» On n'aura pas trop de peine à le
» (107) croire saint à leur manière ,
» quand on saura qu'il n'épousa que
» quatorze femmes ; et que cette
» grande dévotion n'était à peu près
» que de trois degrés au-dessous de
» celle de Mahomet qui eut dix-sept
» femmes, sans comprendre ses maî-
» tresses, qui se faisaient un excès de
» joie de contribuer au divertisse-
» ment de leur grand prophète. Il
» est vrai qu'Ali était moins ardent
» que son beau-père, qui se vantait
» de satisfaire toutes les nuits aux
» justes devoirs du mariage , et d'a-
» voir reçu par un privilège particu-
» lier, la force de quarante hommes
» en cette rencontre.» Voyons la note
du sieur Bespier sur ce que M. Ricaut a dit (108), que Mahomet avait
eu neuf femmes, et Ali quatorze.
Jean André, dans une même page,
au commencement du VII°. chap. de
la Confusion de la secte de Maho-
met, dit que Mahomet a eu neuf
femmes ensemble, sans les esclaves ;
et au même lieu il dit qu'il en a eu
onze , et le prouve par un livre qu'il
appelle l'Assameil, qui est, dit-il, le
livre des bonnes coutumes de Maho-
met (109). Les paroles que Jean André cite de ce livre signifient que la
force de Mahomet était si grande ,
que dans une heure il pouvait connaître ses onze femmes. *Robur ejus ,*
super eum pax , tantum erat ut visi-
taret (circumiret) uxores suas unius

horæ spatio , licet undecim forent.
Baudier (110) donne quinze femmes
à Mahomet, sans les esclaves. Elmacin ne parle que de trois femmes de
Mahomet : mais il omet la première ,
qui était morte avant qu'il épousât
les trois autres. *Je crois qu'il n'y a*
rien de bien assuré (c'est Bespier qui
parle) *à l'égard du nombre des fem-*
mes de Mahomet, *et encore moins*
d'Ali , de qui jusques ici , je n'ai
point lu qu'il eût épousé d'autres fem-
me que la seule fille de Mahomet ,
nommée Fatime (111). M. Pfeiffer rapporte que ce faux prophète *prit jus-*
qu'à dix-sept femmes , selon quel-
ques-uns , et jusqu'à vingt-une , selon
les autres (112). Cela serait peu
étrange , mais ce qu'il y a d'extraordinaire , c'est ce que Belon rapporte ,
et dont j'ai déjà parlé. *Il est escrit*
dans un livre arabe, dit-il (113) , *in-*
titulé des bonnes coustumes de Ma-
homet , le louant de ses vertus , et de
ses forces corporelles , qu'il se vantoit
de pratiquer ses onze femmes en une
même heure, l'une après l'autre (114).
Plusieurs se souviendront ici du frère Fredon de Rabelais (115). Je ne
sais ce qu'il faut croire de ce qu'on
conte , que Mahomet eut affaire avec
son ânesse. *Turcarum legislator Ma-*
humetes asellam quâ vehebatur ex
indomito libidinis ardore compres-
sit (116).

(T) *Il n'osa pas être le seul qui*
jouît du privilège de la polygamie,
quoique pour l'inceste il ait eu l'au-
dace.. de se le réserver par un pri-
vilège spécial.] Pour colorer son
incontinence qui l'avait poussé à

Schiras, de crainte que s'il y eût vu une fois ces
belles femmes , jamais après sa mort son âme ne
fût entrée en paradis.
(105) Chevreau , Histoire du Monde, *liv. V,*
pag. m. 14.
(106) *Là même* , *pag.* 19.
(107) *C'est-à-dire Ali.*
(108) État présent de l'Empire ottoman, *tom.*
II, pag. 456.
(109) Bespier, Remarques curieuses, *tom. II,*
pag. 681.

(110) De la Religion des Turcs, *liv. I , chap.*
II, cité par Bespier, *là même, pag.* 681.
(111) Bespier , *là même,*
(112) Pfeiffer, *in* Theologiæ Mohammedicæ
principiis sublestis, *dans la Bibliothèque uni-*
verselle , tom. VII, *pag.* 257.
(113) Belon , Observations de plusieurs Singularités, *liv. III, chap. X, pag. m.* 404 , *et non*
pas chap. IX, comme le cite la Mothe-le-Vayer,
lettre XC, *pag.* 272 *du tome* XI.
(114) *Voyez la remarque* (II).
(115) *Par ledit serment qu'avait fait , quantes*
fois de bon compte ordinairement le faites-vous
par jour ? F. six. Pan. Et de nuit? Fr. dix.
Cancre , dit frère Jean , le paillard ne daigne-
rait passer seize , il est honteux. Rabelais , *liv.*
V, chap. XXVIII.
(116) Balthasar Bonifacius, Historia ludicra,
lib. II, cap. VII, pag. 39. *Il cite* Bonfinius,
decis. (*apparemment il voulait dire* decad.) 1 ,
lib. 8.

épouser plusieurs femmes, il supposa que Dieu lui avait révélé que cela était permis. Il fallut donc qu'il insérât cet article dans son Alcoran. Mais parce que ses servantes lui donnèrent dans la vue, et qu'il coucha avec elles, il eut besoin d'une nouvelle révélation en faveur de l'adultère; il fallut donc qu'il fît un article exprès touchant le concubinage des maris. Il n'avait encore que deux femmes, lorsque Marina sa servante, créature très-jolie, lui plut si fort qu'il coucha avec elle sans attendre qu'elle fût en âge nubile. Ses femmes le surprirent en flagrant délit, et s'emportèrent. Il leur jura qu'il n'y retournerait plus, si elles voulaient se taire ; mais comme il viola ce serment, elles firent beaucoup de bruit, et sortirent de chez lui. Pour remédier à ce grand scandale, il feignit une voix du ciel qui lui apprenait qu'il était permis d'avoir affaire avec ses servantes. Voilà comme cet imposteur commençait par faire le crime, et finissait par le convertir en loi générale. Cela ne sent point le fanatisme. Une bonne pierre de touche pour connaître si ceux qui se vantent d'inspirations, soit pour débiter de nouvelles prophéties, soit pour expliquer les anciennes, l'Apocalypse par exemple, y procèdent de bonne foi, est d'examiner si leur doctrine change de route à proportion que les temps changent, et que leur propre intérêt n'est plus le même qu'auparavant (117). (118) *Id quoque notandum* (je me sers de l'autorité d'un célèbre théologien) *leges istas in suorum facinorum patrocinium, excogitatas ab ipso semper fuisse post commissa illa, non ante ; ut ita manifestissimè liqueat, ista in criminum suorum excusationem vel defensionem ab eo commenta dolo pessimo fuisse* (119). . . . . *Tale istud quod de Muhamede narrant, eum cum puellâ formosâ, sed infra ætatem, Marinâ in adulterio deprehensum, à conjugibus suis Aasâ et Chadigâ juramento adactum promisisse, modò tacerent, ab isthâc puellâ posthâc abstenturum, verùm quod non servârit : quare illæ eum deseruerint,*

et ad patrias reversæ sint ædes. Quem tumultum ut sedaret iterùm more solito divinum commentus hoc responsum fuit, quod est cap. de prohibitione, *quo datur viris cum ancillis congrediendi potestas (ancilla quippè Muhamedis erat etiam illa Marina,) quandò et quousquè libuerit, nequidquàm reclamantibus et æmulantibus uxoribus. Sed jam antè hanc confictam legem id facinus commiserat, et fidem de non committendo interposuerat, perjurus adulter et stuprator* (120). Avec une impudence dont on ne saurait s'étonner suffisamment, il supposa que Dieu défendait l'inceste aux autres hommes, mais qu'il le lui permettait par une grâce particulière. *Aliis severè ipse interdicit, cap.* de mulieribus, *ne quascunque et consanguineas ducant :* ne commiscemini cum mulieribus, quæ cognitæ fuerunt à patribus vestris, quoniam turpe est et malum, et iniquum : prohibitæ sunt vobis matres vestræ, et filiæ fratris vestri, et filiæ sororis vestræ, etc. *Sibi verò licentiam tribuit, quasi ex oraculo divino, quamlibet potiundi. cap.* de hæresibus, *vel sectis.* O propheta, nos certè concedimus tibi, *inquit ei Deus,* potestatem in uxores tuas omnes quibus dederis mercedes suas, et quascunque acceperit manus tua, et filias patrui tui, et filias amitæ tuæ, et filias fratris matris tuæ, et filias materteræ tuæ, quæ peregrinatæ sunt tecum, et quamcunque mulierem credentem, quæ se tibi prophetæ prostituere voluerit, idque tibi speciatim, et singulariter conceditur ; non verò aliis quibuscunque. *Dignum certè prophetâ privilegium ! Et post,* copulare cum quâcunque ex illis tibi libuerit, et tecum fac inhabitare quamcunque volueris, et non erit tibi crimini, vel ad hanc accedere, vel ab illâ recedere. Hoc autem parùm est : verùm etiam gratum habeant ipsæ quidquid tibi libuerit, et non contristentur, et complaceant sibi de quâcunque re quam illis dederis. *Propudium hominis ! sibi primas in promiscuâ et turpissimâ libi-*

(117) *Voyez la remarque* (NN).
(118) Hoornbeek, Summa Controvers., *p.* 117.
(119) *Idem, ibidem, pag* 118.

(120) L'auteur nous renvoie à Jean André, Confus. Muham., c. 7 à Philippo Guadagnol. contrà Ahmedam Persam, c. 5, sect. 3, et c. 10. sect. 2 et 3. *et à* Vincent de Lerins Specul. Histor., l. 24. *Il fallait dire* Vincent de Beauvais.

dine explendâ concedens partes (121).
Il n'osa pas toujours étendre ses pré-
rogatives ; car il se fit défendre d'enlever à l'avenir la femme de son
prochain. Il se contenta d'apprendre
au monde que Dieu approuvait le
passé, à condition que l'on n'y re-
tombât plus. Pour bien entendre ceci,
il faut savoir que Mahomet, mari
déjà de neuf femmes, en épousa une
dixième qu'il avait ôtée à son valet.
On en murmura ; le valet cria contre
cette injure. Le faux prophète, pour
faire cesser le scandale, fit semblant
d'avoir envie de restituer ce qu'il
avait pris ; mais, comme ce n'était pas
sa pensée, il trouva bientôt le moyen
de s'en dispenser. Il feignit que Dieu
l'avait censuré de cette résolution,
et lui avait ordonné de garder sa
dixième femme, sans avoir la complaisance de déférer au scandale humain au préjudice de l'approbation
céleste. *Illam* (uxorem servi sui
Zaidis) *constupratam mox quasi ex
divino iterùm oraculo desponsavit in
uxorem, quamvis novem aliis stipa-
tus. Quare ut, tùm aliis hoc indig-
nantibus factum, tùm servo Zaïdi
satisfaceret, introducit in Alkorano,
capite citato, Deum se reprehenden-
tem, quòd cogitâsset uxorem Zaido
reddere, ob offensam, quam hinc
nempe homines capiebant : et cùm
diceres illi, cui Deus beneficia contulit, et tu quoque contulisti : accipe
tibi uxorem tuam, et time Deum,
et. abscondebas in corde tuo quod
Deus operabatur, et timebas homines, et Deus dignior est ut timeas
eum. Cùm ergò Zaïdus illam cogno-
verit, seu defloraverit eam, nos co-
pulavimus cam tibi, ne sit fidelibus
peccatum in uxoribus desideriorum
eorum, cùm cognoverint eas, et
imperium Dei completum est : non
est imputandum ad culpam prophetæ
illud, quod Deus illi speciatim permisit* (122). Il s'aperçut bien que cela
jetterait l'alarme dans l'âme de tous
les maris ; c'est pourquoi il eut l'a-
dresse de rassurer tout le monde : il
publia qu'à l'avenir par ordre de
Dieu il laisserait aux maris leurs femmes, encore qu'il en devînt amoureux (123).

(V) *Un homme* . . . *fut accablé de
pierres dans un puits sec.*] On verra
cette aventure à la fin d'un long passage des Coups d'État qui va être rapporté, et qui contient plusieurs
choses touchant notre faux prophète.
(124) « Voyant qu'il était fort sujet à
» tomber du haut-mal. il s'avisa de
» faire croire à ses amis que les plus
» violens paroxismes de son épilepsie
» étaient autant d'extases et de si-
» gnes de l'esprit de Dieu qui descen-
» dait en lui ; il leur persuada aussi
» qu'un pigeon blanc, qui venait
» manger des grains de blé dans son
» oreille, était l'ange Gabriel qui lui
» venait annoncer de la part du
» même Dieu ce qu'il avait à faire.
» Ensuite de cela, *il se servit du
» moine Sergius pour composer un
» Alcoran, qu'il feignait lui être dicté
» de la propre bouche de Dieu.* Fina-
» lement, *il attira un fameux astro-
» logue, pour disposer les peuples,*
» par les prédictions qu'il faisait
» du changement d'état qui devait
» arriver, et de la nouvelle loi qu'un
» grand prophète devait établir,
» à recevoir plus facilement la sien-
» ne, lorsqu'il viendrait à la pu-
» blier. Mais s'étant une fois aperçu
» que son secrétaire Abdala Ben-Sa-
» lon, contre lequel il s'était piqué
» à tort, commençait à découvrir et
» publier telles impostures, il l'égor-
» gea un soir dans sa maison, et fit
» mettre le feu aux quatre coins,
» avec intention de persuader le len-
» demain au peuple, que cela était
» arrivé par le feu du ciel, et pour
» châtier ledit secrétaire, qui s'était
» efforcé de changer et corrompre
» quelques passages de l'Alcoran. Ce
» n'était pas toutefois à cette finesse
» que devaient aboutir toutes les
» autres : il en fallait encore une qui
» achevât le mystère ; et ce fut qu'il
» persuada au plus fidèle de ses do-
» mestiques de descendre au fond
» d'un puits qui était proche d'un
» grand chemin, afin de crier lors-
» qu'il passerait en compagnie d'une
» grande multitude de peuple, qui
» le suivait ordinairement, *Maho-
» met est le bien-aimé de Dieu ; Ma-*

(121) Hoornbeek, Summa Controv., p. 116.
(122) Idem, ibidem, pag. 117.
(123) Non licebit tibi posthàc, O Mahomet,

ut auferas uxores à viris suis, etiamsi earum
pulchritudine captus fueris. Apud eumdem, ibid.
(124) Naudé, Coups d'État, chap. III, pag.
m. 322.

» homet est le bien-aimé de Dieu : et
» cela étant arrivé de la façon qu'il
» avait proposé, il remercia soudain
» la divine bonté d'un témoignage si
» remarquable, et pria tout le peu-
» ple qui le suivait de combler à
» l'heure même ce puits, et de bâtir
» au-dessus une petite mosquée pour
» marque d'un tel miracle. Et par
» cette invention ce pauvre domesti-
» que fut incontinent assommé, et
» enseveli sous une grêle de cailloux,
» qui lui ôtèrent bien le moyen de
» jamais découvrir la fausseté de ce
» miracle ;

   * *Excepit sed terra sonum, calamique loqua-*
ces (125). *

On a oublié de nous apprendre comment le public a su que Mahomet
suborna cet homme. Que n'a-t-on eu
l'industrie de supposer que ce misérable avait révélé tout le secret à sa
femme, qui ne manqua pas de le dire
à ses voisines, et aux passans, dès
qu'elle eut appris la fin tragique de
son mari? Les mots latins que Naudé
cite ne sont qu'une ingénieuse application d'une circonstance de la fable
de Midas ; mais elle n'éclaircit rien,
et insinue qu'on ne s'est jamais avisé
d'inventer un dénoûment, ou une
cause de la découverte du pot aux
roses. Quant au pigeon dont parle
Naudé, je dois dire que Pocock, ayant
lu ce conte au VI°. livre de Grotius,
de Veritate Religionis Christianæ
(126), pria Grotius de lui marquer
d'où il avait pris une telle chose, qui
ne se trouve dans aucun auteur arabe.
On lui répondit qu'on ne l'avait débitée que sur la foi des auteurs chrétiens. Grotius *nonnulla recensens*
columbæ ad Mohammedis *aurem ad-*
volare solitæ meminit ; cujus cùm
nullam apud eos mentionem repere-
rim, ac clariss. virum eâ de re con-
sulerem, se in hoc narrando non
Mohammedistarum, *sed nostrorum*
hominum fide nixum, dixit, ac præ-
cipuè Scaligeri, *in cujus ad* Manilium
notis idem narratur (127). Voyez la
remarque (DD).

(X) *On a dit... qu'il a été cardinal.*]
« Benvenuto da Imola le dit expres-
» sément en ses Commentaires sur
» Dante (128). » Ce qui n'est pas
moins absurde que ce qu'a dit le
glossateur du Droit Canonique, que
Mahomet a été le chef des nicolaïtes.
Glossatorem autem Corporis Cano-
nici qui Nicolaum Mahometum fuisse
dicit æquè absurdum esse notat ac
Benevenutum Imolensem, qui Ma-
hometum sanctæ romanæ ecclesiæ
cardinalem fuisse asserit (129).

(Y) *Il y a eu... quelques docteurs*
qui l'ont pris pour l'Antechrist.]
Voyez la Dissertation intitulée : *Anti-*
Christus Mahometes, ubi non solùm
per Sanctam Scripturam, ac refor-
matorum testimonia, verùm etiam
per omnes alios probandi modos et
genera, plenè, fusè, invictè, solidè-
que demonstratur MAHOMETEM
esse unum illum verum, magnum,
de quo in sacris fit mentio, Anti-
Christum. Elle fut imprimée (130)
l'an 1666. Corneille Uythagius, docteur en théologie, qui en est l'auteur,
et qui témoigne beaucoup de zèle
contre le papisme, assure dans sa
préface, qu'il ne fait que développer
et que prouver les sentimens de quelques réformateurs. *Sunt, semperque*
fuerunt, dit-il, *qui Mahometem pro*
Anti-Christo illo magno agnoverunt,
et per Babylonem civitatem illam
magnam Apoc. cap. 17, *nobis descrip-*
tam, Constantinopolim, Romam
novam intellexerunt, inter quos sunt,
antiquissimus theologorum Arethas
Cæsareæ Cappadociæ episcopus :
Angelus Græcus, qui Constantinopoli
vixit : Cœlius secundus curio : Wen-
ceslaus Budowez Cæsaris consilia-
rius, qui aliquamdiù Constantinopoli
degit : Boskhierus ; *et inter nostros re-*
formatos magnus ille Melanchthon,
Bucerus, Musculus, Zanchius ; et
si qui cùm recentiores, tùm antiqui
cum illis. M. de Meaux nomme d'autres écrivains qui sont de ce sentiment. Voici ses paroles : « S'il fallait
» tout réserver à la fin du monde,
» et au temps de l'Antechrist, au-

(125) *L'histoire de cet homme, accablé de*
pierres dans un puits, se trouve dans un autre
livre de Naudé, savoir, dans l'Apologie des
grands Hommes accusés de Magie, *pag.* 232, 233.

(126) *Pag. m.* 202.

(127) Eduard. Pocockius, Not. in Specim.
Histor. Arabum, *pag.* 186, 187.

(128) Naudé, Dialogue de Mascurat, *pag.* 45.

(129) Thomas Ittigius, de Hæresiarchis ævi
Apostolici, *apud* Acta Eruditor. Lips., *ann.*
1690, *pag.* 307, 308.

(130) *A Amsterdam, apud* Joannem Raves-
teynium, *in* 12.

» rait-on permis à tant de savans
» hommes du siècle passé, à Jean
» Annius de Viterbe, à Jean Hanté-
» nius de Malines, à nos docteurs
» Josse Clitou, Génebrard, et Feuar-
» dent qui loue et qui suit ces graves
» auteurs, de reconnaître la bête dans
» l'Antechrist dans Mahomet, et
» autre chose qu'Énoch et Élie dans
» les deux témoins de saint Jean
» (131) ? »
(Z) *Je ne saurais croire que son
cadavre ait été mangé des chiens.*]
Camérarius a inséré ce conte dans le
Ier. chapitre du livre III du premier
tome de ses Méditations Historiques
(132). Il nous citera son auteur. Mahomet « avait prédit à ses disciples
» qu'il délogerait du monde l'an X
» de son règne, mais qu'au troisième
» jour il ressusciterait. Sur ce un sien
» disciple, voulant essayer s'il disait
» vrai, lui empoisonna son breuva-
» ge : l'ayant avalé, et se sentant
» près de la fin, il dit à ceux qui
» étaient autour de lui : par l'eau,
» vous recevrez la rémission des pé-
» chés ; puis tout soudain mourut.
» Ses disciples gardaient le corps,
» attendant l'issue de sa prédiction :
» mais son corps puait si fort, que
» ne pouvant supporter cette ordu-
» re, ils se tirèrent arrière, et re-
» venant dix jours après, trouvèrent
» qu'il avait été mangé des chiens.
» J'ai bien voulu transcrire cette his-
» toire de la chronique d'Espagne,
» dressée par Jean Vaséus, qui dit
» avoir suivi un auteur nommé Lu-
» cas de Tude, pour ce qu'il ne
» me souvient point l'avoir lue ail-
» leurs. » J'ai vérifié que Vaséus
rapporte cela sous l'an 628, et qu'il
cite Lucas Tudensis avec quelque
restriction, *hæc ferè Lucas Tudensis*, dit-il. Baronius a inséré dans ses
Annales (133) un fragment de l'apologie d'Eulogius, auteur du VIIIe.
Siècle. On trouve bien de petits contes dans ce fragment, et entre autres
celui que je viens de rapporter. Il y
est même avec une circonstance qui
mérite d'être sue. C'est que Mahomet
avait assuré ses disciples que l'an-

ge Gabriel le viendrait ressusciter le
troisième jour. Ils se tinrent tout ce
temps-là autour du cadavre, après
quoi ils se retirèrent, s'imaginant
que leur présence faisait peur aux
anges ; mais personne ne gardant le
corps, les chiens l'allèrent manger :
ils n'en laissèrent que peu de chose
qui fut enterré par les disciples de
l'imposteur, bien résolus de se venger de cette injure, en faisant mourir tous les ans beaucoup de chiens.
Baronius nous renvoie à plusieurs
volumes qui ont été composés sur la
vie de Mahomet, et il avoue qu'il
s'est abstenu d'autant plus facilement
de s'en servir, qu'il y avait trouvé
beaucoup de mensonges. *Abstinui-
mus libentius quòd multa fabulosa in
eis posita invenerimus* (134). Un auteur luthérien (135), que j'ai cité
deux ou trois fois, et qui rapporte
ce conte sans le croire, nous va nommer divers auteurs qui en font mention. Prenez garde à ses citations (*1).
*Cadaver aliquot diebus mansisse in-
sepultum, quòd tertio die se resur-
recturum dixisset, posteà verò à canibus arrosum scribunt Eulogius et
Vincentius* (*2). *Sed cùm parcum
semper fuisse Muhammedem in jac-
tandis miraculis, et ferro, non pro-
digiosâ virtute suam propagandam
esse scripserit sectam, hanc narrationem suis potiùs relinquimus autoribus.* Le père Maracci n'a pas été si
incrédule : il ne rejette point ceux
qui ont dit que les disciples de Mahomet négligèrent tellement son corps,
à cause qu'ils étaient en différent sur
la primauté, que les chiens le déchirèrent. Il se fonde sur ce qu'il y a
des relations qui portent, que le sépulcre de ce faux prophète ne contient qu'une petite portion de son
cadavre. *Exiguam corporis portio-
nem in illo inveniri, colligit auctor noster, non absimile verò esse,
quod graves scriptores prodiderunt,
quùm post mortem Mahumeti de
imperio proceres certarent, cadaver ejus, nemine in tumultu custo-*

---

(131) *M. de Meaux*, Préface sur l'Apocalypse, num. 13, pag. m. 32, 33.

(132) *Pag.* 204, 205 : *je me sers de la traduction de Simon Goulart.*

(133) *Ad ann.* 630, num. 9 et seq.

(134) *Ibidem*, num. 12.

(135) *Samuel Schultetus, in eccles-Mahomed.*, pag. 17.

(*1) *Hott., Hist. Or.*, l. 2, c. 4, pag. 273.

(*2) *Apud Baron., A.* 630, n. 9, l. 23, c. 47, ap. Magdeb., cent. 7, vs. 5, f. m. 364. *Confer. Acta Mahometis, Francofurti cum iconibus edita anno* 1597, *pag.* 261.

diente, à canibus dilaceratum fuis-
se (136).

(AA) *On a publié un testament de*
Mahomet.] On imprima à Paris, en
latin et en arabe, l'an 1630 un livre
intitulé : *Testamentum et Pactiones*
initæ inter Muhammedum et christia-
næ fidei cultores. Le père Pacifique
Scaliger, capucin, en avait apporté
le manuscrit de l'Orient. Gabriel Sionita est l'auteur de la traduction latine. Jean Fabrice publia ce testament en latin, à Rostoch, l'an 1638.
M. Hinkelman, pasteur de Hambourg, l'a publié en latin et en arabe, l'an 1690 (137). Les sentimens des
critiques sont partagés sur la question, si cet ouvrage est une pièce
légitime. Grotius le croit supposé.
Edidit Gabriel Sionita, dit-il (138),
his diebus testamentum Muhammedis
τοῦ ψευδοπροφήτου, aut indultum po-
tiùs ejus in gratiam christianorum,
haud dubiè à christianis suppositum,
ut sub obtentu tanti nominis musul-
mannis æquioribus uterentur. Ille ta-
men genuinum esse affirmat, et per-
suadet iis qui nasum non habent.
Voëtius (139), Hoornbeek (140), Bespier (141), et plusieurs autres ministres embrassent ce sentiment. Hottinger (142), qui n'avait point vu
l'arabe, n'ose décider. Saumaise décide que l'ouvrage est légitime. *Vidi*
nuper testamentum Muhammedis.
De veritate ejus NULLUS *dubito. Sed*
nollem ita reddidisset interpres. Ni-
hil enim minus quàm testamentum.
Fœdus est et pactio, quâ securitatem
christianis dedit ; cujus et mentionem
facere videtur Almachinus in Vitâ
Muhammedis : ubi narrat ex histo-
riis christianorum, addictum fuisse
christianis illum impostorem et be-
nevolum ; et cùm ad ipsum quidam
christiani venissent, petentes securi-
tatem, imposuisse eis tributum, atque

in fidem eos suscepisse (143). M. Hinkelman (144) est du sentiment de
Saumaise. M. Ricaut l'est aussi ; car
voulant prouver que Mahomet usa
de ruse au commencement par de
fausses apparences d'une intention
sincère de vivre en paix avec les
chrétiens, il dit (145) que ce faux
prophète *fit un traité avec eux, dont*
l'original a été trouvé dans le mo-
nastère des religieux du Mont-Car-
mel. Il ajoute ces paroles (146) : *On*
dit que cet original (147) *a été trans-*
porté de ce lieu-là en France, et
mis dans la bibliothéque du roi. Com-
me il est ancien et curieux, je crois
qu'il n'est pas hors de propos d'en
mettre ici l'interprétation. Avant rapporté toute la teneur de l'acte, il
continue de cette manière (148) :
Quoique les Turcs nient que ce trai-
té soit de Mahomet, néanmoins il y
a de très-bons auteurs qui croient
qu'il est légitime ; et qu'il a été fait
au temps qui est marqué à la fin,
c'est à savoir lorsque l'empire de Ma-
homet était encore faible et dans son
enfance ; car en ce temps-là il faisait
la guerre aux Arabes, et craignait
que les chrétiens ne se déclarassent
contre lui. C'est pourquoi, pour n'être
point attaqué de deux ennemis à la
fois, il fit ce traité avec eux dans le
monastère des moines du Mont-Car-
mel(149), *d'où ces austères religieux*
tirent leur nom. Ce qu'il y a de bien
sûr, est que dans le temps (150) où
l'on suppose que Mahomet fit ces con-
ventions avec les chrétiens, il était
de la bonne politique de ne les pas
irriter. Il y a un passage dans l'Alcoran qui promet aux infidèles la liberté de conscience : M. Ricaut le cite

(136) Ludov. Maraccius, *in* Prodromo ad Re-
futat. Alcorani, *apud* Acta Erudilor. Lips.,
1692, *pag.* 331.
(137) *Voyez* l'Histoire des Ouvrages des Savans, *octobre* 1690, *pag.* 80.
(138) Grotius, Epist. ad Gallos, *pag.* 239,
apud Hotting., Hist. orient., *lib. II, cap. II,*
pag. 237.
(139) Voetius, Disp. Theolog., *tom. II,*
pag. 668.
(140) Hoornbeek, Summa Controv., *pag.* 88.
(141) Bespier, Remarques sur Ricaut, *tom.*
II. pag. 623.
(142) Hotting., Hist. orient., *pag.* 287.

(143) Salmas., epist. XX, *lih. I, pag.* 44.
(144) *Voyez* l'Histoire des Ouvrages des Savans, *octobre* 1690, *pag.* 80.
(145) Ricaut, État de l'Empire ottoman, *liv.*
II, chap. II, pag. 307.
(146) *Idem, ibidem, pag.* 308.
(147) Il n'a point su que cet ouvrage eût vu le
jour à Paris, l'an 1630, et à Rostoch, l'an
1638.
(148) Ricaut, État de l'Empire ottoman, *liv.*
II, chap. II, pag. 316, 317.
(149) Bespier *fait ici cette remarque. Il n'y a*
nulle apparence à cela, et même ce Traité est
signé à Médine, comme on le voit ici. Il ne
peut donc avoir été fait dans le monastère du
Mont-Carmel, qui est à plus de deux cents
lieues de Médine.
(150) C'est l'an 4 de l'Hégire.

(151). Il aurait pu citer un passage d'Elmacin, qui nous apprend que Mahomet traita fort humainement une troupe de chrétiens qui lui furent demander des sauvegardes (152). Il expédia là-dessus des ordres qui les assuraient de sa protection. M. Ricaut est donc bien fondé à dire que Mahomet au commencement offrit la paix aux chrétiens : il n'est pas si bien fondé dans les raisons pour lesquelles il prétend qu'ils parurent redoutables à ce faux prophète. *Les chrétiens,* dit-il (153), *se rendaient recommandables par leur zèle, par leur dévotion, et par la pratique de toutes sortes de vertus. Tout cela était joint à la pureté de leur doctrine, et à une sainte et ferme union dans la profession de la foi; et comme les empereurs étaient chrétiens en ce temps-là, le christianisme ne se soutenait pas seulement par sa patience, par ses souffrances, et par son espérance, comme il avait fait dans les premiers siècles, il était encore appuyé par les armes et par la protection des empereurs.* Cela est contraire au sentiment de tout le monde. On convient généralement que la désunion des chrétiens, leurs vices, et ceux de la cour impériale (154), facilitèrent extrêmement les progrès du mahométisme.

Je ne saurais passer à une autre chose, sans faire une réflexion sur celle-ci. Les mahométans, selon les principes de leur foi, sont obligés d'employer la violence pour ruiner les autres religions ; et néanmoins ils les tolèrent depuis plusieurs siècles. Les chrétiens n'ont reçu ordre que de prêcher et d'instruire ; et néanmoins de temps immémorial ils exterminent par le fer et par le feu ceux qui ne sont point de leur religion. *Quand vous rencontrerez les infidèles,* c'est Mahomet qui parle (155), *tuez-les, coupez-leur la tête, ou prenez-les prisonniers, et les liez jusques à ce*

qu'ils aient payé leur rançon, ou que vous trouviez à propos de les mettre en liberté. N'appréhendez point de les persécuter, jusques à ce qu'ils aient mis bas les armes, et qu'ils se soient soumis à vous.* Il est pourtant vrai que les Sarrasins cessèrent d'assez bonne heure les voies de la violence, et que les églises grecques, tant la principale que les schismatiques, se sont conservées jusqu'à présent sous le joug de Mahomet. Elles ont leurs patriarches, leurs métropolitains, leurs synodes, leur discipline, leurs moines. Je sais bien qu'elles ont beaucoup à souffrir sous un tel maître ; mais après tout elles ont plus à se plaindre de l'avarice et des chicanes des Turcs, que de leur épée. Les Sarrasins étaient encore plus doux que ne sont les Turcs (156) : voyez les preuves que M. Jurieu en a données (157), et qu'il a prises d'Elmacin et d'Eutychius. On peut être très-assuré que si les chrétiens d'occident avaient dominé dans l'Asie, à la place des Sarrasins et des Turcs, il n'y resterait aujourd'hui aucune trace de l'église grecque, et qu'ils n'y eussent pas toléré le mahométisme, comme ces infidèles y ont toléré le christianisme. Il est bon d'entendre M. Jurieu (158). « On peut dire » avec vérité qu'il n'y a point du » tout de comparaison entre la cruau- » té des Sarrasins contre les chrétiens, » et celle du papisme contre les vrais » fidèles. En peu d'années de guerre » contre les Vaudois, ou même dans » les seuls massacres de la Saint-Bar- » thélemi, on a répandu plus de » sang pour cause de religion, que » les Sarrasins n'en ont répandu dans » toutes leurs persécutions contre les » chrétiens. Il est bon qu'on soit dés- » abusé de ce préjugé, que le maho- » métisme est une secte cruelle, » qui s'est établi en donnant le choix » de la mort ou de l'abjuration du » christianisme : cela n'est point, et » la conduite des Sarrasins a été une » débonnaireté évangélique, en com- » paraison de celle du papisme, qui » a surpassé la cruauté des canniba-

(151) État de l'Empire ottoman, *liv* II, chap. II, pag. 307. *Voyez* les Pensées sur les Comètes, num. 244.

(152) Securitatem petituri... securitati instrumentum scripsit. *Je me sers d'une version libre.* *Voyez* Hotting., Hist. orient. pag. 236, *citant* Elmacin., Hist. Sarac., pag. 11.

(153) *Pag.* 305.

(154) *Voyez* Hottinger, Hist. orient., p. 239.

(155) *Dans le chapitre IX de l'Alcoran.* *Voyez* Ricaut, *liv.* II, chap. II, pag. 318.

(156) *Voyez* Ricaut, *là même*, et chap. III, (157) Jurieu, Apologie pour la Réformation, tom. II, pag. 55 et suiv., edit. in-4°. *Voyez* aussi les Pensées sur les Comètes, pag. 738. (158) Jurieu, *là même.*

» les. Ce n'est donc pas la cruauté » des mahométans qui a perdu le » christianisme de l'orient et du mi- » di, c'est leur avarice. Ils faisaient » acheter bien cher aux chrétiens la » liberté de conscience, ils impo- » saient sur eux de gros tributs, » ils leur faisaient souvent racheter » leurs églises, lesquelles ils ven- » daient quelquefois aux juifs, et » après cela il fallait que les chré- » tiens les rachetassent : la pauvreté » anéantit les esprits et abaisse les » courages. Mais surtout le mahomé- » tisme a perdu le christianisme par » ignorance. » Il a' redit la même chose en moins de mots dans l'une de ses pastorales (159), supposant tou- jours que le christianisme *est péri sous la domination* des mahométans. Il se trompe, et il eût parlé autre- ment, s'ils eût mieux consulté les historiens : mais ce n'est pas de quoi il s'agit. Passons outre, et remar- quons qu'il nous enseigne clairement que les Sarrasins et les Turcs ont traité l'église chrétienne avec plus de modération que les chrétiens n'en ont eu ou pour les païens, ou les uns envers les autres ; car il observe que les empereurs chrétiens ont ruiné le paganisme en abattant ses temples, en consumant ses simulacres, en in- terdisant le culte de ses faux dieux ; et que les princes réformés ont aboli le papisme, en brûlant les images, en faisant enterrer les reliques, en interdisant tout culte idolâtre (160). Il est visible que les souverains, qui interdisent tont d'un coup une reli- gion, usent de plus de violence que les souverains qui lui laissent son exercice public, et qui se contentent de la tenir bas, selon les manières des Turcs envers les chrétiens.

La conclusion que je veux tirer de tout ceci, est que les hommes se conduisent peu selon leurs principes. Voilà les Turcs qui tolèrent toutes sortes de religions, quoique l'Alcoran leur ordonne de persécuter les infi- dèles; et voilà les chrétiens qui ne font que persécuter quoique l'Évangile le leur défende. Ils feront

un beau manége dans les Indes et dans la Chine, si jamais le bras sécu- lier les y favorise : assurez-vous qu'ils s'y serviront des maximes de M. Ju- rieu. Ils l'ont déjà fait en quelques endroits. Lisez ce qui suit, vous y trouverez que les raisons ne suffisant pas à convertir les infidèles, on pria le vice-roi de Goa de secourir l'Évan- gile par des arrêts de confiscation, etc. *Cum necessarium esset, ut præ- ter autoritatem ecclesiæ potestas prin- cipum virorum ad copiosam hanc frugem accederet, quæ obstacula omnia amoliretur, Deus dominus noster pro-rege tanquam instrumento in multis usus est. Itaque ubi Brach- mani rationibus se destitui viderant, ad defensionem satis esse putabant, ut quoquo modo de cassibus effuge- rent, quod se more majorum vivere profiterentur. Sed cùm pro innatâ animi pertinaciâ neque unquàm se victos agnoscerent, neque rationibus quamtūmlibet efficacibus crederent : pro-rex in compendium misso negotio malo huic nodo malum cuneum op- ponit, legem promulgat, ut intrà quadragesimum diem à decreti pro- mulgatione Brachmanes cum suis om- nibus, qui christiani fieri nollent, supellectili omni, quæque in ratis et censis haberent, intrà id tempus dis- tractis in exilium abirent; qui non parerent, jacturam ejus facturos, et ad triremes abreptum iri comminatus est* (161). Voyez la note (162).

(BB) *On peut alléguer des preuves de fausseté tirées de la pièce même.*] Considérez un peu ces paroles de M. Prideaux : *Grotius rejette cette capi- tulation comme une chose forgée ; et il a raison d'en agir ainsi : car cette pièce est datée de la* 4e. *année de l'hégire, dans un temps où* Mahomet *n'était pas encore en état de parler le langage qu'on lui fait parler dans cet écrit ; son pouvoir dans ce temps- là n'était pas non plus si formidable que d'exciter personne à le prier de lui accorder sa* protection, *vu qu'il avait été défait peu de temps aupara- vant à la bataille d'Ohud, où il avait*

(159) *La IXe. de l'an* 1688, *pag.* 196. *J'ai cité ses paroles, ci-dessus, remarque* (O), *cita- tion* (56).

(160) *Voyez ce que j'ai cité des* Droits des deux Souverains, *ci-dessus, remarque* (O), *ci- tation* (65).

(161) Ludovicus Frois, *in epistolâ ad fratres in Europâ degentes scriptâ Goâ primo die decem- bris 1560, apud Dannbawerum, in* Vale trium- phali, *pag.* 10.

(162) *Les barbaries que les Espagnols ont exercées dans l'Amérique sont horribles.*

été si furieusement battu que , dans le temps que cette capitulation fut datée, savoir dans le 4ᵉ. mois de cette année, il n'était pas encore tout-à-fait relevé du coup, se trouvant alors plus bas qu'il n'eût jamais été depuis qu'il avait pris l'épée pour la propagation de son imposture. Outre cela il y a encore une autre particularité qui en découvre la fausseté d'une manière tout-à-fait manifeste. Suivant cette pièce Moawias, fils d'Abu-Sophian , était alors secrétaire de Mahomet et avait dressé l'écrit ; cependant il est certain que Moawias, avec son père Abu-Sophian , portait alors les armes contre l'imposteur ; et ce n'était que dans le temps de la prise de la Mecque, qui fut quatre ans après , qu'ils furent se joindre à lui pour embrasser son imposture, afin de sauver leurs vies (163).

(CC) *Il était fort propre à se faire suivre comme le Messie que les Juifs attendaient.*] Il y a des auteurs qui disent que Mahomet pendant quelque temps se débita pour le Messie, et qu'il s'appliqua les oracles du Vieux Testament qui avaient été accomplis en Notre-Seigneur (164). Par cette adresse il attira beaucoup de Juifs : le mauvais état où était cette nation dans l'Arabie la rendait plus propre à être trompée. On dit qu'ils ne rompirent avec lui que lorsqu'il s'enfuit de la Mecque, et l'on ne donne guère de bonnes raisons de cette rupture : car de dire , comme font plusieurs , qu'ils se dégoûtèrent de lui, à cause qu'ils lui avaient vu manger d'un chameau , c'est nous conter des sornettes; et je ne comprends pas même qu'ils l'aient pris quelque temps pour le Messie , puisque d'un côté l'Écriture dit formellement que le Messie sortirait de la famille de David , et que de l'autre il était notoire que Mahomet n'en descendait point , et qu'il était de race païenne. Quoi qu'il en soit, citons les auteurs qui ont dit ce que je rapporte. *Et quidem primis temporibus Muhammed se ip-*

sum apud Chadigam uxorem . Arabes , Judæosque vendîtabat pro Messiâ, quem Judæi expectarent , ut est apud Enustinum in Geneal. Mahom. p. 10. *Abbas Urspergensis in Chronico p. m.* 150. *Hic erat pseudo-propheta , sed apud illos magnus æstimabatur , ita ut etiam in principio adventûs ejus æstimarent hunc esse illum , qui ab eis expectatur Christus* (165) . . . . . . *Secuti hunc sunt complures Judæi , qui Muhammedum illicò pro vero agnovére Messiá. Theophanes aliique istius temporis scriptores scribunt , judæos adhæsisse Muhammedo usquè ad cædem illius :* μέχρι τῆς σφαγῆς αὐτοῦ. *Pro σφαγῆς rectiùs legi* φυγῆς , *usquè ad fugam illius , monet vir litterarum græcarum peritissimus Isaacus Vossius in allegatis Sibyllinis Oraculis , p.* 24 , *asserens Theophanem aliosque pravam secutos fuisse lectionem. Itidem tradunt recessisse Judæos à Muhammedo , cùm eum cameli carnibus vescentem conspexissent. Alias alii afferunt separationis causas* (166). Il est indubitable que les Juifs n'ont point suivi Mahomet jusques à sa mort ; car il les persécuta à toute outrance , et par le fer et par la plume : il les déteste dans plusieurs endroits de son Alcoran , et la guerre qu'il leur fit fut très-sanglante , et très-funeste pour eux (167). Les Turcs suivent admirablement en cela le génie de leur prophète ; car ils ont plus d'aversion pour les Juifs que pour aucun peuple du monde , et ils ne souffrent point qu'un Juif qui s'est fait mahométan soit enterré dans leurs cimetières (168). Mais ce qu'on débite , qu'ils ne veulent pas qu'un Juif qui désire embrasser le mahométisme passe tout d'un coup à la profession de foi, et avant que de se faire chrétien , est faux (169).

(DD) *Les mahométans ont pour Mahomet une très-grande vénération.*] J'en pourrais marquer un grand nombre de circonstances, mais

(163) Prideaux, Vie de Mahomet, pag. 158, 159 , édition d'Amsterdam, 1698.
(164) *Pleraque Veteris instrumenti loca ad Messiam pertinentia impleverit, uti olim jam observabant Petro Cluniacensi apud Isaacum Vossium in scripto de Sibyllinis oraculis , pag.* 25. Joh. à Lent. de Judæor. Pseudo-Messiis , pag. 28 , 29.

(165) Joh. à Lent, de Judæorum Pseudo-Messiis , pag. 29.
(166) *Ibidem* , pag. 30.
(167) *Voyez* Hottinger , Histor. orient., pag. 214 et seq. Johan. à Lent. de Pseudo-Messiis Judæorum , pag. 30 , ex Elmacino , pag. 6.
(168) Ricaut, Etat de l'Empire ottoman , liv II, chap. III, pag. 325.
(169) *Là même.*

je me contenterai de quelques-unes. Le grand-seigneur (170) envoie tous les ans en Arabie *cinq cents sequins , un Alcoran couvert d'or , porté sur un chameau, et autant d'étoffe noire qu'il en faut pour servir de tente à la mosquée de la Mecque. Lorsqu'on met cette nouvelle couverture, on ôte celle de l'année précédente ; les pèlerins la mettent aussitôt en pièces , et chacun en emporte ce qu'il peut , qui plus , qui moins. Ils gardent chacun ce lambeau chez eux comme une relique , et comme une marque de leur pèlerinage. . . . . Quand le chameau qui a porté l'Alcoran est de retour , on le pare de fleurs et d'autres ornemens ; et après avoir fait ce saint voyage , il est exempt tout le reste de sa vie de toute sorte de travail et de service* (171). Les Turcs (172) ont beaucoup de vénération pour le chameau : *Et ils mettent au nombre des plus grands péchés de lui donner trop de charge, et de le faire travailler plus qu'un cheval. La raison de cela est que cette bête est fort commune dans les lieux saints de l'Arabie , et qu'elle a l'honneur de porter l'Alcoran , lorsqu'on fait le pèlerinage de la Mecque. J'ai remarqué que ceux qui ont le soin de cet animal prennent de l'écume qui lui sort de la bouche , après l'avoir fait boire dans un bassin , et s'en frottent la barbe avec beaucoup de dévotion , comme si c'était quelque baume de grand prix , ce qu'ils font, en répétant quantité de fois d'un ton religieux,* Hadgi Baba, Hadgi Baba , *c'est-à-dire , ô père pèlerin, ô père pèlerin !* Voici un passage que je tire de la Mothe-le-Vayer (173) : « Partout où s'étend la » fausse religion de Mahomet , ceux » de sa lignée, qu'on nomme chérifs » (*) , y sont en telle vénération , » qu'autres qu'eux n'oseraient porter » le turban vert (174), et qu'ils sont » même irréprochables en justice. » Et comment les Turcs et les autres » musulmans ne respecteraient-ils » pas les descendans de cet impos- » teur, puisqu'ils estiment tellement » jusques aux chevaux issus de la ca- » vale qui le portait , qu'on n'ose- » rait les battre , ni les maltraiter , » comme nous l'apprenons de la re- » lation du sieur de Brèves ? » Plusieurs pèlerins après avoir vu le sépulcre de Mahomet, se crèvent les yeux , comme si tout le reste du monde était devenu indigne de leurs regards, depuis la vue d'un tel objet. J'ai lu cela dans Brantôme : on sera bien aise de savoir à quel propos il en parle. *Le jour venu* , dit-il (175), que les ambassadeurs de Pologne (176) firent la révérence à la reine de Navarre, *elle leur parut si belle et si superbement et richement parée et accoutrée , avec si grande majesté et grâce , que tous demeurèrent perdus d'une telle beauté ; et entre autres il y eut de Lasqui , l'un des principaux de l'ambassade , à qui je vis dire en se retirant, perdu d'une telle beauté : non, je ne veux rien plus voir après telle beauté ; volontiers je ferais comme font aucuns Turcs pèlerins de la Mecque , où est la sépulture de leur prophète Mahomet, qui demeurent si aises , si éperdus , si ravis , et transis, d'avoir vu si belle et si superbe mosquée , qu'ils ne veulent rien plus voir après ,et se font brûler les yeux par des bassins d'airain ardent, qu'ils en perdent la vue, tant subtilement le savent-ils faire, disant qu'après cela rien ne se peut voir de plus beau , ni ne veulent plus rien après ; ainsi disait ce Polonais de la beauté admirable de cette princesse.* Comme l'autorité de Brantôme ne suffirait pas, je citerai deux maronites qui ont dit (177): *Hinc factum est ut multi hujus loci desiderio patriam consanguineosque reliquerint : plerique etiam tali insanid dementiâque capti fuerint , ut sibi sponte oculos eruerint , ne scilicet*

(170) Ricaut, État de l'Empire ottoman, *liv.* II, *chap.* XXIII, *pag.* m. 482.

(171) *J'ai lu dans la Relation de l'entrée de Clément VIII à Ferrare , que la haquenée ou mule qui sert à de telles cérémonies ne travaille plus.*

(172) Ricant, *liv.* II, *chap.* XXVI.

(173) La Mothe-le-Vayer , *tom.* VIII , *pag.* 364.

(*) *Léon d'Afrique.*

(174) M. Spon, Voyage, *tom.* II, *pag.* 16, *assure que ceux qui sont nés lorsque leur mère*

faisait le voyage de la Mecque , ont le même privilège de porter le turban vert.

(175) Vies des Dames illustres, *au discours de la reine Marguerite ,* pag. 205.

(176) *Ceux qui offrirent la couronne au duc d'Anjou, frère de Charles IX.*

(177) Gabr. Sionita et Jo. Hesronita , *in* Tractatu de nonnullis Oriental. Urbibus, *p.* 26.

quicquam mundanum, ut inquiunt, viderent : reliquum vitæ curriculum ibi peregerint. Cela me fait souvenir d'une pensée de M. Ogier : il employa pour composer l'oraison funèbre de Philippe IV, roi d'Espagne (178), *tout ce que l'exercice et l'étude de plusieurs années pouvaient lui avoir acquis de science dans l'art de bien dire*, et il se résolut *après cet ouvrage de ne se plus mêler d'éloquence et de suivre l'exemple.* . . . . *d'un seigneur des Pays-Bas, qui après avoir régalé Charles-Quint dans une de ses maisons, la fit voler le lendemain en l'air avec de la poudre à canon, ne jugeant pas qu'aucun homme fût digne d'y être reçu après cet incomparable prince* (179). Je n'ai pas encore rapporté tous les honneurs qu'on rend aux bêtes pour l'amour de Mahomet. Il y a dans le territoire de la Mecque une infinité de pigeons; car comme on s'imagine qu'ils descendent de celui qui s'approchait de l'oreille du faux prophète, on croirait faire un grand crime, non-seulement si on les tuait, mais même si on les prenait, ou si on les faisait fuir. *Summa columbarum copia invenitur, quæ quia sunt de genere atque stirpe ejus quæ ad Mahomedis aures (ut Moslemanni nugantur) accedebat, eo pollent privilegio atque authoritate, ut non solùm eas occidere, sed aut capere aut fugare nefas esse existiment* (180). J'ai copié ce passage, afin de montrer qu'il y a des écrivains célèbres qui assurent que les musulmans font mention de cette colombe qui s'approchait de l'oreille de Mahomet, de quoi pourtant les auteurs arabes n'ont point parlé, si nous en croyons Pocock (181). N'oublions pas le chameau, *qui depuis la Mecque jusques à Médine porta Mahomet droit à la porte du logis de Jul, fameux capitaine turc que ce prophète s'était proposé de visiter*,

sans savoir l'endroit où était logé un si vaillant homme (182). Les mahométans prétendent que ce chameau ressuscitera, et qu'il jouira du bonheur du paradis (183). Que dirai-je de la chemise de Mahomet? On la garde au Caire d'Égypte, et on la porte *en procession à certains jours avec de grandes cérémonies* (184).

Au reste, il est faux que les musulmans aient témoigné leur vénération pour Mahomet en lui érigeant des statues. Il y a donc un mensonge dans l'histoire de la Guerre Sainte, publiée par le père Mabillon (185). L'auteur y parle d'*une statue de Mahomet, trouvée dans une mosquée* qu'il *appelle le temple de Salomon* (186). » Il dit que Tancrède la trouva as- » sise sur un trône fort élevé, et » qu'elle était si pesante *que six hom-* » *mes des plus forts ne la pouvaient* » *porter qu'à peine*, et *qu'il en fal-* » *lait dix pour le moins pour la lever.* » Il fait faire par Tancrède une ha- » rangue tout-à-fait pathétique à cette » statue, où reconnaissant que c'é- » tait celle de Mahomet, il s'écrie : » *C'est ce scélérat de Mahomet,* » *qui a été le premier Antechrist.* » *Oh! si l'Antechrist qui doit venir* » *était présentement avec celui-ci!* » *ah! vraiment, je l'aurais bientôt* » *écrasé sous mes pieds.* Ceux qui ont » quelque connaissance des sentimens » des mahométans, savent qu'ils ne » tiennent aucunes images, ni dans » leurs mosquées, ni dans leurs mai- » sons. » C'est une question si les musulmans invoquent ce faux pro- phète, et s'ils croient qu'il est au ciel : bien des gens leur imputent cette croyance (187). « Mais il n'y a » aucune de leurs prières solennelles » qui ne s'adresse directement à » Dieu, qu'ils prient même pour » Mahomet; et ils soutiennent que » toutes les âmes, celle du *prophète*

(178) Journal des Savans, *du 22 de février 1666, pag. m. 160, 161.*
(179) *Conférez avec ceci le passage de Térence, rapporté tom. V. pag. 493, citation (11) de l'article DIAGORAS athlète; et celui de Pline, rapporté citation (67) de l'article HERCULE, tom. VIII, pag. 88.*
(180) Gabr. Sionita et Jo. Hesronita, *in Tractatu de nonnullis Oriental. Urbibus, cap. VII, pag. 21.*
(181) *Voyez ci-dessus la remarque* (V).

(182) Chevreau, Histoire du Monde, *liv. V, tom. III, pag. 14.*
(183) *Là même.*
(184) La Mothe-le-Vayer, *lettre CXVI, tom. XII, pag. 33. Il cite le* Voyage de Gouz.
(185) *Dans le IIe. tome du* Museum Italicum.
(186) *Cap. CXXV. Voyez la* Bibliothèque universelle, *tom. VII, pag. 177.*
(187) *Bibliothèque universelle, tom. X. pag. 98, dans l'extrait d'un livre publié par M. Barrow, intitulé : Abrégé de la Foi et de la Religion des Turcs.*

» comme celles des autres , sont jus-
» qu'au jour du jugement dans les
» tombeaux , où leurs corps ont été
» ensevelis (188). . . . . . L'âme de
» Mahomet est aussi renfermée dans
» son sépulcre , car il a refusé le ciel,
» où Dieu lui a offert de le recevoir,
» n'y voulant pas être sans ses fidèles.
» Cette âme conduira , au dernier
» jour , toutes les âmes mahométa-
» nes à la gloire céleste . . . . Afin
» que l'on voie qu'ils prient Dieu
» pour Mahomet, voici la conclusion
» de l'une de leurs prières : *O mon*
» *Dieu , sois propice à* Mahomet *et*
» *au peuple mahométan, comme tu*
» *as été propice à Abraham et à son*
» *peuple , parce qu'on te loue et*
» *qu'on te glorifie.* » Si l'on n'avait
point de meilleures preuves que Mahomet n'est pas invoqué par ses sectateurs, je ne voudrais pas nier qu'il
ne le fût; car j'ai rapporté (189) un
formulaire de prières qui montre
qu'ils invoquent Dieu pour les mêmes
saints qu'ils invoquent. Quant à leur
respect pour l'Alcoran , voyez ce
qu'en dit M. Pfeiffer dans le VIIᵉ
volume de la Bibliothèque universelle (190). Leur attachement au
mahométisme est si fort , qu'on n'en
peut presque convertir aucun à la
religion chrétienne (191) ; et sans
doute il y a bien plus de chrétiens
qui se font mahométans, que de mahométans qui embrassent l'Évangile.
Les païens sont plus faciles à convertir (192). La distinction du moine
Richard me paraît vaine. Il dit qu'un
mahométan se ferait plutôt chrétien
à l'article de la mort , que dans sa
bonne santé; et qu'un chrétien n'em-
brasserait point le mahométisme à
l'article de la mort : qu'ils conviennent donc l'un et l'autre que la religion mahométane est plus commode
pour vivre , et que la chrétienne est
plus sûre pour mourir. *Christianus*
quidem nunquàm in morte fieret Sar-

racenus, sed in vitâ ; Sarracenus au-
tem potiùs in morte fit christianus ,
quàm in vitâ : uterque igitur horum
potiùs eligit christianus mori , quàm
Sarracenus (193). Cette distinction
est un avantage dont les catholiques
romains et les réformés se vantent
également. Voyez la remarque (E) de
l'article Abulpharage. Mais la vérité
est, qu'à la réserve d'un petit nombre
de gens, chacun souhaite de mourir
dans la religion où il a été élevé : s'il
l'a quittée , ç'a été pour quelque
avantage temporel ; quand il s'en va
mourir , cet avantage lui est inutile ;
il souhaite donc de mourir dans sa
première communion. Un mahométan en est logé là tout comme les
autres , s'il lui est arrivé pour des
considérations humaines d'abjurer sa
foi. L'ignorance fait dans le cœur de
ces infidèles ce que la science produit
dans le cœur d'un orthodoxe honnête
homme, je veux dire un attachement
invincible à ses opinions. Mais je
dirai en passant que la religion mahométane n'est pas aussi dépourvue
d'apologistes qu'on le croit ordinairement. Il y a des Arabes qui ont
écrit en faveur de l'Alcoran , et contre la Bible, avec assez d'industrie
pour fomenter les préjugés. Hottinger
parle d'un auteur (194) qui épluche
les contradictions apparentes de l'É-
criture, et qui prétend même prouver par la Bible , la mission de Mahomet. Nous serions fort simples, si
nous croyions qu'un Turc , qui examine cela , le trouve aussi faible que
nous le trouvons. Il n'aperçoit aucune force dans les objections contre
l'Alcoran ; il en aperçoit beaucoup
dans les objections contre les chrétiens. Tant est grande la force des
préjugés !

(EE) *Il n'est pas vrai que son tom-*
beau soit suspendu.] Une infinité de
gens disent et croient que le cercueil de Mahomet étant de fer, et
sous une voûte de pierres d'aimant,
se tient suspendu en l'air, et que cela passe pour un grand miracle dans
l'esprit de ses sectateurs. C'est une

---

(188) Bibliothéque universelle, t. X, p. 100.
(189) *Dans l'article* Fatime , tom. VI, pag.
410 , *remarque* (D).
(190) *Pag.* 264.
(191) *Experientia hactenus docuit, et quotidiè*
etiamnum nostrates docet in Indiæ Orientalis
Molaccis , regno Tarnatano , etc. , ab ethni-
cismo plures posse converti , à muhammedismo
ferè nullos aut paucissimos. Gisb. Voëtius , disputat. , tom. II, pag. 668.
(192) *Voyez les paroles de* Voëtius *que je*
viens de rapporter.

(193) Richardus, Confutat. Legis Sarracen. ,
cap. X, *apud* Hoorab. Summa Controv. , pag.
208.
(194) *Il s'appelle* Ahmed Abulabbas, ben É-
dris Sanhagbins Melkita, *Voyez* Hotting. , Hist.
orient. , pag. 337.

fable qui les fait bien rire , quand ils savent que les chrétiens la racontent comme un fait certain (195). Mais s'il s'était avisé d'une telle ruse , il n'aurait fait que renouveler une ambition assez vieille. Un roi d'Égypte avait eu dessein de procurer le même avantage à la statue de son épouse : sa mort et celle de l'architecte en empêchèrent l'exécution. *Magnete lapide Dinochares architectus Alexandriæ Arsinoës templum concamerare inchoaverat , ut in eo simulacrum ejus è ferro pendere in aëre videretur. Intercessit mors et ipsius et Ptolemæi , qui id sorori suæ jusserat fieri* (196). Si nous en croyons Ausone , ce dessein fut exécuté ; car il en parle comme d'une chose qui existait actuellement; mais les poëtes n'y regardent pas de si près : croyons plutôt ce que Pline en dit.

*Conditor hic forsan fuerit Ptolemaïdos aulæ
Dinochares : quadro cui in fastigia cono
Surgit , et ipsa suas consumit Pyramis umbras ,
Jussus ob incesti qui quondàm fœdus amoris
Arsinoen Pharii suspendit in aëre templi.
Spirat enim tecti testudine vera magnetis ,
Afflictamque trahit ferrato crine puellam* (197).

Saint Augustin ne doutait point que l'industrie de l'homme n'eût produit un tel spectacle : il ne marque pas en quel endroit (198); il dit seulement qu'on voyait dans un certain temple , une statue de fer au milieu de l'air , également éloignée du pavé et de la voûte, parce que la pierre d'aimant qui attirait par-dessous , et celle qui attirait par-dessus , étaient de même vertu. *Quamobrem si tot et tanta tamque mirifica* , dit-il , *quæ μηχανήματα appellant , Dei creatura utentibus humanis artibus fiunt , ut ea qui nesciunt , opinentur esse divina , undè factum est , ut in quodam templo lapidibus magnetibus in solo et in camerá proportione magnitudinis positis , simulachrum ferreum*

(195) *Undè igitur nobis* Mohammedes *cistæ ferreæ inclusus et magnetum vi in aëre pendulus ?* Hæc cùm Mohammedistis recitantur , risu exploduntur , ut nostrorum in ipsorum rebus inscitiæ argumentum. Pocockius, Specim. Hist. Arabum , pag. 180.
(196) Plinius , lib. XXXIV , cap. XIV , in fine , pag. m. 150.
(197) Ausonius, edyllio X de Mosellá , vs. 311.
(198) Le père Hardouin , in Plinium , lib. XXXIV , cap. XIV , ne devait pas dire que saint Augustin assure cela d'une statue qui était au temple de Sérapis.

aëris illius medio inter utrumque lapidem , ignorantibus quid sursùm esset ac deorsùm , quasi numinis potestate penderet . . . Quanta magis Deus potens est facere , etc. (199) ? Il observe que le peuple, qui ne savait pas la cause de cet effet , l'attribuait à la puissance de Dieu. Il est apparent que le temple que saint Augustin ne nomme pas était celui de Séraphis à Alexandrie; car voici ce que dit Ruffin, en racontant les fourberies que l'on découvrit dans ce temple , lorsque les chrétiens en furent les maîtres. *Erat aliud fraudis genus hujusmodi, natura lapidis magnetis hujus virtutis perhibetur , ut ad se rapiat et attrahat ferrum. Signum solis ad hoc ipsum ex ferro subtilissimá manu artificis fuerat fabricatum , ut lapis , cujus naturam ferrum ad se trahere diximus , desuper , in laquearibus fixus cùm temperatè sub ipso radio ad libram fuisset positum simulacrum, et vi naturali ad se raperet ferrum assurrexisse populo simulacrum , et in aëre pendere videretur* (200). Prosper raconte la même chose , avec une circonstance dont Ruffin ne parle pas : il dit qu'un bon serviteur de Dieu , ayant su par inspiration en quoi consistait l'artifice, ôta de la voûte la pierre d'aimant, et qu'aussitôt cette statue tomba et se brisa en mille pièces. *Apud Alexandriam in templo Serapidis hoc argumentum dæmonis fuit , quadriga ferrea nullá basi suffulta , nullis uncis infixis parietibus colligata , in aëre pendens cunctis stuporem ac velut divinum subsidium oculis mortalium exhibebat , quùm tamen lapis magnes , qui ferrum sibimet attributum suspendit , eo loco cameræ affixus totam illam machinam sustentabat. Itaque cùm quidam Dei servus inspiratus id intellexisset , magnetem lapidem è camerá substraxit , statimque omne illud ostentum cadens confractum comminutumque ostendit divinum non esse , quod mortalis homo firmaverat* (201). Si

(199) Augustin. , de Civit. Dei , lib. XXI , cap. VI.
(200) Ruffinus , lib. II Histor. eccles., cap. XXIII , apud Coquæum Notis in August. , de Civit. Dei , lib. XXI , cap. VI, pag. m. 961.
(201) Prosper, de Prædict., part. III, cap. XXXVIII , apud eumdem Coquæum Augustin., de Civit. Dei , lib. XXI , cap. VI, pag. 961.

l'on en croit Cassiodore (202), il y avait au temple de Diane un Cupidon de fer ainsi suspendu. L'auteur anonyme des Annales de Trèves cite une lettre de Galba Viator, écrite au sophiste Licinius, où ce Galba fait savoir qu'il a vu à Trèves une statue de Mercure, faite de fer et fort pesante, qui demeurait suspendue entre le ciel et la terre, à cause de l'équilibre des forces qui l'attiraient en haut et en bas (203) : il y avait un morceau d'aimant au pavé, et un autre à la voûte, et l'on avait mis cette statue immédiatement au-dessus et au-dessous de ces deux morceaux d'aimant. J'ai bien de la peine à croire ces choses ; tant à cause de l'éloignement considérable qui était, dit-on, entre les statues de fer et les pierres qui les attiraient, qu'à cause des difficultés insurmontables que l'on trouverait à balancer si justement les attractions (204). Je croirais plutôt ce que l'on a dit d'une statue de Mars, qui se collait à une Vénus d'aimant.

. . . . *Ferrea Martis*
Forma nitet, Venerem magnetica gemina figurat (205).
. . . .
. . . . *Cytherea maritum*
Sponté rapit, cælique toros imitata priores,
Pectora lascivo flatu Mavortia nectit,
Et tantum suspendit onus, galræque lacertos
Implicat, et vivit totum complexibus ambit.
Ille, lacessitus longo spiraminis actu,
Arcanis trahitur gemmá de conjuge nodis (206).

Mais au moins est-il bien sûr que le sépulcre de Mahomet ne doit pas être compté parmi ces merveilles. Ce faux prophète fut enterré à Médine où il était mort : quelques auteurs disent qu'on le mit dans le tombeau d'Aïcha (207) l'une de ses femmes, celle qui l'avait le plus aimé, celle que les musulmans qualifient la mère des croyans, ou la mère des fidèles,

femme qui avait entendu les langues, et qui s'était appliquée diligemment à l'étude de l'histoire (208). Ce tombeau est une urne de pierre : elle est par terre dans une chapelle où personne ne peut entrer ; car elle est entourée de barreaux de fer. Les pèlerins de la Mecque vont là avec une extrême dévotion, et baisent religieusement ces barreaux. C'est ce que vous trouverez dans un petit livre, *De nonnullis Orientalium Urbibus*, composé par Gabriel Sionita et par Jean Hesronita, et mis à la fin de la *Geographia Nubiensis*, dont ils publièrent une traduction latine, à Paris, l'an 1619. Voyez aussi la Dissertation du sieur Samuel André *De Sepulchro Muhammedis*. Nous verrons dans la remarque suivante ce que M. Bernier témoigne de la fausseté du conte qui regarde la suspension du tombeau.

Je ne quitterai point cette matière sans rapporter un conte bien ridicule que j'ai lu dans les voyages de Monconys. « L'Oia de M. l'ambas-
» sadeur dit qu'il y avait une pierre
» à la Mecque, suspendue en l'air
» depuis que Mahomet y avait mon-
» té dessus pour monter de là sur le
» bouraq ; c'est un animal, selon
» l'Alcoran, plus petit qu'un mulet,
» et plus grand qu'un âne, que Dieu
» lui avait envoyé pour le porter au
» ciel. Comme la pierre le vit mon-
» ter, elle le suivit ; mais lui s'en
» apercevant la fit arrêter, et elle
» demeura à l'endroit de l'air où elle
» se trouva alors ; d'autres disent
» que depuis, quelques femmes gros-
» ses passant dessous, de crainte
» qu'elle ne leur tombât dessus, s'é-
» taient blessées, et qu'on y a mis
» des pierres dessous pour la soute-
» nir, mais qu'elles n'y servent de
» rien, et que sans cela elle ne lais-
» serait pas de demeurer suspendue
» en l'air (209). »

(FF) . . . *Il n'est pas trop certain qu'aucun architecte soit capable d'un tel ouvrage.*] Je puis citer là-dessus une autorité qui n'est pas à mépriser : c'est la déclaration qu'a faite l'un des meilleurs disciples du fa-

(202) Cassiodor. Variar., *lib. I*, epist. XLV, *pag. m.* 45.
(203) *Voyez* l'Ausone Variorum *de* Tollius, *pag.* 403.
(204) *Voyez* Gassendi, Operum *tom. II*, *pag.* 134, *qui fait mention du cheval de Bellérophon duquel on contait la même fable que du sépulcre de Mahomet. Il rejette tout cela.*
(205) Claudian., de Magnete, *vs.* 25, *pag. m.* 79.
(206) *Idem*, ibid., *vs.* 31.
(207) Gabr. Sionita et Jo. Esronita, *ubi infrà, pag.* 25. *Voyez la remarque* (OO), *où nous critiquons cette expression.*

(208) Gabr. Sionita et Jo. Esronita, de nonnullis Oriental. Urbibus, *pag.* 23.
(209) Voyages de Monconys, *Ire. part.*, in-4°., *pag.* 464, 465, à l'ann. 1648.

meux Gassendi. Rapportons ses paroles (210). « Je ne dirai rien aussi
» de cette prétendue suspension du
» sépulcre de fer de Mahomet, à la
» Mecque, entre des aimans d'égale
» force, et arrangés comme dans une
» espèce de voûte, ce qui s'est dit
» autrefois du cheval de fer de Bellé-
» rophon ; car c'est une chose qui
» surpasse toute l'industrie humai-
» ne , ou qu'on ait plusieurs aimans
» d'une même force, ou qu'on les
» puisse appliquer d'une telle ma-
» nière que le fer qui sera au milieu
» ne sente pas plus de force d'un cô-
» té que d'autre, ou que le fer soit
» partout de la forme, de l'épais-
» seur, et de la température qu'il
» faudrait pour être également at-
» tiré de partout ; et cependant il
» est constant que la moindre petite
» différence, soit dans l'aimant, soit
» dans le fer, soit à l'égard du lieu,
» ferait qu'une partie l'emporterait
» sur l'autre. Je pourrais ajouter,
» comme ayant été plus d'un mois à
» Gidda sur la mer Rouge, à une pe-
» tite journée de la Mecque, que le
» sépulcre de Mahomet ne fut jamais
» à la Mecque, mais qu'il est à Mé-
» dine , à six ou sept journées de là,
» et qu'en ces quartiers-là on n'a ja-
» mais ouï parler ni de cette voûte
» d'aimant, ni de cette suspension. »
M. Vallemont soutient la possibilité
de la suspension d'un tombeau de fer.
Voyons ses preuves (211) : *Le père
Cabéus dit qu'il plaça un jour deux
aimans l'un au-dessus de l'autre, et
distans d'environ quatre doigts : puis
ayant pris par le milieu avec deux
doigts une aiguille à coudre , il la
porta doucement entre ces deux aimans , cherchant ce juste milieu , où
l'aiguille n'étant pas plus attirée d'un
aimant que de l'autre , elle demeurerait supendue en l'air sans tenir à
rien. Il faut un peu de temps , et
beaucoup d'adresse , pour trouver
justement ce point-là, et pour y laisser l'aiguille sans qu'elle tombe ; ce
qui arrive par la moindre agitation
de l'air. Enfin cela réussit pourtant
au père Cabéus. L'aiguille demeura
en l'air entre les deux aimans , ne*
*touchant à rien , et ce charmant spec-
tacle dura autant de temps qu'il en
faut pour réciter quatre grands vers.
Mais comme il se levait , afin d'appeler quelques-uns de ses amis , le
mouvement de l'air rompit, pour ainsi parler , ce charme innocent. Sur
cela ce philosophe ne fait point de
difficulté d'assurer qu'on pourrait
par ce moyen suspendre dans le milieu de l'air un coffre de fer , dans
une chambre dont les murailles seraient incrustées de pierres d'aimant.*
Testor me id fecisse. Potuisset etiam
arca ferrea fieri, et in cubiculo magnete lapide parietato ita disponi in
medio aëre, ut penderet. Cabeus, lib.
4 , cap. 18, pag. 334 et 335. *Ce jésuite dit cela à l'occasion de ce qu'on
raconte si souvent , que les sectateurs
de l'impie Mahomet ont mis son corps
dans une bière de fer qui est suspendue dans le milieu de l'air par
des aimans. Il ne doute point que ce
ne soit une fable : comme c'en est une
effectivement.* M. Vallemont rapporte
ensuite les dernières paroles du passage de M. Bernier , que l'on a vu ci-
dessus, et le blâme d'avoir assuré que
c'est une chose qui surpasse toute
l'industrie humaine. *Le raisonnement ,* continue-t-il (212), *pourrait
établir le contraire évidemment, et
l'expérience du père Cabéus décide
la chose contre M. Bernier.* J'ose
bien dire que cette expérience décide
plutôt pour lui ; car elle demande
beaucoup de patience et beaucoup
d'adresse , et ne produit rien qui
puisse durer ; et cependant il ne s'a-
git que d'une petite aiguille. Jugez
par là des difficultés qu'il faudrait
vaincre pour suspendre entre deux
aimans un cercueil de fer. M. Prideaux croit la même chose que M.
Vallemont ; car après avoir dit que le
corps de Mahomet fut enterré à Médine (213), et y est encore aujour-
d'hui sans bière de fer , et sans pierres d'aimant , il ajoute ces paroles :
*Je ne prétends point nier la possibilité
du fait ; je sais que* Dinocrate (*) , *fameux architecte , bâtit autrefois de l'aimant le dôme du temple d'*Arsinoé , *à
Alexandrie, et par ce moyen l'image
toute de fer de cette princesse était*

(210) Bernier, Abrégé de la Philosophie de
Gassendi , tom. V, pag. 322 , 323.
(211) Vallemont , Description de l'aimant
trouvé à Chartres , pag. 167.

(212) Là même, pag. 170.
(213) Prideaux , Vie de Mahomet , pag. 134.
(*) Plin. , lib. 34 , cap. 14.

*suspendue au milieu de son temple,
sans que rien la soutînt. Mais on
n'entreprit rien de semblable en faveur du cadavre de* Mahomet. Voyez
ci-dessus (214) ce qui concerne la
statue d'Arsinoé.

(GG) *Il court plusieurs prédictions qui menacent le mahométisme
depuis long-temps.*] Bibliander (215)
assure qu'il y a une prophétie célèbre parmi les mahométans, qui fait
beaucoup de peur et aux hommes et
aux femmes, et qui porte que leur
empire sera ruiné par l'épée des
chrétiens. Voici en quels termes est
conçue cette prophétie, traduite de
persan en latin par Géorgievitz (216).
*Imperator noster veniet, gentilium
regnum capiet, rubrum malum capiet, subjugabit septem usquè ad annos; ethnicorum gladius si non re-
surrexerit, duodecim usquè ad annos
in eos dominabitur, domum ædifica-
bit, vineam plantabit, hortos sepe
muniet, filium et filiam habebit :
duodecim post annos christianorum
gladius insurget, qui et Turcam re-
trorsùm profligabit.* Sansovin (217)
publia un livre l'an 1570, où il assure qu'il y a une prédiction que les
lois de Mahomet ne dureront que
mille ans, et que l'empire des Turcs
finira sous le quinzième sultan (218).
Il ajoute que Léon le philosophe,
empereur de Constantinople, a dit
dans l'un de ses livres, qu'une famille blonde avec ses compétiteurs
mettra en fuite tout le mahométisme, et prendra celui qui possède
les sept montagnes. *Familia flava
cum competitoribus totum Ismaëlem
in fugam conjiciet, septemque colles
possidentem cum ejus possessionibus
capiet.* Le même empereur fait mention d'une colonne qui était à Constantinople, et dont le patriarche du
lieu expliqua les inscriptions de telle
sorte, qu'elles signifient que les Vénitiens et les Moscovites prendront
la ville de Constantinople, et qu'a-
près quelques disputes ils éliront

d'un commun accord, et couronne-
ront un empereur chrétien (219).
Cette famille blonde, si fatale aux
musulmans, me fait souvenir d'un
passage de M. Spon que je m'en vais
rapporter. « De tous les princes de la
» chrétienté, il n'y en a point que le
» Turc craigne tant que le grand
» czar de Moscovie... Aussi ai-je ouï
» dire à quelques Grecs, entre au-
» tres au sieur Manno-Mannéa, mar-
» chand de la ville d'Arta, homme
» d'esprit et d'étude pour le pays,
» qu'il y avait une prophétie parmi
» eux, qui portait que l'empire du
» Turc devait être détruit par une
» nation *Chrysogenos*, c'est-à-dire
» blonde, ce qui ne peut s'attribuer
» qu'aux Moscovites qui sont presque
» tous blonds (220). » Il est parlé de
ceci dans les Pensées diverses sur les
Comètes (221), à l'occasion de je ne
sais quelle tradition que l'on fait
courir, que c'est aux Français que
les destinées promettent la gloire de
ruiner les Turcs (222). Voyez la remarque (F) de l'article MARETS (*Jean
des*). La prophétie des Abyssins ne
désigne qu'un roi chrétien, dont la
patrie sera au septentrion. *Mentionem facit Duret*, hist. des Langues,
fol. 575. *cujusdam propheticæ, quam
magni æstimant Abyssini ; quòd
nempè, aliquandò Mecca, Medina,
aliæque fœlicis Arabiæ urbes, des-
truentur, Mahometique et ejus sym-
mystarum cineres dissipabuntur ;
hæcque omnia facturus sit rex aliquis Christianus, in regionibus sep-
tentrionalibus natus ; qui pariter Æ-
gyptum et Palæstinam sit occupatu-
rus* (223). On prétend qu'il fut fait
un livre en arabe touchant cette prophétie, avant la prise de Damiette, et
que ce livre fut trouvé par les chrétiens (224). Wallichius (225) rapporte
que les Turcs trouvent dans leurs

(214) *Citation* (196).
(215) *De Ratione communi omnium Linguar.,
apud Besoldum, Considerat. Legis et Sectæ Sarracenorum, pag.* 47.
(216) *Apud Besoldum, ibidem, pag.* 47.
(217) *Voyez* Wolfius, Lect. Memorab., tom.
II, pag. 803.
(218) *C'est Sélim II, qui régnait alors.*

(219) Wolfius, Lect. Memorab., tom. *II,
pag.* 803.
(220) Spon, Voyages, tom. *I, pag.* 270, *édition de Hollande.*
(221) *Pag.* 783.
(222) *Voyez plusieurs autorités là-dessus,
dans les* Pensées sur les Comètes, *pag.* 781.
(223) Besoldus, Consider. Legis et Sectæ Sarracenorum, pag. 48.
(224) *Voyez* Hottinger, *in* Thesauro Philolo-
gico.
(225) *In* Vitâ Mahometis, *pag.* 158, *apud*
Schultetum, Eccles. Muhammedan., *pag.* 22.

annales, que le règne de Mahomet subsistera jusqu'à l'arrivée des garçons blonds, *donec veniant* figliuoli biondi, *id est, flavi et albi filii ex Septentrione flavis et albis capillis.* Quelques-uns veulent que cela désigne les Suédois ; mais Antoine Torquato, fameux astrologue, en faisait l'application au roi de Hongrie (226). Je ne parle point de la prophétie qui courut sous l'impératrice Théodora, que la destruction des Sarrasins serait l'ouvrage des Macédoniens ; ce qui fut cause que l'empereur Monomaque fit lever des troupes dans la Macédoine, et les envoya au Levant (227). Les suites n'ont point confirmé cette prophétie, ni le Commentaire sur les prédictions de l'empereur Sévère, et sur celles de l'empereur Léon, imprimées à Francfort avec des figures, l'an 1597. Ce commentaire avait promis que l'empire des Ottomans finirait sous le sultan Mahomet III (228). Le commentaire de Philippe Nicolaï sur l'Apocalypse n'a pas été plus heureux que celui-là. Ce ministre luthérien avait prédit, en vertu de quelques paroles de saint Jean, que l'empire turc finirait l'an 1670 (229). Wolfius a inséré dans ses leçons mémorables (230) un écrit qui a pour titre : *Discursus de futurâ et speratâ Victoriâ contrà Turcam, è sacris prophetiis, aliisque vaticiniis, prodigiis, et prognosticis depromptus, ac noviter in lucem datus per Joannem Baptistam Nazarum Brixiensem.* Il fut imprimé l'an 1570. L'auteur discute plusieurs passages prophétiques de l'Écriture, et il trouve, de quelque façon qu'il les tourne et qu'il en calcule les lettres numérales, qu'ils marquent la ruine des Turcs, et par même moyen une paix universelle pour l'an 1572, ou pour l'an 1575. Les autres oracles qu'il consulte, certains auteurs fatidiques, les signes qui avaient paru au ciel, les constellations, tout cela lui fait conclure que l'empire turc et tout le mahométisme est à la veille de sa destruction ; qu'ils n'en peuvent pas échapper, et qu'on touche presque du bout du doigt le siècle d'or qui établira sur la terre la paix générale. Bésoldus est admirable (231) ; il fait mention de ce traité de Nazarus, et d'un autre (232) qui fut écrit l'an 1480, et imprimé à Paris environ l'an 1520. On y promettait aux chrétiens cent beaux triomphes, qui n'ont été que des chimères ; et néanmoins il assure que la fin du mahométisme approche : il se fonde sur ce que les sciences n'y fleurissent plus comme autrefois. *Hæcque omnia, li cet vana et fanatica multis videantur, ac etiam ratione temporis vel loci falli possint; certum tamen multi habent, adpropinquare quoque sarracenicæ legis ruinam. Nam sanè jam diù est, quod disciplina et eruditio ab eâdem recessit* (233). Le sieur Konig nous apprend que M. Basire, chapelain de Charles Ier., roi d'Angleterre, déclara en passant par Leipsic, lorsqu'il s'en allait à Londres après le rétablissement de Charles II, que selon l'Apocalypse on aurait bientôt la guerre contre les Turcs ; que nous étions au temps de la sixième fiole ; que les Turcs seraient très-heureux dans cette guerre, et qu'ils attaqueraient la ville de Rome ; et qu'ensuite de cette victoire leur empire déclinerait et périrait, et que les sages de cette nation le croyaient ainsi (234). On imprima un livre à Paris, l'an 1686, où l'on inséra quantité de prophéties funestes aux Orientaux (235), prononcées par l'abbé Joachim, par saint Nersès, patriarche des Arméniens, par saint Catal, évêque de Trente (236), par Saint-Ange, carme,

(226) *Apud* Leunclavium, *in fin. epist., fol.* 844, *citante* Schulteto, *ibid. Voyez l'article* TORQUATO (Antoine), *tom. XIV.*

(227) Cedrenus, *pag.* 9515, *apud* Schultetum, *pag.* 22.

(228) *Ibidem.*

(229) *Idem, ibid., pag.* 21.

(230) *Tom. II, pag.* 884 *et seq.*

(231) Consider. Legis et Sectæ Sarracenorum, *pag.* 48.

(232) De futuris Christianorum Triumphis in Sarracenos. *L'auteur l'appelle* Magister Johannes Viterbiensis.

(233) Besoldus, Consider. Legis et Sectæ Sarracenorum, *pag.* 48.

(234) Konig., Biblioth. vet. et nova, *pag.* 90, *ex epist. Lipsiâ scriptâ die* 24 *august.* 1661.

(235) *Voyez* le Journal de Leipsic, *mois de* février 1688, *pag.* 81, *dans l'Extrait du* Théâtre de la Turquie, *par le sieur* Michel le Fèvre.

(236) S. Catalii episcopi Tridentini. Act. Lips., *ibid. Il eut fallu dire* S. Cataldi episcopi Tarentini.

par Bérobius (237), de Patras. L'auteur, prétendant que ces oracles ont en vue le roi très-chrétien, l'exhorte à faire la guerre aux Ottomans. Je ne répéterai point ce que j'ai dit en un autre lieu (238) ; qu'on y recoure. Je dirai seulement que parmi tant de prophètes, qui ont presque tous prononcé *malheur*, *malheur*, *væ*, *væ*, contre la puissance mahométane, il s'en est trouvé qui lui ont promis une grande bénédiction. Les astronomes de Tolède divulguèrent une prédiction, au XIIIᵉ. siècle, que dans sept ans il s'élèverait des disputes entre les Sarrasins, et qu'ils abandonneraient leur religion, et embrasseraient l'Évangile. Un théologien de Franeker (239) représenta à Coménius la fausseté de cet oracle, en lui citant une thèse où Samuel Desmarets avait dit qu'il serait facile de prouver, par l'Écriture, que les Turcs et les Tartares ne seront point convertis ; mais que se joignant aux restes de l'Antechrist, ils tâcheront de ruiner le christianisme : que Dieu par ses miracles les en empêchera, et qu'ils seront abîmés du fond en comble au second avénement de Jésus-Christ. Ce n'est pas le compte des millenaires que Samuel Desmarets avait à combattre : ils prétendent que les Turcs se convertiront. Rapportons ce qui regarde les astronomes de Tolède. *Ac prout eventu caruit illa Astronomorum Toletanorum prædictio ante 400 annos edita, quæ ex Wendovero refertur in Additamentis Matthæi Parisiensis ex edit. Londinensi anni 1632, et juxtà quam intrà septennium ab edito illo Oraculo oritura erat* dubietas inter Saracenos, *et erant relicturi* Mahumerias suas, *et futuri* unum cum christianis ; *ita non debemus nos facilè lactare novâ spe conversionis Turcarum, quæ nusquàm in Dei verbo promissa est* (240). Il se trouve aussi des gens qui prédisent

de grandes conquêtes aux Turcs : ils feront des courses, dit-on, jusqu'en Flandre et en Picardie. Lisez ce que je vais copier. Je mets en note les citations de l'auteur sans y rien changer. *Quam* (senectutem imperii Turcici) *etiamsi nondùm agnoscant plurimi Gogiticam priùs expectantes irruptionem, vel militiæ Turcicæ coloniam usquè* (*1) *deductionem, tùm Picardiæ, Flandriæ et Brabantiæ* (*2), *imò omnium omninò regionum* (*3) *per Turcas, præcessuras incursiones ; nos tamen de turcicá senectute præsenti non vaticinia tantùm, sed alia etiam indicia reddunt certissimos* (241). Vous trouverez un supplément de tout ceci dans la remarque (B) de l'article Torquato (*Antoine*).

Si nous voulions attribuer toutes ces menaces prophétiques à une seule cause, nous nous tromperions. L'envie de se consoler par l'espérance de la ruine d'un furieux persécuteur, fait trouver facilement cette ruine dans les prédictions de l'Écriture, ou dans quelques autres sources. Voilà donc des gens qui prédisent par crédulité et par illusion. L'envie de consoler les peuples, et de dissiper leurs craintes, oblige certaines gens à supposer que l'Écriture, les prodiges et plusieurs autres pronostics promettent la prochaine ruine de la puissance que l'on redoute. Voilà donc des gens qui prédisent par politique. Ceux qui le font afin de rendre plus courageuses les troupes qu'on met sur pied, sont des prophètes de la même classe. Il y en a qui le font afin d'exciter les soulèvemens dans le pays ennemi ; par exemple, afin d'animer les Grecs, qui reconnaissent le grand Turc pour leur souverain, à prendre les armes contre leur maître. Ceux-ci appartiennent à une autre classe ; il les faut nommer prophètes de sédition. Mettez dans la classe qu'il vous plaira, peu m'importe, les païens dont parle saint Augustin, qui firent courir une prophétie selon laquelle

---

(237) *C'est, je crois, le même que le Bémé-chobus de la citation* (*1), *à la col. suivante*.
(238) *Dans l'article* Henlicius, tom. *VIII*, pag. 97, remarque (F).
(239) Nicolaus Arnoldus, Discurs. theolog. contrà Comenium, *imprimé à Franeker*, l'an 1660.
(240) Maresius, disp. *III*, th. *XVIII*, apud Arnoldum, Discurs. theolog. contrà Comenium, pag. 91, 92.

(*1) Methodius, apud *Wolf.*, rer. memor., T. 2, A. 1571.
(*2) Claromontanus, ap. *Wolf.*, l. 1.
(*3) Secundùm prophetiam Hebræam à Bemecho Paterensi episcopo in latinum translatam. Notez que dans Wolfius, pag. m. 886, cet auteur est appelé Béméchobus.
(241) Schulterus, in Ecclesiâ Mahammedaná, pag. 21.

le christianisme devait périr après qu'il aurait duré trois cent soixante-cinq ans. *Excogitaverunt nescio quos versus græcos, tanquàm consulenti cuidam divino oraculo effusos , ubi Christum quidem ad hujus tanquàm sacrilegii crimine faciunt innocentem : Petrum autem maleficia fecisse subjungunt , ut coleretur Christi nomen per 365 annos : deindè completo memorato numero annorum , sinè mori sumeret finem* (242). Saint Augustin trouve qu'en comptant ces trois cent soixante-cinq années depuis la résurrection de Jésus-Christ, elles expirèrent un an avant que le paganisme reçût, pour ainsi dire, le coup mortel par la destruction de ses temples. *Sequenti anno , consule Manlio Theodoro , quandò jam secundùm illud oraculum dæmonum aut figmentum hominum , nulla esse debuit religio christiana , quid per alias terrarum partes forsitan factum sit , non fuit necesse perquirere. Interim quod scimus , in civitate notissimâ et eminentissimâ Carthagine Aphriæ Gaudentius et Jovius comites imperatoris Honorii , quarto decimo calendas aprilis falsorum deorum templa everterunt, et simulacra fregerunt* (243). Saint Augustin remarque que plusieurs païens furent convertis par la réflexion qu'ils firent sur la fausseté de cet oracle. Quant aux motifs de ceux qui le divulguèrent, voyez ce que je cite de Baronius (244).

Quelques-uns de ceux qui ont promis de grandes conquêtes aux Turcs y ont été peu à peu déterminés par la haine qu'ils avaient conçue contre la maison d'Autriche : soit que cette haine les eût rendus fanatiques , soit qu'ils fissent seulement semblant d'avoir des visions. Mais quelques autres

n'ont été conduits que par le système qu'ils s'étaient fait sur les prophéties de l'Apocalypse , sur Gog et Magog , etc. On m'a dit depuis peu deux choses : 1°. Qu'un fameux ministre d'Amsterdam avait prêché pendant le siége de Vienne, en 1683 , que les Turcs prendraient la ville. Il se fondait sur quelques passages de l'Écriture ; 2°. que la levée de ce siége lui causa tant de chagrin qu'il en mourut. Ce n'est pas qu'il souhaitât , comme aurait fait Drabicius , que les Turcs fissent des progrès dans l'Allemagne ; mais il fut marri de s'être trompé. Quoi qu'il en soit , nous pouvons conclure que ceux qui se mêlent de nous révéler l'avenir, par rapport au Turc, prennent mal leur temps : quand ils l'ont menacé de ruine , il a triomphé ; quand ils lui ont promis des conquêtes , il a perdu des batailles et des provinces , comme on l'a vu depuis l'année 1683 (245). Mais observons qu'au temps même de Drabicius , il y eut des gens en Hollande qui promirent que le Turc serait détruit. On publia à Leyde , l'an 1664 , deux écrits bien différens. Le premier avait pour titre : *de Tartarorum irruptione succincta Dissertatio* (246) ; et l'autre était une *Parænesis ad Christianos , suggerens consilium ad eos liberandos , et opprimendos Turcas.* Dans le premier , la Hollande est menacée des irruptions des Tartares, si elle ne fournit beaucoup d'argent pour la levée des troupes qui sont nécessaires à la guerre contre les Turcs. On promet dans l'autre la conquête de l'empire turc, pourvu qu'il se fasse de grandes levées d'hommes et de deniers, et l'on marque de quelle façon il faudra que cette conquête soit partagée.

(HH) *Le riz et la rose naquirent de sa sueur.*] Voici les paroles de deux savans maronites (247). *Ineptè Mohamedis sequaces confabulantur , ortam esse* (orizam) *ex ipsius Mohamedis sudore antequàm mundo se manifestaret , mundum infestaret penè dixerim , cùm thronus Dei circuibat in paradiso : Deus enim conversus*

(242) Augustinus, de Civitat. Dei, *lib. XVIII, cap. LIII. Voyez* M. de Meaux, Explication de l'Apocalypse , *chap. XIX, pag.* 231, *édition de Hollande.*
(243) Idem , August. , *ibidem , cap. LIV.*
(244) *Tantâ gloriâ ejus* (Christi) *Ecclesia aucta... accidit ut gentiles qui viderent ecclesiam christianam tantâ gloriâ auctam , adeòque immensâ claritudine illustratam , invidiâ tabescentes , quo solatio aliquo lenirent de Christianorum gaudio et incrementis conceptum mœrorem et amicorum acerbitatem, novum oraculum confinxerunt, atque ore omnium diffamârunt Græcis quibusdam versibus præcinentes christianam religionem* 365 *annis duraturam quorum* 313 *jam propè elapsi essent.* Baronius, *ad ann.* 313 , *num.* 17 , *pag. m.* 130,

(245) *Voyez l'article* KOTTERUS , *tom. VIII, pag.* 594-600, *remarques* (A) *et* (G).
(246) *La version flamande est à regione.*
(247) Gabriel Sionita et Joannes Esronita, *de nonnullis Oriental. Urbibus, pag.* 5.

respexit eum ; Mohamedes præ pu-
dore sudavit, tergensque digito su-
dorem, sex extrà paradisum guttas
misit, ex quarum unà rosa, ex alte-
rà oriza productæ sunt, ex reliquis
quatuor, quatuor Mohamedis socii na-
ti sunt. Voilà qui surpasse les plus absurdes visions des légendaires chrétiens. Mahomet, disent ses sectateurs, faisait le tour du trône de
Dieu dans le paradis, avant que
de se montrer aux hommes. Dieu
se tourna vers lui et le regarda : Mahomet en eut tant de honte qu'il en
sua, et ayant essuyé sa sueur avec
ses doigts, il en fit tomber six gouttes hors du paradis, l'une desquelles produisit la rose, une autre le
riz, les quatre autres formèrent les
quatre compagnons du prophète.
Que dites-vous, monsieur, de la vi-
sion des Arabes, ces paroles sont de
Balzac, *qui ont ôté la rose à la déesse*
Vénus, pour la donner au prophète
Mahomet, et qui tiennent (c'est Bus-
béquius qui le dit dans ses relations)
que les premières roses sont nées de
la sueur de ce grand prophète? N'ad-
mirez-vous point leur chronologie,
qui ne veut pas qu'il y ait eu de roses
dans le monde, avant l'empire d'Hé-
raclius (248).

(II) *L'ange Gabriel lui enseigna la*
composition d'un ragoût qui lui don-
nait de grandes forces pour jouir des
femmes.] Il se vantait d'avoir appris
de l'ange Gabriel que la vertu de ce
ragoût (249) était de fortifier les reins.
En ayant mangé une fois par l'ordre
de l'ange, il eut la force de se battre
contre quarante hommes ; dans une
autre occasion, il eut affaire quarante fois avec des femmes sans en
être fatigué (250). *Mohamedes.... af-*
firmabat.... hoc pulmentum à Ga-
briele angelo se edoctum fuisse, et
utilitatem ejus, eodem angelo teste,
in eo consistere ut renes corroboret.

(248) Balzac, entretien V, *chap. II, pag. m.*
87. *Conférez la remarque* (DD) *de l'article* Ju-
NON, *tom. VIII, pag.* 525.

(249) En voici la composition. *Solent* (Arabes)
frequenter nutriri pulmento quodam Herise dic-
to, quod ex tritico priùs decocto conficiunt,
post soli exsiccandum exponitur, tùm in urnâ
contunditur donec emundetur, postremò pingui
carne simul coquitur, donec caro consumatur,
quod sanè palato non est ingratum. Gabr. Sionita et Jo. Esronita, *de nonnullis Oriental.* Urbibus.

(250) Gabriel Sion. et Jo. Esron., *ibid.*

Quandoque angeli jussu Mohamedes
ex eo edens unà nocte pugnavit ad-
versùs quadraginta viros, aliàsque
quadragies indefatigatus rem cum fe-
minis habuit. Sanè hæc, annuum de-
lirantium fabellas, aut alicujus mos-
lemanicæ sectæ osoris calumnias esse
opinaremur, nisi præfatum autho-
rem (251) *juris peritissimum, eun-*
demque obsequentissimum Mohame-
dis sectatorem, ea omnia disertè ara-
bico stylo, capite de quorundam ci-
borum delectu et utilitate videremus
referentem. Nous avons ici un auteur grave parmi les mahométans,
qui raconte ces infamies de son prophète : on ne doit donc pas soupçonner que les chrétiens ou les juifs
aient inventé ces contes pour noircir
cet imposteur ; et ainsi, encore que
nous ne lisions pas dans l'Alcoran que
les plaisirs de l'union entre les deux
sexes dureront chaque fois soixante
ans entiers, il ne faut pas douter que
ce ne soit une tradition mahométai-
ne. Mais, afin de donner lieu à un
chacun de mieux juger de cela, il
faut que je rapporte un passage qui
nous apprend que M. Pocock, si versé dans la lecture des auteurs mahométans, ne rapporte point cette tradition. Voici une note du sieur Bespier, sur ce que M. Ricaut dit (252)
que le faux prophète promettait un
paradis où il y aurait de belles femmes, dont la jouissance donnerait
des plaisirs excessifs..... et qui dure-
raient soixante ans entiers sans dis-
continuation (253). « L'Alcoran ne
» parle nulle part du temps de ces
» plaisirs. Bandier ne fait point de
» difficulté de l'étendre jusques à
» *cinquante ans,* page 661 de son
» Histoire de la religion des Turcs.
» C'est ce qu'il a pris de Vigenère,
» page 208 de ses Illustrations sur
» Chalcondyle, ou qu'ils ont pris l'un
» et l'autre de Jean André, pag. 72,
» où il dit la même chose. Je ne
» trouverais pas mauvais qu'ils l'eus-
» sent copié en une infinité d'en-
» droits, comme ils ont fait, et sur-
» tout sur les délices du paradis, où

(251) *C'est-à-dire, si je ne me trompe,* Mohamedes Ben-Casem, *duquel ils citent, pag.* 2,
Hortus rerum delectabilium.

(252) Ricaut, État de l'Empire ottoman, *pag.*
322.

(253) Bespier, Remarques curieuses, *p.* 625.

» ils ont presque pris mot pour mot
» quatre ou cinq pages ; mais ce que
» je ne puis approuver, est que ni
» l'un ni l'autre ne le nomme en pas
» un des endroits où il le copie. Au
» reste , je ne sais si *la Zune* parle
» de ces *cinquante ans* , comme l'as-
» sure Jean André ; mais *Pocock* ,
» qui a été fort exact à décrire tout
» ce que les mahométans disent des
» délices du paradis, ne parle ni des
» *cinquante ans* de Jean André , de
» Baudier et de Vigenère , ni des
» *soixante ans* de notre auteur ; il dit
» seulement que ces infidèles assu-
» rent qu'il y aura cent divers de-
» grés de plaisirs dans le paradis ,
» dont le moindre sera si grand ,
» qu'afin que les fidèles les puissent
» goûter sans en être accablés , Dieu
» leur donnera à chacun la force de
» cent hommes. *Kouat miat ragiol.* »

Admirons ici la faiblesse humaine.
Mahomet , pratiquant et enseignant
la plus excessive impudicité, a néanmoins fait accroire à un grand nombre de gens que Dieu l'avait établi le
fondateur de la vraie religion. Sa vie
ne réfutait-elle pas fortement cette
imposture ? Car selon la remarque de
Maimonides , le principal caractère
d'un vrai prophète est de mépriser
les plaisirs des sens, et surtout celui
qu'on nomme vénérien. « *Liceat hîc*
» *adscribere quæ habet* Maimonides
» *in* Moreh, *lib.* 2, *cap.* 40, *ubi*
» *quomodò probandi sint pseudopro-*
» *phetæ , docet his verbis:* Modus au-
» tem talem probandi , est ut perfec-
» tionem personæ ipsius animadver-
» tas , et in facta ejus inquiras ; et
» conversationem observes ; signum
» autem præcipuum quo dignoscatur
» est , si abdicaverit voluptates cor-
» poreas et eas contemptui habuerit,
» (hic siquidem primus est gradus
» scientiâ præditorum , multò magis
» prophetarum) imprimis verò sen-
» sum illum qui juxtà *Aristotelem*
» opprobrio nobis est , ac turpitudi-
» nem rei venereæ ; ideòque hoc in-
» dicio detexit Deus omnes falso de
» afflatu prophetico gloriabundos ,
» ut ita patefieret veritas eam inda-
» gantibus , et ne in errorem indu-
» cantur (254). » Qu'on ne dise point
que personne ne s'y trompa , et que

ceux qui s'attachèrent à Mahomet ,
ne le firent que par amour-propre et
en connaissant ses impostures. Ce serait une prétention insoutenable. La
plupart de ses disciples rejetèrent la
nouvelle de sa mort comme un mensonge, qui ne pouvait compatir avec
sa mission céleste ; et il fallut , pour
les détromper, qu'on leur prouvât
par l'Alcoran qu'il devait mourir
(255). Ils s'étaient donc laissé séduire
par ses paroles. Or, quand une fois
on est prévenu de l'opinion qu'un
certain homme est prophète ou un
grand serviteur de Dieu , on croit
plutôt que les crimes ne sont point
crimes quand il les commet , que
l'on ne se persuade qu'il fait un crime. C'est là la sotte prévention de
plusieurs petits esprits. Sénèque lui-
même ne disait-il pas qu'on prouverait plus facilement que l'ivrognerie est louable , qu'on pas que Caton commît un péché en s'enivrant
(256) ? Les sectateurs de Mahomet disaient de même en leur cœur , il vaut
mieux croire que l'impudicité n'est
pas un vice , puisque notre grand
prophète y est sujet , que de croire
que puisqu'il y est sujet , il n'est pas
un grand prophète. Tous les jours on
voit des diminutifs de ce préjugé :
un homme s'est-il acquis une fois la
réputation de grand zélateur de l'orthodoxie , s'est-il signalé dans les
combats contre l'hérésie , offensivement et défensivement , vous trouvez plus de la moitié du monde si
prévenue en sa faveur , que vous ne
pouvez leur faire avouer qu'il ait tort
en faisant des choses qu'ils condam-
neraient si un autre les faisait. Saint
Paul a dit seulement que la femme
infidèle serait sanctifiée dans le mari
fidèle (257) ; mais s'il eût parlé selon
le goût de ces gens-là , il aurait dit
que tout ce qui appartient à l'homme fidèle , à l'homme orthodoxe , et
tout ce qu'il fait , est sanctifié en lui.

(KK) *Il s'éleva plusieurs autres*
faux prophètes.] Je me souviens de
l'exorde d'un sermon de M. Daillé : il
roulait sur cette pensée , qu'aussitôt

(254) Ednardus Pocochius, Notis in Specimen
Historiæ Arabum , *pag.* 181.

(255) *Voyez* Pocock , *ibid.* , *pag.* 178, 180.

(256) Catoni ebrietas objecta est : at facilius
efficiet quisquis objecerit , hoc crimen honestum , quàm turpem Catonem. Seneca , de Tranquillitate Animi, *cap. XV. pag.* m. 674.

(257) Ire. aux Corinth , *chap. VII, vs.* 14.

que Dieu fait annoncer aux hommes sa vérité, le diable suscite de faux docteurs qui annoncent des hérésies. Il suscita au temps des apôtres, un Cérinthus, un Ébion, etc., et au temps des réformateurs, un Jean de Leyde, un David George, un Servet et un Socin. Le but du démon est de traverser les progrès de la vérité; car il était naturel de croire que les juifs et les païens mépriseraient l'Évangile, dès qu'ils verraient plusieurs sectes parmi ceux qui l'annonceraient. Pareillement il y avait lieu de croire que les catholiques mépriseraient et insulteraient la réformation, dès qu'ils verraient Luther, Zwingle, Muncer, Calvin, marcher par diverses routes, et soutenir des disputes contre plusieurs chefs de parti, qui, à leur exemple, sortiraient de la communion romaine. Il vient d'abord deux objections dans l'esprit; 1°. si ces gens là-étaient inspirés de Dieu, ils parleraient le même langage; 2°. posé le cas qu'il fallût quitter l'ancienne doctrine, quel parti choisirions-nous parmi tant de sectes nouvelles? Il vaut mieux demeurer où l'on se trouve que de discuter si l'une d'elles est véritable, et laquelle c'est. L'événement ne confirma pas ces conjectures selon toute leur étendue; car, quoiqu'on ne puisse nier que la multitude de faux docteurs qui s'élevèrent dans le premier siècle, et qui formèrent tant de partis dans le sein de l'Évangile naissant, n'aient fait beaucoup de tort à la bonne cause, il s'en faut beaucoup que cela n'ait fait tout le mal que le démon en avait pu espérer. Le pyrrhonisme y gagna fort peu de chose; j'en ai déjà dit les raisons (258). On peut appliquer cette remarque aux temps de Luther et de Calvin. Ces deux grands réformateurs ne firent pas tous les progrès qu'ils auraient faits, s'ils eussent été réunis dans les mêmes sentimens, et si tous ceux qui combattaient l'église romaine avaient tenu le même langage. Leur désunion fut un préjugé qui retint plusieurs personnes dans la communion du pape: néanmoins la religion protestante ne laissa pas de s'augmenter en peu de temps, et d'acquérir une consistance durable.

(258) Dans l'article de Luther, tom. IX, p. 274, remarque (CC).

Quoi qu'il en soit, tout le monde peut comprendre que le démon suit fort bien ses intérêts, s'il traverse les progrès d'une nouvelle orthodoxie, comme M. Daillé le suppose: mais il n'est pas facile de concevoir qu'ayant suscité Mahomet pour établir une fausse religion, il lui oppose les mêmes obstacles qu'aux apôtres de Jésus-Christ. D'où vient donc que de faux prophètes, émissaires de Satan, s'efforcent de perdre le mahométisme dans sa naissance? D'où vient que Mahomet a des émules qui se vantent de l'inspiration céleste aussi bien que lui (259)? D'où vient que Muséiléma, son disciple, l'abandonne afin de faire une secte à part (260)? D'où vient qu'un Asouad, un Taliha, un Almoténabbi, s'érigent en prophètes, et attirent à eux autant qu'ils peuvent de sectateurs (261)? Il n'est point facile de donner raison de ces phénomènes, si l'on ne suppose que la division n'est pas moins grande entre les mauvais anges qu'entre les hommes, ou que les hommes, sans l'instigation du démon, entreprennent de fonder de fausses sectes. Les chefs de parti que j'ai nommés traitaient Mahomet de faux prophète; mais il s'en éleva d'autres après sa mort, qui, sans révoquer en doute son autorité, disputaient à qui entendait mieux l'Alcoran. Les deux grandes sectes qui se formèrent d'abord, celle d'Ali et celle d'Omar, subsistent encore. Souffrir cela, n'était-ce point travailler au dommage du mahométisme? Était-ce l'intérêt du démon?

Quelque grande que paraisse cette difficulté, on y peut faire diverses réponses. On peut dire qu'il importe peu au démon qu'un faux prophète soit traversé par de faux prophètes, et que chacun de ces imposteurs débauche les sectateurs de ses concurrens: le démon n'y perd rien; on est à lui également, soit qu'on suive Mahomet, soit qu'on suive Muséiléma ou Almoténabbi. Les combats, les guerres, les désordres de toute nature que ces divisions produisent, sont un spectacle plus divertissant pour l'en-

(259) Voyez Hottinger, Histor. orient., lib. II, cap. III, pag. 258.
(260) Idem, ibidem.
(261) Idem, pag. 259.

nemi du genre humain , que ne le serait le cours tranquille et heureux
d'une seule fausse secte. D'ailleurs
c'est une chose très-capable de flatter
l'orgueil d'un esprit ambitieux , que
de faire voir qu'il peut établir le mahométisme en dépit de cent obstacles. Ne peut-il pas espérer que s'il
donne de merveilleux accroissemens
à cette secte , quoiqu'elle soit combattue dans sa naissance par d'autres
sectes , il y marquera un caractère de
divinité , et il se rendra le singe de
Dieu, qui n'a jamais fait paraître plus
sensiblement la force de sa protection sur l'Évangile , qu'en empêchant
les mauvais effets des hérésies et des
schismes du premier siècle?

(LL) *Quelques auteurs arabes.....
se vantent d'avoir lu des exemplaires
de l'Évangile, qui contenaient des
choses touchant Mahomet que les
chrétiens ont effacées.*] Les plus incrédules sont ébranlés quand ils
voient des auteurs graves qui affirment certaines choses avec un grand
attirail de circonstances , et comme
les ayant vues de leurs propres yeux.
Il est donc utile de faire voir par des
exemples notables que ces sortes d'af-
firmations sont quelquefois illusoi-
res. Quel plus grand exemple pour-
rais-je citer que celui qu'on va lire?
On y verra un mahométan qui assure
qu'un chrétien lui a montré un exemplaire de l'Évangile, où se trouvent
quantité de choses claires et précises
touchant Mahomet, et qu'il n'y a
qu'un autre exemplaire au monde
qui soit semblable à celui-là. *Inter
nomina seu titulos blasphemi impos-
toris* Paracletum *numerant, teste* Al-
Jannabio : *quin et aliàs in loco non
uno , antè Evangelia à* christianis
*corrupta expressam ejus factam men-
tionem sibi facilè persuadent , idque
ab ipsis* christianis *edocti , ut referet
auctor modò laudatus ;* Mohamme-
dem *scil.* Al-Selencium , *nescio quem
à sacerdote quodam magni inter*
christianos *nominis didicisse nullibi
extare Evangelii exemplar incorrup-
tum , quàm apud se unum , ac* Parisiis *alterum , atque è suo multa coram ipsis legisse , in quibus multa et
perspicua de* Mohammede *narraren-
tur* (262).

(262) Pocockius, *in* Specim. Histor. Arabum,
pag. 185, 186.

(MM) *Quelques-uns disent que Mahomet déclara qu'il n'y avait que le
tiers de l'Alcoran qui fût véritable.*]
Le père Joseph de Sainte-Marie, carme déchaussé, missionnaire apostolique dans le royaume de Malabar ,
assure (263) que les habitans de Mas-
cati se piquent d'être les plus fidèles
observateurs de la loi de Mahomet,
et qu'ils prétendent que Mahomet
déclara que , de douze mille paroles
qui se trouvent dans l'Alcoran , il n'y
en a que quatre mille de véritables.
Quand on les réfute sur quelque
point , et qu'ils ne savent comment
se défendre , ils le mettent au nombre des huit mille faussetés. Voilà
qui est bien commode pour se tirer
de tout mauvais pas dans la dispute.

(NN) *Les variations de son esprit
prophétique répondaient au changement de ses intérêts particuliers.*]
Servons-nous des paroles de M. Prideaux (264). « Presque tout son *Al-*
» *coran* a été (*) de cette manière
» formé pour répondre à quelque
» dessein particulier qu'il avait ,
» suivant que l'occasion le requérait.
» S'il y avait quelque chose de nou-
» veau à mettre sur pied ; quelque
» objection contre lui , ou contre sa
» religion , à répondre ; quelque dif-
» ficulté à résoudre ; quelque mé-
» contentement parmi le peuple , à
» apaiser ; quelque scandale à ôter ;
» ou quelque autre chose à faire pour
» le bien de ses desseins , il avait
» ordinairement recours à l'*Ange*
» *Gabriel* pour quelque nouvelle *Ré-*
» *vélation ;* et d'abord , il faisait
» paraître dans son *Alcoran* quelque
» augmentation propre à répondre
» aux fins qu'il se proposait alors.
» De manière qu'il a presque tout été
» composé en des occasions de cette
» nature , pour produire dans son
» parti l'effet qu'il se proposait. Et
» tous ses *Commentateurs* avouent
» assez la chose en faisant voir avec
» exactitude les raisons pour lesquel-
» les chaque chapitre leur avait été
» envoyé du ciel. Mais cela fut cause
» des contradictions qui sont entrées

(263) *Dans le livre intitulé :* Prima Speditione
all' Indie Orientali, *imprimé à Rome. Le* Journal d'Italie, *du* 31 *de mars* 1668 , *en fait mention.*
(264) Prideaux , Vie de Mahomet, *pag.* 155.
(*) Richardi Confutatio, *c.* 12.

» en abondance dans ce livre. Car à
» mesure que les affaires et les des-
» seins de l'imposteur variaient, il se
» trouvait aussi obligé de faire varier
» ses prétendues révélations, ce qui
» est si bien connu parmi ceux de sa
» secte, qu'ils confessent tous que
» cela est vrai ; c'est pourquoi là où
» ces contradictions sont telles qu'ils
» ne peuvent pas les sauver, ils
» veulent qu'on révoque un de ces
» endroits qui se contredisent. Et ils
» comptent, dans tout l'*Alcoran*,
» plus (*) de 150 versets ainsi *révo-*
» *qués*, ce qui est le meilleur expé-
» dient qu'ils puissent prendre pour
» en sauver les contradictions, et
» les incompatibilités. Mais en cela
» ils découvrent extrêmement la lé-
» gèreté et l'inconstance de celui qui
» en était l'auteur. » Cette preuve
d'imposture a beaucoup de force :
j'en ai déjà parlé ci-dessus (265) ;
mais je dois ajouter ici qu'on lui
donnerait trop d'étendue, si l'on
s'en voulait servir sans exception
contre tous les explicateurs de l'Apocalypse, qui changent leurs hypothèses à proportion que les affaires
générales prennent un train différent
(266). Il se peut faire quelquefois
qu'il n'y ait que du fanatisme dans
l'inconstance de ces gens-là, et que
n'étant point capables de s'apercevoir
du mauvais état de leur tête, ils
n'aient pas moins de bonne foi lorsqu'ils varient, que s'ils ne variaient
pas. Employons donc une distinction :
disons seulement que ceux qui changent leur système apocalyptique selon les nouvelles de la gazette, et
toujours conformément au but général de leurs écrits, débitent des faussetés, ou sans le savoir, ou le sachant
bien. Leur conduite est très-souvent
une imposture, mais non pas toujours.

(OO) *Il était jaloux au souverain
point, et il ne laissa pas de prendre
patience par rapport aux galanteries
de celle de ses épouses qui lui était
la plus chère.*] « Comme il s'était
» rendu brutalement esclave de l'a-
» mour des femmes, il était aussi

» extrêmement jaloux de celles qu'il
» avait épousées. Ainsi pour les dé-
» tourner de ce qu'il craignait (**1),
» il les menaçait d'un châtiment une
» fois plus grand que celui des autres
» femmes, tant dans ce monde que
» dans celui qui est à venir, supposé
» qu'elles lui fussent infidèles. Et
» lorsque quelques-uns de ses *secta-*
» *teurs* fréquentaient trop sa maison,
» et y conversaient avec quelques-
» unes de ses femmes, il en était si
» fâché que, pour empêcher que
» cela n'arrivât plus, il fit paraître
» comme de la part de *Dieu*, ces
» versets de l'*Alcoran* (**2), où il leur
» dit qu'ils ne devaient pas entrer
» dans la maison du *prophète sans*
» *permission*, et que s'ils étaient in-
» vités à dîner chez lui, ils devaient
» en sortir immédiatement après le
» repas, sans entrer en conversation
» avec ses femmes ; que quoique le
» *prophète* eût honte de leur dire de
» s'en aller, cependant *Dieu* n'avait
» pas honte de leur dire la vérité.
» Et dans le même chapitre il défend
» à ses femmes de parler à aucun
» homme, à moins qu'elles n'aient
» le visage couvert d'un voile. Enfin
» il porta cette jalousie jusqu'au
» delà du tombeau. Car ne pouvant
» souffrir qu'aucun autre eût affaire
» avec ses femmes, quoiqu'après sa
» mort (**3), il défendit sévèrement
» à tous ses *sectateurs* d'aller jamais
» vers elles tant qu'elles vivraient.
» De sorte que quoique toutes les
» autres femmes répudiées ou deve-
» nues veuves eussent la liberté de se
» remarier, cependant, toutes ses
» femmes se trouvaient exclues de ce
» privilège. C'est pourquoi toutes
» celles qu'il laissa en mourant (**4)
» restèrent toujours veuves, quoi-
» qu'il y en eût de bien jeunes, com-
» me particulièrement Ayesha, qui
» n'avait pas alors tout-à-fait vingt
» ans, et qui vécut encore plus de
» quarante-huit ans après : ce qu'on
» regardait dans ce pays chaud, com-
» me une contrainte où elles se trou-
» vaient sévèrement réduites (267). »

(*) *Johannes Andreas Guadagnol.*, *tract.*
2, *c.* 7, *sect.* 3.

(265) *Dans la remarque* (T).

(266) *Voyez la Cabale Chimérique*, *à la page*
89 *de la seconde édition.*

(**1) *Alcoran, c.* 33.

(**2) *Alcoran, c.* 33.

(*3) *Alcoran, c.* 33.

(*4) *Johannes Andreas, c.* 7.

(267) Prideaux, Vie de Mahomet, *pag.* 153
et suiv.

Vous voyez dans ces paroles de M. Prideaux, que la même femme que nous avons appelée ci-dessus *Aaisce* (268), s'appelle ici *Ayesha*. Les deux auteurs que j'ai cités en cet endroit-là s'expriment mal : ils disent que Mahomet fut enterré dans le tombeau d'*Aaisce ;* mais comme elle vécut plus que lui , ils eussent mieux fait de dire qu'il fut enterré dans la chambre de cette femme. C'est ainsi que M. Prideaux s'est exprimé (269).

Il nous apprend (270) qu'*Ayesha*, fille de *Abu-Beker*, était celle de *toutes ses femmes que Mahomet aimait le plus tendrement ; ... et quoique ce fût une* (*¹) *femme galante, toujours occupée de quelque intrigue , Mahomet ne put jamais se résoudre à la renvoyer. Il composa donc le 24ᵉ. chapitre de l'Alcoran pour innocenter sa femme, et pour se disculper en même temps de ce qu'il la gardait. Il y déclare donc à ses musulmans de la part de Dieu , que tous ces bruits qui couraient au désavantage d'Ayesha étaient des impostures , de noires calomnies , leur défend d'en plus parler, et menaçant en même temps de peines terribles en cette vie et en l'autre ceux qui oseraient médire des femmes de bien. Mahomet l'ayant épousée jeune* (*²) *prit soin de la faire instruire dans toutes les sciences qui avaient cours en Arabie, surtout dans l'élégance et la politesse du langage, et la connaissance de leurs antiquités; elle profita extrêmement des soins de son mari, et devint polie et savante* (*³). *Elle haïssait Ali avec fureur, parce que ce fut lui qui découvrit son incontinence et ses désordres à Mahomet. Voici une preuve de la tendresse avec laquelle elle était aimée de son mari : « Sewda* » était celle des femmes (*⁴) de Ma-
» homet, qu'il aimait le moins ; il
» avait même résolu de la renvoyer ;
» mais elle le fléchit par l'empresse-
» ment avec lequel elle lui demanda

» qu'elle pût continuer à jouir du
» nom de femme de Mahomet , lui
» promettant qu'elle n'exigerait rien
» de plus, et que quand son tour
» viendrait de coucher avec lui , elle
» le céderait à *Ayesha*. L'amour de
» Mahomet pour *Ayesha* le fit con-
» sentir très-volontiers à ce traité ,
» ainsi *Sewda* demeura dans sa mai-
» son pendant qu'il vécut, aux con-
» ditions qu'elle s'était imposées
» (271). »

On croira peut-être que je parle improprement , lorsque j'assure que Mahomet prit patience par rapport aux galanteries de l'épouse qu'il aimait avec le plus de tendresse : car on s'imaginera qu'il la crut très-innocente ; et en ce cas-là il ne le faut plus considérer comme un mari tendre et jaloux, et en même temps insensible aux infidélités conjugales. Où sera donc cette singularité de caractère dont j'ai parlé ? Je réponds qu'il n'y a nulle apparence qu'il ait douté des galanteries d'Ayesha. Il les apprit par le rapport de son gendre Ali , et ne discontinua point d'avoir pour lui autant d'amitié et de confiance qu'auparavant ; et sans doute il n'en aurait point usé de cette manière, s'il l'eût pris pour un calomniateur dans un point aussi délicat que celui-là. Croyons donc qu'il fut convaincu de la vérité du rapport, et considérons de plus que si les intrigues amoureuses de sa femme n'eussent pas été certaines , on n'en eût point fait de contes et de médisances , qui obligèrent le faux prophète à recourir à l'autorité céleste pour en arrêter le cours. Ses sectateurs, s'étant une fois laissé persuader qu'il leur parlait de la part de Dieu , avaient du respect, non-seulement pour sa personne , mais aussi pour ses femmes et pour ses enfans. Ils n'étaient donc pas capables de forger une satire calomnieuse contre Ayesha , mais ils l'étaient bien de connaître les désordres effectifs de sa conduite , et d'en murmurer, et de s'en plaindre comme d'un scandale insupportable qui déshonorait l'homme de Dieu. Et il faut noter que la jalousie n'est pas toujours uniforme dans ses causes et dans ses effets :

(268) *Dans la remarque* (EE) , *citation* (207).
(269) Prideaux, Vie de Mahomet , *pag.* 134.
(270) *Là même*, *pag.* 139.
(*¹) *Disputatio Christiani*, c. 6. *Comment.*, *in Alcoran.* , *cap.* 24.
(*²) *Appendix ad Geograph. Nubiens. c.* 8.
(*³) *Disput. Christiani* , c. 6. *Elmacin.* , *lib.* 1 , c. 4. *Abul-Faraghius* , *Abul-Feda*, *etc.*
(*⁴) *Gentius* , *in notis ad Musladin. Sadum*, *pag.* 568.

(271) Prideaux , Vie de Mahomet , *pag.* 143.

elle s'écarte de ses règles, ou de sa route ordinaire plus souvent que l'on ne pense. Il y a des gens qui seraient jaloux, s'ils étaient moins amoureux: le souverain degré de la tendresse produit dans leur cœur une confiance qu'un moindre degré n'y produirait pas. Il y a des jaloux qui cessent d'aimer quand ils se croient trahis. Il y en a d'autres qu'une infidélité connue ne guérit pas (272). Mahomet pouvait bien être de cette dernière classe à l'égard de la plus chère de ses femmes. Il faut bien se souvenir qu'il l'aima toujours, et c'est principalement ce qu'on doit considérer; car s'il l'eût seulement gardée afin d'éviter le ridicule à quoi il aurait pu s'exposer par le divorce , il ne faudrait lui attribuer qu'une patience politique , assez ordinaire dans le genre humain. Le nombre de ceux qui préfèrent à l'éclat d'une rupture une continuation de communauté de vie avec un objet odieux, n'est pas petit. (PP)... *Ses sectateurs reçurent comme des oracles l'interprétation qu'elle donnait aux paroles de leur loi.*] Son crédit, après la mort du faux prophète , fut assez grand pour empêcher qu'Ali ne devînt calife. Elle le haïssait pour la raison qu'on a vue dans la remarque précédente. Sa haine fut longue ; car quoique Ali (273) *eût droit au trône vacant, étant gendre de l'imposteur, il en fut exclus trois fois consécutives. Le trône vaqua pour la* 4e. *fois , et Ali y parvint enfin ; mais* Ayesha *parut en armes contre lui, et quoiqu'elle ne réussit point par cette voie, elle le perdit néanmoins en suscitant et en fomentant cette révolte qui à la longue ruina Ali et sa famille*(*). Ayesha survécut quarante-huit ans entiers à Mahomet ; *elle jouit d'une grande réputation dans sa secte, qui l'appelait la* prophétesse et la mère des fidèles. *Elle était l'oracle vivant de sa secte, qui la consultait dans tous les points difficiles de la loi, pour apprendre*

d'elle quel avait été le sens du légis-lateur. Quelles que fussent ses réponses, elles (**) étaient reçues comme des oracles , et ont toujours passé depuis parmi eux , pour des tradi-tions authentiques. Toutes leurs tra-ditions qui composent leur Sunnah , viennent selon eux d'Ayesha , ou de quelqu'un des dix compagnons de Mahomet, c'est ainsi qu'ils appellent ces dix hommes qui se joignirent les premiers à ce séducteur. Mais le té-moignage d'Ayesha rend une tradi-tion très-authentique. Abdorrahman Ebn-Auf tient le second rang. Notez que ce ne fut point à elle que Maho-met (274) donna en garde la cassette de son apostolat ; mais à Haphsa , fille d'Omar. Cela est un peu étrange; car cette fille d'Omar n'avait que le second (*2) rang dans le cœur de son mari Mahomet. « Dans cette cassette » étaient tous les originaux de ses » révélations prétendues , lesquels » servirent de matériaux à la com-» position de l'Alcoran . . . . Après » que ce livre fut fini, Abu-Béker » (*3) en donna l'original à Haphsa , » pour le garder dans la même cas-» sette. Ce qui sert à découvrir l'er-» reur de Jean André , qui prétend » (*4) que c'était Ayesha qui la gar-» dait. En effet cette charge étant si » considérable parmi les mahomé-» tans , quelle apparence que , si » Ayesha en eût été mise en posses-» sion par l'imposteur lui-même , » Abu-Béker eût entrepris de l'en » déposséder, surtout étant sa propre » fille? Mais Haphsa , étant beau-» coup plus vieille que Ayesha , lui » fut apparemment préférée pour » cette raison , pour veiller à la gar-» de de ce précieux dépôt (275). »

Il y a quelque sujet de s'étonner que la religion mahométane soit si peu avantageuse au sexe féminin (276), puisqu'elle a été fondée par un homme extraordinairement lascif , et que ses lois furent mises en dépôt

(272) *Tout le monde se souvient encore de la chanson qui commence par cette complainte d'un amant:*
    Une infidélité cruelle
N'efface point les traits d'une infidèle , etc.
(273) Prideaux, Vie de Mahomet, pag. 140.
(*) *Car elle mourut la* 58e. *année de l'Hé-gire*, Elmacin , lib. 1, c. 7.

(*1) Johannes *Andreas*, c. 3.
(274) Prideaux, *pag.* 142.
(*2) Johannes *Andreas*, c. 7.
(*3) *Abul-Feda.* Hottingeri Biblioth. orient., c. 2. Pocockii Spec. , Hist. Arab., pag. 362.
(*4) Johannes *Andreas, de Confusione Sec-tæ Mahometanæ*, c. 2.
(275) Prideaux, Vie de Mahomet, pag. 142.
(276) *Voyez la remarque* (Q).

entre les mains d'une femme, et qu'une autre femme leur pouvait donner l'interprétation qu'elle voulait. Nous venons de voir qu'Ayesha fut considérée comme une prophétesse, et comme un oracle : ce fut une véritable papesse parmi les musulmans. M. Herbelot rapporte (277) qu'elle eut parmi eux *une fort grande autorité, même en matière de doctrine et de religion*, et qu'on recourait *souvent à elle pour apprendre quelque tradition de* Mahomet, et qu'*elle entreprit de condamner elle-même le calife Othman d'impiété.* Elle eût donc dû mettre les choses sur un pied très-favorable à son sexe. D'où vient donc qu'elle ne le fit pas? Était-elle de l'humeur de certaines femmes, qui sont les premières et les plus ardentes à médire de leur sexe? Peut-on la considérer comme une preuve de ce qu'on dit quelquefois, que l'autorité des hommes n'est jamais plus grande, que lorsqu'une femme est sur le trône ; et que celle des femmes n'est jamais plus grande, que lorsque le sceptre est entre les mains d'un homme? Je n'en sais rien. Que les spéculatifs s'exercent tant qu'il leur plaira sur cette question. Mais considérez, je vous prie, les influences du sexe sur la fondation du musulmanisme, et comment les passions de femme y répandirent bientôt les semences de la discorde. Suivez à la trace le schisme d'Ali, vous en trouverez la source dans les impudicités d'Ayesha dont il fut le délateur. Cette femme ne lui pardonna jamais, et l'empêcha trois fois de suite de parvenir à la dignité de calife, et après qu'enfin il y fut monté, elle se ligua contre lui (278), et se mit à la tête de trente mille hommes. Elle perdit la bataille, et y fut prise, et fut renvoyée à Médina où elle mourut, et fut enterrée auprès de Mahomet : mais la ligue qu'elle avait formée pour venger la mort d'Othman ne mourut pas avec elle. Ali fut enfin tué sous ce prétexte, et de là naquit un grand schisme qui subsiste encore.

Je ne puis finir sans remarquer un petit défaut d'exactitude dans la Bibliothéque orientale de M. Herbelot. Il dit dans l'article d'Aischah que cette veuve de Mahomet *entreprit de condamner elle-même le calife Othman d'impiété :* mais dans un autre endroit (279) il raconte qu'ayant été consultée par la faction qui portait des plaintes contre ce calife, elle répondit qu'on devait le recevoir à pénitence, et qu'*elle le soutint depuis à Ali.* Je n'objecte point cela comme une contradiction, mais comme un récit incomplet partout. Il faut croire, 1°. que cette femme jugea la cause d'Othman, et qu'elle le condamna d'impiété; 2°. qu'elle prononça qu'il fallait se contenter de sa pénitence. M. Herbelot devait joindre ces deux faits dans l'article d'Aischah, et dans l'article d'Othman, et non pas les désunir dans l'un et dans l'autre, en mettant le premier sans le second en un endroit, et le second sans le premier en un autre lieu. Cet avis est important à tous les auteurs de dictionnaire, et il leur est très-malaisé de ne tomber pas dans cette faute. Je crains bien qu'elle ne me soit échappée plus d'une fois.

(QQ) *Un conte fort ridicule touchant la crédulité des mahométans pour les miracles.*] Un bénédictin du Pays-Bas publia un livre (280) en latin et en flamand, à Deventer, l'an 1524, où il débita bien des sottises, et entre autres celle-ci : un Génois eut une si grande curiosité de voir ce que les Maures ou les Sarrasins pratiquent dans leurs mosquées, qu'il y entra furtivement, quoiqu'il sût fort bien leur coutume de faire mourir tous les chrétiens qui y entrent, ou de les contraindre d'abjurer le christianisme. Il se trouva environné d'une telle foule, qu'il ne put sortir, lorsqu'un accident lui survint qui demandait qu'il fût hors de là, car une nécessité naturelle le pressait beaucoup. Il n'en fut point le maître, et il se vit peu après en danger de mort, vu que la mauvaise odeur qui se répandait autour de lui fit connaître son aventure. Il se tira de ce mauvais pas, en faisant entendre qu'ayant été constipé depuis longtemps, il était venu se recommander

(277) Herbelot, Biblioth. orient., *au mot* Aischah, *pag.* 80.
(278) Herbelot, *là même*, *et au mot* Ali, *pag.* 89 *et* 90.

(279) *Dans l'article* Othman, *pag.* 696.
(280) *Intitulé*, Prognosticon Anti-Christi.

à Mahomet, et qu'aussitôt il avait été soulagé. Là-dessus on prit ses chausses : on les appendit à la mosquée ; on cria miracle ! miracle ! Voici les termes de ce moine : *Cùm ibi esset in medio maximæ multitudinis , et non posset exire , necessitasque ei venisset superfluum pondus corporis deponendi , stercorizavit in femoralibus. Cùm autem fœtor esset in illâ moschæâ , omnes circumspiciebant qui hujus fœtoris causâ fuisset. Invenerantque ipsum Januensem , quem volentes occidere , ille, qui fortè linguam eorum sciebat, eis dixit, vel per interpretem mendacium hoc significavit , scilicet , quòd cùm ipse non posset per longum tempus habere beneficium ventris , intravit templum , ut Mahometo se commendaret, et statim habuit beneficium ventris. Hoc autem audientes et credentes illi homines bestiales , acceperunt femoralia illa stercore infecta , et suspenderunt in moschæâ , clamantes , miraculum ! miraculum* (281) ! Voilà comment la moitié du monde se moque de l'autre ; car sans doute les mahométans n'ignorent pas tout ce qui se dit de ridicule touchant les moines ; et s'il était vrai qu'ils n'en sussent rien , on ne laisserait pas de pouvoir croire raisonnablement , qu'ils font courir des mensonges et des fables impertinentes contre les sectes chrétiennes. S'ils savaient le conte du bénédictin flamand , ils diraient peut-être : ces bons forgerons de miracles nous en fabriquent de bien grossiers ; ce n'est pas qu'ils n'en sachent inventer de bien subtils, mais ils les gardent pour eux ; ils boivent le vin, et nous envoient la lie.

(281) Prognosticon Anti-Christi, *pag.* 38 , *apud* Revium , *in Historiâ Daventriensi, pag.* 228, 229.

MAHOMET II, onzième sultan des Turcs, né à Andrinople, le 24 de mars 1430 , a été l'un des plus grands hommes dont l'histoire fasse mention , si l'on se contente des qualités nécessaires aux conquérans; car pour celles des hommes de bien, il ne les faut point chercher dans sa vie. Il n'est pas vrai que sa

mère fût chrétienne(*a*). Il a fort bien mérité le titre de GRAND, qu'il souhaita avec beaucoup d'ambition , et que les Turcs ne manquent pas de lui donner(A); car « il a signalé son règne par » la conquête de deux empi- » res , de douze royaumes, et » de deux cents villes considé- » rables. Mais ses progrès n'ont » pas été l'effet d'une révolu- » tion rapide, ou d'une fortu- » ne aveugle qui l'ait conduit » de victoire en victoire, sans » que la prudence y ait contri- » bué. Le sang qu'il a perdu » dans de grandes occasions , » prouve que ses avantages lui » ont été disputés. Il a levé des » siéges, fait des retraites pré- » cipitées, et perdu des batail- » les; mais les disgrâces, qui » rebutent les esprits communs, » encourageaient le sien , ou » plutôt l'instruisaient pour l'a- » venir; et le jugement lui fai- » sait réparer par la patience , » ce qu'il avait perdu par l'im- » pétuosité. Infatigable au delà » de l'imagination , on l'a vu » plus d'une fois commencer glo- » rieusement une campagne en » Europe, et l'aller achever en- » core plus glorieusement en » Asie(*b*). » Sa bonne fortune l'a fait naître dans un siècle où la valeur de ses ennemis était infiniment propre à relever la gloire de ses triomphes (B). Il n'est pas nécessaire de chercher parmi les Turcs de quoi se former une juste idée de son mérite ; les chrétiens lui ont

(*a*) *Voyez la remarque* (F).
(*b*) Guillet, Histoire de Mahomet II, *pag.* 1 : *il cite* Phranza , lib. 1 , cap. 33 ; Barlet , de Espug. Scodr. , lib. 1 ; Bapt. Egnat. de Orig. Turc. Phil. Lonicer. , lib. I.

dressé des monumens (C), qui donnent plus de relief à ses victoires, que les annales ottomanes, et que tout ce que les Turcs ont su inventer pour éterniser la grandeur de ses actions. Il est donc bien étrange qu'il se trouve des écrivains distingués dans le christianisme, qui soutiennent que la prospérité est la marque de la bonne cause(D), et qu'il n'y a que les princes vertueux qui aient part aux faveurs de la fortune (c). C'est inutilement qu'on viendrait nous alléguer que si les princes chrétiens n'eussent pas été désunis, ils eussent battu les mahométans (E). Il y a des gens qui ont écrit que ce sultan était athée (F). Cela pourrait être vrai ; et il est du moins certain qu'il faisait la guerre pour contenter son ambition, et non' pas pour agrandir le mahométisme. Il préférait ses intérêts à ceux de la foi qu'il professait ; et de là vint qu'il eut de la tolérance pour l'église grecque, et même beaucoup de civilité pour le patriarche de Constantinople (G). Il n'y a nulle apparence qu'il ait fait le vœu qu'on lui attribue (H). On dit que pour faire voir à ses soldats que la volupté n'était point capable d'amollir sa vertu guerrière, il coupa la tête à une maîtresse qu'il aimait éperdument(I). Cela me semble un peu apocryphe. La plupart des historiens chrétiens, en parlant de lui, ont sacrifié la bonne foi à leur passion et à leur ressentiment(K). Il mourut le 3 de mai 1481, dans une bourgade de Bi-

thynie, *comme il entrait dans sa cinquante-deuxième année* (d). *Il a été le premier des sultans qui se soit préparé un tombeau particulier (e).* Je pense qu'il fut aussi le premier sultan qui aima les arts et les sciences (L). Son épitaphe mérite d'être considérée (M). J'aurai quelques fautes à reprocher à M. Moréri (N) ; et je ne laisserai point passer au père Maimbourg la témérité qu'il a eue, d'imputer au schisme des Grecs les maux qu'ils souffrirent sous ce prince turc (O).

Landin, chevalier de Rhodes, ramassa diverses lettres que ce sultan avait écrites en syriaque, en grec et en turc, et les traduisit en latin. Cette traduction a vu le jour : j'en parlerai ci-dessous (P) ; mais on ne sait pas où peuvent être les originaux (*f*). Je parlerai aussi d'une lettre que le pape Pie II écrivit au même sultan. Elle a donné de l'occupation aux controversistes (Q). Elle peut nonseulement résister à un examen superficiel, mais éblouir aussi ceux qui la lisent sans un esprit critique, et leur faire paraître ce pape sous une idée avantageuse et digne d'éloge. Ceux même qui l'examineraient sévèrement, et qui ne considéreraient Pie II que sous la notion d'un prince souverain d'une partie de l'Italie, pourraient juger que sa lettre est dans l'ordre de la prudence ;

(c) *Voyez ce que* Bozius *a écrit contre* Machiavel.

(d) Guillet. Histoire de Mahomet II, *livre VII*, *pag.* 378, 379.
(e) Là *même*, *pag.* 381.
(f) *Voyez* Huet. de Interpret., *pag. m.* 183.

mais lorsqu'on la pèse à la balance du sanctuaire, et que l'on songe que celui qui l'a écrite se dit le vicaire de Jésus-Christ, et par conséquent le protecteur de la morale de l'Évangile, on ne le peut excuser. Il y a donc diverses faces dans cette question, et ainsi l'on ne devra point trouver mauvais que je rapporte avec un peu d'étendue les paroles des avocats qui ont plaidé cette cause. On doit considérer mon commentaire, entre autres égards, sous celui du tome où les historiographes insèrent toutes entières les pièces justificatives dont ils ont parlé dans le cours de la narration. Ceci soit dit une fois pour toutes. Il y a des gens qui croient que la lettre de Pie II ne fut point écrite pour être envoyée à Mahomet (R).

(A) *Il a fort bien mérité le titre de* GRAND *, ... que les Turcs ne manquent pas de lui donner.*] Ils «avouent » que toutes les conquêtes de ses » successeurs ont eu les siennes pour » fondement et pour modèle, et qu'il » leur a été bien facile de suivre un » chemin qu'il leur a ouvert, et dont » il a levé tous les obstacles. Aussi, » lorsqu'ils parlent de lui , ils sup- » priment ordinairement son nom de » MAHOMET , quoiqu'en leur langue » il ait la signification glorieuse de » *loué* ou d'*aîné* (*), et le distin- » guent des autres sultans par les » titres magnifiques de *Boïuc* et d'*A-* » *boulféteh* , dont l'un signifie *le* » *Grand* et l'autre *le Père de la Vic-* » *toire.* On lui reproche que pendant » sa vie il a recherché ambitieuse- » ment le premier de ces titres ; mais » n'a-t-il pas travaillé assez pour le » mériter ? Les chrétiens même ne le » lui ont pas contesté, et l'on con- » vient qu'il a été le premier des em- » pereurs ottomans à qui nos nations

(*) *Anton. Geufraeus, in Nomenclat. Vocabul. Barbar.*

» occidentales ont donné la qualité » de *Grand-Seigneur*, ou de *Grand-* » *Turc* *, que la postérité a conservé » à ses descendans (1). »

(B) *La valeur de ses ennemis était* . . . . *propre à relever la gloire de ses triomphes.*] C'est un bonheur qui a manqué au grand Alexandre ; car il ne trouva dans l'Asie que de faibles ennemis , quoiqu'ils fussent innombrables. Il ne semble donc pas qu'il ait été le mignon de la fortune au même point que Mahomet , qui presque toujours avait à vaincre de braves gens : ce qui le distingue des autres grands conquérans avec beaucoup d'avantage. Prouvons ceci par les paroles d'un auteur moderne qui nous a donné une belle histoire de ce sultan. « On ne peut pas dire qu'il » ait eu affaire à des ennemis obscurs, » et à des nations peu belliqueuses , » puisqu'entre les capitaines illus- » tres qui firent chanceler sa fortune, » on compte Huniade et Mathias Cor- » vin, avec les forces de Hongrie ; » Scanderbeg, avec celles des féroces » Albanais ; le valaque Uladus aussi » intrépide qu'eux , bien qu'à la vé- » rité moins honnête homme ; les » empereurs de Grèce et de Trébi- » zonde , les rois de Perse , de Na- » ples , et de Bosnie , les princes de » Grèce , de Servie , de Sinope , et » de Caramanie , les républiques de » Venise et de Gènes , les chevaliers » de Rhodes, et les armées de la croi- » sade , c'est-à-dire l'élite de nos » nations occidentales. Il n'y a pas » un seul de tant d'ennemis qu'il » n'ait été chercher de dessein formé, » par une bravoure extraordinaire , » et qui n'ait à la fin cédé à sa valeur » ou à sa prudence. Chrétiens ou » mahométans, tous étaient en butte » à son ambition , et les intérêts de » sa religion n'entraient jamais dans » les maximes de sa politique. Jus-

* « Ce ne fut point, dit Leduchat, par rapport à ses grandes actions qu'on le qualifia ainsi , mais eu égard à l'étendue de sa domination , en comparaison du sultan d'Iconie ou de Cappadoce , son contemporain, que Monstrelet désigne sous le nom de *Petit-Turc.* Après la prise de Constantinople, celui-ci eut sur les bras Mahomet II , qui s'étant emparé de ses états conserva le titre de *Grand-Turc*, quoiqu'il n'y eût plus de *Petit-Turc.* M. Guillet ignora cela qui est pourtant très-vrai ».

(1) Guillet, Histoire de Mahomet II , *liv. I*, pag. 8.

» qu'ici, il a été le seul de tant de
» sultans qui ait osé faire passer des
» troupes réglées en Italie, où en
» divers temps elles ont gagné une
» bataille rangée, et pris une bonne
» place : non pas par une insulte
» inopinée, à la manière des cor-
» saires; mais par les droites atta
» ques d'un siége dans les for-
» mes (2). »

(C) *Les chrétiens lui ont dressé des
monumens.*] En voici la preuve : le
même historien me l'a fournie. « Je
» ne crois pas être blâmable de re-
» nouveler la mémoire de ce conqué-
» rant, puisque d'ailleurs il est
» impossible qu'elle périsse, et (*1)
» qu'il n'y a jamais eu de prince in-
» fidèle qui ait laissé parmi nous de
» semblables monumens. L'église (*2)
» catholique prend le soin de nous
» faire souvenir de lui chaque jour
» de l'année, par un signal remar-
» quable et perpétuel ; car les coups
» de cloche qu'on sonne chaque jour
» pour la prière du midi, n'ont été
» ordonnés par un de nos papes,
» que pour avertir le peuple de re-
» commander à Dieu les fidèles qui
» combattaient contre ce sultan (*3).
» Pour une bataille qu'il a perdue,
» nous rendons encore chaque année
» des actions de grâces au ciel, en
» solennisant la fête de la Transfigu-
» ration du Sauveur, qui fut insti-
» tuée pour cette victoire. Mais ce
» qui ne mérite pas moins de ré-
» flexion, lui seul a donné lieu à la
» convocation d'un concile général,
» et au projet de plusieurs autres.
» Ses (*4) armes seules ont réduit les
» chrétiens à lui opposer celles d'une
» croisade qui s'est distinguée évi-
» demment de toutes les guerres
» saintes, puisqu'un pape y marcha
» en personne, suivi du collége des
» cardinaux. Enfin, lui seul a obligé
» un des empereurs d'occident à
» instituer l'ordre des (*5) Chevaliers
» d'Autriche, qui sous ce grand
» nom, tiré de la maison de son fon-

dateur, et sous les auspices de
» Saint-Georges, s'engagèrent par des
» vœux formels à traverser des pro-
» grès si étonnans (*1). Un archevê-
» que, un cardinal, un pape même,
» ont publié pendant sa vie ses vic-
» toires par leurs écrits, pour lui
» susciter des ennemis en faveur de
» nos autels (3). » L'aveu qu'ont fait
nos historiens n'est pas un moindre
témoignage de sa gloire, que les
préparatifs qu'avait faits le pape pour
se retirer à Avignon, en cas que l'I-
talie fût attaquée par Mahomet en
personne. Achmet, qui commandait
dans Otrante, en partit pour aller
trouver son maître, « et conférer
» avec lui sur les progrès de ses ar-
» mes en Italie, où même il se pro-
» mettait de l'amener. Les menaces
» qu'il en fit en s'embarquant jetè-
» rent les Italiens dans la dernière
» consternation, et leur firent crain-
» dre une campagne d'autant plus
» funeste, que la garnison ottomane
» continuait chaque jour ses courses
» avec de nouveaux avantages ; de
» sorte qu'Otrante regorgeait d'escla-
» ves chrétiens et de butin. L'Italie
» a souffert de plus grands maux,
» mais elle n'a jamais eu de frayeur
» pareille, et il semblait que les
» peuples y étaient déjà condamnés
» à porter le turban. Il est certain
» que le souverain (*2) pontife, Sixte
» IV, croyant déjà voir Rome enve-
» loppée dans l'affreuse destinée de
» Constantinople, fit dessein de la
» confier à la protection des apôtres,
» et ne songea plus qu'à faire équi-
» per des galères pour passer en Pro-
» vence, et transférer une seconde
» fois le saint siége à Avignon. Les
» historiens de ce temps-là ont écrit
» qu'il n'y avait plus de salut pour
» l'Italie, parce qu'en effet on n'y
» voyait pas une place de guerre à
» l'épreuve de cent mille mahomé-
» tans, qu'on supposait y devoir être
» encouragés par la présence du sul-
» tan. Parmi tous les témoignages de
» cette consternation, je ne rappor-
» terai que celui de Sabellicus, qui
» était du pays, et qui vivait de ce

(2) *Là même*, pag. 6 et 7.
(*1) *Platina, Vit. Calist. Girolamo.*
(*2) *Briani, lib.* 17.
(*3) *Pandect. Leunclav., cap.* 133 ; *Turco-
Græc.*, pag. 62; *Petav. Ration. temp. pars* 1,
lib. 9; *Briani, lib.* 17.
(*4) *P Justinian., lib.* 8. *Platina Vit. di
Pio II.*
(*5) *Lazius, lib.* 3 *Rerum Viennensium.*

(*1) *Leon Chiens. Arch. Mityl. Isid. Ruthen.
Card. SS Pet. et Mart.*, Pius II.
(3) *Guillet, Histoire de Mahomet II, liv. I,
pag.* 4 et 5.

(*2) *Cuspinian.*, in *Vit. Mahom.*

» temps-là (*). Il n'y a point de doute
» que c'était fait de l'Italie, si la
» souveraine providence n'eût arrêté
» le cours d'un mal si horrible par la
» mort de Mahomet (4). » Je citerai
bientôt (5) un passage de Platine,
qui pourrait être joint aux précédens.

Voici un autre monument élevé
par les chrétiens à la gloire de ce
prince turc. Ils se réjouirent de sa
mort avec des excès qui valent les
plus beaux panégyriques de la Grèce.
Laissons parler encore M. Guillet.
*Les nouvelles de la mort de Mahomet
furent reçues dans la chrétienté avec
les plus grands transports de joie
qu'elle ait jamais fait éclater. Rhodes,
où elles furent plus tôt annoncées
qu'ailleurs, en fit des réjouissances
solennelles. Mais elles n'égalèrent
pas celles de Rome. Le pape Sixte fit
ouvrir toutes les églises, et cesser le
travail des artisans ; ordonna des fêtes qui durèrent trois jours, avec des
prières publiques et des processions
générales ; commanda que pendant
ce temps-là toute l'artillerie du château de Saint-Ange fît des décharges
continuelles, et ce qui est plus remarquable, fit cesser les apprêts du
voyage d'Avignon, où il allait chercher un asile contre les armes ottomanes* (6). L'historien ayant senti que
tant de démonstrations de joie peuvent faire tort au nom chrétien,
parce qu'elles ne sont pas une marque
de cette noble grandeur d'âme dont
l'ancienne Rome s'est piquée, a élu-
dé ou réfuté cette objection par une
note pieuse. *Il faut avouer,* dit-il
(7), *que la religion chrétienne a bien
mis de la différence entre les mœurs
des anciens Romains et des modernes,
et qu'elle l'y a mise avec une justice
qu'on ne saurait trop respecter. Car
l'ancienne Rome, prévenue de ses
maximes orgueilleuses, et d'une politique où le faste avait plus de part
que la générosité, ne se serait pas
réjouie de la mort de ses ennemis, de
peur d'être soupçonnée d'avoir honteusement appréhendé leur puissance.*

Ainsi César affecta de pleurer la
mort de Pompée, et l'histoire païenne est remplie de traits d'une pareille
ostentation. Mais dans le siècle de
Mahomet la destruction des autels
sacrés, et la profanation de nos plus
saints mystères, demandait légitimement une joie éclatante pour le trépas
de ce fameux sacrilége, comme une
pieuse reconnaissance que Rome devait au ciel pour le bonheur de la
chrétienté. J'ai déjà dit (8) que les
chrétiens ont donné à ce terrible ennemi le surnom de *Grand-Seigneur.*

(D) *Des écrivains distingués dans
le christianisme . . . soutiennent que
la prospérité est la marque de la
bonne cause.*] J'ai déjà montré l'impertinence de ces écrivains, dans
l'article de MAHOMET, le faux prophète (9). J'ai marqué qu'en matière de
triomphes, l'étoile du mahométisme
a prévalu sur l'étoile du christianisme, et que s'il fallait juger de la
bonté des religions par la gloire
des bons succès temporels, la mahométane passerait pour la meilleure.
Les mahométans sont si certains de
cela, qu'ils n'allèguent point de plus
forte preuve de la justice de leur
cause, que les prospérités éclatantes
dont Dieu l'a favorisée. Voici ce qu'un
moine, qui a demeuré long-temps en
Turquie, nous apprend sur les motifs
qui retiennent ces infidèles dans leur
religion. *Secundum motivum est victoria eorum continua contra christianos : quod aliquos multùm movet.
Undè victores se nominant, et glo-
riantur quasi victores totius mundi.
Orant etiam pro victoriis specialiter
in omnibus congregationibus suis,
præsertim in continuis post comestio-
nem gratiarum actionibus. Superbiunt
insuper et christianos fœminas despi-
ciendo nominant, et se viros eorum.
Et ut ad hoc magis ac magis inciten-
tur, antecessorum victorias descri-
bunt, decantant, laudant, ac præ-
conizant* (10) Joignons un autre
témoin à celui-là. « L'heureux succès
» des armes de ces infidèles est un
» autre argument dont ils se servent
» pour appuyer la vérité de leur re-

(*) Sabellic. Ennead. 10, lib. 7.

(4) Guillet, Hist. de Mahomet II, liv. VII,
pag. 374, 375, à l'ann. 1480.

(5) Dans la remarque (E).

(6) Guillet, Hist. de Mahomet II, liv. VII,
pag. 384.

(7) Là même.

(8) Dans la remarque (A).

(9) Remarque (P).

(10) Septem-Castrensis, de Moribus Turcarum, cap. XI, pag. 40, apud Hottinger., Hist.
orient., pag. 338.

» ligion. Car comme ils croient que
» Dieu est l'auteur de tous les bons
» événemens, ils concluent que, plus
» ils réussissent dans leurs guerres,
» et plus aussi Dieu fait paraître qu'il
» approuve leur zèle et leur religion.
» C'est cette persuasion qui fait que
» les Turcs haïssent et détestent les
» Juifs par-dessus tous les autres
» peuples du monde. Ils les appellent
» abandonnés de Dieu, à cause qu'ils
» n'ont point de demeure fixe sur la
» terre, et qu'ils n'ont aucun prince
» de leur nation, qui les protége et
» qui les défende (11). »

Le moine que j'ai cité nous dit une
chose qui est digne d'attention; c'est
que les Turcs, en se regardant comme des hommes, considéraient les
chrétiens comme des femmes. Comment accorderons-nous cela avec nos
histoires, qui nous apprennent que
les Turcs n'ont jamais vaincu les
chrétiens sans être dix ou douze
contre un, et sans perdre vingt fois
plus de gens que les chrétiens n'en
perdaient? Si cela était vrai, les
Turcs ne seraient-ils pas contraints
d'avouer que les chrétiens sont de
bons soldats? Diraient-ils que ce sont
des femmes? Je ne sais que dire sur
ce sujet; mais je suis persuadé d'une
part que nos chrétiens occidentaux
ont toujours été d'aussi bons soldats
pour le moins que les Ottomans, et
de l'autre que nos histoires sont
pleines de fables touchant le nombre
des morts et celui des combattans:
elles le grossissent prodigieusement
du côté des infidèles, et l'amoin-
drissent pas moins de l'autre côté.
Elles font ce que nous avons vu faire
aux gazetiers de chaque parti dans
ces dernières campagnes, aux deux
siéges de Namur (12). Tour à tour les
gazettes des assiégés ont parlé de
plusieurs assauts imaginaires, où
l'ennemi perdait une infinité de monde: tour à tour elles ont tellement
grossi ses pertes dans les assauts
effectifs, que qui joindrait ensemble
les morts, les blessés, les déserteurs,
et les malades de ces relations, on
ne trouverait plus personne à l'armée
des assiégeans, qui eût pu entendre
battre la chamade. Quoi qu'il en soit,

les choses sont bien changées; les
Turcs ont montré, et dans la Hongrie, et dans la Grèce, depuis l'an
1683, qu'ils sont de pauvres soldats,
et qu'ils ne sauraient résister aux
troupes chrétiennes inférieures en
nombre. S'ils avaient été toujours si
malheureux, ils n'auraient pas pris
la prospérité pour une marque de la
vraie religion. Ils ont fait de très-
grandes pertes dans l'Europe: nos
nouvellistes ont prétendu qu'ils en
avaient fait de très-funestes dans
l'Asie; car combien de fois avons-
nous lu dans les gazettes que la Mecque (13), que le grand Caire, et que
les provinces voisines avaient été sac-
cagées, et que la consternation était
grande dans Constantinople à l'occasion de ces irruptions et de ces soulèvemens (14)? C'étaient des hâbleries
et des fraudes politiques, destinées
à persuader aux peuples que toutes
les troupes impériales seraient bientôt sur le Rhin. Deux ou trois petites
conséquences très-aisées à tirer menaient d'abord là le lecteur.

Il semble que les Turcs depuis ces
disgrâces devraient douter que leur
religion fût bonne; cependant ils ne
le font point: ils ne sont pas plus
capables que les autres hommes de
raisonner conséquemment, et de
suivre leurs principes; ils font ce
que feraient les orthodoxes, ils attribuent leurs malheurs, non pas aux
défauts de leur religion, mais au peu
de soin qu'ils ont eu de la pratiquer.
Qu'il me soit permis de dire un mot
sur l'inconstance des raisonnemens
de l'homme, à l'égard de l'adversité
et de la prospérité. On a là-dessus
des maximes tout opposées. On vous
dira, et que ceux qui veulent vivre
selon la piété souffriront persécution
(15), et que la piété a les promesses
de la vie présente, et de celle qui est
à venir (16). On vous dira, et que
Dieu laisse prospérer les méchans en
cette vie, et que si nous y prenons
garde de près, nous trouverons véri-

(11) Ricaut, État présent de l'Empire ottoman,
liv. II, chap. III, pag. m. 324.
(12) Le premier en 1692, le second en 1695.

(13) Notez que la Mecque n'est point au
Turc, comme les gazettes le supposaient.
(14) Conférez ces paroles de Juvénal, sat.
VI, vs. 407:
  Quosdam facit isse Niphatem
In populos, magnoque illic cuncta arva tenent
Diluvio, nutare urbes, subsidere terras.
(15) IIe. épître à Timoth., chap. III, vs. 12.
(16) Ire. épître à Timoth., chap. IV, vs. 8.

table la maxime de Tite-Live, que ceux qui craignent Dieu réussissent dans leurs desseins, et que les impies ont la fortune contraire (17). Ce n'est pas le tout : dans la thèse générale on conviendra qu'il ne faut point juger des choses par l'événement, et que ceux qui le feront méritent d'être malheureux (18). Mais représentons-nous deux grands partis opposés, dont l'un a une importante entreprise. Si elle réussit, il ne manque pas d'en inférer qu'elle est juste ; il soutient que ce bon succès est une marque de l'approbation de Dieu : l'autre parti soutient au contraire qu'il s'en faut tenir à la thèse générale, et au *Careat successibus opto*, *etc.* Et que Dieu permet très-souvent pour punir les hommes, que les méchans réussissent dans leurs pernicieux complots. Mais si le parti qui moralise si bien forme peu après une entreprise de conséquence, et qu'il la voie réussir, il ne veut plus entendre parler de la thèse générale : il dit à son tour que le bon succès est une marque de la justice de cette affaire, et qu'il paraît bien que Dieu l'approuve, puisqu'il l'a accompagnée si visiblement de sa sainte bénédiction. Alors l'autre parti n'aura point de honte de venir dire, qu'il ne faut point juger des choses par l'événement, *Careat successibus opto*, *etc.*, et de débiter cent beaux lieux communs. Y a-t-il rien de plus commode que cela ? N'est-ce point être fourni de principes comme d'habits, les uns pour l'été, et les autres pour l'hiver (19).

(E) *C'est inutilement qu'on alléguerait que si les princes chrétiens n'eussent été désunis, ils eussent battu les mahométans.*] Une infinité de livres sont pleins de murmures, de ce que les princes chrétiens, s'entre-mangeant les uns les autres, ont laissé perdre Constantinople, l'île de Rho-

des, la Hongrie, etc., ce qu'ils auraient pu empêcher facilement, s'ils eussent uni leurs forces contre l'ennemi du nom chrétien. On a raison de le croire, et de se plaindre d'une discorde qui a été si utile aux Turcs. Mais on serait bien ridicule, si l'on employait cette remarque à faire voir que la fausse église n'a pas été plus comblée de prospérités temporelles, que la véritable : car cette discorde des princes chrétiens est elle-même un très-grand malheur ; et s'il était arrivé que les infidèles ne s'en fussent pas prévalus, elle n'eût pas laissé de prouver manifestement les adversités du christianisme. Remarquez bien que dans la question, si le christianisme a eu plus de part aux prospérités que les fausses religions, il ne s'agit pas de savoir si les sultans ont remporté des victoires par la valeur de leurs troupes, ou par la faiblesse de leurs ennemis ; mais s'ils ont conquis des royaumes, et s'ils ont gagné des batailles sur les chrétiens. Qu'ils l'aient fait par bonheur ou par bravoure, c'est toujours une prospérité temporelle ; et ainsi l'on ne remédie à rien, en affaiblissant la gloire de leurs triomphes, sous prétexte qu'ils ont tiré avantage de la désunion des chrétiens : c'est plutôt donner de nouvelles preuves de l'infortune du christianisme. Comptons donc pour un monument érigé par les chrétiens à la fortune et à la gloire des Turcs, tant de harangues qui ont été publiées pour exhorter les princes chrétiens à unir leurs forces contre les infidèles. Un temps a été que nos professeurs en éloquence n'auraient pas cru être dignes de leur pension, s'ils n'avaient fait une harangue de cette nature ; et ce n'était point un jeu d'esprit, ou un exercice d'écolier, comme les déclamations qu'on faisait à Rome sur Annibal (20), sur Sylla (21) : c'étaient des discours sérieux et graves, destinés à persuader aux princes une prompte ligue et une célèbre expédi-

(17) *Invenietis omnia prospera evenisse sequentibus Deos, adversa spernentibus.* T. Livius, *lib. V.*

(18) . . . . *Careat successibus opto Quisquis ab eventu facta notanda putat.* Ovid., Epist. Phyll. ad Demophoont.

(19) *Appliquez ici ce que disait saint Hilaire, lib. II, ad Constant., contre les annuas atque menstruas de Deo fides, qui étaient plutôt fides temporum quàm Evangeliorum. Voyez aussi l'Avis aux Réfugiés, pag. 85, et, tom. II, p. 379, la fin de la remarque (G) de l'article* ARIUS.

(20) *I, demens, et sævas curre per Alpes, Ut pueris placeas et declamatio fias.* Juven., sat. X, vs. 166.

(21) *Et nos ergò manum ferulæ subduximus, et nos Consilium dedimus Syllæ, privatus ut altum Dormiret* . . . . Idem, sat. I, vs. 15.

tion. Jérôme Reusnérus a recueilli plusieurs volumes de ces harangues. Ce n'étaient pas seulement les princes qui avaient besoin qu'on les exhortât à la concorde ; il y avait une autre espèce de désunion qui n'était pas un petit mal dans la chrétienté. Les gens d'église se reposaient sur les laïques, et ceux-ci attendaient qu'il plût aux ecclésiastiques de fournir aux frais de la guerre. Platine nous représente naïvement les mauvais effets de cette attente réciproque. *Mahometus Arabs*, dit-il (22)... *magnum in christiano populo excitavit incendium : et ita magnum, ut verear ne ejus secta nostrâ potissimùm œtate reliquias christiani nominis penitùs extinguat : adeò tepescimus : et animo ac corpore languidi interitum nostrum exspectantes concidimus. Invalescit ejus secta nunc multò magis quàm anteà. Nam tota Asia et Africa, magnaque pars Europæ mahometanis principibus subjecta est. Instant nunc Turci terrâ ac mari ; ut nos , tanquam cuniculos , ex his Europæ latebris eruant. Sedemus otiosi : alter alterum expectantes , quasi hoc malum universæ reipublicæ christianæ non immineat. Expectant sacerdotes ut à sæcularibus hoc tantum bellum et tam necessarium sumatur. Expectant item sæculares ut presbyteri tuendæ religionis causâ pecunias in sumptus bellicos polliceantur et subministrent, ne in pejores usus effundant, quemadmodum facere plerique consuevére , pecunias eleemosynis et sanguine martyrum comparatas , in aurea et argentea vasa et pergrandia quidem fundentes : parùm de futuro soliciti ; Dei quem tantùm utilitatis gratiâ colunt , et hominum contemptores.* C'est donc avec beaucoup de justice qu'on se moque de Bellarmin , qui a osé mettre la prospérité entre les marques de la vraie église. *Quas ultimo ponit loco notas* Bellarminus *IX et X infelicem exitum ecclesiam oppugnantium, felicitatem verò ecclesiam defendentium, nomen notarum adeò non merentur, ut mirum sit non cogitásse cardinalem furiosis hâc ratione muhammedanis contrà nos suppeditari arma* (23). C'est aux

(22) Platina , *in* Bonifacio V.
(23) Hottinger , Hist. orient. , *pag.* 338.

mahométans qu'il convient de dogmatiser de la sorte, comme le fait voir Hottinger, qui montre d'ailleurs que le nom de catholique , l'antiquité , une longue durée non interrompue , l'étendue , la succession , des évêques , les miracles , l'austérité des mœurs , le témoignage des adversaires , et telles autres marques, à quoi Bellarmin prétend que l'on reconnaisse la vraie église , sont les mêmes que les sectateurs de Mahomet allèguent à l'avantage de leur religion.

(F) *Il y a des gens qui ont écrit que ce sultan était athée.*] Voici ce que Paul Jove remarque sur ce sujet (24) : *Natus ex despoti Serviæ filiâ, quæ puerum christianis præceptis et moribus imbuerat, quorum mox oblitus adolescendo, ita ad Mahometis sacra se contulit, ut neque hos, neque illos ritus teneret, et in arcano prorsùs Atheos haberetur ; utpote qui unum tantùm bonæ fortunæ numen coleret, quod præclarè conciliari vividâ efficacique animi virtute prædicabat. Itaque nulli addictus religioni, cunctorum hominum accuratas de Diis, tanquàm humana nihil curantibus, cogitationes irridebat ; eo animi decreto, ut nullum unquàm jus amicitiæ aut fœderis, nisi ex commodo, exceptáque ad proferendum imperium occasione, colendum atque servandum arbitraretur.* Il y a deux observations à faire sur ce passage : 1°. Paul Jove se trompe, quand il assure que la mère de Mahomet était chrétienne (25). « On ne sait ni le nom ni la qualité » de sa mère, quoique tous les histo- » riens d'Occident, prévenus d'une » erreur générale , nous l'aient vou- » lu faire connaître sous des noms » diversement forgés, tantôt de Mé- » lisse et d'Irène, tantôt de Marie, » fille du despote de Servie, et qua- » lifiée de *Despœne*, titre d'hon- » neur que les Grecs donnaient aux » princesses chrétiennes de l'Orient. » Mais quoique cette Despœne eût » épousé le sultan Amurat, elle n'é- » tait que belle - mère de Maho- » met , et n'eut jamais d'enfans , » comme il est clairement justifié par

(24) Jovius , *in* Elogiis Virorum bellicâ virtute illustrium , *lib. III, pag. m.* 262.
(25) Guillet , Histoire de Mahomet II , *liv. I, pag.* 18.

» l'ambassade de l'historien Phran-
» za (*¹), qui fut envoyé auprès
» d'elle pour la solliciter d'épouser
» l'empereur Constantin, quand elle
» fut veuve d'Amurat. Les Turcs et
» le reste des Grecs en conviennent
» (26)... Il y a de grandes conjectu-
» res que la (*²) Despœnc Marie qui,
» par un privilège particulier y (27)
» vivait dans l'exercice de la re-
» ligion chrétienne, eut quelque
» soin de lui ; car elle lui apprit
» l'*oraison dominicale et la saluta-*
» *tion angélique*, non pas comme
» une instruction de piété, qu'A-
» murat, jaloux de son culte, aurait
» rigoureusement condamnée, mais
» comme le simple amusement d'un
» enfant, dont la curiosité s'atta-
» chait déjà à toutes choses. » Ma
2e. réflexion est que Paul Jove se contredit grossièrement ; car si Mahomet II reconnaissait et servait la divinité de la fortune, et s'il croyait
que l'on en gagnait les bonnes grâces
par l'application, et par la force de
son courage, il n'était point athée,
et il ne rejetait point entièrement la
Providence. Il est visible que cette
fortune qu'il servait ne pouvait être
dans son esprit que sous l'idée d'un
être qui dispose des événemens, et
qui favorise certaines personnes. Ce-
là ne peut convenir à un être aveugle, et qui n'aurait qu'une force naturelle de se mouvoir. Il faut que cet
être puisse diriger ses forces selon
ses désirs, et qu'il connaisse ce que
font les hommes, et qu'il les distingue les uns des autres. Chacun voit
que le système des athées est incompatible avec la supposition d'un tel
être (28). Le père Maimbourg, copiste ici de Paul Jove, est tombé
dans la même contradiction. *Il n'y
eut jamais*, dit-il (29), *de plus grand
athée que ce prince, qui n'adorait*

*que sa bonne fortune, qu'il recon-
naissait pour l'unique divinité à laquelle il était toujours prêt de sacrifier toutes choses ; qui se moquait de
toutes les religions ; de la chrétienne,
en laquelle il avait été instruit dès
son enfance par la sultane sa belle-
mère, fille du despote de Servie ; de
celle de Mahomet, qu'il traitait de
chef de bandits entre ses confidens ;
et de tous ceux qui croyaient qu'il y
eût une autre Providence que celle
que chacun doit avoir pour soi-même.
De là vient que son intérêt, sa grandeur et son plaisir étaient l'unique
règle de ses actions ; et qu'il ne gardait ni foi, ni parole, ni serment,
ni traité, qu'autant qu'il les trouvait
commodes et utiles pour arriver à
quelqu'une de ces trois fins, à laquelle il tendait toujours en tout ce
qu'il entreprenait.*

C'est une opinion fort générale,
que certaines gens ont du bonheur,
et que d'autres ont du malheur ; et il
est bien difficile de ne croire point
cela, quand on prend garde aux
événemens publics. Il y a des ami-
raux qui sont traversés presque toujours par les vents contraires, dans
les desseins les plus importans. Il y
en a d'autres pour qui le bon vent
semble se lever, toutes les fois qu'ils
ont à exécuter de grandes choses.
Ces coups de malheur et de bonheur
ne paraissent pas si visiblement dans
les armées de terre ; mais on ne saurait nier que les pluies ou le beau
temps, et plusieurs autres occur-
rences qui ne dépendent point de
notre sagesse, ne traversent ou ne
favorisent plus souvent les entreprises de certains généraux, que les entreprises de quelques autres. Il semble même que l'on puisse remarquer
qu'il y a des généraux qui ne sont
jamais secondés de ce qu'on appelle
coups de bonheur, que lorsqu'ils
combattent contre des chefs qui passent pour malheureux. Si l'on suivait à la trace les aventures des particuliers, on y trouverait à proportion autant de marques de ces coups
de bonne ou de mauvaise fortune. Il
n'y a point d'athée, il n'y a point
d'épicurien, qui puisse admettre cette distinction de bonheur ou de malheur ; elle n'est pas compatible avec
leur système. Allégueront-ils les in-

(*¹) *Phranz.*, lib. 3, cap. 2 ; *Chalcond.*, *lib.*
7 ; *Turco-Græc.*, *pag.* 22 ; *Annal. Sultan.*,
cap. 93 *et* 96.
(26) *Guillet*, Histoire de Mahomet II, *liv. I*,
pag. 11.
(*²) *Turco-Græc.*, *pag.* 194. *Informat. di
Paulo Giovio*, *pag.* 75. *Annal. Sultan.*, *c.* 99.
(27) *C'est-à-dire, dans le sérail.*
(28) *Voyez l'article de* César, *tom. V, pag.*
31 , *remarque* (H), *au premier alinéa.*
(29) Maimbourg , Histoire du Schisme des
Grecs, *liv. VI*, *pag.* 291, *édition de Hollande*,
il cite Ducas, *cap.* 33.

fluences des astres? Mais cela n'est bon à dire que dans un sonnet : elles ne peuvent rien ici, à moins qu'elles ne soient dirigées par un principe intelligent; et c'est ce qu'ils n'admettent pas. Ils diront que c'est un malheur, si un homme qui achète deux cents billets de loterie sur trois mille n'emporte aucun lot ; et que c'est un bonheur si un homme qui n'achète que trois billets sur cent mille a le gros lot : mais ils soutiendront que cela se fait sans la direction d'une intelligence, et par une suite nécessaire du mélange des billets. En effet, quand même il n'y aurait point de Providence, il faudrait nécessairement que quelqu'un eût le gros lot, celui-ci plutôt que cent autres : mais ils ne peuvent point avouer selon leur système, que certains hommes auraient toujours le gros lot, en n'achetant que peu de billets ; et que d'autres qui en achèteraient un grand nombre, ne gagneraient jamais rien ; car cela témoignerait clairement la direction de quelque génie ami ou ennemi. Voilà pourquoi ils ne peuvent point admettre la distinction, proprement dite, de gens malheureux et de gens heureux (30). En un mot, pour revenir à Mahomet, s'il a reconnu la divinité de la fortune, il n'a été ni athée, ni épicurien.

(G) *Il eut de la tolérance pour l'église grecque, et beaucoup de civilité pour le patriarche de Constantinople.*] Je m'assure que mon lecteur sera bien aise de trouver ici un petit détail, sur un fait aussi curieux que celui-là. Je me servirai des paroles du père Maimbourg, qui ayant décrit la prise de Constantinople, et l'entrée triomphale de Mahomet dans cette ville, continue ainsi (31) : « Après cela, comme il était extrê-
» mement adroit, ne voulant pas
» perdre avec les chrétiens les prin-
» cipales forces, et le plus grand re-
» venu de son nouvel empire, il fit
» un trait de très-habile politique,
» pour les rassurer, en leur faisant
» voir qu'il les voulait traiter très-
» favorablement en bon maître, et

» leur laisser l'exercice libre de leur
» religion. Car ayant appris (*1) que
» le siége patriarcal était vacant,
» par la renonciation volontaire de
» Grégoire Protosyncelle, qui s'était
» retiré à Rome, il voulut qu'il y
» en eût un : et pour agir aussi d'a-
» bord en empereur, il ordonna qu'il
» se fît à la manière accoutumée
» sous les derniers princes . . . Il fit
» assembler quelques évêques qui se
» trouvèrent alors aux environs de
» Constantinople, avec si peu d'ec-
» clésiastiques qui y étaient restés,
» et les principaux d'entre les bour-
» geois : ceux-ci élurent, selon ses
» ordres, le célèbre sénateur (*2)
» George Scholarius, celui-là même
» qui s'était déclaré si hautement
» pour la foi catholique au concile
» de Florence, et que Mahomet, qui
» aimait les habiles gens, avait épar-
» gné, quand il fit mourir tant de
» personnes de qualité, ayant su que
» c'était le plus savant et le plus
» éloquent de tous les Grecs. Il fut
» donc choisi, sous le nom de Gen-
» nadius; et le sultan voulut obser-
» ver en cette occasion toutes les
» mêmes cérémonies que les empe-
» reurs de Constantinople gardaient,
» en installant le patriarche en cette
» manière (32). . . Aussitôt qu'il eut
» fait élire Gennadius, on le condui-
» sit par son ordre en grande pompe
» au palais, où il le reçut avec tou-
» te sorte d'honneurs et de témoi-
» gnages de bienveillance, le faisant
» même manger à sa table, s'entrete-
» nant long-temps avec lui comme
» s'il eût été le plus intime de ses
» confidens. Après quoi l'ayant me-
» né dans la grand'salle, il lui mit
» en cérémonie le bâton pastoral
» entre les mains, en présence des
» Turcs et des chrétiens accourus à
» un spectacle aussi surprenant que
» celui où l'on voit le sultan des
» Turcs, ennemi mortel du christia-
» nisme, donner l'investiture du pa-
» triarcat de Constantinople, par la
» crosse. Il fit plus, car quoique le
» nouveau patriarche fît tout ce
» qu'il pût pour s'y opposer, allé-

(30) *Voyez, sur tout ceci, les remarques de l'article* TIMOLÉON, *tom. XIV.*

(31) Maimbourg, Histoire du Schisme des Grecs, *pag.* 358 *et suiv.*

(*1) *Phranz., lib. 3, c.* 19.

(*2) *Phranz., lib. cit. Leo Allat., de perp. consen. , l.* 3, *c.* 5, 6.

(32) Maimbourg, Histoire du Schisme des Grecs, *pag.* 361, 362.

» guant l'exemple des autres empe-
» reurs, qui n'avaient jamais porté
» la bonté et la civilité si loin, il le
» voulut conduire jusquà la porte du
» palais, où l'ayant fait monter sur
» le plus beau cheval de son écurie,
» superbement enharnaché de satin
» blanc tout brodé d'or, il ordonna
» à tous ses visirs, et à ses bachas,
» de l'accompagner, comme ils fi-
» rent, en marchant en bel ordre, à
» pied, les uns devant, et les autres
» après lui, dans une longue et su-
» perbe suite, au travers de (*) toute
» la ville, jusqu'à la célèbre église
» des douze apôtres, qu'il lui avait
» assignée pour être sa patriarcale,
» au lieu de celle de Sainte-Sophie,
» dont il avait fait la grande mos-
» quée. Il l'alla même visiter quel-
» ques jours après dans le nouveau
» palais patriarcal de l'église de No-
» tre-Dame, qu'il avait obtenue du
» sultan au lieu de celle des Apôtres;
» et là il le pria de lui expliquer les
» principaux points de la religion
» chrétienne : ce que ce grand hom-
» me fit avec tant de jugement, de
» force, et de netteté, et tant d'ap-
» probation du sultan, qu'il en vou-
» lut avoir l'exposition par écrit, qui
» se voit encore aujourd'hui en grec,
» en latin, et en arabe demi-turc.
» Voilà ce que fit cet habile prince,
» pour obliger, par cette feinte dou-
» ceur du commencement de son
» empire, les chrétiens grecs à sup-
» porter plus doucement un joug
» qu'ils ne trouveraient pas si dur
» qu'ils l'ont depuis expérimenté,
» jusqu'à maintenant. » Consultez
M. Guillet (33) qui raconte tout
ceci amplement et exactement, et
qui rapporte plusieurs choses qui furent faites par Mahomet en faveur
des Grecs. On en verra le précis dans
la remarque suivante.

(H) *Il n'y a nulle apparence qu'il
ait fait le vœu qu'on lui attribue.*]
« C'est dans l'année 1469, que le
» Supplément des Annales de Baro-
» nius (34) assure que Mahomet, em-

» porté de zèle pour sa religion, fit
» solennellement le vœu que voici,
» contre la nôtre. *Je fais serment,
» et proteste par un vœu, que j'a-
» dresse au seul Dieu créateur de
» toutes choses, que je ne goûterai
» ni les douceurs du sommeil, ni cel-
» les de la bonne chère ; que je re-
» noncerai même aux souhaits des
» voluptés, et au plaisir des sens ; et
» que je ne tournerai point mes re-
» gards de l'Orient vers l'Occident,
» jusqu'à ce que j'aie foulé sous les
» pieds de mon cheval tous les dieux
» que les adorateurs de* Christ *for-
» mèrent de bois, d'airain, d'or, et
» des couleurs de la peinture ; en un
» mot, que je n'aie purgé la face de
» la terre de leurs impiétés, depuis
» l'orient jusqu'à l'occident, afin d'y
» faire éternellement retentir les
» louanges du vrai Dieu, et de son
» prophète Mahomet.* Les historiens
» Grecs de ce temps-là, qui pou-
» vaient parler avec certitude des
» affaires de leur pays, et qui ne
» pardonnent rien au sultan, ne di-
» sent pas un mot de ce vœu. Est-il
» possible que les historiens latins
» qui l'ont rapporté, sans citer au-
» cun garant, aient fait Mahomet
» si zélé pour sa religion, eux qui
» soutiennent qu'il n'en professait
» aucune ? Diront-ils que ce prince
» ait voulu faire l'hypocrite, pour
» flatter ses sujets par ce faux éclat
» de piété, lui qui toujours fier, et
» toujours persuadé de sa toute-puis-
» sance, n'a jamais daigné rien mé-
» nager avec eux, et qui ne s'y est
» point vu réduit par aucune sédition
» de l'armée ou du peuple, ni par au-
» cune formalité des cérémonies de
» sa loi ? Il lui était aisé de commen-
» cer à s'acquitter de ce vœu dans la
» Turquie, où sa nation sacrilège
» n'aurait pas mieux aimé que de
» seconder ce faux zèle. Il est évident
» que contre le but de cette préten-
» due politique, il s'y serait rendu
» ridicule, en faisant chaque jour à
» leurs yeux le contraire de ce qu'il
» avait promis : car nous avons mar-
» qué ses soins à rétablir la dignité

(*) *Turco-Græc.*, *l.* 2 Panmacharistæ.
(33) Histoire de Mahomet II, *liv. III*, pag.
259 *et suiv.*

(34) *C'est-à-dire* Spondé, *dans la* Continuation des Annales. *Il cite la lettre* CCCLXXX
*du cardinal de Pavie, et il dit qu'une personne
ayant porté une copie de ce vœu à Raguse, on
le traduisit en italien, et on l'envoya aux Vé-*

nitiens, *qui le communiquèrent au pape. Apparemment cette pièce fut fabriquée ou par quelque homme de loisir, ou par quelque politique,
afin d'animer à une guerre de ligue les princes
occidentaux.*

» de patriarche, à entretenir une
» espèce de société familière avec les
» patriarches Gennadius et Maxime,
» à autoriser de temps en temps
» l'exercice de leur religion par des
» lettres patentes, ou par les régle-
» mens de ses cadis, et à peupler
» Constantinople des familles chré-
» tiennes qu'il tirait de chaque ville
» grecque, à mesure que ses armes
» l'en rendaient maître. Il ne faut
» que considérer l'état présent de la
» Grèce, où ses successeurs ont souf-
» fert l'exercice du christianisme,
» selon la liberté qu'il en donna
» quand il en fit la conquête. On
» montre encore aujourd'hui dans
» les plus célèbres monastères du
» pays, les sauve-gardes et les titres
» d'exemptions qu'il accorda géné-
» reusement aux calogers. Il ne dé-
» fendit point aux Grecs la vénéra-
» tion des images sans relief, qui
» leur est encore continuée contre
» les termes formels de ce vœu, et
» eut la même tolérance pour les
» images en relief, révérées par les
» Génois de l'église romaine établis à
» Galata, et par les Albanais du
» même rit, qui avaient été sujets
» de Scanderbeg. Les historiens la-
» tins ont encore écrit, qu'autant de
» fois que Mahomet faisait rencontre
» d'un chrétien, il (*) se croyait
» souillé d'une tache spirituelle, et
» courait incontinent aux ablutions
» de l'Alcoran, en se lavant les yeux
» et la bouche : mais cela étant, il
» avait bien de ces sortes de purifi-
» cations à faire, quand à la tête de
» son armée il en rencontrait une
» de cinquante ou soixante mille
» chrétiens (35). »

(I) *On dit qu' . . . il coupa la tête*
à une maîtresse qu'il aimait éperdu-
ment.] Elle s'appelait Irène, et n'a-
vait que dix-sept ans (36). *Un bacha*
l'avait faite esclave à la prise de Con-
stantinople, et donnée au sultan (37).
Vous trouverez dans M. Guillet les
circonstances de cette aventure ;
mais comme il remarque (38) que

tous ceux qui en ont parlé, l'ont
copiée de *Bandelli* (39), moine italien qui *semble en avoir ôté toute*
créance, par les fautes qu'il y a faites
contre l'ordre des temps, et contre
les noms et le rang des personnes
qu'il y introduit, je ne la tiens pas
fort certaine. M. de Scudéri, qui
avait fait tant de harangues sous le
nom des dames illustres, fit des discours politiques sous le nom des rois.
L'un de ces discours est la réponse
prétendue de notre sultan aux murmures de son armée, le jour qu'il dé-
capita cette belle fille.

(K) *La plupart des historiens chré-*
tiens . . . ont sacrifié la bonne foi à
leur passion et à leur ressentiment.]
M. Guillet ayant observé que les
nations occidentales ont donné à ce
sultan la qualité de *Grand Seigneur,*
ou de *Grand Turc,* ajoute tout aussitôt (40) : « Il est vrai que ce favo-
» rable témoignage de nos peuples a
» été contredit par la plupart des
» historiens d'occident qui écrivaient
» de son temps ; car il n'y a point
» d'opprobres ni de titres outrageux
» dont leur plume n'ait voulu ternir
» ce prince. A la vérité, il faut louer
» leur zèle pour la religion chrétien-
» ne, quand selon l'occasion ils se
» sont emportés contre les impiétés
» de Mahomet; mais aussi, selon l'oc-
» casion, devaient-ils publier ce qu'il
» a eu de qualités louables. C'est le
» juste tempérament qu'ont su gar-
» der Philippe de Comines, Chal-
» condile, et la lettre du pape Pie
» II, qui ont parlé de ce prince pen-
» dant sa vie, en se dépouillant des
» préjugés vulgaires, et avec les
» sages réserves qu'il faut toujours
» avoir pour les têtes couronnées.
» Car enfin, de tout temps, un usage
» peu honnête a banni la modération,
» qui devrait régner entre les écri-
» vains de diverses religions ou de
» différens partis, et leur a suggéré
» l'invective et l'animosité; comme
» si la justice et la raison avaient
» besoin d'un secours si bas et si
» honteux. Aussi faut-il avouer que
» si de toutes les injures publiées en
» ce temps-là contre Mahomet, on

(*) *Isidor. Rhuten.*

(35) Guillet, Histoire de Mahomet II, *liv.*
VI, pag. 164 *et suiv.*

(36) Guillet, Histoire de Mahomet II, *liv.*
III, pag. 293, *à l'ann.* 1455.

(37) *La même.*

(38) *Là même, pag.* 299.

(39) *C'est* Bandel (Mathieu), *dont j'ai donné*
l'article, tom. III, pag. 80.

(40) Guillet, Histoire de Mahomet II, *liv. I,*
pag. 9.

» en excepte quelques-unes qui sont » véritablement autorisées par la pu-» deur et par la piété, le reste est » une louange déguisée, et la vaine » menace de ceux qu'il faisait trem-» bler. » Cet auteur fait là un portrait qui ressemble à beaucoup de gens répandus dans tous les siècles, et dans toutes les nations.

(L) *Je pense qu'il fut . . . le premier sultan qui aima les arts et les sciences.*] Il lisait souvent l'histoire d'Auguste, et celle des autres césars, et avec encore plus de plaisir celles d'Alexandre, de Constantin, et de Théodose, *parce que tous trois ont régné dans les pays de sa domination* (41) . . . . . . *De l'amour qu'il avait pour l'histoire, il passa avec le temps à l'estime des historiens, et leur en donna des marques* . . . . . *Il aima avec passion la peinture et la musique, et s'appliqua à la ciselure et à l'agriculture* (42) . . . *La connaissance des langues étrangères lui fut si chère, contre le génie de sa nation, qu'il ne parlait pas seulement celle des Arabes, qui est affectée aux lois ottomanes et à la religion du législateur Mahomet, mais encore la persane, la grecque et la française, c'est-à-dire, l'italienne corrompue; se facilitant ainsi une communication avec les peuples qu'il menaçait de ses armes. Surtout il excellait dans l'astrologie; et, pour encourager ses troupes, et effrayer ses ennemis, publiait que le mouvement et les influences des corps célestes lui promettaient l'empire du monde* (43). Pour savoir combien il se connaissait en tableaux, on n'a qu'à lire, dans M. Guillet, ce que le Vasari raconte touchant Gentilé Bélino, fameux peintre vénitien, qui fut quelque temps à la cour de Mahomet, et qui en revint chargé de présens (44). Il apporta le portrait de cet empereur; et ainsi il n'a pas été malaisé aux historiens de nous

apprendre comment ce prince était fait : néanmoins on le représente bien différemment. Le père Maimbourg maltraita un peu sur ce sujet le père Bouhours. Voyez la Critique générale de l'Histoire du Calvinisme (45). Finissons cette remarque par ces paroles de Paul Jove (46). *Cæterùm Mahomet qui impietatis apud suos, apud nostros verò perfidiæ, et inhumanæ crudelitatis notam subiit, hanc saltem confessione omnium certam laudem à barbaris repudiatam, non insulsè tulisse existimatur, quòd ei litterarum, et præcellentium artium decus cordi fuerit; quandò cunctas clarissimarum gentium historias, sibi verti in turcicam linguam juberet; ut indè haustis militiæ præceptis, actionum suarum disciplinam, exemplorum varietate confirmaret, et præclaros artifices pictoresque præsertim insigni liberalitate complecteretur. Nam et commentaria rerum ab ipso gestarum à liberto ejus Vincentino* (47) *conscripta legimus; verìque ejus imagine sumus potiti, quam Gentilis Bellinus, è Venetiis Byzantium evocatus pinxerat, quùm ibi regiam multis tabulis rerum novarum ad oblectationem jucundissimam refersisset.*

(M) *Son épitaphe mérite d'être considérée.*] « On porta son corps dans » la mosquée de sa fondation, où » l'on voit encore aujourd'hui son » turban et son sabre. Mais ce qu'il » y a de singulier, l'épitaphe qu'on » lui fit ne parlait point de ses gran-» des actions, et semblait même les » compter pour rien, en comparaison » de ses dernières pensées, que l'on » se contenta d'y exprimer comme le » plus grand éloge, et le plus fidèle » tableau de son courage. L'inscrip-» tion ne consistait qu'en neuf ou dix » paroles turques, expliquées par » celles-ci : *Je me proposais la con-» quête de Rhodes et celle de la su-» perbe Italie* (48). » C'est nous faire entendre très-clairement, 1°. qu'on

(41) Guillet, Histoire de Mahomet II, *liv. I, pag.* 15.

(42) *Là même, pag.* 16.

(43) *Là même, pag.* 17. *Voyez, sur tout ce-ci, le père* Maimbourg, Histoire du Schisme des Grecs, *liv. VI, pag.* 289, *qui cite* Phranz., l. 1, c. 33. Leuncl., l. 15.

(44) *Là même, liv. IV, pag.* 505 *et suiv. Voyez aussi* Florent le Comte, *au I*er. *tome du* Cabinet des Singularités, *pag.* 29 *et* 30, *édition de Paris,* 1699, *et le Journal de Trévoux, mai* 1702, *pag.* 122, *édition de France.*

(45) Lettre XXX, *p.* 333, 334 *de la troisième* édition.

(46) Paulus Jovius, *in* Elogiis Virorum bellicâ virtute illustrium, *lib. III, pag.* 265.

(47) *C'est sans doute* Angiolello, *dont j'ai donné l'article, tom. II, pag.* 109.

(48) Guillet, Hist. de Mahomet II, *liv. VII, pag.* 381.

ne marqua dans l'épitaphe de Mahomet aucun des desseins qu'il avait exécutés, mais seulement les desseins qu'il voulait exécuter ; 2°. que ces actions à venir furent marquées en langue turque. Cela est bien différent du narré de mademoiselle de Scudéri. *Comme l'ambition était la passion dominante au cœur de Mahomet, elle le suivit jusques à la mort, ordonnant que l'on mît sur son tombeau cette inscription en langue latine, après une grande narration de toutes ses victoires en langue turquesque :* IL AVAIT INTENTION DE RUINER RHODES, ET LA SUPERBE ITALIE (49). Spandiginus (50) est conforme à ce narré, si ce n'est qu'il ne dit point que les dernières paroles fussent en latin. Je trouve assez apparent que Sélim Iᵉʳ. pour renchérir sur cette épitaphe, s'en fit faire une où il disait, qu'il faisait encore la guerre après sa mort (51).

(N) *J'aurai quelques fautes à reprocher à M. Moréri.*] 1°. Il n'est pas vrai que Mahomet ait *subjugué la Carinthie et la Styrie* : ses troupes y firent seulement des courses et des ravages, après la victoire du Lisoncio, qu'elles gagnèrent sur les Vénitiens, l'an 1476 (52). 2°. Il est faux qu'il ait fait lui-même son épitaphe en latin. 3°. Et qu'il soit mort à Nicomédie : il mourut dans une *bourgade de Bithinie, connue par les anciens sous le nom d'Astacus, entre Constantinople et Nicomédie, qui en sont éloignées chacune d'une journée* (53). Cette bourgade est nommée par quelques-uns *Teggiur Tzaïr*, et par quelques autres *Géivisé.* 4°. Il n'a point vécu cinquante-trois ans, mais un peu plus de cinquante et un. 5°. On ne peut

assez admirer que M. Moréri ait été capable de dire que Mahomet *ne manquait pas de courage.* C'est ainsi qu'on parle d'un homme soupçonné de poltronnerie, et qu'on tâche d'en justifier : c'est ainsi qu'on parle d'un prince fort pacifique, et qui, n'ayant jamais donné des preuves publiques de sa valeur, a fait néanmoins connaître, dans le cabinet, qu'il ne craignait pas la mort ni les périls : mais il est absurde de s'exprimer de la sorte, en parlant d'un foudre de guerre et d'un conquérant tel que notre Mahomet, qui, pour me servir des termes d'un historien que Moréri devait connaître (54), *eut de la nature un corps extrêmement robuste, et capable de toutes les fatigues de la guerre, dont il fit son occupation continuelle durant toute sa vie; un tempérament tout de feu, un naturel impétueux, hardi, entreprenant et insatiable de gloire ; un cœur plus grand encore que sa naissance et sa fortune, un courage intrépide.* 6°. M. Moréri s'exprime très-mal un peu après, lorsqu'il assure *qu'à parler ingénument, on ne peut entendre parler sans mépris des débauches de Mahomet ;* et tout aussitôt il rapporte que *cet infâme voulut forcer le prince de Valachie.* N'est-ce pas avec horreur, et non pas avec mépris, qu'on entend parler de semblables déréglemens ? 7°. Mahomet ne *coupa point lui-même la tête à une femme, parce qu'elle lui paraissait trop belle ;* ce fut à cause que ses soldats murmuraient de voir qu'il perdît sa réputation et de belles occasions entre les bras d'une fille : encore n'est-ce pas un fait certain (55). 8°. Il est faux que ce sultan, *après la prise de Constantinople, ait déchargé sa colère sur le corps mort de l'empereur Constantin.* Le chancelier (56) de cet empereur, qui était dans Constantinople, *et qui n'a écrit que ce qu'il avait vu lui-même* (57), dit le contraire : « Il nous assure que le sultan » ayant fait chercher fort exactement » partout, pour s'éclaircir de ce dont

(49) Scudéri, illustre Bassa, *tom. I, pag.* 320, 321.

(50) *Apud* Spondanum, *ad annum* 1481, *num.* 2.

(51) *Voici la substance de cette épitaphe rapportée par du* Verdier, *dans son* Histoire des Turcs :
Je suis ce grand Sélim qui debellai la terre,
Qui cherche les combats encor après ma
mort :
La fortune a toujours fléchi sous mon effort,
Mon corps est au tombeau, mon esprit à la
guerre.

(52) *Voyez* Paul Jove, Elog. Vir. bellicâ virtute illustr., *lib. III, pag.* 263, *et* Guillet, *liv. VII, pag.* 290, 291.

(53) Guillet, *liv. VII, pag.* 377.

(54) Maimbourg, Schisme des Grecs, *liv. VI, pag.* 299 : *il cite* Leunel., L. 15. Lonic., Hist. Turc., l. 1. Cuspin., in Mahom.

(55) *Voyez la remarque* (I).

(56) *Il s'appelait* Phranses.

(57) Maimbourg, Histoire du Schisme des Grecs, *liv. VI, pag.* 347.

» on doutait encore, à savoir s'il était » vif ou mort, son corps fut enfin » trouvé parmi ceux de plusieurs » Turcs et chrétiens entassés les uns » sur les autres, sans doute à l'en- » droit même où ce brave prince » avait été tué, avec ces vaillans » hommes qui périrent avant lui, » après avoir fait un grand carnage » de leurs ennemis ; car dans les » portes il n'y avait que des corps de » chrétiens ou étouffés dans la presse, » ou tués, tandis qu'ils s'efforçaient » de passer dans cet embarras. Il » ajoute qu'on reconnut ce corps » tout défiguré, par les bottines de » pourpre enrichies d'aigles en bro- » derie d'or, que les seuls empereurs » portaient, et que Mahomet, qui » voulut honorer le courage et la » vertu d'un si grand prince, com- » manda qu'on lui rendît tous les » honneurs funèbres qui étaient dus » aux empereurs (58). »

(O) *Le père Maimbourg a eu la témérité d'imputer au schisme des Grecs les maux qu'ils souffrirent sous ce prince turc.*] Il ne cesse de répéter (59) que la prise de Constantinople, et la ruine de leur empire, furent la juste punition de leur opiniâtreté à refuser au siége de Rome la soumission qu'ils lui devaient. Il ne profita guère des censures qu'il essuya, pour avoir dogmatisé d'une semblable ma- nière dans l'Histoire des Iconoclastes. On lui fit voir que cette doctrine est séditieuse. Il avait dit (60) *que Dieu ôta l'empire d'Occident aux Grecs, en punition de leur révolte si souvent renouvelée contre l'église*, et voici comment on le critiqua (61) : *Il n'y a que Dieu qui connaisse la cause du changement des empires et des royau- mes, et c'est être au moins téméraire que d'en attribuer la cause à l'impiété ou aux hérésies, soit des souverains, soit des sujets de ces empires. Croyez- vous, continua-t-il, qu'il soit permis de dire d'un roi, d'un empereur hé- rétique, ou d'un souverain dans les états duquel il y a des hérétiques,*

lorsqu'on les en voit dépouillés, qu'ils les ont perdus à cause de celles qui se sont élevées dans leurs terres ? Ce- la n'approche que trop, repartit Eu- chariste, de cette détestable doctrine, condamnée d'hérésie dans le concile de Constance (*). *Car si l'on peut dire d'un prince qui a perdu sa sou- veraineté, qu'il en a été privé de Dieu pour ses crimes, pour son hérésie, ou pour celles qui régnaient dans ses états, n'est-ce pas dire que ces crimes méritent qu'il soit privé de ses états ?* Non-seulement cette doctrine est sé- ditieuse, mais aussi une imitation des plaintes qui furent faites par les païens contre l'église chrétienne (62), à l'occasion des ravages que les Goths firent dans Rome et dans toute l'Ita- lie, et ailleurs. La ville de Rome fut aussi maltraitée par les troupes de Charles-Quint, l'an 1527, que celle de Constantinople le fut quand les Turcs la prirent. Le père Maimbourg trouverait-il bon que les Grecs lui dissent que Rome fut alors ainsi dé- solée, à cause qu'elle avait eu l'am- bition d'exiger que l'église grecque lui rendît obéissance ? Que répon- drait-il à cela, si ce n'est que Rome a raison, et que les Grecs n'en ont point ? Mais ne serait-ce pas là la pe- *tition du principe ?* On ne devrait pas s'ingérer autant que l'on fait dans les conseils de la Providence. Tous les partis ont besoin de cette leçon ; ils attribuent trop souvent les calamités du parti contraire aux qualités de sa doctrine : c'est mal profiter des dé- clarations de (63) Jésus-Christ (64). Le père Maimbourg n'aurait pas été beaucoup plus déraisonnable, s'il avait adopté le conte rapporté par Chalcondyle. Cet historien prétend que les Romains descendus d'Énée, et s'intéressant encore à la ruine d'Ilion, disaient que les Grecs n'a- vaient souffert tant de maux à la prise de Constantinople, qu'en pu- nition des ravages qu'ils avaient com- mis autrefois dans le royaume de Priam. *Facetus est Chalcondyles*

(58) Maimbourg, Histoire du Schisme des Grecs, liv. VI, pag. 348 : il cite Phranz. liv. 3, c. 18.
(59) Dans l'Histoire du Schisme des Grecs, liv. VI.
(60) Voyez les Entretiens d'Eudoxe et d'Eu- chariste, pag. 95, édition de Hollande.
(61) Là même, pag. 96.

(*) Sess. 15. quilibet tyrannus, etc.
(62) Voyez Orose, dans sa préface, et saint Augustin, de Civitate Dei, in præfat. et alibi passim.
(63) Évangile de saint Luc, chap. XIII.
(64) Conférez ce que dessus, citation (21) de l'article CAUSSIN, tom. IV, pag. 611.

*dùm ait Romanos seu Latinos con-
stanter asseverare, hanc cladem con-
tigisse Græcis in ultionem eorum quæ
olim fecissent barbaris in destructione
Ilii : quod videlicet dicantur Romani
à Trojanis descendisse* (65). Selon
cette belle chimère, il ne faudrait
pas laisser les nombres dans le Décalogue tels qu'ils y sont. Il faudrait
croire que Dieu *visite l'iniquité des
pères sur les enfans*, non pas jusqu'à
la quatrième, mais jusqu'à la mil-
lième génération, et ce serait ici que
la prescription n'aurait jamais lieu,

Delicta majorum immeritus lues,
Romane (66).

La France aurait sujet de craindre que
d'ici à deux mille ans, une irruption
de barbares ne vînt venger les injures
que les Romains et les Grecs reçurent
des Brennus.

(P) *La traduction de ses Lettres a
vu le jour : j'en parlerai ci-dessous.*]
Elle fut imprimée à Lyon, *in-4°.*,
l'an 1520, et puis à Bâle, avec les
Épîtres de Symmaque, chez Frobénius (67). Elle fut insérée ensuite
dans un recueil de lettres que Jean
Oporin publia à Bâle, l'an 1554, *in-
12* (68). Ce recueil avait été compilé
par Gilbert Cousin, et intitulé : *Far-
rago Epistolarum Laconicarum et
selectarum.* On réimprima à Marpourg la traduction de Landin, *in-
8°.*, l'an 1604, et on l'a réimprimée
à Leipsic, *in-12*, l'an 1690, par
les soins de *Simon Gœbelius Rom-
hildensis Francus* (69). Melchior Junius, professeur en éloquence à
Strasbourg, publia à Montbelliard,
en 1595, un recueil de lettres, qui
en contient trois qui avaient été écrites à Scanderbeg par Mahomet II. Le
compilateur les a tirées de l'ouvrage
de Marin Barlétius, *de vitâ et gestis
Scanderbegi.* Il y a joint les trois réponses qui furent faites au sultan. La
férocité turque ne paraît aucunement
dans les trois lettres de Mahomet :
elles sont écrites en termes d'honnêteté, et comme les pourraient écrire
les princes chrétiens les plus débon-
naires.

(Q) *Une lettre que le pape Pie II*

(65) Spondanus, *ad ann.* 1453, *num.* 17, *p.
m.* 30.
(66) Horatius, od. VI, *lib. III.*
(67) Epitome Biblioth. Gesneri, *pag.* 533.
(68) *Ibid, pag.* 560.
(69) *Vide* Crenii Animadv., *part. II, p.* 26.

*écrivit au même sultan .... a donné
de l'occupation aux controversistes.*]
M. du Plessis Mornai fut l'agresseur
par ces paroles (70) : *L'ambition de
Pie II ne peut mieux estre reconnue
qu'en son épistre* 396, *où il offre et
promet l'empire des Grecs à Mahu-
med, roy des Turcs, s'il se veut faire
chrestien et secourir l'eglise, sçavoir
son parti ; lui aider à deschirer la
chrestienté, comme il faisoit par guerres continuelles ; lui faisant entendre
qu'il estoit en sa donation, et qu'ainsi auroient ses predecesseurs donné
l'empire d'Allemagne à Charlemagne.* Coëffeteau enfla les voiles de son
éloquence, ou plutôt de sa colère,
en répondant à cet endroit de du
Plessis. Est-il possible, dit-il (71),
que « l'hérésie éteigne ainsi toute in-
» génuité pour condamner ce qu'il
» y a de plus louable ès actions de
» ceux qu'on veut diffamer ? Il ne se
» peut rien voir de plus docte ni de
» plus éloquent ; il ne se peut rien
» voir de si solide et de si nerveux ;
» il ne se peut rien voir de si humble
» et de si chrétien ; il ne se peut rien
» voir de si pieux et de si religieux
» que cette épître ; et cependant du
» Plessis en veut faire un trophée de
» l'insolence de son auteur. Lui reste-
» t-il donc une seule étincelle de mo-
» destie et un seul rayon de justice ?
» Voici les lieux d'où il veut recueil-
» lir l'ambition de Pie. *Si tu veux*,
» dit le pape à Mahomet, *étendre ton
» empire parmi les chrétiens, et ren-
» dre ton nom glorieux, tu n'as que
» faire ni d'or, ni d'argent, ni d'ar-
» mées, ni de vaisseaux. Une petite
» chose te peut rendre le plus grand,
» le plus puissant et le plus célèbre
» de tous ceux qui vivent aujourd'hui.
» Tu demandes quelle elle est ? Elle
» n'est pas difficile à trouver, et il ne
» ne la faut point chercher bien loin ;
» elle se rencontre en toutes les par-
» ties du monde. C'est un peu d'eau
» pour te baptiser et te faire embrasser
» la religion des chrétiens, en croyant
» à l'Évangile. Si tu fais cela, il n'y
» aura prince en l'univers qui te
» surmonte en gloire ou qui t'égale
» en puissance. Nous t'appellerons
» empereur des Grecs et de l'Orient,*

(70) Du Plessis, Mystère d'Iniquité, *pag.* 541.
(71) Coëffet., Réponse au Mystère d'Iniquité,
pag. 1197.

» et ce que maintenant tu occupes
» avec violence et injustice, tu le pos-
» séderas de droit et avec équité.
» Tous les chrétiens t'honoreront et
» te feront arbitre de leurs différens,
» etc. Et derechef : Si tu étais bap-
» tisé, et que tu entrasses avec nous
» en la maison du Seigneur, les peu-
» ples ne redouteraient pas ton em-
» pire, et nous ne les assisterions pas
» contre toi ; mais plutôt nous implo-
» rerions ton bras contre ceux qui
» usurpent quelquefois ce qui appar-
» tient à l'église romaine, et qui
» lèvent les cornes contre leur mère.
» Et comme nos prédécesseurs Étien-
» ne, Adrian et Léon, appelèrent à
» leur secours Pepin et Charlema-
» gne, contre Astulphe et Didier,
» rois des Lombards, et après avoir
» été par eux délivrés de l'oppression
» des tyrans, transférèrent à leurs
» libérateurs l'empire des Grecs,
» nous aussi nous emploierions ton
» assistance, et ne te serions point
» ingrats du bienfait que nous aurions
» reçu. Lecteur, qui lis et qui médites
» ces choses sans passion, remarques-
» tu donc aucune trace de l'ambition
» d'Eugène en cette épître ? Plutôt
» n'est-ce pas son zèle qui le fait
» ainsi parler pour toucher le su-
» perbe courage de ce barbare ? Et
» promet-il rien à Mahomet dont
» toute la chrétienté ne l'eût avoué,
» si ce barbare eût voulu recevoir ces
» conditions que Pie lui proposait ? »
Voilà un langage très-capable de prévenir contre M. du Plessis, ceux qui
ne sont pas accoutumés à la lecture
des livres de controverse, j'entends
une lecture de discussion, et par laquelle l'on confronte et l'on colla-
tionne les pièces, pour bien comparer
ensemble les réponses et les répliques. C'est presque le seul moyen de
bien apprendre que ceux qui se donnent les airs les plus triomphans, et
qui poussent les exclamations les plus
tragiques, sont pour l'ordinaire dans
quelque fâcheux détroit, et dans la
nécessité de suppléer par des figures
de rhétorique ce qui manque à leurs
raisons. Ceux qui sont rompus dans
l'espèce de lecture que j'ai marquée,
et qui outre cela s'intéressent tendrement à la gloire et à la mémoire de
M. du Plessis Mornai, liront sans
frayeur toutes les paroles de son ad-

versaire ; mais s'ils étaient des novices, et qu'ils ne fussent pas secourus
très-promptement par le préjugé,
que Coëffeteau, étant un dominicain,
ne manie pas fidèlement la controverse, ils auraient bien peur que du
Plessis ne se fût trompé ; ils le croiraient battu sans ressource, et ils
s'informeraient impatiemment si lui
ou quelque autre n'ont pas répondu
à Coëffeteau. Quelle qu'eût été leur
inquiétude, ils ne pourraient plus
douter de la victoire de leur cham-
pion, en examinant la réplique de
Rivet. Et ceci doit nous tenir bien
avertis que pour obéir au précepte
audi et alteram partem, *entendez
aussi l'autre partie*, il ne suffit pas
d'examiner ce que Jean dit et ce que
Pierre répond ; il faut aussi s'informer de ce qu'on répond à Pierre.

Rivet, répondant pour du Plessis,
avoue que la longue lettre de Pie II
à Mahomet contient *de fort bonnes
choses contre la créance des Turcs,
pour la confirmation de la foi chrétienne.* Mais, ajoute-t-il (72), « outre
» que le dessein semble assez inutile
» d'avoir voulu convertir ce prince
» par une épître, qui n'était pas
» chose apparente, il y a une malice
» diabolique. C'est qu'au lieu de faire
» paraître que les pauvres chrétiens
» grecs, sous l'empire de ce barbare,
» faisaient pitié à ceux de deçà, et
» l'exhorter à les traiter humaine-
» ment, il semble avoir entrepris
» cet écrit pour les dénigrer comme
» *faux chrétiens*, et faire paraître
» que leur perte ne touche guère les
» Latins. Notre histoire ajoutait ce
» trait d'ambition, par lequel propo-
» sant à Mahomet, moyennant qu'il
» se fît baptiser, le paisible empire
» de ce qu'il avait usurpé, lui pro-
» mettant *que tous le feront juge de
» leurs débats; que de tout le monde
» on appellerait à son jugement* (pen-
» sez si les princes de long-temps
» chrétiens ne lui avaient pas une
» grande obligation !); *que plusieurs
» d'eux-mêmes s'assujettiraient à lui,
» subiraient son tribunal*, etc. Il
» ajoute, *que la charité de l'église
» romaine sera envers lui non-seule-
» ment comme envers les autres rois,
» mais d'autant plus grande que plus*

(72) Rivet, Remarques sur la Réponse au
Mystère d'Iniquité, IIe. part., pag. 617.

» *il est élevé.* Notez ce trait. *Enfin*
» *il lui représente que l'église ro-*
» *maine implorerait son bras contre*
» *les mauvais enfans qui s'élèvent*
» *contre la mère* : et pour fin, se
» vantant que les papes ont transféré
» l'empire des Grecs aux Français, il
» promet aussi que, s'étant servi de
» lui *aux nécessités de l'église, il lui*
» *rendra la pareille pour ses béné-*
» *fices.* Il faudrait un long commen-
» taire sur ce discours. En peu de
» mots, 1°. cette façon de convertir
» les hommes, en leur promettant la
» domination du monde, n'est pas
» apostolique ; 2°. c'est chose ridicule
» de promettre à un prince étranger
» et puissant ce dont il est déjà en
» possession ; 3°. c'est chose contraire
» à la charité, qui n'a point d'accep-
» tion de personnes, d'être plus gran-
» de envers ceux qui sont plus élevés
» au monde ; 4°. contre la même cha-
» rité de découvrir à un infidèle les
» maux de la chrétienté, et désirer sa
» conversion, pour se servir de lui
» contre les princes déjà chrétiens ;
» 5°. c'est vanité, ambition et pré-
» somption de se vanter que l'empire
» de Charlemagne est une rémunéra-
» tion du pape, et de prétendre qu'il
» puisse rémunérer en semblable
» monnaie celui auquel il parle. Et
» que le lecteur soit juge si ce dis-
» cours était séant à celui qui se di-
» sait assis sur la chaire de saint
» Pierre : est-ce là un discours *hum-*
» *ble, chrétien, modeste et pieux* ?
» Sont-ce là conditions et promesses
» *dont toute la chrétienté l'eût avoué.* »
J'ignore si Coëffeteau, ou quelque autre catholique, a répondu à cet ouvrage de Rivet, et si j'avais en main
la seconde pièce des antagonistes de
du Plessis, je la produirais ici tout
du long, afin qu'il ne manquât rien
à l'instruction du procès, et que mes
lecteurs pussent prononcer avec connaissance de cause sur l'accusation
intentée à Pie II. Il ne semble pas
possible de répliquer quelque chose
de bien fort aux remarques de Rivet,
et il semble au contraire qu'il soit
très-possible de les rendre plus victorieuses ; car qu'y a-t-il de plus horrible et de plus honteux à la religion
chrétienne, que de voir que Mahomet II, l'un des plus grands criminels qui aient jamais vécu, un homme

qui avait répandu tant de sang, et
qui avait dépouillé de leurs biens
tant de personnes par une suite continuelle de cruautés et d'injustices,
devienne possesseur légitime de toutes ses usurpations, pourvu qu'il se
fasse baptiser ? Que deviendra cette
loi inviolable de la morale chrétienne,
que le premier pas d'une repentance
expiatoire du vol est la restitution du
bien mal acquis ? Que dirait-on si un
juif, coupable d'une banqueroute
frauduleuse de trois millions, obtenait, par la simple cérémonie du
baptême, et sans être obligé à restituer quoi que ce soit, une pleine absolution de ses crimes, et le droit de
posséder ces trois millions ? Les infidèles n'auraient-ils pas une raison
très-valable de décrier le christianisme comme la peste de l'équité et
de la morale naturelle ? Ce qu'on ferait à l'égard du banqueroutier ne
serait pourtant qu'une *peccadille,* en
comparaison des offres que Pie II a
faites à Mahomet, de le rendre légitime possesseur de ses conquêtes,
moyennant quelques gouttes d'eau
qu'on lui verserait sur le visage. Que
diraient les apôtres à la vue d'une
telle dispensation et d'un tel usage
des clefs ? Est-ce là ce que disait
saint Paul (73) ? Mais que dirait Ovide
même, qui n'était qu'un poëte païen
(74) ?

(R) *Il y a des gens qui croient que
la lettre de Pie II ne fut point écrite
pour être envoyée à Mahomet.*] Je
n'ajouterai rien aux paroles que j'emprunte d'un écrivain catholique (75).
« C'est ici qu'il faut dire un mot de
» cette longue lettre que (*) Fran-
» cesco Sansovino a publiée, sous le
» nom du pape (76), au sultan
» Mahomet ; car elle marque que ce
» pape l'écrivit dans le temps que la
» conquête de Sinope et de Trébi-

(73) *Car nous ne sommes pas maquignons de
la parole de Dieu, comme plusieurs.* IIe. Corinth., *chap. II, vs. 17.*

(74) *O nimium faciles qui tristia crimina cæ-
dis*
Fluminea tolli posse putatis aquâ.
Ovidius, Fastor., *lib. II, vs. 27.*

(75) Guillet, Histoire de Mahomet II, *tom.
I, pag. 451 et suiv.*, à l'ann. 1461.

(*) *Francesco Sansovino*, *folio 134.*

(76) *C'est ignorer, ce me semble, que cette
lettre se trouve dans les éditons des Lettres de
Pie II.*

» sonde faisait craindre aux princes
» latins un pareil effort des armes ot-
» tomanes. Elle montre fort au long
» les avantages de la religion chré-
» tienne sur la mahométane, et pré-
» tend appeler le sultan au baptême
» par de grands exemples, lui repré-
» sentant que comme il a été fort
» glorieux au grand Constantin d'a-
» voir été le premier des empereurs
» romains qui se soit fait chrétien,
» et à Clovis d'avoir été aussi le pre-
» mier des rois de France qui ait em-
» brassé l'Évangile, il ne lui sera
» pas moins honorable d'être le pre-
» mier des monarques ottomans qui
» fasse profession de notre foi. Il y a
» beaucoup de gens qui, faisant ré-
» flexion sur l'humeur inaccessible
» et farouche de Mahomet, ne trou-
» vent pas vraisemblable qu'une let-
» tre aussi délicate que celle-là ait
» jamais été rendue à son adresse,
» ni qu'on ait osé en attendre la ré-
» ponse. Ils ajoutent qu'elle eût du
» moins trouvé fort peu de docilité
» dans l'esprit du sultan ; et qu'à
» moins d'un miracle sa conversion
» ne pouvait pas être l'effet des re-
» montrances d'une lettre. Aussi
» quand les Italiens ont parlé du peu
» de succès qu'il s'en fallait promet-
» tre, ils ont dit agréablement en
» leur langue : *La penna non toglie*
» *il filo alla spada*, que la plume
» n'émousse pas le tranchant de l'é-
» pée. Il est donc probable qu'elle
» fut publiée parmi les nations occi-
» dentales, après la prise de Trébi-
» sonde, comme un manifeste pour
» justifier les armes de la croisade,
» et réveiller l'ardeur des guerriers
» de la chrétienté, après leur avoir
» montré les vains efforts que le pape
» avait faits pour détourner les armes
» du sultan par la voie tranquille des
» remontrances. »

MAHOMET GALADIN, em-
pereur du Mogol, se rendit illustre par ses belles qualités, et
surtout par sa grande application
à écouter les demandes et les
plaintes de ses sujets. Il leur
donnait audience deux fois le
jour ; et afin que les personnes
de basse condition, qui pour
l'ordinaire ne peuvent ou n'o-
sent s'approcher du tribunal,
eussent lieu d'exposer leurs griefs,
il fit mettre une cloche auprès
de lui, et y attacher une corde
qui donnait dans la rue ; et dès
qu'il entendait le son de la cloche il sortait, ou bien il faisait
entrer celui qui avait tiré la
corde (*a*). Il mourut l'an 1605,
sans que l'on ait jamais pu savoir de quelle secte il avait été
(*b*). Il pensa se faire chrétien ;
mais les prêtres mahométans
l'en détournèrent par deux raisons (A).

(*a*) *Don* Clément Tosi, *bénédictin de la*
congrégation de Saint-Silvestre, dans le Ier.
volume de son Gentilesimo confutato.

(*b*) *Mori nel* 1605, *senza sapersi di qual*
setta eg li fosse stato. Giornale dei Letterati,
du 27 juin 1669, *pag.* 83, *dans l'extrait du*
Gentilesimo confutato.

(A) *Les prêtres mahométans le dé-*
tournèrent de se faire chrétien par
deux raisons.] Par une raison d'esprit, par une raison de cœur. Ils lui
dirent que la religion chrétienne lui
proposerait à croire des mystères
où il ne comprendrait jamais rien ;
et qu'elle l'engagerait à n'épouser
qu'une femme. Il y a beaucoup d'apparence que la dernière raison fut
plus forte que la première ; car ceux
qui ont été élevés dans la doctrine de
la polygamie, et qui l'ont mise en
pratique, se font une idée affreuse de
la doctrine chrétienne sur ce point-
là : et quand même l'on aurait dit au
grand Mogol que cette pratique évangélique n'incommode pas beaucoup
les princes chrétiens, parce qu'ils
s'en dispensent presque tous ; non pas
à la vérité en épousant plusieurs femmes, mais en se donnant des maîtresses, il n'aurait pas laissé de la trouver
dure, car enfin il y a beaucoup de
différence entre pouvoir faire les
choses conformément à sa religion,
et ne les pouvoir faire sans violer les
lois de sa religion. *Poco vi mancò*
che non accettasse la nostra religione,
e ne fu ritirato da i mulasi sacerdoti
Mahomettani dal non poter capir i

misteri della fede col lume naturale, e l'obligo di contentarsi d'una sola moglie (1). Le sieur Lysérus , grand apologiste de la polygamie, n'a pas oublié d'observer que la loi du mariage d'un avec une retarde la conversion des infidèles (2).

(1) *Giornale dei Letterati, du 29 de juin 1669, pag.* 83 , *dans l'Extrait du* Gentilesimo confutato *de don* Clément Tosi.

(2) *Voyez sa* Polygamia triumphatrix , p. 92.

MAYERNE (THÉODORE TURQUET , SIEUR DE) l'un des plus fameux médecins de son temps , naquit proche de Genève (a), l'an 1572, ou environ(b). Il reçut à Montpellier, le grade de bachelier en médecine, l'an 1596; et le doctorat en la même faculté , le 20 de février 1597. Il s'en alla à Paris quelque temps après, et s'attacha avec chaleur à la pratique de la chimie. C'était une étude fort décriée en ce temps-là , et fort odieuse aux médecins de Paris. C'est pourquoi ils se déchaînèrent avec le dernier emportement contre Mayerne et contre du Chesne (c), et s'efforcèrent de les faire passer pour les ennemis jurés de la médecine. C'est ce qui paraît par un ouvrage qui fut imprimé l'an 1603, contre ces deux médecins. Mayerne le réfuta par un autre ouvrage, qui fut réfuté à son tour (A). La chose n'en demeura point là; car la faculté de médecine lança un décret d'interdiction contre lui, ce qui n'empêcha point que Mayerne ne fût appelé à la cour , et n'y obtînt

une place de médecin ordinaire de Henri-le-Grand. Il se retira en Angleterre après la mort de ce prince , et y fit une fortune très-éclatante. Il y acquit l'amitié de plusieurs personnes illustres , et il gagna de telle sorte les bonnes grâces du savant roi Jacques , qu'il fut non-seulement son premier médecin , mais aussi en quelque manière son favori. Il en fut comblé d'honneurs (d), et vit croître sa fortune sous le roi Charles Ier. Il fut agrégé d'un consentement unanime au corps des docteurs des deux universités du royaume. Sa réputation et sa pratique furent extraordinaires, et il amassa de grands biens. Il eut deux fils et une fille qui fut mariée à M. le marquis de Ruvigni (e). Il mourut à l'âge de quatre-vingt deux ans. Voilà ce que je tire de la préface de ses OEuvres, imprimées à Londres , l'an 1700 (B). Nous donnerons, dans les remarques, un récit plus étendu et plus exact (C). Il ne faut pas que j'oublie que notre Mayerne eut des envieux qui tâchèrent de le noircir à l'occasion de la mort du prince de Galles, l'an 1612; mais son honneur fut entièrement mis à couvert par les actes authentiques, je veux dire par des certificats que le roi Jacques , et les seigneurs du conseil, et les officiers et gentilshommes du feu prince de Galles lui expédièrent dans la meilleure forme qu'il aurait pu souhaiter. On les trouve avec une relation *de la ma-*

(a) *Dans une maison de campagne nommée Mayerne , sur les terres de la république de Genève.* Browne, *in præfat.* Operum Mayernii.

(b) *Voyez dans la remarque* (C) *son vrai jour natal.*

(c) *Voyez la remarque* (A) , *citat.* (8).

(d) *Voyez dans la remarque* (B) *l'inscription de sa taille-douce.*

(e) *C'est une faute. Voyez la remarque* (C).

ladie , mort , et ouverture du corps de ce prince dans l'ouvrage que j'ai allégué (*f*).

(*f*) *A la page* 103 *et suivantes des Opera Medica* Theod. Turquet. Mayernii, *édit. de Londr.* 1700.

(A) *Mayerne le réfuta par un autre ouvrage , qui fut réfuté à son tour.*] Gui Patin a fait mention de cette dispute, mais en homme qui se plaisait à médire, et qui était ennemi des médecins innovateurs. Le *sieur de Mayerne Turquet*, dit-il (1) , *médecin du roi d'Angleterre*, est , *à ce que j'apprends , natif de Genève , fils d'un homme qui a fait l'Histoire d'Espagne* (2) *, qui est aujourd'hui imprimée en deux volumes* in-folio. *Ce père * a aussi fait un livre intitulé*, la Monarchie Aristodémocratique (3) , *qui fut contredit par Louis d' Orléans (c'est celui qui a fait des commentaires sur Tacite) dans sa* Plante humaine, *imprimée à Lyon et à Paris. Turquet fit une réponse à Louis d'Orléans en* 1617. *Il demeurait à Genève , ou près de là , dans la religion du pays* (4) . . . . . *Je crois que* son fils *est médecin de Montpellier. Il vint à Paris, l'an* 1602 *, et comme il se piquait d'être grand chimiste , il eut querelle avec quelques-uns des nôtres, d'où vint qu'on fit un décret , de ne jamais consulter avec lui. Il eut pourtant quelques amis de notre ordre , qui voyaient des malades avec lui. De cette querelle provint une apologie dudit Théodore Mayerne Turquet, de laquelle il n'est non plus l'auteur que vous ni moi. Deux docteurs de notre compagnie y travaillèrent , Séguin notre ancien , qui a toujours porté les charlatans , et son beau-frère Acakia* (5) . . . . . *Ce*

(1) Patin, lettre VIII , *pag.* 35 *du I*er. *tome : elle est datée du* 16 *de novembre* 1645.

(2) *Voyez la fin de cette remarque.*

* Leclerc dit que Louis Mayerne, père de Théodore, était né à Lyon. Louis de Mayerne Turquet a placé dans les *Lyonnais dignes de mémoire*, de Pernetti, qui n'avait pas consulté le récit de Minutoli, transcrit ci-après dans la remarque (C).

(3) *Ce livre fut saisi, confisqué, et étroitement défendu. Voyez le* Mercure Français, tom. *II , à l'an* 1611, *pag. m.* 184.

(4) Patin, lettre VIII, *pag.* 26 *du I*er. *tome.*

(5) *Là même, pag.* 37 *du I*er. *tome.*

Mayerne est encore aujourd'hui en Angleterre, fort vieux et presque en enfance. On dit qu'il a quitté le parti du roi, et qu'il s'est rangé du côté du parlement. J'ai vu un de ses enfans en cette ville , étudiant en médecine, qui depuis est mort en Angleterre. On dit qu'il est fort rude à ses enfans, tant il est avaricieux , et qu'il les laisse mourir de faim. Il est grand chimiste , fort riche , et sait le moyen de se faire donner force Jacobus , d'une consulte de cinq ou six pages. Il est entre autres baron d'Aubonne , belle terre dans le pays de Vaud , proche de Genève , de laquelle était seigneur, en l'an 1560 *, un certain évêque de Nevers, nommé Paul Spifame* (6) . . . . *Cette apologie de Mayerne ne manqua pas de réponse. M. Riolan le père y répondit , par un livret exprès , élégant et savant à son accoutumée.*

M. Browne , comme je l'ai déjà dit (7) , a observé que Mayerne eut un compagnon de fortune dans la persécution que lui firent les médecins de Paris. Il nomme *Quercetanus* cet associé dont le nom français était *du Chesne.* Patin ne dit rien de cette jonction ; mais il parle très-satiriquement de ce Quercetanus. *Cette même année* 1609 *, il mourut,* dit-il (8) *, un méchant pendard et charlatan qui en a bien tué pendant sa vie et après sa mort par les malheureux écrits qu'il nous a laissés sous son nom , qu'il a fait faire par d'autres médecins et chimistes deçà et delà. C'est Josephus Quercetanus , qui se faisait nommer à Paris , le sieur de la Violette. Il était un grand ivrogne et un franc ignorant qui ne savait rien en latin , et qui n'étant de son premier métier que garçon chirurgien du pays d'Armagnac, qui est un pauvre pays maudit et malheureux , passa à Paris et particulièrement à la cour pour un grand médecin, parce qu'il avait appris quelque chose de la chimie en Allemagne.*

Il faut que je dise que l'Histoire générale d'Espagne , composée par *Louis de Mayerne Turquet, Lyonnais,* fut premièrement imprimée l'an

(6) *Là même, pag.* 39.

(7) *Dans le corps de cet article, citation (c).*

(8) Patin , lettre XXXI, *pag.* 142 *du I*er. *tome.*

1587, et puis chez Abel l'Angelier, l'an 1608, à Paris, et puis encore dans la même ville, chez Samuel Thiboust, l'an 1635. La seconde édition comprend XXX livres, et s'étend jusques à la fin de l'année 1582. La troisième édition est augmentée de six livres qui s'étendent jusques à la fin du XVIe. siècle.

(B) *Voilà ce que je tire de la préface de ses œuvres, imprimées à Londres l'an* 1700.] Elles font un assez gros in-folio, divisé en deux livres ; le premier contient *Consilia, Epistolas, et Observationes,* et le second *Pharmacopœam variasque Medicamentorum formulas.* On voit au-devant du livre la taille-douce de M. de Mayerne tel qu'il était à l'âge de quatre-vingt deux ans. C'est le plus heureuse physionomie du monde (9), un air vif, serein et majestueux, une barbe vénérable. On lit au bas de l'estampe : *Theo : Turquet : de Mayerne eques auratus, patriâ Gallus, religione reformatus, dignitate baro : professione alter Hippocrates, ac trium regum (exemplo rarissimo) archiater : eruditione incomparabilis : experientiâ nulli secundus : et quod ex his omnibus resultat, famâ latè vagante perillustris.* Le médecin anglais (10), qui a eu soin de cette édition, assure qu'on n'avait encore vu aucun ouvrage de Mayerne qui fût véritablement de lui. *Quicquid hactenus sub Mayernii nomine orbem invisit, tam crebris fœdatur interpolationibus, utpote quod partim ex suis, partim ex aliorum chartis consuitur, ut nemo hariolari possit, quid author sibi velit, ejusque scopum assequi valeat, cùm casus à remediis pessimo consilio ubique abscindantur . . . . . Nihil hactenus sub ejus nomine comparuit, quod ipsius reverà esse dici possit* (11). Il nous apprend les raisons qui l'ont empêché de publier les ouvrages chirurgiques de ce médecin. Vous trouverez dans *Lindenius renovatus* (12) le titre de quelques écrits de cet auteur ; mais n'allez pas vous imaginer que *Theo-*

dorus *Mayernus Turquetus,* et *Theodorus Turquetus,* de Mayerne, que l'on y donne comme si c'étaient deux écrivains différens (13), soient deux personnes. On n'y pouvait pas parler du *Praxeos Mayernianæ in morbis internis præcipuè gravioribus et chronicis syntagma ;* car c'est un livre qui n'a été imprimé qu'en 1690 (14). Les journalistes de Leipsic (15) en ont donné un extrait.

(C) *Nous donnerons... un récit plus étendu et plus exact.*] Je le donnerai tout tel que je l'ai reçu de M. Minutoli (16), qui avait eu la bonté, à ma prière, de s'informer soigneusement de toutes les circonstances *.

« M. le chevalier Théodore de
» Mayerne, baron d'Aubonne, con-
» seiller et premier médecin de L. L.
» M. M. britanniques Jacques Ier. et
» Charles Ier., fut fils de Louis de
» Mayerne, célèbre pour l'Histoire
» générale d'Espagne qu'il a compo-
» sée, pour sa Monarchie aristodé-
» mocratique, dédiée à Messieurs les
» États-Généraux, et de Louise, fille
» d'Antoine la Masson (17), trésorier
» des guerres des rois François Ier. et
» Henri II, en Piémont. La famille
» est originaire de Piémont, ayant
» fleuri long-temps dans la ville de
» Quiers. Et pour le nom ou sobriquet
» de Turquet, il leur vint d'une fem-
» me de la maison, qui pour être bien
» faite et de taille avantageuse, était
» dite sembler une belle Turque ;
» ce qui fit qu'on donna communé-
» ment le surnom de *Turquetti* à tous
» ses enfans. Louis de Mayerne se
» retira à Genève sur la fin de l'an
» 1552, ayant eu deux maisons dé-
» molies à Lyon à cause de la religion.
» Le 28 de septembre 1573, lui na-
» quit, à Genève, Théodore de Mayer-
» ne, ayant pour parrain Théodore
« de Bèze. Il fut elevé en sa patrie

(9) *Voyez le* Journal de Leipsic, 1691, *p.* 57.
(10) Josephus Browne, *utriusque facultatis Doctor.*
(11) *Idem , in præfat.*
(12) *A la page* 997 *de l'édition de Nuremberg,* 1686.

(13) *Il y a une semblable faute dans la* Bibliothèque de Konig : *voyez-y, pag.* 522 *et* 822.
(14) *A* Londres *, in-8°. M. Charleton y a mis une préface.*
(15) *A la page* 57 *et suiv. de l'an* 1691.
(16) *Dont on a parlé, tom. III, pag.* 69. *citation* (6) *de l'article* BALZAC (Jean-Louis), *et remarque* (I) *de l'article* LUCRÈCE (Titus, etc.), *tom. IX, pag.* 519.
* *Leclerc pense que, la narration de Minutoli détruisant une partie de l'article, Bayle aurait dû le refaire.*
(17) *Dont on a parlé, tom. VI, pag* 445, *remarque* (G) *de l'article* FERRET.

» aux humanités, et de là envoyé à
» Heidelberg où il demeura quelques
» années ; après quoi s'étant destiné
» à la médecine , il alla à Montpel-
» lier où il reçut ses degrés de ba-
» chelier , et ensuite de docteur. De
» là il passa à Paris , où se formant
» à la pratique , il fit des leçons en
» anatomie aux jeunes chirurgiens ,
» et en pharmacie aux apothicaires :
» et ses ordonnances lui acquérant de
» l'estime , il fut connu de M. Ribbit,
» sieur de la Rivière, premier mé-
» decin du roi Henri IV , qui le re-
» commanda si bien à S. M., qu'elle
» lui donna la charge d'un de ses
» médecins ordinaires, et en l'an
» 1600 le donna à Henri, duc de
» Rohan , pour l'accompagner dans
» les voyages qu'il fit pour la France,
» vers les princes d'Allemagne et
» d'Italie. Étant de retour il se rendit
» fort recommandable en l'exercice
» de sa charge, et fut bien vu du roi,
» qui promettait de lui faire beau-
» coup de bien s'il eût voulu changer
» de religion , lui mettant à dos le
» cardinal du Perron , et d'autres
» ecclésiastiques; et même malgré sa
» résistance, le roi lui avait fait expé-
» dier un brevet de son premier mé-
» decin, que les jésuites, qui le su-
» rent, furent prompts à faire révo-
» quer par la reine Marie de Médicis;
» circonstance et faveur dont M. de
» Mayerne n'eut pour lors aucune
» connaissance , mais seulement en
» Angleterre, en l'an 1642, qu'il
» l'apprit de la bouche de César , duc
» de Vendôme, fils naturel de France.
» En 1607, il traita un seigneur an-
» glais , lequel étant guéri le mena
» en Angleterre, où il eut une au-
» dience particulière du roi Jacques.
» Et même après la mort du roi Henri
» IV il continua d'être médecin ordi-
» naire du roi Louis XIII, jusqu'en
» 1616, qu'il traita de cette charge
» avec un médecin français. L'an
» 1611 le roi d'Angleterre le fit de-
» mander par son ambassadeur, pour
» être son premier médecin,et de la
» reine Anne son épouse, par une
» patente scellée du grand sceau
» d'Angleterre, où il a servi toute
» la famille royale avec grand hon-
» neur et approbation jusqu'à la fin
» de sa vie ; comme aussi la plus
» grande partie de la noblesse et du

» peuple. Il faisait un recueil exact
» de ses conseils en médecine. Il a
» composé une pharmacopée fort
» curieuse de remèdes tant galéniques
» que spagyriques; mais il n'a jamais
» rien fait imprimer , si ce n'est une
» apologie contre la faculté de méde-
» cine de Paris,qui l'avait attaqué. Il
» y eut un médecin, nommé Brouent,
» qui envoya au docteur Bévérovicius
» une relation de la Vescie d'Isaac
» Casaubon composée par ledit de
» Mayerne, de quoi il témoignait du
» ressentiment. Il a eu deux femmes,
» dont la première était Marguerite
» de Boetslaer, de la maison d'Aspe-
» ren , de laquelle il eut deux fils *
» morts durant sa vie. Et la seconde
» était Isabelle, fille d'Albert Joachi-
» my, célèbre par ses ambassades
» pour Messieurs les États-Généraux,
» en Moscovie, en Suède, et pendant
» plus de 24 ans en Angleterre , de
» laquelle il avait eu deux fils,décé-
» dés devant lui, et trois filles, dont
» deux moururent de son vivant. Il
» mourut le 15 de mars 1655 à Chel-
» sey, près de Londres, laissant une
» fille unique , laquelle porta ses
» grands biens en mariage à M. le
» marquis de Montpouillan, petit-fils
» de M. le maréchal duc de la Force ;
» mais elle mourut à la Haye, l'an
» 1661 , ne pouvant pas accoucher ,
» ou du moins dans l'accouchement. »

Notez que M. de Mayerne eut une
nièce qui fut mariée avec un seigneur
anglais , et qui avait un très-grand
mérite. Elle s'appelait Louise de Frot-
té , et par son mariage elle fut nommée madame de Windsor. Elle avait
beaucoup d'esprit et de lecture, et a
été pendant plusieurs années un ornement de la ville de Genève. Elle y
mourut vers la fin de l'an 1691. Voyez
son éloge dans l'*Italia regnante* de
M. Leti (18). Voyez aussi l'Histoire
des Ouvrages des savans (19).

★ Leclerc croit que c'est l'un des fils de Théodore qui est auteur de l'ouvrage dont le père Jacob , dans sa *Bibliographia Parisina* (années
1647 et 1648), page 25 , rapporte ainsi le titre:
*Discours sur la carte universelle en laquelle le
globe terrestre est entièrement réduit et représenté dans un seul cercle et sans aucune division de ses parties, par Louis de Mayerne Turquet , Parisien , professeur en géographie , à
Paris , aux dépens de l'auteur, 1648 , in-12.
L'auteur y prenant la qualité de Parisien, n'est-il
pas à croire qu'il était du premier lit ?

(18) *A la IVe. part. , pag* 64 *et suiv.*
(19) *Mois de mars* 1692, *pag*. 336.

MAIGNAN (Emmanuel), l'un des plus grands philosophes du XVIIe. siècle, était religieux minime, natif de Toulouse*. Il abandonna les opinions de l'école, et les combattit fort solidement. Il n'était ni cartésien, ni gassendiste ; mais il s'accordait avec les deux chefs de ces deux sectes à rejeter les accidens, les qualités, et les formes substantielles, et à cultiver la physique expérimentale. Il entendait bien les mathématiques ; et il avait joint à toutes ces sciences celle de la théologie, jusques au point d'être capable de l'enseigner dans Rome même (a). Il a eu beaucoup de disputes à soutenir contre les péripatéticiens ; et il était d'autant plus propre à leur tenir tête, qu'il gardait beaucoup de la méthode des scolastiques dans ses écrits. La manière dont il explique la conservation des accidens sans sujet dans le mystère de l'Eucharistie, est plus heureuse que celle de M. Descartes (A). J'ai lu dans quelqu'un des journalistes qu'on travaille à faire sa vie. Si je l'avais lue, j'eusse fait très-volontiers un long article de cet habile minime. Je dirai un mot de ses écrits (B). On l'a confondu avec un autre philosophe nommé Magnen (C). Cet article était déjà à l'imprimerie, lorsque j'ai découvert le père Maignan hors de sa place (b) dans le Supplément de Moréri.

Depuis la première édition de ce Dictionnaire j'ai vu un écrit (c) qui a pour titre : *de Vitâ, Moribus et Scriptis R. patris Emmanuelis Maignani Tolosatis, ordinis Minimorum ; philosophi, atque mathematici præstantissimi Elogium.* Il a été composé par le père Saguens (d), et imprimé à Toulouse, l'an 1697. J'en tirerai un bon supplément. Emmanuel Maignan, né le 17 de juillet 1601, était d'une ancienne et noble famille (D). Il fit espérer dès le berceau qu'il aurait de l'inclination pour les lettres et pour les sciences ; car rien n'était aussi propre à l'empêcher de pleurer et de crier, que d'avoir en main quelque livret. Il en remuait les feuillets et en considérait les caractères avec beaucoup de plaisir, et l'on s'aperçut dès qu'il eut passé l'âge de cinq ans, qu'il méprisait les petits plaisirs de l'enfance, et qu'il prêtait une attention merveilleuse aux prières et aux instructions du catéchisme. Cela fit qu'on s'appliqua plus soigneusement à le mettre sous la direction d'un précepteur domestique. Il fit ses classes au collége des jésuites, et s'acquitta très-diligemment de tous les devoirs d'un bon écolier, soit à l'égard des exercices littéraires, soit à l'égard des exercices de religion. Il fit paraître dans toute sa con-

---

* Leclerc prétend que Bayle aurait dû omettre toute la première partie de cet article, et s'en tenir uniquement à la seconde.

(a) *Voyez la remarque* (B).
(b) *Sous le mot* Magnan.

(c) *De* 51 *pages in-4°.*
(d) *Minime, natif de Toulouse, qui a été disciple du père Maignan, et qui a enseigné la philosophie de ce maître à Toulouse, à Bordeaux et à Rome, assez long-temps. Il a publié, en* 1700, *un ouvrage de* 286 *pag. in-*12, *intitulé :* Accidentia profligata, species instauratæ, sive de speciebus panis ac vini post consecrationem Eucharisticam duntaxat manentibus, Opus Philosophico-Theologicum, *où il soutient d'une grande force l'opinion du père Maignan sur les espèces sacramentales.*

duite ce grand fonds de pudeur et d'honnêteté qui fait craindre la contagion des entretiens sales ; et de là vint qu'il s'éloigna peu à peu du commerce de ses condisciples, et qu'il aima mieux renoncer aux divertissemens de son âge, que d'exposer son innocence à quelque péril (e). Ses heures de récréation étaient employées à des promenades dans le couvent des minimes ; où il rencontrait un bon vieillard qui lui parlait de l'affaire du salut. Ce furent des semences de la vie religieuse à laquelle il se consacra quelque temps après, et il y fut encore fortement déterminé par une disgrâce qui lui arriva lorsqu'il était en rhétorique : il avait composé un poëme pour disputer le prix d'éloquence, et il crut qu'on lui avait fait une injustice en adjugeant à un autre la victoire. Les réflexions qu'il fit pendant son chagrin le fortifièrent tellement dans la pensée de quitter le monde, qu'il demanda l'habit de minime. On ne le fit point postuler longtemps ; et s'étant fort bien acquitté des épreuves du noviciat, il fut reçu à l'émission de ses vœux à l'âge de dix-huit ans, c'est-à-dire l'an 1619. Il fit son cours de philosophie sous un professeur très-attaché à la doctrine d'Aristote, et il ne perdit aucune occasion de disputer vivement contre tout ce qui lui était suspect d'hétérodoxie dans

la physique de cet ancien philosophe. Cela fut pris pour un bon augure par son professeur, qui bientôt après découvrit avec un fort grand étonnement que son disciple entendait très-bien les mathématiques, sans que personne lui en eût fait des leçons (E). Il avait été en cela son propre maître. Il fut tout autre dans son cours de théologie que dans celui de philosophie ; car au lieu qu'en celui-ci il s'était montré fort incrédule, et avait soumis toutes choses à un examen sévère, et aux discussions les plus subtiles de la dispute, il se soumit humblement aux dogmes théologiques (f) : mais pour ce qui est des raisons péripatéticiennes que l'on employait pour les éclaircir, et pour les prouver, il ne se crut pas obligé de les admettre sans les avoir examinées ; et s'il ne les trouvait pas solides, il les rejetait, et ne faisait nul scrupule de préférer les secours de Platon à ceux d'Aristote. Les preuves qu'il donna de son esprit pendant les six années qu'il fut sur les bancs, le firent juger capable de monter en chaire pour y remplir les fonctions de professeur, et il s'acquitta de cet emploi si subtilement et si solidement, qu'il fit voler sa réputation au delà des Pyrénées et des Alpes ; et c'est pourquoi le général des minimes le fit venir à Rome, l'an 1636, pour une semblable profession. Sa capacité dans les

(e) *Ad omnes vitæ suæ actus et usus advocabat honestum ac modestum illum pudorem, qui abhorret ab omni inquinamento lascivientis colloquii. Quarè cœpit paulatim declinare à sociis, præeligens omni joco abstinere, quàm facere vel levissimum verecundiæ suæ periculum.* Saguens, *in Elogio Em. Maignani, pag.* 5.

(f) *Submississimam è contra istis* (exercitationibus Theologicis) *fidem offert ; refugitque ut à leviusculá dubitatione, sic ab omni curiosá indagine, ex quo audiit scrutatorem majestatis oppressum iri à gloriá.* Idem, ibid., *pag.* 10.

inventions de mathématiques et dans les expériences physiques, éclata bientôt, et surtout par une contestation qui s'éleva entre lui et le père Kircher, et qui fut décidée de telle sorte que la gloire de l'invention, le sujet de la dispute, ne fut pas ôtée à notre minime (F). Son *livre de Perspectivâ horariâ*, imprimé à Rome, l'an 1648, aux dépens du cardinal Spada, fut fort estimé. Personne n'avait encore entrepris un pareil ouvrage (g). On y trouvait la méthode de faire des télescopes, qu'il avait inventée. Il l'expliqua fort au long, et n'imita point ceux qui cachent comme un mystère les inventions de leur art, et qui meurent avec leur secret. Il n'eut point cette maladie ; car s'il se présentait des ouvriers qui voulussent faire suivant ses découvertes et sa méthode quelques instrumens de dioptrique ou autres, il leur communiquait le plus agréablement du monde ce qu'il savait là-dessus. Il ne revint de Rome à Toulouse qu'en 1550, et on le revit dans sa patrie avec une joie universelle. Il fut créé provincial cette même année, quoiqu'il souhaitât avec passion de n'être pas détourné de ses études par les soins d'aucune charge. Il publia son cours de philosophie l'an 1652. C'est un ouvrage où il a pu se promettre pour le moins le nom de restaurateur ; et si sous prétexte qu'il expliqua la physique par les quatre élémens, on lui conteste la gloire de l'invention pour la donner à Em-

pédocle (*h*), on ne peut nier qu'il n'ait fait à l'égard de cette hypothèse, ce qu'a fait Gassendi à l'égard de celle des atomistes. La charge de provincial étant expirée au bout de trois ans, notre minime eut plus de loisir pour travailler à une théologie philosophique ; mais une longue maladie, et puis quelques voyages pour les affaires de l'ordre, retardèrent l'exécution de ce dessein. Nous verrons dans les remarques en quel temps parurent les deux tomes de cet ouvrage (G). Si l'auteur avait eu de l'ambition, il aurait trouvé un beau moyen de se satisfaire lorsque le roi souhaita de l'attirer à Paris. Ce fut en 1660, après que sa majesté eut vu elle-même dans la cellule de ce religieux, une infinité de machines et de curiosités (H). Le cardinal Mazarin, qui les avait vues avec le roi, fit savoir le lendemain au père Maignan les intentions de ce prince, par M. de Fieubet, premier président au parlement de Toulouse. Le minime témoigna si modestement et si humblement l'inclination qu'il avait à passer toute sa vie dans l'obscurité du cloître où il avait été revêtu de l'habit de l'ordre, que l'affaire en demeura là. Il eut donc la satisfaction d'éviter l'éclat à quoi l'on avait voulu l'engager, et il s'occupa tranquillement à faire des livres, et des expériences, et des leçons. Il était consulté par les plus grands philosophes, et il avait mille ré-

(g) *Opus verè eximium et ad illa usquè tempora intentatum.* Ibid., ibid., *pag.* 17.

(h) *Le père* Saguens, *pag.* 25, *veut que* Platon, *et non pas* Empédocle *soit l'auteur de la Physique élémentaire, et il cite pour cela le* Timée de Platon *et* Eusèbe de Præp. Evangel., *lib. XV.*

ponses à faire ou de vive voix, ou par écrit. Jamais homme n'aima moins que lui l'oisiveté : il travaillait même en dormant; car ses songes l'appliquaient à des théorèmes (I), dont il suivait les déductions, jusqu'à ce qu'il fût parvenu à les démontrer : et il lui arriva bien des fois de s'éveiller subitement à cause du grand plaisir que lui donnait la démonstration qu'il avait trouvée. La bonté de ses mœurs, et la pureté de ses vertus, ne le rendaient pas moins digne d'estime, que son esprit et sa science. Il mourut le 29 d'octobre 1676 (i). N'oublions pas qu'étant allé à Paris, l'an 1657, il fut admis avec de grands témoignages d'honneur aux conférences philosophiques (k) chez M. de Mommor, maître des requêtes (l), et qu'il composait avec beaucoup de facilité, et sans ratures (m).

(i) *Tiré du P.* Saguens, *in* Elogio Emmanuelis Maignani.

(k) *Il est souvent parlé de ces conférences dans les lettres de Sorbière.*

(l) Saguens, *in* Elogio Emmanuelis Maignani, *pag.* 46.

(m) *Eloquar ne an tacebo incredibilem illam conscribendi sine lituris ullis cogitata sua rapiditatem : Appendicem tertiam tribus horis, quartam conscripsit tribus hebdomadis.* Idem, ibid., *pag.* 48.

(A) *La manière dont il explique la conservation des accidens sans sujet . . . est plus heureuse que celle de M. Descartes.*] M. Rohault a prétendu le contraire ; mais c'était à cause qu'il ne voyait pas la grande difficulté qui résulte de l'explication qu'il prenait pour la meilleure. Voici comment il rapporte celle du père Maignan « Il n'y a rien de si facile » que d'expliquer de quelle manière » les accidens du pain et du vin sub- » sistent sans le pain et le vin. Car » il n'y a qu'à dire en un mot, que » le pain et le vin étant ôtés, Dieu » continue de faire dans nos sens les » mêmes impressions qu'ils faisaient » avant qu'ils fussent changés. Aussi » c'est en cette manière que ce my- » stère est expliqué par un célèbre » théologien de l'ordre des Minimes, » nommé le père Maignan (1). » Ce que M. Rohault trouve à redire dans cette hypothèse est qu'elle admet deux miracles où il n'en faut qu'un. *Quoiqu'il soit vrai*, dit-il (2), *que Dieu peut produire dans nos sens les impressions du pain et du vin, après qu'ils ont été changés par la transsubstantiation, il n'est plus besoin néanmoins après cela d'avoir recours à un nouveau miracle, comme il semble que fait ce bon père : parce qu'il s'ensuit de l'essence même du mystère (qui est, que le pain est effectivement changé au corps de* Jésus-Christ *), qu'on doit continuer de sentir toutes les mêmes apparences qu'on sentait auparavant; c'est-à-dire que les accidens du pain et du vin doivent subsister.* Ce cartésien prétend (3) que le corps de Jésus-Christ occupe de telle sorte la place du pain, que les mêmes intervalles précisément qui servaient de lieu au pain, sont ceux où le corps de Jésus-Christ se range, laissant à la matière qui remplissait les pores du pain, les mêmes espaces qu'elle remplissait auparavant. Il s'ensuit de là que les parties du corps de Jésus-Christ prennent la figure, la situation, et en général tous les autres modes du pain, et par conséquent qu'elles sont du pain; car, selon M. Rohault, l'essence du pain, ou la forme qui le distingue de tout autre corps, n'est qu'un certain assemblage de modifications. Il y a donc nécessairement du pain partout où se trouve cet assemblage. Or il se trouve dans le corps de Jésus-Christ au sacrement de l'Eucharistie : ce corps donc n'est autre chose que du pain; et ainsi ce grand mystère consisterait à détruire un morceau de pain, et à remettre un autre morceau de pain à la place de celui qui a été anéanti. Cela est absurde, et tout-à-fait éloigné de la doctrine du papisme. Il est vrai que dans cette

(1) Rohault, Entretiens sur la Philosophie, *pag.* 48.
(2) *Là même*, *pag.* 55.
(3) *Là même*, *pag.* 55, 57 *et suiv.*

supposition il ne faut point de miracle pour expliquer comment subsistent les apparences du pain à l'égard de tous nos sens : ce doit être une suite naturelle de la situation du corps de Notre-Seigneur dans l'espace du pain détruit ; mais cet avantage ne résultant que d'une hypothèse qui enferme des absurdités incompatibles avec le dogme de la Transsubstantiation, ne peut point faire que le cartésianisme égale ici l'explication du père Maignan, quoiqu'elle ait besoin d'un miracle particulier pour la continuation des apparences du pain et du vin de l'Eucharistie.

(B) *Je dirai un mot de ses écrits.*] Il fit imprimer, à Toulouse, un cours de Philosophie en quatre volumes *in-8°.*, l'an 1652. Il l'a redonné au public, *in-folio* (4), l'an 1673, avec beaucoup d'additions, et l'a dédié au président d'Onoville, si loué dans le voyage de MM. de Bachaumont et la Chapelle. Il y a joint entre autres choses la critique des tourbillons de M. Descartes, et une dissertation sur la trompette à parler de loin, inventée par le chevalier Morland. On a aussi de lui un ouvrage de théologie intitulé *Philosophia Entis sacri*, et une *Perspectiva horaria*, imprimée à Rome, l'an 1648, *in-folio*, etc. Voici ce qu'on trouve dans M. Baillet à l'égard de ce dernier livre. *M. Carcavi manda à M. Descartes qu'il y avait à Rome un minime nommé le père* Maignan, *plus intelligent et plus profond que le père Mersenne, qui lui faisait espérer quelques objections contre ses principes. Ce père… s'appelait Emmanuel, et était Toulousain de naissance. Mais il demeurait pour lors à Rome, où il enseignait la théologie au couvent de la Trinité du mont Pincio, qu'on appelle autrement des Minimes français. Il avait mis au jour depuis un an* (*1) *en latin, un ouvrage curieux divisé en quatre livres, touchant les horloges et les cadrans solaires ; et il avait écrit vers le même temps au père Mersenne, encore vivant* (*2), *que par ses principes physi-*

ques il avait trouvé géométriquement la même proportion des réfractions que celle de M. Descartes. *Mais il ne croyait pas que les principes qu'il établissait pour le mouvement d'un corps lumineux qui s'enfle et qui se désenfle, fussent véritables : ni même quand on supposerait ces principes, qu'il fût possible que les réfractions se fissent comme il est certain qu'elles se font. C'est sur quoi le père Maignan avait principalement envie de faire des objections à M. Descartes : selon qu'il pouvait l'avoir mandé à M. Carcavi un an après* (5). N'oublions point la *Dissertatio theologica de usu licito pecuniæ*, publiée par notre minime l'an 1673, *in-12*. Elle fut censurée par quelques évêques.

(C) *On l'a confondu avec un autre philosophe nommé Magnen.*] Quelques-uns (je me sers des termes de M. Baillet (6)) ont confondu mal à propos Emmanuel Maignan avec Jean Chrysostome Magnen, professeur de Pavie, qui avait publié, en 1648, le *Democrite ressuscité*, qui fit croire aux Hollandais que c'était un philosophe cartésien. M. Baillet cite *Revii Statera*, *pag.* 243. Ce Jean Chrysostome Magnen était de Luxeuil, dans la Franche-Comté, et professait la médecine à Pavie. Outre le *Democritus reviviscens*, imprimé à Leyde l'an 1648, *in-12*, et dont l'épître dédicatoire est datée du 30 avril 1646, j'ai vu de lui un Traité *de Manná* (7), imprimé à la Haye, l'an 1658, *in-12*, et dont l'épître dédicatoire est datée du 5 avril 1648. Ces éditions de Hollande ne sont pas les premières.

(D) *Il était d'une ancienne et noble famille.*] Son père, conseiller du roi, référendaire et doyen de la chancellerie de Toulouse, comptait parmi ses ancêtres les barons de Maignan, qui ont fait une très-grande figure dans l'Armagnac. Il épousa la fille d'Emmanuel de Alvarez, professeur royal en médecine, dans l'université de Toulouse. Voilà le père et la mère du minime dont nous parlons, et voici le texte de son élogiste. *Pater ei fuit Petrus Maignanus con-*

(4) *Imprimé à Lyon,* chez Jean Grégoire.
(*1) *En* 1648, *in-fol.*, *à Rome*, Perspectiva Horaria, etc.
(*2) *Lettre MS. de Maignan à Mersenne,* du 17 juillet 1648, *pag.* 512 du 1er. vol. des *Lettres MS. à Mersenne* Variorum.

(5) Baillet, Vie de Descartes, tom. II, pag. 379, 380, à l'ann. 1649.
(6) *Là même.*
(7) *On le joint avec celui de* Tabacco *du même auteur.*

siliarius regius, referendarius et De-
canus in cancellariá Tolosaná, vir
æquitatem servans, et conspicuus
splendidissimi generis antiquá nobilitate indubitatá. Siquidem, ut omnes
novimus, Maignani Tolosates isti
stirpem suam trahunt ex illis, quos
Eluza urbs nunc obscura, sed antiquitate celeberrima ad Gelisam amnem sita in Comitatu Arminiaco
barones suos strenuos, opulentos,
magnificos per multas non interrupta-
rum generationum successiones reve-
renter, ac peramanter complexa est.
Matrem habuit Gaudiosam de Alvarez, charam filiam celeberrimi illius medici Emmanuelis de Alvarez,
quem Tolosa urbs litterarum omnium
amantissima precibus ac pollicitatio-
nibus multis ex Lusitaniá advocavit
perfuncturum munere regii professoris. Hic originem suam ducebat ex
antiquissimá familiá Alvareziorum
de Buhendyá in regno Lusitaniæ, et
fuit parens.Iustricus Maignani nostri, qui ex illo nomen Emmanuelis
obtinuit (8).

(E) Il entendait très-bien les mathématiques, sans que personne lui
en eût fait des leçons.] Voici un second exemple de ce qu'on verra ci-
dessous dans l'article de M. PASCAL.
Le père Saguens n'a pas manqué de
confirmer l'un par l'autre. Voyons le
détail qu'il donne. Ce sont de ces
faits particuliers qu'il faut principalement recueillir, et insérer dans des
ouvrages semblables à ce Dictionnaire. Multò celsiorem de illo opinionem accepit (magister Ruffatius
(9)), quùm occasione datá schematis
mathematici, quo ipse ad explana-
tionem reconditioris cujusdam physici
mysterii lucem afferebat, intellexit
eum esse geometram; stupuitque, et
curiosè requisiit causam, ac metho-
dum comparatæ, et eò usquè occul-
tatæ eruditionis. Verùm ut respon-
suri juvenis modestiæ parcam, dicam
ipse ego paulò liberiùs, quod multò
post ad suadenda rerum mathemati-
carum studia enarrabat sibi obtigisse,
ut intrà horas unius anni liberas,
seu recisas a tempore ad cætera cho-
ri, et scholæ ministeria usitato, tot

theoremata, ac problemata geome-
trica per se ipsum adinvenirel, ut
deinceps non plura deprehenderit
contineri totis sex prioribus libris
Euclideorum elementorum. An non
diceres illum talem fuisse, qui nisi
extitissent elementa Euclidis, edidis-
set ? Simile quid refertur de clarissi-
mo viro Pascalio inter geometras
hujus sæculi celeberrimos annume-
rando : ita ut videatur utrique Deus
præstantissimæ illius disciplinæ anti-
cipationem copiosissimam contulisse.
Tum neque mirum est, inquiebat
Maignanus, quòd leves istos mathematici tyrocinii conatus ultrà pro-
moverim : an nescitis crucem matheseos meæ magistram habui ? Cùm
enim frustratus omni instrumento-
rum figuris exarandis inservientium
apparatu nec normam haberet, nec
circinum : circini quidem vice, duobus tignulis ligneis ex parte uná li-
berè affixis infixerat ex alterá duas
acus sutorias. At pro normá, aut
quòd oportunum nihil occurreret, aut
potiùs quòd mallet sua schemata omnia apposito crucis signo communiri,
ut à plerisque more catholico illud
appingitur summis capitibus pagina-
rum, cruce ligneá utebatur (10).

(F) Dans une contestation qui s'é-
leva entre lui et le père Kircher....
la gloire de l'invention ne fut pas
ôtée à notre minime.] Le père Saguens s'arrête sur deux ouvrages d'u-
ne merveilleuse invention, et d'un
artifice tout-à-fait industrieux, qui
furent faits dans le monastère de
l'ordre, à Rome, par Emmanuel
Maignan. L'un était un ouvrage d'op-
tique, et l'autre de catoptrique. Le
premier était une perspective dont
on trouve la description dans le
Thaumaturgus Opticus du minime
Niceron (11). L'autre était une représentation du ciel avec tous les
cercles astronomiques, catoptrica
anacamptica, complectiturque inte-
gram cœli faciem suis omnibus ad
res astronomicas spectantibus circu-
lis interstinctam (12). Le père Kircher
ne l'eut pas plus tôt considérée, qu'il
dit à un gentilhomme allemand qui
l'accompagnait : De quoi vous éton-

(8) Saguens, in Elogio Emmanuelis Maignani,
pag. 3.
(4) C'est le nom du minime sous lequel le père
Maignan fit son cours de philosophie.

(10) Saguens, in Elogio Emmanelis Maignani,
pag. 8 et 9.
(11) Idem, ibidem, pag. 15.
(12) Idem, ibidem.

nez-vous, n'est-ce pas la figure de mon livre? *Quid stupes, an non hæc est figura mei libri ?* Un minime qui entendit cela, et qui comprit que le père Kircher s'attribuait toute la gloire de l'invention, répondit assez brusquement, *au contraire*, c'est *le livre de votre figure, Imò hic est liber tuæ figuræ*, et rapporta bientôt la chose au père Maignan qui, comme il était fort humble, se contenta de dire qu'il ne se sentait coupable d'aucun larcin, à moins qu'on ne supposât que ses mains avaient dérobé l'ouvrage à son esprit (13). La chose n'eût point passé plus avant, si les amis de l'un et de l'autre ne l'eussent jugée digne d'une plus ample information, attendu qu'il s'agissait, ou de la gloire d'un mathématicien allemand, ou de celle d'un mathématicien français ; car la principale louange est toujours celle de l'inventeur. Le père Maignan allait perdre son procès, lorsqu'un jésuite raconta ingénument qu'il avait vu un semblable ouvrage en France fait par le père Maignan. Ainsi les savans de Rome laissèrent à chacun des concurrens toute la gloire de l'invention. Ce n'est là qu'un abrégé de ce que vous pourrez voir plus au long dans ce latin du père Saguens (14) : *Totaque res ibi substitisset, nisi visa fuisset communibus amicis digna diligentiori examine ; quodque ducebant vertendum ad gloriam non mediocrem aut germani, aut galli mathematici. Omninò enim in quovis artium, et doctrinarum genere primum fuisse ità gloriosum est ; ut id posteritas omnis, quia imitari non potest, invidiâ dignum putet. Primus labor plerumque sibi aut totum honorem vindicat, aut secundo non nisi magnâ ex parte imminutum relinquit : vel quòd difficultatem penè omnem, quam in rebus inveniendis maximam esse constat, exhauriat : vel quòd non parùm emolliat : vel denique quòd præstantioris cujusdam ingenii aciem, judiciique demonstret. Ecce itaque inter doctos certatur, et ambigitur uter è duobus eximiæ il-*lius primæ excogitationis catoptricognomonicæ laudem sit relaturus, gravissimoque tandem judicio declinabant ad partes Kircheri, qui prior typis nuper eam commiserat : nisi in testem acerrimum compellatus occurrisset alius R. P. ejusdem societatis mathematicus, qui feliciter Romani accesserat, et ingenuè enarrabat vidisse se multos antè annos in Galliâ, et in conventu quidem hujus Aquitanicæ provinciæ nostræ Albaterrensi tale quoddam opus Catoptricum à Petro Maignano elaboratum. Res ita erat ; et Maignanus quidem me audiente non semel retulit cogitationem illam horographicam sibi adhuc juniori subito immoderatoque impetu occurrisse ; tantâque voluptate mentem occupâsse, quâ nullam majorem in vitâ sensisset. Hinc eruditorum Romanorum cohors suam utrique palmam contulit, protulitque paria esse in gignendis fortunatissimi ingenii viris Germaniæ Galliæque imperia.*

Il n'est pas impossible qu'une même chose soit inventée par deux personnes, sans que l'une soit en rien aidée de l'autre.

(G) *Nous verrons... en quel temps parurent les deux tomes de sa théologie Philosophique.*] Le premier fut imprimé l'an 1662, et le second l'an 1672. Il y aurait eu moins d'intervalle entre la publication de l'un et la publication de l'autre, si l'auteur n'avait été obligé de répondre à quelques écrits qu'on publia contre lui. Le premier antagoniste qu'il repoussa fut un (15) jésuite du collége de Toulouse, qui, dans son ouvrage *de Cycloïde* avait prétendu que le père Maignan s'était trompé à l'égard de plusieurs dogmes touchant la structure et la pesanteur des corps, l'accélération du mouvement, et l'égalité des angles d'incidence et de réflexion, etc. Le minime soutint qu'il y avait du paralogisme dans la démonstration du jésuite, et ce fut là un long sujet de dispute dont le résultat contribua notablement à confirmer cet aphorisme de physique géométrique, *un excellent physicien, médiocrement versé en géométrie, réussit mieux à éclaircir la physique qu'un excellent géomètre peu physicien. Plus prode-*

(13) *Nullius hâc in re*, inquit, *furti mihi sum conscius, nisi fortè manus meas opus quod elaboraverunt, menti subripuisse quis finxerit.* Saguens, *in* Elog. Emmanuelis Maignani, p. 16.
(14) *Idem, ibidem.*

(15) *Nommé* Lalouvère.

rit, inquit Maignanus, *in rebus physicis peritissimus physicus mediocriter in geometricis versatus quàm peritissimus geometra parùm physicus.* Tum addit: *At si utroque genere excellat, nihil prorsùs optabilius esse potest* (16). Cette réponse du père Maignan fut imprimée comme un *Appendix*, et fut suivie d'un second *Appendix*, où il réfuta les répliques du jésuite, et où il mêla de fort bonnes observations touchant la propagation successive de la lumière, la scintillation des étoiles fixes, et les larmes de Hollande. Le troisième *Appendix* servit de réponse à une dissertation que M. Ducasse publia contre la raison que le père Maignan avait donnée pourquoi les larmes de Hollande se brisent en mille pièces dès qu'on en rompt le petit bout (17). L'expérience en fut faite dans le couvent des Minimes l'an 1662, en présence de beaucoup de personnes. Le quatrième *Appendix* fut une réponse à un écrivain (18) que le jésuite avait chargé en mourant des intérêts de sa cause. Cet écrivain s'attacha à des accessoires, et abandonna le principal de la dispute, qui était l'accusation de paralogisme. Il se plaignit du père Maignan comme d'un auteur qui avait choqué les plus célèbres jésuites, Suarez, Vasquez, Mendoza, Zacchi, etc. Le minime satisfit à toutes ces plaintes, et n'oublia pas de représenter tout de nouveau les preuves de l'accusation de paralogisme. Ce quatrième *Appendix* fut imprimé en 1667, à Bordeaux, où l'auteur était allé pour les affaires de l'ordre. Le cinquième *Appendix* fut une réponse au père Théophile Raynaud, qui avait écrit contre l'hypothèse dont notre minime s'était servi pour expliquer la conservation des accidens du pain et du vin de l'Eucharistie. Ce jésuite avait témoigné qu'il n'entendait rien dans l'état de la question, puisqu'il avait cru que l'opinion du père Maignan était la même que celle d'un certain Sicilien nommé Chiavetta. On répondit dans le même *Appendix* à deux autres

adversaires, qui étaient le père Vincent Baron, et le père Nicolas Arnu, tous deux jacobins. Ces cinq *Appendix*, imprimés en divers temps, furent redonnés au public tous ensemble l'an 1672 (19). J'ai déjà parlé (20) de la seconde édition de son Cours de Philosophie, et des deux Traités dont elle fut augmentée, l'un contre les tourbillons de M. Descartes, l'autre touchant la trompette du chevalier Morland. J'ajoute ici que ce père inventa une machine dont il fit voir le jeu à plusieurs savans, et qui renversait ce que Descartes suppose touchant la manière dont l'univers s'est formé, ou aurait pu se former, et touchant l'effort de s'éloigner du centre du mouvement par des tangentes (21).

(H) *S'a majesté vit elle-même dans la cellule de ce religieux une infinité de machines et de curiosités.*] Le détail qu'on va donner peut servir à faire connaître l'industrie et la diligence du père Maignan. *Properabat rex ad celebrandas nuptias suas.... Sed casu Tolosæ parumper constitit; nec inter res, quæ oculis regiis dignæ censebantur, infima fuit cellula cœnobitica patris Maignani, quæ inter religiosæ egestatis angustias, si quid mathesis pulchrum coluit, includebat; tubos omnis generis, telescopicos, microscopicos, polioptricos, hygroscopicos, thermometricos; ut non adjiciam machinamenta pneumatica, hydraulica, magnetica multa, sileamque de planispheriis, tabellis opticis, fabrefactis tùm ad figurati torni industrias, tùm ad vires staticas attinentibus ingeniosissimis plurimis : speculisque ustoriis, qualia nec capacioris sphæræ, nec nitidioris formæ, nec demùm incendii pernicioris ullibi tunc temporis prodebantur. In quo copiosissimo supellectilis mathematicæ apparatu non tam mirabatur rex suo cum aulico comitatu manum artificem, quæ totum elaboraverat, quàm mentem ad multò plura et utiliora reipublicæ molimina perficienda instructam. Quare recogitare apud se ipsum occœpit, quantus matheseos fulgor per universam Galliam*

---

(16) Saguens, *in* Elogio Emmanuelis Maignani, pag. 35.

(17) *Voyez* la Physique de Rohault, Iᵉ. part., chap. XXII, num. 47 et suiv., pag. m. 191.

(18) *Le* père Courboulez *jésuite du collège de Toulouse.*

(19) *Tiré du* père Saguens, pag. 34 *et seq.*

(20) *Dans la* remarque (B).

(21) Saguens, *in* Elogio Emmanuelis Maignani, pag. 42.

*irradiaret , si vir ille bonus ex Tolo-
senâ, ut sic loquar, eremo in popu-
larem regiæ civitatis , et Aulæ fre-
quentationem educeretur* (22).

(I) *Ses songes l'appliquaient à des
théorèmes.*] Voici un fait qui confirme une observation qu'on a vue
ci-dessus (23). Il est d'ailleurs de la
nature de ceux dont je parle au commencement de la remarque (E). Rap-
portons-le donc selon les termes de
l'original. *Mentem laboribus istis ita
feliciter assuefecerat* (Maignanus) *ut
emensa diem studio, in nullam noc-
turnæ corporeæ quietis partem veniret. Quod rarum aliis , frequentissi-
mum Maignano fuit , ut idem asse-
queretur somni, et somnii alicujus
eruditi initium redeunte mente ad so-
lita sua theoremata , nec absistente
donec de illis demonstrationem obti-
nuisset, cujus inopinata voluptas dormienti sæpè fuit pro suscitabulo. Tum
ne illa fulguris ad instar emicaret et
fugeret , cretam suo sub cervicali re-
condebat, quâ notulis , quantùm id
tenebræ patiebantur, in paratâ chartâ
exaratis eam sisteret* (24). Si nous
étions au temps des pointes, nous
dirions que c'était un géomètre à qui
le bien venait en dormant.

(22) Saguens, *in Elogio Emmanuelis Maignani, pag.* 31 , 32.
(23) *Tom. IX, pag.* 382 , *dans la remarque*
(G), *num. II, de l'article* Loticnts (Pierre).
(24) Saguens, *in Elogio Emmanuelis Maignani, pag.* 47 , 48.

MAIMBOURG (Louis) naquit
à Nanci, l'an 1610, et se fit
jésuite l'an 1626. Il enseigna les
humanités pendant six ans, après
quoi ses supérieurs l'appliquè-
rent aux fonctions de prédicateur. Il les exerça dans les principales villes du royaume (a), et
je pense qu'il les finit contre la
version de Mons. Les réponses
que les jansénistes publièrent à
ses sermons contre cette traduction, le firent connaître d'une
manière un peu désavantageuse.
Il fit trois traités de controverse
(b), qui ne sont pas mal tour-

(a) Tiré de Natanaël Sotuel, *Biblioth. societ. Jesu, pag.* 567.
(b) *Voyez la remarque* (D).

nés ; mais il s'acquit encore plus
de réputation par plusieurs histoires qu'il publia (c). Les jansénistes critiquèrent celle de l'A-
rianisme, et celle des Iconoclastes, et laissèrent passer toutes
les autres. Celle qu'il fit du Calvinisme, l'an 1681 , lui suscita
une rude guerre , dont il laissa
toutes les opérations à ses ennemis : il se tint dans l'inaction ;
il n'agit point offensivement, et
ne se tint point sur la défensive.
Il était déjà sorti de chez les jésuites par ordre du général de la
compagnie, lorsqu'il publia cette
histoire du Calvinisme. La raison qui obligea ce général à le
dégrader fut qu'il s'était déclaré trop fièrement pour les doctrines de l'église gallicane, contre
celles des ultramontains. Il se
retira dans l'abbaye de Saint-
Victor [*1], et il y mourut le 13
d'août 1686 [*2], après avoir fait
un testament qui témoigne qu'il

(c) *Le Supplément du* Moréri *en donne la
liste.*
[*1] Joly dit tenir du père Oudin, que
Maimbourg, retiré dans la maison professe
des jésuites à Paris, fut sollicité par ses amis
de quitter cette maison comme il le désirait le
pape. Maimbourg se rendit à leurs instances
et alla faire part de sa résolution à Louis XIV,
qui sur-le-champ fit écrire au provincial,
que rien n'empêchait le général de la société
d'être pleinement satisfait au sujet du père
Maimbourg. Mais à peine celui-ci eut-il
quitté le roi, qu'il se repentit de l'offre qu'il
avait faite et retourna vers le roi pour se
dédire. Louis XIV, choqué de cette versati-
lité ne voulut pas l'entendre. Maimbourg se
retira donc à Saint-Victor.
[*2] Paravicini dit que dans la *Continuatio
historiæ ecclesiasticæ Hornii*, on lit que Maimbourg, occupé par ordre du pape, à écrire
une histoire du schisme d'Angleterre, pour
l'opposer à celle de Burnet, *fut frappé de
la main de Dieu et suffoqué dans son sang.*
Sans discuter le fait, Joly qui cite le 4ᵉ.
(c'est le 41ᵉ.) article de la 3ᵉ. centurie de
Paravicini, observe qu'on ne doit pas trouver extraordinaire de voir un vieillard infirme et exténué de fatigues, mourir subitement.

était mal satisfait des jésuites (A). Il avait eu beaucoup de part à l'amitié du père Ferrier, confesseur du roi (B). J'ai dit ailleurs (d) qu'il étudia à Rome sous Jean de Lugo. Les livres qui ont paru contre lui sont si communs, et contiennent si amplement ce qui regarde le caractère de son esprit, et sa conduite, qu'il n'est nullement nécessaire de compiler ici ces faits-là. Mais comme ceux qui ont réfuté son Calvinisme n'ont rien dit d'un certain sermon, qui a fourni un récit assez facétieux à un écrivain de Port-Royal (C), il sera bon que j'en fasse une remarque. J'en ferai une autre touchant les œuvres du père Maimbourg (D); et une autre sur un cousin qu'il avait (E), qui se fit de la religion, et qui est auteur de deux ou trois livres.

(d) Dans l'article LUGO (Jean de), citat. (*³) tom. IX, pag. 535.

(A) *Il fit un testament qui témoigne qu'il était mal satisfait des jésuites.*] Voyez les Nouvelles de la République des Lettres, mois de septembre 1686 (1).

(B) *Il avait eu beaucoup de part à l'amitié du père Ferrier, confesseur du roi.*] Il nous l'apprend lui-même dans son saint Léon ; car après avoir expliqué *ce que c'est qu'une opinion véritablement probable, contre la fausse idée que quelques-uns s'en sont formée,* il ajoute : « Et c'est » aussi ce qu'on trouvera très-soli- » dement prouvé dans le petit livre » de l'opinion probable, composé » par le feu père Ferrier, confesseur » du roi, et l'un des plus savans » théologiens que j'aie jamais con- » nus, de qui la mémoire me sera » toujours en singulière vénération ; » tant pour son mérite très-distin- » gué, que pour les obligations très- » particulières que je lui ai, et dont » je ne puis m'acquitter que par ce

(1) *Pag.* 1024 *et suiv.*

» petit témoignage de ma gratitude, » que j'en veux laisser à la postérité » (2). »

(C) *Un de ses sermons... a fourni un récit assez facétieux à un écrivain de Port-Royal.*] On le trouve dans une préface qui est au-devant de la défense * de la traduction de Mons, à l'édition de Cologne 1668, et qui n'a pas été réimprimée dans l'édition qu'on fit à Genève de toutes les pièces qui concernent cette traduction. Voilà pourquoi ce conte n'est guère connu, et n'a point été mis en avant par les censeurs de l'Histoire du Calvinisme. Il ne sera donc pas hors de propos que je l'insère dans cette remarque. Le voici ; c'est l'auteur de la préface qui parle.

« Il y a plus de vingt ans qu'étant » allé par hasard en la chapelle du » collège de Clermont, je vis monter » en chaire un homme d'une mine » extraordinaire et qui n'était pas de » ceux dont l'Écriture dit, *que la sa-* » *gesse de leur âme reluit sur leur* » *visage.* On ne voyait au contraire » que fierté dans ses yeux, dans ses » gestes et dans tout son air ; et il » aurait été capable de faire peur » aux gens, si cette fierté n'eût été » mêlée avec mille gestes de théâtre » qui tendaient à faire rire.... Son » discours fut encore plus étonnant » que son air ; et la bizarrerie en fut » si étrange, qu'il m'a été impossi- » ble de l'oublier. C'était le deuxiè- » me dimanche d'après Pâques, où » l'on lit l'Évangile du bon Pas- » teur : il prit sujet sur cela de re- » lever l'état des bergers, en remar- » quant que ce n'était pas autrefois » la profession des gens de néant » comme à présent, mais que les rois » et les princes ne la jugeaient pas » indigne d'eux. Il fit ensuite un » grand dénombrement des princes » bergers. Il n'y oublia pas les pa- » triarches, et il en conduisit le ca- » talogue jusques à David, sur lequel » il s'arrêta fort long-temps ; car il » fit une description badine de sa

(2) Maimbourg, Histoire du Pontificat de saint Léon, *liv. IV, pag.* 343, *édition de Hollande.*

* Leclerc et Joly disent que cette *défense* est d'un *inconnu.* Cet inconnu est Antoine Arnauld, aidé de Nicolle. Dans le Moréri, auquel Joly lui-même renvoie, la *Défense* est comprise parmi les ouvrages d'Arnauld.

» beauté, de la couleur de ses che-
» veux, de ses habits, et enfin de
» son chien. C'était, dit-il, un
» brave chien, et qui avait tant de
» courage, qu'il est à croire que ce-
» pendant que son maître se battait
» contre Goliath, ce chien, pour n'a-
» voir pas le déshonneur de demeurer
» sans rien faire, alla chercher de
» l'occupation contre les loups. Quand
» ce père fut une fois entré dans
» la matière des chiens, comme s'il
» y eût été attaché par quelque se-
» crète sympathie, il n'en put sor-
» tir, et il en tira la division de son
» sermon, qui fut distribué en quatre
» points, selon quatre espèces de
» chiens. La 1ʳᵉ. espèce était des
» dogues d'Angleterre ; la 2ᵉ. des
» mâtins ; la 3ᵉ. des bichons, et la
» 4ᵉ. des bons chiens ; dont il fit une
» application aux différentes sortes
» de prédicateurs. Les dogues d'An-
» gleterre étaient les jansénistes, ou
» comme l'on parlait alors les arnaul-
» distes, qu'il représentait comme
» des gens indiscrets, qui déchiraient
» indifféremment tout le monde, qui
» ne faisaient nulle distinction entre
» les innocens et les coupables, qui
» accablaient tout le monde de rudes
» pénitences. Il décrivit les mâtins
» comme des chiens poltrons qui ne
» sont vaillans que sur leur fumier,
» et qui hors de là sont toujours dans
» la crainte, ce qu'il appliqua aux
» prédicateurs de cette humeur. Les
» bichons étaient selon lui les abbés
» de cour. Ils sont, disait-il, taillés
» en lions, et ils font beaucoup de
» bruit, mais quand on les voit de
» près on se moque de leur bruit.
» Il décrivit sur cela leurs man-
» chettes, leurs rabats, leurs surplis,
» leurs gestes. Et enfin, les bons
» chiens étaient les jésuites et les
» prédicateurs tels que lui. Il est
» impossible de s'imaginer de quelle
» sorte il traita ce ridicule sujet,
» et jusques à quel excès il porta la
» bouffonnerie de ses descriptions. Ce
» que je puis assurer, y ayant été
» présent, est que j'y vis tous les ré-
» vérends pères, qui étaient dans les
» galeries qui sont au-dessus, se tenir
» les côtés de rire depuis le commen-
» cement du sermon jusqu'à la fin,
» et le reste de l'auditoire ne put pas
» demeurer dans une plus grande

» retenue. Ce n'était qu'éclats que
» l'on ne pouvait empêcher. Tout
» cela divertissait le bon père, et lui
» donnait une nouvelle ardeur à
» augmenter toujours le ris de ses
» auditeurs par de nouvelles grima-
» ces. Après avoir été spectateur de
» cette étrange profanation, et m'être
» informé du nom du jésuite qui
» avait prêché, que l'on me dit être
» le père Maimbourg, je sortis plus
» scandalisé de la société que de son
» prédicateur (3). »

(D) Je ferai une remarque touchant
les œuvres du père Maimbourg.] Il
publia à Rouen deux panégyriques,
l'an 1640 : l'un est celui de Louis
XIII, sur ce que ce prince avait mis
la France sous la protection de la
Vierge ; l'autre est un éloge des rois
de France. Il avait publié à Rome,
l'an 1638, l'oraison funèbre de Nicolas Zappi, moine Augustin, et il publia à Paris, l'an 1670, ses Sermons du
Carême, en deux volumes in-8°. Le
père Sotuel, qui m'apprend cela, ne
parle point des Lettres de François
Romain, qui est un ouvrage du père
Maimbourg, dont le seul titre fait
comprendre qu'il roule sur la manière dont il faut concilier l'obéissance due au pape, avec celle qui est
due au roi. Sotuel n'a pas oublié les
traités de controverse du père Maimbourg. Ce sont trois petits traités
dont l'un (4) est intitulé : la Méthode
Pacifique pour ramener sans dispute
les Protestans à la vraie Foi sur le
point de l'Eucharistie, au sujet de la
contestation (5) touchant la perpé-
tuité de la foi du même mystère. Le
second a pour titre : de la vraie
Église de Jésus-Christ, et le troisième,
de la vraie Parole de Dieu. Le premier de ces trois ouvrages a paru si
bon aux catholiques romains, qu'il
tient la cinquième place entre les
seize méthodes de convertir les huguenots, qui furent recommandées
par le clergé de France aux controversistes, l'an 1682. Voici les paroles
du mémoire qui fut dressé par cette

(3) Préface de la Défense de la Traduction
du Nouveau Testament, imprimé à Mons, contre les Sermons du père Maimbourg, jésuite,
pag. 6.
(4) Imprimé à Paris, l'an 1670. Il y fut réimprimé pour la troisième fois, l'an 1682.
(5) C'est celle qui faisait alors tant de bruit
entre M. Arnauld et M. Claude.

assemblée. *La cinquième est la mé-*
thode pacifique et sans dispute, fon-
dée sur le synode de Dordrecht, que
toutes les églises P. R. de France
ont reçu, et qui a défini par l'Écri-
ture-Sainte, que quand il y a con-
testation sur quelque article contro-
versé entre deux partis qui sont dans
la vraie église, il s'en fallait rap-
porter à son jugement, sur peine à
celui qui refuse de s'y soumettre,
d'être coupable de schisme et d'hé-
résie. C'est en cela effectivement que
consiste toute la force de la méthode
du père Maimbourg. Il montre par la
conduite qui fut tenue en Hollande,
lorsqu'il s'y éleva des disputes entre
les arminiens et les gomaristes, que
selon la doctrine des protestans, c'est
à l'église dans le sein de laquelle il se
forme des contestations à faire droit
aux parties, en décidant qui a tort
ou qui a raison ; et qu'ensuite de
son jugement définitif, il faut qu'elles
cessent de disputer, et que ceux qui
ne veulent pas se soumettre à la décision soient réputés hérétiques, et
soient retranchés du corps comme
des rebelles. Suivant ce principe,
dira-t-on, les protestans doivent reconnaître que c'était au concile de
Trente à prononcer en dernier ressort sur les disputes de Luther et de
Calvin ; et qu'après la décision de ce
concile il n'a plus été permis de se
quereller, mais qu'il a fallu que chacun se conformât à l'arrêt définitif
avec les docteurs romains, à peine
de mériter les foudres de l'excommunication, comme un hérétique, et
comme un rebelle. Ce n'est pas ici le
lieu d'examiner si cet argument *ad
hominem* a quelque force (6) : il suffit de dire que l'église protestante ne
saurait être blâmée d'avoir établi un
ordre sans lequel il est impossible
qu'aucune société puisse subsister. Il
faut que dans toutes les sociétés il y
ait un tribunal qui prononce en dernier ressort sur les disputes des particuliers, et qui ait le droit d'infliger
les peines de la rébellion à ceux qui
refusent de se soumettre à ses ar-

rêts *, car autrement il ne serait pas
possible de remédier à aucun désordre, ni d'empêcher que les disputes ne durassent éternellement. Je
sais bien que l'on objecte qu'à ce
compte il n'y a point d'autre différence entre l'église romaine et l'é-
glise réformée, à l'égard de l'autorité, si ce n'est que l'une déclare
qu'elle est infaillible, et qu'il n'est
point permis aux particuliers d'examiner ses décisions ; au lieu que
l'autre se reconnaît faillible, et permet aux particuliers d'examiner tout,
pourvu qu'enfin ils se soumettent à
ses arrêts : je sais bien, dis-je, que
l'on objecte qu'à ce compte la voie
de l'autorité n'est pas moins le dernier refuge pour les protestans que
pour les papistes ; mais je sais aussi
ce que répondent les protestans. Trois
de leurs auteurs (7) ont réfuté cette
méthode du père Maimbourg. Celui
que je nomme le dernier a pris le
meilleur expédient qui se pouvait
prendre : ses réflexions sont belles et
bonnes ; mais il ne s'est pas toujours
aperçu si ses réponses étaient un paralogisme. J'en vais donner un exemple.

Il se propose cette objection dans
la page 347. « Si l'on n'est pas obligé
» de se soumettre aux décisions des
» conciles et des synodes ; s'il est
» toujours permis d'en appeler ; si
» chacun est en droit de regarder ces
» décisions comme de simples con-
» seils, et de les rejeter quand on ne
» les juge pas conformes à la parole
» de Dieu ; il n'y aura pas de moyen
» de vider aucune controverse, ni
» de la terminer (8). » Il répond
entre autres choses que ceux *qui font
si fort valoir cette difficulté,* ne la
lèvent point par le dogme de l'infaillibilité de l'église. Il le prouve (9)

* Leclerc et Joly reconnaissent que le principe
est raisonnable ; mais ils reprochent à Bayle de
le contredire en plusieurs endroits de son Dictionnaire, et entre autres, dans la remarque (D)
de l'article Pellisson, tom. XI, où il rapporte
un passage de la Placette.

(7) *Savoir :* 1°. *M.* Lenfant, *ministre de
Châtillon-sur-Loing, père de M. Lenfant, ministre à Berlin.* 2°. *Un cousin du père Maimbourg, dont je parlerai ci-dessous.* 3°. *M.* Jurieu, *dans ses Lettres sur la Puissance de
l'Église, imprimées à Rouen, l'an 1677.*

(8) Jurieu, Traité de la Puissance de l'Église,
VIIe. lettre, num. 9, pag. 347.

(9) *Là même, pag.* 348.

(6) *M.* Jurieu, Traité de la Puissance de l'É-
glise, pag. 323, *avoue qu'il y a de l'adresse et
de l'esprit dans ce livre de Maimbourg ; et pag.
325, que le tour qu'il donne à la difficulté a
quelque chose d'éblouissant, et jette dans l'esprit
l'idée d'une assez grande difficulté.*

par les *deux cents hérésies* qui, *selon le calcul de Bellarmin*, ont *fait de grands ravages* dans l'église romaine, qui *a toujours déclaré*, dit-on, *qu'elle était infaillible*. Il ajoute (10) qu'il y a dans la naissance des hérésies *ce qu'on appelle δεῖον τι*, *quelque chose de surnaturel ; et qu'ainsi il ne faut pas s'imaginer que nous ayons des moyens d'arrêter ces maux*, *sans que Dieu s'en mêle d'une manière extraordinaire*. Il y a deux grands défauts dans cette réponse : 1°. C'est avouer aux adversaires que Dieu n'a laissé à son église aucun moyen ordinaire qui soit capable de terminer les disputes; 2°. que la multitude des hérésies, qu'on a vue dans le christianisme, fait voir que le dogme de l'autorité n'est pas propre à les éteindre. Comment cet auteur n'a-t-il point vu que ces hérésies n'auraient jamais pu durer, si leurs sectateurs avaient adopté ce dogme? Elles ne se sont maintenues qu'en le rejetant : cela prouve-t-il quelque chose contre la bonté du remède ? Un malade qui ne guérit point, parce qu'il rejette tout ce que le médecin lui ordonne, peut-il être un témoignage que les remèdes de ce médecin ne valent rien ? Cela soit dit en passant pour avertir les lecteurs qu'il y a une ample moisson de critique dans les ouvrages de controverse.

Je reviens aux livres du père Maimbourg sans donner le titre de ses histoires : on le trouvera dans le Supplément de Moréri *. Je crois pouvoir dire qu'il avait un talent particulier pour cette sorte d'ouvrages. Il y répandait beaucoup d'agrément, et plusieurs traits vifs, et quantité d'instructions incidentes. Il y a peu d'historiens, parmi même ceux qui écrivent mieux que lui, et qui ont plus de savoir et d'exactitude que lui, qui aient l'adresse d'attacher le lecteur autant qu'il fait. Je voudrais que ceux qui pourraient le surpasser en bonne foi et en lumières, nous donnassent toutes les histoires qu'il eût entreprises, s'il avait vécu encore vingt ans, et qu'ils y semas-

sent les mêmes attraits que lui. Ce ne serait pas un bien médiocre pour la république des lettres. J'ai dit dans le corps de cet article que son Histoire de l'Arianisme, et celle des Iconoclastes, furent critiquées. Cette critique est fort bonne (11) : elle fut brûlée à Paris, l'an 1674. On la réimprima en Hollande, l'an 1683. Son histoire de l'église de Rome a été aussi critiquée, et j'ai ouï dire que l'auteur de cette critique est M. Boileau le docteur. Son ouvrage a été imprimé deux fois (12), et il est fort augmenté dans la seconde édition. Il est parlé de la première dans les Nouvelles de la République des Lettres (13). L'extrait qu'on y trouve de cette pièce fait voir que M. Maimbourg réussit très-mal dans les assauts qu'il donna à l'infaillibilité du pape et à la supériorité du saint siège sur les conciles.

(E) *Je ferai une remarque sur un cousin qu'il avait, nommé* Théodore Maimbourg.] Il se conforma à la coutume du temps, qui était que ceux qui changeaient de religion publiassent quelque chose sur les motifs de leur changement. La lettre qu'il écrivit sur ce sujet à son frère aîné, fut imprimée l'an 1659. Il se retira en Guienne (14) chez le marquis de Bougi, et composa une *Réponse sommaire* à la méthode du cardinal de Richelieu. Il la dédia à madame de Turenne, et envoya le manuscrit à Samuel des Marets, qui le publia à Groningue, l'an 1661. L'auteur se donne le nom de R. de la Ruelle. Il rentra dans la communion romaine quelque temps après, et il en faisait profession lorsque le fameux ouvrage de l'Exposition de la Doctrine catholique fut imprimé (15). Il fit même des réflexions sur cet ouvrage, qui furent vues en manuscrit par les gens de la religion. C'est ce qui fit que M. de la Bastide (16) avança *qu'on savait*

(10) *Là même, pag.* 551.

* Joly donne le catalogue exact des ouvrages de Maimbourg, au nombre de vingt-sept articles; il déclare n'avoir indiqué que les éditions les plus estimées des ouvrages historiques de ce jésuite.

(11) *Elle a pour titre :* Entretiens d'Eudoxe et d'Euchariste, sur l'Histoire de l'Arianisme et l'Histoire des Iconoclastes, du père Maimbourg.

(12) *En Hollande, l'an* 1686 *et l'an* 1688.

(13) *Mois d'avril* 1686, *pag.* 461.

(14) *Au château de Calonge, dans le Condomois, proche d'Agen.*

(15) *Composé par M.* Bossuet, *alors évêque de Condom. Ce livre fut imprimé pour la première fois, l'an* 1671.

(16) *Dans l'avertissement de sa Réponse au livre de M. de Condom. Voyez l'avertissement*

une personne catholique qui écrivait contre l'*Exposition* de *M. de Condom*. Je me sers des mêmes paroles que M. de Condom cite comme tirées de la page 23 de la préface de M. de la Bastide : mais voici ce que je trouve dans cette préface à la page 30 de la seconde édition. *On a su qu'il y a quelque personne de l'église romaine qui écrit contre cette même Exposition de M. de Condom, et ce que ceux de sa communion pourront dire touchant leur propre créance sera encore de plus de poids, et moins suspect dans leur bouche que dans la nôtre.* M. de Condom remarque que l'on abusait messieurs de la religion quand on leur disait cela. *Ce serait certainement,* ajoute-t-il (17), *une chose rare, que ce bon catholique, que les catholiques n'ont jamais connu, eût été faire confidence aux ennemis de l'église de l'ouvrage qu'il méditait contre un évêque de sa communion. Mais il y a trop long-temps que cet écrivain imaginaire se fait attendre ; et les prétendus réformés seront de facile créance, s'ils se laissent dorénavant amuser par de semblables promesses.* Cette personne de l'église romaine, dont M. de la Bastide voulait parler, était notre Théodore Maimbourg, qui passa en Angleterre environ l'an 1682, pour rentrer dans l'église protestante. Il prit avec lui divers manuscrits qu'il avait faits, et entre autres une réponse à la Méthode pacifique de son cousin le jésuite, et une réponse à l'ouvrage de l'évêque de Condom. La première de ces deux pièces fut imprimée à Roterdam, l'an 1683. On exhorta le libraire à imprimer incessamment la seconde ; mais le débit de la première ne l'y encouragea point. Ainsi l'ouvrage est demeuré dans les ténèbres du cabinet. L'auteur fut donné pour gouverneur à l'un des fils naturels du roi d'Angleterre Charles II. Il est mort à Londres il y a deux ou trois ans (18)*, et si l'on en veut croire les bruits qui coururent, il déclara aux ministres qui le préparèrent à la mort,

qu'il mourait socinien, et l'on ne put jamais l'en faire démordre. J'ai ouï dire que c'était un homme de bonne mine, et qui avait de l'esprit, et assez de science du monde. Ce que l'on a lu dans une lettre de M. Simon (19) est tout-à-fait propre à persuader que cet homme-là mourut ouvertement unitaire, et qu'il l'avait été assez long-temps *incognito.* C'est une particularité bien curieuse. Je vous conseille de l'aller lire dans l'original.

Il y a un jésuite lorrain nommé Jean Maimbourg, qui ne cédait ni en savoir, ni eu esprit, au fameux Sérarius, autre jésuite lorrain ; mais il ne voulut jamais publier de livres, quoiqu'on l'y exhortât vivement. C'est un jésuite du même pays qui conte ces choses. *Magnum uterque Lotharingiæ lumen, magnum eruditionis omnis ornamentum, magnum pietatis, et christianæ modestiæ decus. Ambo florentes ingeniis, eruditi ambo ; ambo in omnis generis authorum assiduá lectione versati, vel potiùs omnibus tùm sacræ tùm profanæ doctrinæ partibus absoluti atque perfecti : ambo sacras litteras, et hanc ipsam, quæ me suspensum tenebat, inscriptionem,*

Explanare pares, et respondere parati.

Alter scriptis in lucem publicam emissis illustrior : alter in genio par, eruditione, virtutibus : hoc uno duntaxat inferior quòd adduci nunquàm potuit, ut ingenii doctrinæque suæ fœtus expromeret, ac prælo mandari pateretur. Alter erat Nicolaus Serarius, alter Joannes Memburgus (20).

(19) La VIe. de ses Lettres choisies, pag. 64, 65 de l'édition de Trévoux, 1700.

(20) Nicol. Abramus, *in* Pharo Veteris Testamenti, pag. 256, col. 2.

MAINUS (Jason), l'un des plus célèbres jurisconsultes de son siècle, naquit l'an 1435 *. Andréot Mainus, son père, ayant été banni de Milan, pour un crime qu'il avait commis, se retira à Pésaro, et y engrossa sa servante

---

de ce prélat sur la seconde édition, pag. 25, édition de Hollande.

(17) *Là même.*

(18) *On écrit ceci au mois de janvier 1696.*

* Leclerc dit que c'est en 1693 que mourut Théodore Maimbourg

* Il y a dans cet article, dit Leclerc, bien des faits uniquement fondés sur des ouï-dire. J'en dis autant de l'article Majoragius et de beaucoup d'autres dont le détail serait trop long.

(a). C'est à cette belle action que notre jurisconsulte doit sa naissance. Il fut élevé à Milan, où son père s'en retourna ; mais son précepteur le traita fort durement et n'eut pas pour lui les mêmes soins que pour les fils légitimes d'Andréot Mainus. On l'envoya étudier en jurisprudence à Pavie. Il s'adonna tellement au jeu des cartes, qu'après y avoir perdu tout son argent et ses livres, on le vit aller par les rues dans un misérable état (A). Il profita des châtimens que son père lui fit souffrir ; car il s'appliqua si bien à l'étude, qu'il fit des progrès admirables tant à Pavie, qu'à Boulogne ; de sorte qu'il fut jugé digne d'enseigner le droit, l'an 1471. Il enseigna dans Pavie depuis cette année-là jusqu'en 1486 qu'il fut appelé à Padoue. Quoiqu'on lui donnât de gros gages (B), il ne s'en contenta point, et cela fut cause que n'ayant pu obtenir qu'on les augmentât, il se retira au bout de trois ans à Pise, où il eut une meilleure pension. Il fut rappelé à Pavie, l'an 1491, et s'y rendit si célèbre qu'il avait jusqu'à 3000 disciples. Il fut envoyé à Rome l'année suivante, pour féliciter le nouveau pape Alexandre VI. Sa harangue fut très-belle. Celle qu'il fit sur le mariage de Maximilien d'Autriche, roi des Romains, avec la nièce de Louis Sforce, ne fut pas moins applaudie à la cour de l'empereur, d'où il revint chargé de présens et de titres honorables (C). Il harangua aussi l'an 1495, lorsque Louis Sforce fut déclaré duc de Milan, ce qui lui valut de nouveaux titres (b). Étant devenu presque aveugle, il interrompit ses leçons (D), et ne put être engagé à les reprendre, que par les pressantes sollicitations de Louis XII. Il fut honoré de la présence de ce prince à l'une de ses leçons (E) : cela fut accompagné de mille agrémens ; mais le fief dont on l'investit ne lui apporta jamais un sou (c), et au contraire l'engagea à des dépenses considérables. La jalousie de profession entre lui et Philippe Décius alla fort loin (F). Ce n'était pas un homme qui eût l'esprit fort subtil, ni qui fît scrupule de se prévaloir du travail d'autrui (G). Il rançonnait cruellement ceux qui le venaient consulter, mais il promettait de leur rendre leur argent s'ils perdaient leur cause (d). Il fut dispensé de faire leçon les dernières années de sa vie. Ce fut une grâce qu'il obtint du duc de Milan, et que le mauvais état de son esprit lui aurait suffisamment procurée. Cette dernière partie de sa vie fut triste : il avait perdu l'esprit, et il avait un neveu qui le battait (e). Il mourut à Pavie, le 22 de mars 1519, âgé de quatre-vingt-quatre ans, et laissa un fils naturel, qui eut des charges dans la république de Gênes (f). La ré-

(b) Voyez la remarque (C).
(c) Voyez la remarque (D).
(d) Voyez la remarque (B).
(e) Ferunt cum senio confectum deliriisse, et sæpe à Corn. Hippolyto ex fratre nepote pugnis cæsum fuisse. Panziroll. ubi infrà, pag. 286.
(f) Tiré de Panzirole, lib. II de claris Legum Interpretibus, cap. CXXVII.

(a) Pisaurum ad Galeacium malatestam oppidi dominum venit, ubi ex ancillâ Annete concubinâ... Jasonem filium suscepit. Guidus Panzirol. de claris Legum Interpretib. lib. II, capite CXXVII, pag. 281.

ponse qu'il fit à Louis XII a été mal rapportée par M. Moréri (H). Il est auteur de plusieurs livres (I). Il étudiait à la chandelle en plein jour (K).

(A) *On le vit aller par les rues dans un misérable état.*] Il le fallut tondre, à cause que la teigne lui mangeait la tête, et d'ailleurs il était très-mal habillé. Servons-nous des termes de Panzirole. *In pestilenti chartarum lusu adeò miserè deperditus est, ut omni consumptâ suppellectile etiam jurium volumina in membranis magno pretio descripta vendere cogeretur, ad extremamque inopiam deductus vili veste, et tonso capite, quòd deformi tineâ obsitum erat, omnium sordidissimus incedebat* (1).

(B) *Quoiqu'on lui donnât de gros gages.*] C'est-à-dire la somme de mille ducats, ce qui ne s'était jamais fait. Il fut le premier qui jouit d'une si forte pension; avant lui on ne donnait aux professeurs de jurisprudence que 2 à 300 ducats. *Primus ex nostris interpretibus mille aureorum salarium obtinuit, cùm antè ducentis aut summum trecentis aureis docerent* (2). Il fut aussi le premier qui se fit donner pour une consultation cinquante ducats, et même cent ou davantage, au lieu qu'on n'avait accoutumé d'en donner que quatre (3). Il se trompa quelquefois dans ses avis; mais je ne sais point s'il tint parole aux consultans : il leur promettait la restitution de l'argent qu'il prenait d'eux, en cas qu'ils perdissent leur procès. *Consultoribus onerosus in hoc laudem meruit, quòd si causâ excidissent, extortam pecuniam se restituturum pollicebatur, in quibusdam tamen minùs rectè consuluisse arguitur* (4). Il y a des vendeurs de fébrifuges qui promettent une semblable restitution, en cas que la fièvre ne s'en aille point. Je ne pense pas,

quoi qu'il en arrive, qu'on leur fasse jamais rendre gorge.

(C) *Il revint de la cour de l'empereur chargé de présens et de titres honorables.*] *Auro argentoque donatus, et equestri ac palatinâ dignitate honestatus, Cæsarisque patritius factus lætus in patriam rediit* (5). M. Bullart raconte (6) « que Louis Sforce, duc » de Milan, s'intéressant encore dans » la gloire d'un homme qui était son » sujet, lui donna rang de sénateur » dans son conseil, avec l'ordre de » chevalerie (7), et l'envoya en quel- » ques ambassades vers les empereurs » Frédéric et Maximilien ; qui le ju- » geant digne de leur estime, par ses » propres mérites autant que par son » caractère, lui firent des honneurs » extraordinaires, et le congédièrent » chargé de leurs présens. » Cela n'est pas bien narré : en faisant fonds sur ces paroles, on s'imagine que Mainus fut envoyé successivement à l'empereur Frédéric, et à l'empereur Maximilien. C'est une erreur ; il ne fut envoyé à la cour impériale, que lorsque Bonne Sforce épousa Maximilien, roi des Romains.

(D) *Il interrompit ses leçons.*] Pendant plus de neuf ans, si l'on en croit Panzirole : mais il ne souffre pas lui-même que nous le croyions, car il dit que le roi Louis XII le réengagea aux leçons publiques, et que Mainus, investi d'un fief à condition qu'il enseignerait la jurisprudence (8), remplit cette condition, et ne laissa pas d'être frustré de son fief (9). Il s'en plaignit à Louis XII, qui expédia des lettres en sa faveur; mais on les jeta par terre, et l'on donna mille coups à celui qui les présenta. *Jason amicorum opera a rege litteras impetravit, ut sibi ablata restituerentur, sed nuntius pugnis et calcibus per-*

(1) Panzir., de claris Leg. Interpret., *lib. II*, *cap. CXXVII, pag. m.* 281.

(2) *Idem, ibidem, pag. m.* 282.

(3) *Primus etiam* 50, 100 *et ampliùs aureos pro responsis accepit, cùm priùs quatuor aureolis honorarentur.* Panzirol., *ubi suprà,* p. 282.

(4) *Idem, pag.* 285. *Il cite Marar ; cons* 1 : *fol* 10 *et* 12, *in prim*.

(5) Panzirol., *ibid., pag.* 283.

(6) Bullart, Académie des Sciences, *tom. I*, *pag.* 212.

(7) *Ejus* (Ludovici Sfortiæ) *senator ac patricius est declaratus.* Panzirol., de claris Legum Interpretibus, *pag.* 283.

(8) *Castrum Pioperam rex in feudum Jasoni, dum viveret, cum multis prædiis et proventibus concessit, hoc animo, ut jura profiteri teneretur, nisi valetudine esset impeditus.* Idem, ibid., *pag.* 283.

(9) *Dominus à Corcu regiæ domûs magister Jasonem Castro spoliavit, etsi post acquisitum Castrum semper docuit.* Ibidem, *pag.* 284.

cussus penè cæsus est, litteræ in terram projectæ et conculcatæ fuére. Mainus écrivit ses plaintes à Guy de Rochefort, chancelier de France, et n'oublia pas les 150 écus que cette affaire lui avait coûtés, sans qu'il eût tiré des terres que le roi lui avait données un seul denier. Panzirole ajoute que ces choses arrivèrent l'an 1500, et que Mainus continua d'enseigner jusqu'en l'année 1511. L'interruption n'avait commencé pour le plus tôt qu'en 1495, où trouverons-nous donc les neuf ans que Panzirole la fait durer? Autrefois j'étais surpris quand je rencontrais de telles fautes d'arithmétique dans les bons auteurs; mais à présent elles ne me surprennent plus : j'en ai trouvé un trop grand nombre pour n'y être pas accoutumé et bien endurci.

(E) *Il fut honoré de la présence de Louis XII à l'une de ses leçons.*] Louis XII étant allé à Pavie, voulut l'entendre. Mainus, vêtu d'une robe d'or, le conduisit à l'auditoire. Le roi le fit passer devant lui, et dit que la puissance royale dans ces lieux-là était inférieure à celle des professeurs. *Rex eum velut praeceptorem praeire jussit, quòd eo in loco profitentibus regiam potestatem inferiorem esse diceret* (10). Il était suivi de cinq cardinaux et de cent seigneurs; il embrassa Mainus à la descente de la chaire, et lui fit présent d'un château. On peut comparer ceci avec les honneurs rendus par Pompée au philosophe Posidonius. *Cn. Pompeius confecto Mithridatico bello intraturus Posidonii sapientiæ professione clari domum fores percuti de more à lictore vetuit, et fasces litterarum januæ submisit is cui se oriens occidensque submiserat* (11). Le sieur Bullart ne devait pas dire que Louis XII *entra souvent dans cet auditoire* (12). Mais voilà l'esprit de presque tous ceux qui font des éloges : ils ne prennent point garde aux nombres; ils multiplient tout. La matière qui fut traitée par Mainus dans cette leçon, ne doit pas être oubliée : il soutint que la dignité de chevalier, conférée par un prince à celui qui se signale dans un combat,

doit passer du père aux enfans. *Eâ lectione dignitatem equestrem ob spectatum in acie facinus de manu regis traditam, accendendæ virtutis ergò ad posteros manare diffinivit* (13).

(F) *La jalousie de profession entre lui et Philippe Décius alla fort loin.*] Il n'est rien de plus ordinaire que de voir produire à cette espèce de jalousie un torrent d'injures, et une grêle de médisances; mais il est rare que ceux qui en sont atteints se jettent des pierres au sens littéral, comme firent un jour ces deux professeurs. Ils se rencontrèrent dans une petite rue, et se disputèrent le haut du pavé, et pensèrent s'assommer l'un l'autre à grands coups de pierres. Quel spectacle! et qu'il était propre à divertir les enfans, et tous les passans! *Jasonis nominis invidiâ exagitatus Philippus Decius, ipsum usquè ad insanas cavillationes nunquàm insectari destitit. In tantum denique odium prorupère, ut semel in angiportu obviam facti, cùm de loco contendere cæpissent, etiam lapidibus sese incessisse ferantur* (14).

(G) *Il ne faisait pas scrupule de se prévaloir du travail d'autrui.*] Si on ne l'avait pas encore enrôlé dans les listes des plagiaires (15), on aurait eu tort : car il s'attribua un livre qu'Alexandre d'Imola avait composé; et il avait à ses gages quelques écoliers qui allaient copier les leçons des plus savans professeurs, dont ensuite il savait faire son profit. L'un de ces professeurs s'en plaignit publiquement, et fut si outré de cette supercherie, qu'il changea de sentiment par dépit, et qu'il réfuta les opinions qu'on lui avait enlevées. Lisez ce latin, vous y trouverez le nom des personnes intéressées. *Aliorum etiam laboribus Jason libenter fruebatur, siquidem commentarium in titulum de actionibus ab Alexandro Imolensi scitè elaboratum sibi adscripsisse, et in lucem edidisse, fertur* (*). *Hieronymi Torti Papiensis, qui cum Jacobo Puteo in patriâ vespertinas lectiones*

(10) Panzirol., *pag.* 283.
(11) Plin., *lib. VII, cap. XXX.*
(12) Bullart, Académie des Sciences, *tom. I, pag.* 212.

(13) Jovius, in Elog., *cap. LXVI, pag.* 154. *Voyez aussi* Panzirole, de claris Legum Interpret., *pag.* 283.
(14) Panzirol., *pag.* 284.
(15) *Il est dans la liste de* Thomasius, *num.* 471.
(*) *Apostill., ad conc.* 62 *et* 163 *Decii.*

paulò antè explicuerat, et aliorum scriptis locupletari voluit; Bononiæ quoque dum ibi Bartholomæus Socinus, deindè Carolus Ruinus profiterentur, auditores aluisse dicitur, qui eorum descriptas lectiones ad se referrent: id et ejus commentaria ostendunt, et Ruinus sæpè publicè deploravit, qui mutatâ per indignationem sententiâ, surreptas opiniones confutare consueverat (16).

(H) *Sa réponse à Louis XII a été mal rapportée par M. Moréri.*] « Paul » Jove..... ajoute que le roi Louis XII » lui ayant demandé à sa présence , » pour quelle raison il ne s'était ja- » mais marié; il répondit qu'il s'était » persuadé qu'à la sollicitation de sa » majesté, le pape Jules II le ferait » cardinal (17). » Ce n'est pas traduire comme il fallait ces paroles de Paul Jove : *Me audiente, interrogatus à Ludovico, Gallorum rege, cur nunquàm duxisset uxorem, ut te commendante, inquit, Julius pontifex ad purpureum galerum gestandum me habilem sciat* (18). Mais on ne laisse pas de connaître dans cette mauvaise version, que Mainus avait souhaité le chapeau de cardinal. Il ne lui servit de rien de découvrir le secret de son ambition. *Hoc responso animi quidem secretum ostendit, sed nunquàm voti compos factus est* (19). Voilà ce que dit Panzirole, après avoir dit ce que l'on va lire : *In domestico colloquio ab eodem* (rege) *interrogatus Jason, cur nunquàm uxorem duxisset, ut tua, inquit, amplissime rex, opera Julius pontifex me ad purpureum galerum promovere possit* (20).

(I) *Il est auteur de plusieurs livres.*] D'un commentaire sur les Pandectes, et sur le code de Justinien, outre quatre volumes de réponses, et l'explication du titre *de Actionibus* (21). Il compilait beaucoup; mais il ne comprenait pas toujours ce qu'il empruntait des autres (22). *Jason non*

multùm ingenio acutus ob hæsitationem indecisos quandoque articulos reliquit, nec semel malè percepta aliorum argumenta recitat, ac in referendis receptis opinionibus, quæ communes vocantur, non nunquàm decipitur. Vir alioqui laboriosus, et in cumulandis aliorum dictis diligens, (*) *quicquid enim legebat, scriptis mandabat, unde à solo calamo juris studiosum adjuvari dictitabat, et se, quantùm studebat, tantùm scribere referebat.*

(K) *Il étudiait à la chandelle en plein jour.*] J'ai ouï dire cela de quelques autres savans, et je suis bien aise de le trouver imprimé touchant Jason Mainus (23). On devine facilement la raison de cette conduite : il y a de certains esprits qui ne peuvent rien produire s'ils ne se recueillent, s'ils ne se concentrent en eux-mêmes ; et ils ont beaucoup de peine à prévenir les distractions. C'est pourquoi il faut qu'ils dérobent à leurs yeux la diversité des objets que le grand jour leur présente.

(*) *Hieron. Buttigel.*, in *l.* 1 , § *si quis simpliciter. n. 9. ff. de ver. oblig.*

(23) *Linteo capiti obvoluto, etiam meridie occlusis fenestris ad accensum lumen elucubrare consueverat, ne cœli claritate mentem evagari sineret.* Panzirol. , *pag.* 285.

MAJORAGIUS (MARC-ANTOINE), professeur en éloquence à Milan, au XVIe. siècle, s'acquit beaucoup de réputation par la politesse de son style, et par son habileté dans les belles-lettres*. Il étudia à Côme sous un professeur qui était son proche parent (A) ; après quoi il s'en alla à Milan, où il trouva un patron (*a*) chez qui il logea cinq années, si appliqué à l'étude qu'il en pensa perdre la vie (B). Il se mit en tête de faire revivre la coutume de déclamer, qui faisait qu'anciennement la jeunesse se trouvait si tôt capable

(16) Panzirol. , *de claris Legum Interpretibus, pag.* 285.
(17) Moréri, *au mot* Mayni.
(18) Jovius , in Elog. , *cap. LXVI, p.* 154.
(19) Panzirol. , *pag.* 285.
(20) *Conférez avec ceci la réponse d'*ALLATIUS , *rapportée dans son article, remarq.* (D), *tom. I. pag.* 456.
(21) Panzirol. , *pag.* 282.
(22) *Ibidem, pag.* 285.

* *Voyez* ce que dit Leclerc à l'occasion de l'article MAINUS, ci-dessus, *pag.* 138.
(a) *Nommé Lancelot Fagniant.*

de haranguer éloquemment; et après avoir donné sur cela des instructions fort utiles à quantité d'écoliers, et les avoir dressés à cet exercice dans une chambre, il résolut de s'employer à cette fonction publiquement. Les curateurs du collége lui furent si favorables, qu'ils lui conférèrent cet emploi dès qu'ils eurent connu ses intentions. Il n'avait alors que vingt-six ans. Il s'acquitta parfaitement bien de cette charge. Mais au bout de deux années on congédia tous les professeurs, à cause qu'on se voyait menacé d'une périlleuse guerre dans le Milanais. Il se retira à Ferrare, où il étudia en jurisprudence sous André Alciat, et en philosophie sous Vincent Magius. Il publia quelques pièces, où il se donna le nom de *Marcus Antonius Majoragius* (C). Les alarmes de la guerre étant apaisées, il retourna à Milan, et il y fut rétabli dans sa profession avec des gages plus considérables. Ses ennemis, qui avaient tâché inutilement d'empêcher cela, se déchaînèrent contre lui, et lui intentèrent un procès sur le nom qu'il avait pris à la tête d'un ouvrage (D). Il plaida sa cause publiquement, et la gagna (*). Il continua d'enseigner avec une forte application, qui sans doute lui abrégea la vie; car il ne vécut qu'environ quarante ans et six mois. Il mourut le 4 d'avril 1555. M. Moréri a donné le titre de quelques-uns de ses livres (E), et a fait quelques petites fautes (F). M. de

Thou en a fait aussi quelqu'une (G).

Majoragius doit être mis dans le catalogue des personnes accusées de plagiat (H).

(A) *Il étudia..... sous un professeur qui était son proche parent.*] Il avait bien du mérite, et s'appelait Premier le Comte, *Primus Comes* (1). Ce nom fut le fondement d'une équivoque qui surprit Érasme; car cet Italien, ayant mis son nom en latin au bas d'un billet, où il lui faisait savoir qu'il voulait lui rendre visite, fut cause qu'Érasme, tout infirme qu'il était, s'empressa de lui aller au-devant, bien persuadé que c'était quelque grand prince. Il fut bien étonné de ne trouver qu'un petit homme tout seul : mais il ne se repentit pas de s'être pressé; la conversation de ce personnage lui plut beaucoup. Majoragius raconte cela beaucoup mieux que je ne fais; il mérite qu'on l'entende. *Cùm in Germaniam eâ de causâ profectus fuisset, ut Erasmi consuetudine per aliquod tempus frueretur, priùsquàm ipsum Erasmum conveniret, ad eum litteras dedit, quibus adventûs sui causam declarabat, quarum in extremâ parte nomen inscripsi, ut fit, ita subscripserat : Tui studiosissimus Primus Comes Mediolanensis. Hanc cùm Erasmus subscriptionem vidisset, credidit statim magnum aliquem adesse principem, sui visendi gratiâ. Quare licet admodùm senex et infirmus esset : tamen quo studio, quóque apparatu potuit, obviam consobrino meo longè processit. Sed postquàm homunculum unum, nullo comitatu, nullo servorum grege stipatum : et benè quidem litteratum, sed nullo elegantiori cultu vestitum reperit, errorem suum ridere jucundissimè cœpit; et tamen eum sibi multò gratiorem advenisse, quàm si magnus princeps fuisset, multis audientibus testatus est* (2). Il nous apprend au même lieu qu'une des raisons, pourquoi il quitta le nom de comte (3), fut qu'on s'y

(*) *Tiré de la* X^e. *Harangue de Majoragius. C'est celle où il se justifie du changement de son nom.*

(1) *Voyez* Natalis Comes, Mythol., lib. IX, cap. V, pag. m. 960.
(2) Majoragius, orat. X, pag. m. 221, 222.
(3) *Nous verrons ci-dessous, dans la remarque* (D), *que* Majoragius *s'appelait* Antonius Maria Comes.

était laissé attraper ; car Gryphius, répondant à une lettre de Majoragius, avait pris le style d'un homme qui aurait écrit à un prince. *Eâdem ratione deceptus aliquandò fuit in nomine meo vir insignis ac litteratus Sebastianus Gryphius. Cùm enim ad eum litteras dedissem, et me Comitem inscripsissem, ille mihi tanquàm alicui principi respondit, et clarissimum Comitem non semel appellavit* (4).

(B) *Il fut si appliqué à l'étude, qu'il en pensa perdre la vie.*] Les divertissemens, les jeux, les festins, n'avaient pour lui aucun charme ; et on avait beau l'avertir qu'une application si forte aux livres le tuerait, il ne se relâchait point ; mais enfin une dangereuse maladie lui fit sentir qu'il aurait fallu déférer aux exhortations de ses amis. C'est lui-même qui nous l'apprend. *Fui apud hunc annos circiter quinque, quo quidem tempore litterarum studiis adeò vehementem operam dedi, ut totum illud quinquennium in labore atque contentione animi contriverim, ut me non quies, non remissio, non æqualium studia, non ludi, non convivia delectârint. Testis est vir iste gravissimus atque ornatissimus Lancillottus Fannianus, patronus meus, qui mihi adest, de me sollicitus est, meum honorem atque existimationem tuetur. Qui cùm in studiis litterarum me continenter versari videret, magno quodam cum amore sæpissimè reprehendere solebat, quòd acquirendæ scientiæ desiderio, propriæ salutis obliviscerer. Testes sunt omnes, qui me nôrant eo tempore, ut non semel propter nimis assiduum studium, cùm in gravissimos morbos incidissem, de vitæ periculo dimicârim* (5). Après qu'il fut guéri, il n'eut pas moins de besoin qu'on l'avertît qu'il travaillait trop : l'amour des sciences et de la gloire l'entraînait de telle sorte, qu'il ne songeait point au préjudice que sa santé en pourrait encore souffrir. *Quo quidem munere* (oratoriam artem publicè docendi) *duos annos ita perfunctus sum, ut* (*ne quid arrogantius de me dicam*) *nemo diligentiam aut industriam meam desiderârit. Quin potiùs ita noctes et dies in om-*

nium doctrinarum meditatione versabar, ut non tantùm propinqui atque necessarii mei, sed etiam multi ex vobis, P. C. me sæpissimè reprehenderent, quòd nimios magnos labores et viribus meis impares assumerem non dubitarem. Ardebam enim (*ut ingenuè fatear*) *incredibili gloriæ cupiditate, quam in adolescente nequaquàm esse vituperandam sapientes omnes existimant. Nullum igitur omninò diem esse patiebar, in quo non aut publicè docerem, aut privatè mecum ipse meditarer, et vel scriberem, vel declamarem : frequenter autem eodem die hæc omnia faciebam* (6).

(C) *Il publia quelques pièces où il se donna le nom de* Marcus Antonius Majoragius.] J'ai de la peine à le trouver juste dans ses calculs. Il expose dans son plaidoyer (7), qu'étant à Ferrare il résolut par le conseil de ses amis de faire imprimer quelques traités. C'étaient des harangues, et l'Apologie de Cicéron contre Calcagninus (8). Depuis qu'elles eurent vu le jour, il commença d'être connu à Ferrare sous le nom qu'il s'était donné à la tête de ses écrits. Ensuite il retourna à Milan, et il y reprit sa première profession, nonobstant les mauvais offices de ses ennemis. Quelque temps après on l'accusa de son changement de nom, comme nous le dirons dans la remarque suivante. On n'accorde pas cela aisément avec l'épître dédicatoire de sa Réponse à la Critique de Calcagninus : elle est datée du 8 de juillet 1543 ; et il y parle comme un homme qui exerçait tranquillement à Milan les fonctions de sa profession. Il n'est donc pas vrai que ce livre soit sorti de dessous la presse pendant que l'auteur se tînt à Ferrare, où il s'était retiré lorsque les désordres de la guerre interrompirent les leçons publiques dans la ville de Milan. Autre remarque : il naquit le 26 d'octobre 1514 (9), et il fut fait professeur en rhétorique ayant à peine vingt-six ans (10), c'est-à-dire l'an 1540. Il exerça cette charge pendant deux ans, et puis il s'en

(4) Majoragius, orat. X, pag. 222.
(5) Idem, ibidem, pag. 196.

(6) Majoragius, orat. X, pag. 198.
(7) Orat. X, pag. m. 199.
(8) Ibidem, pag. 200.
(9) Hankius, de Rerum Roman. scriptoribus, lib. I, pag. 215.
(10) Majoragius, orat. X, pag. 198.

alla à Ferrare (11). Il y alla donc l'an 1542. Or il était à Milan au mois de juillet 1543, et il y faisait sa charge paisiblement ; et ce fut alors qu'il publia la Défense de Cicéron contre Calcagninus. Il s'abuse donc lorsqu'il expose que cet ouvrage parut pendant que la guerre interrompit ses leçons, et avant qu'il quittât Ferrare pour retourner à Milan. Passons plus avant. Il étudia en droit à Ferrare sous André Alciat, qui n'y commença ses leçons qu'en l'année 1543 (12). Donc Majoragius débite un mensonge, quand il dit qu'il fut reçu professeur à l'âge de vingt-six ans, et qu'au bout de deux années il s'en alla à Ferrare, où il ouït les leçons d'Alciat. C'est en cela qu'il s'est abusé : passez-lui ce mensonge, il sera facile d'ôter toutes les autres difficultés, et d'établir la vraie époque de son voyage de Ferrare. Puisque les leçons publiques cessèrent à cause que l'armée de France était arrivée dans le Piémont (13), il faut mettre cette interruption en 1544. Le duc d'Enguien fut envoyé cette année-là en Italie avec un renfort de troupes, et gagna la bataille de Cérizolles. Majoragius, paisible dans sa maison au mois de juillet de l'année précédente, avait composé l'épître dédicatoire de son traité contre Calcagninus ; mais avant qu'il mît cet ouvrage sous la presse, il fallut qu'il s'en allât à Ferrare ; et ce fut pendant qu'il y séjourna qu'il le mit au jour. Cette même époque se peut prouver par quelques endroits de la harangue, où Majoragius se justifie sur le changement de nom. Il observe qu'il est âgé de trente-deux ans (14) : il se justifiait donc l'an 1546. Il observe qu'André Alciat enseigna le droit à Ferrare les quatre dernières années (15) : cela n'est pas incompatible avec l'an 1546. Il ob-

serve qu'il était revenu à Milan depuis un an (16). Il y était donc revenu l'an 1545 : d'où l'on doit conclure que l'interruption de ses leçons, et son séjour à Ferrare, durèrent un an, pendant lequel il publia des harangues, et l'apologie de Cicéron.

J'ai montré ailleurs (17) que les doctes marquent quelquefois assez mal la date de leurs aventures. En voici un qui s'est fait plus jeune qu'il ne l'était à son entrée aux charges publiques.

(D) *Ses ennemis... lui intentèrent un procès sur le nom qu'il avait pris à la tête d'un ouvrage.*] Son nom de baptême était Antoine, comme celui de son aïeul paternel (18). Sa mère, de son autorité particulière, y joignit celui de Marie, tant à cause de sa dévotion pour la Sainte Vierge, qu'à cause qu'elle se plaisait à ouïr ce mot. *Boni ominis gratiâ . . . . nomini meo Mariam addidit, ut sanctissimum illud divinæ matris nomen, maternâ quâdam pietate muliebrique religione mihi additum, et gratiorem ex nomine meo sonum atque amabiliorem ad ipsius matris aures apportaret. Eam enim sæpissimè commemini dicere, se Mariæ nomine mirandum in modum solitam esse recreari (19).* Ainsi dès le berceau notre Majoragius fut appelé Antoine-Marie ; son père et tous les voisins lui donnaient ce nom ; et ce fut sous celui-là qu'on le connut dans la suite, partout où il se faisait connaître. On fut donc surpris de voir qu'à la tête de son premier livre il s'appelât *Marc-Antoine*, supprimant le nom vénérable de la Sainte Vierge qu'il avait toujours porté. Je m'étonne de ne voir point que ce fut la principale batterie de ses accusateurs, et qu'ils ne tâchassent pas de le convaincre d'avoir fait injure à la mère du fils de Dieu. La cause fut plaidée devant le sénat de Milan avec beaucoup d'apparat. Je ne sais point si le plaidoyer des accusateurs (20) fut rendu public ; mais

(11) *Ibidem.*
(12) *Voyez, tom. I, pag.* 386, *la citat.* (35) *de l'article* ALCIAT (André).
(13) *Cum apud nos maxima esset belli suspicio, quoniam ingentes Gallorum copiæ jam Alpes transcenderant, atque in Taurinis consederant, omnes publici bonarum artium professores, ut fit, in ejusmodi temporibus, dimissi sunt et studia litteraria intermissa.* Majorag, orat. X, *pag.* 198.
(14) *Hic est exactæ vitæ meæ cursus, P. C. hæc studiorum meorum ratio ; hoc duorum et triginta annorum, quibus hactenus vixi spatium.* Majoragius, *ibid., pag.* 201.
(15) Majoragius, orat. X, *pag.* 199.

(16) *Ibidem, pag.* 190, 213.
(17) *Dans l'article* AGRIPPA, *tom. I, p.* 292, *remarque* (C).
(18) Hankius, *de Romanar. Rerum scriptor. lib. I, pag.* 215, *se trompe, quand il dit : In avi materni memoriam... Antonius dictus est.*
(19) Majorag., orat. X, *pag.* 195.
(20) *Ils s'appelaient Fabius Lupus et Macrinus Niger.*

nous avons la défense de l'accusé parmi ses harangues. Il se justifia fort éloquemment , et cita beaucoup d'exemples illustres de la liberté qu'il avait prise. Il avoua de bonne foi la raison qui l'avait mû à n'oser paraître en public sous le nom d'Antoine-Marie ; c'est qu'il était si scrupuleux dans le choix des termes , qu'il n'en osait employer aucun qui ne se trou-vât dans les auteurs de la belle latinité. Or il n'y a point d'exemple dans l'antiquité romaine, qu'un homme ait été nommé Marie, ni qu'il ait eu tout à la fois un nom masculin et un nom féminin. Voilà pourquoi il convertit le nom *Maria* en celui de *Marcus* , par l'allongement de la dernière syllabe, et le mit devant celui d'*Antonius ;* car c'eût été une barbarie , un usage inconnu à l'ancienne Rome, que de s'appeler *Antonius Marcus.* Il fallut donc non-seulement allonger l'un de ses noms, mais aussi lui faire changer de place. Comme nous avons ici un exemple des superstitions de la secte cicéronienne (21) , il faut rapporter les propres paroles de cet auteur. *In verborum delectu , quod C. Cæsar eloquentiæ principium esse dictitabat , adeò diligens , et penè dixerim superstitiosus eram , ut nullum omninò verbum , nullam verborum conjunctionem , nullam dicendi formulam admittendam mihi esse censerem , quam non apud veteres latinos atque probatos auctores invenissem. Id igitur in nomine meo præcipuè servandum esse statuebam , ne, cùm latinæ linguæ candorem et elegantiam profiterer , aliquis mihi barbarum nomen et inusitatum aliquandò posset objicere : atque eò magis , quòd mihi nullo modo convenire videbatur, ut muliebre nomen cum virili conjungeretur. Quis enim apud antiquos unquàm talem nominis conjunctionem vel legit, vel audivit , ut quis à viro et muliere nominaretur (22) ?* Quant au nom de *Majoragius* , il le préféra à celui de *Comes* , par la raison que j'ai rapportée ci-dessus (23). Ainsi , au lieu d'*Antonius Maria Comes ,*

qui étaient les noms qu'il avait portés avant que d'être agrégé au corps des auteurs , il se nomma *Marcus Antonius Majoragius* en s'érigeant en auteur. J'ajoute que Majoragius était le nom de son père, et que son père avait eu ce nom à cause qu'il était né dans le village de Majoraggio proche de Milan. *Julianus Comes, homo cùm innocentiâ atque integritate vitæ, tùm officio , fide , auctoritate sui municipii facile princeps , mihi pater fuit , P. C. qui cùm Majoragium vicum habitaret, atque ita se comiter liberaliterque gereret , ut vicinis omnibus gratus et carus haberetur : cognomen à loco sortitus est, et Majoragius appellatus (24). Au reste , ce Julien Majoragius* ayant épousé Magdeleine le Comte, se nomma *Comes* , à l'imitation de ses beaux-frères , qui ne trouvèrent point du bel usage de se dire *de Comite* ou *de Comitibus.* C'est notre Majoragius qui me l'apprend. *Cùm hoc locutionis genus à consuetudine latini sermonis abhorreret , primò vir eruditissimus avunculus meus , qui permultos annos Mediolani magnâ cum gloriâ publicè docuit , cùm elegantiæ sermonis admodùm studiosus esset , non ampliùs se de Comitibus , ut cæteri faciebant, sed Petrum Comitem cœpit inscribere. . . . Hunc imitati sunt ejus fratres Jacobus et Aloysius , atque etiam pater meus Julianus , qui horum sororem Magdalenam, matrem meam in matrimonio habebat (25).* Notez que Julien et sa femme étaient issus de mêmes ancêtres (26).

(E) *M. Moréri a donné le titre de quelques-uns de ses livres.*] Il a oublié les harangues et les préfaces , imprimées plusieurs fois. Je pense que la première édition fut faite à Venise , l'an 1582 (27) , par les soins de Jean-Pierre Ayroldus Marcellinus. Elle comprend XXV harangues, XIV préfaces , et le dialogue *de Eloquentiâ.* Je me sers de l'édition de Leipsic, 1628 , enrichie de notes marginales par Valentin Hartungus , professeur en médecine. On n'avait point osé publier en Italie la harangue de Majora-

---

(21) Majoragius *était un Cicéronien mitigé : il ne dédaignait pas les termes dont Cicéron ne s'est pas servi, pourvu qu'ils fussent dans d'autres bons écrivains de l'ancienne Rome. Voyez la remarque* (E), *vers la fin.*

(22) Majoragius, orat. X , *pag.* 199, 200.

(23) *Dans la remarque* (A), *citation* (3).

(24) Majoragius, orat. X , *pag.* 194. *Il dit , pag.* 222 : Cùm præsertim Majoragii cognomentum baberem adhuc à parte hæreditarium.

(25) Majoragius, orat. X , *pag.* 221.

(26) *Idem* , orat. VIII , *pag.* 141.

(27) *Elle est in-4°.*

gius contre l'avarice du clergé (28).
C'est une très-belle pièce, et aussi
finement tournée qu'il se puisse. Elle
fut publiée à Utrecht, l'an 1666,
in-4°., sur le manuscrit de M. Gudius.
M. Morhof ayant vu que les exemplaires en étaient devenus rares, la fit
réimprimer avec un discours qu'il
avait fait selon ce modèle, l'an 1690.
L'une et l'autre de ces deux pièces se
trouvent dans la collection des harangues et des programmes de M.
Morhof, publié à Hambourg l'an 1698.
Vous trouverez un fort long extrait
de cette harangue de Majoragius dans
le Luthéranisme de M. de Seckendorf
(29). M. Moréri devait un peu mieux
expliquer le sujet de la querelle de
Majoragius avec Calcagninus, et avec
Nizolius. La querelle avec Calcagninus fut soutenue pour les Offices de
Cicéron, contre lesquels Calcagninus
avait publié XXV *Disquisitions.* Majoragius les réfuta toutes par autant
de Décisions : c'est le titre qu'il donna à ses réponses, publiées l'an 1543.
Jacques Grifolus réfuta aussi les *Disquisitions* de Calcagninus. Ces trois
pièces, je veux dire la Critique de
Calcagninus, et les Réponses de Majoragius et de Grifolus, furent pu-
bliées ensemble *in-8°.*, au XVIe. siècle.
M. Grævius a inséré tout cela dans
son excellente édition des Offices de
Cicéron. Quant à Nizolius, il se
brouilla avec Majoragius par jalousie
de métier : il eut du dessous, parce
que peu d'habiles gens s'accommodaient de son caprice de cicéronien
rigide. *Hunc Tullianæ elucubrationis
genium cùm inter cæteros ejus ætatis
præferret etiam Marius Nizolius
Brixellensis, orta est inter utrumque
de primæ laudis acquisitione conten-
tio, multa vicissim sibi publicè objec-
tantem, ac sua vicissim scripta car-
pentem : in quo tamen Nizolius ideò
acerbiora eruditorum judicia, quòd
subacri et tetricâ superstitione, in
tantâ latinorum procerum fœcundi-
tate ne hilum quidem à Ciceronis for-
mulis recedendum arbitraretur. Sua
igitur non inceptè tutatus placita Majoragius perdocti ac industrii ingenii
nomen emeruit* (30). N'oublions pas

que Gaudentius Mérula doit être
compté au nombre des adversaires de
Majoragius, qui l'accuse d'être un
grand voleur (31).
(F) M. Moréri *a fait quelques petites
fautes.*] 1°. Il ne fallait pas dire que
Majoragio *était natif d'un château de
ce nom ;* car Majoraggio n'est qu'un
village. Si l'on me dit que rien n'empêche qu'il n'y ait un château dans
ce village, je l'avouerai ; mais j'ajouterai que Majoragius ne naquit point
dans un château. Je le prouve par ces
paroles (32) : *Amphortius, qui ex
illis* (33) *natu maximus erat, Majoragium vicum extruxit, atque in eo
turrim, cujus adhuc in domo meâ
paternâ, post septingentos atque ampliùs annos, quædam extant vestigia
atque fundamenta ; hic nostri generis
auctor fuit.* Majoragius aurait-il parlé ainsi de son logis paternel, si c'eût
été le château du lieu? Joignez à cela
qu'il avoue que son père était fort
pauvre (34), mais non pas qu'il fût
domestique du seigneur de son village. 2°. Ce ne fut point lui, mais son
père, qui, à cause du village de
Majoraggio où il demeurait, prit le
nom de *Majoragius.* Voyez la remarque (D), citation (24). 3°. Il n'est point
vrai que son nom fût *Marc-Antoine
Maria.* 4°. Ni qu'il ait enseigné à
Ferrare.
(G) *M. de Thou a fait aussi quelque faute.*] 1°. Il ne devait pas dire
que *Majoraggio fut appelé de ce nom,
d'un bourg où son père demeurait*
(35) : j'ai déjà fait voir que son père
s'appelait Majoragius. 2°. Son épitaphe, dans le *Museum* d'Imperialis,
porte qu'il enseigna pendant quatorze
ans : mais dans le théâtre de Ghilini,
elle porte qu'il n'enseigna que neuf
ans. M. de Thou, dans M. Teissier, fait
cesser la profession de Majoragio au
bout de huit ans, et suppose qu'il la

(28) *Elle a pour titre :* Phylochrysus, *sive de
laudibus auri.*
(29) Seckendorf, Hist. Luther., *lib. III, p.*
342 *et seq.*
(30) Joh. Imperialis, *in* Musæo Hist, *pag.* 126.

(31) *In* Apologia, *pag.* 28, *apud* Almelove-
nium, *in* Plagiariorum Syllabo, *pag.* 27.
(32) Majoragius, orat. X, *pag.* 220.
(33) *Il entend parler de trois frères, que Didier, roi des Lombards, leur oncle maternel,
éleva à la dignité de comte, et à qui il donna
plusieurs terres.*
(34) *Licet in tenuissimâ re familiari versare-
tur.* Majorag., orat. X, *pag.* 236.
(35) *Je me sers de la version dont M. Teissier s'est servi,* Addit. aux Éloges, *tom. I, pag.*
105, *édition de* 1696. *Le latin porte :* À Majoragio vico in quo ejus pater habitabat, itá vocatus. Thuanus, *lib. XVI.*

quitta, pour *s'appliquer entièrement
à l'étude de la théologie.* Mon édition
de M. de Thou porte que Majoragius
ne commença cette étude qu'après
avoir employé treize ans à instruire
la jeunesse. 3º. Il dit, dans le même
M. Teissier, que Majoragius a vécu
quarante-deux ans. L'édition latine
ne lui en donne que quarante. La
vérité est qu'il vécut quarante ans et
près de six mois.

(H) *Il doit être mis dans le catalogue des personnes accusées de plagiat.*] Natalis Comes assure qu'il a
ouï dire à d'habiles Florentins, que
Majoragius, redevable à Pierre Victorius de ses éclaircissemens sur la
rhétorique d'Aristote, l'avait payé
d'ingratitude, et s'était paré inso-
lemment d'un bien dérobé *. *Qui
locus* (*Aristotelis in 3 libro rhetori-
corum*) *cùm antè nostram œtatem
legeretur depravatus, Petri Victorii
patricii Florentini ac viri clarissimi
ingenio est integritati restitutus : ut
mihi, cùm essem Florentiæ, multis
rationibus probárunt viri quidam eximiæ integritatis et eruditionis, atque
in primis Vincentius Borghinus, vir
omnium quos unquàm cognovi, mul-
tiplici rerum cognitione præstantissimus. Horum gravium testium autoritate commotus non potui non
summoperè improbare M. Antonii
cujusdam Majoragii nescio impudentiam ne appellem, an exquisitam
ambitionem : qui omni explicatione
propè Aristotelicæ artis ipsius Victorii scriptis accepta, ut ex iisdem
viris illustribus cognovi, ex hâc emendatione elatus, mox alibi in Victo-
rium ipsum non semel insultavit, et
per hujus loci correctionem viros omnes clarissimos suæ œtatis insectatus
est : atque in primis Hermolaum Barbarum virum præstantissimum* (36).

* Joly dit qu'un docte allemand a bien justifié
Majoragio de cette accusation, d'autant plus ridicule que Majoragio cite avec éloge Victorius,
qui dans une édition subséquente de ses Commentaires sur la Rhétorique d'Aristote, combattit
quelques idées de Majoragio, et ne dit rien de
relatif au prétendu plagiat.

(36) Natalis Comes, Mythol., *lib. IX*, *cap.
V*, *pag. m. 959.*

MAJUS (JUNIANUS), gentilhomme napolitain, enseigna les belles-lettres dans Naples ves la fin

du XVᵉ. siècle (a). Il eut entre
autres disciples le célèbre Sannazar (A). Il contribua beaucoup par ses leçons et par ses livres à rétablir le bel usage de la
langue latine (B) ; mais il se distingua encore plus par l'explication des songes (C). Ce fut le plus
grand onirocritique de son siècle ; et l'on recourait à lui de
toutes parts, pour savoir ce que
présageaient tels et tels songes.
Plusieurs prétendaient que ses
réponses leur avaient été fort utiles. Cela n'est pas indigne d'une
réflexion (D).

(a) *Voyez la* Biblioteca Napoletana *de*
Nicolo Toppi, *pag.* 168.

(A) *Il eut entre autres disciples....
Sannazar.*] Cela paraît par la VIIᵉ.
élégie du IIᵉ. livre de Sannazar, dédiée *ad Junianum Majum præceptorem.* J'en citerai ci-dessous un long
passage.

(B) *Il contribua beaucoup... à rétablir le bel usage de la langue latine.*]
C'est la louange que Sabellic lui a
donnée. *Subjiciet his aliquis,* dit-il
(1), *haud immeritò Jo. Tortelium
Aretinum et Junianum Partheno-
pæum. Juverunt illi industria uterque
sua, nec multùm inter se diversa
verborum utriusque linguæ copiam.*
Majus publia un livre à Naples, l'an
1475, *de priscorum Proprietate verborum*, qui fut réimprimé dans la
même ville, l'an 1490. La seconde
édition est pleine de fautes d'impression (2) ; mais il se loue beaucoup
des imprimeurs de la première. Les
paroles dont il se sert plairont aux
curieux ; car elles apprennent le nom
de celui qui commença d'exercer
l'imprimerie dans ce pays-là. *Accedit
ad hæc quod Germani solerti, ac incredibili quodam invento nuper novam quandam imprimendi rationem
invenerunt, præcipuè Matthias Mo-
ravus, vir summo ingenio summáque* .

(1) Sabellicus, de Linguæ Latinæ Reparatori-
bus, *pag.* 405, *apud* Anton. Nicodemum, Ad-
dizioni alla Biblioteca Napoletana, *pag.* 144.
(2) Nicolo Toppi, Bibliot. Napolet., *p.* 168.

elegantiâ in hoc genere impressionis efflóruit. Quem consilio Blasii *Monachi Romerii viri sacris litteris instituti ac sanctis moribus probati, hâc nostrâ urbe excepisse gratulamur,* etc. (3). Quelques-uns croient que Volaterran a parlé de notre Majus dans les paroles que l'on va lire : *Chalcidius Græcorum non erat ignarus, nec imperitus grammaticus, attamen infans et absque genio. Dictionibus in primis invigilabat, Lexicronque condiderat quod obitu ipsius superveniente Jovinianus ejus discipulus sibi vindicavit* (4). Ce Chalcidius enseigna dans Rome. Majus mériterait une place parmi les plagiaires, si Volaterran parlait de lui. D'autre côté Calepin profita beaucoup du livre de Majus, à ce que remarque le Toppi. *Diede alla luce un libro della proprietà delle parole antiche, del quale se n'è servito Ambrosio Calepino assai bene* (5).

(C) *Il se distingua... par l'explication des songes.*] Alexander ab Alexandro, qui avait été son disciple, en dit des merveilles par rapport à cette science. Tous les matins le logis de Majus était plein de gens qui lui allaient dire leurs songes, afin d'en apprendre l'interprétation. Il y avait des personnes d'importance parmi ces gens-là. Il leur répondait, non pas comme la plupart des autres, en paroles couvertes, et en peu de mots, mais clairement et amplement. Plusieurs personnes ayant suivi ses conseils se garantirent de la mort, et prévinrent quelquefois de très-grands chagrins. On verra ceci dans une plus grande force, si l'on consulte le latin d'Alexander ab Alexandro. *Junianus Majus,* dit-il (6), *conterraneus meus, vir benè litteratus, in exquirendis adnotandisque verborum et sententiarum viribus, multi studii fuit : et præterquàm quod in erudiendis juvenculorum animis, imbuendisque doctrinâ pueris, castigatissimæ disciplinæ, somniorum quoque omnis generis ita verus con-*

jector fuit, ut ipsius responsa, divina ferè monita haberentur. *Ad eum memini, cùm puer adhuc essem, et ad capiendum ingenii cultum frequens apud eum ventitarem, quotidiè somniantium turbam, hominesque celebri famâ et multi nominis, de somniis consultum venisse. Declarabat definiebatque ille, non breviter aut subobscurè, ut plerique, sed exposità atque apertè ænigmata somniorum, sive boni, sive mali prænuncia ; ita aptè, ut judicium factum à veridico diceres. Multi quoque illius monitu, vitæ interitum, nonnunquàm animi ægritudines vitârunt.* Sannazar, autre disciple de cet interprète des songes, s'était bien trouvé d'avoir eu recours à un tel oracle, tant pour lui que pour sa maîtresse. Il l'élève jusques au ciel, et il le met au-dessus de tous les anciens augures. Souvenons-nous qu'il écrit en poëte. Il n'a donc pas eu dessein qu'on ajoutât foi à ses paroles sans en rien rabattre. Quoi qu'il en soit, laissons-le parler.

At tibi venturos, Maji, prædicere casus
Fas est, et miles consuluisse Deos.
Nec tantum aut aræ fumus, aut nuntia sentis
Fulgura, sed Stygiis somnia missa locis,
Somnia quæ miseram perturbant sæpe quietem,
Dùm mens incertis pendet imaginibus.
O quoties per te vanum posuisse timorem,
Me memini, et lætos continuâsse dies!
O quoties, trepidus cùm non spernenda putarem,
In nostrum cavi damna futura caput!
Sæpè meæ tibi cùm narrâssem visa puellæ,
Dixisti, certos haud procul esse metus.
Sæpè illam madidos lustrare in flumine crines
Jussisti, et mixto solvere farra sale.
Quòd si olim terris talem te fata dedissent,
Sprevisset Thuscos Martia Roma viros.
Nam te quis melius calidas deprendere fibras,
Consulere aërias aut potuisset aves?
Illa triumphatum, etc. (7).

Martin del Rio, si crédule d'ailleurs, et si peu accoutumé à rejeter les hâbleries, parle de Majus sur un autre ton : il le traite avec le dernier mépris. *Cæterorum onirocriticorum veterum, non magnâ reipub. jacturâ omnes libri interierunt, præter unum Artemidorum Daldianum, delirum senem, qui libris quinque cuncta ab aliis tradita complexus fuit. Brevior est Astrampsychus græcè et latinè his annis editus : sed æquè nugax ut*

(3) Junian. Majus, epistola dedicatoria ad regem Ferdinandum, *apud Nicodemum* ; *ubi suprà.*
(4) Volaterranus, *lib. XXI, pag. m. 776.*
(5) Nicolo Toppi, Bibliot. Napolet., p. 168.
(6) Alexander ab Alexandro, Genial. Dierum, *lib. I, cap. XI, pag.* 81, 82.

(7) Sannazar., eleg. VII, lib. II, *pag.* 96, *edit. Amstel.,* 1689.

et alius ille *Arabs* , qui *græcè* barbarizans unà cum *Artemidoro in lucem prodiit in Galliâ.* Hodiè *in pretio habent Apomasaris Arabica Apotelesmata , ex recentioribus Conra.* *Wimpina* , *vellem ne tam multa sinè antidoto congessisset* (*[*1]). *Avorum quoque memoria , hanc in Italiâ vanissimè profitebatur artem Junianus Majus* (*[*2]) : *cujus extant epistolæ et libelli quidam grammatici* (8).

(D) *Cela n'est pas indigne d'une réflexion.*] Il serait à souhaiter pour le bien et pour le repos d'esprit d'une infinité de gens, que l'on n'eût jamais parlé des songes comme d'une chose qui présage l'avenir; car les personnes qui sont une fois imbues de cette pensée, s'imaginent que la plupart des images qui leur passent par l'esprit pendant leur sommeil , sont autant de prédictions le plus souvent menaçantes : de là naissent mille inquiétudes ; et pour un homme qui n'est point sujet à ces faiblesses, il y a en a mille qui ne sauraient s'en défendre. Je crois que l'on peut dire des songes la même chose à peu près que des sortiléges : ils contiennent infiniment moins de mystères que le peuple ne le croit, et un peu plus que ne le croient les esprits forts. Les histoires de tous les temps et de tous les lieux rapportent, et à l'égard des songes, et à l'égard de la magie , tant de faits surprenans, que ceux qui s'obstinent à tout nier se rendent suspects, ou de peu de sincérité, ou d'un défaut de lumière qui ne leur permet pas de bien discerner la force des preuves. Une préoccupation outrée , ou un certain tour d'esprit naturel leur bouche l'entendement , lorsqu'ils comparent les raisons du pour avec les raisons du contre. J'ai connu d'habiles gens qui niaient tous les présages des songes, par le principe que voici. Il n'y a que Dieu, disaient-ils , qui connaisse l'avenir , c'est-à-dire l'avenir qu'on appelle contingent : or presque toujours c'est l'avenir contingent que les songes nous annoncent, quand on suppose qu'ils

sont des présages : il faudrait donc que Dieu fût l'auteur de ces songes; il les produirait donc par miracle ; et ainsi dans tous les pays du monde il produirait une infinité de miracles, qui ne portent point le caractère ni de sa grandeur infinie , ni de sa souveraine sagesse. Ces messieurs insistaient beaucoup sur ce que les songes les plus mystiques sont aussi communs parmi les païens, et parmi les mahométans, que parmi les sectateurs de la vraie religion. En effet, lisez Plutarque et les autres historiens grecs et romains ; lisez les livres arabes, chinois, etc. , vous y trouverez tout autant d'exemples de songes miraculeux , que dans la Bible ou dans les histoires chrétiennes. Il faut avouer que cette objection a beaucoup de force , et qu'elle semble nous conduire nécessairement à un tout autre système ; qui serait d'attribuer ces sortes de songes, non pas à Dieu comme à leur cause immédiate, mais à de certaines intelligences qui , sous la direction de Dieu, ont beaucoup de part au gouvernement de l'homme. On pourrait supposer selon la doctrine des causes occasionelles, qu'il y a des lois générales qui soumettent un très-grand nombre d'effets aux désirs de telles et de telles intelligences, comme il y a des lois générales qui soumettent aux désirs de l'homme le mouvement de certains corps. Cette supposition est non-seulement conforme à un sentiment qui a été fort commun parmi les païens, mais aussi à la doctrine de l'Écriture, et à celle des anciens pères (9). Les païens reconnaissaient plusieurs dieux inférieurs qui présidaient à des choses particulières ; et ils prétendaient même que chaque homme avait un génie qui le gouvernait. Les catholiques romains prétendent que leur doctrine de l'ange gardien, et d'un ange qui préside à tout un peuple, à une ville, à une province, est fondée sur l'Écriture. Si vous établissez une fois que Dieu a

(*[*1]) *L. de divinat., c.* 14 , *et l. de insomniis per decem capita.*

(*[*2]) *De quo Alex. ab Alex., lib.* I, *cap.* 11.

(8) Mart. del Rio , Disquisit. magicar., *lib.* IV, *cap. III, quæst. VI, pag. m.* 278.

(9) *Selon la théologie de saint Augustin, qui renferme , comme l'enseigne le père Thomassin , l'ancienne tradition de tous les hommes , rien ne se fait presque dans le monde que par les anges ou par les démons, ou par des sentimens que Dieu imprime dans les esprits des hommes.* Arnauld , contre le Système de Malebranche , *tom.* I, *pag.* 191.

trouvé à propos d'établir certains esprits , cause occasionelle de la conduite de l'homme , à l'égard de quelques événemens, toutes les difficultés que l'on forme contre les songes s'évanouiront. Il ne faudra plus s'étonner de ne point trouver un caractère de grandeur , ou de gravité , dans les images qui nous avertissent en songe (10). Qu'elles soient confuses ou puériles ; qu'elles varient selon les temps et les lieux, et selon les tempéramens ; cela ne doit point surprendre ceux qui savent la limitation des créatures, et les obstacles que se doivent faire réciproquement les causes occasionelles de diverse espèce. N'éprouvons - nous pas tous les jours que notre âme et que notre corps , se traversent mutuellement, dans le cours des opérations qui leur sont propres ? Une intelligence qui agirait et sur notre corps , et sur notre esprit, devrait trouver nécessairement divers obstacles dans les lois qui établissent ces deux principes (11), cause occasionelle de certains effets. Mais d'où vient, demande-t-on , que ces génies invisibles ne prennent pas mieux leur temps : pourquoi n'avertissent-ils pas de l'avenir pendant qu'on veille ; pourquoi attendent-ils que l'on dorme ? *Illud etiam requiro, cur, si Deus ista visa providendi causâ dat, non vigilantibus potiùs det , quàm dormientibus ? Sive enim externus, et adventicius pulsus animos dormientium commovet , sive per se ipsi animi moventur, sive quæ causa alia est , cur secundùm quietem aliquid videre , audire , agere videamur, eadem causa vigilantibus esse poterat : idque si nostrâ causâ Dii secundùm quietem facerent, vigilantibus idem facerent ; præsertim cùm Chrysippus, academicos refellens , permultò clariora , et certiora esse dicat, quæ vigilantibus videantur , quàm quæ somniantibus. Fuit igitur divina beneficentia dignius , cùm consuleret*

nobis , clariora visa dare vigilantibus, quàm obscuriora per somnium : quod quoniam non fit, somnia divina putanda non sunt. Jam verò quid opus est circuitione, et amfractu , ut sit utendum interpretibus somniorum potiùs , quàm directo? Deus , si quidem nobis consulebat , Hoc facito, Hoc ne feceris, diceret ? idque visum vigilanti potiùs, quàm dormienti daret (12) ?* Pourquoi font-ils plutôt part de leurs prédictions à des gens d'un esprit faible , qu'aux plus fortes têtes ? Il est facile de répondre que ceux qui veillent ne sont pas propres à être avertis ; car ils se regardent alors comme la cause de tout ce qui se présente à leur imagination , et ils distinguent fort nettement ce qu'ils imaginent d'avec ce qu'ils voient. En dormant ils ne font nulle différence entre les imaginations et les sensations. Tous les objets qu'ils imaginent leur semblent présens, et ils ne peuvent pas retenir exactement la liaison de leurs images (13) : et de là vient qu'ils se peuvent persuader qu'ils n'ont pas enfilé eux-mêmes celles-ci avec celles-là ; d'où ils concluent que quelques-unes leur viennent d'ailleurs, et leur ont été inspirées par une cause qui les a voulu avertir de quelque chose. Peut-on nier qu'une machine ne soit plus propre à un certain jeu , quand quelques-unes de ses pièces sont arrêtées , que quand elles ne le sont pas ? Disons-le même de notre cerveau. Il est plus facile d'y diriger certains mouvemens pour exciter les images présageantes , lorsque les yeux et les autres sens externes sont dans l'inaction, que lorsqu'ils agissent. Savons-nous les facilités que donnent aux auteurs des songes les effets de la maladie , ou de la folie ? Pouvons-nous douter que les lois du mouvement, selon lesquelles nos organes se remuent , et qui ne sont soumises que jusqu'à un certain point aux désirs des esprits créés, ne troublent et ne confondent les images que l'auteur du songe voudrait rendre plus distinctes ? Cicéron croit triompher sous prétexte que ces images sont obscures et embarrassées. *Jam verò*

(10) *Il y a tel songe qui est un rébus de Picardie , comme celui dont parle Brantôme , qui présagea à Marguerite d'Autriche, destinée à épouser Charles VIII, qu'Anne de Bretagne lui enlèverait la couronne de France : elle songea que se promenant dans un jardin , un âne lui vint ôter un bouquet qu'elle tenait.*

(11) *C'est-à-dire , la machine humaine et l'âme humaine.*

(12) Cicero, de Divinat. , lib. II, cap. LXI.
(13) *Voyez , tom. IX, pag. 379, l'article* LOTICHIUS (Pierre), remarque (G).

quid opus est circuitione, et amfrac-
tu , ut sit utendum interpretibus som-
niorum potiùs , quàm directo (14) ?...
Venit in contentionem , sit probabi-
lius , deosne immortales , rerum om-
nium præstantia excellentes , concur-
sare omnium mortalium , qui ubique
sunt , non modò lectos , verùm etiam
grabatos , et cùm stertentes aliquos
viderint , objicere his quædam tor-
tuosa , et obscura , quæ illi exterriti
somnio ad conjectorem manè defe-
rant ; an naturâ fieri , ut mobiliter
animus agitatus , quod vigilans vide-
rit , dormiens videre videatur (15).
Mais on peut répondre que toute
créature est bornée et imparfaite : il
peut donc y avoir des variations, et
même des bizarreries, selon notre façon de juger, dans les effets qui sont
dirigés par les désirs d'un esprit
créé. Ceci peut servir contre quelques objections que les esprits forts
allèguent à ceux qui leur parlent de
l'existence de la magie. Enfin , je dis
que la connaissance de l'avenir n'est
pas aussi grande que l'on s'imagine,
en supposant qu'il y ait des songes
de divination : car si nous examinons
bien les relations et la tradition populaire, nous trouverons que, pour
la plupart, ces songes n'apprennent
que ce qui se passe dans d'autres
pays, ou ce qui doit arriver bientôt.
Un homme songe la mort d'un ami
ou d'un parent, et il se trouve, dit-
on , que cet ami ou ce parent expi-
rait à cinquante lieues de là au temps
du songe. Ce n'est point connaître
l'avenir , que de révéler une telle
chose. D'autres songent je ne sais
quoi qui les menace de quelque malheur, de la mort si vous voulez. Le
génie auteur du songe peut connaître les complots , les machinations
qu'on trame contre eux ; il peut voir
dans l'état du sang une prochaine
disposition à l'apoplexie , à la pleu-
résie , ou à quelque autre maladie
mortelle. Ce n'est point connaître
l'avenir qu'on appelle contingent.
Mais , dit-on , il y a des particuliers
qui ont songé qu'ils régneraient, et
ils n'ont régné qu'au bout de vingt
ou trente ans. Répondez que leur génie d'un ordre bien relevé, actif, habile , s'était mis en tête de les élever

sur le trône : il s'assurait d'en ménager les occasions et d'y réussir
(16) ; et sur ces conjectures presque
certaines il communiquait des songes. Les hommes en feraient bien
autant à proportion de leurs forces.

Je ne donne point ceci pour des preuves, ou pour de fortes raisons, mais
seulement pour des réponses aux difficultés que l'on propose contre l'opinion commune : et il faut même que
l'on sache que je me renferme dans les
bornes des lumières naturelles ; car je
suppose que les disputans ne se voudraient point servir des autorités de
l'Écriture. Je souhaite aussi qu'on
remarque que ceux qui soutiennent
qu'il y a des songes de divination,
n'ont besoin que d'énerver les objections de leurs adversaires ; car ils
ont pour eux une infinité de faits,
tout de même que ceux qui soutiennent l'existence de la magie. Or
quand on en est là , il suffit qu'on
puisse répondre aux objections ;
c'est à celui qui nie ces faits à prouver qu'ils sont impossibles : sans cela il ne gagne point sa cause. Je dois
aussi avertir que je ne prétends nullement excuser les anciens païens,
soit à l'égard du soin qu'ils ont eu
de rapporter tant de songes dans
leurs histoires , soit à l'égard des
démarches qu'ils ont faites en conséquence de certains songes. Quelquefois ils n'ont point eu d'autre
fondement pour établir certaines cérémonies , ou pour condamner des
accusés (17). *Quùm ex æde Herculis*
patera aurea gravis surrepta esset , in
somniis vidit (Sophocles) *ipsum deum*
dicentem , qui id fecisset. Quod se-
mel ille , iterùmque neglexit , ubi
idem sæpiùs , ascendit in Ariopa-
gum : detulit rem. Ariopagitæ com-
prehendi jubent eum , qui à Sophocle
erat nominatus. Is , quæstione adhi-
bitâ , confessus est , pateramque re-
tulit. Quo facto , fanum illud Indicis
Herculis nominatum est (18). On se
peut moquer fort justement de la
faiblesse d'Auguste (19), et plus encore de la loi qui ordonnait en cer-

(14) Cicero , de Divinat. , *lib. II, cap. LXI.*
(15) *Idem , cap. LXIII.*

(16) *Voyez la remarque* (D) *de l'article* CAINI-
TES , *tom. IV, pag. 307.*
(17) *Voyez* Cicéron , de Divinat. , *lib. I, folio*
m. 311, A.
(18) *Idem , ibidem , cap. XXV.*
(19) *Somnia neque sua , neque aliena de se*
negligebat. Sueton. , *in Augusto, cap. XCI.*

tains pays à tous les particuliers qui auraient songé quelque chose concernant la république, de le faire savoir au public, ou par une affiche, ou par un crieur (20); et si l'on en excepte quelques songes particuliers, je consens que l'on dise de tous les autres ce que nous lisons dans Pétrone (21) : *Hinc scies Epicurum hominem esse divinum, qui ejusmodi ludibria facetissimâ ratione condemnat.*

> Somnia quæ mentes ludunt volitantibus umbris,
> Non delubra Deûm, nec ab æthere numina mittunt;
> Sed sibi quisque facit. Nam cùm prostrata sopore
> Urget membra quies, et mens sinè pondere ludit :
> Quidquid luce facit, tenebris agit. Oppida bello
> Qui quatit, et flammis miserandas sævit in urbes, etc.

Et je persévère dans le sentiment que j'ai déclaré ailleurs (22), qu'il n'y a point d'occupation plus frivole et plus ridicule que celle des onirocritiques. Notre Junianus Majus méritait une censure plus rude que celle que Martin del Rio lui a faite. Si nous voulions comparer avec ce qui nous arrive une infinité d'images qui s'élèvent dans notre esprit, quand nous nous abandonnons en veillant à tous les objets qui voudront s'offrir à nous, je suis sûr que nous y verrions autant de rapports à nos aventures, que dans plusieurs songes que nous regardons comme des présages : et je ne fais aucun cas de la raison qui paraît si forte à bien des gens : c'est, disent-ils, que non-seulement nous voyons en songe les objets; mais nous leur entendons dire des choses qu'ils ne nous ont jamais dites en veillant, et dont par conséquent nous n'avions aucune trace dans notre cerveau. Nous croyons voir quelquefois en songe un livre nouveau dont jamais nous n'avions ouï parler, et nous y lisons le titre, la préface, et cent autres choses. Cette raison est nulle. Ne faisons-nous pas tout cela en veillant? Ne nous représentons-nous pas un tel et un tel qui nous tiennent cent discours dont nous

sommes les architectes? Ne nous figurons-nous pas, s'il nous plaît, qu'un tel vient de publier un livre qui traite de telles et de telles choses? Ainsi cette prétendue grande raison n'est d'aucun poids : mais je crois en même temps que l'on ne saurait douter de certains songes dont les auteurs font mention, ni les expliquer par des causes naturelles, je veux dire sans y reconnaître de l'inspiration, ou de la révélation. Voyez Valère Maxime (23), et les lettres de Grotius (24). Quant aux objections de Cicéron, très-fortes à la vérité, et presque insolubles, elles ne sont fortes qu'en supposant que Dieu lui-même est l'auteur immédiat de nos songes (25). *Primum igitur*, dit-il (26), *intelligendum est, nullam vim esse divinam effectricem somniorum. Atque illud quidem perspicuum est, nulla visa somniorum proficisci a numine deorum. Nostrâ enim causâ dii id facerent, ut providere futura possemus. Quotus igitur est quisque, qui somniis pareat ? qui intelligat ? qui meminerit ? quàm multi verò, qui contemnant, eamque superstitionem imbecilli animi, atque anilis putent? Quid est igitur, cur his hominibus consulens Deus, somniis moneat eos, qui illa non modo curâ, sed ne memoriâ quidem digna ducant? nec enim ignorare Deus potest, quâ mente quisque sit : nec frustrà, ac sinè causâ quid facere, dignum Deo est : quod abhorret etiam ab hominis constantiâ. Ita si pleraque somnia aut ignorantur, aut negliguntur; aut nescit hoc Deus, aut frustrà somniorum significatione utitur. Sed horum neutrum in Deum cadit. Nihil igitur à Deo somniis significari fatendum est.* Voilà sa première raison : nous avons vu la seconde ci-dessus (27). Voici la troisième (28) : *Jam verò quis dicere audeat, vera*

---

(20) *Voyez* Casaubon, *sur* Suétone, *in* Augusto, *cap. XCI, qui cite* Artémidore, *lib. I, cap. 2.*

(21) Petronius, *p.* 178, *edit.* Roterd., 1693.

(22) *Dans l'article d'*ARTÉMIDORE, *tom II, pag.* 467, *remarques (B) et (C).*

(23) Valer. Maximus, *lib. I, cap. VII.*

(24) Grotius, *epist.* CCCCV, *part. II.*

(25) *C'était la supposition des stoïciens, d'où vient que* Cotta, *dans* Cicéron, *de* Nat. Deorum, *lib. III, sub fin., leur parle ainsi :* Quomodò iidem dicitis non omnia Deos persequi, iidem vultis à Diis immortalibus hominibus dispartiri ac dividi somnia?

(26) Cicero, *de* Divinat., *lib. II, cap. LX.*

(27) *Citation* (12).

(28) Cicero, *de* Divinat., *lib. II, cap. LXI. LXII.*

omnia esse somnia? Aliquot somnia vera, *inquit Ennius ; sed omnia non est necesse. Quæ est tandem ista distinctio ? quæ vera, quæ falsa habet? et si vera à Deo mittuntur, falsa undè nascuntur ? nam si ea quoque divina, quid inconstantius Deo? quid inscitius autem est, quàm mentes mortalium falsis, et mendacibus visis concitare ? sin vera visa divina sunt : falsa autem, et inania, humana : quæ est ista designandi licentia, ut hoc Deus, hoc Natura fecerit potiùs, quàm aut omnia Deus, quod negatis, aut omnia Natura?* Il en propose une quatrième fondée sur l'obscurité des songes : on l'a déjà vu (29) ; mais on va le voir encore mieux. Il n'y a personne, dit-il, qui ait assez de capacité pour bien expliquer les songes ; et par conséquent, si les dieux nous parlaient par cette voie, ils seraient semblables aux Carthaginois, qui harangueraient en leur langue le sénat de Rome, et qui n'amèneraient aucun trucheman. *Vide igitur, ne etiam si divinationem tibi esse concessero, quod nunquàm faciam, neminem tamen divinum reperire possimus. Qualis autem ista mens est deorum, si neque ea nobis significant in somniis, quæ ipsi per nos intelligamus : neque ea, quorum interpretes habere possimus ? similes enim sunt dii, si ea nobis objiciunt, quorum nec scientiam, neque explanatorem habeamus, tanquàm si Pœni, aut Hispani in senatu nostro loquerentur sinè interprete. Jam verò quò pertinent obscuritates, et enigmata somniorum ? intelligi enim à nobis dii velle debebant ea, quæ nostrâ causâ nos monerent* (30).

(29) *Ci-dessus, citation* (14).
(30) Cicero, de Divin., *lib. II, cap. LXIV*.

MAKOWSKI (JEAN), en latin *Maccovius*, gentilhomme polonais et professeur en théologie à Franeker, était né à Lobzénic, l'an 1588. Il commença un peu tard à étudier ; mais il répara ce retardement par une grande application, et par sa vivacité naturelle. Il fit ses études du latin et son cours de philosophie à

Dantzick, avec des progrès si considérables, sous le fameux Keckerman, qu'il se distingua glorieusement de ses condisciples, et particulièrement à la dispute ; et qu'étant de retour chez son père, on le donna pour gouverneur à quelques jeunes gentilshommes (a). Il voyagea avec eux, et cultiva en toute occasion, tantôt contre les jésuites, tantôt contre les sociniens, son talent de bien disputer (A). Il vit les plus florissantes académies d'Allemagne, celle de Prague, celle d'Heidelberg, celle de Marpourg, celle de Leipsic, celle de Wittemberg, celle d'Iène ; et puis il vint à Franeker, où il reçut le bonnet de docteur en théologie le 8 de mars 1614. Il donna tant de preuves d'esprit et d'érudition, que les curateurs de l'académie résolurent de le retenir, et pour cet effet ils le firent professeur extraordinaire en théologie, le 1er. d'avril 1615, et professeur ordinaire l'année suivante. Il exerça cette charge pendant près de trente ans, c'est-à-dire jusqu'à sa mort, qui arriva vers la fin du mois de juin 1644 (b). Il avait eu trois femmes, dont on pourra voir les familles, si on le souhaite, dans l'oraison funèbre qui m'a fourni cet article. Coccéius son collègue, qui la prononça, nous apprend que Maccovius soutint avec un grand zèle, et même avec un peu trop de bile, la

(a) *Ils s'appelaient Siéninski.*
(b) Le Diarium Biographicum *du sieur* Witte, *la met au 24 de juillet : ce qui ne peut être, puisque l'oraison funèbre fut prononcée le 2 juillet. Maccovius était décédé huit jours auparavant, die Lunæ ante octiduum, dit* Coccéius *dans* l'Oraison funèbre de Maccovius

bonne cause contre les arminiens ; ce qui lui fut une source d'amertumes (B). Ce sont les suites ordinaires de cette sorte de tempérament. Il eut des affaires au synode de Dordrecht (C). On verra ci-dessous le titre de la plupart de ses écrits imprimés (D). Je laisse ceux qu'on trouva parmi ses papiers, et que le public n'a jamais vus. Il a été accusé de plagiarisme (E).

(A) *Il cultiva en toute occasion... son talent de bien disputer.*] A Prague il attaqua les jésuites dans une dispute : à Lublin il entra souvent en lice contre les sociniens ; et pendant qu'il étudiait à Heidelberg, il alla à Spire afin de disputer contre les jésuites, à la place de Barthélemi Coppénius qu'ils avaient défié au combat, et qui n'avait pu obtenir de l'électeur Palatin la permission d'y comparaître (1).

(B) *Son grand zèle... contre les arminiens.... lui fut une source d'amertumes.*] Coccéius (2), après avoir dit que Maccovius ne fut pas un chien qui ne sût japper pendant les troubles de l'église, mais qu'il combattit vaillamment pour la vérité de la grâce, ajoute *que ces sortes de guerres ayant accoutumé de produire de mauvais soupçons, des inimitiés et des discordes, à cause de l'infirmité humaine, il ne faut pas trouver étrange que l'infirmité de la chair ait fait avaler à Maccovius beaucoup d'amertumes. Des esprits ardens,* poursuit-il, *ont cela qu'encore qu'ils défendent la bonne cause, ils paraissent quelquefois donner dans l'emportement. Il leur arrive souvent la même chose qu'aux bons chiens* (3) (*qu'il me soit permis d'étendre jusque-là une comparaison empruntée de l'Écriture*) *qui, pendant qu'ils gardent la maison de leurs maîtres, aboient contre tous les inconnus, fussent-ils les plus grands amis de la maison ; ainsi les*

défenseurs de la vérité (auxquels le prophète Ésaïe commande (4), comme aux dogues qui gardent le troupeau, de bien aboyer) pendant qu'ils s'agitent contre l'ennemi et qu'ils ne songent qu'au combat, ne prennent pas garde bien souvent à ce qu'ils font ; et répandent quelquefois mal à propos leur aigreur et leurs duretés sur des innocens. Après cela il emploie la comparaison des matelots, qui dans une violente tempête grondent et crient les uns contre les autres, quoique le but général de tous soit de sauver le vaisseau. C'était assez déclarer quelle avait été la destinée de Maccovius. Il avait frappé à tort et à travers sur l'hétérodoxe, et sur l'orthodoxe, et il s'était fait frapper à son tour de tous les deux. Voilà les fruits de la dispute : les chiens au grand collier s'imaginent qu'ils voient le loup partout, dès qu'on ne donne pas dans toutes leurs hypothèses ; et si c'est un confrère qui s'en écarte, ils laissent là l'ennemi commun, et se ruent sur le compagnon d'œuvre, comme sur un traître (5). On leur dit leurs vérités, *hinc illæ lacrymæ.* Considérez ces paroles de l'un des pères du synode de Dordrecht : *Qui reverà primo quoque auditu videbantur, exceptis uno aut altero, non fuisse tanti momenti, ut homo doctus de illis coràm synodo accusaretur : complurimi ipsorum erant ex istâ receptissimâ distinctione agentis physicè et moraliter ab accusatore malè intellecta* (6).

(C) *Il eut des affaires au synode de Dordrecht.*] On lut dans la CXXXVIII^e. session la requête qu'il présenta à la compagnie : il se plaignait d'avoir été accusé d'hérésie devant les États de Frise par son collègue Sibrand Lubbertus, et il suppliait très-humblement le synode de vouloir juger ce différent, ou de permettre que l'accusateur et lui choisissent des commissaires dans cette assemblée qui informassent du fait, et qui en rendissent compte à la compagnie. Lubbertus interrogé là-dessus nia

---

(1) *Tiré de* Coccéius, Orat. funebr. Maccovii.
(2) *Ibidem.*
(3) *Voyez, touchant cette comparaison,* tom. III, pag. 363, *la remarque* (D) *de l'article saint* BERNARD ; *et la remarque* (L) *de l'article* CASTELLAN, tom. IV, pag. 550.

(4) *Chap. LVI.*
(5) *Afin qu'on vît que je n'amplifie pas les pensées de* Coccéius, *je voulais les mettre ici en latin selon l'original, mais je n'ai pu retrouver* l'Oraison funèbre.
(6) G. Balcanquallus, *apud* Epist. eccles. et theolog., *pag.* 573, *col.* 1, *edit. in-folio,* 1684.

qu'il l'eût accusé, et soutint qu'il n'avait été que la bouche de la classe de Franeker, la véritable accusatrice de Maccovius, et qu'ainsi il ne voulait point être reconnu partie dans ce procès. Il fut ordonné qu'on lirait les actes qui étaient venus de Frise touchant cette affaire. Ils furent lus dans la CXL[e]. session, et l'on y trouva d'abord cinquante erreurs dont Maccovius avait été accusé, qui parurent presque toutes de peu d'importance, et fondées sur le mauvais sens que l'accusateur donnait aux paroles de l'accusé (7). On lut deux apologies de Maccovius; et il y eut des députés étrangers qui dirent que l'on aurait pu réduire à quatre les cinquante chefs d'accusation, et que le crime d'hérésie imputé à Maccovius ne paraissait nulle part. *Quidam ex exteris theologis dicebant, potuisse illos quinquaginta errores, ad quinque vel etiam quatuor reduci; nec ullum crimen hæreseos, sicut objectum fuerat, in illis deprehendi* (8). Quand Lubbertus opina, il se mit fort en colère contre un des membres de la compagnie, et il produisit un nouveau rôle des erreurs de Maccovius. On lui répondit que l'on avait ouï dire à des personnes dignes de foi, qu'encore qu'il ne voulût point être partie, c'était lui qui avait extrait des thèses et des leçons de Maccovius les propositions prétendues erronées. Il s'échauffa, et jura deux fois que cela n'était pas vrai. *Quod ut audiebat D. Sibrandus, vehementissimè commotus, bis Deum vindicem in animam suam precabatur si isthæc vera essent; adeò ut D. præses eum sæpius modestiæ sanctæ, et reverentiæ synodo debitæ jusserit meminisse* (9). Dans la CXLII[e]. session il fut trouvé à propos de ne point lire devant le synode la troisième apologie de Maccovius, parce qu'elle contenait plusieurs choses personnelles contre Lubbertus. Elle ne fut lue que dans un comité particulier, dont Scultet (10) voulut bien être, quoiqu'il fût mal propre à être juge, puisque les théologiens d'Heidelberg

avaient déjà déclaré qu'ils condamnaient l'accusé. *Certè exteri mirabantur D. Scultetum nominatum fuisse à provincialibus; et multò magis, D. Scultetum id munus velle subire, cum facultas theologica Heidelbergensis, cujus ipse pars esset, theses illas, quæ examinandæ sunt, jam hactenùs tanquàm otiosas, metaphysicas, et falsas damnaverit* (11). Le jugement des commissaires fut que Maccovius avait été accusé mal à propos, et qu'il n'était coupable, ni de paganisme, ni de judaïsme, ni de pélagianisme, ni de socinianisme, ni d'aucune autre hérésie; mais qu'il aurait dû ne se point servir de phrases obscures et ambiguës, empruntées des scolastiques, et ne pas nier certaines propositions. On les verra dans le latin que je m'en vais rapporter : on saura par ce moyen qu'il était supralapsaire, et qu'il s'exprimait durement sur des doctrines où il faut choyer la délicatesse des oreilles. *Legitur judicium deputatorum à synodo in causâ Maccovianâ : cujus summa hæc erat; D. Maccovium nullius gentilismi, judaismi, pelagianismi, socinianismi, aut alterius cujuscunque hæreseos reum teneri, immeritòque illum fuisse accusatum : peccâsse eum, quod quibusdam ambiguis, et obscuris phrasibus scholasticis usus sit : quod scholasticum docendi modum conetur in belgicis academiis introducere; quod eas selegerit quæstiones disceptandas, quibus gravantur ecclesiæ belgicæ : monendum esse eum, ut cum spiritu sancto loquatur, non cum Bellarmino aut Suarezio : hoc vitio vertendum ipsi, quod distinctionem sufficientiæ et efficientiæ mortis Christi asseruerit esse futilem : quod negaverit humanum genus lapsum esse objectum prædestinationis; quod dixerit Deum velle, et decernere peccata; quod dixerit Deum nullo modo velle omnium hominum salutem; quod dixerit duas esse electiones. Judicant denique, liticulam hanc inter D. Sibrandum, et D. Maccovium componendam esse, et deinceps neminem debere eum talium criminum insimulare* (12). Le synode approuva le jugement des

(7) G. Balcanquallus, *apud* Epist. eccles. et theolog., *pag.* 5-3, *col.* 1, édit. *id-folio*, 1684.
(8) *Idem, ibidem.*
(9) *Ibidem, col.* 2.
(10) *Député du Palatinat, et professeur en théologie à Heidelberg.*

(11) Balcanquallus, *apud* Epist. eccles. et theol., *pag.* 573, *col.* 2.
(12) Balcanquallus, *pag.* 574, *col.* 2.

commissaires (13) ; et voilà quelle fut l'issue de ce procès. Il y eut un député de Frise qui demanda que l'on procédât contre les accusateurs, et qui s'offrit de prouver par des pièces authentiques, que Lubbertus avait eu ordre de se porter pour accusateur. Cette instance remua si fort les humeurs, que les députés politiques recoururent aux coups de marteau, dont ils se servaient quand ils voulaient imposer silence. *Communi collegarum nomine coràm synodo protestari, salvo jure ut agant contrà accusatores ; partes autem accusatorias domino Sibrando esse demandatas, constare ex litteris quibusdam publicis, quas è sinu deprompsit, ac coràm synodo legi postulavit : increbescenti hác in expostulatione plurium fervori, ac multiloquio, modum imponunt delegati politici malleo suo, quo mos est silentium obstrepentibus imperare* (14).

(D) *Voici le titre de . . . ses écrits imprimés.*] Je le tire du *Diarium Biographicum* du sieur Witte, où se trouvent ces paroles (15) : *Reliquit Collegia Theologica ; Locos Communes ; Distinctiones et Regulas Theol. ac Philosophicas ; Opuscula Philosophica;* Πρῶτον ψεῦδος *Anabaptistarum ;* Πρῶτον ψεῦδος*, sive ostensionem primi Falsi Arminianorum* *;

(13) *Legitur, et per plura synodi suffragia approbatur, sententia deputatorum in causâ Maccovianâ; qui eum ab omni hæresi absolvendum censuerunt; sed monendum, ut theologiam docendi modum commodiorem sequatur, verborumque formis ex sacrâ scripturâ petitis utatur; etiam justam eum reprehensionem incurrere ob quasdam propositiones ab ipso crudiùs et rigidiùs assertas.* Balcanquallus, *ibidem*, pag. 576, col. 1.

(14) Balcanquallus, *apud* Epist. eccl. et theol., pag. 576, col. 1.

(15) *Ad* 24 jul. 1644.

* Voici la note qu'on lit sur cette remarque, dans la *Bibliothèque française*, XXX, 2 : « M. Witte, que Bayle a suivi, ne fait pas une » énumération complète des œuvres de Makows- » ki. Cet auteur a composé plus de deux ouvrages » auxquels il a donné le titre de Πρῶτον ψεῦ- » δος. C'était son titre favori. Le Recueil, pu- » blié par Nicolas Arnoldus, Francker, 1647, » et intitulé, J. *Macovius redivivus* en con- » tient cinq : Πρῶτον ψεῦδος *pontificiorum;* » Πρῶτον ψεῦδος *socinianorum ;* Πρῶτον » ψεῦδος *lutheranorum;* Πρῶτον ψεῦδος *ar-* » *minianorum;* Πρῶτον ψεῦδος *anabaptista-* » *rum.* On y trouve aussi *Casus conscientiæ ad* » *normam doctrinæ socinianæ*, et un Traité in- » titulé *Anti-Socinus*, dont M. Baillet ne parle

Prælectiones pro Perkinso contrà Arminium: Disceptationes de Triuno vero Deo, etc. Notez que la plupart de ces livres sont posthumes, et qu'ils ont été publiés par les soins d'un Polonais (16), qui était ministre d'une petite ville de Frise, et qui depuis fut professeur en théologie à Francker. Il promettait d'en publier plusieurs autres. Voyez sa préface des lieux communs de Maccovius. Il les fit réimprimer avec bien des corrections, et bien des augmentations, tirées des manuscrits de l'auteur. Son épître dédicatoire est datée de l'an 1649. L'édition dont je me sers est de l'an 1658.

(E) *Il a été accusé de plagiarisme.*] Celui qui a fait cette découverte la propose modestement, et sans oublier les louanges de Maccovius. Voici en quels termes : *Imò ne absolvi quidem crimine hoc planè potest inter theologos nostros, vir alioqui subtilissimus,* Johannes Maccovius. *Quod si enim inspicere non detrectes* Exercitationes *ipsius* Remonstrantium *hypothesibus abhinc annos aliquot oppositas, docebunt te oculi tui, eximiam earum partem non tantium quoad* (*1) *materiam, sed quoad ipsa etiam verba, è Belgico latinè versa, è* (*2) *Clar.* Molinæi *anatome* Arminianismi *compilatam esse. Quod in doctore, extemporanei acuminis honore alias celebratissimo, miratus semper fui* (17).

» pas dans son Recueil des *Anti.* C'est un Traité » divisé en deux parties, dont la première a pour » titre : *De modo disputandi cum adversariis* » *in genere*, et la seconde simplement : *Anti-* » *Socinus.* Enfin j'y trouve un petit Traité de » sept pages, intitulé : *Appendix de atheis.* » J'ajouterai que l'*Anti-Socinus* de Makowski a été » inconnu à P. Marchand, qui dans son *Diction-* » *naire*, au mot *Anti-Garasse*, page 50, ne parle que de l'*Anti-Socinus* de Gentillet, dont Bayle a fait mention dans l'article GENTILLET, à la fin de la remarque (B), tom. VII, pag. 72.

(16) *Nommé* Nicolas Arnoldus. *J'ai donné son article, tom. II, pag.* 432.

(*1) *Maccov. Colleg. theolog.*, disp. 4 *et* 11.
(*2) *Molin. Anatom. Arminianism.*, cap. 5 *et* 24.
(17) Saldenus, *de Libris*, pag. 156.

MALDONAT (JEAN), prêtre à Burgos dans la Castille, florissait environ l'an 1550. Il écrivait bien en latin, et il publia un écrit pour recommander l'étude des belles-lettres, *Parœne-sin ad litteras politiores*. Son abrégé des Vies des Saints fut imprimé plusieurs fois (a). Nous verrons ci-dessous s'il a eu raison de tant vanter sa correction du Bréviaire (A).

(a) *Tiré d'*André Schottus, Biblioth. Hisp., pag. 350, 351.

(A) *Nous verrons... s'il a eu raison de tant vanter sa correction du Bréviaire.*] Voici ce qu'on trouve dans un ouvrage que M. Thiers a publié l'an 1699, sous le titre de *Dissertation sur le lieu où repose présentement le corps de Saint Firmin le Confès, troisième évêque d'Amiens.* «(1) Jean » Fonséca, évêque de Burgos, capi-» tale de l'ancienne Castille, voulant » faire une nouvelle édition du Bré-» viaire de son diocèse, donna ordre » à trois savans, Carréra, Lara, et » Jean Maldonat, d'y travailler. Ce » Jean Maldonat..... qu'il ne faut » pas confondre avec le fameux jé-» suite Jean Maldonat..... se char-» gea de composer et de mettre en » latin les Vies des Saints qui devaient » servir de leçons pour ce Bréviaire. » il savait la belle latinité, et il s'ac-» quitta si bien (à ce qu'il s'imagina) » de cette commission, qu'il a osé » nous vanter son Bréviaire comme » l'ouvrage le plus exact, le plus » châtié, et le plus achevé qui fut » jamais. » Ces vanteries sont conte-nues *dans une épître qu'il a fait im-primer à la fin de ce Bréviaire, et de ces Vies des Saints de l'édition de Lyon en 1561...... Elle est adres-sée à ses deux collègues Carréra et Lara* (2). M. Thiers la rapporte tout du long, et puis il se sert de ces paroles (3) : « Il n'y a personne » qui après avoir lu cette épître, ne » croie que les leçons des saints du » Bréviaire de Burgos, sont entière-» ment exemptes de fautes. Cette » épître néanmoins, à la bien pren-» dre, n'est qu'une rodomontade espa-» gnole, et on remarque dans ces » leçons beaucoup de pauvretés que » l'on trouve dans les anciennes lé-» gendes. »

(1) *Pag.* 18 *de la* Dissertation *de M.* Thiers.
(2) *Là même pag.* 19.
(3) *Là même, pag.* 21.

MALDONAT (Jean), jésuite espagnol (A), naquit l'an 1534. Il fit ses études à Salamanque, et il y enseigna la philosophie, la théologie et la langue grecque, avant que de se vouer à la compagnie des jésuites dans la même ville. Il n'y prit point l'habit de l'ordre, mais à Rome, l'an 1562. Il fut envoyé à Paris l'année suivante, pour y enseigner la philosophie dans le collége que les jésuites venaient d'obtenir. Il y enseigna ensuite la théologie (B) avec un très-grand succès; car ce que l'on conte de la multitude de ses auditeurs est admirable (C). Il fut envoyé à Poitiers avec neuf autres jésuites, l'an 1570. Il y fit des leçons latines, et il y prêcha en français; mais n'ayant pu y fonder un bon établissement, il s'en retourna à Paris*, après avoir soutenu quelques disputes contre ceux de la religion. Il fit une course en Lorraine, et en passant par Sedan il y disputa contre plus de vingt ministres (D). Il eut de fâcheuses affaires à Paris; car non-seulement on l'accusa d'hérésie, mais aussi d'avoir volé une succession (E) en séduisant le président de Saint-André, pour l'obliger à laisser son bien aux jésuites. Pierre de Gondi, évêque de Paris, le justifia d'hérésie (F), et le parlement le déclara innocent de l'autre crime. Mais cela n'empêcha point que Maldonat ne prît la résolution de s'aller cacher dans le col-

* Joly transcrit quelques particularités concernant Maldonat, extraites des *Mémoires apologétiques de la compagnie de Jésus en France, par le père François de la Vie*, conservés en manuscrit dans la bibliothèque du collége de Dijon.

lége de Bourges, pour s'y appliquer tout entier à des commentaires sur l'Écriture. Il fit un songe que l'événement confirma (G). Étant allé à Rome par ordre du pape, pour travailler à l'édition de la bible grecque, il y acheva son commentaire sur les évangiles, et le présenta au général Aquaviva, le 21 de décembre 1582. Un peu après il tomba malade précisément selon son songe, et fut trouvé mort dans son lit la veille des rois 1583. Il n'y a point de doute qu'une trop ardente application à l'étude ne lui ait abrégé les jours. Il composa quantité de livres(H), qui témoignent qu'il avait beaucoup de capacité (a). M. de Thou lui donne de grands éloges (I). Quelques protestans lui en donnent aussi beaucoup (b); mais ils se plaignent des emportemens de sa plume. Quelques autres en parlent avec le dernier mépris (K). On a fait plus de vacarme que la chose ne méritait, sur une de ses leçons touchant l'existence de Dieu; et je m'étonne que Pasquier n'ait pas compris la faiblesse (L) de cette objection.

(a) Tiré de Natanaël Sotuel, Bibl. Script. societ., pag. 473 et seq.
(b) Voyez Pope Blount, Censura autorum, pag. m. 535.

(A) Jésuite espagnol.] Le lieu de sa naissance s'appelle las Casas de la Reina : il est situé proche de Léréna dans la province d'Estramadure *, et appartient au grand-maître des chevaliers de Saint-Jacques. Maldonat atteste toutes ces choses dans un écrit signé de sa main, qui est con-

* Tout en trouvant juste la remarque de Bayle, la B.bliothéque française, XXX, 3, dit que comme il y a deux Estramadures, Bayle aurait dû ajouter que Léréna est dans l'Estramadure espagnole.

servé à Rome dans les archives des jésuites (1). Ainsi George Cardose (2), M. de Thou (3), et M. Thiers (4) se trompent quand ils le font Portugais. Alegambe ne connaissait pas ceci trop exactement ; car il nomme la patrie de Maldonat Fuente del Maestro in ditione Zafrensi (5). Nicolas Antonio (6) la nomme de même. M. Moréri a perverti ce nom en celui de Fruente deli Maestro.

(B) Il y enseigna ensuite la théologie.] Je n'ai pas voulu dire qu'il l'y enseigna pendant dix ans tout entiers, encore que Sotuel l'assure (7) ; car j'ai trouvé cela un peu embrouillé. Cet auteur débite que Maldonat enseigna d'abord la philosophie à Paris, où il avait été envoyé l'an 1563, et qu'il alla à Poitiers environ l'an 1570, et qu'ensuite il fit une course en Lorraine. On ne nous parle plus de ses leçons en théologie : où prendrons-nous donc les dix années ? Sotuel aurait dû dire qu'après le voyage de Lorraine Maldonat recommença à professer au collége de Paris. Maldonat régenta d'abord la philosophie, et commença de le faire l'an 1564 (8). Il employa deux ou trois ans à cela : un cours de philosophie ne durait guère moins alors *. Il enseigna ensuite la théologie, et en acheva le cours dans quatre ans. Tradidit ille primum totam theologiam compendio annis quatuor (9). Nous voilà au temps qu'il fut envoyé à Poitiers. Or comme un ministre (10), qui avait changé de religion pendant le massacre de la Saint-Barthélemi, l'accompagna au voyage de Lorraine, nous ne pouvons placer ce voyage avant le mois de septembre 1572. Il

(1) Tiré de Natanaël Sotuel, Biblioth. Script. societ., pag. 473.
(2) In Agiologio, ad diem 6 januarii, apud Sotuel, ibidem, pag. 475.
(3) Thuan., lib. LIII, pag. 1088.
(4) Thiers, Dissertations sur saint Firmin, pag. 18.
(5) Alegambe, Biblioth. Script. societ. Jesu, pag. 255.
(6) In Bibliothecâ Scriptor. hispan., tom. I, pag. 558.
(7) Totos decem annos theologiam professus est. Sotuel, Biblioth. Script. societ., pag. 474.
(8) Richeome, Plainte apologétique, pag. 33.
* Joly dit que le cours de Maldonat, commencé le 24 février 1564, ne dura que deux ans.
(9) Sotuel, Biblioth. Scriptor. societ. Jesu, pag. 474.
(10) Du Rosier. Voyez M. de Thou, l. LIII, pag. 1088.

y a beaucoup d'apparence qu'étant
de retour à Paris , il commença
d'exécuter le dessein qu'il avait formé
de dicter un cours de théologie plus
ample que le précédent ; car s'il eût
commencé de l'exécuter après son
retour de Poitiers , l'eût-on tiré de
cet exercice pour l'envoyer en Lorraine ? Ce cours plus ample fut interrompu par les procès d'hérésie, et de
séduction testamentaire , qui lui furent intentés. *Iterùm eandem uberiùs
tradere aggressus , cùm jam procul
esset progressus alienissimo sanè tempore , ab hostibus variis calumniis
appetitus est* (11). Or ce procès fut
vidé l'an 1575 ; et Maldonat, malgré
son absolution, ne laissa pas de quitter Paris : je ne sais donc point où
l'on trouverait les dix années de profession en théologie dont nous parlent les deux bibliothécaires des jésuites.

Je me suis arrêté à ces bagatelles ,
afin de faire sentir qu'un narré clair
et exact est un ouvrage plus difficile
qu'on ne pense. Alegambe, qui passe
pour très-exact, ne nous jette-t-il
point ici dans la confusion? Que peut-
on voir de plus ténébreux que son
récit? Ceux qui font des livres semblables au sien devraient savoir ce
que je critique ici.

(C) *Ce que l'on conte de la multitude de ses auditeurs est admirable.*]
Les bibliothécaires de la compagnie
assurent, que de peur de ne trouver
point de place , on se rendait à l'auditoire deux ou trois heures avant
qu'il montât en chaire , et qu'il fut
souvent obligé de faire leçon dans
une cour, et dans les rues , parce
que les bancs ne suffisaient pas à ceux
qui venaient l'entendre. Ils ajoutent
qu'il y eut même des ministres qui
furent à ses leçons. *Ne ipsi quidem
calvinistæ , et calvinistarum ministri ipsius prælectionibus abstinerent.
Duabus quotidiè , tribusve horis antè
subsellia certatim implebant, quàm
ludum ille ingrederetur , ne exclu-
derentur. Sæpe in aperto , atque adeò
in viis publicis docere coactus est ob
multitudinem auditorum, quos nullæ
exedræ capiebant* (12) *.

(11) Sotuel , Biblioth. Script. societ. Jesu ,
pag. 474.
(12) Alegambe , pag. 255. Sotuel , pag. 574.
* Un passage de la *Prosopographie* de du

(D) *Il disputa à Sedan contre plus
de vingt ministres.*] Génebrard , auteur suspect, témoigne que Maldonat
les terrassa tous , et qu'il y en eut
deux qui se convertirent. « *De quo
» certamine Genebrardus sic ait ,
» Joannes Maldonatus Capellum ,
» Holinum, Loqueum, et xx alios
» ministros calvinistas, primùm dis-
» serendo , deindè declamitando
» prostravit : nam in declamationes
» disputationem commutandam mi-
» nistri censuerant , quòd ejus vim
» syllogisticam non possent depelle-
» re. Additque Launeum et Henri-
» cum Penneterium ministros, qui
» aderant, fuisse conversos* (13). » Il
est sûr que Matthieu de Launoi , et
Henri Pennetier changèrent de religion ; mais ce ne fut pas en conséquence de cette dispute de Maldonat.
Ils se firent papistes environ l'an
1577 , et publièrent aussitôt un ouvrage de controverse (14) , qu'ils dé-
dièrent au roi de France. Ils y font
mention de Maldonat; mais sans dire
qu'il eût disputé avec les ministres
de Sedan , ni que ses raisons leur
eussent ouvert les yeux. Ils nous apprennent (15) que l'ex-ministre du
Rosier accompagnait Maldonat , et
qu'il le quitta à Metz pour s'en aller
en Allemagne, parce que les ministres
de Sedan lui persuadèrent que s'il
s'en retournait à Paris avec ce jésuite,
on le ferait mourir , et que *Maldonat en avait donné quelque enseigne
disant qu'il sentait encore le fagot.*
Ils ne disent pas en quelle année cela
se fit ; mais on peut être assuré que
ce fut trois ou quatre ans avant leur
abjuration : car , comme je l'ai déjà

Verdier, rapporté dans la *Bibliothéque française*, XXX, 3, dit que lorsqu'il interprétait le
psaume *Dixit dominus domino meo*, la rue Saint-
Jacques était pleine de coches , depuis le collége
du Plessis jusqu'au collége de Clermont , dit des
jésuites. Du Verdier ajoute qu'il fut un peu envié
et injurié à Paris. Il paraît qu'un jour on lui jeta
sur la tête quelque vase mal odoriférant; c'est
du moins ce qu'on peut conclure du passage de
du Verdier que voici : « *Passant un jour par la
» rue de Sorbonne , il lui fut faite chose que je
» n'oseray rapporter; peut-être que ce fut par
» imprudence, peut-être que non. Il porta cela
» fort patiemment , comme toute autre chose ,
» pour l'amour de Dieu. Il était homme fort
» doux et simple , moins fastueux que le naturel
» du plus simple Espagnol ne porte.* »
(13) Alegambe , pag. 255. Sotuel , pag. 574.
(14) *Voyez-en le titre* , tom. IX , pag. 90 ,
remarque (D) de l'article LAUNOI (Matthieu de).
(15) *Folio* 139.

remarqué, ce fut après la Saint-Barthélemi que Maldonat et du Rosier
furent envoyés à Metz. L'on (16) crut
à la cour de France que du Rosier,
ayant changé de religion, et contribué beaucoup à l'abjuration du roi
de Navarre, de la princesse Catherine, du prince de Condé, de la
femme et de la belle-mère de ce prince, serait un bon instrument de
conversion à Metz ; et c'est pourquoi
on l'y envoya avec Maldonat. Le duc
de Montpensier les pria d'aller à Sedan, afin qu'ils désabusassent la
duchesse de Bouillon sa fille, qui
était fort bonne huguenote (17).

(E) *Non-seulement on l'accusa d'hérésie, mais aussi d'avoir volé une succession.*] Citons Alegambe. *Alienissimo sanè tempore, ab hostibus variis
calumniis appetitus est : nam et præ-
sidem Montibrunensem S. Andreæ
moribundum circumvenisse, et posteros ejus fortunis evertisse, illi per-
suadendo ut sua omnia societati le-
garet, dicebatur, seductor simul et
prædo nuncupatus ; et à nonnullis
Lutetiæ, zelo præpostero, hæresis
est accersitus ; verùm ab huic eum
injuriâ vindicavit summi pontificis
Gregorii XIII auctoritate Petrus
Gondii Parisiensis Antistes : ab illâ
verò publico senatus consulto liberatus est. Verùm quamvis sic ejus innocentia publicè satis testata foret,
satiùs tamen fore putavit, si paucorum æmulationi, præsertim ingra-
vescente ætate viribusque labefactis,
cederet, lucemque illam hominum
fugeret* (18).

Antoine Arnauld, plaidant contre
les jésuites l'an 1594, suppose que
Maldonat était effectivement coupable
d'avoir séduit le président de Saint-
André, et que le parlement de Paris
ne l'en avait point absous. *Rien n'en
sort,* dit-il (19), *tout y entre*, et ab
intestat, *et par les testamens qu'ils
captent chaque jour, mettant d'un
côté l'effroi de l'enfer en ses esprits
proches de la mort, et de l'autre leur
proposant le paradis ouvert à ceux
qui donnent à la société de Jésus :*

comme fit Maldonat au président de
Montbrun Saint-André, tirant de lui
tous ses meubles et acquêts par une
confession pleine d'avarice et d'imposture, de laquelle M. de Pibrac
appela comme d'abus en pleine audience. Je ne sais point ce que le jésuite Richeome répondit sur cet article ; car je n'ai point l'Apologie qu'il
publia sous le nom de François de
la Montagne (*) contre le plaidoyer
d'Antoine Arnauld.

(F) *Pierre de Gondi.... le justifia
d'hérésie.*] Les bibliothécaires des jésuites n'ont point dit de quelle hérésie
il fut accusé ; mais en voici un petit
détail que M. Simon me fournit. « Il
» était difficile qu'un homme de ce
» mérite, et qui faisait profession de
» dire librement ses sentimens, sans
» s'arrêter aux préjugés des autres,
» plût à tout le monde. Quelques faux
» zélés l'accusèrent d'avoir enseigné
» des hérésies. Leurs accusations al-
» lèrent si loin, qu'ayant été portées
» à Rome, le pape Grégoire XIII les
» renvoya à l'évêque de Paris, pour
» être examinées sur les lieux. Les
» faits de l'accusation consistaient en
» ce qu'il avait enseigné, contre le
» sentiment de la faculté de théologie
» de Paris, qu'il n'était point de foi
» que la Sainte Vierge eût été conçue
» sans péché originel. Les docteurs
» poursuivirent cette affaire avec tant
» de chaleur, que Maldonat, qui ren-
» dait de si bons services à la religion
» et à l'état, fut obligé de compa-
» raître au tribunal de l'évêque, où
» il fut absous. Ses confrères jugèrent
» à propos de faire imprimer la sen-
» tence de son absolution à la tête de
» son Commentaire, de la manière
» qu'elle avait été publiée. Elle ne
» se trouve cependant que dans les
» premières éditions, c'est-à-dire
» dans celle de Pont-à-Mousson qui
» parut en 1596, et dans les autres
» jusques à 1615, auquel temps les
» jésuites retouchèrent ce Commen-
» taire dans une édition de Lyon : et
» je vois qu'on a suivi presque tou-
» jours dans la suite cette édition ré-
» formée, d'où l'on a ôté la sentence
» d'absolution que je rapporterai ici

(16) Thuan., *lib. LIII, pag.* 1088, *ad ann.*
1572. *Voyez aussi* Théodore de Bèze, Histoire
ecclés., *liv. XVI, pag.* 475.
(17) Thuan., *ibidem.*
(18) Alegambe, *pag.* 255 ; *et* Sotuel. *p.* 574.
(19) Arnauld, Plaidoyer contre les jésuites,
pag. 37.

(*) *Des Montagnes* est le nom que prend le
jésuite Richeome dans son livre de la *Vérité défendue*, etc. Voyez les Notes sur la *Confession
de Sanci*, édit. de 1699, pag. 415. REM. CRIT.

» entière , comme je l'ai lue dans » l'édition de Pont-à-Mousson (20). »

M. Simon , ayant rapporté toute la sentence (21) , ajoute qu'encore qu'elle fût bien favorable , *Maldonat jugea qu'il était plus à propos d'abandonner entièrement ses leçons de théologie, que de donner occasion à ses ennemis de lui susciter de nouvelles affaires. Il se retira à Bourges , pour y étudier en repos dans le collège de la société (22).*

Rapportons ici quelques extraits des registres de la faculté de théologie de Paris. Jean Maldonat faisait des leçons sur le maître des sentences au collège de Clermont, l'an 1574, et disputait ardemment sur la conception immaculée de la Sainte Vierge, contre la faculté de théologie, qui faisait jurer à ses suppôts qu'ils croiraient comme un article de foi cette conception. Le recteur de l'université de Paris convoqua les quatre facultés; et d'un commun consentement elles résolurent de se plaindre de ce jésuite à Pierre de Gondi, évêque de Paris. La faculté de théologie s'étant assemblée , tous les docteurs, hormis huit ou neuf, déclarèrent formellement qu'ils tenaient comme un article de foi que la Sainte Vierge avait été conçue sans péché originel. De là vint que l'évêque de Paris publia une censure contre le recteur , et contre les principaux membres de l'université; mais voyant que son procédé excitait beaucoup de tumultes, il changea d'avis , et lança une excommunication sur le doyen , et sur le syndic de la faculté de théologie. Les quatre facultés en appelèrent comme d'abus au parlement, qui désapprouva la conduite de l'évêque. Vous trouverez ceci en latin dans un livre de M. Joly (23) *. Vous y trouverez aussi (24) ce

(20) Simon, *Histoire critique des Commentateurs du Nouveau Testament, chap. XLII*, pag. 620.

(21) *Elle est datée du 17 de janvier 1575.*

(22) Simon , *Histoire critique des Commentateurs du Nouveau Testament, chap. XLII*, pag. 621.

(23) *Intitulé :* Prescription touchant la Conception de N. D. , *et imprimé l'an 1676. Voyez-y la page 19 et suiv. , et la 89ᵉ. et suiv.*

* Leclerc observe que le livre des *Prescriptions*, etc. est de Launoy et non de Joly. Joly n'a pas copié cette juste remarque. Lui répugnait-il d'ôter à son homonyme un livre qu'il n'avait pas fait ?

(24) *A la page* 95 *et* 96.

que je vais copier. « Cinq mois et un » jour après la sentence de M. l'évê- » que de Paris , par laquelle Maldo- » donat fut renvoyé de l'accusation » d'hérésie à lui imposée, au sujet de » la conception ; et après que le rec- » teur et ses principaux suppôts , le » doyen et syndic de la faculté fu- » rent excommuniés, pour avoir con- » trevenu au décret du concile de » Trente , rapporté ci-devant , tou- » tes les facultés , le 18 juin 1575 , » déclarèrent que M. l'évêque de Pa- » ris n'avait point la puissance d'ex- » communier ni le recteur , ni les » personnes principales de l'univer- » sité , et condamnèrent en outre les » paroles de Maldonat d'hérésie. Voi- » ci les paroles tirées des registres de » la nation de France. *Rursus* 18 » *ejusdem mensis junii eœdem facul- » tates fuerunt convocatœ super ana- » themate episcopi Parisiensis , qui » quoniam dominus Tissart rector » proposuerat omnibus facultatibus » dictos articulos Maldonati cum et » cœteri academiœ.........* percussit , » *declaratum est et conclusum episco- » pum Parisiensem non posse ferre » anathemate neque rectorem , neque » cœteros academiœ proceres, eadem- » que congregatione fuit condemna- » ta opinio Maldonati tanquam hœ- » retica. »* Ceux qui connaissent l'état présent de la controverse de l'immaculée conception , admirent sans doute qu'un jésuite ait été persécuté par la Sorbonne pour un tel sujet.

(G) *Il fit un songe que l'événement confirma.*] Il crut voir un homme pendant quelques nuits, qui l'exhortait à continuer vigoureusement son Commentaire, et qui l'assurait qu'il l'achèverait, mais qu'il ne survivrait guère à la conclusion. En disant cela cet homme marquait un certain endroit du ventre , qui fut le même où Maldonat sentit les vives douleurs dont il mourut. *Cùm autem insti- tuisset primùm in quatuor Evangelia Commentarios scribere , per aliquot noctes visus est sibi videre quendam , qui ut strenuè cœptum opus prose- queretur , exhortabatur , fore enim ut illud ex sententiâ perficeret : sed operi parùm diù supervicturum ; at- que hœc cùm diceret , intento digito certam aliquam ventris partem illi signabat. Hoc visum quanquàm pro somni ludibrio habitum, comprobavit eventus; nam à Gregorio XIII pontifice maximo è Galliâ in urbem accersitus, ut operam suam præstaret ad editionem gr.æcam* LXX *interpretum, quam parabat, non diù Romæ superstes fuit. Ibi lucubrationem illam suam absolvit, et Claudio Aquavivæ recens in præpositum generalem electo ad diem* XXI *decembris, anno* MDLXXXII *obtulit; ac secundum id, acerrimus eum dolor incessit eâ corporis parte, quæ tanto jam priùs i'lli fuerat per nocturnam signata visionem* (25). Il est très-probable qu'on a su cela de Maldonat même, et qu'il n'a point prétendu tromper ceux à qui il le racontait. Il est d'ailleurs peu probable que le hasard ait été cause de cette grande conformité entre le songe de ce jésuite et l'événement. De tels faits, dont l'univers est tout plein, embarrassent plus les esprits forts qu'ils ne le témoignent.

(H) *Il composa beaucoup de livres.*] Il ne publia rien lui-même; tout ce qu'on a vu de lui a été mis sous presse depuis sa mort. Le premier de ses ouvrages qui ait vu le jour, est le Commentaire sur les quatre Évangiles *. M. Simon en a dit beaucoup de bien. Voici ses paroles : elles sont critiques et historiques en même temps (26). « De tous les commen-
» tateurs dont nous avons parlé jus-
» ques à présent, il y en a peu qui
» aient expliqué avec tant de soin,
» et même avec tant de succès, le
» sens littéral des évangiles, que Jean
» Maldonat, jésuite espagnol. Étant
» mort à Rome avant qu'il eût atteint
» l'âge de cinquante ans, Claude
» Aquaviva, général de sa société, à
» qui il recommanda son Commen-
» taire en mourant, donna ordre
» aux jésuites de Pont-à-Mousson de
» le faire imprimer sur une copie
» qui leur fut envoyée. Ces jésuites
» témoignent dans la préface qui est
» à la tête de cet ouvrage, qu'ils y
» ont inséré quelque chose de leur

» façon, et qu'ils ont été obligés de
» redresser la copie MS. qui était dé-
» fectueuse en quelques endroits, n'é-
» tant point en leur pouvoir de consul-
» ter l'original qui était à Rome. L'au-
» teur, de plus, n'ayant point mar-
» qué à la marge de son exemplaire,
» les livres et les lieux d'où il avait
» pris une bonne partie de ses cita-
» tions, ils ont suppléé à ce défaut.
» Il paraît même que Maldonat n'a-
» vait pas lu dans la source tout ce
» grand nombre d'écrivains qu'il ci-
» te ; mais qu'il avait profité, comme
» il arrive ordinairement, du travail
» de ceux qui l'ont précédé. Aussi
» n'est-il pas si exact que s'il avait
» mis la dernière main à son Com-
» mentaire (27). Nonobstant ces dé-
» fauts, et quelques autres qu'il est
» aisé de redresser, on voit bien que
» ce jésuite a travaillé avec beaucoup
» d'application à cet excellent ouvra-
» ge. Il ne laisse passer aucune diffi-
» culté qu'il ne l'examine à fond.
» Lorsqu'il se présente plusieurs sens
» littéraux d'un même passage, il a
» de coutume de choisir le meilleur,
» sans avoir trop d'égard à l'autorité
» des anciens commentateurs, ni mê-
» me au plus grand nombre, ne con-
» sidérant que la vérité en elle-même.
» Il rejette souvent les interprétations
» de saint Augustin, etc. »

Les Commentaires de Maldonat sur Jérémie, Baruch, Ézéchiel et Daniel furent imprimés à Lyon, l'an 1609, et à Cologne, l'an 1611. On y joignit son Exposition du psaume CIX et une lettre touchant sa dispute de Sedan. Son Traité *de Fide* fut imprimé à Mayence l'an 1600, et celui des Anges et des Démons, à Paris l'an 1605. Quant à la Somme des cas de Conscience, et aux Controverses des sept Sacremens, deux ouvrages qui ont paru sous son nom, les bibliothécaires de la compagnie les traitent de supposés. Voici leurs paroles : « *Summa casuum con-
» scientiæ,* quæ tanquam Hausta è
» scriptis et doctrinâ Maldonati è
» collecta per Martinum Codognat,

---

(25) Alegambe, Biblioth. societ. Jesu, p. 256.
* Joly dit que les bonnes éditions du Commentaire de Maldonat, les seules qui ne soient pas interpolées, sont celles de Pont-à-Mousson, 1596; de Bresse, 1598; de Lyon, 1601; de Mayence, 1602; de Paris, chez Langlé, 1617.
(26) Simon, Hist. des Comment. du Nouveau Testament, pag. 618.

(27) M. de Thou *est du même avis.* Nihil vivens publicavit, dit-il, lib. LXXVIII, pag. 481, post mortem ejus, operâ ac curâ Clementis Puteani ex eodem sodalitio viri doctissimi, prodierunt eruditissima Commentaria in IV Evangelistas Mussi Ponti edita, meliora et integriora multorum judicio futura, si superstite auctore edita fuissent.

» Minimum , prodiit Lugduni apud
» hæredes Gulielmi Rovillii MDCIV ,
» Venetiis etiam et alibi , partus
» supposititius est, erroribus sca-
» tens, Maldonato prorsùs indignus,
» et meritò ab apostolicâ sede dam-
» natus. Similiter *Disputationum ac*
» *Controversiarum decisarum cir-*
» *ca* VII *Ecclesiæ romanæ Sacra-*
» *menta* , tom. II Lugduni sinè typo-
» graphi nomine , nec illius nec
» ullius de societate sunt , et suos
» etiam errores continent (28). » Ils
ne disent rien d'un *in-folio* , qui fut
imprimé à Paris, chez Sébastien Cra-
moisy, l'an 1643, sous le titre de *Joan-*
nis Maldonati soc. J. Commentarii
in præcipuos sacræ Scripturæ libros
Veteris Testamenti. Don Nocolas Antonio en fait mention (29), et de quelques autres ouvrages MS. du même
jésuite. On publia à Paris, en 1677,
quelques pièces de Maldonat qui n'a-
vaient jamais paru : son Traité de la
Grâce , celui du Péché orignel, celui
de la Providence et de la Justice ,
celui de la Justification et du mérite
des œuvres , ses Préfaces , ses Harangues, ses Lettres. Ces nouveaux traités
ne composent pas trois volumes *in*
folio , comme l'assure M. Teissier
(30) ; ils n'en composent qu'un. Les
deux autres, imprimés en même temps
chez Pralard, avaient déjà vu le jour.
On fait espérer d'autres traités de ce
jésuite , et il est assez probable qu'on
en trouvera , parce qu'un grand nombre de gens firent copier ce qu'il dic-
tait à Paris (31). Je crois que M. du
Bois, docteur de Sorbonne , a procuré l'édition des nouveaux traités de
Maldonat : il y a mis une préface qui
contient l'éloge de ce jésuite (32).

J'ai lu dans un livre de M. Joly un
passage que je vais copier. « Les let-
» tres manuscrites de Maldonat , et
» son livre des Sacremens , ont été
» imprimés à Paris il y a vingt ou

trente ans ; mais les jésuites en re-
» tirèrent toutes les copies (33). » M.
Simon a prouvé que cet ouvrage sur
les Sacremens est de Maldonat (34).
Voyez la quinzième de ses Lettres
Choisies : elle est toute pleine de par-
ticularités touchant ce docte jésuite.
Voyez aussi le même ouvrage de M.
Simon , aux pages 181, 182, 187, 188.

(I) *M. de Thou lui donne de grands*
éloges.] Selon lui, le mérite de Maldonat fut cause que le parlement de
Paris ne prononça rien au désavantage des jésuites , quoiqu'ils fussent
devenus suspects aux plus sages têtes,
et que toute l'université les haït beaucoup. Peut-on mieux louer un homme ? *Unus in caussâ extitisse meritò*
creditur, ut sodalitium illud toti aca-
demiæ valdè invisum , et alioqui jam
prudentioribus suspectum , ob tanti
viri gratiam ac commendationem à
senatu apud quem lis adhuc indecisa
pendebat , tamdiù toleraretur ; et
eousque dùm rebus sodalium in urbe
confirmatis , Maldonatus post con-
ciliatam insigni suâ unius eruditione
novo ordini celebritatem , à Grego-
rio XIII pontifice Romam evocatus
est (35). M. de Thou venait de dire
que ce jésuite avait joint une piété
singulière , et la pureté des mœurs ,
et un jugement exquis , avec une
exacte connaissance de la philosophie
et de la théologie : *Qui ad exactum*
philosophiæ et theologiæ studium sin-
gularem pietatem , morum candorem
et acerrimum judicium cùm attulisset,
magnâ cum laude et frequenti om-
nium ordinum concursu totos X annos
Lutetiæ Parisiorum , ubi et eum
pueri audivimus , in Claromontanâ
scholâ professus est (36). Il n'a point
su le véritable âge de Maldonat : il le
fait vivre plus de cinquante-six ans,
et il ne fallait pas même lui en donner cinquante. On s'étonnera moins
de cette faute , quand on saura que
Richeome a fait Maldonat plus jeune
qu'il ne fallait , dans un temps où
l'intérêt de sa cause semblait demander qu'au lieu de lui ravir des an-

(28) Alegambe, pag. 257; Sotuel, pag. 475.
(29) Bibliotheca Scriptor. hisp., tom. I, pag. 558.
(30) Addit. aux Éloges, tom. II , pag. 14 , édit. de 1696.
(31) *Ex ejus scholâ prodierunt viri eruditi quamplurimi, et vix quispiam posteà fuit in Gallià qui cùm ejus auditor esse non potuisset, quæ in scholis dictaverat sibi domi descripta non haberet.* Alegambe, pag. 255; Sotuel, pag. 474.
(32) Simon, Hist. des Comment. du Nouveau Testament, pag. 620.

(33) Joly, Prescriptions touchant la Conception de Notre-Dame, pag. 19 : *ce livre fut im-*
primé, l'an 16-6.
(34) Simon , Lettres choisies , pag. 134, édit. de Trévoux , 1700.
(35) Thuan. , *lib. LXXVIII, pag.* 481.
(36) *Idem , ibidem.*

nées, il lui en donnât. On reprochait aux jésuites qu'ils mettaient *de jeunes gens pour enseigner les basses classes* (37). Richeome répond (38) que *Jean Maldonat commença à lire la philosophie l'an* 1564, *âgé de vingt-sept ans.* C'est une erreur : il fallait dire *âgé de trente ans*, et par-là, dira-t-on, la réponse eût été meilleure. Il le semble d'abord : mais quand on y regarde de près, on trouve que le mensonge de Richeome fait du bien à sa cause ; car son but était de prouver qu'un homme, pour être jeune, ne laisse pas d'être propre à bien enseigner. Maldonat, dont les leçons furent admirées, en est un exemple. Or plus vous le ferez jeune, plus vous donnerez de poids à cet exemple. Ainsi Richeome ne se trompait pas à son dam.

J'ai dit ailleurs (39), qu'il est difficile de bien abréger un livre : disons ici qu'il est malaisé d'y bien faire des additions. Il y a telle addition qui demande que l'on corrige vingt endroits. La patience seule ne rend pas toujours capable de faire ces changemens : il faut de plus s'apercevoir des rapports les plus imperceptibles, et s'en souvenir long-temps, et toutes les fois que cela est nécessaire. Un auteur qui augmente son propre ouvrage n'a pas toujours ces qualités; mais pour l'ordinaire il s'acquitte mieux des corrections que les endroits ajoutés demandent, que ne fait un homme qui augmente le travail d'autrui. On doit excuser sa faute, quand l'addition est fort éloignée du lieu qui doit être corrigé. Sotuel n'est point dans le cas à l'égard de ce qu'on va censurer ; car son addition ne précède que de peu de lignes les paroles d'Alegambe, qui devaient être corrigées. Alegambe a dit que Maldonat était mort au commencement de sa cinquantième année, le 5 janvier 1583 (40). S'il ne l'a pas pu dire sans s'exposer à débiter un mensonge, il a pu du moins le dire sans se réfuter soi-même, puisqu'il n'a marqué quoi-

que ce soit touchant l'année de la naissance. Sotuel, son continuateur, a inséré quelques additions de Maldonat; une entre autres qui nous apprend que ce jésuite naquit l'an 1534. Dès lors les paroles d'Alegambe que j'ai rapportées sont fausses; et néanmoins Sotuel n'y a rien changé ; il les a donc rapportées, et par conséquent il est coupable de contradiction, ou de faux calcul.

(K) *Quelques protestans..... se plaignent des emportemens de sa plume. Quelques autres en parlent avec le dernier mépris.*] Citons Casaubon (41). *Quùm ubique virulentus hic scriptor in magnos viros pro suâ modestiâ, pari petulantiâ debacchetur; nusquàm tamen maledicæ suæ laxiores habenas indulsit, quàm in hâc disputatione : hæreticos tertio quoque verbo nominans illos, qui eandem cum Augustino et aliis sententiam tuentes* PETRAM *exponunt de Christo: cujus majestatem defendere : hodie est hæresin committere* (42)...... *Omnium accuratissimè (quòd equidem sciam) ejusmodi argumenta congessit in hunc locum Maldonatus, acris et magni ingenii vir; si affectibus, si linguæ, si odio veritatis, potuisset moderari.* Il y a là, et des choses obligeantes, et des choses offensantes ; mais Scaliger ne garde pas ce tempérament, il ne parle de ce jésuite qu'en mal : s'il lui accorde l'avantage d'avoir débité de bonnes choses, il lui en ôte toute la gloire ; car il l'accuse de les avoir dérobées. *Maldonatus in evangelia maledicus, insignia tamen quædam habet bona. Ayant tout pris de M. de Bèze il en médit. Quandò aliquid habet boni furatur à Calvino, et ut agnoscas, maledicit ei, ut Eusebius ex Africano conatur furta sua tegere* (43). Il s'était servi du mot *lion* pour le désigner ; mais il le nia quand il vit que l'on en tirait avantage. Il faut croire qu'il ne se souvenait pas d'avoir employé ce terme, et qu'il ne prétendit point, quand il s'en servit, qu'il demeurât rien d'obligeant dans son allusion. Quoi qu'il en soit, voici mes preuves. (44) *Pag.* 313. *Insultas*

(37) Richeome, Plainte apologétique, *pag.* 32.
(38) *Là même, pag.* 33.
(39) *Tom I, pag.* 147, *à la remarque* (C) *de l'article* ACHILLE, *et à la fin de la remarque* (A) *de l'article* ARTAXATA, *tom. II, pag.* 463.
(40) *Mortuus in lectulo inventus ætatis vixdum anno* L, *salutis verò* MDLXXXIII, *ineunte propinquo epiphaniarum.* Alegambe, *Pag* 286.

(41) Casaubon., in Baronium, *exercitat.* XV, *num.* 12, *pag. m.* 347, *col.* 1.
(42) *Idem, ibidem,* col. 2.
(43) Scaligerana, *pag.* 148.
(44) Oporinus Grubinius, *in Amphotidibus Scioppianis, pag* 254.

Scioppio : Proferat fur (*inquis*) scriptum meum, in quo ulla vestigia exstent, quòd Maldonatum LEONEM vocârim. *Proh Deum immortalem ! tunc tam impudens es, ut id negare audeas ? Cedo enim , an non hæc tua sunt verba de Maldonato in Elencho trihæresii adversùs Serarium , cap.* xi , *fol.* 89. Raro verum dicit, nisi in illis, (quæ ab aliis accipit, quibus cùm maledicit, putat se furta sua occultare posse. Utinam viveret, non inultas sycophantias ferret. Sed LEONI non respondetur post mortem ejus. *I nunc , et Scioppium mendacii postula.* Rivet a suivi les traces de Scaliger : il ne laisse à Maldonat aucune bonne qualité (45) ; il en fait , et un fort malhonnête homme , et un ignorant , ou du moins un faux savant. Paréus, dans son Commentaire sur saint Matthieu, a censuré ce jésuite très-souvent et très-fortement.

(L) *Pasquier n'a pas compris la faiblesse de cette objection.*] Voici un passage du plaidoyer qu'il prononça contre les jésuites, l'an 1564. *Depuis deux mois en ça votre métaphysicien Maldonat a voulu par l'une de ses leçons prouver un Dieu par raisons naturelles, et en l'autre par mêmes raisons , qu'il n'y en avait point. Faire le fait et le défait sur un si digne sujet !* je demanderais volontiers auquel il y a plus d'impiété et transcendance, ou en la première, ou en la seconde leçon ? *Et en effet ce sont les saints mystères esquels vous reluisez sur le peuple , ce sont les belles semences que vous dispersez entre nous* (46). Il y a trois fautes dans ce reproche. 1°. C'est agir contre la bonne foi, que de prétendre qu'un homme qui , après avoir exposé les preuves de l'existence de Dieu, expose les raisonnemens ou les objections des athées, prétend renverser ce qu'il avait établi. On ne peut donc disculper cet avocat : il a rapporté infidèlement l'état de la chose ; il a voulu persuader que Maldonat s'était proposé également de prouver qu'il y a un Dieu , et qu'il n'y a

point de Dieu. Ce n'était point l'intention de ce jésuite : il se proposait dans l'un et dans l'autre de ces deux discours les preuves de l'existence de Dieu : dans le premier , par l'exposition des argumens très-solides de ceux qui la tiennent ; dans le second , par l'exposition des argumens faibles de ceux qui la nient. 2°. Pasquier se trompe puérilement lorsqu'il blâme cette méthode de dogmatiser ; car il n'y a point de matière sur quoi il ne faille qu'un philosophe examine les objections des adversaires , sans les énerver par politique. Ainsi le métaphysicien Maldonat ne faisait que son devoir, lorsqu'il destinait une leçon à l'examen des raisonnemens des impies. 3°. C'est une absurdité , je ne dirai pas indigne d'un aussi docte personnage qu'Étienne Pasquier , mais de tout homme qui a un peu de sens commun , que d'assurer qu'il y a autant d'impiété *à prouver un Dieu par raisons naturelles ,* qu'à prouver *par mêmes raisons qu'il n'y en a point.* Tous ceux qui feront attention à ces trois censures du passage de Pasquier, croiront sans peine , et sans attendre des preuves , que cet habile avocat a eu la honte de succomber là-dedans. Je ferai voir néanmoins de quelle façon on le poussa.

Devant que monstrer icy l'ignorance de Pasquier, faut noter le subject de la calomnie. Maldonat en ceste année, l'an 64, traictoit la question utile en tout temps , et necessaire au nostre ; question que le maistre des sentences, saint Thomas et tous les autres docteurs théologiens, traictent ès questions de Deo , à sçavoir s'il y a un Dieu ; laquelle question se doibt decider par raisons naturelles, et sert pour oppugner les athées , qui ne croyent point de Dieu , et en disputant ne reçoivent aucun tesmoignage de l'Escriture, mais seulement les argumens tirez du cru de la nature. Pour la traicter solidement, les théologiens apportent les argumens pro et contrà , et confirment la verité par vives raisons , et par les mesmes refutent le mensonge et impiété des athées , et leurs argumens contraires. Ainsi fit Maldonat. Pasquier n'ayant ny sçeu ny voulu entendre le sens de la question , a faict le fond

(45) *Nos certè meritò in eo et veram eruditionem , et fidem, etiam aliquandò mentem et sensum requirimus.* Rivetus, Comment. in Psalm. CX , *Operum* tom. II, *pag.* 329.

(46) Pasquier , *Recherches de la France, liv.* II, *chap. XLIII, pag. m.* 337.

de la calomnie tant sur son igno-rance, que sur sa malignité. Or en ceste question *il y a deux proposi-tions contradictoires : l'une est*, il y a un Dieu ; *l'autre est*, il n'y a point de Dieu. *Pasquier appelle l'une et l'autre de ces propositions impie éga-lement et avec transcendance, c'est-à-dire demesurément. Et en cela nous fait premierement voir qu'il est demesurément ignorant, non seule-ment en la religion ; mais aussi au premier principe de la nature. Secon-dement que luy-mesme est impie* (47). L'avocat des jésuites gâte ici sa cau-se ; car il prend de travers la pensée de son adversaire, et le réfute sur une impiété chimérique ; car le sens de Pasquier n'est point qu'il y ait autant d'impiété dans cette proposi-tion *il y a un Dieu*, que dans celle-ci, *il n'y a point de Dieu* : c'est néanmoins ce qu'on lui impute, et à la réfutation de quoi l'on emploie toute une page que je ne rapporte point. Son sens est qu'il y a autant d'impiété à prouver par des raisons naturelles l'existence de Dieu, qu'à la nier par des raisons naturelles. Voici de quelle manière on le bat en ruine, en l'attaquant de ce côté-là, qui était le seul par où il le fallait attaquer. *Il n'est pas moins igno-rant et impie en la religion chres-tienne, qu'en la nature, quand il pense estre impieté de prouver un Dieu par raisons naturelles. Je le monstre aussi clairement. Il n'y a chretien si peu instruict en nostre foy, qui ne sçache que Dieu se mons-tre et se prouve luy-mesmes par ses œuvres. Il n'y a aucun bon philoso-phe encore que payen, qui n'aye naturellement cogneu et confessé un Dieu par les œuvres de Dieu. L'Es-criture dict appertement que les cho-ses créées tesmoignent qu'il y a un Dieu. Saint Paul le monstre à des-sein, escrivant aux Romains disant, les choses invisibles viennent en évi-dence par les choses faites visibles. Et parlant des philosophes il dit, lesquels ayans cogneu Dieu, ne l'ont pas glorifié comme Dieu* (48).

Si Pasquier s'était servi de sa sa-gesse, il se serait tenu toute sa vie dans un morne et profond silence à l'égard de son reproche contre Mal-donat ; mais , quelque faible qu'il sentît, et quelque incapable qu'il se trouvât de se donner là-dessus les airs triomphans qu'il se donne dans le reste de son catéchisme, il ne vou-lut point se taire : il prétendit (49) que les jésuites qui soutenaient Mal-donat étaient tombés dans des héré-sies condamnées par toute l'église gallicane, et par le pape Innocent II , savoir , dans les hérésies de Pierre Abélard, qui avait dit qu'il ne faut croire que les choses que l'on peut prouver par des raisons naturelles. C'était rendre sa dernière condition plus mauvaise que la première ; et ce sera toujours le sort de ces opiniâ-tres qui , étant tombés dans de lour-des fautes, ne veulent ni les recon-naître de bonne foi, ni se taire, mais soutenir qu'ils ont raison. Il leur arrivera toujours de se défendre d'u-ne fausseté par une autre (50). Ce fut ainsi qu'en usa Pasquier, et il s'en trouva très-mal. Lisez ce qui lui fut répliqué. « On l'avoit noté d'a-» voir dict, calomniant les leçons » de Jean Maldonat , théologien de » ceste compagnie , que c'estoit aussi » grande impieté de prouver par » raisons naturelles qu'il y a un » Dieu, comme de prouver qu'il n'y » en a point ; blasphème et igno-» rance grossiere : donnant contre » Dieu qui se prouve et manifeste » luy-mesme par toute la nature ; » contre ses saincts ; contre la saincte » Écriture ; et contre tout l'univers , » qui tesmoignent ensemblement par » les creatures qu'il y a un Dieu, » tout puissant, tout bon, et tout » sage. Comment s'est-il purgé de ce » crime ? En disant que les jesuites » enseignent aujourd'huy *par la* » *plume de René de la Fon*, que la » *deïté se doit prouver par raisons* » *naturelles , et que celuy qui s'ar-* » *reste seulement à la foy est impie*. » Double imposture pour justifica-» tion : car René de la Fon dict seu-» lement, comme disoit Maldonat et » tous les theologiens ; qu'on peut

(47) Réponse de René de la Fon au Plaidoyer de Simon Marion , *chap. XXXVII, pag.* 173 , *édition de* 1599.

(48) René de la Fon , *pag.* 175.

(49) Pasquier , Catéchisme des Jésuites , *liv. II, chap. VII, pag. m.* 239 , 240.

(50) *Voyez l'article de* LUTHER , *tom.* IX , *pag.* 565 , *remarque* (R), *citation* (53).

» enseigner avec pieté , qu'il y a un
» Dieu par raisons naturelles , con-
» tre les athées , qui est la doctrine
» catholique : et non qu'on doive
» prouver la deïté par raisons natu-
» relles seulement sans s'arrester à la
» foy, qui seroit l'heresie d'Abailard,
» qui ne vouloit rien croire que par
» raisons naturelles , et destruisoit
» la foy, qui croit ce qui est par
» dessus la raison et le sens. Et par-
» tant au lieu de se purger, il s'est
» chargé de deux nouvelles calom-
» nies (51). »

Pasquier aurait pu se défendre moins grossièrement, s'il avait dit que puisqu'on ne prouve pas les premiers principes , tous ceux qui s'avisent de prouver qu'il y a un Dieu avouent par-là qu'ils ne mettent point entre les premiers principes cette thèse, *il y a un Dieu.* Or c'est un acte impie que de ne la pas compter parmi les premiers principes. Mais cette réponse, quoique moins grossière que l'autre, n'eût pas laissé d'être très-mauvaise ; car elle eût porté accusation d'impiété contre les plus saints et les plus célèbres auteurs, et contre l'usage même de tous les siècles, autorisé par l'état et par l'église. Je n'aurais jamais fait, si j'entreprenais de nommer tous les auteurs qui ont prouvé par des raisons naturelles qu'il y a un Dieu : je dis les auteurs pieux , et autant recommandables par leur vertu que par leur érudition. Et chacun sait que dans toutes les écoles de la chrétienté où l'on enseigne la philosophie, il y a toujours un chapitre de métaphysique destiné aux preuves que la lumière naturelle nous fournit de l'existence de Dieu , et à la réfutation des sophismes des athées. La plupart des lieux communs de théologie qu'on a publiés contiennent un tel chapitre. On serait donc ridicule, si l'on prétendait que tous ceux qui prouvent par des raisons naturelles qu'il y a un Dieu sont impies, ou ne reconnaissent pas comme un principe cette thèse, *il y a un Dieu.* Il faut savoir que toutes les propositions qu'on nomme principes , ne sont pas également évidentes. Il y en a qu'on ne prouve point , parce qu'elles sont ,

ou aussi claires, ou plus claires que tous les moyens dont on se voudrait servir pour les prouver. Telle est , par exemple, cette proposition : *Le tout est plus grand que sa partie : si de deux quantités égales , vous ôtez des portions égales , les restes seront égaux : deux et deux font quatre.* Ces axiomes ont cet avantage , que non-seulement ils sont très-clairs dans les idées de notre esprit , mais qu'ils tombent aussi sous les sens. Les expériences journalières les confirment; ainsi la preuve en serait très-inutile. Il n'en va pas de même à l'égard des propositions qui ne tombent pas sous les sens, ou qui peuvent être combattues par d'autres maximes : elles ont besoin d'être discutées et prouvées. Il faut les mettre à couvert des objections. On ne peut nier que cette thèse, *il y a un Dieu ,* ne soit de ce nombre : elle ne tombe jamais directement sous les sens : elle a été niée dans tous les siècles par des gens d'étude, et qui faisaient profession de raisonner ; et nous verrons ci-dessous (52), qu'elle est niée aujourd'hui par des sectes florissantes. Il n'est donc point superflu d'en entreprendre la preuve : il est même très-utile , et très-nécessaire de la donner, encore qu'on ne la pût pas faire sentir aux esprits vulgaires , comme les propriétés des nombres. C'est ce que prétend un fameux ministre (53).

Mais, dira-t-on, n'est-ce pas une conduite bien scandaleuse, que de proposer comme un problème, dans une leçon de métaphysique, s'il y a un Dieu ? J'ai ouï parler d'un prince allemand, fondateur d'une académie qu'il fut sur le point de casser, ayant appris qu'on agitait cette question-là. Apparemment quelqu'un l'avait alarmé, de la manière que l'on tâcha de surprendre le parlement de Paris contre Maldonat : disons un mot sur cette difficulté. Il est sûr que suivant les règles et la méthode de la

---

(51) Richeome, Plainte apologétique, num. 16, pag. 200, 201.

(52) *Citation* (55) , *dans un passage de* M. Arnauld.

(53) *Cette vérité,* il y a un Dieu, *se peut démontrer, comme je crois , mais ce n'est pas par une démonstration qui soit sensible à un esprit vulgaire, comme on peut faire sentir à tout esprit , quelque bas qu'il soit, que six font la moitié de douze.* Jurieu , de la Nature et de la Grâce, pag. 248.

dispute , il faut réduire en question cette grande et importante vérité, dès qu'une fois on prend le parti de prouver par des raisons philosophiques qu'il y a un Dieu ; car le but naturel et légitime de cette entreprise est de convaincre de fausseté ceux qui nient cette thèse. Or, selon les règles de la dispute, l'on peut et l'on doit exiger d'eux qu'ils se défassent de leurs préjugés, et qu'ils n'emploient pas leurs principes particuliers contre les raisons qui leur seront opposées ; car s'ils le faisaient, ils tomberaient dans le sophisme que les écoles appellent *petitio principii*, défaut énorme, et qui doit être banni d'une controverse, comme un obstacle essentiel au dessein qu'on a d'éclaircir une vérité. Ils ont un semblable droit d'exiger la même chose, puisque dans toute dispute bien réglée les combattans se doivent servir d'armes égales. Ainsi pour un certain temps, c'est-à-dire, pendant que chaque parti alléguera ses raisons, ceux qui nient, et ceux qui affirment, doivent mettre à part leur thèse, en ôter l'affirmative et la négative. Ce sera donc une question ; ce sera une matière de recherche, où pour procéder de bonne foi il ne faudra point permettre que nos opinions préconçues donneut du poids aux argumens qui les favorisent, ni qu'elles énervent les raisons contraires. Il faudra examiner tout, comme si nous étions une table rase. Il n'est pas nécessaire de douter actuellement, et moins encore d'affirmer, que tout ce que nous avons cru est faux : il suffit de le tenir dans une espèce d'inaction, c'est-à-dire de ne point souffrir que notre persuasion nous dirige dans le jugement que nous porterons sur les preuves de l'existence de Dieu, et sur les difficultés et les argumens des athées. C'est sans doute ce qu'a prétendu M. Descartes, lorsqu'il a voulu que son philosophe doutât de tout, avant que d'examiner les raisons de la certitude. Si l'on ne m'en veut pas croire, qu'on écoute pour le moins un ministre qui veut qu'en disputant avec les athées on renonce pour un temps

aux principes dont ils ne conviennent pas. *Ut clarè ostendamus*, dit-il (54), *quæ ista tantoperè declamata dubitatio est, cui tot retrò annis tantæ lites motæ atque etiamnum moventur, rem ipsam paulò altiùs et ab initio repetemus. Constat, ab omni tempore repertos esse, qui Dei naturam, existentiam, providentiam, et quidquid horum est, quibus omnis plané nititur religio, nescio quibus non subtilitatibus aut evertere, aut dubia saltem reddere non vererentur...* *Cui tamen malo quantùm potè obviam eundo, iisque quos infecisset, convincendis, haud pauci semper viri docti ac egregii ingenia calamosque suos acuerunt. Quibus certè, si quid proficere volunt, non ex principiis adversæ parti negatis, sed ab eadem concessis necessariò est disputandum ; ut ut illæ alias in se ipsæ possint esse certissimæ. Quòd cùm rectè perpenderet Cartesius, eaque de existentiá Dei argumenta proferre studeret, ad quæ pertinacissimus quisque scepticus obmutesceret, ecquid potuit aliter, quàm ut ea omnia de quibus isti dubitant, tantisper seponeret ?* Il nomme Diagoras, Épicure, et les sceptiques : il aurait pu citer des corps entiers de Chinois, comme a fait M. Arnauld : voici comment il parle en s'adressant aux jésuites : *Les plus habiles missionnaires* de la Chine, *dont il y en a qui sont de votre société, soutiennent que la plupart de ces lettrés sont athées, et qu'ils ne sont idolâtres que par dissimulation et par hypocrisie, comme beaucoup de philosophes païens qui adoraient les mêmes idoles que le peuple, quoiqu'ils n'y eussent aucune créance ; ainsi qu'on peut voir par Cicéron et par Sénèque. Ces mêmes missionnaires nous apprennent que ces lettrés ne croient rien de spirituel, et que le roi d'en-haut, que votre P. Matthieu Ricci avait pris pour le vrai Dieu, n'est que le ciel matériel ; et que ce qu'ils appellent les esprits de la terre, des rivières et des montagnes, ne sont que les vertus actives de ces corps naturels. Quelques-uns de vos auteurs disent qu'ils se sont tombés depuis quelques siècles dans cet athéisme, que pour avoir laissé*

* Joly trouve que Bayle justifie très-bien Maldonat ; mais il lui reproche de n'avoir pas également pris la défense du cardinal du Perron dans un autre article. Voyez, ci-après, remarque (C) de l'article Morin.

(54) Abraham. Heidanus, Considerat ad rerum quamdam nuper gestas, pag. 135, 136.

perdre les belles lumières de leur philosophe Confucius. Mais d'autres, qui ont étudié ces matières avec plus de soin, comme votre père Longobardi, soutiennent que ce philosophe a dit de belles choses touchant la morale et la politique ; mais qu'à l'égard du vrai Dieu et de sa loi, il a été aussi aveugle que les autres (55).

Concluons que notre Jean Maldonat ne méritait point la censure qu'Étienne Pasquier a insérée dans son Plaidoyer contre les jésuites. Aucun lecteur n'en pourra douter.

Je suis fâché que M. de Saint-Évremond, que j'admire et que j'honore autant que personne du monde, ait un sentiment contraire à la méthode de Maldonat, et qu'il me faille préférer à son opinion celle de l'écrivain anonyme qui l'a critiqué. « Laissons la théologie toute entière à » nos supérieurs, dit-il (56), et sui- » vons avec respect ceux qui ont le » soin de nous conduire. Ce n'est pas » que nos docteurs ne soient les pre- » miers à ruiner cette déférence, et » qu'ils ne contribuent à donner des » curiosités qui mènent insensible- » ment à l'erreur : il n'y a rien de » si bien établi chez les nations, » qu'ils ne soumettent à l'extrava- » gance du raisonnement. On brûle » un homme assez malheureux pour » ne croire pas en Dieu, et cependant » on demande publiquement dans les » écoles s'il y en a. Par-là vous ébran- » lez les esprits faibles, vous jetez le » soupçon dans les défians ; par-là » vous armez les furieux, et leur » permettez de chercher des raisons » pernicieuses, dont ils combattent » leurs propres sentimens, et les vé- » ritables impressions de la nature. » Voyons la remarque de son censeur : (57) Quand les théologiens demandent s'il y a un Dieu, ce n'est pas pour douter de son existence, mais pour en donner des preuves certaines,

et pour confondre les athées, comme la médecine donne la connaissance des poisons pour guérir ceux qui en sont infectés (58)....... Il traite d'imprudens et de scandaleux tous les docteurs, et saint Thomas même, qui, au commencement de sa Somme, question 2, article 3, demande expressément s'il y a un Dieu. Que M. de S. E. se puisse figurer que l'on prenne son parti contre tant de théologiens éclairés qui traitent cette question dans toutes les plus fameuses universités, depuis un si grand nombre d'années, à la vue de toute l'église, c'est ce qu'il ne peut se promettre, et nous manquerions, etc.

(58) Ibidem, pag. 308.

MALHERBE (FRANÇOIS DE), le meilleur poëte français de son temps *, naquit à Caen environ l'an 1555, et mourut à Paris, l'an 1628. Je n'en dirai pas beaucoup de choses. M. Moréri en a dit assez pour la plupart des lecteurs ; et ceux qui en souhaitaient davantage pourront aisément se satisfaire dans les livres qu'on trouve partout (a). Je ne sais sur quoi M. Moréri pouvait fonder, lorsqu'il a dit, que Malherbe s'exprimait de très-mauvaise grâce : mais Racan témoigne le contraire (A). Il nous apprend une chose qui con-

(55) Arnauld, cinquième Dénonciation du Péché philosophique, pag. 35. Voyez aussi le père le Gobien, dans la préface de l'Histoire de l'Édit de l'empereur de la Chine, et, tom. XIII, la remarque (A) de l'article SOMMONACODOM.

(56) Saint-Évremond, Jugement sur les Sciences, pag. 200 du Ier. tome de ses OEuvres, édition de Hollande, 1693.

(57) Dissertation sur les OEuvres mêlées de M. de Saint Évremond, pag. 216, édit. de Paris, 1698.

* Joly donne dans ses Remarques une longue lettre qu'il écrivit à l'abbé Granet sur la Vie de Malherbe, qu'il ne croit pas de Racan, du moins telle qu'elle est imprimée. Il s'appuie sur la manière dont Bayle lui-même en parle dans la remarque (F) de l'article DES LOGES, tom. IX, pag. 295 Cette Vie de Malherbe a été réimprimée dans la première partie du tome II des Mémoires de littérature, par M. de S. (Sallengre) : on l'y donne comme étant de Racan. Cependant on lit dans la seconde édition de la Biblioth. historique de la France, n°. 47506 : « Racan « n'a pas fait proprement une vie de Malher- « be, mais un petit ouvrage intitulé : les « Faits et Dits de Malherbe. »

(a) La Vie de Malherbe, par Racan, imprimée à Paris l'an 1672. Les Entretiens de Balzac, recueil des plus belles pièces des poëtes français, réimprimé en Hollande, 1692. tom. II, pag. 215.

firme ce que j'ai dit dans l'article de Loticus (*b*); c'est que les
poëtes se font des maîtresses imaginaires (B), pour avoir lieu de
débiter des pensées. Il y a beaucoup d'apparence que Malherbe
n'avait guère de religion (C). Son
bon ami, ayant voulu faire en
sorte que l'on ne crût pas cela,
s'y est pris d'une manière à n'en
laisser point douter. On a vu
dans l'article de madame DES
LOGES quelques faits concernant
Malherbe. J'indique la meilleure
édition de ses poésies (D); et je
dirai quelque chose de ses traductions (E). Le bien et le mal,
que l'on a dit de ses ouvrages,
a été soigneusement recueilli
par M. Baillet (*c*) : j'y renvoie
les lecteurs. Je ne trouve pas
que Malherbe ait eu beaucoup
de part à l'affection du cardinal de Richelieu (F).

Il est du nombre de ces auteurs dont j'ai parlé deux ou
trois fois, qui composent avec
une peine extrême (G), et qui
mettent leur esprit à la torture
en corrigeant leur travail. La
manière fanfaronne dont il parlait de ses poésies serait plus
choquante, si l'on ne considérait
que les poëtes ont toujours pris
la liberté de se louer à perte de
vue (H). Je ne doute point que
Balzac ne parle de lui, lorsqu'il
se moque d'un certain tyran des
syllabes (I).

(*b*) (Pierre), *remarque* (F), *tom. IX.*
(*c*) Jugem. des Savans, *tom. III, num.* 944;
et sur les poëtes, tom. IV, num. 1411.

(A) *Je sais sur quoi M. Moréri se
pouvait fonder, lorsqu'il a dit que
Malherbe s'exprimait de très-mauvaise grâce : mais Racan témoigne le
contraire.*] Moréri se pouvait fonder

sur ces paroles de Balzac (1) : *On
vous a dit la vérité ; Malherbe disait
les plus jolies choses du monde ; mais
il ne les disait point de bonne grâce,
et il était le plus mauvais récitateur
de son temps. Nous l'appellions l'An-
timondory : il gâtait ses beaux vers
en les prononçant. Outre qu'on ne
l'entendait presque pas, à cause de
l'empêchement de sa langue, et de
l'obscurité de sa voix, il crachait pour
le moins six fois en récitant une
stance de quatre vers. Et ce fut ce
qui obligea le cavalier Marin à dire
de lui, qu'il n'avait jamais vu d'homme
plus humide, ni de poëte plus sec.*
Racan tient un tout autre langage :
Voilà, dit-il (2), *les discours ordinaires qu'il tenait avec ses plus familiers amis : mais ils ne se peuvent
exprimer avec la grâce qu'il les prononçait; parce qu'ils tiraient leur plus
grand ornement de son geste et du
ton de sa voix.*

(B) *Les poëtes se font des maîtresses imaginaires.*] C'est ce qu'on verra
dans ce récit : « Racan et Malherbe
» s'entretenaient un jour de leurs
» amours, C'EST-A-DIRE, du dessein
» qu'ils avaient de choisir quelque
» dame de mérite et de qualité, pour
» être le sujet de leurs vers. Malher-
» be nomma madame de Rambouil-
» let, et Racan madame de Termes,
» qui était alors veuve : il se trou-
» va que toutes deux avaient nom
» Catherine ; savoir, la première
» qu'avait choisie Malherbe, Cathe-
» rine de Vivonne, et celle de Racan,
» Catherine de Chabot (3). » Ils passèrent le reste de l'après-dîner *à chercher des anagrammes sur ce nom, qui
eussent assez de douceur pour pouvoir entrer dans des vers : ils n'en
trouvèrent que trois, Arthenice,
Éracinthe, et Charintée ; le premier
fut jugé plus beau; mais Racan s'en
était servi dans sa Pastorale, qu'il
fit incontinent après, Malherbe méprisa les deux autres, et se détermina
à Rodante......... Il était alors marié
et fort avancé en âge ; c'est pourquoi
son amour ne produisit que quelque
peu de vers, entr'autres ceux qui
commencent :*

Chère beauté, que mon âme ravie, etc.

(1) Balzac, entretien XXXVII, *pag. m* 33?.
(2) Racan. Vie de Malherbe, *pag.* 22.
(3) *Là même, pag* 42, 43.

Et ces autres, que Boisset mit en air :
Ils s'en vont ces rois de ma vie.

Il fit aussi quelques lettres sous le
nom de Rodante; mais Racan, qui
avait trente-quatre ans moins que
lui, et qui était alors garçon, changea son amour poétique en un amour
véritable et légitime, et fit quelques
voyages en Bourgogne pour cet effet
(4). Remarquez bien la différence
qu'ils mettent entre un amour poétique et un amour effectif. À cet
âge-là le bon Malherbe n'était propre
qu'à aimer poétiquement ; et néanmoins si l'on eût jugé de lui par ses
vers, on aurait dit qu'il avait une
maîtresse qui le faisait bien soupirer,
et qui l'embrasait jusqu'aux moelles,
lui qui était si frileux que, numé-
rotant ses bas par les lettres de l'alphabet, de peur de n'en mettre pas
également à chaque jambe, il avoua
un jour qu'il en avait jusques à l'L
(5). On savait ses infirmités, et on
l'en raillait : on lui reprocha un jour
en vers qu'à grand tort les femmes
étaient ses idoles, puisqu'il n'avait
que des paroles (6). Voici d'autres
vers qui le regardent :

Avoir quatre chaussons de laine,
Et trois casaquins de futaine,
    Cela se peut facilement :
Mais de danser une bourrée
Sur une dame bien parée,
    Cela ne se peut nullement (7).

Il ne sentait que trop sa faiblesse, et
il se plaignit bien tristement *. Je
ne suis pas enterré ; mais ceux qui le
sont ne sont pas plus morts que je suis.
Je n'ai grâces à Dieu de quoi murmurer contre la constitution que la
nature m'avait donnée. Elle était si
bonne, qu'en l'âge de soixante et dix
ans je ne sais que c'est d'une seule
des incommodités dont les hommes
sont ordinairement assaillis en la
vieillesse : et si c'était être bien que
n'être point mal, il se voit peu de
personnes à qui je dusse porter envie.
Mais quoi? pour ce que je ne suis
point mal, serais-je si peu judicieux
que je me fisse accroire que je suis

bien? Je ne sais quel est le sentiment
des autres ; mais je ne me contente
pas à si bon marché : l'indolence est
le souhait de ceux que la goutte, la
gravelle, la pierre, ou quelque semblable indisposition mettent une fois
le mois à la torture. Le mien ne s'arrête point à la privation de la douleur,
il va aux délices : et non pas à toutes;
car je ne confonds point l'or avec le
cuivre : mais à celles que nous font
goûter les femmes en la douceur incomparable de leur communication
(8). Il décrit ensuite cette douceur,
et puis il dit Si après cela il y a malheur égal à celui de ne pouvoir plus
avoir de part en leurs bonnes grâces,
je vous en fais juge, et m'assure que
vous aurez de la peine à me condamner. Mais il ne faudrait guère continuer ce discours pour me porter à
quelque désespoir (9). Il dit un jour
à M. de Bellegarde : Vous faites bien
le galant et l'amoureux des belles
dames, lisez-vous encore à livre ouvert? c'était sa façon de parler, pour
dire s'il était encore prêt à les servir.
M. de Bellegarde lui dit, qu'oui :
Malherbe répondit en ces mots ; par-
bleu, monsieur, j'aimerais mieux
vous ressembler en cela qu'en votre
duché et pairie (10). Quelque chica-
neur me viendra dire peut-être que
Malherbe ressemblait à cet ancien
qui ne renonçait pas à l'amour, lors
même que l'âge le contraignait de
renoncer à la jouissance.

Amare liceat, si potiri non licet.
Fruantur alii : non moror, non sum invidus,
Nam sese excruciat qui beatis invidet :
Quos Venus amavit, facit amoris compotes :
Nobis Cupido velle dat, posse abnegat.
. . . .
Hæc illi faciant, queis Venus non invidet,
At nobis casso saltem delectamine
Amare liceat, si potiri non licet (11).

Je réponds que si Malherbe eût été
encore en état de se donner une maîtresse effective, il n'aurait pas choisi
madame de Rambouillet, dont la
qualité et plus encore la vertu auraient ôté à Malherbe jusqu'aux plus

(4) Racan, Vie de Malherbe, pag. 43 ,44.
(5) Là même, pag. 15.
(6) Voyez l'article Locks, tom. IX, p. 294,
remarque (F).
(7) Ménage, Observations sur les Poésies de
Malherbe, pag. 497.
* Voyez, dans mon Discours préliminaire,
tom. Iᵉʳ, à l'occasion de l'édition de 1697, les
variantes des articles HIPPARCHIA et MALHERBE.

(8) Malherbe, Lettre à Balzac, pag. 63 du
Recueil de nouvelles Lettres, imprimé à Paris,
1642.
(9) Là même, pag. 65.
(10) Racan, Vie de Malherbe, pag. 19.
(11) Apuleius, in ἀνεχόμενος, ex Menan-
dro, in veterum Poëtarum Catalectis ad calcem
Petronii, pag. m 220.

petites espérances. L'hôtel de Rambouillet, qui est devenu si célèbre,
était un véritable palais d'honneur.
*Il n'y avait là que de la galanterie,
et point d'amour. M. de Voiture donnant un jour la main à mademoiselle
de Rambouillet, qui fut depuis madame de Montausier, voulut s'émanciper à lui baiser le bras. Mais mademoiselle de Rambouillet lui témoigna
si sérieusement que sa hardiesse ne
lui plaisait pas, qu'elle lui ôta l'envie
de prendre une autre fois la même
liberté* (12). Concluons de tout ceci
que les maîtresses des poëtes, je veux
dire ces Claudines, ces Philis, etc.,
pour lesquelles ils font tant de vers
d'amour, ne sont pas toujours un
objet aimé. Ce sont des maîtresses
poétiques ; on se sert d'elles pour
avoir un sujet fixe à quoi l'on puisse
appliquer quelques pensées.

(C) *Il y a beaucoup d'apparence
que Malherbe n'avait guère de religion.*] « Quand les pauvres lui disaient
» qu'ils prieraient Dieu pour lui, il
» leur répondait qu'il ne croyait pas
» qu'ils eussent grand crédit au ciel,
» vu le mauvais état auquel il les
» laissait en ce monde ; et qu'il eût
» mieux aimé que M. de Luyne, ou
» quelqu'autre favori, lui eût fait la
» même promesse (13) . . . . . . Dans
» ses heures il avait effacé des litanies
» des saints tous les noms particu-
» liers, disant qu'il était superflu de
» les nommer tous les uns après les
» autres, et qu'il suffisait de les nom-
» mer en général, *omnes sancti et
» sanctæ Dei, orate pro nobis* (14) . . . . .
» Il lui échappait de dire que la re-
» ligion des honnêtes gens était celle
» de leur prince (15) ». Pendant sa
dernière maladie on eut *beaucoup de
difficulté à le faire résoudre de se
confesser* (16). Il disait pour ses raisons *qu'il n'avait accoutumé de le
faire qu'à Pâques* . . . . . *Celui qui
l'acheva de résoudre fut Yvrande,
gentilhomme, qui avait été nourri
page de la grande écurie, et qui était
son écolier en poésie, aussi bien que
Racan. Ce qu'il lui dit, pour le persuader de recevoir les sacremens, fut*

*qu'ayant toujours fait profession de
vivre comme les autres hommes, il
fallait aussi mourir comme eux ; et
Malherbe lui demandant ce que cela
voulait dire, Yvrande lui dit que,
quand les autres mouraient, ils se
confessaient, communiaient, et re-
cevaient les autres sacremens de l'é-
glise. Malherbe avoua qu'il avait
raison, et envoya quérir le vicaire de
Saint-Germain, qui l'assista jusques
à la mort* (17). Remarquez bien qu'aucun motif de religion, ni aucun instinct de conscience, ne le portèrent
à se confesser : il ne se rendit qu'à
une raison purement humaine, c'est
qu'il fallait suivre la coutume des
autres hommes, aussi bien à l'article
de la mort que pendant la vie. Nous
allons voir qu'à l'approche du moment fatal qui décide de notre sort
pour l'éternité, il ne songeait guère
ni au paradis ni à l'enfer. *Une heure
avant que de mourir, après avoir été
deux heures à l'agonie, il se réveilla
comme en sursaut, pour reprendre
son hôtesse, qui lui servait de garde,
d'un mot qui n'était pas bien français
à son gré ; et comme son confesseur
lui en fit réprimande, il lui dit qu'il
ne pouvait s'en empêcher, et qu'il
voulait défendre jusques à la mort la
pureté de la langue française* (18).
J'ai ouï dire que ce confesseur lui
représentait le bonheur de l'autre
vie avec fort peu d'éloquence, et lui
demandant s'il ne sentait pas un
grand désir de jouir bientôt de cette
félicité, Malherbe lui répondit : Ne
m'en parlez plus, votre mauvais style
m'en dégoûte. Mais je veux bien qu'on
prenne cela pour un conte, et qu'on
croie même que les vérités que Balzac
trouvait à propos de supprimer (19),
n'aient nulle relation aux dernières
heures de ce poëte. Arrêtons-nous
seulement aux faits que j'ai tirés de
sa *Vie*, composée par Racan son bon
ami : n'est-il pas vrai qu'ils forment
une violente présomption que sa
foi et que sa piété étaient très-min-
ces ? Racan s'enquit fort soigneusement de quelle sorte il était mort,
parce qu'il lui avait ouï dire *que la
religion des honnêtes gens était celle*

(12) *Ménagiana*, pag. 185, 187.
(13) Racan, Vie de Malherbe, pag. 15.
(14) *Là même*, pag. 24.
(15) *Là même*, pag. 45.
(16) *Là même*, pag. 45.

(17) *Là même*, pag. 46.
(18) *Là même*.
(19) *Je cite ses paroles dans la remarque*
(D , citation 31).

de leur prince (20). Voilà une curiosité qui marque qu'on le soupçonnait d'irréligion, et voilà aussi un bon fondement de ses soupçons. Que Racan vienne nous dire après cela que son ami *était fort soumis aux commandemens de l'église; qu'il ne mangeait pas volontiers de la viande aux jours défendus sans permission, quoiqu'il fût fort avancé en âge; qu'il allait à la messe toutes les fêtes et tous les dimanches, et qu'il ne manquait point à se confesser et communier à Pâques à sa paroisse; qu'il parlait toujours de Dieu et des choses saintes avec grand respect; et qu'un de ses amis lui fit un jour avouer devant Racan, qu'il avait une fois fait vœu d'aller d'Aix à la Sainte-Baume, tête nue, pour la maladie de sa femme* (21). Que Racan nous dise ces choses tant qu'il lui plaira, il n'effacera point les mauvaises impressions que les autres faits ont produites : et s'il obtient quelque chose, c'est qu'on croira que Malherbe n'avait rien déterminé ni pour ni contre; et qu'ayant quelque sorte de religion dans l'esprit, sans en avoir dans le cœur, il se conformait à l'usage par précaution : c'est-à-dire comme à une chose qui en tout cas pourrait servir, et ne pourrait nuire. On croira que dans un temps de grande affliction, où l'âme troublée se tourne de tous les côtés, et tente tous les remèdes dont elle s'avise, il se sera élevé quelques sentimens qui l'auront poussé à faire des vœux; tempête qui se calma dans son cœur dès que le péril fut passé. Joignez à cela qu'il avait à craindre un dommage très-réel et très-effectif, en n'observant point les préceptes d'une obligation absolue; comme sont dans son église ceux de communier une fois l'an, et d'ouïr la messe les jours de fêtes et les dimanches. Un homme d'esprit, qui a besoin de faire fortune, et qui en veut faire, ou se maintenir dans son état, ne se dispensera jamais de ces sortes de préceptes : il fera même en sorte que ses voisins, ses amis, et ses domestiques, ne sachent pas qu'il méprise son église, jusques au point de se passer de sa permission, pour manger des viandes les jours défendus. Tous les actes de religion que faisait Malherbe étaient si faciles, et d'ailleurs si nécessaires à sa fortune et à la réputation d'honnête homme qu'il soutenait bien dans tout le reste, qu'ils ne balancent pas la preuve d'irréligion que les récits de Racan nous ont fournie.. Quand j'ai dit que dans tout le reste il soutenait bien la réputation d'honnête homme, j'ai eu égard aux manières de juger que la corruption a introduites par toute la terre. Le monde est si dépravé, qu'on n'estime pas que la recherche des plaisirs vénériens par des voies illégitimes, et que les galanteries criminelles, empêchent d'être honnête homme. Si l'on jugeait autrement des choses, Malherbe n'aurait point passé pour tel; car il s'est dépeint lui-même comme une personne abrutie dans ces plaisirs-là. Il se représente comme à deux doigts du désespoir, lorsqu'il songe que la vieillesse le rend incapable de jouir des femmes (22). Se sentant dans cet état de décadence où la nature se cherche sans se trouver, *quærit se natura, nec invenit*, il gémit et il soupire (23), il verse presque des larmes de sang, et il aimerait mieux recouvrer ses forces de ce côté-là, que d'avoir la dignité de duc et pair. Qu'il est éloigné de l'esprit des sages païens (24), qui comptaient entre les avantages de la vieillesse, ce qu'il prenait pour une infortune! Qu'il est inférieur à la vertu de Sophocle, poëte comme lui, mais poëte païen! Étant vieux, on lui demanda un jour s'il pouvait encore se divertir avec le sexe? A Dieu ne plaise! répondit-il, je me suis sauvé des mains d'un si furieux maître avec le plus grand plaisir du monde. *Benè Sophocles, cùm ex eo quidam jam affecto ætate, quæreret,*

(20) Racan, Vie de Malherbe, *pag.* 45, 46.
(21) Là même, *pag.* 45.

(22) *Voyez* sa Lettre à Balzac, *citée et indiquée ci-dessus*, *remarque* (B), *citation* (8).
(23) *Conférez ce qui est dit dans l'article d'*Achille, tom. I, *pag.* 162, *remarque* (L).
(24) *Habeo senectuti magnam gratiam, quæ mihi sermonis aviditatem auxit, potionis et cibi sustulit... At non est voluptatum tanta quasi titillatio in senibus. Credo : sed ne desideratio quidem. Nihil autem molestum, quod non desideres.* Cicero, de Senectute, *cap. XIV, pag.* m. 421, 423. *Illa quanti sunt, animum tanquàm emeritis stipendiis libidinis, ambitionis, contentionis, inimicitiarum, cupiditatum omnium, secum esse, secumque (ut dicitur) vivere?* Idem, ibid., *pag.* 424.

* utereturne rebus venereis : Dii melio-*
ra , inquit. Libenter verò istinc , tam-
quàm à domino agresti, ac furioso
profugi. Cupidis enim rerum talium ,
odiosum , et molestum est fortassè
carere. Satiatis verò , et expletis ,
jucundius est carere , quàm frui.
Quamquàm non caret is , qui non
desiderat. Ergò hoc non desiderare ,
dico esse jucundius , quàm frui (25).
On accuse Malherbe d'un autre défaut
moral, ou même de deux, je veux
dire de vanité et d'avarice. On le
convainc du premier sans peine par
plusieurs passages de ses poésies (26) :
mais les preuves du second ne valent
rien. Voici les paroles de M. Baillet
(27). *Quelques-uns ont cru trouver*
dans les poésies de Malherbe des
marques de quelque bassesse d'âme,
et de quelques attaches trop intéres-
sées, qui lui ont même ôté quelquefois
les sentimens naturels de l'humanité.
Mais je pense que ce reproche n'a
point d'autre fondement que l'épi-
taphe d'un de ses parens nommé M.
d'Is , dont il était héritier , dans le-
quel il a témoigné souhaiter de voir
toute sa parenté au tombeau, pour
avoir tout le bien de sa famille : voici
les vers de Malherbe sur ce sujet.

Icy gît monsieur d'Is ,
Plût or à Dieu qu'ils fussent dix!
Mes trois sœurs, mon père et ma mère ,
Le grand Éléasar mon frère ,
Mes trois tantes et monsieur d'Is:
Vous les nommé-je pas tous dix?

Pour peu qu'on soit équitable, on
voit là, non pas le naturel de Tibère
(28), mais un jeu d'esprit, et une
plaisanterie poétique, où le cœur n'a
point de part. Malherbe fut inconso-
lable de la perte de son fils (29) , et
il aimait tant son épouse, que l'affliction de la voir malade réveilla sa
religion endormie , et l'engagea à
faire une chose dont il eut ensuite
bien de la honte ; il fit vœu d'aller

(25) Cicero , de Senectute , *cap. XIV , pag.*
423. Platon , de Republ. , *lib. I , circà init.,*
pag. m. 572, 573, *rapporte cette réponse de*
Sophocle.
(26) *Voyez* Baillet, Jugement sur les Poëtes ,
IVe. partie , num. 1411 *, pag.* 14 *et suivantes.*
Consultez ci-dessous la remarque (B).
(27) Là même , *pag.* 17 , 18.
(28) *Identidem felicem Priamum vocabat,*
quod superstes omnium suorum exstitisset. Sueto-
ton. , in Tiberio, *cap. LXII.*
(29) *Voyez* Balzac, entretien XXXVII , *pag.*
m. 356 *et suiv.*

tête nue à la Sainte-Baume ; mais il
n'était pas bien aise que l'on sût qu'il
eût été si dévot ; et bien loin de s'en
vanter , il fallait lui arracher cela
comme un grand secret (30).
 (D) *La meilleure édition de ses*
poésies.] C'est celle que M. Ménage a
procurée , et enrichie de plusieurs
notes. Elle parut à Paris, l'an 1666 *.
Il y avait fort long-temps que M. Ménage y travaillait ; car voici ce que
l'on trouve dans une lettre de Balzac,
datée du 23 de janvier 1651. *La nou-*
velle du Commentaire sur les œuvres
de Malherbe m'a surpris ; et comment
est-ce que notre excellent ami aban-
donne son travail sur Diogène Laër-
ce , et tant d'autres travaux de grande
importance , qu'il a promis au public,
pour s'amuser à expliquer un poëte si
clair, et si facile que le nôtre ? Je
l'ai connu , il est vrai , et très-parti-
culièrement ; et j'en sais des particu-
larités qui sont ignorées de tout autre
que de moi. J'ai encore ici un homme
qui le vit mourir , et que je lui avais
envoyé, ne pouvant moi-même l'aller
voir , à cause de mon indisposition.
Mais ce que je sais , monsieur, de
plus particulier que les autres , ne se
peut écrire de bonne grâce, et il y a
certaines vérités qui ne sont bonnes
qu'à supprimer (31). Comme j'avais
promis dans la remarque précédente
une partie de ce passage, il est plus
long que mon texte ne le demandait.
M. Ménage nous apprend lui-même
(32) qu'il *n'avait pas plus de 20 ans,*
lorsqu'il lui prit envie de commenter
Malherbe, et que si ses amis ne l'en
avaient détourné, *il aurait commencé*
par-là à se faire connaître au public.
Il ajoute qu'avant que ses notes fussent imprimées, M. Chevreau publia
un Commentaire sur les mêmes poé-
sies. Je ne doute point, continue-t-il,

(30) *J'ai cité , ci-dessus, citation* (21) *, ces*
paroles de Racan : Un de ses amis lui fit un
jour avouer, etc.
 * Cette édition n'est pas la meilleure, dit Joly,
puisqu'il en parut une seconde augmentée, en
1689, in-12. Joly reproche à Bayle de n'avoir
pas parlé des éditions antérieures à celles de
Ménage. Bayle dit lui-même n'indiquer que la
meilleure. Les poésies de Malherbe ont été
réimprimées à Paris, en 1722, en trois volumes
in-12, avec les notes de Ménage et les observations de Chevreau.
(31) Balzac, lettre IV à Conrart, *liv. II, pag.*
m. 100, 101.
(32) *Dans la préface de cette édition de* Malherbe.

que ce Commentaire ne soit rempli de plusieurs choses curieuses et très-dignes d'être lues. Cependant je me suis privé du plaisir de lire toutes ces choses, afin qu'on ne m'accusât point d'avoir volé M. Chevreau, si je me rencontrais dans ses pensées ; ni de l'avoir voulu contredire, si je ne me trouvais pas de son avis. Ceux qui n'ont pas cet ouvrage de M. Chevreau (je suis de ceux-là) s'en pourront faire une idée par ces paroles de M. Baillet (33) : « Il serait ennuyeux de » parcourir dans le détail les autres » défauts qu'on a imputés à Malherbe. » Ceux qui voudront s'en instruire » pourront consulter le livre des » remarques que M. Chevreau a fait » sur notre poëte. M. Rosteau té- » moigne qu'ayant communiqué ces » Remarques, ou plutôt ces censures, » à mademoiselle de Scudéry, elle » lui fit connaître après les avoir lues, » qu'elle était fort surprise. Cette » docte et judicieuse demoiselle a- » vouait qu'il pourrait bien y avoir » quelque chose de répréhensible en » quelques endroits des poésies de » Malherbe ; mais elle ne pouvait s'i- » maginer sérieusement, que ce cé- » lèbre poëte eût donné matière à » tant de corrections. » Notez que M. Chevreau ne convient pas que ses Remarques n'eussent point passé sous les yeux de M. Ménage. Voyez son narré et ses plaintes dans une lettre que je cite (34). Voyez aussi dans la 2e. partie de ses OEuvres mêlées, et du *Chevræana*, plusieurs observations très-fines et très-solides contre Malherbe.

(E) *Je dirai quelque chose de ses traductions.*] Il a traduit quelques ouvrages de Sénèque, et quelques livres de Tite-Live *, et s'il ne réussit pas, il eut pour le moins le bonheur d'être fort content de son travail. « Sa principale occupation étant » d'exercer sa critique sur le langage

(33) Baillet, Jugem. des Savans sur les Poëtes, *IVe. part.*, num. 1411, pag. 23.
(34) *Elle est à la page* 103 *et suiv. de la* Ire. *partie de ses OEuvres mêlées.*
* Joly remarque que Malherbe n'a traduit que le 33e. livre de Tite-Live. Duryer l'a inséré dans sa traduction de cet historien. Quant au Sénèque, Malherbe a traduit le *Traité des bienfaits* et une partie seulement des *Epîtres*, quoique toutes les épîtres aient paru sous son nom, en 1639 et 1661. Cette traduction fut achevée par Jean Baudouin, et J.-B. de Boyer, neveu de Malherbe.

» français, à quoi on le croyait fort » expert, quelques-uns de ses amis » le prièrent un jour de faire une » grammaire de notre langue...... » Il leur répondit *que sans qu'il prît* » *cette peine on n'avait qu'à lire sa* » *traduction du* XXXIIIe. *livre de Tite-* » *Live, et que c'était de cette sorte* » *qu'il fallait écrire.* Cependant cha- » cun n'était pas de cet avis. Made- » moiselle de Gournay qui était une » fille savante de ce siècle-là disait » ordinairement, *que ce livre ne lui* » *paraissait qu'un bouillon d'eau* » *claire.* Elle voulait faire entendre » *que le langage en était trop simple,* » et quelques gens ont cru qu'elle » avait raison (35). » M. Huet a ob- servé (36) que la passion qu'avait Malherbe *de plaire aux courtisans, lui a fait renverser l'ordre de son auteur ; qu'il n'en a suivi ni les ponctuations, ni les mots, et qu'il ne s'y est étudié qu'à purifier et à polir notre langue.* M. de Racan confirme cela. *Malherbe*, dit-il (37), *disait souvent, et principalement quand on le reprenait de ne pas bien suivre le sens des auteurs qu'il traduisait ou paraphrasait, qu'il n'apprêtait pas les viandes pour les cuisiniers ; comme s'il eût voulu dire qu'il se souciait fort peu d'être loué des gens de lettres, qui entendaient les livres qu'il avait traduits, pourvu qu'il le fût des gens de la cour.*

(F) *Je ne trouve pas qu'il ait eu beaucoup de part à l'affection du cardinal de Richelieu.*] Par malheur pour ce grand poëte, ses épargnes d'esprit furent connues de ce cardinal. On sut qu'au lieu de se mettre en frais pour chanter la gloire de ce grand ministre, il ne fit que raccommoder de vieilles pièces qu'il trouva parmi ses papiers. Ce n'était pas le moyen de plaire à un esprit aussi délicat et aussi fier que celui-là : il reçut fort mal cet hommage de Malherbe. Lisez ces paroles de M. Ménage. *J'ai su de M. de Racan, que Malherbe avait fait ces deux stances plus de trente ans avant que le cardinal de*

(35) Sorel, Biblioth. franç., *pag.* 259, 260, *édition de* 1667.
(36) De claris Interpretibus, *lib. II, p.* 186, *cité par* Baillet, Jugem., *tom. II, num.* 944, *citation* 2.
(37) Racan, *Vie de Malherbe, pag.* 28.

Richelieu, auquel il les adresse, fût cardinal; et qu'il en changea seulement les quatre premiers vers de la première stance, pour les accommoder à son sujet. J'ai su aussi du même M. de Racan que le cardinal de Richelieu, qui avait connaissance que ces vers n'avaient pas été faits pour lui, ne les reçut pas bien quand Malherbe les lui fit présenter : ce qui fit que Malherbe ne les continua pas (38).

(G) *Il était du nombre de ces auteurs..... qui composent avec une peine extrême.*] Celui qui s'est déguisé sous le nom de Vigneul-Marville n'a point ignoré cela. *Ce n'était,* dit-il (39), *qu'en veillant beaucoup et à force de se tourmenter que Malherbe produisait ses divines poésies* *. On aurait pu comparer sa muse à certaines femmes qui sont des sept ou huit jours de suite dans les douleurs de l'enfantement ; et puisque ses tranchées étaient plus longues et plus importantes que celles à quoi Balzac était exposé en pareils cas, il fallait qu'elles fussent bien terribles. Considérez un peu ces paroles (40) : « A la fin il est achevé : je parle du » discours dont vous m'a parlé ma der-» nière lettre, et qui est un des cinq » que je vous avais promis. Il m'a » lassé, il m'a épuisé, il m'a fait » maudire le métier une douzaine de » fois. Quoi que vous puissiez dire » là-dessus, encore est-ce être moins » difficile à se contenter une peu l'é-» tait le bon homme que je vous » allègue si souvent. Il gâta une » demi-rame de papier à faire et à » refaire une seule stance. Si votre » curiosité désire savoir quelle stan-» ce c'est, en voici le commence-» ment.

· *Comme en cueillant une guirlande,*
· *L'homme est d'autant plus travaillé.*

» Que nous prenons de peine, bon » Dieu ! à semblables bagatelles ; ba-» gatelles morales et politiques, en » français et en latin, en prose et

(38) Ménage, *Observations sur les Poésies de Malherbe,* pag. 545.

(39) *Mélanges d'Histoire et de Littérature,* pag. 223, édition de Rouen 1699.

* Leclerc confirme par deux citations de Bertelot et de Besançon, ce que Bayle dit sur le témoignage de Vigneul-Marville (B. d'Argonne).

(40) Balzac, lettre XI du II.° livre à Conrart, pag. 113, édition de Hollande.

» en vers ! » Voilà ce que M. de Balzac écrivait à M. Conrart le 25 de juin 1651. Le bon homme dont il parle est notre Malherbe : on n'en peut douter ; car voici le cinquième dizain de son ode au duc de Bellegarde :

Comme en cueillant une guirlande,
L'homme est d'autant plus travaillé,
Que le parterre est émaillé
D'une diversité plus grande :
Tant de fleurs de tant de côtés,
Faisant paraître en leurs beautés
L'artifice de la Nature,
Il tient suspendu son désir,
Et ne sait en cette peinture
Ni que laisser, ni que choisir (41).

Si M. Ménage avait su la particularité que Balzac savait touchant la peine que ces dix vers avait coûtée à leur auteur, il l'eût insérée sans doute dans ses notes sur cet endroit de Malherbe. J'ai rapporté ailleurs (42) ce que l'on disait des difficultés inconcevables avec lesquelles M. de Balzac composait ses livres. Nous venons de voir ce qu'il en disait lui-même, et voici un autre passage de ses lettres à M. Conrart : « M. Cour-» bé (43) pense peut - être que j'aille » aussi vite que M. de Saumaise, » qui va plus vite que les copistes et » les imprimeurs. Une petite lettre » me coûte plus qu'un gros livre à » ce dévoreur de livres. Bienheureux » sont ces écrivains qui se conten-» tent si facilement ; qui ne travail-» lent que de la mémoire et des » doigts; qui, sans choisir, écrivent » tout ce qu'ils savent (44) ! » Cela me sert de preuve ; car, puisque Malherbe était encore plus difficile à se contenter que ne l'était M. de Balzac, tout ce qui nous représente les peines de celui-ci augmente l'idée que nous avons de la souffrance de l'autre. Ce qui suit est une preuve plus courte, puisqu'on y voit formellement que Malherbe surpassait Balzac dans ce point fâcheux. « Le » bon homme Malherbe m'a dit plu-

(41) Malherbe, *Poésies, liv. IV,* p. m. 102.

(42) *Ci-dessus ,* citation (38) *de l'article* GUARINI *, tom. VII, pag.* 310.

(43) *C'était un libraire de Paris.*

(44) Balzac, lettre XII du I.er livre à Conrart, pag. 50. *Voici ce qu'il dit dans la* XXIV.e *lettre du livre II.* O bienheureux écrivains, monsieur de Saumaise en latin, et monsieur de Scudéry, en français, j'admire votre facilité et j'admire votre abondance ! Vous pouvez écrire plus de calepins que moi d'almanachs.

12

» sieurs fois, qu'après avoir fait un
» poëme de cent vers, ou un discours
» de trois feuilles, il fallait se repo-
» ser dix ans tout entiers. M. Courbé
» n'est pas de cette opinion, ni moi
» non plus. Je n'ai pas besoin d'un si
» long repos après un si petit tra-
» vail. Mais aussi d'attendre de moi
» cette bienheureuse facilité qui fait
» produire des volumes à M. de Scu-
» déry, ce serait me connaître mal,
» et me faire un honneur que je ne
» mérite pas (45). »

Il y a tant de choses à recueillir
sur ce caractère d'esprit, qu'après
les grandes effusions de citations
qu'on a vues ci-dessus (46), il m'en
reste encore à faire. Casaubon s'était
affranchi de la servitude sous laquelle gémissent ces écrivains qui
copient plusieurs fois leurs lettres,
et qui ne font que raturer. Il en fait
sa déclaration authentique, *Da mihi,
quæso*, dit-il (47), *ut αὐτογϕυεῖ καὶ
ὡς εἰπεῖν ἀσκεπάρνῳ λόγῳ tecum loqui
liceat. Polire impensâ curâ quæcun-
que scribas, præsertim autem epistolas, et de singulis vocibus ire in consilium, diligentioris est hominis atque, ut ingenuè dicam, πᾶσαν τὴν
ἀλήθειαν φιλοτιμοτέρου quàm ego sum.*
La phrase qu'il emploie pour exprimer les scrupules d'un écrivain qui
délibère sur chaque mot est de Sénèque le père (48). Les excès qui se
commettent en cela sont très-blâmables, et un joug qui réduit quelquefois la plume à une espèce de stérilité. Quintilien les censure très-justement : il nomme cela *être condamné
à la malheureuse peine de se calom-
nier. Nec enim rursùs eos qui robur
aliquod in stylo fecerint, ad infœli-
cem calumniandi se pœnam alligan-
dos puto. Nam quomodò sufficere
civilibus officiis possit, qui singulis
actionum partibus insenescat? Sunt
autem quibus nihil sit satis : omnia
mutare, omnia aliter dicere quàm
occurrit, velint : increduli quidam;
et de ingenio suo pessimè meriti, qui*

diligentiam putant, facere sibi scribendi difficultatem (49). Il n'est pas
facile de décider, ajoute-t-il, si ceux
qui approuvent tout ce qu'ils écrivent
sont plus blâmables que ceux qui en
sont toujours mécontens. Il observe
que cette grande délicatesse est suivie
quelquefois de dépit et de désespoir ;
et il raconte ce qui fut dit à un jeune homme qui se chagrinait d'avoir
pris inutilement beaucoup de peine
pendant trois jours à chercher l'exorde de son sujet (50). Voulez-vous,
lui dit-on, écrire mieux que vous ne
pouvez? Les paroles de Quintilien
ont plus de grâce et plus de force.
*Nec promptum est dicere, utros pec-
care validiùs putem, quibus omnia
sua placent, an quibus nihil. Accedit enim etiam ingeniosis adolescentibus frequenter, ut labore consuman-
tur, et in silentium usquè descendant
nimiâ benè dicendi cupiditate. Quâ
de re memini narrásse mihi Julium
secundum, illum æqualem meum,
atque à me, ut notum est, familiariter amatum, miræ facundiæ virum,
infinitæ tamen curæ, quid esset sibi à
patruo suo dictum. Is fuit Julius
Florus, in eloquentiâ Galliarum
(quoniam ibi demùm exercuit eam)
princeps, alioqui inter paucos diser-
tus, et dignus illâ propinquitate. Is
cùm Secundum scholæ adhuc operam
dantem tristem forte vidisset, inter-
rogavit, Quæ caussa frontis tam ob-
ductæ? nec dissimulavit adolescens,
tertium jam diem esse, ex quo omni
labore materiæ ad scribendum desti-
natæ non inveniret exordium : quo
sibi non præsens tantùm dolor, sed
etiam desperatio in posterum fieret.
Tum Florus arridens. Num quid tu,
inquit, meliùs dicere vis, quàm potes?
Ita se res habet : Curandum est ut
quàm optimè dicamus : dicendum
tamen pro facultate. Ad profectum
enim opus est studio, non indignatione* (51).

(H) *Les poëtes ont toujours pris la
liberté de se louer à perte de vue.*]
J'ai blâmé ailleurs (52) Malherbe de s'é-

(45) Balzac, lettre XVI *du même livre*, p. 58.
(46) *Remarque* (G) *de l'article* GUARINI,
tom. *VII*, pag. 307, *et dans la remarque* (E)
de l'article LINACER, tom. *IX*, pag. 251.
(47) Casaubon., epist. CLXXIII.
(48) *Illi qui scripta sua torquent, qui de singulis verbis in consilium veniunt, necesse est quæ
toties animo suo admoverint novissimè affigant.*
Seneca, *præf. libri I* Controv., *pag. m.* 72.

(49) Quintil., *lib. X, cap. III, pag. m.* 484.
(50) *Ceci confirme ce que j'ai dit, tom. IX,
pag.* 253, *article* LINACER, *remarque* (F), *à
l'alinéa, que le commencement d'un ouvrage
est ce qui coûte le plus.*
(51) Quintil., *lib. X, cap. III, pag.* 484.
(52) *Dans les* Nouvelles Lettres de la Critique
générale de Maimbourg, *pag.* 123.

ïre donné *des éloges plus dignes d'un capitan de théâtre, que d'un honnête homme,* et j'ai cité deux auteurs, dont l'un le condamne (53) , ou ne le justifie qu'ironiquement (54) ; et l'autre l'excuse tout de bon, et fait voir que la licence de se donner de pompeux éloges est un ancien privilége des enfans des muses (55). Il observe que Virgile, Horace et Ovide s'en sont servis. Il a traité cette matière plus amplement dans un autre ouvrage ; car il a rapporté (56) les endroits où Ennius, Nævius, Plaute, Catulle, Lucrèce, Virgile, Horace , Ovide , Properce, Lucain, Stace et Martial, se louent eux-mêmes. Il a fait voir (57) que les modernes (58) ont imité ces exemples. Notez qu'il remonte jusques aux poëtes grecs ; car il a cité (59) Pindare, Hésiode, Théocrite et Moschus. Je rabrouai l'autre jour un homme , qui me disait que ceux qui prétendent que la Grèce n'a rien su qu'elle n'eût appris des Phéniciens ont oublié une remarque qui les favorise ; c'est que les poëtes, qui ont promis l'immortalité aux personnes qu'ils louaient ont emprunté cette idée de l'Épithalame contenu dans le psaume XLV, qui finit ainsi selon la version de Buchanan :

Nec tu, carminibus, regina, tacebere nostris,
Quáque patet tellus liquido circumsona ponto ,
Posteritas te sera canet, dumque aurea volvet
Astra polus, memori semper celebrabere famâ.

La traduction de Marot applique plus clairement les espérances du poëte à la vertu de ses poésies.

Quant est de moi , à ton nom et ta gloire
Ferai ecrits d'éternelle memoire ,
Et par lesquels les gens a l'avenir
Sans fin voudront te chanter et benir.

Je dis à cet homme-là que sa remarque me parassait puérile, et qu'il avait grand tort de s'étonner que M. Ménage ne s'en fût pas prévalu ;

(53) Costar , lettre L *du I.er volume,* p. 126.
(54) *Le même ,* Suite de la Défense de Voiture , *pag. m.* 32.
(55) Ménage , Observations sur les Poésies de Malherbe, pag. 331 *et suiv.*
(56) *Le même ,* Anti-Baillet, tom. II, chap. CXXXIX.
(57) *Là même ,* chap. CXXXVII, CXL.
(58) *Le père* Casimir Sarbiesci, *le père* Varassieur, *le père* Rapin, *le père* Commire, *dans leurs vers latins;* Ronsard, Joachim du Bellai , Malherbe, du Périer, *dans leurs vers français.*
(59) Ménage , Anti-Baillet , tom. II, chap. CXXXVIII.

M. Ménage avait trop de jugement pour mêler les autorités profanes avec les sacrées.

(I) *Balzac parle de lui, lorsqu'il se moque d'un certain tyran des syllabes.*] La description est bien forte, et nous peut convaincre qu'il y a des gens qui après leur mort ne sont guère ménagés par les personnes dont ils avaient reçu mille marques de vénération. On s'imagine que pourvu qu'on ne les fasse pas connaître par leur nom , il est permis de les bien fronder. Voici en tout cas ma preuve : « Vous vous souvenez du vieux » pédagogue de la cour, et qu'on ap- » pelait autrefois tyran des mots et » des syllabes , et qui s'appelait lui- » même, lorsqu'il était en belle hu- » meur, le grammairien à lunettes » et en cheveux gris. N'ayons point » dessein d'imiter ce que l'on conte » de ridicule de ce vieux docteur. » Notre ambition se doit proposer » de meilleurs exemples. J'ai pitié » d'un homme qui fait de si grandes » différences entre *pas* et *point;* qui » traite l'affaire *des gérondifs* et *des* » *participes ,* comme si c'était celle » de deux peuples voisins l'un de » l'autre, et jaloux de leurs fron- » tières. Ce docteur en langue vul- » gaire avait accoutumé de dire que » depuis tant d'années il travaillait » à dégasconner la cour , et qu'il » n'en pouvait venir à bout. La mort » l'attrapa sur l'arrondissement d'une » période, et l'an climatérique l'a- » vait surpris , délibérant *si erreur* » et *doute* étaient masculins ou fé- » minins. Avec quelle attention vou- » lait-il qu'on l'écoutât, quand il » dogmatisait de l'usage et de la » vertu des particules (60) ? »

(60) Balzac, Socrate chrétien, discours X , *pag. m.* 267, 268.

MAMILLAIRES , secte

parmi les anabaptistes. Je ne sais pas bien le temps où ce nouveau schisme se forma ; mais on donne la ville de Harlem pour le lieu natal de cette subdivision (*a*). Elle doit son origine à la liberté

(a) *Voyez* Micrælius , Syntagm. Histor. Eccles., pag. 1012, *édition* 1679.

qu'un jeune homme se donna de mettre la main au sein d'une fille qu'il aimait, et qu'il voulait épouser. Cet attouchement parvint à la connaissance de l'église, et là-dessus on délibéra sur les peines que le délinquant devait souffrir : les uns soutinrent qu'il devait être excommunié, les autres dirent que sa faute méritait grâce, et ne voulurent jamais consentir à son excommunication. La dispute s'échauffa de telle sorte qu'il se forma une rupture totale entre les tenans. Ceux qui avaient témoigné de l'indulgence pour le jeune homme furent nommés Mamillaires (b) (A). En un certain sens cela fait honneur aux anabaptistes ; car c'est une preuve qu'ils portent la sévérité de la morale beaucoup plus loin que ceux que l'on nomme rigoristes dans le Pays-Bas Espagnol (B). Je rapporterai à ce propos un certain conte que l'on fait du sieur Labadie (C). J'ai ouï dire que des gens d'esprit soutinrent un jour dans une conversation qu'il n'y aura jamais de *basiaires*, ou d'*osculaires*, entre les anabaptistes (D).

(b) *Voyez* Stoupp, Religion des Hollandais, *lettre III, pag. m.* 61. *Voyez aussi le* Syntagma de Micrælius, *pag.* 1012.

(A) *Mamillaires.*] Il n'est pas besoin de faire ici l'étymologiste. Tous ceux qui entendent le français savent que le mot *mamelle*, qui n'est plus du bel usage, signifie la même chose que *téton*.

(B) *Les anabaptistes........ portent la sévérité de la morale beaucoup plus loin que...... . les rigoristes...... du Pays-Bas espagnol.*] Les casuistes les plus relâchés, les Sanchez et les Escobars, condamnent l'attouchement des tétons : ils conviennent que

c'est une impureté, et une branche de la luxure, l'un des sept péchés mortels. Mais, si je ne me trompe, ils n'imposent pas au coupable une pénitence fort sévère : et il y a plusieurs pays dans l'Europe où ils sont presque contraints de traiter cela comme les petites fautes que l'on appelle *quotidianæ incursionis*. On est si accoutumé à cette mauvaise pratique dans ces pays-là, et c'est un spectacle si ordinaire jusques au milieu des rues, à l'égard surtout du commun peuple, que les casuistes mitigés se persuadent que cette habitude efface la moitié du crime : ils croient qu'on ne l'envisage point sous l'idée d'une liberté fort malhonnête, et que le scandale du spectateur est très-petit. C'est pourquoi ils passent légèrement sur cet article de la confession. Je ne pense pas que jamais aucun rigoriste ait différé pour un tel sujet l'absolution de son pénitent, non pas même dans les climats où cette espèce de patinage est peu usitée, et passe pour une de ces libertés dont les personnes de l'autre sexe sont obligées de se fâcher tout de bon. Ainsi les anabaptistes sont les plus rigides de tous les moralistes chrétiens, puisqu'ils condamnent à l'excommunication celui qui touche le sein d'une maîtresse qu'il veut épouser, et qu'ils rompent la communion ecclésiastique avec ceux qui ne veulent pas excommunier un tel galant.

(C) *Je rapporterai un certain conte que l'on fait du sieur Labadie.*] Tous ceux qui ont ouï parler de ce personnage savent qu'il recommandait à ses dévots, et à ses dévotes, quelques exercices spirituels, et qu'il les dressait au recueillement intérieur et à l'oraison mentale. On dit qu'ayant marqué à l'une de ses dévotes un point de méditation, et lui ayant fort recommandé de s'appliquer toute entière pendant quelques heures à ce grand objet, il s'approcha d'elle lorsqu'il la crut la plus recueillie, et lui mit la main au sein. Elle le repoussa brusquement, et lui témoigna beaucoup de surprise de ce procédé, et se préparait à lui faire des censures lorsqu'il la prévint. *Je vois bien, ma fille*, lui dit-il sans être déconcerté, et avec un air dévot, *que vous êtes encore bien éloignée de la per-*

fection ; reconnaissez humblement
votre faiblesse; demandez pardon à
Dieu d'avoir été si peu attentive aux
mystères que vous deviez méditer. Si
vous y aviez apporté toute l'attention
nécessaire, vous ne vous fussiez pas
aperçue de ce qu'on faisait à votre
gorge. Mais vous étiez si peu déta-
chée des sens, si peu concentrée avec
la divinité, que vous n'avez pas été
un moment à reconnaître que je vous
touchais. Je voulais éprouver si votre
ferveur dans l'oraison vous élevait
au-dessus de la matière, et vous
unissait au souverain être, la vive
source de l'immortalité, et de la spi-
ritualité ; et je vois avec beaucoup
de douleur que vos progrès sont très-
petits, vous n'allez que terre à ter-
re. Que cela vous donne de la confu-
sion, ma fille, et vous porte à mieux
remplir désormais les saints devoirs
de la prière mentale. On dit que la
fille, ayant autant de bon sens que
de vertu, ne fut pas moins indignée de ces paroles que de l'action
de Labadie, et qu'elle ne voulut
plus ouïr parler d'un tel directeur.
Je ne garantis point la certitude de
tous ces faits ; je me contente d'assurer qu'il y a beaucoup d'apparence que quelques-uns de ces dévots si
spirituels, qui font espérer qu'une
forte méditation ravira l'âme, et
l'empêchera de s'apercevoir des actions du corps, se proposent de pa-
tiner impunément leurs dévotes, et
de faire encore pis. C'est de quoi l'on
accuse les molinosistes. En général,
il n'y a rien de plus dangereux pour
l'esprit que les dévotions trop mystiques et trop quintessenciées, et
sans doute le corps y court quelques
risques, et plusieurs y veulent bien
être trompés.

(D) *Il n'y aura jamais de basiai-*
res, ou d'osculaires, parmi les ana-
baptistes.] Ce seraient des gens qu'on
retrancherait de sa communion, parce qu'ils n'auraient pas voulu consentir que l'on excommuniât ceux
qui donnent des baisers à leurs maîtresses. Or voici le fondement de
ceux qui niaient qu'on puisse attendre un tel schisme. Il n'est possible, disaient-ils, qu'au cas qu'il y
eût des casuistes assez sévères pour
vouloir que l'excommunication fût
la peine d'un baiser, comme il s'en

est trouvé d'assez rigides pour vouloir faire subir cette pénitence à celui qui avait touché les tétons de sa
maîtresse. Ces deux cas ne sont point
pareils. Les lois de la galanterie de
certains peuples, continuaient-ils,
ont établi de génération en génération, et surtout parmi les personnes
du tiers état, que les baisers soient
presque la première faveur, et que
l'attouchement des tétons soit presque la dernière, ou la pénultième.
Quand on est élevé sous de tels principes, on ne croit faire, on ne croit
souffrir que peu de choses par des
baisers, et l'on croit faire ou souffrir
beaucoup par le maniement du sein.
Ainsi, quoique les administrateurs
des lois canoniques aient fort crié
contre le jeune homme qui fut pro-
tégé par les mamillaires, il ne s'ensuit pas qu'ils crieraient contre l'autre espèce de galanterie. Ils défére-
raient à l'usage, ils pardonneraient
des libertés qui ne passent que pour
les premiers élémens, ou pour l'alphabet des civilités caressantes. Je
ne rapporte ces choses que pour faire
voir qu'il n'y a point de matière sur
quoi la conversation des personnes
de mérite ne descende quelquefois.
Il n'est pas inutile de faire connaître
cette faiblesse des gens d'esprit. En
conscience, une telle spéculation
méritait-elle d'être examinée ? Et
après tout n'eût-il pas bien mieux
valu ne point répondre décisivement
de l'avenir ? *De futuro contingenti*
non est quoad nos determinata veri-
tas, disent judicieusement les maîtres dans les écoles de philosophie.

Notez en passant, qu'il y a eu des
pays où l'on supposait que le premier baiser qu'une fille recevait de
son galant était celui des fiançailles.
Voici ce qu'on lit dans l'histoire de
Marseille (1) : *Le fiancé donnait or-*
dinairement un anneau à la fiancée
le jour des fiançailles, et lui faisait
encore quelque présent considérable
en reconnaissance du baiser qu'il lui
donnait. En effet, Fulco, vicomte de
Marseille, fit donation, l'an 1005, à
Odile sa fiancée, pour le premier
baiser, de tout le domaine qu'il avait
aux terres de Sixfours, de Cireste,
de Soliers, de Cuge et d'Olières. Cet

(1) Ruffi, Histoire de Marseille, tom. *II*, p.
391, édition de 1696.

usage était fondé, à ce que j'estime, sur la loi (*) 16. Si à Sponso, *qui ordonnait que lorsque le mariage n'avait pas son effet, la fiancée gagnait la moitié des présens qu'elle avait reçus du fiancé, car les anciens croyaient que la pureté d'une fille était flétrie par un seul baiser, mais cette loi est présentement abrogée en ce royaume.* Voyez-ci-dessus (2) la réponse qui fut faite par une fille Florentine.

(*) *Leg.* 16, *cod. lib.* 5.
(2) *Remarque* (A) *de l'article* GUALDRADE, *tom. VII.*

MAMURRA, chevalier romain, natif de Formium, acquit de prodigieuses richesses dans les Gaules, où il accompagna César en qualité d'intendant des manœuvres (*a*). Qu'il me soit permis de traduire ainsi le *Præfectus fabrûm* de Pline. Il se servit de ses richesses comme s'en servent les voluptueux; il les amassa avec une avarice et une extorsion dévorantes, et il les dépensa prodigalement dans toute sorte de luxe: *Alieni appetens, sui profusus*, comme on l'a dit de Catilina (*b*). Il fit bâtir une maison extrêmement magnifique à Rome, sur le mont Cœlius: toutes les murailles étaient incrustées de marbre, et il fut le premier qui donna dans cette somptuosité (A). Elle consistait à appliquer proprement de petits morceaux de marbre fort minces, et de diverses couleurs, sur les murailles. Il n'y avait point de colonne dans cette maison qui ne fût toute du marbre le plus estimé. Catulle fit des vers tout-à-fait piquans contre les voleries immenses de Ma-

(a) Cicero, ad Attic., *lib. VII, epist. VII*; Plin., *lib. XXXVI, cap. VI.*
(b) Sallust., *in Bello Catilinar.*

murra, et contre les liaisons de débauche qu'il supposait entre Jules César et lui (B). Nous en avons parlé dans l'article de ce poëte.

(A) *Il fit bâtir une maison..........* *dont les murailles étaient incrustées de marbre, et il fut le premier qui donna dans cette somptuosité.*] *Primium Romæ parietes crusta marmoris operuisse totius domûs suæ in Cœlio monte Cornelius Nepos tradidit Mamurram Forniis natum, equitem Romanum, præfectum fabrûm C. Cæsaris in Galliâ. Neque indignatio sit tali auctore inventâ re, hic namque est Mamurra Catulli Veronensis carminibus proscissus, quem et res et domus ipsius clariùs quàm Catullus dixit habere quidquid habuisset comata Gallia, etc.* (1).

(B) *Catulle fit des vers tout-à-fait piquans contre...... lui.*] Voici le début de la XXXe. de ses épigrammes:

Quis hoc potest videre, quis potest pati,
Nisi impudicus, et vorax, et helluo?
Mamurram habere quod comata Gallia
Habebat unctum, et ultima Britannia.
Cinæde Romule hæc videbis et feres,
Es impudicus, et vorax, et aleo.

L'épigramme LVIII est encore plus forte:

Pulchrè convenit improbis Cinædis,
Mamurræ Pathicoque Cæsarique.

Il y a des interprètes de Cicéron (2), qui croient que ces paroles de la lettre LIIe. du XIIIe. livre à Atticus: *Tum audivit de Mamurrâ, vultum non mutavit* (3), signifient que César ne changea point de couleur, lorsqu'on lui apprit ce que Catulle avait versifié contre lui et contre Mamurra: mais cette explication est mal fondée. César, retourné de la défaite des fils de Pompée, était alors dans une maison de campagne de Cicéron. Or quelle apparence qu'il ignorât en ce temps-là les vers de Catulle, et que ce fût une nouvelle à lui apprendre? Nous avons fait voir amplement en un autre lieu (4) que la défaite

(1) Plinius, *lib. XXXVI, cap. VI.*
(2) Corradus *et* Lambin.
(3) *L'édition de M.* Grævius *porte:* non mutavi.
(4) *Dans l'article de* CATULLE, *tom. IV, pag.* 599, *remarque* (I), *num. II.*

des fils de Pompée est postérieure de beaucoup à la réconciliation de César et de Catulle. Manuce s'imagine qu'on parla alors à César de l'inobservation des lois somptuaires, de laquelle Mamurra était coupable. Cela est plus apparent que l'explication de Lambin.

MANARD (JEAN), né à Ferrare, l'an 1462, a été l'un des plus habiles médecins de son siècle. Vous trouverez dans Moréri qu'il fut médecin de Uladislas roi de Hongrie; qu'ensuite il fut professeur en médecine à Ferrare, et que s'étant marié fort vieux avec une jeune fille, il fit des excès qui le tuèrent. Les poëtes ne manquèrent pas de plaisanter là-dessus (A), et principalement ceux qui surent qu'un astrologue lui avait prédit qu'il périrait dans un fossé. Il mourut à Ferrare, à l'âge de soixante-quatorze ans (B), au mois de mars 1536, et fut enterré au cloître des carmes (a). On assure dans l'inscription de son sépulcre, qu'il avait rendu à la médecine son ancien éclat (C), après avoir mis plusieurs fois en fuite les troupes barbares qui l'avaient déshonorée. Ses lettres sont le meilleur de ses ouvrages (b). Calcagnin les a louées, et a parlé de leur auteur avec des marques d'une grande estime (D).

(a) Voyez la remarque (B).
(b) Elles sont divisées en XX livres. Vous trouverez le sommaire de chacune dans la Bibliothéq. de Gesner.

(A) Il fit des excès qui le tuèrent. Les poëtes ne manquèrent pas de plaisanter là-dessus.] Paul Jove l'accuse d'une grande faute de jugement : fort vieux, dit-il, et fort goutteux, il épousa une fille dont la beauté et la jeunesse demandaient un homme qui

fût à la fleur de l'âge. Le pis fut. ajoute-t-on, qu'il tomba dans l'intempérance aux dépens même de sa vie : il témoigna plus de passion d'avoir des enfans que de vivre, et il voulut bien hâter l'heure de sa mort , pourvu qu'il pût acquérir le titre de père. *Duxit autem uxorem plane senex , et articulorum dolore distortus, ab ætate, formaque, florentis juvenis toro dignam, adeò levi judicio, et letali quidem intemperantiá, ut maturando, funeri suo aliquantò prolis, quàm vitæ cupidior ab amicis censeretur* (1). Vous trouverez dans Moréri une épigramme de six vers latins (2), composée sur ce Cursius; mais vous n'y trouverez pas sujet par ce distique de Latomus.

In fovea qui te periturum dixit aruspex,
Non ei mentitus : conjugis illa fuit.

On a tant brodé la pensée de ce distique , que l'on est venu jusques à dire que Manard, pour éviter la prédiction , s'éloignait de tous les fossés. Il ne songeait qu'au sens littéral , et ne se défiait point de l'allégorique ; mais il reconnut par expérience que ce n'est pas toujours la lettre qui tue, et que l'allégorie est quelquefois le coup mortel : il mourut la nuit de ses noces pendant les momens de la jouissance , et ainsi fut accomplie la prédiction. Voilà comment quelques écrivains circonstancient la chose · je m'étonne qu'ils ne le comparent pas aux abeilles qui meurent des piqûres qu'elles font (3). *Joannes Manardus........ cùm ab astrologo ipsi prædictum fuisset, vitæ periculum in* FOVEÂ *ipsi imminere, à foveis sibi timuit et fossis, non satis perspectá oraculi* κρύψει. *Cùm verò illiberis , prolis aliquantò quàm vitæ cupidior , plane senex uxorem duceret juvenculam , primâ nuptiali nocte cum dilectâ concumbens , desideratis intentus amoribus , in genitali foveâ extinctus , suavi morte oraculi implevit scopum , et funus maturavit suum* (4). Je crois qu'ils se trompent. Une telle circonstance n'aurait pas été négligée par les premiers qui ont

(1) Paulus Jovius, in Elog., cap. LXXXI, pag. 191.
(2) Elle est dans Paul Jove, ibidem.
(3) Animasque in vulnere ponunt. Virgil., Georg., lib. IV, vs. 238.
(4) Sacra Eleusinia patefacta, pag. 181, 182, edit. Francof., 1684.

parlé de cela ; et je remarque que Paul Jove nous conduit à croire que Manard ne succomba pas sitôt. Personne ne nous apprend si ses efforts furent suivis de quelque fécondité , et s'il eut du moins la consolation de laisser sa femme grosse. Travailler beaucoup et s'en retourner à vide est un sort très-mal plaisant :

Αἰσχρόν τοι δηρόν τε μένειν κενεόν τε νέεσθαι.

Nam turpe diuque manere inanemque redire (5).

S'il était vrai que ce bon vieillard fût mort la nuit de ses noces, un devin, qui lui eût prédit ce que l'on verra dans les deux vers qui font la clôture d'un passage que je m'en vais copier , eût encore mieux répondu que celui dont il s'agit dans le distique latin. Le passage que vous allez lire est de M. Chevreau , et vient ici fort à propos ; car il concerne l'imprudence des vieillards qui se marient. « Si vous aviez songé tout de bon à » la principale fin du mariage , vous » auriez bien vu que cette principale » fin n'est plus pour nous qui som-» mes âgés de quatre-vingts ans : et à » tout hasard j'offre d'entretenir à » mes dépens les nourrices des pre-» miers fruits de votre famille, pour-» vu que vous n'ayez point eu de » coadjuteur , et que vous ne fassiez » point votre plaisir de voir bercer » chez vous les enfans des autres » (6)...... Le conseil de saint Paul , » *Qu'il vaut mieux se marier que* » *brûler* , n'est à mon avis ni pour » vous ni pour moi ; et je pour-» rais bien rapporter ici beaucoup » d'exemples et d'autorités sur le ri-» dicule des vieillards qui se propo-» sent de faire des noces quand ils » doivent penser à leurs funérailles. » Ce ridicule est toujours mortel : et » vous m'entendrez sans commen-» taire , quand je vous ferai souve-» nir des vers que Hardy a mis dans » la bouche d'un confident à Alcyo-» née , qui , pour avoir l'état de son » roi , croyait en devoir épouser la » fille :

(5) Homer. , Iliados *lib. II, vs. 298.*
(6) Chevreau , OEuvres mêlées, *Ire. part., pag.* 140 , *dans une* lettre datée du 13 *d'octobre* 693.

» *On ne se servira que d'un même flambeau*
» *Pour le conduire au lit, et du lit au tombeau* (7).

Cousons à ceci un passage de Gui Patin. *Un conseiller de la grand' chambre fort vieux , et presque au bord de la fosse, se va remarier à une jeune et belle fille d'un autre conseiller. Je crois que le bon homme peut mourir d'une belle épée ; mais voyez si ces bonnes gens sont capables de bien juger nos procès , eux qui font de telles folies* (8)? Nous avons vu cidessus (9) ce que disait le même Patin d'une semblable passion de M. de Lorme , médecin illustre, et qui eut, dit-on , une destinée bien différente de celle de notre Manard : il fit mourir sa jeune épouse , et montra par-là que l'aphorisme *le fort emporte le faible* n'est pas toujours vrai.

(B) *Il mourut..... à l'âge de soixante-quatorze ans.*] Cela est marqué dans son épitaphe. Frère Augustin Superbi, de Ferrare, se trompe lorsqu'il assure que notre Manard mourut l'an 1545 (10). Gesner , d'autre côté , qui composa sa Bibliothéque , l'an 1544 , et qui nous apprend qu'il a ouï dire que Manard était décédé depuis environ six ans (11) , n'avait pas été bien instruit.

(C) *On assure qu'il avait rendu à la médecine son ancien éclat.*] Voici les paroles de l'épitaphe (12) : *Ann. P. M. L. X.* (13) *Continenter tùm docendo et scribendo, tùm innocentissimè medendo omnem medicinam ex arce bonarum litterarum fœdè prolapsam, et in Barbarorum potestatem ac ditionem redactam , prostratis ac profligatis hostium copiis identidem ut Hydra renascentibus in antiquum pristinumque statum ac nitorem restituit.*

(7) *Là même, pag.* 150.
(8) Patin, lettre XCVI, *pag.* 383 *du tome I.*
(9) *Dans l'article* Lorme (N. de), *tom. IX, pag.* 361, *remarques* (D) *et* (E).
(10) F. Agostino Superbi *da Ferrara , theologo , e predicatore de' Minori Conventuali,* Apparato de gli Uomini illustri della città di Ferrara , *pag.* 74.
(11) Gesner. , *in* Biblioth., *folio* 455.
(12) *Elle est dans* Agostino Superbi, Apparato de gli Uomini illustri di Ferrara, *pag.* 74, *qui dit qu'on la voit au cloître des Carmes de Ferrare. Elle se trouve plus entière dans l'Itinerarium Italiæ,* d'André Scott, *folio m.* 114.
(13) *Je ne sais si ces quatre lettres signifient:* plus minùs sexaginta.

(D) *Calcagnin..... a parlé* de Manard *avec des marques d'une grande
estime.*] C'est dans une lettre qu'il
écrivit à Érasme, l'an 1525 : vous y
verrez qu'ayant témoigné l'affliction
que la mort de Léonicénus, il ajoute
(14) : *Una res mihi solatio fuit, quòd*
Joannes Manardus, *vir græcè et latinè
doctissimus, rem medicam et naturæ
arcana iisdem vestigiis prosequitur,
cujus rei specimen dare possunt epistolæ, quas proximè edidit : eas puto
in manus tuas pervenisse. quòd si
nondùm pervenisse significaveris,
dabo operam, ut quamprimùm ad te
perferantur. Scripsit ille quidem alia
plurima digna immortalitate, sed vir
minimè ambitiosus ea nondùm publicam materiam fecit : hoc superstite
minùs* Leonicenum *desideramus.*

(14) Calcaginus, epist. LIV, *lib.* XX, *inter*
Erasmianas, *pag.* 1019.

MANCINELLUS (Antoine)

fut un très-bon grammairien au
XVᵉ. siècle. Il enseigna dans le
collége de Rome, et puis alla à
Venise par le conseil de Pomponius Lætus (a), et continua de
publier divers écrits de littérature (A). On dit qu'ayant fait
une harangue contre les mauvaises mœurs d'Alexandre VI,
ce pape en fut si irrité qu'il lui
fit couper la langue et les mains
(b). Les deux auteurs que je cite
pour ce fait-là sont l'un bon catholique, et l'autre bon protestant. J'en citerai un troisième *

(a) *Voyez les vers que* Gesner *rapporte
folio* 59 *verso, de sa Bibliothéque.*
(b) Du Preau (*ou* Prateolus). Histoire
de l'Église, *tom. II , folio* 304 *verso;* Cres-
pin, de l'État de l'église, *pag. m.* 502.
* A toutes les autorités citées par Bayle,
Leclerc oppose une simple dénégation. Joly
qui ne laisse pas échapper une occasion de
montrer son papisme, dit que le père Niceron dans le tome XXXVII (lisez XXXVIII)
de ses *Mémoires,* place à 1512 le Juvénal de
Mancinelli, comme si les ouvrages ne s'im-
primaient que du vivant des auteurs. Joly
ajoute que lui-même a cité ailleurs une édition de 1498, que J.-A. Fabricius date de
1497. J'ajouterai que Harles en cite une de

qui circonstancie (B) un peu plus
la chose.

1492. La Monnoie, cité par Leclerc, observe
qu'à la fin du *Sermonum Decus* il est fait
mention d'une chose arrivée à Rome l'an
1503. Or cette année étant celle de la mort
du pape Alexandre VI. Leclerc conclut que
Mancinelli a dû survivre au pape. Mais le
chapitre où l'on parle du fait arrivé en 1503
est intitulé : *Monstrum gemellorum.* L'événement eut lieu le 16 des calendes d'avril,
c'est-à-dire, le 17 mars. Alexandre VI n'est
mort que le 18 août 1503. Le fait raconté
par Mancinelli étant antérieur de cinq mois
à la mort du pape, on ne peut, de l'observation de la Monnoie, rien conclure contre
les trois auteurs cités par Bayle.

(A) *Il continua de publier divers
écrits de littérature.*] Vous trouverez
le titre de la plupart dans la Bibliothéque de Gesner, qui remarque
entre autres choses que le Commentaire de Mancinellus sur le premier
livre de la Rhétorique de Cicéron *ad
Herennium* fut imprimé à Venise, l'an
1497, en présence de l'auteur. J'a-
joute que Mancinellus fit des notes
sur Horace, sur Juvénal, sur Suétone, etc., et des corrections aux
Élégances de Laurent Valla. Il composa aussi des harangues, et des
vers latins qui ont été insérés au IIᵉ.
tome du *Deliciæ Poëtarum Italorum.*

(B) *Je citerai un troisième auteur
qui circonstancie un peu plus la chose.*] M. du Plessis-Mornai, alléguant
ceux qui parlèrent contre le papat,
sous Alexandre VI, cite d'abord un
passage de Jérôme Paul, Catalan, et
puis il ajoute (1) : « Antoine Manci-
» nel fut encore plus hardi. Un jour
» solennel, sur le point de la pro-
» cession, monté sur un cheval blanc,
» selon la coutume, il fit une haran-
» gue à Rome devant tout le peuple,
» contre Alexandre VI, reprenant
» ouvertement ses abus, scandales
» et abominations, et après avoir
» fini en jeta des exemplaires devant
» le peuple; Alexandre le fait pren-
» dre et lui couper les deux mains;
» dès qu'il fut guéri, retourne, et en
» une autre fête en fait une autre
» plus hardie; lors Alexandre lui fait
» couper la langue dont il mourut
» (*). » Coëffeteau n'a pu opposer à

(1) Du Plessis, Mystère d'Iniquité, *pag.* 58.
(*) Hieronymus Mari us in EusebioCaptivo.

cela que cette remarque : *Qu'il ne sait ce qu'il en doit croire. Il y a peu de personnes qui fassent si bon marché de leur vie, au moins de gaieté de cœur, si ce ne sont des esprits mélancoliques* (2). Il a ignoré sans doute que le *Hieronymus Marius*, qu'on avait cité , et qu'il appelle *Hierosme le Maire*, était un auteur qui se sauva d'Italie pour professer librement la religion protestante. C'est en un mot le Jérôme MASSARIUS, dont on verra ci-dessous l'article. Le jésuite Gretser (3) ne l'a connu qu'à demi ; mais il n'a pas laissé de le récuser comme un ennemi des papes. Je ne sais point si cette aventure de Mancinellus peut être prouvée par aucun autre témoin que par celui-là ; mais je ne doute point que le témoignage de tous ceux de ma connaissance qui en ont parlé, ne dérive ou médiatement ou immédiatement de lui. J'ai lu dans le *Diarium* de Burchard une chose qui a du rapport à celle-là : c'est que le premier dimanche de l'Avent 1502, le duc de Valentinois , fils du pape Alexandre VI, fit couper la main et le bout de la langue à un certain homme masqué qui avait médit de lui. On vit pendant deux jours cette main pendue à une fenêtre , le bout de la langue attaché au petit doigt. *Eâdem die serò quidam mascheratus usus est per Burgum quibusdam verbis inhonestis contra ducem Valentinum , quod dux intelligens fecit eum capi et duci ad curiam sanctæ Crucis , et circa nonam noctis fuit ei abscissa manus et anterior pars linguæ , quæ fuit appensa parvo digito manûs absciscæ , et manus ipsa fenestræ curiæ sanctæ Crucis appensa, ubi mansit ad secundum diem* (4). Bien des choses aussi dissemblables que ces deux-là ont servi de fondement les unes aux autres par une métamorphose à quoi les faits historiques sont forts sujets. Je n'affirme pas que cela ait lieu en cette rencontre ; mais, afin que l'on puisse rechercher si quelque mélange d'accidens a pu faire ici du désordre , je rapporterai une histoire que Thomasi raconte immédiatement après celle de l'homme masqué à qui l'on coupa la langue et la main.

« Le pape et le Valentinois , ayant » appris qu'un frère d'un certain » Jean Lorenzo , de Venise , homme » pour lors assez fameux à raison de sa » science , avait translaté en latin , et » même envoyé à Venise , afin qu'on » les imprimât , quelques libelles » qu'il avait fait mettre en grec (5) , » contre la vie de l'un et de l'autre, » par ledit Jean Lorenzo , qui » était mort depuis peu , ils donnè- » rent ordre de le prendre, n'oubliant » rien pour faire que cela se fît en » secret et avec toute la diligence » possible : ils commandèrent encore » qu'on lui enlevât en même temps » tout ce qu'il pouvait avoir de meu- » bles ou d'écrits, soit qu'ils fussent » à lui ou à son frère. De quoi la ré- » publique fut promptement aver- » tie , comme étant très-particuliè- » ment intéressée dans les personnes » et les biens de ces frères ; c'est » pourquoi elle envoya d'abord or- » dre à son ambassadeur d'intercéder » en son nom auprès du pape, tout au- » tant qu'il lui serait possible, pour la » délivrance de ce prisonnier. L'am- » bassadeur s'acquitta de sa commis- » sion le plus tôt possible, pressant » extraordinairement sa sainteté dans » une longue audience qu'elle lui don- » na , et en lui présentant les lettres » du sénat , de lui accorder l'élargis- » sement de celui qu'il demandait ; » à quoi le pape répondit qu'il ne » s'était pas imaginé que la républi- » que s'intéressât si fort pour le pri- » sonnier, et qu'il avait un déplai- » sir extrême de ne pouvoir pas l'ac- » corder à ses demandes : d'autant » que le procès et la vie de celui pour » qui on intercédait étaient déjà ter- » minés , puisqu'il avait été étranglé » et jeté dans le Tibre quelques nuits » auparavant (6). »

Il me reste à dire qu'Augustin Niphus , parlant des bons mots qu'il faut éviter afin de n'encourir pas quelque péril , se sert de l'exemple

(2) Coëffeteau , Réponse au Mystère d'Iniquité, *pag.* 1213 , 1214.
(3) Gretser. , *in* Exam. Myster. Plessæani , *pag.* 552.
(4) Burchard , *in* Diario , *pag.* 78 , 79. *Voyez aussi* Thomaso Thomasi, *dans la* Vie de César Borgia, *pag.* 367.

(5) *Cet endroit n'a pas été bien traduit ; l'original italien porte que ces livres avaient été composés en grec*, par Jean Lorenzo , *et qu'ils furent trouvés parmi ses papiers.*
(6) Thomaso Thomasi , Vie de César Borgia , *pag.* 368 , 369.

de Jérôme Mancionus, Napolitain, à qui César Borgia fit couper la langue (7).

(7) *Cùm Hieronymus Mancionus Neapolitanus adversùs Cæsarem Borgiam usus esset talibus aculeatis sermonibus et a Cæsare linguæ mutilatione in illum animadversum est.* Aug. Niphus , de Aulico , *lib. I, in fine , pag. m.* 337.

MANDUCUS. C'est ainsi que les Romains nommaient certaines figures , ou certains personnages , qu'ils produisaient à la comédie , ou dans d'autres jeux publics (A) , pour faire rire les uns, et pour faire peur aux autres. Il n'est pas malaisé de deviner pourquoi on nommait ainsi ces personnages. Il ne faut que se souvenir qu'on leur donnait de grandes joues, une grande bouche ouverte, des dents longues et pointues, qu'ils faisaient craqueter à merveilles. Juvénal nous apprend que les enfans en étaient fort épouvantés (a). C'est de là sans doute que les mères prirent occasion de menacer leurs enfans qui ne voulaient pas faire ce qu'elles leur commandaient, que *Manducus* les viendrait manger (b). On en fit donc un épouvantail nocturne, ou un spectre. Cela ne s'accordait pas mal avec la tradition des Lamies; car on disait aussi qu'elles dévoraient les enfans. S'il en faut croire Scaliger (B), *Manducus* a été nommé *Pytho Gorgonius*, par un poëte qui intitula ainsi une pièce de théâtre. Ce poëte s'attachait surtout aux comédies que

(a) *Tandemque redit ad pulpita notum
Exodium, cum personæ pallentis hiatum
In gremio matris formidat rusticus
infans.*
Juven., sat. III, vs. 174.

(b) *Voyez le* Commentaire sur les Emblèmes d'Alciat, *pag.* 717 *de l'édition de Padoue* 1661.

l'on nommait *Atellanes* , où cette manière de marionnettes dont je parle avait lieu principalement. Nos remarques contiennent la preuve de tout ceci. Dans un parallèle entre l'ancien et le moderne, on devrait apparier ensemble le *Manducus* et le *Loup-garou*. Voyez notre article d'*Acco*, tome I.

(A) *Ou dans d'autres jeux publics*] Je le prouve par ces deux vers de Plaute (1) :

Cн. *Quid si aliquo ad ludos me pro Manduco locem ?*
Lл. *Quapropter ? Cн. Quia pol clarè crepito dentibus.*

Sur quoi le commentateur Philippe Paréus fait cette note qu'il emprunte de Scaliger (2) : *Manducus est μυζμαλαχειν quod in ludis circumferebatur inter cæteras ridicularias et formidolosas personas , magnis malis , latèque dehiscens et clarè crepitans dentibus.* Scaliger ajoute que cela se faisait principalement lorsqu'on jouait les *Atellanes*, et cite le passage que j'ai rapporté de Juvénal. *Dentes , poursuit-il , magnos et voracitatem attribuebant nocturnis illis terriculamentis ; quo nomine factum ut Lamiam puerorum infantium deglutricem fingerent.*

(B) *S'il en faut croire Scaliger.*] Voici la suite des paroles alléguées dans la remarque précédente. *Indè Pomponius Atellanarius poëta inscripsit exodium quoddam Pythonem Gorgonium, qui nihil aliud erat, ut puto , quàm ille Manducus , de quo dixi. Nam Pythonem pro terriculamento, et Gorgonium pro Manduco , quia γοργωσες cum magnis dentibus pingebantur. Itaque apud Nonium ita leges,* Gumiæ Gulosi. *Lucillius libro* XXX.

Illo quid fiat Lamia*, et Pytho oxyodontes,
Quo veniunt illæ gumiæ, vetulæ, improbæ, ineptæ.*

(1) Rudent. , act. II, sc. VI, vs. 51.
(2) Scalig. in Varron. , de Ling. lat., p. 150.

MANICHÉENS *, hérétiques

* Leclerc , trouvant trop longue la discussion de cent endroits de cet article, renvoie

dont l'infâme secte fondée par un certain Manès (A), commença au troisième siècle, et s'établit en plusieurs provinces, et subsista fort long-temps. Elle enseignait néanmoins les choses du monde qui devaient donner le plus d'horreur. Son faible ne consistait pas, comme il le semble d'abord, dans le dogme des deux principes, l'un bon et l'autre méchante; mais dans les explications particulières qu'elle en donnait, et dans les conséquences pratiques qu'elle en tirait (B). Il faut avouer que ce faux dogme, beaucoup plus ancien que Manès (C), et insoutenable dès que l'on admet l'Écriture Sainte, ou en tout ou en partie, serait assez difficile à réfuter, soutenu par des philosophes païens aguerris à la dispute (D). Ce fut un bonheur que saint Augustin, qui savait si bien toutes les adresses de la controverse, abandonna le manichéisme; car il eût été capable d'en écarter les erreurs les plus grossières, et de fabriquer du reste un système qui, entre ses mains, eût embarrassé les orthodoxes. Le pape Léon Ier. témoigna beaucoup de vigueur contre les manichéens; et comme son zèle fut soutenu par les lois impériales (E), cette secte reçut alors un très-rude coup. Elle se rendit formidable dans l'Arménie au IXe. siècle, com-

me je le dis ailleurs (a), et parut en France dans le siècle des Albigeois (b) : c'est ce qu'on ne peut nier; mais il n'est pas vrai que les Albigeois aient été manichéens (c). Ceux-ci, entre autres erreurs, enseignaient que l'âme des plantes était raisonnable; et ils condamnaient l'agriculture comme un exercice meurtrier; mais ils la permettaient à leurs auditeurs en faveur de leurs élus (F).

Comme dans cet article, dans celui des Marcionites et des Pauliciens, et dans quelques autres, il y a certaines choses qui ont choqué beaucoup de personnes, et qui leur ont paru capables de faire croire que j'avais voulu favoriser le manichéisme, et inspirer des doutes aux lecteurs chrétiens, J'avertis ici que l'on trouvera à la fin de cet ouvrage un éclaircissement qui montrera que ceci ne peut donner nulle atteinte aux fondemens de la foi chrétienne *.

(a) Dans l'article Pauliciens, tom. XI, remarques (B) et (D).

(b) Voyez M. de Meaux, Histoire des Variations, liv. XI.

(c) Voyez M. Basnage, Hist. de la Religion des églises réformées, Ire. partie, chap. IV et suiv.

* Voyez, tome XV, les Éclaircissemens, etc., section II. Mais Joly ne trouve pas que le remède appliqué par Bayle puisse guérir le mal qui se trouve en cet article.

(A) Secte fondée par un certain Manès.] Il était Perse de nation, et de fort basse naissance, mais bien fait et de bon esprit ; ce qui fut cause qu'une veuve qui l'avait acheté le prit en affection, l'adopta pour son fils, et prit soin de le faire instruire par les mages dans la discipline et la philosophie des Perses, où il profita si bien, qu'étant d'ailleurs naturellement éloquent, et s'expliquant aisément et de bonne grâce, il acquit la réputation

---

à l'Examen du Pyrrhonisme ancien et moderne, par M. de Crousaz. Joly en fait autant et renvoie aussi à l'Histoire du Manichéisme, par Beausobre et au Bayle en petit (du père Lefèvre). C'est Beausobre surtout que Chaufepié a mis à contribution dans le long article qu'il a donné aux Manichéens, et où il reproche à Bayle de n'avoir pas fait la fonction d'historien critique.

de subtil et savant philosophe (1). Il étudia principalement les livres d'un certain Arabe, nommé Scythien, et il en tira la plupart de ses méchans dogmes. Térébinthus, héritier des biens et de l'argent, et des impiétés de Scythien, avait attiré sur lui une grande persécution, pour avoir voulu dogmatiser dans la Perse, et s'était réfugié chez cette veuve. Il périt d'une manière bien tragique : ses livres et son argent demeurèrent à la veuve ; et ce fut par ce moyen que Manès trouva chez elle les écrits de Scythien. *Comme, selon sa coutume, il fut monté de nuit au plus haut de ce logis* (2) *pour invoquer sur la plateforme à découvert les démons de l'air, ce que les manichéens ont fait depuis dans leurs exécrables cérémonies, il fut frappé soudainement d'un coup du ciel, qui le précipita du haut en bas sur le pavé, où il eut la tête écrasée et le cou rompu* (3). Saint-Épiphane raconte que Scythien avait eu le même sort, c'est-à-dire, qu'il était tombé du haut du logis (4). D'autres disent que le diable transporta Térébinthe dans un désert, et l'y étrangla, et que Scythien fut écrasé sous les ruines de sa maison, à Jérusalem. *Scythianus autem domús suæ ruinâ oppressus miserè periit. Discipulum autem et successorem doctrinæ suæ habuit quendam nomine Buddam, cognomine Terebinthum, qui et ipse à Satanâ in solitudinem abreptus strangulatus est* (5). Ils disent aussi que Manès épousa la veuve qui l'avait affranchi (6) ; et par-là ils trouvent de quoi continuer le parallèle qu'ils forment entre lui et Mahomet. Ils ajoutent qu'on le fit écorcher tout vif, à cause des enchantemens ou des sortiléges, dont il s'était servi pour faire mourir le fils de son roi. *Postquàm suis incantationibus regis Persarum filium necásset, vivus ab eo excoriatus est* (7). Mais il y a bien plus d'apparence qu'il fit tout ce qu'il lui fut

possible pour le guérir. Ce qu'il y a de plus sûr est qu'il se fit fort de lui redonner la santé, et qu'il ne tint point sa promesse. « Le bruit s'étant » répandu partout de ce grand pou- » voir qu'il disait avoir de faire des » miracles, il fut appelé par le roi Sa- » porès pour guérir son fils fort ma- » lade. D'abord ce hardi trompeur » chassa tous les médecins qui avaient » entrepris la guérison de ce petit » prince, et promit au roi de le re- » mettre bientôt en pleine santé, » sans autre remède que celui de ses » oraisons (8). Mais l'enfant étant » mort entre ses bras, le roi, furieu- » sement irrité contre lui, le fit met- » tre en prison, d'où s'étant échappé, » il s'enfuit en Mésopotamie. Il y fut » deux fois convaincu en deux dis- » putes solennelles par le saint et » savant évêque Archélaüs (*), qui » eut bien de la peine à le sauver de » la fureur du peuple, qui voulait » le mettre en pièces. Cela néanmoins » ne lui servit guère ; car peu de » temps après il fut repris par des ca- » valiers qu'on avait envoyés partout » après lui, et mené à Saporès qui » le fit écorcher tout vif, puis fit jeter » son corps aux chiens pour en être » dévoré, et pendre sa peau remplie » de paille devant une des portes de » la ville (9). »

(B) *Les explications. . . . . . qu'elle en donnait, et les conséquences pratiques qu'elle en tirait.*] Selon les manichéens (10), les deux principes s'étaient battus, et dans ce conflit il s'était fait un mélange du bien et du mal. Depuis ce temps-là le bon principe travaillait à dégager ce qui lui appartenait : il répandait sa vertu dans les élémens pour y faire ce triage. Les élus y travaillaient aussi ; car toute qu'il y avait d'impur dans les viandes qu'ils mangeaient, se séparait des particules du bon principe, et alors ces particules dégagées et purifiées étaient transportées au royaume de Dieu leur première pa-

(1) Maimbourg, Histoire de saint Léon, *liv. I*, pag. 11.
(2) *C'est-à-dire du logis de la veuve.*
(3) Maimbourg, Histoire de saint Léon, liv. I, *pag.* 11.
(4) Epiph. adv. Hæres., *pag.* 620. –
(5) Lamb. Danæus, Notis in librum Augustini de Hæresibus, *folio* 118 verso.
(6) *Idem*, ibid., fol. 120.
(7) *Idem*, ibidem.

(8) *Saint Épiphane*, adv. Hæreses, pag. 621, dit pourtant qu'il employa des remèdes. Τινὰ εἴδη φαρμακευτικῆς προσενέγκας. Cùm medicamenta quædam adhibuisset.
(*) *Hieron.*, de Script. eccles. in Archelao.
(9) Maimbourg, Histoire de saint Léon, *liv. I*, pag. 13, 14.
(10) Augustin., de Hæresib., cap. XLVI.

trie , sur deux vaisseaux destinés à cet emploi. Ces deux vaisseaux sont le soleil et la lune. *Ipsam verò boni à malo-purgationem ac liberationem non solùm per totum mundum , et de omnibus ejus elementis virtutem Dei facere dicunt ; verùm etiam electos suos per alimenta quæ sumunt , et eis quippè alimentis , sicuti universo mundo , Dei substantiam perhibent esse commixtam , quam purgari putant in electis suis eo genere vitæ, quo vivunt electi manichæorum , velut sanctius et excellentius auditoribus suis* (11). . . . *Quicquid verò undique purgatur luminis per quasdam naves (quas esse lunam et solem volunt) regno Dei tanquàm propriis sedibus reddi* (12). Ces hérétiques « s'imagi-
» naient que pour sauver les âmes
» Dieu avait fait une grande machine
» composée de douze vaisseaux , qui
» élevaient insensiblement les âmes
» en haut, et ensuite se déchargeaient
» dans la lune , laquelle, après avoir
» purifié ces âmes par ses rayons, les
» faisait passer dans le soleil et dans
» la gloire , expliquant par-là les
» différentes phases de la lune : elle
» était dans son plein quand les vais-
» seaux y avaient apporté quantité
» d'âmes , et elle était en décours à
» proportion qu'elle s'en déchargeait
» dans la gloire (13). » Il y avait dans ces vaisseaux , disaient-ils , certaines vertus qui prenaient la forme d'homme , afin de donner de l'amour aux femmes de l'autre parti ; car pendant l'émotion de la convoitise , la lumière qui est engagée dans les membres s'enfuit, et on la reçoit dans les vaisseaux de transport , qui la remettent en sa place naturelle. *Esse autem in eis navibus sanctas virtutes , quæ se in masculos transfigurant , ut illiciant fœminas gentis adversæ , et per hanc illecebram commota eorum concupiscentia fugiat de illis lumen , quod membris suis permixtum tenebant , et purgandum susceperant ab angelis lucis , purgatumque illis navibus imponatur ad regna propria reportandum* (14). Pendant que cer-

taines vertus prenaient la figure d'homme, d'autres prenaient celle de femme , afin de donner de l'amour aux hommes, et de faire en sorte réciproquement que ce feu de lasciveté séparât les substances de lumière, d'avec les substances ténébreuses. *Certè illi libri manichæi sunt omnibus sinè dubitatione communes , in quibus libris illa portenta ad illiciendos , et per concupiscentiam dissolvendos utriusque sexûs principes tenebrarum , ut liberata fugiat ab eis , quæ captivata tenebatur in eis divina substantia , de masculorum in fœminas , et fœminarum in masculos transfiguratione conscripta sunt* (15). Si vous joignez à cela qu'ils se figuraient que les parties de lumière étaient beaucoup plus entrelacées avec les parties ténébreuses , dans les personnes qui travaillent à la génération , que dans les autres (16) , vous comprendrez l'alliance monstrueuse qu'ils formaient entre ces deux dogmes ; l'un qu'il ne fallait point se marier , ni procréer des enfans ; l'autre qu'on pouvait lâcher la bride aux transports de la nature , pourvu que l'on empêchât la conception. *Et si utuntur conjugibus , conceptum tamen generationemque deviant , ne divina substantia quæ in eos per alimenta ingreditur vinculis carneis ligetur in prole* (17). Il semble qu'ils aient cru que Saclas , l'un des princes des ténèbres, plus grand dévoreur d'enfans que Saturne , ne trouva point de meilleur moyen de tenir dans une étroite prison les particules divines qu'il avait mangées , que celui de la génération , et que pour cet effet il s'approcha de sa femme , et lui fit deux enfans qui furent Adam et Ève. *Adam et Evam ex parentibus principibus fumi asserunt natos , cùm pater eorum nomine Saclas sociorum suorum fœtus omnium devorâsset, et quicquid indè commixtum divinæ substantiæ ceperat, cum uxore concumbens in carne prolis , tanquàm tenacissimo vinculo , colli-*

(11) Augustin. , de Hares., cap. XLVI, folio 115 , in editione Lamberti Danæi.

(12) Ibidem , folio 115 verso.

(13) Basnage , Histoire de la Religion des Églises réformées, tom. I, pag. 125, 126.

(14) Augustin. , de Hæresibus , cap. XLVI.

(15) Idem , ibidem , folio 116.

(16) In cæteris autem hominibus , etiam in ipsis auditoribus suis , hanc partem bonæ divinæque substantiæ , quæ mixta et colligata in escis et potibus detinetur , maximèque in eis qui generant filios , arctiùs et inquinatiùs colligari putant. Ibid. , folio 115.

(17) Augustin. , ibidem , folio 117.

gâsset (18). Or parce qu'ils regardaient leurs élus comme de très-bons purificateurs, je veux dire comme des personnes qui filtraient admirablement les parties de la substance divine embarrassées et emprisonnées dans les alimens (19), ils leur donnaient à manger les principes de la génération, et l'on prétend qu'ils les mélaient avec les signes de l'Eucharistie ; chose si abominable, que M. de Meaux a raison de dire, *qu'on n'ose même y penser, loin qu'on puisse l'écrire* (20). Voici les paroles de saint Augustin : *Quâ occasione vel potiùs execrabilis superstitionis quâdam necessitate coguntur electi eorum velut Eucharistiam conspersam cum semine humano sumere, ut etiam indè, sicut de aliis cibis quos accipiunt, substantia illa divina purgetur* (21) . . . . . *Ac per hoc sequitur eos, ut sic eam et de semine humano, quemadmodùm de aliis seminibus, quæ in alimentis sumunt, debeant manducando purgare. Undè etiam Catharistæ appellantur, quasi purgatores, tantâ eam purgantes diligentiâ, ut se nec ab hâc tam horrendâ cibi turpitudine abstineant* (22). Ils ne demeuraient pas d'accord qu'ils commissent cette abomination ; mais on prétend qu'ils en furent convaincus (23). Rapportons ces paroles d'un moderne : « Comme ils croyaient que » l'esprit venait du bon principe, et » que la chair et le corps étaient du » méchant, ils enseignaient qu'on le » devait haïr, lui faire honte, et le » déshonorer en toutes les manières » qu'on pourrait ; et sur cet infâme » prétexte il n'y a sortes d'exécrables » impudicités dont ils ne se souillas- » sent dans leurs assemblées (24). » saint Augustin ne leur attribue pas ce raisonnement : je ne dis pas néanmoins que M. Maimbourg se trompe; car on rapporte en plusieurs manières la doctrine et la conduite des manichéens : ce qui vient sans doute ou

de ce qu'ils ont varié d'un siècle à l'autre, ou de ce que tous leurs docteurs contemporains ne s'expliquaient pas de la même sorte, ou enfin de ce que tous leurs adversaire ne les entendaient pas bien. On a trouvé bon d'exterminer tous les livres des manichéens : cela peut avoir eu ses utilités ; mais il en résulte un petit inconvénient : c'est que nous ne pouvons pas être assurés de leur doctrine, comme nous le serions en consultant les ouvrages de leurs plus savans auteurs. Par les fragmens de leur système que l'on rencontre dans les pères, il paraît évidemment que cette secte n'était point heureuse en hypothèses, quand il s'agissait du détail. Leur première supposition était fausse ; mais elle empirait entre leurs mains par le peu d'adresse et d'esprit philosophique, qu'ils employaient à l'expliquer et à l'appliquer.

(C) *Ce faux dogme; beaucoup plus ancien que Manès...*] Nous avons vu qu'il le trouva dans les livres que Térébinthus avait hérités de son maître Scythien. Il n'est pas vrai, comme le suppose saint Épiphane, que ce Scythien ait vécu du temps des apôtres (25) : il fallait seulement dire qu'il aurait pu être l'aïeul de Manès; mais il est très-vrai que le dogme des deux principes était connu dans le monde long-temps avant la prédication des apôtres. Scythien en fut redevable à Pythagore, si nous en croyons saint Épiphane (26). Quelques-uns (27) disent que Térébinthus l'emprunta d'Empédocle. Les gnostiques, les cerdoniens, les marcionites, et plusieurs autres sectaires qui firent entrer cette mauvaise doctrine dans le christianisme, avant que Manès fît parler de lui, n'en furent pas les inventeurs : ils la trouvèrent dans les livres des philosophes païens. Plutarque va nous apprendre l'antiquité et l'universalité de ce système, non pas comme un simple historien,

(18) *Idem, ibidem.*
(19) *Voyez la dernière remarque.*
(20) Histoire des Variations, *liv. XI, num. 15, pag. m.* 129
(21) August., de Hæresibus, *cap. XLVI, folio* 115 verso.
(22) *Ibidem, folio* 116 verso.
(23) *Idem, ibidem, folio* 116.
(24) Maimbourg, Histoire de saint Léon, *liv. I, pag.* 17, 18.

(25) Saint Épiphane, adversùs Hæreses, *pag.* 620, *suppose que Scythien alla à Jérusalem, pour conférer avec les apôtres. Il y serait donc allé avant que Titus prît la ville : ainsi son disciple n'aurait pu vivre en même temps que Manès, au IIIe. siècle.*
(26) *Ibidem, pag.* 619.
(27) Suidas, *in* Μάνης.

mais comme un fidèle sectateur. *Il est impossible*, dit-il (28), *qu'il y ait une seule cause bonne ou mauvaise qui soit principe de toutes choses ensemble, pource que Dieu n'est point cause d'aucun mal, et la concordance de ce monde est composée de contraires, comme une lyre du haut et bas, ce disoit Heraclitus : et ainsi que dit Euripide,*

Jamais le bien n'est du mal separé,
L'un avec l'autre est tousjours temperé,
Afin que tout au monde en aille mieux.

Parquoi ceste opinion fort ancienne, descendue des théologiens et législateurs du temps passé jusques aux poëtes et aux philosophes, sans qu'on sache toutefois qui en est le premier auteur, encore qu'elle soit si avant imprimée en la foi et persuasion des hommes, qu'il n'y a moyen de l'en efacer ni arracher ; tant elle est frequentée, non pas en familiers devis seulement, ni en bruits communs, mais en sacrifices et divines ceremonies du service des dieux, tant des nations barbares, que des Grecs en plusieurs lieux, que ni ce monde n'est point flotant à l'avanture sans estre regi par providence et raison, ni aussi n'y a-il une seule raison qui le tiene et qui le regisse avec je ne sai quels timons, ne sai quels mors d'obeïssance, ains y en a plusieurs meslez de bien et de mal : et pour plus clairement dire, il n'y a rien ici bas que nature porte et produise, qui soit de soi pur et simple : ne n'y a point un seul dispensier de deux tonneaux qui nous distribue les affaires comme un tavernier fait ses vins, en les meslant et brouillant les uns avec les autres : ains ceste vie est conduite de deux principes, et de deux puissances adversaires l'une à l'autre, l'une qui nous dirige et conduit à costé droit, et par la droite voye, et l'autre qui au contraire nous en destourne et nous rebute : ainsi est ceste vie meslée, et ce monde, sinon le total, à tout le moins ce bas et terrestre au dessous de la lune, inegal et variable, sujet à toutes les mutations qu'il est possible ; car il n'y a rien qui puisse estre sans cause precedente, *et ce qui est bon de soi ne donneroit jamais cause de mal, il est force que la nature ait un principe et une cause dont procede le mal aussi bien que le bien.*

C'est l'avis et l'opinion de la plus part et des plus sages anciens : car les uns estiment qu'il y ait deux dieux de mestier contraire, l'un auteur de tous biens, et l'autre de tous maux : les autres appellent l'un Dieu qui produit les biens, et l'autre demon, comme fait Zoroastres le magicien, qu'on dit avoir esté cinq cens ans (29) devant le temps de la guerre de Troye. Cestui donc appelloit le bon dieu Oromazes, et l'autre Arimanius : et davantage il disoit que l'un ressembloit à la lumière, plus qu'à autre chose quelconque sensible, et l'autre aux tenebres et à l'ignorance, et qu'il y en avoit un entre les deux qui s'appelloit Mithrès : c'est pourquoi les Perses appellent encore celui qui intercede et qui moyenne, Mithrès : et enseigna de sacrifier à l'un pour lui demander toutes choses bonnes, et l'en remercier ; et à l'autre, pour divertir et destourner les sinistres et mauvaises.... (30). *Les Chaldéens disent qu'entre les dieux des planetes qu'ils appellent, il y en a deux qui font bien, et deux qui font mal, et trois qui sont communs et moyens ; et quant aux propos des Grecs touchant cela, il n'y a personne qui les ignore : qu'il y a deux portions du monde, l'une bonne qui est de Jupiter Olympien, c'est-à-dire celeste : l'autre mauvaise qui est de Pluton infernal : et feignent davantage, que la déesse Armonie, c'est-à-dire accord, est née de Mars et de Venus, dont l'un est cruel, hargneux et querelleux, l'autre est douce et generative.* Prenez *garde que les philosophes mesmes conviennent à cela, car Heraclitus tout ouvertement appelle la guerre, pere, roy, maistre et seigneur de tout le monde, et dit qu'Homere quand il prioit,*

Puisse perir au ciel et en la terre,

Et entre dieux, et entre hommes, la guerre,

ne se donnoit pas de garde qu'il maudissoit la generation et production de

---

(28) *Plutarque*, au Traité d'Isis et d'Osiris, *pag. m.* 1043. *Je me sers de la version d'A-myot. Ce passage, dans l'édition grecque et latine de Francfort,* 1620, *est à la page* 369 *et suivantes.*

(29) *Il fallait dire cinq mille. Voyez la remarque* (E) *de l'article* Zoroastre, *tom. XV, au commencement.*

(30) *Plutarque, au Traité d'Isis et d'Osiris, pag.* 1046.

toutes choses qui sont venues en estre par combat et contrarieté de passions, et que le soleil n'outrepasseroit pas les bornes qui lui sont prefixes, autrement que les Furies ministres et aides de la justice le rencontreroient. Et Empedocles chante, que le principe du bien s'appelle Amour et Amitié, et souvent Armonie : et la cause du mal,

Combat sanglant et noise pestilente.

Quant aux Pythagoriciens, ils designent et specifient cela par plusieurs noms, en appellant le bon principe, un, fini, reposant, droit, non pair, quarré, dextre, lumineux : et le mauvais, deux, infini, mouvant, courbe, pair, plus long que large, inegal, gauche, tenebreux. Aristote appelle l'un forme, l'autre privation : et Platon, comme umbrageant et couvrant son dire, appelle en plusieurs passages l'un de ces principes contraires, le mesme, et l'autre l'autre : mais ses livres de ses loix qu'il escrivit estant desja vieil, il ne les appelle plus de noms ambigus ou couverts, ni par notes significatives, ains en propres termes il dit que ce monde ne se manie point par une ame seule, ains par plusieurs à l'aventure, à tout le moins, non pas moins que deux, desquelles l'une est bienfaisante, l'autre contraire à celle-là, et produisant des effets contraires : et en laisse encore entre deux une troisième cause, qui n'est point sans ame, ni sans raison, ni immobile de soi-mesme, comme aucuns estiment, ains adjacente et adherante à toutes ces deux autres. Plutarque, dans un autre livre (31), dit formellement, que la nature de Dieu ne lui permet que de bien faire, et non pas de se fâcher contre quelqu'un, ou de lui nuire. Il faut donc que cet auteur ait été persuadé que les afflictions qui tourmentent si souvent les hommes ont une autre cause que Dieu, et par conséquent qu'il y avait deux principes, l'un qui ne fait que du bien, l'autre qui ne fait que du mal. J'ajoute que les philosophes perses, bien plus anciens que ceux d'Égypte, ont enseigné constamment cette doctrine (32).

Plutarque lui donne trop d'étendue, puisqu'il prétend qu'elle paraissait dans les actes publics de la religion, parmi les barbares et parmi les Grecs (33) : car il est bien vrai que les païens ont reconnu et honoré des dieux malfaisans ; mais ils enseignaient aussi, et par leurs livres et par leurs pratiques, que le même Dieu en nombre qui répandait quelquefois ses biens sur un peuple, l'affligeait quelque temps après pour se venger de quelque offense. Pour peu qu'on lise les auteurs grecs, on connaît cela manifestement. Disons la même chose de Rome. Lisez Tite Live, Cicéron, et les autres écrivains latins, vous comprendrez clairement que le même Jupiter, à qui l'on offrait des sacrifices pour une victoire gagnée, était honoré en d'autres rencontres afin qu'il cessât d'affliger le peuple romain : et quoiqu'il y eût un *Vejovis* beaucoup plus porté à faire du mal, qu'à faire du bien, on ne laissait pas de croire que le *Dijovis*, ou le *Diespiter*, c'est-à-dire le bon Jupiter, lançait la foudre. Aulu-Gelle s'exprime de telle sorte, qu'il distingue nettement Jupiter d'avec Vejovis (34). *Cùm Jovem igitur et Dijovem à juvando nominassent : eum quoque contrà deum, qui non juvandi potestatem sed vim nocendi haberet (nam deos quosdam ut prodessent celebrabant, quosdam ne obessent placabant) Vejovem appellaverunt demtà atque detractà juvandi facultate. .... Simulachrum dei Vejovis, quod est in æde, de quâ suprà dixi, sagittas tenet, quæ sunt videlicet paratæ ad nocendum : quapropter eum deum plerique Apollinem esse dixerunt . . . . . Virgilium quoque aiunt, multæ antiquitatis hominem sinè ostentationis odio peritum, numina læva in Georgicis quoque deprecari, significantem quandam vim esse hujuscemodi deorum in lædendo magis quàm in juvando potentem. Versus Virgilii hi sunt :*

In tenui labor, at tenuis non gloria, si quem

(33) *Remarquez qu'on ne censure* Plutarque, *qu'en ce qu'il suppose que, par des actes publics de religion, les* Grecs *témoignaient qu'il y avait des dieux, le bon Jupiter, par exemple, qui ne pouvaient faire que du bien.*

(34) Aul. Gellius, *lib. V,* cap. XII.

(31) Non posse suaviter vivi juxtà Epicurum, *pag.* 1102.
(32) Diog. Laërtius, *in* Procœmio, *num.* 8; Agathias, Histor., *lib. II.*

Plutarque se trompe aussi , lorsqu'il
veut que les philosophes et les poëtes
se soient accordés dans la doctrine
des deux principes. Ne se souvenait-
il pas d'Homère le prince des poëtes,
leur modèle, leur source commune ;
d'Homère , dis-je , qui n'a préposé
qu'un dieu aux deux tonneaux du
bien et du mal ?

Δοιοὶ γάρ τε πίθοι κατακείαται ἐν Διὸς
οὔδει ,
Δώρων , οἷα δίδωσι , κακῶν , ἕτερος δὲ
ἑάων.
Ὧ μὲν καμμίξας δῴη Ζεὺς τερπικέραυ-
νος,
Ἄλλοτε μέν τε κακῷ ὅγε κύρεται , ἄλλοτε δ᾽ ἐσθλῷ.
Ὧ δέ κε τῶν λυγρῶν δῴη , λωβητὸν
ἔθηκε.
Καί ἑ κακὴ βούβρωςις ἐπὶ χθόνα δῖαν
ἐλαύνει·
Φοιτᾷ δ᾽ οὔτε θεοῖσι τετιμένος, οὔτε
βροτοῖσιν.

*Duo quippe dolia jacent in Jovis limine
Donorum quæ dat, alterum malorum, alterum verò bonorum.
Cui quidem miscens dederit Jupiter fulmine
gaudens ;
Interdum quidem in malum ille incidit, interdùm et in bonum :
Cui verò ex malis dederit, injuriis omnibus
obnoxium facit :
Et illum exitialis dolor acerbissimus super
terram almam exercet :
Vagaturque nec diis honoratus neque mortalibus (36).*

M. Costar censura avec raison ces
paroles de M. de Girac : *Il semble que
vous avez voulu imiter le Jupiter
d'Homère , et que , puisant dans des
tonneaux, vous versez comme lui avec
les deux mains cette diversité de matières au hasard et sans choix.* Voici
la censure : la comparaison « de Ju-
» piter me fait de l'honneur, mais
» elle n'en fait guère à celui qui l'al-
» lègue si mal à propos. Homère (*1),
» qui est l'inventeur de cette fiction,
» et Platon qui la rapporte (*2) dans
» sa République , n'expriment point
» que Jupiter , ayant puisé dans ses
» tonneaux les biens et les maux de

» la vie , les répandit *inconsidéré-*
» *ment* sur les misérables mortels. Ils
» disent seulement que tantôt il les
» versait tout purs , et tantôt il en
» faisait un mélange ; d'où venait
» qu'entre les hommes les uns étaient
» toujours malheureux, et que la
» destinée des autres n'était qu'un
» flux réciproque de bonheur et d'ad-
» versité (37). » Mais M. Costar a oublié une chose qui méritait d'être
observée : il n'a point dit que des
trois choses qui se pouvaient faire
auprès de ces deux tonneaux, Jupiter
n'en fait que deux. On pouvait ou ne
verser que du bon tonneau , ou ne
verser que du mauvais , ou prendre
de l'un et de l'autre. Homère s'est bien
gardé de parler de ces trois fonctions :
il savait trop bien que la première
n'a point de lieu : et je crois même
qu'il aurait bien fait de supprimer la
seconde ; car où est l'homme si malheureux dont le sort ne soit mêlé
d'aucun bien? Platon a rejeté cette
pensée d'Homère , par la raison qu'il
est de l'essence de Dieu de ne faire
que du bien ; d'où il conclut que
Dieu n'est la cause que d'une partie
des événemens humains. Οὐδ᾽ ἄρα ὁ
θεὸς , ἐπειδὴ ἀγαθὸς , πάντων ἂν εἴη
αἴτιος , ὡς οἱ πολλοὶ λέγουσιν· ἀλλ᾽ ὀλί-
γων μὲν τοῖς ἀνθρώποις αἴτιος , πολλῶν
δὲ ἀναίτιος· πολὺ γὰρ ἐλάττω τἀγαθὰ
τῶν κακῶν ἡμῖν· καὶ τῶν μὲν ἀγαθῶν
οὐδένα ἄλλον αἰτιατέον τῶν δὲ κακῶν
ἀλλ᾽ ἄττα δεῖ ζητεῖν τὰ αἴτια , ἀλλ᾽ οὐ
τὸν θεόν. *Non igitur Deus , quùm bonus sit, omnium causa est , ut multi
dicunt , sed paucorum quidem hominibus in causâ est , multorum verò
extrà causam. Multò enim pauciora
nobis sunt bona quàm mala. Et bonorum quidem solus Deus causa est
dicendus. Malorum autem quamlibet
aliam præter Deum causam quærere
decet* (38). Il dit que les poëtes qui
nous donnent cette fiction des deux
tonneaux parlent follement de Dieu ,
et commettent un grand péché. Οὐκ
ἄρα , ἀποδεκτέον οὔτε Ὁμήρου , οὔτ᾽ ἄλ-
λου ποιητοῦ ταύτην τὴν ἁμαρτίαν περὶ
τοὺς θεοὺς ἀνοήτως ἁμαρτάνοντος , καὶ
λέγοντος ὡς δύο πίθοι. *Neque Homeri
igitur , neque alterius poëtæ admit-
tendum est peccatum , stultè de Diis*

---

(35) *Voyez, touchant ces deux espèces de
dieux, un passage d'Arnobe, cité dans la remarque* (G) *de l'article* PAULICIENS, *tom. XI.*

(36) Homer., Iliad., *lib. ultimo, vs.* 527.

(*1) Il., *n.*

(*2) *Dial.* 2.

(37) Costar, Apologie, *pag.* 225.

(38) Plato, de Republicâ, *lib. II , pag. m.*
505, *D.*

dicentis , in Jovis limine duo jacere dolia (39). On donnera ailleurs (40) un plus grand détail concernant l'hypothèse platonique touchant la source du mal et du bien.

L'apologie de Costar étant assez rare dans les pays étrangers, je ne me fais pas un scrupule d'en citer ce long passage (41) : « Peut-être que » M. de Girac en a cru le roman de » la Rose, qui veut que la Fortune » soit la Tavernière, qui distribue à » pot et à pinte les diverses liqueurs » de ces deux tonneaux, selon son » caprice et sa fantaisie :

- *Jupiter en toute saison*
- *A sur l'issuë de sa maison,*
- *Ce dit Homer, deux pleins tonneaux,*
- *S'il n'est vieulx homs ne garçonneaux,*
- *Ni n'est dame ni damoiselle,*
- *Soit vieille, jeune, laide ou belle,*
- *Qui vie en ce monde reçoive,*
- *Qui de ces deux tonneaux ne boive.*
- *C'est une taverne plenière,*
- *Dont Fortune est la tavernière,*
- *Et en trait en pots et en coupes*
- *Pour faire à tout le monde soupes.*
- *Tous elle en abreuve à ses mains,*
- *Mais aux uns plus, aux autres moins.*
- *N'est nul qui chacun jour ne pinte*
- *De ces tonneaux, ou quarte ou pinte,*
- *Ou muy, ou septier, ou chopine,*
- *S'il, comme il plaist à la mechine,*
- *Ou plene pauline, ou quelque goute,*
- *Que la Fortune au bec luy boute :*
- *Et bien et mal à chacun verse,*
- *Si comme elle est douce et perverse.*

Au reste, l'ancienne hérésie des deux principes règne encore dans quelques pays de l'Orient (42) ; et l'on croit qu'elle a été fort commune parmi les anciens barbares de l'Europe. *Apud Slavos nondùm quidem Christi fide imbutos, simile dogma receptum fuisse, Helmoldus (*1) auctor est, qui malum illorum Deum Zeevuboch vocatum scribit. Paria et de aliis Germanorum populis Vossius (*2) conjicit. Atque hodienum, provinciæ Fetu in Africâ incolas persuasum sibi habere, esse aliquod numen, cui omnia mala, aliud cui bona accepta ferenda. Joh. Guil. Mulle-*

rus (*), Danicæ in Africâ ecclesiæ quondam Pastor, testatur (43). Les Gurdes , nation dans l'Asie , servent deux principes , l'un comme l'auteur du bien , l'autre comme la cause du mal ; mais avec cette différence , qu'ils sont infiniment plus exacts dans le culte du dernier , que dans celui du premier (44).

(D) *. . . Seroit assez difficile à réfuter, soutenu par des philosophes païens aguerris à la dispute.*] Par les raisons *à priori* ils auraient été bientôt mis en fuite : les raisons *à posteriori* étaient leur fort ; c'était là qu'ils se pouvaient battre long-temps , et qu'il était difficile de les forcer. On m'entendra mieux par l'exposition que l'on va lire *. Les idées les plus sûres et les plus claires de l'ordre nous apprennent qu'un être qui existe par lui-même, qui est nécessaire , qui est éternel , doit être unique , infini , tout - puissant , et doué de toutes sortes de perfections. Ainsi , en consultant ces idées , on ne trouve rien de plus absurde que l'hypothèse des deux principes éternels , et indépendans l'un de l'autre , dont l'un n'ait aucune bonté et puisse arrêter les desseins de l'autre. Voilà ce que j'appelle raisons *à priori*. Elles nous conduisent nécessairement à rejeter cette hypothèse , et à n'admettre qu'un principe de toutes choses. S'il ne fallait que cela pour la bonté d'un système , le procès serait vidé à la confusion de Zoroastre, et de tous ses sectateurs ; mais il n'y a point de système qui, pour être bon, n'ait besoin de ces deux choses, l'une que les idées en soient distinctes, l'autre qu'il puisse donner raison des expériences. Il faut donc voir si les phénomènes de la nature se peuvent commodément expliquer par l'hypo-

---

(39) *Idem , ibidem.*
(40) *Dans la remarque* (L) *de l'article* PAULICIENS, tom. XI.
(41) Costar, *Apologie, pag.* 226, 227.
(42) *Voyez les paroles du père* Thomassin , *dans la remarque* (D) *de l'article* PAULICIENS , tom. XI.
(*1) Helmold. *Chronic. Sclav., cap.* 53.
(*2) Voss., *de Orig. Idololatr., lib.* 1, *cap.* 8 , *pag.* 280.

(*) Guil. Muller. *Beschreibung der Africanischen Landschafft, Fetu , pag.* 43 , 44.
(43) Tobias Pfannerus , *Systema Theol. Gentilis , pag.* 258.
(44) *Venerano come i Manichei due principii, uno del bene , e l'altro del male : con questa differenza che poco pensando al primo , come quello che credono non poter loro far alcun malo , attendono solo al culto del secondo. Giornale de' Lettera, du* 31 mars 1673, *pag.* 33, *dans l'extrait del Viaggio all' Indie Orientali del. P. F. Vincenzo Maria di Santa Caterina da Siena , procuratore generale de' Carmelitani Scalzi.*
* C'est surtout contre cette remarque (D) que Chaufepié s'étend.

thèse d'un seul principe. Quand les Manichéens nous allèguent que, puisqu'on voit dans le monde plusieurs choses qui sont contraires les unes aux autres, le froid et le chaud, le blanc et le noir, la lumière et les ténèbres, il y a nécessairement deux premiers principes (45); ils font pitié. L'opposition qui se trouve entre ces êtres, fortifiée tant qu'on voudra par ce qu'on appelle variations, désordres, irrégularités de la nature, ne saurait faire la moitié d'une objection contre l'unité, la simplicité, et l'immutabilité de Dieu. On donne raison de toutes ces choses, ou par les diverses facultés que Dieu a données aux corps, ou par les lois du mouvement qu'il a établies, ou par le concours des causes occasionelles intelligentes, sur lesquelles il lui a plu de se régler. Cela ne demande pas les quintessences que les rabbins ont imaginées, et qui ont fourni à un évêque d'Italie un argument *ad hominem*, en faveur de l'Incarnation. *Di questa unione parla diffusamente l'autore, portando gli esempi e le similitudini, con cui la spiegano i rabbini (alcune delle quale sono le medesime che adoprano i nostri teologi per esplicar l'Incarnazione) e con le stesse loro dottrina prova evidentemente ch' ella non sia altro che un insefiratione, cioe due nature, sefireità, e divinità insieme in un supposto* (46). Ils disent que Dieu s'est uni avec dix intelligences très-pures nommées *Sefira*, et qu'il opère avec elles de telle sorte, qu'il faut leur attribuer toutes les variations, et toutes les imperfections des effets. *Attribuendosi a Dio ne' sacri libri atti frà se contrarii ed imperfetti, per salvare l'immutabilità e sua somma perfettione, hanno posta una Gerarchia di dieci intelligenze purissime, per mezo delle quali, come instrumenti della sua potenza, egli opera tutte le cose, ma in modo che à loro sole s'attribuisce ogni varietà, imperfettione, e mutatione* (47). Sans se met-

tre en tant de frais, on peut sauver la simplicité et l'immutabilité des voies de Dieu : le seul établissement des causes occasionelles y suffit, pourvu que l'on n'ait à expliquer que les phénomènes corporels, et que l'on ne touche point à l'homme. Les cieux et tout le reste de l'univers prêchent la gloire, la puissance, l'unité de Dieu : l'homme seul, ce chef-d'œuvre de son créateur entre les choses visibles ; l'homme seul, dis-je, fournit de très-grandes objections contre l'unité de Dieu. Voici comment.

L'homme est méchant et malheureux : chacun le connaît par ce qui se passe au dedans de lui, et par le commerce qu'il est obligé d'avoir avec son prochain. Il suffit de vivre cinq ou six ans (48), pour être parfaitement convaincu de ces deux articles : ceux qui vivent beaucoup, et qui sont fort engagés dans les affaires, connaissent cela encore plus clairement. Les voyages font des leçons perpétuelles là-dessus ; ils font voir partout les monumens du malheur et de la méchanceté de l'homme ; partout des prisons et des hôpitaux ; partout des gibets et des mendians. Vous voyez ici les débris d'une ville florissante ; ailleurs vous n'en pouvez pas même trouver les ruines (49).

Jam seges est ubi Troja fuit, resecandaque falce
Luxuriat Phrygio sanguine pinguis humus (50).

Lisez ces belles paroles tirées d'une lettre qui fut écrite à Cicéron : *Ex Asiâ rediens, cùm ab Æginâ Megaram versùs navigarem, cœpi regiones circumcircà prospicere. Post me erat Ægina, antè Megara, dextrá Piræus, sinistrá Corinthus : quæ oppida quodam tempore florentissima fuerunt, nunc prostrata et diruta antè oculos jacent* (51). Les gens d'étude, sans sortir de leur cabinet, sont ceux qui acquièrent le plus de lumières sur ces deux articles, parce qu'en lisant l'histoire ils font passer en revue tous les siècles, et tous les pays du monde. L'histoire n'est à

(45) *Voyez* saint Épiphane, *quand il parle de Scythianus*, *pag.* 619, advers. Hæres.
(46) Joseph Ciantes, *évêque de Marsique*, in Discursu de sanctissimâ incarnatione clarissimis Hebræorum doctrinis ab eorundem argumentorum oppositionibus defensa, *dans le* Journal d'Italie, *du* 27 *d'août* 1668, *pag.* 102.
(47) *Le* Journal d'Italie, *là même, pag.* 101.

(48) *A cet âge-là on a fait et on a souffert des tours de malice : on a eu du chagrin et de la douleur ; on a boudé plusieurs fois, etc.*
(49) *Voyez* l'entretien XXX de Balzac.
(50) Ovidius, epist. Penel., ad Ulyss., vs. 53.
(51) Sulpicius ad Ciceron., *epist.* V, *lib.* IV, Cicer. ad Famil.

proprement parler qu'un recueil des crimes et des infortunes du genre humain ; mais remarquons que ces deux maux, l'un moral et l'autre physique, n'occupent pas toute l'histoire ni toute l'expérience des particuliers : on trouve partout et du bien moral et du bien physique ; quelques exemples de vertu, quelques exemples de bonheur ; et c'est ce qui fait la difficulté. Car s'il n'y avait que des méchans et des malheureux, il ne faudrait pas recourir à l'hypothèse des deux principes : c'est le mélange du bonheur et de la vertu avec la misère et avec le vice, qui demande cette hypothèse ; c'est là que se trouve le fort de la secte de Zoroastre. Voyez le raisonnement de Platon et de Plutarque dans les passages que j'ai cités ci-dessus.

Afin que l'on voie combien il serait difficile de réfuter ce faux système, et qu'on en conclue qu'il faut recourir aux lumières de la révélation pour la ruiner, feignons une dispute entre Mélissus et Zoroastre : ils étaient tous deux païens, et grands philosophes. Mélissus, qui ne reconnaissait qu'un principe (52), dirait d'abord, que son système s'accorde admirablement avec les idées de l'ordre : l'être nécessaire n'est point borné ; il est donc infini et tout-puissant ; il est donc unique ; et ce serait une chose monstrueuse et contradictoire, s'il n'avait pas de la bonté, et s'il avait le plus grand de tous les vices, savoir une malice essentielle. Je vous avoue, répondrait Zoroastre, que vos idées sont bien suivies, et je veux bien vous avouer qu'à cet égard vos hypothèses surpassent les miennes : je renonce à une objection dont je me pourrais prévaloir, qui serait de dire que l'infini devant comprendre tout ce qu'il y a de réalités, et la malice (53) n'étant pas moins un être réel que la bonté, l'univers demande qu'il y ait des êtres méchans et des êtres bons ; et que, comme la souveraine bonté et la souveraine malice, ne peuvent pas subsister dans un seul sujet, il a fallu nécessairement qu'il y eût dans la nature des choses

un être essentiellement bon, et un autre être essentiellement mauvais ; je renonce, dis-je, à cette objection (54), je vous donne l'avantage d'être plus conforme que moi aux notions de l'ordre : mais expliquez-moi un peu par votre hypothèse, d'où vient que l'homme est méchant, et si sujet à la douleur et au chagrin. Je vous défie de trouver dans vos principes la raison de ce phénomène, comme je la trouve dans les miens ; je regagne donc l'avantage : vous me surpassez dans la beauté des idées, et dans les raisons *a priori* ; et je vous surpasse dans l'explication des phénomènes, et dans les raisons *a posteriori*. Et puisque le principal caractère du bon système est d'être capable de donner raison des expériences, et que la seule incapacité de les expliquer est une preuve qu'une hypothèse n'est point bonne, quelque belle qu'elle paraisse d'ailleurs, demeurez d'accord que je frappe au but en admettant deux principes, et que vous n'y frappez pas, vous qui n'en admettez qu'un.

Nous voici sans doute au nœud de toute l'affaire : c'est ici la grande occasion pour Mélissus, *Hic Rhodus, hic saltus. Res ad triarios rediit.*

Nunc animis opus, Ænea, nunc pectore firmo.

Continuons de faire parler Zoroastre.

Si l'homme est l'ouvrage d'un seul principe souverainement bon, souverainement saint, souverainement puissant, peut-il être exposé aux maladies, au froid, au chaud, à la faim, à la soif, à la douleur, au chagrin ? Peut-il avoir tant de mauvaises inclinations ? Peut-il commettre tant de crimes ? La souveraine sainteté peut-elle produire une créature criminelle ? La souveraine bonté peut-elle produire une créature malheureuse ? La souveraine puissance jointe à une bonté infinie, ne comblera-t-elle pas de biens son ouvrage, et n'éloignera-t-elle point tout ce qui le pourrait offenser, ou chagriner ? Si Mélissus consulte les notions de l'ordre, il répondra que l'homme

(52) *Voyez* Diogène Laërce, *lib.* IX, *num.* 24, *et ibi* Menagium.

(53) *C'est-à-dire, l'action malicieuse. Je fais cette note afin qu'on ne vienne pas m'alléguer que le mal n'est qu'une privation.*

(54) *J'ai lu dans le* Journal d'Italie, *du* 31 *d'août* 1674, *pag.* 101, *que* Piccinardi, *dans le* IIIe. *livre de sa* Dogmatica philosophia peripatetica Christiana, *réfute la thèse* An alius Deus sit possibilis, *soutenue par le père* Pierre Conti, *contre le* Columéra.

n'était point méchant lorsque Dieu le fit. Il dira que l'homme reçut de Dieu un état heureux ; mais que n'ayant point suivi les lumières de la conscience, qui, selon l'intention de son auteur, le devaient conduire par le chemin de la vertu, il est devenu méchant, et qu'il a mérité que Dieu souverainement juste, autant que souverainement bon, lui fît sentir les effets de sa colère. Ce n'est donc point Dieu qui est la cause du mal moral ; mais il est la cause du mal physique, c'est-à-dire de la punition du mal moral : punition qui, bien loin d'être incompatible avec le principe souverainement bon, émane nécessairement de l'un ou de ses attributs, je veux dire de sa justice, qui ne lui est pas moins essentielle que sa bonté. Cette réponse, la plus raisonnable que Mélissus puisse faire, est au fond belle et solide ; mais elle peut être combattue par des raisons qui ont quelque chose de plus spécieux, et de plus éblouissant : car Zoroastre ne manquerait pas de représenter, que si l'homme était l'ouvrage d'un principe infiniment bon et saint, il aurait été créé non-seulement sans aucun mal actuel, mais aussi sans aucune inclination au mal ; puisque cette inclination est un défaut qui ne peut pas avoir pour cause un tel principe. Il reste donc que l'on dise que l'homme sortant des mains de son créateur avait seulement la force de se déterminer de lui-même au mal, et, que s'y étant déterminé, il est seul la cause du crime qu'il a commis, et du mal moral qui s'est introduit dans l'univers. Mais, 1°. nous n'avons aucune idée distincte qui puisse nous faire comprendre qu'un être qui n'existe point par lui-même, agisse pourtant par lui-même. Zoroastre dira donc que le libre arbitre donné à l'homme n'est point capable de se donner une détermination actuelle, puisqu'il existe incessamment et totalement par l'action de Dieu. 2°. Il fera cette question : Dieu a-t-il prévu que l'homme se servirait mal de son franc arbitre? Si l'on répond qu'oui, il répliquera qu'il ne paraît point possible qu'aucune chose prévoie ce qui dépend uniquement d'une cause indéterminée. Mais je veux bien vous accor-

der, dira-t-il, que Dieu a prévu le péché de sa créature, et j'en conclus qu'il l'eût empêchée de pécher ; car les idées de l'ordre ne souffrent pas qu'une cause infiniment bonne et sainte, qui peut empêcher l'introduction du mal moral, ne l'empêche pas, lors surtout qu'en la permettant, elle se verra obligée d'accabler de peines son propre ouvrage. Si Dieu n'a point prévu la chute de l'homme, il a du moins jugé qu'elle était possible : puis donc qu'au cas qu'elle arrivât il se voyait obligé de renoncer à sa bonté paternelle, pour rendre ses enfans très-misérables en exerçant sur eux la qualité d'un juge sévère, il aurait déterminé l'homme au bien moral, comme il l'a déterminé au bien physique : il n'aurait laissé dans l'âme de l'homme aucune force pour se porter au péché, non plus qu'il n'y en a laissé aucune pour se porter au malheur, en tant que malheur. Voilà à quoi nous conduisent les idées claires et distinctes de l'ordre, quand nous suivons pied à pied ce que doit faire un principe infiniment bon. Car si une bonté, aussi bornée que celle des pères, exige nécessairement qu'ils préviennent autant qu'il leur est possible le mauvais usage que leurs enfans pourraient faire des biens qu'ils leur donnent, à plus forte raison une bonté infinie et toute-puissante préviendra-t-elle les mauvais effets de ses présens. Au lieu de donner le franc arbitre, elle déterminera au bien ses créatures ; ou si elle leur donne le franc arbitre, elle veillera toujours efficacement pour empêcher qu'elles ne pèchent. Je crois bien que Mélissus ne demeurerait point court ; mais tout ce qu'il pourrait répondre serait combattu tout aussitôt par des raisons aussi plausibles que les siennes, et ainsi la dispute ne serait jamais terminée (55).

S'il recourait à la voie de la rétorsion, il embarrasserait beaucoup Zoroastre ; mais en lui accordant une fois ses deux principes, il lui laisserait un chemin fort large pour arriver au dénoûment de l'origine du mal. Zoroastre remonterait au temps

(55) *Tout ceci est plus amplement discuté dans les remarques de l'article* PAULICIENS, *tom. XI.*

du chaos : c'est un état à l'égard de ses deux principes fort semblable à celui que Thomas Hobbes appelle l'état de nature, et qu'il suppose avoir précédé l'établissement des sociétés. Dans cet état de nature, l'homme était un loup à l'homme, tout était au premier occupant : personne n'était maître de rien qu'en cas qu'il fût le plus fort. Pour sortir de cet abîme, chacun convint de quitter ses droits sur tout, afin qu'on lui cédât la propriété de quelque chose : on fit des transactions ; la guerre cessa. Les deux principes, las du chaos, où chacun confondait et bouleversait ce que l'autre voulait faire, convinrent de s'accorder : chacun céda quelque chose; chacun eut part à la production de l'homme, et aux lois de l'union de l'âme (56). Le bon principe obtint celles qui procurent à l'homme mille plaisirs, et consentit à celles qui exposent l'homme à mille douleurs ; et s'il consentit que le bien moral fût infiniment plus petit dans le genre humain que le mal moral, il se dédommagea sur quelque autre espèce de créatures, où le vice serait d'autant moindre que la vertu. Si plusieurs hommes dans cette vie ont plus de misères que de bonheur, on récompense cela sous un autre état : ce qu'ils n'ont pas sous la forme humaine, ils le retrouvent sous une autre forme (57). Au moyen de cet accord, le chaos se débrouilla ; le chaos, dis-je, principe passif, qui était le champ de bataille des deux principes actifs. Les poëtes ont représenté ce débrouillement sous l'image d'une querelle terminée (58). Voilà ce que Zoroastre pourrait alléguer, se glorifiant de ne pas attribuer au bon principe d'avoir pro-

duit de son plein gré un ouvrage qui devait être si méchant et si misérable ; mais seulement après avoir éprouvé qu'il ne pouvait faire mieux, ni s'opposer mieux aux desseins horribles du mauvais principe. Pour rendre son hypothèse moins choquante, il pouvait nier qu'il y ait eu une longue guerre entre ces deux principes, et chasser tous ces combats, et ces prisonniers dont les Manichéens ont parlé. Tout se peut réduire à la connaissance certaine que les deux principes auraient eue, que l'un ne pourrait jamais obtenir de l'autre que telles et telles conditions. L'accord aurait pu se faire éternellement sur ce pied-là.

On pourrait objecter à ce philosophe mille grandes difficultés ; mais comme il trouverait des réponses, et qu'après tout il ne demanderait qu'on lui fournît donc une meilleure hypothèse, et qu'il prétendrait avoir réfuté solidement celle de Mélissus, on ne le ramènerait jamais au point de la vérité. La raison humaine est trop faible pour cela ; c'est un principe de destruction, et non pas d'édification : elle n'est propre qu'à former des doutes, et à se tourner à droite et à gauche pour éterniser une dispute ; et je ne crois pas me tromper, si je dis de la révélation naturelle, c'est-à-dire des lumières de la raison, ce que les théologiens disent de l'économie mosaïque. Ils disent qu'elle n'était propre qu'à faire connaître à l'homme son impuissance, et la nécessité d'un rédempteur et d'une loi miséricordieuse. Elle était un pédagogue (ce sont leurs termes) pour nous amener à Jésus-Christ. Disons à peu près le même de la raison : elle n'est propre qu'à faire connaître à l'homme ses ténèbres et son impuissance, et la nécessité d'une autre révélation. C'est celle de l'Écriture. C'est là que nous trouvons de quoi réfuter invinciblement l'hypothèse des deux principes, et toutes les objections de Zoroastre. Nous y trouvons l'unité de Dieu, et ses perfections infinies ; la chute du premier homme, et ce qui s'ensuit. Qu'on nous vienne dire avec un grand appareil de raisonnemens, qu'il n'est pas possible que le mal moral s'introduise dans le monde par l'ou-

(56) *Appliquez ici ce que Junon dit à Vénus, dans Virgile*, Eneid., *lib. IV, vs.* 98.

Sed quis erit modus, aut quo nunc certamine tanto?
Quin potius pacem æternam pactosque hymenæos
Exercemus? . . . .
Communem hunc ergo populum, paribusque regamus
Auspiciis. . . . .

(57) *Notez que tous ceux, ou la plupart de ceux qui ont admis deux principes, ont tenu la métempsycose.*

(58) *Hanc Deus et melior* LITEM *natura diremit.*

Ovidius, Metam., *lib. I, vs.* 21.

vrage d'un prince bon et saint, nous répondrons que cela s'est pourtant fait, et par conséquent que cela est très-possible. Il n'y a rien de plus insensé que de raisonner contre des faits : l'axiome, *ab actu ad potentiam valet consequentia*, est aussi clair que cette proposition, deux et deux font quatre (59). Les manichéens s'aperçurent de ce que je viens de remarquer : c'est pour cela qu'ils rejetèrent le Vieux Testament ; mais ce qu'ils retinrent de l'Écriture fournissait d'assez fortes armes aux orthodoxes : ainsi on n'eut pas beaucoup de peine à confondre ces hérétiques qui, d'ailleurs, s'embarrassaient puérilement lorsqu'ils descendaient dans le détail (60). Or, puisque c'est l'Écriture qui nous fournit les meilleures solutions, je n'ai pas eu tort de dire qu'un philosophe païen serait malaisé à vaincre sur cette matière. C'est le texte de cette remarque.

Quelque longue qu'elle soit, je ne la finirai pas sans avertir mon lecteur qu'il me reste encore trois observations à faire, que je renvoie à un autre article (61). Je dirai dans la 1re., si les pères ont toujours bien raisonné contre les Manichéens, et s'ils ont pu les pousser à bout ; et dans la 2e., que, selon les dogmes du paganisme, les objections de Zoroastre n'avaient pas beaucoup de force ; et dans la 3e., en quel sens on pourrait dire que les chrétiens ne rejettent pas le système des deux principes. Ils ont plus de peine que les païens à éclaircir ces difficultés par la voie de la raison, parce qu'ils ont entre eux des disputes sur la liberté ; dans lesquelles l'agresseur semble être le plus fort (62) ; et parce aussi que le petit nombre des prédestinés, et l'éternité de l'enfer, fournissent des objections que Mélissus n'aurait pas fort redoutées.

(E) *Le zèle du pape Léon fut soutenu par les lois impériales.*] Il y avait déjà des manichéens à Rome, lorsque saint Augustin y arriva l'an 383 ; *car il logea chez un manichéen, et conversait le plus souvent avec ceux de cette secte... Mais après que Carthage fut prise et désolée par Genséric, roi des Vandales*, l'an 439, *la plupart des manichéens d'Afrique se réfugièrent, aussi-bien que les catholiques, en Italie, et principalement à Rome* (63). Le pape Léon obligea le peuple à faire une exacte recherche de ces hérétiques, et indiqua à quelles marques on les pourrait reconnaître (64). « Pour donner encore à tout
» le monde plus d'horreur d'une sec-
» te si détestable, il tint une assem-
» blée, où, avec les évêques voisins
» de Rome, il fit entrer les principaux
» du clergé, du sénat, de la noblesse
» de Rome, et du peuple (*1). Là il
» produisit les plus considérables
» d'entre les manichéens, et un de
» leurs évêques, qui firent une con-
» fession publique de leurs abomina-
» bles impudicités, que je n'ose ex-
» poser, de peur de blesser les oreil-
» les, ou plutôt les yeux chastes de
» mon lecteur ; et que ceux mêmes
» qui les avaient commises dans leurs
» assemblées secrètes, par l'ordre de
» ce faux évêque, déclarèrent devant
» tout le monde, faisant connaître
» en même temps quels étaient leurs
» évêques et leurs prêtres, les en-
» droits les plus retirés où ils s'assem-
» blaient, leurs profanes mystères,
» et leurs sacriléges cérémonies, ce
» qui fut mis authentiquement par
» écrit. Et saint Léon en rendit comp-
» te au peuple peu après, dans un ser-
» mon qu'il fit pour le jeûne des
» Quatre-Temps du mois de décem-
» bre, où il déclara (*2), qu'on était
» obligé en conscience de déférer
» ceux qu'on saurait être engagés
» dans une si infâme et pernicieuse
» hérésie ; que tous devaient s'unir,
» et agir avec un même zèle et une

(59) *Voyez, tom. XI, dans l'article* Pauliciens, *la remarque* (E), *vers le commencement du premier alinéa.*

(60) *Voyez la remarque* (B).

(61) *A celui des* Pauliciens, *tom. XI, remarques* (E), (G) *et* (H).

(62) *Voyez la remarque* (F) *de l'article* Manichéens, *dans ce volume.*

(63) Maimbourg, *Histoire de saint Léon, liv.* I, *pag.* 14.

(64) *Là même, pag.* 18.

(*1) *Ep.* 93, *ad Turib. Ser.* 5 *de jejun. decim. mens.*

(*2) Contra communes hostes pro salute communi una communis debet esse vigilantia ;... et qui tales non prodendos putant, in judicio Christi invenientur rei de silentio, etiamsi non contaminentur assensu. *Ser.* 5. *de jejun. decim. mens.*

» égale vigilance contre ces enne-
» mis communs ; et que ceux qui
» croyaient qu'il ne fallait pas les
» découvrir seraient coupables d'un
» silence très-criminel devant le tri-
» bunal de Jésus-Christ, quoiqu'ils
» n'aient jamais eu aucune part à
» leurs erreurs. Enfin il apporta tant
» de soin dans la recherche qu'il fit
» des manichéens, et le peuple l'y
» seconda si bien, qu'aucun d'eux ne
» leur put échapper, de sorte qu'il
» eut le bonheur de délivrer entiè-
» rement Rome de cette peste. Car
» plusieurs de ces hérétiques, forte-
» ment touchés de ses puissantes
» exhortations, se convertirent sé-
» rieusement à Dieu ; et après avoir
» fait publiquement abjuration de
» leur hérésie dans l'église (*¹), et
» signé le formulaire qu'on leur pré-
» senta, contenant la condamnation
» de Manès, de sa doctrine et de ses
» livres, ils se soumirent à la péni-
» tence qui leur fut imposée. Ceux
» qui demeurèrent obstinés dans
» l'erreur, et refusèrent de souscrire
» à cette condamnation, furent con-
» damnés par les juges au bannisse-
» ment, selon les lois et les ordon-
» nances des empereurs. Or parce
» que les plus méchans, et les plus
» dangereux d'entre les sectateurs de
» cette exécrable hérésie, craignant
» la punition de leurs crimes, avaient
» pris la fuite, il en avertit les évê-
» ques d'Italie et des autres provin-
» ces, par une lettre circulaire, dans
» laquelle, après leur avoir exposé
» tout ce qui s'était fait à Rome en
» cette cause des manichéens, il les
» exhorte à poursuivre ces fugitifs,
» et à donner tous les ordres néces-
» saires pour empêcher qu'ils ne
» puissent trouver aucune retraite
» dans leurs diocèses, protestant
» qu'ils seront inexcusables devant
» Dieu (*²), s'il arrive jamais qu'au-
» cun de leurs sujets se laisse séduire
» par ces imposteurs, faute d'avoir pris
» tout le soin qu'ils doivent avoir de

» les découvrir, de leur donner la
» chasse, et de faire en sorte qu'ils
» ne puissent répandre parmi leurs
» peuples le venin de leur détestable
» doctrine. Et ce qui acheva d'exter-
» miner cette hérésie fut que l'em-
» pereur Valentinien III, ayant su ce
» que le saint pape avait découvert
» des crimes des manichéens, fit pu-
» blier un édit (*), par lequel il
» confirme et renouvelle toutes les
» ordonnances de ses prédécesseurs
» contre eux, les déclare infâmes,
» incapables de toutes charges, et de
» porter les armes, de tester et de
» contracter, et de faire aucun acte
» valable dans la société civile ; dé-
» fend à tous les sujets de l'empire
» d'en céler et d'en retirer aucun, et
» veut qu'on les dénonce, pour être
» punis aussitôt qu'ils seront connus.
» Ainsi cette hérésie, qui de l'Afri-
» que était passée dans l'Italie, en
» fut bientôt bannie par le zèle effi-
» cace de saint Léon (65). » Le père
Thomassin n'oublie pas cet exemple
de l'usage des lois pénales contre l'hérésie. *Saint Léon, pape*, dit-il (66),
*dans sa première décrétale, dit que
plusieurs manichéens venaient de se
convertir à Rome ; mais que quelques-
uns d'entre eux s'étaient si avant engagés dans ces détestables erreurs,
que quelques remèdes qu'on eût employés, on n'avait pu les en retirer ;
qu'on avait ensuite usé de la rigueur
des lois ; et que, selon les constitutions
des princes chrétiens, les juges publics les avaient condamnés à un exil
perpétuel, de peur que leur contagieux commerce n'injectât le reste du
troupeau.* Je mets en note les paroles qu'il a citées de saint Léon (67).
Un peu après il cite le code de Justinien, pour nous apprendre que la
loi onzième du titre V du Ier. livre,
condamne *les manichéens à perdre la
tête, quelque part qu'on les trouve
dans l'empire romain :* Manichæo in

(*¹) Ut damnarent Manichæum cum prædica-
tionibus et disciplinis suis publicâ in ecclesiâ professione, et manus suæ subscriptione compuli-
mus. S. Leo, ep. 2. ad episc. per Italiam : et
epist. 93, ad Turib. Asturic.

(*²) Ante tribunal Domini de reatu negligentiæ
se non poterit excusare quicunque plebem suam
contra sacrilegæ pervers onis auctores noluerit
custodire. Epist. 2, ad episc. per Italiam.

(*) Nov. Valent. 3, de Manich.

(65) Maimbourg, Histoire de saint Léon, liv.
I, pag. 20, à l'année 443.

(66) Thomassin, de l'Unité de l'Église, tom.
I, pag. 339.

(67) Aliquanti verò, qui ita se demorsos unt
at nullum his auxiliantis posset remedium sub-
venire, subditi legibus, secundum christianorum principum constituta, ne sanctum gregem
suâ contagione polluerent, per publicos judices
perpetuo sunt exilio relegati.

loco romano deprehenso caput ampu-
tare (68). Laloi suivante, continue-t-il
(69), *est de l'empereur Justin, et elle
distingue aussi les manichéens, non-
seulement des hérétiques, mais aussi
des Grecs, c'est-à-dire des païens,
des juifs et des samaritains. Les manichéens sont punis de mort; tous les
autres ne sont condamnés, non plus
que les hérétiques, qu'à ne pouvoir
obtenir aucune magistrature, ni aucune dignité, ni faire la fonction de
juges, ou de défenseurs, ou de pères
des cités.*

(F) *Ils permettaient l'agriculture à
leurs auditeurs en faveur de leurs
élus.*] Les manichéens étaient divisés en deux ordres; en celui des élus
et en celui des auditeurs. Il n'était
pas permis à ceux-là d'exercer l'agriculture, ni même de cueillir un fruit.
On le permettait aux autres, et l'on
assurait que les homicides qu'ils
commettaient dans cet exercice leur
étaient pardonnés, par l'intercession
des particules de Dieu qui se déga-
geaient de la prison, lorsque les élus
les mangeaient. Ainsi la remission de
ces meurtres était fondée sur ce qu'ils
fournissaient des alimens aux élus, et
qu'ils procuraient la liberté aux particules de la substance divine enchaî-
nées dans les plantes. Saint Augustin
raconte fort bien ces chimères, et
s'en moque comme il faut. *Cæteras
animas et in pecora redire putant, et
in omnia quæ radicibus fixa sunt, atque aluntur in terrâ. Herbas enim
atque arbores sic putant vivere, ut
vitam, quæ illis inest, et sentire credant, et dolere, cùm læduntur, nec
aliquid indè sinè cruciatu eorum
quenquam posse vellere, aut carpere.
Propter quod agrum spinis purgare
nefas habent. Undè agriculturam,
quæ omnium artium est innocentissi-
ma, tanquàm plurium homicidiorum
ream dementes accusant; suisque auditoribus ideò hæc arbitrantur ignosci,
quia præbent indè alimenta electis
suis, ut divina illa substantia in eorum ventre purgata impetret eis ve-
niam, quorum traditur oblatione pur-
gandà. Itaque ipsi electi nec in agris
operantes, nec poma carpentes, nec
saltem folia ulla vellentes, expectant
hæc afferri usibus suis ab auditoribus*

suis, *viventes de tot ac tantis secundùm suam vanitatem homicidiis alienis* (70).

(70) August., de Hæres., *cap. XLVI, folio
m. 116 verso.*

MANTO, fille de Tirésias, et
grande devineresse comme son
père. On l'estimait à un tel point,
que lorsque ceux d'Argos pillè-
rent la ville de Thèbes, ils ne
crurent pas pouvoir s'acquitter
du vœu qu'ils avaient fait à Apollon, de lui consacrer ce qu'il y
aurait de plus excellent dans
leur butin, s'ils ne lui offraient
cette fille. Elle fut donc envoyée
au temple de Delphes. Mais cela
ne l'engagea point à faire aucun
vœu de continence, ou si elle
y fut engagée, elle observa fort
mal son vœu; car nous lisons
qu'Alcméon, qui avait été le
généralissime de l'armée qui prit
Thèbes, fit deux enfans à notre
Manto, un fils qui eut nom
Amphilochus, et une fille qui fut
fort belle, et qui s'appela Tisi-
phone. Ce furent les fruits d'une
galanterie qui eut quelque chose
d'assez singulier, puisqu'elle arriva durant la fureur qui avait
saisi Alcméon, après qu'il eut
fait mourir sa mère. Voilà ce
qu'Apollodore (a) nous fournit
concernant Manto. D'autres disent (b) qu'à la vérité elle fut
amenée à Delphes avec les autres
prisonniers thébains, mais que
l'oracle leur ayant ordonné d'aller planter une colonie, ils s'en
allèrent à Claros (A), où Rhacius
en avait établi une; et que Rhacius ayant su de Manto qui
étaient ceux avec qui elle avait
fait ce voyage, et pourquoi ils

(68) Thomassin, de l'Unité de l'Église, p. 377.
(69) Là même, pag. 378.

(a) Biblioth., *lib. III, pag. m.* 196, 200.
(b) Pausan., *lib. VII, pag. m.* 207.

l'avaient fait, la prit à femme, et en eut un fils nommé Mopsus (c). Diodore de Sicile (d), au lieu de cela, nous conte que la fille de Tirésias se nommait Daphné ; qu'elle fut envoyée à Delphes comme une offrande, et un *ex-voto* des Argiens ; qu'elle perfectionna les lumières prophétiques qu'elle avait déjà acquises ; qu'elle écrivit grand nombre d'oracles : qu'on prétend qu'Homère lui a dérobé beaucoup de vers pour en orner ses poésies ; et qu'on la nomme Sibylle, parce qu'elle était souvent saisie de l'esprit divin, et qu'elle rendait plusieurs réponses (e). Pausanias dit qu'on montrait encore de son temps à Thèbes, devant le vestibule d'un temple, la pierre sur laquelle Manto s'asseyait, et qu'on nommait la chaise de Manto (f). Il parle du tombeau de Manto en un autre lieu (g) ; mais il s'agit là d'une autre personne qui était fille de Polyidus. Celle dont parle Virgile est la même que la fille de Tirésias (B) : et cela montre qu'on a bien fait courir cette pauvre prophétesse ; car Virgile (h) la transporte en Italie, non pas pour y garder sa virginité, mais pour y faire un enfant qui bâtit Mantoue.

(c) *Voyez ci-dessous, citation* (2).
(d) Biblioth., *lib. V, cap. VI.*
(e) *Voyez un de ses oracles dans Ovide,* Metam., *lib. VI, au sujet du culte de Latone.*
(f) Pausan., *lib. IX, pag.* 289.
(g) Lib. I. *pag.* 41.
(h) Æneid., *lib. X, vs.* 199.

(A) *Ils s'en allèrent à Claros.*] Je ne saurais comprendre pourquoi Pausanias n'a point ajouté ce que dit Pomponius Méla (1), que Manto fuyant les vainqueurs de Thèbes bâtit

(1) Lib. I, cap. XVII.

le temple d'Apollon Clarien, et que son fils Mopsus (2) bâtit Colophon. Prenez garde à ces paroles de Méla : *Fugiens victores Thebanorum Epigonos ;* car je suis fort trompé si elles ne convainquent de mensonge Charles Étienne, Lloyd et Hofman, qui disent que Manto fuyait la tyrannie de Créon et de Thésée, lorsqu'elle alla fonder le temple de Claros. Moréri n'a eu rien à dire de Manto : cependant, s'il eût bien cherché, il aurait pu trouver bonne moisson.

(B) *Celle dont parle Virgile est la même que la fille de Tirésias.*] C'est Servius (3) qui nous apprend qu'elle est fille de Tirésias ; car Virgile se contente de la traiter de devineresse, et de parler des ses amours pour le Tibre.

Ille etiam patriis agmen ciet Ocnus ab oris
Fatidicæ Mantûs et Tusci filius amnis ,
Qui muros matrisque dedit tibi , Mantua ,
   nomen (4).

Le même Servius ajoute que quelques-uns donnaient Hercule pour père à cette devineresse. Léandre Albert rapporte une infinité de traditions touchant cette fondatrice de Mantoue. Consultez-le, si vous voulez, dans sa Description de l'Italie (5).

(2) *Mopsus, selon Strabon, était fils d'Apollon et de Manto , et non pas , comme veut Pausanias, de Rhacius et de Manto. Voyez l'article* Mopsus *, dans ce volume.*
(3) In Virgil., Æneid., *lib. X, vs.* 198.
(4) Virgil., *lib. X, vs.* 198.
(5) *Pag. m.* 602 *et seq.*

MARASCIA (JOSEPH-VINCENT), natif de Palerme, était de la congrégation de l'oratoire de saint Jérôme de la Charité. Il a fait un livre pour prouver qu'il y a eu deux saints Mamiliens archevêques de Palerme (A). Il mourut le 17 de janvier 1699 (a).

(a) *Tiré du* Journal de Trévoux, *mars* 1702, *pag.* 94, *édit. de Trévoux.*

(A) *Il a fait un livre pour prouver qu'il y a eu deux saints Mamiliens archevêques de Palerme.*] Le livre intitulé : *De due santi Mamiliani, arcivescovi e cittadini di Palermo, Risoluzione Historica,* et a été imprimé par les soins de M. Mongitore (1),

(1) *Il est docteur en théologie.*

après la mort de l'auteur. Il n'y a qu'un ou deux critiques modernes qui reconnaissent deux Mamiliens. Marascia avoue *qu'il parle contre le torrent des historiens de Sicile; mais il a pour lui les manuscrits anciens qu'il cite, et des conjectures qu'il trouve solides* (2).

(2) *Tiré du* Journal de Trévoux, *mars* 1702, *pag.* 94, 95, *édition de Trévoux.*

MARCA (PIERRE DE), l'un des plus illustres ornemens de l'église gallicane, naquit à Gant dans le Béarn, le 24 janvier 1594. Il fut baptisé par un prêtre au diocèse de Tarbes (A); et il fit ses classes (*a*) et son cours de philosophie (*b*) sous les jésuites : et puis il étudia en droit (*c*) pendant trois ans, après quoi il fut reçu, l'an 1615, conseiller au conseil souverain de Pau. Il ne fut pas le premier de sa famille qui eut des charges dans la robe (B). Tous ses collègues étaient de la religion (*d*) : mais les choses changèrent bientôt de face; le temps vint bientôt que personne ne put être admis dans ce conseil érigé en parlement, qui ne fût de la religion romaine (*e*). Pierre de Marca eut beaucoup de part aux intrigues qui produisirent ce changement. Il se maria avec une demoiselle de l'ancienne maison des vicomtes de Lavedan; mais l'ayant perdue l'an 1632, après en avoir eu plusieurs enfans (*f*), il ne voulut point se remarier. Il fut fait président au parlement de Béarn,

(*a*) *A Auch.*
(*b*) *A Toulouse.*
(*c*) *Idem.*
(*d*) Stephanus Baluzius, *in* Vitâ Petri de Marca, *pag.* 12.
(*e*) *Ibid., pag.* 13.
(*f*) *L'aîné,* Galactoire de Marca, *succéda à la charge de son père, je veux dire à celle de président au parlement de Pau.*

l'an 1621, et conseiller d'état, l'an 1639. Trois ans après le roi le nomma à l'évêché de Conserans. On s'était déjà servi de sa plume pour un ouvrage de grande importance (C). Il fut envoyé en Catalogne, l'an 1644, pour y exercer la charge de *visiteur géneral* et d'intendant. Il l'y exerça jusques à l'année 1651, avec tant d'habileté, qu'il se fit aimer des Catalans d'un manière qui a peu d'exemples (D). Il alla prendre possession de son évêché au mois d'août 1651. L'année suivante il fut nommé à l'archevêché de Toulouse; et il écrivit au pape une lettre qui méritera une remarque (E). Il prit possession de l'archevêché de Toulouse sans aucune pompe, au mois de mars 1655. Il assista l'année suivante à l'assemblée générale du clergé de France, et y fut contraire aux jansénistes (F). Il se préparait à la résidence l'an 1658, lorsque pour lui ôter tous les scrupules qui eussent pu le troubler, s'il eût demeuré plus longtemps à Paris, le roi le fit ministre d'état. Il suivit la cour au voyage de Lyon; et puis ayant assisté aux états de Languedoc, il s'en alla à Toulouse au mois d'avril 1659. Il présida aux états de la province dans la même ville pendant que le roi y était, et présenta les cahiers à sa majesté. L'année suivante il alla en Roussillon, pour y régler les limites avec les commissaires du roi d'Espagne. Ces conférences furent d'un caractère tout particulier; car il y fallut employer beaucoup de critique sur quelques paroles de Pomponius Méla, et de Strabon (G). Il fit un voyage à Paris au mois de septembre de la même année; et il y mourut le 29 de juin 1652, peu après avoir obtenu les bulles pour l'archevêché de cette ville (H), auquel il avait été nommé sans aucune brigue, dès que le roi eut reçu la démission du cardinal de Rets. Il laissa le soin de ses manuscrits à M. Baluze, qui était à lui depuis le 29 de juin 1656 (g). Il ne pouvait pas choisir un plus digne dépositaire; car M. Baluze a fait voir depuis ce temps-là, qu'avec un grand zèle pour la gloire du défunt il avait toute la capacité que demandait la publication de ce dépôt (I). Il promettait la vie de son Mécène, comme un ouvrage fort ample où l'on verrait le détail des belles actions et des grandes qualités de ce prélat. Je crois qu'il n'a pas exécuté ce dessein. Le public y a perdu beaucoup; quoique la lettre que j'ai citée (h), et où j'ai pris le narré chronologique que l'on vient de voir, explique fort nettement et avec quelque étendue les vertus, le mérite et les actions de cet archevêque. Quelque temps après on vit paraître sa vie, composée par l'abbé Faget, qui l'accompagna de trois ou quatre dissertations; ce qui fit naître une dispute entre lui et M. Baluze (K). Il y a dans l'ouvrage de cet abbé beaucoup de petites particularités, que l'on apprend avec assez de plai-

sir quand on se plaît à connaître tout ce qui regarde les grands personnages. On y voit de quelle manière M. de Marca renonçait à tous les plaisirs de la jeunesse pour l'amour des livres, pendant qu'il était écolier. Il sut bien prédire à ses camarades, qui perdaient leur temps à de vaines occupations, la différence qu'il y aurait un jour entre leur gloire et la sienne (L). Ce fut à Toulouse qu'il jeta les fondemens de son grand savoir : il n'oublia pas à y devenir bon grec (M), ce qui l'a fort distingué des autres savans. L'une de ses principales qualités était de se faire jour dans les matières les plus embrouillées, sans avoir besoin de guide (N).

(A) *Il fut baptisé par un prêtre au diocèse de Tarbes.*] L'exercice de la religion romaine était interdit dans le Béarn, depuis l'édit de l'an 1569; de sorte que le peu de catholiques qui restaient dans le pays étaient contraints, faute de prêtres, de faire baptiser leurs enfans aux temples de ceux de la religion (1). Jacques de Marca ne voulut point suivre leur exemple. Il fit porter son fils au monastère de Saint-Pierre de Genères, dans la Bigorre. Ce fut là que notre archevêque fut baptisé par un religieux bénédictin, qui faisait la charge de curé de la paroisse. Ceci réfute Patin, qui dit quelque part que ce prélat était né de la religion. Voyez la remarque suivante.

(B) *Il ne fut pas le premier de sa famille qui eut des charges dans la robe.*] La famille de Marca doit son origine à GARSIAS DE MARCA, qui commandait la cavalerie de Gaston, prince de Béarn, au siège de Saragosse, l'an 1118. Ses descendans s'attachèrent à la profession des armes; mais on trouve environ l'an 1440, un PIERRE DE MARCA, bon jurisconsulte,

(g) Tiré d'une lettre latine de M. Baluze, écrite à Sorbière, de Vità, Rebus gestis, Moribus, et Scriptis illustrissimi viri Petri de Marca, *imprimée à Paris, l'an 1663, in-8°.*

(h) *Elle a été augmentée à la tête du livre* de Concordiâ Imperii et Sacerdotii, *édition de 1669.*

(1) Stephanus Baluzius, de Vità et Rebus gestis Petri de Marca, *pag. 8, edit. 1663, in-8°*

qui après avoir été le procureur général du prince son maître, dans tous ses états, fut fait président de ses conseils (2). J'ai lu dans un livre qui fut imprimé du temps de la ligue, qu'un DE MARQUA, second président au parlement de Pau, *ne put jamais être reçu ou remis en son état....* *qu'il n'eût fait la protestation ordinaire contre la messe, et ce avec la profession de la foi calvinienne, ordonnée par la feue reine* de Navarre, mère de Henri-le-Grand (3). Ceci réfute Gui Patin, qui assure que notre M. de Marca était de bas lieu. Rapportons le passage : il contient bien des mensonges ; car, pour ne rien dire du reste, il est faux que ce prélat ait jamais été ni ministre ni jésuite. Nous aurons ici un exemple des faux bruits qui courent contre les grands : on ne saurait trop ramasser de ces exemples, afin d'accoutumer un peu le monde à l'esprit d'incrédulité à cet égard. « On nous apprend ici que » l'archevêché de Toulouse a été con- » féré à M. de Marca, évêque de Con- » serans, moyennant cinquante mille » écus qu'il a donnés au cardinal Ma- » zarin. Voilà une grande fortune » pour cet homme ambitieux. Il » était de bas lieu : après avoir étu- » dié, il devint ministre du parti » des réformés (4), dont il était. » S'étant changé il devint jésuite : » puis ayant quitté la société il se » maria, et devint conseiller au par- » lement de Pau, puis président ; en- » suite il vint à Paris, et par la fa- » veur de M. le chancelier Séguier, » il fut fait conseiller d'état ordinai- » re, après intendant de justice en » Catalogne, puis évêque de Conse- » rans, après avoir long-temps atten- » du ses bulles, qu'il ne pouvait » avoir de Rome, à cause de la que- » relle qu'il avait avec les jésuites, » depuis qu'il les avait quittés, et

» qu'enfin il n'a eues qu'en se rac- » commodant avec eux. A la fin le » voilà archevêque de Toulouse. » Quand il aura payé ses dettes, si » un bonnet rouge se présentait à » vendre, il est sûr qu'il l'achèterait » aussi. Je ne saurais mieux compa- » rer M. de Marca, qu'à défunt M. le » Jay , qui, de très-peu de chose , » était devenu premier président au » parlement de Paris (5). »

(C) *On s'était déjà servi de sa plume pour un ouvrage de grande importance.*] L'Histoire du Béarn, qu'il publia l'an 1640, confirma extrêmement la bonne opinion qu'on avait conçue de son savoir et de sa grande capacité. On crut donc qu'il serait fort propre à travailler sur une matière délicate et importante qui se présenta peu après. Le volume des libertés de l'église gallicane, que Pierre du Puy avait mis au jour, alarma les partisans de la cour de Rome , et il y en eut qui tâchèrent de persuader que c'était les préliminaires d'un schisme médité par le cardinal de Richelieu ; comme si cette éminence eût songé à l'érection d'un patriarcat dans le royaume, afin que l'église gallicane ne dépendît point du pape. Un théologien français, sous le nom d'Optatus Gallus (6) , écrivit sur ce sujet, et insinua que le cardinal avait gagné un grand personnage, qui ferait l'apologie de cette érection. Le grand personnage n'était autre que notre Pierre de Marca. *Sequens mensis Martius materiam præbuit novis sermonibus, ob editionem libelli Parænetici ad Antistites regni, de cavendo schismate, quod præ foribus adesse nunciabat Optatus Gallus. Sub eo namque nomine latere voluit auctor; satis alioqui cognitus, si larvam illi detrahere liberet. Occasionem turbandi sumebat ex editione voluminum de Libertatibus ecclesiæ gallicanæ, quæ anno superiore prodierant curâ clariss. viri Petri Puteani; atque item ex rumore vulgi , disserentis eam cardinali Richelio mentem esse , ut omisso episcopo romano, patriar-*

(2) Stephanus Baluzius , de Vitâ et Rebus gestis Petri de Marca, edit. 1663, in-8°., p. 6, 7.

(3) Réponse des vrais Catholiques français à l'Avertissement des Catholiques anglais, p. 53 , édition de 1589.

(4) *Notez que pour justifier Patin on ne peut pas alléguer la contrainte qui fut faite au président de Marca* (voyez ci-dessus . citation (3)) ; *car notre Pierre de Marca était fils d'un homme d'épée. Il n'avait donc pas été assujetti à l'abjuration, afin de conserver une charge. Voyez* la Vie de Pierre de Marca, par l'abbé Faget, *pag.* 7 , 8.

(5) Patin, *lettre LXIX, pag.* 294 *du Ier. tome, datée du* 28 *juin* 1652.

(6) *C'était un prêtre de Paris nommé* Hersens. *Voyez* la Vie *du père Morin, pag.* 52. *Le jésuite* Michel Rabardeau *lui fit une réponse qui fut censurée à Rome. Voyez* Théophile Raynaud, de Louis et malis Libris, *num.* 514, *p. m.* 293.

cha in Galliis constituantur. Aiebat prætereà, magnum virum in partes tractum promissis ingentibus , qui scripto defenderet quæ pro eâ causâ cardinalis facturus erat, neque dubitatur, quin Marcam intelligeret (7). Le roi comprenant qu'une accusation de cette nature le rendait odieux, par le contre-coup de la haine à quoi elle exposait le cardinal, donna ordre à M. de Marca de réfuter cet Optatus Gallus, et de garder un certain milieu qui ne donnât point d'atteinte aux libertés de l'église gallicane, et qui fît voir qu'elles ne diminuent point la révérence due au saint siége. Il accepta cette commission, et l'exécuta par le livre *de Concordiâ sacerdotii et imperii, sive de Libertatibus ecclesiæ gallicanæ*, qu'il fit paraître l'an 1641 (8). Il déclara dans sa préface, qu'il n'entrait point dans les discussions du droit, et qu'il s'arrêtait seulement à celles du fait; c'est-à-dire qu'il faisait voir seulement les bornes qui, de tout temps, avaient séparé les deux empires, celui du prince temporel, et celui du prince spirituel (9) : mais quoiqu'il eût ramassé un nombre infini de témoignages touchant la puissance du pape, son livre ne laissa pas de déplaire aux ultramontains, tant ils ont l'oreille tendre. *Quorum aures teneritudine quâdam plus trahuntur, ut ait auxiliaris præfectus apud antiquum scriptorem Vitæ sancti Hilarii episcopi Arelatensis* (10). La cour de Rome se montra fort difficile à l'égard de l'expédition des bulles qu'on lui demandait pour cet auteur, nommé depuis peu à l'évêché de Conserans : elle fit entendre qu'il fallait avant toutes choses qu'il adoucît quelques endroits de son ouvrage, et l'on fit examiner ce livre avec une grande exactitude. Holsténius, l'un des examinateurs, déclara qu'il y trouvait plusieurs choses qui avaient besoin d'être expliquées, et quelques

autres qui blessaient secrètement les droits de l'Église. *Holstenius quidem quamplurima in eo contineri retulit, quæ explicatione indigerent; quædam etiam esse quæ romana jura violent, sed in occulto. Tanto quippè ac tam singulari artificio librum hunc esse perfectum, ut distingui vix possit, quæ pars ejus ecclesiæ romanæ faveat, quæve noceat* (11). L'un des autres examinateurs rendit un meilleur témoignage : il assura que ce livre prouvait avec tant de force l'autorité du siége de Rome, que l'auteur en devait être récompensé. Son approbation demeura cachée, et jamais M. de Marca n'en put avoir une copie. Après la mort d'Urbain VIII, le cardinal Bichi sollicita fortement Innocent X d'accorder les bulles à l'évêque de Conserans; mais l'assesseur du saint office réveilla le souvenir des plaintes qu'on avait faites contre le livre *de Concordiâ sacerdotii et imperii*, ce qui fut cause que le pape fit examiner l'ouvrage tout de nouveau. *Innocentius naturâ cunctator, et qui per imprudentiam nihil eorum prætermitti volebat quæ ad dignitatem sedis apostolicæ pertinere existimabat, librum hunc examinandum deintegrò commisit cardinalibus Barberino, etc.* (12). M. de Marca, voyant que les choses traînaient en longueur, et n'en espérant point une bonne issue à moins qu'il ne fît satisfaction à la cour de Rome, publia un livre (13), où il expliqua ses sentimens selon l'esprit des ultramontains, et il écrivit au pape une lettre fort soumise, avec de grandes promesses de fidélité. Il avoua qu'il avait rempli dans son ouvrage les devoirs d'un président au parlement, beaucoup mieux que ceux d'un évêque ; mais il vaut mieux rapporter les propres termes dont il se servit. *Fateor eo in libro principis partes pro muneris mei ratione fovisse, præsidemque potiùs implevisse quàm episcopum... et ne libri publicati invidia desideriis meis obesset, libello altero Barcinone edito, quem huic chartæ adjunxi, hal-*

(7) Baluzius, de Vità P. de Marca, pag. 23, 24.

(8) *Idem, ibidem, pag.* 24, 25.

(9) *Sic scriptionem suam temperavit, ut relicta discussione juris quod utrique potestati competit, ad solam facti inquisitionem, quæ fines veterum possessorum demonstrare posset, se contulerit; ut ipse præfatur in admonitione ad lectorem.* Idem, ibid., pag. 25.

(10) Baluzius, de Vità P. de Marca, pag. 26.

(11) *Ibidem*, pag. 28.

(12) *Ibidem*, pag. 30.

(13) *A Barcelone*, l'an 1646. Quo editionis librorum de Concordiâ sacerdotii et imperii consilium exponit, opus apostolicæ sedis censuræ submittit, et reges canonum custodes, non verò auctores esse docet. *Ibidem*, pag. 31.

lucinationes meas deprecatus sum ; Opus censuræ beatitudinis vestræ submisi quam proná mente amplexurum voveo , et assertorem vindicemque libertatis ecclesiasticæ futurum (14). Il n'oublia pas dans son livre le grand service qu'il prétendait avoir rendu aux ultramontains, en publiant la décrétale du pape Vigile (15). La cour de Rome, selon ses finesses ordinaires, continua d'user de remises depuis cette ample satisfaction; mais enfin M. de Marca obtint ses bulles au mois de janvier 1647. Il fut ordonné prêtre à Barcelone, au mois d'avril 1648, et sacré évêque à Narbonne, au mois d'octobre suivant. On le mit à l'épreuve cette année-là, et il fit voir qu'il avait promis de bonne foi un grand zèle pour les intérêts du pape. On voulut savoir son sentiment sur une question qui faisait du bruit (16), et il le donna tel qu'Innocent X le souhaitait. *Mota erat temporibus illis gravis quæstio , de duplici capite in ecclesiá, plerisque unicum tantùm caput , videlicet B. Petrum , in eá constituentibus ; quibusdam verò censentibus Paulum quoque ecclesiæ caput cum Petro fuisse. Cùm hæc quæstio distraheret in partes ingenia hominum eruditorum, atque interim dignitas romanæ sedis tentari videretur; Innocentius, qui apprimè noverat Marcam in primis ecclesiasticæ antiquitatis peritum esse, ratus præterea evenisse occasionem quá ejus animum ergá sedem romanam experiretur, aperire sententiam jubet. Ille nihil cunctatus, Exercitationem Barcinone v kalendas junii anno* M. DC. XLVII. *scripsit* de singulari primatu Petri, *quæ nondùm edita est : quam Innocentio , ad quem statim missa est , valdè placuisse ex eo intellectum est , quòd eam publicè legi jussit, ac singularem quandam de Marcæ in sedem romanam propensione accepit opinionem* (17).

Concluons deux choses de ce narré: la 1re., que c'est une servitude très-fâcheuse à la cour de France, que d'avoir besoin des bulles du pape pour

établir des évêques ; car cela fait que ceux qui seraient capables de bien maintenir les libertés de l'église gallicane, et les intérêts du roi dans ses démêlés avec Rome, n'osent employer toutes leurs forces. Ils aspirent aux prélatures, et ils voient qu'ils n'y pourront jamais parvenir s'ils se rendent trop odieux à la cour de Rome ; ou du moins qu'il faudra qu'ils fassent des satisfactions honteuses. Il n'y a pas long-temps (18) que cela est arrivé à quelques membres de l'assemblée du clergé de l'an 1682. La 2e. chose que je veux conclure est que M. Sallo n'a pas eu raison de prendre pour un artifice ce qu'on fit à Rome, l'an 1664, contre la nouvelle édition de l'ouvrage de M. de Marca. On prétendit que M. Baluze avait publié ce livre *ex retractatis scriptis Petri de Marca.* Cela n'était pas sans fondement. Ce prélat ne chanta-t-il pas la palinodie dans l'écrit publié à Barcelone ? n'écrivit-il pas au pape pour lui demander pardon ? Rapportons les termes du décret, et la réflexion de M. Sallo. *Decretum sacræ Indicis congregationis , quo damnati, prohibiti, ac respectivè suspensi fuerunt infrà scripti omnes libri Romæ,* 17 *novembris* 1664. *De Concordiá sacerdotii et imperii, seu de Libertate ecclesiæ gallicanæ liber,* à *Stephano Baluzio impressus Parisiis , anno* 1663. *Perperàm adscriptus Petro de Marca , ex cujus retractatis scriptis aliorumque erroneis sententiis operá præfati Baluzii editus est* (19). « La cour » de Rome ayant toujours ses visées, » il n'est pas trop sûr de s'attacher » scrupuleusement à ses censures. » C'est pourquoi ce décret ne doit » pas empêcher qu'on ne fasse toujours autant d'estime qu'on faisait » du livre des Libertés de l'église gallicane , composé par feu M. de » Marca. En effet, il ne contient que » des maximes très-constantes, et » qui peuvent passer pour des lois » fondamentales de cette monarchie. » De même on n'aura pas moins » bonne opinion de la sincérité » de M. Baluze , quoiqu'on l'accuse dans ce décret d'avoir faussement attribué ce livre à M. de

(14) Baluzius, de Vitâ P. de Marca, *pag.* 32.
(15) *Voyez* la remarque (M).
(16) *Celle des deux chefs de l'Église , saint Pierre et saint Paul.*
(17) Baluzius, de Vitâ P. de Marca , *pag.* 37, 38.

(18) *On écrit ceci le* 18 *de décembre* 1695.
(19) *Voyez* le Journal des Savans, *du* 12 *janvier* 1665.

» Marca. Car il est visible que la » congrégation n'a usé de cette adres- » se , que parce qu'elle n'a pas osé » attaquer directement la mémoire » de ce grand archevêque ; et qu'elle » s'est imaginé qu'il serait plus fa- » cile de décrier son livre , en sub- » stituant à sa place une personne » d'une dignité moins relevée dans » l'église (20). »

Pour achever l'histoire de cet ouvrage , il me reste à dire que M. Baluze en a procuré deux éditions depuis la mort de l'auteur ; l'une l'an 1663 , et l'autre l'an 1669. Ces éditions sont plus amples que la première , et vous comprendrez en quoi si vous consultez ce latin (21). *Opus de Concordiâ sacerdotii et imperii... altero ab ipsius obitu anno augustiori habitu adornatum , iterùm emisit in lucem Baluzius , et non saltem priores quatuor libros recensuit, additionibus ab auctore compositis auxit, ac suis notis , ubi occasio tulit , illustravit : sed et integrum tomum alterum nunquàm antea editum ex autographo summi viri descriptum addidit , nonnulla antiquitatis illustria monumenta adjecit , integrosque in eo libros , quod gallicè essent scripti , in latinam linguam vertit. Cùmque opus hoc tanto favore eruditorum fuerit exceptum et communi approbatione commendatum, ut intrà breve tempus distracta exempla fuerint, istud anno MDCLXIX recognitum emendatius copiosiusque litterato iterùm orbi dedit.* Il l'a fait encore réimprimer, augmenté et corrigé , l'an 1704 (22). Le sieur Deckhérus fit de grosses fautes quand il parla de l'écrit d'Optatus Gallus, et de celui de notre M. de Marca : elles furent critiquées dans une lettre ajoutée à la nouvelle édition de son livre , l'an 1686 (23). Notez que l'auteur du fameux ouvrage *de Libertatibus Ecclesiæ gallicanæ* , imprimé l'an 1685 , ne juge pas fort avantageusement de la conduite de l'auteur du *Concordia sacerdotii et imperii.* « Il insinue qu'il » y a eu de l'obliquité dans les ma-

» nières de M. de Marca , et qu'en- » core qu'il écrivît en homme qui » voulait faire sa cour en France, il » ne laissait pas de se ménager le » mieux qu'il pouvait avec Rome ; » car il semble en certains endroits » qu'à force de citations il a établi la » chose ; mais tout d'un coup il se » jette de l'autre côté, en citant des » exemples et des témoignages con- » traires aux premiers , ou en resser- » rant les premiers par mille modifi- » cations , et après cela on voit en- » core qu'il exténue le second parti. » D'abord il accorde tout , ensuite il » le regagne insensiblement, mais de » telle sorte qu'il fait pencher la ba- » lance du côté du siècle (24). »

(D) *Il se fit aimer des Catalans d'une manière qui a peu d'exemples.*] Cela parut par les prières et par les pélerinages qu'ils firent pour sa guérison , l'an 1647. La ville de Barcelone fit un vœu public à Notre-Dame de Mont-serrat, et y envoya en son nom douze capucins et douze filles. Celles-ci firent le voyage les cheveux pendans et à pieds nuds. M. de Marca fut persuadé que tant de vœux et tant de prières avaient obtenu sa guérison, et il ne sortit point de Catalogne sans aller faire ses dévotions à Mont-serrat (25). Il y alla l'an 1651 , et y fit un petit Traité *de origine ac progressu cultûs B. Mariæ Virginis in Monteserrato*, qu'il laissa dans les archives du monastère (26). On le laissa perdre, parce peut-être que l'auteur n'y adoptait pas toutes sortes de traditions. Il en envoya une copie, l'an 1660 , à François Crespus, professeur en théologie à Lérida , qui travaillait à l'Histoire de ce couvent de Mont-serrat. Il l'avertit d'user d'un peu plus de discernement que ne font les Espagnols. *Paucis agit de antiquitate loci; admonetque Crespum, ne in eâ historiâ scribendâ , falsis , uti Hispani solent, testimoniis utatur:* quæ Gallis, *inquit,* fabularum istiusmodi detegendarum peritissimis, ludibrium absent , et reliquæ narrationi, licet alioqui veræ, auctoritatem demunt (27). Cette Dissertation a vu le jour

(20) Sallo , Journal des Savans, *là même.*

(21) Acta Eruditor. Lipsiens., *anno* 1682 , pag. 327.

(22) *Voyez* le Journal des Savans, *du 12 de janvier* 1705.

(23) *Voyez* Deckherus, de Scriptis Adespotis, *pag.* 384, *edit.* 1686.

(24) Nouvelles de la République des Lettres , *juillet* 1685, *pag.* 718 *de la seconde édition.*

(25) Baluzius, de Vitâ P. de Marca, *p.* 45.

(26) *Idem, ibidem , pag.* 46.

(27) *Idem, ibidem , pag.* 48.

l'an 1681, par les soins de M. Baluze.
Notez que M. de Marca, ce grand auteur, ne dédaignait pas d'exercer sa
plume sur des choses qui étaient plus
convenables à un moine qu'à un conseiller d'état. Il l'était quand il composa l'Histoire de Notre-Dame de Bé-
taram (28), à la prière d'un prêtre dévot, nommé Charpentier, qui était le
fondateur de cette chapelle, comme
il le fut depuis de celle du mont Valérien, près de Paris. Cette Histoire
fut publiée à Barcelone (29).

(E) *Il écrivit au pape une lettre qui méritera une remarque.*] La translation
d'un évêque d'un siége à un autre a besoin d'une faveur particulière de la
cour de Rome : c'est pourquoi M. de
Marca, évêque de Conserans, se voyant
nommé à l'archevêché de Toulouse,
rendit ses respects au pape le plus
adroitement qu'il lui fut possible ; et
quoiqu'il sût qu'Exupère , évêque de
Toulouse, n'était pas le même Exupère qui avait commandé en Espagne,
il ne laissa pas de le débiter comme
un fait certain, dans la lettre qu'il
écrivit à Innocent X. Il trouvait à
faire par ce moyen un parallèle agréable entre le pape Innocent Ier. et le
pape Innocent X, et entre lui-même
et cet Exupère (30) : c'est pourquoi il
ne balança point à étaler ce beau
mensonge, qu'il crut propre à cha-
touiller le pape, et à le lui rendre
plus favorable. Quelqu'un observa
que c'était une fausseté ; mais M. de
Marca, averti de cette critique, ne fit
qu'en rire, et traita de petit esprit
un tel censeur, qui ne voyait pas la
différence entre une lettre de compli-
ment et une histoire. M. Baluze a si
bien narré ceci, et en termes si bien
choisis, que ce serait faire tort aux
lecteurs habiles que de ne pas rapporter ici son latin. On y trouvera
une plus ample matière de réflexions
que dans le précis que j'en ai donné.

(28) *Dans le Béarn , au diocèse de Lescar.*
(29) *Tiré de la Vie de M. de Marca, composée par l'abbé* Faget, pag. 43.
(30) *O me felicem, quandò veteris illius atque
sanctissimi sacerdotis Exuperii exemplo, (qui
ex præsidatu in Hispaniis acto cathedram illam
suscipiens , eam deindè rexit juxtà pium atque
prudens Innocentii I ad ejus consulta (responsum) licebit per Innocentii X decretum , post
gestos magistratus regios in Gallid et Hispaniá,
episcopatus quoque curis functo mihi, Tolosanæ
Sedis administrationem capessere.* Baluzius, de
Vitâ P, de Marca , *pag. 53.*

*Sciebat sanè vir eruditissimus diver-
sum ab Exuperio episcopo Tolosano
fuisse Exuperium illum, qui præsi-
datum in Hispaniis egit. Quis enim
ignorat? Verùm cùm argumentum esset accommodatissimum ad rem quam
tractabat, sciretque prætereà principum aures ita esse formatas, ut nihil
nisi jucundum lætumque accipere velint, vim aliquam inferre veritati non
abnuit, ut pontificem alioqui diffici-
lem ac morosum, sibi faventem ac
propitium habere posset. Quod ideò
retuli , ut eatur obviam scrupulosæ
cujusdam scriptoris diligentiæ, qui
in adversariis suis adnotavit lapsum
heic esse Marcam : de quo admonitus
à me vir optimus paucis antè obitum
mensibus , risit hominis supinitatem ,
qui non animadverteret cujusmodi argumentum in eâ epistolâ tractaretur.
Neque enim historia scribebatur. Non
displicet profectò hominibus eruditis ,
quod oratores veri limites nonnunquàm excedunt in compositione verborum , ut auditorum aures aliquâ voluptate permulceant, et alliciant (31).*

(F) *Dans l'assemblée du clergé de
1656 il fut contraire aux jansénistes.*]
Ce fut un malheur pour eux que ce
grand prélat eût trouvé à Rome de si
grandes difficultés, quand il eut besoin d'une bulle pour être évêque de
Conserans. Cela lui apprit qu'il ne
fallait perdre aucune occasion de réparer le dommage que lui avait fait
en ce pays-là sa Concorde de l'empire
et du sacerdoce. Or quelle occasion
pouvait-il attendre plus favorable ,
que celle de seconder la cour de Rome dans les procédures contre les
disciples de Jansénius ? Joignez à cela
qu'on l'avait rendu suspect de jansénisme au delà des monts, et que ce
mauvais office avait retardé long-
temps l'expédition de la bulle qui lui
était nécessaire pour être archevêque
de Toulouse. Je ne sais si parmi plusieurs écrits qui ont été composés sur
la calomnie, on s'est jamais avisé d'en
faire sur l'utilité de ce crime. Ceux
qui voudraient s'exercer sur cette matière seraient bien blâmables, s'ils
oubliaient l'avantage que l'on retire
de la calomnie dans les disputes de
religion ; car il y a tel homme fort
agissant qui se tiendrait neutre, ou
qui tâcherait de pacifier les choses

(31) *Idem, ibid , pag. 53, 54.*

par des voies équitables, si on ne le décriait comme un fauteur d'hérétiques. Alors, pour se disculper, et pour prévenir le désavantage qu'une telle réputation lui apporterait, il est obligé de s'ériger en persécuteur (32). D'où que pût venir le zèle de M. de Marca contre le parti des jansénistes, il est sûr qu'ils eurent en lui un adversaire redoutable. Alexandre VII l'en remercia très-affectueusement. M. Baluze va nous l'apprendre. *Cleri Gallicani comitia Parisiis habebantur. Illuc itaque Marca se conferens anno* M. DC. LVI. *perhonorificè in eo cœtu susceptus* XIII *kalend. aprileis, deinceps in plurimis occasionibus ostendit quantâ ingenii vi polleret, et quàm præclarâ eruditione ac doctrinâ præditus esset. Nam auctoritatem romani pontificis, quam per summum nefas aliqui deprimere conabantur, fortiter et strenuè vindicavit adversùs æmulos. Gnarum in Alexandro VII, qui post absoluta demùm comitia, honorificas ad Marcam litteras die* XVII *novembris anni* M. DC. LVII *scripsit, quibus ei grates egit, ob assertam sedis apostolicæ dignitatem, et ut deinceps pergeret in eâdem reverentiâ, verbis amantissimis hortatus est. Jansenismum verò, tum maximè vires suas colligentem, sic industriâ et auctoritate suâ repressit, ut ob hoc ipsum promeritus sit iram hominum ejus sectæ, qui ne mortuo quidem pepercerunt* (33). Il ajoute qu'avant la clôture de cette assemblée (34) il parut une satire contre M. de Marca, laquelle fut suivie d'une autre quelque temps après. *Infaustis auspiciis prodiit libellus famosus, sub titulo epistolæ ad illustrissimum dominum de Marca, archiepiscopum Tolosanum, quo ejus fama atrociter proscindebatur, et auctoritas romanæ sedis per summam audaciam apertè violabatur. Libellum hunc secutus est alius, haud moderatior; et ipse, ut prior, absque auctoris nomine* (35). Ses amis lui conseillèrent, les uns de répondre à ces libelles, les autres de n'y point répondre: il prit sur lui d'examiner quel parti serait le meilleur, et enfin

il se résolut au silence (36). Il se contenta de voir en concorde l'empire et le sacerdoce par rapport à ces deux libelles; car ils furent condamnés au feu et à Paris et à Rome. Voici le titre de trois écrits qui parurent contre lui: *Lettre de l'auteur des Règles très-importantes, à monseigneur de Marca, archevêque de Toulouse*, 1657; *Réponse à la Lettre de monseigneur l'archevêque de Toulouse, sur la délibération du clergé du 14 novembre 1656; Réponse à une lettre qui a été publiée depuis peu sur ce qui s'est passé dans l'assemblée du clergé, le 14 novembre 1656.* Le premier de ces trois écrits avait été précédé par celui-ci: *Règles très-importantes tirées de deux passages, l'un du concile de France, et l'autre de Glaber, rapportés par monseigneur de Marca, archevêque de Toulouse.* Cela n'est point satirique.

Je viens de jeter les yeux sur un ouvrage (37), où j'ai trouvé une chose qui témoigne que les jansénistes ne sont pas revenus encore de leur colère*. On raconte dans ce livre-là, que l'archevêque de Rouen (38) voulut pacifier les disputes du jansénisme pendant l'assemblée générale du clergé en 1657. « La négociation » n'alla pas loin. M. de Rouen eut » audience sur ce sujet-là, le 3 de » mai, du cardinal Mazarin, qui, » comme ce prélat le rapporta le » même jour à M. de Bagnols, té- » moigna vouloir bien accommoder » l'affaire; et qu'ils étaient convenus, » son éminence et lui, de traiter de » tout cela avec M. de Marca, archevê- » que de Toulouse, qui apparemment » n'en fit pas un secret au père An- » nat. Après une seconde audience, » que M. de Rouen eut du cardinal » dès le lendemain, ce prélat rap- » porte qu'ayant été deux heures » entières en conférence avec ce » premier ministre et avec M. de

---

(32) *Conférez avec ceci l'article* FERRIER, *tom. VI, pag. 466, remarque* (L), *vers la fin.*

(32) *Baluzius, de Vitâ P. de Marca, pag. 59.*

(34) *Elle finit au mois de mars 1657.*

(35) *Baluzius, de Vitâ P. de Marca, pag. 64.*

(36) *Idem, ibidem, pag. 65. Il écrivit pourtant quelque chose contre ces libelles. M. Baluze en a fait part au public, l'an 1681.*

(37) *Imprimé l'an 1700, et intitulé:* La Paix de Clément IX, *etc.*

* *Leclerc et Joly se contentent de dire que l'auteur de ce livre est fort connu, et qu'il était ennemi déclaré de M. de Marca. Ont-ils craint d'écrire le nom du père Quesnel?*

(38) *François de Harlai, qui est mort archevêque de Paris*

» Toulouse, son éminence avait té-
» moigné plus de fermeté que par le
» passé, et plus d'opposition au pro-
» jet d'accommodement, et que M.
» de Toulouse en avait parlé cruel-
» lement, traitant de chimère la
» distinction du droit et du fait.
» Cela est fort croyable. Car ce pré-
» lat tout politique était le père de
» l'inséparabilité du droit et du fait,
» vraie chimère dont il était amou-
» reux, ou dont il faisait semblant
» de l'être, parce qu'elle servait à
» ses fins. Ce prélat n'avait garde
» d'abandonner ses desseins pour
» suivre M. de Rouen dans les siens.
» Il en savait plus que lui en matiè-
» re de politique et d'intrigues; il
» avait ses liaisons formées et ses
» mesures prises avec le père Annat,
» sur un autre plan que celui-là,
» qui ne pouvait être du goût de ce
» père; enfin il avait pour ces sortes
» d'affaires, et pour beaucoup d'au-
» tres, toute la confiance du cardi-
» nal et tout l'appui de la cour. Aussi
» M. de Rouen n'eut-il garde de
» pousser l'affaire, quand il eut
» mieux connu le terrain (39).»

(G) *Il fallut employer beaucoup
de critique sur quelques paroles de
Pomponius Méla et de Strabon.*]
Il fut dit par le traité des Pyrénées,
que les limites de la France et de
l'Espagne, au comté de Roussillon,
seraient les mêmes que celles qui sé-
paraient anciennement les Gaules
d'avec l'Espagne. Il fallut donc examiner où les anciens géographes finissaient les Gaules de ce côté-là.
L'érudition de notre archevêque fut
d'un grand secours. Vous trouverez
le détail de toutes ces conférences
dans un ouvrage posthume de cet
auteur (40).

(H) *Il mourut à Paris.... peu après
avoir obtenu les bulles pour l'archevêché de cette ville.*] Le peu de temps
qu'il vécut depuis sa nomination à l'archevêché de Paris, obligea quelqu'un
à faire un sixain qui est su de tout le
monde :

Cy gît l'illustre de Marca,
Que le plus grand des rois marqua
Pour le prélat de son église :

Mais la mort qui le remarqua,
Et qui se plaît à la surprise,
Tout aussitôt le démarqua.

(I) *M. Baluze, avec un grand
zèle........ avait toute la capacité que
demandait la publication de ce dépôt.*] Pour être convaincu de la vérité de ce fait, on n'a qu'à voir les
préfaces, les notes, les additions,
etc., dont il enrichit les œuvres posthumes de son Mécène, à mesure
qu'il les publie. J'ai déjà parlé des
nouvelles éditions qu'il a procurées
du fameux ouvrage, *de Concordiâ
imperii et sacerdotii.* Il faut maintenant que je dise qu'il publia trois ou
quatre dissertations de ce savant
homme, l'an 1669 (41). Elles concernent l'autorité du pape, et celle des
patriarches et des primats; un canon
fort difficile du concile d'Orange, et le
premier établissement de la foi chrétienne dans les Gaules. Il en publia
plusieurs autres, l'an 1681, dont
vous verrez le sujet dans le journal
de Leipsic (42). L'an 1688, il publia
un *in-folio* qui a pour titre : *Marca
Hispanica, sive Limes Hispanicus,
hoc est Geographica et Historica
Descriptio Cataloniæ, Ruscinonis, et
circumjacentium Populorum, Auctore illustrissimo viro Petro de
Marca.* Tous les journalistes en ont
fait mention.

(K) *Sa Vie, composée par l'abbé
Faget..., fit naître une dispute entre
lui et M. Baluze.*] L'abbé Faget,
ancien agent du clergé, et fils d'une
tante maternelle de M. de Marca,
fit imprimer à Paris, l'an 1668, la
Vie de ce prélat, avec un traité sur
l'Eucharistie, un autre sur le Sacri-
fice de la Messe, un autre sur l'Érection du patriarcat de Constantinople, un autre en français sur le Sacrement de l'Eucharistie, et sur quelques autres sacremens. Il était l'auteur de la Vie, mais non pas des
Dissertations qu'il y joignit : elles
venaient de la plume de feu M. de
Marca. Il ne put jamais obtenir l'approbation de la faculté de théologie,
qu'en consentant que tout le traité
français serait retranché, et qu'on
ferait des cartons pour changer di-

(39) La Paix de Clément IX, *pag.* 144.
(40) *Intitulé* Marca hispanica. *La* Bibliothèque
universelle *en* contient *l'extrait au commencement du XV*ᵉ *tome.*

(41) *Voyez le* Journal de Leipsic, 1682, *pag.*
327.
(42) *Ibidem,* pag. 328. *Voyez aussi le* Journal des Savans, *du* 21 *mars* 1681, *pag.* 117.

verses choses dans les autres. L'imprimeur, qui était de la religion, n'ignora pas que l'on faisait ces cartons afin d'ôter certaines choses qui favorisaient les protestans. Que fit-il? il conserva tous les endroits qui devaient céder la place aux cartons, et par ce moyen il livra à M. Claude un exemplaire tout tel qu'il l'avait imprimé, avant que les commissaires de la faculté de théologie y fissent des changemens (43). Sur cet exemplaire, ou sur un semblable (44), on a fait une édition de l'ouvrage dans les pays étrangers, comme M. Baluze l'avait prévu (45). On a joint à cette édition les lettres que M. Baluze et M. Faget écrivirent l'un contre l'autre. Car il faut savoir que M. Baluze ne crut point se devoir taire, quand il vit que la probité et l'orthodoxie de feu M. de Marca allaient être mises en compromis. Il écrivit coup sur coup deux lettres au président de Marca (46). Voici un passage de la première (47) : « Vous savez, Mon-
» sieur, que ses ennemis ont mé-
» chamment publié que dans les
» affaires qui passaient par ses mains,
» il ne regardait pas tant la vérité
» et la justice que son intérêt et son
» ambition, ayant toujours tâché de
» s'agrandir de plus en plus dans
» l'église, et que ces considérations
» ont été cause qu'il a souvent tra-
» hi la vérité pour flatter la cour de
» Rome. Nous faisions notre devoir
» pour dissiper ces discours, et
» pour empêcher qu'ils ne fissent
» aucune impression dans l'esprit
» des personnes raisonnables. Mais
» M. Faget d'un coup de plume a
» renversé, s'il en est cru, tout ce
» que les véritables serviteurs de feu

(43) Lettre de M. Baluze à M. l'évêque de Tulle, *imprimée à la fin du livre publié par M.* Faget, édit. de 1669.

(44) *M.* Baluze, *dans sa* IIe. lettre au président de Marca, *avoue que M.* Faget *avait déjà fait des présens de son livre, et que le libraire en avait déjà débité quelques-uns, avant qu'on songeât à supprimer l'édition.*

(45) *Pourvu qu'il en reste un exemplaire entre les mains d'un particulier, on en imprimera dix mille sur celui-là, toutes et quantesfois qu'on voudra le rendre public. Ce que je m'assure qu'on ne manquera pas de faire au plus tôt en Hollande et à Genève.* Baluze, IIe. lettre au président de Marca, à la fin du livre de l'abbé Faget, édition de 1669.

(46) *Fils de l'archevêque de Paris.*

(47) *Elle est datée de Paris, le 22 avril 1668.*

» monseigneur l'archevêque avaient
» pu établir pendant plusieurs an-
» nées. » Voyons un autre passage ; il est pris de la seconde lettre (48). *Je me sens obligé de vous donner avis que le livre que M. Faget a fait imprimer, fait un grand bruit en cette ville, à cause de quelques expressions qu'on y a coulées, qui semblent favoriser l'erreur des calvinistes et des luthériens touchant le sacrement de l'Eucharistie, qui est un des points les plus essentiels de notre religion, et aujourd'hui le plus controversé. S'il est vrai, ce que j'ai de la peine à croire, que feu monseigneur ait composé les traités que M. Faget a fait imprimer sous son nom, dont il se vante dans la préface et dans la Vie d'avoir les originaux écrits de la main de l'auteur, nous ne saurions empêcher que feu monseigneur ne passe dans l'esprit de beaucoup de gens pour hérétique au sujet de l'Eucharistie; et par conséquent sa réputation en recevra un très-grand dommage......... Vous ne sauriez croire combien cette édition donne de sujet de parler à toute sorte de gens ; les huguenots en témoignant beaucoup de joie, comme d'une chose qui est venue très à propos pour fortifier leur opinion, et les ennemis de feu monseigneur prenant de là occasion de déchirer sa mémoire et de flétrir sa réputation.* L'abbé Faget, traité avec le dernier mépris dans ces deux lettres, en fut outré, et en publia deux autres toutes pleines de sa colère. Je ne m'y arrête pas ; je toucherai seulement un point qui se rapporte à un fait dont j'ai parlé dans le corps de cet article. M. Faget (49) nie que M. de Marca ait confié à M. Baluze ses manuscrits. Il est bon de voir ce que fit M. Baluze, quand il se vit démenti sur ce chapitre. *Je vous marquerai,* écrivit-il à M. l'évêque de Tulle, *que lui ayant fait faire des reproches par un bon prêtre de Rouergue de sa connaissance, appelé Guibert, de ce qu'au préjudice de la vérité qui lui est connue, il a avancé dans cette Vie, que j'avais supposé lorsque j'avais publié que feu monseigneur l'archevêque m'avait donné ses papiers en mourant, et m'avait*

(48) *Datée de Paris, le 27 de mai 1668.*

(49) *In Vitâ Petri de Marca, pag. 118.*

commis l'édition de ses ouvrages, il répondit qu'il lui importait pour sa réputation de faire voir que cela n'était pas ; parce, dit-il, que si cela demeurait constant, il s'ensuivrait que feu monseigneur n'aurait pas eu bonne opinion de lui, et n'aurait pas cru qu'il fût capable de prendre soin de l'édition de ses œuvres. Ce qu'il a encore dit en termes généraux à une personne de grand mérite et de grande vertu, que vous connaissez, qui m'a fait l'honneur de me le dire. Voilà, MONSEIGNEUR, le beau principe sur lequel il a fondé sa calomnie et son imposture. Sans prendre parti là-dedans (50), je dirai qu'en général il y a mille faussetés imprimées qui n'ont d'autre fondement que le point d'honneur ; car dès qu'on voit qu'une exposition naïve de la vérité nous ferait tort dans le monde, on conte les choses tout autrement qu'elles ne sont arrivées.

(L) *Il sut bien prédire à ses camarades........ la différence qu'il y aurait un jour entre leur gloire et la sienne.*] Un jeune homme de votre condition, lui disaient-ils, ne doit point fuir les compagnies, ni renoncer au jeu, au bal, et à tels autres divertissemens. Vous êtes un homme enterré. Le temps viendra, leur répondit-il, où je ferai parler de moi, et où vous serez dans les ténèbres. *Exprobrabant adolescentem genere clarum non decere, à virorum et mulierum nobilium civitatis colloquiis et societate recedere, nec præstantes animi dotes exerere, non ludos, nec ludicra, neque nocturnas hyemis choreas, ut aliis solitum erat, frequentare, posseque eum, virum absconditum jure nominari. Ad quæ ille, quùm venisset temporis occasio, futurum se omnibus pernotum, ubi latendum illis foret, peracutè respondit* (51). L'événement a justifié cette réponse : M. de Marca est devenu l'un des plus grands hommes de son siècle, et est monté sur les théâtres les plus éminens ; et peut-être qu'aucun de ceux qui lui faisaient ces reproches n'a jamais été connu à deux

lieues de sa paroisse. Voici une leçon pour les écoliers studieux, et pour ceux qui sont débauchés. Il est bon de leur mettre devant les yeux un fait comme celui-ci ; sans cela je n'eusse pas fait cette remarque.

(M) *Il n'oublia pas à devenir bon grec.*] Il en donna des preuves l'an 1642, en publiant un manuscrit grec qu'il avait trouvé dans la bibliothèque du roi (52), et qu'il traduisit en latin. C'était l'épître décrétale du pape Vigile, confirmative du deuxième concile de Constantinople. Il y joignit une savante dissertation, les anathèmes du même concile, une lettre d'Eutychès à ce pape, et la réponse de ce pape (53). Ces anathèmes et ces deux lettres n'avaient encore paru qu'en latin. La décrétale n'avait jamais été publiée en aucune langue (54). Il se fit un grand mérite de ce travail auprès du pape ; car il remarqua dans le livre qu'il fit imprimer à Barcelonne, l'an 1646, pour lever les sujets de plainte qui retardaient l'expédition de la bulles, il remarqua, dis-je, que la publication de la décrétale avait servi de beaucoup à confirmer l'autorité du saint siége sur les conciles œcuméniques, laquelle ne faisait que chanceler dans les écoles de France. *Quid de hâc editione posteà ipse senserit, accipe ex libello ejus Barcinone edito anno* M. DC. XLVI, *cujus suprà mentionem feci :* Sanè explicari non potest, quantùm hujus epistolæ publicatio profuerit ad firmandam apostolicæ sedis auctoritatem ergà concilia generalia quæ apud Gallicanos academiarum magistros, majorum suorum decretis inhærentis, valdè nutabat (55). Voyez la note (56). La dissertation fut insérée dans l'édition des Conciles, qui se fit au Louvre, comme aussi la dissertation du même

(50) *Notez que M.* Baluze, *dans la* Vie de M. de Marca, *édit. de 1669,* réfute *M.* Faget *sur le fait du dépôt, et sur bien d'autres.*

(51) Fagetus, in Vitâ Petri de Marca, p. 9.

(52) Interdùm codices manuscriptos græcos bibliothecæ regiæ, ut erat linguæ Græcæ peritissimus Marca pervolvebat. Faget., ibidem, pag. 44.

(53) Idem, ibidem.

(54) Baluzius, de Vitâ P. de Marca, pag. 39.

(55) Idem, ibidem, pag. 39.

(56) Voici les termes de l'abbé Faget, in Vitâ P. de Marca, pag. 44 : Eam (decretalem) non solùm ut hactenùs incognitam ille plurimi fecit, sed etiam quòd multùm ad firmandam apostolicæ sedis auctoritatem contrà quorumdam theologorum sententiam in concilia generalia prodesset.

auteur, *de Primatu Lugdunensi et ceteris Primatibus , cum notis ad Canones aliquot Concilii Claromontani sub Urbano II celebrati* (57). Je ne saurais croire ce que conte l'abbé Faget, que de Marca au sortir de ses études , et s'en retournant au Toulouse chez son père, confondit de telle sorte quelques gentilshommes huguenots qui l'avaient provoqué à la dispute dans la maison d'un baron, qu'il fallut qu'un ministre de Pau fort renommé pour sa science vînt à leur secours. Il proposa quelques sophismes dont le jeune écolier fit voir le faible par un passage de saint Paul (58). Le ministre ne put répliquer autre chose, sinon que le texte de l'apôtre n'était pas tel. De Marca tirant de sa poche un Nouveau Testament grec, se mit en état de justifier sa citation; mais le ministre déclara qu'il n'entendait rien en cette langue. Ce récit de M. Faget a tout l'air d'un conte fait à plaisir *. *Allatis quibusdam argutiis , quarum aciem citato ex epistolis divi Pauli loco novus athletes omninò retudit. A tam expresso rei probandæ textu Ψευδσταμιν nullo alio modo explicare se potuit , quam aliter in divo Paulo legi pertinaciter contestando. Marea verò confestim in Novi Testamenti græci absquè interpretatione latinâ, quem ferè semper secum ferebat, codice, laudatum locum ipsismet, quæ attulerat verbis, conceptum indicavit. Sed cùm sibi penitùs ignotam eam linguam profiteretur pseudominister , si non omninò caussa cecidisse, delusus saltem ab adolescente suis etiam visus est* (59).

(N) *Sans avoir besoin de guide.*] La plupart des savans ne sont propres qu'à cultiver les terres qui ont été déjà défrichées. Ils peuvent aplanir ou élargir un chemin que d'autres ont déjà fait. Quelques-uns en très-petit nombre,

(57) Baluzius, *de Vitâ P. de Marca , pag.* 40.
(58) Faget, *in Vitâ P. de Marca, pag.* 11.
* Leclerc trouve que Bayle , qui dans les triomphes des ministres protestans sur les prêtres catholiques s'en rapporte au témoignage des auteurs protestans, rejette comme suspects ceux des auteurs catholiques, quand il s'agit du triomphe des catholiques sur les protestans. Voyez la remarque (D) de l'article de MALDONAT et la remarque (F) de l'article MESTREZAT dans ce volume.
(59) *La même , pag.* 12.

. . . . *Quibus arte benigni
Et meliore luto finxit præcordia Titan* (60) ,

peuvent défricher les terres les plus incultes, et faire une route dans les forêts où personne n'avait passé. M. de Marca était de ce petit nombre choisi. *Le rang qu'il tenait parmi les critiques était pour le moins aussi considérable dans la république des lettres , que celui qu'il avait parmi les prélats l'était dans l'église et dans l'état* (61). L'auteur dont j'emprunte ces paroles rapporte les louanges que le père Combéfis (62), et le père Labbe (63), ont données au grand esprit de ce prélat; et il ajoute, que *la sûreté de ses conjectures , et cette liberté de dire ses sentimens,.... lui auraient encore fait porter sa critique plus loin, s'il n'eût été retenu par les considérations que chacun sait.*

(60) Juven., sat. XIV, *vs.* 34.
(61) Baillet, Jugement des Savans, *tom. II, num.* 245.
(62) Combef. Recension. Auctor. Concionat., *pag.* 15.
(63) Labbe, *epist. dedicat.* Dissert. de Scriptor. Ecclesiasticis, *et tom.* XI, Concil. general., *ad* Concil. Claromontan.

MARCEL (CHRISTOPHLE), noble vénitien, et archevêque de Corfou (a) au XVIe siècle , se rendit recommandable par son savoir, par son éloquence, par sa piété, et par ses mœurs; et il pouvait se promettre de Clément VII les dignités les plus relevées. Il se trouva malheureusement à Rome , lorsque les troupes de Charles-Quint la saccagèrent. Il tomba entre les mains des Espagnols, qui après avoir pillé sa maison, l'emmenèrent prisonnier, et le tourmentèrent cruellement parce qu'il ne pouvait point payer la grosse rançon qu'ils lui demandaient. Pour se consoler de n'avoir pas eu de lui les sommes qu'ils en avaient attendues, ils

(a) Pierius Valerianus , *ubi infrà*, exprime cela par primarius Corcyrensium Flamen.

l'enchaînèrent au tronc d'un arbre en rase campagne, proche de Gaëte, et lui arrachèrent les ongles un par jour. Il rendit l'âme en ce triste état, tant à cause des tourmens, qu'à cause de l'inclémence de l'air à quoi il fut exposé de nuit et de jour sans dormir, et sans prendre nulle nourriture(*b*). Il harangua au concile de Latran, le 10 de décembre 1512. Ses *Exercitationes in septem priores psalmos* furent imprimées à Rome, l'an 1525 (*c*). Nous avons dit ailleurs (*d*) qu'il publia un ouvrage que l'on prétendit qu'il n'avait fait que dérober. Florimond de Rémond a commis une bévue bien puérile en le citant (A).

(*b*) *Tiré de* Pierius Valerianus, *lib. I de* Litterat. Infelicitat., *pag. m.* 10.

(c) Konig, Biblioth., *pag.* 506.

(*d*) *Dans la remarque* (D), *de l'article* GRASSIS, *tom. VII, pag.* 206.

(A) *Florimond de Rémond a commis une bévue bien puérile en le citant.*] Je suis content, dit-il(1), « de » représenter au vrai, partie des cé- » rémonies qui se gardent en l'élec- » tion, au couronnement et à la con- » sécration des pontifes romains, les- » quelles se trouvent en divers lieux, » et particulièrement dans le livre » intitulé : les Cérémonies sacrées, » présenté au pape Léon X par » M. Électus, et ce suivant le con- » cile de Lyon, 1273. » Il a cru qu'*É-lectus* était le nom de famille de cet auteur, et n'a pas compris que *Christophorus Marcellus electus Corcyrensis* veut dire Christophle Marcel élu à l'archevêché de Corfou. David Blondel lui a reproché cette faute (2), qui est sans doute aussi grossière que celle que la Mothe-le-Vayer a reprochée à Bodin. Lisez ces paro-

(1) Florimond de Rémond, *chap. XVIII de l'*Anti-Papesse, *sub. fin., folio m.* 412 *verso.*

(2) Blondel, *au Traité français* de la Papesse, *pag.* 83, *au Traité latin, pag. m.* 222.

les de l'Hexaméron Rustique. *Je commencerai à vous faire souvenir de l'inadvertance de Bodin, lorsque, pour prouver au dernier chapitre du premier livre de sa République, comme ces termes, par la grâce de Dieu, ne sont pas une marque de souveraineté, il dit qu'on voit au trésor des chartes de France un acte, par lequel un simple élu de Meaux, député pour un traité de paix, se dit élu par la grâce de Dieu. J'ai vu cet acte qui est en latin, et n'ai pu m'empêcher de rire, considérant comme un homme du savoir de Bodin avait pu prendre pour un chétif élu un* Electum Meldensem, *c'est-à-dire une personne nommée à l'évêché de Meaux, et qui n'était pas encore consacrée* (3).

(3) Hexaméron rustique, *journée I, pag. m.* 24, 25.

MARCELLIN (AMMIEN) occupe un rang très-honorable parmi ceux qui ont écrit l'Histoire Romaine. Il était Grec de nation, comme il le déclare à la fin de son dernier livre(A), et natif d'Antioche, comme on le recueille d'une lettre de Libanius(*a*). Cela, joint à la vie militaire qu'il avait suivie, nous doit faire excuser la rudesse de son latin. Ce défaut, et celui de quelques digressions ampoulées, sont amplement réparés par plusieurs excellentes qualités qui se trouvent dans cet auteur, comme est, par exemple, le peu de partialité qu'il témoigne contre le christianisme, quoiqu'il fût païen (B); et les recherches exactes qu'il a faites pour tâcher de ne rien dire dont il ne fût sûr, et qui l'ont mis en état de nous apprendre bien des choses que nous ignorerions sans lui. Son autorité est d'ailleurs fort considérable, par la raison qu'il a été

(*a*) *Vide præf.* Henr. Valesii *ad* Ammian. Marcellin. *Les imprimeurs de* Moréri *ont mis* Labiénus *au lieu de* Libanius.

témoin oculaire de plusieurs choses qu'il a écrites. Il prit de fort bonne heure le parti des armes, et fut d'abord enrôlé parmi ceux qu'on appelait *Protectores domesticos*; ce qui peut nous faire juger qu'il était de bonne maison : car c'était assez la coutume que la jeunesse de la première qualité entrât dans ce corps (*b*); et un homme de guerre qui pouvait y être promu, se croyait bien récompensé de ses longs services. Voilà par où notre Marcellin débuta. On ne sait point s'il monta jamais plus haut (C); on voit seulement qu'avec ce titre il a suivi en plusieurs expéditions Ursicin, général de la cavalerie. Il eut ordre d'aller avec lui dans l'Orient, lorsque l'empereur Constantius l'y envoya, l'an 350. Ursicin, en ayant été rappelé l'an 354 pour venir à Milan, amena avec lui en Italie Marcellin. Ils passèrent dans les Gaules l'année suivante, et mirent bientôt à la raison le tiran Silvanus; après quoi Constantius fit venir Ursicin à Sirmium, et le renvoya en Orient. Les mauvais offices qu'on rendit à Ursicin auprès de cet empereur, furent cause qu'on le rappela, et qu'on donna sa charge à un autre. Il obéit; mais étant arrivé en Thrace, il y trouva des ordres qui l'obligèrent à retourner incessamment vers la Mésopotamie, sans que pour cela on lui rendît le commandement, qui avait été conféré à Sabinien. Il ne laissa pas de rendre de grands services. Marcellin, qui l'avait toujours suivi, en rendit

aussi beaucoup, et en soldat, et en négociateur, comme il le raconte lui-même, sans sortir des bornes de la modestie. Il ne quitta point le service lorsqu'Ursicin fut entièrement disgracié, l'an 360; mais, comme je l'ai déjà dit, on ne sait pas s'il fut avancé, ou s'il demeura toujours dans son poste de *Protecteur domestique*, même lorsqu'il suivit Julien dans la guerre contre les Perses. On peut recueillir de quelques endroits de ses livres (*c*), qu'il demeurait à Antioche sous l'empire de Valens. Il vint ensuite s'établir à Rome, et y composa son histoire (D). Il en récita diverses parties à mesure qu'il les composait (*d*), et on les reçut avec de grands applaudissemens. On ne sait point quand il mourut; mais on ne peut douter qu'il ne fût encore en vie l'an 290, puisqu'un consulat qui tombe sur cette année-là ne lui a point été inconnu (*e*). Il avait eu des procès (*f*) qui l'avaient tellement mis de mauvaise humeur contre les gens de pratique, qu'il n'a pu s'empêcher de faire une longue digression contre eux. C'est une invective presque aussi piquante que la comédie de Grapinian.

(*b*) Valesius, *in præf. ad* Ammian. Marcellin.

(*c*) *Liv. XXIX, chap. I, où il dit* qu'il a vu les supplices de plusieurs personnes que Valens fit mourir à Antioche l'an 371 ; *et liv. XXX, chap. IV, où il se plaint des chicanes* qu'on lui avait faites en Orient.

(*d*) Epist. Liban. *apud* Valesium, *in præf.* Ammiani Marcellini.

(*e*) *Neotherium posteà consulem tunc notarium, ad eamdem tuendam ire disposuit.* Amm. Marcell., *lib. XXVI, cap. V. Cet homme fut consul avec Valentinien II, l'an* 390. Valesius, *in præf. ad* Ammian. Marcellin.

(*f*) Lib. XXX, *cap. IV. Voyez* La Mothe-le-Vayer, Jugement sur les principaux historiens, *pag.* 247 *du III*. tome *in-12.*

(A) *Grec de nation, comme il le déclare à la fin de son dernier livre.*] Ce passage sera cité ailleurs (1) ; je puis en rapporter trois autres. L'un est au chapitre VIII du XXII°. livre, εὐήθην, *Græci dicimus stultum* : le second est au chapitre XV du même livre, *ad ignis speciem*, τοῦ πυρὸς, *ut nos dicimus, extenuatur in conum :* le troisième est au chapitre VI du XXIII°. livre, *transire,* διαβαίνειν *dicimus Græci.* Vossius (2) se sert du second, qui a besoin de la clause qu'il y a jointe, *nempè nos Græci.* S'il se fût souvenu des deux autres, où l'auteur a mis le propre mot *Græci,* il les eût cités préférablement à celui-là : mais quoi ! les plus grandes mémoires n'ont pas toujours en main ce qu'il leur faut.

(B) *Quoiqu'il fût païen.*] Il est si aisé à ceux qui pèsent exactement chaque chose de connaître qu'il l'était, qu'on ne peut ne pas trouver fort étrange que d'aussi habiles hommes que Pierre Pithou (3) et Claude Chifflet (4), l'aient pris pour un chrétien. Quoi ! un chrétien qui composait son histoire sous des empereurs qui réduisaient le paganisme aux abois, se serait-il contenté de parler honnêtement de la religion chrétienne, et n'aurait-il pas poussé la chose jusqu'à déclarer quelquefois, que c'était la seule bonne et véritable religion, et que le culte des divinités païennes était une idolâtrie? Sous de semblables empereurs un chrétien aurait-il loué à perte de vue Julien l'apostat (5), sans déclamer fortement contre son apostasie, et contre sa haine pour Jésus-Christ? Aurait-il parlé de Mercure, et de la déesse Némésis, et de la déesse Thémis, et des superstitions augurales du paganisme, comme Ammien Marcellin en parle? Je ne connais point d'auteurs chrétiens qui,durant même le feu des persécutions, n'aient parlé de l'idolâtrie païenne avec mépris, et avec quelque sorte d'insulte ; et il est incomparablement plus aisé de concevoir qu'un païen use de modération en parlant de l'Évangile, qu'il n'est aisé de concevoir qu'un chrétien le fasse, en parlant du culte des fausses divinités. Les preuves du prétendu christianisme de Marcellin, alléguées par Chifflet, n'ont besoin d'aucune réfutation, si l'on en excepte le passage du livre XXVII, où après avoir censuré le luxe des évêques de Rome, il l'oppose à l'austérité de quelques évêques de province : *Quos,* dit-il , *tenuitas edendi potandique parcissimè, vilitas etiam indumentorum et supercilia humum spectantia, perpetuo numini verisque ejus cultoribus ut puros commendant et verecundos.*Mais tout ce que l'on peut inférer de ces paroles, est que, selon cet auteur, la sobriété et l'humilité rendaient les hommes recommandables à Dieu, de quelque religion qu'ils fussent, et que les païens mêmes concevaient de la vénération pour les évêques du christianisme qui témoignaient, par leurs bonnes mœurs, qu'ils ne cherchaient aucun avantage temporel. Quant à la définition qu'il nous donne des martyrs, *qui deviare à religione compulsi pertulére cruciabiles pœnas adusquè gloriosam mortem intemeratâ fide progressi* (6), elle ne prouve sinon que les païens mêmes pouvaient admirer une fermeté d'âme qui ne se démentait pas dans les plus cruels supplices.*Intemerata fides* n'est point opposé en cet endroit à la fausse religion, mais au changement de parti. Ce qu'il avait dit dans la page précédente,qu'un évêque délateur (7) avait oublié que sa profession ne conseille rien qui ne soit juste et pacifique, *professionis suæ oblitus, quæ nihil nisi justum suadet et lene, ad delatorum ausa feralia desciscebat,* prouve seulement qu'il savait de quoi les chrétiens faisaient profession ; et nous en dirions tout autant des prêtres chinois, si nous savions que leur rituel les engageât à une grande pureté de vie. Est-il besoin d'être chrétien ? ne suffit-il pas d'un peu de raison

(1) *Dans la remarque* (D), *citation* (11).

(2) *De Histor.* lat. , *pag.* 201.

(3) *Apud* Hadrian. Valesium, *præf.,* edit. 1681.

(4) *In Vitâ Ammian. Marcellini. Elle se trouve dans l'édition de Valois, 1681.*

(5) *L'abbé de Billi, Schol. ad Gregor. Naziana., orat.* II, *in Julian., parle ainsi :* Hinc perspicuum est Marcellinum Græcæ superstitionis cultorem plus gratiâ quàm veritati tribuisse, cùm scribit, nulla Juliani definitio litis a me diceremus reperiri

(6) *Lib.* XXII, *cap.* XI.

(7) *C'était George, évêque d'Alexandrie, qui périt dans une sédition populaire, en 361.*

pour voir qu'un ecclésiastique , qui
s'érige en délateur auprès des princes , comme faisait cet évêque d'A-
lexandrie , *apud patulas aures Con-*
stantii multos exindè incusans ut ejus
recalcitrantes imperiis , déshonore
son caractère ? Voilà les plus fortes
preuves de Chifflet pour le prétendu
christianisme de Marcellin. Mais si
cet historien a été privé du bonheur
qu'on lui attribue , il a du moins la
gloire d'avoir parlé fort honnêtement
d'une religion qu'il ne suivait pas.
Il y a peu d'exemples d'une telle modération. Le père Possevin , qui ne
s'en est pas contenté (8) , me semble
trop délicat ; et il ne faut pas craindre que notre postérité dispute touchant la religion de ceux qui écrivent
aujourd'hui l'histoire (9). J'avoue que
Marcellin écrivait sous des empereurs
chrétiens : mais cette raison n'a pas
mis des bornes à la malignité d'un
Libanius et d'un Zosime.

(C) *On ne sait pas s'il monta jamais*
plus haut.] Moréri a donc dit un peu
trop légèrement , que Marcellin *tra-*
vailla à son histoire après avoir passé
par les plus honorables charges de
la milice. Il a copié cela de la Mothe-
le-Vayer (10).

(D) *Son histoire.*] Cet ouvrage comprenait , en XXXI livres, ce qui s'était
passé depuis Nerva jusqu'à la mort
de Valens (11). On a perdu les XIII
premiers, qui l'avaient mené jusqu'à
l'empire de Constantius , (car il s'é-
tendait moins sur le temps qu'il ne
connaissait que par les lumières d'autrui) les XVIII qui nous restent ont
été fort maltraités , soit par l'ignorance des copistes , soit par la témérité des critiques. Notez que Claude
Chifflet soutient sur d'assez bonnes
raisons , que cette histoire comprenait XXXII livres , et qu'il y a eu un
livre entre le XXXe. et celui que nous
comptons aujourd'hui pour le XXXIe.,
qui est certainement le dernier de

(8) *Diligenter scripsit, sed ea quæ pertinent*
ad Christianos traducens ac detorquens. Possev., Appar. , sect. III, cap. XV.
(9) *Voyez les Nouvelles de la République des*
Lettres, juillet 1684, pag. 487 *de la seconde*
édition.
(10) Jugement sur les Histor., pag. 240 *du*
IIIe. tome.
(11) *Hæc ut miles quondam et Græcus à*
principatu Cæsaris Nervæ exorsus, adusquè
Valentis interitum pro virium explicavi men-
surâ. Amm. Marcellin., lib. XXXI, cap. 6.

tous. Il avait ouï dire qu'on trouvait
dans la bibliothèque du cardinal Polus les premiers livres qui nous manquent de Marcellin. M. de Marolles
publia une traduction française de
cet historien , l'an 1672 , avec des
remarques. La charge était pesante
pour lui.

M. de Valois l'aîné dit (12) que la première édition de Marcellin est celle
de Rome , 1474 , qui fut dirigée par
A. (13) Sabinus , poëte couronné ; que
la seconde fut faite à Boulogne , l'an
1517 , par P. Castellus , homme dépourvu d'esprit et de jugement ; que
l'année suivante Jean Frobénius con-
trefit à Bâle cette édition de Boulogne;
qu'en 1533 il parut deux nouvelles
éditions, l'une à Augsbourg, corrigée
par Mariangelus Accurse , l'autre à
Bâle par les soins de Sigismond Gélénius (14) ; que l'édition d'Accurse fut
augmentée des cinq derniers livres
qui n'avaient point encore été imprimés ; que celle de Gélénius eut la
même augmentation. excepté le dernier livre , et la dernière page du
pénultième; qu'en 1546, Jérôme Frobénius , qui avait imprimé l'édition
de Gélénius , en donna une autre
augmentée du dernier livre; que c'est
sur celle-ci qu'il semble qu'aient été
faites toutes celles qui ont paru depuis en France et en Allemagne , jusqu'à ce qu'en l'an 1609, Frideric Lin-
denbrogius en donna une avec des
notes. Cette dernière est fort bonne ,
mais celle que M. de Valois publia *in-*
4°., l'an 1636, l'est incomparablement
davantage. Nous parlerons ci-dessous
de celle de 1681. M. Moréri n'a point
su copier la préface de M. de Valois :
il y a vu bien des choses qui n'y sont
point ; il y a vu qu'Accurse publia
pour la première fois les cinq premiers livres de Marcellin, et que Gélénius *ajouta le dernier livre avec la*
dernière page du trentième que nous
n'avions pas. Tout cela est faux : Gélénius fit si peu cette addition, qu'au
contraire c'est précisément ce qu'il
publia de moins qu'Accurse ; et il est

(12) Henricus Valesius, *præfat. ad Ammia-*
num Marcellin.
(13) Moréri *remplit cet A par Aulus , mais se-*
lon Konig , il eût fallu dire Angelus.
(14) Moréri *ayant vu dans M. de Valois* Sig.
Gélénius , *a cru faussement qu'il fallait dire*
Sigebert.

si peu vrai que celui-ci ait mis au jour les cinq premiers livres, qu'encore aujourd'hui les treize premiers nous manquent, comme Moréri l'avait dit peu auparavant. M. de Valois loue l'édition d'Accurse, mais il donne des éloges magnifiques à celle de Gélénius ; ce qui fait que je m'étonne que Vossius qui parle avec approbation de celle-là, ne dise quoi que ce soit de celle-ci. Il est extrêmement sec, je ne sais pourquoi, sur l'article de notre Ammien Marcellin. Accurse, qui se vante d'avoir corrigé cinq mille fautes dans cet auteur, est loué par Claude Chifflet, mais d'une façon générale, et qui laisse dans l'oubli son plus bel endroit, je veux dire la publication des cinq derniers livres. N'est-il pas bien étrange que Chifflet ne dise rien de cela, et que cependant il donne la gloire à Gélénius d'avoir été le premier qui ait publié les livres XXVII, XXVIII, XXIX et XXX ? Il observe que Sébastien Gryphius inséra dans son édition la fin du XXXe. livre, et fut le premier qui la publia. M. de Valois n'a point touché le premier de ces deux faits, et il a réfuté le second, en disant qu'Accurse avait publié les cinq derniers livres. Le Toppi, dans sa Bibliothéque de Naples (15), attribue faussement à Mariangélus Accurse d'avoir publié le sixième livre d'Ammien Marcellin, et ne dit pas qu'il donna cinq livres de cet historien, qui n'avaient pas encore paru. M. de Valois le jeune, publia notre Ammien à Paris, l'an 1681, *in-folio*. On ne devait pas omettre cela dans le Dictionnaire de Moréri. Cette édition est augmentée, 1°. de plusieurs nouvelles notes de M. de Valois l'aîné ; 2°. de celles que Lindenbrog avait publiées en 1609, et de celles qu'il y avait jointes depuis, et qui avaient été trouvées parmi ses papiers ; 3°. de la Vie d'Ammien Marcellin par Claude Chifflet, professeur en droit à Dôle ; 4°. de quelques corrections et observations de M. de Valois le jeune. M. Gronovius a fait réimprimer à Leyde cette édition (91), l'an 1693, et y a joint de bonnes notes.

(15) *Pag.* 170.
(16) *In-folio et in-4°.*

MARCHE (OLIVIER DE LA), fils d'un gentilhomme de la Franche-Comté(*a*), fut mis page chez le duc de Bourgogne Philippe-le-Bon, l'an 1439, à l'âge d'environ treize ans (*b*) (A). Il servit ce prince et le duc Charles son successeur avec un grand zèle, et il fut maître d'hôtel et capitaine de la garde de ce dernier (*c*). Il encourut l'indignation de Louis XI, lorsqu'on arrêta prisonnier dans la Hollande le bâtard de Rubempré, l'an 1463 (B). Il fut l'un des chevaliers (*d*), qui furent créés par le comte de Charolais (*e*) à la journée de Montlhéri, l'an 1465. Il tomba entre les mains des ennemis à la malheureuse journée de Nanci (*f*), où son maître perdit la vie au commencement de janvier 1477. Ayant payé sa rançon il fut mis en liberté, et on lui donna la charge de grand et premier maître d'hôtel de Maximilien d'Autriche qui épousa l'héritière de Bourgogne (*g*). Il eut la même charge sous l'archiduc Philippe, fils de Maximilien (*h*). Il fut envoyé ambassadeur à la cour de France pour complimenter le nouveau roi après la mort de Louis XI (*i*). Il composa des mémoires qui furent publiés à Lyon, l'an 1562 (C), *in-folio*, par les soins de Denis Sauvage,

(*a*) Olivier de la Marche, Mémoires, *liv. I*, *chap. I*, *pag. m.* 76.
(*b*) Là même, *chap. IV*, *pag.* 103.
(*c*) Là même, à la préface du *I*er. *livre*, *pag.* 74.
(*d*) Là même, *chap. XXXV*, *pag.* 314.
(*e*) Fils de Philippe-le-Bon.
(*f*) Mém. d'Oliv. de la Marche, *liv. II*, *chap. VIII*, *pag.* 408.
(*g*) Là même, *chap. IX*, *pag.* 409.
(*h*) Là même, à la préface, *pag.* 1, *et au chap. XIII du II*e. *livre*, *pag.* 423.
(*i*) Là même, *liv. II*, *chap. X*, *pag.* 415.

historiographe de France *. Il mourut à Bruxelles le 1ᵉʳ. de février 1501 (k).

* On a encore de lui : 1°. *Cy commence ung excellent et très-prouffitable livre pour toute creature humaine*, appellé *le Miroër de mort*, in-folio, gothique, sans date; 2°. *le Chevalier délibéré* dont j'ai parlé dans une note sur la remarque (A) de l'article G. CHASTELAIN, tom. V, pag. 116; 3°. *la Source d'honneur pour maintenir la corporelle elegance des dames en vigueur, florissant en prix inestimable, composée en ryme françoise*, dont il existe au moins une édition, 1532, in-4°. (Voyez le *Dict. des anonymes* de M. Barbier, n°. 6616 de la première édition; la seconde est sous presse, en juin 1822. Pour les autres ouvrages de la Marche, outre du Verdier, cité par Bayle dans la remarque (C), on peut consulter la *Bibliothèque de Bourgogne par Papillon*.

(k) Valer. Andr., Bibl. belg., *pag.* 707.

(A) *Il fut mis page..... à l'âge d'environ treize ans.*] Cela s'accorde avec ce qu'il dit dans le chapitre Iᵉʳ. du premier livre (1) qu'il avait l'âge de huit à neuf ans, lorsqu'en 1434 son père le mit à l'école à Pontarli; mais non pas avec ce qu'il dit dans sa première préface (2), qu'il avait soixante-six ans, lorsque l'archiduc Philippe n'en avait pas dix. Cet archiduc naquit l'an 1478. Olivier de la Marche avait alors cinquante-deux ans : ainsi sa soixante-sixième année concourt avec la quatorzième de l'archiduc. Ce n'est pas la première fois que j'ai observé que les auteurs parlent de leur âge avec mille brouilleries. Notez une lourde faute de Valère André : il donne l'an 1380 pour celui de la naissance de notre Olivier, et il met sa mort à l'année 1501 (3), sans nous faire prendre garde à une vieillesse si extraordinaire. Un auteur comme celui-là, qui aurait vécu 121 ans, devait être mis au rang des choses notables. La vérité est, comme je l'ai déjà dit, que l'an 1426 est son année natale.

(B) *Il encourut l'indignation de Louis XI, lorsqu'on arrêta..... le bâtard de Rubempré, l'an 1463.*] On l'arrêta parce qu'on le soupçonnait d'avoir dessein d'enlever le comte de Charolais (4). Notre Olivier de la Marche porta la nouvelle de cette détention au duc Philippe, qui était alors à Hédin, où il conférait quelquefois avec Louis XI (5). Le duc, ayant su cela, partit brusquement, et à l'insu de ce monarque. Il courut un bruit que Louis XI avait comploté de s'assurer tout à la fois du père et du fils (6). Il envoya des ambassadeurs au duc pour s'en plaindre, et il demanda qu'Olivier lui fût livré (7) : car il le regardait comme l'auteur de ces médisances, et de tout ce que ces soupçons avaient fait faire : et il le voulait châtier sévèrement. Le duc répondit qu'Olivier *était son sujet et son serviteur, et que si le roi ou autre lui voulait rien demander, il en ferait la raison* (8). Lisez le chapitre premier de Philippe de Comines.

(C) *Ces Mémoires.....furent publiés à Lyon, l'an* 1562.] Le manuscrit fut tiré de la bibliothèque de la maison de la Chaux, en Franche-Comté (9). On en fit une seconde édition à Gand, l'an 1567, in-4°., avec des notes et des corrections à la marge, et une préface qui apprend que l'auteur de ces Mémoires a été plutôt calomniateur qu'historien, à l'égard des guerres civiles de Flandre (10). Quant aux autres livres composés par cet écrivain, imprimés et non imprimés, qu'on voie la Bibliothèque du Verdier Vau-Privas (11). On vient de publier en flamand l'État de la maison du duc Charles de Bourgogne (12). C'est la traduction d'un traité que cet auteur avait écrit en français, et qui fut publié à la fin de ses Mémoires, dans l'édition de Louvain, 1645 (13). Gollut en inséra quelque chose dans ses Mémoires de Bourgo-

(1) *Pag.* 76.
(2) *Pag.* 2.
(3) Valer. Andreas, Biblioth. belg., *p.* 707.

(4) Olivier de la Marche, *liv. I, chap.* XXXV, *pag.* 312.
(5) *Là même.*
(6) Mézerai, Abrégé chronol., tom. III, F. 292, à l'ann. 1463.
(7) *Là même.*
(8) Olivier de la Marche, Mémoires, *liv. I, chap.* XXXV, *pag.* 313.
(9) *Voyez* l'Avis aux Lecteurs.
(10) Valer. Andreas, Biblioth. belg., *p.* 707.
(11) *A la page* 932.
(12) *Voyez les* Veteris ævi Analecta, *publié par M.* Matthæus, *à Leyde, en* 1698.
(13) *Voyez la préface de cet ouvrage de M.* Matthæus.

gne (14). Du Chêne vous apprendra que cet État de la maison du duc Charles fut composé l'an 1474, et qu'il fut imprimé à Bruxelles l'an 1616, in-4°., et que les Mémoires du même auteur furent imprimés à Lyon, in-folio, l'an 1612, et à Bruxelles, in-4°., l'an 1616 (15).

(14) *Au chapitre CIX du X*e*. livre.*
(15) Du Chêne, Bibliothèque des Historiens de France, *pag. m.* 149.

MARCIONITES. C'est ainsi qu'on nomme les disciples de l'hérésiarque Marcion, qui vivait au deuxième siècle (A). Il était né à Sinope, ville de Paphlagonie sur le Pont-Euxin, et il avait pour père un bon et pieux évêque. Il s'attacha d'abord à la vie monastique, mais il observa très-mal les lois de la continence; car il débaucha une fille. Son père exerça sur lui toute la sévérité de la discipline : il l'excommunia, et ne se laissa jamais fléchir à ses prières, ni à ses offres de pénitence. Alors Marcion, exposé aux railleries et au mépris de toute la ville, en sortit secrètement, et se retira à Rome. Il ne put jamais y être reçu à la communion (a), quoiqu'il se fût servi des artifices d'une femme, qui avait pris les devants pour lui préparer les voies (b). Ce refus l'obligea à s'ériger par dépit en chef de parti (B). Il devint disciple de Cerdon (c); et, afin de mieux soutenir le dogme des deux principes qu'il avait appris de cet hérétique, il s'appliqua à l'étude de la philosophie (C). Il eut un grand nombre de sectateurs, qui non-seu-

lement se maintinrent après sa mort, mais qui aussi se répandirent de toutes parts, et formèrent des églises à l'envi des orthodoxes partout où ils purent (D). Il fallut armer contre eux le bras séculier, lorsque l'empire fut dévolu aux chrétiens; et il se passa quelques siècles avant que ce bon remède vînt à bout de cette secte. Elle se glorifiait de ses prétendus martyrs. Ce fait a donné lieu à une dispute (E), dont il ne sera pas inutile de rapporter le détail. Au reste, si l'on en veut juger charitablement, Marcion mourut dans de bonnes dispositions (d), il ne fut pas aussi opiniâtre dans son hérésie que le furent ses disciples (e). Nous pouvons dire de son système la même chose que de celui des manichéens. Il n'en sut pas faire jouer la principale machine (F) : il s'embarrassa dans un détail d'explications mal imaginées; et de là vint que les pères confondaient facilement les marcionites. Il semble que ceux-ci aient été atterrés par la première réponse qui leur était faite; et l'on dirait qu'à la vue des priviléges inviolables de la liberté humaine qui leur étaient d'abord allégués, ils se trouvaient tout interdits et muets comme des poissons. Il était néanmoins facile de répliquer à cela (G). Je ferai peu d'observations contre Moréri (H).

(d) *Voyez la remarque* (B), citation (14).
(e) *Voyez les paroles que je cite de* Baronius, *ci-dessous citation* (36).

(A) *Marcion vivait au deuxième siècle.*] Voilà ce qu'on en peut dire de certain, car pour l'année où il vint à Rome, et pour le temps où il commença de s'ériger en faux doc-

(a) Tiré d'Épiphane ad vers. Hæreses, *pag. m.* 302, 303.
(b) *Romam præmisit mulierem, quæ decipiendos sibi animos præpararet.* Hieronym., *tom. II,* Epist. ad Ctesiphont., *pag.* 253.
Epiph. adv. Hæres., *pag.* 303.

teur, on ne saurait les démêler à travers les brouilleries que l'on trouve sur ce sujet dans les anciens pères. Selon saint Épiphane (1) il vint à Rome après la mort du pape Hygin, c'est-à-dire, suivant le compte de Baronius, après l'an de grâce 157. Tertullien prétend qu'il vint à Rome sous le pape Anicet (2) ; c'est-à-dire, si nous en croyons M. Wetstein, sous l'empire d'Antonin Pius, *Romanis tunc imperante Antonio Pio, undè Tertull.*, l. 1, c. 19, adv. Marc. *eum Antoninianum hæreticum, sub Pio impium vocat, id est circà annum Christi 154 (3)*. Mais comme les deux passages de Tertullien, l'un en vers, l'autre en prose, s'entre-détruisent, il ne fallait pas les confirmer l'un par l'autre, ni les rapporter tous deux à l'empire d'Antonin Pius. Consultez les Annales de Baronius, vous y trouverez la mort de cet empereur sous l'an 163 ; et celle du pape Pie, et l'exaltation d'Anicet, sous l'an 167 : de sorte que s'il est vrai que Marcion soit venu à Rome sous le pontificat d'Anicet, il est faux qu'il y soit venu sous Antonin Pius ; et par conséquent Tertullien n'a pu dire la vérité dans ses vers, sans dire un mensonge dans sa prose *et vice versâ*. Il a dit en un autre endroit que cet hérétique fut chassé et rechassé de la communion des fidèles sous le pape Éleuthère : *Constat illos* (Marcionem ac Valentinum) *neque adeò olim fuisse, Antonini ferè principatu et in catholicam primo doctrinam credidisse apud ecclesiam romanensem, donec sub episcopatu Eleutherii benedicti ob inquietam semper eorum curiositatem quâ fratres quoque vitiabant, semel et iterùm ejecti, Marcion quidem cum ducentis sestertiis suis quæ ecclesiæ intulerat,novissimè in perpetuum discidium relegati venena doctrinarum suarum disseminaverunt (4).* C'est nous mener bien loin de l'empire d'Antonin ; car Pius Éleuthère fut créé pape l'an 179. Outre

qu'il n'y a nulle apparence que l'on ait différé jusques au pontificat d'Eleuthère à excommunier Marcion, qui s'était rendu si abominable par ses hérésies sous le pontificat d'Anicet, que saint Polycarpe l'appela le fils aîné de Satan. Consultez saint Irénée (5), qui rapporte que saint Polycarpe étant allé à Rome au temps du pape Anicet, ramena plusieurs sectateurs de Marcion, et repoussa cet hérétique par l'éloge que j'ai rapporté. Ce fut pour répondre à la demande que Marcion lui avait faite, *ne me connaissez-vous pas* (6) ? Baronius observe que Marcion commença de dogmatiser sous l'empire d'Hadrien (7) : cela se prouve par Origène, qui dit que le philosophe Celsus, qui écrivit contre les chrétiens sous cet empereur, parle souvent des erreurs de cet hérétique. Philastrius semble confirmer cela, quand il dit que Marcion, avant que d'aller à Rome, fut convaincu de ses faux dogmes dans l'Asie, par saint Jean, et chassé d'Éphèse (8). On supposera tant qu'on voudra qu'il fut excommunié diverses fois, et qu'il fit plusieurs voyages à Rome, on n'excusera jamais Tertullien d'avoir parlé sans aucune exactitude.

Voyons un passage de Lambert Daneau, où il y a quelques fautes. *Fenit* (Marcion) *Romam, quemadmodum lib.* 1. *Advers. eum scribit Tertull. sub Antonino Pio, circà annum à Christo passo* 113, *sub Hygino, ut ait Platina* : *Tertullian. sub Eleuthero. Cœpit autem post Cerdonem innotescere illius hæresis sub M. Antonino philosopho imperatore, et Aniceto pontifice romano, circà annum à passo Christo* 133. *quanquàm Clemens, lib.* 7 *Stromat. vult adhuc eo ipso tempore vixisse Romæ Valentinum hæreticum, quem jam senem Marcion juvenis viderit* (9). 1°. C'est une bévue que de n'avoir pas aperçu

<hr>

(1) Epiphan., adv. Hæreses, *pag. m.* 302.
(2) *A quo Pio suscepit Anicetus ordine sortem*.
Sub quo Marcion hic veniens nova pontica pestis.
Tertull. Carm., *lib. III* adversùs Marcion.
(3) Joh. Rodolphus Wetstenius, Not. in Origenis dial. contra Marcionitas, *p.* 3, *edit.* 1674.
(4) Tertullianus, de Præscript., *cap. XXX.*

(5) Irenæus, *lib. III, cap. III. Voyez aussi* Eusèbe. *lib. IV, cap. XIV.*
(6) *Voyez les Notes de Henri Valois sur Eusèbe, liv. IV, chap. XV, où ces paroles ne sont pas prises comme une interrogation, mais pour saluez-moi.*
(7) Baronius, *ad ann.* 146, *num.* 7.
(8) Philastrius, de Hæres., *cap. XLVI.*
(9) Lambertus Danæus, *in Comment. ad librum D. Augustini de Hæresibus, folio* 55. *edit. Genevensis*, 1578, *in-8°.*

que Tertullien se serait trompé, s'il avait dit que le papat d'Éleuthère, et l'empire d'Antonin Pius, ont été en même temps. 2°. C'est une faute de chronologie, que de mettre le pontificat d'Anicet sous Antonin Pius; car Anicet ne commença de siéger que cinq ans après la mort de cet empereur (10). 3°. Clément d'Alexandrie ne dit pas que Valentin vécût encore sous l'empereur Marc-Aurèle : il se contente de dire que Basilides et Valentin ayant commencé de répandre leurs erreurs sous Hadrien, ont vécu jusques au règne du premier des Antonins. 4°. Bien loin de dire que Marcion dans sa jeunesse vit Valentin dans sa vieillesse, il assure que Marcion conversait avec ces autres hérétiques, comme un vieillard avec de fort jeunes gens (11).

(B) *Il ne put jamais être reçu à Rome à la communion... Ce refus l'obligea à s'ériger... en chef de parti.*] Je tromperais mes lecteurs, si je laissais ces paroles sans commentaire ; et j'aurais beau dire que saint Épiphane, les ayant trompés tout le premier, je ne m'en devais pas faire un grand scrupule : on ne se paierait pas d'une si mauvaise apologie. Faisons donc voir en quoi consiste le défaut de la narration de saint Épiphane. Il n'y a personne qui, après avoir lu ce père, ne se persuade que jamais l'église de Rome n'admit Marcion à sa communion, et que les conducteurs de cette église lui ayant dit : *Nous ne pouvons vous admettre sans la permission de votre père qui vous a excommunié,* il les menaça d'un schisme, et leur tint parole. Τί μὴ ἠθελήσατέ με ὑποδέξασθαι; τῶν δὲ λεγόντων, ὅτι οὐ δυνάμεθα ἄνευ τῆς ἐπιτροπῆς τοῦ τιμίου πατρός σου τοῦτο ποιῆσαι. Μία γάρ ἐστιν ἡ πίστις, καὶ μία ὁμόνοια, καὶ οὐ δυνάμεθα ἐναντιωθῆναι τῷ καλῷ συλλειτουργῷ, πατρὶ δὲ σῷ. Ζηλώσας λοιπὸν, καὶ εἰς μέγαν ἀρθεὶς θυμὸν καὶ ὑπερηφανίαν, τὸ σχίσμα ἐργάζεται ὁ τοιοῦτος, ἑαυτῷ τὴν αἵρεσιν προςησάμενος καὶ εἰπών· Ὅτι ἐγὼ σχίσω τὴν Ἐκκλησίαν ὑμῶν, καὶ βαλῶ σχίσμα εἰς αὐτὴ

εἰς τὸν αἰῶνα. Ὡς τἀληθῇ μὲν σχίσμα ἔβαλεν οὐ μικρὸν, οὐ τὴν Ἐκκλησίαν σχίσας, ἀλλ' ἑαυτὸν καὶ τοὺς αὐτῷ πεισθέντας. *Cur me, inquit, recipere noluistis? Responderunt illi : Nobis injussu venerandi patris tui facere istud non licet. Una siquidem fides est, et animorum una consensio : neque contrà spectatissimum collegam patrem tuum moliri quippiam possumus. At ille vehementiùs excandescens, ac superbià invidiâque percitus schisma conflavit, ac privatam hæresin architectatus est : et ecclesiam, ait, vestram ego dissociabo, in eam schisma sempiternum immittam. Quod ille reverà nec mediocrè quidem injecit : non ita tamen ut ecclesiam, sed ut se potiùs ac suos discinderet* (12). Si saint Épiphane avait consulté Tertullien, il aurait su que Marcion fut chassé diverses fois de la communion des orthodoxes (13); marque évidente qu'il s'étaient payés plus d'une fois des protestations qu'il leur avait faites de renoncer à ses erreurs, et qu'ils l'avaient réuni à leur église. Peut-être même que si la mort ne l'eût prévenu, il eût tâché de satisfaire à la condition que l'on exigea de lui la dernière fois qu'il fit paraître sa repentance : on voulut qu'il désabusât ceux qu'il avait débauchés de la vraie foi. *Postmodùm Marcion pænitentiam confessus, cùm conditioni datæ sibi occurrit, ita pacem recepturus ; si cæteros quoque quos proditioni erudisset ecclesiæ restitueret morte præventus est* (14). Il y a des gens (15) qui disent qu'après avoir été chassé de l'église avec son argent, il s'agrégea à la secte des cerdonites; ce qu'ils prouvent par les passages où Tertullien et Philastrius assurent qu'il fut disciple de Cerdon. Je crois qu'ils confondent les temps; car l'expulsion dont ils parlent fut la dernière, et se fit sous Éleuthère (16) : or il n'y a nulle apparence que Cerdon fût encore en vie.

(C) *Il s'appliqua à l'étude de la philosophie.*] J'ai suivi la pensée d'un

---

(10) *Voyez* Baronius, *ad ann.* 167.

(11) Μαρκίων γὰρ κατὰ τὴν αὐτὴν αὐτοῖς ἡλικίαν γενόμενος, ὡς πρεσβύτης, νεωτέροις συνεγένετο. *Marcion enim cùm natus esset eâdem, quâ ipsi, ætate, versabatur ut senex cum junioribus.* Clemens Stromat., lib. VII, *pag.* 564, *D.*

(12) Epiph. advers. Hæres., *pag.* 303.

(13) *Voyez, ci-dessus, citation* (4), *les paroles* de Tertullien.

(14) Tertullian., de Præscript., *cap.* XXX.

(15) Joh. Rodolphus Wetstenius, Notis in Orig. contra Marcionitas, *pag.* 4.

(16) *Voyez* Tertullian., ci-dessus, citat. (4).

savant commentateur (17). *Quo feli-
cius hæresin propagaret.philosophiæ
se mancipavit,stoïcæ præsertim : Tertull.* de præscr. hær. c. 3o. *Undè
idem Tertullianus,* c. 7. ejusd. libri
*philosophiam et dialecticam exagitat,
vel ut matrem hereseon, et Prudentius* in Hamartigenia, *dialecticæ os-
tentationem ei exprobrat :* p. 192.

> Hæc tua, Marcion, gravis et dialectica vox est.

Nórunt enim omnes à Zenone (18)
stoïco dialecticam esse inventam. Mais
je ne blâme pas ceux qui croient qu'il
était déjà bon stoïcien, lorsque la
communion de l'église lui fut interdite pour la première fois.

(D) *Ses sectateurs formèrent des
églises à l'envi des orthodoxes partout
où ils purent.*] Citons encore le même
commentateur (19) : *Post ejus obitum marcionitæ ecclesias, in æmula-
tionem ecclesiæ catholicæ, ubique locorum erexére : undè* Tertull. l. 4. c.
Marc. c. 5. Faciunt favos et vespæ,
faciunt ecclesias et marcionitæ. Saint
Épiphane témoigne que l'hérésie des
marcionites subsistait encore, non-
seulement à Rome et dans le reste
de l'Italie, mais aussi dans l'Égypte,
dans la Palestine, dans l'Arabie, dans
la Syrie, dans l'île de Cypre, dans la
Thébaïde, dans la Perse, et en d'autres lieux (20). N'est-il pas étrange
que Lambert Daneau, qui s'est servi
de ce passage de saint Épiphane, pour
prouver que cette secte avait fait de
grands progrès, ne s'en serve point
pour prouver qu'elle était encore fort
répandue du temps de ce père ? Il ne
cite saint Épiphane, quant au temps
présent, qu'afin de prouver qu'il y
avait encore à Rome quelques marcionites (21). Si l'on faisait des recueils
des citations mal choisies, les auteurs les plus célèbres s'y trouveraient assez souvent. Cette partie
de la critique ne serait pas la moins

utile de toutes. Elle servirait à faire
connaître comment on peut discerner
les vrais savans d'avec ceux qui n'en
ont que l'apparence.

(E) *Cette secte se glorifiait de ses...
martyrs. Ce fait a donné lieu à une
dispute.*] Produisons les pièces de ce
procès l'une après l'autre, selon le
rang qui leur est dû.

I. La première sera fournie par
M. Maimbourg : voici ses paroles (22) :
« Ils (23) ne peuvent ignorer que le
» plus célèbre de leurs docteurs, qui
» a écrit qu'on doit punir les héréti-
» ques, fît brûler à Genève Michel
» Servet, sabellien obstiné jusqu'à la
» mort, et que conformément à la
» doctrine des saints pères, qui di-
» sent que ce n'est pas la peine, mais
» la cause qui fait le martyr, il ne
» lui donne cette illustre qualité, non
» plus qu'aux marcionites, et à tant
» d'autres anciens hérétiques qui cou-
» raient au supplice avec une in-
» croyable ardeur de mourir pour
» leur secte. »

II. Voyons ce qui lui fut répondu (24) : *Je ne sais si l'on a jamais vu
un exemple d'une aussi prodigieuse
ignorance dans un homme qui se mêle
d'écrire, ou d'une aussi grande hardiesse dans un auteur qui sait que
son livre doit être examiné à la rigueur. Les marcionites, dit-il, couraient au supplice afin de mourir
pour leur secte. Il faut savoir premièrement que les marcionites ont eu
leur règne dans le second et dans le
troisième siècle, dans lesquels les
chrétiens étaient sous la croix : comment auraient-ils envoyé les marcionites et les autres hérétiques au supplice, eux qui n'avaient point de juges, point de tribunaux, et qu'on envoyait tous les jours à la mort ? Il
faut remarquer de plus que dans le
siècle des marcionites la morale de
l'église était si sévère, que la plupart
des chrétiens ne croyaient pas qu'il fût
fort sûr pour la conscience d'exercer
des charges de magistrature. Ils n'auraient pas voulu condamner à la mort
des scélérats, et ils auraient envoyé
au supplice des hérétiques ! Mais*

(17) Wetstenius, Notis in Orig. contrà Marcionitas, *pag.* 4.

(18) *C'est* Zénon d'Élée, *qui passe pour l'inventeur de la logique. Voyez* Gassendi, de Lo-
gicæ Origine, cap. *I,* tom. *I* Operum, pag.
37, 38.

(19) *Idem* Wetstenius, Notis in Orig. contrà
Marcionitas, *pag.* 5.

(20) Epiph. advers. Hæres., *pag.* 302.

(21) *Deniquè Epiphanius scribit suo seculo
adhuc quosdam Marcionitas Romæ natos fuisse.*
Lambertus Danæus, *in Commentario ad Librum*
D. Augustin., de Hæresibus, *fol.* 59

(22) Maimbourg, Histoire du Calvinisme,
liv. *I,* pag. 33.

(23) *C'est-à-dire, les* protestans.

(24) Jurieu, Apologie pour les Réformateurs,
chap. *XII,* pag. 171 du *Ier.* tome, édit. in-4o.

surtout il faut observer que les marcionites étaient une branche des gnostiques, et que l'erreur générale de ces
gnostiques était que Dieu n'était point
altéré du sang des chrétiens, et que
Jésus-Christ n'attendait point le salut
de notre mort. C'est pourquoi ils
tournaient en ridicule les martyrs, et
se moquaient de la prétendue sottise
qu'ils avaient de s'aller exposer pour
leur religion. Et même Tertullien
nous dit que les gnostiques, les va-
lentiniens, et les autres hérétiques
dans le temps de la persécution, se
mêlaient des plus avant entre les persécuteurs, afin de n'être point persécutés. (1) Quùm igitur fides æstuat,
et ecclesia exuritur de figurâ rubi,
tunc gnostici erumpunt, tunc valen-
tiniani proserpunt, tunc omnes martyriorum refragatores ebulliunt ca-
lentes, et ipsi offendere, figere, occidere. Et sur ces paroles, omnes
martyriorum refragatores, Rigault
fait cette observation : Il désigne les
gnostiques et les autres hérétiques,
qui travaillaient à empêcher que personne ne souffrît le martyr, et qui
le combattaient. Voilà les hérétiques
qui, selon le savant père Maimbourg,
couraient au supplice avec une ardeur incroyable de mourir pour leur
secte. Mais afin que ce déclamateur
ne nous échappe pas, nous le prions,
s'il veut quitter le siècle des marcionites, de nous indiquer quels hérétiques sont morts en foule pour soutenir l'hérésie, et quand cela est arrivé. Car pour nous, qui ne savons
rien de l'histoire que ce que les livres
nous enseignent, nous ne trouvons
point ces siècles, nous ne rencontrons
pas cette foule d'hérétiques qui meurent pour l'erreur. Nous savons seulement que, dans le quatrième siècle,
quelques évêques orthodoxes ont poursuivi jusqu'à la mort certains hérétiques espagnols. C'est un grand malheur pour un homme quand il veut
sortir de sa sphère. Le sieur Maimbourg s'est occupé à copier depuis
quelques années des histoires modernes ; mais s'il était sage, il ne dirait
jamais rien de l'histoire ancienne. Car
il n'en saurait rien dire qui ne fasse
voir son ignorance. Et il faut avouer
que de semblables endroits nous font
un grand plaisir, car ils nous ap-
(*) Scorpiac., cap. 1.

prennent que ce grand auteur qui s'est
mêlé d'écrire des histoires anciennes,
entre autres celles de l'arianisme,
n'est qu'un pauvre copiste qui ne sait
rien dans l'antiquité.

III. Nous allons voir ce qu'on répliqua pour M. Maimbourg (25).
« Quelque passion qu'on puisse avoir
» de découvrir des fautes dans un au-
» teur qu'on critique, il me semble
» qu'on ne doit jamais lui faire un
» procès sur une chose qui est suscep-
» tible d'un bon sens aussi bien que
» d'un mauvais. Celle que M. Maim-
» bourg a avancée sur le sujet des
» marcionites est de cette nature. Elle
» peut avoir un mauvais sens, en di-
» sant, avec l'apologiste, que les mar-
» cionites n'avaient garde de courir
» en foule au martyre : puisque les
» premiers chrétiens n'avaient ni pou-
» voir ni envie de les faire mourir
» pour leur secte; tant parce qu'ils
» étaient sous la croix et sans tribu-
» naux de justice, qu'à cause qu'ils
» avaient de l'aversion pour les ma-
» gistratures. Mais, d'un autre côté,
» les marcionites pouvaient courir au
» supplice afin de mourir pour leur
» secte, si, pour montrer qu'elle était
» bonne, ils souffraient le martyre
» pour la cause de Jésus-Christ, aussi-
» bien que ceux des autres chrétiens
» qui n'étaient pas de leur sentiment.
» Ce sens n'est pas moins naturel que
» l'autre : et il l'est même davantage;
» et je ne doute pas que M. Maim-
» bourg ne l'ait eu en vue quand il a
» parlé des marcionites. Ce qui me le
» persuade, c'est qu'il s'est contenté
» de dire que les marcionites cou-
» raient au supplice; et qu'il n'a pas
» dit que c'étaient les chrétiens qui
» les y envoyaient. C'est l'apologiste
» qui ajoute cette circonstance de son
» chef; mais on peut lui dire que
» son commentaire n'est pas conforme
» à la pensée de l'auteur qu'il inter-
» prète. Si cela est comme je le crois,
» M. Maimbourg n'aura pas fait voir
» une prodigieuse ignorance, sup-
» posé qu'on puisse prouver qu'il y
» a eu de prétendus martyrs parmi
» les marcionites. L'apologiste sou-
» tient que, bien loin que ces héré-
» tiques s'exposassent au martyre, ils
» étaient du nombre de ceux qui le

(25) Ferrand, Réponse à l'Apologie pour la
Réformation, pag. 213 et suiv.

» combattaient , et qui se moquaient
» de ceux qui le souffraient. Si je ne
» faisais profession de bannir de cette
» dispute les termes offensans , je
» pourrais dire à l'apologiste qu'il est
» tombé dans l'ignorance qu'il re-
» proche à son adversaire. Mais je ré-
» tracte le mot d'ignorance : et je veux
» non-seulement en employer un plus
» doux, mais je voudrais même pou-
» voir trouver une autre expression
» que celle dont je suis obligé de me
» servir, en lui disant qu'il s'est trom-
» pé. En voici la preuve. (*1) Eusèbe
» dit qu'un de ceux que Dieu suscita
» pour écrire contre les phrygistes ,
» avait combattu, dans son troisième
» livre, ceux qui se vantaient d'avoir
» eu plusieurs martyrs parmi eux.
» *Après qu'ils ont été convaincus,*
» (*disait cet anonyme*), *dans tous*
» *les points dont j'ai parlé, et qu'ils*
» *n'ont plus rien à répondre, ils tâ-*
» *chent de se retrancher sur les mar-*
» *tyrs , assurant qu'ils en ont plu-*
» *sieurs ; et que cela prouve évidem-*
» *ment la puissance de l'esprit prophé-*
» *tique qu'ils disent avoir dans leur*
» *parti. Mais ils se trompent à mon*
» *avis ; car les sectateurs des autres héré-*
» *sies se vantent aussi d'avoir plusieurs*
» *martyrs : et cependant nous n'en-*
» *trons pas dans leur sentiment ; et nous*
» *n'avouerons jamais que la vérité est*
» *de leur côté. Les marcionites disent*
» *qu'ils ont plusieurs martyrs de Jé-*
» *sus-Christ ; mais cela n'empêche pas*
» *qu'ils ne soient d'une religion con-*
» *traire à celle de Jésus-Christ.* Je
» pourrais remarquer encore contre
» l'apologiste, que les marcionites ne
» régnèrent pas tellement dans le se-
» cond et dans le troisième siècle ,
» qu'il n'y en eût encore dans le qua-
» trième, puisque saint (*2) Epiphane
» nous parle d'une dispute qu'il eut
» avec un marcionite (26). Mais je
» passe cette minutie pour venir à
» quelque chose de plus considéra-
» ble (27).... Si l'on peut (comme on
» le peut certainement) appeler *mou-*
» *rir pour l'hérésie,* lorsqu'on s'ex-

» pose au martyre en vue de la rele-
» ver , nous ne serons pas en peine
» d'indiquer d'autres martyrs que
» ceux des marcionites, en alléguant
» les phrygistes dont l'anonyme d'Eu-
» sèbe a fait mention. Plusieurs de
» ces hérétiques s'exposaient au mar-
» tyre ; et ils le souffraient dans l'es-
» prit que j'ai marqué, comme il pa-
» raît par l'anonyme qui combat leur
» hérésie. Saint (*1) Augustin raconte
» que, dans le temps qu'on adorait
» encore publiquement les idoles, on
» voyait aux solennités des païens ,
» de grandes troupes de donatistes se
» jeter tête baissée au travers de ces
» idolâtres pour se faire tuer par
» leurs adorateurs. Voilà des héréti-
» ques qui courent en foule à la
» mort. »

IV. Il est juste d'entendre ce que
M. Maimbourg répliqua lui-même
(28) « Monsieur Ferrand s'est con-
» tenté de lui faire connaître, le plus
» honnêtement du monde, qu'il s'est
» trompé dans tous ses chefs. Car pre-
» mièrement il lui montre que je n'ai
» jamais dit, ni prétendu, que les
» marcionites aient été envoyés au
» supplice par les chrétiens, mais
» bien par les persécuteurs païens.
» Secondement , que les marcionites
» n'ont pas été seulement dans le se-
» cond et le troisième siècle sous les
» empereurs païens, mais aussi dans
» le quatrième, comme il le prouve
» par saint Epiphane (*2) : et moi je
» dis , comme on a déjà vu en cette
» histoire , qu'il y en avait encore
» dans le sixième sous les empereurs
» chrétiens , lorsque, selon les lois
» (*3) et constitutions impériales , on
» punissait de mort les hérétiques. En
» troisième lieu , il lui fait voir que
» les marcionites et plusieurs autres
» hérétiques couraient au supplice
» pour soutenir et pour honorer leur
» secte par un prétendu martyre, ainsi
» que je l'ai dit. C'est que qu'il lui ap-
» prend par des témoignages très-
» convaincans, et surtout par celui
» d'Eusèbe, afin qu'il sache que ce
» qu'il nous dit hardiment qui ne pa-

(*1) *Lib. V, cap.* 16, *pag.* 182, *C. D., pag.*
183. *A. edit. Gr. Lat.,* Paris, 1658.
(*2) *Hæres.* 48 , *num.* 2, *pag.* 403.
(26) *Appliquez à* M. Ferrand *ce qui a été ob-*
servé touchant Lambert Daneau , *ci-dessus, ci-*
tation (21).
(27) Ferrand , *Réponse à l'Apologie pour la*
Réformation , pag. 217.

(*1) *Epist.* 50 , *antè med.*
(28) Maimbourg, *Histoire du Pontificat de*
saint Grégoire, *liv. IV, pag.* 427, *édition de*
Hollande.
(*2) *Hæres.* 48 , *n.* 2.
(*3) *Cod. , lib.* 1 , *leg.* 5, 11 12.

» raît point dans l'histoire, y est évi-
» dent. Car voici comme parle Eusèbe
» en son histoire, en rapportant ce
» que dit un ancien auteur, que Dieu
» suscita pour écrire contre les phry-
» gites ou cataphryges, hérétiques
» qui se vantaient d'avoir parmi eux
» plusieurs martyrs. (*¹) *Après qu'ils
» ont été convaincus dans tous les
» points dont j'ai parlé*, ce sont les
» paroles de cet auteur anonyme,
» comme elles sont rapportées par Eu-
» sèbe en grec, et par M. Ferrand
» en français, *et qu'ils n'ont plus rien
» à répondre, ils tâchent de se re-
» trancher sur les martyrs*, etc. (29)...
» Que dira maintenant l'apologiste?
» Voici des cataphryges et plusieurs
» autres anciens hérétiques, qui se
» sont exposés au supplice en souf-
» frant un prétendu martyre, et
» voici même *des marcionites qui le
» souffrent*, et le souffrent par des
» païens, et nullement par l'ordre
» des chrétiens, puisqu'ainsi qu'il le
» dit lui-même, ils n'avaient point
» encore de tribunaux en ce temps-
» là. Voilà donc un témoignage très-
» authentique de l'histoire qui me
» justifie pleinement, et le désole, et
» le détruit entièrement en tout ce
» qu'il dit contre moi sur ce sujet
» (*²). Et si la confusion qu'il en doit
» avoir pouvait lui permettre de faire
» encore un pas plus avant, il trou-
» verait dans ce qu'on lui rapporte
» de saint Augustin (*³), de grandes
» troupes de donatistes qui couraient
» en foule à la mort, et qui préten-
» daient être martyrs, quand ils se
» jetaient tête baissée au travers des
» païens, pour soutenir leur secte en
» recevant la mort de la main de ces
» idolâtres. Mais est-il possible que
» cet apologiste, qui se croit si habile
» homme, ignore ce qu'il n'y a pres-
» que personne qui ne sache, savoir,
» que c'est à cette occasion des pré-
» tendus martyrs des donatistes, que
» saint Augustin a dit en plus d'un
» endroit de ses ouvrages, cette sen-
» tence si belle et si commune (*⁴),

*(*¹) Euseb., lib. 5, c. 16.*
(29) Maimbourg, Histoire du Pontificat de saint Grégoire, pag. 428.
*(*²) Pag. 218.*
*(*³) Aug., ep. 50, l. 3, cent. ep. Parm. et alibi Optat., l. 3.*
(*⁴) Christi Martyrem non facit pœna, sed causa. lib. 3, contr. Crescon., c. 4, insp. Psa. 34 et 68.

» *Que ce n'est point le supplice et la
» peine qui fait le martyr, mais la
» cause pour laquelle il souffre*. C'est
» ce qu'il avait appris de saint Cy-
» prien, qui a dit long-temps avant
» lui, au sujet des schismatiques et
» des hérétiques qui se vantaient de
» leurs martyrs (*¹), *Celui qui n'est
» point dans l'unité ne peut être mar-
» tyr; il peut bien être mis à mort*,
» *mais non pas être couronné*. Et no-
» tre saint Grégoire ne produit-il pas
» à ce propos ce beau sentiment de
» saint Cyprien, en se servant néan-
» moins des paroles de saint Augus-
» tin, pour réprimer la présomption
» et l'orgueil de ces évêques schisma-
» tiques, qui se glorifiaient de ce
» qu'ils souffraient persécution comme
» les martyrs (*²)? *Vous devez savoir*,
» leur dit-il, *que selon saint Cy-
» prien, ce n'est pas la peine, mais
» la cause, qui fait le martyr. Cela
» étant, c'est une chose trop injuste
» et trop déraisonnable que vous osiez
» encore vous glorifier de cette persé-
» cution que vous souffrez*. N'y avait-
» il donc pas du temps de ces saints
» pères des schismatiques et des héré-
» tiques qui prétendaient avoir des
» martyrs dans leur parti, puisqu'on
» leur montre qu'ils se trompent, et
» que ce n'est ni la persécution, ni le
» supplice, ni la mort même que l'on
» souffre, qui fait le martyr: mais la
» bonne cause, et la vérité pour la-
» quelle on souffre? Quelle créance,
» après tout ce que je viens de dire,
» peut-on donner à des gens qui écri-
» vent si hardiment, et même avec
» insulte, des choses dont on décou-
» vre si manifestement la fausseté? »

V. Il me reste encore une pièce à
faire voir : c'est la réplique du censeur de M. Maimbourg, la réplique,
dis-je, qu'il fit à M. Ferrand. Il *m'accuse d'ignorance, parce que j'ai ignoré un passage d'Eusèbe dans lequel
il est dit* que les marcionites disent
qu'ils ont plusieurs martyrs de Jésus
Christ. *Je ne me ferais point une
honte d'apprendre de M. Ferrand* en

(*¹) Esse Martyr non potest qui in unitate non est ; occidi potest, coronari non potest. *Cypr.*, l. de unit. ep. 52, ad Antonian.

(*²) Debetis enim scire, sicut beatus Cypria-nus dixit, quia Martyrem non facit pœna, sed causa. Dum igitur ita sit, incongruum nimis est de eâ vos quam dicitis persecutione gloriari. *Greg.*, l. 2, ind. 10, ep. 36.

matière de citations. Mais je puis bien l'assurer que j'avais lu et remarqué ce passage d'Eusèbe avant qu'il m'en eût averti. Et que cela ne m'a pas fait comprendre qu'il y eût la moindre chose du monde à rétracter sur ce que j'avais dit contre le sieur Maimbourg. 1°. Il ne s'agit pas de ce que les marcionites disaient ; il s'agit de ce qui est. Je ne doute pas qu'après que le péril était passé, et que la paix était rendue à l'église, les marcionites ne se vantassent comme les autres d'avoir eu des martyrs. C'est un honneur qu'ils se faisaient sans qu'il leur en coûtât rien. Mais il était faux qu'ils eussent aucun martyr. Tertullien et tous les autres anciens, sont plus croyables là-dessus que les marcionites eux-mêmes. Ils se mêlaient des plus avant dans la foule des persécuteurs, bien loin de souffrir eux-mêmes persécution. 2°. De plus je voudrais bien savoir si un petit mot dit faiblement et en passant comme celui-ci : les marcionites disent qu'ils ont plusieurs martyrs de Jésus-Christ, suffit pour assurer d'un ton ferme, que les marcionites couraient au supplice avec une ardeur incroyable de mourir pour leur secte ? Vous diriez, à entendre cela, que M. Maimbourg aurait vu quelque martyrologe marcionite, où il aurait lu l'histoire et toutes les circonstances de la mort de ces martyrs, et où entr'autres il aurait remarqué leur constance, et leur zèle incroyable. Assurément, je le redis encore une fois, s'il avait lu Tertullien, il n'aurait pas avancé une fausseté telle que celle-ci avec tant d'assurance. Ainsi, n'en déplaise à M. Ferrand, nous dirons que le sieur Maimbourg n'est ni solidement ni universellement savant. Dans le reste M. Ferrand fait une longue digression, pour citer une infinité de passages des anciens sur les supplices des hérétiques : les uns voulant qu'on les abandonne à leur conscience, les autres voulant bien qu'on les reprime, mais non par les derniers supplices ; et quelques autres enfin, trouvant bon qu'on les conduise jusqu'à la mort. Il achève son chapitre en nous citant de longs extraits d'Optat, et de saint Augustin, qui prouvent la maxime, causa non pœna facit martyrem. Il semble que M. Ferrand

soit de serment de ne rien dire à propos : à quoi bon tout cela ? qui est-ce qui nie que ce n'est pas la mort, mais la cause de la mort qui fait le martyr ? qui est-ce qui nie qu'il n'y ait eu des hérétiques qui soient morts pour leur hérésie ? Il s'agissait de savoir s'il est possible que des hérétiques meurent pour l'hérésie : 1° en grand nombre ; 2°. des personnes de tout sexe, etc. (30).

Mes lecteurs ont là le procès aussi instruit qu'il le peut être : car les parties ont produit tout ce qu'elles pouvaient dire : ils n'ont donc qu'à prononcer sur le tort et sur le droit ; et ils trouveront bon sans doute que je donne ici mon petit avis.

1°. Il me semble que M. Maimbourg n'a pas assez bien pesé ses termes : ses expressions sont outrées : il n'est pas certain, ni que les marcionites aient eu beaucoup de martyrs, ni que ces martyrs aient enduré la mort en tant que marcionites. Il y eût eu donc plus de prudence à rapporter tout simplement que cette secte se vantait d'avoir produit des martyrs. 2°. Mais si les expressions de M. Maimbourg ont été hyperboliques, celles de son censeur l'ont été beaucoup davantage ; car, sous prétexte que l'on emploie des termes trop forts, on ne doit pas être accusé, ni d'une prodigieuse ignorance, ni d'une grande hardiesse. 3°. Le censeur s'est tellement emporté, que, si l'on ne voyait pas un grand air de modération dans tout l'ouvrage de M. Ferrand, l'honnêteté excessive dont il s'est servi en cet endroit pourrait passer pour une ruse maligne destinée à faire paraître plus hideuse la laideur de la critique qu'il réfutait. Quand on lit cette page de son livre, on croit voir de belles perles au cou d'une Éthiopienne, qui relèvent leur éclat par la noirceur qui les environne, pendant qu'elles donnent de nouveaux degrés d'obscurité à cette noirceur (31). 4°. Selon toutes les apparences, le censeur ne savait rien de ce passage d'Eusèbe, lorsqu'il publia son Apologie des Réformateurs, et il ignorait que la secte des marcio-

(30) Jurieu, Vrai Système de l'Église, pag 644, 645.
(31) Tout le monde sait l'aphorisme de l'école. Contraria juxta se posita magis elucescunt.

nites eût subsisté au IVe. siècle. D'où
vient donc, demandera-t-on, qu'il
assure *qu'il avait lu et remarqué ce
passage avant que* M. Ferrand *l'en
eût averti ?* Ne renverse-t-il pas lui-
même toute sa réfutation, en avouant
qu'il n'ignorait pas cet endroit d'Eusèbe ? Puis donc que cet aveu lui était
préjudiciable, il faut conclure qu'il
est sincère. Je réponds que de deux
maux on choisit toujours le moindre :
or en comparant le mal qui lui pouvait arriver de son aveu, avec le mal
qui lui pouvait arriver d'une conduite tout opposée, il a trouvé moins
de dommage dans le premier parti
que dans le second. Il s'est donc vanté
d'avoir connu ce qu'Eusèbe nous apprend sur le martyre des marcionites.
S'il eût avoué qu'il n'en savait rien,
tous les lecteurs auraient fait un jugement désavantageux de ses lumières : les plus stupides auraient eu
assez d'esprit, pour conclure sans
aucune peine qu'il était un vrai novice dans l'histoire ecclésiastique,
et qu'il avait très-mauvaise grâce de
reprocher ce défaut à son adversaire
avec une telle hauteur. Le mal était
grand, le danger inévitable, le préjudice très-malaisé à réparer. Mais
qu'avait-il à craindre en se vantant
de savoir bien son Eusèbe ? Je m'en
vais vous le dire ici en deux mots,
et je le dirai ci-dessous plus en détail.
Il pouvait craindre que les lecteurs
qui raisonnent, et qui prennent la
peine de comparer exactement les
objections avec les réponses, et de
voir si une preuve qui serait bonne
en elle-même, perd sa force dès
qu'on suppose ceci ou cela, ne s'a-
perçussent de la faiblesse de sa critique. Ce mal n'est pas si grand : de
mille lecteurs, à peine s'en trouve-t-il
deux qui entrent dans ces discussions,
ou qui soient capables d'y réussir ;
c'est pourquoi on hasarde infiniment
plus, quand on s'expose à être pris
pour un ignorant par tous ceux qui
savent lire, que quand on s'expose à
être pris pour un mauvais dialecticien par un petit nombre de lecteurs.
A-t-on besoin d'un plus grand motif
pour se conduire comme l'on a fait ?
Cela vaut bien la peine de se vanter
qu'on n'ignorait pas les prétentions
des marcionites rapportées par Eusèbe ; de s'en vanter, dis-je, dans des

circonstances où l'on s'exposait aux
fâcheux inconvéniens que je m'en
vais exposer. 5°. Les preuves qui ont
été employées contre Maimbourg se
réduisent à ceci. Les marcionites
n'ont subsisté qu'au second et au
troisième siècle : donc ils n'ont point
eu de martyrs ; car en ce temps-là
l'église chrétienne n'avait point de
tribunaux : et d'ailleurs ils enseignaient avec les gnostiques, qu'il
fallait être bien sot pour s'exposer au
martyre. Ce raisonnement suppose
que les sectateurs de Marcion n'ont
été persécutés, ni par les chrétiens,
ni par les païens. Oserait-on dire cela,
si l'on savait, 1°. qu'un auteur, cité
par Eusèbe (32), avoue qu'ils se vantaient de la multitude de leurs martyrs ? 2°. qu'Eusèbe ne nie point le
fait, et qu'il se contente de nier que
ce grand nombre de martyrs marcionites fût une preuve de la bonté de
leur secte ? 6°. Ce passage d'Eusèbe
ruine entièrement la prétention du
critique, savoir que les sectateurs
de Marcion enseignaient avec les
gnostiques, qu'il n'y avait que des
sots qui se laissassent ôter la vie pour
leur religion, et qu'ils *se mêlaient
des plus avant entre les persécuteurs,
afin de n'être point persécutés.* Comment auraient-ils enseigné cela, puisqu'ils prétendaient prouver par leurs
martyrs qu'ils étaient la vraie église ?
7°. C'est mal à propos que l'on cite
Tertullien, puisqu'il ne parle pas
nommément de cette secte ; et il est
ridicule de prétendre que ceux qui
joindront la note de M. Rigaut avec
les paroles de Tertullien, n'oseront
faire mention des martyrs marcionites. 8°. Il est bien vrai que Marcion
convenait avec les gnostiques en certaines choses ; mais cela n'empêchait
point que sa secte ne fût différente
de la leur : et ainsi, sans un témoignage exprès, et sans des preuves
particulières, on n'a nul droit de lui

(32) Καὶ οἱ πρῶτοί γε ἀπὸ τῆς Μαρκίω-
νος αἱρέσεως Μαρκιωνιςαὶ καλούμενοι,
πλείςους ὅσους ἔχειν Χριςοῦ μάρτυρας λέ-
γουσιν· ἀλλὰ τόν γε Χριςὸν αὐτὸν κατὰ
ἀλήθειαν οὐχ ὁμολογοῦσι. *Primi certè qui
Marcionis hæresim sequuntur, vulgò Marcionitæ cognominati, quàm plurimos habere se dicunt martyres Christi. Et tamen Christum ipsum reverà minimè confitentur.* Euseb., *lib. V*,
cap. XVI, *pag. m.* 182, *D.*

imputer les sentimens des gnostiques touchant le martyre. Autrement, il serait permis de dire, *les arminiens sont une branche des protestans, donc ils croient la présence réelle comme ceux de la confession d'Augsbourg, et la prédestination absolue comme ceux de la confession de Genève.* 9°. Il est étonnant qu'un homme qui ose insulter M. Maimbourg sur l'ignorance de l'antiquité, n'ait point su que la secte des marcionites florissait beaucoup vers la fin du quatrième siècle, comme nous l'apprend Saint-Épiphane (33). Elle florissait encore au temps de Théodoret, qui nous apprend qu'il convertit, et qu'il baptisa plus de dix mille marcionites (34). Au reste, Lambert Daneau n'a pas ignoré que ces sectaires se gloriﬁaient de leurs martyrs ; mais avec saint Cyprien il prétend que ceux d'entr'eux qui avaient souffert la mort pour la religion n'étaient point martyrs. *Martyres etiam se habere jactant, ut scribit Eusebius, lib.* 5, *cap.* 16, *inter quos recenset Metrodorum Smyrnæ crematum, lib.* 4, *cap.* 16, *sed falsò, nam causa facit martyres, quemadmodum Cyprianus ait, non autem pœna* (35). Il parle d'un prêtre marcionite, qui fut brûlé à Smyrne au même temps que saint Polycarpe. Ἐν τῇ αὐτῇ δὲ περὶ αὐτοῦ γραφῇ, καὶ ἄλλα μαρτύρια συνῆπτο κατὰ τὴν αὐτὴν Σμύρναν πεπραγμένα ὑπὸ τὴν αὐτὴν περίοδον τοῦ χρόνου τῆς τοῦ Πολυκάρπου μαρτυρίας· μεθ᾽ ὧς καὶ Μητρόδωρος τῆς κατὰ Μαρκίωνα πλάνης, πρεσβύτερος δὴ εἶναι δοκῶν, πυρὶ παραδοθεὶς ἀνῆρεται. *Sed et alia martyria sub idem tempus quo Polycarpus passus est, apud Smyrnam facta, in eâdem epistolâ conjunctim leguntur. In quibus et Metrodorus quidam qui Marcionis sectæ presbyter dicebatur, flammis consumptus interiit* (36). 10°. Je ne sais si je dois dire que vraisemblable-

ment ces gens-là comptaient pour martyrs, ceux d'entr'eux qui avaient été tués peut-être dans quelque émotion du peuple orthodoxe. Il ne faudrait pas trop s'étonner si quelqu'un croyait, qu'avant même que les empereurs fussent chrétiens, les hérétiques furent exposés quelquefois à la violence des catholiques ; car nous apprenons de saint Épiphane, que peu s'en fallut que Manès ne fût assommé par la populace, dans la ville de Caschara, où il avait disputé publiquement avec l'évêque du lieu. Il y aurait laissé infailliblement la vie, si un fort honnête homme, nommé Marcellus, n'eût arrêté par sa présence vénérable le zèle ardent des bourgeois. Ἐντεῦθεν ὁ Μάνης ἀπέδρασας, φευγομένων τῶν δήμων αὐτὸν λιθοβολῆσαι, εἰ μὴ ὅτι παρῆλθεν εἰς μέσον Μάρκελλος, καὶ τῷ αἰδεσίμῳ αὐτοῦ προσώπῳ κατέδυσάμησε τοὺς δήμους, ἐπεὶ ἂν ὁ τάλας νεκρὸς μένων τάλαι ἐτεθνήκει. *Secundum hæc Manes fugâ sibi consulit. Populus enim lapidibus illum obruere volebat ; nisi Marcellus in medium prodiens, vultu ipso venerationis pleno aspectuque repressisset. Quod nisi fecisset, jam dudum infelix ipse perisset* (37). Cet honnête homme avait déjà usé de la même modération, pour empêcher que l'évêque ne fît tuer Manès. Ce prélat s'appelait Archélaüs ; il se mit dans une telle colère quand il sut que Manès avait écrit à Marcellus, qu'il voulut partir de la main pour se saisir de cet hérétique (38). Marcellus l'en empêcha par ses prières. Quelques jours après il eut encore besoin de toute son éloquence pour réprimer le zèle de ce prélat. Manès ayant reçu la réponse de Marcellus, se rendit auprès de lui. Archélaüs opinait qu'on le tuât comme une bête féroce, qui pouvait faire de grands ravages dans la bergerie du Seigneur. Mais Marcellus, par ses

---

(33) *Voyez la remarque* (D), *citation* (20).

(34) Theodor., epist. CXLVI, *apud* Baron., *ad* ann. 424, num. 19.

(35) Lambertus Danæus, Comment. in August. de Hæresibus, *folio*. 59.

(36) Euseb., lib. IV, cap. XV, pag. m. 135. Comparez ceci avec ce que dit M. Jurieu. Il était sans qu'ils eussent aucuns martyrs. Consultez Baronius, ad ann. 424, num. 14, où il dit : *Facilius est invenire marcionitam a gentilibus olim occidi, quàm à christianis ecclesiæ redditum.*

(37) Epiph. adv. Hæres., num. 66, p. m. 627.

(38) Ὁ δὲ Ἀρχέλαος γνοὺς τὴν αἰτίαν, καὶ τὴν ἐπιστολὴν ἀναγνοὺς, ἔβρυχε τοὺς ὀδόντας, ὥσπερ λέων ὠρυόμενος, καὶ ζῆτον Θεοῦ ἀναλαβὼν ἐπειρᾶτο ὁρμῆσαι μᾶλλον ἕως αὐτοῦ, καὶ χειρώσασθαι τὸν τοιοῦτον. *Archelaus re omni perspectâ, dentibus frremens rugientis leonis instar ac divino quodam ardore percitus, ad Manichæum potius proficisci cupiebat, hominemque capere.* Idem, ibidem, pag. 624.

sages remontrances, porta les choses à la douceur, et fit convenir Archélaüs de conférer paisiblement avec cet hérésiarque. On ne me croirait pas peut-être, si je ne citais le grec. Citons-le donc. Ὁ δὲ Ἐπίσκοπος Ἀρχέλαος ἔχων ἐν ἑαυτῷ μετὰ τὸν λόγον καὶ τὸ ζηλωτικὸν τῆς πίστεως, ἐβουλεύετο, εἰ ἦν δυνατὸν, ἐξ αὐτῆς τὸν ἄνδρα ὥσπερ πάρδαλιν, ἢ λύκον, ἤ τι ἕτερον τῶν θηρίων ἀγρεύσας, θανάτῳ παραδοῦναι, ἵνα μὴ λυμανθῇ τὰ θρέμματα, τοιούτου θηρὸς, [ἐφ’ ὁδοῦ] τὴν εἴσοδον κατανοῶν. Ὁ δὲ Μάρκελλος τῇ μακροθυμίᾳ μᾶλλον ἡγίου, καὶ ἀνεξικάκως τὸν πρὸς αὐτὸν διάλογον ἀπ’ αὐτοῦ γενέσθαι. At Archelaüs episcopus præter doctrinam fidei insuper ardore præditus, author erat ut, si fieri posset, homo ille, pardi instar ac lupi, vel cujusvis alterius bestiæ, interceptus morti traderetur, ne ejusmodi feræ incursione pecora læderentur, cùm illius ingressum cognosceret. Marcellus contra patienter ac leniter potiùs illum in colloquio tractandum putabat (39). Ceci fait voir que, sous prétexte que les orthodoxes n'avaient point de tribunaux pendant les trois premiers siècles, il ne fallait pas conclure si magistralement que les hérétiques ne pouvaient pas se vanter d'avoir des martyrs. Toutes les communions s'accordent à honorer de ce titre quelques-uns de ceux qui périssent pour leur religion, par les attentats de la populace. 11°. Enfin je remarque que M. Ferrand ne devait pas être insulté sur les *longs extraits d'Optat et de saint Augustin, qui prouvent la maxime* causa non pœna facit martyrem; car il a fallu qu'il les donnât pour satisfaire au défi de l'apologiste; et, pour en montrer la témérité, voici la teneur de ce défi encore une fois (40) : « Mais afin que ce déclamateur » ne nous échappe pas, nous le » prions, s'il veut quitter le siècle » des marcionites, de nous indiquer » quels hérétiques sont morts en » foule pour soutenir l'hérésie, et » quand cela est arrivé; car pour » nous, qui ne savons rien de l'his- » toire que ce que les livres nous » enseignent, nous ne trouvons point » ces siècles, nous ne rencontrons

pas cette foule d'hérétiques qui » meurent pour l'erreur. Nous savons » seulement que dans le IVᵉ. siècle » quelques évêques orthodoxes ont » poursuivi jusques à la mort certains hérétiques espagnols. » Ce défi contient manifestement cette thèse, *dans les quatre premiers siècles il n'y a point eu d'autres martyrs hérétiques que quelques priscillianistes*. On lui a fait voir le contraire par de longues citations. Qu'y a-t-il après cela de plus ridicule que de se moquer de ces longs extraits, et que de dire qu'ils ne sont point à propos, et que l'on ne *nie point qu'il n'y ait eu des hérétiques qui soient morts pour leur hérésie* ; et qu'il ne s'agissait point de savoir s'il est possible que des hérétiques meurent pour l'hérésie (41), mais s'il est possible qu'ils le fassent dans les circonstances qu'il articule, cinq en nombre ? Il est manifeste que son défi ne contient quoi que ce soit de ces circonstances, de sorte que cet auteur est notoirement convaincu d'avoir agi de mauvaise foi. Il défie qu'on lui prouve une telle chose, et quand il voit qu'on l'a prouvée démonstrativement, il se plaint de la longueur de la preuve, et dit qu'il n'était point question de cela, mais d'une autre chose. Ce qui étonne le plus est de voir qu'un homme, qui s'est tant mêlé de controverse, ait osé porter un défi tel que celui-là : vu que presque tous les controversistes romains, à qui l'on allègue le martyrologe des protestans, répondent que les anciens hérétiques se glorifiaient de la même chose. Je ne citerai qu'un jésuite qui a écrit contre Pierre du Moulin, et que ce ministre et André Rivet ont réfuté. *Vetus delirium hæreticorum est*, dit-il (42), *ecclesiam catholicam in martyrum censu æmulari velle. Ita de marcionitis et de cataphrygibus seu montanistis scribit (*) Apollinaris Episcopus Hierapoleos, antiquissimus theologus ; ipsos, cùm omnia quæ pro se attulerant argumenta, fuissent rationibus consentaneis rejecta, ad martyres confugisse, et ad propheticum illorum spiritum.*

(39) Epiph. adv. Hæres., num. 66, pag. 625.
(40) Jurieu, Apologie pour les Réformateurs, tom. I, pag. 172.
(41) Jurieu, Système de l'Église, pag. 645.
(42) Silvester Petra sancta, in Notis in epistolam Petri Molinæi ad Balzacum, pag. 36, 37.
(*) Apud Eusebium, hist., l. 5, cap. 15.

*Invehuntur pariter tum sanctus Cy-
prianus contra pseudomartyres nova-
tianos , tum sanctus Epiphanius
contra euphemitas : qui ob eorum
multitudinem se martyrianos vanissimè appellârunt. Habuêre suos dona-
tistæ ; tant ique insanid martyrii eam
larvam affectârunt, ut cùm ecclesiæ
tyrannorum persecutio deesset , se
aliquoties dederint præcipites exani-
maverintque , deque his Optatus Mi-
levitanus, divus Augustinus, et Theo-
doretus meminerunt. Non caruerunt
iis quoque ariani et priscillianistæ ,
quorum insistere vestigiis satagunt
sectarii nostri temporis , et ideò suos
habent martyrologos , qui mendacia
interxunt ineptiis dicerem lepidissimis,
nisi jocari in re tanti momenti facinus
esset.* Notez que Pétrasancta se trompe tout comme Baronius (43) en
croyant qu'Apollinaire soit l'auteur
qu'Eusèbe cite. Rufin et Nicéphore
ont été dans cette erreur. Voyez comment on les réfute dans le premier
tome de la Bibliothéque de M. du Pin
(44) conformément aux raisons que
Henri Valois (45) et le père Halloix
(46) avaient alléguées.

Il serait à souhaiter qu'un bon
critique prît la peine de ramasser
toutes les piéces des procés semblables à celui-ci , et de les placer l'une
après l'autre , comme je viens de le
faire , à l'égard de la dispute sur les
martyrs marcionites. J'ai voulu donner ici un échantillon de ce travail ,
pour encourager à l'entreprise de cet
ouvrage ceux qui en seront capables.
Les utilités en seraient trés-grandes ;
soit pour découvrir la mauvaise foi
qui régne dans les disputes, soit pour
accoutumer les auteurs à l'exactitude;
car comme ils sont assurés que presque personne ne compare les répliques et les dupliques dispersées en
plusieurs volumes , ils ne craignent
point les suites de leur mauvais procédé , et ils les craindraient sans
doute , s'ils savaient que certaines
gens feront un recueil des objections
et des réponses, des répliques et des
dupliques, tout-à-fait propre à montrer dans un moment le fort et le
faible des unes et des autres, d'autant

plus facilement que l'on y joindrait
des observations , comme j'ai fait ci-
dessus. Il serait bon que tout cela fût
rangé dans deux ou trois colonnes.
Voyez la préface du projet de ce Dictionnaire, vers la fin.

(F) *Il n'en sut pas faire jouer la
principale machine.*] Si un homme
d'autant d'esprit que M. Descartes
avait eu en main cette affaire , on
n'aurait pas pu confondre le système
des deux principes aussi aisément que
les pères le confondaient , n'ayant à
combattre qu'un Cerdon , un Marcion , un Apelles, un Manès , gens
qui ne pouvaient se bien servir de
leurs avantages; soit parce qu'ils ad-
mettaient l'Evangile, soit parce qu'ils
n'avaient pas eu assez de lumières
pour éviter les explications les plus
sujettes aux grands inconvéniens (47).
C'était la chose du monde la plus
ridicule , de soutenir qu'à la vérité
Jésus-Christ avait paru sur la terre ,
mais non pas avec un vrai corps humain , et d'en donner pour raison que
la chair n'est pas l'ouvrage du bon
principe , et que c'est la production
du mauvais. Les marcionites font pitié quand ils disputent sur cela. En
général , si nous jugeons de leurs
forces par les objections qu'ils proposent dans le Dialogue d'Origène
(48) *, nous en aurons mauvaise opinion. On ne voit point qu'ils pous-
sassent les difficultés sur l'origine du
mal ; car il semble que dès qu'on leur
répondait que le mal était venu du
mauvais usage du franc arbitre de
l'homme , ils ne savaient plus que
répliquer; ou que s'ils faisaient quelque instance sur la prévision de ce
pernicieux usage , ils se payaient de
la première réponse , quelque faible

(43) *Ad ann.* 173 , *num.* 20 *et seq.*
(44) *Pag.* 68 , *édition de Hollande.*
(45) *In Euseb.*, *lib. V, cap. VI.*
(46) *In Notis ad Vitam S. Apollin.*, *cap III.*

(47) *Conférez ce qui a été dit dans l'article*
Manicuéens , *dans ce volume, pag.* 189 , *remarque (B).*
(48) *Je parle du Dialogue contre les Marcionites, attribué à Origène, dont M.* Wetstein,
professeur à Bâle , a donné une édition, l'an
1674, *la première où le grec ait paru.*
* L'attribution de ce dialogue à Origène est ,
dit le père Merlin , « aussi fausse que celle qu'on
« avait faite à saint Augustin d'un sermon où on
« recommandait l'observation de la règle de saint
« Benoît, qui qu'on oppose dans ce dialogue le
« grand Constantin aux empereurs qui l'ont pré-
« cédé. » Voyez au reste, dans les Mémoires de
Trévoux, 1736, mai , page 1077, l'*Examen
(par le père Merlin) d'un raisonnement que
Bayle attribue à Origène.*

quelle fût. Origène (49) ayant répondu qu'une créature intelligente, qui n'eût pas joui du libre arbitre, aurait été immuable et immortelle tout comme Dieu, ferme la bouche au marcionite ; car celui-ci ne réplique rien. Il était pourtant bien facile de réfuter cette réponse ; il ne fallait que demander à Origène si les bienheureux du paradis sont égaux à Dieu dans les attributs de l'immutabilité et de l'immortalité. Il eût répondu sans doute que non. Par conséquent, lui aurait-on répliqué, une créature ne devient point Dieu dès qu'elle est déterminée au bien, et privée de ce que vous appelez franc arbitre. Vous ne satisfaites donc point à l'objection, car on vous demandait pourquoi Dieu ayant prévu que la créature pécherait, si elle était abandonnée à sa bonne foi, ne l'a point tournée du côté du bien, comme il y tourne continuellement les âmes des bienheureux transportées dans le paradis ? Vous répondez d'une manière qui fait connaître que vous prétendez qu'on vous demande pourquoi Dieu n'a pas donné à la créature un être aussi immuable et aussi indépendant qu'il l'est lui-même ? Jamais on n'a prétendu vous faire cette demande. Saint Basile a fait une autre réponse qui a le même defaut. Dieu, dit-il, n'a point voulu que nous l'aimassions par force, et nous-mêmes nous ne croyons pas que nos valets soient affectionnés à notre service, pendant que nous les tenons à la chaîne, mais seulement lorsqu'ils obéissent de bon gré. Ὅτι καὶ σὺ τοὺς οἰκέτας, οὐχ ὅταν δεσμίους ἔχῃς, εὔνους ὑπολαμβάνεις, ἀλλ' ὅταν ἑκουσίως ἰδῇς ἀποπληροῦντάς σοι τὰ καθήκοντα, καὶ Θεῷ τοίνυν οὐ τὸ ἀναγκασμένον φίλον, ἀλλὰ τὸ ἐξ ἀρετῆς κατορθούμενον, ἀρετὴ δὲ ἐκ προαιρέσεως καὶ οὐκ ἐξ ἀνάγκης γίνεται. Quoniam et tu servos, non quando vinctos in custodiâ tenes, benevolos esse tibi existimas ; sed cùm sponte omnia, quæ erga te oportet, videris agere. Sic item Deo eum puta fore amicum, non qui coactus, sed qui sponte suâ virtuteque illi obtemperat. Virtus verò ex voluntate perficitur, non ex necessitate (50). Pour

convaincre saint Basile que sa pensée est très-fausse, il ne faut que le faire souvenir de l'état du Paradis. Dieu y est aimé, Dieu y est servi parfaitement bien : et cependant les bienheureux n'y jouissent pas du franc arbitre ; ils n'ont plus le funeste privilége de pouvoir pécher. Faut-il donc les comparer à ces esclaves qui n'obéissent que par force ? A quoi songeait saint Basile * ? Et puisqu'il répond aux difficultés par le parallèle qu'on a vu, c'est un signe que les sectateurs de Marcion, ni ceux de Manès, ne répliquaient rien, quand ils se voyaient accablés de cet argument ; et qu'ils ne s'avisaient pas de faire songer à la condition des âmes glorifiées. S'il y avait aujourd'hui des marcionites aussi forts à la dispute, que le sont, ou les jésuites contre les jansénistes, ou ceux-ci contre les jésuites, ils commenceraient par où leurs ancêtres finissaient. Ils attaqueraient d'abord le dernier retranchement d'Origène, savoir le franc arbitre, et ils n'auraient pas fait trois syllogismes, qu'ils obligeraient le soutenant à confesser qu'il ne comprend pas ce qu'il avance (51), et que ce sont des abîmes de l'imperscrutable souveraineté du Créateur, où notre raison est engloutie, ne nous restant plus que la foi qui nous soutienne. C'est dans le vrai notre ressource : la révélation est l'unique magasin des argumens qu'il faut opposer à ces gens-là ; ce n'est que par cette voie que nous pouvons réfuter l'éternité prétendue d'un mauvais principe. Mais quand nous voulons déterminer de quelle manière s'est conduit le Créateur, à l'égard du premier péché de la créature, nous nous trouvons bien embarrassés. Toutes les hypothèses, que les chrétiens ont établies, parent mal les coups qu'on leur porte (52) : elles triomphent

* Le père Merlin, dans les *Mémoires de Trévoux*, 1736, décembre, partie II, article 133, page 2816, a donné l'*Examen d'un passage de saint Basile, censuré par Bayle à l'article* MARCIONITES.

(51) *Ils prétendraient qu'un tel aveu ne diffère point de ce que l'on nomme être réduit à* quia, *et ad terminos non loqui.*

(52) *Voyez dans l'article* PAULICIENS, *tom. XI, remarque* (F), *an premier alinéa, ce que je cite du Jugement de M. Jurieu sur les Méthodes relâchées d'expliquer la Grâce. Voyez aussi ce qu'un ministre français a répondu aux lu-*

toutes quand elles agissent offensivement; mais elles perdent tout leur
avantage quand il faut qu'elles soutiennent l'attaque. Nos idées là-dessus ne sont claires qu'autant qu'il
le faut pour éterniser la guerre; semblables à ces princes qui n'ont pas la
force d'empêcher que l'on ne ravage
leurs frontières, et qui sont assez puissans pour faire des courses dans le
pays ennemi. Il ne paraît pas que
Marcion et ses sectateurs aient bien
connu le fort et le faible des orthodoxes.

Prudence, qui a fait un poëme de
l'origine du péché, n'a guère bien
répondu à l'objection de ces hérétiques (53).

(G) *Il était néanmoins facile de répliquer à cela.*] On a vu dans la remarque précédente que, pour réfuter invinciblement la réponse de saint
Basile, il ne fallait que le prier de
faire attention à l'état des bienheureux. J'ajoute ici qu'il n'était pas nécessaire de lui demander une si haute
contemplation; car il suffisait de lui
faire considérer l'état des justes en
cette vie. C'est par un effet de la
grâce du Saint-Esprit que les enfans
de Dieu, dans l'état de voyageurs, je
veux dire dans ce monde, aiment leur
père céleste, et produisent de bonnes
œuvres. Saint Basile, ni les autres pères grecs, ne le pouvaient pas nier,
quoiqu'ils n'enseignassent pas aussi
fortement que saint Augustin la nécessité de la grâce efficace par elle-
même. La grâce de Dieu réduit-elle
les fidéles à la condition d'un esclave
qui n'obéit que par force? Empêche-
t-elle qu'ils n'aiment Dieu volontairement, et qu'ils ne lui obéissent
d'une franche et sincère volonté? Si
l'on eût fait cette question à saint
Basile, et aux autres pères qui réfu-
taient les marcionites, n'eussent-ils
pas été obligés de répondre négative-
ment? Mais quelle est la conséquence naturelle et immédiate d'une pareille réponse? N'est-ce pas de dire
que sans offenser la liberté de la créature, Dieu peut la tourner infailli-

blement du côté du bien? Le péché
n'est donc point venu de ce que le
créateur n'aurait pu le prévenir sans
ruiner le franc arbitre de la créature; il faut donc chercher une autre
cause. On ne peut comprendre, ni
que les pères de l'église n'aient pas
vu la faiblesse de ce qu'ils répondaient, ni que leurs adversaires ne
les en aient pas avertis. Je sais bien
que ces matières n'avaient pas encore
passé par toutes les discussions que
l'on a vues au XVIe. et au XVIIe. siècle; mais il est sûr que la primitive
église a connu distinctement l'accord
de la liberté humaine avec la grâce
du Saint-Esprit (54). Les sectes chrétiennes les plus rigides reconnaissent
aujourd'hui que les décrets de Dieu
n'ont point imposé au premier homme la nécessité de pécher, et que la
grâce la plus efficace n'ôte point la
liberté à l'homme pécheur. On avoue
donc que les décrets de conserver le
genre humain constamment et inva-
riablement dans l'innocence, quelque absolus qu'ils eussent été, eussent permis à tous les hommes de
remplir très-librement tous leurs
devoirs. Les thomistes soutiennent
que la prédétermination physique
perfectionne la liberté de notre âme,
bien loin de l'ôter ou de la blesser:
et néanmoins ils enseignent que cette
prédétermination est d'une telle nature que, quand elle est donnée pour
faire produire un acte d'amour, il
n'est pas possible *in sensu composito*
que l'âme produise un acte de haine.
Je crois franchement qu'ils ne comprennent pas trop que la liberté de
la créature soit perfectionnée par
cette qualité physique prédétermi-
nante, que la cause première, disent-
ils, produit dans l'âme de l'homme
avant que cette âme ait agi; mais
qu'ils le comprennent ou qu'ils ne
le comprennent pas, il est toujours
sûr qu'ils fournissent de quoi renverser de fond en comble la solution que
saint Basile a donnée aux objections
des manichéens; et pour ce qui est
des molinistes, ils ne pourraient
point se servir d'une telle solution;
car ils ne rejettent point les grâces
de Dieu qui assurent infailliblement
à un homme sa prédestination, ils ne

---

thériens: *M. de Beauval en parle dans l'Histoire des Ouvrages des Savans, mois de novembre 1695, pag. 105 et suiv. Mais surtout voyez
les Labyrinthes de Bernardin Ochin.*

(53) *Voyez la remarque (F) de l'article PRU-
DENCE, tom. XI.*

(54) *C'est-à-dire, d'une grâce assurée de
son effet.*

nient point que si Dieu voulait, il ne pût faire qu'un homme agissant toujours librement n'évitât toujours le péché dans les tentations les plus périlleuses.

(H) *Je ferai peu d'observations contre Moréri.*] 1°. Sa remarque que *Sinope*, *ville de Paphlagonie*, avait été *autrefois de Pont*, est très-mauvaise, puisque Sinope a été tout à la fois une ville de Paphlagonie, et une ville du Pont. 2°. Il n'est pas vrai que Marcion n'ait jamais été reçu à la communion de l'église de Rome (55). 3°. Ni qu'*après avoir long-temps suivi les erreurs* de Cerdon, il en ait *inventé de nouvelles en 134*. Nous avons vu ci-dessus qu'il vint à Rome sous Antonin Pius, qui ne commença de régner qu'en 138. Baronius, se fondant sur quelques passages de Tertullien, croit que Marcion commença à dogmatiser dans Rome l'an 146 (56) ; et néanmoins il y a d'autres passages de ce père qui témoignent que Marcion n'arriva à Rome que sous le pape Anicet (57) : ce qui suppose qu'il n'y serait arrivé que vingt ans après la naissance de sa secte. Tertullien avait raison quand il disait (58) qu'il s'était peu informé du temps où cet hérétique commença de dogmatiser. 4°. Puisque Cerdon alla à Rome sous le pape Hygin (59), qui ne fut créé qu'en l'an 153, comment serait-il possible que Marcion eût inventé de nouvelles hérésies l'an 134, après avoir suivi long-temps celles que Cerdon lui avait apprises dans Rome ? 5°. Il est faux que Marcion *se nommât* Jésus-Christ, *envoyé pour abolir la loi comme mauvaise.* Moréri le calomnie en lui imputant cela. Si l'on dit que ces paroles de Moréri, *il se nommait* Jésus-Christ, etc., se rapportent, non pas à Marcion, mais à l'un des dieux de cet hérétique, à celui qu'il reconnaissait pour l'*auteur de l'Évangile et le rédempteur de l'Univers*, on ne disculpera pas Moréri ; il sera coupable, et de s'être mal exprimé, et d'avoir

mal rapporté l'opinion de cet hérétique. Marcion admettant deux dieux, l'un bon et l'autre mauvais, disait que l'un avait fait le monde, et que l'autre était le père de Jésus-Christ (60). La confusion avec laquelle Baronius parle de cela est peut-être ce qui a trompé *Moréri*. *Duos posuit deos* Marcion) *sibi contrarios, quorum alter bonus, malus verò esset alter ; alter legis veteris auctor, alter autem novæ.... ab illoque malo mundum esse creatum, à bono autem restitutum atque redemptum, huncque fuisse Jesum solventem legem atque prophetas à Deo patre missum* (61). C'est ainsi qu'on lit ce passage dans mon édition de Baronius (62). Je ne sais si les imprimeurs ont oublié quelques mots, ou s'il faut attribuer à Baronius la contradiction qui se trouve là *, et qui consiste à dire que Jésus-Christ soit le bon principe, et que son père l'ait envoyé dans ce monde.

(60) *Voyez* Danæus, *in Notis ad August.* de *Hæresib.*, *folio* 36, *citant* saint Irénée, lib. 2, c. 1, et lib. 4, c. 57, *et d'autres pères.*

(61) Baronius, *ad ann.* 146, *num.* 9, p. 117.

(62) *C'est celle d'Anvers*, 1597.

* Leclerc ne voit aucune contradiction dans le passage de Baronius, passage dans lequel, dit-il, aucun mot n'a été oublié par l'imprimeur.

MARESTS (Jean des), Parisien, sieur de Saint-Sorlin, a été un des beaux esprits du XVIIe. siècle ; mais il devint enfin visionnaire et fanatique. Il fut fort aimé du cardinal de Richelieu, et l'on peut dire qu'entre autres charges (a) il eut chez cette éminence un emploi d'esprit (A). Il nous a laissé lui-même une peinture de ses mœurs qui n'est pas fort avantageuse ; car il avoue que pour séduire les femmes qui lui opposaient l'intérêt de leur salut, il ne feignait point de les pousser vers l'athéisme (B). Il fut de l'académie française dès le commencement de sa fonda-

(55) *Voyez la remarque* (B).

(56) Baron., *ad ann.* 146, *num.* 1.

(57) *Il fut créé évêque de Rome, l'an* 167, *selon* Baronius.

(58) Advers. Marcion, *lib. I, cap. XIX, apud* Baron., *ibidem.*

(59) Irenæus, *lib. I, cap. XXVIII, apud* Baron., *ibidem, num.* 2.

(a) *Il était contrôleur général de l'extraordinaire des guerres, et secrétaire général de la marine de Levant.* Hist. de l'académie française, *pag.* 342.

tion, et il en a été l'un des principaux ornemens. Il composa plusieurs pièces de théâtre (b), qui furent fort applaudies, et surtout celle qui a pour titre *Les Visionnaires*. Il entreprit un poëme épique (c), qui lui coûta le travail de plusieurs années; et il a cru qu'il aurait été beaucoup plus long-temps à l'achever, si la Providence n'eût eu dessein de se servir de sa plume pour des ouvrages de dévotion (C). Il fit aussi des romans, où il s'éloigna de ces idées de vertu qu'on représentait alors dans cette sorte d'écrits (D). Il mourut l'an 1676. Il se déclara l'ennemi des jansénistes, et il eut sans doute mieux fait de ne prendre point de part à cette querelle; car ses visions, si bien décrites par ces messieurs (E), seraient sans cela demeurées dans les ténèbres. Il promettait au roi de France, par l'explication des prophéties, l'avantage de ruiner les mahométans (F). Nous verrons ailleurs sa conduite contre un certain Morin (d), qui se disait le fils de Dieu. Des Marests écrivit quelque chose contre les satires de M. Boileau (e), dans ses dernières années. Je parlerai de son frère aîné dans une remarque (G).

(b) *Voyez-en le titre, et celui de plusieurs autres de ses pièces dans* l'Histoire de l'Académie française, *pag. m.* 343.

(c) *Intitulé* Clovis.

(d) *Dans l'article de ce* MORIN, *dans ce volume.*

(e) *Voyez la remarque* (R) *de l'article* MACÉDOINE, *pag.* 18 *de ce volume.*

(A) *Il eut chez le cardinal de Richelieu un emploi d'esprit.*] Il faut entendre ce qu'il dit de lui sous le nom d'Eusèbe dans l'un de ses livres (1). *Avec l'aide de quelques-uns sur les-*

(1) Délices de l'Esprit, pag. 4.

quels je m'appuyai pour arriver jusqu'au haut du palais de la Fortune, je parvins jusqu'à l'appartement de celui qui dominait dans ce lieu élevé. Là je goûtai mille plaisirs ravissans par l'estime qu'il fit de moi, par les caresses et publiques et particulières dont il m'honora, par les applaudissemens que je recevais de toutes parts, et par les victoires que je remportais souvent sur mes envieux (2).... *Tu me forces à te dire que!qu'un de ces goûts délicats, qui te fera juger des autres, et qui servira à te faire connaître l'infatigable force du génie de ce grand homme, qui ne pouvait se délasser d'un travail d'esprit que dans un autre. Aussitôt qu'il avait employé quelques heures à résoudre toutes les affaires d'état, il se renfermait souvent avec un savant théologien, pour traiter avec lui les plus hautes questions de la religion, son esprit prenait de nouvelles forces dans ces changemens d'entretien. Après cela d'ordinaire il me faisait entrer seul, pour se divertir sur des matières plus gaies et plus délicates, où il prenait des plaisirs merveilleux; car, ayant reconnu en moi quelque peu de fertilité à produire sur-le-champ des pensées, il m'avouait que son plus grand plaisir était lorsque, dans notre conversation, il renchérissait de pensées par-dessus les miennes. Que si je produisais une autre pensée par-dessus la sienne, alors son esprit faisait un nouvel effort avec un contentement extrême.... Or jugez si je ne goûtais pas aussi parfois ce même plaisir qui lui semblait si grand, puisqu'il m'arrivait souvent de renchérir de pensées par-dessus les siennes.*

(B) *Il avoue que pour séduire les femmes.... il ne feignait point de les pousser vers l'athéisme.*] Il ne se contente pas de dire (3) *qu'il s'était arrêté quelque temps dans la cabane des plaisirs charnels et grossiers, qui n'avait qu'une enseigne grossièrement peinte, où étaient représentés un Bacchus et une Vénus; et qu'ayant senti que ces plaisirs ruinaient son corps et sa fortune, il en voulut chercher de plus relevés.* Il ajoute (4) *qu'il de-*

(2) *Là même, pag.* 105.

(3) *Là même, pag.* 3.

(4) *Là même, pag.* 73. *Voyez les* Nouvelles Lettres de l'auteur de la Critique de Maimbourg, *pag.* 746, 747.

vrait pleurer des larmes de sang, pensant au mauvais usage qu'il a fait de l'éloquence auprès des femmes. Car je n'y employais que des mensonges déguisés, des malices subtiles, et des trahisons infâmes. Je tâchais à ruiner l'esprit de celles que je feignais d'aimer. Je cherchais des paroles artificieuses pour le troubler, pour l'aveugler et pour le séduire, afin de lui faire croire que le vice était vertu, ou pour le moins chose naturelle et indifférente. Je trahissais Dieu, même en interprétant malicieusement ses lois, et en faisant valoir les faux et damnables raisonnemens des voluptueux et des impies comme toi, et mon éloquence faisait toute sorte d'efforts pour éteindre la vertu dans une âme. On lui prouva (5) qu'il s'est désigné par des caractères individuels et personnels, de sorte que ce qu'il fait dire par son Eusèbe est sa propre histoire.

(C) Il a cru qu'il aurait été... plus long-temps à achever son Clovis, si la Providence n'eût eu dessein de se servir de sa plume pour des ouvrages de dévotion.] C'est encore lui qui a révélé ce petit mystère; car il a commencé les Délices de l'Esprit (6) par une espèce de prodige, qu'il prétend lui être arrivé; qui est, dit-il (7), que Dieu l'a si sensiblement assisté, pour « lui faire finir le grand ouvra-» ge de son Clovis, me le rappeler » plus promptement à des choses bien » plus utiles, plus délicates et plus » relevées, qu'il n'ose dire en com-» bien de temps il a achevé les neuf » livres de ce poëme qui restaient à » faire, et repoli les autres. » Voici la réflexion que MM. de Port-Royal ont faite sur ce passage : Ainsi, selon le sieur des Marests, c'est l'esprit de Dieu qui lui a fait composer ces neuf livres, qui lui a fait repolir les autres, et qui l'a porté à publier cet ouvrage. C'est l'esprit de vérité, qui l'a assisté pour lui faire débiter et répandre parmi les chrétiens tant de fables impertinentes et ridicules. C'est l'esprit de Dieu qui l'a porté à les tenter par tant d'images dangereuses, et par la représentation de tant

de passions criminelles. C'est l'esprit de Dieu, qui lui a fait faire un roman qui n'est différent des autres, que parce qu'il est plus extravagant (8). Au reste, M. l'abbé de Marolles nous apprend une particularité, d'où l'on peut conclure que notre Jean des Marests faisait un grand cas de son Clovis. Il me donna ses Délices de l'Esprit, c'est l'abbé qui parle (9), et quelques autres ouvrages en prose et en vers, du temps que je n'étais pas brouillé avec lui, comme je le fus depuis, à cause qu'il prit contre mon sens ce que j'avais écrit de son poëme de Clovis, que je n'avais pas mis au-dessus de l'Énéide, bien que je l'eusse estimé, et que je l'eusse en effet trouvé digne de lui.

(D) Il fit... des romans où il s'éloigna de ces idées de vertu qu'on représentait alors dans cette sorte d'écrits.] C'est de quoi on le raille agréablement dans le Parnasse réformé ; car on y a mis cette plainte dans la bouche d'Ariane, son héroïne « On ne trouve » chez moi que des lieux infâmes : » chaque livre en fournit un pour le » moins, et les héros du roman sont » si bien accoutumés à fréquenter » ces endroits, qu'on les prendrait » pour des soldats aux gardes, ou des » mousquetaires. Me rendre visite , » et aller au (vous m'entendez bien) » n'est plus qu'une même chose : on » confond maintenant l'un avec l'au-» tre; et je suis devenue le répertoi-» re de tous les bons lieux. Je ne m'é-» tonne point après cela si l'on me » fait paraître nue : il y aurait eu de » l'irrégularité d'en avoir usé d'au-» tre sorte ; et puisqu'Astrée, qui » n'avait pas l'avantage du lieu com-» me moi, se montre à Céladon en » cette posture, il était d'une néces-» sité indispensable que j'en fisse au-» tant (10). » Ce n'est donc point pour le roman d'Ariane que des Marests peut avoir part à la dernière partie de la censure que je m'en vais rapporter, et qu'on lui adresse principalement. Un faiseur de romans et un poëte de théâtre est un empoisonneur public, non des corps, mais des âmes des fidèles, qui se doit re-

---

(5) MM. de Port-Royal, dans leurs Visionnaires, lettre VIII, pag. 456, édition de Cologne, 1683, in-8°.

(6) Les Visionnaires, lettre I, pag. 256.

(7) Préface des Délices de l'Esprit.

(8) Visionnaires, lettre I, pag. 256.

(9) Michel de Marolles, Dénombrement des auteurs qui lui ont donné de leurs livres.

(10) Parnasse réformé, pag. 148, 149.

garder comme coupable d'une infinité d'homicides spirituels, ou qu'il a causés en effet, ou qu'il a pu causer par ses écrits pernicieux. Plus il a eu soin de couvrir d'un voile d'honnêteté les passions criminelles qu'il y décrit, plus il les a rendues dangereuses, et capables de surprendre et de corrompre les âmes simples et innocentes. Ces sortes de péchés sont d'autant plus effroyables, qu'ils sont toujours subsistans, parce que ces livres ne périssent pas, et répandent toujours le même venin dans ceux qui les lisent (11). Il aurait tort de se défendre contre le Parnasse réformé, en disant qu'il a suivi le précepte des anciens maîtres, que les romans doivent être vraisemblables (12): car il y a un milieu entre une héroïne qui n'est pas assez vertueuse, et une héroïne qui l'est trop ; et ce milieu n'excède pas le vraisemblable. Voyez ce qui a été remarqué ailleurs concernant les anciens romans (13).

(E) Ses visions si bien décrites par messieurs de Port-Royal.] La première fois que je lus leur lettre, je fus saisi d'une surprise extraordinaire : je ne pouvais assez admirer qu'un bel esprit, auteur de pièces galantes et de pièces de théâtre, se vantât fort sérieusement, que Dieu par sa bonté infinie lui a envoyé la clef du trésor de l'Apocalypse, qui n'a été connue que de peu de personnes avant lui (14) ;... et que par l'ordre de Dieu il lève une armée de cent quarante-quatre mille combattans, dont il y en a déjà une partie enrôlée, pour faire la guerre aux impies et aux jansénistes (15). Ma surprise augmentait quand je faisais réflexion sur le temps et sur le lieu où ces chimères étaient débitées : elle se redoublait encore quand je prenais garde, que non-seulement on laissait à ce prétendu prophète l'administration de son bien, mais aussi qu'on lui conférait la charge d'inquisiteur, et que personne ne

s'intriguait plus que lui, et ne se donnait plus de mouvemens pour l'extirpation du jansénisme. Si j'avais su alors ce que j'ai vu faire vingt ans après, je n'aurais pas eu cette surprise ; mais assurément j'étais excusable de trouver étrange en ce temps-là, qu'un homme qui publiait dans Paris tant de chimères acquît plus d'autorité qu'il n'en avait auparavant. Quel désordre ! « M. de Paris
» le prend pour son apologiste, le
» reçoit à sa table, lui donne retrai-
» te chez lui. M. l'archevêque d'Auch
» approuve le dessein de son armée.
» On lui permet de se faire fondateur
» d'un ordre nouveau ; de s'établir
» (tout laïque qu'il est) en directeur
» d'un grand nombre de femmes et
» de filles ; de leur faire rendre comp-
» te de leurs pensées les plus secrè-
» tes : de leur écrire des lettres de
» conscience, pleines d'une infinité
» de choses très-dangereuses et très-
» imprudentes, pour ne rien dire
» davantage ; de se glisser en plu-
» sieurs couvens de filles pour y dé-
» biter ses rêveries et ses nouvelles
» spiritualités. Et enfin c'est sur lui
» que M. de Paris a jeté les yeux pour
» l'aider à réformer le monastère de
» Port-Royal de Paris. On y reçoit
» avidement ses instructions : on y
» confère avec lui de l'oraison men-
» tale : on lui rend compte de l'état
» où l'on s'y trouve : si on y est con-
» solé, ou si on y est misérable (16). »

Le livre qu'il publia, intitulé : Avis du Saint-Esprit au roi, porte tous les caractères du fanatisme. Il y explique trois prophéties de l'Écriture, qu'il prétend s'entendre des jansénistes, comme devant être exterminés par le roi de France, avec l'appareil d'une grande armée. Voici un caractère qui est comme la marque populaire des fanatiques. Car si vous y prenez garde, quelque spirituels que ces gens-là tâchent de paraître, néanmoins leur spiritualité aboutit d'ordinaire à quelque effet extérieur et sensible ; et ils ne sont jamais satisfaits qu'ils n'aient poussé leurs imaginations et leurs allégories jusqu'à quelque grand événement exposé aux sens, dont ils se figurent devoir être non-seulement les spectateurs, mais

(11) Visionnaires, lettre I, pag. 253.

(12) Ficta voluptatis causâ sint proxima veris. Horat., de Arte poeticâ, vs. 338.

(13) Remarque (C) de l'article Hypsipyle, tom. VIII, et remarque (C) de l'article Longus, tom. IX.

(14) Délices de l'Esprit, IIIe. part., pag. 2, dans les Visionnaires, lettre I, pag. 241.

(15) Avis du saint Esprit au roi, là même, pag. 242.

(16) Visionnaires, lettre II, pag. 287.

aussi les ministres (17). L'auteur dont j'emprunte ces paroles prouve cela par plusieurs exemples ; et puis il continue de cette façon (18) : « Il fallait donc aussi que les ima- » ginations du sieur des Marests , » étant du même genre que celle de » ces autres visionnaires, se termi- » nassent à quelque chose d'extérieur, » et qu'il voulut, comme les autres , » jouir dès ce monde du fruit de » ses prophéties. Il est vrai qu'il » semble n'en être pas venu là tout » d'un coup ; car au commencement » il a fait tout ce qu'il a pu pour » s'en éloigner, en spiritualisant tou- » tes choses , et en réduisant les bê- » tes les plus terribles de l'Apoca- » lypse en chimères, ou en quintes- » sences de théologie mystique. Mais » enfin , il s'est lassé de ces spiri- » tualités si déliées, et la pente na- » turelle de l'imagination fanatique » l'a porté à former, comme les au- » tres, un dessein vaste pour ce mon- » de-ci , à l'exécution duquel il a » cru qu'il était choisi de Dieu. L'i- » dée n'en est pas tout-à-fait noble et » relevée. Mais , afin que vous ne » croyiez pas je lui impose, je » ne vous la représenterai que par » ses propres paroles. Ce dessein » donc est de dresser *une armée* » *pour combattre et exterminer par-* » *tout les impiétés et les hérésies.* » Le nombre de ceux qui la compo- » seront *doit être, selon la prophétie* » *de saint Jean , de cent quarante-* » *quatre mille, qui auront la mar-* » *que du Dieu vivant sur le front ,* » *c'est-à-dire , qui feront voir à dé-* » *couvert par leur vie que Dieu est* » *vivant dans leurs cœurs.* Et, comme » toute armée a besoin d'un général, » il y a pourvu en offrant cette char- » ge au roi, *afin que leur zèle et la* » *valeur de sa personne sacrée qui* » *sera le général de cette belle ar-* » *mée , comme fils aîné de l'église et* » *principal roi de tous les chrétiens ,* » *anime tous les soldats.* Pour les » moindres charges, il déclare à sa » majesté qu'elles sont destinées pour » les chevaliers de l'ordre. *Votre* » *royale compagnie ,* dit-il , *de che-* » *valiers du Saint-Esprit doit mar-* » *cher à leur tête, si elle est aussi*

» *noble et aussi vaillante comme elle* » *se persuade de l'être.* Et pour les » piquer d'honneur, il ajoute : *qu'elle* » *le sera beaucoup, si elle est aussi* » *prête que le reste de cette sainte* » *armée à tout faire et à tout souf-* » *frir.* Pour les moyens que l'on doit » employer dans cette guerre, et » dont cette nombreuse armée se » doit servir , il ne s'en ouvre pas » encore, mais il réserve à les décla- » rer en temps et lieu, comme les » ayant appris du Saint-Esprit. Il dit » seulement en passant, *qu'elle doit* » *exterminer toutes les impiétés, non* » *par la force des armes temporelles* » (19), *mais par la force des armes* » *spirituelles, selon les moyens et* » *les remèdes tout célestes que Dieu* » *a donnés , et qui seront déclarés* » *en particulier.* Mais , afin que l'on » ne crût pas que ce ne fût qu'une » vision ; et de peur que l'attente » d'un événement éloigné ne fît pas » assez d'impression sur l'esprit du » roi, il déclare que la plus grande » partie de cette armée est déjà le- » vée. *Déjà, sire,* dit-il , *Dieu a* » *prévenu vos desseins, et vous a* » *composé dès il y a long-temps* » *une armée de personnes qui lui* » *sont fidèles , et qui sont dévouées à* » *lui comme victimes à sa colère jus-* » *tement irritée pour tant d'abomina-* » *tions, pour le prier sans cesse , et* » *pour souffrir toutes choses, afin* » *qu'il lui plaise convertir les faux* » *chrétiens, et exterminer par votre* » *autorité tant de sectes et de vices* » *détestables qui règnent dans la* » *France. Cette armée n'est compo-* » *sée que d'âmes vaillantes et à toute* » *épreuve, qui combattent sans cesse* » *Satan et ses suppôts.* Et dans le » vœu d'union , il assure *qu'elle est* » *déjà de plusieurs mille âmes.* Néan- » moins, comme elle n'a pas encore » atteint le nombre prophétique de » cent quarante-quatre mille , le » sieur des Marests a commission du » ciel de faire publier partout que

(19) *Notez que la plupart des visionnaires commencent ainsi ; mais ils trouvent ensuite que les armes temporelles doivent aussi concourir : toutes les fureurs de la guerre entrent dans leur plan , et cela sous l'idée d'actions pieuses.*

Prob superi , quantum mortalia pectora cæcæ
Noctis habent! ipso sceleris molimine Tereus
Creditur esse Pius laudemque à crimine sumit.
　　Ovid. , *Metam.* , lib. VI , *vs.* 472.

(17) Visionnaires, *lettre II, pag.* 279.
(18) *Là même , pag.* 280.

» ceux qui veulent s'y enrôler le
» peuvent faire par son moyen; et
» c'est à quoi les *Avis du Saint Es-*
» *prit* sont particulièrement destinés.
» *Il faut*, dit-il, *faire part de ces*
» *saints avis à tout le monde, afin*
» *d'animer plusieurs âmes fidèles à*
» *s'offrir à Dieu comme victimes ,*
» *pour être de cette sainte armée.*
» Et comme c'est la coutume de
» faire prêter le serment aux soldats,
» le sieur des Marests en a dressé un
» pour ceux qui composeront son
» armée, qu'il a fait imprimer à la
» fin de ces avis, sous le titre *d'U-*
» *nion et vœu de chaque chevalier ou*
» *soldat de l'armée de* Jésus-Christ.
» Il leur a même prescrit un exerci-
» ce pour la journée, dans lequel il
» paraît que ces gens sont tous Che-
» valiers de l'infaillibilité du Pa-
» pe. » Il a prédit aussi tous les exploits que cette armée doit faire.
Car il marque expressément qu'elle
doit emporter la victoire sur les ennemis de Dieu, par la destruction
des impiétés et des hérésies; et qu'a-
lors on verra un nombre innombrable de toutes sortes de nations et de
peuples s'unir à l'église, qui seront en
oraison devant le trône de Dieu en eux
mêmes (20). *Et tout cela doit arriver*
sous le règne de Louis XIV, qui sera
le Josué de cette armée , c'est-à-dire
le chef et le général , conduisant et
animant les troupes , et combattant
valeureusement avec elles , sous la
conduite invisible des quatre princes des bandes célestes, saint Michel,
saint Gabriel , saint Raphaël, et saint
Uriel (21).

L'auteur janséniste fait une réflexion trop judicieuse pour ne devoir pas être rapportée. *Je veux*
croire, dit-il (22), *que le sieur des*
Marests n'a point encore dessein de
faire prendre les armes de rébellion
à ses victimes , et que son armée est
encore toute spirituelle et toute exta-
tique; mais il ne sait pas lui-même
ce qu'il voudra demain, parce qu'il
ne sait pas à quoi son imagination se
portera, ni ce qu'elle lui découvrira
dans l'Apocalypse. Un homme com-
me lui, qui prend toutes ses pen-
sées pour des révélations de Dieu ,

ne peut plus répondre de soi-même.
Les figures de l'Apocalypse chan-
gent souvent dans sa tête , et elles
signifient tantôt une chose, et tantôt
une autre , et toujours par inspiration
de Dieu. On donne là quelques exemples des variations qui avaient déjà
paru dans sa doctrine prophétique.
Voyez toute la cinquième lettre de
ce janséniste : elle expose tant de
chimères du sieur des Marests, que
pour comprendre qu'un homme ait
pu se remplir de tant de visions,
sans perdre cette partie du bon sens
qui empêche de courir les rues (23),
il faut entrer dans la réflexion qu'un
bel esprit a fortifiée d'exemples. *C'est*
une des misères humaines, dit-il (24) ;
la raison et le bon sens sont quelque-
fois renversés et détrônés, pour par-
ler ainsi, en une de leurs provinces ,
et demeurent maîtres dans les autres,
où l'effort d'une imagination violen-
te ne s'est point dressé. Consultez
l'article Teldènes. Nous allons voir
quelques autres traits du fanatisme
de Saint-Sorlin.

(F) *Il promettait au roi de Fran-*
ce . . . . l'avantage de ruiner
les mahométans.] « Ce qui relève
» les prophètes est premièrement la
» grandeur des événemens qu'ils pré-
» disent, et en second lieu la clarté
» avec laquelle ils expriment les
» circonstances particulières , qui
» font voir que ce sont de véritables
» prophéties , et non pas des dis-
» cours en l'air , parmi lesquels il
» se pourrait rencontrer par hasard
» quelque chose qui sera conforme
» à l'événement. C'est ce que le sieur
» des Marests a soin d'éviter sur tou-
» tes choses. Il n'use point d'un
» langage obscur et énigmatique.
» C'est le plus clair des prophètes.
» Il semble qu'il nous conte une
» histoire du temps passé. Il en
» marque le temps, le lieu, les cir-
» constances, en termes précis et

(20) Visionnaires , *lettre II, pag.* 282.
(21) *Là même, pag.* 283.
(22) *Là même, pag.* 286.

(23) *Le visionnaire dont parle* Horace *était*
ainsi fait : il ne courait point les rues; il était
même raisonnable en plusieurs choses.
Cætera qui vitæ servaret munia recto
More , bonus sanè vicinus , amabilis hospes ,
Comis in uxorem , posset qui ignoscere servis,
Et signo læso nou laniaret lagena .
Posset qui rupem et puteum vitare patentem.
Horat., *epist. II,* lib. II, vs. 131.
(24) Pelisson , *Chimères de* M. Jurieu , *IIe.*
partie , sect. II, pag. 69 , *édition de Hollande.*

» intelligibles. Il ne nous renvoie » pas même à un temps fort éloigné, » pour vérifier ses prophéties : et » cependant ce sont les plus grandes » choses qu'un homme puisse jamais » prophétiser. Il est bon de l'enten-» dre parler lui-même, car il s'ex-» prime fort nettement. *Ce prince* » *valeureux*, prédit selon lui dans » Jérémie par les mots de *Fils du* » *Juste*, qui ne sont point par mal-» heur dans ce prophète, *va détrui-* » *re et chasser de son état l'impiété* » *et l'hérésie, et réformer les ecclé-* » *siastiques, la justice et les finan-* » *ces.* *Puis d'un commun consente-* » *ment avec le roi d'Espagne,il con-* » *voquera tous les princes de l'Eu-* » *rope avec le pape, pour réunir* » *tous les chrétiens à la vraie et* » *seule religion catholique. Il man-* » *dera le pape pour se rendre à Avi-* » *gnon, afin d'y conférer ensemble* » *des moyens pour un si grand bien,* » *parce qu'autrement* (voyez quelle » circonspection !) *il serait*, dit-» il, *obligé d'aller à Rome avec* » *une grande armée digne d'un roi* » *de France, pour y conférer en per-* » *sonne avec lui ; et le pape aimera* » *mieux se rendre en Avignon, que* » *de se voir chargé dans Rome d'une* » *grande armée.* Voilà de grandes » choses, et bien particulières : la » destruction de toutes les impiétés; » les hérétiques et impies chassés » de France ; les ecclésiastiques, la » justice et les finances réformés ; » la convocation des princes et du » pape à Avignon; la réunion de » tous les chrétiens à la religion ca-» tholique. Mais celles qui suivent » sont encore plus grandes. *Après*, » dit-il, *la réunion de tous les héré-* » *tiques sous le saint siége, le roi* » *sera déclaré chef de tous les chré-* » *tiens, comme fils aîné de l'église,* » *et avec les forces de la chrétienté* » *il ira détruire par mer et par terre* » *l'empire des Turcs et la loi de Ma-* » *homet, et étendre la foi et le règne* » *de* Jésus-Christ *par tout le monde,* » c'est-à-dire dans la Perse, dans » l'empire du grand Mogol, dans la » Tartarie et dans la Chine. Que » peut-on désirer davantage ; sinon » que toutes ces grandes choses » soient marquées en particulier dans » les prophéties? et c'est de quoi le

» sieur des Marests nous assure posi-» tivement. *Tout cela*, dit-il, *est* » *spécialement désigné par les pro-* » *phéties, comme il sera fait voir au* » *roi, à qui seul Dieu a donné la* » *force de supporter un si grand se-* » *cret, une si grande nouvelle, et* » *la vue éclatante d'une vie si glo-* » *rieuse, pendant laquelle doit être* » *établi partout le règne de Dieu,* » *qui doit durer jusques à la fin des* » *siècles. Et pour nous rendre ces* » *événemens plus croyables, il en* » *marque les moyens* (25). » Il mar-que aussi les raisons pourquoi les autres personnes ne pouvaient pas supporter ces grandes lumières. *Les* *reines mêmes*, ajoute-t-il (26) , *ne* *pourraient souffrir d'abord que le* *roi parlât de quitter Paris, et d'al-* *ler en Avignon, où il est appelé par* *une spéciale prophétie, pour s'y ar-* *rêter quelque temps avec le pape,* *afin d'y réunir toute la chrétienté* *d'un commun consentement avec le* *roi d'Espagne, ainsi qu'il est mar-* *qué par une prophétie expresse.* La réflexion du janséniste est fort belle : c'est un portrait qui ressem-ble à bien des gens ; on y voit l'es-prit universel des faiseurs de prédic-tions. « Il y a sans doute quelque » chose d'incommode dans ces paro-» les ; le bas âge du roi d'Espagne le » mettant hors d'état de consentir de » long-temps à ce dessein : de sorte » qu'il semble que le sieur des Ma-» rests ait eu en vue le feu roi d'Es-» pagne, qui n'a pas laissé de mou-» rir, nonobstant la prophétie ex-» presse. Mais peut-être que si l'on » pressait sur ce point le sieur des » Marests, il s'en tirerait de la même » manière qu'un autre prophète, qui » lui ressemblait assez, se démêla » d'une pareille objection. Il s'ap-» pelait le prophète Jean, et il vint » trouver la reine de Pologne, lors-» qu'elle était encore à Paris, et » qu'elle était retirée au monastère » de Port-Royal. Il essaya de lui » prouver par l'Apocalypse, que » l'empire des Turcs devait être » détruit sous le règne de Louis XIII, » et le pontificat d'Urbain VIII. Elle » lui fit sur cela une objection assez » naturelle, qui était que l'un et

(25) Visionnaires , *lettre V, pag.* 395 , 396.
(26) *Là même, pag.* 398.

» l'autre étaient déjà morts. Mais ce
» prophète, sans s'embarrasser de
» cette difficulté, répondit grave-
» ment qu'il ne disputait jamais. Et
» sur cela il quitta cette princesse.
» Le sieur des Marests nous trouvera
» de même quelque réponse sembla-
» ble sur les difficultés de sa pro-
» phétie ; et il nous dira qu'il a en-
» tendu la reine régente d'Espagne,
» qui agit au nom du roi. Car, de
» nous remettre à la majorité du
» roi d'Espagne, il y aurait de trop
» grands inconvéniens, puisqu'on ne
» saurait commencer trop tôt , quand
» il s'agit de conquérir tout le mon-
» de, et d'en achever la conquête
» durant sa vie (27).»

(G) *Je parlerai de son frère aîné
dans une remarque.*] Il s'appelait
ROLAND DES MARESTS. Il naquit à Paris, l'an 1594, et s'attacha pendant
quelque temps au barreau ; mais il
se dégoûta du tumulte et des criail-
leries qu'il y entendait, et se consacra à une vie tranquille. Comme il
ne se souciait ni d'amasser des richesses, ni de parvenir aux honneurs, il s'appliqua tout entier aux
belles-lettres, et chercha sa félicité
dans le sein des muses, et à l'ombre
de son cabinet. *A cupiditate gloriæ,
reique studiosiùs augendæ desiderio
prorsùs alienus, suæ animi conscientiæ testimonio ac domesticis copiis
contentus, se modestè exhibere, quàm
operosis fortunæ famæque bonis avi-
dè captandis imminere maluit* (28). Il
ne laissa pas de cultiver l'amitié des
hommes doctes, et de conférer avec
eux sur ses études. Il devint un très-
bon critique ; de sorte que Nicolas
Bourbon, son ami, homme d'un excellent goût, ne redoutait la censure
de personne autant que celle de notre Roland (29). Il publia quelques
lettres en latin qui parurent parfaitement bien écrites, et de là vint
qu'après sa mort on les joignit avec
plusieurs autres qu'il avait faites depuis, et que l'on trouva parmi ses
papiers. M. de Launoi prit ce soin

(27) *La même.*
(28) Petrus Hallæus, *ubi infrà , citation
32).*
(29) *Tantùm existimationis in operibus aliorum examinandis sibi quæsiverat, ut eumdem
Borbonium, se sibi magis ab uno Maresio
quàm à cæteris omnibus censoribus timere, sæpè affirmantem audiverim. Ibidem.*

avec MM. de Valois. Ils les publièrent
à Paris, l'an 1655 (30). On les a réimprimées en Allemagne, l'an 1687. Il
ne fut jamais marié : il employa
quelques heures de son loisir à l'é-
ducation d'une nièce, qu'il trouva
propre à l'étude : il lui apprit la
langue latine et la langue grecque.
*Per otium Mariam Prætœam, soro-
ris filiam, quæ in tenerâ ætate domestici vim ingenii et acumen haud
obscurè exprimebat, latinis græcis-
que litteris non infelici successu in-
formavit* (31). Il y eut toujours une
étroite union entre lui et Jean des
Marests son frère : sa santé fut assez
bonne ; mais à force d'étudier il l'affaiblit tellement, qu'il tomba dans
une langueur qui le mina peu à peu,
jusqu'à ce qu'il rendit l'âme, à Paris, sur la fin du mois de décembre
1653 (32). MM. de Port-Royal se prévalurent de l'approbation qu'il donna
à leur Méthode latine, car ils firent
imprimer à la tête de ce livre la lettre où est contenue cette approbation. C'est la XVIe. du Ier. livre.
Ce qu'on trouve concernant les
lettres *Rolandi Maresii* dans les Mélanges d'Histoire et de Littérature de
Vigneul-Marville (33), est curieux et
judicieux.

(30) *Intitulées :* Rolandi Maresii Epistolarum
philologicarum, lib. II.
(31) Petr. Hallæus, *ubi infrà.*
(32) *Tiré de son Eloge, composé par Pierre
Hallé, et mis à la tête des Lettres latines de
Rolandus Maresius.*
(33) *A la page 171 et 172 de la première édition de Rouen.*

MARESTS (ROLAND DES). Voyez
la dernière remarque de l'article
précédent.

MARETS (SAMUEL DES), en
latin *Maresius*, ministre et professeur en théologie, a été l'un
des plus célèbres théologiens du
XVIIe.* siècle. Il naquit à Oi-

* Leclerc se contente de dire que tout ceci
est un « article de flatterie pour des Marets
« et pour le parti calviniste, et rempli de
« traits malins et sans preuve contre les
« catholiques. » Leclerc s'excuse de passer
rapidement sur beaucoup d'articles, parce
que les libraires ne lui laissèrent guère que
deux mois et demi pour chaque volume. Joly, sans avoir les mêmes excuses à donner, a
fait comme Leclerc.

semond eu Picardie, le 9 d'août 1599, et fit paraître dès son enfance une forte inclination pour l'étude (a). A l'âge de treize ans il fut envoyé à Paris, où il profita beaucoup dans les belles-lettres et dans la philosophie. Trois ans après on l'envoya à Saumur, où il étudia en théologie sous Gomarus, et en hébreu sous Louis Capel. Il retourna chez son père l'an 1618, et puis il s'en alla à Genève pour y achever ses études de théologie. Il revint en France l'année suivante; et pour se former aux prédications il s'en alla à Paris. Les propositions qu'il rendit chez M. Durant, l'un des plus grands prédicateurs de ce temps-là, plurent beaucoup à ce ministre, qui lui conseilla de se faire recevoir bientôt au saint ministère. Sa jeunesse et sa petite taille (A) lui donnaient de la répugnance pour ce conseil; mais néanmoins il le suivit, et se présenta au synode de Charenton au mois de mars 1620. Quoique l'examen fût alors un peu bien sévère, il y satisfit pleinement. L'église qu'on lui donna fut celle de Laon. Les circonstances du temps et du lieu rendaient très-pénibles les fonctions de son ministère; néanmoins il s'en acquitta très-bien. La réponse qu'il fit à la lettre d'une dame qui avait changé de religion, irrita de telle sorte les adversaires, qu'on a cru que le père d'Aubigni, jésuite, suborna un assassin qui lui donna un coup de couteau, le 13 de décembre 1623 (B). Quelque dangereuse que fut la blessure, il en guérit néanmoins en peu de temps;

mais on trouva bon de le dégager d'une église qu'il ne pouvait plus servir sans de grands dangers, et de le prêter pour un an aux fidèles de Falaise (b). C'est ce qu'on régla dans le synode de l'Ile de France, au mois de mars 1624. Un peu après il accepta la vocation de l'église de Sedan, et il fut installé à la place de Jacques Capel, au mois d'octobre de la même année. Il devait être ministre, et professeur en théologie; mais on le dispensa des fonctions de cette dernière charge jusqu'à ce qu'il eût rappelé les idées de ses études scolastiques (c). Il obtint même la permission d'aller en Hollande, pour s'y faire graduer docteur en théologie. Cela fut exécuté à Leyde, le 8 de juillet 1625. Ayant fait un petit tour en Angleterre, il s'en retourna à Sedan; et y commença l'exercice de sa profession en théologie, le 24 de novembre de la même année. Il ne le continua point sans y trouver beaucoup d'épines. Il eut à essuyer quelques bourrasques contre lesquelles il se soutint fermement par la faveur du duc de Bouillon, et par l'affection de l'église. Mais l'une des plus fortes barrières qu'il crut devoir opposer à ses ennemis, ce fut de se marier (C). Il épousa donc une veuve qui s'était réfugiée à Sedan pour la religion avec son premier mari, l'an 1622. Les noces furent célébrées le 2 de mai 1628. Ce fut aussi en cette année qu'il publia son premier

(a) Voyez la remarque (A), vers la fin.

(b) Sur les frontières de Champagne.
(c) Petito tamen quoad professionem spatio aliquo ad studia sua scholastica recolligenda, quo paratior illam capesseret. Vitæ professorum Groning., pag. 142.

livre (d), auquel dans la suite il a donné une infinité de successeurs (D). Il suivit le duc de Bouillon en Hollande, l'an 1631, afin d'être son ministre à l'armée. L'année suivante il retourna au même pays avec la mère de ce prince, et s'engagea au service de messieurs les États, qui le donnèrent pour ministre à l'église de Maestricht. Il repoussa et de vive voix, et par écrit, les efforts que firent les ecclésiastiques de Liége, pour empêcher l'établissement des églises réformées dans ce pays-là; et il eut d'ailleurs mille peines à dévorer, depuis que le duc de Bouillon eut épousé une femme catholique (E). Il tâcha, mais inutilement, de le retenir dans la profession de l'église réformée, et par ce moyen il encourut la haine de la duchesse; ce qui, joint à d'autres ennuis, lui fit regarder comme une bonne fortune la vocation que l'église de Bois-le-Duc lui adressa l'an 1636. Il n'eut garde de la refuser. L'année suivante il devint professeur dans l'école illustre de la même ville; et il remplit cette charge avec tant d'application et de succès, qu'on le souhaita à Franeker, l'an 1640, et à Groningue, l'an 1642. Il refusa la première vocation et accepta la seconde. Il fit sa harangue inaugurale à Groningue, le 20 janvier 1642 (e): et depuis ce temps-là jusqu'à sa mort il rendit de si grands services à cette université, qu'elle passa pour l'une des plus florissantes du Pays-Bas. Messieurs de Berne, bien informés de ses talens, lui offrirent en 1661, avec beaucoup d'avantages, une chaire de professeur en théologie à Lausanne, dont il les remercia. L'académie de Leyde le demanda pour une semblable profession au mois de mars 1673 (f). Il l'avait acceptée; mais il n'eut pas le temps d'en aller prendre possession : il mourut à Groningue, le 18 de mai de la même année, laissant deux fils dont je parlerai ci-dessous (F). Je dirai aussi quelque chose de ses ancêtres (G). Il ne faut pas oublier qu'en l'année 1652, il fut donné pour seul ministre à l'église wallonne de Groningue, où jusqu'alors il avait prêché une fois tous les dimanches, pour soulager le pasteur de cette église, et sans y être obligé (g). L'académie de Montauban eut envie de l'appeler après la mort de Garissoles; et celle de Marpourg aussi, quand on commença à la rétablir (h). Dans le grand nombre de querelles où il s'est vu engagé, il n'y en a point de plus longue, ni de plus ardente, que celle qu'il eut avec M. Voétius (H). Il en eut une qui fut bien chaude, mais non pas de longue durée, contre M. Daillé. J'en parle ailleurs (i). Si je ne me trompe, le dernier adversaire qu'il ait combattu fut M. Witti-

(d) Intitulé Préservatif contre la révolte. Notez qu'en 1623 on imprima à son insu et sans y mettre son nom, un de ses Sermons de la prédestination, sur la IIᵉ. à Timothée, c. II vs. 12. Il a été réimprimé plusieurs fois.

e) Tiré de sa Vie, imprimée dans l'ouvrage qui a pour titre : Effigies et Vitæ professorum academiæ Groningæ, imprimé à Groningue, l'an 1654.

(f) Et non pas l'an 1675, comme l'assure M. Hofman, et après lui Konig.
(g) Vitæ professor. Groning., pag. 153.
(h) Ibidem, pag. 152.
(i) Dans l'article DAILLÉ, tom. V, pag. 353 et suiv., remarques K) et L).

chius, grand cartésien, et professeur en théologie. On ne saurait assez louer notre des Marets de sa vigueur contre les enthousiastes et contre les annonciateurs de grandes révolutions. On a pu voir comment il poussa Coménius (k). Il ne fit pas plus de quartier à Labadie ni au millénaire Sérarius. Les extraits que je donnerai du livre où il réfuta ce millénaire seront agréables aux gens de bon sens (I). Il fit beaucoup de tort aux jansénistes sans y penser (K), en déclarant que leurs opinions étaient les mêmes que celles des réformés. Sa réputation lui fit avoir une grande autorité jusques dans les pays étrangers : de sorte qu'un homme, qui avait composé en Allemagne un livre fort désobligeant contre lui, reçut ordre de le supprimer (L).

(k) Dans les remarques (F) et (G) de l'article Coménius, tom. V, pag. 264 et suiv.

(A) *Sa jeunesse et sa petite taille.*] Il y a bien peu de personnes qui à l'âge de vingt ans n'aient la taille aussi grande que la nature la leur destine. M. des Marests n'a pas été de ceux-là : il était un vrai Zachée à l'âge de vingt et un ans, et on ne l'appelait que le petit proposant. Mais il crût depuis jusqu'à sa vingt-cinquième année, et fut d'une taille bien raisonnable. *Maresius qui cùm (Durantium) sibi maximè imitandum delegerat, nonnullas in ipsius œdibus habuit propositiones, quæ ipsi adeò placuére, ut hic author fuerit operam suam ecclesiis offerendi ; à quo alias consilio ut abhorreret duo efficiebant, nempè et quòd ætate valdè juvenis esset ; et quòd staturâ et vultu majorem adhuc præ se ferret juventutem : Etsi enim nunc satis sit procerus, tamen ita parvus mansit usquè ad annum 21 suæ ætatis, quo demùm usquè ad 25 celerrimè crevit. ut vulgò parvi proponentis nominè designaretur* (1). Je remarquerai une autre chose assez singulière, et qui pourra consoler les pères et mères dont les enfans sont infirmes : ce n'est pas toujours une preuve que ces enfans ne parviendront pas jusqu'à la vieillesse, et qu'ils ne seront jamais robustes. Voici Samuel des Marests, qui était si faible dans son enfance, qu'il fallait le nourrir de lait et de beurre, et le laisser dans le lit plusieurs jours de suite, à cause que ses jambes ne le pouvaient soutenir. Il a pourtant vécu à peu près soixante et quatorze ans, et il a été si vigoureux, que les plus robustes auraient de la peine à résister aux fatigues et aux exercices à quoi il a résisté, sans être jamais malade. Lorsqu'il commença à se porter mal à Groningue, il y avait trente ans qu'il y exerçait une profession très-laborieuse, et qu'il publiait incessamment plusieurs livres (2). Le latin que l'on va lire, donnera un plus grand détail des infirmités de son enfance. *Infantiam habuit imbecillem et ita teneræ constitutionis, ut ferè lacte et butyro fuerit educandus ; puer carne elixâ vesci non poterat, nec jure, nec ullis oleribus : et semper occultâ quâdam antipathiâ, poma, pyra, cerasa, fraga, et id genus, delicias puerorum, ita est adversatus, ut in hunc diem nihil ex illis queat degustare. Quamvis autem pueritiam haberet languidam et valetudinariam, ex quâ eum non fore vitalem augurabantur plurimi, sæpiùs ex oculis, aliisque fluxionibus laborans, aliquandò ex genuum debilitate per 15 dies affixus lecto ; undè metuebant parentes, eum si vir fieret, futurum podagricum, licet hùc usquè nihil tali Dei beneficio sit expertus ; non semel ex lapsu aliisque casibus puerilibus in præsens vitæ discrimen adductus ; tamen animò erat erecto, tenacis memoriæ, et ad studia tam proclivis, ut antè septennium exactum, non modò legere posset et litteras accuratè pingere, ac jam rudimentis linguæ latinæ operam daret, sed etiam bis universa Biblia à capite ad calcem evolvis-*

(1) Effigies et Vitæ professorum Groning., pag. 138.
(2) J'ai lu cela dans son Oraison funèbre manuscrite.

set : ut difficilius fere ab illis occupationibus abduceretur lusus ergò, quàm alii solent à lusu ad illa magis seria revocari (3). Vous voyez dans ces dernières paroles la preuve de ce que j'ai dit, concernant l'inclination qu'il fit promptement paraître pour les études. Il les quittait plus malaisément pour s'amuser aux jeux de l'enfance, que les autres ne quittaient le jeu pour étudier. C'est une preuve que l'application de l'esprit ne nuit pas toujours aux faibles tempéramens, et un exemple consolant pour ceux qui craignent que leurs fils studieux et infirmes ne meurent bientôt.

(B) *Un assassin lui donna un coup de couteau le 13 de décembre 1623.*] Des Marets ayant ouï dire que la femme du gouverneur de la Fère avait changé de religion, à l'exemple de son mari qui s'était fait catholique pour conserver son gouvernement (4), lui écrivit une lettre remplie d'exhortations à rentrer dans la bergerie. Elle lui répondit amplement pour justifier sa conduite, et lui envoya un imprimé contenant l'histoire de sa conversion. Cette histoire fourmillait de faussetés : il crut donc qu'il la devait réfuter et satisfaire en même temps aux raisons que cette dame avait alléguées. Les jésuites avaient été employés à la gagner : ils trouvèrent trop hardie la réponse du ministre, et le menacèrent de l'en punir. Voilà pourquoi on s'imagina que la blessure qu'il reçut quelque temps après fut l'effet de cette menace ; et si les soupçons tombèrent principalement sur le père d'Aubigni, ce fut à cause qu'il avait été le convertisseur de cette dame, et qu'il prêchait alors l'Avent à Laon. *Nec dubitatam redemptum fuisse sicarium, ob litteras suprà commemoratas, à monachis, præsertim ab Albinio jesuitâ, illo eodem, qui duodecennio antè Ravaillaci parricidæ Henrici IV confessarius fuerat, et coràm amplissimo senatu dixerat, se dono oblivionis*

pollere post auditas confessiones, excusaturus quòd regii parricidæ confessionis non amplius meminisset. Is enim et Hurtebizianæ defectioni fuerat obstetricatus, et tum Laoduni solemnes Adventûs habebat conciones. Nec aliud totâ urbe, maximè inter reformatos, persuasum fuisse, universâ Laodunensis ecclesia comprobavit adhuc non ita pridem, solemni suo testimonio, conscripto à R. et doct. viro D. P. GEORGIO illius pastore, anno 1647, 18 Augusti, paullò priusquàm ad Deum evocaretur (5). L'assassin se sauva, et la justice ne se mit pas en devoir d'approfondir cette affaire. Il attendit dans les rues M. des Marets qui s'en retournait à son logis, après avoir soupé chez son oncle, et lui enfonça son couteau dans la poitrine. Par bonheur le coup n'offensa point le poumon (6).

(C) *L'une des plus fortes barrières, qu'il crut devoir opposer à ses ennemis, ce fut de se marier.*] Il crut qu'il n'était exposé à la tempête que parce qu'il n'avait point de femme, et qu'il en avait refusé une. Cette pensée l'obligea de se marier, et tout aussitôt la tempête fut apaisée : la bonace succéda à l'orage ; il vécut dans une grande concorde avec tous ses collègues. *Cùm hos fluctus decumanos sibi videretur pati, quòd cœlebs esset, et nonnullis, ut credebatur, maneret*

. . . . altâ mente repostum
Judicium Paridis spretæque injuria formæ,

vitâ cœlibe relictâ tandem vitæ sociam sibi adscrivit Abigaëlem le Grand, *natam Aquisgrani honestissimo loco, patre* Jaspare le Grand, *Tornacensi, Mercatore magnario..... Ab eo tempore* Maresius Alexonia Sedani *obtinuit, et cum reverendis suis collegis omnibus, in suo munere, tranquillè et pacificè versatus est* (7). Il y a dans ce récit une chose aisée à comprendre, et une chose très-obscure. On comprend sans aucune peine

---

(3) Effigies et Vitæ professorum Groning., pag. 135.

(4) Uxor nobilis cujusdam cui Hurtebizio nomen erat, et qui ut sibi conservaret Feræ præfecturam, jam antè biennium defecerat, maritum suum tandem sequuta fuerit, circà finem anni 1622. Ibid., pag. 140.

(5) Ibidem, pag. 140, 141.

(6) Vulnus erat profundum et quod in thoracis capacitatem, illæso tamen pulmone, penetraret, ibid., pag. 140. Quamvis autem vulnus periculosum valdè fuerit, et ex quo candelam ei objectam poterat Maresius extinguere, brevi tamen tempore ex eo convaluit. Ibidem, pag. 141.

(7) Vitæ professor. Groning., pag. 144.

qu'un homme, qui a refusé un parti, s'expose aux mauvais offices des parens de la personne qu'il n'a pas voulu épouser. C'est une injure que la belle ne pardonne pas ; et si elle a du crédit, si elle est capable d'intrigues, elle peut causer bien des chagrins à un professeur et à un ministre. Ces messieurs-là ont des partisans et des envieux : et de là naissent des factions et des discordes, dont une famille, qui est indignée du mépris de l'alliance qu'elle avait voulu contracter, se peut servir pour satisfaire son ressentiment. Il ne serait donc pas étrange que Samuel des Marets eût essuyé à Sedan plusieurs fâcheuses persécutions, après avoir irrité une famille par un jugement en quelque façon semblable à celui de Pâris,

. . . . . *spretæque injuria formæ.*

Mais il est étrange, qu'en se mariant avec une veuve qu'il n'avait jamais refusée, il ait fait cesser l'orage, et se soit réconcilié avec tous ses ennemis. Voilà ce qu'on ne comprend point. Le mariage avec cette veuve était un nouveau sujet de colère pour le parti méprisé. Si des Marets eût toujours vécu garçon, on eût pu croire que son refus avait pour cause une indifférence générale ; cela porte avec soi une espèce de consolation pour la belle refusée : mais dès qu'on le voit marié, on ne considère en lui qu'une indifférence particulière, qu'un mépris pour une telle. C'est ce qui désole, c'est ce qui doit augmenter l'indignation, les traverses, les mauvais offices. Il y a donc ici quelque chose qui est trop enveloppé : la narration n'est point exacte ; il y manque beaucoup de faits que je ne rapporterais pas quand même je les saurais. J'en sais une partie.

(D) *Il publia son premier livre, auquel il a donné une infinité de successeurs.*] Vous trouverez une liste chronologique de ses ouvrages à la fin de son Système de Théologie (8). Le nombre en est prodigieux : la variété des sujets témoigne que ce n'était pas un esprit borné. On peut dire, et qu'il était fort laborieux, et qu'il écrivait facilement et avec beaucoup de feu et d'érudition. Il avait dessein de rassembler en un corps tous ses ouvrages ; tant ceux qui avaient été imprimés, que ceux qui ne l'avaient pas été. Il les revit pour cela et les augmenta. Il y en eût eu pour quatre volumes *in-folio.* Sa mort empêcha l'exécution de ce projet. Le Ier. volume aurait contenu tout ce qu'il avait donné au public avant que d'aller à Groningue. On y eût vu en latin plusieurs pièces qui n'avaient paru qu'en français. Le IIe. volume aurait contenu les *Opera Theologica Didactica.* Le IIIe. les *Opera Theologica Polemica.* Le IVe. aurait eu pour titre *Impietas triumphata.* Il était destiné à *l'Hydra Socinianismi expugnata*, et au *Biga Fanaticorum eversa*, et au *Fabula Præadamitarum refutata.* Ce sont trois ouvrages qui avaient été imprimés en divers temps. Le Système de Théologie de cet auteur fut trouvé si méthodique, qu'on s'en servit dans les autres académies, et qu'il le fallut réimprimer plusieurs fois (9). La dernière édition fut augmentée d'un très-grand nombre de notes où l'auteur explique ses sentimens, et réfute avec son feu ordinaire les censures de ses ennemis. Elle parut à Groningue, l'an 1673. Si je remarque que Grotius est l'un de ceux qu'il a attaqués, c'est pour avoir lieu de détromper ceux qui, ayant lu les *Acta Eruditorum*, s'imagineraient qu'il n'osa le faire à visage découvert. On trouve dans le journal de Leipsic, que M. Ittigius a censuré Matthieu Polus, qui avait dit que Claude Saumaise, sous le nom de Simplicius Vérinus, réfuta Hugues Grotius sur l'explication de quelques passages du Nouveau Testament qui se rapportent à l'antechrist. M. Ittigius prétend que ce fut notre des Marets qui, sous le nom de *Johannes Simplicius*, réfuta cette explication de Grotius. *Lapsum deprehendit in Matthæo Polo, qui Hugonis Grotii commentationem ad loca quædam Novi Testamenti à Salmasio sub*

(8) *Elle n'est pas dans la dernière édition, ni dans les deux premières. Elle est, jusqu'en 1654 dans les Vies des professeurs de Groningue.*

(9) *Hinc primùm mihi nata est hæc Synopsis theologica, non tam aliis, quàm mihi et meis discipulis primitùs destinata : etsi favorabilius publicè excepta fuerit quàm putassem, adeò ut sæpius recudi debuerit, et in omnibus scholis reformatis vel publicè explicari, vel privatim proponi sibi à viris clarissimis in cynosuram suorum collegiorum mos ferè constans fuerit.* Mares., *in præfat., edit.* 1673.

Simplicii Verini nomine refutatam scribit, cùm tamen à Maresio sub Johannis Simplicii nomine refutata fuerit (10). J'ai trois choses à dire contre cela. 1°. Il est très-certain que Saumaise a pris le nom de *Simplicius Verinus* dans deux ouvrages qu'il publia contre Grotius, l'an 1646 : mais ces ouvrages ne regardent point le Traité de l'Antechrist : l'un regarde la Discussion de l'Apologie d'André Rivet, avec qui Grotius avait été long-temps en guerre sur la réunion des chrétiens : l'autre traite de la Transsubstantiation. Voici le titre du premier : *Simplicii Verini ad Justum Pacium Epistola, sive Judicium de Libro posthumo H. Grotii.* 2°. M. des Marets ne déguisa point son nom, lorsqu'il écrivit contre Grotius au sujet de l'antechrist ; car il mit au frontispice de son livre tout ceci : *Dissertatio de Antichristo, quâ expenditur et refutatur nupera commentatio ad illustriora eâ de re Novi Testamenti Loca, Il. V. Hugonis Grotii creditœ ; simulque ecclesiarum reformatarum sententia de Antichristo Romano defenditur et confirmatur ; authore Samuele Maresio, SS. theol. doctore et professore, in scholâ illustri Sylvæducensi, nec non ibidem ecclesiæ Gallo-Belgicæ pastore* (11). 3°. Le socinien Jonas Schliglingius se déguisa sous le nom de *Joannes Simplicius* pour écrire contre le Traité de Grotius *de Antichristo*. Cela paraît par la Bibliothéque des Antitrinitaires, à la page 128. Voilà sans doute l'origine de l'erreur de Matthieu Polus, qui n'a pas été bien censurée par M. Ittigius. Vous remarquerez en passant que l'ouvrage de cet auteur socinien a été mis dans la vaste compilation que l'on appelle les grands critiques. Notez que Grotius ne garda pas le silence par rapport à des Marets. Il publia un *Appendix ad Interpretationem locorum Novi Testamenti quæ de Antichristo agunt aut agere putantur,* où il le traita assez mal. Il ne daigna pas le nommer ; il se contenta de le désigner sous le mot injurieux de *Borborita,* par allusion au mot français *bourbe,* qui a une grande convenance avec les marais. Cet Appendix fut

vigoureusement réfuté par un ouvrage qui fut imprimé en deux volumes in-8°., l'an 1642, et qui a pour titre : *Concordia discors et Antichristus revelatus : id est Ill. Viri* Hugonis Grotii *Apologia pro Papâ et Papismo : quàm prætextu Concordiæ inter Christianos sarciendæ, exhibet illius Appendix ad Interpretationem Locorum Novi Testamenti de Antichristo, modestè refutata duobus libris, per Samuelem Maresium S. theol. doctorem et professorem in scholâ Buscoducensi et eccl. Gallo-Belgicæ ibidem ministrum.* On reprocha entre autres choses à Grotius dans cette réplique, qu'il n'avait pas assez ménagé les droits des rois (12). Ceci sans doute est singulier ; car Grotius est réfuté tous les jours, sur ce qu'il a trop soumis les peuples à la puissance royale (13). Qu'on nous vienne dire après cela que les luthériens sont les seuls qui approuvent les maximes de Grotius (14) : voici un ministre calviniste qui ne trouve pas que Grotius ait parlé assez favorablement de la monarchie. M. de Meaux (15) a trouvé la même chose, et bien des inconséquences dans les hypothèses de Grotius.

(E) *Il eut mille peines à dévorer depuis que le duc de Bouillon eut épousé une femme catholique.*] Ce mariage jeta M. des Marets dans mille embarras (16). Le duc s'était engagé à l'abjuration quand il épousa mademoiselle de Berghes (17) ; mais plusieurs raisons l'obligeaient à différer l'accomplissement de sa promesse. Or, afin de faire croire qu'il voulait changer par des motifs de conscience, il proposait mille doutes à son ministre; il traîna ainsi quatre ou cinq ans.

(12) Id præsertim tolerari non potest in Grotio, quòd satis apertè negat reges esse institutionis divinæ, quandòquidem judicibus illis eximi is, quorum institutio à Deo . ut apparet num. XI, 16, opponit reges, quos voluntas primum populi reperit. Sam. Maresius, in Antichristo revelato, tom. I, pag. 345.

(13) *Voyez* l'Histoire des Ouvrages des Savans, mois de novembre 1695, pag. 127.

(14) Avis important aux réfugiés, p. 216, 217.

(15) *Voyez* son Ve. avertissement contre M. Jurieu.

(16) *Ex conjugio ducis Bullionæi cum Berghensi comitissâ, eximiæ formæ et sublimis ingenii fœminâ, sed suprà modum pontifice, nova fuerunt certamina illi sustinenda.* Vitæ professor. Groning., pag. 148.

(17) *Quam deserturum harum nuptiarum gratiâ jam antè clam receperat.* Ibidem.

(10) Acta Eruditor., Lips., 1640, pag. 313.

(11) Cet ouvrage fut imprimé l'an 1640, in. 8°.

M. des Marets dressa une relation de cette affaire : je ne sais pourquoi il ne l'a point publiée; on y trouverait des choses curieuses. *Dum altius in consilia et astutias jesuitarum penetrat, quàm voluissent, sibi accersivit novæ conjugis odium satis vehemens, et sensit* DUCEM *pedetentim ad publicam pontificiorum communionem gradum sibi struere , in quo moliendo per mille fraudes jesuiticos, annus* 1634 *et* 1635 *transacti sunt. Interesset ecclesiæ , specialem historiam istius defectionis à* Maresio *diligenter collectam, publici juris fieri : ut constaret quibus artibus egregius aliàs ille princeps, reformatam communionem deseruit, et ab illo tempore, non sinè occulto Dei judicio , in illas incidit calamitates continuas , quibuscum quoad vixit , luctatus est* (18). M. de Puységur nous apprend que ce duc se fit catholique au mois de janvier 1636, et que pendant quelque temps cela ne fut su que de très-peu de personnes (19).

(F) *Il laissa deux fils dont je parlerai.*] L'aîné naquit à Sedan , et fut présenté au baptême par Élisabeth de Nassau , duchesse de Bouillon , qui lui fit donner le nom de HENRI , qui était celui du prince dont elle était veuve (20). Il étudia en droit , et après y avoir pris ses licences , il commença à se préparer aux études du barreau, chez Charles *des Marets* son oncle , avocat célèbre au parlement de Paris. Il plaida même quelque cause avec beaucoup de succès , et néanmoins il abandonna tout d'un coup cette profession, pour se consacrer à l'étude de la théologie , et au ministère de la parole de Dieu. Voici le discours que lui tient son père dans une épître dédicatoire : *Tu quidem , Henrice , tyrocinia posueras sacræ facundiæ in augustissimo parisiensi foro , ubi post licentiæ in utroque jure gradum susceptum , cœperas advocati munere defungi , sub auspiciis consultissimi et amplissimi fratris mei; et bellè tibi prima illa publicè dicendi initia processisse, audivi ipse ex ore illustrissimi præsi-*

dis Belleuræi, cùm ad celsissimos Ordines Generales legatum extraordinarium regis christianissimi ageret , siquidem ipso præside et judice in aliquà causâ peroraveras et triumphaveras : adeòque postquàm tuopte nutu , nec sinè numine , me ab initio ob causas sæculares (quid dissimulem ?) dissuadente , et domino patruo tuo tandem consentiente , animum appulisti ad sacra studia , et corpus juris cum corpore scripturarum permutâsti, exemplo plerorumque virorum magnorum in veteri et renascente ecclesiâ , omnia faciliora expertus es* (21). Il fut reçu ministre l'an 1652 , et il eut pour premier emploi celui de prêcher en français dans le temple académique de Groningue. La même année il fut appelé à Cassel , pour y être ministre de l'église française. Il fut appelé l'année suivante par l'église wallonne de Bois-le-Duc, et acceptacette vocation,quoiqu'il fût très-satisfait de la cour de Hesse, où il reçut de grands témoignages de bonté et de considération. *Sylvæducenses...te, Henrice, ad se evocârunt Casseilis, ubi in aulâ serenissimi principis lantgravii (à quo et ægrè dimissus es , nec visen specialibus benevolentiæ et beneficentiæ suarum serenitatum testimoniis) linguâ gallicâ fungebaris ministerio sacro , fermè à tempore tuæ hîc ad illud ordinationis* (22). Il servit l'église de Bois-le-Duc, jusques à ce qu'il accepta la vocation de celle de Delft l'an 1652. Depuis ce temps-là jusques à présent (23) il s'est attaché à Delft, et s'y est acquis l'estime de tout le monde. Il refusa en 1669 la vocation que l'église wallonne de Leyde lui adressa. DANIEL DES MARETS, son cadet, naquit à Maestricht l'an 1635. Ayant été reçu ministre , il fut collègue de son père dans l'église française de Groningue jusqu'en l'année 1656 ; après quoi il fut appelé à Middelbourg, et y servit l'église française jusques à ce que celle de la Haye l'eût appelé l'an 1662. Son esprit, son éloquence , son habileté , en un mot un grand mérite lui acquirent tant de considération à la cour de leurs altesses d'Orange, qu'on pouvait appeler cela proprement être en faveur.

---

(18) *Vitæ professor.* Groning. , *pag.* 149.

(19) Puységur , Mémoires , tom. *I*, pag. 135 , *édition de Hollande.*

(20) Sam. Maresius , *epist. dedicatoria* 3 *edi... tomi. Systematis theologici*

(21) Ibidem.

(22) *Idem , ibidem.*

(23) *On écrit ceci le* 4 *de février* 1696.

Le trône d'Angleterre, où cette cour fut élevée l'an 1689, donne un nouveau lustre à la faveur que ce ministre a continué de posséder, et dont il jouit encore aujourd'hui dans la glorieuse et agréable retraite de Hontslaerdijk. Sa santé ne lui ayant point permis de continuer les fonctions du ministère, il s'est retiré dans cette belle maison, où il prend des soins utiles et agréables à S. M. B. Ces deux messieurs ont eu part à l'édition de la Bible que l'on appelle *de des Marets*, où le libraire Elzévier n'épargna rien de ce qui concerne la beauté des caractères et du papier. M. des Marets leur père s'engagea de son côté à un grand travail pour orner de notes cette édition, et se fit aider par ses deux fils. J'ajoute qu'ils publièrent (24) *l'Histoire curieuse de la vie, de la conduite, et des vrais sentimens du sieur Jean de Labbadie, avec la modeste réfutation de la déclaration en forme de manifeste, publiée par Jean de Labbadie pour justifier ses desseins, ses résolutions schismatiques, qui lui ont attiré une juste déposition.*

(G) *Je dirai quelque chose de ses ancêtres.*] Ils ont eu des charges considérables en Picardie. *Maresii inter suos majores, depenses præfectos, gamachiensesque castellanos, possunt numerare; nec ita pridem Davidis patruelis, Brestæ in Armoricá, Sardinio gubernatore, propræfectum egit:* Vaucquetiorum *verò familia totâ Picardiâ nota est. Verùm in eo potissimùm solet* Maresius *gloriari, quòd ex parentibus sit ortus piis et probis, ac religioni puriori ἀπὸ ἐμ-φύτος addictissimis* (25). Voici les titres et les charges de David des Marets père de Samuel. *Pater ei fuit ampliss. et consultissimus* David des Marets, *dominus du Feret, Avimontii ejusque commendæ prætor sive juridicus ordinarius, baronatus item Chepiensi, sancti Maxentii aliorumque pagorum judex civilis et criminalis; in regiâ præfecturâ Vimacensi jurisconsultus et causarum actor eximius, et notarius regius, regisque christianissimi, rerum maritimarum in Occiduo Mari commissarius; eoque nomine gaudens eâdem immunitate à tribu-*

tis ordinariis quá nobiles (26). Il se maria l'an 1588 avec Madeleine Vaucquet, fille d'un homme considérable, et bien zélé pour l'église réformée (27), et mourut l'an 1649. Sa veuve vivait encore l'an 1654. Lambert des Marets, père de David, fut touché de ce même zèle. Lambertus Davidis *pater, civis Blangiacensis honoratus et opulentus, senior fuit in ecclesiâ domesticâ principis Porciani, sub auspiciis reformationis* (28).

(H) *La querelle.... qu'il eut avec M. Voëtius.*]Elle commença l'an 1642. M. Voëtius avait publié des thèses *de idololatriâ indirectâ*, où il blâmait la conduite des magistrats de Bois-le-Duc, touchant une confrérie de la Vierge, établie dans leur ville depuis quelques siècles. Ils avaient obligé les catholiques romains à y admettre les protestans, après avoir retranché les cérémonies que l'église réformée n'aurait pu souffrir (29). M. Voëtius soutint que les magistrats protestans ne doivent tolérer de semblables confréries, et que les particuliers qui s'y enrôlent font fort mal. M. des Marets, qui était en ce temps-là professeur de l'école illustre de Bois-le-Duc, fut chargé de composer une apologie pour les magistrats qui toléraient la confrérie de la Vierge, et qui s'y enrôlaient. Son ouvrage fut imprimé l'an 1642, sous le titre de *Defensio Pietatis et Sinceritatis Optimatum Sylvæducensium, in negotio sodalitatis quæ à B. Virgine nomen habet, testibus veritate et charitate* (30). Bientôt après on vit paraître un livre de M. Voët intitulé, *Specimen Assertionum partim ambiguarum aut lubricarum, partim periculosarum, ex tractatu nuperrimè scripto pro sodalitatibus B. Mariæ inter reformatos erigendis aut interpolandis, titulo: Defensio pietatis et sinceritatis, etc.*

(26) *Ibidem.*

(27) *Johannes Vaucquetius Magdalenæ pater, Prætor Sanmauvizii Fontiumque, et juris patrii consultissimus; in præfecturâ Vimacensi, atque regius notarius, itidem columen fuit inter suos ecclesiæ reformatæ; quem Maresius recordatur se admodùm puerum vidisse, venerandâ canitie senem, natum 93 vel 94 annos, integris mentis et corporis viribus sacra nostra frequentantem.* Ibidem.

(28) *Ibidem.*

(29) *Voyez* la Vie de M. Descartes, *composée par M.* Baillet, tom. *II, pag. 180 et suiv.*

(30) *C'est un in-quarto.*

(24) *A la Haye, l'an 1670, in-12.*
(25) *Vita professor. Groning., pag. 184.*

Ce furent là les premiers actes d'hostilité de part et d'autre, et après cela il n'y eut plus moyen de s'en dédire; non-seulement les gladiateurs avaient été appariés, mais il y avait déjà du sang répandu.

> . . . . *Ubi sanguine bellum*
> *Imbuit, et primæ commisit funera pugnæ,*
> *Deserit Hesperiam, et cœli convexa per auras,*
> *Junonem victrix affatur voce superbâ :*
> *En perfecta tibi bello discordia tristi :*
> *Dic , in amicitiam coëant, et fœdera jungant:*
> *Quandòquidem Ausonio respersi sanguine*
> *Teucros* (31).

Le combat s'échauffa , et l'on revint souvent à la charge. M. des Marets, qui n'avait fait que des escarmouches (32) pendant les années 1643 et 1644, donna bataille l'an 1645. Voici le titre du livre qu'il publia. *Samuelis Maresii Theologi ultima patientia tandem expugnata à D. G. Voetio ultrajectino professore et quibusdam illius assecclis, sive modesta et necessaria defensio tripartita, tum sui ipsius, tum eâ occasione causæ procerum Silvæducentium et decretorum synodicorum circà illam, ipsi extorta variâ ac longâ contumeliarum serie, ac præsertim nupero libello famoso, belgicè edito, et inscripto, Kort ende oprecht verhael,* etc. Le professeur d'Utrecht ne paraissait guère sur le champ de bataille (33); il y envoyait ou son fils ou ses amis; mais le professeur de Groningue ne se laissait pas donner le change; il frappait toujours le père directement. Vous comprendrez où ils en étaient, après avoir fait durer la guerre autant que dura le siége de Troye; vous le comprendrez par l'ouvrage que des Marets publia l'an 1652; en voici le titre: *Auctarium primum bibliothecæ theologicæ D. Gysberti Voetii nuper recusæ cum virulentâ prefatione; continens* 1°. *Summariam deductionem litis decennalis quæ ipsi cum Samuele Maresio, licet pacem et amnestiam semper deprecante, hactenùs intercessit;* 2°. *Vindicias conditionum amnestiæ et reconciliationis partibus oblatarum, à R. R. deputatis synodi Groning. omlandicæ, ab hoc admissarum et ab illo rejectarum;* 3°. *Conditiones iniquissimas et impraticabiles, ab ipso D. Voetio pro imperio præscriptas; ad ejus pertinax odium et animum invincibiliter irreconciliabilem toti Belgio demonstrandum.* C'est un livre in-8°. On croit que cette querelle , qui dura encore dix-huit ans, n'aurait fini que par la mort des parties , si un intérêt commun ne les eût portées à s'accorder , afin de réunir toutes leurs forces contre un parti de théologiens (34) qui était aussi odieux au professeur de Groningue qu'à celui d'Utrecht. Ce qu'il y eut de remarquable dans cette dispute fut que d'un côté les curateurs de l'académie de Groningue, et de l'autre le magistrat d'Utrecht, offrirent leur médiation aux parties, qui ayant été acceptée , on régla d'abord qu'il y aurait une cessation de tous actes d'hostilité pendant le traité de paix. Ensuite on travailla aux préliminaires; les médiateurs se dépêchaient les uns aux autres courrier sur courrier, pour convenir du temps et du lieu où se tiendraient les conférences, et du choix des députés plénipotentiaires. Tout cela devint inutile , parce que , pendant ces préliminaires le parti d'Utrecht rompit la trêve , ayant publié un livre très-injurieux à des Marets. L'enlèvement du prince de Furstemberg ne dissipa pas davantage les conférences de la paix générale qui se traitait à Cologne l'an 1674, que ce livre dissipa le projet de paix entre ces deux professeurs. Si l'on veut voir mes preuves en original , on n'a qu'à lire ce qui suit (35) : *Caduceum injicere conati sunt nobilissimi et amplissimi hujus academiæ p. t. curatores... Scripserunt eum in finem Ultrajectum, et stipulati sunt ut interim dum ipsi convenirent cum delegatis quibusdam ex N. N. et A. A. illo magistratu ad totum negotium componendum, armistitium bonâ fide servaretur , nec quicquam directè vel indirectè , mediatè vel immediatè ultrà*

---

(31) Virg., Æn., *lib. VII, v*. 541.

(32) *Voyez-en la liste dans l'Appendix du* Tribunal iniquum , *pag.* 151 , 152.

(33) *Il y fut en personne, l'an* 1648, *à la tête du premier volume de ses* Disputes théologiques, *(voyez la longue préface de ce volume), et l'an* 1651 , *dans la préface de la seconde édition du* B,bliotheca studiosi theolog'æ.

(34) *Ceux qu'on nomme* coccéiens. *M. Des* Marets, *de* Statu afflicto studii theologici, *pag.* 3 , *l'appelle* Factionem Cartesio Lovesteniano remonstranticam.

(35) Maresius , in præfatione Theologi paradoxi retecti et refutati. *Ce livre fut imprimé à* Groningue, *l'an* 1649.

emitteretur. Sed vix dum in has conditiones N. N. et A, A, magistratus ultrajectinus, re communicatâ cum D. VOETIO *et suis bonâ fide consenserat, et adhuc de loco , tempore , 'et personis conventus præliminariter agebatur per tabellarios hinc indè inter proceres utrosque missos , cùm ecce novus interim libellus, convitiosus et famosus , sub nomine Chabænai, contra fidem publicam in me Ultrajecti prodiit.*

Cette querelle (36), étant l'une des plus remarquables que l'on ait vues entre deux théologiens protestans, et ayant été féconde en livres plus qu'on ne saurait se l'imaginer , j'avais dessein d'en donner toute l'histoire, avec la liste chronologique de tous les écrits qu'elle produisit ; mais j'ai trouvé que cette entreprise demandait plus de lumières et plus de recherches que je n'en pouvais apporter, et qu'elle tiendrait trop de pages. Je la laisse donc à ceux qui travaillent aux annales ecclésiastiques, ou à l'histoire littéraire du dix-septième siècle , et je finis cette remarque par un éclaircissement que je ne saurais assez bien circonstancier. J'avais ouï dire en France à bien des gens , qu'un jésuite (37) publia un livre qui ne contenait autre chose que les injures que ces deux célèbres professeurs ont divulguées l'un contre l'autre, et qu'il a donné ses conclusions en cette manière : *Quand même on supposerait que les deux tiers des accusations seraient fausses de part et d'autre , l'autre tiers étant véritable rend dignes de punition corporelle ces deux écrivains , qui ont néanmoins protesté durant le cours de la querelle qu'ils souhaitaient une bonne réconciliation.* Je n'avais trouvé en Hollande aucune personne qui eût connaissance d'un tel livre ; et des gens qui me semblaient dignes d'être crus en ces matières m'avaient dit qu'il n'avait jamais existé : mais enfin M. Grævius m'a fait voir qu'un jésuite

du Pays-Bas a publié un recueil de cette nature.

Si M. Grævius n'avait en vue que le *Munus adventitium* publié par un jésuite, sous le faux nom de W. Guitherthoma, l'an 1643 , il ne prouvait nullement que le livre dont j'avais nié en quelque façon l'existence ait vu le jour ; car ce *Munus adventitium* ne contient que les injures que M. Voët avait dites dans son premier ouvrage contre M. des Marets. Celui-ci ne répondit à cette satire qu'en l'année 1645. Ce fut sans doute une chose bien désagréable pour lui que d'être dépeint par un jésuite avec les noires couleurs que l'on empruntait de l'ouvrage d'un théologien réformé. Voici ce qu'il en dit dans un livre publié l'an 1652. *Quin etiam cum eâdem illâ ætate prodiisset in ipsum satira quædam jesuitica sub titulo* Muneris adventitii *quam author corraserat ex specimine* Voetii, *et illo autore laudato ac speciminis paginis citatis verbisque recitatis ,* Maresium *describebat et traducebat , tanquàm falsarium , vulneratæ existimationis hominem , scandalosarum scriptionum autorem , heterodoxum , pseudologum , calumniatorem , mendacem , pietati et religioni contumeliosum , pacis ecclesiæ et reip. turbonem, veritate , charitate , et prudentiâ destitutum , etc. (his enim jam elogiis à* Voetio *fuerat insignitus* Maresius *priusquàm vel vocula durior in ipsum illi excidisset) nihil ei voluit reponere* Maresius (38).

(I) *Le millénaire Sérarius. Les extraits que je donnerai... seront agréables aux gens de bon sens.*] Pierre Sérarius (39) publia un livre, l'an 1663 , où il annonça que la conjonction des planètes au signe du sagittaire présageait de grandes révolutions. Plusieurs autres livres latins et flamands annoncèrent la même nouvelle. M. des Marets réfuta cette prétention dans quelques thèses qu'il fit soutenir. Sérarius écrivit contre ces thèses, ce qui obligea M. des Marets à mettre au jour (40) un ouvrage qu'il intitula, *Chiliasmus enervatus* ,

(36) *Touchant son origine , voyez la* CDLXIII^e. lettre de Vossius.

(37) *Quelques-uns disaient qu'il se nommait Jacque Tirinus ; mais cela est faux : il était mort avant le commencement de cette querelle. Ceux qui me disaient cela se fondaient apparemment sur ce qu'ils trouvaient probable que des Marets , ayant publié deux volumes contre Jacques Tirinus, l'avait irrité.*

(38) Sam. Maresius, Auctario primo Biblioth. theol. Gisb. Voëtius , pag. 6.

(39) *Je dirai quelque chose de lui à la fin de cette remarque.*

(40) L'an 1664.

et qui contient, outre ces thèses, trois dissertations contre une partie des réponses de Sérarius. Il dédia ce livre à son adversaire, et lui représenta sagement que la doctrine des chiliastes rendait odieuse aux puissances la religion réformée : car, comme ils prétendent que la prospérité de l'église dépend de la destruction de toutes les souverainetés temporelles, ils portent les peuples à se soulever, afin de faire venir le siècle d'or du christianisme, ou le règne de mille ans. Il lui représente les séditions dont l'Angleterre fut agitée ensuite du dogme de la cinquième monarchie, et la mortification que les chiliastes avaient eue depuis peu, en voyant évanouir, par la paix de Pise, les espérances qu'ils avaient fondées sur les démêlés de la France avec le pape. L'affront fait au duc de Créqui dans Rome, l'an 1662, irrita beaucoup sa majesté très-chrétienne. On faisait passer des troupes en Italie : les âmes crédules, et surtout les millénaires, ne doutèrent point que la bête de l'Apocalypse ne dût périr ce coup-là, et ils ne purent s'abstenir de publier leurs espérances. Ainsi le traité de Pise qui, sans nulle effusion de sang, et sans aucun vrai dommage pour la cour de Rome, termina ce démêlé, fut un coup de foudre pour eux. M. des Marets ne manqua point de renouveler à son adversaire le souvenir de cette terrible mortification. Il remarque qu'on avait publié dans Londres, l'an 1656, que Rome serait détruite l'an 1666, et que le jour du jugement arriverait l'an 1711. Bien des gens s'étaient flattés que la guerre qui se préparait en France contre Alexandre VII, pour venger l'affront du duc de Créqui, ambassadeur de cette couronne, vérifierait le premier article de la prédiction. Jugez si la paix de Pise leur fut agréable. Ce qu'il dit touchant la conjonction des planètes au sagittaire est curieux : elle se fit le onzième décembre 1662. Un livre flamand assura, suivant les observations de l'astrologue *Theodorus Hoen*, qu'on n'avait point vu de semblable conjonction depuis celle qui se fit au signe d'Aquarius, lors du déluge de Noé (41). Sérarius, appuyé sur cet

écrit et sur un autre qui avait paru en allemand, fit une dissertation latine pour montrer que la conjonction des planètes au sagittaire, le dernier signe du trigone igné, *igneæ triplicitatis*, étant bien considérée avec toutes ces circonstances *antécédentes et concomitantes*, prédisait le prochain avénement de Jésus-Christ pour la conversion des juifs, pour la ruine du pape, et pour l'établissement de la monarchie millénaire. M. des Marets le réfute solidement, et observe que selon Alstédius, cette monarchie commencera l'an 1694, et que, selon Théodore Hoen, la conjonction au sagittaire devait produire l'embrasement de l'univers. Il se moque de cela, et dit que le sagittaire ne peut passer pour un signe igné, qu'à cause qu'il contraint les gens à faire un grand feu chez eux pour se garantir du froid : et il remarque qu'au temps de la conjonction, il gela horriblement plusieurs semaines. Et sur ce que Sérarius disait que la conjonction qui se fit au même signe, le 9 octobre 1603, exerçait encore ses mauvais effets, des Marets lui répond fort plaisamment qu'il est bien étrange qu'elle n'ait pas déchargé encore toute sa colère, *mirum est ejus virus nondùm deferbuisse*. L'on ajoute que Sérarius était bon ami de Paul Felgenhawer, qui fit imprimer un livre l'an 1655 (42), où il s'attribue plus d'une fois les lumières prophétiques, et où il promet aux juifs toutes sortes de bonnes nouvelles. Mais il ne s'accorde pas avec l'auteur d'un écrit intitulé : *Judæorum excitabulum matutinum, sive judæus redux*, où l'on assurait que la conversion des juifs commencerait l'an 1664, et qu'elle serait suivie bientôt de leur retour dans la Palestine, où ils vivraient le plus délicieusement du monde.

En considérant cette multitude de docteurs chrétiens qui prédisent depuis tant de siècles une grande révolution de foi, j'ai été curieux de savoir si l'on trouve de semblables gens dans les autres religions, et j'ai trouvé entre autres choses qu'il y a des mahométans qui laissent des legs à un

---

Hoen, *et sur les tables des conjonctions, elle se fit dans le signe des poissons.*
(42) *A Amsterdam. Il est intitulé :* Bonus Nuncius Israëli.

prophète inconnu, qui doit venir délivrer le monde de la tyrannie de l'antechrist (43); et que les Perses croient
que Mahomet Mahadi fils d'Hossen,
second fils d'Ali, n'est point mort, et
qu'il se tient dans un lieu caché, d'où
il sortira un jour pour réfuter toutes
les erreurs, et pour réunir tous les
hommes à une même créance. Il prê-
chera à cheval, et commencera à le
faire dans la ville de Mazadelle, où on
lui tient toujours un cheval prêt (44).
Cela ressemble en quelque chose à
l'opinion de plusieurs chrétiens touchant le prophète Élie. Il ne faut pas
être surpris que l'on persuade de
telles chimères aux mahométans; car
le prince de Bassora peut leur faire
accroire qu'il est le premier des favoris de Mahomet, et que son crédit
est si grand auprès du prophète, que
sur ses lettres de change on donne
aux porteurs telle ou telle place dans
le paradis. Il y a une banque chez lui
pour l'expédition de ces lettres : il
signe une police selon laquelle on ac-
quiert la possession d'un certain endroit du ciel, plus ou moins avantageux, à proportion de la somme
qu'on lui compte. *Il principe di Bassora pretende esser de' confidenti di
Mahometto, ed haver maggior auto-
rità degl' altri, in virtù della quale
concede a gente simplice pezze di cielo, segnando polize di cambio di tanto e tal sito nel paradiso, secondo il
dinaro che ne'riceve (45).*
Disons en peu de mots qui était ce
Pierre Sérarius, ou Serrurier, contre
lequel M. des Marets écrivit. Je
trouve à la page 297 d'un ouvrage
(46) imprimé l'an 1670, qu'il était
mort depuis peu, et qu'il y avait plus
de quarante ans qu'il avait été déposé du ministère, pour les erreurs fanatiques de Swenckfeldius dont il était
tout cousu; qu'il publia un livret en
faveur de Labadie l'an 1669, et l'intitula : *Examen Synodorum*, et l'a-

dressa au synode wallon; et qu'à la
tête de ce livre il se qualifiait ministre de l'évangile de l'église universelle; et que c'était un homme qui ne
communiquait avec aucune église.

(K) *Il fit beaucoup de tort aux jansénistes sans y penser.*] L'an 1651, il
publia un ouvrage in-4°., dont voici
le titre : *Synopsis veræ catholicæque
doctrinæ de gratiâ et annexis quæstionibus ; proposita partim libello qui
anno superiori à jansenitis in commu-
nione romanâ gallicè prodiit sub hoc
titulo*, Catechismus gratiæ, *et posteà recusus fuit sub isto, elucidatio-
nes quarundam difficultatum de gratiâ; partim brevibus ad illam scholiis
theologicis*. Dès l'année suivante, on
vit paraître à Paris un petit livre
composé par les jésuites, et intitulé
*Les jansénistes reconnus calvinistes
par* SAMUEL DES MARETS, *docteur et
premier professeur en théologie en l'u-
niversité de Groningue, et ministre ordinaire du temple académique, dans
sa version latine du Catéchisme de la
grâce des jansénistes, imprimée à
Groningue l'an 1651.* On emploie
dans ce livret la préface que M. des
Marets a mise au-devant de sa *Synopsis*, et l'on se prévaut de tout ce qu'il
a remarqué, pour faire voir que dans
les matières de la grâce et dans leurs
annexes, les sentimens des jansénistes sont les mêmes que ceux de Calvin. Depuis ce temps-là, il paraissait
peu de livres contre les jansénistes,
où l'on ne leur reprochât la sympathie que le professeur de Groningue
avait reconnue entre eux et sa secte.
Comme cela lui fit beaucoup de chagrin
et beaucoup de tort à ces messieurs,
ils écrivirent violemment contre lui.
M. Daillé l'en fit souvenir dans l'Apologie de l'Apologie des Synodes nationaux d'Alençon et de Charenton (47).
*Hoc ne nesciat, narra illi istos, quos
tantopere prædicat, jansenianos, quos
cordatos dicit, quos gravissimos ar-
gumentatores censet : hos inquam ipsos narro jam ante quadriennium tres
libellos longè sacerrimos ac nequissi-
mos, conviciis et maledictis prodi-
giosis refertos, contra ipsum edidisse;
in quibus, quod credo, ausus esset iis
malè palpari, ita ferociter recalci-
trant, ut nihil mitius cogitâsse videan-*

(43) *Ne testamenti si fanno legati à certo
profeta incognito, che dee venir liberar il mondo dalla tirannide del Antichristo.* Giornale de'
Letterati, du 31 de mars 1673, dans
l'Extrait del Viaggio all' Indie Orientali del P.
F. Vincenzo Maria di S. Caterina da Siena, procuratore generale de' carmelitani scalzi.

(44) Ibidem.

(45) Ibidem.

(46) Intitulé : Modeste Réfutation de la Déclaration en forme de manifeste publié par Jean
de Labadie.

(47) Dallæus, in Vindiciis apologiæ pro duobus Synodis, part. I, cap. VI, pag. 130, 131.

tur, quàm ut laudatorem hunc suum miserè discerperent ac laniarent. S cin' tu quas ei pro suis laudibus grates reddant ? Quibus elogiis virum tali- bus pro meritis exornent (*)? *Virulen- tissimum scriptorem vocant ;* artis diabolicæ multoties convictum , ho- minem frontis ad omne mendacium prostitutæ, theologastrum, sophys- tam, sycophantam dirâ calumniandi libidine citrà modum ac legem effera- tum, protervum, ominosum convi- tiatorem, audacissimum impostorem, fanaticum vatem. *Piget plura de te- terrimis istorum convitiatorum vene- nis dicere. Hos suos rabiosissimos ac maledicentissimos obtrectatores , pro laudibus, quibus immerentes affece- rat, turpissima probra rependentes , et plenis in eum plaustris effundentes habet tamen epicrita pro* cordatis , gravibusque *disputatoribus* (48). La même apologie nous apprend (49) , 1°. que David Blondel écrivit à des Marets pour le blâmer de s'être mêlé dans les querelles des jansénistes et des jésuites; 2°. que le janséniste (50) qui avait tant maltraité M. des Ma- rets avait forgé un roman; c'est que les ministres de Charenton avaient poussé celui de Groningue à recon- naître pour orthodoxes les disciples de Jansénius, afin de les rendre odieux aux jésuites, et de se venger des in- jures que les jansénistes avaient pu- bliées contre Labadie. M. Daillé ré- pond que ceux qu'on accuse de cet article en sont si innocens, qu'ils au- raient conseillé de très-bon cœur à leur confrère de Groningue de n'en- trer pas dans cette querelle, mais de laisser battre ces deux partis. *Quæ quàm falsò , quamque mendaciter conficta sint, nemo scire vel testari melius atque certius potest, quàm Epi- crita, qui sui in edendâ illâ janseniana*

(*) *Hier. ab Angelo forti. epist.* 1 , *a. D.* 1654. *edita , pag.* 14 , 15.

(48) *M.* Daillé, *à la page* 428 *du même livre, parle ainsi :* Ex his suis laboribus nihil ad eum pro expectatis triumphis rediisse vidimus, quam à Romanis quidem librorum censoribus eam no- tam , de quâ non erat, quod hic tantoperè glo- riaretur , Jansenianis verò tria convitiorum et maledictorum plaustra, quæ in eum ab Hierony- mo illo personato, de quo alibi suprà diximus, totà plaudente Lutetiâ effundi inviti ac dolentes spectavimus.

(49) *Pag.* 428.

(50) *C'est M.* Hermant. *Il se déguisa sous le nom de* Hieronymus ab Angelo forti.

catecheseos censurâ consilii unus sibi optimè conscius est. Nos quidem, quos fabulator totius rei auctores fuisse fin- git, tantùm ab eo quod iste comminis- citur, abfuisse novit Deus , ut Epicri- tam, si nos ille consuluisset , etiam à scribendo deterrituri fuerimus, suasu- rique ut benè compositos cum suis bitis bacchios inter se digladiari, dignisque utrimque romano supercilio iris ac ic- tibus bacchari sineret; neve quos cer- tandi rixandique æstus atque libido tam commodè commiserat, eos intem- pestivo alloquio divulsos in se provo- caret, atque converteret (51).

(L) *Un homme qui avait composé un livre fort désobligeant contre lui, reçut ordre de le supprimer.*] Il était intitulé *Ismaël Gallus.* L'auteur , nommé Steinbergius, vivait à Her- born , sujet des comtes de Nassau ; qui l'obligèrent à supprimer son ou- vrage (52).

(51) Dallæus, *in Vindiciis apologiæ pro dua- bus Synodis , part. I, cap. VI, pag.* 133 , 134.

(52) *Voyez le Ve. tome des OEuvres de Jac- ques* Alting , *pag.* 393.

MARGARIN (CORNEILLE), abbé du mont Cassin, et archi- viste général de l'ordre , a été un des grands compilateurs qui aient vécu dans le XVIIe. siècle. Il naquit l'an 1605, et mourut le 11 de février 1681 (a). Les ouvrages qu'il a publiés ne don- nent qu'une idée imparfaite de son application infatigable. Pour se la bien représenter , il faut joindre avec ce qui est imprimé, ce qui ne l'est pas(A).

(a) Prosper Mandosius, *in Biblioth.* Ro- manâ, *cent. V, num.* 66.

(A) *Pour se bien représenter son application, il faut joindre ce qui est imprimé avec ce qui ne l'est pas.*] Voici ses ouvrages de la première es- pèce : *Justinianus magnus Aniciæ familiæ restitutus; Discorso apologe- tico in corroborazione della verità di un instrumento concernente la fami- glia de Capizucchi ; Bullarium casi- nense* en deux tomes ; *Inscriptiones antiquæ Basilicæ sancti Pauli de*

urbe. Dictionarium longobardicum.
Ce qui n'est pas imprimé consiste en
un gros recueil indigeste de vieilles
pancartes, qui font huit volumes,
que l'on garde dans le Vatican. En
voici le titre : *Thesaurus historicus
sacræ et politicæ veritatis in S. R. E.
agro ipsis autographis monumentis à
vetustissimis antiquitatum latibulis per
diurna sæcula absconditus, in tomos
octo distributus, et ad sanctissimos
Innocentii XI, P. M. pedes eâ quâ
decet veneratione et alacritate humil-
limè depositus, per Cornelium Mar-
garinum abbatem Casinensem, ad
certam chronologiæ normam juxtà
indictionum rationem ipsâ testante veritate expositus* (1).

(1) Prosper Mandosius, Biblioth. romanâ,
cent. V, num. 66, pag. 332.

MARGUERITE, reine de Na-
varre. Voyez NAVARRE, tome XI.

MARGUNIUS (MAXIMUS),
évêque de Cythère (a), était de
Candie. Il passa plusieurs années
à Venise, et il y mourut vers la
fin du mois de juin 1602 (b). Il
avait une belle bibliothéque, et
il la légua aux religieux de Candie; et comme s'il eût pressenti sa
mort, il y envoya, un peu avant
que de mourir, neuf caisses
pleines de livres (c). Il avait pris
soin de ramasser quantité de manuscrits grecs rares et curieux.

(a) C'est une île de l'Archipel : on la nomme aujourd'hui Cérigo.
(b) Velserus, epist. XX ad Scaligerum.
(c) Idem, ibidem.

MARIANA (JEAN), né à Tala-
véra au diocèse de Tolède, se fit
jésuite le 1er. de janvier 1554.
Il étudiait alors à Complute *,
et il était âgé de dix-sept ans.
Il devint un des plus habiles
hommes de son siècle ; grand
théologien, grand humaniste,

* Alcala de Hénarez.

profond dans la connaissance de
l'histoire ecclésiastique et de
l'histoire profane, bon grec, et
docte dans la langue sainte. Il
alla à Rome, l'an 1561, et y
enseigna la théologie : au bout
de quatre ans il s'en alla en Sicile et y enseigna pendant deux
années. Il vint à Paris, l'an 1569,
et y expliqua Thomas d'Aquin
pendant cinq ans. Sa santé ne lui
permit pas de continuer, et l'o-
bligea de s'attacher à des études
moins pénibles. Il s'en retourna
en Espagne, l'an 1574, et passa
le reste de ses jours à Tolède. Il
y mourut le 17 de février 1624,
à l'âge de quatre-vingt-sept ans
(A). L'inquisition se servit de
lui dans plusieurs affaires d'importance ; mais de son côté il
eut besoin d'être patient (B), et
d'avoir assez de courage pour
supporter avec constance les rigueurs de l'adversité (a). Ce
qu'on remarque de sa chasteté
est tout-à-fait singulier (C). Il
publia plusieurs livres (b), et entre autres une Histoire d'Espagne, que plusieurs regardent
comme un chef-d'œuvre (D).
C'est lui qui fit imprimer un
ouvrage de Lucas Tudensis (c)
sur la vie à venir, et contre les
Albigeois. Son traité du changement des monnaies lui fit des
affaires à la cour d'Espagne (E),
et l'exposa à une peine qui a été
mal rapportée par M. Varillas
(F) : mais on aurait eu plus de
raison de l'inquiéter au sujet
d'un autre livre, que l'Espagne
et l'Italie laissèrent passer, et

(a) Tiré de Natanaël Sotuel, Bibl. Script.
sociét., pag. 477.
(b) Voyez-en les titres dans Moréri.
(c) C'est ainsi qu'il faut dire, et non pas
Tridentis avec Alegambe et Sotuel.

qui fut brûlé à Paris, par arrêt du parlement, à cause de la pernicieuse doctrine qu'il contenait. Il n'y a rien de plus séditieux, ni de plus capable d'exposer les trônes à de fréquentes révolutions, et la vie même des princes au couteau des assassins, que ce livre de Jean Mariana *(G)*. Il exposa les jésuites *, et surtout en France, à mille sanglans reproches *(H)*, et à des insultes très-mortifiantes, que l'on renouvelle tous les jours, qui ne finiront jamais, que les historiens copieront passionnément les uns des autres, et qui paraissent d'autant plus plausibles, qu'il fut imprimé avec de bonnes approbations *(I)*. On publia que Ravaillac y avait puisé l'abominable dessein qu'il exécuta contre la vie d'Henri IV, et qu'il l'avait avoué dans son interrogatoire. Ce fait fut contredit publiquement *(K)*. Un autre traité du même jésuite a fait bien du bruit : c'est celui où il remarqua les défauts du gouvernement de sa compagnie *(L)*, mais ses confrères ne demeurent pas d'accord qu'il soit l'auteur d'un pareil écrit *(M)*. Ses scolies sur l'Écriture ont mérité l'approbation du père Simon *(N)*. J'ai oublié de marquer que le mal qu'il dit du roi Henri III fut cause en partie que son ouvrage de l'institution du prince fut condamné à Paris *(O)*.

Je doute qu'il ait fait le livre *de Republicâ Christianâ*, qu'un écrivain allemand loue beaucoup *(P)*.

---

* On lit dans l'édition de 1697 : Il a exposé les jésuites à mille sanglans reproches que l'on renouvelle, etc.

(A) *Il mourut le 17 février 1624, âgé de quatre-vingt-sept ans.*] Don Nicolas Antonio, qui avait lu tout cela dans Alegambe, n'a pas laissé d'assurer (1) que Mariana mourut le 17 de février 1623, âgé de quatre-vingt-dix ans. Sur cela je me fie plus aux deux jésuites qui ont compilé la bibliothéque de l'ordre, qu'à lui, ni qu'à Bernardin Giraldi (2), qui assure que Mariana mourut l'an 1632, âgé de quatre-vingt-seize ans. *Jesuitarum quos ætas nostra vidit, annosissimus, qui abhinc biennium piè obiit diem suum nonaginta sex annos natus.*

(B) *De son côté il eut besoin d'être patient.*] Si j'avais pu consulter sa Vie (3) composée par Thomas Thomaius (4) de Vargas, historiographe du roi d'Espagne, j'aurais pu sans doute donner ici quelque détail des persécutions que Mariana eut à souffrir ; mais je n'en puis dire que ces paroles des deux bibliothécaires des jésuites : *Ipse vicissim multa perpessus adversa, admirabili animi æquitate, et omnium virtutum documento se malis superiorem esse probavit. Exercitam senectutem Toleti produxit usquè ad diem XVII februarii anni Domini* MDCXXIV (5). Ajoutez à ce passage ce qu'ils nous diront ci-dessous, quand je parlerai du livre du Changement des Monnaies *.

(C) *Ce qu'on remarque de sa chasteté est tout-à-fait singulier.*] Ceux qui ont lu les nouvelles lettres du critique de M. Maimbourg y auront vu cette singularité exprimée de cette manière (6) : « Vous n'êtes point » gens à croire cela, ni peut-être ce » que le père Alegambe témoigne du » jésuite Mariana, mort l'an 1624, » après avoir vécu près de quatre- » vingt-dix ans dans l'étude la plus » exacte de la chasteté ; d'où est venu » peut-être, ajoute l'historien, que

(1) Nicol. Anton., Biblioth. hispan., *t. I, p.* 561.
(2) Bernardinus Giraldus Patavinus, *in apolog.* pro Senatu Veneto, *datée de Padoue, le* 1er. *de décembre* 1634.
(3) Alegambe et Sotuel *en font mention dans l'article de* MARIANA. *Don Nicolas Antonio n'en parle point dans la longue liste qu'il a donnée des écrits de ce* Thomaius, *imprimés et à imprimer. Il le nomme* Tamajus.
(4) *M.* Teissier, Biblioth. Bibliothec., *pag.* 308 *et* 385 *, le nomme* Tamæus.
(5) Alegambe, *pag.* 258 ; Sotuel, *pag.* 477.
* Voyez la remarque (E).
(6) Nouvelles Lettres, *pag.* 685.

» ses .*) mains furent aussi souples » et maniables après sa mort que s'il » eût été en vie. J'avoue franche- » ment que je ne vois pas la liaison » de ces deux choses. » Je crois comme lui qu'il serait bien difficile de donner une raison naturelle d'un tel effet de la chasteté; et quant aux raisons miraculeuses, je ne sais pas sur quel rapport, ou sur quelle analogie on les pourrait appuyer. Peut-être se fondait-on sur l'argument des contraires, et cela en conséquence d'une tradition monacale, qui établit que tous ceux qui ont à faire à des religieuses, sont accusés après leur mort, et convaincus de cette action par une certaine raideur qui se remarque dans la partie par laquelle ils ont péché. *Notabile est quod Mariani (7) dicunt, eum qui spurium ex moniali procreârit, singularissimè à Deo post mortem puniri, uti celeberrimus medicus Leonellus Faventinus, c. 7, secundæ partis practicæ medicinalis hoc mysterium naturæ aperuit, qui coit, inquiens, cum monachâ vel moniali, quandò talis moritur, remanet virga ejus tensa, Unde dicitur in carmine apud vulgares:*

Qui monachâ potitur, virgâ tendente moritur.

Cujus et meminit Wolfgangus Hildebrandus Mag. Nat. l. r. c. 31, p. 34. Erford. impress. 16. 22. *Et fortè an etiam moniales stupratæ post mortem peculiari signo notantur, quòd honoris et pudoris ergò reticetur. Certè si miracula hæc quotidiè contingerent, pauciores spurii invinerentur* (8). Les paroles de Léonel Faventinus, que je viens de rapporter, ont été citées par Henri Korman, au chapitre LXVII de la IVe. partie des Miracles des morts.

Je remarquerai par occasion quelques singularités fort notables qui se trouvent dans Alegambe, sur la chasteté de certains jésuites. Il dit que le père Gil, qui mourut l'an 1622 à l'âge de soixante et treize ans, ne connaissait de visage aucune femme, tant il prenait garde que ses sens ne s'arrêtassent sur ces objets. Il se craignait lui-même: il avait presque horreur de se toucher; et il rendit grâce à Dieu d'avoir la vue mauvaise, parce que cela lui avait fourni de grands remèdes de chasteté. *Erat severissimus suorum sensuum custos : nullam tot annis feminam de facie nòverat ; se quoque ipsum attingere quodammodò horrebat. Agebat Deo gratias pro hebetatâ sibi acie oculorum ; ex quo multa commoda castimoniæ persentisceret* 9. Le père Costérus avoua que jamais sa chasteté ne fut vaincue par aucun mouvement irrégulier, ni par quelque imagination malhonnête (10). Le père Coton, qui avait été confesseur d'un prince fort impudique *, et dont la cour avait suivi la maxime,

Regis ad exemplum totus componitur orbis,

mourut vierge, et conserva de telle sorte la pureté intérieure, qu'il avait horreur de tout ce qui pouvait choquer cette vertu; et il avait l'odorat si fin à cet égard, que les personnes qui l'approchaient après avoir violé les lois de la chasteté, excitaient en lui un sentiment de puanteur insupportable. *Castitatem impensè coluit, et virginitatis decus ad extremum usquè obtinuit. Sensus frænabat accuratâ custodiâ, et horrore quodam impuritatis; quam etiam in iis qui se illâ fœdâssent, ex graveolentiâ nescio quâ discernebat* (11). Le père Spiga, qui mourut l'an 1594, âgé de soixante et quatorze ans, passait pour vierge : il n'avait jamais regardé aucune femme, et il n'aurait su distinguer ses propres nièces les unes des autres, quoiqu'il eût été leur confesseur; et il ne serait entré chez elles pour rien du monde, quand il savait qu'elles étaient seules. *Castitati tuendæ, nunquàm feminas intuitus est. Neptes suas, quas crebrò confitentes audierat, inter se distinguere nesciebat; ad illas, si domi solæ essent, non poterat induci ut intraret, quanticunque momenti negotio urgeretur. Opinio constans*

---

*) *Castitatis cultor studiosissimus, cujus aliquis effectus esse potuerit quòd mortuo manus fuerint ita tractabiles ac si viveret.*

(7) *C'est ainsi que cet auteur nomme les catholiques romains, comme s'ils avaient la Sainte Vierge pour le chef de leur religion.*

(8) Lyser. *Polygamia triumphat.*, pag. 314.

(9) Alegambe, pag. 369, col. 1.

(10) *Virginitatem nullâ unquàm cogitatione aut indecoro motu oppugnatam se servâsse fassus est ipse aliquandò.* Idem, pag. 118.

* Henri IV.

(11) *Idem*, pag. 379, col. 2

fuit, virginitatis illi decus usquè ad extremum constitisse (12). Je m'étonne qu'Alegambe n'ait point su ce qu'on raconte du jésuite Possevin, qu'ayant à lire *Tibulle à cause de sa belle latinité*, il priait Dieu les *genoux en terre, que les vers d'amour de ce poëte ne lui inspirassent point d'amour*. M. Ménage, qui rapporte cela (13), venait d'assurer qu'il *avait ouï dire au père Sirmond qu'ayant lu le jugement que faisait Photius du roman d'Achilles Statius, par lequel il paraissait que ce roman était rempli d'obscénités, il ne l'avait jamais voulu lire*. Je dirai à ce propos que Melchior Canus, qui n'était pas ami des jésuites, plaisanta un jour à leurs dépens à la cour du roi d'Espagne. Il assura qu'ils portaient sur eux une herbe qui amortissait de telle sorte la nature, que par l'efficace de ce simple, ils pouvaient converser impunément avec les femmes. Philippe II, ayant pris cela au sens littéral, voulut savoir ce que c'était que cette herbe ; et ayant donné ordre que l'on pressât les jésuites de la nommer, il apprit qu'elle s'appelait la crainte de Dieu. « *Festivum est* » *quod refert Nicolaüs Orlandinus* » *libro quinto historiæ societatis* Jesu. » *Petrus Faber et Antonius Araozius aulam Philippi secundi Hispaniarum regis adierant, et tum primùm in illud regnum societatis nomen invexerant. Quibusdam autem instar erant miraculi, quòd cum omni genere sexuque promiscuo tam versarentur innoxii. Nec dubitavit in mediâ curiâ Melchior Canus bellè jocari, patres societatis Jesu herbam quandam secum solitos circumferre, quæ vim haberet interimendæ libidinis : eaque velut antidoto tutò posse inter fœminarum versari greges, et confitentibus puellis aurem salvâ integritate præbere, etc. Ea vox,* » *etc. sensim sparsa per curiam ad principis pervenit aures. Qui rei auditæ curiosus investigator Johannem de Zuniga (is erat ei velut morum magister ac custos) ad pa-*

» *tres misit sciscitatum quod herbæ* » *genus illud esset*, etc. *Non negavit Araosius hujus virtutis herbam* » *se habere : et cùm Johannem aliquandiù suspensum responsi ambiguitate tenuisset, quo majorem audiendi cupiditatem accenderet :* » *Hæc*, inquit, herba communi sermone Timor Dei nuncupatur, etc. » hoc igitur principi, velim, narres, » hoc fideliter referas (14). » Jarrige ne rapporte pas fidèlement les circonstances de ce fait. *Philippe II*, dit-il (15), *leur grand protecteur, et un prince de bel esprit, les gaussant un jour, les interrogeait comment ils pouvaient être chastes, traitant privément et avec familiarité avec toutes les belles dames de sa superbe cour. Nous avons, dirent-ils, au rapport de leur historien, une herbe que nous portons sur nous, par laquelle nous évitons les dangers de l'impureté, et résistons à toutes ses attaques. Pressés par le monarque de la nommer, ils répondirent que c'était la crainte de Dieu ; mais je vous assure que s'ils l'avaient alors, je suis bien certain que maintenant ils en ont perdu la graine, et qu'elle ne croît plus dans leur jardin.*

Cette herbe de Melchior Canus me fait souvenir de ces solitaires indiens, qui pratiquent une rude pénitence toute leur vie, et qui renoncent même à la vue des personnes de l'autre sexe. Ils arment leur main d'une canne, par le moyen de laquelle ils écartent toutes les pensées impures, et toutes les tentations, comme s'il ne s'agissait que de faire fuir un chien. *I* Ruxis *o* Hiobioli *abitano ne' deserti pascendosi di foglie, e frutti salvatici, occupati quasi sempre nella meditatione de' lordii, professano perpetua verginità, fuggendo la vista delle donne, portano una canna in mano con lo quale dicono tener lontano i diletti, tentationi, e travaglii* (16).

(D) *Une histoire d'Espagne, que plusieurs regardent comme un chef-*

(11) Alegambe, *pag.* 401, *col.* 1.

(13) Ménage, Anti-Baillet, *chap. CXLIV*, citant Nicius Erythræus, *dans l'Éloge de Possevin*. Cet Éloge ne se trouve point dans les trois *Pinacotheca* d'Erythræus.

(14) Nicolaüs Abramus, Commentar. in Orat. Ciceronis, *tom. II*, *pag.* 599, *col.* 1.

(15) Jarrige, Jésuites sur l'échafaud, *chap. VI*, *pag. m.* 65.

(16) Giornale de' Letterati, *du* 31 *de mars* 1673, *pag.* 35, *dans l'extrait del Viaggio all'* Indie Orientali del P. F. Vincenzo Maria di S. Caterina da Siena.

d'œuvre.] Elle est divisée en XXX livres suivis d'un appendix. Les XX premiers furent imprimés à Tolède, *in-folio*, l'an 1592. Il y ajouta les X autres quelque temps après (17). Il la traduisit lui-même de latin en espagnol, et publia cette version à Tolède, l'an 1601. Elle a été réimprimée souvent (18). Il s'écarta quelquefois de l'original, tout comme s'il eût composé, non pas une traduction, mais un nouveau livre (19). L'appendix ne contient qu'un petit sommaire de quelques évènemens, depuis l'an 1515 jusques au temps qu'il fut fait ; car l'auteur, ayant fini son grand ouvrage à la mort de Ferdinand d'Aragon en 1516, trouva mieux son compte à un simple indice historique depuis ce temps-là, qu'à des narrations exactes, qu'il n'eût pu faire sans s'écarter de la bonne foi qu'il avait suivie, ou sans offenser des personnes encore vivantes. C'est pourquoi il prit le parti le plus sûr et le plus honnête, et celui que les gens sages ont toujours le plus approuvé (20) : il ne voulait point écrire sur les choses qui s'étaient passées de son temps, ou un peu auparavant. Voyons les éloges que le père Rapin a donnés à cette histoire. « Aucun des historiens modernes n'a » écrit plus sensément que Mariana » dans son histoire d'Espagne. C'est » un chef-d'œuvre des derniers siècles » par cette qualité-là. Il règne dans » tout cet ouvrage une sagesse qui » ne lui permet jamais de s'aban-» donner aux beaux endroits, ni de » se négliger en ceux qui ne le sont » pas : cette égalité si judicieuse, » qui est toujours la même dans l'i-» négalité des matières que touche » cet auteur, est peu connue aux his-» toriens des derniers temps (21). » Pour comprendre toute la force de cet éloge, il y faut joindre cette description. *Écrire sensément*, selon

le père Rapin (22), *c'est aller à son but en quelque matière que ce soit qu'on écrive, sans s'écarter ou s'amuser en chemin : c'est exposer les choses avec une espèce de sagesse et de retenue, sans s'abandonner ni à la chaleur de son imagination, ni à la vivacité de son esprit : c'est savoir supprimer ce qu'il y a de superflu dans l'expression, comme sont ces adverbes et ces épithètes qui diminuent les choses en les exagérant : n'y laisser rien d'oisif, de languissant, d'inutile : retrancher généreusement ce qu'il ne faut pas dire, quelque beau qu'il soit; donner toujours moins à (*) l'éclat qu'au solide : ne point montrer de feu ni de chaleur, où il ne faut que du sang-froid et du sérieux ; examiner toutes ses pensées, et mesurer toutes ses paroles, avec cette justesse de sens, et ce jugement exquis, à qui rien n'échappe que d'exact et de judicieux ; c'est avoir la force de résister à la tentation qu'on a naturellement de faire paraître son esprit..... C'est laisser la liberté à ceux qui lisent l'histoire d'imaginer ce qu'on ne doit pas toujours dire. C'est enfin bien savoir sauver les contradictions, et établir les vraisemblances, en tout ce qu'on dit. Et cet esprit sensé, ce caractère sage que demande l'histoire, est une manière d'attention sur soi-même, qui ne se permet aucune exagération, et qui prend d'éternelles précautions contre ces imaginations hardies où l'on est sujet quand on a l'esprit trop brillant, ou trop fertile, afin de trancher en peu de grandes choses, comme fait Salluste.* Le père Rapin n'en est pas demeuré là, il ajoute que Mariana est un des plus accomplis parmi les historiens modernes, parce qu'il est un des plus simples (23). Que rien ne donne tant à l'histoire de Mariana l'air de grandeur qu'elle a, que l'art de cet auteur à y faire entrer par le moyen de la digression, tout ce qui se passe de considérable dans le monde, d'admirable dans les temps fabuleux, de remarquable dans la Grèce, dans la

(17) On a les XXX livres avec l'Appendix, dans l'édition de Mayence, 1605, in-4°.

(18) A Madrid, l'an 1616 et l'an 1650, in-folio, et alibi. Nicolas Antonio, ubi infrà.

(19) Voyez Nicolas Antonio, Biblioth. Script. hispan., tom. I, pag. 560.

(20) Voyez la remarque (D) de l'article Bozsardus, tom. III, pag. 548, et la remarque (E) de l'article Hatilias, tom. VII, pag. 465.

(21) Rapin, Réflexions sur l'Histoire, num. 2, pag. m. 232.

(22) Là même, pag. 230.

(*) Delectus verborum habendus et ponderæ singulorum examinanda. Fab., lib. 10, cap. 3.

(23) Rapin, Réflexions sur l'Histoire, num. 5, pag. 236.

Sicile, dans l'empire romain ; un détail assez particulier de la république de Carthage, qui n'est point ailleurs mieux que là ; les siéges de Sagunte et de Numance, le passage d'Annibal en Italie ; la suite des empereurs, la naissance du christianisme ; la prédication de l'Évangile ; les conquétes des Arabes, et plusieurs autres traits qui ont du grand : c'est un génie qui ne se fait que de grandes matières, lesquelles tiennent toujours par quelque chose à l'histoire d'Espagne. En quoi jamais historien n'a tant fait d'honneur à son pays par aucun ouvrage ; car il donne à sa nation tout ce qui s'est jamais fait de grand au monde (24). *Parmi les modernes*, continue le père Rapin (25), *je trouve Mariana, Davila, Fra-Paolo, d'admirables génies pour l'histoire. Mariana a le talent de penser, et de dire noblement ce qu'il pense et ce qu'il dit, et d'imprimer un caractère de grandeur à ce qui lui passe par l'esprit* (26)... *Mariana, dans son histoire d'Espagne, n'a été surpassé d'aucun moderne, ni par la grandeur du dessein, ni par la noblesse du style : il est plus exact que les autres, et il juge sainement de tout.* Joignons à tant d'éloges, non pas ce qu'a dit un autre jésuite en faveur de Mariana (27), mais ce qu'en a dit un protestant. *Inter Latinos omnibus palmam præripit Johannes Mariana Hispanus, rerum Hispanicarum cognitione nemini secundus. Valuit verò Mariana insigni eloquentiâ, prudentiâ, et magnâ libertate dicendi : hinc et libertatis studiosissimus in reges suos sæpè est mordax* (28).

Quelque beau que soit ce livre de Mariana, il ne laisse pas de contenir plusieurs fautes qui ont été critiquées en partie par un secrétaire du connétable de Castille. Ce censeur se nomme Pédro Mantuano. Il publia sa

critique à Milan, in-4°., l'an 1611 (29), et l'intitula *Advertencias à la historia de Juan de Mariana.* Il n'avait alors que vingt-six ans. Thomas Tamaïus de Vargas, qui répondit pour Mariana, raconte une chose qui tient du prodige ; c'est que Mariana ne voulut jamais jeter les yeux, ni sur l'ouvrage de son censeur, ni sur l'ouvrage de son apologiste, quoique ce dernier lui eût offert son manuscrit avant que de le donner à l'imprimeur, et l'eût prié de le corriger. *Noluisse Marianam legere, nec Mantuani censuram, nec Tamaji amicissimi capitis apologiam, etiam antè editionem sibi ab authore ad pervidendum et emendandum oblatam, quod credet vix posteritas* (30). On a publié dans l'Histoire des ouvrages des Savans, à la page 139 du mois de novembre 1693, le dessein d'une traduction française de Mariana, qui sera accompagnée de belles notes. Le public doit souhaiter de jouir bientôt de ce travail. On imprima en Hollande, l'an 1694, un abrégé chronologique de l'histoire d'Espagne, tiré principalement de Mariana. C'est un livre que l'on attribue à une demoiselle de Rouen (31) réfugiée en Angleterre pour la religion.

(E) *Son traité du changement des Monnaies* (32) *lui fit des affaires à la cour d'Espagne.*] Alegambe s'est contenté de nous dire que cet ouvrage découvrait les fraudes du temps, et qu'à la requête de l'ambassadeur d'Espagne il fut suspendu par Paul V ; mais que la suite fit voir que Mariana, persécuté pour ce livre, avait aimé la justice et la vérité. *In tractatu de Monetæ mutatione cùm acriùs corruptelam sui temporis perstrinxisset, gravem in se conscivit procellam ; et tractatus ipse postulante catholici regis oratore, à summo pontifice Paulo V tantisper suspensus fuit, donec invidia et cum eâ tempestas conquievit ; docueruntque posteriora tempora veri rectique amantem fuisse*

(24) Rapin, Réflexions sur l'Histoire, num. 22, pag. 280.

(25) Là même, num. 26, pag. 293.

(26) Là même, sub fin., pag. 305.

(27) Quid? Mariani gravem et decoram construccionem, sonantia verba, splendorem, narrandique sublimitatem, copiosum ingenium in non impari materiâ, quæ ætas non reverebitur? Clarus Bocarscius, in Amphitheatro Honoris, lib. II, cap. XIII, pag. m. 192.

(28) Herm. Conringius de Regno hisp., apud Pope Blount, Censura autorum, pag. 614.

(29) Et puis de l'imprimerie royale une édition plus correcte. Nicolas Antonio, ubi infrà, tom. II, pag. 170.

(30) Nicol. Anton., Biblioth. Script. hispan., tom. I, pag. 561.

(31) Nommée mademoiselle de la Roche.

(32) Il fut imprimé à Cologne, in-folio, l'an 1609, avec six autres traités de Mariana.

Marianam (33). Nicolas Antonio, à certains égards, s'est tenu dans une plus grande généralité, quoiqu'il marque que les principaux ministres d'état accusèrent Mariana d'avoir censuré le gouvernement. *Nec tamen*, dit-il (34), *vir tot meritis ad famæ immortalitatem nitens effugere voluit lævæ famæ discrimina, interpretantibus quædam ejus scripta principibus in curiâ viris tanquàm iniqua exertèque injuriosa sibi ipsis, ac publicæ administrationi. Cujus rei nomine solemniter accusatus non nisi post agitatam diù causam ægrèque statui pristino fuit restitutus.* Mais voici un auteur qui s'explique plus nettement : il nous assure que Mariana découvrit si bien la déprédation des finances, en montrant les voleries qui se commettaient dans la fabrique des monnaies, que le duc de Lerme, qui se reconnut là visiblement, ne put retenir son indignation. Il ne lui fut pas malaisé de pousser l'auteur, parce que le roi Philippe III était clairement censuré dans cet ouvrage, comme un prince fainéant, et qui laissait les affaires du royaume à la discrétion de ses ministres. Les monarques les plus possédés par un favori s'irritent sans peine contre ceux qui les exposent au mépris par une censure libre et juste de cet esclavage. Mariana fut mis en prison, et n'en sortit qu'au bout d'un an ; mais l'événement fit voir qu'il ne s'était pas trompé, en prédisant que les abus qu'il reprenait plongeraient l'Espagne dans un grand désordre. L'écrivain qui conte ceci s'appelle Bernardin Giraldus. Je l'ai déja cité une fois. *Quarum* (Dissertationum) *una fuit*, dit-il (35), *de* Monetæ *mutatione in Hispaniâ, quâ quidem fraudes, et imposturæ ministrorum regiorum monetas publicas adulterantium detegebantur,*

oscitantia, et dormitatio Philippi III regis catholici perstringebatur, ingentia denique damna in universam Hispaniam ex improbissimo regiorum peculatu certo exoritura prænuntiabantur : quem librum qui legat, et hodiernum Hispaniæ statum non ignoret, abesse haud quaquàm possit, quin Marianam divinam hominem fuisse agnoscat (qui ea, quæ hodie Hispania experitur mala, tanto antè ut vates occinerit) vel certè prudentiam genus divinationis esse intelligat. Verùm vehementer ea res Lermæum ducem, regiæ Hispaniæ Sejanum, pupugit : quippè qui fundi Hispanici calamitas esset, seque a Marianâ designari satis intelligeret. Hominem ergò in vincula poscit, in iisque annum vertentem ampliùs continet.

[F)....*Et l'exposa à une peine qui a été mal rapportée par M. Varillas.*] Cet historien prétend que Ribadéneira *n'avait osé écrire en Espagne, sous le règne de Philippe II, ce que Charles-Quint avait contribué pour obliger la cour de Rome à se porter dans les dernières extrémités contre Henri VIII. Il faut avoir aussi peu de connaissance de l'histoire d'Espagne qu'en a M. Burnet,* continue-t-il, *pour ignorer que le même Philippe II relégua pour quinze ans en Sicile le père Mariana, pour un sujet beaucoup moins important que n'aurait été celui d'écrire contre Charles-Quint, puisque ce fut uniquement pour avoir composé le traité des Monnaies, qui ne regardait pas si directement la majesté des rois catholiques, que la conduite de Charles-Quint, à l'égard de Henri VIII* (36). Il y a trois faussetés dans ces paroles. 1°. Mariana n'a jamais été relégué en Sicile, tant s'en faut que ce prétendu exil ait duré quinze ans. 2°. Philippe II était mort quand ce jésuite écrivit sur les monnaies. 3°. Ce traité choquait beaucoup plus le roi d'Espagne qui régnait alors (37), que le livre de Ribadéneira n'eût choqué Philippe II, si l'on y eût vu *la conduite de Charles-Quint à l'égard de Henri VIII.* Je ne relève point

---

(33) Alegambe, *pag.* 258, *col.* 2.

(34) Nicol. Anton., Biblioth. hisp., *tom. I, pag.* 580.

(35) Bernard. Giraldus, Patavinus, pro Senatu Veneto Apologia, sive de justitiâ decreti, quo Senatus Venetus adolescentis ditioni suæ subditos, ad jesuitarum scholas accedere interdixit : deque adolescentibus, quibus jesuitæ reditum ad Venetos videntur impetrare posse. *Cette pièce est dans le Recueil intitulé :* Arcana societatis Jesu, *imprimé à Genève, l'an* 1635, *in-8°.*

(36) Varillas, Réponse à la Critique de M. Burnet, pag. 84, édition de Hollande.

(37) *Voyez, dans la remarque précédente, les paroles de* Bernardin Giraldus.

ce qui se trouve d'absurde dans sa remarque sur Ribadeneira : c'est une chose qui a été solidement réfutée par le savant homme qui lui répliqua (38).

(G) *Il n'y a rien de plus séditieux... que ce livre de Mariana.*] Il a pour titre : *de Rege et Regis institutione*, et il fut imprimé à Tolède, l'an 1598, avec privilège du roi, et avec les approbations ordinaires. L'auteur s'étant proposé d'examiner dans le VIᵉ chapitre du Iᵉʳ. livre, s'il est permis de se défaire d'un tyran, entre en matière par le récit de la fin tragique de Henri III. Il admire le courage de Jacques Clément, et il dit que les opinions furent diverses sur l'action de ce jeune moine : les uns la louèrent, et la crurent digne de l'immortalité ; les autres la blâmèrent, parce qu'ils étaient persuadés qu'il n'est jamais permis à un simple particulier de tuer un prince déclaré roi par la nation, et oint de l'huile sacrée, selon la coutume, quoique ce prince soit devenu un scélérat et un tyran. *De facto monachi non una opinio fuit, multis laudantibus atque immortalitate dignum judicantibus : vituperant alii prudentiæ et eruditionis laude præstantes, fas esse negantes cuiquam privatâ auctoritate regem consensu populi renunciatum, sacroque oleo de more delibutum sanctumque adeò perimere, sit ille quamvis perditis moribus, atque in tyrannidem degeneràrit* (39). On voit clairement que Mariana est de ceux qui approuvèrent l'action de Jacques Clément ; car il rejette le principe en vertu duquel des personnes sages et savantes la condamnèrent. D'ailleurs, il affecte de relever le courage et la fermeté intrépide de cet assassin, sans se laisser échapper un mot qui tende à le rendre odieux au lecteur. Cette observation découvre admirablement tout le venin de la doctrine de ce jésuite ; car il est certain qu'il ne débute par l'exemple de Henri III, que pour descendre de la thèse à l'hypothèse, et pour montrer aux peuples un cas insigne de tyrannie, afin que toutes les fois qu'ils se trouveront en semblable état, ils se croient dans les circonstances où il est permis de faire jouer le couteau contre leurs monarques. Mais s'il est une fois permis d'en venir là, lorsqu'on se trouve sous un prince tel qu'Henri III, je ne sais point où sont les monarques qui ne doivent craindre d'être assassinés, ou détrônés, car on fait bientôt compensation entre le bien et le mal de deux conditions. Si les défauts du gouvernement ne sont pas les mêmes que sous Henri III, on se contentera de dire que tout bien compté ils les égalent, et l'on concluera que l'on se trouve dans le cas que le jésuite a marqué. Quoi qu'il en soit, continuons l'exposition de son système.

Mariana rapporte les raisons de ceux qui blâmèrent Jacques Clément; c'est-à-dire, selon lui, les raisons de ceux qui prêchent qu'il faut se soumettre patiemment au joug tyrannique de son légitime souverain : et avant que d'y répondre (40), il allègue les argumens du parti contraire, appuyés sur cette base fondamentale; c'est que l'autorité du peuple est supérieure à celle des rois (41). C'est sa thèse favorite, il emploie deux chapitres (42) tout entiers à la prouver. Ayant allégué les raisons de chaque parti, il prononce : 1°. que selon le sentiment des théologiens et des philosophes, un prince qui, de vive force et sans le consentement public de la nation s'est saisi de la souveraineté, est un homme à qui chaque particulier est en droit d'ôter la vie : *Perimi à quocunque, vitâ et principatu spoliari posse* (43) ; 2°. que si un prince créé légitimement, ou successeur légitime de ses ancêtres, renverse la religion et les lois publiques, sans déférer aux remontrances de la nation, il faut s'en défaire par les voies les plus sûres ; 3°. que le

(38) *Voyez la Défense de la Critique de* M. Varillas, pag. 65.

(39) Mariana, de Rege et Regis Institutione, lib. I, cap. VI, pag. m. 54.

(40) *Il les réfute à la fin de ce chapitre VI.*

(41) *A republicâ, undè ortum habet regia potestas, rebus exigentibus regem in jus vocari posse, et si sanitatem respuat principatu spoliari, neque ita in principem jura potestatis transtulit, ut non sibi majorem reservârit potestatem.* Mariana, de Rege et Regis Institutione, lib. I, cap. VI, pag. 57.

(42) *Le VIII*ᵉ *et le IX*ᵉ. *du I*ᵉʳ. *livre.*

(43) Mariana, de Rege et Regis Institutione, pag. 58.

moyen le plus court et le plus sûr de s'en défaire est d'assembler les états, et de le déposer dans cette assemblée, et d'y ordonner qu'on prendra les armes contre lui, si cela est nécessaire pour ôter la tyrannie ; 4°. qu'on peut faire mourir un tel prince, et que chaque particulier, qui aura assez de courage pour entreprendre de le tuer, a droit de le faire (44) ; 5°. que si l'on ne peut pas tenir les états, et qu'il paraisse néanmoins que la volonté du peuple est qu'on se défasse du tyran, il n'y a point de particulier qui ne puisse légitimement tuer ce prince, pour satisfaire aux désirs du peuple, *qui votis publicis favens eum perimere tentavit, haudquaquàm iniquè eum fecisse existimabo* (45) ; 6°. que le jugement d'un particulier ou de plusieurs ne suffit pas ; mais qu'il faut se régler sur la voix du peuple, et consulter même les hommes graves et dotces (46) ; 7°. qu'à la vérité il y a plus de courage à s'élever ouvertement contre le tyran ; mais qu'il n'y a pas moins de prudence à l'attaquer clandestinement, et à le faire périr dans les piéges qu'on lui tendra. *Est quidem majoris virtutis et animi simultatem apertè exercere, palàm in hostem reipublicæ irruere : sed non minoris prudentiæ, fraudi et insidiis locum captare, quòd sinè motu contingat minori certè periculo publico atque privato* (47). Il veut donc, ou qu'on l'attaque dans son palais à main armée, ou que l'on conspire contre lui ; il veut que la guerre ouverte, les ruses, les fraudes, les trahisons, soient également permises : et si les conspirateurs, ajoute-t-il, ne sont pas tués dans l'entreprise, ils doivent être admirés toute leur vie comme des héros ; s'ils périssent, ce sont des victimes agéables à Dieu et aux hommes, et leurs efforts méritent des louanges immortelles. *Aut in apertam vim prorumpitur, seditio-*

ne factâ armisque publicè sumptis.... *aut majori cautione, fraude et ex insidiis pereunt, uno aut paucis in ejus caput occultè conjuratis, suoque periculo reipublicæ incolumitatem redimere satagentibus. Quòd si evaserint, instar magnorum heroum in omni vitâ suscipiuntur : si secùs accidat, grata superis, grata hominibus hostia cadunt, nobili conatu ad omnem posteritatis memoriam illustrati. Itaque apertâ vi et armis posse occidi tyrannum, sive impetu in regiam facto, sive commissâ pugnâ in confesso est. Sed et dolo atque insidiis exceptum* (48) ; 8°. qu'encore qu'il ne semble pas y avoir de la différence entre un assassin qui tue d'un coup de couteau, et un homme qui empoisonne, néanmoins parce que le christianisme a abrogé les lois des Athéniens qui ordonnaient aux coupables d'avaler un breuvage empoisonné, Mariana n'approuve point que l'on se défasse d'un tyran par le moyen d'un poison mêlé dans les alimens : il veut que si l'on recourt au poison, on l'applique ou aux habits ou à la selle du cheval. *Ergò, me auctore, neque noxium medicamentum hosti detur, neque lethale venenum in cibo et potu temperetur in ejus perniciem. Hoc tamen temperamento uti, in hâc quidem disputatione licebit, si non ipse qui perimitur venenum haurire cogitur, quo intimis medullis concepto pereat : sed exteriùs ab alio adhibeatur nihil adjuvante eo qui perimendus est. Nimirùm cùm tanta vis est veneni, ut sellâ eo aut veste delibutâ vim interficiendi habeat* (49).

Voilà le système de ce jésuite. La dernière pièce en est très-impertinente. C'est une distinction ridicule ; car un homme qui avale du poison sans le savoir, et en croyant que c'est une bonne nourriture, ne contracte en aucune sorte le crime de ceux qui se font mourir eux-mêmes ; et c'est néanmoins pour épargner un si grand crime au tyran, que Mariana ne veut point qu'on lui fasse boire ou qu'on lui fasse manger du poison (50). De plus, s'il était vrai

(44) *Principem publicum hostem declaratum ferro perimere, eademque facultas esto cuicunque privato, qui spe impunitatis abjectâ, neglectâ salute in conatum juvandi rempublicam ingredi voluerit.* Idem, pag. 60.

(45) Idem, ibidem.

(46) *Neque enim id in cujusquam privati arbitrio ponimus : non in multorum, nisi publica vox populi adsit, viri eruditi et graves in consilium adhibentur.* Idem, ibidem.

(47) Ibid., cap. VII, pag. 65.

(48) Idem, ibid., pag. 64.

(49) Ibidem, pag. 67.

(50) *Crudele existimârunt, atque à christianis moribus alienum, quantumvis flagitio coc-*

qu'en avalant du poison sans le savoir on fût homicide de soi-même, on le serait aussi en prenant une chemise empoisonnée ; et néanmoins Mariana ne fait nul scrupule de consentir que l'on empoisonne les habits, les selles ou telles autres choses qui agissent du dehors en dedans. Je dis donc que l'article VIII de ce jésuite est très-indigne d'un homme qui sait raisonner ; et je suis surpris qu'un auteur, qui avait tant de bon sens et tant de logique, adopte une telle puérilité. A cela près, bien des gens se persuadent que son système est d'une belle ordonnance, que les pièces y sont bien liées, qu'on y va naturellement d'une conséquence à l'autre. Posez une fois, disent-ils, que le monarque relève de l'autorité du peuple comme de son tribunal suprême, et qu'il y est justiciable de sa conduite, tout le reste coule de source. Aussi voyons-nous que l'auteur qui réfuta Mariana, établit un fondement tout opposé, savoir *que les princes souverains ne dépendent que de Dieu auquel seul il appartient d'en faire justice* (51). Je n'entre point dans la discussion de ce dogme, il me suffit d'observer que comme les doctrines de Mariana sont très-pernicieuses au bien public, il vaudrait mieux qu'il eût raisonné inconséquemment, que de suivre en bon dialecticien les conséquences de son principe. Voyez ci-dessus, tome IX, la remarque (S) de l'article LOYOLA.

(H)...... *Il exposa les jésuites....... à mille sanglans reproches.*] Les catholiques et les protestans fondirent sur eux à qui mieux mieux, à l'occasion de ces dogmes de Mariana, et principalement après l'attentat horrible de Ravaillac ; car on disait que la lecture de Mariana avait inspiré à ce cruel assassin l'infâme dessein de poignarder Henri IV. Voilà pourquoi le père Coton fit publier une lettre qu'il avait écrite à Marie de Médicis,

veuve de ce prince, où il cita quelques jésuites célèbres qui enseignaient le contraire de ce que Mariana avait soutenu. Il fit plus, car il soutint que le livre de ce jésuite espagnol fut condamné, l'an 1606, dans l'une de leurs congrégations. Je rapporterai ses propres paroles (52) : *Tel donc étant le sens et telles les sentences de ces docteurs graves et signalés de notre compagnie, quel préjudice peut apporter l'opinion particulière de Mariana à la réputation de tout un ordre, lequel étant selon son institut, extrêmement jaloux de la manutention des saintes ordonnances de l'église, et respectant la puissance et autorité des rois, qui pour le temporel relèvent de Dieu seul, a dès long-temps désavoué la légèreté d'une plume essorée, et nommément en la congrégation provinciale de France, tenue en cette ville de Paris, l'an 1606, où d'abondant le révérend père Claude Aquaviva, général de notre compagnie, fut requis, que ceux qui avaient écrit au préjudice de la couronne de France fussent réprimés et leurs livres supprimés : Ce que ledit révérend père a fait depuis fort sérieusement et exactement, très-marri que par mégarde, en son absence, et sans avoir vu l'œuvre, on ne se fût servi de son aveu. Les paroles dont il usa en sa réponse sont telles* (53) : *Nous avons approuvé le jugement et le soin de votre congrégation, et avons été grandement attristés que l'on ne se soit aperçu de cela qu'après l'impression de tels livres : lesquels toutefois nous avons soudain commandé d'être corrigés, et aurons soin très-exact désormais que telles choses n'adviennent. De fait à grand' peine trouverait-t-on maintenant un seul exemplaire de Mariana, n'eût été la pernicieuse libéralité des héritiers de Wéchel, que l'on sait être de la religion prétendue réformée, qui l'ont fait imprimer à leurs propres coûts, non tant poussés, comme il est aisé à présumer, du désir de servir le public, que de nuire au particulier de notre compagnie. Pour ce qui concerne la lecture de Maria-*

---

pertum eo adigere hominem, ut sibi ipsi manus afferat pugione in viscere adacto aut lethali veneno in cibo aut potu temperato. Perindè enim est, neque minùs humanitatis legibus, jurique naturæ contrarium : quo in vitam suam sævire vetatur omnibus. Negamus ergò hostem, quem fraude dedimus perimi posse, veneno interfici jure. Mariana, *ibidem,* pag. 66.

(51) Roussel , *au chapitre XVII de son Anti-Mariana.*

(52) Coton, Lettre déclaratoire de la Doctrine des jésuites, pag. 8 et 9.

(53) *Voyez la remarque suivante.*

na par Ravaillac, on soutint dans la même lettre que messieurs du parlement savaient *par la réitérée déposition du malheureux, que Mariana n'avait en rien contribué à l'exécrable parricide, et ne l'avait pu faire, attendu que ce méchant n'avait suffisante intelligence de la langue en laquelle son livre était écrit. En quoi se découvre, poursuit le père Coton, la peu charitable intention de ceux qui vont disant qu'il le savait tout par cœur* (54). Dans un autre livre le père Coton revint à la charge. *Les hérétiques.........de France,* dit-il (55), « veulent
» que Mariana ait induit Ravaillac à
» faire son coup malheureux et exé-
» crable, comme le sachant tout
» par cœur : à quoi on répliquera
» cent et cent fois au péril de l'hon-
» neur, et de la vie, que Ravaillac
» ne vit, ne lut et n'entendit jamais
» le nom même de Mariana, si ce
» n'est quand on lui demanda s'il
» l'avait lu, et il répondit que non,
» et ne savait que c'était ; témoin le
» révérend père M. Coëffeteau, té-
» moin aussi le procès verbal qui en a
» été dressé : d'où l'on doit inférer ce
» que peut la calomnie éshontément
» soutenue : car n'y ayant rien plus
» faux que de dire que ce malheu-
» reux ait seulement vu la couver-
» ture du livre de Mariana, quel-
» ques-uns du vulgaire néanmoins
» croient, à force de l'ouïr dire,
» qu'il le savait d'un bout à l'autre,
» comme il a été dit. J'ajouterai que
» quand bien Ravaillac l'aurait lu,
» toutefois il est très-faux que Ma-
» riana enseigne le meurtre et le
» parricide que ce malheureux a
» commis ; ce que néanmoins en cet
» endroit et par tout son libelle le
» calomniateur tâche de persuader.
» Ainsi il serait en certaine manière
» à désirer que Ravaillac eût lu Ma-
» riana, en cas qu'il l'eût pu enten-
» dre : car disertement, et expres-
» sément Mariana enseigne (comme
» le montre Gretsérus) qu'un prin-
» ce légitime ne peut être tué par
» un particulier de son autorité pri-
» vée. » Le père Coton se trompe : le livre de Mariana était fort propre

à inspirer l'entreprise d'assassiner Henri IV ; car on y pouvait trouver que l'action de Jacques Clément était bonne, et que si la voix du peuple et le conseil de quelques personnes savantes concourent à déclarer que le prince opprime la religion, un particulier le peut tuer. Joignant ces deux choses ensemble, l'on en inférait la justice de l'assassinat d'Henri IV ; car si Henri III, catholique au souverain point, était l'oppresseur du catholicisme, parce qu'il travaillait pour les droits d'un prince hérétique qui devait être son successeur, on peut juger en général que tout prince qui est favorable aux hérétiques veut opprimer la religion. Or, s'il est permis de tuer un oppresseur de la religion, il est permis sans doute de se défaire de celui qui veut l'opprimer dès qu'il le pourra ; car la prudence ne permet pas que l'on laisse croître le mal jusques au point qu'il soit difficile d'y apporter du remède : il faut le prévenir et l'attaquer pendant qu'il est faible. D'ailleurs, par la voix du peuple on n'entend pas le jugement de tous les particuliers : il suffit que dans chaque ville il y ait plusieurs personnes qui joignent leurs voix pour certaines choses. Or il est indubitable que le royaume était plein de gens qui soupçonnaient Henri IV de vouloir faire triompher la religion réformée dès qu'il le pourrait, et de n'entreprendre la guerre contre la maison d'Autriche que dans cette vue. Ainsi Ravaillac, en raisonnant sur les principes de Mariana, et en y joignant selon la coutume un sens d'*accommodation*, pouvait fort bien croire qu'il n'avait pas moins de droit que Jacques Clément. Il ne se trouvait que trop de personnes doctes, et à sens très-prudentes, qui le confirmaient dans son pernicieux dessein, et cela pour le bien de la religion. Voyez dans la remarque (K) sa réponse à ceux qui lui demandèrent pourquoi il avait commis cet assassinat, et souvenez-vous qu'il déclara devant les juges, que la *volonté de tuer le roi lui vint pource que ce prince n'avait voulu (comme il en avait le pouvoir) réduire ceux de la religion prétendue réformée à l'église catholique, apostolique et romai-*

(54) Lettre déclaratoire, pag. 13.
(55) Réponse apologétique à l'Anti-Coton, pag. 34.

ne (56), et parce *qu'il avait entendu que le roi voulait faire la guerre au pape et transférer le saint siége à Paris* (57) : *car faisant la guerre contre le pape*, disait-il (58), *c'était la faire contre Dieu; d'autant que le pape était Dieu, et Dieu était le pape.*

Un écrivain catholique, qui réfuta la Lettre déclaratoire du père Coton, par un livre intitulé *l'Anti-Coton* (59), m'apprend des choses qui doivent trouver ici une place. *Ce livre de Mariana*, dit-il (60), *ayant été premièrement imprimé à Tolède, fut apporté en France il y a huit ans, et présenté au roi, et les clauses séditieuses de ce livre représentées à sa majesté, laquelle ayant appelé le père Coton lui demanda s'il approuvait cette doctrine. Mais ledit jésuite, qui plie aux occasions, et sait s'accommoder au temps, dit qu'il ne l'approuvait pas. Suivant laquelle réponse sa majesté, par le conseil de M. Servin, son avocat général, commanda à Coton d'écrire à l'encontre : mais il s'en excusa, sachant bien qu'il ne pouvait écrire à l'encontre, sans s'opposer au général de l'ordre et au provincial de Tolède, et à un corps de jésuites qui avait approuvé ce livre. Et maintenant qu'il voit que par la mort du roi les jésuites sont chargés d'une haine universelle, et qu'il se voit pressé par la cour de parlement, et par la sorbonne, il a écrit une épître déclaratoire, où il condamne voirement Mariana : mais en termes si doux et si douteux, qu'on voit bien qu'il a peur de l'offenser, disant seulement que c'est une légèreté d'une plume essorée, au lieu d'accuser la personne d'hérésie, et de trahison perfide et barbare, et la doctrine d'impiété, et inimitié contre Dieu et les hommes. Et quand même il reprendrait Mariana, comme il faut, si est-ce que c'est* (comme dit l'abbé du Bois) *après la mort le médecin, et fallait avoir écrit*

lorsque le roi le lui commanda, et ne laisser point enraciner cette opinion dans l'esprit du peuple, laquelle lui a coûté la vie peu d'années après. Le père Coton articula huit mensonges dans ce narré. Voyez sa réponse apologétique à l'Anti-Coton (61). Au reste, les jésuites de France ne furent pas les seuls harcelés au sujet de leur confrère Mariana : ceux d'Allemagne eurent part à la tempête, comme il paraît par l'apologie que Jacques Gretsérus fut obligé de publier (62). Ajoutons ce passage de Conringius : *Prodiit et alius ejus* (Marianæ) *libellus*, de Institutione Regis, *multa præclara continens, in quo liberrimè judicat, quomodò reges instituendi sint : Non dubitavit autem et apertè quoque docere, si rex vel anathemate tactus vel excommunicatus, ac nonnihil recessit à* Romanâ Ecclesiâ, *licere in illum gladio, igne scilicet animadvertere. Eâ tamen pietate videri voluit, ut dixerit, regem veneno tolli non licere, quasi verò. Combustus verò hic est liber ob talem doctrinam horrendam Parisiis, et coacti fuére jesuitæ dissensum profiteri. Non dubitavit et* Mariana *sicarium* Henrici IV *regis Galliæ inter sanctos memorare* (63). Je crois que Conringius se trompe deux fois : Mariana n'assure point qu'il soit permis de tuer un prince qui s'écarte tant soit peu de la communion romaine, ou qui est simplement excommunié : et comme son livre a précédé de plus de dix ans la mort d'Henri IV, il n'a pu y faire mention de Ravaillac. Si dans d'autres livres il avait parlé de ce monstre comme d'un saint, on n'eût pas manqué d'en faire reproche aux jésuites, toutefois qu'on leur eût représenté les maximes séditieuses de Mariana, depuis l'impression de ces autres livres. Or je ne pense pas qu'on l'ait jamais fait. On a toujours mis une grande différence entre Ravaillac et Jacques Clément. Celui-ci a eu des approbateurs publics, et même des panégy-

(56) Mercure Français, tom. *I*, folio 440. *Voyez aussi folio* 442 verso.

(57) Là même, folio 443 verso.

(58) Là même, folio 443.

(59) *On a imputé faussement cet ouvrage au ministre* Pierre du Moulin.

(60) Anti-Coton, imprimé l'an 1610, pag. 12 et 13.

(61) *Pag. m. 37. Voyez aussi la* Réponse d'Eudæmon Johannes à l'Anti-Coton, *pag.* 54.

(62) *Voyez son* Vespertilio Hæretico-Politicus. *Le père* Coton *en parle dans sa* Lettre déclaratoire, *pag.* 7, *et dans sa* Réponse apologétique, *pag.* 33.

(63) Herman. Conringius, de Regno Hispan. apud Pope Blount, Censura Autorum, p. 654

ristés ; l'autre n'en a jamais eu que je sache. La raison de cela est sensible : Henri III était excommunié quand il fut tué ; mais Henri IV était réconcilié depuis long-temps avec le pape.

Remarquons par occasion que M. de Seckendorf pourrait être critiqué. Il prétend que la doctrine de Mariana consiste en ceci, c'est qu'un simple particulier animé , ou par son zèle , ou par les ordres du pape, peut attenter à la vie des rois hérétiques. *Dudum quoque malè audiit ,* dit-il (64) , *jesuitarum societas propter doctrinam* Joh. Mariana , *itidem jesuitæ Hispani , aliorumque , qui statuerunt , licitum , immò laudabile esse , si quis , privatus licet aut subditus , regem aut principem hæreticum , mandatu pontificis, vel etiam ex zelo religionis quovis modo è medio tollat.* Mais il est sûr que Mariana se tient à la thèse générale, et qu'il ne dit rien en particulier , ni des princes hérétiques , ni des permissions ou des dispenses de la cour de Rome ; ses maximes regardent toutes les nations et tous les tyrans : il n'exclut point de ses règles les protestans qui se trouveraient sous un règne tyrannique ; il n'en exclut point les mahométans ni les païens : il traite cette question tout comme aurait fait Aristote : et je ne vois point ce que Milton et ses semblables, qui sont en si grand nombre , pourraient trouver à redire dans les hypothèses de cet Espagnol , à moins qu'ils ne condamnassent le préambule dont il s'est servi en faveur de Jacques Clément ; mais ce préambule n'est pas son dogme précis , il désigne seulement par le moyen des conséquences,l'application que l'auteur veut faire de ses maximes (65).

(I) . . . . *Il fut imprimé avec de bonnes approbations.*] Pierre de Onna, provincial des religieux de la rédemption des captifs, l'ayant lu et examiné par ordre du roi d'Espagne , le loua et le jugea digne d'être imprimé. L'auteur obtint un privilége de sa majesté catholique pour dix ans. Étienne Hojéda , jésuite visiteur de la province de Tolède , et autorisé par le général de la compagnie , permit l'impression de l'ouvrage, après avoir su le bon témoignage qu'en rendirent quelques jésuites doctes et graves. L'auteur de l'Anti-Coton fit valoir cela , afin d'imputer à tout le corps la doctrine de cet auteur. *Et afin qu'on sache,* dit-il (66) , *que ce n'est point l'opinion de peu de jésuites , au front du livre de Mariana , il y a une approbation et permission d'imprimer du général de l'ordre , Aquaviva, et de Stephanus Hojéda , visitateur de la société de Jésus en la province de Tolède. Qui plus est , en la même permission d'imprimer , il y a* (*¹) *qu'avant ladite permission concédée , ces livres de Mariana ont été approuvés par des hommes doctes et graves de l'ordre des jésuites. Dont s'ensuit que quand même le général Aquaviva aurait été surpris ,* (comme *le père Coton nous veut faire accroire , forgeant des lettres de cet Aquaviva à sa poste*) *si est-ce que le visitateur et les docteurs jésuites , qui ont examiné le livre avant l'impression , ne peuvent avoir été surpris.* Rapportons la réponse du père Coton : on y trouve une chose assez surprenante. » Le calomniateur révoque en doute » la réponse du révérend père géné» ral Claude Aquaviva ; mais la te» neur d'icelle, insérée en note (*²) , » fera voir que l'on n'impose pas » comme lui. Et quant aux docteurs » dont il fait tant de bruit , lesquels » ont approuvé Mariana , ils ne sont » que trois, nombre qui est beaucoup » plus petit que celui des trente ou » quarante qui ont approuvé les » treize ou quatorze livres de ceux de » notre compagnie qui ont enseigné » et soutenu le contraire de Mariana,

(64) Seckendorf, Hist. lutheran., *lib. III, p.* 332, *num.* 68.

(65) *Voyez ce qui a été dit ci-dessus, remarque* (G)*, et notez que* Jacques Gretser *a fait voir qu'il y a des livres plus pernicieux que celui de* Mariana. *Voyez aussi le livre qui a pour titre :* Recueil des pièces concernant la doctrine et pratique romaine sur la déposition des rois et subversion de leurs vies et états qui s'en ensuit , *imprimé à Genève ,* 1627 *; pag.* 251 *et suiv.*

(66) Anti-Coton , *pag. m.* 11 , 12.

(*¹) *Quippè approbatos priùs à viris doctis et gravibus ex eodem nostro ordine.*

(*²) *Ad ea quæ congregatio provinciæ Franciæ proponenda censuit : respondeo , probamus judicium ac studium congregationis : et sanè doluimus vehementer , ubi aliqua hujusmodi post librorum tantùm editionem observari cognovimus , et statim emendari jussimus , et in posterùm ut caveantur seriò monuimus , ac monituri porrò sumus.*

» conformément au concile de Cons-
» tance. Et si l'autorité du révérend
» père général doit être alléguée à ce
» propos, n'est-elle pas plus consi-
» dérable en la permission qu'il a
» donnée au grand nombre d'auteurs,
» d'imprimer ce que dessus, qu'en
» celle qu'on lui reproche d'un seul
» Mariana (67)?

Ce qu'il y a de surprenant dans ces paroles, est que le père Coton avoue que le général Aquaviva approuva le livre de Mariana, et en permit l'impression. Or c'est ce qui ne paraît point à la tête de cet ouvrage : on n'y trouve si ce n'est que le père visiteur, chargé d'une commission spéciale du général, permet que le livre de Mariana soit imprimé. Cela prouve seulement que le général Aquaviva avait commis ce visiteur à la charge particulière de permettre ou de défendre l'impression des livres composés par des jésuites : en conséquence de quoi ce visiteur consentit que Mariana publiât son livre. Mais ce n'est pas à dire que le général ait su, ni que Mariana avait écrit de Institutione Principis, ni que ce livre contenait une doctrine pernicieuse. Il y a des censeurs de livres dans tout pays, qui exercent cette charge par l'autorité du prince, ou par celle des évêques, etc. S'ils approuvent une hérésie, en faut-il conclure que le prince, ou que le prélat, dont ils ont reçu leur commission, approuve cette hérésie ? Nullement, à moins qu'on ne sache ou qu'ils ont communiqué à leur maître le manuscrit, avant que de l'approuver, ou que leur approbation a été ratifiée. Il est bien étrange que ni le père Coton, ni le père Richeome (68), n'aient pu se servir de cette raison. Mon confrère Eudémon Johannes n'eut point la berlue comme eux à cet égard. Voici ce qu'il répondit à l'auteur de l'Anti-Coton : *pag. 15. Affirmas Marianæ librum à generali societatis atque à provinciali Toletano approbatum fuisse : pag. 23 Apologiam meam pro Henrico Garneto editam esse cum approbatione præpositi generalis. Utrumque mendacium est. Nam moderatores*

nostri libros non recognoscunt ipsi : sed aliis tradunt recognoscendos; qui si eos probaverint, tum demùm potestatem edendi faciunt......Neque difficilis est forma diplomatis, quod legitur in libro Marianæ, cujus edendi potestatem generalis non fecit, sed visitator, non, ut tu scribis provincialis, cui partes in eâ re suas generalis delegârat, ut si liber is designatis eam ad rem theologis probaretur, imprimendi ejus facultatem dare posset (69). Le véritable moyen de rendre complice Aquaviva des dogmes affreux de Mariana, serait de prouver qu'après avoir su ce que son subdélégué, ou son commissaire avait permis d'imprimer, il en fut content, et qu'il consentit que Mariana laissât dans son livre tout ce qui s'y rencontrait. Mais les jésuites donnèrent bon ordre qu'on ne pût les prendre par cet endroit-là. Ils firent savoir au public (70) que leur père, général étant averti par Richeome, l'an 1599, *et par leurs pères de France, commanda que* le livre de Mariana *fût corrigé, et n'en eût-on vu,* dirent-ils (71), *aucun exemplaire sans correction, si les hérétiques qui en pensaient faire leur profit, ne l'eussent aussitôt réimprimé.* Ils publièrent un fragment de lettre d'Aquaviva sur ce sujet (72), et même le mandement général qu'il envoya à tous les collèges des jésuites, par lequel il leur défendait de publier et d'enseigner aucune doctrine qui tendît en quelque manière à la ruine des souverains (73). *Præpositus generalis de Marianæ libro à patribus provinciæ Franciæ accepisset, respondit, primum collaudare se studium, judiciumque provinciæ; quòd libri ii antè emissi essent, quàm ejus rei quicquam ad se deferretur. Cæterùm, et ubi primùm rem accepisset, mandâsse uti corrigeretur, et sedulò daturum operam, ne quid ejusmodi in posterum accideret. Neque eo contentus (cogit*

(67) Coton, Réponse apologétique, pag. 35, 36.

(68) Richeome, Examen catégorique du Libelle Anti-Coton, chap. XIX, pag. 168, 169.

(69) Eudæmon Johannes, in Confutatione Anti-Cotoni, pag. 52.

(70) Richeome. Examen catégorique de l'Anti-Coton, pag. 163.

(71) Là même.

(72) Voyez ci-dessus, citation (53), et la page précédente, citation (*2).

(73) Eudæmon Johannes, in Confutatione Anti-Coton., cap. I, pag. 39.

enim me importunitas tua efferre in vulgus ea , quæ societatis legibus vulgari non oporteret) decretum etiam addidit vehemens et grave , ne quis è nostris hominibus aut publicè quicquam scriberet , doceretve ; aut privatim consilii cuiquam daret , quod in principum perniciem ullâ ratione vergeret. Quod , quia vulgandi ejus præpositus generalis mihi potestatem fecit, ipsis ejus verbis adscribam (74).
Voyez les réflexions qu'a faites sur tout ceci George Hornius, professeur à Leyde (75).

(K) *On publia que Ravaillac y avait puisé. . . . et qu'il l'avait avoué dans son interrogatoire. Ce fait fut contredit publiquement.*] Les passages du père Coton rapportés dans la remarque (H) seraient une preuve suffisante de ce texte ; néanmoins j'y ajouterai quelque chose. On trouve dans le Mercure Français (76) l'interrogatoire de Ravaillac ; mais pas un mot de Mariana. On trouve que pendant les deux jours qu'il fut gardé à *l'hôtel de Retz ,* il répondait à ceux qui lui demandaient qui l'avait mû à cet attentat : « Les sermons que j'ai ouïs , » auxquels j'ai appris les causes pour » lesquelles il était nécessaire de tuer » le roi. *Aussi sur la question , s'il » était loisible de tuer un tyran , il en » savait toutes les défaites et distinc-* » *tions, et était aisé à reconnaître » qu'il avait été soigneusement in-* » *struit en cette matière : car en tout » autre point de théologie il était » ignorant et méchant , tantôt disant » une chose et puis la niant.* » Ce n'est nullement une preuve qu'il eût lu le livre de Mariana; car il avait pu apprendre de vive voix , ou par la lecture de plusieurs autres ouvrages, soit imprimés , soit manuscrits , tous les principes de ce jésuite espagnol. Il est très-possible que cette proposition soit véritable : *un tel sait parfaitement les maximes de Mariana , et néanmoins il ne sait pas qu'il y ait eu un auteur nommé Mariana.* Afin donc de faire voir que Ravaillac avait lu le livre de ce jésuite, il faut

des raisons plus fortes que celle-ci , il savait la doctrine de cet écrivain ; il faut d'autres argumens que ce passage du Mercure Français (77). « Le même jour de cette exécution » (78) , pour ce que Ravaillac en » toutes les réponses aux demandes » que l'archevêque d'Aix , le prédi-» cateur Coëffeteau , et plusieurs au-» tres lui avaient faites durant sa » prison sur le parricide qu'il avait » commis , s'aidait subtilement des » maximes de Mariana, et autres qui » ont écrit, qu'il était permis de » tuer les tyrans : avant que procé-» der de nouveau à la défense de tels » livres , la cour voulut avoir la dé-» libération de la faculté de théolo-» gie , et enjoignit aux doyen et » syndic , etc. » Notez qu'encore qu'on eût été très-certain que l'assassin n'avait point lu Mariana, on n'eût pas laissé de pouvoir faire raisonnablement aux jésuites la remontrance que leur fit en chaire l'abbé du Bois. Ils s'en plaignirent à la reine , et accusèrent cet abbé : « Que durant les » octaves du Saint-Sacrement qu'il » prêchait à Saint-Eustache, en trai-» tant la question , *s'il était loisible » de tuer les tyrans ,* et réfutant le » livre de Mariana et autres , il avait » fait une exhortation aux pères jé-» suites , à ce *qu'ils eussent par ci-* » *après très-grand soin que jamais » aucun auteur , qui pût offenser la » France, ne sortît en lumière, avec » le nom de leur compagnie , et ap-* » *probation de leurs supérieurs , s'ils » ne voulaient de gaieté de cœur » s'exposer à des dangers que toute » leur prudence fortifiée de l'autorité » de leurs confidens ne saurait éviter.* » Voilà les principaux points de l'accusation sur lesquels on dit à la » reine que telles paroles avaient » pensé émouvoir une sédition contre » les jésuites. L'évêque de Paris eut » charge d'ouïr le dit abbé , lequel » en sa défense lui dit, que ce n'était » ni passion , ni inimitié , ni rancu-» ne contre les jésuites ou autres , » qui l'avaient porté à prêcher ce » qu'il avait prêché , mais l'effroyable » horreur , et l'indicible douleur de » l'étrange mort de son très-bon » maître , et le doute probable du

(74) *On voit à la suite de ceci , dans le livre d'*Eudæmon Johannes *, le décret du général des jésuites.*

(75) In Dissertationibus histor. et politic. , p. 116 et seq.

(76) *Au* Ier*. tome , feuillet* 440 *et suiv.*

(77) Mercure Français , tom. I , folio 457.

(78) *C'est-à-dire, celle de Ravaillac.*

» péril du roi et de la reine , tandis
» que les maudits livres de Mariana
» et autres auraient cours parmi les
» hommes : ce qu'entendu par l'évê-
» que il le renvoya, après l'avoir
» doucement admonesté de vivre en
» amitié avec tous les autres servi-
» teurs de Dieu , et surtout avec les
» jésuites ; et de continuer à prêcher
» l'obéissance due au roi et à la reine,
» et à louer les hauts mérites du feu
» roi, sans offenser personne (79).

(L) Le livre *où il remarque les défauts du gouvernement de sa compagnie.*] Pendant que le duc de Lerme
le détenait en prison pour les causes
dont j'ai parlé ci-dessus (80), tous ses
papiers furent épluchés par François
Sosa , évêque d'Osma , et conseiller
d'état, qui eut ordre d'abolir tous
les manuscrits qu'il y trouverait , où
la négligence du roi, et les ruses du
duc de Lerme seraient critiquées. Cet
évêque trouva un livre écrit de la
propre main de Mariana, *del Govier-
no de la Compania de Jesus,* où l'auteur représentait les malheurs funestes
dont la compagnie était menacée ,
si elle ne corrigeait les désordres de
son gouvernement : sur quoi il sug-
gérait de fort bons conseils. L'évêque
d'Osma ne fit point difficulté de donner à lire ce manuscrit à ses amis , et
de leur en laisser tirer des copies. De
là vint que cet ouvrage tomba entre
les mains de quelques personnes (81)
qui l'envoyèrent en France, en Allemagne et en Italie. Un libraire français le fit imprimer , non-seulement
en espagnol , qui était la langue de
l'original , mais aussi en latin , en
français et en italien *. Dès qu'il eut
été porté à Rome , le jésuite Flora-
vanti , confesseur d'Urbain VIII , le
lut , et s'écria, *heu ! heu ! actum est
de nobis jesuitis, quandò nimis vera
sunt quæ liber hic cantat.* Le général
des jésuites n'épargna rien pour obtenir la condamnation de ce livre ,
et cela lui fut enfin accordé l'an 1631
(82). L'auteur que je cite allègue

(79) , Mercure Français , *tom. I,folio* 493.
(80) *Dans la remarque* (E).
(81) *Et nommément entre les mains de Nicolas Ricardius, dominicain , surnommé le Monstre, à cause de son grand esprit et de sa grande doctrine.* Bernardin Giraldus , *ubi infra.*
* Leclerc observe que M. Simon soutient que
ce livre n'a jamais été imprimé en latin.
(82) *Tiré de* Bernardin Giraldus, Apologia
pro Senatu Veneto, *pag. m.* 104 *et seq.*

quelques endroits de cet ouvrage de
Mariana. Vous le trouverez tout entier en espagnol et en français dans le
IIe. tome du Mercure Jésuitique, imprimé à Genève , l'an 1630 , et vous
en verrez tout le VIe. chapitre dans
les *Arcana societatis Jesu,* imprimés
au même lieu , l'an 1635. Le père
Alegambe n'a pu se taire sur ce livre
de Mariana. Voyons de quelle façon
il en parle : *Circumfertur prætereà
hispanicè , gallicè , italicè , latinè
excusus* Discursus de erroribus, qui
in formâ gubernationis societatis Jesu
occurrunt , *constans* 20 *capitibus.
Burdigalæ per Johannem de Bordeos
MDCXXV,in-8°. et alibi. Sed is clam illi
subductus , à malevolo quopiam ad
conciliandam societati invidiam extru-
sus in lucem est : adjectis etiam fortassè non paucis, ut pronum est exis-
timare , ab ipsius observationibus
atque animo alienis* (83). Conringius
s'est fort trompé, quand il a dit que
Mariana avait publié lui-même ce
livre. *Tantam libertatem sibi assump-
sit, ut et libellum ediderit de membris*
(84) *societatis, quem licet supprime-
rent jesuitæ , tamen in mediâ Româ
editum esse constat : rarissimus hodiè
est inventu* (85). J'ai de la peine à
croire qu'on l'ait imprimé à Rome ,
quoi qu'en dise Conringius.

(M) Les jésuites *ne demeurent pas
d'accord que* Mariana *soit l'auteur
d'un pareil écrit.*] Cela parut dans
une affaire qu'ils eurent l'an 1697 ,
et qui fit beaucoup de bruit. M. l'archevêque de Reims publia une ordonnance * fort docte le 15 de juillet de
cette année-là , contre deux thèses
qui avaient été soutenues par les jésuites de Reims, et se servit du traité
de Jean Mariana *des Choses qui sont
dignes d'amendement* (*) *en la compagnie des Jésuites* (86). Il dit (87)
que cet auteur espagnol , qui vivait

(83) Alegambe , *pag.* 258 , *col.* 2.
(84) *Il faudrait peut-être lire* moribus ou
morbis.
(85) Conringius , de Regno hispan., *apud* Pope Blount, Censura Autorum, *pag.* 614.
* Leclerc dit que cette ordonnance était en
partie de Witasse , docteur et professeur de
Sorbonne.
(*) Lisez donc *mendis* dans Conringius , et
non pas ni *moribus* ni *morbis.* REM. CRIT.
(86) Ordonnance de Charles Maurice le Tel-
lier , *pag.* 55 , *édit. de Delft,* 1698.
(87) *Là même , pag.* 57.

du temps des congrégations *de Auxiliis*, nous apprend les fâcheuses suites de la licence que Molina et tant d'autres se sont donnée d'enseigner leurs visions. . . . « Mariana dit donc » au chapitre IV, *que de la liberté* » *d'avoir ses propres opinions sont* » *procédées plusieurs et ordinaires* » *brouilleries avec les pères domini-* » *cains*, qu'il déclare, *que les jésui-* » *tes auraient mieux fait de reconnaî-* » *tre pour maîtres.* Il ajoute, *qu'à* » *l'occasion d'un livre qu'écrivit le* » *père Molina sur le sujet de la grâce* » *et du franc arbitre, ces pères s'al-* » *térèrent bien fort, recoururent à* » *l'inquisition, et de là à Rome*, là » *où il dit, qu'encore* au temps qu'il » écrivait, *le procès continuait, et se* » *menait avec beaucoup d'opiniâtreté* » *et de passion, et que quand bien* » *les jésuites en sortiraient victorieux*, » *ce qui était encore fort douteux*, il » *leur aurait toujours coûté plusieurs* » *milliers, et l'inquiétude de plusieurs* » *années.* » Je laisse les autres extraits du même livre qui se trouvent dans l'ordonnance de ce prélat. Mais voyons ce que les jésuites lui répondirent *. Ils alléguèrent d'abord deux ou trois raisonnemens, et puis ils parlèrent de cette manière (88). « Mais, Mon-» SEIGNEUR, sans tant raisonner, je » dois vous le dire, ce livre ne mé-» ritait pas l'honneur d'être cité dans » la pastorale d'un grand archevêque. » En voici l'histoire en deux mots, » telle que la racontent nos ennemis, » dont cependant je ne prétends pas » me faire la caution. Ce manuscrit » fut enlevé à Mariana, disent-ils, » lorsqu'il fut mis en prison à Ma-» drid, pour un autre livre qu'il avait » fait contre le changement des mon-» naies, et dont les ministres d'Es-» pagne, surtout le duc de Lerme, » se tinrent fort offensés. La chose » arriva en 1609 ou 1610. Il paraît » par-là que les ennemis des jésuites » gardèrent le manuscrit durant » quinze ou seize ans : c'est-à-dire » pendant tout le reste de la vie de » Mariana, qui aurait pu s'inscrire en » faux, ou à raison de la supposi-

» tion d'un tel ouvrage, ou contre les » falsifications qu'on y avait faites. Il » ne fut imprimé qu'en 1625, incon-» tinent après la mort de ce père, qui » mourut en 1624, âgé de près de » quatre vingt-dix ans. Cette seule » circonstance rend ce livre très-sus-» pect, et on traite de supposés des li-» vres pour des raisons moins fortes. » Ceux qui firent imprimer, ne le fi-» rent que pour décrier notre com-» pagnie : peut-on douter qu'ils n'y » aient du moins changé et ajouté » beaucoup de choses ? Mais ce qui ne » laisse nul lieu de douter de la four-» berie, c'est qu'on n'en a jamais pro-» duit l'original, ni marqué le lieu où » il était, quoique les jésuites de ce » temps-là se fussent d'abord inscrits » en faux. De fait, l'endroit même » qui est cité dans la pastorale est » tellement contraire aux idées de » Mariana sur la matière *de Auxiliis*, » qu'il faudrait le croire fou pour » s'imaginer que cela soit de lui. On » lui fait dire en cet endroit, que les » jésuites auraient mieux fait dans les » *Controverses sur la grâce* (*1), *de* » *reconnaître les dominicains pour* » *maîtres*, que de se brouiller avec » eux : (*2) et Mariana dans son ou-» vrage intitulé : *De morte et Immor-* » *talitate*, qu'il écrivait dans la plus » grande chaleur de ces disputes, » ainsi que lui-même le marque, » prend si fort le contre-pied de la » doctrine des thomistes, que Molina » ne le ferait pas davantage. » Voyez la note (89).

(N) *Ses scolies sur l'Écriture ont mérité l'approbation du père Simon.*] « Les scolies ou notes de Mariana, » sur le Vieux Testament, peuvent » aussi être très-utiles pour l'intelli-» gence du sens littéral de l'Écriture, » parce qu'il s'est appliqué principa-» lement à trouver la signification » propre des mots hébreux. C'est » ainsi qu'au commencement de la » Génèse, il a remarqué judicieuse-

---

* Leclerc dit que ce fut le père Daniel qui fit la *Remontrance* dont Bayle donne le titre dans sa note (88).

(88) Remontrance à monseigneur l'archevêque de Reims, *pag. m.* 157 *et seq.*

(*1) *Pag.* 57.

(*2) *Mariana*, *Opuscula, pag.* 415, 416, 430, 431, etc.

(89) Colomiés, Bibliothèque choisie, *pag. 174 de la seconde édition, observe que nous devons à Auger de Mauléon, sieur de Granier,* le Traité du père Mariana touchant la réformation du gouvernement des jésuites, traduit en français. *Voyez, tou. h[.]nt ce* M. Granier, l'Histoire de l'Académie française, *pag. m.* 225.

» ment, que le verbe hébreu *bara*, » qu'on traduit ordinairement *créer*, » ne signifie point selon sa propre » signification, *faire de rien*, comme » on le croit ordinairement : et que » même les auteurs grecs et latins » qui ont inventé le mot *créer* en » leur langue, n'ont pu lui atta- » cher ce sens, d'autant que ce qu'on » appelle maintenant création, ou » production de rien, leur a été » tout-à-fait inconnu. Bien que ses » notes soient assez abrégées, il au- » rait pu éviter quelques remarques » qui sont purement d'érudition, » et qui ne servent point à l'éclair- » cissement de son texte. Ces sortes » de digressions lui arrivent néan- » moins rarement, et l'on peut dire » que Mariana est un des plus habiles » et des plus judicieux scoliastes que » nous ayons sur la Bible. Il est vrai » que la connaissance, qu'il avait » des langues grecque et hébraïque, » n'était que médiocre : mais la pé- » nétration de son esprit et sa grande » application supplient en quelque » façon à ce manquement. Il choisit » d'ordinaire le meilleur sens, et il » n'est pas même ennuyeux dans les » différentes interprétations qu'il » rapporte (90). » Dans un autre ouvrage, le père Simon a parlé ainsi (91) : « A l'égard de Mariana, ses notes » sur le Nouveau Testament sont de » véritables scolies, où il ne paraît » pas moins de jugement que d'éru- » dition (92).... . Il serait à désirer » que les observations de ce savant » homme n'eussent pas été si abré- » gées. Néanmoins il dit beaucoup » de choses en peu de mots. » Voyez aussi ce qu'a dit le même auteur (93) touchant le livre de Mariana *pour l'édition vulgate.*

(O) *Le mal qu'il dit du roi Henri III fut cause en partie que son livre de l'Institution du Prince fut condamné à Paris.*] Cela est manifeste par la teneur de l'arrêt : *Vu par la cour... le livre de Jean Mariana*, intitulé de Rege et Regis Institutione, *imprimé* tant à *Mayence* (94) *qu'aux autres lieux*, contenant plusieurs blasphè- mes contre le feu roi Henri III, de très-heureuse mémoire; les personnes et états des rois et princes souverains, et autres propositions contraires audit décret . . . . Ladite cour a ordonné et ordonne.... que ledit livre de Mariana sera brûlé par l'exécuteur de la haute justice, devant l'église de Paris........ *Fait en parlement, le* 8e. *jour de juin* 1610. Si Mariana s'était contenté de dire qu'Henri III ternit dans un âge plus avancé toute la gloire qu'il avait acquise dans sa jeunesse, on ne pourrait pas le blâmer; car il est sûr que jamais prince ne se rendit plus dissemblable à soi-même que celui-là. *Felix futurus, si cum primis ultima contexuisset, talemque se principem præstitisset, qualis sub Carolo fratre rege fuisse credebatur adversus per- duelliones copiarum bellique dux : qui illi gradus ad regnum Poloniæ fuit procerum ejus gentis suffragio. Sed cesserunt prima postremis, bonaque juventæ major ætas flagitio oblite- ravit. Defuncto fratre revocatus in patriam, rexque Galliæ renun- ciatus, omnia in ludibrium vertit* (95). Il n'y avait pas de différen- ce entre Hector victorieux de Patro- cle, et son cadavre traîné par un chariot (96); qu'entre le duc d'Anjou victorieux à Moncontour, et Henri III obsédé de moines et de mignons, et contraint de quitter Paris au duc de Guise. Les débauches commencèrent à énerver son courage; la bigoterie acheva de l'efféminer. Ses confréries de pénitens, et leur sac, me fait sou- venir de cet endroit de M. Despréaux :

Dans ce sac ridicule où Scapin s'enveloppe,
Je ne reconnais plus l'auteur du Misanthrope.

Je ne reconnais plus sous ce sac,

(90) Histoire critique du Vieux Testament, *liv.* III, *chap.* XII, *pag. m.* 426.
(91) Histoire critique des principaux Commen- tateurs du Nouveau Testament, *chap.* XLII, *pag.* 637.
(92) *Là même*, *pag.* 639.
(93) Histoire critique du Vieux Testament, *liv.* III, *chap.* XVIII, *pag.* 463.

(94) *Chez Balthazar Lippius*, 1605. *Celle dont je me sers est de l'an* 1611, typis Weche- lianis, apud hæredes Johannis Aubrii.
(95) Mariana, de Rege, *lib.* I, *cap.* VI, *pag. m.* 54.
(96) *In somnis, ecce, antè oculos mæstissi- mus Hector*
Visus adesse mihi, largosque effundere fletus;
Raptatus bigis, ut quondàm, aterque cruento
Pulvere, perque pedes trajectus lora tumentes.
Hei mihi, qualis erat! quantùm mutatus ab illo
Hectore, qui redit exuvias indutus Achillei,
Vel Danaûm Phrygios jaculatus puppibus ignes?
Virg., Æn., *lib.* II, *vs.* 270.

sous cet équipage de faux pénitent, ce brave guerrier qui triompha des protestans à Jarnac et à Moncontour, et qui mérita les suffrages des Polonais pour un grand royaume.

. . . . *Ultima primis*
Obstant, dissimiles hic vir et ille puer.

Mais Mariana ne s'est point borné à la remarque de ce changement.

Notez néanmoins qu'on a tort de dire dans la dernière édition de Moréri (97), qu'il *publia le livre* de Rege et Regis Institutione *pour justifier l'assassinat du roi de France Henri III.* Ce ne fut point son but. Il traita la matière selon l'étendue du titre de son ouvrage. Ce qui concerne l'autorité qu'il donne aux sujets sur les rois tyrans n'est qu'une très-petite portion de son livre, et il ne fait entrer là Henri III que par occasion, et en peu de mots.

(P) *Je doute qu'il ait fait le livre* de Republicâ Christianâ *qu'un écrivain allemand loue beaucoup.*] Il dit que c'est un ouvrage excellent publié par Jean Mariana en espagnol, l'an 1615, et dédié à Philippe III, roi d'Espagne, et qu'après plusieurs autres choses ingénieusement inventées, et sagement proposées (98), on y trouve la description de la tête d'un bon prince avec les usages légitimes des cinq sens externes. Si le jésuite Mariana eût publié un tel ouvrage, les bibliothécaires de la compagnie, et don Nicolas Antoine, l'eussent-ils passé sous silence?

(97) *Celle de Paris* 1699.
(98) *Post multa alia ingeniosè excogitata cordatèque prolata.* Andreas Carolus, *abbas Sangeorgianus in ducatu Wittembergico.* Memorab. eccles., sæculi XVII, *lib. II, cap. XXVI, pag.* 388. Il cite *Seleninan. Aug. J. V. A., pag.* 393, *seq.* 449, *pl.* Notez que le livre qu'il cite est le même que j'ai cité, *tom. VI, pag.* 75, *remarque* (D) *de l'article* DURER, *citation* (12).

MARIE, sœur d'Aaron et de Moïse, paraît d'une façon assez notable dans l'Écriture, deux ou trois fois pour le moins. Elle fut cause que sa mère fut choisie par la fille de Pharao pour nourrir Moïse(A). Elle se mit à la tête de toutes les femmes d'Israël après le passage de la mer Rou-

ge, afin de chanter le même cantique que les hommes avaient chanté(B). Elle se joignit à son frère Aaron pour murmurer contre Moïse(C), et fut sévèrement châtiée de cette action; car elle devint ladre, et demeura en sequestre pendant sept jours hors du camp (*a*). Elle n'aurait pas été délivrée de cette affliction, si Moïse n'eût imploré la miséricorde de Dieu. Elle mourut avant ses deux frères(*b*), et la même année qu'eux, et fut enterrée avec pompe, et aux frais du public, sur la montagne de Sein(*c*). On croit qu'elle vécut cent trente ans ou environ. Les rabbins font une remarque ridicule sur ce que le texte sacré ne contient pas la même clause touchant la mort de Marie que touchant celle de ses deux frères (D). Qui voudra savoir les rapports qui se rencontrent entre cette sœur de Moïse et les déesses des païens, n'aura qu'à lire la démonstration de M. Huet(*d*).

(*a*) Nombres, *chap. XII.*
(*b*) *Là même, chap. XX.*
(*c*) Joseph., Antiquit., *lib. IV, cap. IV, pag. m.* 109.
(*d*) Huetius, Demonstrat. Evangel., *proposit. IV, cap. X, pag. m.* 252 *et seq., et in præfat., folio C* 2 *verso.*

(A) *Elle fut cause que sa mère fut choisie... pour nourrir Moïse.*] L'Écriture raconte qu'après qu'il eut été exposé, *sa sœur se tint de loin pour savoir*(1) ce qu'il deviendrait, et qu'elle dit à la fille de Pharao qui s'était fait porter cet enfant, *irai-je t'appeler une femme d'entre les Hébreux qui allaite, et elle t'allaitera cet enfant*(2)? et qu'ensuite de sa réponse, elle fit venir sa mère qui reçut ordre de le nourrir. Josephe, ne trouvant point que ce récit fût assez circon-

(1) Exode, *chap. II, vs.* 4.
(2) *Là même, vs.* 7.

stancié suppose que la fille de Pharao employa d'abord des nourrices égyptiennes, mais que l'enfant n'en voulut téter aucune ; et que Marie, faisant semblant de n'être là que par curiosité, représenta à la princesse qu'il était inutile de faire venir des nourrices qui ne fussent pas Hébreux, et qu'il serait bon d'essayer s'il deviendrait plus traitable auprès d'une femme de cette nation. La jeune fille reçut ordre d'en chercher quelqu'une, et ce fut sa mère qu'elle fit venir ; et comme l'enfant téta de bon cœur celle-ci, on le lui donna pour nourrisson (3). Ce supplément de circonstances n'est point mal imaginé, quoiqu'il multiplie un peu les miracles. Notez qu'il y a des commentateurs qui trouvent que même selon le récit de l'Écriture il y eut quelque menterie dans les paroles de la sœur de cet enfant ; car elle feignit d'aller chercher une autre femme que sa mère. Là-dessus ils nous rapportent tous les exemples de fraudes officieuses ou pieuses, qui se lisent dans les écrivains sacrés, celui de Rebecca, celui de Rachel, celui de Michol, etc., et concluent qu'il y a des ruses louables, et que la tromperie est d'une utilité nécessaire, non-seulement dans la profession des armes, et dans l'administration de la politique, mais aussi dans les affaires domestiques (4). C'est ce que vous trouverez dans le Commentaire du cordelier Jean Nodin, sur le deuxième chapitre de l'Exode ; et il se fonde sur l'autorité de saint Basile, et de saint Jean Damascène. Que cela est hors de propos ! Notre Marie ne faisait rien contre la sincérité, elle ne niait point que la femme qu'elle voulait faire venir ne fût sa mère ; elle se contentait de ne le point avouer, n'étant point questionnée là-dessus, ni obligée par aucune raison à dire ce qu'elle savait. Les protecteurs des équivoques ne peuvent trouver ici quoi que ce soit qui les favorise.

(B) *Elle se mit à la tête des femmes d'Israël.... afin de chanter le même cantique que les hommes avaient chanté.*] Quand je parle ainsi, je m'arrête à l'ordre de la narration de l'Écritu-

re. Vous voyez dans le XVe. chapitre de l'Exode tout le cantique que Moïse et les enfans d'Israël chantèrent après la ruine de l'armée de Pharao, et puis vous lisez ceci : *et Marie la prophétesse, sœur d'Aaron, prit un tambour en sa main, et toutes les femmes sortirent après elle avec tambours et flûtes. Et Marie leur répondait, chantez à l'Éternel,* etc. Le mot *præcinebat* de la Vulgate me parait meilleur que le *répondait* de la version de Genève ; car il y a beaucoup d'apparence que ce fut Marie qui entonna le cantique, et qui conduisit le chant, et mena la danse des femmes. Consultez Philon, qui suppose que Moïse ayant composé deux chœurs, l'un d'hommes et l'autre de femmes, prit la direction de la musique dans celui-là, et la donna à sa sœur dans celui-ci, et que ces deux chœurs se répondaient l'un à l'autre. Il y en a qui croient que Moïse, ou seul, ou avec les hommes, chantait le cantique, et que les autres en chantaient seulement l'exorde, qu'ils répétaient de temps en temps comme un vers intercalaire. *Oleaster hæc scribit :* Crediderim equidem, Mosen et viros hebræos canticum hoc incœpisse, fœminas verò respondisse : ita quòd Moses aut solus, aut simul cum viris canticum prosequebatur, fœminæ verò respondebant seu repetebant illud exordium cantici : *Cantemus Domino,* ut constat ex sine hujus cantici, ubi talia verba repetuntur à Mariâ. Hoc enim solebat in aliis etiam canticis fieri, ut patet in psal. 135, ubi unus aut duo dicebant : *Confitemini Domino, quoniam bonus, quoniam in æternum misericordia ejus.* Et deinceps prosequebantur alios versus : cœtus autem aliorum repetebat semper illud : *Quoniam in æternum misericordia ejus.* Idem quoque observare licet in primo libro Samuelis, capite decimo octavo. Solebant enim prophetæ choros canentium ducere, dùm laudes Dei celebrarent. *Sic* Oleaster. Philo tamen, in libro tertio de vitâ Mosis, ait, Mosen distribuisse omnem populum in duos choros, unum virorum, in quo ipse viris præibat carmen : alterum, in quo soror ejus Maria præcinebat fœminis. Ergò Moses prior quemlibet versum

(3) Joseph. Antiq., *lib. II, cap. V.*

(4) *Ex* Jobanne Nodino, Comment. in priora XV capita Exodi, *pag.* 67, edit. Lugd., 1611.

(5) Exode, *chap. XV,* vs. 20, 21.

hujus cantici canebat, et deindè populus eundem versum cantabat. Sed enim idem Philo in libro de agriculturâ, scribit, factos esse duos choros ; unum mulierum ; alterum virorum, è diverso stantes, et alternis carminibus sibi invicem respondentes (6). Un poëte moderne (7) s'imagine que ce prophète se mit au milieu des deux chœurs, et distribua les parties du chant, et battit la mesure avec sa verge. Vous verrez la description qu'il a faite des habits et des gestes de Marie; vous la verrez dis-je, dans ce passage du père Ménétrier « (8). Après le passage de la mer » Rouge, Moïse et Marie sa sœur, » pour remercier Dieu de la con- » servation de son peuple, et de la » défaite des Égyptiens qui se noyè- » rent en le poursuivant, firent » deux grands chœurs de musique » séparés, l'un d'hommes et l'autre » de femmes, et dansèrent, sur l'air » d'un cantique qui fait le chapi- » tre XVe. de l'Exode, un ballet » d'action de grâces. Un poëte mo- » derne a décrit élégamment cette » danse au livre VI de son poëme » du Voyage de Moïse. »

- *Nunc* (*) *igitur memores animos ad carmina mecum,*
- *Adjicite ; alternis subsultent castra choreis ;*
- *Littora divinas referant ad sidera laudes.*
- *Sic fatus jubet in partes discedere turmas,*
- *Adversisque choris medius, gestumque, modoque*
- *Dividit, et virgâ modulans præit Enthea verba.*
- *Hæc postquàm saltata viris, modulataque Vate*
- *Chironomo, paribus stimulis agit impetus idem*
- *Hebræus cantare nurus, Diamque Pronæam*
- *Tinnula concussis ad tympana psallere sistris.*
- *Prosiluit sancto Mosis soror excita Phœbo,*
- *Prætextâ lambente pedes, cinctuque modesto*
- *Castigante sinus : volat alto à vertice Sindon,*
- *Carbasina et Zephiros Zonâ retinente coërcet,*
- *Subtilesque tument telæ pellentibus auris,*
- *Cœrula jam niveos compescit tænia crines,*
- *Saltibus extremæ volitant per tempora vittæ.*

(6) Pererius, in cap. XV Exodi, disput. I, pag. m. 484.

(7) C'est un jésuite lyonnais, nommé Antonius Milliæus. Voyez Alegambe, pag. 40.

(8) Ménétrier. des Ballets anciens et modernes, pag. 9 et suiv.

(*) Anton. Milliæus, l. 6. Mosis viatoris.

- *Assultant digitisque pedes, pulsuque moventur*
- *Ora, pedes, digitique pari, non mollia cessant*
- *Brachia, non humeri, aut cervix, à corpore toto*
- *Vox sonat, et cunctis loquitur Symphonia membris.*
- *Exiliunt paribus studiis examina matrum,*
- *Virgineique greges, hæ sistra sonantia pulsant,*
- *Hæ citharas et plectra movent, hæ nablia carpunt ;*
- *Nec vultus torsisse pudor, casta omnia casti*
- *Obsequii decorat pietas. Jocabethia virgo*
- *Inchoat, et gestu cantum comitante figurat.*

Voici un autre passage du même écrivain : il enferme bien des choses qui ne se rapportent pas à Marie ; mais comme tout y est curieux, je n'ai point voulu séparer ce qui concerne le cantique où elle eut part, d'avec le reste. « C'est le plus ancien canti- » que (9) que nous ayons, et la plu- » part des interprètes de ce cantique » veulent que ce soit la première » composition en musique qui ait » paru plus de trois cents ans devant » la naissance de Linus et d'Orphée, » que les Grecs font pères de leur » poésie (10). Ce cantique est pure- » ment narratif ; mais celui que nous » avons au XXXIIe. chapitre du Deu- » téronome, a toutes les beautés de » la poésie et de la grande éloquence. » Dieu commanda à Moïse d'écrire » ce cantique un jour avant sa mort, » pour servir de condamnation au » peuple juif dont l'ingratitude était » allée jusqu'aux derniers excès. Ce » fidèle ministre des volontés de Dieu » ne se contenta pas de l'écrire, mais » il le chanta ; et si l'auteur du li- » vre des Merveilles de l'Écriture, in- » séré parmi les ouvrages de saint » Augustin, a cru que Dieu avait » fait un miracle à l'égard du pre- » mier de ces cantiques, ayant inspi- » ré tout le peuple à le chanter avec » une juste harmonie, et un concert

(9) Il parle de celui qui fut chanté après le passage de la mer Rouge.

(10) Voyez ce qu'a dit Pererius, in cap. XV Exodi, disput. I, pag. 485, 486 : Inter alias porrò hujus Cantici excellentias, illa profectò perinsignis est, quod ante primum omnium Canticorum, quæ fuisse unquam facta vel cantata, sive in sacris, sive in profanis litterarum monumentis prodita sit, nam Lini, Musæi et Orphei, qui antè bellum Trojanum fuerunt, hymnos, carmina, et cantus plus trecentis annis post canticum Mosis esse factos, certâ temporum observatione compertum est.

» réglé de tant de voix sans aucune
» confusion , quelques interprètes
» sont persuadés que Dieu fit un
» autre miracle à l'égard du second ,
» donnant à Moïse une voix assez
» forte et assez étendue pour se
» faire entendre de tout le peuple ,
» quelque éloignée que fût de lui une
» grande partie de cette prodigieuse
» multitude (11). »

Notez qu'il y a quelque apparence que M. Hersant n'est pas tout-à-fait du goût du jésuite Ménétrier. *Il a fait imprimer un petit livre qui a pour titre :* Cantique de Moïse au chapitre XV de l'Exode , expliqué selon les règles de la rhétorique. *Il prétend que cette pièce , qui a été composée en vers hébreux , surpasse tout ce que les auteurs profanes ont de plus beau en ce genre, et que Virgile et Horace , les plus parfaits modèles de l'élégance poétique , n'ont rien qui en approche.* C'est ce que nous lisons dans les Nouvelles de la République des Lettres , au mois de mars 1700, pag. 353 ; avec cette circonstance , que M. Hersant *est présentement auprès de M. l'abbé de* Louvois, et qu'il *a été ci-devant professeur en rhétorique au collége du Plessis.* On a lieu de croire qu'il regarde le cantique du chapitre XV de l'Exode comme plus beau que celui du chapitre XXXII du Deutéronome , et ce n'est point le sentiment du jésuite Ménétrier. Finissons par censurer une méprise de M. Simon. Il dit que le cantique du chapitre XV de l'Exode fut composé par Marie (12).

(C) *Elle se joignit à son frère Aaron pour murmurer contre Moïse.*] L'Écriture rapporte cela en ces termes : *Or Marie et Aaron parlèrent contre Moïse à l'occasion de la femme éthiopienne qu'il avait prise , de ce qu'il avait pris une femme éthiopienne, et dirent, voire, l'Éternel a-t-il parlé tant seulement par Moïse ? n'a-t-il point aussi parlé par nous* (13) ? Notre siècle est plein de lecteurs qui se plaignent éternellement que l'on n'écrit pas d'une manière

assez concise, et qui accusent de prolixité tout auteur qui ne donne pas à deviner le meilleur de ses pensées. Avec un tel goût, ils trouveraient admirables ces deux versets de Moïse , quand même ils ne les croiraient pas inspirés de Dieu ; car les choses y sont exprimées à demi mot , et séparées par un grand vide. Il y manque plusieurs liaisons : c'est à eux à les suppléer ; et puisqu'ils aiment cet exercice , ils ont là de quoi s'occuper agréablement. Les paroles de l'auteur sacré que j'ai rapportées sont équivalentes à celles-ci , *Marie et Aaron parlèrent mal de Moïse à cause de son mariage avec une Éthiopienne , et leur médisance fut exprimée de cette façon : N'y a-t-il que lui qui prophétise ? S'il est prophète , nous le sommes aussi.* On ne voit pas du premier coup comment la femme de Moïse a été la cause de ces interrogations. Le saut est un peu trop grand du principe à la conséquence : l'esprit se partage en diverses conjectures pour attraper les liaisons ou les rapports de ces choses. Il me semble que le fameux Tostat n'a pas mal conjecturé. Il suppose que Séphora, femme de Moïse s'enorgueillit de la gloire et de l'autorité prophétique de son époux, et en prit sujet de traiter de haut en bas sa belle-sœur , et affecta de relever le mérite de son mari au-dessus de celui d'Aaron. La belle-sœur et le beau-frère ne trouvant point de meilleur moyen de rabattre sa fierté , critiquèrent le mariage de Moïse avec une femme d'une autre nation, et se vantèrent d'avoir part à la prophétie aussi bien que lui. *Verisimile est, quod ait Abulens. Sephoram more muliebri (hic enim sexus , cùm sit imbecillis ingenii et judicii , ambitiosus est , et sui honoris studiosus) voluisset se præferre Mariæ, eò quòd uxor esset Mosis, Mosenque , suum , quasi populi ducem , verbis extulisse, ac præposuisse Mariæ et Aaroni : quò re primùm concitata Maria , deindè Aaron , se erigere cœperunt , volentes se non tantùm Sephoræ , sed et Mosi æquare, jactitando se tam nobiles esse prophetas , quàm erat Moses. Id ita esse , colligitur tum ex v. seq. tum ex v. 6 , ubi Deus hanc murmuris causam indicat, et præscindit , docetque eos in ambi-*

(11) Ménétrier, Représentat. en musique, pag. 9 , 10.

(12) Simon , Dictionnaire de la Bible, p. 514. Notez *que ce M. Simon est différent de celui qui a fait l'Histoire critique de la Bible.*

(13) Nombres , chap. XII, vs. 1 et 2.

tione sud falli ; eò quòd Moses præstantissimus , fidelissimus , Deoque familiarissimus sit propheta , cui nec quis alius comparari possit (14). Cette supposition de Tostat rejoint les pièces décousues, et dissipe les obscurités du raisonnement de l'historien sacré. Notez qu'il y a des commentateurs qui soutiennent que Séphora pouvait fort bien être appelée Ethiopienne, quoiqu'elle fût d'Arabie (15). Mais d'autres prétendent (16) que les LXX interprètes et l'auteur de la Vulgate n'ont point compris le vrai sens du mot hébreu qu'ils ont traduit par Éthiopienne. Notez aussi que ce chapitre du livre des Nombres est propre à prouver que la qualité de prophétesse qui est donnée à Marie dans le chapitre XV de l'Exode, lui convenait proprement, et selon la signification la plus relevée ; c'est-à-dire qu'elle avait part aux inspirations d'en haut (17).

(D) *La même clause touchant la mort de Marie que touchant celle de ses deux frères.*] Cette clause, dans la version de Genève, signifie qu'Aaron et Moïse moururent *selon le mandement de Dieu* ; mais les juifs prétendent qu'elle signifie *à la bouche de Dieu*, comme si le souffle de Dieu avait doucement attiré leur âme. Ils ajoutent que Marie ne mourut pas de cette façon, et que cela n'est pas convenable au sexe féminin, et que le ver n'a point de puissance sur ceux qui meurent de la sorte. Que d'impertinences ! *De Mose quidem* , Deut. cap. xxxiv. v. 5; *de Aarone autem*, Num. cap. xxxiii, v. 38, *dicitur, quod mortui sint* עַל פִּי יְהוָה *ad os , i. in osculo* , Domini , *quasi anima eorum ipsius Dei halitu suavissimè rapta fuerit. De eorum sorore Mirjam dicunt, eam mortuam quidem* בִּשְׁעִיקָה *sed non* עַל פִּי יְהוָה *ad os Domini , quasi hæc locutio sequiori sexui non conveniat. In hos verò vermem non habuisse potestatem , in libro Jalkut legitur* (18). On sait la superstition

païenne qui faisait que les parens appliquaient leur bouche à celle des mourans. Voyez les commentateurs de Virgile sur ces paroles de la sœur de Didon :

.... Et extremus si quis super halitus errat , Ore legam (19).

Tous ceux qui traitent *de Funeribus* (20) , parlent de cette coutume.

chiffres ; il y a dans l'original xxxii *au lieu de* xxxiv, *et* xxiii *au lieu de* xxxiii.

(19) Virgil. , Æneid. , lib. IV, *vs.* 684.
(20) *Voyez entre autres* Kirchmannus de Funeribus Romanorum , *lib. I, cap. V.*

MARIE l'Égyptienne, fameuse débauchée , et fameuse convertie. A l'âge de douze ans elle sortit de la maison de son père , et s'en alla dans la ville d'Alexandrie. Elle y passa vingt-sept années dans les désordres de l'impureté, et puis elle s'en alla à Jérusalem pour continuer la même vie : mais une puissance invisible l'ayant empêchée d'entrer dans le temple, le jour de l'exaltation de la sainte Croix , elle sentit des remords qui l'obligèrent à se prosterner devant une image de la Sainte Vierge, et à promettre de renoncer à ses débauches. Elle entra ensuite dans le temple, et après y avoir adoré la croix, elle demanda à la Sainte Vierge ce qu'elle ferait pour plaire à Dieu. Elle entendit une voix qui lui ordonna de s'en aller dans le désert. Elle obéit , et fit pénitence dans ce lieu-là quarante-sept ans sans voir personne. Elle y fut servie par les anges les trente dernières années. L'auteur (a), qui me fournit cet

---

(14) Cornel. à Lapide in Exod., *cap. XII , vs.* 1. *pag. m.* 856.
(15) *Voyez* Cornelius à Lapide , *ibidem.*
(16) *Voyez* M. Leclerc *sur cet endroit du livre des* Nombres.
(17) *Voyez* Rivet, in Exod. , *cap. XV , vs.* 20, *Oper.*, tom. I, *pag.* 963.
(18) Lomeierus , Genialium Dierum , *decad.* I, *pag.* 337, 338. *J'ai corrigé deux fois les*

(a) Paul Boyer, *écuyer, sieur de Petit-Puy , dans son* Dictionnaire servant de Bibliothéque universelle , *imprimé à Paris ,* 1649, *in-folio , pag.* 254, (*où il cite* Sophrone, évêque de Jérusalem ; Nicéphore Calixte, liv. 8, chap. 5, de son Histoire ; S. Jean Damascène, en sa troisième oraison des Images) , *et pag.* 323.

article, ne parle point du paiement qu'elle voulut faire aux bateliers qui l'avaient passée(A). La Confession de Sancy a trop abrégé l'histoire de cette femme (B). C'est dans ce chapitre où il y a une fraude concernant saint Dominique, et une nonne nommée MARIE (C). Ce nom fera que ma remarque ne sera pas tout-à-fait hors de son lieu : mais comme d'ailleurs elle sera destinée à combattre le mauvais penchant qu'ont les hommes à se fier aux écrivains satiriques (D), j'espère qu'on excusera ce qu'elle pourrait avoir d'irrégulier quant à la situation.

Si j'avais pu consulter l'ouvrage qui a pour titre : *Sancta Maria Ægyptiaca, musca de extremo fluminum Ægypti, sibilo Domini evocata* (E), j'eusse pu allonger beaucoup dans cette seconde édition l'article de sainte Marie l'Égyptienne. Ne l'ayant pu recouvrer, je me réduis à cette seule addition. Cette sainte vécut sans manger et sans habits les trente dernières années de sa solitude, et fut si maltraitée du chaud et du froid qu'on l'aurait prise pour une Éthiopienne (*b*). Deux pains et quelques herbes lui avaient suffi pendant les dix-sept premières années de sa pénitence(*c*).

(*b*) *Vestibus consumptis nuda, frigore et æstu tosta ut videretur Æthiopissa.* Cornel. à Lapide in Deuteron., *cap. VIII, vs.* 4, *pag. m.* 1010.

(*c*) *Tiré de* Cornelius à Lapide, *ibidem.*

(A) *Du paiement qu'elle voulut faire aux bateliers qui l'avaient passée.*] N'ayant point d'argent à leur donner pour le prix de son passage, elle s'offrit à leur laisser faire de son corps tout ce qu'ils voudraient. C'est ce qui fait dire au célèbre Pierre Du-

moulin, que les auteurs des légendes n'ont eu aucun jugement, et qu'ils ont tenu la même conduite que s'ils avaient eu pour but de tourner en ridicule les saints dont ils parlent. *Vitas sanctorum sic descripserunt pontificii, quasi propositum eis fuisset eos differre populo, et exsibilandos proponere. Mariam Ægyptiam perhibent cùm non haberet undè naulum solveret, voluisse facere nautis corporis sui copiam, ut quod non habebat in ære lueret in corpore* (1). On me croira facilement, quand j'assurerai que je ne veux point prendre le parti des légendaires ; mais je ne laisse pas de dire qu'un écrivain judicieux aurait pu narrer ce que M. Dumoulin allègue comme une preuve d'un mauvais discernement : car s'il était véritable que Marie l'Égyptienne eût voulu se prostituer aux bateliers en paiement de ce qu'elle leur devait, et qu'elle ne trouvait pas dans sa bourse, je ne vois point par quelle raison un historien aurait dû le supprimer. Cela n'est-il point fort propre à relever la miséricorde de Dieu, et l'efficace de son esprit? Plus les déréglemens d'une débauchée ont été énormes, plus nous devons admirer sa conversion, et les longues austérités de sa pénitence. Ainsi le discernement exact n'engage point un auteur à ne rien dire sur les circonstances singulières des impuretés d'une convertie. D'ailleurs, on ne peut pas reprocher aux légendaires d'avoir choqué la vraisemblance ; car ces créatures victimes de l'impureté publique, comme les appelle Tertullien, sont réduites quelquefois au dernier denier, ou bien elles aiment mieux faire plaisir de leur corps à un créancier, que de s'acquitter de leurs dettes en mettant la main à la bourse *.

(B) *La confession de Sancy a trop*

(1) Petrus Molinæus, *in* Hyperaspite adversùs Silvestrum Petra-Sanctam, *pag.* 46.

* Leclerc reproche à Dumoulin de laisser croire par son récit que le paiement en nature fait par Marie est postérieur à sa conversion, et Leclerc raconte ainsi l'histoire : « Cette fille était livrée » à la débauche : elle vit beaucoup de gens qui » s'embarquaient, et s'informa où ils allaient. » On lui dit qu'ils allaient à Jérusalem. Elle de- » manda si ces gens-là voudraient l'admettre en » leur compagnie. Celui qu'elle interrogeait » l'assura que, si elle avait de quoi payer son » voyage, personne ne s'y opposerait. *Naulum*

abrégé l'histoire de cette femme.]
Voici les paroles de d'Aubigné (2) :
« La légende des saints est le jardin
» de l'âme . . . . Dans ce jardin se
» trouvent des herbes qui , pour le
» moins, endorment si elles ne gué-
» rissent pas. Un galant homme , qui
» s'accommode en ce temps, sait ce
» que les paysans appellent voler.
» S'il se trouve que son âme désolée
» ne puisse changer de vie, il y a
» dans la légende, au chap. de l'an-
» nonciation, l'exemple d'un cheva-
» lier qui volait sans pitié pauvres
» et riches , et était quitte pour dire
» tous les jours une fois, *Ave, Ma-*
» *ria ;* et pour les soldats de ce
» temps, c'est ce qu'ils pratiquent. Si
» une dame de la cour sent en son
» âme désolée qu'elle ne se puisse
» passer d'une grande, catholique ,
» et universelle luxure , n'a-t-elle
» pas pour se consoler sainte Marie
» Égyptienne , qui , depuis douze
» ans , jusques à l'âge du mépris ne
» refusa homme ? Et n'avons-nous
» pas l'exemple de sainte Madeleine,
» tant célèbre par les chroniques
» anciennes? Les poëtes de la lé-
» gende nous ont depuis enseigné
» comme elle fit par allèchemens,
» que force gens de bonne maison
» vendirent leur bien pour elle ;
» plusieurs courageux se coupèrent
» la gorge pour les jalousies de son
» amour , et puis elle ne fut pas sitôt
» lasse, que la voilà canonisée. »
L'omission de cet auteur à l'égard de
sainte *Marie Égyptienne,* et de sainte *Madeleine,* est inexcusable; car
il suppose que ces deux prostituées

montèrent tout droit des lieux infâmes au rang des saintes canoni-
sées ; et par cette supposition il prétend prouver que la légende est
très-capable de lâcher la bride aux
dames qui ont une envie démesurée de passer le temps avec des hommes. Pour agir de bonne foi, il fallait parler de la longue pénitence de
ces deux saintes ; mais comme cela aurait énervé la plaisanterie de l'objection que l'on voulait faire aux légendaires, on a cru qu'il valait mieux n'en
rien dire, ou passer même dans la
négation (3). Apprenons de là que les
auteurs satiriques sont des gens du
monde contre lesquels il faut qu'un
lecteur soit le plus en garde. Ce sont
ceux qui raisonnent le plus mal , et
qui communiquent le plus un certain
plaisir qui empêche de rechercher
en quoi consistent leurs sophismes.
Souvenons-nous cependant que s'ils
peuvent se dispenser de plusieurs règles , ils ne doivent pas être moins
soumis que les auteurs graves aux
lois du raisonnement (4).

(C). . . . . *Où il y a une fraude
concernant saint Dominique , et une
nonne nommée Marie.*] Je ne fais
cette remarque que pour mettre
dans un plus grand jour ce qu'on
vient de lire : ainsi on ne la doit pas
condamner , sous prétexte qu'elle
semble trop étrangère dans cet endroit-ci. *Quand j'étais huguenot ,*
c'est Sancy que l'on fait parler , *je
ne trouvais rien qui me fît tant rire
que la Légende de* frère Jacopon. *Il
y a encore un livre chez nous, où j'ai
fait de belles annotations, comme sur
ce qu'il faisait confesser à un sien
frère ses péchés par signes. Madame
de Villeroy s'enquérant comment il
confessait sa paillardise : de même
curiosité elle s'enquérait comment
s'appelait en grec cette huile légère
que saint Dominique sema entre les
cuisses d'une nonnain , l'appelant
l'huile d'amour* (5). Il est certain que
d'Aubigné falsifie la légende (*) , afin
de donner au conte un air plus diver-

* non habeo , répliqua-t-elle , *vadam autem et*
* *ascendam in unam navim quam conduxerunt.*
* *et licet rennant memetipsam tradam. Corpus*
* *enim meum habentes , pro naulo accipiunt.*
* Elle ajoute ensuite, en confessant humblement
* son crime, que ce n'était nullement la dévo-
* tion qui lui avait fait faire ce voyage, mais
* que c'était sa passion. *Proptereà autem cum*
* *eis volui ambulare ut multos cooperatores ha-*
* *berem in meæ libidinis passione.* Elle choisit
* parmi tous ces pèlerins , une troupe de dix
* jeunes hommes, qui d'abord se moquèrent
* d'elle , et puis qui enfin la reçurent ; et elle
* ajoute : *et volens miseros ego compellebam*
* (ad peccatum) *nolentes.* Elle continua pen-
* dant quelques jours sa mauvaise vie , étant à
* Jérusalem ; après quoi Dieu la convertit, etc.
* Voilà une partie de ce qu'elle raconta elle-
* même au moine Sosime, et celui-ci le rapporta
* d'après elle. »
(2) Confession catholique de Sancy, *liv. I ,*
chap. II, pag. m 329.

(3) *C'est ce que fait d'*Aubigné *dans ces paroles :* Elle n'est pas sitôt lasse, que la voilà canonisée.
(4) *Voyez l'article* COLOMIÉS , *tom. V, pag.*
242 , *remarque* (C).
(5) D'Aubigné, Confession de Sancy, *liv. I ,
chap. II, pag.* 328.
(*) Peut-être y a-t-il ici plus de négligence que
de malice , de la part de d'Aubigné, quelque sa-

tissant : or je ne crois point que les lois de la raillerie, ni même celles de la satire, permettent cela. La légende de saint Dominique (6) porte qu'une religieuse, étant ravie en extase, crut le voir entrer dans sa chambre accompagné de deux frères, et tirer de dessous sa robe un onguent de très-bonne odeur, dont il lui frotta la jambe, et qu'il appela le signe de charité. *Maria sanctimonialis in ecstasi rapta vidit Dominicum cum duobus fratribus antè lectum ejus intrantem, qui de sub cappâ unguentum miræ fragrantiæ proferens, tibiam ejus inunxit, quam unctionem dilectionis esse signum dixit* (7). En comparant ces paroles avec celles de la Confession de Sancy, quelles falsifications ne trouve-t-on pas ? La légende ne dit point que Dominique ait appliqué un onguent à la jambe de la religieuse ; elle dit que la religieuse extasiée crut voir ce saint qui lui mettait de cet onguent sur la jambe. Ainsi ce ne fut qu'un songe, et qu'une vision. Au pis aller, ne fallait-il pas en demeurer à la jambe ? Fallait-il corrompre le texte, par la fausse glose de semer de l'huile légère entre les cuisses ? S'il s'agissait d'un tronc d'arbre, ce serait une méprise de rien : un peu plus près ou un peu plus loin de la terre ne ferait point de différence ; mais dans un sujet comme celui-ci, la différence est capitale. M. Dumoulin, répondant à Pétra Sancta, promet de parler ailleurs de cette onction de saint Dominique (8). Je ne sais s'il s'acquitta de sa promesse : mais son beau-frère André Rivet, répondant au même jésuite, s'arrêta littéralement et de bonne foi au texte de la légende : il reconnut que cette onction de la jambe n'était qu'un songe, et déclara néanmoins que ces visions extatiques

étaient ridicules et suspectes (9). C'est de cela qu'il prétend que Dumoulin s'était moqué, et non simplement de l'usage des onctions pour la guérison des malades ; chose pratiquée par les apôtres (10). *Accusat Molinæum, quòd riserit* Dominicum *sanantem* mulierem *oleo, et Franciscum aviculis concionantem. Primùm illud non potuit simpliciter irridere Molinæus, qui noverat initio christianismi apostolos unxisse ægros oleo, et* sandsse, *Marc.* 7. *Sed risit et meritò, quòd in legendâ Dominici legitur, quòd* Maria sanctimonialis, etc. (11). Remarquez que Pétra Sancta, ayant su que dans la Bibliothéque de Sedan on avait raillé de cette action de Dominique, ne se servit point de la réponse que la légende lui pouvait fournir, savoir que c'était un songe : il ignorait cette circonstance ; il répondit fort sérieusement qu'on pouvait faire cette raillerie de Jésus-Christ, qui oignit de sa salive un homme muet. *Sedani, dùm Bibliotheca, his qui mecum advenerant, ostenderetur, nihil fermè auditum est, præter sanctorum irrisiones. Risit aliquis sanctum Dominicum, persanantem oleo mulierem ægram. Rideat perindè Christum Dominum aut salivâ utentem, aut luto, dum os muti aperiret, et dùm oculis unius cæci nati explicaret lucem et diem* (12). C'est une mauvaise réponse, car c'est convenir du fait. Après tout, les railleries de d'Aubigné ne peuvent être que fausses, puisqu'elles ne sont fondées que sur un mensonge. Cela doit apprendre aux lecteurs que, pour bien s'instruire dans la controverse, il ne faut consulter ni les satires, ni les ouvrages burlesques : ce serait s'assçoir au banc des moqueurs, action condamnée dans le premier psaume. Ces gens-là, quand il s'agit de se divertir, n'épargnent pas leurs meilleurs amis (13),

tirique que soit d'ailleurs cet auteur. Il écrivait ceci de mémoire, et ayant apparemment oublié le mot *signum* de la légende, il ne pouvait guère traduire que par *huile d'amour l'unctionem dilectionis* qui précède. **REM. CRIT.**

(6) Dans Jacques de Voragine.

(7) Jacob. de Voragine, *in* Anreâ Legendâ, *apud* Rivetum, *in* Castigat. Notarum in Epist. Molinæi ad Balzacum, *cap. VI, num.* 7, *Oper.*, *tom. III, pag.* 511.

(8) *De Dominico confricante femur puellæ unguento amoris suo loco agetur.* Molinæus, *in* Hyperaspiste, *adv.* Petra-Sanctam, *pag.* 47.

(9) *Ectases illæ monialium quæ monachos* SOMNIANT *ingredientes et earum ungentes tibias unguento dilectionis de sub cappâ, et ridiculæ sunt et suspectæ.* Rivet., *Oper.*, *tom. III. pag.* 511.

(10) Rivet, *Oper.*, *tom. III, pag.* 511.

(11) *Vous trouverez la suite, ci-dessus, citation* (7).

(12) Petra Sancta, *Not. in epistol.* Molinæi ad Balzacum, *cap. III, pag.* 32.

(13) *Fenum habet in cornu, longè fuge, dummodò risum*
Excutiat sibi non hic cuiquam parcet amico. Horat., *sat.* IV, *lib. I, vs.* 34, 35.

mais ils épargnent la vérité (14).
Voyez ci-dessous la remarque (D).
Ainsi, quand le poëte que je cite
fait cette demande : *Y a-t-il quel-*
que chose qui empêche qu'un railleur
ne dise la vérité (15)? On pourrait
lui dire : *Vous trouverez la réponse à*
*cette question dans votre IV*ᵉ. *satire,*
où vous dites si sensément qu'un rieur
ne fait pas même quartier à ses bons
amis. A plus forte raison n'en fait-il
pas aux circonstances d'une histoire.
La demande d'Horace ne laisse pas
d'être raisonnable ; car elle ne signifie autre chose si ce n'est qu'il est
possible de dire la vérité en raillant
et en plaisantant. Cela est incontestable.

Au reste, l'on connaîtra mieux le
tort qu'a eu d'Aubigné, si l'on songe
que, selon toutes les apparences, l'a-
pologie d'Hérodote a été son original.
Or voici ce que l'on trouve dans cet
ouvrage (16) : *Je n'oublierai pas un*
autre acte du même saint Dominique,
récité vers la fin de sa légende, acte
vraiment d'un bon compagnon, pour
le moins récité en telle sorte qu'il est
pour faire rire les bons compagnons,
et leur donner matière de gausser: c'est
qu'une nonnain, dite Marie, étant
malade en la cuisse, endura grand
mal l'espace de cinq mois, sans es-
pérer qu'elle en dût échapper. Alors
elle dit en soi-même qu'il ne sen-
tait digne de prier Dieu, ni d'être
ouïe de lui, et pourtant pria saint
Dominique d'être médiateur entre
Dieu et elle, pour lui impétrer le
bénéfice de sa santé. Et après cette
oraison s'étant endormie, elle vit au-
près de soi saint Dominique, qui tira
de dessous sa chape un onguent de
grand' odeur, duquel il lui oignit la
cuisse. Et quand elle demanda com-
ment cet onguent s'appelait, saint
Dominique répondit que c'était l'onc-
tion d'amour. Vous voyez bien que,
de l'aveu même de Henri Étienne, la
religieuse dormait.

M. Jurieu avoue la même chose ;
mais, selon sa coutume, il se met
fort peu en peine si ce qu'il dit est

exact. Voici ses paroles (17) : « La
» même légende dit qu'une religieuse,
» nommée Marie, ayant eu durant
» cinq mois une grande douleur
» dans des parties voisines de celles
» qu'on n'oserait nommer, saint Do-
» minique lui apparut en songe, et
» que de dessous son froc il tira un
» onguent de très-bonne odeur, dont
» il lui frotta la partie malade, et
» qu'étant interrogé par la fille, ce
» que c'était, il répondit, que cela
» s'appelait *unguentum amoris.* Cela
» est aussi chaste que les amours de
» François pour sainte Claire, et ses
» ardeurs pour le frère Massé, lequel
» il embrassait, soulevait de. terre
» dans ses embrassemens. Ce qui mit
» le père Massé dans une si grande
» chaleur, qu'il était comme au mi-
» lieu d'un feu, dit le livre des Con-
» formités. » Notez qu'il met à la
marge ce sommaire, *abominations*
de saint François et de saint Domi-
nique ; et concluez de là qu'il traite
la controverse comme si c'était un
jeu où l'on cherchât à tâtons et les
yeux fermés ce qu'il faut prendre.
Je laisse à juger aux personnes qui
ne croient pas qu'il soit permis d'agir
de mauvaise foi en faveur de la religion, c'est-à-dire de violer les devoirs de la religion pour l'amour de
la religion, je leur laisse, dis-je,
à juger si l'honneur et la conscience
peuvent souffrir qu'on traduise le
mot *tibia* par *les parties voisines de*
celles qu'on n'oserait nommer. C'est
une périphrase qui serait absurde
dans toutes sortes de sujets ; car enfin le mot *jambe,* qui répond à celui
de *tibia,* n'a rien qui oblige à des
circuits de paroles; mais quand on se
sert de ce détour afin de donner l'i-
dée d'une impureté, on se porte au
delà de l'absurde : c'est une supercherie criminelle. La mauvaise foi ne
règne pas moins dans le changement
des termes *signum dilectionis,* en
ceux *d'unguentum amoris.* Mais que
direz-vous d'un écrivain qui, pour
ne pas perdre la comparaison qu'il a
trouvée dans l'apologie d'Hérodote
(18), compare avec les embrassemens
de deux hommes pleins de vie, la vision d'une religieuse extasiée ? Quand
il serait sûr qu'une, telle religieuse

(14) *Conférez l'article* Brossier, *tom. IV, p.*
159, *remarque* (B).
(15) .... *Ridentem dicere verum*
Quid vetat?.........
Horat., sat. I, *lib. I, vs.* 24.
(16) Henri Étienne, Apologie d'Hérodote,
chap. XXXIV, pag. m. 367, 368.

(17) Jurieu, Préjugés, Iʳᵉ. part., pag. 398.
(18) *Chap. XXXIV, pag.* 168.

aurait songé que Dominique venait la trouver au lit, et commettait des impuretés, en pourrait-on conclure qu'il est coupable? Pouvons-nous répondre des rêveries d'autrui? La mère de Jules César perdait-elle rien de son mérite, sous prétexte que son fils songea qu'il avait affaire avec elle (19)? Et voici un controversiste qui appelle *abomination de saint Dominique*, une application d'onguent qui n'était qu'une apparition en songe, comme il le dit lui-même.

(D) *Le mauvais penchant qu'ont les hommes à se fier trop aux écrivains satiriques.*] Ces écrivains sont semblables à ces diseurs de bons mots qui sacrifient toutes choses au plaisir d'en débiter. Horace a très-bien marqué cette passion dans les vers que j'ai cités ci-dessus (20). Quintilien s'est servi des mêmes couleurs pour le portrait de ces gens-là, et pour donner du dégoût de leur caractère. Gardons-nous bien, dit-il, de la maxime de ceux qui aiment mieux perdre un ami qu'un bon mot. *Ludere nunquàm velimus, longéque absit propositum illud, potius amicum quàm dictum perdidi* (21). Cicéron observe qu'ils passent par-dessus toutes les considérations de la bienséance; qu'ils n'ont égard, ni aux personnes, ni aux occasions, et qu'ils auraient moins de peine à tenir du feu dans leur bouche qu'une raillerie. *Parcebat* (Crassus) *adversærii dignitati, in quo ipse servabat suam, quod est hominibus facetis, et dicacibus difficillimum, habere hominum rationem et temporum, et ea quæ occurrant, quùm salsissimè dici possint, tenere. Itaque nonnulli ridiculi homines hoc ipsum non insulsè interpretantur. Dicere enim aiunt Ennium à sapiente facilius ore inardente opprimi quàm bona dicta teneat: hæc scilicet bona dicta quæ salsa sint. Nam ea dicta appellantur proprio jam nomine* (22). Il ne faut pas s'étonner de ce qu'ils n'épargnent pas leurs amis; car ils ne s'épargnent pas eux-mêmes, ils plaisantent à leurs propres dépens, ils donnent

dans le caractère de ces bouffons qui, pour faire rire, frappent indifféremment leur propre personne et celle des autres. Aristote les caractérise par-là (23). Ils ne font quartier ni au ciel ni à la terre; la religion de leur cœur n'échappe pas à leurs pointes (24). C'est une trop faible barrière pour arrêter l'irruption d'un trait d'esprit. Jugez si la religion qu'ils croient fausse pourrait réprimer cette saillie. La gloire ou la satisfaction qu'ils attendent de lâcher la bride à un bon mot l'emporte sur toutes les autres considérations, et ceux qui ont dit que la veine poétique *est une potion vomitive dont l'effet ne se peut retenir sans un grand danger d'étouffer* (25), nous ont fourni une vive image de la passion de ces gens-là. Disons encore que quand ils ont la plume à la main ils quittent tout pour courir après les pensées satiriques, et d'aussi loin qu'ils en découvrent la trace ils se jettent de ce côté-là à corps perdu; et, afin de ne s'écarter pas inutilement, ils tortillent et ils tiraillent les matières, jusques à ce qu'elles se puissent ajuster à leur sujet; et s'ils les trouvent trop longues et trop épaisses, ils les accourcissent et les aplatissent autant que leur intérêt le demande. Ce sont des auteurs qu'on peut comparer à ce Procrustes qui égalait ses prisonniers à la mesure de son lit (26). Ces paroles de Montaigne leur conviennent parfaitement. « (27) Il en est » de si sots, qu'ils se détournent de » leur voie un quart de lieue pour » courir après un beau mot : *Aut qui*

(23) Ὁ δὲ βωμολόχος, ἥττων ἐςὶ τοῦ γελοίου, καὶ οὔτε ἑαυτοῦ, οὔτε τῶν ἄλλων ἀπεχόμενος, εἰ γέλωτα ποιήσει. *Scurra autem ridiculè moderari non potest, cùm nec sibi nec aliis parcat, dummodò risum moveat.* Aristot., de Morib., ad Nicomach., lib. IV, cap. XIV, pag. m. 42, 43.

(24) *Voyez*, tom. V, pag. 534, l'article DIOGÈNE, remarque (N), vers la fin du premier alinéa.

(25) *J'ai lu cela dans un roman intitulé :* La reine d'Ethiopie. *Il parut l'an 1670 ou 1671.*

(26) *Voyez dans la Critique générale du Calvinisme de Maimbourg, lettre V, pag. 95 de la troisième édition, l'usage que l'on a fait de ce parallèle. Voyez aussi, dans M. Ménage, à la page 517 des Origines de la langue italienne, et au chap. LXXXIV de l'Anti-Baillet, une autre comparaison entre Procrustes et le sonnet.*

(27) Montaigne, Essais, liv. I, chap. XXV, pag. m. 261.

(19) Sueton., in Cæsare, cap. VII.
(20) Citation (13).
(21) Quintil., lib. VI, cap. III, pag. m. 288.
(22) Cicero, de Orat., lib. II, cap. LIV, folio m. 81, C.

» *non verba rebus aptant* (*[1]), *sed res* » *extrinsecùs arcessunt, quibus verba* » *conveniant.* Et l'autre (*[2]) : *qui* » *alicujus verbi decore placentis vo-* » *centur ad id quod non proposue-* » *rant scribere.* »

Il y a du plus ou du moins dans tout ceci, et je ne rassemble pas, ni n'entasse pas toutes ces idées, afin de persuader que tous ceux qui se plaisent à la raillerie et à la satire adoptent ces excès-là également et sans exception. Mais il est important de faire voir par le côté le plus laid ce caractère d'esprit : on s'y laisse tromper aisément. Un controversiste qui a du génie divertit beaucoup les lecteurs de son parti, quand il tourne les choses malignement et avec des airs railleurs, satiriques et burlesques. Plus il divertit, plus a-t-il la force de persuader. Or comme les manières qu'il adopte l'engagent dans mille supercheries et dans mille falsifications, il est bon de le connaître sur le pied d'un imposteur dangereux. C'est le moyen de se tenir sur ses gardes : on le lira comme un homme dont il faut se défier, on ne croira rien sur sa parole, on examinera ce qu'il dit, on le confrontera avec les originaux ; et si l'on trouve qu'il change *signum dilectionis* en *unguentum amoris*, on lui dira : Je ne suis point votre dupe, adressez vous à d'autres *.

(E) *L'ouvrage qui a pour titre :* Sancta Maria Ægyptiaca, etc.] Théophile Raynaud en est l'auteur. J'ai vu dans un autre de ses livres qu'il a supposé la vérité de l'histoire de cette sainte, nonobstant tous les efforts des Centuries de Magdebourg (28), où l'on a traité de fable qu'elle ait vécu de deux pains dix-sept ans, qu'elle ait été enlevée en l'air, qu'elle ait passé le Jourdain sans nager et sans bateau, et que des lions aient eu soin de sa sépulture. J'y ai vu aussi que Nicolas Harpespheild, sous le nom d'Alanus Copus (29), a réfuté sur ce sujet les auteurs de ces Centuries, et qu'il y a dans l'ouvrage de Théophile Raynaud un appendix touchant les femmes qui étant sorties du bourbier de l'impureté, sont devenues saintes. *Porrò hujus operis Mantissa est, Tractatio* de Mulieribus sanctis è cœno turpitudinum emersis (30).

(*[1]) *Qui n'accommodent pas les paroles aux choses, mais attirent des choses externes et hors du sujet, à qui leurs paroles puissent cadrer.* Quintil., l. 8.

(*[2]) *Qui par l'attrait d'un mot qui leur plaît, sont portés à ce qu'ils n'avaient pas envie d'écrire.* Senec., epist. 59.

* Joly s'écrie : *Qui pourrait s'imaginer que Bayle fait ici son portrait ?* et il ajoute : *Rien cependant n'est plus véritable.*

(28) *Centur. IV, cap. X, pag.* 1334.

(29) *Dialog. II, cap. I et XIV.*

(30) *Tiré de* Théophile Raynaud, Syntagm. de Libris propriis, *num.* 24, *pag.* 42 et 43 Apopompæi.

MARILLAC (Charles de), archevêque de Vienne, naquit en Auvergne environ l'an 1510. Il était avocat au parlement de Paris lorsque, se voyant suspect de luthéranisme il suivit à Constantinople Jean de la Forest, ambassadeur de François Ier. C'est ainsi qu'il évita la persécution terrible qu'il avait à craindre de la part des inquisiteurs. Il remplit la charge d'ambassadeur auprès du sultan après la mort de la Forest, et ensuite il fut chargé de plusieurs autres ambassades (*a*) dont il s'acquitta très-habilement. Il était abbé de Saint-Père (*b*), archevêque de Vienne, et conseiller au conseil privé, lorsque l'assemblée des notables fut convoquée à Fontainebleau, au mois d'août 1560. Il y prononça une harangue où l'érudition et l'éloquence n'éclatèrent pas moins que son zèle pour la réformation des désordres de l'église et de l'état (A). Il y conseilla entre autres choses la convocation d'un concile national, et celle des états généraux (B). Les Guises s'offensèrent de sa harangue, et détournèrent tous les bons effets de ses conseils. Il tâcha de prendre

(*a*) *En Angleterre et en Allemagne, etc.*

(*b*) *Proche de Melun.*

de bonnes mesures pour prévenir les malheurs dont le royaume était menacé (c) ; mais ne
voyant point d'apparence d'y
réussir, il tomba dans une tristesse qui lui causa une maladie
dont il mourut bientôt après (d).
Ce fut le 2 de décembre * 1560,
dans son abbaye de Saint-Père.
GABRIEL DE MARILLAC son frère
était mort avocat général au
parlement de Paris, en 1551,
et avait été un habile homme,
et d'une probité exemplaire.
Consultez M. de Thou (e). Vous
trouverez dans le Dictionnaire
de Moréri un fort long article
de notre Charles de Marillac, et
beaucoup de détails sur plusieurs
personnes de cette famille; mais
vous n'y trouverez rien de FRAN-
ÇOIS DE MARILLAC, avocat au parlement de Paris sous Henri II.
J'en dirai quelque chose dans
mon commentaire (C). Je ne
pense pas que l'avocat dont j'ai
parlé ci-dessus (f) soit différent
de ce CHARLES DE MARILLAC, dont
la Croix du Maine a dit que c'é-
tait un *gentilhomme parisien*,
parent de l'archevêque de Vienne, *avocat en parlement, etc.,
jeune homme fort docte en grec,
et bien versé en beaucoup de
sciences*, et qu'*il mourut à Paris*, *l'an* 1581 *ou environ, au
grand regret de tous ses amis* (g).
Je vois dans le père Anselme (h)

un CHARLES DE MARILLAC qui
mourut conseiller au parlement
de Paris, le 10 d'avril 1580, et
qui était fils de GUILLAUME DE
MARILLAC, frère de l'archevêque
de Vienne. Il n'y a point de
différence entre cet avocat et ce
conseiller (D). Notez que la Croix
du Maine remarque que ce prélat *a écrit plusieurs œuvres,
desquelles il s'en trouve peu
d'imprimées; et que celles qui
le sont ne se vendent avec privilége, et pour cause* (i). GILBERT DE
MARILLAC, baron de Puisac et de
Saint-Genest, frère aîné de notre archevêque de Vienne, (k)
*écrivit l'Histoire de la Maison
de Bourbon, entre autres la vie
et les grandes actions du connétable* Charles de Bourbon, *jusques au mois de mars* 1521 *où
commença sa révolte. Antoine.
de la Val, géographe du roi et
capitaine de son château de Mou-
lins......... a inséré cette histoire dans ses œuvres imprimées
en* 1605. Le véritable nom de
cette famille était Marlhac (E).

(i) La Croix du Maine, *pag.* 46.
(k) Vigneul Marville, *Mélanges d'Histoire
et de Littérature, tom. II, pag.* 17, *édit.
de Hollande*, 1700.

(A) *IL.... prononça une harangue
où l'érudition et l'éloquence n'éclatèrent pas moins que son zèle pour la
réformation des désordres de l'église
et de l'état.*] Vous la trouverez toute
entière dans le président de Laplace,
au livre III de l'État de la Religion et
République ; et dans l'Histoire de
François II, composée par Louis Régnier. Ces deux écrivains s'accordent
à dire que l'archevêque de Vienne,
qui opina après les autres conseillers
du conseil privé, emporta le prix et
l'honneur. *Car comme il était personnage doué de dons et grâces singulières, employé de long-temps ès ambassades d'importance près et loin*

(c) *Voyez, tom. IX, pag.* 348, *l'article*
LONGUIC, *remarques* (A) *et* (B).
(d) *Undè Viennensis in profundum mœrorem et ex mœrore in letalem morbum incidit
ex quo paulò post decessit.* Thuan., *ubi infrà*.
* La Monnoie dit le 3 décembre.
(e) Thuanus, *lib. XXVI, init., pag. m.*
520, *ad ann.* 1560. *Voyez la remarq.* (E).
(f) *Citation* (85) *de l'article* HENRI III,
tom. VIII, pag. 44
(g) La Croix du Maine, *pag.* 46.
(h) Aus., *Hist. des grands Offic. p.* 252.

avec grande louange, aussi fut-il non-seulement estimé d'avoir très-doctement opiné, mais aussi contenta la plupart de la compagnie (1). Ces paroles de Louis Régnier précèdent la harangue de Marillac ; et voici celles qui la suivent : « Telle fut la » docte, sage et chrétienne harangue » de ce grand personnage, qui ne vé-» cut guère depuis, étant, comme » l'on dit, intimidé par ceux aux-» quels il avait déplu : les autres di-» sent que voyant comme tout allait » de mal en pis, il en mourut de re-» gret (2). » M. Varillas donne le précis de cette harangue, mais non pas sans quelques falsifications. En voici un exemple : il suppose que Marillac représenta « que l'ancienne » affection des Français pour leur » roi était notablement diminuée, » et qu'il n'y avait point d'autre voie » pour la rétablir que l'assemblée des » états : que c'était là le seul tribu-» nal institué pour écouter les plain-» tes de toute la nation, et pour y » satisfaire, comme les autres tribu-» naux l'étaient pour vider les procès » survenus entre les particuliers : » que les anciens fondateurs de la » monarchie française ne s'étaient » réservé que ce lieu où ils parta-» geassent avec le roi l'autorité ab-» solue qu'ils lui avaient donnée ; où » ils entrassent dans une espèce d'é-» galité nécessaire pour réparer ce » que le prince avait usurpé sur ses » sujets, ou ce que les sujets avaient » usurpé sur le prince ; où enfin, le » pouvoir suprême et sans bornes » dont ils l'avaient revêtu, ne les » empêchât pas de négocier et de » conclure avec lui des traités obli-» gatoires de part et d'autre : que » cette liberté modérée avait main-» tenu depuis onze cents ans la cou-» ronne, par le merveilleux contre-» poids dont elle avait balancé le » pouvoir et la soumission (3). » Il est certain que l'archevêque de Vienne ne dit rien qui enfermât ces maximes-là, ni formellement, ni même *vir-tuellement*, s'il m'est permis d'em-ployer ce mot. Comment se peut-on

fier aux extraits que cet historien donne d'une pièce manuscrite, puis-qu'il corrompt les harangues impri-mées ? Vous verrez dans la remarque suivante jusqu'où il portait la liberté de les altérer et de les falsifier.

(B) *Il conseilla... la convocation... des états généraux.*] Il se servit des plus solides raisons qui pussent être alléguées, et il répondit très-bien aux objections, et nommément à celle qui était prise de ce que *l'auto-rité du roi serait diminuée*. Ceux qui disent cela, répondit-il (4), *me sem-blent ne connaître point le cœur des Français, qui a toujours fait pour son roi ce qu'il a pu ; et d'en requérir plus, ce serait injuste, et de l'exiger, impossibilité. C'est donc établir l'au-torité du roi, et non pas la diminuer, de leur proposer choses justes, puis-que sans violer le nom du roi, l'on ne peut faire autrement ; et par-là d'attendre l'octroi de tout ce que le roi veut, puisqu'il a si bon peuple qui ne lui refuse rien. Et si l'on réplique que le roi se bride de n'avoir rien sans le consentement du peuple, je ré-ponds que puisque sans assembler les états, et sans entendre les raisons qui meuvent le prince à croître les charges anciennes, le peuple a ci-devant obéi, et sans contradiction ; que devra-t-il faire quand il sera persuadé que la cause de la demande faite aux états sera trouvée juste ? Si l'on persiste à dire que par-là le peuple serait juge s'il y aurait justice à ce que le roi de-manderait, l'on peut ajouter qu'entre tant de gens assemblés, la plupart tend au bien commun, et que le peu-ple est capable d'entendre ce qui est à son profit, et partant y consentir ; puisque la voix du peuple est commu-nément celle qui est approuvée de Dieu. Peut-on voir des choses plus dissemblables que ce discours de l'ar-chevêque de Vienne, et les paroles de Varillas rapportées ci-dessus ?* Mais, pour mieux faire connaître que cet historien ne savait point prendre l'esprit de ce qu'il se mêlait d'abréger, il faut mettre ici un autre passage de la harangue de Marillac. Nous y verrons quelles étaient ses pensées, tant à l'égard de la politi-que, qu'à l'égard de la religion ; et

(1) Louis Régnier, Histoire de François II, pag. 523, 524.
(2) Là même, pag. 533.
(3) Varillas, Hist. de François II, *liv. II*, p. m. 230.

(4) Louis Régnier, Histoire de François II, pag. 548.

nous connaîtrons que, sur le dernier article, il ressemblait à Érasme : il eût voulu qu'on réformât les abus, mais non pas qu'on se servît de la prise d'armes, soit pour appuyer la réformation de l'église, soit pour accabler les réformateurs. Le quatrième préparatif, dit-il (5), « est qu'en attendant le concile, les séditieux soient » cohibés et retenus, en sorte qu'ils » ne puissent altérer la tranquillité » et repos des bons, et prendre cette » maxime indubitable, qu'il n'est » permis de prendre les armes pour » quelque chose que ce soit, sans le » vouloir, commandement et per- » mission du prince, qui en est seul » dispensateur. Je le dis pour les pi- » teux exemples naguère advenus, » et dont de jour à autre en avons » nouveaux avertissemens. D'une » part s'est vu le tumulte d'Amboise » sous couleur de présenter une con- » fession, au lieu que l'on devait » venir en toute humilité ; d'autre » part, il y a eu des prêcheurs, les- » quels, pour extirper les protes- » tans, voulaient faire élever le peu- » ple, sous couleur d'une sainte sédi- » tion ; comme s'il y avait religion » qui permît que, pour la planter » ou retenir, il fût permis d'user de » sédition. Ainsi, des deux côtés, y » a eu de la faute, comme ci-devant » ont été tués des hommes sous cou- » leur qu'ils étaient protestans : au » contraire, on a forcé les juges, et » violé la justice ordinaire, pour » faire délivrer des prisonniers pro- » testans ; et ainsi, sous ce masque » de religion, plusieurs ont usurpé » l'autorité du magistrat, de prendre » les armes : ce qui ne leur est au- » cunement licite, ains défendu à » tous. Car la fin de la loi est vivre » selon Dieu et n'offenser personne ; » et la fin des armes est de faire que » la loi soit obéie. Le roi donc, étant » conservateur de la loi, ainsi or- » donnée de Dieu, par conséquent » est seul dispensateur des armes qui » lui sont baillées pour punir les » contrevenans à la loi. Par quoi » pour conclusion, celui se fait roi, » qui les prend de son autorité, et » n'étant ordonné de Dieu pour un » tel. Il s'ensuit que tout le monde » lui doit courir sus, comme celui

» qui contrevient à l'ordonnance de » Dieu, qui est l'établissement du » roi. »

Quelque sages que fussent les avis de cet archevêque, touchant la convocation des états, ils furent fort critiqués par un célèbre jurisconsulte. Car voici ce qu'Étienne Pasquier écrivit sur ce fait-là (6) : « Cestuy qui » premier mit en advant cest advis de » tenir les estats, fut messire Charles » de Marilhac.. Cestuy en l'assemblée » de Fontainebleau (fust ou pour ce » que les affaires de France ne se gou- » vernoyent à son desir, ou pour » quelque autre occasion) par une » belle boutée de nature fit une forte » remonstrance, par laquelle, après » avoir promené toutes sortes d'avis » en son esprit, il dict qu'il ne trou- » voit remede plus prompt au mal » qui se presentoit que de convoquer » les estats. C'est une vieille follie » qui court en l'esprit des plus sages » François, qu'il n'y a rien qui » puisse tant soulager le peuple que » telles assemblées. Au contraire, il » n'y a rien qui luy procure plus de » tort, pour une infinité de raisons, » que si je vous deduisois, je passe- » rois les termes et bornes d'une mis- » sive. Ceste opinion du commence- » ment arresta M. le cardinal de Lor- » raine, qui craignoit que par ce » moyen on ne voulust bailler une » bride au roy, et oster l'authorité » que M. de Guise et luy avoient lors » sur le gouvernement pendant la » minorité du jeune roy leur nepveu. » Et de fait depuis ce temps-là il ne » vit jamais de bon œil cest archeves- » que, lequel se bannit volontaire- » ment de la cour. Toutesfois après » avoir examiné avec ses serviteurs » de quelle consequence pouvoit estre » ceste convocation des estats, et » qu'elle ne pouvoit apporter aucun » prejudice au roy, que luy et son » frere avoyent rendus le plus fort, » non seulement il ne rejetta, ains » tresestroitement embrassa ceste opi- » nion, voire estima que ce luy es- » toit une planche pour exterminer » avec plus d'asseurance et solennité » tous les protestans de la France. » Pasquier remarque que la mort de François II dissipa en un instant les desseins de ce cardinal ; et après avoir rapporté une partie des choses qui furent réglées dans les états d'Orléans, il ajoute (7) : » Mais pour ge- » neral refrain on a accordé pour » cinq ans au roy un subside de cinq » sols pour chaque muis de vin en- » trant dedans les villes closes. C'est » presque le but et conclusion de » telles assemblées, de tirer argent » du peuple par une honneste stipu- » lation du roy avec ses trois estats.» Notez, je vous prie, que Pasquier se vante d'avoir *une infinité de raisons* qui montrent que rien n'est plus pernicieux à la France que la tenue des états généraux. Je ne doute point qu'il n'eût pu produire là-dessus beaucoup de raisonnemens, et je crois aussi que notre Charles de Marillac eût pu répliquer à tout, et que c'est une matière sur quoi l'on peut soutenir à perte de vue le pour et le contre. Mais si l'on en appelait à l'expérience, il est apparent que l'opinion de Pasquier l'emporterait ; car il serait bien difficile de marquer les avantages que la France a tirés de ces assemblées, et bien facile de prouver qu'elles ont servi à fomenter les désordres (8). Les Anglais ont raison de dire que la tenue fréquente des parlemens est nécessaire au bien du pays ; mais la France ne peut pas dire la même chose de ses états généraux. On les convoqua souvent sous le règne des fils de Henri II, et jamais la France ne fut plus brouillée, ni plus désolée qu'en ce temps-là ; et au lieu de trouver du remède dans ces convocations, elle y empirait. Personne ne doit reconnaître cette vérité plus franchement que ceux de la religion ; car c'était dans ces assemblées que leurs ennemis prenaient de nouvelles forces. Il y a des gens qui comparent les états généraux avec les conciles : ce sont, disent-ils, toutes assemblées de mauvais augure ; elles sont un témoignage que les maux publics sont grands, et que l'on commence à désespérer de la guérison. On fait

alors comme dans les maladies à peu près désespérées ; on assemble quantité de médecins ; on les fait venir de loin ; ils consultent ; ils disputent ; ils s'accordent rarement ; il en faut venir à la pluralité des suffrages ; ils font si bien que le malade peut dire : *la multitude de medecins m'a fait mourir* (9). Les belles harangues ne manquent pas dans ces assemblées ; mais les cabales et les intrigues y manquent encore moins ; et la conclusion suit presque toujours, non pas la justice et la vérité, mais la brigue la plus forte.

(C) *Je dirai quelque chose de François de MARILLAC.... dans mon commentaire.*] Lui et Pierre Robert furent donnés pour conseil au prince de Condé, l'an 1560, dans le procès de crime d'état qui fit tant de bruit, et qui pensa lui faire perdre la tête sur un échafaud. *Cùm præcipiti Guisianorum violentiâ amputatas omneis moras videret Condæi uxor, libello supplice à rege petit et impetrat, ut marito homines spectatæ eruditionis ac prudentiæ darentur, quorum consilio uteretur, nominati à rege Petrus Robertus et Franciscus Marillacus celeberrimi in foro patroni* (10). Je rapporte ces paroles de M. de Thou, parce qu'elles font connaître la réputation de Marillac. Il n'y avait pas long-temps qu'il avait servi d'avocat à Anne du Bourg. On a mis dans la table des matières de l'Histoire de François II, que *Marillac, avocat, trahit du Bourg en plaidant pour lui.* Cela doit être développé ; car autrement on en pourrait inférer que cet avocat fut un traître et un prévaricateur ; et ce serait lui faire un grand tort, puisqu'il n'y eut dans sa conduite qu'un mensonge officieux destiné à sauver la vie à son client. Voici le fait selon le narré du sieur de la Planche (11) : « Ses causes de

(7) Pasquier, Lettres, *liv. IV*, *pag.* 195 du Ier. tome.
(8) *Voici l'une des raisons que Charles de Marillac eut à combattre : il ne nia point le fait.* Aucuns ont voulu, *dit-il*, Hist. de François II , *pag* 55o, mettre en avant ce qui advint du temps du roi Jean, où les états réduisirent le dauphin à prendre plusieurs partis indécens.

(9) *Hinc illæ circà agros miseræ sententiarum concertationes, nullo idem censente ne videatur accessio alterius. Hinc illa infelicis monumenti inscriptio* TURBA SE MEDICORUM PERIISSE. Plin. , *lib.* XXIX, *cap. I*, *pag. m.* 667. *Conférez ce que dessus*, citation (28) de l'article HADRIEN, *tom. VII*, *pag.* 430.
(10) Thuan. , *lib.* XXVI, *pag.* 522, col. 1.
(11) Louis Régnier, sieur de la Planche, Histoire de François II, *pag.* 33. Bèze a copié mot à mot tout ce passage dans l'Histoire ecclésiastique des Églises, *liv. III*, *pag.* 222.

» recusation (12) furent, par arrest
» prononcé par Olivier, declarées
» admissibles, et ordonné qu'il au-
» roit conseil, ce qui luy avoit esté
» auparavant desnié, de sorte que le
» cardinal se trouva tout confus.

» L'advocat Marillac luy fut baillé,
» lequel mit toute peine de le faire
» desdire luy alleguant que sans cela
» il ne pourroit éviter la mort : ce
» que n'ayant peu faire, il l'amena
» à ceste necessité qu'il le laisseroit
» plaider sans l'interrompre, puis il
» diroit après ce que bon luy sem-
» bleroit. Estans donc venus devant
» les juges, l'advocat remonstra le
» merite de la cause, la maniere de
» l'emprisonnement non jamais pra-
» tiquée, et encores moins la façon
» de proceder de Bertrand, qui n'a-
» voit eu aucune honte ne vergongne
» de jouer deux personnages ou trois,
» en presidant et assistant aux trois
» jugemens precedents. Enquoy non
» seulement apparoissoyent les cau-
» ses d'abus tresevidentes, mais aussi
» la nullité des sentences et arrest,
» en sorte qu'il faloit necessairement
» recommencer tout le proces, casser
» et annuller toutes ces procedures,
» veu que nulle formalité de justice
» n'y avoit esté gardée. Mais au lieu
» de conclurre en son appel, il ac-
» quiesça, recourant à la misericorde
» du roy et de la cour : confessant sa
» partie avoir grievement offencé
» Dieu et saincte mere eglise, irrité
» le roy, et s'estre montré inobedient
» à son evesque, auquel et à la saincte
» eglise romaine il desiroit estre re-
» concilié. Surquoy du Bourg, qui
» estoit present, se voulant opposer,
» Marillac fit signe aux presidens,
» desirans lui sauver la vie par ce
» moyen, lesquels au lieu de luy
» donner audience, et savoir s'il
» avouoit son advocat, le renvoyerent
» incontinent en sa prison. Mais pen-
» dant qu'ils avisoyent de deputer
» deux d'entre eux pour faire enten-
» dre sa conversion au roy, et luy
» demander sa grace, voici arriver
» un bulletin escrit et signé de du
» Bourg, par lequel il desavouoit
» les conclusions de son advocat,
» persistant en ses causes d'appel, et

» en sa confession de foy faite devant
» le roy. »

On voit dans un dialogue d'Antoine Loisel, que les principaux avocats du parlement de Paris (13)
*étaient maîtres Jacques Canaye,
Parisien ; Claude Mangot, Loudu-
nois ; et François de Marillac, Au-
vergnat, duquel on faisait plus d'estime que des deux autres, en ce qu'il
était fort en la replique ; mais il fut
ravi au milieu de son âge : de sorte
que sa maison a été réduite à néant,
au moins au prix de celle de Canaye
et de Mangot.* Notez qu'il était de
même famille que les autres Marillacs (14).

(D) *Il n'y a point de différence entre cet avocat et ce conseiller.*] Rapportons ce que l'on a dit de lui dans
ce dialogue d'Antoine Loisel : « (15)
» Vous ne devriez pas pourtant avoir
» passé sous silence M. Charles de
» Marillac ; car il avait acquis autant
» d'honneur en peu de temps qu'il
» fut au barreau que d'autres qui y
» ont été toute leur vie. Il est vrai,
» répondit M. Pasquier ; c'était un
» des plus forts et abondans en bon
» sens et en savoir qui y fût lors ;
» mais vous savez le temps où nous
» sommes, et le peu de compte que
» l'on fait des avocats au prix des
» conseillers, comme l'on s'en est
» plaint au commencement, et non
» sans cause. En effet, ses parens ne
» lui donnèrent pas le loisir de faire
» montre de sa suffisance, ni de la
» force de son esprit en l'état d'avo-
» cat ; ni la mort, de ce qu'il promet-
» tait en son office de conseiller (*¹) ;
» car il fut ravi en la fleur de son âge
» (*²) ; j'en dirais davantage s'il n'eût
» point été ma nourriture. »

(E) *Le véritable nom de cette famille était Marlhac.*] « C'était ainsi
» que Gabriel de Marillac, avocat
» général au parlement de Paris, si-
» gnait dans tous les actes publics et

(13) Loisel, Dialogue des Avocats du parlement de Paris, *pag.* 520.

(14) Opuscules de Loisel, *pag.* 707.

(15) Loisel, *là même*, *pag.* 551.

(*¹) *Blanchard nomme deux Charles de Marillac, conseillers, l'un en* 1541 *qui fut... finalement archevêque de Vienne. L'autre fut
reçu le* 20 mars 1576, *qui est l'avocat dont il
est ici parlé.*

(*²) *En* 1580. *Blanchard.*

(12) *C'est-à-dire, celles que du Bourg avait
alléguées.*

» dans ses lettres particulières (16)*. »
L'auteur que je cite assure (17) qu'il a *appris cela d'un ancien conseiller d'état, savant dans la connaissance des maisons et des familles illustres de France.* Il allègue ensuite deux passages pour prouver que cet avocat général *était autant illustre par sa profonde science que par sa rare probité.* L'un est de M. de Thou, et l'autre du *Supplément des Chroniques de Jean Carion.* Il suppose que dans celui-ci il y a *Gabriel Marillacus*; mais dans mon édition (18) il y a *Gabriel Marliacus.* Cela lui eût pu servir à confirmer ce qu'il avait avancé. On peut joindre à ces deux passages ce que Maludan écrivit à Denis Lambin (19) : *Mariliacus regius patronus a. d. IX Kal. Majas horâ quartâ pomeridianâ excessit è vitâ admodùm christianè. Postridiè funus duxerunt amici et propinqui sine ullâ pompâ, ut moriens jusserat: sed non sine omnium bonorum lacrymis. Desiderant etiam inimici nunc ejus* λόγους ἐπιχειρηματικοὺς καὶ βιαίους, καὶ χρειώδεις. *Eo patrono fiscum nemo unquàm dicere potuit, lienem: ut loquebatur olim Trajanus. In demortui locum suffectus est Ridens* (20). Mais rien n'est plus propre à confirmer ce qui fut dit par un conseiller d'état à M. de Vigneul Marville, que la note marginale que l'on trouve à la page 504 des Opuscules d'Antoine Loisel ; la voici toute entière : « Il

» (21) est appelé Marihac par Miraumont et par Coquille, qui rapporte de lui, en ses Commentaires sur la Coutume de Nivernois , ch. 1, art. 5, une maxime de droit français, avec éloge en ces termes : *Et comme disait ce très-savant et très-homme de bien, M. Gabriel Marlhac, avocat du roi en parlement, bon régent des jeunes avocats qui assistaient aux plaidoiries dudit parlement, TOUT dol mérite punition extraordinaire et corporelle en France, ores qu'il en soit traité en matière civile.* »

(21) *C'est-à-dire Gabriel Marillac , qui fut fait avocat du roi, l'an* 1543.

MARILLAC (LOUIS DE), maréchal de France, fils de GUILLAUME DE MARILLAC qui était frère de l'archevêque de Vienne, naquit posthume, l'an 1573 (a), ou selon d'autres, au mois de juillet 1572 (b). Vous trouverez dans le Dictionnaire de Moréri (c) les emplois qu'il eut successivement jusqu'à ce qu'il fut arrêté en Italie, par ordre du roi, l'an 1630. On lui fit faire son procès, et il fut condamné à perdre la tête : ce qui fut exécuté à Paris, le 10 de mai 1632. La curiosité des Parisiens fut si grande, que cent mille personnes furent témoins de l'exécution., et *que telle fenêtre* fut louée *huit pistoles* (d). L'opinion la plus commune est qu'il fut une victime innocente immolée à la passion du cardinal de Richelieu* ; mais on persuaderait

---

(16) Vigneul Marville, Mélanges , *tom. II, pag.* 16, *édition de Hollande.*

* Joly dit que Vigneul Marville a trompé Bayle. La différence d'orthographe entre *Marillac* et *Marlhac*, dit Joly, n'en fait aucune dans la prononciation. Les peuples de delà la Loire, entre lesquels sont ceux d'Auvergne, d'où sortent les Marillacs, ne pouvant prononcer l'*l* mouillée de ce nom, prononcent Marlhac. Henri Etienne, à la page 569 de ses *Deux dialogues du nouveau langage français italianisé,* observe qu'en Languedoc et en Dauphiné quelques personnes prononcent de même, *muralhe, filhe, balher,* pour *muraille, fille, bailler.*

(17) Vigneul Marville, Mélanges, *tom. II, pag.* 16, *édition de Hollande.*

(18) *C'est celle de Paris , ex officinâ Puteanâ,* 1563, in-16.

(19) Maludan., Epist. ad Lambinum , *pag.* 367 Epistolarum clarorum Virorum, *edit. Lugd.,* 1561. *J'ai trouvé ce passage dans les notes de* M. Joly, *sur les Opuscules d'Antoine Loisel, p.* 707. *Voyez-y , dans la page* 630, *un passage du Ciceronianus de Pierre Ramus.*

(20) *C'est-à-dire , Denys Riant, reçu avocat du roi , en* 1551.

(a) Anselme, Histoire des grands Officiers, *pag.* 251.

(b) Gazette de Paris, *du* 17 *mai* 1632.

(c) *Corrigez-y ce qu'on y dit qu'il servit en diverses occasions le roi Henri III. Il fallait dire Henri IV.*

(d) Gazette de Paris, *du* 17 *mai* 1632.

* Joly rapporte un passage des *Mémoires de d'Avrigny,* qui n'a pas le dessein de se faire l'apologiste de Marillac, mais qui pense que la haine de Richelieu fut son crime principal. Ce n'est pas là critiquer Bayle; c'est appuyer ce qu'il dit.

cela difficilement à des personnes qui ne s'arrêtent point aux
préjugés, et qui ne se rendent
qu'à la certitude (A). Je ferai
quelques observations là-dessus
(e), et je m'imagine qu'on ne
trouvera pas mauvais que je mette ici une partie des choses que
M. du Châtelet publia au désavantage de ce maréchal. On en
croira ce qu'on voudra ; et comme il était son ennemi, je consens
qu'il passe pour un témoin très-
suspect. Je ne donnerai ces choses que comme des médisances
qu'il a débitées, non pas dans
cette *satire latine en prose ri-
mée* (ƒ), où le jeu de l'imagination pouvait avoir trop de
part ; mais dans un écrit sérieux
et grave, où il réfute les apologistes de son ennemi. Il dit donc
(g), que le père du maréchal de
Marillac « passa de la charge de
» maître des comptes à celle de
» contrôleur général des finan-
» ces, et laissa fort peu de bien
» à ses enfans. Celui-ci vint
» dans le monde avec le corps
» et l'esprit assez adroits, et
» s'occupa principalement aux
» exercices, qu'il apprit en per-
» fection. N'étant pas assez ri-
» che pour subsister de lui-mê-
» me, il était ordinairement
» auprès du marquis de Cœuvre,
» qui, en la plus haute faveur de
» la duchesse de Beaufort, eut
» bien de la peine à lui sauver
» la vie, et à obtenir son aboli-
» tion, après le meurtre de

» Caboche, qu'il avait tué pour
» un faible sujet et hors d'état
» de se défendre. Ces grandes
» obligations l'attachèrent en-
» core plus étroitement auprès
» de son bienfaiteur, qui lui
» confia le secret de ses amours,
» et pour ne s'y être pas fidèle-
» ment comporté, rompit tout
» commerce avec lui. Il vécut
» depuis dans la cour sur sa
» bonne mine, et sous le nom
» du beau Marillac, cherchant
» toutes occasions de faire pa-
» raître son adresse et sa belle
» taille en public, et se rendre
» agréable au feu roi, qui pour-
» tant le traita toujours d'hom-
» me de peu, et chez Zamet le
» fit sortir un jour de sa table,
» où il s'était mis avec beaucoup
» d'autres. Toutes ces mauvai-
» ses aventures ne l'empêchè-
» rent pas de donner dans les
» yeux d'une fille de la reine
» (B). » Il l'épousa, et il crut,
après la mort d'Henri IV (h),
*que sous le gouvernement des
femmes les choses extérieures et
les apparences des vertus con-
jointes aux petits soins, cajoleries, assiduités, et complai-
sances, lui donneraient tout ce
qu'il n'avait pu obtenir* auparavant........ *La différence de la
profession de son frère, maître
des requêtes, et les courses de
bagues plutôt que les coups d'é-
pées, donnèrent à celui-ci le nom
de gendarme. Il était toujours
des plus assidus dans les barrières et les lices....... La reine
intéressée par son alliance à le
tirer hors de la nécessité, lui
donna charge dans la compagnie de monseigneur le duc*

(e) *Voyez la remarque* (A).

(ƒ) *Voyez* l'Histoire de l'Académie française, *pag. m.* 247.

(g) Du Châtelet, Observations sur la vie
et la condamnation du maréchal de Marillac,
pag. 770 du Recueil de diverses pièces pour
servir à l'Histoire, *édition de* 1643, *in-4°.*

(h) *Là même, pag.* 771.

d'Orléans, augmenta ses appoin-
temens , et désira que le marquis d'Ancre s'en servît. Le marquis , devenu maréchal de France....... se fit instruire en secret
par Marillac de l'ordre et de la
police de la guerre, et lui fit
espérer une belle récompense
(C). Sa mort et l'éloignement
de la reine-mère laissèrent Marillac (i) chargé d'une femme ,
et de leur pauvreté commune...
Il se voulut accommoder avec
ceux qui prirent lors le timon
des affaires , ne se pouvant départir des prétentions de la cour,
son principal héritage. Mais ils
lui firent connaître qu'il n'était
pas agréable auprès du roi. Il
revint donc à sa maîtresse , paré
d'une fausse marque de banni
pour ses intéréts ; et après quelques rebuts , il se rétablit auprès
d'elle, et fut fait maréchal de
camp au Pont-de-Cé (D). Il s'acquitta mal de cette charge, et
néanmoins elle lui fut confirmée par le roi, à la prière de la
reine-mère. Il conçut de très-
grandes espérances, l'an 1624
(k) , parce que MICHEL DE MA-
RILLAC, son frère, fut pourvu de
la charge de surintendant des finances, et que le cardinal de
Richelieu fut établi dans les affaires d'état. Le premier commandement qu'il reçut fut d'aller en Champagne auprès du
duc d'Angouléme, avec un ordre de pourvoir entièrement aux
vivres (E)..... Comme ce fut sa
première commission , ce fut
aussi le commencement de ses
voleries (F). Elles devinrent
plus énormes pendant qu'il fit

travailler à la fortification et au
bâtiment de la citadelle de Ver-
dun , où le roi le mit gouverneur,
et lui donna sa lieutenance générale ès trois évéchés , avec
pouvoir d'ordonner de tous les
paiemens (l). Il fut employé à la
guerre de la Rochelle , l'an 1627
(m). Il se trouva à la défaite des
Anglais dans l'île de Rhé (G), et
« servit de maréchal de camp
» au quartier du duc d'Angoulê-
» me , avec tant de malheur,
» qu'en toutes les sorties qui fu-
» rent faites , et aux entreprises
» d'emporter le fort de Thadon ,
» et de pétarder les grilles du côté
» des marais , il eut toujours be-
» soin de venir aux excuses , et
» de se justifier de ne s'être pas
» trouvé où il devait. Il fut in-
» cessamment accusé par les
» gens de guerre de quelque
» faiblesse , et d'être la cause que
» les choses n'avaient pas bien
» réussi; tant était forte leur
» opinion qu'il n'était pas si
» vaillant qu'il pensait (n). » Ce
fut pendant le siége de la Rochelle, que l'on commença de
cabaler contre le cardinal de Richelieu. L'un des principaux
moyens que l'on employa était
de le rendre odieux à Marie de
Médicis (o). Marillac, demeuré
à la Rochelle , contribuait de
loin à tout le monopole, ce qui
lui était possible : et comme il
a confessé dans son procès, écrivait souvent à la reine-mère ,
avec une instruction à ceux de
son chiffre, que M. Bouthillier ,
alors secrétaire de ses commandemens , ne vît point ses dépé-

(i) Là méme, pag. 772.
(k) Là méme , pag. 773.

(l) Là méme, pag. 774.
(m) Là méme, pag. 778.
(n) Là méme , pag. 780.
(o) Là méme, pag. 783.

ches : qu'elles fussent détour-
nées par le moyen des femmes
de chambre, et que cette bonne
princesse ne connût point la dé-
fiance qu'il avait.......... Ceux
qui formaient cette cabale s'é-
taient rendus habiles dans la
pratique et le gouvernement des
femmes...... Marillac *devait être*
le brave de la faction : c'est
pourquoi l'on dressa *une batte-*
rie pour le faire *maréchal de*
France, et l'on persuada si bien
à la reine-mère *qu'il y allait de*
son honneur et de son service de
le pousser jusque-là , qu'elle
mit en œuvre de très-fortes re-
commandations qui forcèrent le
cardinal *d'arracher lui-même*
ce bâton des mains du roi, pour
le bailler à cet importun, au siè-
ge de Privas (*p*). Ce nouveau
maréchal de France, et son frère qui était alors garde des
sceaux, continuèrent à travailler à la ruine du cardinal : ils
espérèrent de le faire échouer en
Italie; et pour cet effet ils tâchèrent d'empêcher que le roi
ne s'approchât du Piémont, et
dans la même vue le maréchal
fit *la sourde oreille aux ordres*
que le roi lui donnait d'ame-
ner son armée de Champagne
en Italie (*q*) (H). Il partit enfin;
mais il retint ces troupes auprès
de Lyon, pour exécuter *les déli-*
bérations qui furent faites contre
la personne du cardinal (*r*). La
guérison du roi fit avorter ce
complot. Le maréchal passa les
monts, et obtint le même pouvoir sur les armées, que le maréchal de la Force, et le maré-

chal de Schomberg (*s*) : mais le
grand coup de la cabale ayant
manqué, je veux dire que la
reine n'obtint point la grâce
qu'elle avait demandée au roi
son fils d'éloigner le cardinal,
les Marillacs furent perdus (*t*);
le roi, après avoir ôté les sceaux
à l'aîné, puissans et dangereux
instrumens en une si mauvaise
main, le fit conduire à Lizieux
(*v*), *et donna charge aux maré-*
chaux de la Force et de Schom-
berg d'arrêter l'autre , et de
l'envoyer prisonnier sous grande
garde au château de Sainte-
Menehould: Voilà quelques extraits du livre de M. du Châtelet. Il ne manqua pas de parler
de l'engagement que l'aîné de
ces messieurs avait pris avec la
ligue (I). On voit dans le Moréri,
que le maréchal *refusa toujours*
les offres que ses amis lui faisaient de le tirer de prison, et
que sa mémoire fut rétablie par
arrêt du parlement après la
mort du cardinal de Richelieu
(K). Cela mérite une réflexion.

(*s*) *Là même.*
(*t*) *Là même , pag.* 803.
(*v*) *Le père* Anselme , Histoire des grands
Officiers, pag. 104, *dit qu'on le mena au*
château de Caen, et de là à celui de Châ-
teaudun, où il mourut en prison, le 7 *d'août*
1632.

(A) *L'opinion... commune est qu'il*
fut une victime innocente ;... mais on
persuaderait cela difficilement à des
personnes qui... ne se rendent qu'à la
certitude.] La remarque (F) de l'article de Louis XIII pourrait suffire à
commenter ce texte-ci. Néanmoins ,
j'y ajouterai beaucoup de choses : et
d'abord je remarquerai que présentement (1) il est beaucoup moins facile de découvrir la vérité, qu'au
temps où l'on instruisait le procès de
M. de Marillac. On pouvait alors s'in-

(*p*) Du Châtelet, Observations sur la vie
et condamnation de Marillac , *pag.* 785.
(*q*) *Là même, pag.* 793.
(*r*) *Là même , pag.* 799.

(1) *On écrit ceci en octobre* 1700.

former des choses à une infinité de personnes qui avaient connu ce maréchal. On pouvait prendre langue dans les lieux mêmes où il avait commandé, et savoir les noms et les qualités, les intérêts, la réputation des témoins, & les pratiques avec lesquelles ils étaient poussés de part et d'autre ou à déposer, ou à se dédire. Tout cela et cent autres choses faciles au temps du procès sont impossibles aujourd'hui ; la génération d'alors est toute passée. Nous ne pouvons nous servir que des préjugés ou des livres qui nous restent de ce temps-là. Voyons un peu ce que les fauteurs de ce maréchal pourraient dire à ceux qu'ils voudraient persuader de son innocence, et qu'ils trouveraient fort résolus à ne rien admettre que sur de bonnes preuves.

Ils diraient : 1°. que le public fut alors persuadé, et l'est encore, que le maréchal de Marillac n'était coupable que d'avoir déplu au cardinal ; 2°. qu'il est de notoriété publique que ce cardinal était si vindicatif qu'il n'épargnait rien pour satisfaire son ressentiment ; 3°. que son crédit était tel qu'il pouvait venir à bout de tous ses desseins ou par promesses ou par menaces ; 4°. que la procédure fut accompagnée de tant d'irrégularités toutes injustes et propres à opprimer les plus innocens, que cela suffit pour montrer que le maréchal n'était point coupable ; 5°. que sa mémoire fut rétablie par arrêt du parlement de Paris, après la mort du cardinal de Richelieu. La plupart des gens disputent si peu le terrain à ceux qui leur veulent persuader certaines choses, qu'ils acquiesceraient sans difficulté aux cinq raisons que l'on vient de voir. Mais il y a certains esprits de petite foi et fort durs à la détente en fait de persuasion, qui ne trouveraient point là de justes motifs de croire.

I. Ils répondraient à la première raison, que le sentiment public ne saurait être plus suspect en nulle rencontre que dans celle-ci. Le cardinal de Richelieu s'était rendu si odieux par toute la France, qu'on croyait sans aucune peine et sans aucun examen tout le mal qu'on entendait dire de sa conduite. Il était dans un poste où il est très-rare de n'être point exposé à la médisance et à la haine des peuples, et il s'y comportait d'une manière à s'attirer une infinité d'ennemis ; car il augmentait de jour en jour l'autorité souveraine, il faisait punir les grands qui osaient se soulever et cabaler. C'était les tirer d'une mauvaise coutume qui leur était fort agréable, et qui leur avait été utile assez souvent. Il foulait les peuples beaucoup plus qu'on n'avait fait sous les autres règnes. En un mot, le joug de l'autorité royale, toujours trop pesant au gré des peuples, l'était devenu plus que jamais sous son ministère. On avait donc toutes les dispositions imaginables à juger très-mal de sa personne, et l'on avalait avec joie, et comme une espèce de restaurant, toutes les satires, toutes les plaintes, tous les murmures qui couraient contre sa réputation. La France était alors toute pleine de mécontens ; ce que l'on avait appelé autrefois le *Catholicon*, et qui avait fait tant de ravages, avait laissé des racines qui subsistaient encore. La plupart des dévots et tous les bigots enrageaient de ce que le cardinal soutenait les protestans de Hollande et d'Allemagne, et empêchait la maison d'Autriche de les subjuguer. Faisait-il du bien à certaines gens, on les en trouvait indignes : les persécutait-il, on les plaignait, et l'on déplorait l'indignité de leur sort (2)? Quelles relations ne fit-on pas des dernières heures de ceux qu'il fit condamner? Quel fut le soin de recueillir tous leurs discours de piété, tous leurs actes d'amour de Dieu? Il semblait qu'on eût dessein de grossir le martyrologe, ou d'imiter ce Fannius dont j'ai parlé en un autre endroit (3). On ne parlait de l'exécution de Lyon qu'en style de plainte. Cela était fort légitime à l'égard de M. de Thou, mais pour ce qui regarde M. de Cinq-Mars, il ne fallait pas se contenter de le plaindre, il fallait aussi détester sa vanité, son ingratitude et sa rébellion. Or, puisque les dispositions du public étaient de cette nature envers le cardinal de Richelieu, ceux qui ne veulent croire que ce qui est soutenu de bonnes preuves, ne se lais-

(2) *Voyez*, tom IX, pag. 449, citation (41) de l'article LOUIS XIII.
(3) Tom. VI, pag. 394, remarque (A) de l'article FANNIUS.

seront jamais gagner par cet argument : *L'opinion générale est que le maréchal de Marillac n'a été coupable que d'avoir déplu au cardinal, donc il n'a été coupable que de cela.*

II. La seconde raison n'a rien qui soit convaincant, puisque l'expérience de toutes les tyrannies nous fait connaître que les malhonnêtes gens tombent quelquefois dans la disgrâce d'un mauvais prince, ou d'un favori assez injuste pour sacrifier à sa vengeance tout ce qui a le malheur de lui déplaire. Lisez bien Tacite et les autres relations du même temps, vous trouverez des criminels parmi ceux qui furent punis sous Tibère et sous Néron. Les délateurs s'attaquèrent quelquefois à des personnes de mauvaise vie, et qu'il fut aisé de convaincre des crimes dont on les accusait. Vouloir donc conclure de ce qu'un tel a perdu la tête sur un échafaud sous un mauvais règne, qu'il était innocent, c'est admettre des conséquences trompeuses, et jouer à être la proie d'un grand sophisme. A plus forte raison se faut-il garder de cette espèce de raisonnement, lorsqu'il s'agit de Louis XIII, qui était un très-bon roi, et dont le premier ministre, quelque violent et vindicatif qu'il fût, était obligé à garder plus de mesures qu'on n'en garde dans un état tyrannique.

III. On peut répondre à la troisième raison la même chose qu'à la précédente. Ceux dont le pouvoir a été si grand, qu'ils ont trouvé assez de témoins et assez de juges pour faire perdre la vie à des gens de bien, ont eu quelquefois des ennemis qui étaient des scélérats, et qu'ils envoyaient au supplice sans rien faire qui ne fût conforme au droit et à la raison. Ainsi, quand le cardinal de Richelieu aurait été cent fois plus injuste et plus puissant qu'il ne l'était, on n'en pourrait point conclure l'innocence d'aucun de ceux qu'il fit condamner; car peut être tirerait-on cette conclusion en faveur d'une personne qui serait du nombre de ces coupables qui périssent quelquefois au tribunal des tyrans. Il faut donc renoncer à la voie des préjugés et examiner chaque procès en particulier. C'est le seul expédient de connaître si un tel et un tel sont des victimes innocentes sacri-

fiées à la colère du cardinal de Richelieu.

IV. Nous voici à ce grand et unique expédient. Les personnes dont je parle, qui examinent à la rigueur ce qu'on leur propose à croire, demanderaient qu'on leur prouvât les irrégularités criantes de la procédure des commissaires qui condamnèrent notre maréchal ; et dès qu'on leur aurait répondu que tous ceux qui en pouvaient rendre témoignage sont morts : comment savez-vous donc ce fait-là ? répliqueraient-ils. On les renverrait sans doute à deux imprimés, dont l'un a pour titre : *Relation véritable de ce qui s'est passé au jugement du procès du maréchal de Marillac, prononciation et exécution de l'arrêt contre lui donné par les commissaires de la chambre établie à Ruel, et de ses dernières paroles et actions devant et sur le point de sa mort;* et l'autre est intitulé : *l'Esprit bienheureux du maréchal de Marillac, et sur le libelle intitulé :* Relation de ce qui s'est passé au jugement de son procès; prononciation et exécution de l'arrêt donné contre lui, etc. On ne connaît point l'auteur de ces deux premiers imprimés, et l'on sait que le troisième est l'ouvrage de M. du Châtelet, homme distingué par sa naissance et par ses charges (4); car il a été avocat général au parlement de Rennes, maître des requêtes, conseiller d'état ordinaire, et intendant de justice dans l'armée royale. Son écrit donc doit être censé de plus de poids que des pièces anonymes que l'on voit dans le recueil de ce qui fut publié pour la défense de la reine-mère. Or nous voyons que M. du Châtelet nie et réfute tout ce qu'on avait allégué de procédures injustes et irrégulières, et qu'il soutient que les plus exactes formalités furent observées dans le jugement du maréchal de Marillac. A moins donc que l'on ne nous prouve qu'il avance des faits faux, et qu'il nie des faits véritables, nous ne pouvons pas acquiescer aux deux pièces anonymes. Une chose qu'il ne nie pas, et que nous savons très-certainement, c'est que M. de Marillac ne fut point jugé au parlement de Paris, mais par une

(4) *Voyez l'Histoire de l'Académie française*, pag. 246, 247, *édit. de Paris*, 1672.

chambre de commissaires. C'est un fort grand préjugé au désavantage du cardinal : on sait bien de quoi sont capables les juges créés extraordinairement , et choisis parmi les parties adverses des accusés (5). Cependant, puisque nous cherchons des preuves incontestables, ou plus fortes pour le moins que de grandes présomptions, nous ne prétendons pas que cela nous détermine à prononcer que le maréchal était innocent. Nous avons des exemples sous ce règne-là qui prouvent que des commissaires choisis par le cardinal de Richelieu firent tout ce qu'on eût pu attendre du tribunal le plus intègre du monde. Ceux qui jugèrent M. de Cinq-Mars suivirent dans la dernière ponctualité la pratique criminelle (6). M. de Laubardemont, qui passe pour avoir été entièrement dévoué aux passions du cardinal, fut le rapporteur du procès. Son rapport a été imprimé (7) : on ne peut rien voir, ni de plus net, ni de plus exact, ni de plus conforme aux règles. Le fait fut conduit à la dernière évidence ; et après cela, il n'y avait point de bons juges dans le royaume qui eussent pu opiner autrement que firent les commissaires qui condamnèrent Cinq-Mars. On a vu dans le règne suivant une chambre extraordinairement créée pour juger M. de Fouquet, et l'on n'a point eu raison de dire qu'elle ait opprimé l'innocence. Encore moins le peut-on dire de celle qui instruisit le procès de M. de Luxembourg, et qui le jugea. Si l'on s'arrêtait aux préjugés , on en trouverait de favorables au cardinal de Richelieu, à l'égard des commissaires du maréchal de Marillac. Le premier homme de robe, le garde des sceaux fut mis à leur tête. Ils étaient ou maîtres des requêtes, ou présidens , ou conseillers au parlement de Bourgogne , etc. Ils renvoyaient au conseil d'état la plupart des incidens, et ne passaient outre qu'en vertu des arrêts de ce conseil ; de sorte que pour supposer que le maréchal de Marillac a été une victime in-

nocente , il faut supposer que ses juges au nombre de vingt-trois, et la plupart des conseillers d'état, avaient conspiré la ruine d'un innocent. Cela est dur à supposer : le sens commun nous porte plutôt à croire qu'un guerrier a commis des malversations, qu'à croire qu'un si grand nombre de tels magistrats s'accorde à condamner un innocent (8). Notez , je vous prie , qu'encore que dix des juges n'opinassent pas à la mort, tous le trouvèrent coupable. Je m'en rapporte à ce narré de M. du Châtelet : *Après que chacun des juges , dit-il , avec une égale affection de faire justice , eût appuyé son opinion par toutes les meilleures raisons que le sujet pouvait fournir , et que par l'espace de deux jours , les lois et les preuves eurent été bien disputées, toutes les voix se réduisirent à ces deux avis. Treize le jugèrent digne de mort, et dix lui faisant perdre l'honneur , les charges et les biens , lui laissèrent la vie pour supplice dans un bannissement perpétuel ou bien dans une prison, au choix du roi, et en tel lieu qu'il plairait à sa majesté le faire garder, ainsi qu'il a souvent été pratiqué pour telles personnes (9).* L'un des apologistes du maréchal de Marillac confesse que le cardinal *mêla parmi les nouveaux commissaires trois ou quatre personnes d'une grande intégrité ; ce qu'il fit ,* ajoute-t-on , *pour mieux couvrir son jeu, lorsqu'il crut que sa partie était si bien faite que les voix de la condamnation emporteraient celles de l'absolution* (10). N'est-ce pas reconnaître que trois ou quatre personnes d'une grande intégrité le jugèrent digne du bannissement perpétuel ou d'une prison perpétuelle ? Est-ce ainsi qu'un homme de bien opine contre celui qu'il croit innocent? Enfin, j'observe que de tant de gens que le cardinal de Richelieu persécuta, qu'il fit bannir ou emprisonner, il y en eut peu qu'il mit en justice. C'est une marque qu'il ne se

(5) *Voyez* , tom. *VII*, pag. 200, la remarque (F) *de l'article* GRANDIER.

(6) *Voyez* , *à la fin des* Mémoires de Montrésor , *les avis et les instructions que le cardinal de Richelieu donnait touchant ce procès, et la conduite que tinrent les juges.*

(7) *Voyez les mêmes* Mémoires de Montrésor.

(8) *Notez qu'on ne donne pas ceci pour règle: on sait bien qu'il est arrivé à plusieurs juges de se laisser corrompre : on s'arrête ici aux circonstances de ce procès particulier.*

(9) Du Châtelet , Observations sur la vie et la condamnation du maréchal de Marillac , *pag.* 806, 807 , *du* Recueil de diverses pièces pour servir à l'Histoire, *édition de* 1643 , *in-4°.*

(10) L'Esprit bienheureux du maréchal de Marillac , *pag. m. fin.*

sentait pas assez fort pour trouver des témoins et des commissaires à sa poste; il ne faisait donc créer des commissions, que lorsqu'il savait que la conduite d'un ennemi, celle de Saint-Preuil, par exemple, fournirait des preuves aux commissaires,

Il se présente deux objections qui méritent d'être discutées. On peut m'alléguer, 1°. qu'il ne faut point considérer comme en équilibre l'écrit de M. du Châtelet, et les deux pièces anonymes que j'ai citées ; 2°. que l'iniquité du cardinal est du moins visible en ce qu'il fit condamner à la mort un maréchal de France, pour des fautes qui ne méritaient pas une si rude punition, et qu'il laissait impunies quand les gens ne lui avaient pas déplu.

Sur la 1re. de ces deux difficultés il faut que j'observe que ce n'est pas sans raison que je prétends que l'écrit de M. du Châtelet égale les deux écrits anonymes. Je sais bien que, devant être l'un des juges, il fut récusé comme l'auteur d'une satire très-piquante contre MM. de Marillac, et que le maréchal sur la sellette lui fit des reproches très-capables de l'irriter (11). Je sais de plus qu'il se reconnut pour bien récusé, et qu'il n'assista point au jugement, et qu'il fit dans la prison les remarques que j'ai citées ; qu'il les fit, dis-je, afin de se réconcilier avec la cour , et qu'elles servirent à le remettre en liberté (12). C'était donc un homme, me dira-t-on, qui écrivait d'un côté pour satisfaire sa haine, et de l'autre pour gagner les bonnes grâces du cardinal de Richelieu. Mais , je je vous prie, par quels motifs prenait-on la plume en travaillant aux deux pièces que je balance avec celle de M. du Châtelet? N'avait-on pas une extrême haine contre ce cardinal, et une passion ardente de favoriser le maréchal de Marillac ? Doit-on moins se défier d'un écrivain d'invectives que d'un écrivain flatteur ? Pensez-vous que ces fugitifs qui écrivaient à Bruxelles , pour la reine-mère (13) , assurés de faire leur cour aux Espagnols en déchirant le cardinal , et animés d'une colère excessive de voir que les avantages qu'ils avaient attendus en s'attachant aux intérêts de cette reine, s'en étaient allés en fumée par la supériorité qu'avait eue le cardinal ; pensez-vous, dis-je, que ces écrivains soient plus croyables que ceux qui étaient aux gages de ce premier ministre , et qui l'encensaient? Ce n'est point être partial que de les tenir pour aussi suspects les uns que les autres.

La satire et la flatterie sont les deux pestes de l'histoire, ce sont deux sources qui empoisonnent les relations des événemens humains; mais on peut dire que la contagion d'une plume médisante et dirigée par la haine et par le ressentiment est plus pernicieuse à l'histoire que la contagion des panégyristes. Un des plus célèbres historiens de l'antiquité remarque, que les histoires que l'on avait de Tibère , de Caligula, de Claude et de Néron, n'étaient point fidèles , parce qu'elles avaient été écrites, ou de leur vivant, ou un peu après leur mort, celles-là par des personnes que la crainte faisait mentir, celles-ci par des personnes dont la haine toute fraîche produisait la même infidélité (14). Il remarque en un autre lieu , que la vérité avait été corrompue d'un côté par les flatteurs des princes , de l'autre par les mécontens du gouvernement, et que les uns et les autres s'étaient fort peu mis en peine d'instruire la postérité ; car il fallait que les lecteurs se déterminassent à choisir , ou un historien officieux, ou un historien ennemi : mais on se garantit plus aisément de l'imposture d'un flatteur , que de celle d'un critique ; on se dégoûte promptement des plumes vénales, et l'on se repaît avidement de la médisance et de l'envie. On regarde la flatterie comme une lâche servitude; et la malignité d'un écrivain comme un généreux amour de la liberté. Il est impossible de penser plus juste ; c'est pourquoi je donne ici l'original d'une observa-

(11) *Voyez la* Relation du procès et condamnation du maréchal de Marillac, pag. 7.

(12) *Voyez* l'Hist. de l'Acad. française, p. 248.

(13) *Notez que les deux pièces anonymes dont je parle sont imprimées dans le* Recueil des Pièces pour la Défense de la reine-mère.

(14) *Tiberii, Caiique , et Claudii , ac Neronis res , florentibus ipsis , ob metum falsæ; postquàm occiderant , recentibus odiis compositæ sunt.* Tacit., Annal., lib. I, cap. I.

tiou si sensée (15): *Postquàm bella-
tum apud Actium , atque omnem
potestatem ad unum conferri pacis
interfuit; magna illa ingenia cessére.
Simul veritas pluribus modis infrac-
ta, primùm inscitiâ reipublicæ ut alie-
næ, mox libidine assentandi , aut
rursùs odio adversùs dominantes. Ita
neutris cura posteritatis , inter infensos vel obnoxios. Sed ambitionem
scriptoris facilè adverseris : obtrecta-
tio et livor pronis auribus accipiun-
tur. Quippè adulationi fædum crimen servitutis, malignitati falsa species libertatis inest.* Il est certain, ordinairement parlant, que les éloges
flatteurs tombent avec ceux pour
qui on les avait faits, et que la postérité n'y est pas trompée ; mais
qu'une histoire critique des grands ,
composée avec une malignité bien
conduite, ne se perd pas. Cette espèce de mensonge impose bien plus que
l'autre aux siècles suivans : son acti-
vité est éternelle. Les flatteurs mêmes
recueillent cela comme de la manne
plusieurs siècles après, et s'en servent
pour relever le mérite de leurs héros.
Ils les louent sans mesure ; mais pour
faire accroire qu'ils n'aiment pas à
flatter, ils déchirent sans miséricorde ceux qui ne sont plus en vie. Ils
prennent le contre-pied des vieillards
(16). M. le Laboureur a découvert ce
tour de souplesse dans quelques auteurs de son temps. *Si je cherche ,
dit-il* (17), *chaque bon ou mauvais
héros jusque dans son berceau , je
le suivrai et je l'épierai encore dans
ses actions particulières , aussi-bien
que dans celles qui ont paru grandes
aux yeux de son siècle : parce que
c'est le seul moyen de détruire tout
ce que la flatterie a érigé d'injustes
monumens, et de rompre ou de déshonorer le malheureux commerce
d'un grand nombre de plumes dédiées
à un intérêt servile et déshonnête ,
qui ont l'imprudence d'adresser à la
postérité ce qu'ils n'ont fait que pour*
une saison. *Nous en avons toute sorte d'exemples , mais je n'en trouve
point de plus condamnable que celui
de quelques écrivains assez modernes,
qui pour feindre d'avoir été violentés par la vérité, quand ils ont parlé
à l'avantage de quelques personnes
odieuses ou d'un mérite fort douteux,
qui n'avaient rien de plus louable que
d'être vivans et en pouvoir de leur
bien faire, affectent de déchirer ailleurs les sujets les plus accomplis
dont ils n'ont rien à craindre ni à
espérer ; les traitent d'un style de
satire plutôt que d'histoire, et répandent gratuitement sur leur mémoire
tout le venin dont une lâche et avare
médisance peut être capable.*

Disons quelque chose sur la 2ᵉ. difficulté , et tombons d'accord qu'il y
a beaucoup d'apparence que si le
maréchal de Marillac n'eût point tâché de ruiner le cardinal , il n'aurait
eu rien à craindre d'une chambre de
justice ; et que s'il se fût attaché aux
intérêts du cardinal , son péculat et
ses concussions n'eussent point nui
aux progrès de sa fortune. Il était
peut-être moins coupable que tel et
tel dont non-seulement les fautes demeurèrent impunies, mais aussi dont
les services furent amplement récompensés à la recommandation de son
ennemi. Il représenta à ses juges ,
que tout ce dont on l'accusait consistait en faits si peu considérables ,
qu'on les pourrait objecter à quiconque aurait eu le moindre commandement dans les armées (18); et il dit ,
le jour de son exécution , que c'était
chose étrange de l'avoir poursuivi
comme on avait fait , ne s'agissant
dans tout le procès que de foin , de
paille , de pierres , de bois , et de
chaux ; et qu'il n'y avait pas en tout
cela de quoi faire fouetter un laquais
(19). M. du Châtelet réfute cela d'une
manière très-forte (20) ; mais il est sûr
que pour l'ordinaire ceux qui commandaient les troupes en ce temps-
là se servaient de mille moyens injustes de s'enrichir. Il fait une remarque qui tend à ceci ; c'est que les
fautes de ce maréchal seraient de-

(15) *Idem*, Histor., lib. *I*, cap. *I*.

(16) Horace, de Arte poeticâ, *vs. 173, dit
que les vieilles gens louent le passé et blâment
le présent.*

.... Laudator temporis acti,
Se puero, censor, castigatorque minorum.

(17) Le Laboureur, *préface de l'Histoire de
Charles VI , folio eiij verso. Conférez ce qui est
dit dans les* Nouvelles de la République des
Lettres, juin 1686, art. *I, à la fin.*

(18) Relation du Procès du maréchal de Marillac, pag. 8.

(19) *Là même*, pag. 18.

(20) Du Châtelet, Observations sur la vie et
la condamnation de M. de Marillac, p. 821, 822.

meurées impunies, s'il n'eût encouru par d'autres endroits l'indignation de la cour. Pesez bien ces paroles (21) : « Tous les états les plus rigoureux » ont souffert que les crimes com- » muns fussent dissimulés ès person- » nes principales : l'éclat et le relief » qu'elles ont, et les bonnes grâces » du maître qui s'y joignent le plus » souvent, couvrent les délits ordi- » naires : mais s'il arrive que la ma- » lice et la méconnaissance éteignent » les faveurs qu'elles ont, elles se » rendent semblables aux moindres » du royaume ; leurs fautes parais- » sent égales, et deviennent capables » des peines ordonnées contre les » autres sujets. Tous les hommes » employés aux grandes charges n'y » viennent que par la grâce du sou- » verain, en la main de qui toutes » les lois sont des feux éclatans, » pour remplir de lumière ceux » qu'il lui plaît, et consommer les » autres, quand bon lui semble. Les » rencontres des larcins et des mau- » vaises intrigues ont accablé ce- » lui-ci. » Cela veut dire que l'on eût fermé les yeux sur de semblables concussions commises par un autre maréchal de France dont le reste de la conduite eût tendu au bien de l'état ; mais que les factions de celui-ci ne tendant qu'à semer la division dans la famille royale, au profit des Espagnols (22), on se crut en droit de l'abandonner aux rigueurs de la justice. Parlons franchement. Ceux qui formèrent des factions auprès de Marie de Medicis étaient indignes d'excuse ; car, au lieu d'entretenir cette princesse dans la passion de dominer, on devait lui conseiller de se tenir en repos. Elle avait assez goûté de la royauté pendant la vie de son mari, et jusques à la majorité de son fils. Le voyant majeur et marié, elle ne devait plus songer qu'à la con- dition tranquille d'une reine douai- rière, sans vouloir prescrire à Louis XIII le choix de tels ou de tels minis-

tres, et se quereller avec eux. Je crois qu'on eût pu lui appliquer ce que Tibère dit un jour à la veuve de Germanicus : Vous comptez pour une injure tout ce qui vous empêche de régner : *Nurum Agrippinam, post mortem mariti, libertius quiddam questam, manu apprehendit : græcoque versu, si non dominaris, injuit, filiola, injuriam te accipere existimas* (23). La Gazette de Paris contient une chose singulière tou- chant les raisons qui engagèrent le roi à n'accorder point de lettres de grâce en cette rencontre. *La mort du maréchal de Marillac*, (c'est ainsi que le gazetier s'exprima dans l'arti- cle de Bruxelles, daté du 15 mai 1632) *fait ici parler diversement. Toutefois la plus constante opinion est que ceux qui ont écrit, sous les noms de la reine-mère et de monsieur, les lettres plei- nes de menaces adressantes à ses juges pour les intimider, au lieu de lui servir, ont été causes de sa ruine. D'autant qu'elles ont empêché le roi de lui donner sa grâce, et comme con- traint sa majesté de l'abandonner à sa justice, au lieu des effets de sa clé- mence, qu'il eût éprouvée si sa majesté n'eût appréhendé avec grande raison qu'on imputât à faiblesse et à crainte, ce qui n'eût été dû qu'à sa miséri- corde* (24).

Quant à la question, si le péculat peut être puni du dernier supplice, je vous renvoie à monsieur du Châ- telet (25), qui a soutenu que le juge- ment du maréchal de Marillac n'ex- céda point la rigueur des lois. C'est un article qu'on a de la peine à lui passer ; et l'on approuverait beaucoup mieux qu'on ne l'approuve ce juge- ment-là, si on le trouvait conforme à celui qui fut rendu à monsieur de Fouquet. On publia au temps du pro- cès de celui-ci un savant ouvrage sur le péculat.

Si l'on considère qu'encore aujour- d'hui il se trouve des auteurs qui dé- cident pour l'innocence de monsieur de Marillac (26), on ne trouvera pas

(21) Du Châtelet, Observations sur la vie et la condamnation de M. de Marillac, p. 804, 805.

(22) *Après toutes les lumières et les fortes conjectures que sa majesté put avoir, qu'il était en partie coupable des troubles et de la division qui se commençait en France pour le seul avan- tage des étrangers, un autre que ce fidèle histo- rien, ou quelqu'un de ses complices, trouvera- t-il injuste qu'on l'ait poursuivi de cette sorte ?* Là même, pag. 823.

(23) Sueton., in Tiberio, cap. LIII.
(24) Gazette de Paris, du 24 de mai 1632, pag. 24, édition de Rouen, in-8°.
(25) Du Châtelet, Observations sur la vie et la condamnation de M. de Marillac, p. 807 et suiv.
(26) Voyez, tom. IX, pag. 448, citat. (35) de l'article de Louis XIII, ce que j'ai cité des Mémoires d'Artagnan, et joignez-y ces paroles

mal convenables à un dictionnaire critique les discussions que je viens de proposer dans toute cette remarque; car il est plus utile qu'on ne se figure d'accoutumer ses lecteurs à ne pas laisser entraîner aux jugemens populaires sur la conduite des souverains. Il est surtout dangereux de s'y tromper lorsqu'on apprend que les opinions communes se fortifient par je ne sais quels apophthegmes débités sous un grand nom. Nous voici dans le cas : lisez ce qu'un habile homme vient de publier. « Ce fut » sous prétexte de péculat, que le » cardinal de Richelieu fit couper la » tête au maréchal de Marillac. On » alléguait contre ce seigneur, qu'il » avait employé les deniers du roi en » de superbes bâtimens dans sa belle » terre de Tournebu. Cette belle » terre, d'environ deux mille livres » de rente, est située en Normandie » sur le bord de la Seine, entre Vernon et Andely. M. de Marillac, » qui la tenait de ses pères, avait » entrepris d'y bâtir une maison » « d'environ dix ou douze mille écus, » qu'il a laissée imparfaite. Un jour le » prince de Condé, aïeul de M. le » prince d'aujourd'hui, passant de-» vant cette magnifique maison à » moitié bâtie, et qui n'a ni portes » ni fenêtres, s'arrêta tout court, et » l'ayant considérée, dit aux gentils-» hommes de·sa suite : *On allègue* » *ce bâtiment pour faire couper le* » *cou à Marillac ; mais il n'y a pas* » *de quoi faire donner le fouet à un* » *page* (27). » Voyez comment on promène ce bon mot. Quelques-uns l'attribuent au cardinal de Richelieu (28), d'autres à M. de Marillac même (29), et d'autres au prince de Condé. Si ce prince parla de la sorte, il ne se piqua guère d'exactitude ; car il supposa que ce bâtiment fut la base des accusations qui firent perdre la vie au maréchal de Marillac, et peut-être que dans tout le cours du pro-

cès, il ne fut rien dit de particulier touchant la maison de Tournebu. Les juges ont bien affaire de s'informer d'une dépense à venir; et ce serait une belle chose que de condamner un homme pour un bâtiment qui n'est pas encore fait. Mais qu'est-il besoin de dispute? On n'a qu'à lire l'arrêt rendu par les commissaires, on verra qu'ils se fondèrent sur tout autre chose que sur un dessein de bâtiment.

(B) *Il donna dans les yeux d'une fille de la reine.*] Voici la suite des paroles de M. du Châtelet (30) : « Sortie d'une branche de la maison » de Médicis, auparavant que la » couronne de Florence y eût entré. » Elle était pauvre, médiocrement » belle, et déjà divers desseins de » trouver une alliance plus advanta-» geuse avaient mal réussi. Les appa-» rences de ne rencontrer pas mieux, » et la peur, encore plus légitime » pour une étrangère que pour une » autre, de vivre à la suite avec » cette fâcheuse qualité de vieille » fille, la résolurent à l'épouser. Il » est vrai que ce contrat ne fut pas » bien difficile, puisqu'elle n'avait » pour bien que le nom, et que son » amoureux ne pouvait payer que de » mine et de galanterie. Mais ils fi-» rent ensemble un fonds de grandes » espérances, et joignirent aux adres-» ses naturelles d'une Italienne éle-» vée dans la cour, les fourbes et les » détours d'un homme qui, depuis » quinze ans, y avait appris tous les » arts de tromper et de paraître ce » qu'il n'était point. » Cette dame mourut pendant le procès de son mari. J'en vois la preuve dans le discours que le maréchal fit à ses juges. Il leur représenta *les devoirs où feu la dame maréchale sa femme s'était mise pour avoir accès auprès du roi, par le moyen et la permission de M. le cardinal de Richelieu ;* et il ajouta qu'elle *avait été inhumainement rebutée, exilée, et pirement traitée qu'en pleine Barbarie, puisqu'elle avait été contrainte de se retirer en un village, dans une maison, empruntée, où elle était morte de déplaisir, et presque sans secours* (31).

de la page 50 *du même livre :* Le maréchal de Marillac, quoiqu'il ait péri malheureusement, n'en est pas moins recommandable par mille honnêtes (*lisez parmi les honnêtes*) gens qui savent de quelle manière arriva son malheur.

(27) Vigneul Marville, Mélanges d'Histoire et de Littérature, *tom. II, pag.* 15, *édition de Hollande,* 1700.

(28) *Voyez,* tom. IX, *pag.* 449, *citat.* (42) *de l'article* LOUIS XIII.

(29) *Voyez ci-dessus,* citation (19).

(30) Du Châtelet, Observations sur la vie et la condamnation de Marillac, *pag.* 770, 771.

(31) Relation véritable de ce qui s'est passé au procès du maréchal de Marillac, *pag.* 8 et 9.

Le contrat de ce mariage est du 20 de décembre 1607. Ils n'eurent point d'enfans (32).

(C) *Le marquis* d'Ancre, *devenu maréchal de France,.... lui fit espérer une belle récompense.*] M. du Châtelet paraphrase cela malignement. Le nouveau maréchal de France, dit-il (33), *prit le commandement des armées sans y aller : et pour faire croire qu'il était maître en un métier qu'il n'avait jamais appris , se fit instruire en secret par Marillac, de l'ordre et de la police de la guerre. Après un mois de conférence, ils demeurèrent tous deux si contens l'un de l'autre , et si fort satisfaits de leur courage et de leur capacité, qu'ils furent bientôt persuadés de pouvoir tout entreprendre sûrement. Ce maître d'école militaire, qui ne prétendait que se faire riche , et qui savait les moyens de profiter dans la dépense de la guerre, demanda pour première faveur à son disciple d'être commissaire général, avec un pouvoir qui lui rendait tributaires ceux qui commandaient, ou qui payaient les troupes, en leur ôtant tous les moyens de butiner sans lui. Cette belle charge, qu'il voulait rendre de si bon revenu, lui était assurée, si la mort du maréchal d'Ancre n'eût arrêté ce dessein , avec beaucoup d'autres.*

(D) *Il se rétablit auprès de la reine-mère , et fut fait maréchal de camp au Pont-de-Cé.*] La paraphrase qui suit n'est pas moins maligne que la précédente : « Le destin de la dis-» grâce, qui fait admettre et em-» ployer toutes sortes de gens, les » larmes de sa femme, les avis et » petits services que le parti recevait » de l'autre Marillac, son frère, aidé » par le ministère de quelque reli-» gieuse correspondance, firent ou-» blier toutes les choses passées. Il » avait le ton et la morgue d'homme » de commandement: il savait parler » de retranchemens, demi-lunes, et » redoutes , et se trouva là parmi » tant de jeunes gens, qui les eussent » mieux défendues que tracées , que » faute d'autre et d'être bien connu ,

» il fut fait maréchal de camp au » Pont-de-Cé. L'expérience découvrit » bientôt par l'entreprise, l'exécu-» tion et la garde des travaux, toutes » également mauvaises, qu'il était » beaucoup moins soldat et capitaine » sur le terrain que sur le papier.... » La mauvaise opinion que les gens » de guerre avaient eue de sa valeur » en sa jeunesse, ne devint pas meil-» leure après la perte du combat au » pont-de-Cé , qu'ils attribuèrent à » son étonnement , et à son peu » d'expérience (34). » Voyez la note (35).

(E) *Avec un ordre de pourvoir... aux vivres.*]« Il l'exécuta si mal, que » l'appui qu'il avait de la reine-» mère , et le crédit de son frère » qui devenait plus puissant de jour » en jour, n'empêchèrent pas qu'il » ne fût accusé dès lors auprès du » roi, de malversations et de larcins. » Il eut recours par lettres en cette » première attaque, au cardinal ; et » depuis on a fait voir dans son pro-» cès, la réponse du 7 avril 1625, » pleine de marques de son amitié. » Elle contenait une assurance d'a-» voir levé de l'esprit du roi cette » mauvaise impression, et lui don-» nait avis de se conduire si bien à » l'avenir, que ces aides-là ne lui » fussent plus nécessaires (36). »

(F) *Ce fut aussi le commencement de ses voleries.*] Commencement qui eut des suites continuelles , si l'on en croit notre auteur : *Et se trouvera,* dit-il (37), *quelque publication de son innocence que l'on ait voulu faire, que désormais jusques à sa prison , il n'a disposé, ordonné, ni traité d'aucune affaire d'argent pour sa majesté, qu'il n'y ait pratiqué tous les moyens possibles d'y profiter.* Le détail qu'il donne sur cela est effroyable : on y voit des malversations si outrées et si sordides, que M. du Châtelet s'est cru obligé de satisfaire à une objection qui se présentait naturellement,

(32) *Le père* Anselme , Histoire des grands Officiers , *pag.* 252.

(33) Du Châtelet , Observations sur la vie et la condamnation de Marillac , *pag.* 771.

(34) *Là même, pag.* 772.

(35) *Notez que le Pont-de-Cé , place sur la Loire , fut attaqué et pris par le roi, le 8 d'août 1620 , sur les troupes de la reine mère, qui s'était déclarée pour les mécontens.* [D'Avrigny , cité par Joly, prétend que la prise du Pont-de-Cé est du 7 août.]

(36) Du Châtelet, Observations sur la vie et la condamnation de Marillac, *pag.* 773.

(37) *Là même.*

vu que d'ailleurs il représentait ce maréchal comme un seigneur avide de gloire. « Il semblerait, *dit-il* (38) , » à ne prendre que l'écorce de ce » discours , qu'il ne peut être fait » pour un même homme : on y voit » la bassesse de toutes sortes de vile- » nies, et les hautes pensées de l'hon- » neur et des charges ; on y trouve » aussi que Marillac a mis la main » aux choses grandes , et l'a portée » en même temps à la gorge des pau- » vres paysans pour en arracher le » bien. Néanmoins il est aisé à com- » prendre que ce furent les fruits » d'une même racine , et qu'il put » être capable de ces deux extrêmes, » à qui se voudra souvenir que le » fond de son esprit était malicieux » et superbe, et qu'il fallait pour » soutenir le fait de son ambitieuse » pauvreté, qu'il eut recours aux or- » dures qui déshonorent sa vie. Aussi » qu'étant mené plus vite que ses » propres espérances ne marchaient, » il fut emporté par le courant impé- » tueux de sa faction , où les femmes » et beaucoup de gens incapables de » la guerre eurent tant d'autorité , » que lui qui prévalait de mine , de » parole , et de bruit, acquit facile- » ment l'opinion d'une grande valeur » auprès d'eux, qui n'avaient aucune » expérience de son métier. »

(G) *Il se trouva à la défaite des Anglais dans l'île de Rhé.*] Nous allons apprendre qui fut l'auteur d'une relation anonyme qui parut en ce temps-là. « Il est remarquable que » le garde des sceaux (39) se fit histo- » rien de ce qui se passa dans l'île à » la défaite des Anglais, pour en faire » avoir toute la gloire à son frère. Il » ne voulut pas y mettre son nom, » afin de rendre cette relation moins » suspecte , et lui donner plus de » créance contre la voix publique de » tous ceux qui repassèrent après le » combat. Il manqua bien de juge- » ment, en lui faisant cette grande » et seule harangue de son livre : car » outre que parmi les gens de guerre » il ne passait déjà que pour un » homme de langue , et de peu d'ef- » fet , il justifiait le nom que les sol- » dats lui donnèrent , de Marillac

» Pont-d'or , tant il avait de bonnes » raisons pour ne combattre jamais. » Il le fait se présenter aux ennemis » pour les reconnaître, en ces termes : » Qu'il en approcha malgré les salves » des pelotons avancés , qu'il lui » convint boire , sur quoi l'on disait » à la première lecture de ce pané- » gyrique , qu'il les avait trouvés de » mauvais goût, et qu'il n'y avait » jamais tâté que cette fois-là..... En » un mot, il veut qu'il soit l'auteur » de toutes les actions de courage et » de jugement, et ne laisse au maré- » chal de Schomberg que l'approba- » tion de ses conseils , et à Thoiras » les ouvertures téméraires et pleines » de vengeance de la mort de ses » deux frères. Néanmoins tout le » monde sait qu'après cette action , » que le roman de son frère lui attri- » bue toute, il fut plus décrié qu'au- » paravant, etc. (40). » Je supprime le reste ; c'est un trait trop satiri- que.

(H) *Il fit la sourde oreille aux ordres que le roi lui donnait d'amener son armée de Champagne en Italie.*] Sa désobéissance dura « jusques au » neuf ' ou dixième de septembre , » que les exprès commandemens du » roi, sous de grandes peines, le firent » partir. Il mandait à ceux de Paris » qu'il était là comme un bouclier » pour les garantir des forces de » l'empereur , qui n'attendait que » son éloignement pour entrer en » France. Il remplissait le royaume » de lettres écrites à ses amis, conte- » nant les causes de son retardement, » qu'il excusait auprès du roi, tan- » tôt par de fausses nouvelles, et » tantôt sur l'impuissance de tirer » les troupes des garnisons, sans » paiement des soldats et des com- » munautés qui les avaient nourris. » Ce délai produisait un si notable » dommage aux desseins du roi, que » toutes les délibérations de ceux » qu'il avait chargés des affaires et » de l'armée delà les monts, étaient » douteuses sur l'incertitude de sa » venue, qu'il promettait par une » dépêche, et la différait aussitôt » par une autre pour des raisons fri- » voles et trompeuses ; et pourtant » avec une telle perte d'hommes et

(38) *Là même*, pag. 793.

(39) *C'est-à-dire* Michel de Marillac, *frère de celui dont il s'agit dans cet article.*

(40) Du Châtelet, Observations sur la vie et la condamnation de Marillac, pag. 779.

» de temps que, s'il se fût rendu aux
» premiers jours de juillet à Suze,
» ainsi qu'il était facile, et qu'il en
» avait le commandement, le passage
» de Veillane eût été sans péril, et
» le secours de Cazal infaillible au
» commencement du mois d'août.
» S'il eût obéi comme il le pouvait,
» on ne fût point tombé dans les sai-
» sons de peste et de maladie mor-
» telle à vingt mille Français de tou-
» tes conditions, qui périrent en au-
» tomne ès plaines du Piémont. L'état
» des assiégés et de nos troupes n'eût
» point forcé les généraux de con-
» sentir, en septembre, aux Espa-
» gnols, l'entrée de la ville et du châ-
» teau, par une trêve que le seul
» événement rendit excusable, et le
» mauvais air de Lyon, envenimé de
» tant d'impuretés et de misères,
» n'eût point mis le roi dans le péril
» de la mort (41). On voit ici la confirmation d'une remarque que j'ai
faite ci-dessus (42), qu'il était du
bien et du service de Louis XIII, que
ses troupes fussent commandées par
les amis du cardinal de Richelieu;
car, n'y ayant rien de plus propre à
perdre ce premier ministre, on avait
lieu d'appréhender que les ennemis
de ce cardinal ne favorisassent, du
moins indirectement, les ennemis de
la France. Voyez· de quelle manière
MM. de Marillac firent en sorte que
l'expédition d'Italie, dont ils le
voyaient chargé, fût malheureuse(43).
Je veux croire qu'ils ne voulaient pas
les prospérités des Espagnols en tant
que telles, mais seulement comme le
moyen de faire tomber le premier
ministre. De quelque façon qu'ils les
voulussent, l'intérêt de la couronne
et le service de Louis XIII en souffraient.

(I) *L'engagement que l'aîné de ces
messieurs avait pris avec la ligue.*]
Les circonstances de cela sont très-
singulières. M. du Châtelet assure
qu'on représenta entre autres choses
au cardinal de Richelieu, *qu'il ne serait pas malaisé de faire croire l'in-*

gratitude et les déguisemens de Marillac le garde des sceaux : *qu'il serait facile de persuader que celui que
tout le monde a cru possédé d'une fureur si étrange que de signer la ligue
de son propre sang ; qui voulut de
Français être fait Espagnol ; qui de
conseiller au parlement de Paris, devint recors d'un procureur, pour emprisonner la plus illustre compagnie
du monde ; qui se départit de sa prétention de gentilhomme pour être député du tiers-état de la ligue, quoiqu'il fût officier en cour souveraine ;
qui de conseiller laï se fit assistant
comme clerc à la fulmination de la
bulle contre son roi ; et qui de ligueur
forcené devint domestique de la duchesse de Bar, et son confident jusques au prêche ; aurait pu prendre,
en cette occasion, tous les visages, les
changemens et les résolutions les plus
convenables à sa passion* (44). L'auteur qu'on réfute avait dit que le maréchal de Marillac recommanda à son
neveu de servir toujours bien le roi,
après Dieu toutefois. M. du Châtelet
critique cela. *Sur quelle autre modi-
fication,* dit-il (45), *était fondée la
rébellion de la ligue ? Bussy le Clerc,
Spartaque de notre âge, animé par la
présence et la fureur de maître Michel de Marillac qui l'assistait, usa-
t-il d'un autre prologue pour arracher
le sénat de son siége, et le traîner à
la prison ?*

(K) *On voit dans le Moréri que....
sa mémoire fut rétablie...... après la
mort de Richelieu.*] Les mémoires de
M. de Puységur, cités dans le Dictionnaire de Moréri, portent que le
jour même que le maréchal fut arrêté, le capitaine de ses gardes *lui proposa de le faire sauver,* et que le maréchal répondit que *quand il le pourrait, il ne le ferait pas ; qu'il ne craignait rien; qu'il avait toujours été
serviteur du roi; et qu'il lui ordonnait
de bien servir, et de dire à tous ses
amis d'en faire de même* (46). M. de
Puységur débite cela comme l'ayant
su depuis par M. de Marillac, en le
gardant à Pontoise. Ceux qui liront
ce qu'il rapporte quatre pages après,

(41) Du Châtelet, Observations sur la vie et la
condamnation de Marillac, *pag.* 793.
(42) *Tom.* IX, *pag.* 464, *remarque* (X) *de
l'article* LOUIS XIII.
(43) Du Châtelet, Observations sur la vie et
la condamnation de Marillac, *pag.* 789.

(44) *Là même, pag.* 796, 797. *Voyez aussi
pag.* 787 *et* 836.
(45) *Là même, pag.* 839.
(46) Puységur, Mémoires, *pag.* 83, *édition
de Hollande.*

ne jugeront pas que le Moréri nous instruise fidèlement, ni que M. de Marillac n'ait jamais eu intention de se sauver. Le roi voulut savoir de M. de Puységur s'il voulait répondre de ce maréchal, et le conduire dans la grande salle du vicariat de Pontoise. *Je dis*, ce sont les paroles de M. de Puységur (47), *que je n'en pouvais pas répondre; que M. le garde des sceaux de Marillac y avait une fille religieuse, qui était fort puissante et fort aimée; que je ne voulais pas me hasarder de le mener là; et qu'il y avait encore une autre raison qui m'en empêchait, que je ne lui voulais pas dire, et que le roi a sue depuis, qui était que, par l'intrigue de cette religieuse et de la reine-mère, M. d'Argouges, qui était à elle, m'avait voulu donner cent mille écus pour mettre M. de Marillac en liberté.*

L'autre observation de Moréri, savoir que le parlement de Paris a rétabli la mémoire du maréchal de Marillac, pourrait renverser ce que j'ai dit dans la première remarque de cet article, si ce parlement avait revu le procès, et déclaré que les juges qui condamnèrent le maréchal l'avaient opprimé volontairement, ou avaient été trompés par de faux témoins. Mais je ne saurais me persuader que l'arrêt du parlement de Paris contienne rien de semblable. J'avoue que je n'en sais point la teneur, et que je ne me souviens point d'avoir vu de livre, excepté le Dictionnaire de Moréri, où il soit fait mention de cela. Le père Anselme n'en dit rien; et cependant c'était un homme qui cherchait à obliger les familles dont il parlait. Le sens commun dicte que si le parlement de Paris avait déclaré le maréchal de Marillac innocent de tous les crimes pour lesquels il avait été condamné à mort, c'eût été imprimer une note d'infamie à ceux qui le condamnèrent, et principalement à M. de Châteauneuf, leur président. Cette flétrissure eût été si noire, si honteuse, si abominable, qu'on ne comprend pas que M. de Châteauneuf eût pu se montrer aux yeux du public : et néanmoins ce fut après la mort du cardinal de

Richelieu, c'est-à-dire au temps où, selon Moréri, la mémoire du maréchal de Marillac fut rétablie, qu'il se releva de sa disgrâce : et il faut même remarquer qu'il fut élevé, pour la seconde fois, à la dignité de garde des sceaux, l'an 1650 (48), Voyez la note (49). Je croirais donc aisément que l'arrêt dont M. Moréri parle ne concerne point les faits mêmes dont le maréchal fut accusé, mais seulement la procédure. Elle ne pouvait être que désagréable au parlement : car l'érection d'une chambre extraordinaire pour juger les officiers de la couronne, était quelque chose d'irrégulier et contre les droits des parlemens. Outre que le maréchal de Marillac avait souvent déclaré qu'il ne reconnaissait point pour ses juges naturels les commissaires qui lui faisaient son procès. Cela fournissait au parlement de Paris une raison spécieuse de prononcer que ce maréchal avait été mal jugé; mais ce n'est point une preuve qu'on le déclarât innocent des crimes sur quoi la condamnation était fondée. Voici un exemple convaincant de ce que je dis. Après la bataille de Rocroi et la prise de Thionville, la cour, voulant marquer sa reconnaissance au duc d'Enghien, rendit à M. le prince de Condé *la belle maison de Chantilly*, *et d'autres dépouilles de la succession du duc de Montmorenci, duquel madame la princesse* de Condé *était héritière. L'arrêt* du parlement de Paris *intervenu sur les lettres de Don, porte expressément que le duc de Montmorenci n'avait pas été bien jugé; ce qui est fondé sur une des plus constantes maximes du royaume, que les ducs et pairs ne peuvent être jugés que par le roi en personne, et dans sa cour de parlement, garnie suffisamment de pairs, clercs et lais* (50). Selon ces maximes, le ma-

(48) Anselme, Histoire des grands Officiers; pag. 105.

(49) *Le prince de Condé se souvenant que M. de Châteauneuf avait présidé au jugement de Montmorenci (conférez ce que dessus, remarque* (G) tom. IX *de l'article de* Louis XIII, *au commencement), le traversait autant qu'il pouvait, et lui fit enfin ôter les sceaux. Voyez* Priolo, *lib. V, cap. XVI & XXIX, et alibi. N'aurait-il pas allégué, s'il l'avait pu, l'infamie dont le parlement de Paris l'aurait noté ?*

(50) Auberi, Histoire du cardinal Mazarin, liv. II, pag. 208.

réchal de Biron n'aurait pas été bien jugé, car Henri IV n'assista point en personne au jugement. Mais, laissant toute chicane, contentons-nous d'observer que ce qui fut inséré en faveur de M. de Montmorenci dans l'arrêt du parlement de Paris, n'empêche pas que sa rébellion ne doive passer pour très-certaine, et ne peut donner aucune atteinte à la probité de ses juges. Ils étaient incompétens, si l'on veut; mais ils prononcèrent selon les lois, et contre un accusé effectivement et réellement coupable. Il arrive assez souvent que les juges subalternes font des procédures irrégulières qui sont cassées par les tribunaux supérieurs sans que l'accusé y gagne rien, si ce n'est peut-être un peu de temps : on refait les procédures avec les formalités requises, et il se trouve dûment convaincu, et la première sentence est confirmée quant au fond.

Notez que je ne veux pas nier que la mémoire de quelques personnes punies du dernier supplice n'ait été quelquefois réhabilitée de telle sorte que cela portait une déclaration juridique de leur innocence; mais pour l'ordinaire ce sont des suites d'une révision du procès, fortifiée de nouvelles pièces justificatives et de preuves convaincantes de la corruption ou de la précipitation des juges. Sans cela le rétablissement de la mémoire des suppliciés n'est autre chose qu'une grâce accordée aux bons services que l'on a reçus ou que l'on attend d'une famille considérable. C'est une consolation qu'on lui procure, et une espèce de barrière qu'elle pourra opposer aux reproches insultans de ses ennemis. Je ne saurais dire bien précisément quelle fut l'espèce de la réhabilitation que voici : « L'an 1549, un peu après » la mort du roy François pre- » mier, messire Jacques de Coucy, » seigneur de Vervin , lieutenant » du roy à Boloigne, et messire » Odoart de Biez, mareschal de Fran- » ce, son beau-pere, furent con- » damnés, celui-là à mort, com- » me ayant mal defendu Montreuil » contre l'Anglois; l'autre desap- » pointé de son estat de mareschal, » comme ayant trahi et rendu Bo- » loigne au roy Henry d'Angleterre.

» Ces deux seigneurs furent declarez » innocens , l'an 1577 , du règne » d'Henry troisiesme, à la poursuite » de messire Jacques de Coucy, fils » dudict seigneur de Vervin, et pe- » tit-fils dudict seigneur mareschal » de Biez; et la verification et publi- » cation de leur innocence en fut » faicte en jugement à la ville de Bo- » loigne le quatorzieme de juin (51).

Avouons les choses comme elles sont : les lettres patentes , les édits, les arrêts des princes, contiennent souvent des honnêtetés, qui, à proprement parler, ne sont que des complimens, et qu'il ne faut interpréter qu'à la manière des complimens. Croyez-vous qu'Henri III parlât selon sa pensée, lorsqu'il déclarait (52) que le duc d'Alençon , son frère, le roi de Navarre, son beau-frère, le prince de Condé, et tous les autres seigneurs, chevaliers , gentilshommes , officiers et habitans du nom royaume, qui avaient eu part aux derniers troubles, avaient été en cela *ses bons et loyaux sujets et serviteurs,* et qu'il témoignait *d'être bien et dûment satisfait et informé de la bonne intention dudit duc d'Alençon, et n'avoir été par lui, ni par ceux qui y sont intervenus, ou qui s'en sont en quelque sorte que ce soit mêlés, tant vivans que morts, rien fait que pour son service?* Croyez-vous que Louis XIII parlât plus sincèrement, lorsqu'il déclara (53) qu'il *croyait et estimait que ce qui avait été fait* par le prince de Condé et par ceux qui l'avaient suivi , *avait été à bonne intention et pour son service ?* Pareilles clauses se mettaient régulièrement dans tous les édits de paix depuis la première guerre civile de religion sous Charles IX (54), et sont devenues un formulaire dont on se servira toutes les fois que les besoins de l'état le demanderont. Les chefs de parti, dans une guerre civile embarrassante, capitulent pour l'ordinaire si heureusement pour leurs intérêts, qu'ils emportent ou un bâton

---

(51) Richeome, Plainte apologétique, num. 5o, pag. 184, 185.
(52) Édit de l'an 1576, art. XLIX, LIII.
(53) Édit du mois de mai 1616, art. XVII.
(54) Voyez M. Daillé, Réplique à Adam et à Cottiby, IIe. part. , chap. XVIII, pag. 112, 113.

de maréchal, ou le cordon bleu, ou un gouvernement de place, outre, je ne dirai pas des lettres d'abolition, mais des lettres où l'on déclare que l'on est persuadé que ce qu'ils ont fait a été pour le service du roi. Ni le prince qui parle, ni le secrétaire d'état qui dresse l'écrit, ni le chancelier qui le scelle, n'en croient rien : cependant la nécessité des temps les force à s'exprimer de cette façon. Mais personne ne prend cela au pied de la lettre ; on continue de dire ou de penser que ces gens-là ont porté les armes contre le service du roi, et ont été de francs rebelles. Le reste passe pour des complimens sous le grand sceau, et pour des mensonges de chancellerie.

Ce que font les rois dans leurs édits et dans leurs déclarations se fait aussi quelquefois dans un parlement, ou par leur ordre, ou à leur recommandation, ou sans qu'ils s'en mêlent. Je veux dire qu'on y rétablit la mémoire des personnes, tantôt sous un prétexte, tantôt sous un autre, dans la vue que cela serve aux parens à telle fin que de raison ; mais les juges qui ont condamné ne se tiennent point pour flétris, et ne sont pas considérés comme punissables, à moins que l'arrêt de rétablissement ne soit fondé sur la révision des pièces, et n'ordonne que le procès soit fait et parfait incessamment à ces juges-là ou aux témoins. Je ne pense pas qu'il y ait personne qui ose dire que le parlement de Paris ait rien ordonné de semblable contre M. de Châteauneuf, ni contre ses assesseurs, ni contre cette multitude de témoins qu'ils examinèrent et qu'ils récolèrent. Si M. Moréri avait cité quelques auteurs, il m'aurait bien soulagé, et m'aurait peut-être mis en état d'apprendre que tout ce que je viens d'observer est inutile. Voyez la note (55). Il faut avouer que, dans les matières historiques,

ceux qui citent bien et beaucoup abrégent extrêmement le chemin de l'instruction.

MARINELLA, ou MARINELLI (Lucrèce), dame vénitienne qui avait beaucoup d'esprit, et qui publia entre autres livres (A) un ouvrage intitulé : *La Nobilità e l'Excellenza delle Donne, con Diffetti e Mancamenti de gli Huomini(a)*. Elle portait les prétentions de son sexe, non-seulement à l'égalité, comme quelques auteurs ont fait (B), mais aussi à la supériorité. Mademoiselle de Schurman n'approuvait point le dessein de cet ouvrage (*b*) : elle eut donc blâmé la demoiselle Jaquette Guillaume (C).

(*a*) *Il fut imprimé à Venise, l'an* 1601, *in-*4°.

(*b*) *Tantùm verò abest ut hoc cum virginali modestiâ aut saltem innato mihi pudore congruere arbitrer, ut vel perlegere pigeat tractatum cætera insignem Lucretiæ Marinellæ.* Anna Maria à Schurman, *in* Opusculis, *pag.* 85.

(A) *Entre autres livres.*] Elle a fait un ouvrage qui a pour titre : *la Colomba sacra*, la Vie de la Vierge Marie, et celle de saint François. J'apprends ceci dans *le Cose notabili e maravigliose della città di Venetia* (1) *.

(B) *Comme quelques auteurs ont fait* (2).] Je n'en nommerai que deux : l'un est mademoiselle de Gournay, qui a fait un petit livre *de l'Egalité des Hommes et des Femmes*. Sa prétention fut désapprouvée par mademoiselle de Schurman : *Nobilissimæ Gornacensis Dissertatiunculam.... uti ab elegantiâ ac lepore improbare minimè possum : ita eam per omnia comprobare nec ausim quidem nec velim ; licet ad sapientum testi-*

(55) Balzac, *dans la* XIIIe. lettre du Ier. livre à M. Conrart, *datée du* 30 *avril* 1650, *fait mention d'une lettre qu'il avait écrite à un gentilhomme de Languedoc, dans laquelle, dit-il,* j'ai parlé de la révision du procès de M. le maréchal de Marillac, bien que personne n'y soit nommé. J'avoue que je ne sais pas ce qu'il entend par cette révision-là. Il me manque une infinité de livres et de mémoires dont j'aurais besoin.

(1) *A la page* 311 *de l'édit. de Venise,* 1055.
* Joly, d'après le *Theatro delle Donne letterate del signor Agostino della Chiesa,* Mondovi, 1620, in-12, donne les titres de quelques autres opuscules de Marinella.
(2) *Voyez l'art.* Fonte, *tom. VI, pag.* 501.

monia quæ illa nobis exhibuit, brevitatis causâ provocârim (3). L'autre auteur est celui qui publia, à Paris, en 1673, un ouvrage qui a pour titre, *de l'Égalité des deux Sexes, discours physique et moral où l'on voit l'importance de se défaire des préjugés.* Il crut que l'on écrirait contre lui, et il en fut menacé (4) ; mais, ne voyant point paraître de réfutation, il écrivit lui-même contre son livre, car il publia, en 1657, un traité *de l'Excellence des Hommes contre l'égalité des sexes.* Quand on examine bien tout ce qu'il dit, on découvre qu'il n'a pas dessein de réfuter son premier ouvrage, et qu'il a plutôt envie de le confirmer indirectement. Quoi qu'il en soit, ces deux ouvrages furent réimprimés à Paris l'an 1679. On a été long-temps sans en connaître l'auteur : on débita, dans les Nouvelles de la République des Lettres, au mois d'octobre 1685 (5), qu'il s'appelait *Frelin ;* mais, quelque temps après, on déclara dans ces Nouvelles (6), qu'il eût mieux valu le nommer *Poulain.* C'est en effet son vrai nom, quoiqu'il ait pris celui de la Barre, à la tête de la troisième édition, l'an 1691 (7), et à la tête de la troisième partie de son ouvrage, publiée l'an 1692. Disons en passant que c'était un ecclésiastique lorrain, qui a embrassé dans Genève la communion protestante *.

(C) *Mademoiselle de Schurman eût blâmé la demoiselle Jaquette Guillaume.*] Qui publia à Paris, en 1665, un livre intitulé : *les Dames illustres, où par bonnes et fortes raisons il se prouve que le sexe féminin surpasse en toute sorte de genres le sexe masculin.* On publia à Paris un livre in-8°., l'an 1643, sous ce titre-ci : *la Femme généreuse,* qui montre que

son sexe est *plus noble, meilleur politique, plus vaillant, plus savant, plus vertueux et plus économe que celui des hommes,* par L. S. D. L. L. J'ajoute que M. Scheffer (8) m'apprend qu'on imprima à Upsale, en 1650, un traité qui a pour titre : *la Donna migliore dell' huomo, paradosso,* composé par Jacobus del Pozzo (i. e. de Puteo.) Il y avait déjà long-temps que cette thèse avait été soutenue par de beaux-esprits. Jérôme Ruscelli publia, en 1552, un livre italien où il donna aux femmes la supériorité de perfection, CHE LA DONNA *sia di gran lunga piu nobile e piu degna dell'* HUOMO (9). Il observe que Plutarque, Jean Boccace, *il Cortegiano, l'Agrippa, il Portio, il Lando* (10), *il Domenichi,* et plusieurs autres, avaient agité cette question ; que cependant on ne voyait pas que tout le monde reconnût que leurs raisons eussent fait croire que les femmes surpassent les hommes. Il cite (11) le Maggio et Bernardo Spina, qui avaient écrit pour le même sentiment. J'ai un livre, qui fut imprimé à Paris, en 1617, sous ce titre-ci : *Réplique à l'Anti-malice, ou Défense des femmes, du sieur Vigoureux,* autrement dit *Brie-Comte-Robert.... par le sieur de la Bruyère, gentilhomme béarnais.* Ce gentilhomme déclare (12) que *son intention est de renverser ce que l'auteur de la Défense avait dit, que les femmes étaient meilleures que les hommes, et plus vertueuses en toutes choses.* Notez que cette Défense était la réfutation de l'écrit d'un certain *Jacques Olivier* (13), et que celui qui la publia, *pour avoir un plus beau champ de discourir, se prit à déchiffrer les hommes et leur approprier..... ce qui était donné aux femmes dans* le livre qu'il réfutait (14). On verra d'autres écrivains

(3) Anna Maria à Schurman, *in Opusculis,* pag. 85.

(4) *Voyez le Journal des Savans, du 16 mars* 1676.

(5) *Article VII, pag. 1145 de la seconde édition.*

(6) *Au revers de la dernière page de la table de la seconde édition des Nouvelles de 1685.*

(7) *Voyez* l'Histoire des Ouvrages des Savans, mois de septembre 1691, *pag. 27 et suiv.*

* Bayle n'a pas eu l'intention de donner la liste de tous les ouvrages en faveur du sexe. Il dit : *Je n'en nommerai que deux.* Joly, cependant, comme pour compléter cette liste, parle de trois autres.

(8) Joh. Scheffer, de Scriptis et Scriptor. Suecorum, *pag.* 301.

(9) Ruscelli, Lettura sopra un sonetto del marchese della Terza, *folio* 14.

(10) *Voyez son article, à la fin de la remarque* (H) tom. III, pag. 491.

(11) *Folio* 14 verso, et fol. 15.

(12) *Dans sa préface.*

(13) *Intitulé* Alphabet de l'imperfection et malice des femmes.

(14) *Préface de la Réplique* à l'Anti-malice. *Notez que voici un Anti qui n'est pas dans le Recueil de M. Baillet.*

dans le deuxième tome des Mélanges de Vigneul-Marville, à la page 27 et 28 de l'édition de Hollande.

MARINELLO (JEAN) médecin

italien au XVIe. siècle, publia en latin des commentaires sur les œuvres d'Hippocrate en général (a), et sur les aphorismes en particulier (b), un traité des Fièvres, et un traité de la Peste, etc. J'ai parlé ailleurs (c) de deux livres italiens qu'il mit en lumière, l'un desquels m'engagera à une petite remarque (A).

(a) A Venise, 1575, in-folio.
(b) A Venise, 1583, in-16.
(c) Dans la remarque (C) de l'article LIÉ-BAUT, tom. IX, pag. 239.

(A) Un de ses livres m'engagera à une petite remarque.] C'est celui qui a pour titre : le Medecine partenenti alle infermità delle Donne. J'ai fait voir en un autre endroit (1), qu'on n'a pas raison de dire que l'ouvrage de Jean Liébaut sur les Maladies des Femmes n'est qu'une version de celui-là. Lazare Pé, publiant une nouvelle édition de cet ouvrage de Liébaut, à Paris l'an 1609, in-8°., l'intitula : les Maladies des Femmes et Remèdes d'icelles, en trois livres, de M. Jean Marinello de Formie (2), docte médecin italien. Il la revit, il la corrigea et il l'augmenta du tiers, en quoi il se servit de Rodérigo à Castro, médecin portugais, qui avait heureusement secondé Jean Marinello. Voici un passage où ce dernier est loué, et où Liébaut est accusé de plagiarisme. Marinello . . . . . a si dignement traité cette matière, qu'il a emporté la gloire par-dessus tous les anciens et modernes : car toutes les parties d'icelle y sont clairement, distinctement et doctement couchées jusques aux moindres. Ouvrage digne d'un esprit digne comme le sien! comme partout il en a donné des témoignages : c'est lui qui a continué Ar-

(1) Dans la remarque (C) de l'article LIÉ-BAUT, tom. IX, pag. 239.
(2) Dans le Lindenius renovatus, pag. 634, . le fait Vénitien.

culan sur Rasis : c'est lui qui a fait les quatre livres de l'Embellissement des Femmes; et beaucoup d'autres traités que les Italiens et Français se sont vendiqués mal à propos, comme ce livre de la Maladie des Femmes, que M. Jean Liébaut s'est attribué ; et néanmoins, par la conférence de l'un à l'autre, j'ai découvert qu'il avait tiré toutes les matières de Marinello, changeant en certains endroits l'ordre, et y ajoutant quelque peu du sien, pour mieux le déguiser : mais il faut que la gloire retourne à l'auteur, et que néanmoins nous donnions quelque louange à Liebaud d'avoir poli, amplifié, et rendu français ce livre, comme aussi celui de l'Embellissement des Femmes (3).

(3) Lazare Pé, dans l'épître dédicatoire.

MARIUS, surnommé ÆQUI-

COLA, à cause qu'il était né au pays des Æques en Italie (A), a fleuri * à la fin du XVe. siècle et au commencement du XVIe. Il étudia à Paris la physique et les mathématiques sous Jacques le Fèvre d'Étaples (a). Il fut l'un des beaux esprits de la cour de François de Gonzague marquis de Mantoue, et il composa en italien une Histoire de Mantoue (B), dans laquelle il s'étend beaucoup sur ce qui concerne l'illustre maison de Gonzague. Il fit plusieurs autres livres (C). Ce qu'il composa sur la nature de l'amour a été réimprimé plusieurs fois (D), et néanmoins on ne le trouve que malaisément. J'ai dit quelque chose de lui en un autre endroit (b). Scaliger le père le loue beaucoup (E). L'É-

* Leclerc observe que Marius a vécu, mais non fleuri dans le XVe. siècle, puisqu'en 1506 il étudiait encore à Paris sous Jacques Lefèvre.
(a) Il le dit lui-même, comme je l'ai su par un mémoire qu'une personne qui n'a pas voulu être nommée m'a communiqué.
(b) Dans la remarque (B) du premier VER-GÉRIUS, tom. XIV.

pitome de la Bibliothéque de Gesner mérite d'être critiqué (F).

(A) *Il fut surnommé Æquicola, à cause qu'il était né au pays des Æques en Italie.*] C'est le sentiment de Léandre Albert dans sa description de l'Italie. *Æquicolorum nomen superiori memoriá Marius Alvetius plurimùm nobilitavit cognomento Æquicolæ* (1). Les paroles italiennes de cet auteur sont celles-ci : *ha illustrato gli Equicoli, Mario di Alveto* (2). On ne doit pas s'étonner que Nicodémo (3) ne les ait pas employées à réfuter Nicolas Toppi, qui a mis ce Mario entre les auteurs napolitains (4) ; car on a pu l'y mettre avec beaucoup de raison. Marius Æquicola était d'Alvito ; et si d'un côté plusieurs géographes croient que ce lieu-là était situé dans le pays des anciens Æques, il est certain de l'autre qu'il appartient présentement au royaume de Naples.

(B) *Il composa en italien une histoire de Mantoue.*] Citons ces paroles de Léandre Albert : *Diù inter Francisci Gonzagæ Mantuani marchionis familiares fuit, et linguá vernaculá pereleganter Gonzagarum vitas scripsit* (5). Ne croyez point ce qu'il dit de l'élégance de cet ouvrage ; car j'ai su de bonne part que le style en était si rude, que Benoît Osanna fut obligé de le corriger, et de le polir lorsqu'on fit une nouvelle édition de cette Histoire de Mantoue, l'an 1608. *Maximam vitæ partem Mantuæ egit Marius inter familiares Isabellæ Estensis uxoris Francisci II marchionis in cujus gratiam scripsit de Mantuaná historiá breves commentarios à rerum origine ad sua usquè tempora linguá italicá, eáque rudi et rancidá, ut ea ætas ferebat. Verùm sæculo sequenti Bened. Osanna, Mantuanus, cùm Marii historia recuderetur, voces obsoletas usitatis commutavit, et*

stylum rubigine squallidum limavit ornavitque (6). Elle est divisée en cinq livres : les trois premiers sont dédiés à François II, marquis de Mantoue, qui mourut l'an 1519. Le quatrième, tout destiné à la vie de ce marquis, fut dédié à Frédéric de Gonzague son fils, dont Marius était secrétaire, si l'on en croit Bonesmond. Le cinquième contient l'Histoire de ce Frédéric jusques à l'année 1521. C'est de quoi j'ai été instruit par un mémoire que monsieur...... a eu la bonté de m'envoyer.

(C) *Il fit plusieurs autres livres.*] Un traité *de Opportunitate*, imprimé à Naples en 1507, in-4°. ; *Epistola ad Maximilianum Sfortiam Mediolani ducem de liberatá Italiá*, imprimée l'an 1513, in-4°. ; une apologie latine *à l'encontre des Médisans de la nation française.* Elle fut traduite en français par Michel Rose, et cette version fut imprimée à Paris l'an 1550, in-8°. *D. Isabellæ Estensis Mantuæ principis Iter in Galliam Narbonensem descriptum.* Je parlerai ci-dessous de la description de ce voyage. L'on trouve dans la Bibliothéque de Draudius (7) un *Marius Æquivolus Olivetanus,* auteur d'un livre de théologie (8), imprimé à Munich l'an 1584, et (9) un *Marius Æquicolius,* auteur d'une harangue *de Laudibus trium Philosophiæ Facultatum.* Le Toppi (10) donne le premier de ces deux traités à notre Mario Æquicola : il en rapporte le titre avec une clause que Draudius a oubliée, c'est qu'Anselme Stocklius avait retiré des ténèbres cet ouvrage-là, et l'avait donné au public après l'avoir corrigé. Léonard Nicodémo (11) rapporte ce titre : *Introduzione di Mario Equicola al comporre ogni sorte di rima della lingua volgare, con uno eruditissimo discorso della pittura, e con molte segrete allegorie, intorno alle muse, ed alla*

(1) Leander Albertus, in Descript. Ital., pag. 225.
(2) Folio m. 149 verso.
(3) Nicodemo, Addiz. alla Biblioteca napoletana, pag. 172.
(4) Nicolo Toppi, Biblioteca napoletana, pag. 206.
(5) Leand. Albertus, in Descript. Italiæ, pag. 225.

(6) Ces paroles sont tirées d'un Mémoire que M... a eu la bonté de m'envoyer.
(7) A la page 283 de l'édition de Francfort, 1625.
(8) In quo tractatur undè antiquorum Latria, et vera catholica religio incrementum sumpserint : cum epistolá Anshelmi Stocklii equitis.
(9) A la page 1451.
(10) Nicolo Toppi, Biblioteca napoletana, pag. 206.
(11) Nicodemo, Addiz. alla Bibliot. napoletana, pag. 171.

poesia, à Venise 1555, *in*-4°. Joignez à ceci ce qui sera dit dans les remarques suivantes.

Voyons ce que monsieur...... m'a fait savoir à l'égard de la relation du voyage qu'Isabelle d'Est, marquise de Mantoue, fit en Provence pour visiter la sainte Baume, à quoi elle s'était engagée par vœu. L'auteur déclare qu'il ne sait point la raison de ce voyage, et qu'il ne la dirait point quoiqu'il la sût (12). Voici sa dédicace. *Marius Æquicola Ferdinando Gonzagæ Franc. March. Mantuæ IV filio S. D. P. in hoc scribendo non minùs equidem laboravi quàm corpore fatigabar, cùm ea adirem de quibus diximus loca : sequitur enim lassitudo ingenii, ut corporis. Jam verò arma itineraria non Herculis ad postem fiximus, sed in templo Veneris genitricis consecravimus. Illius ergò hæc ad te. Vale.* Il commence sa relation par la recherche de l'origine des vœux chez les anciens. Il conduit ensuite son héroïne par Venise à travers les Alpes jusqu'en Provence, et fait une courte et assez bonne description des lieux par où elle passe. L'impression du livre est défectueuse : l'année n'en est point marquée, non plus que celle du pèlerinage. Mais il semble que ce soit avant 1512.

(D) *Ce qu'il composa sur la nature de l'amour a été réimprimé plusieurs fois.*] Le Toppi ne parle que de l'édition de Venise, 1536, *in*-8°. Ce n'est point la première;car il dit : *Un libro di natura d'Amore, ristampato e corretto* (13). Nicodémo (14) lui marque l'édition de Venise, 1554, *in*-12 : elle est intitulée : *Libro di natura d'Amore di Mario Equicola,di nuovo con somma diligenza ristampato, e corretto da M. Lodovico Dolce. Con una tavola delle cose piu notabili che nell' opera si contengono.* Il dit que le Doni fait mention de cet ouvrage avec éloge, dans sa première librairie, à la page 73 de l'édition de Venise, 1550. Cet ouvrage d'Équicola fut réimprimé à Venise l'an 1563, et l'an 1583. Gabriel Chapuys en fit une traduction

française qui fut imprimée à Paris (15). Ce passage d'Augustin Niphus ne sera point superflu : *Temporibus nostris Marius Æquicola Olivetanus amicissimus noster meo judicio fertilissimè de amore scripsit, et licet vulgari atque materno sermone tamen nihil intentatum præteriit* (16). Ne prenez point *Olivetanus* pour une faute d'impression; car l'auteur s'est nommé lui-même *Æquicolam Olivetanum* dans son livre *de Opportunitate* (17). Ce n'est pas qu'il fût de l'ordre des religieux du mont Olivet, comme Possevin l'assure dans son apparat : c'est qu'il a cru que le lieu de sa naissance pouvait être appelé *Olivetum* (18), aussi bien qu'*Alvitum*, ou *Alvetium*.

(E) *Scaliger le père le loue beaucoup.*] Il lui adresse une pièce de poésie dont voici le commencement :

> *Maxime vir, geminas cui circum tempora laurus*
> *Purpureâ facilis nectit Apollo manu :*
> *Æquicola Aonidum decus, acceptissime rerum*
> *Numinibus vestris, numinibusque meis :*
> *Quid faciam miser.* (19) *? . . . .*

Ce poëme fut composé l'an 1517, si nous en croyons Joseph Scaliger (20), qui ajoute que son père et Matthieu Bandel, dominicain, contractèrent à Mantoue une amitié très-intime pendant qu'ils s'insinuaient l'un et l'autre dans les bonnes grâces d'Æquicola.

(F) *L'Épitome de la Bibliothèque de Gesner mérite d'être critiqué.*] Marius Æquicola y est surnommé *Alvelanus* (21) ; c'est une faute, il fallait dire *Alvetanus.* On dit que son traité italien *de Naturâ Amoris*, corrigé par Thomas Fazellus Porcaccius, fut imprimé à Venise, l'an 1563. Je ne connais point d'auteur qui ait ces trois noms. On y distingue mal à propos le *Marius Æquicola Alvetanus*, auteur de ce livre, d'avec *Marius*

---

(12) *Causas nôrint alii, non dissimulo me nescire : quod etiamsi scirem, dissimularem.*

(13) Toppi, Bibliot. napoletana, *pag.* 206.

(14) Nicodemo, Addiz. alla Bibliot. napolet., *pag.* 172.

(15) *Voyez la* Bibliothèque française de du Verdier, *pag.* 433.

(16) August. Niphus, de Amore, *cap. I, pag. m.* 285.

(17) *M... dans le Mémoire cité ci-dessus.*

(18) *Ab Oleis, là même.*

(19) Julius Cæsar Scaliger, *in* Lacrymis, part. I Poëmatum, *pag.* 535, *edit.*, 1591.

(20) Josephus Scaliger, Confut. Fabulæ Burdonum, *pag.* 264. *Voyez aussi pag.* 240, 241.

(21) Epit. Biblioth. Gesneri, *pag.* 573.

Æquicolus vir nobilis, *Italus*, *eques auratus*, *qui scripsit pro Baptistâ Mantuano defensorium in sycophantas librum I. Item de Opportunitate. Item de Naturâ et de Amore.*

MARLIEN (RAIMOND), en latin *Marlianus*, a fait une description alphabétique *Veterum Galliæ locorum*, *populorum*, *urbium*, *montium*, *ac fluviorum*, *eorum maximè quæ apud Cæsarem in commentariis sunt*, *et apud Cornelium Tacitum*, que l'on a de coutume d'imprimer à la fin des commentaires de Jules César. On a dit en 1704, dans une célèbre assemblée, qu'il a été *un des plus savans hommes de son temps*, *sous le règne de Louis XII (a)*. Dans mon édition de Jules César, on le qualifie *Vir clarissimus et sui temporis eruditissimus.*

(a) *Voyez les* Mémoires de Trévoux , *juillet* 1704, *pag.* 1133.

MARNIX (PHILIPPE DE), seigneur du mont Sainte-Aldegonde. Cherchez SAINTE ALDEGONDE tome XIII.

MARNIX (JEAN DE), baron des Potes, etc., ne m'est connu que par un livre intitulé *Résolutions Politiques*, *ou Maximes d'État*, qu'il fit imprimer à Bruxelles, l'an 1612, *in-4°.*, et qui contient de bonnes choses, et surtout aux marges. Il le dédia à l'archiduc Albert, souverain des Pays-Bas, duquel il se dit vassal. Il en donna une seconde édition fort augmentée quelques années après *(a)*, et la dédia à l'infante Isabelle-Claire-Eugénie, veuve de cet archiduc. Je n'ai point vu son autre ouvrage in-

(a) *Elle a été contrefaite à Rouen*, *l'an* 1624 *et* 1631, *in-8°.*

titulé *Représentations*, dont le Catalogue d'Oxford marque l'édition de Bruxelles, 1622, *in-4°.*

MAROT (CLÉMENT), valet de chambre de François Ier., et le meilleur poëte de son temps, était de Cahors. Il surpassa infiniment JEAN MAROT son père, qui n'avait pas mal réussi à faire des vers *(a)* (A). Quelques-uns disent qu'il *fut élevé en qualité de page auprès du seigneur Nicolas de Neufville*, *qui fut le premier secrétaire d'état de sa famille;* mais ils se trompent (B). Ils ont plus de raison de dire qu'environ l'an 1520, il fut donné à la princesse Marguerite(C), sœur du roi, femme du duc d'Alençon. Il suivit ce duc à l'armée l'an 1521 *(b)*. Il fut blessé et fait prisonnier à la journée de Pavie(D). Cette aventure est moins connue que la persécution que lui firent les bigots : ils le firent mettre en prison comme suspect d'hérésie (E). Délivré de leurs mains par la protection de François Ier., il ne laissa pas d'avoir une extrême crainte de ces gens-là, et d'autant plus qu'il avait dépeint fort naïvement les injustices du Châtelet dans l'un de ses poëmes *(c)*. Ayant donc su qu'on recommençait à le rechercher, et qu'on avait fait saisir ses livres, il n'eut pas le courage de retourner à Paris (F) : il partit de Blois où il avait su cette nouvelle, et se retira chez la reine de Navarre,

(a) *Voyez* Pasquier, Recherches de la France , *liv. VII*, *chap. VI*, *pag. m.* 613.

(b) *Voyez* l'épître de Marot du Camp d'Attigny , *(pag.* 104, *édition de la Haye*, 1700) *et la suivante.*

(c) *Voyez la remarque* (F), *citation* (22)

son ancienne maîtresse (d), et ne se croyant point là assez en sûreté, il passa en Italie, et s'arrêta à la cour de la princesse Renée de France, duchesse de Ferrare (e), bonne amie de ceux de la religion. Il obtint de François Ier. la permission de revenir l'an 1536(G); mais il fut tellement connu pour sectateur de ce qu'on nommait les nouvelles opinions, qu'il se sauva quelques années après à Genève. On prétend qu'il y débaucha son hôtesse, et que la peine de mort qu'il avait à craindre fut commuée en celle du fouet par la recommandation de Calvin (H). Il sortit de Genève, et s'en alla en Piémont, où il mourut l'an 1544, à l'âge d'environ soixante ans (I). La faute de chronologie qu'il semble que M. Maimbourg ait faite touchant la première fuite de Clément Marot est très-légère (K). Quant aux autres fautes qu'il a pu faire en parlant de ce personnage, voyez-en la réfutation dans les auteurs qui écrivirent contre son Histoire du Calvinisme. Vous trouverez dans Sleidan(f), et dans Pasquier (g), un bel éloge de Clément Marot. On peut dire sans le flatter, non-seulement que la poésie française n'avait jamais paru avec les charmes et avec les beautés naturelles dont il l'orna, mais aussi que dans toute la suite du XVIe. siècle il ne parut

rien qui approchât de l'heureux génie, et des agrémens naïfs, et du sel de ses ouvrages. Les poëtes de la Pléiade sont de fer en comparaison de celui-là; et si au siècle suivant, un Voiture, un Sarrazin, un Benserade, et quelques autres l'ont surpassé, ce n'est qu'à cause qu'ils ont trouvé tout fait l'établissement d'un meilleur goût, et d'une plus grande délicatesse de leur langue (h). L'incomparable La Fontaine, qui s'est reconnu son disciple (L), a contribué beaucoup à remettre en vogue les vers de cet ancien poëte. Une infinité de curieux cherchaient ses œuvres avec ardeur, et avaient bien de la peine à les trouver. C'est ce qui a obligé un libraire de la Haye (i) à les remettre sous la presse. Cette édition est très-belle. Vous verrez dans les jugemens qu'on a recueillis sur Clément Marot (k), que les *poëtes français* lui *sont redevables du rondeau*, et qu'ils lui *doivent en quelque façon la forme moderne ou le rétablissement du* sonnet *et du* madrigal, *et de quelques autres espèces de petits vers*. On peut ajouter qu'il fut l'inventeur du mélange des rimes masculines et féminines (l), qui est une chose sans laquelle notre poésie serait très-rude et choquante. Il n'y a que trop de

---

(d) *La duchesse d'Alençon était devenue reine de Navarre par son mariage avec Jean d'Albret.*

(e) *Voyez l'épître que Marot écrivit au roi pendant son exil.*

(f) *Sleidan., lib. XV, ad ann.* 1543. *folio m.* 366.

(g) *Pasquier, Recherches, liv. VII, chap. V. pag. m.* 613; 614.

(h) *M. de la Bruyère,, dont on verra les paroles dans la remarque* (M) *de l'article* RONSARD, *tom. XII, confirme ceci.*

(i) *Adrian Moetjens. Son édition est de l'an* 1700, *en deux volumes in-*12.

(k) Baillet, Jugement sur les Poëtes, *article* 1275.

(l) *Voyez les* Observations de M. Ménage sur les poésies de Malherbe, *pag.* 402. *Mais notez que Marot se dispensait quelquefois de ce mélange,*

pièces obscènes parmi ses œuvres (M), et cela fournit un juste sujet de le blâmer. Je rapporterai quelques faits curieux touchant sa version de L psaumes de David (N). Les particularités les plus notables me seront fournies par l'auteur d'une lettre qui fut écrite à Catherine de Médicis, un peu après la mort de Henri II (O). Il ne faut pas oublier que l'église de Genève, qui s'était servie la première de cette version des psaumes, a été la première à l'abandonner (P), pour se servir d'une version plus accommodée à l'état présent du style français. On ne sait si les autres églises se conformeront à ce changement. Je ne me souviens pas d'avoir pris garde que Marot fasse mention de sa femme dans ses poésies; mais j'y ai trouvé un endroit qui fait voir qu'il était père, et nous savons d'ailleurs que MICHEL MAROT son fils composa des vers qui ont été imprimés (Q).

Il y a certaines choses, dans l'article de ce poëte, qui doivent être rectifiées. Cela me donnera lieu d'indiquer la plus ample des éditions de ses OEuvres (R). Ce que j'ai dit de certaines éditions du Psautier des protestans de Genève sera un peu augmenté (S).

(A) JEAN MAROT *son père . . . n'avait pas mal réussi à faire des vers.*] Il était né à Mathieu, proche de Caen, si nous en croyons M. Moréri. D'autres disent simplement qu'il était de Caen, et ils ajoutent qu'il fut poëte de la reine Anne de Bretagne, et puis valet de chambre de François Ier. (1). Le Recueil de ses OEuvres contient *le Doctrinal des Princesses et nobles dames, deduit en* 24 *rondeaux; Les*

(1) La Croix du Maine, *pag.* 242.

voyages de Gennes et Venise victorieusement mis à fin par le roi Loys 12; *Autres* 49 *rondeaux; une Epistre des dames de Paris au roy François premier, estant de là les monts, et ayant desfaict les Suisses; Autre Epistre des dames de Paris aux courtisans de France estant pour lors en Italie; Autre Epistre à la reine Claude; l'Eglise parlant à France; Chant royal de la Conception Notre-Dame, et un autre Chant royal en l'honneur de Jésus-Christ* (2).

(B) *Quelques-uns disent qu'il fut* élevé en qualité de page; . . . . *mais ils se trompent.*] C'est M. de Rocolles, qui avance ce fait-là (3). J'ai deux raisons à lui opposer; car le Nicolas de Neufville, qui fut le premier de sa famille élevé au rang de secrétaire d'état, naquit l'an 1542 (4). Il n'eut donc point pour page Clément Marot, qui avait alors plus de cinquante-cinq ans. Nicolas de Neufville son père mourut fort âgé l'an 1599 (5); mais cela n'empêche pas qu'on ne puisse dire qu'il naquit long-temps après notre poëte. Or on ne voit point de gentilshommes beaucoup plus jeunes que leurs pages. Voilà ma première raison. La seconde m'est fournie par un poëme où Marot raconte que depuis qu'il eut quitté son pays, il fut toujours à la suite de François Ier.

A bref parler, c'est Cahors en Quercy,
Que je laissay pour venir querre icy
Mille malheurs, ausquels ma destinée
M'avoit submis. Car une matinée
N'ayant dix ans en France fus mené:
Là où depuis me suis tant pourmené,
Que j'oubliay ma langue maternelle,
Et grossement apprins la paternelle,
Langue françoise es grands cours estimée:
Laquelle en fin quelque peu s'est limée.
Suivant le roy François premier du nom,
Dont le savoir excede le renom,
C'est le seul bien que j'ay acquis en France
Depuis vingt ans en labeur et souffrance (6).

M. de Rocolles ajoute que *Marot* dédia à ce seigneur de Neufville une de ses poésies, sous le titre de *Temple de Cupidon,* et que *l'épître par la-*

(2) *Tiré de* du Verdier Vau-Privas, Biblioth. francaise, *pag.* 718.

(3) Rocolles, Histoire véritable du Calvinisme, *liv. V, pag.* 153.

(4) Selon le père Anselme, Histoire des grands Officiers, *pag.* 273, *il mourut l'an* 1617, *âgé de soixante-quinze ans.*

(5) Anselme, *là même.*

(6) Marot, *au poëme intitulé* l'Enfer, *pag.* 42, édition de la Haye, 1700.

quelle il lui dédie ce poëme est datée de Lyon, du 15 mai 1538. Plusieurs éditions de Marot (7), que j'ai consultées, ne m'ont appris rien de semblable (*) : le Temple de Cupidon y est au commencement sans date , et sans être dédié à qui que ce soit.

Ceci a besoin de réforme. Voyez la remarque (R).

(C) Il fut donné à la princesse Marguerite.] M. de Rocolles assure qu'elle le prit à son service en qualité de secrétaire (8). Mais Marot , bien plus croyable qu'un autre , nous va dire que ce ne fut pas son emploi.

Rien n'ay acquis des valeurs de ce monde,
Qu'une maistresse, en qui git et abonde
Plus de savoir , parlant , et escrivant,
Qu'en autre femme en ce monde vivant.
C'est du franc lys l'issue Marguerite,
Grande sur terre , envers le ciel petite :
C'est la princesse à l'esprit inspiré ,
Au cueur eslu , qui de Dieu est tiré
Mieux (et m'en crois) que le festu de l'ambre;
Et d'elle suis l'humble valet de chambre.
C'est mon estat. O juge plutonique :
Le roy des Francs, dont elle est sœur unique,
M'ha fait ce bien : et quelque jour viendra ,
Que la sœur mesme au frère me rendra (9).

Ces vers nous apprennent que François. Ier. le donna à la princesse sa sœur. Cela paraît aussi par ce passage :

Ainsi je suis poursuy, et poursuivant
D'estre le moindre , et plus petit servant
De vostre hostel (magnanime princesse)
Ayant espoir que la vostre noblesse
Me recevra, non pour aucune chose,
Qui soit en moy pour vous servir enclose :
Non pour prier, requeste , ou rhetorique,
Mais pour l'amour de vostre frère unique ,
Roy des François qui à l'heure presente
Vers vous m'envoye, et à vous me presente
Depar Pothon, gentilhomme honnorable (10).

(7) *Celle de Paris, chez Nicolas du Chesmin*, 1545, in-16. *Celle de Paris, chez Etienne Groulleau*, 1552, in-16. *Celle de Lyon, chez Guillaume Rouille , à l'écu de Venise , 1558,* in-16. *Celle de Rouen, chez Raphaël du Petit Val*, 1596, in-12. *Celle de Rouen, chez Claude le Vilain*, 1615, in-12. *Celle de la Haye, chez Adrien Moetjens*, 1700, in-12.
(*) Si M. Bayle avoit pu consulter les anciennes , particulièrement celle d'Etienne Dolet, Lyon, 1542, où cette épître se trouve, il auroit vu qu'en effet, lorsque Marot composa son poëme du *Temple de Cupidon*, il étoit page de Nicolas de Neufville, seigneur de Villeroy. Ce poëme, au reste, paraissait pour le moins dès l'année 1532, puisqu'on le trouve parmi l'*Adolescence Clémentine*, réimpr. , in-8°. , à Paris cette année-là , par Geofroy Tory. Ainsi la dédicace du même poëme au seigneur de Villeroy, l'an 1638, regardait proprement une dernière révision que l'auteur en avait faite, et c'est aussi ce que cette dédicace dit expressément. REM. CRIT.
(8) Rocolles, Hist. véritable du Calv., p. 154.
(9) Marot , au poëme intitulé l'*Enfer*, p. 43.
(10) Marot. dans le *Despourveu* à madame la duchesse d'Alençon , pag. 104.

(D) Il fut blessé et fait prisonnier à la journée de Pavie.] L'auteur de la Vie de Clément Marot, insérée dans le Recueil des plus excellentes pièces des poëtes français (11) , n'a pas oublié cette aventure. Il allègue ces vers de Marot, sans nous apprendre de quelle pièce ils sont tirés (12).

Là fut percé tout outre rudement
Le bras de cil , qui t'ayme loyaument :
Non pas le bras , dont il ha de coustume
De manier ou la lance , ou la plume :
Amour encor le te garde et reserve ,
Et par escrits veult que de loing te serve.
Finalement, avec le roy mon maistre
Delà les monts prisonnier se vid estre
Quant est du cueur, long temps y ha , qu'en France
Ton prisonnier il est sans mesprison.

(E) Les bigots le firent mettre en prison comme suspect d'hérésie.] Ce fut à l'instance du docteur Bouchard, et lors que François Ier. était prisonnier de Charles-Quint en Espagne. Le premier de ces deux faits se prouve par ces paroles de Marot :

Donne response à mon present affaire ,
Docte docteur. Qui t'ha induit à faire
Emprisonner depuis six jours en çà,
Un tien amy , qui onc ne t'offensa?
Et vouloir mettre en luy crainte , et terreur
D'aigre justice, en disant, que l'erreur
Tient de Luther? Point ne suis lutheriste ,
Ne Zuinglien, et moins anabaptiste :
Je suis de Dieu par son fils Jesu Christ (13).

Dans la suite de cette lettre il continue à protester qu'il est orthodoxe , et bon catholique. La preuve du second fait est contenue dans les vers que je vais copier. Notez que Marot y conte ce qui se passa entre ses juges et lui pendant sa prison.

Or suis-je loing de ma dame, et princesse ,
Et près d'ennuy , d'infortune, et destresse ,
Or suis-je loing de sa tresclere face.
S'elle fust pres (ô cruel) ton audace
Pas ne se fust mise en effort de prendre
Son serviteur, qu'on n'ha point veu mesprendre :
Mais tu vois bien (dont je lamente et pleure)
Qu'elle s'en va (hélas) et je demeure
Avec Pluton, et Charon nautonnier.
Elle va veoir un plus grand prisonnier :
Sa noble mere ores elle accompagne
Pour retirer nostre roy hors d'Espagne (14).

(11) *Imprimé à Paris , chez Claude Barbin*, 1692.
(12) C'est de la Ire. élégie, pag. m. 4n. Elle n'est point adressée au roi, comme on l'assure dans la Vie de Clément Marot, au-devant de ses OEuvres , à l'édition de la Haye, 1700.
(13) Marot, Epître à M. Bouchart, docteur en théologie, pag. 116.
(14) Marot, au poëme intitulé l'Enfer , p. 42.

Je ne sais point les circonstances de la fin de ce procès : je crois pourtant que le roi et la princesse Marguerite protégèrent notre poëte. Ne me dites point qu'il est constant que la lettre (15), qu'il écrivit à Francois Ier., le 15e. jour de sa prison, fut très-bien reçue, et que ce prince *en fut si char-mé qu'il écrivit lui-même à la cour des aides pour faire obtenir* la liberté à Clément Marot (16) ; car cela regarde un autre emprisonnement où il n'était point question d'hérésie, et qui fut postérieur au retour du roi en France. Il est aisé de prouver toutes ces particularités. Marot déclare qu'il est en prison depuis quinze jours, et qu'on l'accuse d'avoir ôté aux sergens un prisonnier (17). Il paraît par le registre de la cour des aides de Paris, que la lettre de Francois Ier., touchant l'élargissement de Marot, est datée de Paris, le 1er. de novembre 1527 (18). Ce prince déclare *qu'il a été dûment informé de la cause dudit emprisonnement, qui est pour raison de recousse de certains prisonniers ;* et il enjoint *que toutes excusations cessantes,* on mette Marot hors des prisons ; la cour obéit. Voilà donc une faute à corriger dans le Recueil des plus excellentes pièces des poëtes françois, et dans la nouvelle édition des OEuvres de Clément Marot (19). La Vie de ce poëte, dans l'un et dans l'autre de ces deux ouvrages, porte que la lettre de Francois Ier. à la cour des aides tira Marot de la prison où il avait été mis pour des soupçons d'hérésie. La cour des aides se mêlait-elle de cela ? Ceci nous doit tenir avertis nous autres qui écrivons la vie des particuliers, qu'il importe de faire attention aux plus petites circonstances.

(F) *Il n'eut pas le courage de retourner à Paris.*] Il faut l'entendre lui-même : il nous dira qu'il y retournait ; mais qu'il rebroussa chemin lorsqu'on lui eut fait comprendre qu'on avait prévenu le roi. Les vers que je cite sont dans une lettre qu'il écrivit à ce monarque.

Pour revenir dunques à mon propos,
Rhadamanthus aveques ses supposts
Dedans Paris, combien que fusse à Blois,
Encontre moy fait ses premiers exploits,
En saisissant de ses mains violentes
Toutes mes grandes richesses excellentes,
Et beaux tresors, d'avarice delivres :
C'est à savoir mes papiers, et mes livres,
Et mes labeurs. O juge sacrilege,
Qui t'ha donné, ne loy, ne privilege ,
D'aller toucher, et faire les massacres
Au cabinet des saintes muses sacres ?
Bien est-il vray que livres de deffense
On y trouva : mais cela n'est offense
A un poete, à qui on doibt lascher
La bride longue, et rien ne lui cacher (20).

Le juge donc affecté se monstra
Et mon endroit, quand les premiers outra
Moy qui estois absent , et loing des viles,
Où certains fols feirent choses trop viles ,
Et de scandale : hélas ! au grand ennuy,
Au detriment, et à la mort d'autry.
Ce que sçachant, pour me justifier,
En ta bonté je m'osay tant fier,
Que hors de Blois party, pour à toy, Sire,
Me presenter ; mais quelqu'un me vint dire,
Si tu y vas, amy, tu n'es pas sage :
Car tu pourrois avoir mauvais visage
De ton seigneur. Lors comme le nocher,
Qui pour fuir le peril d'un rocher
En pleine mer se destourne tout court,
Ainsi pour vray m'escartay de la court :
Craignant trouver le peril de durté,
Où je n'eus onc fors douceur et seurté (21).

Notez qu'il commence cette lettre par représenter que sa fuite n'est point une preuve qu'il se connaisse coupable, mais seulement qu'il est convaincu de la mauvaise administration de la justice.

Je pense bien que ta magnificence,
Souverain roy , croira que mon absence
Vient par sentir la coulpe , qui me point
D'aucun mesfait ; mais ce n'est pas le poinct.
Je ne me sens du nombre des coulpables ;
Mais je sçay tant de juges corrompables
Dedans Paris, que par pecune prinse,
Ou par amis, ou par leur entreprinse,
Ou en faveur et charité piteuse
De quelque belle humble solliciteuse
Ilz sauveront la vie et immunde
Du plus meschant , et criminel du monde :
Et au rebours, par faute de pecune,
Ou de support, ou par quelque rancune,
Aux innocens ils sont tant inhumains,
Que content suis de tomber en leurs mains.
Non pas que tous je les mette en un compte :
Mais la grand' part la meilleure surmonte.
Et tel merite y estre authorisé,
Dont le conseil n'est oui, ne prisé.
Suivant propos, trop me sont ennemys
Pour leur enfer, que par escrit j'ay mis,
Ou quelque peu de leurs tours je descœuvre,
Là me veult on grand mal pour petit œuvre ;
Mais je leur suis encor plus odieux,

(15) *Elle est à la page m. 149 de ses OEuvres.*
(16) *Vie de Clément Marot, dans le Recueil des plus excellentes pièces des Poëtes français , tom. I.*
(17) *Voyez sa Lettre au roi , pag. 149.*
(18) *Voyez l'Anti-Baillet de M. Ménage, ch. CXII.*
(19) *Celle de la Haye ,* 1700.

(20) Marot, Épître au Roi, du temps de son exil à Ferrare , *pag. 179.*
(21) *Là même , pag. 180.*

Dont je l'oiay lire devant les yeux
Tant clervoyans de ta majesté haute,
Qui ha pouvoir de reformer leur faute (22).

Il nous apprend ensuite une chose
dont ses historiens ne font point
mention ; c'est qu'il fut saisi prisonnier pendant une grande maladie, et
que le roi donna ordre qu'on le laissât en repos.

. . . . . Mesmes un jour ils vindrent
A moy malade , et prisonnier me tindrent,
Faisans arrest sus un homme arresté
Au lict de mort , et m'eussent pis traité,
Si ce ne fust ta grand' bonté, qui à ce
Donna bon ordre avant que t'en priasse,
Leur commandant de laisser choses telles :
Dont je te rends graces tres immortelles (23).

Puis il passe à satiriser la Sorbonne,
et à protester que les soupçons d'hérésie qu'on avait tâché de faire naître contre lui dans l'esprit du roi
étaient injustes. Voici ce qu'il dit
contre la Sorbonne :

Autant comme eux , sans cause qui soit bonne
Me veult de mal l'ignorante Sorbonne :
Bien ignorante elle est d'estre ennemie
De la trilingue et noble academie,
Qu'as erigée. Il est tout manifeste,
Que là-dedans contre ton veult celeste
Est deffendu qu'on ne voise allegant
Hebrieu, ny grec, ny latin elegant :
Disant que c'est langage d'heretiques.
O povres gens de sçavoir tous ethiques !
Bien faites vray ce proverbe courant,
Science n'ha hayneux que l'ignorant.
Certes, ô roy, si le profond des cœurs
On veult sonder de ces sorboniqueurs,
Trouvé sera que de toy ils se deulent.
Comment douloir ? Mais que grand mal te
* veulent,*
Dont tu as fait les lettres, et les arts
Plus reluisans , que du temps des Cesars :
Car leurs abus void on en façon telle.
C'est toy qui as allumé la chandelle,
Par qui maint œil void maincte verité,
Qui sous épesse et noire obscurité
A fait tant d'ans icy bas demeurance.
Et qu'est-il rien plus obscur qu'ignorance ?
Eux , et leur court, en absence , et en face,
Par plusieurs fois m'ont usé de menace,
Dont la plus douce estoit en criminel
M'executer (24) *. . . . .*

Je ne rapporte pas le vœu héroïque
qu'il ajoute. Il souhaite d'être immolé
à leur rage, pourvu que l'église ne
soit plus assujetie à leurs abus. Je
doute qu'il poussât le zèle aussi loin
qu'il le disait ; mais je ne doute point
de ce qu'il dit que ces docteurs voulaient maintenir la barbarie. Cette
partie du XVIe. siècle sera une tache
éternelle à la Sorbonne, vu comme

elle se conduisit. Passons aux protestations que ce poëte fit d'être orthodoxe :

Or à ce coup il est bien evident,
Que dessus moy ont une vieille dent,
Quand ne pouvans crime sur moy prouver ,
Ont tres bien quis (25) *, et tres bien sceu*
* trouver ,*
Pour me fascher, briefve expedition ,
En te donnant mauvaise impression
De moy ton serf, pour apres à leur aise
Mieux mettre à fin leur voulonté mauvaise :
Et pour ce faire ilz n'ont certes eu honte
Faire courir de moy vers toy maint compte,
Aveques bruit plein de propos menteurs,
Desquelz ilz sont les premiers inventeurs.
De lutheriste ilz m'ont donné le nom :
Qu'à droit ce soit, je leur responds que non.
Luther pour moy des cieux n'est descendu :
Luther en croix n'ha point esté pendu
Pour mes pechez : et tout bien advisé,
Au nom de luy ne suis point baptisé :
Baptisé suis au nom qui tant bien sonne ,
Qu'au son de luy le pere eternel donne
Ce que l'on quiert : le seul nom sous les cieux
En, et par qui , ce monde vicieux
Peut estre sauf ; le nom tant fort puissant,
Qu'il ha rendu tout genouil flechissant,
Soit infernal , soit celeste, ou humain :
Le nom, par qui du seigneur Dieu la main
M'ha preservé de ces grands loups rabis,
Qui m'espioient dessous peaux de brebis (26).

(G) *Il obtint... la permission de revenir l'an* 1536.] Cette date se vérifie
par son poëme intitulé *le Dieugard
à la Cour* (27). Il le composa peu-a-
près son arrivée ; il y parle de la
mort du dauphin , et du mariage de
la princesse Magdeleine (28), et il
remarque qu'elle partirait bientôt.
Or le dauphin fut empoisonné au
mois d'août 1536, et la princesse
Magdeleine épousa le roi d'Écosse le
1er. de l'an 1537. Joignez à cela que
Marot témoigne qu'il arriva à Lyon
un peu après que François Ier. en fut
parti (29).

Si qu'à Dieu rends graces un million,
Dont j'ai atteint le gracieux Lyon,
Où j'esperoys à l'arriver transmettre
Au roy François humble salut en mettre (30)*:*
Conclud estoit. Mais puis qu'il en est hors,
A qui le puis-je, et doy-je addresser , fors
A toy qui tiens par prudence loyale,
Icy le lieu de sa hauteur royale (31)*?*

(22) *Là même , pag.* 176.
(23) *Là même , pag.* 177.
(24) *Là même.*

(25) *C'est-à-dire, cherché.*
(26) Marot, Epitre au Roi, du temps de son
exil à Ferrare, pag. 178.
(27) *Pag. m.* 191.
(28) *Il l'appelle* Reine Magdeleine; *cela ne
prouve pas que les noces fussent faites. Il suffisait que le mariage fût arrêté.*
(29) *Ce prince en partit après que l'empereur
Charles-Quint se fut retiré de Provence, pendant l'automne de l'an* 1536.
(30) *C'est-à-dire en vers.*
(31) Marot, *dans son poëme au cardinal de
Tournon, pag.* 189.

M. Maimbourg dit que la duchesse de Ferrare *obtint du roi le retour de notre poëte, sur l'assurance qu'elle donna qu'il serait désormais plus sage* (32). D'autres disent que François Ier. n'accorda à cette duchesse sa demande, *qu'à condition que Marot rentrerait dans la religion romaine qu'il avait quittée, et serait plus discret à l'avenir* (33). Je n'ai point vu dans les OEuvres de Marot, que cette princesse se soit mêlée de cela ; et je doute que son zèle pour la religion protestante lui ait permis de négocier à de telles conditions le rappel d'un homme. Ce qu'il y a de certain, c'est que Marot, priant le dauphin de lui obtenir un passe-port pour six mois, déclara qu'il avait appris en Italie à être fort circonspect dans ses discours, et à ne parler jamais de Dieu.

Il le feroit (34), *s'il savoit bien comment*
Depuis un peu je parle sobrement :
Car ces Lombards, avec qui je chemine,
M'ont fort apris à faire bonne mine,
A un mot seul de Dieu ne deviser,
A parler peu, et à poltronniser.
Dessus un mot une heure je m'arreste :
S'on parle à moy, je respons de la teste.
Mais je vous pry mon saufconduit ayons,
Et de cela plus ne nous esmayons (35).

(H) *On prétend qu'il débaucha son hôtesse à Genève, et que la peine de mort... fut commuée.... par la recommandation de Calvin.*] Tous ceux qui disent cela se fondent sur le témoignage de Cayet : c'est lui qu'il faut prendre pour le premier et pour le seul déposant. Florimond de Rémont, que l'on cite aussi, n'est que son copiste. *Comme pour avoir bien lu et médité les psaumes, en les traduisant si mal,* ce sont les paroles de M. Maimbourg, *il n'en était pas devenu*(*1) *plus homme de bien; et qu'ensuite menant à son ordinaire une vie très-licencieuse, il eût débauché la femme de son hôte, ce qu'on punissait de mort à Genève, Calvin, par son crédit, fit*(*2) *changer cette rigoureuse peine en une autre plus douce,*

qui fut celle du fouet qu'il eut par tous les carrefours (36). Voici les paroles d'un autre écrivain : *Ayant commis à Genève un adultère avéré, il n'eût pas manqué d'être pendu, si le crédit de Calvin n'eût fait commuer cette peine en celle d'être fouetté par les carrefours de Genève ; selon Cayet. Mais Bèze, par la considération qu'il avait pour un homme qui a suivi les mêmes erreurs que lui, et dont il a rachevé les psaumes, n'a pas expliqué ce fait si nettement* (37). Il est vrai que Théodore de Bèze se contente d'observer en général, que Clément Marot ne put jamais corriger l'habitude des mauvaises mœurs qu'il avait gagnée à la cour de France, *Quamvis (ut qui in auld, pessimâ pietatis et honestatis magistrâ, vitam ferè omnem consumpsisset) mores parùm christianos ne in extremâ quidem ætate emendârit* (38). Cette expression générale signifie beaucoup, et insinue en particulier que Marot n'édifia point les Génevois par sa chasteté. Quoi qu'il en soit, je ne trouve pas vraisemblable ce que Cayet conte ; car si un poëte aussi fameux que Marot, et aussi haï dans la communion romaine, eût été fouetté par les carrefours d'une grande ville, toute l'Europe l'eût bientôt su : on l'eût insulté sur cette infamie dans plusieurs livres ; il n'eût pas osé se présenter devant ceux qui commandaient en Piémont pour le roi de France ; nous ne serions pas réduits au seul témoignage de Victor Cayet, postérieur de tant d'années à cette aventure. Quelqu'un pourrait dire que les protestans eussent publié eux-mêmes cette punition, pour faire voir jusqu'où la sévérité de la discipline était portée dans Genève : mais convenons de bonne foi que cette instance n'est point forte ; car sans être consommé dans les finesses de la politique, on juge qu'il faut ménager la réputation d'un frère persécuté (39). Au reste, il est ridicule de reprocher aux pro-

---

(32) Maimbourg, Histoire du Calvinisme, *liv. II, pag.* 97.

(33) Vie de Marot, *dans le Recueil des plus excellentes pièces des Poëtes français.*

(34) *C'est-à-dire le roi me rappelleroit.*

(35) Marot, Épître à monseigneur le dauphin, *pag.* 183.

(*1) *Hist. ecclésiast. des Églises réf.*, *l.* 1.

(*2) *Cayet, en son Formul. Flor. de Ræm.*, *l.* 8, *c.* 18.

(36) Maimbourg, Hist. du Calvinisme, *liv. II, pag. m.* 99.

(37) Vie de Clément Marot, *dans le Recueil des plus excellentes pièces.*

(38) Beza, in Iconibus.

(39) *Notez que les registres publics de Genève ne font aucune mention de cette peine de Clément Marot. Voyez M. Jurieu, Apologie pour les Réformés, chap. VII, pag.* 124.

testans l'usage public de la version de Marot, sous prétexte qu'il aurait été puni de ses adultères. Les mauvaises mœurs d'un poëte ne doivent pas empêcher que, s'il traduit bien les psaumes de David, on ne chante sa version dans les églises : tout de même que les mauvaises mœurs d'un peintre, ou d'un statuaire, ne doivent pas empêcher ceux qui vénèrent les images, de consacrer un tableau, ou une statue.

(I) *Il mourut en Piémont l'an 1544, à l'âge d'environ soixante ans.*] Le premier de ces deux faits m'est fourni par Sainte-Marthe, et le second par Théodore de Bèze. Mais ne croyez pas que Sainte-Marthe se soit abaissé jusques à dire que Marot mourut l'an 1544. Cela eût été trop simple, et n'eût point permis que l'on débitât des phrases : il a donc fallu, pour donner lieu aux mots pompeux, marquer la mort de ce poëte à l'année de la bataille de Cérizolles. *Cùm extorris et rerum egenus Tauriniapud Insubres procul a tuorum aspectu decesseris, eo ipso anno quo ad Ceresolam illius agri oppidum regius exercitus Anguiano duce insignemde Cæsarianis victoriam reportavit* (40). Il y a parmi les vers de Marot (41) un dizain au roi, *envoyé de Savoie l'an* 1543, et (42) une *Salutation du camp de M. d'Enghien à Dérizolles.* Cela nous montre qu'il quitta Genève la même année qu'il y publia ses cinquante psaumes (43). On a une églogue sur la victoire de ce duc d'Enghien (44). A l'égard de ses soixante ans de vie, je dois recourir à d'autres témoins (45), car Sainte-Marthe ne s'abaisse point jusque-là.

Notez qu'on rectifiera ci-dessous, dans la remarque (R), ce qui concerne ces soixante ans. Les vers cités

(40) Sammarthanus, Elog., *lib. I, p. m.* 24.
(41) *A la page* 383.
(42) *A la page* 387.
(43) *Edidit illos* (quinquaginta Psalmos) *hoc anno Genevæ quo sese receperat, cùm in Galliis propter lutheranismi suspicionem parum esset tutus. Triginta quidem psalmos ediderat antè biennium.* Sleidanus, *lib. XV, folio m.* 366 *verso, ad ann.* 1543.
(44) *A la page* 473.
(45) *A* Théodore de Bèze, *qui a dit,* in Iconibus, *circiter annum vitæ sexage-imum mortuus. C'est apparemment sur la parole de Bèze, que* la Croix du Maine *a dit, pag.* 65, *que Marot mourut âgé de soixante ans ou environ.*

ci-dessus, citation (5) semblent prouver qu'en 1526 il n'avait que trente ans. Notez que dans son églogue, sous le nom de Pan et Robin, il se considère comme au voisinage de la vieillesse.

(K) *La faute de chronologie qu'il semble que M. Maimbourg ait faite........ est très-légère.*] Il veut que Clément Marot n'ait pris la fuite qu'en 1535. Comme........ *il vit que le roi son maître, après ce qu'il avait hautement déclaré dans la salle de l'évêché, n'épargnerait personne sur cela : il eut peur qu'on ne l'arrêtât, et s'enfuit bien vite en Béarn, et puis encore plus loin au delà des Alpes, à Ferrare, auprès de la duchesse Renée qui protégeait les protestans* (46). Ce que le roi déclara dans la salle de l'évêché concerne l'an 1535 (47). M. Maimbourg le raconte (48) sous cette année-là avec bien des circonstances. Or nous avons vu ci-dessus que Marot revint de Ferrare en France, l'an 1536, et nous trouvons dans ses poésies (49) une lettre de *Lyon Jamet à Marot,* de laquelle les deux derniers vers sont ceux-ci :

C'est à Ferrare au huictieme an
De la sienne proscription,
Mais à la tienne intention
Que ce soit le dernier. Amen.

C'est une preuve, dira-t-on, que la fuite de Marot ne peut être mise pour le plus tard qu'en l'année 1528; Mais ceux qui parleraient de la sorte seraient très-blâmables; car Lyon Jamet a marqué sa propre proscription, et non pas celle de Marot. On dira que ce dernier, dans une lettre qu'il écrivit à Ferrare sur le départ de madame de Soubise, dit (50) que cette dame quittait une cour où elle avait demeuré sept ans. Il est probable qu'elle suivit Renée de France, mariée l'an 1527 au duc de Ferrare : d'où l'on pourrait conclure qu'elle retourna en France, l'an 1534; ce qui prouverait que Marot était au delà des monts cette année-là. Mais

(46) Maimbourg, Histoire du Calvinisme, *liv. II, pag.* 97.
(47) *Voyez* Bouchet, aux Annales d'Aquitaine, *folio m.* 271.
(48) *Pag.* 30 *et suivantes.*
(49) *A la page* 174.
(50) Œuvres de Marot, *pag. m.* 209.

j'avoue que cette preuve me paraît faible, quand je considère que Rabelais écrivit comme une nouvelle, l'an 1536, le renvoi de cette dame (51). Comme je ne vois rien dans les œuvres de Marot, qui puisse faire juger qu'il demeura fort long-temps à la cour du duc de Ferrare, je ne vois point que M. Maimbourg s'éloigne beaucoup de la vérité; car Marot nous dit lui-même qu'il demeura peu à la cour du roi de Navarre.

Si m'en allay, evitant ce danger,
Non en païs, non à prince estranger,
Non point usant de fugitif destour,
Mais pour servir l'autre roy à mon tour,
Mon second maistre, et la sœur son espouse,
A qui je fus des ans à quatre et douze,
De la main noble heureusement donné.
Puis tost apres, royal chef couronné,
Sçachant plusieurs de vie trop meilleure,
Que je ne suis, estre bruslez à l'heure.
Si durement, que mainte nation
En est tombée en admiration,
J'abandonnay, sans avoir commis crime,
L'ingrate France, ingrate, ingratissime
A son poëte (52). . . . .

En comparant ce passage avec celui que l'on a vu ci-dessus (53), l'on reconnaît aisément la vraie époque de la retraite de Clément Marot, et l'on sait de quelle manière il en faut ranger les circonstances. Les ennemis de ce poëte le décrièrent auprès du roi au temps des placards, et sans doute ils le rendirent suspect d'être complice de l'insolence de ceux qui les affichèrent. Il en fut averti, et résolut de s'aller justifier. Mais parce qu'on lui fit craindre de n'en venir pas à bout, il se retira auprès de la reine de Navarre; et apprenant là que François Ier. faisait brûler quelques luthériens, il s'éloigna encore plus de Paris, et se sauva en Italie. Ainsi M. Maimbourg ne s'est trompé que de peu de mois : il a cru que Marot ne se retira en Béarn qu'après la harangue du roi. On devait dire qu'il s'y retira quelques semaines auparavant. (54).

(L) *La Fontaine s'est reconnu son*

(51) *Voyez l'article* FERRARE, *tom. VI, pag.* 442, *citation (47).*
(52) Marot, Épître au roi, du temps de son exil à Ferrare, pag. 180, 181.
(53) *Citation (21).*
(54) *L'affaire des placards regarde le mois de novembre* 1534: *la procession et la harangue de François Ier. appartiennent au mois de janvier* 1535.

disciple.] Voici ce qu'il écrivit à M. de Saint-Évremond :

Vos beaux ouvrages sont cause ;
Que j'ai su plaire aux neuf sœurs,
Cause en partie, et non toute :
Car vous voulez bien sans doute,
Que j'y joigne les écrits
D'aucuns de nos beaux esprits.
J'ai profité dans Voiture,
Et Marot par sa lecture
M'a fort aidé, j'en conviens.
Je ne sais qui fut son maître;
Que ce soit qui ce peut être,
Vous êtes tous trois les miens (55).

J'oubliais maître François, dont je me dis encore le disciple, aussi bien que celui de maître Vincent, et celui de maître Clément. A propos de ce qu'il dit qu'il ignore de qui Marot fut disciple, je rapporterai un passage de Louis Camérarius, qui nous apprendra que Jean le Maire de Belges fut le maître de Marot. *Audivi ego ex viris dignis fide, eum illum Belgam, hominem doctum et in linguæ latinæ antiquioribus scriptis multùm versatum, primùm fuisse, qui rationem et modum demonstraret elegantioris sermonis gallici loquendo, scribendi autem quasi artis viam indicâsse, quam cùm ipse sequeretur usurpando, tùm aliis præcipiendo traderet: eumque poëtam quem Gallia habuit celeberrimum, et cujus ornatam copiam venustatemque imprimis admirata est, Clementem Marottum, eundem percoluisse, et componendi versus scientiam edocuisse* (56). N'en déplaise à l'auteur de ces paroles latines, elles sont très-mal rangées, et il n'aurait pas dû se prévaloir de la liberté que donne l'ancienne langue des Romains, de se servir d'expressions que l'on peut entendre en divers sens. Il faut consulter la chronologie, pour bien savoir s'il veut dire que Clément Marot enseigna à Jean le Maire à faire des vers, ou s'il entend que Jean le Maire enseigna cela à Clément Marot. Ce dernier sens est le véritable : mais on ne le trouve que par une forte attention au but de l'auteur, fortifiée des lumières de la chronologie. Pourquoi fatigue-t-on ainsi sans nécessité l'esprit des lecteurs? Je re-

(55) La Fontaine, Œuvres posthumes, pag. 107, édition de Hollande.
(56) Ludovicus Joach. F. Camerarius, in *Procemio versionis latinæ Tractatûs de Differentiis Schismatum.*

marquerai par occasion une autre chose contre le même écrivain, au sujet du livre dont j'ai tiré le passage que l'on a vu : c'est la traduction latine du traité des schismes, composé en français par Jean le Maire de Belges. Elle fut imprimée à Leipsic, l'an 1572, avec des notes. Louis Camérarius ignore que Jean Schardius eût déjà fait imprimer (57) une traduction latine du même ouvrage, l'an 1566. Vossius ne connaissait pas la traduction de Louis Camérarius ; car il ne fait mention que de l'autre (58). Notez que Marot, dans sa lettre à madame de Soubise, parle de Jean le Maire sans observer qu'il en eût été instruit.

> *Or adieu donc, noble dame, qui uses*
> *D'honnesteté tousjours envers les muses.*
> *Adieu par qui les muses desolées*
> *Souventesfois ont été consolées,*
> *Adieu qui voir ne les peult en souffrance.*
> *Adieu la main qui de Flandres en France*
> *Tira jadis Jean le Maire Belgeois,*
> *Qui l'ame avoit d'Homere le Gregeois* (59).

Mais voici ce que je trouve dans les recherches d'Étienne Pasquier : *Notre gentil Clément Marot en la seconde impression de ses OEuvres reconnaissait que ce fut Jean le Maire de Belges qui lui enseigna de ne faillir en la coupe féminine* (*) *au milieu d'un vers* (60).

(M) *Il n'y a que trop de pièces obscènes parmi ses œuvres.*] Il suivait en cela, et l'esprit du temps, et celui des meilleurs poëtes de l'antiquité, et qui pis est, ses mœurs et son train de vie; car il était non-seulement un poëte de cour, mais aussi un homme qui aimait les femmes, et qui ne pouvait renoncer aux plaisirs des sens. Nous avons vu en latin le témoignage que Théodore de Bèze lui a rendu (61) : voyons ici en français comment il parle : *Clément Marot, depuis son retour d'Italie à*

la cour, estoit fort mal voulu de la Sorbonne, pour avoir traduit tres-heureusement en langue française trente psaumes de David, dediés au roi, qui les trouva si bons, qu'ils furent imprimez. Mais si fut-il contraint de se saulver, et feit sa retraitte à Geneve, où il en traduit encores vingt. Mais, aiant esté toujours nourri en une tres-mauvaise escole, et ne pouvant assubjectir sa vie à la reformation de l'Evangile, il s'en alla passer le reste de ses jours en Piemont alors possedé par le roi, où il usa sa vie en quelque seureté sous la faveur des gouverneurs (62). Il faut néanmoins avouer que les obscénités de Clément Marot sont moins grossières et mieux voilées, que celles des anciens poëtes romains, et que celles de plusieurs poëtes français camarades de Théophile. Ce qu'il y a d'étrange, c'est que les talens de son esprit, son sel, le tour agréable, vif, aisé, ingénieux de sa muse ne se font jamais sentir avec plus de distinction, que lorsqu'il traite un sujet sale. N'est-ce pas une chose étrange, que la plupart des poëtes aient le malheureux don de réussir de ce côté-là mieux que sur d'autres sujets? Tel poëte dont les vers seraient insipides, s'il n'osait s'émanciper à à la moindre liberté, fait des pièces excellentes (63) dès qu'il se met au-dessus de la pudeur. Cela ne saurait venir de la nature même de la poésie : il faut donc que cela vienne de la corruption du cœur de l'homme. Quelle qu'en puisse être la cause, l'effet a paru certain à ceux qui ont donné pour maxime qu'un poëte doit être chaste quant à sa personne, mais non pas quant à ses vers, vu qu'ils ne sauraient être gracieux et assaisonnés de sel, s'ils ne sont un peu impudiques.

> *Nam castum esse decet pium poetam*
> *Ipsum. Versiculos nihil necesse est :*
> *Qui tum denique habent salem, ac leporem,*
> *Si sunt molliculi, ac parùm pudici,*
> *Et quod pruriat incitare possunt,*
> *Non dico pueris, sed his pilosis,*
> *Qui duros nequeunt movere lumbos* (64).

Maxime fausse, ou pour le moins

---

(57) *A Bâle, avec les quatre livres de* Theodoricus à Niem Historiarum sui temporis.

(58) Vossius, de Histor. lat., *pag.* 650.

(59) Marot, Épître à madame de Soubise, *pag.* 209.

(60) Pasquier, Recherches, *liv. VII, chap. V, pag. m.* 612. *Voyez les paroles de* Marot, *dans la remarque* (R).

(*) Marot fait cet aveu dans sa lettre à ses confrères en Apollon. Elle est datée de Paris, du 11 d'août 1532, et se trouve en tête de l'*Adolescence Clémentine* de cette année-là. REM. CRIT.

(61) *Dans la remarque* (H), *citation* (38).

(62) Bèze, Histoire ecclés. des Églises, *liv. I, pag.* 33.

(63) *Poétiquement parlant, mais non pas moralement parlant.*

(64) Catul., epigr. XVI.

très-pernicieuse, et qui ne mériterait pas que des gens de bien au fond
du cœur la considérassent comme
une règle. Mais quoi ! il en va de ceci
comme de la démangeaison des bons
mots : aucune considération ne la
peut brider (65) ; et lorsqu'un poëte
se voit en état de faire merveille
dans une épigramme, pourvu qu'il
y fasse entrer quelques pensées obscènes, il quitte en faveur de son
esprit les sentimens de son cœur.
Des Accords en usa de cette manière.
*J'eusse volontiers, dit-il, retranché
mes fescennines libertés de cet âge-
là ; mais, puisque la pierre est jetée,
il n'y a plus de remède : je m'excu-
serai par ce distique, que j'ai donné
à un docte et sévère sénateur de notre parlement de Dijon, avec le livre,*

Putidulum scriptoris opus ne despice, namque
Si lasciva legis, ingeniosa leges.

*Et à la vérité, c'est chose vraie que
je ne me suis jamais plu d'être vu ingénieux pour être lascif, mais j'ai été
lascif seulement pour être ingénieux*
(66). De tels écrivains peuvent trouver leur leçon dans ce dernier vers
d'une épigramme de Martial (67),

Tanti non erat esse te disertum.

Leçon qu'il donnait aux autres, et
dont il avait besoin lui-même autant
que personne, et qu'il ne pratiquait
pas. Revenons à Marot, pour dire
que, selon toutes les apparences, son
cœur s'accordait avec son esprit ;
mais, quoi qu'il en soit, il ne tour-
nait pas mal ces sortes de vers. Son
épigramme d'une *Épousée Farouche*
a paru digne à M. Ménage d'être insérée presque toute entière dans l'endroit de ses observations où il veut
prouver que l'on disait autrefois *j'ai
mors*, pour *j'ai mordu* (68).

(N) *Je rapporterai quelques faits
curieux touchant la version de L
psaumes de David.*] Florimond de
Rémond (69) assure que Marot, après

son retour de Ferrare en France, fut
exhorté par Vatable à mettre les
psaumes de David en vers françois,
et qu'ayant suivi ce conseil, il publia
la version de trente psaumes, et la
dédia à François Ier. Elle fut censurée par la faculté de théologie de Paris, qui de plus fit des remontrances
et des plaintes à ce monarque. « Le
» roi, qui aimoyt Marot pour la
» beauté de son esprit, usa de remi-
» ses, monstrant avoir veu de bon
» œil les premiers traicts, et desirer
» la suite du reste. C'est pourquoy
» le poëte luy envoya cette epigram-
» me.

  Puisque voulez que je poursuive, ô sire,
  L'œuvre royal du Psautier commencé,
  Et que tout cœur aymant Dieu le desire,
  D'y besongner me tiens pour dispensé :
  S'en sente donc qui voudra offensé,
  Car ceux à qui un tel bien ne peut plaire,
  Doivent penser, si jà ne l'ont pensé,
  *Qu'en vous plaisant, me plaist de leur des-
    plaire.*

» La publication pourtant, après
» plusieurs remonstrances faites au
» roy, en fut défendue. Mais.

  Des hommes plus la chose est desirée,
  Quand plus elle est aux hommes prohibée.

» On n'en pouvoit tant imprimer
» qu'il ne s'en debitast davantage.
» Ils ne furent pas lors mis en musi-
» que, comme on les voit aujour-
» d'huy, pour estre chantés au pres-
» che : Mais chacun y donnoit tel
» air que bon lui sembloit, et or-
» dinairement des vau - de - ville.
» Chacun des princes et courtisans
» en prit un pour soi. Le roi Henri
» second aymoit et prit pour le sien
» le psaume, *ainsi qu'on oyt le cerf
» bruire,* lequel il chantoit à la chas-
» se. Madame de Valentinois qu'il
» aymoit prit pour elle, *du fond de
» ma pensée,* qu'elle chantoit en
» volte : La Royne avoit choisi, *ne
» vueillez pas, ô Sire,* avec un air sur
» le chant des bouffons. Le roi de
» Navarre Anthoine prit, *revange
» moy, prend la querelle,* qu'il
» chantoit en bransle de Poitou ;
» ainsi les autres. MAROT cependant,
» pour la seconde fois, craignant
» d'être mis en cage, car il ne pou-
» voit contenir sa langue, se refugia
» à Genefve, où il continua sa ver-

(65) *Voyez, dans ce volume, pag.* 284, *la
remarque* (D) *de l'articl. MARIE l'Égyptienne.*
(66) Des Accords, *préface des Bigarrures.*
(67) *La* XLIIIe. *du* XIIe. *livre.*
(68) Ménage, *Observations sur la langue française, tom. I, pag.* 90, *édition de Paris,* 1675.
(69) Flor. de Rémond, *Histoire de la Naissance et Progrès de l'hérésie, liv. VIII, chap.
XVI, pag. m.* 1042 *et suiv. Voyez aussi M. Va-*

rillas, *son copiste, au livre XXI des* Révolutions, *pag.* 48 *et suiv., édition de Hollande.*

» sion jusques à cinquante psaumes » (70).» Bèze *continua la version des cent autres* (71)*, et les pseaumes, qu'il rhyma à l'imitation de Marot, furent receus et accueillis de tout le monde, avec autant de faveur que livre fut jamais ; non-seulement de ceux qui sentoient au lutherien, mais aussi des catholiques, chacun prenoit plaisir de les chanter. Aussi étoient-ils plaisans, faciles à apprendre, et propres à jouër sur les violes et instrumens. Calvin eut le soin de les mettre entre les mains des plus excellens musiciens qui fussent lors en la chrestienté, entr'autres de Godimel, et d'un autre nommé Bourgeois, pour les coucher en musique* (72)....... *Dix mille exemplaires furent faits deslors de ces pseaumes rhymés, mis en musique, et envoyez par tout. A ce commencement chacun les portoit, les chantoit comme chansons spirituelles, mesmes les catholiques, ne pensant pas faire mal. Car ce n'étoit encores, et ne fut de quelques années apres, le formulaire de la religion calviniste ; mais depuis ils furent ordonnez pour être chantez en leurs assemblées, distribuez par petites sections ; ce qui fut l'an 1553, pour servir comme les reposoirs d'un escalier à prendre haleine en une si longue dévotion telle que la leur. Car le chant des pseaumes qui se fait au presche dure demy-quart d'heure pour le plus. Apres qu'ils les eurent accouplez aux catechismes calviniens et genevois, l'usage en fut du tout interdit, et les premieres deffenses renouvelées, avec des peines rigoureuses, de sorte que chanter un pseaume c'estoit être lutherien* (73). Le précis de ce narré de Florimond de Rémond a été mis en très-beau latin par Famien Strada (74), qui observe en particulier que François Ier. chantait souvent cette traduction des psaumes (75).

Comme je m'arrête ici principale-

ment aux faits, je n'ai point voulu me charger des observations critiques de Florimond de Rémond. Il veut que Marot ait falsifié le texte hébreu, quoique Vatable lui en donnât une très-bonne version. On a réfuté la critique de cet historien, non-seulement par des raisons, mais aussi par des autorités (76). On a produit « *l'Appobation des docteurs de* » *Sorbonne, sur laquelle Charles IX,* » *dans la plus grande ferveur des* » *persécutions, accorda un privilége* » *à Antoine Vincent, imprimeur de* » *Lyon, pour l'impression des psau-* » *mes. La voici :* Nous soussignés, » docteurs en théologie, certifions » qu'en certaine translation de psau» mes à nous présentée, commen» çant au 48e. psaume, où il y a, » c'est en sa très-sainte cité, pour» suivant jusqu'à la fin, et dont le » dernier vers est, *chante à jamais* » *son empire,* n'avons rien trouvé » contraire à notre foi catholique, » ains conforme à icelle, et à la vé» rité hébraïque ; en témoin de quoi » avons signé la présente certifica» tion, le 16 d'octobre, signé J. de » Salignac. Viboult. *Le privilége qui* » *fut accordé à Plantin, pour l'im-* » *pression de ces Psaumes, dit aussi,* » *que ces psaumes avant l'impression* » *avaient été examinés, visités et* » *approuvés par* M. Josse Schelling » portionnaire de Saint-Nicolas, à » Bruxelles, à ce député par le conseil » de Brabant. Et qu'après que ces » psaumes ont été achevés d'impri» mer, ils ont été visités derechef et » trouvés ne répuguer point à la foi » catholique (77). *Afin qu'on voie les* dates, il faut joindre à ces paroles ce qu'a dit le même auteur trois pages après ; c'est que l'édition pour laquelle Charles IX accorda un privilége à Antoine Vincent, imprimeur de Lyon, *se voit encore aujourd'hui ; elle est de* 1562, *et le privilége du* 19 *d'octobre de la même année. Trois ans après, Plantin les imprima à Anvers, avec privilége de Philippe,* roi d'Espagne (78). M. Bruguier, ministre et professeur en théologie à Nîmes, a rapporté les propres termes

(70) *Le même* Flor. de Rémond, Hist. de la Naissance et Progrès de l'hérésie, *liv. VIII*, chap. *XVI*, pag. *m.* 1043.

(71) *Là même*, pag. 1044.

(72) *Là même*, pag. 1049.

(73) *Là même*, pag. 1050.

(74) Strada, de Bello belg., *dec. I, lib. III*, pag. *m.* 130, 131.

(75) *Rex quamvis ejus* (Maroti) *versiculos identidem cantitaret.* Idem., ibidem.

(76) *Voyez* M. Jurieu, Apologie pour les Réform., tom. *I*, pag. 126 *et suiv.*, *édition in-4°.*

(77) *Là même*, pag. 127.

(78) *Là même*, pag. 130.

du privilége de Charles IX. La plus authentique approbation de cet ouvrage dit-il (79), « fut celle du roi » Charles IX en l'année 1561, lequel, » après avoir fait examiner ces Psau- » mes par des personnes les plus » doctes en la Sainte-Écriture et aux » langues, trouva qu'ils avaient été » fidèlement traduits selon la vérité » hébraïque ; de sorte qu'étant en son » conseil, il donna agréablement son » approbation et son privilége pour » l'impression et le chant de ces » Psaumes. Voici les termes du pri- » vilége qui se trouve encore dans » nos vieux psaumes : *Par grâce spé-* » *ciale, pleine puissance et autorité* » *royale, a été donné et octroyé à* » *Antoine, fils d'Antoine Vincent,* » *marchand libraire à Lyon, privi-* » *lége, congé, licence et permission,* » *pour le temps et terme de dix ans* » *prochains venans, ensuivans et con-* » *sécutifs, d'imprimer, ou faire im-* » *primer, quand et où bon lui sem-* » *blera, tous les psaumes du prophète* » *David, TRADUITS SELON* » *LA VÉRITÉ HÉBRAIQUE,* » *et mis en rime française et bonne* » *musique, comme a été bien vu et* » *connu par gens doctes en la Sainte-* » *Écriture et esdites langues, et aussi* » *en l'art de musique, etc.* » Il y a quelques difficultés dans tout ceci ; car on ne comprend guère que Charles IX ait donné à un libraire de Lyon un privilége le 19 d'octobre 1562, pour imprimer les psaumes de Clément Marot et de Théodore de Bèze. La première guerre civile de religion était alors dans son plus grand feu. Lyon était au pouvoir des huguenots depuis plus de cinq mois, et on les assiégeait dans Rouen actuellement. Il y a donc plus d'apparence que le privilége fut expédié l'an 1561, comme le dit M. Bruguier. Mais cette différence de date entre lui et les autres ministres (80) n'est point commode. Outre cela, on ne comprend point qu'en 1561 ou en 1562, la traduction

qui se chantait à Genève ait été donnée à examiner aux sorbonnistes, tronquée des quarante-sept premiers psaumes ; car, selon Florimond de Rémond, les cinquante psaumes que Marot avait traduits, firent un corps avec les cent autres traduits par Théodore de Bèze, et avec les *Catéchismes calviniens,* dès l'an 1553 ; et depuis ce temps-là, *l'usage en fut du tout interdit, et les premières défenses renouvelées avec des peines rigoureuses* (81). Notez que le psaume XLVIII, qui était le commencement de *la translation présentée* aux docteurs de Sorbonne, n'est pas de la traduction de Clément Marot, mais de celle de Théodore de Bèze. Il ne faut pas oublier que le sieur de Pours, dans sa vaste liste des psaumes qui ont été imprimés avec privilége (82), ne dit rien de l'édition de Lyon approuvée par la Sorbonne, et autorisée par Charles IX ; mais il observe que l'édition de Plantin, qui fut approuvée par un docteur *à ce député par le conseil,* et munie d'un privilége royal daté du 16 de juin 1564, fut achevée d'imprimer au mois de septembre suivant ; et que les noms de Clément Marot et de Théodore de Bèze n'y paraissent point (83). (*) Joignez à ceci la remarque (S).

(81) Florim. de Rémond, Histoire de l'hérésie, *liv. VIII, chap. XVI, pag.* 1050.

(82) Jérémie de Pours, Divine Mélodie du saint Psalmiste, *pag.* 570 *et suiv.*

(83) *Là même, pag.* 571.

(*) Le privilége pour la version des autres psaumes est, non pas du 19 d'octobre 1562, comme l'a cru M. Jurieu, mais du 17 d'octobre 1561, et c'est le même que M. Bruguier a rapporté sous cette date. Du reste, quoique je sois bien persuadé que l'approbation de la Sorbonne, du 16 d'octobre 1561 existe, je ne puis dire où elle est ; car le privilége du 19 d'octobre ne la contient point, et n'en fait pas même mention. Voici sur tout cela ma pensée, qui pourtant ne me satisfait pas entièrement.

Il n'y a pas de doute que le roi François Ier. n'ait donné son privilége pour l'impression des Psaumes dont Marot lui dédia la version. Ce fut, je pense, en l'année 1540, en conséquence de l'approbation mentionnée par Sleidan, l. 15, sur l'an 1543. Mais ce privilége ne regardait que les trente psaumes traduits jusqu'alors par ce poète. Ces trente psaumes font partie des OEuvres de Marot, imprimées in-8°., par Dolet, en 1542, *avec privilége pour dix ans,* dit le titre de cette édition.

Il faut pourtant bien que, dans l'intention de la Sorbonne, cette approbation emportât beaucoup moins qu'une permission d'imprimer, puisqu'au rapport de Sleidan, au même endroit, depuis l'impression de ces trente psaumes, procurée par

(79) Bruguier, Discours sur le chant des Psaumes, *pag.* 32, 33. *Ce discours fut imprimé l'an* 1664.

(80) *M.* Drelincourt, *dans ses Dialogues contre les Missionnaires sur le service des églises réformées, pag.* 59, *assure que tous les psaumes furent imprimés à Lyon et à Paris, avec un privilége authentique du roi Charles IX, l'an* 1562.

Jérémie de Pours remarque (84) que les cinquante psaumes de Clément Marot furent imprimés à Strasbourg l'an 1545, avec la Liturgie ecclésiastique. *La musique n'y est pas partout pareille,* dit-il, *avec celle qui a suivi, et dont on s'est servi après. La poésie y est aussi, en plusieurs lieux, différente de celle qui est en ces vieilles éditions.... Le premier psaume y finit ainsi :*

Car le chemin des bons est approuvé

Marot, ce poëte, comme luthérien tout-à-fait déclaré, fut contraint de se retirer à Genève, où en 1543, il mit en vers vingt autres psaumes qui, ayant été imprimés à Genève, la même année, avec les trente premiers, donnèrent lieu à la préface dont Calvin accompagna cette édition.

On ne voit pas que jusqu'en l'année 1553 les réformés, soit régnicoles, soit simplement français, aient chanté d'autres psaumes que ces cinquante, si ce n'est autres *huit psaumes*, de versificateurs dont les noms n'ont jamais été bien connus, lesquels *huit* psaumes avec les trente premiers de Marot, furent en 1542, imprimés en gothique, *à Rome, par le commandement du pape, par Théodore Drust, Allemand, son imprimeur ordinaire, le 15 de février,* l'on au dernier feuillet du livre imprimé *in-8°.,* sans autre nom ni de lieu ni d'imprimeur. Jérémie de Pours n'a point connu cette édition, laquelle, soit dit en passant, ne diffère de celle de Strasbourg, 1545, que par le nombre de psaumes. Les cent autres, mis en vers par Bèze, parurent vraisemblablement en 1553, puisque ce fut en ce temps-là, qu'accouplés avec le Catéchisme et avec la Liturgie de Genève, ils excitèrent tout de bon l'aversion des catholiques, qui, à l'exemple du roi François Ier., au lit de la mort (*inventaire de Serres, à l'endroit où il y est parlé de la mort du roi François Ier.*) n'avaient pas fait de scrupule de se servir des cinquante premiers.

Cette aversion continua jusqu'au temps du colloque de Poissy, dont l'issue favorable aux réformés, produisit, le 19 d'octobre 1561, le privilége du roi Charles IX, sur l'approbation donnée le 16 par la Sorbonne, pour la version du reste des psaumes huguenots, en conséquence de quoi parut à Lyon, en 1562, l'édition d'Antoine Vincent, sur laquelle, plusieurs années de suite, il s'en fit d'autres en diverses formes à Lyon, à la Rochelle et ailleurs ; toutes en vertu de ce privilége, qu'on aurait bien fait d'y insérer tout au long, et de même l'approbation de la Sorbonne.

La lettre de nommé Villemadon, rapportée par M. Bayle, sous la lettre O, fait mention du psaume : *Vers l'Eternel des oppressés le père,* etc. Ce psaume, qui est le 142°., et suivant la remarque de Jérémie de Pours, le 141°., comme on comptait en ce temps-là ; ce psaume, dis-je, est le pénultième de l'édition gothique de 1542, et il était alors tout nouvellement mis en vers, vraisemblablement à l'usage de la dauphine Catherine de Médicis, à laquelle, jusqu'alors stérile, et pour cela même menacée d'un divorce, il faisait espérer dans peu la naissance du prince dont en effet elle accoucha l'année suivante. Rem. crit.

(84) Jérémie de Pours, divine Mélodie du saint Psalmiste, *pag.* 570.

Du seigneur dieu, qui toujours la trouvé
Droit et uni ; car on ne s'y fourvoye.

Les psaumes y sont entiers, sans pauses et sans les distinguer. Le Symbole des Apôtres et quelques autres cantiques y sont aussi en musique ; et par dessus le Décalogue de la composition ordinaire ; il y en a aussi un autre :

Oyons la voix que de sa voix
Nous a donné le créateur,
De tous hommes legislateur,
Notre Dieu souverain. Kyrie-Eleison.

qui est là répété à la fin de tous les versets du Décalogue. Ce qui suit est digne de considération : « La première préface qui a été mise devant » les psaumes de Clément Marot par » l'église de Genève, est en date du » 10 juin 1543, faite par M. Jean Calvin.... On imprima pour la première fois tous les psaumes avec » leur musique, à Genève, avec une » préface de capitulation de quelque » subside pour les pauvres réfugiés à » Genève ; que lors les autres imprimeurs, les imprimant sur les » premières copies, fourniraient volontairement et libéralement aux » diacres de Genève, en l'an 1567, » après la préface des sermons de M. » Jean Calvin sur le Deutéronome, s'en » sont plaints en la douleur de leur » esprit, *touchant ceux qui impriment* » *ou font imprimer tous les jours, et* » *qui ont par ci-devant imprimé les* » *Psaumes mis en rhythme par M. de* » Bèze. Car il n'y a celui d'entre eux » tous qui ne sache bien qu'ils ne » peuvent en bonne conscience et ne » doivent aussi les imprimer, sans » payer à nos pauvres ce qu'il fut » promis et arrêté avant que jamais on » les imprimât la première fois (85). » De Pours observe (86) que *Louis Bourgeois a mis en musique 83 psaumes à quatre, cinq et six parties, imprimés à Lyon l'an* 1561, et (87) que *Guidomel* (88) *a composé les psaumes de David, imprimés à Paris par Adrien le Roy et Robert Balaard, l'an* 1565, *et que nos psaumes ont été mis en musique à 4 et 5 parties par Claude Guidomel, et puis après par Claude*

(85) *Là même, pag.* 582.
(86) *Là même, pag.* 575.
(87) *Là même, pag.* 581.
(88) *Il fallait dire Goudimel.*

le Jeune, qui était de Valenciennes (89).

Je m'étonne qu'il ne parle pas de celui qui fut le premier auteur de la musique ordinaire ; car la musique à plusieurs parties n'a jamais été en usage dans les temples des réformés. Voici ce qu'un professeur de Lausane m'a fait l'honneur de m'écrire : « J'ai » déterré une chose assez curieuse, » c'est un témoignage que M. de Bèze » donna de sa main, et au nom de la » compagnie ecclésiastique, à Guil- » laume Franc, le 2 de novembre » 1552, où il déclare que c'est lui » qui a mis le premier en musique » les Psaumes comme on les chante » dans nos églises : et j'ai encore un » exemplaire des Psaumes imprimés » à Genève, où est le nom de ce Guil- » laume Franc, et outre cela, un » privilége du magistrat, signé *Gal-* » *latin*, scellé de cire rouge en 1564, » où il est aussi reconnu pour l'au- » teur de cette musique. Notre Plan- » tin, dans sa *Lausanna restituta*, » lui rend le même témoignage (90). »

Voici la réponse du sieur de Pours à Florimond de Rémond, touchant la conformité des airs de quelques psaumes avec des chansons vulgaires (91) : « Florimond conforme notre psaume » 38 :

> • *Las en ta fureur aigue*
> • *Ne m'argue,*
> • *De mon fait Dieu tout puissant,*

» sur ce vaudeville :

> • *Mon bel ami, vous souviene,*
> • *de Piene,*
> • *Quand vous serez par delà.*

» Le ps. 130 est conforme à cet air :

> • *Languirai-je plus guere,*
> • *Languirai-je toujours!*

» s'il eût plu à ce conseiller, il y eût » ajouté un cantique de l'adversité » d'Angleterre changée en prospé- » rité, sur le chant du ps. 38, ou sur » une voix :

> • *Tous les huguenots de France,*
> • *Mille cinq cens et cinquante,*
> • *La regente,*
> • *Qu'on appelle Élisabeth.*

» Dont est dit,

> • *Comme aussi en Angleterre,*
> • *Bonne terre,*
> • *Dieu sa grâce a fait couler,*
> • *Leur donnant en ce royaume*
> • *Une dame*
> • *Qui ne veut point vaciller.*

» Celui-là semble plus ancien, inti- » tulé sur le chant *de Piène*, sans y » faire mention dudit psaume.

> • *Sus cardinaux archevesques,*
> • *Et evesques,*
> • *Venez tous me secourir,*
> • *Moines, prestres et heremites,*
> • *Jesuites,*
> • *Venez pour me voir mourir.*
> • *Papauté suis appelée,*
> • *Qui meslée*
> • *Me suis de perdre la gent,*
> • *Envoyant dedans la flamme,*
> • *Corps et ame*
> • *Du riche et de l'indigent.*
> • *Je veux que de moi on chante*
> • *La meschante,*
> • *Qui jusqu'au ciel s'eslevoit.*
> • *Elle est cheute et abismée,*
> • *La damnée,*
> • *Qui tout le monde enchantoit.*

» Or qu'ils sachent qu'on a ôté aux » poëtes amoureux, comme à des in- » justes possesseurs, ces mignardises, » et leur pétulance est convertie en » sainteté. Ce qui souloit appartenir » leur est ôté, et est comme sanctifié. » Anciennement, ce qui était d'un » usage commun, fût-de même d'un » butin, en étant cérémoniellement » séparé et séquestré, quand on l'ap- » pliquait au service du sanctuaire, » il était réputé pour chose sainte. » Après cela il use de récrimination (92) : il fait voir que la traduction des Psaumes en vers flamands, impri- mée à Anvers par Simon Cock, l'an 1540, avec privilége impérial donné à Bruxelles l'an 1539, contient une musique empruntée des chansons vul- gaires, et que cela même est marqué au commencement de chaque psau- me (93). Laissons-le parler son vieux gaulois. *Vous trouverez és pseaumes de Cock ces inscriptions selon les pseaumes là marqués. Le ps. 72 est chanté sur la voix* D'où vient cela ;

---

(89) De Pours, divine Mélodie du saint Psal- miste, *pag.* 721.

(90) Lettre MS. de M. Constant de Rebecque, dont on parlera ci-dessous, dans la citation (*h*) de la *Dissertation* concernant Junius Brutus, à la fin de cet ouvrage, *tom. XV.*

(91) De Pours, Divine Mélodie du saint Psal- miste, *pag.* 577, 578.

(92) On en usa aussi quand on répondit à l'Histoire du Calvinisme de Maimbourg ; *car on reprocha les airs sur quoi les Noëls sont chan- tés, et les cantiques spirituels de Colletet, et ceux dont l'auteur de l'Évêque de Cour s'est tant moqué. Voyez M. Jurieu, Apologie pour les Ré- formateurs, pag. 128, 129, et M. Rou, Remar- ques sur l'Histoire du Calvinisme, p. 39 et suiv.*

(93) De Pours, Divine Mélodie du saint Psal- miste, *pag.* 571.

le ps. 81, Sur le pont d'Avignon; *le ps.* 95, Que maudit soit ce faux vieillard; *le ps.* 103, Languir me faut; *le ps.* 113, De tristesse et déplaisir; de même *le ps.* 120, Madame la régente, ce n'est pas la façon; *le ps.* 128, Il me suffit de tous mes maux; *le ps.* 135, Le berger et la bergère sont à l'ombre d'un buisson. *C'est un psautier flamand, et ces premiers motets tous françois y sont posés* in *'t waelsche selon le style impérial annoté en notre preface, qui met le wallon pour bon françois* (94).

J'ai coté en note (95) deux auteurs qui ont reproché aux catholiques les airs profanes de leurs noëls, etc. J'ajoute qu'on vient de réimprimer à Genève un écrit qui avait été publié l'an 1645, et qui donne la matière d'une forte récrimination. J'en tirerai ce morceau : *Nullo delectu sacra profanaque juxta habet* (hæc gens) *imò tam præpostero cultu divina curat, ut pios ecclesiæ usus nullis non semperinsanientis sæculi ludis pervertat, sordibusque contaminet. Quæ quidem satis denuò experti sumus, his natalis Christi nuper exactis temporibus, cùm omnia templa putidis profanarum cantionum vocibus personarent : ubi quotannis ipsum incarnationis mysterium turpissimis secularium cantuum odis conspurcatur; tantusque amor est ecclesiasticos hymnos ad mundanas ejusmodi cantilenas inflectere, ut nulla, quantumvis obscœna vulgetur, quin statim in ecclesiis ridiculè detorta audiatur; vixque in indignatione risum teneo, quoties recordationem subit alicubi videri sacrorum cantuum rituale, in quo hanc* (ut alias omittam omninò turpes) *rubricam legere est:*
    MAGNIFICAT : sur le chant,
Que ne vous requinquez-vous , vieille :
Que ne vous requinquez-vous donc (96)?

L'écrit dont je parle fut composé par un avocat nommé Muret*, qui adresse la parole au fameux Gassendi, pour lui représenter les cérémonies ridicules des Provençaux.

(O) .... *Les particularités les plus notables me seront fournies par l'auteur d'une lettre.... écrite.... peu après la mort de Henri II.*] Elle est datée du 26 d'août 1559, et fut envoyée à Catherine de Médicis *par un gentilhomme qui avoit servi la feue royne de Navarre, qui se soubscrivit Villemadon, avec lequel ladite dame* (97) *avoit autrefois privément conféré de ses affaires, et mesmes des poincts de la religion* (98). Je me servirai des termes même de la lettre ; car le nouveau français ne pourrait pas retenir la liberté et la force dont on se servait en ce temps-là. « (99) Je commenceray, madame, par vous dire
» que regnant le feu roy, lors daulphin, revenu de Piedmont, où il
» s'oublia tant, que de commettre
» un ord et sale adultere, par le conseil et conduicte de certains mignons, meschans et infideles serviteurs, et par lesquels d'abondant
» la miserable grande senechale,
» Diane de Poictiers, public et commun receptacle de tant d'hommes
» paillards et effrenez qui sont morts,
» et qui encore vivent, luy fut introduicte comme une bague dont
» il apprendroit beaucoup de vertu :
» et depuis que les nouvelles furent
» venues, que la bastarde estoit née
» du susdict adultere, vous fustes
» mise sur les rengs, madame, par
» lessusdicts moqueurs, et ladicte
» vieille meretrice : qui vous despecherent et declarerent entre eux
» incapable de telle grandeur et honneur que d'estre femme d'un daulphin de France, pource que n'auriez jamais enfans, puis que mettiez tant à en porter, veu qu'il ne
» tenoit à vostre seigneur et mari. Il
» me souvient que au lieu et chasteau de Rousillon sur le Rosne , ils
» en tindrent un grand parlement,
» dont la cognoissance en vint à la
» feue roine de Navarre, qui vous

---

(94) *Là même*, pag. 578.

(95) *Ci-dessus, citation* (92).

(96) Querela ad Gassendum de parùm christianis Provincialium suorum ritibus, etc., *pag.* 71, *edit. Genev.*, 1700.

* Joly dit que l'auteur de la *Querela ad Gassendum* ne s'appelait pas *Muret*, comme l'a cru Bayle, ni *Naudé*, comme le dit Thiers , mais *Neuré*. Joly dit qu'on peut, sur ce Neuré, consulter les *OEuvres mêlées de Chevreau*; c'est dans le *Chevræana* qu'il en est question. Neuré a un article dans le Moréri de 1759.

(97) *C'est-à-dire Catherine de Médicis.*

(98) Bèze, Histoire ecclésiastique, *liv. III*, pag. 225.

(99) Recueil des Choses mémorables faites et passées pour le fait de la Religion et Etat de ce royaume, depuis la mort du roy Henri II, *tom.* I, *pag.* 501, *édit. de* 1565, *in-12.*

» aimoît singulierement, laquelle
» me dit (100) : ..... Vous n'estiez
» aussi ignorante, madame, de telle
» meschanceté contre vous machi-
» née , ains en aviez une playe fort
» sanglante au cœur, et cherchiez par
» larmes et prieres le Seigneur, par
» ce qu'en aviez affaire : et en ce
» temps-là vous le recognoissiez,
» honnorant la saincte Bible, qui
» estoit en vos coffres, ou sur vostre
» table , en laquelle regardiez et li-
» siez quelquefois : Et vos femmes
» et serviteurs avoyent ceste heu-
» reuse commodité d'y lire, et n'y
» avoit que la nourrice qui ne vous
» aimoit gueres , non plus qu'elle fai-
» soit Dieu, qui en enrageoit. . . . .
» Dieu ne vous respondit pas incon-
» tinent, mais vous laissa plusieurs
» ans languissante chercher, reque-
» rir, demander, qu'il s'esveillast à
» vostre aide. . . . . L'Eternel vostre
» protecteur (101) . . . . . va preparer
» et ouvrir le moyen par lequel il
» vouloit que toute la benediction de
» roy et de vous print naissance, et
» sortît en perfection et évidence.
» Car ce pere plein de misericorde
» meit au cœur du feu roy François
» d'avoir fort aggreables les trente
» psalmes de David, avec l'oraison
» dominicale, la salutation angeli-
» que, et le symbole des apostres,
» que feu Clement Marot avoit trans-
» latez et traduicts, et dediez à sa
» grandeur et majesté : laquelle com-
» manda audict Marot presenter le
» tout à l'empereur Charles le quint,
» qui receut benignement ladicte
» translation, la prisa, et par pa-
» roles, et par present de deux cens
» doublons qu'il donna audict Ma-
» rot, lui donnant aussi courage d'a-
» chever de traduire le reste desdicts
» psalmes, et le priant de luy en-
» voyer le plus tost qu'il pourroit
» Confitemini Domino, quoniam bo-
» nus, d'autant qu'il l'aimoit. Quoy
» voyans et entendans les musiciens
» de ces deux princes, voire tous
» ceux de nostre France, meirent à
» qui mieux mieux lesdicts Psalmes
» en musique, et chacun les chan-
» toit. Mais si personne les aima, et
» embrassa estroictement, et ordi-

» nairement les chantoit, et faisoît
» chanter, c'estoit le feu roy Henri,
» de maniere que les bons en benis-
» soyent Dieu, et ses mignons et sa
» meretrice les aimoyent ou fai-
» gnoyent ordinairement les aimer,
» tant qu'ils disoyent, monsieur, ces-
» tuy-ci ne sera-il pas mien ? vous
» me donnerez cestuy-la s'il vous
» plaist : et ce bon prince alors es-
» toit à son gré empesché à leur en
» donner à sa fantaisie. Toutesfois il
» retint pour luy, dont il vous pleut
» bien et doit souvenir, Madame,
» cestuy,

• *Bienheureux est quiconques*
• *Sert à Dieu volontiers*, etc. (102).

» Feit luy-mesme le chant à ce psal-
» me, lequel chant estoit fort bon
» et plaisant, et bien propre aux pa-
» roles. Le chantoit et faisoit chanter
» si souvent, qu'il monstroit évidem-
» ment qu'il estoit poinct et stimulé
» d'estre benict, ainsi que David le
» descrit audict psalme, et de vous
» voir la verité de la figure de la vi-
» gne. Cela fut au sortir sa maladie à
» Angoulesme. La roine ma maistres-
» se (qui pour lors estoit avec le roi
» François son frere) le priant d'em-
» brasser en pitié et clemence les ci-
» tadins de la Rochelle, en lieu de
» les massacrer, m'envoya vers vous
» pour sçavoir de sa maladie : la-
» quelle trouvay ja tant diminuée ,
» qu'il se mettoit à chanter lesdicts
» psalmes, avec lucs, violes, espinet-
» tes, fleustes, les voix de ses chantres
» parmi, et y prenoit grande delec-
» tation, me commandoit approcher ;
» parce qu'il cognoissoit que j'aymois
» la musique, et jouois un peu du
» luc et de la guiterne : et me fit
» donner le chant et les parties que
» je portay à la roine ma maistresse,
» avec la reconvalescence de vostre
» bonne santé. Je n'oublieray aussi
» le vostre que demandiez estre sou-
» vent chanté : c'estoit,

• *Vers l'Éternel des oppressez le pere*
• *Je m'en iray, luy monstrant l'impropere*
• *Que l'on me faict, luy feray ma priere*
• *A haulte voix, qu'il ne jette en arriere*
• *Mes piteux cris, car en lui seul j'espo-*
  re (103).

» Quand madicte roine de Navarre
» vit ces deux psalmes, et entendit

(100) *Recueil des choses mémorables, etc.,
depuis la mort du roi Henri II, tom. I, pag.* 502.
(101) *Là même, pag.* 503 *et suiv.*

(102) *C'est le psaume* CXXVIII.
(103) *C'est le commencem. du psaume* CXLI.

» comment ils estoient frequente-
» ment chantez , mesmes de monsei-
» gneur le daulphin , elle demoura
» toute admirative, puis me dit, je
» ne sçay où madame la daulphine a
» pris ce psalme , *vers l'Eternel*, il
» n'est des traduicts de Marot. Mais
» il n'est possible qu'elle en eust sçeu
» trouver un autre où son afflictiou
» soit mieux despeincte, et par le-
» quel elle puisse plus clairement
» monstrer ce qu'elle sent, et de-
» mander à Dieu en estre allegée,
» comme vrayement elle sera. Car
» puis qu'il a pleu à Dieu mettre ce
» don en leurs cœurs, voici le temps,
» voici les jours sont prochains, que
» les yeux du roi seront contens, les
» desirs de monsieur le daulphin saou-
» lez et rassasiez, les pensées des en-
» nemis de madame la daulphine
» renversées, mon esperance aussi et
» la foy de mes prieres prendront
» fin. Il ne passera gueres plus d'un
» an que la visitation misericordieu-
» se du seigneur n'apparoisse , et gai-
» geray qu'elle aura un fils pour
» plus grande joye et satisfaction....
» (104) De treize à quatorze mois en
» là , vous enfantastes notre roy
» François , qui vit aujourd'huy.....
» (105) Mais ainsi que ce bon Dieu
» vous rendoit plus feconde, ainsi
» alloit le feu roy negligeant et ou-
» bliant tel bienfaict : dont advint
» que Dieu irrité permit que ce po-
» vre prince, enyvré de la menstrue
» de cette vieille paillarde Diane ,
» donna par elle entrée en sa maison
» à un jeune serpent (106), qui se-
» crettement leichoit le sein d'elle,
» dont il se feit oracle, et elle organe
» de lui, qui commença à blasmer
» les susdicts psalmes de David, les-
» quels enseignent à laisser tous pe-
» chez , fortifient la chasteté , et cor-
» roborent la vertu : et va faire feste
» des vers lascifs d'Horace qui es-
» chauffent les pensées et la chair à
» toutes sortes de lubricitez et pail-
» lardises , et met en avant toutes
» chansons folles : et en faisoyent
» forger de leurs infames amours
» par ces beaux poëtes du diable ,
» pour non seulement entretenir leur

» vie impure et impudique , ains
» pour les engouffrer et absorber en
» l'abysme de toute iniquité et des-
» ordre, voire de toute impieté. Car
» luy voyant que ladicte grande se-
» neschalle avoit à l'imitation de vous
» une Bible en françois : avec un
» grand signe de la croix , un coup
» de sa main sur sa poictrine , et pa-
» role souspirante d'un hypocrite ,
» la luy va despriser et damner, luy
» remonstrant qu'il n'y falloit pas
» lire, pour les perils et dangers
» qu'il y a , mesmes qu'il n'apparte-
» noit aux femmes telle lecture : mais
» qu'en lieu d'une messe, elle en
» ouist deux , et se contentast de ses
» patenostres et de ses heures , où il
» y avoit tant de belles devotions et
» belles images. Et par ainsi ceste po-
» vre vieille pecheresse persuada tout
» son dire au feu roy, et vous y
» contraignoyent, madame, jusques
» à vous oster vostre confesseur Bou-
» teiller , qui pour lors vous pres-
» choit et administroit purement la
» verité evangelique , et au lieu du-
» dict Bouteiller , vous bailla par
» force son docteur Henuyer sorbo-
» niste *, pour suborner vostre con-
» science : et depuis le bailla au feu
» roy pour gouverner la sienne , sça-
» voir qu'elle disoit , et y imprimer
» ce qu'il vouloit. Brief il vous des-
» troussa tous deux de ces saincts
» meubles qui ne perissent point ,
» mais entretiennent en incorruption
» celuy qui les possede, et toute sa
» maison : les vous cacha, et vous
» rendit tous deux captifs de vaines
» superstitions, soubs la corde de la
» vieille, que premierement pour
» mieux jouer son roole il avoit aveu-
» glée. »

(P) *L'église de Genève*, *qui s'était
servie la première de cette version....,
a été la première à l'abandonner.*] Il
y a long-temps qu'on s'apercevait
en France que certains endroits de
cette version étaient devenus barbares , et cela fit naître à M. Conrart la
pensée de la revoir. Il commença ce
travail , et monsieur de la Bastide
l'acheva. Mais leur nouvelle version

(104) Recueil des choses mémorables... depuis la mort de Henri II, *pag.* 505.
(105) *Là même*, *pag.* 506.
(106) *On veut parler du cardinal de Lorraine.*

* Leclerc fait ici une remarque étrangère à Bayle. Du mot *sorboniste* employé dans le passage transcrit par Bayle, il conclut qu'on a eu tort, dans le Moréri, de donner à Hennuyer la qualité de jacobin, contre l'opinion de lui, Leclerc.

ne fut jamais introduite dans le service public des réformés. S'il s'en fit
des propositions, elles furent seulement examinées ; la décision fut toujours que l'on s'en tiendrait où l'on
en était (107). Les églises françaises ,
établies dans les pays étrangers depuis la révocation de l'édit de Nantes,
ont continué à chanter la traduction
de Clément Marot et de Théodore de
Bèze. Enfin , on résolut tout de bon,
dans l'église de Genève , de ne s'en
plus servir, et d'introduire à la place
la version de MM. Conrart et de la
Bastide , après l'avoir retouchée , et
y avoir fait quelques changemens.
Les pasteurs et les professeurs de Genève firent savoir au public leur intention (108), par un avis qui fut
imprimé au-devant de l'édition qu'ils
donnèrent de cette nouvelle version ,
l'an 1695 ; et quelques années après
ils abolirent l'usage de l'ancienne
traduction, et prièrent les autres églises , par des lettres circulaires , d'en
faire autant. Les églises de Hesse-
Cassel, et de Neufchâtel ont établi
l'innovation sur le même pied que
l'église de Genève (109). On ne sait
pas encore (110) ce que feront les
églises d'Angleterre et de Brandebourg ; mais on sait que le synode
wallon assemblé à Rotterdam au
mois d'août 1700, a résolu de retenir
l'ancien usage , et de changer seulement quelques expressions ou quelques mots dans le vieux Psautier.
Il a paru une lettre d'un gentilhomme de Montpellier, datée du 5 de
juin 1700 , sur laquelle je ferai deux
observations. Le gentilhomme débite
qu'*après que M. Godeau eut fait imprimer sa Paraphrase sur les Psaumes, le jésuite Vavasseur mit en question s'il était poëte, dans une dissertation latine qui parut avec ce titre ,
An Godellus sit Poëta.* Il se trompe :

la dissertation de ce jésuite , *Antonius Godellus , episcopus Grassen-
sis , utrùm poëta ,* ne contient rien
qui se rapporte aux psaumes de
M. Godeau. Il dit qu'*on peut appliquer aux poésies de Marot et de Bèze , ce que Quintilien disait d'Ennius : révérons les vers d'Ennius ,
comme nous révérons les bois que leur
vieillesse nous rend vénérables , et
dont les chênes antiques ébranchés
ont moins de beauté qu'ils n'impriment de religion.* Ennium sicut sacros
vetustate lucos adoremus in quibus
grandia , et antiqua robora jam non
tantam habent speciem, quantam religionem. *Quintil. lib.* 10. *cap.* 1. Il
eût pu trouver dans Quintilien un
autre passage plus propre à son but :
c'est celui où il est marqué que les
prêtres mêmes Saliens n'entendaient
guère le cantique qu'ils chantaient ;
mais que la religion ne permettait
pas qu'on le changeât, et qu'il est
juste de retenir les usages consacrés.
*Saliorum carmina vix sacerdotibus
suis satis intellecta ; sed illa mutari
vetat religio et consecratis utendum
est.* (111). Quand on allègue qu'il suffit d'ôter de la vieille traduction
tantôt un mot, tantôt un autre, à
mesure qu'ils deviennent bas , obscènes et inintelligibles , on ne manque
pas de raisons très-spécieuses ; car il
semble que pour éviter d'assez grands
désordres ; il faut que les changemens
de cette nature se fassent impercepti-
blement. Si l'on emploie plusieurs
siècles de suite cette méthode , il arrivera à la version de Marot et de
Théodore de Bèze ce qui arriva au
fameux navire de Thésée (112). On
le conservait comme une chose pré-
cieuse , et l'on n'y faisait des répara-
tions qu'autant qu'il était fort nécessaire , c'est-à-dire qu'à proportion
que quelque morceau s'en pourrissait.
Ce fut enfin un exemple dont les philosophes se servirent dans la dispute
sur la question si les corps dont la
matière a été changée , sont les mêmes corps , ou non.
Je ne ferai qu'une note sur la lettre que M. Jurieu a fait imprimer ,
où il condamne l'innovation. Il dit
que les églises de France reçurent
de l'église de Genève une liturgie et

(107) *En style latin il faudrait dire que ces
propositions furent* antiquatæ; *car le résultat
fut* antiqua maneant. *Notez que les églises de
France n'auraient pu rien décider sur cela; car
depuis que cette version fut faite, elles n'eurent
point la permission de tenir un synode national.*

(108) *Voyez la lettre qui a pour titre :* Réponse à une lettre imprimée que M. Jurieu a
écrite à un ministre français de Londres, contre
le Changement des Psaumes, proposé par l'église
de Genève. *Cette réponse contient treize pages
in-4°. , et est datée du 24 de juillet 1700.*

(109) *Là même , pag.* 11.

(110) *On écrit ceci en octobre 1700.*

(111) Quintil. , lib. *I* , cap. *VI* , pag. m. 39.
(112) *Voyez* Plutarque, in Theseo , p. 10, *&.*

*une versification qui même avait été
faite et chantée à Paris avant que de
l'être à Genève.* Cela n'est point exact,
puisque la versification faite à Paris
ne comprenait que trente psaumes,
et que ceux qui la chantèrent étaient
indifféremment ou amis ou ennemis
de la religion réformée. Ce fut à la
cour de François Ier. qu'on la chanta
principalement ; et l'on sait combien
ce prince persécutait la nouvelle religion. Et si dans la suite les Français
chantèrent les autres vingt psaumes
de Marot, et ceux de son successeur,
ce fut avant que les réformés se dis-
tinguassent par cette espèce de chant,
et en fissent une partie de leurs exercices de dévotion : or ils ne firent
cela qu'après que tout le Psautier eut
été mis en musique à Genève, et réuni au catéchisme ; et dès ce temps-là
les catholiques renoncèrent au chant
de ces psaumes, comme on l'a vu
ci-dessus dans un passage de Florimond de Rémond (113). On ne peut
donc point prétendre que cette versification ait été chantée à Paris avant
que de l'être à Genève : on ne peut
point, dis-je, prétendre cela dans le
sens dont il est ici question ; car il
s'agit d'un chant considéré comme
une partie des exercices de piété. A
cet égard-là son berceau est à Genève, et l'on ne peut disputer la primauté à l'église de Genève. Je sais
bien ce que l'on peut alléguer touchant les nombreuses assemblées des
réformés de Paris, environ l'an 1558.
Théodore de Bèze en dit ceci (114) :
« Ainsi donc se multiplioit l'assem-
» blée de jour en jour à Paris, où il
» advint que quelques-uns estans au
» pré aux clercs, lieu public de l'u-
» niversité, commencerent à chanter
» les pseaumes : ce qu'estant enten-
» du , grand nombre de ceux qui se
» pourmenoient, et s'exerçoient à di-
» vers jeux , se joignirent à ceste mu-
» sique , les uns pour la nouveauté ,
» les autres pour chanter avec ceux
» qui avoient commencé. Cela fut
» continué par quelques jours en tres-
» grande compagnie , où se trouve-
» rent le roy de Navarre mesmes avec
» plusieurs seigneurs et gentilshom-

» mes tant François que d'autres na-
» tions, se trouvans là et chantans les
» premiers : et combien qu'en grande
» multitude se trouve volontiers con-
» fusion , toutesfois il y avoit un tel
» acord , et telle reverence , que
» chascun des assistans en estoit ra-
» vi , voire ceux qui ne pouvoient
» chanter , et mesmes les plus igno-
» rans estoient montés sur les murail-
» les , et places d'alentour , pour
» ouïr ce chant, rendans tesmoigna-
» ge que c'estoit à tort, qu'une chose
» si bonne estoit defendue. » Mais
qui ne voit que tout ceci est postérieur au Psautier que ceux de Genève avaient joint au catéchisme ? Notez qu'avant que Théodore de Bèze
eût travaillé à la version de cent
psaumes, on chantait ceux de Marot
dans les assemblées ecclésiastiques
de Genève ; car sans doute les paroles que je vais citer se doivent entendre d'une assemblée de Genève :
« (115) *Théodore de Beze escrivit de*
» *soi mesme en sa Paraphrase sur les*
» *Pseaumes en l'an* 1581 : il y a main-
» tenant trente deux ans (*assavoir*
» *des l'an* 1549 (116) *que ce pseaume*
» 91 fut le premier que j'ouï chanter
» en l'assemblée des chrestiens, la
» premiere fois que je m'y trovai ;
» et puis dire , que je me suis telle-
» ment senti resioui de l'ouïr chan-
» ter , à ceste bonne rencontre , que
» depuis je le porte comme engravé
» en mon cœur. »

(Q) *Il était père....* MICHEL MAROT
son fils, composa *des vers qui ont été
imprimés.*] Vous trouverez ceci dans
la description de la fuite de Clément
Marot.

*J'abandonnai, sans avoir commis crime ,
L'ingrate France, ingrate , ingratissime
A son poëte : et en la delaissant,
Fort grand regret ne vint mon cœur blessant:
Tu ments , Marot, grand regret tu sentis ,
Quand tu pensas à tes enfans petits* (117).

(115) De POURS , Divine Mélodie du saint Psalmiste , *pag.* 730.
(116) *Je ne crois pas que le sieur de* POURS
ait bien calculé; car Bèze *étant arrivé à Genève,
le* 24 *d'octobre* 1548 , *quelle apparence qu'il
n'ait commencé d'assister aux assemblées des
fidèles , qu'en* 1549?
(117) *Marot, Epître au roi, au temps de son
exil à Ferrare, pag. m.* 181. *Ajoutez que dans
le poëme où il prie le dauphin de lui faire avoir
un passe-port , pag.* 182, *il dit:*
*Non pour aller visiter mes chasteaux ,
Mais bien pour voir mes petits Maroteaux.*

(113) *Citation* (73).
(114) Bèze , Hist. eccles. , *liv. II, pag.* 141.
Voyez aussi Jérémie de POURS, Divine Mélodie
du saint Psalmiste , *pag.* 731 , 732.

Concluons de là sûrement qu'il a été marié ; car il n'était pas assez perdu pour oser dire dans une lettre à François Ier. qu'il regrettait ses bâtards. La Croix du Maine rapporte que Michel Marot, fils de Clément Marot, *a écrit quelques poésies françaises qui ont été imprimées avec les Contredits à Nostradamus, composés par le seigneur du Pavillon.... imprimés à Paris l'an* 1560 *, par Charles l'Angelier* (118).

(R) *Il y a certaines choses.... qui doivent être rectifiées. Cela me donnera lieu d'indiquer la plus ample des éditions de ses OEuvres.*] Quand on nie ou que l'on révoque en doute ce qui est vrai, on a toujours tort ; mais on est quelquefois fort excusable, parce que l'on s'est fondé sur des raisons très-spécieuses. Je me trouve ici dans ce cas-là. J'ai contredit (119) un auteur qui a débité que Marot fut page d'un Nicolas de Neufville, *qui fut le premier secrétaire d'état de sa famille* *, et qu'il lui dédia son poëme du temple de Cupidon, le 15 de mai 1538. C'est fort justement que j'ai nié qu'il ait été page de Nicolas de Neufville qui fut secrétaire d'état ; mais je ne devais pas nier qu'il n'eût été page du père de celui-là. Je me fondais sur la différence d'âge, je prenais pour un fait certain ce que Théodore de Bèze assure que Marot vécut soixante ans. Qui aurait pu s'imaginer que Théodore de Bèze se trompait, lui qui sans doute avait connu à Paris Clément Marot (120), et qui avait pu s'instruire à Genève de plusieurs particularités concernant ce fameux réfugié. Or, en supposant que Marot naquit l'an 1484, comme il fallait le supposer sur le

témoignage de Théodore de Bèze, on devait nier qu'il eût été page d'un Nicolas de Neufville, mort l'an 1599. Je tirais ma seconde raison d'un passage de Clément Marot, où il assure que depuis l'âge de dix ans il avait été toujours à la suite de François Ier. Cela convient-il à un homme qui a été page de Nicolas de Neufville ? De fort bonnes éditions des OEuvres de Clément Marot ne contiennent point l'épître dédicatoire du Temple de Cupidon. N'est-ce pas un sujet plausible de s'imaginer que si elle se rencontre dans quelques autres éditions, c'est une pièce supposée ? Voilà les principes sur lesquels j'ai raisonné dans la remarque (B) : on ne saurait disconvenir qu'ils ne fussent très-probables ; néanmoins je dois avouer ingénument que Marot a été page d'un Nicolas de Neufville, et qu'il l'avoue lui-même en lui dédiant le Temple de Cupidon. J'ai trouvé cette épître dédicatoire dans l'édition de Niort, par Thomas Portau, 1596. Cette édition (121) est meilleure qu'aucune autre que j'eusse consultée : les paroles de Marot sont celles-ci. « En revoiant les escrits de ma » jeunesse, pour les remettre plus » clers, que devant en lumiere, il » m'est entré en mémoire, que estant » encore page, et à toy, très honoré » seigneur, je composay par ton » commandement la Queste de ferme » amour, laquelle je trouvay au » meilleur endroit du temple de Cupidon, en le visitant, comme l'aage » lors le requeroit. C'est bien raison » doncques, que l'œuvre soit à toi » dédiée, qui la commandas, à toi » mon premier maistre, et celui seul » (hors mis les princes) que jamais » je servi (122). » Vous voyez par-là qu'il fit des vers avant que d'être sorti de page. Cette circonstance me confirme dans l'opinion où je suis présentement, que Marot mourut plus jeune que Bèze dit ; car s'il eût eu soixante ans lorsqu'il mourut en 1544, il serait né l'an 1484, et il eût servi chez Nicolas de Neufville vers le commencement du XVIe. siècle,

(118) La Croix du Maine , pag. 326.
(119) *Dans la remarque* (B).
* Leduchat observe , 1°. que Nicolas de Neufville ne fut pas secrétaire d'État , mais *secrétaire du roi , maison et couronne de France ;* 2°. que du temps de Marot, ceux qu'on nommait pages , n'étaient probablement pas comme depuis, des enfans de qualité, qu'on ne place sur ce pied-là qu'auprès des princes et des personnages du plus haut rang. Marot n'était pas gentilhomme, et la naissance de Nicolas de Neufville, ni son emploi , ne lui donnaient pas le droit d'avoir un page de cet ordre. Aujourd'hui, en France, le roi seul a des pages.
(120) Bèze, *ayant un talent exquis pour la poésie, se fit sans doute connaître à* Clément Marot, *ou trouva pour le moins les occasions de le voir.*

(121) *M. des* Maizeaux *m'a fait la faveur de me donner son exemplaire , en juin* 1702.
(122) Marot, *épître dédicat. à* messire Nicolas de Neufville, Chevalier , seigneur de Villeroy. *Elle est datée de Lyon , le* 15 *de mai* 1538.

et dès lors il eût commencé à faire des vers. Cependant, nous ne voyons pas qu'il en ait fait qui se puissent rapporter au règne de Louis XII (123). Il est plus vraisemblable qu'il vint au monde l'an 1496. Prenez garde aux vers que je cite dans la remarque (B) : ils furent faits l'an 1526, et ils témoignent qu'à l'âge de dix ans il fut mené à la cour, et qu'il y avait vingt ans qu'il la suivait en labeur et souffrance. Nous n'avons point de vers où il parle de sa vieillesse : il se contente de dire qu'il est dans l'automne de son âge ;

> . . . . Car l'yver qui s'appreste
> A commencé à neiger sur ma teste (124).

Il dit ailleurs (125).

> Plus ne suis ce que j'ay esté,
> Et ne le sauroïs jamais estre :
> Mon beau printemps, et mon esté,
> Ont fait le saut par la fenestre.

L'automne de l'âge s'étend d'ordinaire entre quarante et cinquante-cinq ans plus ou moins : on est déjà dans l'hiver, lorsque l'on a soixante ans.

Puisque j'ai dit que l'édition de Niort, 1596, est meilleure que toutes celles que j'avais consultées, il faut que je marque ce qu'elle a de particulier. On y trouve quelques pièces qui manquaient à plusieurs des éditions précédentes, et qui ont été omises dans plusieurs des éditions postérieures. Les premières de ces pièces sont l'Épître en prose de Clément Marot à Étienne Dolet, du dernier jour de juillet mil cinq cent trente-huit. L'Épître en prose dudit Marot, du 12 d'août 1530, à un grand nombre de frères qu'il a, tous enfans d'Apollon. L'Épître en prose dudit Marot, à messire Nicolas de Neufville, chevalier, seigneur de Villeroi, sur son opuscule du Temple de Cupidon. On remit ces trois épîtres (126) de l'auteur, tant pour ce qu'elles donnent à connaître entre autres choses certaines particularités notables, qui servent tant à maintenir ses

œuvres en leur entier, par les imprimeurs, que pour voir quel était son style en prose. On employa aussi l'Épître d'Étienne Dolet, avec ses annotations en marge sur l'Enfer dudit Marot. L'Épître dudit Marot à son ami, Antoine Couillart, seigneur du Pavillon, avec une épigramme de Michel Marot, fils unique dudit Clément Marot. Les trois premières de ces pièces sont au commencement du livre : la lettre de Dolet se trouve à la page 47, et celle de Marot au seigneur de Pavillon à la page 211. Celle de Dolet fut écrite à Lion Jamet, et est datée de Lyon, le premier jour de l'an de grâce 1542. Elle nous apprend que le Poëme de l'Enfer n'avait été imprimé, sinon en la ville d'Anvers. Notez que Clément Marot, dans sa lettre au même Dolet, fit beaucoup de plaintes contre ceux qui en imprimant ses œuvres, y avaient mêlé des pièces dont il n'était pas l'auteur, et dont les unes étaient froidement et de mauvaise grace composées, et les autres toutes pleines de scandale et sedition. Le tort qu'ils m'ont faict, dit-il, est si grand et si outrageux, qu'il a touché mon honneur et nuis en danger ma personne.... Certes j'ose dire sans mentir (toutes fois sans reproche) que de tous ces miens labeurs le profit leur en retourne. J'ai planté les arbres, ils en cueillent les fruits. J'ai traîné la charrue, ils en serrent la moisson : et à moi n'en revient qu'un peu d'estime entre les hommes, lequel encore ils me veulent esteindre, m'attribuant œuvres sottes et scandaleuses. Je ne sai comment appeller cela, sinon ingratitude, appeller ne puis avoir desservie, si ce n'est par la faute que je fis, quand je leur donnai mes coppies. Or je ne suis seul, à qui ce bon tour a été faict, si Alain Chartier vivoit, croi hardiment (ami) que volontiers me tiendroit compagnie à faire plaincte de ceux de leur art, qui à ses œuvres excellentes ajoustèrent la contre Dame sans merci, l'Hôpital d'Amours, la Plaincte de S. Valentin, et la Pastourelle de Granson : œuvres certes indignes de son nom ; et autant sorties de lui, comme de moi la Complainte de la Bazoche, l'Alphabet du temps présent, l'Épitaphe du comte de Sales, et plusieurs

---

(123) Voyez son églogue de Pan et Robin, où l'on voit que ses premières poésies furent faites sous François Ier.
(124) Marot, Églogue de Pan, pag. 38, édit. de Niort, 1596.
(125) Épigramme, pag. 433.
(126) Notez que les deux premières furent prises de l'édition de Lyon, 1543, faite par Étienne Dolet.

autres lourderies qu'on a meslées en mes livres. Voici un nouveau sujet de plainte. *Encores ne leur a souffi*, continue-t-il, *de faire tort à moi seul, mais à plusieurs excellens poëtes de mon temps, desquels les beaux ouvrages les libraires ont joints avecques les miens, me faisant (malgré moi) usurpateur de l'honneur d'autrui : ce que je n'ai peu savoir et souffrir tout ensemble. Si ai jetté hors de mon livre, non seulement les mauvaises, mais les bonnes choses, qui ne sont à moi, ne de moi : me contentant de celles que nostre muse nous produit. Toutefois, au lieu des choses rejectées (afin que les lecteurs ne se plaignent) si j'ai mis douze fois autant d'œuvres miennes, par ci devant non imprimées : mesmement deux livres d'épigrammes. Et après avoir revu et le vieil et le nouveau, changé l'ordre du livre en mieux, et corrigé mille sortes de fautes infinies procedans de l'imprimerie, j'ai conclu t'envoyer le tout, afin que sous le bel et ample privilege, qui pour ta vertu méritoire t'a esté octroyé du roi, tu le faces (en faveur de notre amitié) r'imprimer, non seulement ainsi correct que je te l'envoye, mais encores mieux : qui te sera facile, si tu y veux mettre la diligence esgale à ton savoir.* Si l'on veut savoir en quoi consistait le nouvel arrangement de ses poésies, on n'a qu'à considérer ces paroles : « *D'avantage par icelles leurs addi-* » *tions se rompt tout l'ordre de mes* » *livres, qui tant m'a cousté à dres-* » *ser, lequel ordre (docte Dolet, et* » *vous autres lecteurs dehonnaires)* » *j'ai voulu changer à ceste derniere* » *revue, mettant l'adolescence à part,* » *et ce qui est hors de l'adolescence* » *tout en un, de sorte que plus faci-* » *lement que paravant rencontrerez* » *ce que voudrez lire : et si ne le* » *trouvez-là, où il soulait estre, le* » *trouverez en reng plus convena-* » *ble.* » La conclusion de cette lettre est bien notable. *Vous advisant, que de tous les livres, qui par cy devant ont esté imprimez sous mon nom j'advoue ceux-ci pour les meilleurs, plus amples, et mieux ordonnez, et desavoue les autres comme bastars, ou comme enfans gastez.* C'est ce qu'il écrivit à Lyon, le 31 de juillet 1538. Il y avait alors près de huit ans qu'il

avait fait imprimer les poëmes qu'il intitulait *l'Adolescence*, et auxquels la lettre *à un grand nombre de frères qu'il a, tous enfans d'Apollon*, servit de préface. Ce que je vais copier de cette lettre nous fera savoir l'empressement du public pour les productions de la muse de Marot. « Je ne » scay (mes très-chers freres) qui » m'a plus incité à mettre ces mien- » nes petites jeunesses en lumiere ; » ou vos continuelles prieres, ou le » desplaisir que j'ai eu d'en ouïr » crier et publier par les rues une » grande partie toute incorecte, mal » imprimée, et plus au profit du li- » braire, qu'à l'honneur de l'auteur. » Certainement toutes les deux occa- » sions y ont servi ; mais plus celle » de vos prieres. » C'est dans la même lettre que l'on trouve ce que Pasquier nous a appris ci-dessus (127). « Espe- » rant, de brief vous faire offre de » mieux : et pour arres de ce mieux, » desia je vous mets en vene, après » l'Adolescence (128), ouvrage de » meilleure trempe et de plus polie » estoffe : mais l'Adolescence ira de- » vant, et la commencerons par la » premiere eclogue des buccoliques » virgilianes, translatée (certes) en » grande jeunesse, comme pourrez » en plusieurs sortes connoistre, » mesmement par les couppes femi- » nines, lesquelles je n'observois » alors ; dont Ian le Maire de Belges » (en les m'apprenant) me reprint » (129). » Cette lettre fut écrite de Paris, le 12 d'août 1530 : et il est bon de remarquer cette date ; car c'est l'époque de la premiere édition que Clément Marot ait avonée et dirigée.

Quand l'édition de Niort ne procurerait que la connaissance des particularités que je viens de rapporter, elle mériterait d'être préférée aux autres ; mais ce n'est point là son seul avantage : les œuvres de Clément Marot y sont rangées en très-bon ordre, et augmentées de plusieurs pièces qui n'avaient point encore paru. Le libraire nous apprend qu'il avait fait ainsi disposer le tout à

(127) *Dans la remarque* (L), *à la fin.*
(128) *A cette occasion, je remarquerai que le livret de la Suite de l'Adolescence Clémentine fut imprimée, à Lyon, par François Juste, l'an 1534. Voyez l'édition de Niort, pag.* 398.
(129) Marot, *Épître à un grand nombre de Frères.*

M. François Mizière Poictevin D.M.
son ami, qui aimant la mémoire de
l'auteur et la conservation de ses œu-
vres plus graves et moins lascives,
en a voulu prendre la peine, par ma-
nière de récréation et relâche d'autres
études plus sérieuses, s'étant en outre
efforcé d'amplifier et éclaircir une
bonne partie des petits titres en sou-
scription, de chacun poëme ou sujet,
par l'addition qu'il y a faite des cir-
constances convenables; à savoir, à
qui, de qui, de quoi, en quel lieu,
en quel temps, et l'occasion pourquoi
ils ont été écrits : voire autant qu'il l'a
pu apprendre par l'histoire, de ce
temps-là, et par l'édition d'Étienne
Dolet, de l'an 1543, et autres précé-
dentes, selon lesquelles ils ont été
restitués là où ils avaient été été par
quelques imprimeurs, qui tronquent
trop hardiment les écrits des auteurs,
et en ôtent leurs épîtres liminaires ou
préfaces (130), *empêchant par-là*
que les lecteurs ne comprennent plus
aisément leur intention, avec l'ordre
et procédure qu'ils tiennent en leurs
livres, que presque toujours ils décou-
vrent en leurs dites préfaces ou épî-
tres *.

(S) *Ce que j'ai dit* (131) *de certai-*
nes éditions du Psautier des protestans
de Genève sera un peu augmenté.]
J'ai cité deux ministres (132), qui
ont dit que Charles IX accorda un
privilége pour l'impression de ce
Psautier à Antoine Vincent, libraire de
Lyon. Ce privilége est daté du 14 octobre 1562, à ce que dit l'un de ces
ministres; mais selon l'autre il fut
donné l'an 1561. J'apprends de M.
Daillé (133); qu'on l'expédia à Saint-
Germain-en-Laie, le 19 octobre 1561 ;
que Robertet, l'un des secrétaires
d'état, y soussigna, et que ces Psaumes
furent imprimés à Paris, l'an 1562,
chez Adrien le Roi, chez Robert Ba-
lard, chez Martin le jeune, et chez

Robin Motet; et à Lyon, chez Jean
Destournes. Par cette date on convainc de fausseté une observation de
M. Jurieu (134) ; car il n'est pas vrai
que le mois d'octobre 1561 ait été le
temps où la ferveur des persécutions
fut violente. C'était le temps du colloque de Poissi : les affaires de ceux de la
religion n'allaient pas trop mal alors.
Il ne sera pas inutile d'observer à
quel propos M. Daillé fait mention
de ce privilége des Psaumes. Il avait
à répondre à une harangue que le
clergé avait faite au roi Louis XIII,
l'an 1636, dans laquelle on reprochait entre autres choses aux huguenots d'avoir effacé de leurs Psaumes
un certain endroit qui contenait une
prière pour le roi (135). L'évêque
d'Orléans portait la parole, et récita
ces vers de la première version :

Seigneur plaise toi de defendre
Et maintenir le roi :
Veuille nos requestes entendre
Quand nous crions à toi.

Il prétendit qu'il n'y avait pas long-
temps que les prétendus réformés
avaient changé ces quatre vers-là en
ceux-ci :

Seigneur plaise toi nous defendre
Et faire que le roi
Puisse nos requestes entendre
Encontre tout effroi.

Sa déclaration là-dessus fut très-vio-
lente. Je laisse ce que M. Daillé répondit quant au principal, c'est-à-
dire pour faire voir que le texte hébreu est plus conforme à la dernière
version qu'à la première, qui est selon
la vulgate ; je dis seulement qu'il observa que la dernière version est celle
qui a toujours été suivie depuis que
les réformés obtinrent la première
liberté de conscience par l'édit de
janvier 1562. Il montre que c'est la
version qui parut dans le Psautier
imprimé avec le privilége que Charles IX accorda le 19 d'octobre 1561. Il
avoue que la première manière de
traduire est dans quelques éditions ;
mais il dit qu'elles n'avaient pas été
de l'usage des églises réformées, ou
qu'elles ne l'avaient été que peu de
temps. Il en avait vu une, qui

(130) *Voyez par-là combien est invétérée la coutume dont on se plaint encore aujourd'hui, comme on le peut voir dans la remarque* (F) *de l'article* ALEXANDER AB ALEXANDRO, tom. I, *pag.* 444.
* *L'édition la plus ample,* comme dit Bayle, *des Œuvres de Marot,* est celle que l'on doit à Lenglet Dufresnoy, la Haye, 1731, quatre volumes in-4°. ou six volumes in-12.
(131) *Dans la remarque* (N).
(132) Jurieu et Bruguier.
(133) Dallæus, Respons. apologet. ad Aurelianensis episcopi Orationem, *pag.* 261.

(134) *Voyez ci-dessus, remarque* (N), *citation* (77).
(135) *C'est au psaume* XIX, *selon la Vulgate, et au* XX°., *selon l'hébreu.*

(autant qu'ils s'en pouvait souvenir) était de l'an 1559 (136). Elle ne contenait qu'une partie des Psaumes. Notez ce qu'on a vu ci-dessus, citation (77), que le Psautier approuvé par les docteurs de Sorbonne ne commençait qu'au XLVIII⁵ psaume. D'où vint donc que taut d'éditions articulées par M. Daillé, et faites en vertu du privilége accordé par Charles IX ensuite de l'approbation des docteurs, contenaient le psaume XX ? M. Colomiés s'est déclaré pour la première version, et a blâmé Bèze de ce que l'ayant suivie dans sa première version des Psaumes, *qui parut, si je ne me trompe*, ajoute-t-il, *l'an* 1560, il l'abandonna depuis (137). *En quoi il fit fort mal, ce me semble*, continue-t-il, *de se corriger. Car (outre que cette dernière version n'est pas à beaucoup près si fidèle que la première) rapportant au peuple ce qui se doit entendre du roi, il a donné lieu par - là, quoique innocemment, à la calomnie dont on nous charge encore aujourd'hui.*

(136) Dallæus, Respons. Apol. ad Episc. Aurelian. Orationem, pag. 260, 261.
(137) Colomiés, Lettre à M. Claude, *à la page* 184 *des* Observationes sacræ, *edit.* 1679.

MARSILLE de Padoue. Cherchez Ménandrino.

MARSUS (a) (Pierre) natif de Césa dans la campagne de Rome(b), se fit estimer par ses ouvrages vers la fin du XV⁵. siècle. Il avait été disciple de Pomponius Lætus, et d'Argyropylus (c). Il fut consacré dès sa jeunesse à l'état ecclésiastique (d); et cependant il s'employa beaucoup plus à illustrer les auteurs profanes (A), qu'à feuilleter les auteurs chrétiens. Il est vrai que, se souvenant de sa vocation, et afin d'en observer les bienséan-

(a) *Il eut ce nom à cause qu'il était né au pays des anciens Marses.*
(b) Leandr. Alberti, Descritt. di tutta l'Italia, *folio m.* 141 *verso.*
(c) *Voyez la remarque* (C).
(d) *Voyez la remarque* (B).

ces, il entreprit de commenter l'un des plus beaux livres de morale que les païens nous aient laissés ; je parle des Offices de Cicéron (B). Il jouissait alors d'un loisir honnête par la faveur et par la libéralité du cardinal François de Gonzague. Ce bonheur avait été précédé de plusieurs agitations fâcheuses et incommodes. Il dédia ce commentaire à ce cardinal ; mais lorsqu'il en donna une seconde édition augmentée et corrigée, il le dédia au cardinal Raphaël Riario, qui l'honorait de ses bienfaits. Je ne saurais dire ni où, ni quand il mourut (e); mais je sais qu'il atteignit la grande vieillesse, et qu'il y fut assez vigoureux pour continuer à faire des livres (f). Il y a des gens qui ont parlé de ses ouvrages avec beaucoup de mépris ; mais d'autres les ont fort loués (C). Le tempérament que Barthius a suivi me paraît fort raisonnable (D).

(e) *Voyez, dans la remarque* (C), *les paroles de* Léandre Alberti.
(f) *Voyez le passage d'*Érasme, *à la remarque* (C), *vers la fin.*

(A) *Il s'employa beaucoup... à illustrer les auteurs profanes.*] Ses notes sur Silius Italicus furent imprimées *in-folio* avec le texte de ce poëte, à Venise l'an 1483 et l'an 1492, et à Paris l'an 1512. Ajoutez à cela les éditions *in-*8°. qui sont celle de Paris 1531, et celle de Bâle 1543. Ses notes sur Térence furent imprimées avec celles de Malléolus, à Strasbourg l'an 1506, *in-*4°. et à Lyon l'an 1522 (1). Elles avaient déjà été imprimées à Venise. L'édition de son commentaire sur les livres de Cicéron *de Naturâ Deorum*, qui a été marquée dans la Bibliothéque de Gesner (2), et qui est de Bâle *apud Joh. Oporinum,* 1544,

(1) Gesner., in Biblioth., *folio* 538, *verso.*
(2) Fol. 550 *verso.*

n'est pas la première. Cet ouvrage fut imprimé premièrement à Paris, et dédié à Louis XII, par l'auteur, qui se qualifie prêtre (3) dans sa préface, et se reconnaît déjà vieux. Le pére Lescalopier n'avait vu que dans la bibliothéque des jésuites de Reims un exemplaire de ce petit livre-là (4). Je m'en vais parler du Commentaire de notre Marsus sur les Offices de Cicéron.

(B) *Se souvenant de sa vocation... il entreprit de commenter... les Offices de Cicéron.*] Voici ce qu'il dit dans son épître dédicatoire au cardinal François de Gonzague. *Ne igitur ocio : quod post varios labores et molestias sub te tandem nactus sum : et melius mihi ipsi jam polliceri audeo clæmentiâ tuâ et generoso animo frætus abuti viderer : diù multumque cogitavi quid potissimum mihi cum decoro agendum esset qui ab ineunte ætate sacris institutis et cerimoniis initiatus essem et addictus. Tandem id elegi quod meæ professioni congrueret : et in se plurimum honestatis haberet et utilitatis. Ciceronis Officia, s. ad usum eruditionem cultumque vitæ communis instituta interprætari* (5). Il revit ce commentaire quelque temps après, et y corrigea beaucoup de fautes que sa jeunesse et la précipitation d'imprimer y avaient introduites. Lisons ce qu'il avoue dans l'épître dédicatoire de la seconde édition : *Qui falsa docet atque defendit : ignorantiam suam fatetur : et ducem ad omne scelus impudentiam. Horum sacratis insistens vestigiis : licet hallucinanti similis : mea commentariola recognovi. Cùm in illis multa juveniliter ac minùs quàm decuisset consideratè dicta cognoscerem : celeritas namque partus efficit : ut manca quodammodò et haberentur et essent : cùm Horatianæ maturitatis opportunitatem exspectare non sustinuerint : quod imprudentiæ ascribendum est : præsertim hâc ætate quæ per omnem Italiam perspicacissimis decoratur ingeniis* (6). Tous les auteurs de-

vraient profiter de la conduite de celui-ci. On ne devrait se présenter à l'imprimeur pour le plus tôt qu'au sortir de la jeunesse, et il faudrait composer à pas comptés. On ne connaît que trop tard l'inconvénient de la conduite contraire (7). Mais revenons à Pierre Marsus. Il retrancha plusieurs choses, et il en ajouta plusieurs autres ; et il reconnaît que le cardinal Raphaël Riario son Mécène lui avait servi de conseil dans la révision. *Ne igitur ocio quod benignitas tua mihi concessit abuterer : id tentavi quod eminentissimum celsitudinis tuæ ingenium et suprà ætatem in rebus omnibus judicium efflagitabant. Utilitatem : si quæ erit in his Petri Marsi clientis tui commentariolis : amplitudini tuæ debebunt adolescentes : quorum institutioni : te hortante : te duce : pro viribus consulendum duxi : quod ut aliquandò consequerer multa delevi : multa addidi : quæ ex uberrimo Platonis et Aristotelis fonte deducta : Ciceronis majestas exposcere videbatur* (8). Notez qu'il dit qu'il allait faire une semblable révision de son travail sur Silius Italicus ; mais qu'il attendrait un temps commode pour donner ce qu'il méditait sur Horace, et sur les Questions tusculanes, et sur les livres *de Finibus* de Cicéron. Notez aussi qu'il commenta les traités qui accompagnent ordinairement celui des Offices ; ce sont les dialogues *de Amicitiâ, et de Senectute*, et les Paradoxes. L'édition dont je me sers est de Venise *per Bartholomeum de Zanis de Portesio*, 1498, in-folio. C'est pour le moins la seconde. Gesner ne parle que de celle de Lyon 1514 (9).

(C) *Il y a des gens qui ont parlé de ses ouvrages avec beaucoup de mépris ; mais d'autres les ont fort loués.*] Gesner (10) cite ces paroles de Louis Vivès : *Petrus Marsus in Officia Ciceronis loquacitate penè intolerabilis.* Voyons le jugement qu'a fait Dausqueius des notes de Pierre Marsus sur Silius Italicus. SILIUM *immerentem, ac de fato suo mœrentem conspicati tres viri, licet humani*

(3) Servulum et Presbyterum Christi.
(4) Lescaloper., *præf.* Comment. in Ciceronis Libros de Naturâ Deorum.
(5) Petrus Marsus, epist. ad F. Gonzagam cardinalem Mantuanum.
(6) Petrus Marsus, epist. ad Raphaëlem Riarium.

(7) *Voyez la remarque* (B) *de l'article* Zuikius, *tom. XV.*
(8) Marsus, epist. Raphaelem Riarium.
(9) Gesner., Biblioth., *folio* 550, *verso.*
(10) *Idem, ibidem.*

habiti , suppetias ferre connixi sunt Marsus, Modius , et Auctor Crepundiorum : sed aut novis sæviére plagis, aut hiantia vulnera diduxére. Ignoscibilis quidem Marsi ignoratio , et seculo condonanda ; simplicitate nocuit , nec valdè (11). Voici des gens qui en jugent d'une manière plus avantageuse : *Petrus Marsus non ad pœtas solùm explicandos , sed ad oratores , quoque et philosophos studium adjecit. Extant ejus in Silium Italicum commentarii , multâ eruditione referti : sed longè utiliora , quæ in Ciceronis opera conscripsit : eloquens, ut Pomponii auditorem agnoscas, et quod plus est, propemodùm philosophus : sed quantuscunque in philosophiâ est , eum Argyropuli contubernium effecit.* Epitaphium *ejus tale mihi sese obtulit :*

> Quæ sola eloquii superabat gloria , et illam
> Perdidimus, tecum vixit et interiit (12).

Joignez à cela ces paroles de Léandre Alberti : *Cesa, picciolo Castello patria già di Pietro Marso huomo molto litterato. Il quale colle sue singolari virtuti ha illustrato questo luogo , come chiaramente conoscere si puo dall' opere da lui lasciate , e massimamente delli Commentari fatti sopra Sillio Italico. Abandonò li mortali pochi anni fa* (13). Voyez en note la version latine que Kyriander a donnée de ce passage italien (14) , et notez en passant que Pierre Marsus n'était mort que depuis peu quand Léandre Alberti écrivait cela ; mais nous n'en pouvons rien conclure de précis touchant l'année de sa mort , puisque cet ouvrage d'Alberti était achevé depuis long-temps lorsqu'il fut donné au public. On l'imprima l'an 1550 , et Flaminius l'avait lu en manuscrit dès l'an 1537 (15). Il y avait peut-être long-temps que la page où

(11) Dausqueius, *præf. in Silium Italicum , folio e verso.*

(12) Autor Dialogi de Reparatione linguæ latinæ , *apud Gifanium , pag.* 411, *citante* Konigio, in Biblioth. , *pag.* 512.

(13) Leand. Alberti , Descritt. di tutta l'Italia, *folio m.* 125 , *verso.*

(14) *Oppidulum Cesa , Petri Marsi patria , nuper vitâ defuncti, viri cum primis litterati pro ut ejus scripta maximèque commentaria in Silium testantur.*

(15) *Cela paraît par une lettre de Flaminius, datée du* 1ᵉʳ. *de mai* 1537. *Elle est au-devant du livre de Léandre Alberti.*

Pierre Marsus est loué était composée , quand l'auteur communiqua son manuscrit à Flaminius. On ne devrait jamais se servir de l'expression *depuis peu , etc.* , sans marquer l'année où l'on parle de la sorte. Érasme , qui avait vu Marsus à Rome vers le commencement du XVIᵉ siècle , dit qu'il était fort vieux , et qu'il continuait à écrire. *Romæ vidi* Petrum Marsum *longævum potiùs quàm celebrem. Non multùm aberat ab annis octoginta , et florebat animus in corpore non infelici. Mihi visus est vir probus et integer , neque potui non mirari industriam. In tantâ ætate scribebat commentarios in librum* de Senectute *, aliosque nonnullos* Ciceronis *libellos. Licebat in eo perspicere vestigia veteris seculi* (16).

(D) *Le tempérament que Barthius a suivi me paraît fort raisonnable.*] Il ne prétend pas qu'absolument les notes de Pierre Marsus soient bonnes; mais seulement qu'elles méritent d'être louées en égard au temps où elles furent écrites. C'est une ingratitude et une injustice criante, que de mépriser et que de blâmer des auteurs qui ont eu de si grands obstacles à vaincre dans un temps où les belles-lettres ne faisaient que commencer de revivre. La raison veut qu'on vénère leurs premiers restaurateurs , quoique leur travail ait été fort imparfait. Tels commentateurs qui surpassent aujourd'hui Pierre Marsus ne l'eussent pas égalé , s'ils eussent vécu de son temps. Il ont donc mauvaise grâce de l'insulter, ou de le juger indigne d'être nommé. Rapportons les termes honnêtes de Barthius : *Vide quæ notdrunt proavorum nostrorum ævo docti homines , qualium memoriam lubenter facimus ut nostris litteris redintegremus ; fuerunt enim optimè animati , et pro copiâ tum studiorum , non malè de optimis auctoribus meriti :* Petrus Marsus *Comm. ad Terentium , pag.* 193. *Editionis Venetæ , J. Sulpitius ad Lucanum pag.* 1230. *Tenuibus ambo notis ; sed et talia ingenia per nos posteritati denuò commendentur* (17).

(16) Erasm. , epist. V, *lib. XXIII, pag. m.* 1210.

(17) Barthius , *in* Statium , *tom. III , pag.* 610 , *ad vers.* 827 *libri VI* Thebaid.

MARTELLIUS, ou plutôt
MARTELLUS (Hugolin), évêque
de Glandèves, était de Florence,
et fut un de ces Italiens qui firent fortune au deçà des monts
par le moyen de Catherine de
Médicis. On n'a guère de particularités touchant sa vie (a), et je
n'ai pu consulter le *Gallia Christiana* de M. de Sainte-Marthe.
Il publia quelques livres de littérature (A), et quelques traités
concernant la réformation du
calendrier (B). Le sieur Naudé,
qui connaissait tant les auteurs,
ignorait la prélature de celui-ci,
et le tenait pour un fort pauvre
écrivain (b).

(a) *Voyez la remarque* (B).
(b) *Voyez la remarque* (A).

(A) *Il publia quelques livres de
littérature.*] Je vois dans la Bibliothèque de M. Konig un *Hugolinus
Martellinus*, qui publia un Commentaire sur la IIe. ode du IVe. livre d'Horace ; et je suis persuadé qu'il fallait
dire *Martellus* ou *Martellius*, et non
Martellinus. Le catalogue de la bibliothéque de M. de Thou marque à
la page 324 de la IIe partie : *Hugolini
Martellii Episcopi Gland. Epistola
in quá Calpurnii et Nemesiani loci
aliquot illustrantur.* Cet ouvrage fut
imprimé à Florence chez les Juntes,
l'an 1590. Naudé observe qu'un certain Hugolin Martellius a fait un traité
entier sur une épigramme d'Ausone,
et l'a tellement embrouillée par ses
explications, qu'il est impossible d'y
rien comprendre. S'il avait su qu'il
parlait d'un évêque de Glandèves, il
l'eût qualifié un peu plus honorablement, et ne l'eût pas censuré avec
un mépris si visible. Rapportons un
peu au long ses paroles ; car elles
expliquent un passage obscur, et
donnent d'autre côté un peu de prise
à la censure. (1) *Ausonii.... Musa...
Demosthenis eá de re judicium , per-
brevi sanè hoc epigrammate* (2) *sed*

(1) Naudæus, Syntagm. de Studio liberali,
pag. m. 84.

(2) C'est l'épigramme CXLI d'Ausone.

*multis tamen obstructo difficultatibus
comprehensum , nobis offert :*

Discere si cupias , doctis quàm multa licebit
Quæ nósti, meditando velis inolescere menti ,
Quæ didicisti, haud dum, discendo absumere
tendas.

*Sic enim illud exhibent typographi
recentiores , cùm tamen antè septuaginta annos Aldinus codex, et Gryphius posteà liquido haberent in primo
versiculo* Doctus , *quæ vox malè intellecta fucum procul dubio fecit di-
sertissimo Eliæ Vineto , cujus operá
atque industriá , Ausonii monumenta
emendatiora explicatioraque habemus. Hic enim (uti probum virum ,
atque ingenuum decebat) sincerè fatetur, se mentem hujus epigrammatis
assequi non valuisse ; quam paullò
post Hugolinus quidam Martellius ,
opera pretium esse duxit integro volumine declarare : sed satiùs illi profectò fuisset micare digitis , aut cu-
curbitas pingere, cùm huic potiùs tam
spissum (velut sepia) atramentum
infuderit , ut illud vix eluere possit
quidquid est aquarum in Hippocrene,
et Pegaso; adeò singula quæque verba malè torquendo , quo sex in illis
gradus ad expedité discendum inveniret , omnem fermè epigrammatis
sensum corrupit, qui sic (meo quidem
judicio) restituendus est , ut nihil
aliud sibi velit Ausonius, nisi modum
edocere , quo docti homines multa
loqui , et dicere possint ex tempore ,
qui quidem modus in hoc tantùm consistere videtur , ut, quæ jam optimè
nórunt , velint ea inolescere menti ,
id est, firmiter inserere , ac imagina-
tioni et ingenio commendare ; quemadmodum eodem sensu dixit Agel-
lius :* natura induit nobis inolevit-
que : *quæ verò nondùm benè didice-
rint , frequenter dicendo et repetendo
adsumere, et altiùs memoriæ infigere
conentur ; sicque totum epigramma
lego , et interpungo :*

Discere si cupias doctus quàm multa, licebit.
Quæ nósti, meditando velis inolescere menti :
Quæ didicisti haud dum , dicendo adsumere
tendas (3).

La méprise de Naudé consiste en ceci.
Il dit qu'il y avait soixante et dix ans
que l'édition d'Aldus avait mis *doctus*
au premier vers : or il écrivait envi-

(3) *Selon la correction de M.* Grævius, *in
editione* Tollii , *il faut aú premier,* cupis à doctis , *et au dernier* discendo adsumere.

ron l'an 1633. Il prétendait donc que l'édition d'Aldus était de l'an 1563, plus ou moins. C'était s'abuser ; car cette édition est de l'an 1517. Si l'on veut donner un autre sens à ses expressions, on prétendra qu'il veut dire que les éditions modernes, qui ont mis *doctis*, sont postérieures de soixante et dix ans à celle d'Aldus ; mais outre qu'il se serait mal exprimé, il faudrait encore qu'il voulût parler de certaines éditions faites l'an 1587. Or personne ne marque aucune édition d'Ausone de cette année-là, et il est sûr que celles de l'an 1588 ne méritent point d'être plutôt mises en ligne de compte que les précédentes, (B)... *Et quelques traités concernant la réformation du calendrier.*] M. Thomassin Mazaugues, conseiller au parlement d'Aix, a bien voulu se donner la peine de m'instruire des particularités suivantes (4) : « Hugolin Martelli était Florentin : il vint » en France avec Catherine de Médi-» cis : il fut fait évêque de Glandèves » le 10 janvier 1572. Voici les livres » imprimés que j'ai de lui : *De anni* » *integrâ in integrum restitutione*, » dédié au cardinal Sirlet, et impri-» mé *in-4°.*, à Florence en 1578, di-» visé en trente-quatre petits arti-» cles, et ne contenant en tout que » quarante-trois pages. Il fit réimpri-» mer cet ouvrage à Lyon en 1582 , » *in-8°.*, augmenté, et y ajouta le » traité suivant : *Sacrorum tempo-* » *rum assertio*, qu'il dédia à Louis » Martelli son frère, chanoine de » Florence. En 1583 il fit aussi impri-» mer à Lyon , *in-8°.*, le livre sui-» vant : *La chiave del Calendario* » *Gregoriano*, qu'il dédia à Ottavio » Bandini , référendaire, abbé de Ca-» sanuova, qui est un ouvrage de » 362 pages et le plus considérable. » Voilà, monsieur, ce que je sais de » Martelli. Il n'y a pas de monumens » considérables de lui dans son égli-» se : il a fait quelques fondations » pieuses, et voilà tout. Sa famille » n'a eu aucune suite dans cette pro-» vince. Nous avons eu un médecin » fameux de ce nom, qui a écrit, et » qui est mort depuis quinze ans, » mais il n'était pas de la même fa-» mille : ce médecin était très-savant,

» parlant toujours de l'abus de la » médecine, et il écrivait là-dessus. »

MARTIN POLONUS. Cherchez POLONUS , tom. XII.

MARTINENGHE (TITE-PROSPER), religieux bénédictin , natif de Bresce, et d'une famille de comtes, se rendit illustre par l'intelligence des langues savantes. La réputation qu'il s'était acquise obligea le collége des cardinaux à le faire venir à Rome sous le pontificat de Pie IV , pour lui donner la commission de revoir et de corriger les OEuvres de saint Jérôme qui furent ensuite imprimées par Paul Manuce. Il revit aussi les OEuvres de saint Chrysostome et celles de Théophylacte, et la Bible grecque qui fut imprimée à Rome. Pour le récompenser de tant de travaux, Pie V songea à l'élever aux dignités; mais ce religieux n'eut pas plus tôt su cette nouvelle, qu'il se retira au couvent de sa patrie, où il employa son loisir à faire imprimer plusieurs ouvrages (A). Il mourut fort vieux à Bresce, dans le monastère de Sainte-Euphémie , l'an 1594(a).

(a) Tiré *della* Libraria Bresciana nuovamente aperta da Leonardo Cozzando , *parte prima, pag.* 307 *et suiv.*

(A) *Il employa son loisir à faire imprimer plusieurs ouvrages.*] Il publia *le Bellezze dell' Huomo conoscitor di se stesso :* ce sont des discours que la lecture de Platon lui fournit. Il entendait bien la langue grecque , et il avait beaucoup d'inclination à la poésie. De là vint qu'il publia quantité de poëmes et en latin et en grec , la plupart sur des matières de dévotion. Celui qu'il fit en l'honneur de la Sainte Vierge est divisé en plusieurs hymnes dont le nombre égale celui des années qu'elle vécut. Il a pour titre, *Theotocodia*, *sive Parthenodia*. Il fit un panégyrique de Sixte-Quint, en grec et en latin (1).

(1) *Tiré de* Leonardo Cozzando, Libraria Bresciana, *pag.* 308.

MARTINI (RAYMOND), religieux dominicain *, fort savant dans les langues orientales, a fleuri vers la fin du XIII⁰ siècle. Voici l'occasion qui l'engagea à les étudier. Raymond de Pennafort son général (a), ayant d'un côté une grande envie que l'Espagne fût repurgée du judaïsme et du mahométisme qui l'infectaient, et connaissant de l'autre la vérité des maximes dont les premiers pères ont parsemé leurs ouvrages, touchant la contrainte en matière de religion, fit ordonner dans le chapitre tenu à Tolède, l'an 1250, que les religieux de son ordre s'appliqueraient à l'étude de l'hébreu et de l'arabe. Il imposa cette tâche à quelques-uns en particulier, et nommément à notre Raymond Martini; et il obtint des rois d'Aragon et de Castille une pension pour ceux qui étudieraient ces langues, afin de pouvoir travailler à la conversion des infidèles. Voilà d'où vient que Raymond Martini tourna ses travaux de ce côté-là. Il y réussit très-bien. Il n'était point de Barcelone (b), comme quelques-uns l'ont débité (c); mais il y

avait pris l'habit de dominicain, et il était né à Sobirats. Ayant acquis l'habileté nécessaire pour lire les ouvrages des rabbins, il en tira de quoi combattre les juifs par leurs propres armes, comme il l'a montré dans le *Pugio fidei*, qui fut imprimé à Paris, l'an 1651 (d) (A). On a cru que le cordelier Pierre Galatin a tiré de ce *Pugio fidei* tout ce qu'il a dit de bon dans son livre *de Arcanis Catholicæ veritatis*; mais il est plus apparent qu'il n'a pillé qu'un chartreux de Gênes, nommé Porchet Salvago (e) (B), qui florissait environ l'an 1315 (f). Il est vrai que ce chartreux avait pris de Raymond Martini ce que bon lui avait semblé, comme il le reconnaît dans sa préface. Cet aveu le disculpe du plagiat, dont on ne saurait laver Galatin qui n'a jamais fait mention, ni de Porchet, ni de Martini. Le savant Joseph Scaliger a fait quelques fautes(C), en accusant avec raison Pierre Galatin d'avoir été plagiaire. Martini acheva son ouvrage, l'an 1278 (g) : et parlà on réfute ceux qui ont prétendu que Raymond de Pennafort en était l'auteur; car on prouve clairement qu'il mourut le 6 de janvier 1275 (h). Il y en a qui veulent que Martini ait composé un autre ouvrage, intitulé : *Capistrum Judæorum*, et une réfutation de l'Alcoran; et que

* Leclerc renvoie au père Échard, *Scriptores ordinis prædicatorum.*

(a) *Il a été le troisième général des jacobins.*

(b) *Natione Catalanus, patriâ Subiratensis.* Altamura, Biblioth. ord. Prædicat., *pag.* 451.

(c) Antonius Senensis, *in* Chronico ordinis Dominic. *et* Bibliothecâ; Franc. Diagus, *in* Histor. Provinciæ Aragoniæ Fratr. Prædicat.; Possevinus, *in* Apparatu, *apud* Altamur., *ibidem.*

(d) *Ex* Altamurâ, Biblioth. ord. Prædic., *pag.* 451.

(e) Porchetus de Sylvaticis.

(f) Rafael Soprani, Scrittori della Liguria, *pag.* 244.

(g) *Il le témoigne*, part. 2, Pugion., c. 10, *apud* Altamur., Biblioth. ord. Præd., *pag.* 453.

(h) *Vide* Altamuram, *ibidem.*

l'exemplaire du *Pugio fidei*, écrit de sa main en latin et en hébreu, soit à Naples dans le couvent de Saint-Dominique (*i*). La grande connaissance qu'il a fait paraître des livres et des opinions des juifs, a fait croire qu'il avait été de leur religion (*k*). Mais cela est faux.

(*i*) Possevin., *in* Appar. sacro.
(*k*) Augustin. Justiniani, *præf. ad* Porcheti Victoriam.

(A) *Son* Pugio fidei. . . *fut imprimé à Paris, l'an* 1651.] Plusieurs personnes contribuèrent à cette édition. M. Bosquet, qui est mort évêque de Montpellier, tomba sur le manuscrit, lorsqu'il fouillait avec ardeur à Toulouse dans tous les coins de la bibliothèque du collége de Foix, environ l'an 1620 *. Il le lut, il en copia quelque chose ; et lorsqu'au bout de quelques années il apprit l'hébreu par les soins d'un docte Allemand, nommé *Jacques Spieghel de Rosembach*, il le montra à son maître de langue hébraïque, et le lui donna même à copier. Ce Jacques Spieghel, fort versé en ces matières, s'en étant entretenu plusieurs fois avec M. de Maussac, le fit penser à publier cet ouvrage, sur la copie nette et bien ponctuée qu'il lui en donna ; mais, quelque habile que fût M. de Maussac, il lui fallut un adjoint qui prit sur lui la principale partie du travail. Cet adjoint fut M. de Voisin, fils d'un conseiller au parlement de Bordeaux. Thomas Turc, général des dominicains, sollicita puissamment les promoteurs de l'édition, et ne se contenta pas de leur écrire des lettres également pressantes et obligeantes ; il donna ordre qu'ils eussent tous les manuscrits du *Pugio fidei* qui se purent recouvrer. Jean-Baptiste de Marinis, son successeur, continua de prendre les mêmes soins. Enfin l'ordre s'y intéressa tellement, qu'il fournit les frais de l'impression (1).

* Confrontez ma note sur l'article Bosquet, tom. IV, pag. 8.
(1) Prodiit Pugio ille Parisiis apud Johannem Henault, anno 1651, in-folio, impensis ordinis. Altamura, Biblioth. ord. Præd., pag. 451.

L'ouvrage sortit de dessous la presse l'an 1651, avec beaucoup de préfaces, et beaucoup d'approbations, qui font foi de tout ce que je viens de dire. M. de Voisin conféra le manuscrit du collége de Foix avec trois autres, dont le premier appartenait aux dominicains de Toulouse, le second avait été envoyé de Barcelone, et le troisième était venu de Majorque. Il a marqué à la marge les diverses leçons, il a fait des notes sur tous les endroits difficiles, il a mis en évidence tous les vols de Galatin, et il a fait de bons supplémens en forme de commentaire sur la préface de Raymond Martini. Il est surprenant que Gabriel Naudé n'ait point su que Scaliger se fût trompé en parlant de Galatin et de Sébonde. Voyez ci-dessous la remarque (C), et voici les paroles de Naudé : *Omnium ut majori conatu, sic etiam feliciori eventu, Petrus Galatinus Monachus ex ordine sancti Francisci ; aut potiùs Raimundus Sebondus professione medicus, cujus præter libros de theologiá naturali, duo insuper volumina ingentia in collegio Fuxensi Tholosano etiamnùm hodiè sub titulo Pugionis fidei conservantur. Ex quibus, si Josepho Scaligero fides est habenda, omnia sua hausit et transcripsit Galatinus, dissimulato ipsius Sebondi nomine ; non tam propter acerrimum, quod semper extitit inter dominicanam familiam et franciscanam, odium, quemadmodùm malignè cavillatur Scaliger, et fortassis etiam imperitè ; quam ut eruditum istud opus accessione quádam augeret et sibi vendicaret locupletatum ita atque expolitum* (2). On a fait une seconde édition du *Pugio fidei*, à Leipsic, l'an 1687, accompagnée d'une docte introduction *in theologiam judaïcam* (3).

(B) *Il est . . . apparent que* Galatin *n'a pillé que . . . Porchet Salvago.*] C'est que prouve le père Morin : il assure qu'il a trouvé les mêmes choses dans Porchet et dans Galatin, partout où il les a confrontés. Il ajoute que toute l'adresse dont Galatin s'est servi pour couvrir

(2) Naudæus, *in* Bibliographiá politicá, *pag. m.* 35.
(3) Composée par Job. Benedictus Carpzovius, Theologiæ professor Lipsiæ.

son vol, consiste dans quelques changemens d'expression et de division
des chapitres, dans le tour du dia-
logisme, et dans de fréquentes citations d'un rabbin (4) inconnu à Martini et à Porchet, et aux juifs aussi.
*Plagium sanè portentosum cui vix
simile unquàm factum est, nam
Galatini liber nihil aliud est quàm
Porcheti exscriptio ipsissimis Porcheti
verbis, atque etiam Hebræorum tex-
tuum translationibus conservatis, hoc
si excipias, quòd elegantiæ causâ
quædam verba et verborum construc-
tiones immutantur. Est enim Porcheti phrasis Galatiniana multò sim-
plicior. Deindè alius est ordo Galatini
et minutiùs distinctus, ideò ex uno
Porcheti capite duo vel tria componit
et variè digerit, in quâ dialogicâ ser-
mocinatione alium paulò colorem in-
ducit.... Non id tantùm semel depre-
hendimus, sed toties quoties id
periclitati sumus, mirati sanè Gala-
tinum Porcheto reconditæ Judæorum
Historiæ nihil superaddere præter
frequentia testimonia ex libello, etc.*
(5). Galatin dédia son livre à l'empereur Maximilien Ier., et ne croyait
pas que l'ouvrage de Porchet dût être
imprimé sitôt. Disons même qu'il
espéra que jamais ce manuscrit ne
verrait le jour; car il était extrêmement rare; mais Augustin Justiniani,
évêque de Nébio, ne laissa pas de le
trouver à force d'argent, et de le
publier à Paris, en l'année 1520, sous
le titre de *Victoria Porcheti adversùs impios Hebræos.*

(C) Joseph Scaliger a fait quelques
fautes.] Il a cru, 1°. que l'auteur du
Pugio fidei s'appelait Raymond Sébon; 2°. que Raymond Sébon a été
dominicain, et qu'il vivait à Toulouse,
environ l'an 1346; que Galatin a pillé
immédiatement le *Pugio fidei.* C'est
ce que l'on peut voir dans ses lettres,
où il parle deux fois de cela à Casaubon
(6), et une fois à Thomson (7). *Scito
illos libros* (Galatini) *esse compendium duorum ingentium voluminum*

*quibus titulum Pugionem fidei fecit
auctor Raymundus Sebon monachus
dominicanus, eximius philosophus.*
C'est ce qu'il dit dans la lettre
LXXXIV. Il le confirme ainsi dans la
XCIII. *De Galatino scito me vera
dixisse, nam non solùm illa omnia è
Raymundo Sebone expiscatus est, sed
et opus ejus nihil aliud est quàm bre-
viarium Pugionis fidei, ita enim opus
suum doctissimus dominicanus ille
inscripserat qui Tholosæ antè CC plus
minùs annos scribebat, ejusque operis
duo ingentes tomi in collegio Fuxensi
ejusdem civitatis antè annos XXI quùm
ego ibi essem, extabant. Cum judicio
tamen illi libri legendi sunt, qui utinàm typis excusi essent. Hoc unicum
exemplum, præter aliud quod penès
Matthæum Beroaldum fuit, Tholosæ
extare scio.* Dans la lettre CCXLI,
écrite en 1606, deux ans après la
XCIII, il change quelque chose à l'âge
de Raymond Sébon, *qui antè* ccxxx
plus minus annos, dit-il, *Tholosæ
vivebat.* Le père Morin (8) remarque
contre Scaliger, que Raymond Sébonde, qui ne paraît pas avoir entendu
la langue hébraïque, a été de cent
ans plus jeune que Raymond Martini,
le véritable auteur du *Pugio fidei.* Il
ajoute qu'il y a pour le moins trois
siècles que ce Martini a écrit son livre,
puisque Nicolas de Lyra en parle. Il
montre aussi que Galatin n'a volé
immédiatement que Porchet. M. de
Maussac a compté encore plus exactement les fautes du grand Scaliger
(9) : il ne s'est pas contenté de dire
que Raymond Sébonde n'a été ni moine, ni savant aux langues orientales,
et que selon Trithème et Simler (10)
il mourut l'an 1432; il a dit aussi,
que le manuscrit de Raymond Martini dans le collège de Foix comprend
trois volumes, et qu'outre celui-là,
et l'exemplaire de Béroalde, il y en
a un à Naples, un aux dominicains
de Toulouse, un à Barcelone, et un
à Majorque. Si l'on voulait être aussi
rigoureux envers M. de Maussac qu'il
l'a été envers Scaliger, on lui dirait
qu'il attribue, sans raison à Scaliger la
première découverte des voleries de

(4) On l'appelle Rabenu Hakados, et son livre Gale Razéia, selon le père Morin. D'autres
disent Hakkadosch.

(5) Johan. Morinus, Exercit. Biblic. I,
lib. I, cap. II, pag. m. 16. Vide etiam
pag. 19.

(6) Epist. LXXXIV et XCIII.

(7) Epist. CCXLI.

(8) Exercitat. Biblic., pag. 19.

(9) Vide Prolegomena ad Pugionem fidei.

(10) Epit. Biblioth. Gesner.; mais il dit cla-
rüit, et non pas obiit anno 1430. Il eût mieux
valu citer Gesner même.

Galatin (11). Matthieu Béroalde en avait parlé avant que le manuscrit de Toulouse fût connu à Scaliger. En voici la démonstration. Scaliger écrivait en l'année 1604, qu'il y avait vingt-un ans qu'il avait vu, à Toulouse, le *Pugio fidei* : il l'y avait donc vu l'an 1583. Or Béroalde publia sa Chronologie l'an 1575, et il remarqua par occasion que Galatin avait débité pour siens les écrits de Raymond Martini, après y avoir fait quelques changemens. Rapportons tout ce qu'il dit. *Galatinus (ut hoc obiter moneam) Martini Raymundi scripta pro suis edidit, conmutato rerum ordine et argumento nonnihil variato, ut plagii possit accusari Galatinus : quod planum me facturum spero si dederit Dominus, ut Pugionem ipsius Raymundi scriptum ad impiorum perfidiam jugulandam maximè autem Judæorum in lucem proferam. Is autem liber studiis hebraïcis maximè utilis pervenit ad me ex bibliothecâ Francisci Vatabli Mecænatis mei* (12). Ce passage nous apprend que Béroalde avait eu dessein de publier le *Pugio fidei*, et que son exemplaire venait de Vatable. C'est apparemment par le livre de Béroalde, que Possevin sut que Vatable avait possédé un tel manuscrit. En touchant cette particularité, il accuse Galatin d'être plagiaire (13). Notez que les lettres de Scaliger ne sont devenues publiques qu'après l'impression de l'Apparat de Possevin, de sorte que voilà un second dénonciateur du plagiat avant Joseph Scaliger. J'ai observé que le Toppi, à la page 202 de sa *Biblioteca Napoletana*, donne à celui-ci la première découverte. Il se trompe donc.

(11) *Primus Galatini furta subodoratus est.* M. Carpzovius dit pareillement : *Eique (Scaligero) gratias agere quod primus Galatini plagium prodidisset... Ex quo Scaliger Galatini furta primus subodoratus est.* Introduct., p. 90.
(12) Beroaldus, *in Chronico*, cap. III, lib. II.
(13) Possev., Apparat. sacri, t. II, fol. 411.

MARTYR (Pierre), théologien protestant au XVIe. siècle. Cherchez VERMILLI*.

* Bayle n'a pas donné cet article, dit Chaufepié, qui lui en a consacré un très-long au mot MARTYR.

MARULE (Marc), natif de Spalato dans la Dalmatie, vivait au commencement du XVIe. siècle, comme on le remarque dans le Dictionnaire de Moréri. On n'y a pas bien donné le titre de l'un de ses livres (a). C'est un ouge latin, qui a été traduit en français, et en quelques autres langues (b). Le traducteur français fit une chose qui est assez singulière pour mériter d'être rapportée (A). Gesner confond ce Marule avec le poëte Marule (c).

(a) *Voyez la remarque.*
(b) En espagnol et en allemand.
(c) Gesner., *in* Biblioth..*folio* 495 *verso.* Ses abréviateurs n'ont pas corrigé cela. *Voyez*, tom. *VIII*, pag. 365, *à la fin de la remarque* (D) *de l'article* INNOCENT VIII, *une pareille faute d'*André Rivet.

(A) *Le traducteur français fit une chose . . . assez singulière pour mériter d'être rapportée.*] Je l'ai apprise de Martin Delrio. Ce jésuite ayant censuré Bodin, qui approuve que les juges mentent pour faire avouer la vérité aux criminels, ajoute que Marc Marule est du même sentiment que Bodin ; mais que l'auteur de la traduction française de l'ouvrage de Marule a corrigé cette mauvaise doctrine. Il suppose que Marule enseigne tout le contraire, et il lui prête la réfutation du sentiment de Bodin. *Fuit in sententiâ Bodini M. Marulus, lib.* 4. de Instit. benè vivendi, cap. 4. *Sed errore animadverso ejus interpres Gallicus planè contrariam Marulo sententiam tribuit; et multas paginas, quæ non sunt Maruli, Marulo inseruit, dictorum ipsorum Maruli confutationem pro Maruli dictis continentes; quam bono exemplo et prudenter ipse viderit* (1). Les traducteurs ont excédé si souvent leurs priviléges, qu'un lecteur est malheureux lorsqu'il ne peut pas apprendre les choses dans les originaux. C'est courir continuellement le risque d'être trompé. Voici de quelle manié-

(1) Martinus Delrio, Diquisit. magicar. tom. III, lib. V, sect. X, pag. m. 74.

re Gesner rapporte le titre de cet ouvrage de Marule : *De religiosè vivendi institutione lib.* 6. *per exempla ex veteri novoque Testamento collecta , ex authoribus quoque D. Hieronymo Presbytero , Gregorio Pont. Max. Eusebio Cæsariensi , Jo. Cassiano nonnullisque aliis qui vitas conscripsére sanctorum digesta per capita sive locos communes* 70 (2). Le Mire a trop abrégé cela ; il s'est contenté de dire : *Scripsit libros sex exemplorum, hoc est dictorum factorumque memorabilium* (3) ; et néanmoins Moréri a trouvé là trop de longueur, il n'a retenu que *lib. VI exemplorum.* Ses imprimeurs ayant transposé les chiffres nous donnent une édition des ouvrages de Marule , 1610 , qui selon le Mire est de l'an 1601. Au reste , Gabriel Naudé, qui a fait une dissertation pour prouver qu'il est permis aux médecins de dire bien des mensonges à un malade, n'a pas manqué de citer notre Marule , qui a soutenu qu'un homme qui ment en faveur de la république , ou pour la plus grande gloire de Dieu , fait un acte de prudence insigne , et de piété singulière. *Marulus Spalatensis lib.* 4. *memor. c.* 4. *ob Reipublicæ bonum vel majorem Dei gloriam mentiri fore summæ pietatis ingentisque prudentiæ contendit* (4). Oh ! la mauvaise morale !

(2) Gesner. , *in* Biblioth. , *folio* 495 *verso.*
(3) Aub. Miræus , de Scriptor. sæculi XVI , pag. 9.
(4) Nandæus , *in* Pentade Quæstion. Iatrophil., *pag.* 150 , *edit. Genev.*, 1647.

MARULLE , poëte de Calabre au Ve. siècle, vint trouver Attila à Padoue , après que ce roi des Huns se fut ouvert le chemin d'Italie par la prise d'Aquilée , et eut ruiné ou subjugué tout ce qui se présenta sur sa route. Ce poëte s'attendait à une ample récompense des flatteries dont il avait rempli le panégyrique d'Attila; mais lorsque ce prince eut su par des interprètes, que le poëme que Marulle venait de réciter le faisait descen-

dre des dieux , et le qualifiait dieu , il ordonna que ces vers , et celui qui les avait composés fussent brûlés. Il adoucit la peine , quand il eut fait réflexion que cette sévérité pourrait porter d'autres auteurs à ne pas écrire ses louanges (a).

(a) *Ex* Callimacho Experiente, *in* Vitâ Attilæ.

MARULLE (MICHEL TARCHANIOTE (A)) se retira en Italie après que les Turcs eurent pris Constantinople, où il était né. Ce ne fut point par zèle pour le christianisme qu'il abandonna son pays ; car ses sentimens en matière de religion étaient fort éloignés de l'orthodoxie (B). Ce fut sans doute la crainte de l'esclavage, ou l'envie de s'épargner le cruel chagrin de voir et d'ouïr les insultes d'un insolent vainqueur, qui l'éloignèrent de la Grèce. Il s'attacha au métier des armes en Italie (C) ; et servit dans la cavalerie sous Nicolas Ralla (a), qui était de Lacédémone. Il joignit les lettres avec les armes, et ne voulut pas être moins poëte que soldat : et comme il craignit qu'on ne trouvât pas assez extraordinaire qu'il sût faire des vers grecs, il s'appliqua soigneusement à l'étude de la poésie latine, et s'acquit par cet endroit-là beaucoup de réputation (b). Ses vers latins consistent en quatre livres d'épigrammes, et en quatre livres d'hymnes. Il avait commencé un poëme de l'éducation des princes, qu'il n'achera pas. Ce

(a) Jovius, *in* Elog., *cap.* XXVIII, *militari stipendio sese alere coactus.* Pier. Valer., *de* Litter. Infelicit., *lib. II.*
(b) Jovius, *ibidem.*

qui en fut trouvé parmi ses papiers fut imprimé avec les épigrammes et avec les hymnes. Il
s'est fait plusieurs éditions de
tout cela. Les goûts sont partagés sur ces poésies. Il y a des
critiques qui en disent beaucoup
de mal. Tels sont les deux Scaliger *(c)*. D'autres écrivains ont
donné beaucoup de louanges à
Marulle *(d)*. Il se fit beaucoup
d'ennemis, pour avoir censuré
les anciens poëtes latins *(e)*. Flo-
ridus Sabinus entreprit leur défense, et le traita durement.
Politien eut une grosse querelle
avec lui * pour le même sujet
(f). Nous parlons ailleurs *(g)*
du mariage de Marulle avec la
savante Alexandra Scala. Mais
c'est ici qu'il faut dire que c'é-
tait un esprit inquiet, et qu'il
ne trouva jamais une assiette
fixe, ni pour son corps, ni pour
ses études*(D)*. Les autres savans
allaient alors à la gloire par le
chemin de la traduction : il mé-

prisa ce travail*(h)* (E), ou comme au-dessous de lui, ou comme trop hasardeux ; et il songeait à quelque chose d'une plus
grande importance, lorsqu'il se
noya dans une rivière de Toscane (F), en pestant contre le
ciel. Ce fut l'an 1500 (G). J'ai
lu dans un livre assez nouveau ,
que cette infortune lui avait été
prédite long-temps auparavant ;
mais le témoin qu'on en allègue
ne dit rien moins que cela (H).

(h) Jovius, Elog., *cap. XXVIII.*

(A) TARCHANIOTE.] Je crois que
c'était le nom de famille de sa mère ;
car on voit, dans le premier livre de
ses épigrammes, l'épitaphe de Michel
Tarchaniote, son aïeul maternel, et
celle d'Euphrosine Tarchaniote, sa
mère ; et l'on voit, au troisième livre, celle de Paul Tarchaniote, son
oncle maternel. Quant à son aïeul
paternel, dont l'épitaphe se trouve
peu de pages après, il se nommait
Philippe Marulle. Un des quatre savans grecs qui cherchèrent un asile
en France sous le règne de Charles VII,
et qui furent recommandés
par Philelphe à Guillaume des Ur-
sins, chancelier de France, se nommait Nicolas Tarchaniote (1).

(B) *Ses sentimens en matière de religion étaient fort éloignés de l'orthodoxie.*] C'est ce que nous apprenons
de Léandre Alberti (2), qui fait cette
observation en passant, lorsqu'il parle de la rivière où Marulle se noya :
Flumen Cæcina *Marulli Bizantini ,
viri docti, sed de christianâ pietate
haud sanè sentientis interitu illustra-
tum.* Celui qui a publié quelques notes bien curieuses sur Sannazar, se
sert de deux preuves contre ceux qui
ont prétendu que Jean - François Pic
aida Marulle à faire ses hymnes : la
première, que Pic s'était tellement
attaché à l'étude de la théologie
chrétienne, qu'il n'est nullement probable qu'il se soit soucié d'aucune
politesse de style ; la seconde, qu'il

(c) Jul. Cæs. Scaliger, Poët., *lib. VI,
cap. IV,* Joseph. Scalig., in Catull., epigr.
LXVII.

(d) Crinitus . de honestá Discip., *lib.
XVIII, cap. VII.* Joh. Secundus. epigramm.
Jovius. Elogiorum *cap. XXVIII.* Pontanus,
apud Jovium, ibidem. Pierius Valerianus,
de Litteratorum Infelicitate

(e) *Voyez* Crinitus , de honestâ Disciplinâ,
lib. XXIII, cap. VII.

* Leclerc prétend que Bayle se fonde sur
ce que le *Mabilius* des poésies de Politien
serait Marulle , et il reproche à Bayle de se
contredire . puisque dans l'article POLITIEN,
remarque (O) , il déclare ne pas reconnaître
Marulle dans Mabilius. Le désir de trouver
Bayle en contradiction est tout ce que prouve la remarque de Leclerc. Il y a eu querelle
entre Marulle et Politien ; voilà ce que Bayle
dit dans les deux articles, sans aucune contradiction.

(f) Paulò ant. *Græcorum nomini favens,
cum Politiano ejus gentis ingeniis infesto.
acidulcentissimis epistolis lites extenderat.*
Jovius , Elog., *cap. XXVIII.*

(g) Dans l'article SCALA. *tom* XIII.

(1) Guillet, Vie de Mahomet II, *tom. I, pag.*
258, *ex Turco-Græc.*, *pag.* 91.
(2) Descript. Ital., *pag.* 44.

ne paraît aucune trace de christianisme dans les hymnes de Marulle *. *In hymnis adjutum fuisse à Joanne Francisco Pico erant qui assevererent Lilii Gyraldi œtate, quod tamen nihi neutiquàm verisimile fit, cùm constet Pico tanto studio incubuisse christianæ theologiæ, ut omnem prorsùs styli atque elocutionis ornatum neglexisse meritò videri possit. Marullum verò si legas, nec volam, nec vestigium hominis christiani invenias* (3). C'est bien raisonner, ce me semble. Piérius Valérianus rapporte que ce poëte blasphéma terriblement lorsqu'il mourut. *Ferunt illum primo statim casu vehementer excanduisse, utque erat iræ impatiens convitia et maledicta in superos detorsisse* (4). Érasme aurait trouvé supportables les poésies de Marulle, si elles eussent contenu moins de paganisme : *Marulli pauca legi*, dit-il dans son Ciceronianus, *tolerabilia si minùs haberent paganitatis*. Ce paganisme n'est pas le plus grand mal de Marulle : ses impiétés sont beaucoup plus condamnables ; c'est par-là sans doute que Lucrèce lui avait tant plu, qu'il en donna une nouvelle édition, et qu'il tâcha de l'imiter (5), et qu'il disait qu'il fallait seulement lire les autres poëtes, mais apprendre par cœur Virgile et Lucrèce (6). Cette édition est foudroyée dans les notes de Joseph Scaliger sur Catulle. Voici une preuve de l'audace impie avec laquelle Marulle blasphémait contre le ciel :

At pia pro patriâ, pro dís, arisque tuendis,
 Indueras Latium dux caput arma tibi.
Uloresque deos jurata in bella trahebas,
 Si modò sunt curæ jusque piumque deis.
Sed neque fas, neque jura deos mortalia
 * tangunt,*
 Et rapit arbitrio sors fera cuncta suo.
Nam quid prisca fides juvit, pietasque Pe-
 * lasgos?*
Nempè jacent nullo damna levante deo.
Aspice Byzanti quondàm gratissima divis
 Mœnia, Romanæ nobile genus opus.
Hæc quoque jampridem hostili data præda
 * furori est,*
 Solaque de tantâ gloria gente manet (7).

* Cependant le Crescimbeni, que cite Joly, dit avoir vu une traduction, faite par Marulle, de la chanson de Pétrarque : *Vergine bella.*
(3) Not. ad Sannaz., pag. 189, edit. Amstel, 1684. *Voyez aussi* pag. 201.
(4) Pier. Val., de Litt. Infel., lib *II*, p. m. 70.
(5) Gyrald., dialog. I de Poëtis sui temp.
(6) Crinitus, de honestâ Disciplin., *l. XXIII*, cap. *VII.*
(7) Marul., Epigr., lib. *I*, pag. m. 16, 17.

(C) *Il s'attacha au métier des armes en Italie.*] L'auteur des Anecdotes de Florence (8) dit que Marulle passa de Grèce en Italie dans une compagnie de cuirassiers ; cela pourrait être ; mais Paul Jove, que cet auteur a le plus suivi pour ce qui regarde les savans de ce temps-là, ne le dit point. Voici ses paroles : *Inter alarios* (*) *equites descriptus*, *Nicolao Rallá Spartano duce in Italiâ militavit.* Je ne crois pas qu'*alarius eques* doive être traduit *cuirassier.*

(D) *C'était un esprit inquiet, qui ne trouva jamais une assiette fixe, ni pour son corps, ni pour ses études.*] Je citerai deux auteurs. *Inquieto ingenio nullibi sedem stabilem nactus*, *in cursum studiorum ac itinerum semper fuit* (9). *Nullius unquàm principis ita liberalitate ita adjutus*, *ut in litterarum otium se conferre posset* (10). Je ne sais s'il faut opposer à leur témoignage celui de Crinitus. On en fera ce qu'on voudra ; le voici en vers :

Et gradum
Placuit ad urbem flectere,
Quá noster Medices Pieridum parens
Marulle hospitium dulce tibi exhibet.
Ac te perpetuis muneribus fovens
Phœbum non patitur tela resumere
Laurens Camœnarum decus (11).

Marulle avait donc un bon Mécène en la personne de Laurent de Médicis. Crinitus a bien loué Marulle. Voyez nommément sa *Nœnia de obitu poëtæ Marulli.*

(E) *Il méprisa le travail* de la traduction.] M. Varillas (12) débite que Laurent de Médicis conjura Marulle, *par des lettres qui subsistent encore*, de traduire les œuvres morales de

(8) Pag. 179. *Les imprimeurs*, qui ont défiguré misérablement les noms propres dans cet ouvrage, ont mis Marcille au lieu de Marulle *A la page* 161, ils ont mis Trachamole, au lieu de Tarchaniote.
(*) *S'il était sûr que Paul Jove eût écrit* alarios, sans aucun trait d'abréviation dans la copie, *alarii equites* seraient, selon moi, des *chevau-légers*, et non pas des *cuirassiers*, la cavalerie légère ayant, pour ainsi dire, des ailes en comparaison de l'autre. Mais peut-être au lieu d'*alarios equites*, la bonne leçon est-elle *alabastarios equites*, des arbalétriers, comme était alors la cavalerie albanaise, depuis connue en France sous le nom d'*estradiots*. REM. CRIT.
(9) Jovius, *in* Elog., cap. *XXVIII.*
(10) Pier. Valer., de Infel. Litter., lib. *II.*
(11) Crinitus, lib. *II* Poëmat., pag. m. 825
(12) Anecdotes de Florence, *pag.* 179.

Plutarque ; mais que Marulle *avait tant d'aversion pour cette sorte de travail, où il fallait (disait-il) se rendre esclave des sentimens d'autrui, qu'il lui fut impossible d'en achever la première page.*

(F) *Il se noya dans une rivière de Toscane, en pestant contre le ciel.*] C'est celle qui passe à Volterre, et que les anciens nommaient *Cecina.* Elle retient encore ce nom, à ce que disent Cluvier et M. Baudrand : ainsi je ne comprends point pourquoi Pierius Valérianus a dit qu'elle se nomme aujourd'hui *Siela* (13) ; ni pourquoi M. Varillas la nomme rivière de Volterre (14). Paul Jove dit qu'elle était plus grosse qu'à l'ordinaire le jour que Marulle s'y noya (15) : mais Valérianus dit tout le contraire ; et comme il entre plus que l'autre dans le détail, il est plus digne de foi, on sent qu'il avait examiné les circonstances. Marulle, dit-il, s'étant aperçu que son cheval s'enfonçait de telle sorte par les pieds de devant, qu'il ne pouvait plus se dégager, se mit en colère, et lui donna de l'éperon ; mais il tomba avec le cheval, et ayant la jambe engagée sous le ventre de la bête, il ne fallut que peu d'eau pour l'étouffer *. *Fluvium vel exiguâ tunc aquâ fluentem ingressus, sive equum potaturus, sive aliâ de causâ tantillum immoratus, sensit equum anterioribus pedibus ita in arenas alvei semper infidi voraginosas absorberi ut emergere indè non posset.... modicâ admodùm ejus profluentis aquâ suffocatus interiit* (16). La licence que M. Varillas se donne de para-

phraser ce qu'il emprunte d'autrui, a été à contre-temps en cette rencontre. Pour mettre en français le *solito inflatior* de Paul Jove, il dit que *les pluies avaient extraordinairement enflé* la rivière, et néanmoins, selon lui, Marulle *la traversait à gué.* Il était donc ivre ou fou, dira-t-on ; l'adverbe *extraordinairement* est un arrêt pour cela en cette rencontre. N'allons pas si vite ; je me souviens d'avoir lu dans un ouvrage de Lancelot de Pérouse, que les habitans du pays avertirent notre Marulle de ne passer point la rivière, parce que les pluies qui étaient tombées pendant la nuit l'avaient grossie. Il leur répondit qu'il avait à craindre Mars, et non pas Neptune. Il se fondait sur les astrologues (17) qui firent son horoscope, et qui lui dirent que c'étaient les armes qu'il devait craindre, et qu'il ferait bien de n'aller pas à la guerre (18). Volaterran remarque que Marulle, qui avait logé chez lui, en était parti le même jour qu'il se noya. Il en parle honorablement (19). Vossius, dans son Traité des poëtes latins, veut que ce jour-là soit le 15 de juin 1511 (20). Je crois que cette erreur vient originairement d'une lecture trop précipitée du passage de Paul Jove, où le jour auquel Marulle mourut est marqué en cette manière : *Eo die quo Ludovicus Sfortia captus ut ferrato in carcere miser expiraret, in ulteriorem Galliam est perductus.* Quelqu'un, n'y prenant pas garde d'assez près, aura confondu le jour de la capture de Louis Sforce avec celui de sa mort ; et comme cette mort arriva en 1511, on aura conclu que notre poëte mourut aussi en 1511. La capture de Louis Sforce se fit le onzième d'avril 1500 (21). M. Baillet (22) a

---

(13) *Dùm Sielam qui olim Cecina dicebatur.* Pier. Valer., de Litter. Infel., *lib. II.*

(14) Anecd., *pag.* 179.

(15) *Cecina amnis solito inflatior fallente equum cœco vado violenter abripuit.* Jovius, *cap XXVIII.*

* Joly reproche à Bayle d'avoir paraphrasé Valérianus, en disant que Marulle *se noya en pestant contre le ciel* : « Un homme qui tombe » dans l'eau, sans s'y attendre, dit Joly, a-t-il » la liberté de vomir des imprécations contre le » ciel. » La circonstance que Marulle *se mit en colère et qu'il donna de l'éperon à son cheval*, rapportée par Bayle, se trouve pourtant dans le latin : *dumque indignatus eum* (equum) *calcaribus adurget*, etc. Bayle, pour ne pas trop allonger la citation a supprimé ces mots et quelques autres. Quelque pris au dépourvu qu'ait été Marulle, puisqu'il a eu le temps de donner de l'éperon à son cheval, il doit avoir eu le temps de jurer : les deux choses se font souvent ensemble.

(16) Pier. Val., de Litter. Infel., *lib. II.*

(17) *Une trop grande confiance en ces gens-là donne quelquefois autant de hardiesse que la folie ou l'ivresse.*

(18) *Don Secondo Lancillotti da Perugia, abbate Olivetano, dans le livre intitulé* Chi l'indovina è Savio, *lib. I, Disappanno III, pag.* 64 : *il cite* Paul., Cort., l. 1.

(19) Joh. Jovinianus Pontanus *discipulum habuit Marullum Constantinopolitanum hospitem meum, qui eodem die quo à me Volaterris discessit in amne Cecinâ submersus est, vir acris cùm ingenii tùm judicii.* Volat., *lib. XXXVIII, pag. m.* 1462.

(20) Id factum XVII. Kal. Jul. an. cIↃIↃXI.

(21) Labbe, Chronol. française.

(22) Jugem. sur les Poëtes, *num.* 1244.

suivi à un jour près la chronologie de Vossius.

(G) . . . . . *Ce fut l'an* 1500.] La matière dont Paul Jove caractérise cette année ne permet pas de douter qu'elle ne fût la dernière du XVe. siècle. Voyez la remarque précédente à la fin. D. Pierre de St.-Romuald ne se mécompte que d'environ la moitié d'un siècle. Voici ce qu'il dit, sous l'an 1545 : «Michel Marulle, natif de » Constantinople, qui a écrit fort » élégamment en vers latins, à l'imi- » tation de Tibulle et de Catulle, et » qui avait servi l'empereur Maximi- » lien en qualité de capitaine, se » noya dans la Toscane; ce que dé- » plorant un poëte italien en son épi- » taphe, il dit à la fin que s'il devait » perdre la vie en l'eau,

> *Mergier Aonio flumine debuerat,*

» Façon de parler qui n'a pas agréé » à feu M. de Balzac (23).

Sandius a réfuté Vossius, par la raison que Pontanus, qui cessa de vivre l'an 1503 ou 1505, a fait des vers sur le décès de Marulle. Il ob-serve qu'il y a des gens qui ont mis au 16 de mai 1466 la mort de Ma-rulle, et il les convainc de fausseté par les épigrammes de ce poëte con-tre le pape Innocent VIII, et sur la mort de Théodore de Gaza, et sur celle de Jean Pic de la Mirandole. Ce pape siégea depuis l'an 1484 jusqu'en 1492. Théodore de Gaza mourut l'an 1478, et Jean Pic de la Mirandole l'an 1494. Ainsi les preuves de Sandius sont très-bonnes. Il rejette avec rai-son le sentiment de ceux qui ont dit que Marulle florissait l'an 1520 (24).

(H) . . . . . *J'ai lu dans un livre nouveau que cette infortune lui avait été prédite ; mais le témoin qu'on cite ne dit rien moins que cela.*] Pour vi-der cette question de fait, il ne faut que comparer le passage de l'auteur moderne avec les paroles de Piérius Valérianus, c'est son témoin. *Suffo-catus est Marullus in Tusciæ amne Cecinâ fallente equum vestigio. Mi-serabile id leti genus multis annis antè ipsi prædictum fuisse, indèque*

(23) Saint-Romuald, Abrégé du Trésor chr., tom. III, pag. m. 300. Voyez Balzac, Socrate chrétien, pag. m. 228.
(24) Tiré de Sandius, Not. in Vossium, de Hist. lat, pag. 227.

semper aquas timuisse auctor est Pié-rius Valerianus in Dialogis de litte-ratorum infelicitate, qui rei veritatem ignorare non poterat, ipsamque adeò carmine quodam suo, multò antè Ma-rulli mortem posteritati palàm fece-rat (25).Selon ce narré, nous n'aurions pas ici une de ces prédictions après coup qui sont si fréquentes, mais une prédiction publiée long-temps avant l'événement : elle serait donc de poids si le fait était certain. Or nous allons voir que Piérius Valérianus ne parle point de la prédiction, et que ses vers sont postérieurs à l'infortune de Marulle. J'ai cité ci-dessus (26) un long passage de ces savans malheu-reux, duquel la conclusion était, *aquâ suffocatus interiit.* Voici les pa-roles immédiatement suivantes : *Ve-rum igitur fuit quod meus Pierius jam tùm puer de Marullo cecinit.* Cat. *Quidnam? illud musici recita, obsecro, quoniàm libenter ejus canti-lenas ausculto.* On rapporte les vers de Piérius qui roulent sur cette pen-sée, qu'il ne fallait pas que Marulle se fâchât de périr dans l'eau. La crainte qu'on lui attribue ne regarde que le temps auquel son cheval s'a-battit sous lui dans le Cécina. Mais, dira-t-on, Piérius était fort jeune lorsqu'il fit ces vers, *jam tùm puer*: il les fit donc avant l'année 1500; car, selon M. de Thou, il mourut en 1550, âgé de quatre-vingt-trois ans. Je réponds que M. de Thou s'est trompé. L'Impérialis (27) met la mort de Piérius à l'année 1558, et ne lui donne alors que quatre-vingt-un ans. Ainsi il n'aurait eu que vingt-trois ans lorsque Marulle mourut. Or il n'est pas sans exemple dans la belle latinité qu'à cet âge-là on soit nommé *puer*; et, quoi qu'il en soit, les vers de Piérius n'ont point précédé la mort de Marulle.

(25) Not. ad Sannazari Eleg., pag. 191, ed. t. Amstel., 1689.
(26) Dans la citation (16).
(27) Voyez son Musæum Historicum, p. 40.

MASCARDI (Augustin) a été un savant homme, et l'un des meilleurs orateurs du XVIIe. siècle (a). Il était né à Sarzane

(a) Michel Giustiniani, gli Scrittori Liguri descritti, pag. 24. Nicius Erythræus, Pina-coth. I, pag. 113.

(*b*), l'an 1591, et il y mourut l'an 1640 (*c*). Vous trouverez dans Moréri qu'il fut camérier d'Urbain VIII, et que ce pape *fonda pour lui une chaire de rhétorique dans le collége de la Sapienza*, *l'an* 1628. Il lui accorda pour toute sa vie une pension de 500 écus (*d*). Si Mascardi fut toujours dans l'indigence , et toujours accablé de dettes , ce ne fut pas tant à cause qu'il négligeait ses affaires , qu'à cause qu'il se divertissaît trop ; car il s'en faut bien que ses mœurs n'aient été aussi estimées que son esprit et que son savoir (A). Il fut pendant quelque temps prince de l'académie des humoristes (*e*) ; et il eut à soutenir quelques querelles de plume contre Pagain Gaudentius , et contre d'autres auteurs (B). Il fit imprimer à ses dépens son traité *dell' Arte Historica ;* et il y aurait perdu une somme considérable , si le cardinal Mazarin n'en avait fait vendre à Paris beaucoup d'exemplaires (C). Les auteurs qui parlent de lui , et auxquels M. Moréri nous renvoie (*f*), ont été cités par Michel Justiniani (*g*).

Il y a dans les œuvres de Balzac un certain discours où l'on critique fortement notre Mascardi sans le nommer (D).

(*b*) *Ville de l'état de Gênes.*

(*c*) Giustiniani, gli Scrittori Liguri descritti , *pag.* 25.

(*d*) Giustiniani, *ibidem, pag.* 24.

(*e*) *Idem, ibidem , pag.* 25.

(*f*) *Au lieu de* Maracci , Biblioth. Mariam., *il faut lire dans* Moréri, Maracci , Bibliotheca Mariana.

(*g*) Gli Scrittori Liguri descritti , *p.* 25.

(A) *Il s'en faut bien que ses mœurs aient été aussi estimées que son es-* *prit et son savoir.*] Je m'en vais citer un passage où l'on apprendra que Mascardi logea toujours chez autrui, et cela par provision, et qu'il n'avait aucun jugement dans ses dépenses. *Utinàm secundiore prudentiá ac* SANCTITATIS *famâ fuisset, nec in hác parte vitæ, ut fama est, claudicásset ; profectò ad' egregias ejus virtutes hæc quoque præstantissima omnium laus accessisset. Sed homo in re familiari negligens , profusus, nullá pecuniæ accessione suppeditare suis sumptibus poterat ; in suis nummis nunquàm , in ære alieno semper : et, quod mireris magis, nunquàm cerlis ac conductis ædibus habitavit, sed incertis atque precariis* (1).

(B) *Il eut... quelques querelles de plume contre... divers auteurs.*] Dans son Histoire de la conjuration du comte de Fiesque , il a attaqué bien souvent la Relation d'Ubert Foliette. Il en usa de même contre quelques écrivains dans ses autres livres. Cela fut cause qu'à son tour il se trouva attaqué. *Venendo esso parimente tacciato da paganino Gaudentio , mi si dará motivo di far qualche reflessione nel libro de gli accademici humoristi, per veder quale di loro sostien meglio le sue accuse* (2). La seconde édition de son Histoire de la conjuration du comte de Fiesque est augmentée des objections qu'on lui fit, et de la réponse à ces objections. Je ne sais point si la réponse qu'il fit à Brunor Taverna touchant cette histoire a vu le jour : l'abbé Michel Justiniani en a lu le manuscrit (3).

(C) *Le cardinal Mazarin fit vendre... beaucoup d'exemplaires de son* Traité dell' Arte Historica.] Entre une infinité de forfanteries que l'on reprocha à ce cardinal durant les troubles de Paris , on n'oublia pas de dire qu'il trafiquait de toutes sortes de marchandises, et qu'il fit même un encan de livres dans l'hôtel d'Étrée (4). Voici ce qui fut répondu en sa faveur par M. Naudé (5) : « Je crois » avoir suffisamment justifié le con-

(1) Nicius Erythræus, Pinacoth. I, p. 113.

(2) Michel Giustiniani, gli Scrittori Liguri descritti, *pag.* 25.

(3) *Ibidem , pag.* 27.

(4) *Voyez* Naudé, *au* Dialogue de Mascurat, *pag.* 70.

(5) Naudé , *là même.*

» traire. Or, pour faire maintenant le plus de cette vente de livres, qui est la meilleure et la plus honnête action que pouvait faire le *Cardinal*, pour témoigner le soin qu'il a toujours eu des gens de lettres; il faut savoir que le sieur *Agostino Mascardi*, qui passait de son temps pour la meilleure plume d'Italie, s'avisa de faire imprimer en l'année 1636, un livre de sa façon, intitulé *dell' Arte historica trattati cinque* (6), en cette forme que nous appelons *Quarto*, et si gros qu'il contenait près de cent feuilles; et parce que *la Tavola di Cebete*, le *Pompe del Campidoglio*, la *Congiura dei Fieschi*, le *Prose*, i *Discorsi academici*, *Silvarum sive variorum carminum libri* iv, et en un mot toutes ses œuvres s'étaient parfaitement bien vendues, il en fit plus tirer d'exemplaires de celles-ci, qu'il n'avait fait de toutes les précédentes, ce qui toutefois lui réussit si mal, à cause du peu de personnes qui se plaisaient à de semblables matières, que la plus grande part de tous ces exemplaires lui demeura: De quoi comme il se plaignait un jour à monseigneur *Mazarini*, il lui offrit d'en envoyer des balles à Paris, où il avait un homme pour ses affaires, qui aurait soin de les vendre, et qui lui ferait tenir l'argent qu'il en aurait touché: ce que ledit sieur Mascardi ayant accepté très-volontiers, il fut par ce moyen soulagé d'une grande perte qui lui était presque inévitable. Je tiens la vérité de cette histoire de celui même qui faisait en ce temps-là les affaires dudit *Cardinal* en cette ville. »

(D) *Il y a dans les œuvres de Balzac un... discours où l'on critique fortement notre Mascardi sans le nommer.*] C'est dans une dissertation qui fut imprimée avec le Socrate chrétien. Elle consiste en quelques remarques sur divers écrits: celles qui concernent les Discours du philosophe orateur, tombent sur celui qui fait la matière de cet article. Balzac nous l'apprend lui-même par ces paroles d'une lettre qu'il écrivit à M.

(6) Naudé *avait conçu bonne opinion de cet ouvrage. Voyez sa Bibliogr. politica*, p. m. 67.

Conrart, le 4 de janvier 1641. Ce st de Mascardi que j'entends parler, et de certaines très-mauvaises choses que j'ai vues de lui, avant qu'il eût purifié son style, et qu'il eût formé son jugement (7). »

(7) Balzac, lettre à Conrart, pag. m. 96.

MASCARON (JULES), l'un des plus grands prédicateurs du XVIIe. siècle, naquit à Marseille, l'an 1634. Il hérita de son père, le plus fameux avocat du parlement d'Aix, du rare talent d'éloquence qui le distingua *. Il entra fort jeune dans la congrégation de l'oratoire, et il enseigna dès l'âge de vingt-deux ans la rhétorique au Mans. Il passa bientôt après à l'exercice de la chaire, et prêcha avec beaucoup de succès dans l'église de Saint-Pierre à Saumur. M. l'évêque du Mans voulant attacher à son église un si habile prédicateur, l'en nomma théologal. Il se fit admirer à Paris, lorsqu'il y prêcha l'Avent à l'Oratoire. Il fut nommé en 1666, pour faire l'oraison funèbre de la reine-mère. Il prêcha ensuite à la cour cinq ou six ans et fut nommé à l'évêché de Tulle, l'an 1671. Ayant prononcé avec l'applaudissement ordinaire l'oraison funèbre de M. de Turenne, en 1675, il fut transféré à l'évêché d'Agen. Il fut appelé en 1694, pour prêcher le carême à la cour. L'année suivante il fit

* Pierre-Antoine Mascaron, père de Jules, mourut en 1647. Joly dit qu'il est auteur de La Mort et les dernières paroles de Sénèque, seconde édition, 1639, in-12. Le privilège étant de 1637, Joly pense que la première édition doit être de cette année. Le Dictionnaire de la Provence et du Comtat dit qu'il avait composé une Vie de Coriolan, sans indiquer si elle est imprimée. La Bibliothèque historique de la France, seconde édition, indique quatre ouvrages de P.-A. Mascaron.

l'ouverture de l'assemblée du clergé, et retourna dans son diocèse, et y mourut d'une hydropisie de poitrine et d'autres maux compliqués, le 16 de décembre 1703 (a). On a mis sa vie au-devant d'un recueil de ses oraisons funèbres publié à Paris, l'an 1704, *in-*12.

(a) *Tiré des* Mémoires de Trévoux, *janv.* 1705, *pag.* 95 *et suiv.*

MASSARIUS (Jérôme), docteur en médecine *, natif de Vicence, vivait au XVIᵉ. siècle, et abandonna sa patrie pour chercher un pays de liberté, où il pût embrasser ouvertement et sans nulle crainte des suites la religion protestante. Il se retira en Suisse, et y publia un ouvrage de controverse(A). On dit qu'il enseigna dans Strasbourg, et qu'il mourut l'an 1564 (a). Je rapporterai le titre de quelques autres ouvrages qu'on lui attribue (b).

* Bayle a parlé de ce Massarius dans la remarque (B) de l'article Mancinelli, ci-dessus.
(a) Konig., Biblioth., *pag.* 517.
(b) *Voyez la remarque vers la fin.*

(A) *Il... publia un ouvrage de controverse.*] En voici le titre : *Eusebius captivus, sive modus procedendi in curiâ romanâ contrà evangelicos ; in quo est epitome præcipuorum capitum doctrinæ christianæ, et refutatio pontificiæ synagogæ : unà cum Historiis de vitis aliquot Pontificum, quæ ad negotium religionis scitu utiles sunt ac necessariæ.* Il s'y donna le nom de *Hieronymus Marius Vincentinus* (1). M. Placcius n'a point fait mention de cela dans son Recueil des écrivains pseudonymes. La raison qui porta Massarius à publier cet ouvrage fut celle-ci. Ses amis trouvèrent mauvais qu'il eût quitté l'Italie pour se retirer en Suisse : ils avaient été dans les mêmes sentimens que lui

(1) *Voyez* l'Epitome de la Bibliothèque de Gesner, *pag.* 349.

sur le chapitre de la religion ; mais les attraits du monde les tentèrent à un tel point qu'ils abjurèrent lâchement et publiquement la foi protestante. Ils l'exhortèrent ensuite à les imiter et à sortir d'une communion qu'ils appelaient hérétique, et le prièrent de venir conférer un peu avec eux. Il craignit qu'on ne lui voulût tendre des piéges, et rejeta la proposition. Quelques personnes de mérite donnèrent un mauvais tour à cela, comme s'il se fût défié de sa cause. Voilà pourquoi il mit la main à la plume, pour faire voir qu'il ne refusait point les conférences par le motif que l'on soupçonnait, , mais à cause qu'il ne croyait point que ses amis les proposassent avec une bonne intention. Il feint dans son livre qu'un fidèle (2), prisonnier à Rome, rend raison de sa croyance devant le pape, et devant l'inquisition. L'affaire comprend trois journées : les juges parlent peu, le prisonnier tient presque toujours le bureau, et bat beaucoup de pays. L'ouvrage fut dédié par l'auteur au sénat de Berne, et imprimé à Bâle chez Oporin l'an 1553, in-8°., comme on l'assure dans l'Épitome de la Bibliothéque de Gesner ; mais Christophle Pézélius, qui en procura une édition plus correcte l'an 1597 (3), suppose qu'il avait été imprimé l'an 1555 (4).

On voit dans l'Epitome de la même Bibliothéque, que Massarius avait composé une excellente grammaire de la langue allemande et que sa grammaire hébraïque n'avait point été donnée au public. Sa Version latine et sa Paraphrase du Traité d'Hippocrate *de naturâ hominis* fut imprimée à Strasbourg, l'an 1564 (5).

(2) *Il le désigne sous le nom d'*Eusébius Uranius.
(3) *A* Zurich, *chez* Jean Wolfius, *in-8°.*
(4) *Editus est ante annos quadraginta duos.* Pezelius, epist. dedic., *datée l'an* 1597.
(5) Lindenius renovatus, *pag.* 424.

MATMAN (Rodolphe), né à Lucerne en Suisse, se fit jésuite à l'âge de dix-huit ans. Il enseigna la rhétorique pendant vingt années, et mourut à Munich, le 18 de septembre 1612. Il y avait alors trente ans qu'il était entré dans cette société. Il préparait plusieurs ouvrages pour le public(a). Il composa contre Scaliger un petit livre que bien des gens ont donné à Scioppius (A).

(a) Alegambe, *in* Biblioth. Script. societ. Jesu, *pag.* 417.

(A) *Il composa contre Scaliger un petit livre que bien des gens ont donné à Scioppius.*] Il fut imprimé à Ingolstad, l'an 1608, in-4°., sous ce titre: *Cornelii Denii Brugensis tres Capellæ, sive Admonitio ad Josephum Justum Burdonem Julii Burdonis F. Benedicti Burdonis N. prius Scaligerum nunc sacrilegum.* Scioppius le fit réimprimer l'an 1611, avec ses *Oporini Grubinii amphotides Scioppianæ.* Scaliger parla avec beaucoup de mépris de ce petit livre (1) : *Hoc mittimus*, dit-il (2), *ad apostolum japponensem, retrimentum inscitiæ, impurum auctorem libelli de tribus Capellis, cujus inscitia certat cum improbitate, quanquàm non desunt qui furem Vespillonis filium auctorem asserant.* Ces dernières paroles signifient que quelques-uns attribuaient cet ouvrage à Scioppius. M. Placcius observe que c'est la pensée de quelques personnes (3), et il réfute ceux qui les voudraient combattre sous prétexte que ce livre ne se trouve point dans le Catalogue des écrits de Scioppius. L'auteur du *Decas decadum* (4) cite un passage de Scioppius, pour faire voir que les jésuites d'Ingolstad sont les véritables auteurs du livre *De tribus Capellis :* mais il ignore le nom du jésuite qui composa cette satire, et il allègue un passage de Scaliger (5), qui ne prouve point, comme il le prétend, que ce fût Martin del Rio. M. Baillet a déjà marqué que *Denius Brugensis*, Cornelius, est le masque de Raoul Matman (6). Puisqu'Alegambe l'assure (7), il le faut croire.

(6) Baillet, Auteurs déguisés, *liste des aut. déguisés*, au mot DÉNIUS, *tom. V.*
(7) Alegambe, Biblioth. Script. societ., *p.* 417.

MAUGIN (JEAN), surnommé l'Angevin (A), vivait au XVIe. siècle, et publia plusieurs livres en français, les uns en vers, les autres en prose. La plupart n'étaient que des traductions. Celle qu'il fit des discours de Machiavel, sur Tite-Live, fut imprimée à Paris, *in-folio*, l'an 1548, et *in-16*, l'an 1572 (a). Il fit imprimer dans la même ville, en 1546, *in-folio L'Histoire de Palmerin d'Olive, fils du roi Florendos de Macédoine, et de la belle Griane, fille de l'empereur de Constantinople, traduite d'italien* (b). Son premier livre du *Nouveau Tristan, prince de Léonois, chevalier de la Table Ronde, et d'Yseulte, princesse d'Irlande, reine de Cornouaille*, fut imprimé à Paris, *in-folio*, l'an 1554 (c). Il le dédia à M. *de Maupas, abbé de Saint-Jean de Laon, conseiller et aumônier ordinaire du roi,* et lui avoua ingénument qu'il le choisissait pour le héros de son livre, parce qu'il savait que *sa main n'avait été jamais close à ceux qui lui avaient présenté de leurs œuvres ou petites ou grandes.* Il allégua une autre raison : c'est que M. de Maupas l'avait fait remettre en liberté (d). Cette épître dédicatoire est datée de Laon, le 20 de juin 1554, et commence par une raillerie que l'on verra ci-dessous (B).

(a) Du Verdier, Bibliot. franç., *pag.* 724.
(b) *Là même.*
(c) La Croix du Maine *a ignoré cette édition :* il ne parle que de celle de l'an 1567.
(d) *Voyez la remarque* (B).

(1) *Il ne contient guère plus de vingt pages dans l'édition de 1611, in-12.*
(2) Scaliger , Confut. Fabulæ Burdonum , *pag. m.* 324.
(3) *Tres Capellæ... Scioppianæ videntur nonnullis.* Placcius , de Anonymis , *pag.* 65.
(4) Johannes Albertus Faber , Dec. Decadum, *num.* XXVIII.
(5) *Tiré du* Confutatio Fabulæ Burdonum , *pag.* 330.

(A) *Surnommé l'Angevin.*] Il signe ainsi tout court l'épître dédicatoire de son Nouveau Tristan, et il met au titre de ce livre-là, *fait Françoys par Jean Maugin, dit l'Angevin.* Cela montre qu'il était beaucoup plus connu sous le nom du pays natal que sous son nom de famille. Il était d'Angers, à ce que dit la Croix du Maine, qui ajoute qu'on le surnommait *le petit Angevin* (1). Du Verdier Vau-Privas a fait la même remarque. S'il y eût eu en ce temps-là un écrivain nommé Maugin, natif d'une autre province, ou natif du pays d'Anjou, mais plus considérable que lui, ou par sa taille ou par son mérite, le surnom de quoi je parle ne serait pas de mauvais augure; mais puisque notre Jean Maugin n'avait point de contemporain qui fît des livres, et qui eût le même nom que lui, on peut croire raisonnablement qu'il était de basse extraction et de petite stature. Un laquais, un garçon tailleur, etc., porte plus souvent le nom de sa province que celui de sa famille; et il n'est point sans exemple qu'un valet soit devenu poëte et auteur, même distingué.

(B) *L'épître dédicatoire de son Nouveau Tristan commence par une raillerie que l'on verra ci-dessous.*]«Mon » seigneur, ç'a esté presque l'argu- » ment commun de tous les Fran- » cois qui ont mis leurs compositions » en lumiere depuis vingt ans, pro- » poser, ou qu'on avoit derobé leurs » copies, ou que l'importunité de » leurs amis les forçoit et contrai- » gnoit à l'impression d'icelles. Je » sçais combien la modestie et ver- » gongne sont loüables : mais mettre » en leur rang une simplicité et de- » fiance de soy, cela m'a semblé tant » ridicule et moquable, que n'ay » voulu ne peu en abuser : ores » qu'entre aucuns il soit tenu pour » opinion et coustume. A ceste cau- » se, et au rebours d'eux, ay eu » tousjours intention et desir : mes- » mement des l'heure, que fistes » celle humanité et grace de me » tirer d'une captivité et prison, » et la liberté et franchise de vos- » tre service, vous faire paroistre » et donner chose de ma plume, qui

(1) La Croix du Maine, Biblioth. française, pag. 244.

» vous apportast tel plaisir, qu'eusse » bonne occasion de m'en contenter (2) ». Après l'épître dédicatoire, on voit une ode à M. de Maupas, de laquelle je m'en vais citer une stance qui pourra faire penser à quelques-uns que Maugin avait été délivré des prisons du Châtelet.

Maugin fut par vous racheté
D'enfer (3), *dont mit sa liberté*
Toute à vostre commande :
Oultre il vous donne ses labeurs
(Meurdriers de ses vieigles douleurs)
N'ayant chose plus grande.

Au reste, la coutume dont Maugin se moque a duré jusques à nos jours. Une infinité de préfaces le témoignent; mais aussi on a vu de temps en temps quelques préfaces ou quelques épîtres dédicatoires qui prenaient un tout autre tour. Les auteurs y reconnaissent qu'ils publient de leur propre mouvement ce qu'ils ont écrit. La sincérité n'est pas la seule raison qui leur fait tenir ce langage; ils ont envie de railler ceux qui se plaignent d'avoir été violentés.

(2) Maugin, *épître dédicatoire du Nouveau Tristan.*
(3) *Par allusion peut-être au poëme que Ma-rot intitula* l'Enfer.

MAUSOLE,

roi de Carie (A), est plus connu comme mari d'Artémise, que par aucun autre endroit; encore que pendant un règne de vingt-quatre ans il se soit fort intrigué, et se soit rendu formidable (a). A l'exemple de ses prédécesseurs, il s'attacha beaucoup plus au parti des Perses qu'à celui des Grecs; et l'on voit (b) qu'en faveur des Perses, mais surtout par l'envie de s'enrichir, il exerça beaucoup de pirateries sur les îles de son voisinage. C'était un homme qui en prenait à toutes mains, et qui ne faisait point d'autre quartier à la bourse de ses meilleurs amis, que celui d'user de tours

(a) Diod. Sicul., *lib. XVI.*
(b) *In argumento* Orationis Demosth. con-trà Timocrat.

de souplesse pour s'enrichir à leurs dépens (B). Il s'engageait pour de l'argent à toutes sortes de mauvaises actions (C). Il ne faut donc point s'étonner que sa conduite ait été quelquefois contraire aux intérêts de la cour de Perse, et qu'elle lui ait attiré de ce côté-là plusieurs fâcheux embarras (c). Il fut fort mêlé dans la guerre qu'on appela Sociale (D), et qui commença dans la 105e. olympiade, entre les Athéniens d'une part, et ceux de Rhodes, de Chios, de Cos et de Byzance de l'autre. Ce fut lui qui trama cette ligue contre les Athéniens (d). Entre autres exploits il changea durant cette guerre la démocratie de Rhodes en aristocratie. Mais ni ses conquêtes, ni sa bonne mine, ni sa bravoure, ni aucune de ses actions, ne l'ont immortalisé comme a fait sa femme (e), par le tombeau magnifique qu'elle lui fit construire, et par la tendre amitié qu'elle conserva pour sa mémoire. Nous en avons parlé dans l'article d'ARTÉMISE. Mausole mourut la dernière année de la 106e. olympiade, comme nous l'avons montré dans les remarques du même article. Il avait eu des prédécesseurs dont nous connaissons le nom (E), et il eut des successeurs dont le nom est aussi parvenu jusques à nous. Le médecin qui guérit Mausole demanda une grande

récompense, mais en honnête homme (F).

La maison de Mausole, dans Halicarnasse était bâtie de briques, et incrustée de marbre. Pline ne connaissait point de plus ancien bâtiment que celui-là que l'on eût orné de cette espèce d'incrustation; cela le porte à conjecturer que l'art de scier le marbre fut une invention des Cariens. Il ne l'affirme pourtant pas. Cette maison subsistait encore du temps de Pline. Voyez les preuves de tout ceci dans la remarque (G).

(A) *Roi de Carie.*] Aulu-Gelle a observé que Cicéron lui donne ce titre, mais que quelques historiens grecs lui en donnent un moins honorable. *Mausolus fuit, ut M. Tullius ait, rex terræ Cariæ; ut quidam Græcarum historiarum scriptores provinciæ Græciæ præfectus, Satrapen Græci vocant* (1). Je ne sais point qui sont ceux qui l'ont appelé gouverneur d'une province de la Grèce : le mot satrape, qui est persan, est seul capable de prouver, ou qu'Aulu-Gelle se trompe, ou que ce n'est point lui qui a dit *provinciæ Græciæ.* Charles Étienne, ni MM. Lloyd et Hofman, n'ont point formé de mauvais soupçons contre ce passage; ils en citent la dernière partie sans y rien changer. Isocrate (2) a donné à Hécatomne, père de Mausole, le nom de Καρίας ἐπίςαθμος, c'est-à-dire, selon la paraphrase d'Harpocration, *Cariæ satrapes.* Mausole est appelé par le même Harpocration et par Suidas, ἄρχων Καρῶν, *imperans Caribus;* par Libanius, Καρίας ὕπαρχος, *Cariæ præfectus* (3); mais par Polyænus (4) et bien d'autres, βασιλεὺς Καρίας, *rex Cariæ.*

(B) *Il usait de tours de souplesse pour s'enrichir aux dépens de ses amis.*] Lisez sur cela Polyænus (5) et

---

(c) *Voyez la* Harangue *d'Isocrate ad Philippum, à l'endroit où il est parlé d'Idriée et de son frère. Ce frère était notre Mausole.*

(d) Libanius, *in argum. Orat. Demosth.* pro libert. Rhodior.

(e) *Voyez* Lucien, Dia Mort. Diog. et Maus.

(1) Aul. Gellius, *lib. X, cap. XVIII.*
(2) *In* Panegyr.
(3) *Argum.* Orat. Demosth. pro Rhod.
(4) Polyænus, Stratag., *lib. VII, c. XXIII.*
(5) *Idem, ibidem.*

Aristote (6), vous y verrez que si d'un côté la cour de Perse taxait Mausole à de grosses sommes, il savait de l'autre faire tomber ailleurs cette charge pour son dédommagement, et avec usure. Il était en cela plus injuste que ne le sont les gros partisans, lorsque, après avoir été taxés, ils se font livrer leurs subalternes. Vous verrez de plus, dans Aristote, que, sous ce roi de Carie, on sut habilement profiter de l'inclination des Lyciens à porter de longs cheveux. On imagina une espèce de maltote qui fut extrêmement lucrative. Voyez aussi ce que je cite d'Aristote dans la remarque (E).

(C) *Il s'engageait pour de l'argent a toutes sortes de mauvaises actions.*] Voici les paroles d'Harpocration copiées par Suidas : Φησὶ δὲ αὐτὸν Θεόπομπος μηδενὸς ἀπέχεσθαι πράγματος, χρημάτων ἕνεκα, *de quo Theopompus scribit eum à nullo facinore pecuniæ causâ sibi temperâsse* *. Sans doute c'est des histoires de Théopompe que ces paroles sont tirées. Il n'eut garde de parler ainsi dans l'éloge de ce prince, dans l'éloge, dis-je, qui gagna le prix qu'Artémise avait donné à disputer aux orateurs qui voudraient faire le panégyrique de son époux. On peut être très-certain que Théopompe fit alors de notre Mausole un prince achevé, et qu'il le combla de toutes sortes de vertus ; et puis voilà ce qu'il en a dit dans un autre livre. Cette duplicité de langue et de plume ne vaut rien. Tout doit être suspect dans des gens qui se divisent en deux personnages, et qui se croient permis, quand ils se considèrent comme orateurs, les mêmes mensonges qu'ils ne voudraient point adopter quand ils composent une histoire qui n'a pas été mise à prix. Cette distinction est un franc sophisme, et n'est pas meilleure que celle avec quoi l'on veut sauver l'honneur de Procope. Un auteur d'anecdotes et un auteur d'histoire sont responsables solidairement et par indivis de tout ce qui sort de leur plume, quand ils ne sont qu'un même écrivain. Au reste, quoique Vitruve parle plutôt à l'avantage qu'au désavantage de Mausole, on ne

laisse pas d'entrevoir dans ses paroles les extorsions de ce prince (7). Il loue la magnificence et le bon goût de ses bâtimens, et les grandes commodités qu'on y pratiqua.

(D) *Il fut fort mêlé dans la guerre qu'on appela Sociale.*] MM. Moréri et Hofman se sont faussement imaginé qu'il y a eu deux Mausoles, et que celui qui eut part à la guerre Sociale n'était point le même que le mari d'Artémise, enterré dans le mausolée. S'ils avaient pris la peine de consulter les originaux, ils n'eussent fait qu'un article qui eût été pour ce mari, et qui aurait pu être assez plein indépendamment de sa femme.

(E) *Il avait eu des prédécesseurs dont nous connaissons le nom.*] Nous lisons dans Suidas (8), que Lygdamis, contemporain d'Hérodote, était le troisième tyran d'Halicarnasse depuis Artémise. Or quoique Hérodote ne dise pas que Lygdamis, père d'Artémise avait été roi d'Halicarnasse, il y a pourtant beaucoup d'apparence qu'elle était fille de roi, et veuve de roi. On peut donc remonter jusques à son père, qui, pour le moins, selon le témoignage d'Hérodote (9), demeurait dans Halicarnasse. Elle eut un fils nommé Pisindèle, duquel le fils fut un autre Lygdamis qui chassa d'Halicarnasse Hérodote. Celui-ci y retourna, et en chassa le tyran (10). Il est fort vraisemblable que Lygdamis second du nom, fut suivi immédiatement par Hécatomne, duquel les trois fils, Mausole, Idriée, et Pexodare, ont régné successivement dans la Carie, (voyez l'article d'ADA) ; mais il n'est pas certain qu'Hécatomne ait été fils de Lygdamis. Que sait-on si Lygdamis, chassé par Hérodote, recouvra son poste ? Que sait-on si Hécatomne ne s'établit point par voie d'usurpation, sans être parent de Lygdamis ? Une chose sait-on bien, c'est qu'il était de Mylasse (11), et qu'il y établit le siège

---

(6) Aristot., OEconom., *lib. II.*
* Suidas, *in* Μαύσωλος.

(7) *Halycarnassi potentissimi regis Mausoli domus... parietes habet latere structos qui ad hoc tempus egregiam præstant firmitatem... neque is rex ab inopiâ hoc fecit, infinitis enim vectigalibus erat farctus, quòd imperabat Cariæ toti.* Vitruv., de Archit., lib. II, c. VIII.
(8) Suidas, *in* Ἡρόδοτος.
(9) Herod., *lib. VII, cap. XCIX.*
(10) Suidas, *in* Ἡρόδοτος.
(11) Strab., *lib. XIV, pag.* 453.

de la royauté. Ce fut aussi là que naquit Mausole. Vitruve qui nous l'apprend , nous dit de plus que Mausole fit bâtir sa maison dans Halicarnasse, parce qu'il trouva cette ville parfaitement bien située (12). Aristote (13) nous apprend une autre particularité. Mausole, voulant lever de l'argent sur la ville de Mylasse, représenta aux habitans qu'une ville comme la leur, sa patrie et la capitale du royaume, ne devait point être sans murailles, vu principalement que les Perses la menaçaient. Chacun contribua selon ses forces ; mais quand Mausole eut l'argent entre les mains , il leur dit que ce n'était point encore la volonté de Dieu que la ville eût des murailles.

(F) *Le médecin qui guérit Mausole demanda une grande récompense, mais en honnête. homme.*] C'était Dexippus, natif de l'île de Cos, et disciple d'Hippocrate. Il fut mandé par Hécatomne, roi de Carie, pour guérir Mausole et Pexodare, malades à l'extrémité, et abandonnés des médecins. Il les guérit ; mais ce fut à condition que le roi leur père cesserait de faire la guerre à l'île de Cos. Ἐπὶ ὑπισχέσει ἰάσατο τῷ παῦσαι πρὸς Κῷους (*il faut lire ainsi et non pas* Κᾶρας) τότε αὐτῷ ἐνεστῶτα πόλεμον. *Eos eâ conditione sanavit ut bellum quod tunc adversus Coos gerebat deponeret* (14). Cela n'est-il pas bien généreux ? Peut-on voir un meilleur sujet ? N'est-ce pas être bien pénétré de l'amour de sa patrie ?

(G) *Voyez les preuves de tout ceci dans la remarque.*] Elle sont renfermées dans ce court passage de Pline (15) : *Secandi marmor in crustas nescio an Cariæ fuerit inventum. Antiquissima, quod equidem inveniam, Halicarnassi Mausoli domus* (16) *Proconnesio marmore exculta est lateritiis parietibus.* Vitruve explique cela plus exactement. *Halicarnassi,* dit-il (17) , *potentissimi regis Mausoli domus cùm Proconnesio marmore omnia haberet ornata , parietes habet*

latere structos, qui ad hoc tempus egregiam præstant firmitatem,ita sectoriis operibus expoliti ut vitri perluciditatem videantur habere.

MAUSOLÉE. C'est ainsi qu'on nomma premièrement le magnifique tombeau qu'Artémise fit bâtir à Mausole son mari, et qui a été compté entre les sept merveilles du monde. Voyez-en la description dans Pline (a) , et dans le Supplément de Moréri (A). Ensuite , on a donné le même nom à tous les tombeaux somptueux (B). C'est ainsi que l'on nomma le superbe monument qu'Auguste fit faire pendant son sixième consulat, entre le chemin de Flaminius et le Tibre, pour y être enterré avec les siens (b). Strabon nous en a laissé la description au livre cinquième. C'est aussi le nom que Florus donne (c) au tombeau des rois d'Égypte dans lequel Cléopâtre s'enferma, et se fit mourir. Les dictionnaires latins de MM. Lloyd et Hofman fournissent plusieurs autorités qui montrent que le mot mausolée a été donné par les Romains aux sépulcres dont la structure était magnifique ; mais il y a deux vers de Martial (C) , qu'on ne doit pas joindre avec ces autorités. La langue française a adopté ce mot-là au même sens que les Romains. Nous appelons mausolées les tombeaux des rois de France. Ou a même étendu ce mot sur ces représentations de tombeau qui font partie d'une pompe funèbre , et qui ne durent qu'autant que les funérail-

(12) Vitruv., de Archit., *lib. II, cap. VIII.*
(13) Aristot. OEconom., *lib. II.*
(14) Suidas, in Δέξιππος.
(15) Plin., *lib. XXXVI, cap. VI, pag.* 287.
(16) Quæ etiam nunc durat, dit-il , *au livre XXXV, chap. XIV, pag.* 249.
(17) Vitruvius, *lib. II, cap. VIII, pag.* 29.

(a) Plin., *lib. XXXVI, cap. V.*
(b) Sueton., *in Augusto, cap. CI.*
(c) *Lib. IV, cap. XI.*

les. M. Furetière dit avec raison qu'on les nomme mausolées ; mais il ajoute une chose bien incertaine (D).

(A) *Dans le Supplément de Moréri.*] On y a copié M. Chevreau, sans le confronter avec Pline. Si on l'avait confronté avec son original, on aurait vu *que les Faces du Mausolée n'étaient pas un peu plus larges que son étendue du midi au septentrion* (1), mais au contraire un *peu moins larges. Patet ab austro,* dit Pline, *et septentrione sexagenos ternos pedes, brevius à frontibus* (2). Le père Hardouin (3) a dit que Dalechamp et Léon Allazzi n'ont vu goutte sur ce chapitre.

(B) *On a donné le même nom à tous les tombeaux somptueux.*] Μέγεθος δὲ οὕτω δή τι ἔστι μέγας καὶ ἐς κατασκευὴν περίβλεπτος τὴν πᾶσαν, ὥστε καὶ Ῥωμαῖοι μεγάλως δή τι αὐτὸν θαυμάζοντες τὰ παρὰ σφισιν ἐπιφανῆ μνήματα Μαυσωλεῖα ὀνομάζουσιν. *Ea fuit operis magnitudo et ornamentorum magnificentia ut Romani valdè illud mirantes magnificentissima quæque apud se monumenta Mausolea appellārint* (4).

(C) *Deux vers de Martial.*] On se trompe visiblement lorsqu'on veut que ces paroles,

Aere nec vacuo pendentia Mausolea,
    Laudibus immodicis Cares in astra ferant (5),

prouvent que par mausolée les auteurs latins entendaient en général un magnifique tombeau ; car il ne s'agit là que du mausolée primitif.

(D) *Furetière. . . . ajoute une chose bien incertaine.*] Il dit qu'*on a appelé aussi* mausolée la *châsse d'un saint* *. J'en doute ; car encore que

(1) Chevr., Histoire du Monde, tom. *IV, p.* 36 , édition de Hollande , 1687.
(2) Plin. , lib. *XXXVI, cap. V.*
(3) Hardnin. , in Plin. , ibid.
(4) Pausanias, lib. *VIII, pag.* 250.
(5) Mart. Spect. , init.
* « Ces châsses , dit Leduchat, sont de deux
» sortes : les unes ont la forme d'un *coffre*,
» et ce ne sont pas celles-là qu'on peut appeler
» *Mausolées;* mais d'autres , surmontées de plus
» ou de moins de pyramides, et qui ont l'air
» d'un château. Ce sont proprement celles-ci que
» Furetière dit qu'on appelle *Mausolées.* » Joly
ajoute que le Dictionnaire de Trévoux, en 1743,
a conservé cette signification. J'ajouterai qu'elle
ne l'a pas été dans l'édition de 1771.

M. du Cange lui ait appris que, dans les auteurs de la basse latinité , *mausoleum* signifie *feretrum Sancti alicujus,* et que *mausoleare* se dit de l'enterrement, il ne s'ensuit pas que *mausolée* ait eu cet usage en français, et, en tout cas, il faudrait en donner des preuves.

MECQUE (LA), ville d'Arabie, est non-seulement fameuse pour avoir donné la naissance à Mahomet, et à cause que les sectateurs de ce faux prophète y vont en pèlerinage avec beaucoup de superstition, mais aussi à cause qu'elle avait un temple qui, au temps de l'ancien paganisme, n'était pas moins vénéré entre les Arabes , que celui de Delphes entre les Grecs (A). Ceux qui avaient la présidence de ce temple étaient fort considérés à la Mecque (a) : et cela montre l'erreur de ceux qui ont dit que Mahomet était de vile extraction; car il était d'une famille qui possédait depuis long-temps le gouvernement de la ville et celui du temple (B). On ne manqua pas de faire des contes concernant la protection miraculeuse que le ciel avait accordée à ce lieu sacré (C). Les habitans de la Mecque étaient d'une ignorance très-crasse (D) ; et néanmoins ils rejetèrent comme ridicules les visions et les doctrines que Mahomet leur annonça (b). Il fut un exemple de la vérité de la maxime *nul prophète en son pays.* Il ne put jamais faire goûter dans sa patrie ses prétendues révélations : et tant à cause qu'on les trouvait impertinentes, qu'à cause qu'on le soup-

(a) *Voyez la remarque* (B).
(b) Prideaux, Vie de Mahomet, *pag.* 22, 65.

çonnait de vouloir détruire l'ancienne religion, et d'aspirer à la tyrannie sous les auspices de la qualité de nouveau prophète (c), on s'opposa si vertement à ses complots , qu'il fut obligé de prendre la fuite(d) ; et ce ne fut que par voie de conquête militaire qu'il établit dans ce lieu-là sa nouvelle loi (e). Il y eut une rude guerre entre lui et les Mecquois pendant six ans , depuis qu'il eut pris la fuite. Cela fut suivi d'un traité de trêve qui devait durer dix ans , mais qui n'en dura que deux (f) ; car en la huitième année de l'hégire(g), cet imposteur, accompagné de dix mille hommes, marcha contre la Mecque sous prétexte qu'elle avait violé la trêve , et la subjugua très-facilement. Il en bannit l'idolâtrie (E) , et s'appliqua peu après à d'autres expéditions. Il alla en pèlerinage à la Mecque , l'an 10 de l'hégire , et il y entra *le grand jour de cette solennité. Les peuples accoururent en foule de tous les endroits de l'Arabie , pour voir leur nouveau maître : il les instruisit dans sa loi , après quoi il retourna à* Médine, et il y mourut l'année suivante. Il avait eu la politique, pendant la trêve qu'il avait conclue avec les Mecquois, d'ordonner à ses sectateurs le pèlerinage de la Mecque. C'était une solennité que les Arabes avaient en vénération depuis plusieurs siècles(F) : il crut donc qu'en la

conservant il les disposerait à subir plus tôt le nouveau joug qu'il leur voulait imposer ; et ce fut sans doute une chose qui fit un très-bon effet pour lui sur les habitans de la Mecque , puisqu'ils retiraient un très-grand profit de cette coutume religieuse ; et un avantage dont ils avaient beaucoup de besoin , car leur terroir est des plus ingrats et des plus stériles qu'il y ait au monde. On a vu ci-dessus (h-i) l'état lamentable où leur ville fut réduite au IVe. siècle de l'ère mahométane. Elle avait souffert, au premier siècle de la même époque(k), tout ce que les fureurs de la guerre ont coutume de produire. Quelques auteurs (l) disent que Soliman y érigea une académie , environ l'an 949 de l'hégire ; et que le collége qu'il y fit bâtir , et le revenu dont il le dota , furent dignes de sa magnificence. On ne s'accorde point quant à la situation de la Mecque. Le Dictionnaire de Moréri la pose à une journée de la mer Rouge. M. Baudrand l'en écarte de quarante milles arabiques, et M. d'Herbelot de trois journées. Quelques-uns (m) la mettent presque sous la ligne ; et d'autres à vingt-un degrés quarante minutes de latitude septentrionale (n). L'usage des armes est interdit dans son territoire, qui est de six milles à l'orient, de

(c) *Là même , pag.* 24.

(d) *Là même , pag.* 73 , 74.

(e) *Voyez la remarque* (E).

(f) Prideaux, Vie de Mahomet , p. 112.

(g) *C'est la même chose que la fuite de Mahomet. Cette* 8e. *année de l'hégire répond à l'an* 629.

(h-i) *Dans l'article d'*ABUDHAHER, *tom. I, pag.* 96.

(k) *Voyez la* Bibliothéque orientale de M. d'Herbelot , *pag.* 569.

(l) Gabr. Sionita *et* Johann. Hesronita, de nonnullis Oriental. Urbibus , *pag.* 19.

(m) *Idem , ibidem , pag.* 17.

(n) *Voyez* M. d'Herbelot , Bibliothéque orientale , *pag.* 569.

douze au septentrion, de dix-huit au couchant, et de vingt-quatre au midi : cependant les voleurs se moquent de cette défense, et pillent partout où ils peuvent ; et cela oblige assez souvent les voyageurs et les pèlerins à porter des armes en ces endroits-là, pour se garantir des insultes de ces brigands (*o*). Un auteur que j'ai déjà nommé assure que la Mecque est située proche du fleuve Bétius, nommé aujourd'hui *Chaïbar* (*p*). Néanmoins, peu de lignes après, il dit que toute l'eau de cette ville était dans le puits de Zemzem (G), et dans les citernes où l'on conservait la pluie; mais qu'au siècle passé l'on en avait fait venir de la montagne d'Arafat par le moyen d'un aquéduc qui avait coûté de grandes dépenses (*q*). Voyez la remarque (G). Nous dirons quelque chose du prince à qui la Mecque appartient (H).

(*o*) Gabr. Sionita *et* Joh. Hesron., de non-nullis Oriental. Urbibus, *pag.* 20.

(*p*) Baudrand, *pag.* 696.

(*q*) Baudrand, *pag.* 696 : *il cite* Golius, (*il fallait dire* Golius) Not. in Alfraganum.

(A) *Elle avait un temple qui n'était pas moins vénéré entre les Arabes, que celui de Delphes entre les Grecs.*] Cette comparaison m'est fournie par M. Prideaux : on va lire ses paroles (1). «Quant au *temple de la Mecque* » et ce qu'il était avant *Mahomet*, » voici au vrai ce qui en est. C'était » un *temple païen* pour lequel les » *Arabes* avaient la même vénéra- » tion que les *Grecs* avaient pour » celui de *Delphes*, où toutes leurs » (*) tribus, pendant l'espace de plu- » sieurs siècles, allaient, une fois » tous les ans, rendre leurs homma-

(1) Prideaux, Vie de Mahomet, *pag.* 96, édition d'Amsterdam, 1698.
(*) *Sharestani Golii notæ ad Alfraganum*, *pag.* 8 *et* 9. *Makrisi Pocckii Spec.*, *Hist. Arab.*, *pag.* 177 *et* 311.

» ges idolâtres à leurs *dieux*, jusqu'à » ce qu'enfin *Mahomet* les ayant » forcés à changer leur idolâtrie en » une autre religion tout-à-fait aus- » si méchante, fit aussi subir à ce » temple le même changement, en » ordonnant qu'après ce temps-là ce » serait le lieu principal où l'on ren- » drait le faux culte qu'il leur avait » imposé, de la même manière qu'il » l'était auparavant de celui qu'il » avait aboli, et ce temple a depuis » continué toujours sur le même » pied. » Au commencement de son imposture, il ordonna à ses disci-ples *qu'ils eussent à prier, leurs* (*1) *faces tournées vers* Jérusalem, *qu'il appelait la* Sainte Ville, *la* Ville des prophètes, *où il prétendait établir ses pèlerinages, et y faire le lieu principal du culte de sa secte. Mais trouvant que ses sectateurs gardaient toujours un respect superstitieux pour le* temple de la Mecque, *dans lequel les* Arabes *avaient rendu pendant plusieurs siècles leurs adorations pu-bliques à des idoles, ce qui se serait un moyen très-efficace pour se con-cilier ses citoyens, s'il conservait leur temple dans son ancienne splen-deur, il changea cet ordre pour ser-vir à son dessein; c'est pourquoi il commanda à ses disciples de regarder droit à la* (*2) Mecque *dans leurs prières, et établit le temple de ce lieu-là, qui, à cause de sa forme car-rée, fut appelé le* Caaba, *ce mot en arabe signifiant carré, pour être la place principale du culte de tous ceux de sa religion, et l'endroit où devaient se faire tous les pèlerinages religieux, comme ils se faisaient autrefois* (2). L'auteur venait de dire (3) que c'était la coutume de tous ceux du Levant, de quelque religion qu'ils fussent, d'ob-server un certain point des Cieux, vers lequel ils tournaient leurs faces quand ils priaient. En quelque par-tie du monde que fussent les juifs, (*3) ils priaient toujours la face tournée du côté de Jérusalem, parce

(*1) Abul-Féda, Abul-Faraghius, *pag.* 102. Johannes Andreas, c. 6; Pocockii Spec., Hist. Arab., *pag.* 175.
(*2) Alc., c. 2; Johannes Andreas, c. 2 *et* 6.
(2) Prideaux, Vie de Mahomet, p. 92, 93.
(3) *Là même*, *pag.* 92.
(*3) Daniel., c. 6, vs. 10. Buxtorfii Synago-ga Judaïca, c. 10. Maimonides, in Halachoth Trphillab., c. 1, sect. 3.

que c'était là qu'ils avaient leur temple. (*¹) Les Arabes tournaient la
leur vers la Mecque, où était leur
Caaba, lieu principal de leur culte
païen. L'ordre que Mahomet donna
à ses sectateurs de se tourner vers la
Mecque quand ils feraient leurs prières, appartient à l'an 2 de l'hégire.
C'est depuis ce temps - là , ajoute
M. Prideaux (4), « qu'on a vu toutes
» ces histoires fabuleuses que cet im-
» posteur a inventées pour exalter
» d'autant plus le temple de la Mec-
» que, et le rendre plus fameux ,
» comme qu'il avait été (*²) premiè-
» rement bâti au ciel, pour servir
» aux anges du lieu, où ils devaient
» adorer, et qu'Adam y avait adoré
» lorsqu'il était en paradis; mais
» qu'en ayant été chassé, car ils pla-
» cent le paradis au ciel , il avait
» prié Dieu de lui accorder sur la
» terre un temple semblable à ce-
» lui-là, vers lequel il pût prier, et
» aller tout autour pour l'adorer, de
» la même manière que les anges
» vont autour de celui qu'il avait vu
» au ciel. Que là-dessus Dieu avait
» envoyé la ressemblance de ce tem-
» ple dans des courtines de lumière
» et l'avait placée à la Mecque, au
» même lieu qu'est maintenant la
» Caaba, qui, à ce qu'ils disent, est
» exactement droit au-dessous de
» l'original qui est au ciel : que
» c'était là où, après la mort d'A-
» dam, Seth l'avait bâti de pierres et
» d'argile, et que le peuple de Dieu
» y avait adoré jusqu'au temps du
» déluge, mais qu'ayant été détruit
» par les eaux (*³), Dieu avait en-
» suite commandé à Abraham de le
» faire rebâtir, lui en ayant montré
» la forme dans une vision, aussi
» bien que le lieu dans son visible
» Schecinath qui y résidait; que, se-
» lon ce commandement, Abraham
» et Ismaël l'avait rebâti là où il est
» à présent; et qu'ensuite Ismaël,

» demeurant à la Mecque, y avait
» toujours adoré Dieu selon le véri-
» table culte; mais que sa postérité
» l'ayant ensuite corrompu d'une
» idolâtrie horrible, et profané ainsi
» ce saint temple, il devait mainte-
» nant le purger des idoles, et lo
» consacrer de nouveau au véritable
» culte de Dieu, auquel il avait été
» d'abord destiné. Ainsi il ne retint
» pas seulement le temple de la
» Mecque, mais encore les pélerina-
» ges s'y continuèrent, de même que
» les autres cérémonies qui y étaient
» en usage au temps de l'idolâtrie ;
» car comme toutes ces choses étaient
» en grande vénération dans les es-
» prits des Arabes depuis long-
» temps, il n'eut pas beaucoup de
» peine à les leur faire embrasser ,
» quand il les eut une fois introdui-
» tes dans sa nouvelle religion. »
Joignez avec ces dernières paroles ce
qui sera dit ci-dessous dans la remarque (F).

(B) Mahomet était d'une famille
qui possédait depuis long-temps le
gouvernement de la ville et celui du
temple.] On remonte jusqu'à un
certain Cosa, comme nous l'apprend
M. Prideaux (5). Ce Cosa (*) était
très-fameux parmi les Korashites, en
ce qu'il établit dans sa maison la garde des clefs de la Caaba, et en même
temps la présidence de ce temple,
qui est le même auquel les mahométans vont maintenant faire leur pèlerinage à la Mecque, et qui était
pour lors aussi célèbre pour le culte
des païens, parmi les Arabes, qu'il a
été du depuis pour celui des mahométans; et pour cet effet la présidence en était tout-à-fait considérable,
comme un poste si important pour
celui qui en était en possession, qu'il
le rendait honorable par toute l'Arabie. Il était auparavant occupé par
Abu-Gabshan, qui eut la simplicité
de s'en défaire pour une bouteille de
vin, dans un malheureux moment où
il se trouva d'humeur à boire. Il voulut ensuite se relever d'un marché
si préjudiciable, et fut appuyé par
les gens de sa tribu ; mais lui et eux

(*¹) Abul Faraghius, pag. 102.
(4) Prideaux, Vie de Mahomet, pag. 94, 95.
Voyez la remarque (F) de l'article d'Abraham,
tom. I, pag. 91.
(*²) Sharestani Pocockii Spec., Hist. Arab.,
pag. 115. Sionita Appendix ad Geographiam
Nubiensem, c. 7.
(*³) Alo. s. 2. 3 et 22. Al-Jannabi in vitâ
Abrahami Sharestani; Zamach Sharidum ad
cap. 2 Alcorani Sharifol Edrisi liber Agar;
Johannes Andreas, c. 1.

(5) Prideaux, Vie de Mahomet, pag. 2.

(*) Abul-Féda; Pocockii Spec. Hist. arab.,
pag. 42, 50, et 342; Ecchelensis Hist. arab.,
pag. 1, c. 3 ; Fortalitium Fidei, lib. 4. con-
sid. 1.

furent chassés de la Mecque par Cosa (6). « Et depuis ce temps - là, les
» Corashites eurent l'entière posses-
» sion de la Mecque; et Cosa, et sa
» postérité en droite ligne jusqu'à
» Mahomet, eurent toujours après la
» présidence du temple et le gouver-
» nement principal de la ville (7). »
Cosa était le quatrième aïeul de
Mahomet.

(C) *On fit des contes touchant la
protection miraculeuse que le Ciel
avait accordée à ce lieu sacré.*] « En-
» viron soixante - dix ans avant
» *Mahomet*, il régnait, parmi les
» *Homérites*, qui étaient une *nation
» ancienne des Arabes* vers le *midi
» de la Mecque*, un certain *roi* nom-
» mé (*¹) *Du Nawas*, qui, ayant em-
» brassé la *religion des juifs*, persé-
» cutait celle des chrétiens, établie
» dans ces quartiers - là depuis plus
» de trois cents ans, et fit tout ce
» qu'il put pour la détruire entière-
» ment dans tout son royaume (8).
» . . . . . Cette *persécution* obligea
» beaucoup de *chrétiens homérites* à
» fuir en Éthiopie pour se mettre en
» sûreté. Ils s'y plaignirent au *roi* de
» cette cruelle *persécution*, et ce
» *prince* étant *chrétien*, voulut bien
» envoyer pour les secourir une *ar-
» mée* de soixante - dix mille hom-
» mes, commandée par son oncle
» *Aryat* (*²), qui, ayant défait *Du
» Nawas* dans une *bataille*, le pour-
» suivit avec tant de vigueur qu'il le
» força de se jeter dans la mer, où
» il périt. Là-dessus le royaume des
» *Homérites* tomba entre les mains
» des *Éthiopiens*, et *Aryat* le gou-
» verna vingt ans. Il eut pour *suc-
» cesseur Abraham al-Ashran*, qui,
» ayant bâti une fameuse (*³) *église*
» à *Sanaa*, capitale des *Homérites*,
» beaucoup d'*Arabes* s'y rendaient

» pour assister au *culte chrétien*; de
» manière que le *Temple de la Mec-
» que* commençait d'être négligé, et
» l'on voyait tomber en décadence
» le *culte païen*, qu'un si grand
» concours de *peuple* de toute l'*Ara-
» bie* y avait jusque-là observé. Ce
» changement affligeait beaucoup
» ceux de *la Mecque* : car ils te-
» naient leur principal soutien du
» grand abord qu'il y avait tous les
» ans des *pèlerins*, qui, suivant leur
» coutume, y allaient pour adorer
» leurs *divinités païennes*, et pour
» s'acquitter des *cérémonies* dont la
» solennité y faisait venir beaucoup
» de monde de tous les endroits d'*A-
» rabie*. Ainsi, pour témoigner l'in-
» dignation qu'ils avaient conçue
» contre cette *église*, qui menaçait
» leur bien public d'une entière
» ruine, il y en eut quelques-uns
» qui, étant allés à *Sanaa*, entrè-
» rent secrètement dans l'*église*, et
» eurent l'impudence de la souiller
» avec outrage de leurs *excrémens*.
» Abraham en fut si irrité, que, pour
» se venger de cet affront, il jura la
» ruine du temple de *la Mecque* ; et,
» pour effectuer ce qu'il avait juré,
» il s'achemina vers la place, qu'il
» assiégea avec une *armée* nombreu-
» se. Mais n'étant pas en état de ve-
» nir à bout de son dessein, appa-
» remment faute de provisions qui
» étaient nécessaires pour le nombre
» des *troupes* qu'il avait dans un
» *pays* si désert et si stérile, il fut
» obligé de retourner sur ses pas
» avec perte ; et parce qu'il avait
» plusieurs *éléphans* dans son *armée*,
» cette guerre fut appelée *la guerre
» de l'éléphant* : et l'on appela *l'é-
» poque* dont ils se servaient pour
» compter depuis ce temps-là, *l'épo-
» que de l'éléphant*. C'est à cette
» *guerre* que *l'Alcoran* fait allusion
» dans le *chapitre* 105, qu'on appelle
» le *chapitre de l'éléphant*, où *Maho·
» met* dit comment le *Seigneur* trai-
» ta ceux qui vinrent montés sur des
» *éléphans*, pour ruiner le temple de
» *la Mecque*, qu'il rompit leurs des-
» seins perfides, et envoya contre
» eux de puissantes *armées d'oiseaux*,
» qui, en leur jetant des pierres sur
» la tête, les rendaient semblables au
» *grain des champs* que les *bêtes* dé-
» truisent et foulent aux pieds. C'est

(6) Prideaux, Vie de Mahomet, *pag.* 3.
(7) *Là même*, pag. 4.
(*¹) *Abul-Féda Al-Masudi. Ecchelensis Hist.
arab.*, part. 1, c. 10. Pocockii Spec., Hist.
arab.. pag. 62.
(8) Prideaux, Vie de Mahomet, *pag.* 79.
(*²) *Al-Jannabi Ahmed. Ebn Yusef. Ecchelensis, Hist. arab.. part. 2, c. 1. Pocockii Spec.,
Hist. arab., pag. 63.
(*³) *Abul-Féda, Al-Jannabi Ahmed. Ebn
Yusef. Zamchshari Bidawi, et Jolalani in
Commentar. ad cap. 105. Alcorani. Pocockii
Spec., Hist. arab., pag. 64. Golii notæ ad Alfraganum, pag. 54.

» là où les (*1) *commentateurs* de l'*Al-*
» *coran* disent que , pour préserver
» le *temple* de *la Mecque* de la des-
» truction dont il était menacé, *Dieu*
» envoya contre les *Éthiopiens* de
» grandes armées d'oiseaux, qui por-
» taient chacun trois pierres, une au
» bec et une à chaque pied ; qu'ils
» les jetaient en bas sur les têtes
» des ennemis ; que ces pierres ,
» quoiqu'elles ne fussent pas beau-
» coup plus grosses que des pois ,
» étaient pourtant d'une telle pesan-
» teur, que, tombant sur le *casque*,
» elles le perçaient, et l'*homme* aussi
» de part en part ; que sur chacune de
» ces pierres était écrit le nom de celui
» qui en devait être tué ; et que l'*ar-*
» *mée* des *Éthiopiens* étant ainsi dé-
» truite, le *temple* de *la Mecque* fut
» sauvé (9).

(D) *Les habitans de la Mecque*
étaient d'une ignorance très-crasse.]
Mahomet « était un *barbare sans litté-*
» *rature* (*2) qui ne savait ni lire ni
» écrire. Mais cela n'était pas tant un
» défaut en lui, que dans la *tribu*
» dont il était, où l'on avait de cou-
» tume, pour ce qui regardait toute
» sorte de littérature , de demeurer
» (*3) dans la même ignorance avec
» laquelle ils étaient sortis du ven-
» tre de leur mère jusques à la fin de
» leur vie. C'est pourquoi au temps
» que *Mahomet* s'érigea première-
» ment en *prophète*, il n'y avait pas
» un seul homme de la *Mecque* qui
» sût lire ou écrire, excepté seule-
» ment (*4) *Waraka* , parent de *Ca-*
» *digha*, qui s'étant fait première-
» ment *juif*, et ensuite *chrétien*, avait
» appris à écrire l'*arabe* en lettres
» *hébraïques*. Et c'est pour cette rai-
» son que les habitans de la *Mecque*
» étaient appelés (*5) gens sans litté-
» rature, par opposition au peuple de
» *Médine*, qui étant la moitié *chré-*
» *tiens*, et l'autre moitié *juifs*, sa-
» vaient et lire et écrire ; et c'est

» pour cela qu'ils étaient appelés
» (*1) le *peuple du livre*. C'est de lui
» que plusieurs des sectateurs de
» *Mahomet*, après qu'il fut venu
» à *Médine*, apprirent aussi à lire
« et écrire , ce que quelques-uns
» d'entr'eux avaient commencé d'ap-
» prendre auparavant de *Bashar* le
» *Cendien* (*2), qui ayant demeuré à
» *Anbar* , ville d'*Érac*, près de
» l'*Euphrate*, y avait appris cet art,
» d'où venant à la *Mecque* , et se
» mariant avec la sœur d'*Abu-So-*
» *phian*, il s'établit là, et l'on dit
» que c'est de lui que les habitans de
» la *Mecque* ont reçu les belles-let-
» tres. Entre les sectateurs de *Ma-*
» *homet* , *Othman* y profita plus
» qu'aucun autre, ce qui l'avança
» dans la suite à être (*3) *secrétaire*
» de cet imposteur. Mais faute de pa-
» pier d'abord, étant dans un lieu
» où l'on n'en avait pas besoin aupa-
» ravant, ils furent obligés de se
» servir (*4) d'os d'épaules de mouton
» et de chameau pour écrire, ce qui
» était un expédient dont se servaient
» anciennement les autres *tribus* des
» *arabes*, qui avaient des lettres ,
» mais qui manquaient de *commerce*
» pour leur fournir ce qui leur était
» nécessaire pour cela ; et c'est pour
» cela que leurs livres, dans lesquels
» leurs poëmes, et autres sujets qui
» leur plaisaient, étaient écrits (*5)
» n'étaient qu'autant de ces os de
» mouton et de chameau liez ensem-
» ble avec un cordon (10). »

(E) *Il subjugua* la Mecque *très-*
facilement. Il en bannit l'idolâtrie.]
Il marcha si diligemment vers cette
ville, avec son armée, *qu'il fut à ses*
portes avant que les habitans se fus-
sent aperçus qu'il leur en voulait
(*6). *Il les surprit donc avant qu'ils*
eussent eu le temps de se préparer à
se défendre, et ainsi ils furent con-
traints de se soumettre à lui. La ville se
rendit à discrétion sans faire seulement

(*1) *Zamachshari Bidawi Jolalani* , etc.
(9) Prideaux, Vie de Mahomet , *pag.* 80.
(*2) *Alcoran.* , c. 7; *Johannes Andreas* , c. 2;
Pocockii Spec. Hist. Arab. 156 ; *Disputatio*
Christiani, c. 12; *Richardi Confutatio*, c. 3.
(*3) *Ebn'al-Athir Sharestani; Al Motawazi;*
in libro Mogreb; Pocock. Spec.. Hist. Arab. ,
pag. 157.
(*4) *Al Bocha. Pocock.* , *ibidem*.
(*) *Sharestani* , *Pocock. Spec. Hist.* , *Arab.*
pag. 156.

(*1) *Sharestani et Pocock.* , *ibid.* ; *Hotting.*,
Hist. orient. , *lib. I, cap.* 1.
(*2) *Pocockii Spec. Hist. Arab.* , *pag.* 157.
(*3) *Elmacin.* , *lib.* 1 , *cap.* 1. *Bartholomæus*
Edessenus.
(*4) *Pocockii Spec.* , *Hist. Arab.* , *pag.* 157.
(*5) *Ebn'nal-Athir.; Pocock.* , *ibidem.*
(10) Prideaux, Vie de Mahomet, *pag.* 36 et
suivantes.
(*6) *Abul-Farag.* , *pag.* 103 ; *Elmacin.* , *lib.*
1 , *cap.* 1.

mine de se vouloir défendre. Dès que Mahomet y fut entré, il fit mourir ceux qui avaient témoigné le plus d'emportement contre lui, et tous les autres se soumirent à son empire, et embrassèrent sa religion. Il n'y fut pas plus tôt le maître absolu, qu'il se mit à nettoyer la Caaba des idoles qui y étaient, et à consacrer de nouveau ce temple, comme ayant résolu de lui conserver son ancienne splendeur en en faisant la mosquée la plus sacrée de toutes, et la principale place pour le service religieux de ses sectateurs. Il y (*1) avait un grand nombre d'idoles dans le temple, et il n'y en avait pas moins dehors qui l'entouraient: Mahomet les arracha également et les détruisit toutes sans exception. Les plus considérables de ces idoles étaient celles d'Abraham et d'Ismaël dans le temple, et celle de Hoball hors du temple. Les autres étaient des images des Anges, des prophètes, et de leurs principaux saints décédés, lesquels ils honoraient seulement comme des médiateurs, leur rendant le même honneur religieux que les catholiques romains rendent à leurs saints et aux images qu'ils en font. Car les Arabes ont toujours cru (*2) qu'il n'y avait qu'un Dieu, créateur et gouverneur de toutes choses, lequel ils appelaient allah taal, *c'est-à-dire, le Dieu souverain, le Dieu des dieux, et le Seigneur des seigneurs, lequel ils n'osèrent jamais représenter par aucune image. Mais ce Dieu étant si grand et si élevé, que, selon eux, les hommes n'en sauraient approcher pendant qu'ils sont sur la terre, que par la médiation d'avocats qui intercèdent pour eux dans le ciel, afin que les anges et les saints hommes béatifiés leur rendissent cet office, ils leur érigeaient des images, leur bâtissaient des temples, leur adressaient leurs adorations, et en faisaient l'objet de leur culte et de leurs dévotions. C'est en quoi consistait toute l'idolâtrie des Arabes, à laquelle Mahomet mit fin en détruisant ces idoles* (11).

(F) *Il ordonna le pèlerinage de la* Mecque. C'était une solennité que les Arabes avaient en vénération depuis plusieurs siècles.] « C'était un rite » des païens arabes, qui, depuis » beaucoup de siècles auparavant, » avaient accoutumé d'aller une fois » tous les ans au temple de la Mec- » que, pour y adorer les divinités » païennes. Le temps de ce pèleri- » nage (*) était dans le mois de *dul- » hagha*; et le 10 du même mois » était leur grande fête, consacrée aux » principales solennités de leurs pèle- » rinages. Et afin que tout le monde » pût venir avec une liberté entière » et sûrement à cette fête, de tous les » endroits d'Arabie, et s'en retour- » ner de même, ils tenaient pour » sacrés non-seulement ce mois, mais » aussi les mois précédent et suivant; » de sorte qu'il ne leur était pas per- » mis de faire aucune hostilité contre » qui que ce fût pendant ce temps- » là, comme je l'ai fait voir ci-de- » vant (12). C'est pourquoi ce pèle- » rinage solennel à la *Mecque* ayant » été un usage religieux que toutes » les *tribus* des *Arabes* avaient en » grande vénération, y étant accou- » tumées depuis long-temps, Maho- » met ne jugea point à propos de rien » innover sur ce sujet, de peur de » les aigrir. Il adopta donc cette ob- » servance, la faisant passer dans sa » religion, toute telle qu'il l'avait » trouvée parmi les Arabes, sans en » retrancher un seul des rites ridi- » cules avec lesquels ils l'observaient: » de là vient qu'encore aujourd'hui » tous ses sectateurs l'observent » comme un des *devoirs fondamen- » taux de sa religion*. Car cet impos- » teur rusé leur fit entendre sur ce » sujet, aussi bien qu'au sujet de » tous les rites païens des *Arabes*, » qu'il crut nécessaire de retenir, » que cette pratique venait originai- » rement d'un commandement que » *Dieu* avait fait à *Abraham* et à » *Ismaël*. Selon lui, lorsque ces pa- » triarches rebâtirent leur *Caaba*, » *Dieu* leur ordonna d'aller tous les » ans en *pèlerinage* à la *Mecque*; » or, dit-il, au commencement, l'on

(*1) Pocockii *Spec.*, *Hist. Arab.*, pag. 95, 96, 97, 98.

(*2) Pocockii *Spec.*, *Hist. Arab.*, pag. 107 et 108.

(11) Prideaux, *Vie de Mahomet*, pag. 122 et suivantes.

(*) *Sharestani; Makrizi; Golii notæ ad Alfraganum, pag. 8 et 9; Pococ. Spec., Hist. Arab., pag. 177.*

(12) *Voyez le dernier paragraphe de cette remarque.*

», ne faisait ce *pèlerinage* que pour
» honorer *Dieu*, tous les *Arabes* se
» rendant à la *Mecque* une fois l'an
» pour y adorer Dieu ensemble, tout
» comme les juifs firent depuis trois
» fois tous les ans, se rendant par son
» ordre à Jérusalem, au temps de
» leurs trois fêtes solennelles. Mais,
» dans la suite des siècles, les Arabes
» ayant perverti cette coutume, et
» l'ayant changée en idolâtrie, *Ma-*
» *homet* leur fit accroire qu'il avait
» ordre de Dieu de la rétablir dans
» sa première pureté. En prescrivant
» ce *pèlerinage*, ce faux *prophète*
» travailla à conserver à la ville qui
» lui avait donné la naissance, les
» avantages dont elle jouissait depuis
» long-temps. Accommodant ainsi la
» religion qu'il forgeait à l'intérêt
» de ce peuple, il crut qu'il lui serait
» plus facile de la leur faire goûter ;
» en quoi il ne se trompa point. En
» effet, comme ce pèlerinage faisait
» non-seulement la gloire de la Mec-
» que, mais encore ses richesses, et
» était le principal revenu de ses
» habitans, si Mahomet l'eût aboli,
» leur intérêt les eût engagés à lui
» résister avec tant de vigueur qu'ap-
» paremment il ne se serait jamais
» rendu maître de cette place, et eût
» ainsi vu avorter tous ses desseins
» (13). »

La réflexion que l'on vient de lire
est fort judicieuse. Il n'y a rien qui
indispose davantage contre les inno-
vations de religion, que de voir que
le changement de culte ferait cesser
le commerce, et serait *lucrum ces-*
sans, et *damnum emergens*. Je sais
bien que la superstition toute seule
peut engager une ville à retenir opi-
niâtrement le culte de ses idoles :
l'espérance de leur protection est
quelquefois le seul avantage que l'on
en retire ; on n'y trouve pas d'ailleurs le profit public, le gain des ouvriers, celui des marchands, ce grand
abord d'étrangers et de voyageurs
dévots qui laisse beaucoup d'argent
dans une ville. Sans cette espèce d'aide le zèle d'un peuple pour ses anciens dieux lui peut inspirer une
forte résistance à l'extirpation de l'i-
dolâtrie ; mais c'est tout autre chose
lorsque le culte public est une source

de gain aux particuliers. D'où vint,
je vous prie, cette émeute populaire,
qui au temps de la prédication de
saint Paul fit tant crier : *grande est*
la Diane des Éphésiens ? Ne fut-ce
pas sur la remontrance d'un certain
Démétrius, qui *travaillant d'argen-*
terie, et faisant de petits temples
d'argent de Diane, apportait beau-
coup de profit aux ouvriers du mé-
tier (14)? Il les assembla, et leur dit :
hommes, vous savez que tout notre
gain vient de cette besogne, et leur
fit comprendre qu'il y allait non-
seulement de leur profit, mais aussi
de l'avantage de toute la ville d'É-
phèse, de ne pas souffrir un certain
Paul, qui *par ses persuasions avait*
détourné une grande multitude, en
disant que les dieux qui sont faits de
main ne sont point dieux. Concluons
de là que les habitans d'Éphèse auraient été plus traitables par rapport
à l'Évangile, s'il leur avait ôté leur
grande Diane, sans préjudicier en
nulle manière à leurs profits, ni à
la vénération que l'on avait pour leur
temple par tout le monde. Ils eussent
été en ce cas-là intiniment plus disci-
plinables sur les leçons de saint Paul
contre les idoles. Avouons donc que
Mahomet s'avisa d'une bonne ruse
pour apprivoiser les habitans de la
Mecque : il leur conserva l'affluence
de pèlerins qui leur était si lucrative
et si glorieuse ; il laissa leur temple
dans ses anciens priviléges ; il pourvut à leur dédommagement : ce fut
une bonne corde, et un excellent
remède contre le chagrin que la ruine
de leur vieille idolâtrie leur pouvait
causer.

Notez que M. Prideaux, dans l'endroit où il observe que les Arabes
n'avaient pas la permission de faire
des hostilités, ni pendant le mois de
leur grande fête, ni pendant *les mois*
précédent et suivant, ajoute ceci,
comme je l'ai fait voir ci-devant (15).
Je crois qu'il veut dire qu'il a parlé
de cela lorsque dans les pages 83 et 84
il a fait mention d'une guerre où
Mahomet, *âgé de vingt ans* (*) *fit ses*
premières armes. Cette guerre, continue-t-il, *fut appelée* impie, *parce*

(13) Prideaux, Vie de Mahomet, *pag.* 113 *et*
suivantes.

(14) Actes des Apôtres, *chap. XIX, vs.* 24.
(15) *Voyez, ci-dessus,* citation (12).
(*) *Al-Kodai ; Al-Kamus, etc.* Pocock.
Spec., Hist. Arab., pag. 174, *in margine.*

qu'on la fît avec tant d'emportement et de fureur, qu'elle fut continuée même durant les mois où ils comptaient parmi eux qu'on ne pouvait faire la guerre sans impiété. Car c'était (*) une ancienne coutume dans toute l'Arabie que de garder 4 mois de l'année comme sacrés, savoir les mois de moharram, rajeb, dul-kaada, et dul-hagha, qui sont le premier, le 7, le 11, et le 12ᵉ. de l'année, pendant lesquels toute sorte de guerre devait cesser. Et ces mois étaient observés si religieusement parmi toutes leurs tribus, que, pour si grande que fût l'animosité d'une tribu contre l'autre, chose assez ordinaire parmi eux, le mois sacré n'avait pas plus tôt commencé qu'ôtant les pointes de leurs lances, et mettant bas toutes sortes d'armes, ils ne commettaient aucun acte d'hostilité, et même avaient commerce ensemble, se mêlant les uns avec les autres, comme s'il y avait eu entr'eux une paix solide et une amitié parfaite; de manière que si pendant ces mois-là un homme rencontrait l'assassin de son père ou de son frère, il n'osait l'attaquer malgré la violence de son ressentiment, et quelque grand que fût le désir qu'il avait d'assouvir sa vengeance. Ce passage-ci et l'autre ne se rapportent point: l'un parle de quatre mois qui ne sont pas contigus; l'autre parle de trois mois qui vont de suite.

(G) *Le puits de Zemzem.*] D'autres le nomment Zamzam, ou Zanzam, comme on l'a vu ci-dessus (16). Ce puits est l'une des plus sacrées singularités de la Mecque. On conte que c'est une source d'eau qui fut produite sous les pieds d'Ismaël, lorsqu'il mourait de soif. Les pèlerins sont obligés de se servir de cette eau, pour se laver trois fois le corps et la tête: il faut qu'ils en boivent, et que s'ils peuvent, ils en emportent avec eux. *Postquam sacellum illud, atque lapidem* (17) *prædictum inviserunt, si ad aliud intrà templum satis*

amplum sacellum conferunt, ubi puteus est, dictus Zam Zam; et est, inquit Jacub Ben-Sidi Aali, fons seu scatebra quæ fluxit sub pedibus Ismaël dum gemeret sitibundus, quam Hagar primò videns filio ait linguâ Copticâ Zam, Zam, hoc est, siste, siste gradum. Ex hoc puteo multi sunt qui aquam exhauriunt, atque dant peregrinis quibus præceptum est corpus et caput eâdem aquâ ter se lavare, atque, ex eâdem bibere, secumque si possint deferre (18). « Mahomet, pour rendre la ville de la » Mecque, lieu de sa naissance, plus » considérable, pour échauffer la » dévotion des peuples, et y attirer » une plus grande foule de pèlerins, » a donné de grands éloges à l'eau de » ce puits. Car il y a une tradition de » lui, reçue par le calife Omar, qui » porte que l'eau du puits de Zem- » zem sert de remède, et donne la » santé à celui qui en boit: mais que » celui qui en boit abondamment, » et qui s'en désaltère, obtient le » pardon de tous ses péchés. Et l'on » rapporte d'Abdallah, surnommé, » Al-Hafedh, à cause qu'il savait par » cœur un grand nombre de tradi- » tions, qu'étant interrogé sur sa » mémoire, il répondit que depuis » qu'il avait bu à longs traits de l'eau » de Zemzem pour la fortifier, il » n'avait rien oublié de ce qu'il avait » appris (19). » M. d'Herbelot, dont j'emprunte ces paroles, a recueilli quantité d'autres particularités touchant ce puits. Consultez sa Bibliothéque orientale, au mot *Zemzem.* Je n'en tirerai que ceci: *La ville de la Mecque a demeuré long-temps sans avoir d'autre eau que celle du puits de Zemzem, jusqu'à ce que le grand concours des caravanes eût obligé les califes d'y faire construire un aquéduc qui en fournit présentement une quantité suffisante* (20). Ceci suppose que l'aquéduc est plus ancien que M. Baudrand ne l'assure sur la foi de Golius (21).

(H) *Nous dirons quelque chose du*

(*) *Al-Jauhari, Al-Sharestani; Al-Kamus; Cizwini; Golius, in notis ad Alfraganum,* pag. 4, 5 *et* 9; Pocock. *Spec., Hist. Arab.,* pag. 174 *et* 176.

(16) *Au texte de l'article* ABU-DHAHER, *tom. I,* pag. 96, *et remarque* (K) *de l'article* AGAR, *tom. I,* pag. 247.

(17) *C'est-à-dire la pierre dont j'ai parlé, tom. I,* pag. 274, *remarque* (K) *de l'art.* AGAR.

(18) *Gabr. Sionita et Jo. Hesronita, de nonnullis Oriental. Urbibus,* pag. 19.

(19) *D'Herbelot, Biblioth. orient.,* pag. 928, col. 2.

(20) *Là même.*

(21) *Voyez le corps de cet article, vers la fin, citat.* (q), *ci-dessus,* pag. 360.

prince à qui la Mecque appartient.]
Il descend de Hascem, bisaïeul de Mahomet, et se qualifie chef des Hascé-
méens. Il se donne aussi le titre de
schérif, ou d'émir. Il relevait autrefois des soudans d'Égypte, et depuis
il a relevé des sultans turcs ; mais il
a toujours conservé sa domination
et sa puissance. *Et quamquàm olim
Ægypti sultanorum, ac modò Otho-
mannorum pareat imperio* (22), *nunquàm tamen suo dominio auctoritate-
que fuit spoliatus* (23). Le grand-
seigneur, bien loin de se dire souverain de la Mecque et de Médine,
s'appelle leur humble serviteur. L'é-
mir ou le schérif de la Mecque est
presque toujours pauvre, quoiqu'il
ait de bons revenus, et qu'il reçoive
beaucoup de présens des princes
et des pèlerins ; mais il a toujours
des querelles sur les bras avec ses
frères, qui aspirent à la domination,
et avec les Arabes Bédouins. Il reçoit
du grand-seigneur la troisième partie
des revenus de l'Égypte, à condition
de protéger les pèlerins de la Mecque, et de les garantir des insultes
et des pilleries des Arabes (24). Voilà
ce que je tire de l'Appendix du *Geographia Nubiensis.* M. d'Herbelot
assure que *la plus ancienne origine
que l'on trouve des émirs ou des sché-
rifs, comme on les appelle aujour-
d'hui, de la Mecque, se trouve rapportée par Ben-Schouhnah, sous le
règne des Aïoubites, ou princes de la
postérité de Saladin,qui régnait dans
l'Iémen en Arabie. Car il écrit qu'en
ce temps-là, il y avait un prince à
la Mecque, et un autre à Médine,
qui portaient le titre d'émir, et que
l'an 633 de l'hég.* un nommé *Cotadah,
fils d'Edris, de la race d'Ali,* *** la
branche de Hossaïn **** émir de la
Mecque* (25). Je me souviens que
pendant la dernière guerre (26), les
nouvellistes des alliés débitaient de
temps en temps que les affaires des
Turcs allaient très-mal en Asie, et

qu'on leur avait enlevé la Mecque
(27). Les nouvellistes de Paris se chagrinèrent de cela, et firent savoir
1°. que le fait n'était pas vrai ; 2°. que
la conséquence qu'on en tirait n'é-
tait pas bonne, puisque la Mecque
n'est point au Turc, et que la
Porte n'en tire aucun revenu, et y
envoie plutôt des présens et des
pensions.

(27) *Conférez ce que dessus, citation* (13) *de
l'article* MAHOMET II, *dans ce volume, p.* 107.

MEY (JEAN DE), docteur en
médecine, professeur en théologie, et ministre à Middelbourg,
au XVIIᵉ siècle, a composé plusieurs ouvrages en flamand (a).
Il a fait aussi un livre latin intitulé : *Sacra physiologia* (b), où
il explique les passages de l'Écriture qui concernent les matières
de physique. Il y a des gens qui
ont parlé de ce traité-là avec
beaucoup de mépris (A). Cet auteur mourut à l'âge de cinquan-
te-neuf ans, le 8 d'avril 1678,
comme le remarque le sieur
Witte, à la page 116 de la IIᵉ
partie du *Diarium Biographicum.*

(a) *On les a recueillis en un volume* in-
folio, *imprimé à Middelbourg, l'an* 1681.
(b) *Imprimé à Middelbourg, l'an* 1661,
et non pas à Venise, l'an 1602, *comme*
M. Konig *l'a débité.*

(A) *Il y a des gens qui ont parlé de
sa* Sacra Physiologia *avec beaucoup
de mépris.*] Valentin Henri Voglérus
l'accuse de compiler sans jugement
les opinions des autres auteurs, et de
se laisser trop entraîner à la nouveauté. Un autre l'accuse d'être plagiaire.
Voici ma preuve : *Industriam suam
non approbavit Valentino Henrico
Voglero, qui in suo commentario
posthumo de eodem argumento censet
Maium non tam suam scientiam de-
clarâsse, quàm alienas sententias
exscripsisse, idque nullo ferè delectu
novitate præcipuè opinionum pellec-
tum. Quod judicium inclementius
aliquantò videri poterat, cùm in ejus-*

(22) *C'est-à-dire, comme il paraît par toute
la suite du discours,* qu'il est sous la protection
du grand-turc.
(23) Appendix Geogr. Nubiensis, *ubi infrà.*
(24) Gabr. Sionita et Joh. Hesron.de nonnull.
Orient. Urbibus, *sive in* Appendice Geographiæ
Nubiensis, *pag.* 21.
(25) D'Herbelot, Biblioth. orient., *pag.* 569,
col. 2.
(26) *On écrit ceci en octobre* 1700.

modi scriptoribus aliter fieri vix opor-
tebat , quibus non tam industriæ glo-
ria quàm legentis utilitas spectatur ,
nisi id reprehensione dignum est quod
Maius ex eo hominum genere esse
videtur, qui supprimendis autorum
nominibus undè sua exscripserunt ,
nescio quam ingenii laudem affec-
tant (1).

(1) Godofr. Vockerodt, *in præfat.* Disputat. de Fœturâ artificiosâ Jacobi. *Cet ouvrage fut imprimé à Iène, l'an* 1689, in-4°.

MEYNIER (HONORAT DE),
auteur d'un livre intitulé : *Les*
Demandes curieuses et les Ré-
ponses libres, qu'il publia à Paris , l'an 1635. Il avait porté les
armes trente-six ans (*a*). Cet ouvrage roule sur des matières de
politique et de guerre, et contient des raisons et des exemples
qui n'ont rien de rare, mais qui
ne laissent pas d'être de bon
sens *. Je l'ai cité quelquefois
(*b*).

(*a*) *Voyes son* Avertissement à la Noblesse
française.
* On a encore de Meynier , dit Leclerc :
1°. une *Arithmétique* , 1614 , in-4°. ; 2°.
Mélanges poétiques, 1634 , in-8°. ; 3°. *Les*
Principes et les Progrès de la guerre civile
opposée aux gouverneurs de Provence,
1617 , in-8°. Il avait composé une *paraphra-*
se des Psaumes, en vers français. Meynier
était natif de Portuis, en Provence ; et Joly
croit qu'il mourut en 1638. C'est la date donnée par Colletet, dans ses *Vies* (manuscrites)
des poëtes français. Trois ouvrages de Meynier ont été inconnus à Leclerc , savoir :
Règles, Sentences et Maximes de l'art mili-
taire, 1617, in-8°. ; *nouvelles Inventions de*
fortifier les places, 1636 , in-folio , et le
Bouquet bigarré (petites pièces en vers français et provençaux) , 1608.
(*b*) *Tom VI, pag.* 568 , citation (26) de
l'article FRANÇOIS Ier., *et citation* (34) *de*
l'article LOUIS XI, *tom. IX, pag.* 406.

MÉLAMPUS, grand devin
parmi les anciens païens, était
fils d'Amythaon et d'Aglaïa (A).
Il avoit un frère nommé Bias,
auquel il témoigna en deux rencontres beaucoup d'affection ,
premièrement pour lui procurer

une femme , en second lieu pour
lui procurer une couronne. Nélée, qui régnoit à Pyle dans le
Péloponèse , exigeait de ceux qui
voulaient se marier avec sa fille ,
qu'ils lui amenassent les bœufs
d'Iphiclus, qui en nourrissait de
très-beaux dans la Thessalie.
Mélampus , pour mettre son frère en état de faire à Nélée ce présent , entreprit d'enlever ces
bœufs (*a*). Il n'y réussit pas ;
car ceux qui en avaient la conduite le firent prisonnier : mais
comme il prophétisa dans la prison , et sur des choses dont Iphiclus lui demanda l'éclaircissement , il obtint pour récompense les bœufs qu'il voulait avoir
(*b*). Voilà comment il fut cause
du mariage de son frère (B) , et
voici comment il lui acquit un
royaume. Se voyant prié de guérir d'une maladie furieuse les
Argiennes, il ne voulut point le
faire sans stipuler qu'on lui donnerait la moitié du royaume
d'Argos. On lui refusa cette condition ; mais comme la maladie
s'augmenta on revint à lui, et
on lui promit ce qu'il avait demandé. Il ne s'en contenta plus ,
il voulut aussi que l'on cédât à
son frère le tiers du royaume;
on y consentit. Cette aventure
est diversement racontée (C). Il
fut le premier qui apprit aux
Grecs les cérémonies du culte de
Bacchus (*c*) : il n'en fut pas l'inventeur; si l'on en croit Hérodote, il en acquit la connaissance par les conversations qu'il eut
avec des Phéniciens (D). On prétend qu'il entendait le langage

(*a*) Pausanias , *lib. IV, sub fin.*
(*b*) *Idem, ibidem.*
(*c*) Herodot., *lib. II , cap. XLIX.*

des oiseaux, et qu'il apprenait d'eux ce qui devait avenir (E). On veut même que les vers qui rongent le bois aient répondu à ses questions (d). Cependant ceux qui lui bâtirent un temple (e) après sa mort, et qui lui offrirent des sacrifices, et célébrèrent sa fête toutes les années, ne lui attribuèrent aucune espèce de divination (f). Je réfuterais facilement la pensée dont on s'est servi pour prouver qu'il a prédit certainement les choses futures (F). Si les poëtes ne s'étaient pas égayés sur ce qui lui appartient, on se serait contenté de dire qu'il était un habile médecin (G); et si Stace avait parlé historiquement, nous devrions croire que Mélampus parvint à une grande vieillesse (H). Il laissa des enfans (g). Hésiode l'avait loué dans un ouvrage qui s'est perdu (h).

(d) *Voyez la remarque* (B).

(e) *Il était dans une ville nommée Ægisthène, au pays de Mégare.* Pausan., *lib. I, sub fin.*

(f) Καὶ θύουσι τῷ Μελάμποδι, καὶ ἀνὰ πᾶν ἔτος ἑορτὴν ἄγουσι· μαντεύεσθαι δὲ οὔτε δι' ὀνειράτων αὐτὸν, οὔτε ἄλλως λέγουσι. *Melampódi sacrum faciunt et festum diem quotannis celebrant : futura verò prædicendi neque è somniis neque ex ullâ ratione ei scientiam tribuunt.* Idem, ibid.

(g) *Voyez la remarque* (H).

(h) Pausan., *lib. IX, pag.* 306.

(A) *Il était fils d'Amythaon et d'Aglaïa.*] Voyez dans la remarque (A) de l'article AMPHIARAÜS la généalogie d'Amythaon. Il serait très-inutile de la répéter ici. Je dirai seulement que la mère de Mélampus, nommée Aglaïa par Diodore de Sicile (1), se nomme Eidomène dans Apollodore (2), qui ajoute qu'elle était fille de Phère, fils de Créthéus (3).

(1) Diodor. Siculus, *lib. IV, cap. LXX, pag.* 258.

(2) Apollod., *lib. I, pag.* 45.

(3) Idem, ibidem, *pag.* 51.

(B) *Voilà comment il fut cause du mariage de son frère.*] La relation de Pausanias, que j'ai suivie, n'est point conforme à celle d'Apollodore, que je m'en vais abréger. Bias demanda en mariage Péro, fille de Nélée. Plusieurs autres la demandaient en même temps. Nélée leur déclara qu'il ne la marierait qu'à celui qui amènerait les bœufs de Phylaque, gardés par un chien dont aucun homme ni aucune bête n'osait s'approcher. Bias implora l'assistance de Mélampus qui lui promit de lui amener ces bœufs, après avoir demeuré un an en prison. Il fut pris effectivement comme il tâchait de faire ce vol : on le chargea de chaînes, et on le garda étroitement. Il avait déjà passé près d'une année dans cette captivité, lorsqu'il entendit le bruit que faisaient des vers qui rongeaient la poutre du toit. Il leur demanda combien ils en avaient rongé : ils répondirent qu'il ne leur restait à faire que peu de chose. Là-dessus il demanda qu'on le transportât dans un autre lieu : on le fit, et peu après on vit tomber la maison. Phylaque admira cela, et ayant su que Mélampus était un très-bon devin, il le mit en liberté, et lui demanda de quelle manière son fils Iphicle pourrait avoir des enfans. Le prophète promit ce qui dépendait de sa science, pourvu qu'on lui accordât les bœufs. Il fit quelques cérémonies pour évoquer les oiseaux : un vautour se présenta, qui lui apprit que Phylaque châtrant des beliers avait laissé proche d'Iphicle le couteau encore sanglant, et qu'Iphicle saisi de peur prit la fuite, et ficha dans un arbre ce couteau ; qu'il l'en fallait retirer, et en ôter la rouillure et la faire boire dix jours de suite à Iphicle dans du vin. Mélampus fit ce que le vautour lui indiqua : Iphicle devint père de Podarces, et le devin amena à Pyle les bœufs qu'il fallait donner à Nélée ; après quoi il fit célébrer les noces de Bias et de Péro, et s'arrêta à Messéne (4).

Observons deux choses après Pausanias : l'une est qu'en ces siècles-là le plus grand soin des gens riches était d'avoir quantité de bœufs et

(4) *Tiré d'Apollodore, lib. I, pag.* 47. *Voyez aussi* Homère, Odyss., *lib. XV, pag. m* 462.

quantité de chevaux (5). Que ce fut la passion du temps, il le prouve, 1°. par les conditions que Nélée stipulait des soupirans de sa fille ; 2°. par l'ordre qu'Eurysthée donna à Hercule de lui amener des bœufs d'Espagne ; 3°. par les conditions du combat entre Éryx et Hercule. Celui-là s'il était vaincu devait perdre son royaume, et s'il vainquait il devait gagner les bœufs qu'Hercule avait amenés d'Érythée ; 4°. par le présent de cent bœufs qu'Iphidamas, fils d'Anténor, fit à son beau-père en se mariant. La seconde observation de Pausanias est que ceux qui mariaient leurs filles exigeaient de leurs gendres un présent de noces (6). Cela me fait souvenir de Saül, qui obligea David à lui apporter cent prépuces de Philistins (7). Mais disons aussi que Pausanias fait un péché d'omission, qui nous empêche de juger exactement de cette affaire. On juge par son récit que la seule envie de posséder de beaux bœufs marque d'opulence fastueuse en ce temps-là, portait Nélée à exiger des amans de Péro qu'ils lui amenassent les bœufs d'Iphicle. Mais la vérité est qu'une autre passion le faisait agir de la sorte. Une partie des biens de Tyro sa mère avait été usurpée par Iphicle (8) : il voulait se dédommager et se venger. Voilà pourquoi il voulut que celui qui épouserait sa fille allât faire ce coup-là. Il n'y a guère de péchés d'omission qui ne fassent devenir trompeuse une histoire. Ce défaut règne dans presque tous les récits de l'ancienne mythologie. Le seul moyen d'en avoir de bons est de joindre ensemble les pièces que l'on trouve dispersées dans divers auteurs. C'est ce que Muret a pratiqué à l'égard de cette expédition de Mélampus ; et par ce moyen il en a donné une relation complète. Tirons-en

les circonstances que Pausanias et Apollodore ont omises.

Mélampus fut servi dans la prison par un fort bon homme marié à une mauvaise femme. Il reçut mille honnêtetés de celui-là, et plusieurs mauvais traitemens de celle-ci. Les vers qui rongeaient la poutre ayant fait connaître que la maison tomberait bientôt, il fit semblant de se porter mal, et demanda qu'on le transportât ailleurs avec son lit. Le mari se mit devant, la femme derrière. Dès que le lit fut dehors presque tout entier la maison tomba, et écrasa cette femme : le mari ayant appris de Mélampus tout le secret de l'affaire, le fit savoir à Phylaque, qui en avertit Iphicle. Celui-ci ayant connu l'habileté et le dessein de Mélampus, lui fit bien des amitiés. Vous aurez mes bœufs, lui dit-il, pourvu que vous me fassiez avoir des enfans. Le devin lui donna bonne espérance ; il sacrifia, il marqua les régions des augures : toutes sortes d'oiseaux s'y rendirent, hormis le vautour ; mais aucun ne lui sut dire ce qu'il fallait faire pour mettre Iphiclus en état de rendre enceinte sa femme. Enfin le vautour se présenta et fut plus habile que tous les autres. Il indiqua la cause de la stérilité, et puis le remède. Phylaque, dit-il , se fâcha un jour contre son fils et le poursuivit l'épée à la main , et ne l'ayant pu atteindre il ficha son épée dans un poirier. Elle y est demeurée depuis ce temps-là enveloppée sous l'écorce. Vous la trouverez en un tel endroit, tirez-l'en, et faites boire la rouille dix jours de suite à Iphicle dans du vin. La peur qu'il eut ce jour-là est la cause de son impuissance ; vous l'en guérirez par la recette que je prescris (9).

Cette narration sert de commentaire à quelques vers de Properce, qui méritent un peu de censure. Muret n'a point aperçu la faute. Properce, ayant dit que l'amour est une passion qui contraint les jeunes gens à tout endurer, le prouve par la prison de Mélampus.

Ac veluti primò taurus detractat aratra,
Mox venit absueto mollis ab arva jugo :
Sic primo juvenes trepidant in amore feroces,

---

(5) Ἐσπουδάκεσαν δὲ ἄρα οἱ τότε πλούτον τινα συλλέγεσθαι τοιοῦτον ἵππων καὶ βοῶν ἀγέλας. *Fuit hoc præcipuum illis temporibus divitiarum studium luculenta habere equorum et boum pecuaria.* Pausan., *lib. IV, sub fin.*

(6) Ἕδνα ἐπὶ τῇ θυγατρὶ ἥτε ντοὺς μνομένους. *A filiæ procis sponsalitium munus deposcebat.* Pausanias, *lib. IV, sub fin.*

(7) 1er. livre de Samuel, *chap. XVIII, vs. 25.*

(8) *Voyez* Muret, in Propertium , eleg. III, *lib. II.*

(9) *Tiré de* Muret, in Propert. , eleg. III, *lib. II.*

Dehinc domiti post hæc æqua, et iniqua fe-
runt.
Turpia perpessus vates est vincla Melampus,
Cognitus Iphicli subripuisse boves :
Quem non lucra, magis Pero formosa coëgit,
Mox Amythaonia nupta futura domo (10).

Cet exemple est mal allégué ; car ce
ne fut point l'amour d'une fille, mais
l'amitié fraternelle, qui porta Mélampus à s'exposer à la honte de la prison. Théocrite a servi de guide à
Properce pour s'égarer. Il a mis aussi
Mélampus entre les exemples de la
force de l'amour.

Τὰν ἀγέλαν χώ μάντις ἀπ' Ὄθρυος
ἄγε Μελάμπους
Ἐς Πύλον· ἀ δὲ Βίαντος ἐν ἀγκοίνησιν
ἐκλίνθη
Μάτηρ χαρίεσσα περίφρονος Ἀλφεσι-
βοίας.

Egit et vates Melampus armentum ab Othry
monte
In Pylum. In amplexu verò Biantis jacuit
Pulcherrima Pero mater sapientis Alphesi-
bœæ (11).

L'envie de placer une érudition a ex-
torqué plusieurs choses mal à propos
aux anciens poëtes. Ronsard et quantité d'autres, au XVIe. siècle, donnèrent dans cet écueil.

(C) *Cette aventure est diversement*
racontée.] J'ai suivi la narration
d'Hérodote ; mais en voici une autre.
Prœtus, ayant disputé le royaume
d'Argos avec Acrise son frère, fut chassé du pays, et ne put se rétablir qu'à
Tirynthe. Il eut trois filles qui devinrent folles en punition de quelque
acte d'indévotion (12). La fureur qui
les saisit fut si enragée, qu'elles coururent les champs avec toutes sortes
d'indécences (13). Mélampus, qui
savait non-seulement l'art de deviner,
mais aussi la médecine, promit de
les guérir, pourvu que leur père lui
donnât la troisième partie de son
royaume. Prœtus, trouvant que la
guérison de ses filles lui coûterait
trop, ne voulut point l'acheter à ce
prix-là. Leur mal empira et devint
contagieux : les autres Argiennes en

furent tourmentées de telle sorte
qu'elles tuaient leurs enfans, et s'en
allaient dans les déserts. Le mal
augmentant de jour en jour, Prœtus
voulut payer le remède de Mélampus
selon la taxe indiquée; mais le médecin fit le renchéri, et demanda un
autre tiers du royaume pour son
frère. Cela lui fut accordé, car on
craignit qu'un refus ne l'engageât à
demander dans la suite une plus grande récompense. Il choisit les jeunes
hommes les plus vigoureux, pour
courir avec de grands cris après ces
pauvres malades. On les poursuivit
jusqu'à Sicyone : l'aînée des filles de
Prœtus mourut en chemin, les deux
autres furent purgées ; Mélampus en
épousa l'une et Bias l'autre. Quelque
temps après il naquit à Prœtus un fils
qui s'appela Mégapenthes (14). Notons qu'on a dit que Mélampus, outre
une portion du royaume, demandait
en mariage l'une des trois filles qu'il
guérirait (15).

Voici une autre narration. Sous le
règne d'Anaxagoras, fils d'Argéus,
fils de Mégapenthes, les femmes furent
attaquées d'une fureur si maligne,
qu'elles coururent les rues et à travers champs. Mélampus les ayant
guéries trouva Anaxagoras si reconnaissant qu'il reçut de lui les deux
tiers de son royaume ; c'est-à-dire,
que ce prince le partagea également
avec lui et avec Bias. Depuis ce temps-
là, le royaume d'Argos fut possédé
par trois rois, jusques à ce que les descendans de Mélampus, et ceux de
Bias manquèrent, ceux-là à la sixième génération, et ceux-ci à la quatrième. Les descendans d'Anaxagoras
réunirent enfin les trois portions, et
subsistèrent jusqu'à Cylarabes qui
mourut sans enfans. Après quoi Ores-
tes, fils d'Agamemnon, s'empara
d'Argos (16). Il y a une grande différence chronologique entre Pausanias
et Apollodore, comme vous voyez.

Quelques-uns croient que la maladie de ces femmes n'était autre chose
que la fureur utérine. C'est le sentiment de M. Menjot (17). Leur ima-

---

(10) Propertius, eleg. III, lib. II.
(11) Theocrit., Eidyllio III, sub fin., pag.
m. 25.
(12) Voyez, outre Apollodore, ubi infrà, Servius, in Virgil., eclog. VI, vs. 48.
(13) Μετὰ ἀκοσμίας ἁπάσης, διὰ τῆς
ἐρημίας ἐτρόχαζον. Omni dedecore per de-
serta discurrebant. Apollod., lib. II, pag. 85.

(14) Tiré d'Apollodore, lib. II, pag. 85 et
sequent.
(15) Servius, in Virgil., eclog. VI, vs. 48.
(16) Tiré de Pausanias, lib. II, pag. 60.
(17) Antonius Menjotius, Dissertat. Pathol.,
part. I, pag. 122.

gination était si blessée , qu'elles croyaient être des vaches.

Prœtides implerunt falsis mugitibus agros :
At non tam turpes pecudum tamen ulla secu-
   ta est
Conubitus : quamvis collo timuisset ara-
   trum,
Et sæpè in levi quæsisset cornua fronte (18).

Quoi qu'il en soit, les anciens rapportent qu'on employa des remèdes de religion pour guérir cette maladie. Pausanias conte que les filles de Prœtus se cachèrent dans une caverne , et que Mélampus les en tira par la force de quelques cérémonies secrètes, et de quelques expiations, et les fit venir à un village nommé Lusi, où il les guérit au temple de Diane. Ας ὁ Μελάμπους θυσίαις τε ἀποῤῥήτοις καὶ καθαρμοῖς κατήγαγεν ἐς χωρίον καλούμενον Λυσούς..... καὶ ἠκέσατο τῆς μανίας ἐν Ἀρτέμιδος ἱερῷ. *Quas Melampus arcanis quibusdam sacris et expiationibus eduxit in vicum quos Lusos nuncupant . . . . et ab insaniâ liberavit in Dianæ templo* (19). Nous verrons ci-dessous (20) qu'il leur fit aussi prendre des remèdes.

(D) *Les conversations qu'il eut avec des Phéniciens.*] Je veux dire avec Cadmus, et avec ceux qui l'accompagnèrent jusqu'en Béotie (21). Observons deux fautes de Barthius : il dit que Plutarque assure que Mélampus enseigna aux Grecs plusieurs choses empruntées des Égyptiens (22). Il est si faux que Plutarque dise cela, qu'au contraire il le blâme Hérodote de l'avoir dit, et qu'il le taxe d'une maligne prévarication , comme ayant voulu dérober à la Grèce une partie de sa gloire (23). Il faut savoir que les Grecs ne confessaient pas qu'en matière de religion ils eussent été les disciples des Phéniciens. Pausanias eut là-dessus une longue contestation avec un homme de ce pays-là (24). La seconde faute de Barthius est de dire qu'Hérodote assure que Mélampus apporta d'Égypte les fêtes et le culte de Bacchus. *De Bacchi sacris ex*

Ægypto in Græciam allatis ab Melampode , non tamen perfectis scribit etiam libro secundo Herodotus (25). Il est faux qu'Hérodote dise que Mélampus ait voyagé en Égypte ; il suppose au contraire que Cadmus et ses compagnons , qui vinrent en Béotie , furent ceux qui instruisirent Mélampus. Il est bon de relever ces sortes de fautes, afin de faire connaître qu'il ne suffit pas d'avoir sous les yeux les auteurs qu'on cite, car si l'on n'examine de fort près jusqu'au moindre terme, on leur fait dire mille choses à quoi ils ne pensèrent jamais. Prenez bien garde que je ne nie pas absolument que notre devin ait voyagé en Égypte : je sais que les Égyptiens le prétendaient (26).

(E) *On prétend qu'il entendait le langage des oiseaux , et qu'il apprenait d'eux ce qui devait avenir.*] J'ai déjà parlé de ceci en d'autres endroits (27) ; mais je veux qu'on voie ici les propres paroles d'Apollodore. Μελάμπους ἐπὶ τῶν χωρίων διατελῶν, οὔσης πρὸ τῆς οἰκήσεως αὐτοῦ δρυὸς, ἐν ᾗ φωλεὸς ὄφεων ὑπῆρχεν, ἀποκτεινάντων τῶν θεραπόντων τοὺς ὄφεις, τὰ μὲν ἑρπετὰ, ξύλα συμφορήσας, ἔκαυσε· τοὺς δὲ τῶν ὄφεων νεοσσοὺς ἔθρεψεν. οἱ δὲ, γενόμενοι τέλειοι, περιςάντες αὐτῷ κοιμωμένῳ τῶν ὤμων ἐξ ἑκατέρου, τὰς ἀκοὰς ταῖς γλώσσαις ἐξεκάθαιρον. Ὁ δὲ, ἀναςὰς, καὶ γενόμενος περιδεὴς, τῶν ὑπερπετομένων ὀρνέων τὰς φωνὰς συνίεις· καὶ παρ᾽ ἐκείνων μανθάνων, προὔλεγε τοῖς ἀνθρώποις τὰ μέλλοντα· προσέλαβε δὲ καὶ τὴν ἐπὶ τῶν ἱερείων μαντικὴν, περὶ δὲ τὸν Ἀλφειὸν συντυχὼν Ἀπόλλωνι, τὸ λοιπὸν ἄρις ος ἦν μάντις. *Melampus cùm ruri ageret , ac pro ipsius ædibus quercus esset , in eâque serpentium latebra esset , occisis à ministris serpentibus , cætera quidem reptilia congestis lignis concremavit , at serpentium pullos educavit : qui cùm ad justum corporis modum succrevissent , ipsum jam dormientem circumstabant , et ex utroque humero illius aures linguis extergebant. Tandem expergefactus , excitatusque ,*

(18) Virgil., eclog. VI, *vs.* 48.
(19) Pausanias, *lib. VIII, pag.* 252, 253.
(20) *Dans la remarque* (G).
(21) Herodot., *lib. II, cap. XLIX.*
(22) Barthius, in Statium, *tom. II* , p. 834.
(23) Plut. , de Maliguit. Herodoti , *pag.* 857.
(24) Pausanias, *lib. VII, pag.* 230. *Voyez,* tom. *VIII, pag.* 542 , *citation* (87) *de l'article* JUPITER.

(25) Barthius, in Statium, *tom. II, pag.* 834.
(26) Diodorus Siculus, *lib. I, cap. XCVI, pag. m.* 83.
(27) *Dans la remarque* (C) *de l'article de* CASSANDRE, *tom. IV, pag.* 486, *et dans la remarque* (B) *de l'article* TIRÉSIAS, *tom. XIV.*

ac perterrefactus, supervolitantium avium voces intelligebat, et quæ ab iis futura edocebatur, mortalibus prædicebat. Per haruspicinum prætereà vaticinari ab iis didicit. Ad hæc Apollini propè Alpheum obviùm factus, circà cætera vaticinandi peritissimus evasit (28). Vous trouverez plusieurs recueils touchant cette faculté des serpens dans l'ouvrage que je vous indique (29).

(F) Je réfuterais. . . la pensée dont on s'est servi pour prouver qu'il a prédit . . . les choses futures.] Voici le pivot de cette preuve. La réputation de ce devin ne se fût pas établie à durer pendant plusieurs siècles, s'il n'eût convaincu le monde par des expériences incontestables qu'il avait le don de prédire. Permultorum exemplorum et nostra plena est respublica et omnia regna omnesque populi, cunctæque gentes, augurum prædictis multa incredibiliter vera cecidisse: neque enim Polidæ, neque Melampodis, neque Mopsi, neque Amphiarai, neque Calchantis, neque Heleni tantum nomen fuisset, neque tot nationes id ad hoc tempus retinuissent Arabum, Phrygum, Lycaonum, Cilicum, maximèque Pisidarum, nisi vetustas ea certa esse docuisset. Nec vero Romulus noster auspicato urbem condidisset, neque Accii Navii nomen memorià floreret tam diù, nisi hi omnes multa ad veritatem, et mirabilia dixissent (30). Ce raisonnement est semblable à celui que Cicéron se fait objecter en faveur de l'Oracle de Delphes. Vous le pouvez lire dans les Pensées diverses sur les Comètes (31), avec quelques réflexions qui le réfutent. C'est là donc que je dois vous renvoyer pour la réponse au passage du IIe. livre des Lois. Il y a dans Cicéron une maxime qui pourrait venir au secours de ce passage. C'est celle où il pose que le temps fait évanouir les fictions, et confirme les jugemens qui sont fondés sur la nature. Opinionum commenta delet dies, naturæ judicia confirmat (32). On pourrait inférer de là

que les oracles, ayant subsisté plusieurs siècles, n'étaient pas une fiction. Mais réfutons Cicéron par Cicéron même. Il reconnaît au IIe. livre des Lois, que l'art des augures ne subsistait plus (33). Il avait donc eu la destinée des opinions que l'esprit humain enfante : le temps, au lieu de le confirmer, l'avait détruit.

(G) Il était un habile médecin.] Apollodore le fait inventeur des purgatifs, et les lui fait employer à la guérison des filles de Prœtus (34). Μελάμπους....... μάντις ὢν τήν διὰ φαρμάκων καὶ καθαρμῶν θεραπείαν πρᾶτος εὑρηκώς (35)....... Ταῖς δὲ λιπταῖς τυχούσαις καθαρμοῦ σωφρονῆσαι συνίδη. Melampus........ vaticinandi cognitione insignis et qui potionandi expurgandique rationem primus invenit......... reliquæ verò repurgatæ resipuerunt. Servius observe qu'on le surnomma καθαρτής, c'est-à-dire le purgeur (36) : mais n'appuyons pas sur cela, puisque ce même grammairien insinue que les purifications inventées par Mélampus, et employées pour les filles de Prœtus, appartenaient à la religion. Prœtidas ipse purgavit lustrationibus quas invenerat. Hoc dicit, convalescente morbo, nec medicinam prodesse nec religionem (37). C'est-à-dire que, par ces paroles,

> . . . Cessére magistri
> Phillyrides Chiron, Amythaoniusque Melampus (38).

il faut entendre que les maladies, dans un certain état, sont au-dessus de la médecine, et au-dessus de la religion. Chiron est donc là représenté comme un médecin, pendant que Mélampus y est représenté comme le distributeur des remèdes surnaturels. Servons-nous plutôt du commentaire de Servius sur les Églogues de Virgile. C'est là que nous trouverons Mélampus sous un personnage mêlé, en partie médecin et en partie prophète. Il apaise Ju-

---

(28) Apollodor., lib. I, pag. 47.
(29) L'Hiérozoïcon de M. Bochart, liv. I.
(30) Cicero, lib. II de Legibus, folio 334. D.
(31) Pensées diverses sur les Com., num. 45.
(32) Cicero, de Naturâ Deorum. Voyez, tom. IX, pag. 108, citation (71) de l'article LAUROI (Jean de).

(33) Dubium non est, quin hæc disciplina et ars augurum evanuerit jam et vetustate, et negligentiâ. Itaque neque illi assentior, qui hanc scientiam negat unquam in nostro collegio fuisse, neque illi qui esse etiam nunc putat. Cicero, lib. II de Legibus, cap. XIII.
(34) Apollodor., lib. II, pag. 85.
(35) Idem, ibidem, pag. 85.
(36) Servius, in Virgil., Georg., lib. III, vs. 550.
(37) Idem, ibid.
(38) Virgil., Georg., lib. III, vs. 549.

non, et puis il fait prendre aux malades un certain médicament. *Quas* (Prœtidas) *Melampus.......... placatâ Junone, infecto fonte ubi solitæ erant bibere, purgavit et in pristinum sensum reduxit* (39). Notez que καθαρμὸς signifie non-seulement une médecine purgative, mais aussi ce que nous appellerions un exorcisme, ou plutôt un formulaire de paroles magiques.

Il y a une espèce d'ellébore qui à cause de lui fut appelé *Melampodium* (40). C'est une marque qu'il s'en servit, et l'on peut croire qu'il ne l'oublia pas dans la grande cure qui lui devait valoir un royaume. Néanmoins Pline ne nous dit rien qui insinue cela : il ne fait connaître Mélampus que du côté prophétique ; il ne lui attribue point la guérison des filles de Prœtus, et il dit qu'on l'attribue à un berger. *Melampodis fama, divinationis artibus nota est. Ab hoc appellatur unum ellebori genus Melampodion. Aliqui pastorem eodem nomine invenisse tradunt, capras purgari pasto illo animadvertentem, datoque lacte earum sanâsse Prœtidas furentes* (41). Si Vossius (42) s'est fondé sur ce passage, pour dire que notre Mélampus guérit la fureur des filles de Prœtus en mêlant de l'ellébore noir avec du lait de chèvre, il n'a pas été un fidèle rapporteur. Ce serait à lui à nous montrer ses garans. Il n'a rien à craindre sur ce qu'il censure Pierre Castellan et Jean Néander, d'avoir fait Mélampus postérieur à Empédocle. Ils ont commis en cela une bévue ; car Mélampus a vécu avant la guerre de Troie. Quant aux écrits que nous avons sous ce nom-là, ils sont supposés. Nous avons *Melampi ex palpitationibus Divinatio*, imprimé en grec, à Rome, l'an 1545. *Ex nœvis corporis Divinatio*, imprimé en grec à Rome la même année, et en latin, à Venise, l'an 1552 (Nicolas Petréius en l'auteur de cette version), et en latin, et en grec, avec la métoposcopie de Cardan, à Paris, l'an 1658. Voyez *Lindenius renovatus* à

la page 804. L'abrégé de la Bibliothéque de Gesner m'apprend que *Melampus hierogrammateus scripsit de auguriis ex saltibus corporis quæ Augustinus Niphus in librum primum de auguriis transtulit.*

(H) *Nous devrions croire qu'il parvint à une grande vieillesse.*] Stace suppose qu'Amphiaraüs fut associé avec Mélampus pour consulter les augures touchant la guerre de Thèbes :

*. . . . : Soles tibi cura futuri
Amphiarae , datur , juxtaque Amythaone
    cretus
Jam senior sed mente virens Phœboque Me-
    lampus
Associat passus : dubium cui dexter Apollo
Oraque Cyrrhœâ satiârit largiûs undâ* (43).

Mélampus était le bisaïeul d'Amphiaraüs : celui-ci avait alors plusieurs enfans, et un entre autres qui fut généralissime des Argiens dix ans après. Concluez de là que Mélampus eût été bien vieux. Mais les poëtes ne se font point un scrupule des anachronismes. Stace suppose dans un autre lieu que Thiodamas, fils de Mélampus, fut choisi pour succéder à Amphiaraüs dans l'intendance des augures. Il le représente comme le second dans cet art-là, mais néanmoins d'une modestie qui l'obligeait à se reconnaître indigne de la succession, tout de même que le fils d'un grand roi craint dans son enfance de ne pouvoir pas remplir les fonctions de feu son père.

*Concilium rex triste vocat : quæruntque ge-
    mentes,
Quis tripodas successor agat? quo prodita
    laurus
Transeat? atque orbum vittæ decus? Haud
    mora, cuncti
Insignem famâ, sanctoque Melampode cre-
    tum
Thiodamanta volunt, qui cùm ipsa arcana
    deorum
Partiri, et visas uni sociare solebat
Amphiaraus aves, tantæque haud invidus ar-
    tis
Gaudebat dici similem, juxtaque secundum.
Illum ingens confundit honos, inopinaque
    turbat
Gloria, et oblatas frondes submissus adorat,
Seque oneri negat esse parem, cogique me-
    retur.
Sicut Achæmenius solium, gentesque paternas
Excepit si fortè puer, cui vivere patrem
Tutius, etc.* (44).

Ferait-on de telles comparaisons si

(39) Servius, in Virgil., eclog. VI, vs. 48.
(40) Plinius, lib. XXV, cap. V, pag in. 389.
(41) Idem, ibidem.
(42) Vossius, de Philosophiâ, cap. XI, num. 17, pag. m. 84.

(43) Statius, Thebaid., lib. III, vs. 451.
(44) Idem, ibid., lib. VIII, vs. 275.

l'on savait que Thiodamas était frère de l'aïeul d'Amphiaraüs? Ajoutez à cela que Stace était le seul, si je ne me trompe, qui donne un tel fils à Mélampus. Les deux qu'Homère lui a donnés s'appellent Antiphatès et Mantius (45). Pour dire ceci en passant, c'est de ce dernier que le père d'Amphiaraüs était fils, si nous en croyons Pausanias (46). Mais la commune opinion est qu'Antiphatès fut père d'Oiclès.

(45) Homerus, Odyss., *lib. XV, pag. m.* 462.

(46) Pausan., *lib. VI, pag.* 195.

MÉLANCHTHON (Philippe), né à Bretten au palatinat du Rhin, le 16 de février 1497, a été l'un des plus sages et des plus habiles hommes de son siècle. Il donna sitôt des marques d'esprit, qu'on s'appliqua de très-bonne heure à son instruction : ce fut par le soin de son aïeul maternel beaucoup plus que par celui de son père (A). Il fit ses premières études dans le lieu de sa naissance, d'abord à l'école publique, et puis sous un précepteur, quand on eut appris que le maître de cette école avait la vérole (a). Il fut envoyé quelque temps après à Pforsheim où il y avait un collège renommé, et logea chez une parente qui était sœur de Reuchlin. Cela fut cause qu'il fut promptement connu de ce savant personnage, qui l'aima avec beaucoup de tendresse (b). Ayant demeuré là environ deux ans, il fut envoyé à Heidelberg (c), l'an 1509 (d), et y fit des progrès si considérables (e),

qu'on lui donna à instruire les fils d'un comte (f) quoiqu'il fût encore au-dessous de quatorze ans. On a eu raison de le mettre parmi les enfans illustres (B). Fâché qu'on lui refusât à cause de son bas âge, le degré de maître en philosophie, et ne trouvant pas que l'air d'Heidelberg s'accommodât avec son tempérament, il quitta cette académie, l'an 1512, et s'en alla voir celle de Tubinge (g), où il s'arrêta pendant six années (h). Il y entendit les leçons de toutes sortes de professeurs, et il y expliqua publiquement Virgile, Térence, Cicéron et Tite-Live ; et, comme il était fort laborieux, il trouva encore du temps pour servir Reuchlin dans ses querelles monacales, et pour diriger une imprimerie (i) (C). Il fut d'ailleurs très-attaché à la lecture de la parole de Dieu (D). Il accepta, en 1518, la chaire de professeur en langue grecque dans l'académie de Wittemberg, que Fridéric, électeur de Saxe, lui avait offerte à la recommandation de Reuchlin (k). Il fit une si belle harangue inaugurale quatre jours après son arrivée, que non-seulement il effaça le mépris à quoi sa taille et sa mine l'avaient exposé, mais aussi qu'il donna de l'admiration (l). Les leçons qu'il fit sur Homère et sur le texte grec de l'Épître de saint Paul à Tite, attirèrent une grande fou-

(a) Joach. Camerarius, *in* Vitâ Melanchthonis, *pag. m.* 5.

(b) Idem, *ibidem*, *pag.* 7 et seq.

(c) Idem, *ibidem*, *pag.* 10.

(d) Melch. Adam., *in* Vitis Theol. Germ., *pag.* 328.

(e) Idem, *ibidem*, *pag.* 329.

(f) C'était le comte de Léonstein.

(g) Melch. Adam., *in* Vitis Theol. Germ., *pag.* 329.

(h) Idem, *in* Vitis Philosoph., *pag.* 186.

(i) Idem, *ibidem*, *in* Vit. Theol., *p.* 330.

(k) Camerar., *in* Vitâ Melanchth., *p.* 24.

(l) Melch. Adam., *in* Vitis Theologorum *pag.* 330.

le d'auditeurs, et leur donnèrent un désir ardent de savoir la
langue grecque (m). L'un des
plus grands services qu'il rendit
aux sciences fut de les réduire en
système (n), ce qui était alors
difficile, vu la confusion avec
laquelle on les enseignait depuis
long-temps. Il se forma bientôt
une liaison intime entre lui et
Luther (o), qui enseignait la
théologie dans la même université. Ils allèrent ensemble à Leipsic,
l'an 1519, pour disputer avec
Eccius. Les années suivantes furent une complication de travaux pour Mélanchthon : il composa quantité de livres, il fit
des voyages pour des fondations
de colléges, et pour la visite des
églises (p); mais rien ne fut plus
pénible que la charge qu'on lui
donna, l'an 1530, de dresser une
confession de foi. C'est celle
qu'on nomme d'Augsbourg, parce qu'elle fut présentée à l'empereur dans la diète de cette
ville-là. Toute l'Europe était
convaincue qu'il n'était pas éloigné, comme Luther, des voies
d'accommodement, et qu'il eût
sacrifié beaucoup de choses au
bien de la paix (E). C'est pour
cela que François Iᵉʳ. le jugea
propre à pacifier dans son royaume les dissensions de religion,
et qu'il le pria d'y venir (F). Le
roi d'Angleterre souhaita aussi
de le voir (q); mais ni l'un ni
l'autre de ces deux monarques
ne le virent. Comme je ne veux

toucher qu'à quelques-unes de
ses principales actions, je me
contente de dire qu'en 1541 il
assista aux conférences de Ratisbonne, où l'on agita vigoureusement les controverses des catholiques et des protestans; et qu'en
1543 il fut trouver l'archevêque
de Cologne, pour l'aider à introduire la réformation dans son
diocèse. Cela ne servit de rien.
L'affaire de l'*Intérim* l'occupa
beaucoup. Il assista à sept conférences sur ce sujet, l'an 1548,
et composa tous les écrits qui y
furent présentés, et la censure
de cet *Intérim* (r). Il fut l'un
des députés que Maurice, électeur de Saxe, devait envoyer au
concile de Trente, l'an 1552. Il
attendit quelque temps à Nuremberg son sauf-conduit; mais à
cause de la guerre qui allait éclore, il s'en retourna à Wittemberg
(s). Sa dernière conférence avec
les docteurs de la communion de
Rome fut celle de Worms, l'an
1557, et de toutes les dissensions qui lui déchirèrent le cœur,
il n'y en eut point de plus violente que celle qui fut excitée
par Flaccius Illyricus. Il mourut à Wittemberg, le 19 d'avril
1560, qui était le soixante-troi-
sième jour de sa soixante-qua-
trième année (t). Il fut enterré
proche de Luther dans le temple du château, deux jours après.
Son oraison funèbre fut prononcée par Winshémius, docteur
en médecine et professeur en lan-

(m) Melch. Adam, *in* Vitis Theolog.,
pag. 330.
(n) *Idem*, *ibidem*, pag. 331.
(o). Camerarius, *in* Vitâ Mélanchthon., p.
30, 31.
(p) *En* 1527.
(q) Melch. Adam., *in* Vitis Theologorum,
pag. 336.

(r) *Idem*, *ibidem*, pag. 343.
(s) *Idem*, *ibidem*, pag. 343, 346.
(t) *Ætatis suæ climactericum diebus* LXIII
egressus, lib. XXVI, *sub finem*, pag. m.
538. Du Rier, *dans* Teissier, Éloges, tom.
I, pag. 183, *traduit mal cela par* il mourut
le 63ᵉ. jour de son année climatérique.

gue grecque. Les témoignages de piété avec lesquels il finit sa course furent admirables (*v*); et il est à remarquer que l'une des choses qui lui firent regarder la mort comme un bonheur, fut qu'elle le délivrerait des persécutions théologiques (G). Il s'était marié avec la fille d'un bourgmestre de Wittemberg, l'an 1520, laquelle mourut l'an 1557 (*x*). Il en eut deux fils et deux filles (H). Comme on peut trouver, dans un ouvrage plus aisé à consulter que ce Dictionnaire (*y*), le portrait de ses bonnes qualités morales *, je n'en parlerai pas ; mais je dirai qu'il était crédule pour les prodiges, pour l'astrologie (*z*), et pour les songes (*aa*); et je ferai quelques réflexions sur le penchant qu'on le blâme d'avoir eu vers le pyrrhonisme (I). C'est à tort que quelques-uns l'ont accusé de haïr la philosophie péripatéticienne (K). On a eu infiniment plus de raison de prétendre qu'il ne croyait point la réalité (L), ni que la

grâce fût irrésistible (*bb*). Le feuillant Saint-Romuald assure qu'on brûla son corps à Munich (M). Cela me paraît une fable tout-à-fait grossière. M. Varillas a publié des mensonges si étranges (N), que la peine de les réfuter passerait avec raison pour très-inutile. La violence avec laquelle on calomnia Mélanchthon pendant sa vie, le persécuta encore après sa mort (*cc*). Il est étonnant que parmi tant d'autres occupations il ait pu écrire autant de livres qu'il en composa. Le nombre en est prodigieux. On en publia un catalogue chronologique, l'an 1582 (*dd*). Comme il voyait que ses ouvrages, quoiqu'il n'y mît pas la dernière main, et que même il les donnât au public assez imparfaits, étaient néanmoins utiles à la jeunesse, il prit plutôt le parti d'en faire imprimer beaucoup, que celui d'en perfectionner un petit nombre (*ee*). C'était préférer à sa propre gloire l'utilité du prochain. On peut croire aussi que l'heureux génie qu'il avait reçu de la nature, lui donnait quelque confiance que ses productions seraient estimées sans le secours de la lime (*ff*). Ses vers latins plurent à l'hypercritique Jules-César Scaliger (*gg*). Il prit quelquefois un faux nom à

(*v*) *Voyez* Melchior Adam, *in* Vitis Phil., *pag.* 202.

(*x*) *Idem*, *ibidem*, *pag.* 190.

(*y*) *Dans les* Additions de M. Teissier aux Éloges de M. de Thou, *tom. I, pag.* 187, *édition de* 1696.

* La douceur de Mélanchthon, que Bossuet lui-même loue dans son *Histoire des Variations*, est contestée par Joly, qui dit que la lecture des ouvrages de Mélanchthon ne fait pas concevoir une idée de lui fort avantageuse sur ce sujet, et que sans doute sa modération était plus dans sa conduite que dans ses écrits. Joly oublie que, d'après Leclerc, il a, dans une de ses notes sur l'article G. du Bellay, opposé la modération des écrits de Mélanchthon à la violence des placards des protestans de France.

(*z*) *Voyez-en les preuves dans* l'Histoire des Variations de M. de Meaux, *liv. V*, *num.* 34.

(*aa*) *Voyez* Melch. Adamus, *in ejus* Vitâ *passim*.

(*bb*) *Voyez l'article* Synergistes, *tom.* XIII.

(*cc*) *Voyez* Melch. Adam, *in* Vit. Theol., *pag.* 357, 358 ; *et* Bucholcher, Ind. Chron., *ad ann.* 1560, *pag. m.* 600.

(*dd*) Mat. Mylius *est l'auteur de ce* Catalogue. *Voyez* Melchior Adam, *in* Vit. Theol., *pag.* 347.

(*ee*) *Voyez* Melchior Adam, *ibidem, pag.* 361.

(*ff*) *Voyez* Érasme, *in* Ciceroniano.

(*gg*) Jul. Cæsar Scaliger. Poët., *lib. VI*, *pag. m.* 736.

la tête de ses livres (O). Le cardinal Bembus demanda trois choses qui méritent d'être rapportées (P).

(A) *On s'appliqua de très-bonne heure à son instruction : ce fut par le soin de son aïeul maternel, beaucoup plus que par celui de son père.*] Comme je ne prétends point louer l'un au préjudice de l'autre, je m'en vais dire pourquoi George Schwartserdt (1), père de notre Philippe, ne vaqua point à l'éducation de son fils. Il était occupé aux affaires de l'électeur palatin son maître, à qui il servait d'ingénieur, ou de commissaire d'artillerie. *Huic* (avo materno) *patre occupato negotiis principum , præcipuè educatio et institutio Philippi curæ fuit* (2). Camérarius m'autorise à user des termes que j'ai employés ; car voici ce qu'il a dit : *Orto pernicioso bello inter Palatinos et Bavaros cognatos principes cum Georgius patriæ suæ principi Philippo operam officiumque quod debebat, fideliter præstaret, imprimis machinarum tormentorumque ratione administrandâ* (3). Je pense que cet ingénieur fut d'abord un simple armurier, qui, s'étant rendu très-habile dans son art, se fit connaître et aimer des princes. Il inventa des armes avantageuses , tant pour l'offensive que pour la défensive, soit dans les tournois, soit dans les batailles. On prétend que l'empereur Maximilien se servit utilement de ces inventions dans un combat d'homme à homme. C'est un fait si singulier que je le rapporte ici, afin d'exciter mes lecteurs à en déterrer les circonstances. Lisez bien tout cet éloge du père Mélanchthon : *Ipse Georgius et probitate, integritate, taciturnitateque et fide, etiam prudentiâ atque solertiâ , et quòd admirabili artificio opera armorum elaborare sciret, quibus et defenderentur contra vim adversariorum in conflictu, et instruerentur ad hos percellendum sternendumque qui manum*

sive in acie cum hostibus, seu in ludis equestribus , cum suis (quæ exercitationes tum in aulis principum studiosissimè frequentabantur) conserere vellent : Harum igitur artium ille peritus, et iis virtutibus quas commemoravimus ornatus, in notitiam pervenit maximorum et potentissimorum principum, iisque carus fuit, in quibus nominâsse satis sit et regem optimum et bellatorem invictissimum divum Maximilianum imperatoris Friderici filium. Quem Georgius aliquandò cum glorioso provocatore Italo, cui nomen Claudio Bataro, certamine singulari congressurum ita instruxit et sic arma ipsius machinando paravit , ut fortissimo viro Maximiliano victoria certa facilè etiam et celeriter contingeret. Claudius enim non diù repugnans , cùm , quantò omnibus rebus esset inferior sentiens , ad pedes Maximiliani se adjecisset, ita in potestatem ejus se tradidit (4). Il était né à Heidelberg , mais il s'établit à Bretten en se mariant avec la fille de Jean Reuterus, qui avait été maire du lieu quelques années (5). Il mourut onze jours après son beau-père, le 29 de septembre 1508. Sa veuve ne se remaria qu'après avoir su que Mélanchthon son fils s'était marié. Elle en fut un peu fâchée , et ce mécontentement l'obligea à épouser un bourgeois de Bretten, environ l'an 1520 (6). Elle mourut le 6 de juin 1529 (7). Son fils George , plus jeune de près de quatre ans que Mélanchthon (8) , survécut à son frère (9) , et il exerça les plus hautes charges de sa patrie (10).

Afin que cette remarque soit nonseulement historique , mais même critique, je dirai que le jésuite Maimbourg a eu tort de dire que Mélanchthon était *d'une petite bourgade du bas Palatinat*, et d'une *naissance très-basse* (11). Ce que je viens de nar-

(1) Ce mot signifie Terre noire. *C'est pourquoi* Reuchlin donna à notre Philippe le nom Mélanchthon, *qui en grec signifie la même chose que* Schwartserdt, *en allemand.*
(2) Melch. Adam., *in* Vit. Philos. , *p.* 184.
(3) Joach. Camerarius, *in* Vitâ Philipp. Melanchth. , *pag. in.* 3.

(4) *Idem , ibidem, pag.* 2 *et* 3.
(5) *Idem , ibidem.*
(6) *Mater vidua mansit annis totis* 12 *: posteà cùm Philippum duxisse uxorem audiisset , non sinè quâdam offensiunculâ, nupsit iterùm viro honestissimo civi Brettano.* Idem, ibidem, *pl.* 5.
(7) Melch. Adam., *in* Vit. Theol., *pag.* 328.
(8) Camerarius, *in* Vit. Melanchthonis, *p.* 4.
(9) Melch. Adam., *in* Vitis Philosoph. , *pag.* 184.
(10) Camerarius, *in* Vitâ Melanchth. , *p.* 8.
(11) Maimbourg, Hist. du Luthéranisme, *liv.* II, *pag.* 181, *édition de Hollande.*

rer réfute cela. Voyez aussi M. Seckendorf au IIe. livre de l'Histoire du Luthéranisme, page 158.

(B) *On a eu raison de le mettre parmi les enfans illustres.*] Le chapitre que M. Baillet lui a donné dans son *Traité historique des Enfans devenus célèbres par leurs études, ou par leurs écrits*, lui était dû, et est fort curieux. On y voit qu'à l'âge de treize ans il dédia à Reuchlin *une comédie qu'il avait composée tout seul*. Ce jeune écolier étant à Pfortsheim fit apprendre à ses camarades les divers rôles d'une manière de comédie, que Reuchlin avait publiée depuis peu ; son but était de représenter la pièce en présence de l'auteur, et la chose fut exécutée très-joliment : *Tunc et æqualibus suis scriptum quoddam ludicrum Reuchlini instar comediæ illis diebus editum, ediscendum distribuit, et suas cuique partes assignavit, ut coràm Reuchlino ad se reverso fabula ea ageretur. Quod etiam factum est cum summâ ipsius voluptate atque lætitiâ* (12). Il pouvait courir alors sa treizième année : il pouvait aussi être plus jeune ; car il demeura deux ans à Pfortsheim, et il en sortit pour aller à Heidelberg, où il fut immatriculé le 13 d'octobre 1509 (13). M. Baillet ajoute qu'il fut *chargé de faire la plupart des harangues et des autres discours d'éloquence qui se prononçaient en public* dans l'académie d'Heidelberg. Cela est assez conforme à ces paroles de Melchior Adam : *Scripsit jam adolescentulus professoribus in eâ scholâ orationes : quæ publicè recitatæ sunt* (14). Voici un passage qui n'est pas exact : « à l'âge » de treize ans, il composa une co- » médie à l'honneur de Reuchlin. Il » n'avait que dix-neuf ans lorsqu'il » publia sa Rhétorique. L'année sui- » vante il mit au jour sa Dialecti- » que, et à l'âge de vingt-quatre » ans, sa Grammaire. Incontinent » après il composa plusieurs écrits » en théologie; et à l'âge de vingt- » six ans il fit imprimer ses Lieux » Communs, qui furent également » estimés et des (*) protestans et » des catholiques. Car ayant été » publiés sous le nom de *Messer* » *Philippo di terra nera*, et étant » apportés à Rome, tous les exem- » plaires furent d'abord vendus » (15).» On a déjà vu ce que j'ai à dire touchant cette comédie *à l'honneur de Reuchlin ;* je ne le répète point. Je dis seulement que M. Teissier n'a pas bien pris garde à ces paroles latines : *Anno decimo nono evulgavit Rhetoricam ; sequenti Dialecticam : vicesimo quarto Grammaticam, aliis deinde annis alia* (16). Elles marquent les années du siècle, et non pas celles de Mélanchthon. Et par conséquent il fallait dire qu'il avait vingt-deux ans, lorsqu'il publia sa Rhétorique, etc. Il ne fallait point prétendre qu'il ne composa plusieurs écrits en théologie qu'a-près la publication de sa Grammaire; car il mit au jour divers traités de cette nature, l'an 1521 (17), trois ans avant que sa Grammaire fût imprimée. Enfin, il est faux qu'il ait donné au public ses Lieux Communs à l'âge de vingt-six ans. Il les publia l'an 1521 (18), lorsqu'il n'avait encore que vingt-quatre ans.

Notez que tous les ouvrages que Melchior Adam vient de nommer sont postérieurs à la profession de Wittemberg; mais il faut se souvenir qu'il a dit ailleurs que Mélanchthon publia des livres pendant la profession de Tubinge (19). Il y a donc lieu de croire qu'il fut auteur imprimé avant l'âge de vingt ou vingt et un ans : il a donc été fort digne d'être mis au catalogue de M. Baillet. J'ai lu dans le parallèle que Jean-Jacques Grynæus a fait entre le prophète Daniel et Mélanchthon, un bel éloge de ce dernier. Il mérite que je le copie : *At Deum immortalem, quàm non spem de se præbet, admodùm etiam adolescens*

---

(12) Camerarius, *in* Vitâ Melanchthonis, *pag.* 9.

(13) Melch. Adam., *in* Vitis Philosoph., *pag.* 185.

(14) *Idem, ibidem, pag.* 186.

(*) *Scaligerana.*

(15) Teissier, Additions aux Éloges, *tom. I, pag.* 188.

(16) Melch. Adam., *in* Vitis Theolog., *p.* 331.

(17) *Idem, ibidem.*

(18) *Idem, ibidem, pag.* 332.

(19) *Privatim ac publicè cum magnâ laude et admiratione docuit* (Tubingæ) *et scripta quædam ceu primos fœtus ex quibus satis apparuit qui proventus in posterum expectandi forent, in lucem edidit.* Melch. Adam, *in* Vitis Philos., *pag.* 186.

*et penè puer, Philippus ille Melanch-
thon , utráque litteraturá penè ex
æquo suspiciendus !* Quod inventio-
nis acumen ? quæ sermonis puritas ?
quanta reconditarum rerum memoria?
quàm varia lectio ? quàm verecunda
regiæque prorsùs indolis festivitas
(20)? Voilà ce que disait Érasme,
l'an 1515.

(C) *Il dirigea une imprimerie.*]
Cette remarque est, à proprement
parler, un appendix de la précédente; car elle se rapporte à Mélanchthon, en tant qu'il a fait des livres
dans sa jeunesse. C'est dans le fond
faire un livre, que de mettre dans
un bel ordre un amas confus de recueils. M. Baillet en juge ainsi, puisqu'après avoir observé que Mélanchthon *faisait sa récréation* de corriger
l'imprimerie du lieu, il ajoute : *c'est
à de semblables passe-temps que nous
sommes redevables entre autres du
Naucler de l'édition de Tubingue.*
C'était un *fatras de chroniques et de
fables entassées parmi des histoires ,
dans une confusion étrange. Mélanchthon prit la peine de le purger,
de faire un triage de ce qui pouvait
passer, et de lui donner de l'ordre :
de sorte qu'on peut dire que ce livre
est l'ouvrage de Mélanchthon* (21).
Camérarius remarque , 1°. que le
travail de Mélanchthon sur Nauclérus consista non-seulement à donner
de l'ordre et à refondre , mais aussi
à augmenter ; 2°. que le correcteur
de cet ouvrage s'était chargé de la
révision de tous les livres que Thomas Anshelmus imprimerait. *Librum
hunc* (Naucleri) *exprimendum sus-
ceperat Thomas Anshelmus , qui ty-
pographicam officinam habebat Tubingæ. A quo perfectum fuit, ut et
illius scripti et aliorum, quæ à se
ederentur, curam respectumque Philippus susciperet, quò prodirent cor-
rectoria. Is tunc et in hoc opere Naucleri partim disponendo , partim au-
gendo , partim etiam retexendo id
præstitit, ut lectio libri istius à plurimis expeteretur et fructu voluptateque
non careret* (22). Notez, s'il vous plaît,

que cette édition de Nauclérus est
la première de toutes.

(D) *Il fut très-attaché à la lecture
de la parole de Dieu.*] Il avait un
exemplaire de la Bible que Jean Fro-
ben avait imprimée depuis peu à
Bâle, en petite forme, et il le portait avec lui, et principalement lorsqu'il allait à l'église. Ceux qui virent
que pendant la célébration des divins offices, il tenait toujours entre
ses mains un livre beaucoup plus
gros que les heures, se persuadèrent
qu'il lisait tout autre chose que ce
que le temps et le lieu exigeaient de
lui. Ses envieux en prirent une occasion de le décrier. Voilà ce que nous
apprend Camérarius (23). Un autre
observe que Reuchlin lui fit présent
de cette Bible (24).

(E) *Il eût sacrifié beaucoup de
choses au bien de la paix.*] Cela parut principalement dans l'ouvrage
qu'il composa touchant les choses
indifférentes, et qui fut si mal reçu
de la faction d'Illyricus. *Suaserat
Philippus* de adiaphoris *ne scrupulo-
sè contenderent , modò nihil idolola-
triæ illi ritus ac ceremoniæ haberent
adjunctum, et servitutem aliquam ,
quæ sinè impietate sit, sustinendam*
(25). Illyricus criait au contraire qu'il
fallait plutôt abandonner tous les
temples, et menacer d'une sédition
que de souffrir un surplis. *Contrà*
Flaccius *vociferabatur potius vastita-
tem faciendam in templis, et principes metu seditionum terrendos, quàm
saltem linea vestis admittatur* (26).
Il y a eu des catholiques romains
animés du même esprit, s'il en faut
croire l'auteur anonyme d'une lettre
publiée par M. Jurieu. *Je me suis informé*, dit-il(27), *autant qu'il m'a
été possible , savoir si on recevrait
un protestant à la communion de
Rome , sur l'explication de la doctrine de M. de Meaux , comme l'on
s'en sert pour instruire ceux qui cherchent à s'accommoder au temps. Il
n'y a personne qui ne m'ait assuré
que non, et quelqu'un a ajouté qu'on*

(20) Erasmus, Paraphr. in I Thess., cap. II,
apud Joh. Jac. Grynæum , Epist. select. ,
pag. 302.
(21) Baillet , Enfans célèbres. art. XL.
(22) Camerar. , in Vitâ Melanchth., pag. 16.
Voyez aussi Melchior Adam., in Vitis Philos.,
pag. 186 , 187.
(23) Camerar. , in Vitâ Melanchth., pag. 15.
(24) Melch. Adam., in Vitis Philosophor. ,
pag. 185.
(25) Idem , ibidem , pag. 195.
(26) Idem , ibidem, pag. 196.
(27) Voyez la Suite du Préservatif contre le
Changement de Religion, pag. 173, édit. de la
Haye, 1683.

ne faisait point signer d'abjuration où l'on ne mit toutes les herbes de la Saint-Jean. Ce sont les propres mots dont il se servit. Cela me fait souvenir d'un jésuite qui disait qu'ils n'éteindraient pas un cierge quand ce serait pour convertir tous les huguenots.

Ce que Mélanchthon dit à sa mère témoigne manifestement qu'il haïssait les disputes de religion , et qu'il n'y était entraîné que par l'exigence du rôle qu'il avait à soutenir dans le monde. Étant allé aux conférences de Spire, l'an 1529, il fit un petit voyage à Bretten pour voir sa mère. Cette bonne femme lui demanda ce qu'il fallait qu'elle crût au milieu de tant de disputes , et lui récita les prières qu'elle avait accoutumé de faire , et qui n'enfermaient aucune superstition : Continuez, lui répondit-il , de croire et de prier comme vous avez fait jusques à présent , et ne vous laissez point troubler par le conflit des controverses. *Ab eâ cùm interrogatus esset : quid sibi in ejusmodi controversiis credendum ? respondit , auditis illius precibus , quæ nihil superstitionis habebant, ut pergeret hoc credere et orare quod credidisset et orâsset hactenùs : nec pateretur se turbari conflictibus disputationum* (28). Ceci réfute invinciblement un mauvais conte que Florimond de Rémond débite. *On escrit*, dit-il (29), que Mélanchthon *étant sur le point de rendre l'âme , l'an 1560, sa mère accablée d'années*, lui tint tel langage : « (*) *Mon fils , tu me vois sur le poinct de partir de ce monde, pour rendre conte au grand juge de ce que tu as fait. Tu sçais que j'estois catholique , tu m'as induite de changer de religion , pour en prendre une diverse à celle de mes pères ; or je t'adjure par le Dieu vivant, de me dire maintenant laquelle est la meilleure , et ne le cele pas. Ha ! dit Mélanchthon, la nouvelle doctrine est la plus plausible , mais l'autre est la plus seure et certaine : et se tournant dit tout*

haut : Hæc plausibilior , illa securior. » Il est faux que Mélanchthon ait porté sa mère à changer de religion , et il est certain que la mort de cette femme précéda de plus de trente ans celle de son fils.

(F) *François 1ᵉʳ. le jugea propre… et le pria de venir* en France.] Rapportons la paraphrase que M. Maimbourg a faite du récit de Florimond de Rémond. « La reine de Navarre » qui savait que le roi son frère sou- » haitait passionnément la paix de » l'église, espéra qu'elle le pourrait » prendre de ce côté-là. Pour cet » effet, elle se mit à lui parler sou- » vent d'un grand homme de bien , » disait-elle , appelé Philippe Mé- » lanchthon, qu'elle lui louait inces- » samment comme le plus savant » homme de son temps; qui n'ap- » prouvait pas à la vérité , ajoutait- » elle adroitement , certains abus » qu'on voyait manifestement dans la » doctrine , dans les mœurs, et dans » la discipline parmi les chrétiens de » ces derniers siècles ; mais aussi qui » détestait le schisme qu'on avait fait » à cette occasion en Allemagne , et » qu'il avait toujours tâché d'étein- » dre par toutes sortes de moyens. » Elle assurait que c'était un hom- » me paisible , d'esprit doux, n'ayant » rien du tout du génie violent et » impétueux de Luther et de Zuingle, » qu'il avait toujours tâché d'ac- » corder et entre eux et avec les ca- » tholiques , afin de réunir tous les » esprits dans une même créance , » et de rétablir dans l'église la paix » et l'union après laquelle il soupi- » rait incessamment; qu'elle ne dou- » tait point que si un si saint et si » habile homme pouvait conférer » avec les docteurs de Sorbonne » qui ne désiraient aussi que la » paix, ils ne trouvassent bientôt les » moyens de la procurer à l'église , » et d'abolir un schisme qui pouvait » s'étendre facilement de l'Allema- » gne en France, et y causer les mê- » mes troubles et les mêmes désor- » dres qu'on voyait dans l'Empire. » Enfin , elle lui dit tant de choses » à l'avantage de Mélanchthon, et lui » donna tant d'esperance de pouvoir » terminer par son moyen les diffé- » rens qui commençaient à naître » en France aussi-bien qu'en Alle-

(28) Melch. Adam. , in Vitis Theologorum, pag. 333.

(29) Florimond de Rémond , Histoire de la Naissance et Progrès de l'Hérésie, liv. II, chap. IX, pag. m. 186, 187.

(*) Voyez Morus, l. 2 de Miss. ; François des Montagnes , en la Vérité défendue.

» magne sur plusieurs articles de la
» religion, qu'il se laissa persuader :
» de sorte que ce prince, qui d'ail-
» leurs avait grande envie d'attirer
» en France les plus habiles hommes
» de son temps, écrivit (*) à Mélan-
» chthon, et l'invita de venir à Paris
» pour y travailler avec nos théolo-
» giens au rétablissement de l'an-
» cienne police de l'église (30). » Il
raconte ensuite de quelle manière le
cardinal de Tournon rompit ce coup,
et porta le roi *à révoquer sur-le-champ
la permission qu'il avait donnée à
Philippe Mélanchthon* (31). Enfin il
assure que ce changement étonna
d'abord les hérétiques; mais que *sitôt qu'ils furent revenus de leur étonnement,.... ils eurent l'audace* d'afficher des placards remplis de blasphèmes *aux portes du Louvre*, et *même
à celle de la chambre du roi*. Voici
donc l'arrangement de ce jésuite.
1°. La reine de Navarre persuada au
roi de faire venir Mélanchthon. 2°.
Le roi écrit à ce docteur. 3°. Le cardinal de Tournon change ce dessein
du roi. 4°. Les novateurs font des placards. 5°. Ces quatre choses arrivent
l'an 1534. Florimond de Rémond les
arrange dans le même ordre. Nous
allons voir qu'ils se trompent; et je
suis bien surpris que Théodore de
Bèze soit leur complice : il dit, lui
aussi (32), que l'affaire des placards
fut postérieure à la résolution que
François Ier. avait prise de faire venir
Mélanchthon. Notez qu'il marque que
ces placards furent affichés au mois
de novembre 1534.
Voici une meilleure chronologie
de tous ces faits. On afficha les placards au temps que Théodore de Bèze marque. François Ier. assista à une
célèbre procession, le 21 de janvier
1535, et fit brûler quelques hérétiques.
Mélanchthon fut exhorté de faire en
sorte que la colère du roi fût adoucie. Il écrivit une lettre à Jean Stur-
mius qui étoit alors en France, et
une autre à Jean du Bellai, évêque de
Paris (33). Un gentilhomme (34), que

François Ier. avait envoyé en Allemagne, parla à Philippe Mélanchthon,
touchant le voyage de France, et
l'assura que le roi lui en écrirait lui-
même, et lui fournirait toutes sortes
de sauf-conduits (35). Étant retourné
en France, il donna parole au roi que
Mélanchthon ferait le voyage, si sa
majesté lui faisait l'honneur de lui
écrire sur ce sujet (36). Ce prince dé-
pêcha tout aussitôt ce gentilhomme,
pour porter à Mélanchthon la lettre
qu'il lui écrivait. Elle est datée de
Guise, le 28 de juin 1535 (37), et fait
connaître le plaisir qu'avait eu le roi
en apprenant la relation du gentilhomme, et par la lettre que Guillaume du Bellai avoit reçue de Mélanchthon, que ce docteur était disposé à venir en France, pour y travailler à pacifier les controverses.
Mélanchthon écrivit au roi le 28 de
septembre de la même année (38) : il
l'assura de ses bonnes intentions, et
du regret qu'il avait de n'avoir pu
surmonter encore les obstacles de son
voyage. Le gentilhomme qui porta
au roi cette réponse le trouva tout
occupé des préparatifs de la guerre
d'Italie (39) : et d'ailleurs Mélanchthon ne put jamais obtenir du duc
de Saxe la permission d'aller à la
cour de François Ier. (40), quoique
Luther eût exhorté vivement cet électeur à consentir à ce voyage, en lui
représentant que l'espérance de voir
Mélanchthon avait fait cesser en France les supplices des protestans, et
qu'il y avait sujet de craindre qu'on
ne rentrât dans les voies de la cruauté dès qu'on saurait qu'il ne viendrait pas (41). L'électeur eut de très-
bonnes raisons de ne point permettre
ce voyage (42) : il craignait de s'exposer à la colère de Charles-Quint ;
et il ne voyait nulle apparence que
Mélanchthon fît quelque chose pour
le bien de la religion. Il écrivit à

(*) *Epist. Francisc. Reg. ad Phil. Melanc.*,
apud Flor. Ræm., *l.* 7, *c.* 4.
(30) Maimbourg, *Histoire du Calvinisme*, *liv.*
I, *pag.* 25, à l'ann. 1534.
(31) *Là même*, *pag.* 29.
(32) Bèze, *Hist. ecclésiast.*, *liv. I*, *p.* 15, 16.
(33) Camerar., *in* Vitâ Melanchth., *p.* 144.
(34) Nommé *Barnabas Voré, sieur de la
Fosse.*

(35) Camerarius, *in* Vitâ Melanchthon.,
pag. 146.
(36) *Idem*, *ibidem*, *pag.* 151.
(37) *Elle est la XXIXe. du Ier. livre parmi*
les Lettres de Mélanchthon.
(38) *Cette lettre est la XXXe. du Ier. livre*
de celles de Mélanchthon.
(39) Camerar., *in* Vitâ Melanchth., *pag.* 153.
(40) *Idem*, *ibidem*, *pag.* 151.
(41) Luther., *tom. VI*, *folio* 491, *apud* Seckend., *Hist.* Lutheran., *lib. III*, *pag.* 107.
(42) *Voyez* Seckendorf, *ibid.*, *pag.* 109.

François Ier. pour s'excuser de ce qu'il ne pouvait pas permettre que Mélanchthon allât en France (43). Sa lettre est datée du 28 d'août 1535. Notez qu'au mois de décembre de la même année, Langei sollicitait en Allemagne que l'on envoyât Mélanchthon, ou quelques autres théologiens, au roi son maître (44).Comment ajusterez-vous cela avec le narré de Maimbourg, ou avec M. de Mézerai qui assure (45) qu'en 1533 le roi écrivit à Mélanchthon, *par Guillaume du Bellai Langei* (46) ; mais que le cardinal de Tournon et les théologiens de Paris le portèrent à lui faire savoir *qu'il le dispensait de prendre cette peine?* Je ne touche point aux brouilleries de M. Varillas ; on les verra ci-dessous (47). Notez aussi que Mélanchthon envoya en France un petit écrit qui contenait ses conseils sur la pacification des controverses. Il ne le publia pas ; mais on le trouve dans la compilation de Pézélius (48).

J'ai lu dans une lettre écrite à Érasme par Thomas Morus (49), que Tindale avait mandé que Mélanchthon était à la cour de France , qu'il avait parlé à lui, et qu'il l'avait vu entrer dans Paris, escorté de cent cinquante chevaux : *Tyndalus hæreticus nostras, qui et nusquàm et ubique exulat, scripsit hùc nuper* Melauchthonem *esse apud regem* Galliæ ; *semet collocutum cum eo, qui illum vidisset exceptum* Parisiis, *comitatu CL equorum : addebat se timere* Tyndalus, *ne si Gallia per illum reciperet verbum Dei, confirmaretur in fide Eucharistiæ contrà* Vicleficam *sectam.* Se peut-il faire que des personnes de mérite osent mander de pareils mensonges à leurs amis ?

(G) *Il dit.... que* la mort *le délivrerait des persécutions théologiques.*] Quelques jours avant sa mort il écrivit sur un morceau de papier, en deux colonnes, les raisons pourquoi il ne devait pas avoir regret de quitter la terre L'une de ces colonnes contenait les biens que la mort lui procurerait , l'autre contenait les maux dont la mort le délivrerait (50). Il ne mit que deux articles dans celle-ci : 1°. Qu'il ne pécherait plus ; 2°. qu'il ne serait plus exposé ni aux chagrins , ni à la rage des théologiens (51). L'autre colonne contenait six chefs : 1°. qu'il viendrait à la lumière ; 2°. qu'il verrait Dieu ; 3°. qu'il contemplerait le fils de Dieu; 4°. qu'il apprendrait ces mystères admirables, qu'il n'avait pu comprendre dans cette vie ; 5°. pourquoi nous avons été créés tels que nous sommes ; 6°. quelle est l'union des deux natures en Jésus-Christ (52). Notez que l'état de l'homme a paru à ce grand théologien l'un des plus incompréhensibles mystères de la religion ; et cependant il n'y a personne, parmi ceux qui croient sans examiner, qui s'imagine que cet objet là contienne des difficultés. De là est venu qu'on a été si surpris d'apprendre par mon dictionnaire , que les sectateurs du manichéisme pouvaient faire des objections embarrassantes. Mais arrêtons-nous à notre texte, et disons que la nature, qui avait donné à Mélanchthon un tempérament pacifique, lui avait fait un présent mal assorti aux conjectures où il devait se trouver. Sa modération n'était propre qu'à être sa croix. Il se trouva comme une brebis au milieu des loups: personne ne s'accommodait de sa douceur ; elle l'exposait à toutes sortes de médisances , et lui ôtait les moyens de répondre au fou selon sa folie. Le seul avantage qu'elle lui procura fut de regarder la mort sans effroi , en considérant qu'elle le mettrait à l'abri de l'*Odium theologicum*, et de l'

. . . *Infidos agitans discordia fratres* (53). Je parlerai ci-dessous (54) de la servitude où il vivait. Il a dit dans quelqu'un de ses ouvrages , qu'il avait conservé quarante ans sa profession sans avoir jamais été assuré qu'on ne

---

(43) Seckendorf, *ubi suprà, pag.* 110.

(44) *Idem, ibidem.*

(45) Mézerai , Abrégé chronol. , *tom. VI, p.* m. 407 , 408.

(46) *Ce ne fut point lui qui porta la lettre du roi.*

(47) *Dans la remarque* (N).

(48) Seckendorf, Hist. Luther., *lib. III, pag.* 108.

(49) *C'est la* X^e. *du* XXVIIe. *livre, parmi les Lettres d'Érasme, pag.* 1510.

(50) Melch. Adam., *in* Vitis Philosophorum, *pag.* 202.

(51) *Discedes à peccatis , liberaberis ab ærumnis et à rabie theologorum.* Idem, ibidem.

(52) *Idem, ibidem.*

(53) Virgil., Georg., *lib. II, vs.* 496.

(54) *Dans la remarque* (L).

l'en chasserait pas avant la fin de la semaine. *Publicè non dubitavit affirmare* (*), *ego jam sum hìc, Dei beneficio, quadraginta annos : et nunquàm potui dicere aut certus esse me per unam septimanam mansurum esse* (55).

(H) *Il.... eut deux fils et deux filles.*] Je n'ai rien trouvé touchant les deux fils ; mais je sais qu'Anne sa fille aînée, fut femme de George Sabinus, l'un des bons poëtes de son temps. il l'épousa à Wittemberg, le 16 de novembre 1536 (56). Elle n'avait que quatorze ans. Son mari l'amena en Prusse, au grand regret de Mélanchthon, l'an 1543 (57). Il y avait eu souvent des brouilleries entre le beau-père et le gendre, parce que celui-ci, plein d'ambition, aurait voulu s'élever à des emplois politiques, et ne s'accommodait pas de l'humilité de Mélanchthon, qui se bornait à des emplois littéraires, et ne se fatiguait point pour avancer ses enfans (58). Anne entendait bien le latin, et était très-belle (59) : son père l'aimait tendrement (60) : jugez du chagrin qu'il eut quand elle s'éloigna de lui, l'an 1543 (61), et puis quand elle mourut à Konisberg, l'an 1547 (62). Et recueillez de tout ceci qu'il n'était heureux, ni au-dedans, ni au-dehors. *Narrationem talium ideò nequaquàm omittendam duco.... ut hujusmodi quasi vulneribus inspectis quàm misera interdum vita sit magnorum virorum intelligatur; cùm ad onera reipublicæ pondus etiam domestici doloris adjicitur* (63). Son autre fille fut mariée, l'an 1550, à Gaspard Peucer, qui était un habile médecin, et qui fut fort persécuté (64). Si vous doutiez que Mélanchthon fut bon père, je vous prierais de considérer qu'un Français le trouva un jour tenant

d'une main un livre, et berçant de l'autre un enfant. Mélanchthon le voyant surpris de cela, lui fit un discours si pieux sur les devoirs paternels, et sur l'état de grâce où les enfans sont auprès de Dieu, que cet étranger sortit de là beaucoup plus docte qu'il n'y était entré (65).

N'oublions pas cette réflexion. C'est un grand bonheur aux hommes d'étude d'être exempts et l'ambition et d'avarice : cela leur épargne beaucoup de temps, beaucoup de bassesses, beaucoup de désordres. Mais pour jouir de cette belle disposition, il ne suffit pas qu'ils la possèdent, il faut aussi que leur parenté en soit pourvue ; car une femme, un gendre, un fils, un proche parent, qui veulent gagner du bien, ou s'élever aux honneurs, ne laissent point en repos l'homme de lettres : ils veulent qu'il sollicite, qu'il brigue, qu'il fasse sa cour ; et s'il ne le fait pas, ils grondent et font des querelles. Mélanchthon et son beau-fils sont une preuve de ceci. *Inter socerum ac generum non quidem odium aut simultas, sed alienatio tamen quædam et propè dissidium ortum fuit..... Fons autem erat omnium, quòd Sabinus socero nimiâ cupiditate illustris fortunæ videbatur ardere. Ille autem non tantùm adjuvari et quasi promoveri se ab ipso quantum optabat et posse arbitrabatur, ægrè ferebat* (66). Concluons de cela qu'il est malaisé de vivre heureux dans ce misérable monde *, puisque la vie heureuse demande, non-seulement qu'on règle ses propres passions, mais aussi que celles de la parenté soient bien réglées.

(I) *Je ferai quelques réflexions sur le penchant qu'on le blâme d'avoir eu vers le pyrrhonisme.*] « Il sembloit avoir » esté nourry en l'eschole de Pirrho ; » car tousjours mille doutes assie- » geoient son ame, pour la crainte, » disoit-il, de faillir. Ses écrits es- » toient un perpetuel brouillis d'irré-

(*) *To.* 1. *Enarrat. Evangel.*, *pag.* 358.
(55) Melch. Adam., in Vit. Theol , p. 357.
(56) Melch. Adam., in Vit. Philos. , p. 227.
(57) Camerar. , *in* Vitâ Melanchth. , p. 206.
(58) *Idem , ibidem , pag.* 207.
(59) Melch. Adam., *in* Vitis Philosoph., *pag.* 227.
(60) Camerar., *in* Vitâ Melanchth. , p. 208.
(61) *Voyez ce qu'il écrivit à Camérarius*, *apud* Melchior. Adam. , *in* Vitis Theologorum , *pag.* 358.
(62) *Idem, ibidem.*
(63) Camerar. , *in* Vitâ Melanchth., p. 377.
(64) Melch. Adam , in Vit. Medicor. , *pag.* 377.

(65) Melch. Adam., *in* Vitis Philosophorum , *pag.* 198.
(66) Camerarius , in Vitâ Melanchthon., *pag.* 207.
* Joly observe que Bayle était dans les mêmes sentimens quand il a écrit la remarque (D) de l'article Xénophanes , tom. XIV ; mais qu'il dit le contraire dans la remarque (K) de l'article Périclès , tom. XI.

» solution (67). » L'auteur qui parle de la sorte cite quelques témoignages, et ne dit que ce qu'une infinité d'écrivains ont remarqué. Voyez en dernier lieu monsieur l'évêque de Meaux, dans l'Histoire des Variations. Je crois qu'on outre les choses ; mais je crois aussi que Mélanchthon n'était pas exempt de doutes, et qu'il y avait bien des matières sur quoi son âme ne prononçait point *cela est ainsi, et ne peut être autrement*. Il était d'un naturel doux et pacifique, et il avait beaucoup d'esprit, beaucoup de lecture et une science très-vaste. Voilà des qualités de tempérament, et des qualités acquises, dont le concours est pour l'ordinaire une source d'irrésolution. Un grand génie, soutenu d'un grand savoir, ne trouve guère que le tort soit tout d'un côté ; il découvre un fort et un faible dans chaque parti, il comprend tout ce qu'il y a de plus spécieux dans les objections de ses adversaires, et tout ce que ses preuves ont de moins solide : il fait, dis-je, toutes ces choses, pourvu qu'il ne soit pas d'un tempérament bilieux ; car s'il l'est, il se préoccupe de telle sorte en faveur de son parti, que ses lumières ne lui servent plus de rien. Non-seulement il se persuade qu'il a raison ; mais il conçoit pour ses sentimens une tendresse particulière, qui le porte à haïr violemment la doctrine qui les combat. De la haine des opinions il passe bientôt à la haine des personnes ; il aspire à triompher, il s'échauffe, et il se tourmente pour y parvenir ; il se fâche contre ceux qui lui représentent que, pour l'intérêt de la vérité céleste, il ne faut point recourir aux expédiens de la politique humaine. Il ne se fâche pas moins, s'il entend dire que ses dogmes ne sont pas certains et évidens, et que sa partie adverse peut alléguer de bonnes raisons. Étant tel, il n'examine les choses qu'afin de demeurer convaincu de plus en plus, que les doctrines qu'il a embrassées sont véritables, et il ne manque pas de trouver beaucoup de solidité dans ses argumens ; car il n'y eut jamais de miroir aussi flatteur que la préoccupation : c'est un fard qui embellit

(66) Florimond de Rémond, Histoire de l'Hérésie, *lib. II, chap. IX, pag.* 181.

les visages les plus laids : elle rend à une doctrine les mêmes offices que la Vénus du poëte romain rendit à son fils.

Restitit Æneas, claráque in luce refulsit ;
Os humerosque Deo similis : namque ipsa de-
*   coram*
Cæsariem nato genitrix, lumenque juventæ
Purpureum, et lætos oculis afflârat honores.
Quale manus addunt ebori decus, aut ubi
*   flavo*
Argentum, Pariusve lapis circumdatur au-
*   ro (68).*

Mélanchthon, n'ayant pas ce tempérament, ne pouvait pas être si ferme dans ses opinions. Il demeurait dans un sens froid qui laissait agir son génie sur le pour et sur le contre ; et comme il aimait la paix, et qu'il déplorait les désordres que le schisme avait fait naître, il était plus disposé à juger favorablement de plusieurs doctrines que les esprits chauds prenaient pour un fondement de la rupture, et qu'il eût voulu qu'on eût tolérées afin de faciliter la réunion. Sa modestie et ses expériences le rendaient un peu défiant. Il était persuadé que ses lumières pouvaient croître de jour en jour : il se souvenait d'avoir corrigé beaucoup de choses dans ses écrits. Il les croyait bonnes la première fois qu'il les publia : le temps lui ayant fait son approbation, et à s'appliquer un bel endroit de Térence (69). Pouvait-il répondre que le temps ne l'instruirait pas encore mieux ? Voilà ce qui l'empêchait d'être décisif. Il vivait parmi des gens qui lui paraissaient passionnés, et trop ardens à mêler les voies humaines et les ressorts du bras séculier avec les affaires de l'église. Sa conscience tendre lui faisait craindre qu'il n'y eût là un caractère de réprobation (70). Pourquoi demeurait-il dans ce parti-là, demanderez-vous ; s'il n'avait point une assurance posi-

(68) Virgil., Æneid., *lib. I, vs.* 588.
(69) *Nunquàm ita quisquam benè subductâ*
*   ratione ad vitam fuit.*
Quin res, ætas, usus, semper aliquid ap-
*   portet novi,*
Aliquid moneat : ut illa, quæ te scire credas,
*   nescias,*
Et quæ tibi putâris prima, in experiundo ut
*   repudies.*
Quod mihi evenit nunc. . . . .
Terentius, Adelph., *act. V, sc. IV, initio.*
(70) *Consultez les passages cités par* M. de Meaux, Histoire des Variations, *liv. II, num.* 44 ; *liv. IV, num.* 2 ; *liv. V, num.* 33.

tive que c'était la cause de Dieu? Où voulez-vous qu'il allât? vous répondra-t-on. N'eût-il pas rencontré dans la communion romaine beaucoup plus de choses à condamner, plus d'emportement, plus d'oppression de conscience? Croyez-vous qu'il n'eût pas bien balancé tous les inconvéniens, lorsqu'il jeta les yeux sur la Palestine, pour s'y retirer en cas que ses ennemis le chassassent? *Non frangor animo, propter crudelissimam vocem meorum hostium, qui dixerunt, se mihi non relicturos esse vestigium pedis in Germaniâ. Commendo autem me Filio Dei. Si solus expellar: decrevi Palæstinam adire, et in illis Hieronymi latebris, in invocatione filii Dei, et testimonia perspicua de doctrinâ scribere, et in morte Deo animam commendare* (71). Conférez avec ceci le dessein qu'eut Abélard de se retirer chez les infidèles (72).

Admirons ici un caractère particulier de la destinée de l'homme : ses vertus sont sujettes à des suites un peu vicieuses ; elles ont leurs inconvéniens. Ses mauvaises qualités, au contraire, produisent de bons effets en plusieurs rencontres. La modestie, la modération, l'amour de la paix, forment dans les plus savans personnages un fonds d'équité qui les rend tièdes en quelque façon, et irrésolus. L'orgueil et la bile forment un entêtement si opiniâtre dans un grand docteur, qu'il ne sent pas le moindre doute, et qu'il n'y a rien qu'il n'entreprenne et qu'il ne supporte pour l'avancement et pour la prospérité de ses opinions. Si par bonheur il a rencontré la vérité, quels services ne lui rend-il pas? Ils sont sans doute plus grands qu'ils ne le seraient, s'il était d'un tour d'esprit plus raisonnable. Les liens de la préoccupation, ou, si vous voulez, le poids des passions, attachent plus fortement l'âme à la vérité que l'attrait de la lumière. Notez que je mets à part les bons effets de la grâce, tant sur les tempéramens trop phlegmatiques que sur les tempéramens trop bilieux. Je ne considère cela que philosophiquement : or, sous cette notion, il est

vrai de dire qu'en ce qui concerne les intérêts d'une secte, un homme entêté et fougueux est préférable à un homme sage ; et si quelque fondateur souhaite que ses disciples travaillent avec succès à l'extension et à la propagation de ses dogmes, il doit souhaiter qu'ils soient d'humeur à ne démordre de rien, et à épouser pour toute leur vie le premier parti qu'ils embrassent. S'ils le choisissent avant que d'avoir été capables de bien peser les raisons de part et d'autre, tant mieux ; ils n'en seront que plus éloignés de douter à l'avenir ; et moins ils auront de doutes, plus seront-ils opiniâtres et ardens : au lieu que ceux qui se proposent de s'éclaircir de jour en jour, ne se croient point obligés à un fort grand zèle ; car ils s'imaginent que ce qui leur semble vrai aujourd'hui leur semblera une autre fois moins probable que ce qu'ils ne croient point. Cicéron exprime très-bien ces différens caractères, en parlant des sceptiques et des dogmatiques. *Neque nostræ disputationes*, dit-il (73), *quicquam aliud agunt, nisi ut in utramque partem dicendo, et audiendo eliciant et tanquam exprimant aliquid, quod aut verum sit, aut id quàm proximè accedat. Neque inter nos et eos qui scire se arbitrantur quicquam interest, nisi quod illi non dubitant, quin ea vera sint quæ defendunt: nos probabilia multa habemus, quæ sequi facile, affirmare vix possumus. Hoc autem liberiores et solutiores sumus, quod integra nobis est judicandi potestas, neque ut omnia quæ præscripta et quasi imperata sint, defendamus, necessitate ullâ cogimur. Nam cæteri primùm antè tenentur astricti, quàm quid esset optimum, judicare potuerunt. Deindè infirmissimo tempore ætatis aut obsecuti amico cuidam, aut unâ alicujus quem primum audierunt, ratione capti, de rebus incognitis judicant, et ad quamcunque sunt disciplinam quasi tempestate delati, ad eam tanquàm ad saxum adhærescunt. Nam quod dicunt, omninò se credere ei, quem judicent fuisse sapientem, probarem, si id ipsum rudes et indocti judicare potuissent. Statuére enim quid sit sa-*

(71) Mélanchthon, *apud* Melchior. Adamum, in Vitis Theolog., *pag.* 357.

(72) *Voyez l'article* Alciat (Jean-Paul), *tom* I, *pag.* 392, *à la remarque* (F).

(73) Cicero, academ. Quæstionum *lib. II*, cap. III.

*piens, vel maximè videtur esse sa-
pientis. Sed ut potuerunt, omnibus
rebus auditis, cognitis etiam reliquorum sententiis judicaverunt, aut re
semel auditâ ad unius se autoritatem
contulerunt. Sed nescio quomodò plerique errare malunt, eamque sententiam quam adamaverunt, pugnacis-
simè defendere, quàm sinè pertinaciâ
quid constantissimè dicant exquirere.*

(K) *C'est à tort que quelques-uns
l'ont accusé de haïr la philosophie
péripatéticienne.*] J'ai cité ailleurs
(74) le père Rapin, qui met Mélanchthon dans le catalogue des hérétiques
modernes qui ont déclamé contre
Aristote et contre sa philosophie.
Cette accusation n'est pas bien fondée : je le montrerai ci-dessous (75),
et il suffirait pour le réfuter, de mettre ici ce que Mélanchthon écrivit
au chancelier de Bavière, l'an 1535.
*Verè judicas plurimùm interesse rei-
publicæ ut Aristoteles conservetur,
et extet in scholis ac versetur in manibus discentium. Nam profectò sinè
hoc autore, non solùm non retineri
pura philosophia, sed ne quidem justa
docendi aut discendi ratio ulla poterit
(76).* La logique de l'école est de toutes les parties de la philosophie celle
qui a été la moins agréable aux réformateurs, car ils la considéraient comme la source des vaines subtilités
qui faisaient perdre tant de temps à
la jeunesse, et qui corrompaient la
théologie. Cependant Mélanchthon se
déclara pour la logique. Son témoignage a été cité par Caramuel, dans la
liste qu'il a donnée de quelques docteurs protestans qui recommandent
l'étude de cette partie de la philosophie. *Philippus Melanchthon, dit-il
(77), Lutheri discipulus fuit, et tametsi magister parvi logicam penderet, ipse maximi eam fecit, et inter
alia in præfatione Erotem. Dialect.
hæc scripsit. Hos et adhortor, et propter gloriam Dei, ac propter ecclesiæ
salutem obtestor, ne dialecticen ne-
gligant, nec applaudant insulsis sermonibus eorum qui vituperant eam*

et ecclesiæ inutilem esse, etc. *imò
dialecticâ opus est non solùm ut doctrina lucem habeat, sed etiam ut sit
concordiæ vinculum.* Le jésuite Jaques Gretser, voulant combattre la
haine que Luther avait témoignée
contre la philosophie d'Aristote, lui
opposa Mélanchthon, et cita un très-
long passage de ce disciple de Luther :
A quo, dit-il (78), *hanc Apologiam
mutuabimur, nisi ab illo, cui Lutherus plurimùm tribuere solebat; quique ea, quæ olim in Aristotelem con-
jecerat, maledicta laudibus posteà
dispunxit? Is est Melanchthon, qui
in oratione de Aristotele* (*) *à Flocco
quodam Norimbergensi recitata his
verbis Logicam Aristotelicam adversùs Lutheri criminationes nobis dat
defensam.* Nunc quædam de genere
philosophiæ addam, cur Aristoteli-
cum maximè nobis in ecclesiâ usui
esse arbitremur. Constare arbitror
inter omnes, maximè nobis in ecclesiâ opus esse dialecticâ, quæ metho-
dos rectè informat, quæ dextrè defi-
nit, justè partitur, aptè connectit,
judicat, et divellit monstrosas con-
nexiones. Hanc artem qui non nôrunt
lacerant materias explicandas, ut
catuli panniculos. Libet enim uti
Platonis similitudine. Verè eam Plato
laudibus effert, inquiens igniculum
esse, quem Prometheus è cœlo attu-
lerit, ut in mentibus hominum lumen accenderet ad rectè judican-
dum. Sed artis præcepta nusquàm
tradit. Carere igitur Aristotelis monumentis non possumus, stoïca non
extant, et apparet intricatos laby-
rinthos, et corruptelas artis fuisse,
non simplicem disserendi viam, uti-
lem explicationi magnarum rerum.
Hæc Philippus pro Aristotelis logicâ
contrà Lutheri amentiam,* La suite de
ce passage de Mélanchthon, rapportée par Gretsérus, contient de fort
belles louanges de la physique et de
la morale d'Aristote.

Il n'est donc point nécessaire de
justifier Mélanchthon sur ce chapitre * : ses ouvrages le justifient assez;
mais n'oublions pas une bévue du

---

(74) *Dans la remarque* (Y) *de l'article* Aristote, *tom. II, pag.* 370.

(75) *A la fin de cette remarque.*

(76) Mélanchthon., epist. ad Leonhardum
Eccium. *C'est la* CXVI*e. du* Ier. *livre, pag.*
m. 165.

(77) Joh. Caramuel, Theolog. Rational., *tom.
II, pag.* 42, *edit. Francof.*, 1654, *in-folio.*

(78) Jacob. Gretser., Inaugur. Doctor., *pag.*
60, 61.

(*) *Melanchth.*, *tom.* 3 *Declamat.*

* Joly, dans ses remarques sur l'article Aristote, a ajouté des preuves de ce que dit Bayle
des sentimens de Mélanchthon pour Aristote.

père Rapin. Il cite (79) une thèse soutenue par Luther, à Heidelberg l'an 1518, où Aristote fut maltraité. Luther, continue-t-il, *ne laisse passer aucune occasion, dans ses ouvrages, de s'emporter contre ce philosophe; en quoi il a été suivi de Zuingle, de Pierre Martyr, de Zanchius, de Mélanchthon, et de tous ceux qui ont combattu la doctrine de l'église romaine. Ce qui a fait dire à Melchior Cano*, etc. Tout cela, et ce qu'il venait de dire des anabaptistes, est tiré du livre de George Hornius, qu'il a cité. Or voici les paroles de cet auteur : *Ibique* (Lutherus) *pluribus Aristotelem exagitat. Zwinglius etiam*, P. *Martyr*, *Zanchius*, *et alii excelsissimè florebant philosophiæ laudibus. Omnes tamen exsuperavit divinum* Philippi *Mélanchthonis ingenium*, *qui scriptis suis totam philosophiam ita illustravit*, *ut verè author ejus et fatalis in Germaniá instaurator dici possit. Illustravit dialecticam*, *ethicam*, *physicam*, *et mathematicas disciplinas: expurgavit spinas philosophorum : id denique effecit*, *ut philosophia mox florentissima efficeretur* (80). La particule *etiam*, mise en après les paroles qui marquent que Luther s'est emporté contre Aristote, a fait croire au père Rapin que Zuingle, et les autres réformateurs nommés par Hornius, se sont emportés aussi contre Aristote ; mais on peut aisément connaître que cela est très-éloigné de la pensée de Hornius : l'éloge qu'il fait de Mélanchthon pourrait être encore plus étendu; car ce grand homme ne se borna pas à illustrer toutes les parties de la philosophie : il n'y eut guère d'arts, ni de sciences, sur quoi il ne travaillât, tâchant d'en faciliter l'étude par des méthodes faciles et dégagées. Que dirons-nous donc de ceux qui ont eu l'audace de publier que Mélanchthon et Carlostad décrièrent toutes les sciences, qu'ils se firent artisans, et qu'ils rendirent si désertes presque toutes les écoles, qu'on n'y voyait que des toiles d'araignée (81). Malai-

sément trouverait-on des professeurs qui aient fait autant de leçons que celui-ci, et à tant de gens (82). Il lui arrivait souvent de faire trois ou quatre leçons par jour (83) ; et il y a lieu de croire que quand il se maria, il n'interrompit ses exercices académiques que le jour des noces : c'est ce que l'on peut inférer de ce distique :

A studiis hodiè facit otia grata Philippus,
Nec vobis Pauli dogmata sacra leget.

Voilà l'avertissement qui fut donné ce jour-là à ses auditeurs (84). Il fut le principal appui de l'académie de Wittemberg. *Suá industriá atque eruditione Wittembergicam academiam præcipuè sustinuit : nec passus est vel bellis civilibus*, *vel intestinis odiis sese ab eá abstrahi : binas*, *ternas*, *quaternas quotidiè scholas habuit easque frequentissimas : nullam autem horam vacuam à legendo*, *scribendo*, *disserendo*, *consulendo* (85).

Pour ne rien dissimuler, il faut que je dise ici que Mélanchthon suivit au commencement le branle que Luther lui avait donné : il parla mal d'Aristote ; mais il changea bientôt de langage, et il persévéra dans la recommandation de la philosophie de ce fondateur du lycée. C'est pourquoi le père Rapin n'a pas été bien fondé dans l'accusation que j'ai rapportée au commencement de cette remarque; car il ne faut point juger d'un homme par les sentimens qu'il quitte bientôt, mais par ceux où il se confirme tout le reste de ses jours. Le père Gretser eût pu apprendre au père Rapin comment il fallait parler sur cette matière. Voyez ce que j'ai déjà cité de ce jésuite allemand, et ce que je vais tirer de la même source : *Quid ad nos*, *quid Aristoteles impurus homo dicat ?* vociferatur Philippus (*1). Et in Locis anno Christi M. D. XXIII, Argentorati editis (*2) : *Aristotelis doctrina est in universum quædam libido rixandi*, *ut eum inter*

---

(79) Rapin, Réflexions sur la Philosophie, pag. m. 451.

(80) Georg. Hornius, Histor. Philosoph., lib. VI, cap. IX, pag. 315.

(81) Le jésuite Crésollius *est de ceux-là.* Voyez Morhof., Poly. hist., pag. 7 et 8.

(82) *Voyez ci-dessus*, dans la remarque (P), ce que Sabin *répondit au* cardinal Bembus.

(83) Konig, Biblioth., pag. 527. Voyez, ci-dessous, citation (85).

(84) Melch. Adam., in Vitis Philos., p. 190.

(85) *Idem*, in Vitis Theolog., pag. 355.

(*1) Philipp. in Apolog. pro Luth. et in Ludo contrà Parisiens.

(*2) Tit. de peccato.

parœneticœ philosophiœ scriptores ne postremo quidem locodignentur. Quid ad me quid senserit ille rixator ? inquit in iisdem Locis (*) Philippus. Quamquàm posteà Vertumnus iste stylum vertit, et maledicta in benedicta convertit (86). Voyez la note (87).

(L) *On aurait…. raison de prétendre qu'il ne croyait pas la réalité.*] On a ouï dire à Peucer (88), 1° que Mélanchthon, son beau-père, ayant lu le dialogue d'Œcolampade *de Cœnâ Domini*, abandonna le sentiment de la manducation orale ; et qu'ensuite il triompha par l'argument de l'autorité des pères. *Patribus doctrina Synusiastarum fuit ignota : Augustinus crassissimus fuit Zwinglianus, ergò, etc.* ; 2°. qu'il ne croyait pas qu'on pût mourir avec plus de gloire que pour la doctrine de l'Eucharistie, et qu'il se plaignait de n'avoir pas plus de courage dans la profession ouverte de son sentiment. *Ah utinàm possem esse fortior in confessione istius causœ, et alibi essem. Sed his moribus, his temporibus inter hos homines fieri id non potest, et habeo graves rationes mei consilii. Interim dico sententiam meam ubi video opus esse* ; 3°. qu'en 1544, il s'expliqua librement à un Hongrois qui lui demandait sa pensée sur l'Eucharistie, et que la chose ayant été rapportée à Luther, et à Poméranus, celui-ci adressa un jour au peuple cette apostrophe dans un sermon : *Mes très-chers frères, l'église court un grand péril, priez le Dieu tout-puissant pour quelques grands personnages qui sont tombés dans l'erreur* ; 4°. que Mélanchthon, ayant compris que cela le regardait, ne put tenir sa colère, et sortit du temple à la vue de toute la compagnie ; qu'il rapporta à Cruciger cette affaire ; et qu'ils conclurent de se retirer de Wittemberg ; ce qu'ils auraient exécuté, si Luther n'eût été caution corps pour corps que la cour de Saxe ne leur

ferait aucun mal à ce sujet ; 5°. que Mélanchthon avait vécu sous une dure servitude à Wittemberg, et qu'il courut risque trois fois d'être mis dans une prison (89) ; 6°. qu'il désapprouvait le concordat de l'année 1536, et la timidité que Bucer y avait eue d'accorder trop à Luther. *Nec tacebat de concordiâ Wittembergicâ inter Lutherum et Bucerum anno 1536 initâ. Mélanchthonem aiebat Bucerum sæpè hortatum fuisse ne tantùm Luthero largiretur, sed Bucerum fuisse timidum, circumseptum ab inimicis. Reliquos etiam superioris Germaniæ Theologos nimis fracto et demisso animo fuisse.* Voilà les discours que Peucer tint à Scultet, qui était allé le voir à Dessau, l'an 1589.

Mais, si l'on veut être assuré de la bonne foi de ce rapporteur, on n'a qu'à lire les ouvrages mêmes de Peucer (90), et nommément celui qui fut imprimé l'an 1596, par les soins de Quirin Reutérus, et qui a pour titre, *Tractatus historicus de clarissimi Viri Philippi Melanchthonis Sententiâ de Controversiâ Cœnæ Domini, à D. Casparo Peucero antè plures annos scriptus, sed jam primum separatim boni publici ergò excusus : Cum Appendice selectarum Epistolarum et Judiciorum aliquot Philippi, aliorumque præstantium Virorum de eâdem materiâ.* Hospinien (91) vous prouvera amplement que Mélanchthon se désabusa du luthéranisme à l'égard de la présence réelle, quoique la crainte de l'oppression ne lui permît pas de parler ouvertement. Il a recueilli bien des preuves de cette crainte (92). L'illustre Mélanchthon, menacé du bannissement, témoignait enfin le souhaiter comme une espèce de délivrance (93). « Il ne savait » point d'autre remède à ses maux, » que celui de la fuite ; et son gen-

(*) *Tit. de lege.*
(85) Jacob. Gretser., Inaugur. Doctor., p. 45.
(87) *On peut confirmer ceci par ces paroles d'Érasme*, Epist. ad Fratres Germaniæ inferioris , *pag. m.* 2127 : Nonne Melanchthon aliquandò damnavit scholas publicas? Nunc hic dicit, mancant scholæ quæ bonæ sunt, vitia corrigantur.
(88) Abrah. Scultetus, Narrat. apologet., p. 20 *et sequentibus.*

(89) *A Johanne Friderico electore ter illi decretum fuisse carcerem.* Abrah. Scultetus, Narratione apologeticâ, *pag.* 20.
(90) *Comme l'Historia Carcerum, et la préface du Traité de præcipuis Divinationum generibus.*
(91) *Voyez son* IIe *volume* Historiæ Sacramentariæ , *pag.* 234 *et passim alibi. Consultez aussi* M. de Meaux, Histoire des Variations, *liv.* VIII, *num.* 39.
(92) *Voyez nommément la page* 428 *et suiv.* Hist. Sacrament. , *tom.* II.
(93) Hospin., *ibidem, pag.* 430.

» dre Peucer (*¹) nous apprend qu'il
» y était résolu. Il écrit lui-même
» (*²) que Luther s'emporta si vio-
» lemment contre lui, sur une lettre
» reçue de Bucer, qu'il ne songeait
» qu'à se retirer éternellement de sa
» présence. Il vivait dans une telle
» contrainte avec Luther, et avec les
» chefs du parti, et on l'accablait
» tellement de travail et d'inquiétu-
» de, qu'il écrivit, n'en pouvant
» plus, à son ami Camérarius : *Je*
» *suis*, dit-il (*³), *en servitude com-*
» *me dans l'antre du Cyclope ; car je*
» *ne puis vous déguiser mes senti-*
» *mens, et je pense souvent à m'en-*
» *fuir.* Luther n'était pas le seul qui
» le violentait : chacun est maître à
» certains momens parmi ceux qui
» se sont soustraits à l'autorité légi-
» time, et le plus modéré est toujours
» le plus captif (94). » Notez que ce
passage de M. de Meaux ne regarde
pas la contrainte où était Luther à
l'égard de sa doctrine sur la Cène.

(M) *Saint-Romuald assure qu'on*
brûla son corps à Munich.] « Phi-
» lippe Mélanchthon, natif de Bresse
» (95) en Allemagne, mourut à Wit-
» temberg, âgé de soixante-trois ans,
» et un peu plus : c'était le compa-
» gnon individu de Martin Luther. Il
» fut inhumé comme lui assez hono-
» rablement par des gens de leur fa-
» rine : mais à quelque temps de là
» (*⁴) les catholiques déterrèrent son
» corps et le firent brûler avec grand
» zèle à Munich ; et parce que cepen-
» dant le feu se mit au château, et
» que les lions en échappèrent, non
» sans beaucoup de danger pour les
» habitans de la ville, le Plessis
» Mornai en a pris occasion de s'é-
» crier, *Justa Domini judicia.* C'est
» dans une lettre qu'il écrivit au
» sieur Languet Bourguignon (96). »
Ce bon feuillant ne cite personne, et
il marque l'an 1597 : bonne preuve
de son ignorance : car Languet mourut l'an 1581.

(*¹) Peuc., *Ep. ad Vit. Theod. Hosp.* p. 2, f. 193 *et seq.*
(*²) *Mel.*, lib. *IV*, ep. 315.
(*³) Lib. *IV*, 255.
(94) *M. de Meaux, Histoire des Variations*, liv. *V*, num. 16.
(95) *Il fallait dire Bretten.*
(*⁴) *L'an 1597.*
(96) Pierre de Saint-Romuald, Abrégé chron, tom. *III*, pag. m. 328, à l'ann. 1560.

(N) *M. Varillas a publié des men-*
songes si étranges.] « On ne parla
» pas moins diversement de la fin de
» Mélanchthon, mort presque en mê-
» me temps à l'âge de soixante-trois
» ans et trois jours (97). Sa mère qui
» l'assistait à la mort l'ayant conjuré
» de lui dire laquelle des religions
» était la meilleure, il lui répondit
» que les nouvelles étaient à la vérité
» plus plausibles, mais que la catho-
» lique était la plus sûre. Ce qu'il y
» eut néanmoins de plus surprenant
» en lui fut que son inconstance sur
» le fait de la religion ne l'empêcha
» pas de témoigner une très-grande
» fermeté dans la mauvaise fortune.
» Il avait employé toute sa vie à l'é-
» tude, et semblait n'être pas capa-
» ble d'un autre travail. Il subsistait
» avec sa femme et plusieurs filles
» (98) qu'il avait, des gages qu'il re-
» cevait de l'électeur Jean-Frédéric
» de Saxe, en qualité de professeur
» en théologie dans l'université de
» Wittemberg. Ces gages ne suffi-
» saient précisément que pour entre-
» tenir la famille de Mélanchthon, qui
» les touchant par quartiers à point
» nommé, ne se mettait pas beaucoup
» en peine de l'avenir, parce qu'il
» supposait que cette source serait
» inépuisable à son égard. Cependant
» il arriva, comme on a vu dans le
» XVIe. livre de cette histoire, que
» l'électeur de Saxe perdit ses états
» et sa liberté, et l'on cessa de payer
» les gages de Mélanchthon. Ce qu'il
» avait de meubles était de si petite
» valeur, qu'il ne lui aida pas long-
» temps à vivre ; et il se vit en peu
» de mois réduit à la nécessité de
» mendier ou d'importuner ses amis,
» dont il n'y avait aucun qui n'eût
» fait de considérables pertes dans
» la révolution générale de la Saxe.
» L'une et l'autre de ces deux extré-
» mités lui déplurent également ; et
» il aima mieux gagner sa vie à la
» sueur de son corps en passant dans
» une profession éloignée de la sienne.
» Il se loua à un brasseur de bière,
» et travailla trois ans entiers dans
» la brasserie, jusqu'à ce que le duc
» Maurice, mis en possession de l'é-
» lectorat de Saxe, rétablit l'univer-
» sité de Wittemberg, et les appoin-

(97) *Il fallait dire soixante trois jours.*
(98) *Il n'en avait que deux.*

» temens de Mélanchthon (99).» Notez que la mère de Mélanchthon mourut l'an 1529 : pouvait-elle donc faire des demandes l'an 1560 ? Voyez ci-dessus dans la remarque (E) (99*) ce que j'ai dit contre Florimond de Rémond. Je ne m'amuse point à prouver qu'il ne se loua jamais à un brasseur : c'est une fable dont on peut connaître la fausseté par l'inspection seule du cours de la vie de ce savant personnage. Disons en passant que ceux qui content qu'en 1524 Luther *retira Mélanchthon de la boutique d'un boulanger* (100) où il *s'était mis apprenti pour commencer à gagner sa vie* (101) à la sueur de son visage, se trompent grossièrement.

Pour ne pas séparer les fautes de Varillas, j'ai renvoyé à cet endroit-ci la narration qu'il a donnée du dessein de François Ier., par rapport à Mélanchthon. Il suppose que la sœur (102) et la maîtresse (103) de ce prince intriguèrent extrèmement pour introduire la nouvelle religion dans le royaume (104); et que, n'ayant pu faire réussir la tentative fondée sur une prédication du curé de Saint-Eustache, elles employèrent une autre ruse, qui fut de persuader au roi de gagner les protestans d'Allemagne ; ce qui lui serait très-avantageux pour résister à la trop grande puissance de Charles-Quint : on lui représenta donc que rien ne serait plus propre à les gagner, que de faire paraître un grand désir de conférer avec Mélanchthon (105). La première démarche de ce prince fut *l'ordre que reçut Langei, qui avait connu ce théologien en Saxe, de le sonder s'il était d'humeur à changer sa chaire de théologie dans l'université de Wittemberg, qui ne lui rapportait que deux cents écus par an, en une chaire de professeur royal dans l'université de Paris, à douze cents écus d'appointement* (106). La seconde démarche fut

(99) Varillas, Histoire de l'Hérésie, tom. V, liv. XXIV, pag. 227, édition de Hollande.
(99*) Citation (29).
(100) Florimond de Rémond, Hist. de l'Hérésie, liv. I, chap. LI, pag. 95.
(101) Là même, liv. II, chap. II, pag. 126.
(102) Marguerite, reine de Navarre.
(103) La duchesse d'Étampes.
(104) Varillas, Histoire de l'Hérésie, tom. II, liv. X, pag. 312.
(105) Là même, pag. 317, 319.
(106) Là même, pag. 321.

de charger Langei *de faire des offices particuliers à la cour de Saxe*, pour obtenir la permission que Mélanchthon demandait, *et d'une lettre pour* ce fameux théologien, *signée de la propre main du roi* ..... *L'électeur de Saxe n'eut pas plus tôt appris que le roi très-chrétien lui demandait Mélanchthon, qu'il s'imagina qu'il ne tenait plus qu'à cela que toute la France ne devînt luthérienne* ..... *Il ne délibéra pas un instant sur la demande qu'on lui faisait, et il ne se contenta pas de céder un homme dont il croyait avoir encore beaucoup affaire. Il l'exhorta de plus à se mettre promptement en chemin. Mais Luther qui ne pouvait se passer de Mélanchthon, le retint long-temps sous prétexte de concerter, ou pour mieux dire de polir avec lui son dernier ouvrage contre les anabaptistes* (107). Mélanchthon fit une réponse civile à François Ier., *et la conclut par une excuse de ce qu'il n'était pas parti au moment que l'électeur son maître le lui avait permis* (108). Le cardinal de Tournon eut le courage *de s'opposer à l'intrigue de la reine de Navarre et de la duchesse d'Étampes* (109). Il fit un discours que François Ier. goûta ; *mais la vertu que ce prince affectait davantage était de garder sa parole, et il présupposait que l'on trouverait d'autant plus étrange qu'il la violât à l'égard de Mélanchthon, que ce théologien ne s'était point ingéré de lui-même de venir à Paris, et qu'il n'y avait consenti qu'après avoir été recherché par les voies honorables. Il n'y eut donc rien pour ce coup de résolu, et l'indifférence de sa majesté aurait apparemment été plus longue si les mêmes luthériens, qui lui avaient adroitement fait inspirer le désir de voir Mélanchthon, ne le lui eussent ôté par une action insolente qui les acheva de ruiner dans son esprit* (110). Ils avaient déjà fait afficher des placards à la porte de son cabinet, qui l'avaient mis dans une grande colère ; mais il fut offensé beaucoup davantage par les billets imprimés qu'ils firent couler dans la nef dont on le servait à table

(107) Là même, pag. 322.
(108) Là même, pag. 323.
(109) Là même, pag. 324.
(110) Là même, pag. 325.

par le moyen de Ferret, valet de son apothicaire. On soupçonnait qu'ils étaient de la composition de Farel.... La lecture de ces billets acheva de produire l'effet que le cardinal de Tournon avait commencé, et Mélanchthon fut contremandé. *Les semeurs de billets furent recherchés, et l'on publia un édit très-sévère que le cardinal chancelier Duprat avait dressé contre les luthériens. Il y eut le 29 de janvier* 1535 *une procession solennelle, où le roi assista à pied, tête nue et le cierge à la main* (111).

Il y a bien des faussetés dans ce récit. 1°. Je demanderai caution, avant que de croire sur l'autorité de Varillas (112), que la duchesse d'Étampes se mêla, pour l'amour des protestans, entre autres intrigues, de celle du voyage de Mélanchthon; et que l'on offrait à celui-ci une chaire de professeur royal. 2°. Il paraît par la lettre du roi à Mélanchthon, que celui qui la porta se nommait la Fosse. On ne la donna point au sieur de Langei. 3°. L'électeur de Saxe crut si peu que le voyage de Mélanchthon rendrait luthérienne toute la France, que l'une des raisons pourquoi il n'y voulut pas consentir, fut qu'il le jugea plus nuisible que profitable aux progrès de la réforme. Cela paraît par l'original des Lettres qu'il écrivit sur ce sujet (113). 4°. Tant s'en faut que sans délibérer un moment, il ait accordé à Mélanchthon la liberté nécessaire, et que de plus il l'ait exhorté *à se mettre promptement en chemin,* qu'au contraire il ne se laissa fléchir, ni par les prières de ce professeur, ni par celles de Luther, ni par les offices de l'ambassadeur de France (114). Il écrivit ses excuses à François Ier., le 28 août 1535 (115). L'ambassadeur s'occupait encore à solliciter, et le faisait vainement au mois de décembre de la même année (116). 5°. Luther ne *retint pas long-temps* Mélanchthon; car au contraire il fit

des instances réitérées à la cour de Saxe pour ce voyage. *Extant Lutheri ad electorem litteræ d.* 17. *Aug. datæ* tom. VI. fol. 491, *in quibus repetitis et enixissimis precibus contendit ut Philippus ad tres menses dimittatur.* (117). 6°. C'est une audace effroyable que dire que Mélanchthon, dans la lettre au roi, *concluait par une excuse de ce qu'il n'était pas parti au moment que l'électeur son maître le lui avait permis.* Il n'y a rien de tel dans sa lettre, et il n'eût pu parler sans mentir de la permission de son maître. 7°. Le temps des placards ne devait pas être distingué de celui où l'on fit couler des billets dans la nef de François Ier.; et en tout cas, si l'on voulait faire là une distinction, il eût fallu que les billets précédassent les placards. En effet, Florimond de Rémond, dont Varillas n'a été ici que le paraphraste, suppose que les hérétiques n'affichèrent des placards (118), qu'après avoir *semé çà et là plusieurs livres, ... fait jeter dans le cabinet du roi leurs articles de foi par le moyen d'un valet de son apothicaire nommé Ferret, voire même des petits billets dans la nef dont on le servait à table* (119). 8°. Ce qui fut dit de plus fort contre la messe et contre les prêtres n'était pas dans ces billets, mais dans les placards (120). 9°. On ne saurait donner de preuve que François Ier. ait contremandé Mélanchthon : il le demandait encore au mois de décembre 1535, après la lettre qu'il avait reçue de l'électeur de Saxe, pleine d'excuses de ce que l'on n'accordait pas à ce docteur la permission d'aller en France. Il est donc très-vraisemblable qu'il ne fut jamais nécessaire que François Ier. le contremandât. 10°. Il est très-certain que les placards ne l'y engagèrent point; car ils furent affichés au mois de novembre 1534. Le roi fit punir cette hardiesse, et expier cet outrage du Saint-Sacrement au mois de janvier suivant; et il écrivit à Mélanchthon cinq mois après.

(111) Varillas, Histoire de l'Hérésie, *tom. II, liv. X, pag.* 326.

(112) *Notez* que Florimond de Rémond, *liv. VII, chap. III, dit la même chose; mais cette* caution *en demande une autre.*

(113) *Voyez* Seckendorf, Histor. Lutheranismi, *lib. III, pag.* 109, 110.

(114) Seckendorf, *ibidem*, *pag.* 107.

(115) *Ibidem*, *pag.* 110.

(116) *Ibidem.*

(117) *Idem, ibidem, pag.* 107.

(118) Florimond de Rémond, Histoire de l'Hérésie, *liv. VII, chap. V, pag.* 859.

(119) Varillas *attribue cela à ce valet; il ne copie donc pas bien son original.*

(120) Florimond de Rémond, Histoire de l'Hérésie, *liv. VII, chap. V, pag.* 859.

Peut-on assez admirer la négligence de M. Varillas ? Il a donné le précis de la lettre que François Iᵉʳ. écrivit à Mélanchthon : il a pu voir qu'elle est datée du 28 de juin 1535. Il a dit (121) que la procession expiatoire des placards se fit le 29 de janvier 1535 (122) ; et néanmoins il assure que le sujet de la procession fut cause que le théologien allemand reçut un contre-ordre.

S'il se plaignait que son Histoire de l'Hérésie eût été prise pour un roman, il ne serait guère mieux fondé que la Calprenède, qui a trouvé fort mauvais que sa Cassandre et sa Cléopâtre n'aient pas été considérées comme des histoires. *Je dirai même pour l'honneur de ces ouvrages*, dit-il (123) , *qu'on ne leur a pas rendu justice dans le nom qu'on leur a donné, quoique peut-être ils aient été assez agréablement reçus dans le monde , et qu'au lieu de les appeler des romans , comme les Amadis et autres semblables , dans lesquels il n'y a ni vérité , ni vraisemblance, ni charte , ni chronologie , on les pourrait regarder comme des histoires embellies de quelques inventions, et qui par ces ornemens ne perdent peut-être rien de leur beauté. En effet je peux dire avec raison, que dans la Cassandre , ni dans la Cléopâtre , non-seulement il n'y a rien contre la vérité , quoiqu'il y ait des choses au delà de la vérité ; mais qu'il n'y a aucun endroit dans lequel on me puisse convaincre de mensonge, et que par toutes les circonstances de l'histoire , je ne puisse soutenir pour véritable quand il me plaira. Aussi s'est-il trouvé plusieurs personnes intelligentes qui en ont fait le même jugement, et qui m'ont regardé comme un homme mieux instruit des affaires de la cour d'Auguste , et de celle d'A-lexandre , que ceux qui ont écrit simplement leur histoire.* C'est une insigne gasconnade , et il y a bien peu de choses plus romanesques que celle-là dans les ouvrages de cet auteur. Cependant j'ose répéter que M. Varillas ne ferait point de semblables plaintes

avec beaucoup plus de justice. Au reste , il y a sujet d'être surpris que tant d'écrivains français fassent le sophisme *à non causâ pro causâ* , en parlant de cette affaire de Mélanchthon. Ils prétendent que les affiches des protestans empêchèrent son voyage ; et néanmoins il est sûr que , par accident , elles furent cause qu'on voulut le faire venir. Quelque blâmables qu'ils soient, ils le sont moins que le jésuite Sandæus (124) , qui a osé révoquer en doute ce que M. de Thou rapporte que François Iᵉʳ. écrivit à Mélanchthon, etc. Consultez M. Crénius , qui réfute solidement l'audace de cet écrivain , et son injuste mépris pour Mélanchthon (125).

(O) *Il prit quelquefois un faux nom à la tête de ses livres.*] Il se nomma Didymus Faventinus dans la réponse qu'il fit, en 1520, à une haran-gue que Thomas Rhadinus , dominicain et professeur en théologie à Rome, avait publiée contre Luther. Vous trouverez un abrégé de cette réponse dans M. de Seckendorf (126) ; mais , sous prétexte que l'auteur déclame très-vivement contre les erreurs des scolastiques , n'allez pas croire que j'ai eu tort de soutenir qu'il ne désapprouvait point la philosophie d'Aristote. Pour bien connaître les sentimens d'un écrivain , il ne faut pas qu'on s'arrête à ce qu'il dit dans une invective opposée à une invective : il faut les prendre dans ses écrits didactiques , ou dans ses lettres , ou en général dans les ouvrages qui ne sentent pas la déclamation. Chacun sait combien on s'échauffe , et combien l'on outre les choses dans les harangues. Après tout, de ce qu'on censure très-fortement les inutilités dangereuses dont les scolastiques ont chargé la philosophie, il ne s'ensuit pas que l'on condamne celle d'Aristote. M. Placcius ayant observé (127) qu'Hoornbeek donne à Mélanchthon la version grecque de la Confession d'Augsbourg , qui a

(121) Varillas, Histoire de l'Hérésie , tom. II, liv. X, pag. 326.

(122) *Notez que c'est en commençant l'année au mois de janvier.*

(123) La Calpreuède, *préface de Pharamond.*

(124) Maximil. Sandæus , *in Pædiâ Academici Christiani , commentat. VII , pag.* 250, *edit.* Colon. , 1638 , *in* -8°. , *apud Crenium, ubi infrà.*

(125) Crenius, Animadv. Philolog. et Histor., part. II, pag. 24 et seq.

(126) Seckend. , Hist. Lutheran., *lib. I, pag.* 108 et seq.

(127) Placcius, *de Pseudonymis ,* pag. 185 , 186.

paru sous le nom de Paul Dolscius (128), a cru que l'Ecclésiastique et les Psaumes traduits en vers grecs sont l'ouvrage de Mélanchthon, quoiqu'on y voie à la tête le nom de Paul Dolscius. Cette pensée de M. Placcius, adoptée par M. Teissier (129) et par M. Crénius (130), s'est trouvée fausse. M. Lysérus (131), conseiller ecclésiastique de S. A. E. monsieur le duc d'Hanovre, a prouvé que le Psautier, l'Ecclésiaste, l'Ecclésiastique, traduits en vers grecs, et la Confession d'Augsbourg mise en prose grecque, appartiennent effectivement à Paul Dolscius (132), dont elles portent le nom. Voyez la lettre qu'il a écrite à M. Crénius (133). Notons une négligence de Melchior Adam. Il assure qu'en 1559 Mélanchthon écrivit en grec au patriarche de Constantinople, et lui envoya un exemplaire de la version grecque de la Confession d'Augsbourg (134), laquelle version, ajoute-t-il, avait été composée par Mélanchthon, quoiqu'elle eût été publiée sous le nom de Dolscius. Tout aussitôt il cite ceci : *Mitto tibi interpretationem græcam Confessionis sinè meo consilio editam. Probo tamen phrasin, ac misi Constantinopolim* (135). Ces paroles sont de Mélanchthon, et montrent qu'il n'avait pas fait cet ouvrage. C'est pourquoi nous pouvons dire que Melchior Adam produit un témoin contre lui, en pensant prouver ce qu'il avait affirmé.

On prétend que Mélanchthon s'est quelquefois appelé *Hippophilus Melangœus* (136) : je n'ai rien vu de lui sous ce masque-là *.

(P) *Le cardinal Bembus demanda trois choses qui méritent d'être rapportées.*] Mélanchthon lui écrivit une lettre pour lui recommander George Sabinus qui allait voir l'Italie (137). Le cardinal fit beaucoup de cas de cette recommandation ; il fit des honnêtetés à Sabinus, et le pria à dîner. Il lui demanda plusieurs choses pendant le repas, et nommément ces trois-ci : *Quels sont les gages de Mélanchthon ? Quel est le nombre de ses auditeurs ? Quel est son sentiment sur l'autre vie et sur la résurrection ?* Sabin répondit à la première demande, que les gages de Mélanchthon n'étaient que trois cents florins par an. Oh que l'Allemagne est ingrate, s'écria le cardinal, puisqu'elle achète à si bon marché tant de travaux d'un si grand homme ! La réponse à la seconde demande fut que Mélanchthon avait ordinairement 1500 auditeurs. Je ne saurais croire, répliqua le cardinal, je ne connais dans toute l'Europe aucune académie, hormis celle de Paris, où l'auditoire d'un professeur soit si nombreux. Néanmoins Mélanchthon a eu souvent 2500 personnes à ses leçons. On répondit à la troisième demande, que les écrits de Mélanchthon témoignaient assez la plénitude de sa foi sur ces deux articles. J'aurais meilleure opinion de lui, répliqua le cardinal, s'il ne croyait point cela (138). Je vous donne cette historiette comme je la trouve dans Melchior Adam.

gæi theologia compendium, et ajoute qu'il conjecture que sous ce même nom, Mélanchthon a publié des *Lieux Communs*. Joly, qui cite Schelhorn, rapporte qu'en effet, dans le *Catalogue des livres censurés par la faculté de théologie de Paris*, 1549, in-24, outre le *Theologiæ Compendium*, on voit un *Commentaire de Mélanchthon sur saint Matthieu*, imprimé sous le nom d'*Hippophilus Melangæus*. Ces deux ouvrages sont encore dans l'*Index librorum prohibitorum ac expurgandorum novissimus pro universis Hispaniarum regnis*, Madrid, 1747, in-folio, et dans l'*Index librorum prohibitorum Innocentii XI pontificis maximi jussu editus*, Rome, de l'imprimerie de la chambre apostolique, 1681, in-8o. Il est vrai que dans aucun de ces *Index* on n'indique le format ni la date de ces ouvrages ; mais l'infaillibilité papale ne permet pas de douter de leur existence. Joly dit que dans les tomes XII et XIV des *Aménités littéraires*, de Schelhorn, on trouve quelques lettres de Mélanchthon qui n'avaient pas encore été imprimées.

(137) M. Adam., *in Vit. Theol.*, *pag.* 360.

(138) *Haberem virum prudentiorem si hoc non crederet.* Idem, *ibidem.*

(128) Hoornbeek, Summa Controv., *lib. II, pag.* 979, *edit.* 2.

(129) Teissier, Addit. aux Éloges, *tom. I, pag.* 192.

(130) Crenius, Animadv. Philolog. et Hist., *part. II, pag.* 23.

(131) *Arrière-petit-fils de Polycarpe Lysérus, tom. IX, pag.* 272, *dont j'ai donné l'article.*

(132) *Il a été recteur du collège de Hall en Saxe, et puis médecin, et enfin bourgmestre de la même ville. Il mourut l'an* 1589.

(133) *Elle est à la fin de la III.e partie des* Animadversiones *de M. Crenius.*

(134) Melch. Adam., *in Vit. Theolog.*, *pag.* 251.

(135) Melanchth., epist. ad Bordingum, *apud* Melchior. Adamum, *ibidem.*

(136) *Voyez* Moréri, *au mot* Mélanchthon, *et M.* Baillet, *dans la* Liste des Auteurs déguisés.

* Schelhorn, dans le tome VII de ses *Amœnitates lit.*, pag. 109, dit que, dans l'*Index librorum prohibitorum*, on voit un *Hippophili Melan-*

MELCHIORITES, secte imaginaire, dont Pratéolus et le jésuite Gaultier ont grossi leurs catalogues d'hérétiques, le second sur la foi du premier, et celui-ci en copiant mot à mot les paroles de Lindanus. Ils prétendent que le fondateur de cette secte était l'anabaptiste Melchior HOFMAN, dont j'ai parlé en son lieu. Mais l'imprimeur du père Gaultier, ayant mis *Hosmannus*, au lieu de *Hofmannus*, a été cause que M. Moréri nous a donné (a) un hérésiarque chimérique nommé *Melchior Hosman*. C'est ainsi que les fautes d'impression multiplient les personnes. S'il avait lu l'écrivain qu'il cite (b), il auroit peut-être évité la faute.

a) Sous Melchior.

(b) Il cite Pratéole V. Melch. *Or il y a dans Pratéole* Melchiore Hofmanno, *et non pas* Hosmanno. *Notez que dans l'édition de Paris,* 1699, *au lieu de* V. Melch., *on a mis* Vit. Melch. *C'est une faute : la lettre* V *signifie là* Voce, *et non pas* Vita.

MEMNON, général d'armée de Darius, dernier roi de Perse, était de l'île de Rhodes. Il entendait parfaitement bien la guerre, et il donna à son maître les meilleurs conseils qui lui pouvaient être donnés dans la conjoncture de l'expédition d'Alexandre. S'il avait vécu encore quelques années, la fortune de ce conquérant aurait été moins rapide, et peut-être même que les choses eussent tout-à-fait changé de face. Son dessein était de porter la guerre dans la Macédoine (A), pendant que les Macédoniens la faisaient au roi de Perse dans l'Asie. Il avait déjà fait de beaux exploits dans l'île

de Lesbos, qui avaient fort ébranlé les autres îles; et il semait la discorde parmi les Grecs, afin d'y faire un parti contre Alexandre. Sa mort dissipa ce grand projet. Il eut l'avantage de connaître par la conduite d'Alexandre à son égard (B), qu'il était fort estimé, et même fort redouté de ce grand monarque. Il fit très-bien son devoir à la journée du Granique (a), où les Perses eurent le malheur de n'empêcher pas que l'ennemi ne passât cette rivière, et ne gagnât la bataille. Il se signala ensuite à la défense d'Halicarnasse (b). Il fit l'action d'un honnête homme et d'une belle âme, lorsqu'il châtia un soldat qui médisait d'Alexandre (C). Sa veuve fut la première femme que ce conquérant connut (D). M. Moréri s'est mal exprimé (E), en voulant faire mention du conseil que ce général donna, de ruiner tout le pays par où il fallait que les troupes ennemies prissent leur marche. Je ne dois pas oublier que Mentor, frère de Memnon, rendit de très-grands services au roi Artaxerxès Ochus, et qu'il en fut bien récompensé (c). Il remit son frère et son beau-frère (d) dans les bonnes grâces de ce monarque; car il les fit rappeler de la cour de Macédoine où ils s'étaient réfugiés, après avoir mal réussi dans une guerre civile (e).

(a) Il commandait l'aile gauche dans ce combat. Diodor. Sicul. lib. XVII, cap. XIX.

(b) Idem, ibid., cap. XXIV, et seq.

(c) Voyez Diodore de Sicile, *livre* XVI.

(d) Il se nommait Artabaze : *il avait épousé la sœur de Memnon, et en avait enonze fils, et dix filles.* Diodorus Siculus, lib. XVI, cap. LIII.

(e) Idem, ibid.

M. Chevreau assure (*f*), que MEMNON, *général d'armée dont il est parlé à la fin du deuxième livre* de l'expédition de Cyrus, *par Xénophon*, était fourbe, avare, ambitieux, médisant et imposteur. Il décrit le caractère de ce scélérat; mais il eût dû prendre garde que Xénophon l'appelle *Ménon*, et non pas *Memnon*.

(*f*) Chevræana, *II*^e. *part. pag.* 55 *édit. de Hollande.*

(A) *Son dessein était de porter la guerre dans la Macédoine.*] C'est ainsi que les Romains en usèrent, pour contraindre le redoutable Annibal d'abandonner l'Italie: ils envoyèrent une belle armée dans l'Afrique sous la conduite de Scipion. Carthage en fut alarmée, et rappela Annibal. Cette sorte de diversion a été cent fois pratiquée utilement. Memnon qui la voulut employer, imagina le plus sûr expédient qui se pût prendre, pour soutenir les affaires de la Perse. Il comprit qu'on ne déciderait rien contre les forces macédoniennes, pendant qu'on ne se battrait que dans l'Asie : ce ne seraient que des coups fourrés, on lèverait des siéges, et l'on en ferait lever. Dès le commencement de la guerre il avait attaqué Cyzique, et n'avait pu s'en rendre maître (1) ; mais peu après il contraignit Parménion à lever le siége de Pitane (2). Ces petits événemens de compensation ne servent qu'à perpétuer la guerre. Lors donc qu'on délibéra sur le parti qu'il fallait prendre contre le roi de Macédoine, qui, ayant passé l'Hellespont, s'avançait le plus qu'il pouvait vers les provinces du roi de Perse, son avis fut qu'on ruinât toutes les frontières, et qu'on embarquât toutes les troupes, afin de les transporter dans la Macédoine. Par ce moyen on établirait dans l'Europe le théâtre de la guerre : l'Asie serait en paix; l'ennemi, ne trouvant point de quoi subsister dans un pays où l'on aurait fait le dégât, serait

(1) Diodor. Siculus, *lib. XVII, cap. VII.*
(2) *Idem, ibidem.*

contraint de reculer, et puis de repasser en Europe pour secourir son royaume. C'était sans doute le plus sûr parti que les Perses pussent choisir : mais les autres généraux ne goûtèrent pas ce conseil : ils ne le trouvèrent pas digne de la grandeur de leur monarque, ils conclurent qu'il fallait donner bataille. *Persarum duces* .... *quam belli contrà Alexandrum gerendi inirent rationem, congressi deliberârant. Memnon ibi Rhodius, imperatoriis artibus perquàm celebris, ne collatis signis dimicarent, sed agris longè latèque pervastatis, necessariorum inopiâ ulteriùs progrediendi facultatem Macedonibus intercluderent, navalibusque simul et terrestribus copiis in Macedoniam deportatis, totam belli molem in Europam transferrent, censebat. Etiamsi verò consilium hujus viri optimum erat (ut eventus posteà docuit) reliquorum tamen ducum assensionem impetrare nequivit, ac si consuleret ea quæ magnitudini animorum in Persis neutiquàm convenirent. Quare cùm sententia de conflictu cum hostibus ineundo pervicisset, accitis undique copiis, etc.* (3). Le satrape de Phrygie déclara qu'il ne souffrirait jamais que l'on mît le feu à la plus petite métairie de son gouvernement (4). Arsanes fut plus sage quelque temps après ; car il pratiqua dans la Cilicie ce que Memnon avait conseillé (5). Chose étrange que la guerre ! Le parti le plus charitable que l'on y puisse prendre est bien souvent de mettre le feu à de grandes villes, et de brûler tout dans plusieurs provinces : car sans cela on perdrait tout le royaume : la pitié que l'on aurait pour l'un des membres serait une cruauté pour tout le corps (6). C'est donc la pitié pour le tout qui inspire la cruauté pour une partie. Malheureuse nécessité ! Funeste maxime, quand on la transporte dans les affai-

(3) Diodor. Siculus, *lib. XVII, cap. XVIII, pag. m.* 826, 887.
(4) *Arsites Phrygiæ satrapa ne unum quidem tugurium eorum qui sibi subessent incendi se passurum adfirmaverat, inque ejus sententiam à ceteris itum erat.* Freinshem., Suplem. ad Curtium, *lib. II, cap. V, num.* 10 : il cite *Arrian.* 1, 4, 20.
(5) Q. Curtius, *lib. III, cap. IV.*
(6) *Voyez, dans les* Supplémens de Freinshemius sur Q. Curce, *liv. II, chap. IV, les* raisons sur quoi Memnon appuie son sentiment.

res de religion, comme fit Catherine de Médicis ! « Ayant trouvé au roi » quelque doute, la reine, entre au- » tres propos, pour l'encourager y » apporta ces paroles : *Vaut-il pas* » *mieux*, dit-elle, *déchirer ces mem-* » *bres pouris, que le sein de l'Église,* » *épouse de Notre-Seigneur ?* Elle » acheva par un trait pris aux ser- » mons de l'évêque de Bitonte, en le » citant. *Che pietà lor ser crudele ?* » *che crudeltà lor ser pietosa* (7) ? » Revenons à Memnon. Après la bataille du Granique, il se retira à Milet (8) : il défendit en brave et habile général la ville d'Halicarnasse ; et n'ayant pu contraindre l'ennemi à lever le siége, il laissa une bonne garnison dans la citadelle, et transporta dans l'île de Cos les habitans avec leurs effets (9). Il songeait toujours au dessein dont il avait fait l'ouverture dans le grand conseil de guerre; et afin de s'acqué- rir une pleine confiance dans l'esprit de Darius, il avait envoyé à la cour de Perse sa femme et ses enfans, comme un gage de sa fidélité (10). Ayant reçu de grandes sommes d'ar- gent, et la charge de généralissime (11), il fit des préparatifs extraordi- naires par mer et par terre ; il sub- jugua l'île de Chios et celle de Lesbos; il menaça celle d'Euhée; il noua des intelligences avec les Grecs ; il en corrompit plusieurs par ses présens ; en un mot, il se préparait à tailler beaucoup de besogne aux ennemis de son roi, dans leur pays, lorsqu'une maladie le vint saisir, et le tira de ce monde en peu de jours. *Chium itaque sibi adjungit*, et *Lesbum cum classe petens*, *Antissam*, *Methym- num*, *Pyrrhum*, et *Eressum*, *non magno negotio*, *capit*. *Sed Mityle- nen et Lesbum*, *quia major erat*, *magnoque apparatu et propugnato- rum multitudine probè instructa*, *per multos dies oppugnatam*, *post mag- nam suorum jacturam difficulter tan- dem expugnat*. *Cujus strenuitatis fama*, *cum subitò percrebuisset*, *Cy- cladum insularum pleræque de pac- tionibus ineundis legationes miserunt*.

Rumor tunc allapsus erat Græciæ, *Memnonem totâ cum classe Eubœam invasurum : unde factum*, *ut magno Insulæ civitates metu perculsæ essent*, *et Græcorum nonnulli Persarum so- cietatem amplexi*, *animos rerum no- varum spe arrectos haberent*. *Huc accessit*, *quod Memnon Græcorum non paucis largitione corruptis*, *ut suas ad Persarum spes aggregatas vellent*, *persuaserat. Atqui viri hu- jus virtutem ad ampliora progredi fortuna non permisit*, *cùm enim in valetudinem adversam incidisset*, *pe- riculoso quodam morbo correptus*, *è vitâ decessit*, *ejusque morte res Da- rii labefactatæ sunt. Rex enim totam belli molem ex Asiâ in Europam translatum iri speraverat* (12).

(B) *La conduite d'Alexandre à son égard.*] Ce jeune prince, passant avec son armée proche des terres de Mem- non, défendit sévèrement à ses soldats d'y faire le moindre désordre. Son but était, ou de le rendre suspect aux Perses, ou de l'attirer dans son par- ti. *Alexander quùm inter progredien- dum agrum à rege Persarum Mem- noni dono datum adtigisset*, *malefi- cio* (*1) *abstineri jubet*, *colonisque et fructibus parci : callido commento suspectum facturus hominem indus- trium*, *et quem* (*2) *ex omnibus hos- tium ducibus unum non contemneret ; si in suas partes transducere nequi- visset. Quùmque lenitatem regis ad- mirati quidam*, *acerrimum* (*3) *calli- dissimumque Macedonum hostem*, *quamprimùm in potestatem redactus esset*, *interficiendum*, *atque interim quibus posset cladibus vexandum esse dicerent : quin*, *inquit*, *potiùs beneficiis supplantamus hominem*, *et amicum ex inimico facimus*, *eâ- dem virtute et solertiâ pro nobis staturum* (13). Je mets en note les paroles de Quinte-Curce que Freins- hémius a indiquées (14).

(C) *Il châtia un soldat qui médisait d'Alexandre.*] Je ne t'ai pas pris à

(7) D'Aubigné, *tom. II, liv. I, chap. IV*, pag. m. 542.
(8) Diod. Siculus, *lib. XVII, cap. XXII.*
(9) Idem, ibidem, *cap. XXIV et seq.*
(10) Idem, ibidem, *cap. XXIII.*
(11) Idem, *cap. XXIX.*

(12) Ibidem, pag. m. 834, 835.
(*1) Polyæn., 4, 3, 15.
(*2) Curtius, 3, 1, 21.
(*3) Themist., orat. 9.
(13) Freinshemius, *in Supplem. ad Curt., lib. II, cap. V, initio.*
(14) Nondùm Memnonem vitâ excessisse cognoverat (Alexander) in quem omnes intende- rat curas, satis gnarus cuncta in expedito fore si nihil ab eo moveretur.

ma solde, lui dit-il, en le frappant de sa javeline, pour parler mal de ce prince, mais pour combattre contre lui. Μιστοφόρον τινά πολλά βλάσφημα καὶ ἀσελγῆ περὶ Ἀλεξάνδρου λέγοντα, τῇ λόγχῃ πατάξας, Ἐγώ σε (εἶπε) τρέφω μαχούμενον, ἀλλ' οὐ λοιδορούμενον Ἀλεξάνδρῳ. *Militem quendam mercenarium suum, qui multis et impuris conviciis Alexandrum proscindebat, lanceâ feriens, ego, inquit, te alo, non ut maledicas Alexandro, sed ut contrâ eum pugnes* (15). Voilà une belle maxime : elle n'était guère pratiquée du temps de François Ier. et de Charles-Quint ; et je ne sais si on la pratique mieux au temps présent. Freinshémius observe que Memnon s'opposa vigoureusement à quelques Grecs fugitifs, remplis de haine pour le nom macédonien, qui ne voulaient pas qu'on permît à Alexandre d'enterrer ses morts, quoiqu'en le lui permettant on se pût glorifier de la victoire. Memnon n'écouta point la passion de ces fugitifs, il accorda la suspension d'armes, et les cadavres qu'Alexandre lui demandait. Cela se fit au siége d'Halicarnasse. Lisez ce qui suit : *Alexander quamquàm ea res opinione Græcorum* (*¹) *de victoriâ concedentis videretur; corpora suorum, qui sub ipsis mœnibus oppetierant, induciis postulatis ab hoste repetere, quam inhumata dimittere maluit. At* (*²) *qui cum Persis erant, Ephialtes et Thrasybulus Atheniensis, quùm plus apud ipsos odium adversùs Macedonas, quam humanitatis ratio valeret, negabant indulgendum hoc esse infestissimis hostibus. Non tamen permoverunt Memnonem, quin Græcorum moribus indignum esse diceret, sepulturam invidere cæsis hostibus. ARMIS ET viribus in adversos et obsistentes utendum : neque contumeliis pugnandum in eos, quos bonis malisque nostris sua dies exemisset* (16).

(D) *Sa veuve fut la première femme* qu'Alexandre connut.] C'est Plutarque qui nous l'assure Οὔτε τούτων ἔθιγεν, οὔτε ἄλλην ἔγνω γυναῖκα πρὸ γάμου, πλὴν Βαρσίνης. *Nec has attigit,*

nec mulierem antè nuptias cognovit ullam, exceptâ Barsene (17). Elle s'appelait Barsène, et était fille d'Artabase, dont la mère était fille d'un roi de Perse. Elle était douce et honnête, et savait le grec, et les manières des grecs, et avait beaucoup de beauté : de sorte que Parménion, considérant qu'outre cela elle était de grande naissance, exhorta le roi son maître à se divertir avec cette prisonnière (18). Elle fut prise en même temps que la mère, la femme et les filles de Darius (19). Le conseil de Parménion fut suivi : ce qui eut des suites fécondes ; puisque Barsène donna un fils (20) à Alexandre. Elle avait deux sœurs (21), que ce prince maria très-avantageusement.

(E) *M. Moréri s'est mal exprimé.*] Voici ses paroles dans l'article d'Alexandre : *Darius n'avait point voulu faire le dégât* dans l'Asie, *selon l'avis de Memnon.* Cela est équivoque, car si j'écrivais à un homme, *je n'ai point répondu à cette lettre selon votre avis, suivant votre avis,* ceux qui liraient ces paroles seraient plus portés à croire que l'on m'avait conseillé de ne pas répondre, qu'à croire que l'on m'avait conseillé de faire réponse. Pour le moins ils trouveraient le premier sens aussi bon que l'autre. Ainsi j'ai lieu d'assurer que si l'on ne savait pas ce que Memnon conseilla, on ne pourrait pas entendre au vrai ce que Moréri a voulu dire : tant il est nécessaire de bien arranger les mots, si l'on veut être intelligible, en se servant même de la langue maternelle de son lecteur.

(17) Plut., in Alexandro, *pag.* 676.
(18) *Idem, ibid.*
(19) Curtius, *lib. III, sub fin.*; Plutarch., in Alexandro, *pag.* 676, *dit qu'elle fut prise à Damas.*
(20) *Nommé Hercule*, Plutarch., *ubi infrà.*
(21) *L'une fut femme d'Eumènes, et l'autre de Ptolomée.* Plut., in Eumene, *init., pag. m.* 583.

MÉNAGE (GILLES), en latin *Ægidius Menagius*, a été l'un des plus savans hommes de son temps, et le Varron du XVIIe. siècle. Il serait inutile de donner ici son éloge, et l'abrégé de sa vie : cela se trouve dans des li-

(15) Plut., *in Apopht., pag.* 174.
(*¹) Justin.*, 6, 6, 9.
(*²) Diodor.*, 17, 25.
(16) Freinshem., Supplem. ad Curtium, *lib. II, cap. IX.*

vres répandus partout (a), et qui
seront plus facilement transportés qu'un gros dictionnaire, dans
les pays les plus éloignés *. Ses
illustres amis lui ont érigé un
monument très-glorieux dans le
recueil intitulé *Ménagiana* (A),
qui a déjà passé par les mains de
tout le monde. Sans cela, je me
serais fait un plaisir et un devoir
tout particulier de mettre ici un
long article de M. Ménage. J'aurais insisté sur les disputes qu'il
a eues avec des personnes de
beaucoup de mérite; mais j'aurais passé légèrement sur son
démêlé avec le comte de Bussi-
Rabutin (B).

Quelques personnes que j'estime infiniment n'ont point approuvé que l'article de M. Ménage soit si court dans ce Dictionnaire, et ont combattu les
raisons que j'ai données de ma
brièveté. Il leur semble que les
trois livres à quoi je renvoie ne
seront pas sous la main de tous
ceux qui chercheront ici l'histoire de ce savant homme. Je n'acquiesce point à leur sentiment;
et si j'allonge cet article dans
cette seconde édition, ce n'est
qu'afin de marquer une circonstance que les trois auteurs que
j'ai indiqués (b) ne rapportent

pas *. Elle concerne la bonne fortune de M. Ménage, quant à la
mémoire; ce fut un don qu'il posséda éminemment, et qu'il conserva jusqu'à la vieillesse; et ce
qui est bien plus rare, qu'il recouvra après quelque interruption (C). Il y a bien des gens qui
souhaiteraient qu'il eût publié
quelques-uns de ses Plaidoyers
(D).

ouvrage, le Moréri de l'édition de Paris,
1699, et les Éloges de M. Perrault.
* Joly dit qu'on peut encore consulter sur
Ménage, 1°. les *Mélanges de Chapelain*,
et la *Liste de quelques gens de lettres*, par le
même Chapelain ; 2°. le *Mémoire de Costar.
sur plusieurs gens de lettres*, dans le second
tome des *Mémoires* du père des Molets; 3°. le
Sorbériana, dont Joly transcrit même le
passage; 4°. La *Vie de Ménage*, en tête du
nouveau *Ménagiana*, et les *Mémoires* de
Niceron, tom. I et X, parties I et II.
J'ajouterai que Chaufepié a donné un article à Ménage pour suppléer celui de Bayle.

(A) *Le recueil intitulé* Ménagiana.]
Ceux qui savent bien juger des choses,
m'avoueront que ce recueil est très-
propre à faire connaître l'étendue
d'esprit et d'érudition qui a été le
caractère de M. Ménage. J'ose même
dire que les excellens ouvrages qu'il
a publiés ne le distingueront pas des
autres savans avec le même avantage que celui-ci. Publier des livres
où il y ait une grande science, faire
des vers grecs et latins très-bien tournés, n'est pas un talent commun, je
l'avoue, mais il n'est pas non plus extrêmement rare. Il est sans comparaison plus difficile de trouver des
gens qui fournissent à la conversation une infinité de belles choses, et
qui les sachent diversifier en cent
manières. Combien y a-t-il d'auteurs
que l'on admire dans leurs ouvrages,
à cause de la vaste érudition que l'on
y voit étalée, qui ne se soutiennent
pas dans les discours de vive voix?
Les uns ont la mémoire toute percée
comme un crible : c'est le tonneau
des Danaïdes, tout y entre, et rien
n'y demeure; tout en sortirait à pure
perte, s'ils n'avaient hors d'eux-mê
mes des réservoirs tout préparés. Ce
sont leurs recueils; trésors qui ne
manquent pas au besoin quand on

(a) *Dans le* Journal des Savans, *du* 11
d'août 1692. *Dans le* Mercure Galant *de la
même année. Dans la suite du* Ménagiana,
au commencement.
* Peut-être est-il bon de remarquer que
l'éloge de Ménage qui est dans le Journal
des Savans, du 11 août 1692, et dont l'auteur est le président Cousin, n'est qu'une
ironie. Après avoir été long-temps amis,
Cousin et Ménage se brouillèrent pour une
épigramme que ce dernier avait faite contre
le président. Voyez ci-après la note ajoutée
sur la remarque (K) de l'article MONTMAUR,
dans ce volume
(b) *Joignez à ces trois-là deux autres
qui ont paru depuis la* 1re. *édition de mon*

compose, mais qui sont très-inutiles dans les entretiens d'érudition. Ceux qui ne connaissent M. Ménage que par ses livres, se pourraient imaginer qu'il ressemblait à ces savans-là. C'est donc le distinguer d'eux, c'est le faire connaître par un talent qui n'est donné qu'à très-peu de gens de lettres, que de montrer le MÉNAGIANA. C'est là qu'on voit que c'était un homme qui débitait sur-le-champ mille bonnes choses. Sa mémoire se répandait sur l'ancien et sur le moderne; sur la cour et sur la ville; sur les langues mortes et sur les langues vivantes; sur le sérieux et sur l'enjoué; en un mot, sur mille sortes de sujets. Ce qui a paru bagatelle à quelques lecteurs du *Ménagiana*, qui ne faisaient pas attention aux circonstances, a donné de l'admiration à d'autres lecteurs attentifs à la différence qu'il faut faire entre ce qu'un homme débite sans se préparer, et ce qu'il prépare pour l'impression. Ce *Ménagiana* contient des choses en ce genre-là, dont on pourrait dire ce qu'un ancien a dit des insectes (1). Ainsi, l'on ne peut assez louer le soin que ses illustres amis ont eu de lui ériger un monument si capable d'immortaliser sa gloire. Ils n'ont pas été obligés de rectifier ce qu'ils lui avaient ouï dire; car s'ils l'eussent fait, ils n'eussent pas été les historiens fidèles de ses conversations. Les mémoires les plus heureuses sont sujettes à se tromper; et d'ailleurs M. Ménage disait quelquefois touchant certaines personnes, ce que d'autres gens mal instruits lui en avaient dit. Il ne se faut donc pas étonner qu'il y ait quelques méprises dans le *Ménagiana*, et quelques faux faits en matière de *personnalités*. Il s'est trompé sur mon chapitre *.

(1) *Turrigeros elephantorum miramur humeros, taurorumque colla, et truces in sublime jactus, tigrium rapinas, leonum jubas, cùm rerum natura nusquàm magis, quàm in minimis, tota sit.* Plin., lib. XI, cap. II. Aristote a dit aussi, Μᾶλλον ἐπὶ τῶν ἐλαττόνων ἢ μειζόνων ἴδοι τις ἂν τὴν τῆς διανοίας ἀκρίβειαν. *Magis in minore genere* (brutorum) *quàm in majore videris intelligentiæ rationem.* Hist. Animal., lib. IX, cap. VII.

* Voyez, tome XVI, la remarque (A) de la *Vie de Bayle*, par Desmaiseaux; mais j'ajouterai ici quelques détails sur le *Ménagiana*.
La première édition est intitulée simplement *Ménagiana*, Paris, Florentin et Pierre Delaulne. 1693, in-12. Le faux titre porte: *Menagiana, si-*

(B) *Son démêlé avec le comte de Bussi-Rabutin.*] C'est un démêlé qui peut passer pour une querelle d'auteur, quoique ce comte fût homme

ve excerptæ ex ore Ægidii Menagii. Les auteurs ou rédacteurs étaient Bandelot, Galland, Delaunay, Mondin, Pinsson, Boivin, Valois, Dubos, Bondeville et un anonyme. L'éditeur fut Galland; c'est en son nom qu'est l'*avertissement*. Cependant on indique aussi quelquefois comme éditeur un nommé Goulley. Le *Ménagiana* a été réimprimé en Hollande, en 1693.

François Bernier, médecin, très-maltraité dans le *Ménagiana*, fit paraître un *Anti-Ménagiana* où l'on cherche ces bons mots, cette morale, ces pensées judicieuses, et tout ce que l'*affiche du Ménagiana nous a promis*, Paris, Laurent d'Houry, Simon Langronne et Charles Osmont, 1693, in-12. Dans la préface où il maltraite les rédacteurs, il parle d'un *petit M. Goulé*, comme devant contribuer à la seconde édition.

Peu après parut d'abord un volume intitulé : *Ménagiana, ou les bons mots, les pensées critiques, historiques, morales et d'érudition, de M. Ménage, recueillies* (sic) *par ses amis*, seconde édition augmentée, 1694, in-12, suivi d'un autre volume, sur le frontispice duquel on lit *second volume*, et la date de 1694; des exemplaires de ce second volume sont datés de 1695. L'éditeur de cette seconde édition fut l'abbé Faydit. Quelques articles de la première édition ont été supprimés. Tous ceux qui ont été ajoutés dans la seconde, n'ont pas été conservés dans la troisième. Les libraires de Hollande réimprimèrent aussi le second volume; mais ils l'intitulèrent : *Suite du Ménagiana*, ou *bons mots, rencontres agréables, pensées judicieuses, et observations curieuses de M. Ménage*. Cette réimpression de Hollande présente une particularité remarquable. A l'occasion du chapitre de Valère Maxime, *de l'ingratitude de la patrie envers les grands hommes*, l'article du *Ménagiana* de l'édition de Paris, se terminait ainsi: « Il s'en trouve de nos jours presque dans tous » les états du monde; mais aucun pays ne nous » en fournit davantage que la Hollande. On a » vu périr Barneveldt; MM. de Witt furent sa- » crifiés à l'ambition du prince d'Orange; » Grotius l'échappa belle; on prétend que » l'amiral Tromp a été empoisonné avec de la » cervelle de chat. » Les deux phrases que j'ai soulignées ont été, de gré ou de force, retranchées de l'édition de Hollande; elles avaient d'abord été imprimées, mais le libraire fit un carton, et pour regagner les phrases retranchées, employa pour les autres un plus gros caractère.
Le *Ménagiana* fut réimprimé en Hollande, en 1713, sous le titre de *troisième édition augmentée*, en deux volumes, petit in-12. Le second volume est intitulé : *Suite du Ménagiana*, etc., *tome second* (l'autre, pourtant, ne porte pas *tome premier*). Le passage sur Barneveldt, de Witt, Grotius et Tromp, rapporté plus haut, y manque, page 369.
La Monnoie donna, en 1715, *Ménagiana ou les bons mots et remarques critiques, historiques, morales et d'érudition de M. Ménage, recueillies* (sic) *par ses amis*, troisième édition plus ample de moitié et plus correcte que les précédentes, quatre volumes in-12, édition qui a éclipsé toutes les autres, mais qui ne les remplace pas entièrement.
Des hommes graves ayant examiné les addi-

de guerre, et qu'il possédât une haute charge dans les armées de France. Cette affaire se vida à coups de plume. Il attaqua par écrit M. Ménage, et

tions y condamnèrent divers endroits, dit Sallengre (*Mémoires de littérature*, tom. Ier., seconde partie, page 228,: l'éditeur fit donc des cartons pour être substitués aux articles ou passages déclarés licencieux par ses censeurs. Les feuillets changés par suite de ces cartons sont au nombre de trente-six, savoir : quatorze dans le premier volume, sept pour le second, sept pour le troisième, et huit pour le quatrième. Il y a donc trois sortes d'exemplaires du *Ménagiana* de 1715: 1°. ceux avec la version première, avant la censure; 2°. ceux avec la seconde version, c'est-à-dire, les passages substitués; 3°. ceux avec les deux versions. Les exemplaires qui n'ont que la première version sont les plus communs : on trouve la seconde version dans les *Mémoires de littérature de Sallengre*, tome Ier., seconde partie, pages 228-275.

A l'apparition de l'édition de la Monnoie, les libraires de Hollande s'empressèrent de relever les additions qu'il avait faites et fondues dans le *Ménagiana*, et ils les donnèrent sous le titre de *Ménagiana ou les bons mots , remarques critiques , etc., tome troisième et tome quatrième*, 1716, deux volumes petit in-12. Ces deux volumes, contenant le travail de la Monnoie, les *Nouvelles littéraires*, du 6 juin 1716, remarquèrent qu'on aurait dû leur donner le titre de *Monnoyana* plutôt que celui de *Ménagiana*.

Les éditions du *Ménagiana*, de Paris, 1717 et 1719, ne diffèrent de l'édition de 1715 que par les frontispices; les éditions de 1729, 1739, 1754 , chacune en quatre volumes in-12 , ne peuvent être tout au plus que des réimpressions de 1715, et ne diffèrent peut-être entre elles que par le frontispice.

Il n'en est pas de même de l'édition en trois volumes in-8°., qui fait partie d'une collection en dix volumes , datée de 1789, et quelquefois de l'an VII (1799). Ce *Ménagiana*, en trois volumes in-8°., est tronqué.

On trouve des corrections au *Ménagiana*, dans les *Mémoires de littérature* déjà cités, dans les *Singularités historiques de D. Liron*, tome III , pages 343 et suiv., dans le *Ducatiana*, IIe. partie, pages 221-290. On lit dans le *Magasin encyclopédique*, dixième année (1805), tome IV, pages 369-382, et tome V, pages 103-118 , deux articles de M. A.-A. Barbier, sur le *Ménagiana*.

On a beaucoup parlé d'un *Supplément au Ménagiana*, par P. Legoux, non imprimé. Le manuscrit que j'en ai vu a pour titre : *Supplément du Ménagiana*, par M. Pierre Legoux, *conseiller au parlement de Bourgogne, avec un recueil de plusieurs bons mots, particularités et autres choses, recueillies par le même, des conversations de M. Jean Baptiste Lantin, conseiller au même parlement; le tout copié sur le manuscrit original dudit sieur Legoux, communiqué par M. le président Legoux , son fils*. Le *Supplément du Ménagiana* consiste en deux cent trente-cinq articles, qui non-seulement ne sont pas tous piquans , mais même ne sont pas tous nouveaux : plusieurs sont dans le *Ménagiana* imprimé.

Je terminerai en disant que les diverses éditions du *Ménagiana* se suppléent quelquefois l'une l'autre. Je n'en donnerai qu'un exemple.

Dans le *Ménagiana* de 1693, on lit : « M. du
» Moustier, le peintre, mandait un jour, écri-

l'offensa cruellement : mais les vers que M. Ménage fit imprimer contre lui sont les plus outrageans et les plus sanglans que l'on eût pu faire. Voici l'attaque, nous verrons ensuite la riposte. *Ménage étant devenu amoureux de Madame de Sévigny , et sa naissance , son âge et sa figure , l'obligeant de cacher son amour autant qu'il pouvait , se trouva un jour chez elle dans le temps qu'elle voulait sortir pour aller faire quelques emplettes : sa demoiselle n'étant point en état de la suivre, elle dit à Ménage de monter dans son carrosse avec elle. Celui-ci , badinant en apparence, mais en effet étant fâché , lui dit qu'il lui était bien rude de voir qu'elle n'était pas contente des rigueurs qu'elle avait depuis si long-temps pour lui, mais qu'elle le méprisait encore au point de croire qu'on ne pouvait médire de lui et d'elle. Mettez-vous , lui dit-elle, mettez-vous dans mon carrosse : si vous me fâchez , je vous irai voir chez vous ... et les ...» Vous voyez que l'offense est tout-à-fait forte, mais l'épigramme latine de l'offensé emporte la pièce.*

FRANCORUM proceres, mediâ (quis credit ?)
 in aulâ
Bussiades scripto læserat horribili.
Pæna levis : LODOIX nebulonem carcere claudens,
 Detrahit indigno munus equestre Duci.
Sic nebulo , gladiis quos formidabat Iberis ;
 Quos meruit, Francis fustibus eripitur(3).

Si l'auteur de ces vers latins avait eu un bénéfice à charge d'âmes, si non-seulement il avait été curé, mais aussi un véritable curé, il aurait pris pour une injure très-choquante la simple accusation de faire l'amour à

» vant à son fils, qui était à Rome, qu'il se gar-
» dât sur toutes choses de fréquenter les cabarets,
» les p..... et les j..... »
La Monnoie a mis , en 1715. « M. du Moustier, peintre, écrivant à son fils, qui était à Rome, lui mandait qu'il se gardât sur toutes » choses de fréquenter les cabarets, les ....ns et » les ...es »

Les finales mises en 1715 , suffisent pour indiquer la signification des initiales de 1693; et voici ce qu'il y a dans l'édition de Hollande, de 1713 , où l'on a adouci une expression : « M. du » Moustier, le peintre, écrivant à son fils, qui » était à Rome, lui mandait qu'il se gardât sur » toutes choses de fréquenter les cabarets, les » courtisanes et les jésuites. »
On lit à la fin du *Canicum jesuiticum* ;
 Vos , qui cum Jesuitis
 Non ite cum jesuitis.
(2) *Histoire amoureuse des Gaules*, *pag. m.* 189 , 190.
(3) Menagius, epigram. CXXXVIII , *pag.* 147, 148, edit. Amst., 1687.

madame de Sévigny *, mais comme tout son engagement à l'état de cléricature n'allait qu'à pouvoir jouir de quelques pensions sur des bénéfices, sans contrevenir à la discipline moderne, ce qui le fâchait dans le discours du comte de Rabutin, était ailleurs que dans les quatre ou cinq premiers mots. Il n'a point fait difficulté d'avouer qu'il avait été amoureux : je ne prouve point cela par ses poésies, ce serait une preuve équivoque, ce langage-là est trompeur ; mais il l'a dit dans une épître dédicatoire très-sérieuse. *Je vous prie de vous souvenir*, dit-il en parlant au chevalier de Méré (4), *que lorsque nous faisions notre cour ensemble à une dame de grande qualité et de grand mérite, quelque passion que j'eusse pour cette illustre personne, je souffrais volontiers qu'elle vous aimât plus que moi, parce que je vous aimais aussi plus que moi-même.* Il avait promis un ouvrage que le public n'a point vu. C'est là qu'il se serait expliqué sur le chapitre de ses amours. Voici ce qui me le fait croire. « Que ne citait-il Madame de la » Fayette et Madame de Sévigny qui » sont de sa connaissance ? » C'est le père Bouhours qui a fait cette question. M. Ménage lui répondit :

« Pater Bohurse, flos scholæ Parisius,
» Desideramus hic tuam prudentiam.

» Le révérend père Bouhours m'ac-
» cuse en cet endroit d'avoir aimé
» madame de Sévigny et madame de
» la Fayette. Je répondrai à cette ac-
» cusation dans la défense de mes
» mœurs : et j'y répondrai de sorte,
» que les rieurs dont le père Bouhours
» affecte le suffrage ne seront pas de
» son côté (5). » Après tout, les liaisons de M. Ménage avec des dames de beaucoup d'esprit lui ont fait honneur dans le monde, et lui en feront à l'avenir ; car il est si rare que tant de grec et tant de grammaire n'étouffe pas les talens qu'il faut avoir pour

être d'une conversation polie et galante auprès des femmes de qualité, que c'est une espèce de prodige. Au reste, la vivacité de ressentiment qu'il témoigna par ses vers latins n'empêcha pas qu'il ne reconnût le mérite de l'auteur qui l'avait choqué. *C'est un bel et bon esprit que M. de Bussy-Rabutin*, disait-il (6). *Je ne puis m'empêcher de lui rendre cette justice, quoiqu'il ait lâché de me donner un vilain tour dans son Histoire des Gaules. On ne peut pas écrire avec plus de feu et plus d'esprit qu'il fait dans cette histoire.* Cela sent un homme tout prêt à se réconcilier. Il n'aurait point fallu trouver étrange une pareille réconciliation, puisque madame de Sévigny, qui avait été si maltraitée dans le même ouvrage, oublia l'affront, et vécut avec l'auteur comme une très-bonne parente. Cela paraît par les lettres qu'elle lui écrivit, et qui ont été imprimées avec celles de M. de Rabutin.

(C) *La mémoire fut un don qu'il posséda éminemment, et qu'il conserva...et qu'il recouvra après quelque interruption.*] Que dans sa jeunesse il se soit heureusement souvenu des choses, ce n'est pas une rareté ; mais c'est une faveur singulière de son étoile, qu'il ne se soit pas aperçu en commençant de vieillir, que sa mémoire déchéait beaucoup ; car c'est l'infortune trop ordinaire des gens de lettres. Citons ici une chose qu'on publia en 1685. Plusieurs historiens tombent dans un défaut très-absurde, « c'est qu'ils rapportent une même » chose tantôt d'une façon tantôt » d'une autre. Il vaudrait mieux » pour l'honneur de leur mémoire » qu'ils se trompassent toujours ; » mais d'autre côté l'on peut dire que » comme la mémoire est le premier » mourant dans un homme docte, » et la qualité qu'il est le plus impossible de retenir, il ne faut point » examiner trop à la rigueur les faux » pas que l'oubli fait faire. Il semble » que l'on doit avoir pour ces fautes-» là le même support que pour celles » que les théologiens nomment quo-» tidianæ incursionis, puisqu'il est » certain que l'oubli est un défaut

* C'est de madame de Sévigné qu'il s'agit. Joly croit que Ménage n'était amoureux de madame
de Sévigné que ad honores.

(4) Ménage, *épître dédicat. des Observa-*
tions sur la langue française, folio a. iij. *Voyez*
aussi ce qu'il avoue dans un Dialogue de Sarrasin, *pag. m.* 146, *et qui est rapporté dans les*
Nouvelles Lettres contre Maimbourg, p. 777.

(5) *Le même*, Observations sur la Langue française, *tom. II, pag.* 211,212.

(6) Suite du Ménagiana, *pag.* 336, *édit. de*
Hollande.

» où l'on retombe à chaque moment.
» D'où paraît que les sciences ne sont
» pas propres à faire le bonheur de
» l'homme dans cette vie ; car comme
» ce qu'il y a de plus agréable dans
» l'érudition est de se souvenir de
» beaucoup de choses, et que d'ail-
» leurs c'est le talent qui s'affaiblit
» et qui se ruine avec le plus de vi-
» tesse, un savant se voit tous les
» jours exposé à la mortification de
» sentir que ce qu'il avait de plus
» doux l'abandonne. Heureux celui
» qui comme l'illustre M. Ménage ne
» fait de beaux vers pour se plaindre
» de la fuite de sa mémoire, que
» quand il l'a possédée long-temps
» (7). » Ce qu'on dit là, que *la mémoire est le premier mourant dans un
homme docte,* a été observé par M.
de Thou, *memoria in longævis ex
omnibus animi facultatibus prima
debilitatur et vacillat* (8). Sénèque le
père avait fait la même remarque, et
cela après avoir expérimenté en sa
personne ce mauvais effet de la vieillesse. *Cùm multa jam mihi ;* dit-il
(9), *ex me desiranda senectus fecerit,
oculorum aciem retuderit, aurium
sensum hebetaverit, nervorum firmitatem fatigaverit, inter ea quæ retuli
memoria est, res ex omnibus partibus
animi, maximè delicata et fragilis :
in quam primam senectus incurrit.*
Le passage que j'ai cité des Nouvelles
de la République des Lettres nous
apprend que M. Ménage avait fait des
vers pour se plaindre de la fuite de sa
mémoire. On les trouve au premier
livre de ses poésies, à la page 13 de
l'édition d'Amsterdam 1687. Mon
lecteur, si je ne me trompe, en verra
ici quelques-uns avec plaisir : ils n'y
seront pas superflus, puisqu'ils contiennent une description du beau talent que j'ai dit que M. Ménage avait
possédé. Voici donc le commencement de l'hymne qu'il adressa à la
déesse de la mémoire.

Musarum veneranda parens, quam Juppiter
    ipse,
Ille pater Divûm, magno dilexit amore,
MNEMOSYNE, fidum tu me patrona clientem
Deseris? Ah memini, juvenis cùm mille So-
    phorum,

(7) *Nouvelles de la République des Lettres,*
juin 1685, art. I, pag. 602 *de la seconde édit.*
(8) Thuanus, lib. *CXXXIV,* pag. m. 1082,
col. 2.
(9) Seneca, *Pater, præfat.,* lib. I, Controv.,
pag. m. 70.

Mille recenserem sectarum nomina : Mille
Stemmata narrarem, totasque ex ordine gen-
    tes.
Nunc oblita mihi tot nomina. Vix mihi nomen
Hæret mente meum. Memini, cùm plurima
    Homeri,
Plurima Peligni recitarem carmina vatis ;
Omnia Virgilii memori cùm mente tenerem.
Nunc oblita mihi tot carmina. Non ego pos-
    sim,
Condita quæ nuper mihi sunt, meminisse
    meorum.
Gallia quem stupuit, stupuit me maximus
    ille
BIGNONIDES, legum capita omnia commemo-
    rantem.
Fabellas lepidas et acutè dicta Sophorum
Narrabam juvenis, juvenum mirante catervâ.
Ingenii pars illa mei, placuisse puellis
Quâ potui, periit : nunc illis fabula fio.
Pendebant olim, memini, narrantis ab ore.
Fabellas easdem, versus eosdem repetentem
(Has narrâsse semel, semel hos recitâsse pu-
    tabam ?
Id me hodie monuit fidusque vetusque sodalis)
Nunc me fastosæ medio in sermone relin-
    quunt (10).

Vous voyez qu'entre autres choses il
reconnaît qu'on l'a averti qu'il répé-
tait les mêmes contes, croyant les
dire pour la première fois. Il supplie
ensuite la déesse, ou de ne le pas
abandonner, ou de le quitter si absolument qu'il ne se souvienne pas
même d'avoir jamais su quelque
chose.

Si tales tu, Diva, preces audire recusas,
Diva, precor, memorem omnem nobis eripe
    mentem.
Orbilius fiam, cunctarum oblivio rerum :
Nec meminisse queam, tot rerum non memi-
    nisse (11)

Sa prière fut exaucée au sens le plus
favorable : la mémoire lui revint, et
il en remercia solennellement et publiquement la divinité qui lui était si
propice. Voici le commencement de
l'action de grâces qu'il publia, le 27
de novembre 1690, âgé de soixante
et dix-sept ans trois mois et sept jours.

Musarum veneranda parens, quam Juppiter
    ipse,
Ipse pater Divûm, tenero dilexit amore ;
Audisti mea vota. Sensi memorem mihi mentem
Diva redonâsti. Magnorum nomina mille,
Et proceres omnes ab origine Sablolienses,
Leges romanas, sectas memorare Sophorum,
Tulli mille locos, et Homeri carmina centum,
Et centum possum versus recitare Maronis.
Ingenii pars illa mei, juvenis placuisse
Quâ potui, ecce redux. Tua sunt hæc mune-
    ra, Diva.
Ingenii per te nobis renovata juventa est.

Mettons aussi la conclusion de ce petit poëme : l'auteur supplie la divi-

(10) Menag., Poëm., lib. I, pag. m. 13.
(11) Idem, ibidem, pag. 14.

nité qui lui avait rendu le souvenir de tant de choses, de lui ôter celui des injures qu'il recevait.

Musarum veneranda parens, quam Juppiter ipse,
Ipse pater Divûm, tenero dilexit amore;
O diva, ô nostræ meritò pars maxima famæ,
Est aliud supplex quod ego tua numina posco.
Si te non pigeat, si non indebita posco,
Quæ mihi tot rerum, rerum mihi jucundarum,
Quas oblitus eram, rursùm meminisse dedisti,
Da, Dea, da nobis, atrocia tot nebulonum,
Immeritum qui me pergunt vexare libellis,
Dicta oblivisci, memori mihi condita mente.

Mais, nonobstant cette heureuse restitution, il y a preuve que M. Ménage ne parlait pas exactement de l'affaire. Considérez un peu ces paroles du *Ménagiana.* « J'ai dit, il y a quel-
» ques années, que j'avais perdu la
» moitié de ma mémoire, parce que
» je me souvenais fort bien de ce que
» j'avais prêté, et que je ne me sou-
» venais point de ce que j'avais em-
» prunté. Cela fut rapporté en Hol-
» lande, et ceux qui me connaissaient
» me plaignirent, croyant que je
» l'eusse perdue entièrement : cepen-
» dant je l'ai encore assez bonne, et
» j'en ai donné des marques par les
» livres que j'ai mis au jour depuis
» ce temps-là (12). » Comment pou-
vait-il s'imaginer que le rapport d'un discours de conversation eût persuadé en Hollande qu'il avait perdu entièrement la mémoire ? N'avait-on point vu imprimée son Hymne *ad Mnemosynen*, où il fit savoir à tout le monde qu'il ne se souvenait plus de rien ?

Pour connaître quelle fut la force et l'étendue de sa mémoire, il ne faut que considérer ce qu'il en dit, et ce que monsieur l'abbé du Bois * y ajoute aux pages 309, 310 et 311 du Ménagiana à la première édition de Hollande.

(D) *Bien des gens souhaiteraient qu'il eût publié quelques-uns de ses plaidoyers.*] Sa première profession fut celle d'avocat plaidant. Nous le savons de lui-même; car voici un passage de ses Origines. *En* 1632, *je fus reçu avocat à Angers, qui est le lieu de ma naissance, et j'y plaidai ma première cause contre M. Ayrault,*

(12) Ménagiana, *pag.* 31 *et* 32 *de la première édition de Hollande.*
* Joly observe qu'il faut lire du Bos, et non du Bois.

mon cousin germain, qui fut depuis conseiller au parlement de Bretagne, et commissaire de la chambre de justice. Je vins à Paris en la même année, où je fus aussi reçu avocat, et où j'ai plaidé pendant plusieurs années. En 1634 *le parlement de Paris alla tenir les grands jours à Poitiers, où je plaidai aussi. Et c'est ce qui a fait dire à M. Costar que, comme il y avait des sergens exploitans par tout le royaume, j'étais un avocat plaidant par tout le royaume ; et c'est à cause de cela même, que le père Jacob, carme, m'a dit dans une de ses listes des livres nouveaux, qu'il m'a fait l'honneur de m'adresser, Atque erit in triplici par tibi nemo foro* (13). Les Mémoires pour servir à la Vie de M. Ménage, imprimés à la tête de la suite du Ménagiana, apprennent qu'il plaida plusieurs causes au parlement de Paris, *une entr'autres pour M. S'engebère, son maître de droit, qui voulait répudier sa femme pour cause d'adultère.* Je suis sûr que ce plaidoyer serait agréable à bien des gens, si on l'imprimait.

(13) Ménage, *Origines de la Langue française, au mot Rachat, pag.* 611 , *édition de* 1694. *Voyez les Mémoires de Marolles, pag.* 96.

MENANDRINO (MARSILLE DE),

plus connu sous le nom de Marsille de Padoue, la ville de sa naissance, a été un des plus doctes jurisconsultes du XIVe. siècle (a). Il étudia dans l'université d'Orléans (b), et fut conseiller de l'empereur Louis de Bavière, et il écrivit une apologie pour ce prince, l'an 1324 (A), dans laquelle il soutint que le pape doit être soumis à l'empereur, non-seulement à l'égard des choses temporelles, mais aussi à l'égard de la discipline extérieure de l'Église. Il décrivit fortement l'orgueil, le luxe, et les autres dé-

(a) *Le père* Gaultier *trompé par* Pratéolus , *et* Moreri *trompé par l'un et par l'autre, l'ont mal mis au commencement du XIIe. siècle.*
(b) Marsilius Patavinus , *in Defensore Pacis , part. II , cap. XVIII, pag. m.* 296.

réglemens de la cour de Rome , et prouva que de droit divin tous les évêques sont égaux au pape. Celui qui tenait alors le siége de Rome était Jean XXII. Il fut si outré de cette doctrine de Marsille de Padoue, qu'il lança contre lui un long décret où il s'efforça de le réfuter, et où il l'excommunia l'an 1327. Notre Marsille mourut au mois de septembre 1328, à Montemalto (c). Il a été cité par le cardinal Zabarella (d) entre ceux qui écrivirent pour prouver que les religieux de Saint-François ne peuvent avoir la propriété d'aucune chose. Je ne pense pas qu'il ait enseigné, comme on l'assure dans le Moréri, que les évêques ni les prêtres ne peuvent posséder des biens. Moréri a copié en cela, comme en tout le reste de l'article, le père Gaultier, copiste de Pratéolus.

(c) *Tiré de l'*Appendix *de M.* Cave , Hist. Litterar. Script. Eccles. , *pag.* 23.
(d) *Zabarella, in Clementin. Exivit et de Electione.*

(A) *Il écrivit une apologie pour l'empereur Louis de Bavière , l'an 1324.*] Les protestans l'ont fort citée, et ils eurent soin bientôt de la publier : car dès l'an 1522 ils en firent une édition in-folio, à Bâle, avec une préface dont l'auteur se qualifie *Licentius evangelius sacerdos* (1). M. Wharton (2) a marqué non-seulement cette édition , mais aussi celles de Francfort 1612 , 1623, in-8° ; et il n'a pas oublié que cet ouvrage fut inséré par Goldast au 2e. tome de sa Monarchie : mais il ne parle pas de l'édition de Francfort , 1592 , *in-8°.*, *apud Joh. Wechelum*, qui fut procurée par François Gomarus. En voici le titre : *Defensor Pacis , sive adversus usurpatam Rom. pontificis juris-*

(1) *Voyez la* Bibliothèque de Gesner, *folio* 409 *verso, et l'*Epitome*, pag. m.* 574, 575.
(2) Wharton, *in* Append. ad Cave , *p.* 23.

dictionem , Marsilii Patavini pro invictiss. et constantiss. Rom. Imperatore Ludovico IV Bavarico , à tribus Rom. Pontificibus indigna perpesso , Apologia, quá politicæ et ecclesiasticæ potestatis limites doctissimè explicantur : circa annum Domini 1324 conscripta, nunc verò ad omnium principum, magistratuum , et ecclesiæ catholicæ , ac nominatim christianiss. Galliarum et Navarræ regis, etc. Henrici IV (à tribus etiam Rom. Pontificibus iniquè oppugnati) ejusque regni et ecclesiarum autoritatem ac liber tatem demonstrandam utilissima. Franciscus Gomarus Brugensis recensuit , capitum argumentis et notis ad marginem illustravit. J'ai conféré cette édition avec celle qui a pour titre : *Marsilii de Menandrino , Patavini vulgò dicti*, DEFENSOR PACIS , *sive apologia pro Ludovico IV, imp. Bavaro ; Tractatus de translatione imperii , antè CCC propè annos scriptá. Ex Bibliopolio Comeliano MDXCIX*; et il m'a paru qu'elles ne diffèrent qu'à l'égard des préambules ; c'est-à-dire que l'on ne réimprima point le corps du livre , mais seulement le titre ; qu'on ôta l'Épître Dédicatoire en vers , signée *Franciscus Gomarus*, et adressée à l'électeur palatin Frédéric IV ; qu'on changea un peu l'avis au lecteur ; et que l'on joiguit *Testimonia autorum* , et le traité *de Translatione Imperii* qui ne contient que 26 pages. Ce traité est de la façon de notre Marsille de Padoue, qui a fait outre cela un écrit *de Jurisdictione Imperiali in causis matrimonialibus.*

Notez que la parenthèse (3), où l'on marque au titre du *Defensor Pacis*, que Louis de Bavière avait été persécuté par trois papes, n'a pu être dans le manuscrit de l'auteur ; car, lorsqu'il composa ce livre , Louis de Bavière n'avait eu encore des démêlés qu'avec le pape Jean XXII. Cet ouvrage ayant été *traduit en français sans nom d'auteur* , le pape Grégoire XI (4) *s'en plaignit aux députés de la faculté de théologie de Paris , qui déclara par un acte authentique , qu'aucun de ses membres n'avait eu part à cette version : et que Marsille de Padoue, et Jean de Jande , qu'on*

(3) *Elle est dans l'édit. même de Bâle*, 1522.
(4) *Il siégea depuis l'an* 1370, *jusqu'en* 1378.

croyait y avoir aussi travaillé, n'é-
taient point du corps de la faculté (5).

(5) Du Pin, Biblioth., tom. XI, pag. 127, édition d'Amsterdam.

MENDOZZA (Juan-Gonzales de), religieux augustin de la province de Castille, fut choisi par le roi d'Espagne, pour ambassadeur auprès de l'empereur de la Chine, l'an 1584. Il fut fait évêque de Lipari en Italie, l'an 1593, évêque de Chiapa dans la Nouvelle-Espagne, l'an 1607, et évêque de Popajan aux Indes Occidentales, l'an 1608. Il composa en espagnol une Histoire de la Chine (A), qui a été traduite en plusieurs langues (a). La version française, faite par Luc de la Porte, Parisien, docteur en droit, fut imprimée à Paris, l'an 1589, in-8°.

(a) *Tiré de* Philippe Elssius, Encomast. Augustin., *pag.* 379.

(A) *Il composa une Histoire de la Chine.*] On s'en pourra faire une idée générale par le seul titre de la traduction française. Le voici : *Histoire du grand royaume de la Chine, situé aux Indes Orientales, divisée en deux parties, contenant en la première, la situation, antiquité, fertilité, religion, cérémonies, sacrifices, rois, magistrats, mœurs, us, lois, et autres choses mémorables dudit royaume : et en la seconde, trois voyages faits vers icelui, en 1577, 1579 et 1581, avec les singularitées plus remarquables y vues et entendues ; ensemble un itinéraire du nouveau monde, et le découvrement du nouveau Mexique, en l'an* 1583.

MESPLÈDE (Louis), dominicain français *, et provincial de son ordre dans la province de

* Leclerc dit que Mesplède était de Cahors et mourut en 1635. Il renvoie au surplus aux *Scriptores ordinis prædicatorum* des pères Quétif et Échard.

Languedoc, au XVII°. siècle, a publié quelques livres (A), comme on le verra ci-dessous.

(A) *Il a publié quelques livres.*] Il fit imprimer à Paris en 1643, *Catalania Galliæ vindicata, sive Dissertatio historica de legitimo regum Francorum in eam provinciam imperio,* in-8°. M. Chantereau le Febvre assure que c'est un livret rempli de *doctes et utiles recherches qui tendent à connaître le droit que la couronne de France a sur le comté de Catalogne et la ville de Barcelone, et à prouver la supposition et fausseté des titres que les ennemis de la couronne produisent contre elle, pour mettre à couvert l'usurpation qu'ils ont faite de ce comté à son préjudice* (1). Pendant que le père Mesplède était provincial, il adressa un écrit au chapitre général de son ordre, pour marquer la réformation qu'il croyait qu'on y devait introduire (2). Il fit approuver cet écrit *par cinq professeurs, dont trois étaient prieurs.* J'en citerai un passage, qui nous apprendra les divisions des dominicains. « La doctrine de saint » Thomas suffirait seule pour former des grands hommes, si on l'enseignait toute pure et telle qu'elle » est dans sa source. Mais je crains » qu'en nous faisant suivre les ruisseaux, on ne nous fasse boire une » eau trouble. Notre méthode ordinaire d'enseigner la philosophie et » la théologie est très-mauvaise ; nous » ne nous attachons point aux sources. On dispute dans les écoles de » saint Thomas sur le vrai sens de sa » doctrine, et nos auteurs écrivent » les uns contre les autres avec autant de chaleur que faisaient autrefois les scotistes et les thomistes.... Nous nous détruisons nousmêmes. Les nations prennent aveuglément parti les unes contre les » autres. Les nouveaux interprètes » condamnent les anciens. Cajetan » ne pense qu'à réfuter Capréolus, » Hervée, et les autres qui l'ont pré-

(1) Chantereau le Febvre, Question historique si les Provinces de l'ancien royaume d'Austrasie doivent être appelées terres de l'Empire, pag. 81, édition de Paris, 1644, in-8°.
(2) Voyez l'Errata de l'Histoire des Congrég., de Auxil., pag. 46, édition de Liège, 1702, in-8°.

» cédé. Bagnez , et ceux qui sont ve-
» nus depuis , ne pensent qu'à réfu-
» ter Cajetan (3). »

(3) Mesplède, *in Commonitorio ad Capitulum
generale de Reformatione in ordinem inducendâ :
je me sers de la traduction que donne de ce
passage latin l'auteur de l'Errata de l'Histoire
des Congrégations de Auxiliis, composée par
l'abbé le Blanc.*

MESTREZAT (JEAN), mi-
nistre de l'église de Paris *, et
issu d'une très-bonne famille (A),
naquit à Genève, l'an 1592. Il
fut envoyé fort jeune à l'académie de Saumur, et il y donna
des preuves fort singulières de la
force de son génie dans une dispute publique (B). Il n'avait que
dix-huit ans lorsqu'on lui offrit
une chaire de professeur en philosophie, et il fut donné pour
ministre à l'église de Paris en
sortant de l'état de proposant (C),
chose tout-à-fait extraordinaire.
On n'eut pas sujet de se repentir
d'une vocation si prématurée;
car ses conférences avec les catholiques romains (D), ses députations (E) , ses sermons, ses
livres (F), le firent paraître l'un
des plus habiles hommes que les
réformés eussent en France. On
conte une circonstance bien particulière d'un procès qu'il eut au
parlement de Paris (G). Il mourut le 2 mai 1657, la quarante-
troisième année de son ministère.
Il ne laissa qu'une (a) fille (b).

* Leclerc et Joly trouvent que cet article
n'est qu'un pur éloge : *C'est tout dire* , ajou-
tent-ils ; et la source indiquée par Bayle à
la fin de son texte devait lui être suspecte.

(a) *Il la maria à Jacques de Maubert
sieur de Boisgibaut.*

(b) *Tiré d'un* Mémoire *qui m'a été renvoyé de Genève par M.* Pictet, *professeur en
théologie.*

(A) *Il était d'une très-bonne famille.*] AMI MESTREZAT, son père, fut premier syndic de Genève, et eut un au-

tre fils qui fut syndic de la même
ville. Cette charge est des premières
de l'état *. PHILIPPE MESTREZAT , neveu du ministre de Charenton, a été
un célèbre professeur en théologie à
Genève (1). Son fils aîné, qui est mort
depuis quelques années (2) , avait
exercé glorieusement la charge de
syndic de la république. N. MESTRE-
ZAT , autre fils de Philippe, est aujourd'hui un habile médecin dans sa
patrie (3).

(B) *Il donna des preuves de la force
de son génie dans une dispute publique.*] Il prit garde que le professeur en
philosophie qui présidait à cette dispute répondit à un argument : *Transeat major , nego minorem*, et il se
leva pour argumenter dès que celui
qui opposait eut fini. Son sujet fut que
l'on n'avait pu nier la mineure, après
avoir laissé passer la majeure , et il
soutint cela avec tant de force , qu'il
obligea le professeur à convenir de
la faute. M. du Plessis Mornai était
présent à cet acte (4).

(C) *Il fut donné pour ministre à
l'église de Paris en sortant de l'état
de proposant.*] Il se présenta à un
synode de Charenton pour être reçu
au ministère. M. du Moulin , qui était
chargé de trouver un pasteur à l'é-
glise d'Orléans, avait jeté les yeux
sur lui pour cette charge, mais le
jeune Mestrezat, examiné dans le
consistoire de Charenton, fit paraître tant de savoir , que cette église
trouva bon de l'arrêter à son service
(5).

(D) *Ses conférences avec les catholiques romains.*] On m'a dit que sa
conférence avec le père Véron fut
imprimée , et qu'il triompha haute-

* Voici ce que dit Guib sur cette phrase de
Bayle : « Je suis surpris que ce savant homme
» ayant été à Genève, comme il paraît par ce
» qu'il a écrit dans le texte de l'article PAIOLO,
» ait néanmoins parlé avec si peu d'exactitude des
» premiers magistrats de cette florissante répu-
» blique. Il fallait dire que la charge de syndic
» est la *première* de l'état.

(1) *Voyez l'épître dédicatoire de l'un des volumes des* Sermons *de son oncle, sur l'Épître aux
Hébreux.*

(2) *On écrit ceci en* 1697.

(3) *Tiré d'un* Mémoire, *envoyé par M.* Pictet. *Notez que depuis que ce* Mémoire *m'a été
communiqué , j'ai ouï dire que M. Mestrezat le
médecin a été promu à la charge de conseiller
de la république.*

(4) *Mémoire communiqué par M.* Pictet.

(5) *Là même.*

ment de ce fameux controversiste. Celle qu'il eut avec le jésuite Regourd, en présence de la reine Anne d'Autriche, n'a point vu le jour; et c'est une tradition générale parmi les réformés de France, que cette princesse, bien étonnée que ce jésuite, qui s'était vanté de confondre facilement tous les ministres, eût été réduit à la dernière confusion par Mestrezat, exigea que les actes de cette dispute ne fussent point imprimés, à quoi ceux de la religion obéirent très-fidèlement (6).

(E) *Ses députations.*] On dit qu'ayant été député par un synode national à Louis-le-Juste, il répondit admirablement à trois questions que le cardinal de Richelieu suggéra à ce monarque de lui faire. 1°. Pourquoi vous servez-vous de la liturgie de Genève? 2°. Pourquoi joignez-vous dans vos prières les papistes avec les turcs et les païens? 3°. Pourquoi souffrez-vous les ministres non français? Il répondit, 1°. que faisant profession d'une même religion avec Genève, il n'était pas surprenant qu'ils se servissent de la même liturgie; 2°. qu'on ne devait pas être étonné que dans le temps que la communion de Rome traitait les protestans comme les turcs et les païens les eussent traités, on eût joint les papistes avec ces infidèles; mais qu'on avait ôté le mot de papistes dans les nouvelles éditions, même sous le règne d'Henri IV; et que si cela était demeuré dans quelques-unes, elles n'avaient pas été faites en France; 3°. qu'il serait à souhaiter que tant de moines italiens qui étaient en France, eussent autant de zèle pour sa majesté qu'en avaient les ministres étrangers, qui ne reconnaissaient dans le royaume aucun autre souverain que le roi. A ces mots le cardinal de Richelieu lui touchant l'épaule : *voilà*, dit-il, *le plus hardi ministre de France* (7).

(F) *Ses sermons, ses livres.*] Son langage n'approchait pas de la politesse et de la netteté du style de M. Daillé; mais il prêchait avec plus de profondeur, de raisonnement, et d'érudition que lui. Il n'y a point de sermons qui contiennent une théologie plus sublime que ceux qu'il prê-

cha sur l'Épître de saint Paul aux Hébreux. Ils ont été imprimés en plusieurs volumes. On dit (8), qu'ayant rencontré dans la rue un ecclésiastique de sa connaissance, qui avait prêché un carême avec applaudissement, et l'en ayant félicité : *J'ai pris*, lui répondit l'autre, *dans vos sermons tout ce que j'ai dit de meilleur* *. Il a traité la controverse de l'autorité de l'Écriture (9), et celle de l'église (10), avec une force toute particulière; et il a réfuté sur ces importans sujets toutes les subtilités du père Regourd et du cardinal du Perron. Il fait voir dans ces ouvrages qu'il possédait bien les pères, et qu'il entendait bien la philosophie et l'Écriture. On estime fort son traité de *la Communion à Jésus-Christ dans le sacrement de l'eucharistie* (11). Ses héritiers possèdent encore plusieurs manuscrits qui furent trouvés dans son cabinet (12) : ses sermons sur le catéchisme (13), l'explication de l'Épître de saint Paul aux Galates, celle de quelques chapitres de l'Épître aux Éphésiens, sermons sur divers textes détachés, et plusieurs opuscules. Notez qu'il publia à Sedan un volume de Sermons, l'an 1625 *in-8°*. On a, en deux volumes, ceux qu'il fit sur la 1re. épître de saint Jean.

(G) *On conte une circonstance bien particulière d'un procès qu'il eut au parlement de Paris.*] Celui qui présidait à l'audience où la cause était plaidée, ayant remarqué à sa mine qu'il n'était guère content de son avocat, interrompit celui-ci; et s'adressant au ministre: Il me semble, lui dit-il, que ce qu'on allègue pour votre cause ne vous satisfait point; la

(6) *Voyez* Dumoulin, des Traditions, p. 79.
(7) *Mémoire de M. Pictet.*

(8) *Là même.*
* Leclerc et Joly, qui ont rapproché cette anecdote de celle que raconte Faget, et que Bayle rapporte dans la remarque (M) de l'article MARCA, pensent que l'aventure de Mestrezat devait être traitée de conte.
(9) *Dans le livre intitulé:* Traité de l'Écriture Sainte, où est montrée la Certitude et Plénitude de la Foi, et son Indépendance de l'Autorité de l'Église. *A Genève, 1632, in-8°.*
(10) *Dans son* Traité de l'Église, *imprimé à Genève, 1649, in-4°.*
(11) *Imprimé à Sedan*, 1625, *in-8°.*
(12) *Mémoire de M. Pictet.*
(13) *On en imprime à Genève quelques-uns avec d'autres de M. Daillé. Voyez les Nouvelles de la République des Lettres, novembre 1700, pag. 586.*

cour vous permet de plaider vous-
même. On prétend que M. Mestrezat
fit une si belle déduction de ses raisons, que sa cause fut gagnée du bonnet (14).

(14) *Mémoire de M. Pictet.*

MÉTEL * (JEAN) était Fran-
comtois , et parut parmi les
doctes du XVIᵉ. siècle. Il étudia
la jurisprudence à Bologne , et
y lia une amitié très-étroite avec
Antoine Augustin , et avec Jérôme Osorius. Cela paraît par les
Dialogues de ce dernier *de Gloriâ*,
où les deux autres servent d'in-
terlocuteurs (a). Métel se trouva
en divers lieux avec Antoine Augustin , à Florence , à Venise , à
Rome, et au Pays-Bas, et il l'accompagna en Angleterre, lorsqu'Augustin y fut envoyé par le
pape à Philippe II (b). Il eut aussi
beaucoup de commerce avec Cassander. On a publié quelques
lettres qu'il lui écrivit : elles sont
assez curieuses.

* M. Weiss l'appelle MATAL, et lui a donné un article détaillé dans la *Biographie
Universelle*, XXVII, 435.
(a) Osorius, de Gloriâ , *lib. I*, *pag.*
m. 87.
(b) Bartholom. Bodegem Delphus , *Epist.*
Dedic. lib. Osorii de Gloriâ *in edit. Basil.*
1584.

MÉTELLA. Il y a eu quel-
ques dames de ce nom dans l'ancienne Rome, qui ont été d'assez
mauvaise réputation. CÉCILIA
MÉTELLA , sœur de Quintus Cécilius Métellus le Numidique ,
épousa Lucius Lucullus. De leur
mariage sortit le fameux Lucullus, qui fit la guerre à Mithridate (a). Nous apprenons de Plutarque , que cette Métella fut
fort décriée pour sa mauvaise

(a) Plutarchus *ubi infrà.*

vie (b). Je ne saurais me persuader que ce soit d'elle qu'Horace
et Valère Maxime ont parlé (A).
CÉCILIA MÉTELLA , fille de Quintus Cécilius Métellus Pius , fils du
Numidique, épousa en premières
noces Marc Émilius Scaurus , et
en secondes, le fameux Sylla. Elle
eut de son premier mariage un
fils et une fille. Le fils, Marc Émilius Scaurus se distingua par plusieurs endroits , et surtout par
le magnifique théâtre qu'il fit
bâtir. La fille , nommée Émilia ,
fut premièrement mariée à Marc
Acilius Glabrion , et ensuite au
grand Pompée , et mourut en
couche (c). Ces deux enfans trouvèrent un bon patron en la personne de Sylla, le second mari
de leur mère; car quoique Métella ne se gouvernât pas bien ,
elle ne laissa pas d'être fort considérée de Sylla (d). C'est, dit-on ,
qu'il ne savait rien des déréglemens de sa femme : il n'en
apprit des nouvelles qu'au siége
d'Athènes. Il traita fort durement cette ville , à cause des médisances que les habitans avaient
proférées contre Métella sur leurs
remparts (e). Ayant eu de cette
femme deux enfans jumeaux ,
un fils et une fille, il donna le
nom de Faustus au fils , et celui
de Fausta à la fille (f). Celle-ci
ne dégénéra point (B) : elle enchérit sur sa mère. Puisque Métella était en âge d'avoir des enfans , je ne comprends pas la réflexion de Plutarque (C). Métella

(b) Ἡδύξησεν ὡς οὐ βεβιωκυῖα σωφρόνως.
Fuit ob vitam probrosam infamis. Plutarch.
in Lucullo, *init. pag.* 491.
(c) Plutarch., in Syllâ , *pag.* 473.
(d) *Ibid. pag.* 455.
(e) *Ibid.*
(f) *Ibidem, pag.* 473.

devint dangereusement malade, dans le temps que son mari faisait des festins au peuple, à l'occasion d'un grand vœu. Il avait consacré à Hercule la dixième partie de son bien, et il traita magnifiquement le peuple pendant plusieurs jours. Les prêtres lui déclarèrent qu'il ne lui était point permis d'aller voir sa femme, ni de souffrir que sa maison fût souillée par la mort de qui que ce fût. C'est pourquoi il envoya à Métella la lettre de divorce, et ordonna qu'on la portât hors de chez lui avant qu'elle mourût. La superstition lui fit faire toutes ces choses malgré lui; car il fut fort affligé de perdre sa femme, et il lui fit des funérailles très-magnifiques pour soulager sa douleur (g). Dans la même vue, il fit aussi de grands festins à ses amis, sans avoir égard aux lois somptuaires qu'il avait lui-même établies (h). Il les enfreignit hautement, lui qui n'avait osé violer les cérémonies ridicules et barbares que les prêtres lui avaient marquées. Si le fils d'Ésope a été aimé d'une Métella (D), comme il y a quelque apparence, j'ai un grand penchant à croire que les deux dames galantes qu'on vient de voir, ne sont pas les seules de leur nom qui se soient mal comportées.

Quelques auteurs donnent le nom de MÉTELLA à l'une des femmes de Pompée, qu'il répudia pour ses impudicités (i); mais il vaut mieux la nommer Mucie. J'en parle sous ce mot-là.

(i) *Voyez* Bisselius, Ruinar. illustr., *decade IV*, *parte IV*, *pag*. 2984.

(A) *Je ne saurais me persuader que ce soit d'elle qu'Horace et Valère Maxime ont parlé.*] Horace nous conte que le fils d'Ésope fit dissoudre dans du vinaigre une perle de grand prix, et l'avala; et il remarque que cette perle avait servi de pendant d'oreille à Métella (1). Un vieux scoliaste d'Horace dit que cette Métella était la femme du fils d'Ésope. J'aimerais mieux croire qu'il n'y avait entre eux qu'un commerce illégitime. C'est aussi la pensée de M. Dacier. Il doute si cette Métella *n'était point la sœur de Q. Cécilius Métellus Numidicus, qui était mariée à L. Lucullus* (2). Je ne saurais croire que ce soit celle-là; car la femme de ce Lucullus était apparemment vieille lorsque le fils d'Ésope commença à pouvoir faire l'amour. Elle avait une petite-nièce qui épousa Sylla, l'an 665 de Rome, et qui avait déjà d'un autre mari deux enfans prêts à marier. On a vu (3) que la fille de cette femme de Sylla fut mariée avec Pompée. Or elle avait eu déjà un autre mari, et nous savons que Sylla, qui lui avait fait épouser Pompée, mourut l'an 672. Si la petite-nièce était grand'mère en ce temps-là, nous pouvons raisonnablement penser que la grand'tante n'était guère propre à faire l'amour. Ajoutons à cela que Lucullus, fils de Métella la grand'tante, commandait l'armée romaine contre Mithridate, en qualité de consul, l'an de Rome 679, et que Cicéron, quelques années après la bataille de Pharsale (4), fait mention du fils d'Ésope comme d'un hom-

(g) Καὶ τοῦτο μὲν ἀκριϐῶς τὸ νόμιμον ὑπὸ δεισιδαιμονίας ἐτήρησε· τὸν δὲ τῆς ταφῆς ὁρίζοντα τὴν δαπάνην νόμον αὐτὸς παρεισενηνοχὼς παρέϐη, μηδενὸς ἀναλώματος φεισάμενος. *Atque hâc in re leges curiosè ex superstitione servavit: at legem funerariam, quam tulerat ipse, convulsit nullo habito sumptûs modo.* Plutarch. *in Syllâ, pag.* 474, B.

(h) *Idem*, *ibidem.*

(1) *Filius Æsopi detractam ex aure Metellæ* (Scilicet ut decies solidum exsorberet) *aceto Diluit insignem baccam.* . . . .
　　　Horat., sat. III, lib. II, vs. 239.
(2) *Remarques sur cet endroit* d'Horace, tom. VII, pag. m. 301, 302.
(3) *Dans le corps de cet article.*
(4) *Elle se donna,* l'an 705.

me qui lui causait beaucoup de chagrin (5). Il n'est donc guère facile d'ajuster les temps d'amour de ces deux personnes.

Pour ce qui regarde Valère Maxime, je trouve, dans l'Onomasticon de Glandorp, une période sujette à censure. La voici : *Eamdem esse volunt de quâ Valerius libro primo capite quinto, auctor de Viris Illustribus capite sexagesimo secundo, ut viris duobus nuptam fuisse intelligamus* (6), c'est-à-dire que l'on veut que Métella, sœur de Métellus le Numidique, et mère de Lucius Lucullus (7), soit la même que celle dont Valère Maxime et Aurélius Victor ont parlé. Cela n'est pas mauvais par rapport à ce dernier auteur, puisqu'il est indubitable qu'il a parlé nommément de Métella, sœur de Métellus le Numidique. L'autre écrivain a parlé d'une manière si vague, que l'on peut aussitôt conjecturer le pour que le contre ; et ainsi Glandorp ne devait pas charger son papier des conjectures dont il nous parle. Mais je puis bien rapporter ici le fait : il est curieux.

Cécilia, femme de Métellus, avait une nièce prête à marier. Elle la mena de nuit dans une chapelle pour chercher des présages nuptiaux. C'était la coutume quand on songeait à marier une fille. La tante s'assit, et la nièce se tint debout ; elles furent long-temps aux écoutes sans ouïr rien. La fille, se sentant lasse d'être debout, pria sa tante de la laisser asseoir pour quelques momens : *Très-volontiers*, répondit la tante, *je vous cède ma place*. Ces paroles furent l'augure que l'on cherchait : Cécilia mourut bientôt, et son mari épousa la jeune nièce. Voilà ce que Valère Maxime raconte (8). Cicéron le rapporte aussi (9) : il l'avait ouï dire à Lucius Flaccus, prêtre de Mars (10). Il y a une note de Pighius dans le Valère Maxime *Variorum*, qui porte que ce Lucius Flaccus fut consul l'an 622. Mais il y a bien loin de là jusques

au temps où Cicéron était en état de lier conversation avec les personnes d'importance. Pighius ajoute qu'il s'agit ici de Cécilia, sœur de Métellus le Numidique ; et il le prouve par Aurélius Victor, qui rapporte que ce Métellus ne voulut point faire l'oraison funèbre de Métellus, son beau-frère (11). Mais Aurélius Victor n'a point nommé ce beau-frère, et ainsi la doctrine de Pighius est fondée sur une fausse supposition. *Metellæ sororis suæ virum laudare noluit, quòd is solus judicium contra leges detrectaret.* Ce sont les paroles d'Aurélius Victor dans les bonnes éditions.

Ce qui me paraît de plus mémorable dans ce fait, est l'étrange superstition de l'ancienne Rome. Ce n'étaient pas seulement les simples servantes qui cherchaient des augures de mariage : les dames les plus qualifiées, celles qui tenaient un rang pareil à celui de nos duchesses, s'amusaient à ces niaiseries, et allaient se mettre à l'affût pour attendre le premier mot que la fortune leur ferait ouïr. Aujourd'hui même la qualité de duchesse ne délivre point des superstitions augurales dont les bourgeoises s'infatuent.

(B) *Fausta ne dégénéra point.*] Ce fut une des plus impudiques femmes de son temps ; et il fut vrai pour le moins par rapport à elle et à Métella, sa mère, que le monde va de mal en pis. Métella était débauchée, mais *mox datura progeniem vitiosiorem* (12). Fausta eut pour troisième mari le fameux Milon, que le meurtre de Clodius et la harangue de Cicéron ont tant fait connaître. Il ne faisait pas bon se jouer à lui : néanmoins sa femme ne le craignit guère : elle admettait ses galans avec si peu de précaution, que l'un d'eux y fut un jour attrapé par Milon. Il aurait passé le pas, s'il n'eût eu bien de l'argent ; mais il racheta sa vie en payant la taxe à quoi Milon le condamna, après lui avoir fait donner cent coups d'étrivières. *M. Varro in litteris atque vitâ fide homo multâ et gravis, in li-*

(5) *Quin etiam Æsopi filius me excruciat.* Cicero, ad Atticum, *epist. XV, lib. XI.*

(6) Glandorpius, *pag. 170.*

(7) *Celui qui vainquit Mithridate.*

(8) *Lib. I, cap. V, num. 4.*

(9) *De Divinat., lib. I, cap. XLVI.*

(10) L. Flaccum flaminem martialem ego audivi quùm diceret. *Ibidem.*

(11) *Ipsam verò Cæciliam Q. Numidici sororem fuisse ex auctore de Viris Illustribus est colligere, qui cap. 62 scribit Numidicum sororis suæ virum Metellum laudare noluisse, quòd is olim suum judicium et leges detrectârat.* Pighius, in Val. Maximum, *lib. I, cap. V, num. 4.*

(12) *Voyez* Horace, ode VI, *lib. III.*

bro, quem scripsit Pius aut de Pace, *C. Sallustium scriptorem seriæ illius et severæ orationis, in cujus historiâ notiones censorias fieri atque exerceri videmus, in adulterio deprensum ab Annio Milone loris benè cæsum dicit, et quùm dedisset pecuniam, dimissum* (13). Il est fâcheux que cette honteuse disgrâce soit arrivée à un grand auteur, car c'est l'historien Salluste qui fut si mal accommodé chez Fausta. Les galans ne profitèrent pas de cet exemple : on parle d'un Villius, qui reçut au même lieu cent coups de poing, et qui faillit à y être poignardé (14). Les uns disent que ce fut Milon qui le traita de la sorte (15) : bien lui en prit d'être robuste, car sans cela ses bras n'eussent point suffi à étriller aussi souvent qu'il le fallait ceux qui lui venaient baiser sa femme : mais d'autres croient avec plus de vraisemblance, que celui qui traita ainsi le malheureux Villius, était un autre galant de Fausta, qui se trouvant auprès d'elle, quand Villius s'attachait à Fausta, principalement par la raison qu'elle était de la première qualité. Horace se moque de ce faux goût, et soutient que la nature ne le donne pas (16), et qu'on trouve mieux ailleurs (17). Cette censure fut inutile : il fallut que Perse la renouvelât.

. . . . *Nunc nunc impensiùs unge, Unge puer caules. Mihi festâ luce coquatur Urtica, et fissâ fumosum sinciput aure ; Ut tuus iste nepos olim satur anseris extis, Cùm morosa vago singultiet inguine vena, Patricize inunejat vulvæ* (18).

(13) Aul. Gellius, *lib. XVII, cap. XVIII.*
(14) *Villius in Faustâ Syllæ gener (hoc miser uno Nomine deceptus) pœnas dedit, usque superque Quàm satis est pugnis cæsus, ferroque petitus, Exclusus fore quùm Longarenus foret intus.* Horat., sat. II, *lib. I, vs.* 64.
(15) Vetus Interpres Horatii.
(16) *Huic si Mutonis verbis mala tanta videntis Diceret hæc animus : quid vis tibi ? nunquid ego à te Magno prognatum deposco consule cunnum Velatamque stolâ, mea cùm conferbuit ira ? Quid responderet? magno patre nata puella est, At quanto meliora monet pugnantiaque istis Dives opis natura suæ. . . . .* Horat., sat. II, *lib. I, vs.* 68.
(17) *Nec magis huic inter niveos viridesque lapillos (Sit licet hoc Cerinthe tuum) tenerum est femur aut crus Rectius, atque etiam melius persæpe togatæ.* Ibidem, *vs.* 80.
(18) Persius, sat. VI, *sub fin.*

« Et il y a encore beaucoup de gens, » comme Villius, qui n'aiment dans » leur maîtresse que leur nom et » leur qualité. » Ce sont les paroles d'un habile commentateur (19). Je n'ai pas encore nommé tous les galans de notre Fausta, desquels les livres ont conservé la mémoire. Elle en avait deux en même temps, dont les noms donnèrent lieu à un bon mot de son frère. *Faustus, Sullæ filius, cùm soror ejus eodem tempore duos mœchos haberet, Fulvium, Fullonis filium, et Pompeium Maculam : Miror, inquit, sororem meam habere maculam, cùm fullonem habeat* (20). Je m'étonne, dit-il, *que ma sœur ait une tache, puisqu'elle a un foulon.* Le latin a infiniment plus de grâce.

(C) *Je ne comprends pas la réflexion de Plutarque.*] Il dit que Sylla, avant de se marier avec Métella, avait eu trois femmes, dont la dernière, qui s'appelait Célia, fut honnêtement répudiée sous prétexte de stérilité : mais, ajoute Plutarque, le mariage que Sylla contracta avec Métella peu de jours après, fit voir qu'il avait allégué injustement contre Célia cette raison de divorce. Ὀλίγαις δὲ ὕςερον ἡμέραις ἀγαγόμενος τὴν Μετέλλαν, ἔδοξε διὰ τοῦτο τὴν Κοιλίαν οὐ καλῶς αἰτιάσασθαι. *Verùm quòd paucis diebus post Metellam duxit, apparuit illum immeritò illam causam in Cœliam prætendisse* (21). Afin que ce raisonnement dé Plutarque eût quelque solidité, il faudrait que, dans l'ordre naturel, et suivant une conduite sensée, un homme qui aurait répudié sa femme pour cause de stérilité ne se hâtât point d'en prendre une autre : mais le sens commun nous montre que personne ne peut supposer cela sans tomber dans l'illusion ; car tout homme qui répudie sa femme, et qui le fait uniquement à cause qu'elle est stérile, témoigne par là qu'il souhaite d'avoir des enfans. L'ordre veut donc qu'il se remarie bientôt avec quelque femme qui ait les apparences de fertilité, et s'il ne se remariait de sa vie, où s'il différait beaucoup à le faire, il témoignerait visiblement qu'il aurait donné une méchante raison de son divorce. Que lui importait, dirait-

(19) M. Dacier, sur Horace, t. *VII*, p. 145.
(20) Macrob., Saturn., *lib. II, c. II*, p. 324.
(21) Plut., in Syllâ, *pag.* 453.

on, que sa femme fût stérile ou qu'elle ne le fût point, puisqu'après son divorce il demeure dans le célibat ? Il n'est donc pas vrai que les promptes noces de Sylla avec Métella aient été propres à réfuter la raison pour laquelle il avait dit qu'il répudiait Célie : au contraire, elles étaient propres à la confirmer et à justifier sa conduite. La raison de Plutarque serait bonne, si Métella eût été hors d'âge d'avoir des enfans ; mais il nous apprend lui-même qu'elle accoucha de deux jumeaux. Voici ce qui l'a trompé ; il a raisonné de cette façon : Sylla n'eût pas conclu son mariage avec Métella, un peu après son divorce, s'il n'eût été amoureux d'elle depuis quelque temps, et s'il n'eût même préparé les choses pour son nouveau mariage, avant la dissolution de l'autre. C'est donc l'envie d'épouser Métella qui l'a poussé au divorce : la stérilité de Célia n'a donc été qu'un vain prétexte : Plutarque a raison peut-être dans le fond ; car peut-être le motif de Sylla fut uniquement l'envie d'avoir Métella : mais comme Plutarque fonde sa proposition sur une preuve trèséquivoque, et qui, selon l'ordre naturel et le bon sens, doit être fausse, il est coupable de paralogisme. J'ai dit ailleurs qu'une critique comme celle-ci, qu'on peut appeler une critique de dialecticien, est capable de rendre plus de service aux jeunes lecteurs qu'une critique de grammaire.

(D) *Si le fils d'Ésope a été aimé d'une Métella.*] Ce qui fait que je m'exprime de la sorte, est que les paroles d'Horace ne signifient pas nécessairement que la dame dont le fils d'Ésope avala la perle, fût amoureuse de lui. Horace aurait pu faire mention de Métella, en cas que c'eût été une dame magnifique en pierreries ; car comme son but était de marquer l'extravagante prodigalité du fils d'Ésope, il devait caractériser la perle par des traits qui frappassent le lecteur. S'il y eût donc eu une dame nommée Métella, fameuse par la magnificence de ses pierreries, on eût donné une grande idée du prix d'une perle, en disant qu'elle avait servi de pendant d'oreille à cette dame ; et ainsi l'expression

d'Horace, *detractam ex aure Metellæ*, ne serait pas inutile, quand même on supposerait que le fils d'Ésope ne serait devenu le maître de cette perle que par achat. Cependant je trouve très-vraisemblable que cette Métella se gouvernait mal avec le fils de ce comédien ; et il pourrait bien être que c'était la même Métella dont il est parlé dans les Lettres de Cicéron. Il y a des commentateurs qui croient, 1°. que quand Cicéron se plaint d'être tourmenté par le fils d'Ésope (22), il veut dire que cet homme était le camarade de Dolabella dans les débauches qui chagrinaient tant Tullie (23), et qui furent l'une des causes de la rupture de son mariage avec Dolabella ; 2°. que ces débauches étaient les engagemens de Dolabella avec des femmes galantes, et nommément avec Métella. Cette conjecture est appuyée sur un passage d'une autre lettre de Cicéron, où l'on voit Métella entre les causes du divorce de Tullie. *Meliùs quidem in pessimis nihil fuit discidio : aliquid fecissemus ut vivi, vel tabularum novarum nomine, vel nocturnarum expugnationum, vel Metellæ, vel omnium malorum* (24). Quelques-uns (25) veulent que cette Métella soit celle que Lentulus Spinther répudia, et que celle du fils d'Ésope soit la MÉTELLA répudiée par ce Lentulus (26). Ce qu'il y a de certain, c'est qu'il y eut vers ce temps-là une dame fort galante qui avait nom Métella, dont les amours donnèrent autant de matière aux poëtes, que madame d'Olonne en a donné aux auteurs du XVIIe. siècle. Voici deux vers d'Ovide tirés de la 2e. élégie du 2e. livre des Tristes, v. 437 :

Et quorum libris modò dissimulata Perillæ
  Nomine nunc legitur dicta, Metelle, tuo.

Nous apprenons d'Apulée comment

(22) *Quin etiam Æsopi filius me excruciat.* Cicero, ad Attic., epist. *XV*, lib. *XI*.
(23) *Quia socius Dolabellæ in adulteriis Pellicum Tulliæ, ut Metellæ de quâ epist.* 23. Popma, *in editione* epist. Cicer. ad Atticum, Græviana, tom. *II*, pag. 248.
(24) Cicero ad Attic., lib. *XI*, epist. *XXIII*.
(25) Corradus in Cicer. ad Attic., epist. *VII*, lib. *XIII*.
(26) *Et Lentulum cum Metellâ certè fecisse divortium.* Cicero ad Attic., epist. *VII*, lib. *XIII*. *Voyez aussi* epist. *LII*, lib. *XII*.

s'appelait l'auteur qui déguisa le nom de Métella sous celui de Pérille. *Eadem opera accusent.* dit-il, page 279 de son Apologie, *C. Catullum quòd Lesbiam pro Clodiá nominavit, et Ticidam similiter quòd quæ Metella erat, Perillam scripserit.*

MÉTELLUS CÉLER (Quintus), consul, l'an de Rome 693, avait exercé la préture l'année du consulat de Cicéron (*a*), et rendu de bons services à la république en s'opposant aux troupes de Catilina, qui voulaient passer dans la Gaule Cisalpine (*b*). Après sa préture, il obtint le gouvernement de cette province. C'était un homme de mérite, mais qui fut très-malheureux à se choisir une femme; car il épousa une sœur de Clodius (A), laquelle le déshonora par ses impudicités, et puis l'empoisonna. Elle était sa cousine germaine (*c*). C'est elle qui, sous le nom de Lesbia, a été tant diffamée par Catulle (*d*). Cicéron perdit un très-bon ami par la mort de ce Métellus, l'an 694 (B). Je remarquerai une méprise de Turnèbe (C). Notre Métellus était du collége des Augures (*e*).

(*a*) *En* 690.

(*b*) Sallust. *in* Bell. Catil. *pag. m.* 81, 176.

(*c*) Cicero pro Cœlio, *pag.* 518, *edit.* Abrami.

(*d*) *Voyez la remarque* (A), *citation* (3).

(*e*) Cicer. *in* Vatinium, *pag.* 306, *edit.* Abrami.

(A) *Il épousa une sœur de Clodius.*] C'est la Clodia que Cicéron a si bien décrite dans son plaidoyer pour Célius, jeune provincial, et beau garçon, qui se voyait accusé de plusieurs crimes, et entre autres d'avoir voulu donner du poison à Clodia, afin de n'être pas obligé à rendre les sommes d'argent qu'il lui avait empruntées. Cicéron fut son

avocat, et plaida pour lui avec tant de force, qu'il le fit absoudre. Clodia n'avait entrepris cette affaire que pour se venger d'un affront sensible : c'est que Célius, après s'être diverti avec elle tant et si long-temps qu'il avait voulu, s'en était enfin dégoûté, et l'avait quittée pour porter ailleurs ses offrandes. Plutarque (1) raconte qu'on la surnommait *Quadrantaria*, à cause qu'un jour l'un de ceux qui avaient couché avec elle ne la paya qu'en fort mauvaise monnaie. Il mit dans sa bourse, non pas des pièces d'argent, mais de petites pièces de cuivre (2), telles que les doubles de France à peu près. Apulée (3) nous apprend qu'elle est la maîtresse que Catulle a tant chantée sous le nom de Lesbia : elle méritait donc pour plusieurs raisons le titre dont parle Plutarque ; car la Lesbia de Catulle fut enfin une coureuse de carrefour, et qui attendait sa proie au coin des rues. Elle était au premier occupant, et prenait sans doute ce qu'on lui voulait donner. C'était du vin à un sou le pot; elle faisait de sa marchandise pour un liard, *Scortum diobolare, aut triobolare.* Ne méritait-elle donc pas le surnom *quadrantaria ?* Voyez en note les vers de Catulle, adressés apparemment au client de Cicéron (4). Elle avait acheté un jardin au bord du Tibre, afin de se procurer la commodité de voir les nageurs, et de mieux choisir la bête qu'elle voulait faire donner dans ses toiles. *Habes hortos ad Tiberim : ac diligenter eo loco parásti quò omnis juventus natandi caussâ venit, hinc licet conditiones quotidiè legas* (5). De toutes les sœurs de Clodius, celle-ci était la plus soupçonnée d'inceste avec lui (6). Étant encore fort jeune, il faisait le peureux, afin qu'on le lais-

(1) Plutarch., *in* Ciceron. Vitâ, *pag.* 875.

(2) *Qu'on nommait à Rome* quadrantes.

(3) *In* Apologiâ, *pag. m.* 279. *J'ai cité ses paroles dans la remarque* (D) *de l'article précédent.*

(4) *Cœli, Lesbia nostra, Lesbia illa,*
Illa Lesbia quam Catullus unam
Plusquam se atque suos amavit omnes ;
Nunc in quadriviis et angiportis
Glubit magnanimos Remi Nepotes.
　　　　　　　Catull., epigr. LIX.

(5) Cicero, pro Cœlio, *pag.* 445, *edit.* Abrami. *Conférez avec ceci ce qu'on a dit dans l'article de* Louis VII, *tom. IX, pag.* 391, *citat.* (5).

(6) Plutarch., *in* Ciceron. Vitâ, *pag.* 875.

sât dormir avec cette sœur. *Propter nescio quam , credo , tinuiditatem, et nocturnos quosdam inanes metus, tecum semper pusio cum majore sorore cubitavit* (7). Il y a une épigramme dans Catulle (8) qui fait foi qu'il avait aimé Clodia, et que même il s'était brouillé avec elle avant la mort de son mari.

Lesbia mi, præsente viro, mala plurima dicit,
  Hæc illi fatuo maxima lætitia est.
Mule (9)*, nihil sentis. Si nostrî oblita taceret,*
  Sana esset, quod nunc gannit et obloquitur.
Non solùm meminit, sed quæ multò acrior est
      res
Irata est : hoc est uritur et loquitur.

(B) *Cicéron perdit un très-bon ami par la mort de ce Métellus, l'an* 694.] Je rapporterai ses paroles, afin que d'un côté l'on puisse connaître le mérite de ce Métellus, et son amitié pour Cicéron; et que l'on voye de l'autre, la différence qu'il y a souvent entre un homme et un mari. Métellus à l'égard de Cicéron est un illustre Romain : c'est parce que Cicéron ne le considère qu'en tant qu'homme. Ce même Métellus à l'égard de Catulle est un sot, un fat, un mulet (10) : c'est parce que Catulle ne le considère que comme mari. Catulle était convaincu que la femme de Métellus ne valait rien ; il connaissait assez tous les effets de l'amour , pour être persuadé que puisqu'elle disait tant de mal de lui , Catulle, c'était un signe qu'elle sentait encore les brûlures de sa passion. Quelle estime pouvait-il donc avoir pour Métellus, qui donnait dans un si méchant panneau , et qui se laissait empanacher , et puis duper par sa femme ? Voyons les paroles de Cicéron (11) : *Proh! Dii immortales , cur interdùm in hominum sceleribus maximis aut connivetis , aut præsentis fraudis pœnas in diem reservatis ? Vidi enim , vidi, et illum hausi dolorem vel acerbissimum in vitâ, quùm Q. Metellus abstraheretur è sinu, gremioque patriæ : quùmque ille vir, qui se natum huic imperio putavit, tertio die postquàm*

in curiâ , in rostris , in republicâ floruisset, integerrimâ ætate , optimo habitu, maximis viribus eriperetur indignissimè bonis omnibus, atque universæ civitati. Quo quidem tempore ille moriens , quùm jam cæteris ex partibus oppressa mens esset extremum sensum ad memoriam reipublicæ reservabat : quùm me intuens flentem significabat interruptis, atque morientibus vocibus : quanta impenderet procella urbi, quanta tempestas civitati ; quùm parietem sæpè feriens eum , qui cum Q. Catullo fuerat is communis, crebrò Catullum, sæpè me, sæpissimè rempublicam nominabat : ut non se tàm emori, quàm spoliari suo præsidio quùm patriam , tùm etiam me doleret. Quem quidem virum si nulla vis repentini sceleris sustulisset, quonam modo ille furenti fratri suo patrueli consulari restitisset, qui consulem incipientem furere atque conantem, suâ se manu interfecturum, audiente senatu dixerit ? Ex hâc igitur domo progressa ista mulier de veneni celeritate dicere audebit ; nonne ipsam domum metuet , ne quam vocem eliciat ? non parietes conscios , non noctem illam funestam ac luctuosam perhorrescet ? Cicéron a remarqué en un autre lieu, que Clodia vivait mal avec son mari (12).

(C) *Je remarquerai une méprise de Turnèbe.*] Il a cru que Catulle a parlé de notre Métellus Céler dans l'épigramme LXVIII.

Ita Cæcilio placeam, cui credita nunc sum.

Le poëte fait parler ainsi la porte d'une femme débauchée : mais cette femme n'est point Lesbia ou Clodia ; car la femme dont il est question dans cette épigramme avait épousé un homme impuissant, dont le père fut si officieux qu'il consomma le mariage que son fils avait contracté. On ne sait pas bien s'il le fit parce qu'il aimait sa belle-fille , ou parce qu'il était persuadé que son fils n'aurait pas assez de forces. Consultez ces vers de Catulle :

Primùm igitur virgo quod fertur tradita nobis,
Falsum est : nonque illam vir prior attigerat,
Languidior tenerâ cui pendens sicula beta,
Nunquàm se mediam sustulit ad tunicam,
Sed pater ipsius nati violâsse cubile
Dicitur, et miseram conscelerâsse domum :

---

(7) Cicero, pro Cœlio, pag. 445.

(8) C'est la LXXXIVe.

(9) Ce n'est pas un nom propre, comme plusieurs l'ont cru. Voyez Muret, sur cette épigr.

(10) Voyez l'épigramme LXXXIV, dans la remarque précédente.

(11) Cicero, pro Cœlio, pag. 514.

(12) Ea est seditiosa : ea cum viro bellum gerit, neque solùm cum Metello, sed etiam cum Fabio. Idem, epist. I ad Attic., l. I, p. m. 75.

Sive quòd impia mens cæco flagrabat amore,
Seu quòd iners sterili semine natus erat :
Et quærendum aliundè foret nervosius illud,
Quod posset zonam solvere virgineam.
Egregium narras mirâ pietate parentem,
Qui ipse sui gnati minxerit in gremium (13).

Scaliger réfute Turnèbe par deux
raisons : la 1ʳᵉ. est que la scène de
cette aventure est à Vérone, et non
pas à Rome ; la 2ᵉ. est que personne
n'a jamais dit que Clodia ait commis
inceste avec son père. Cicéron n'eût
pas oublié de lui en faire reproche,
si elle eût été en mauvaise réputation
de ce côté-là (14). Ces deux raisons
de Scaliger sont fort bonnes ; mais il
n'a pas bien pris garde que ce fut
avec le père de son mari, et non pas
avec son propre père, que la fille
dont parle Catulle se défit de son
pucelage.

(13) Catull., epigramm. LXVIII.
(14) *Alienum à vero prorsùs scribit Adr. Tur-
nebus, Gallorum doctissimus, hunc esse Cæci-
lium, cui Clodia nupserit. Hoc enim non Romæ,
sed Veronæ manifesto actum scribit Catullus.
Deindè nihil tale de Clodiâ narratur, ut consue-
tudinem stupri nefandam cum patre suo habuerit.
Hoc enim non tacuisset capitalis hostis ejus fratris Clodii Cicero.* Scalig., Not. *in* Catull.,
epigr. LXVIII.

MÉTELLUS (Lucius), tribun
du peuple, lorsque César se rendit maître de Rome, au commencement des guerres civiles,
eut plus de courage que tous les
autres magistrats. La ville de
Rome parut si soumise aux volontés de César, dès les premiers
jours (A), qu'on eût dit qu'elle
était accoutumée depuis long-
temps au joug de la servitude.
Le seul Métellus eut la hardiesse
de s'opposer à César, qui se voulait saisir du trésor que l'on gardait dans le temple de Saturne.
César se moqua de l'opposition,
et des lois qui lui furent alléguées (B), et s'en alla tout droit
au lieu où ce trésor était en dépôt. Il le trouva fermé ; et comme
on lui refusait les clefs, il donna
ordre qu'on rompît les portes :
et sur ce que Métellus renou-

vela ses oppositions, il le menaça de le tuer : *Jeune homme,*
ajouta-t-il, *tu n'ignores pas qu'il
me serait plus facile de le faire
que de le dire.* Le tribun ne résista plus (C), et se retira tout
doucement ; et César prit dans
cette épargne tout ce qu'il voulut (*a*). Il s'est bien gardé de conter comment la chose s'était passée : il la déguise de telle sorte
dans son histoire de la guerre
civile (*b*) (D), qu'on n'y trouve
rien d'injuste ni de violent.
C'est ainsi qu'en usent ceux qui
composent eux-mêmes leur vie ;
ils font évanouir les circonstances
qui ne leur sont pas glorieuses.

(*a*) Plutarch. *in* Cæsare, *pag.* 725.
(*b*) Lib. I.

(A) *La ville de Rome parut si soumise aux volontés de César dès les
premiers jours.*] Il ne s'en faut pas
étonner ; on le regardait comme un
homme qui, à main armée s'était
emparé de Rome. On avait appréhendé qu'il ne mît tout au pillage.

*. . . . . . . Namque ignibus atris
Creditur, ut captæ rapturus mœnia Romæ
Sparsurusque Deos : fuit hæc mensura timoris.
Velle putant quodcunque potest* (1).

Le bonheur de Rome voulait qu'il
mît des bornes à sa puissance, lorsque le sénat et le peuple n'en eussent
point mis à leur soumission. Ce ne
sera pas la dernière fois que, même
dans des conjonctures où la mol-
lesse est infiniment plus inexcusable
qu'alors, on aura moins de honte
de laisser prendre, que d'autres
n'en auront de prendre, et qu'on
devra son salut à la discrétion d'autrui.

*Omnia Cæsar erat, privatæ Curia vocis
Testis adest. Sedere patres censere parati
Si regnum, si templa sibi, jugulumque senatus
Exiliumque petat. Melius quod plura jubere
Erubuit, quam Roma pati . . . .* (2).

(B) *César se moqua . . . des lois
qui lui furent alléguées.*] Appien (3)

(1) Lucan., Phars., lib. III, vs. 99.
(2) Là même, vs. 108.
(3) Lib. II Bell. Civil., pag. m. 241.

nous conte qu'après les funestes guerres que les Romains eurent avec les Gaulois, on mit en réserve à Rome certaines sommes d'argent auxquelles il était défendu de toucher sous la peine d'une exécration publique, si ce n'est en cas de guerre contre les Gaulois. On allégua à César que leurs ancêtres avaient donné la malédiction de la patrie à quiconque toucherait à cet argent, hors le cas de cette nécessité. Il se moqua de cette malédiction, et dit qu'ayant subjugué les Gaules, il avait délivré Rome de l'engagement où elle pouvait s'être mise lorsqu'elle fonda cette épargne. Lucain a fait une réflexion ingénieuse à la vérité, mais un peu forcée, ce me semble. Il dit que les lois, les priviléges, la liberté, tiennent moins au cœur que l'argent, et que ce ne fut que pour l'amour de ce trésor que l'on essaya de résister à la force (4). Il parle des oppositions de Métellus.

(C) *Le tribun ne résista plus.*] Lucain suppose que Métellus cherchait la gloire d'être immolé à la violence du tyran; mais que César ne le crut point digne de cet honneur, et qu'il lui dit :

. . . . Vanam spem mortis honestæ
Concipis : haud (inquit) jugulo se polluet isto
Nostra, Metelle, manus. Dignum te Cæsaris
*   irâ*
Nullus honor facit, te vindice tuta relicta est
Libertas? non usquè adeò permiscuit imis
Longus summa dies, ut non, si voce Metelli
Serventur leges, malint à Cæsare tolli (5).

Ce poëte suppose une autre chose ; c'est que Métellus ne se retira qu'après les solides remontrances de Cotta. La liberté, disait Cotta, ruine la liberté, lorsque le pouvoir monarchique la talonne; et si vous voulez ne la point perdre tout-à-fait, si vous souhaitez d'en retenir à tout le moins l'ombre, faites semblant de vouloir ce qu'on vous commande. Cette pensée est très-belle : Lucain l'exprime noblement.

. . . . . . Tum Cotta Metellum
Compulit audaci nimium desistere cœpto.
Libertas, inquit, populi quem regna coercent,

(4) *Usque adeò solus ferrum, mortemque tima-*
*   mere*
Auri nescit amor : pereunt discrimine nullo
Amissæ leges : sed pars vilissima rerum
Certamen movistis opes. . . . .
*   Lucain., Phars., lib. III, vs. 118.*
(5) *Ibidem, vs.* 134.

Libertate perit; cujus servaveris umbram,
Si, quicquid jubeare, velis (6).

(D) *César . . . . . déguise de telle sorte* cette action *dans son Histoire de la Guerre civile.*] C'est plutôt une suppression totale qu'un déguisement; car bien loin de convenir qu'il se servit de menaces contre Métellus, et qu'il enleva malgré lui l'argent de l'épargne, il déclare qu'il sortit de Rome pour ne s'embarrasser pas long-temps dans les chicanes que ses ennemis lui faisaient par le moyen de Métellus. N'est-ce pas insinuer qu'il fut si benin et si débonnaire, qu'il aima mieux quitter la partie que de lutter contre ce tribun du peuple? *Subjicitur etiam L. Metellus, tribunus plebis, ab inimicis Cæsaris, qui hanc rem distrahat, reliquasque res quascunque agere instituerit, impediat. Cujus cognito consilio, Cæsar frustrà diebus aliquot consumptis, ne reliquum tempus omittat, infectis iis quæ agere destinaverat, ab Urbe proficiscitur* (7). S'il fait mention du trésor public, ce n'est pas pour dire qu'il y ait touché, c'est pour dire que le faux bruit de son arrivée effraya de telle sorte ses ennemis, que le consul Lentulus, qui était allé à l'épargne pour en tirer l'argent qui s'y trouverait, afin de l'envoyer à Pompée, partit de la main sans avoir rien exécuté. Selon toutes les éditions de César, la peur de ce consul fut si grande, qu'elle ne lui permit pas de refermer le trésor public (8) ; mais un critique d'assez bon goût (9) est d'avis qu'on rectifie ce passage par l'insertion de la particule *non* ; et alors le sens de César sera que le consul prit la fuite avant que d'avoir ouvert l'épargne. Suivant les éditions, César dirait une chose fort éloignée de ce que tous les autres historiens assurent : ils remarquent, ou qu'il fit enfoncer les portes du trésor public, ou qu'il menaça de

(6) *Ibidem, vs.* 143.
(7) *Cæsar., de Bello civ., lib. I, pag. m.* 250.
(8) *Quibus rebus Romam nunciatis tantus repentè terror invasit, ut cùm Lentulus consul ad aperiendum ærarium venisset ad pecuniam Pompeio ex senatusconsulto proferendam, protinùs aperto sanctiore ærario ex urbe profugeret, Cæsar enim adventare jamjamque, et adesse ejus equites falso nunciabantur. Ibidem, pag.* 239.
(9) Philippe Rubeins, Elector., *lib. I, cap. XXIV, apud Vossium, de Hist. lat., pag.* 63, veut qu'on lise *protinùs non aperto.*

les faire rompre si on lui en refusait les clefs (10). La leçon ordinaire fait évanouir cette violence, puisqu'elle suppose que le trésor fut laissé ouvert. Si l'on adopte la conjecture de Rubeins, on diminuera la mauvaise foi de la plume de César : mais il sera toujours coupable d'une insigne suppression de la vérité ; car il n'a point dit qu'il profita de la conjoncture, et qu'il entra dans l'épargne, que Lentulus n'avait point fermée. Vossius ne me semble pas bien fondé dans la raison qu'il allègue contre la correction de Rubeins : *Sed profectò*, dit-il, *sequentia refellunt, nam quia mirum poterat videri, quòd relinqueret apertum œrarium profugiens, eo subjungit : Cæsar enim adventare,* etc. (11). Cette raison est tirée des paroles dont César se sert pour montrer la cause de la frayeur de Lentulus, mais elle n'est pas bien forte ; car il est fort étonnant qu'à la veille d'une grande guerre, un consul qui est tout prêt de faire charger l'argent de l'épargne pour l'envoyer au général, prenne la fuite avant que de s'assurer de cet argent : de sorte que, si César s'était servi de la négative, comme Rubeins le suppose, il aurait été obligé de donner une raison de la peur de Lentulus, peur qui n'aurait pas donné le temps nécessaire à se faire munir d'argent. Ainsi Vossius n'est pas bien fondé à supposer que l'on donnerait une raison inutile, si le fait que César raconte était conforme à la critique de Rubeins. Il me semble aussi que la leçon ordinaire pousse les choses jusqu'à l'hyperbole. Quelle apparence qu'un consul romain ait été si consterné, qu'il n'ait point vu que le temps qu'il lui fallait pour la fermeture d'une porte n'était pas à ménager, je veux dire qu'il ne durerait pas assez pour empêcher qu'on ne pût prendre la fuite ?

(10) *Voyez* Lucain, Plutarque *et* Appien, *ubi suprà, citat.* (a), (3) *et* (4) ; Dion, *lib. XLI, pag.* 181 ; Ciceron, ad Attic., *lib. X, epist. IV;* Florus, *lib. IV, cap. II, num.* 21.

(11) De Hist. lat., *pag.* 63.

MÉTHYDRE, en grec Μεθύδριον, *Methydrium*, ville du Péloponnèse, dans l'Arcadie, fut ainsi nommée à cause de sa situation entre deux rivières (a). Orchomène, qui en fut le fondateur, la bâtit sur une éminence. Il avait proche de Méthydre un temple de Neptune équestre, et une montagne que l'on appelait *Thaumasie* (A), c'est-à-dire, miraculeuse, où l'on prétendait que Cybèle enceinte de Jupiter, se réfugia, et qu'Hoplodamus et les géans de sa suite se préparèrent à la secourir, en cas que Saturne son mari lui voulût faire quelque violence (B). On ne niait pas qu'elle ne fût accouchée sur le mont Lycéus ; mais on soutenait qu'elle trompa son époux sur la montagne de Thaumasie (C), en lui donnant une pierre au lieu de l'enfant. On montrait sur le sommet de cette montagne, la caverne de Cybèle, où il n'était permis à personne de mettre le pied, hormis les femmes consacrées à cette déesse (b). Méthydre n'était qu'un village au temps de Pausanias, et appartenait aux Mégalopolitains (c). Cet article déplaira à bien des gens, parce qu'il témoigne qu'il y avait dans le paganisme certains lieux de dévotion dont la prétendue sainteté n'était fondée que sur des contes ridicules. Il y a bien des conformités que l'on n'aime point. Pausanias est un auteur incommode. Il eût mérité la revue des commissaires *librorum expurgandorum.*

(a) *L'une s'appelait Malæta, et l'autre Mylaon.*
(b) *Tiré de* Pausanias, *lib. VIII, pag.* 266.
(c) *Idem, ibidem. pag.* 246.

(A) *Il y avait proche de Méthydre un temple . . . et une montagne . . . appelée* Thaumasie.] Je ne fais cette remarque que pour corriger un mot dans le texte de Pausanias. Cet auteur dit que la ville de Méthydre était située entre la rivière de Maloeta et la rivière de Mylaon (1); et qu'il y avait un temple sur celle de Mylaon, et une montagne sur celle de Molotte. Il est visible qu'il y a là une rivière de trop, et que ce passage de Pausanias a été gâté par les copistes. Rapportons le grec ; Ἔϛι δὲ ἐν Μεθυδρίῳ· Ποσειδῶνός τε Ἱππίου ναὸς, οὗτος μὲν ἐπὶ τῷ Μυλάοντί ἐϛι· τὸ δὲ ὄρος τὸ Θαυμάσιον καλούμενον κεῖται μὲν ὑπὲρ τὸν ποταμὸν τὸν Μολοττόν. *Est Methydrii Neptuni equestris ædes ad Mylaontem fluvium : mons verò Thaumasius dictus suprà Molottum amnem est.* Je crois qu'au lieu de Μολοττόν, il faut lire Μολοιτάν, qui est le nom de l'autre rivière dont Pausanias avait parlé peu auparavant. Notez qu'en relisant ceci longtemps après l'avoir composé, j'ai cru que je devais consulter le Pausanias imprimé à Leipsic, l'an 1696, et qui n'est en ma puissance que depuis quelques mois. J'y ai trouvé une note qui m'apprend 1°. qu'Étienne Niger reconnaît pour rivières différentes le *Maloeta* et le *Molotte* ou le *Molosse* de Pausanias , mais que d'autres croient que la faute des copistes tombe sur Μαλοιτᾶ; 2°. que M. Kuhnius ne décide rien, et ne sait que faire de certains noms que l'on ne rencontre qu'une fois.

(B) *Hoplodamus et les géans de sa suite se préparèrent à secourir Cybèle, en cas que Saturne.... lui voulût faire . . . violence.*] Natalis Comes n'a rien entendu dans le passage de Pausanias ; car il suppose que les géans appelèrent au secours de la déesse la montagne Thaumasie : *Qui mons fuit ab Hoplodamo, aliisque illius sociis gigantibus in auxilium accitus, si fortè Saturnus illi vim inferre paravisset* (2).

(C) *On ne niait pas qu'elle ne fût accouchée sur le mont Lycéus ; mais on soutenait qu'elle trompa son époux sur la montagne de Thaumasie.*] C'est le véritable sens des paroles de Pausanias; et, s'il n'est pas assez

clair par leur construction grammaticale , il l'est assez par la suite du raisonnement, ou par l'intention de l'auteur. Voyez néanmoins ce que c'est que de s'exprimer d'une manière équivoque par l'arrangement des termes ; on fait égarer les plus savans hommes. Je viens de lire un commentaire qui est rempli d'une très-profonde érudition , et j'y ai vu (3) que l'on attribue à Pausanias d'avoir dit que la caverne de Rhéa (4) se voyait sur la croupe du mont Lycéus, et qu'il n'était permis d'y entrer qu'aux femmes qui sacrifiaient à cette déesse. Pausanias ne dit cela que de la montagne de Thaumasie ; car il affirme deux choses du même mont : l'une que Saturne y fut trompé, prenant une pierre pour l'enfant dont sa femme était accouchée ; l'autre, que l'on y voyait la caverne de cette déesse. Or, ce fut sur la montagne de Thaumasie que Saturne fut ainsi trompé : Étienne de Byzance le rapporte (5) ; donc, etc. Je sais bien que Pausanias raconte plusieurs merveilles du mont Lycée : que Jupiter y fut élevé ; qu'on y voyait une fontaine qui faisait pleuvoir quand une trop grande sécheresse obligeait à recourir à ce remède avec les cérémonies requises; qu'on y voyait aussi un lieu consacré à Jupiter, dont l'entrée était interdite à toutes sortes de personnes ; et que si quelqu'un , au mépris de la religion , avait la hardiesse d'y entrer, il mourait infailliblement l'année même ; et que les bêtes, aussi-bien que les hommes, qui entraient en ce lieu-là , ne (6) faisaient plus d'ombre (7) : mais cela ne fait point de préjudice aux merveilles de l'autre montagne.

(3) Ezechiel Spanhemius, *Observat. in Callimachum* , pag. 5. Frischlin *est dans une pareille erreur.* Not. in Hymn. Callim. in Jovem , *pag.* 372, edit. Græv.
(4) *C'est la même que Cybèle.*
(5) Stephan. Byzantinus, *in* Θαυμάσιον.
(6) Οὐ παρέχεσθαι σκιάν. *Nullas è corporibus suis umbras reddere.* Pausanias, *lib. VIII,* pag. 269.
(7) *Tiré de* Pausanias, *lib. VIII, p.* 268, 269.

MÉTRODORE de Chios , disciple de Démocrite, eut entre autres disciples le philosophe Anaxarque et Hippocrate le mé-

(1) Μαλοιτᾶ τε ποταμοῦ καὶ Μυλάοντος μέσος. *Medio loco inter Maloetam et Mylaontem fluvium.* Pausanias, *lib. VIII, pag. m.* 266.
(2) Natalis Comes, Mythol., *lib. IX, cap. V, pag. m.* 950.

decin (a). D'autres assurent qu'il fut disciple de Nessas, qui l'avait été de Démocrite, et qu'il fut maître de Diogène, qui le fut d'Anaxarque (b). Il enseignait l'éternité de l'univers; car si l'univers, disoit-il, avait commencé, il aurait été produit de rien. Il le faisait infini par une raison tirée de son éternité, et immobile par une raison tirée de son infinité. Il disait que les nues et ensuite la pluie, se formaient de l'air condensé, et que la pluie qui tombait sur le soleil l'éteignait, mais que la raréfaction qui succédait à cette extinction le rallumait; qu'à la longue cet astre s'épaississait par la sécheresse, et que l'eau brillante lui servait de matière pour produire des étoiles. Voilà comment il donnait raison de la suite alternative des jours et des nuits, et en général des éclipses (c). On le compte parmi ceux qui ont nié la certitude, et l'on cite pour cela un passage de Cicéron (A). On n'a point de preuve certaine que Pline ait cité notre Métrodore; car il ne donne jamais le surnom *Chius* à celui qu'il cite. Athénée le lui donne avec un ouvrage intitulé Τρωϊκά, c'est-à-dire des affaires de Troie (d).

(a) Suidas, *in* Δημόκριτος.
(b) Euseb., Præpar. Evangel., *lib. XIV*, cap. XVI, pag. 758.
(c) *Tiré de* Plutarque *in* Stromatis, *apud* Eusebium *ubi suprà*, *lib. I*, cap. VIII, pag. 24, 25.
(d) Athenæus, *lib. IV*, cap. ult., pag. 184.

(A) *On le compte parmi ceux qui ont nié la certitude, et l'on cite pour cela un passage de Cicéron.*] M. Ménage, commentant ces paroles de Diogène Laërce : Ὅς (Μητρόδωρος) ἔλεγε μηδὲ αὐτὸ τοῦτο εἰδέναι ὅτι οὐδὲν οἶδε. *Hic* (Metrodorus) *se ne id quidem scire dicebat quòd nihil sciret* (1), rapporte ceci : *Chius Metrodorus initio libri qui est de Naturâ : nego, inquit, scire nos, sciamusne aliquid, an nihil sciamus, ne id ipsum quidem nescire aut scire, scire nos, nec omninò sit ne aliquid, an nihil sit.* Sa citation est le 4ᵉ. livre (2) des Questions Académiques de Cicéron : j'ai lu et relu cet endroit-là, et il m'a toujours semblé que c'est Démocrite, et non Métrodore, que l'on fait parler ainsi. Au fond, il est vrai que Métrodore était sceptique : Sextus Empiricus (3) le range parmi ceux qui n'ont point admis le *criterium*, ou la règle de la vérité. Je ne comprends point, que ni Démocrite, ni Métrodore, ni aucun autre, aient jamais pu extravaguer jusques au point de soutenir qu'ils ne savaient pas s'il y avait quelque chose; car ils ne pouvaient point douter qu'ils ne doutassent, ni s'imaginer que ce qui doute n'est rien, ou n'existe pas. Il faut donc dire qu'ils prétendaient excepter leur propre existence.

Notez qu'Aristoclès peut confirmer le sens que M. Ménage donne aux paroles de Cicéron ; car, après avoir observé que Métrodore de Chios admettait comme Démocrite son maître, le plein et le vide pour les deux principes, l'un en qualité d'être, l'autre en qualité de néant (4), il ajoute que son livre de la Nature commençait ainsi : Οὐδεὶς ἡμῶν οὐδὲν οἶδεν, οὐδ' αὐτὸ τοῦτο πότερον οἴδαμεν, ἢ οὐκ οἴδαμεν. *Nemo nostrûm quidquàm novit, ne hoc ipsum quidem utrum aliquid noverimus necne.* On ne peut pas prétendre que Métrodore se contredisait, assurant cela d'un côté, et soutenant de l'autre qu'il ne faut ajouter foi qu'aux sensations et aux imaginations (5). Ces deux doctrines s'accordent fort bien ensemble. Il disait que toutes choses sont dans un flux perpétuel, et que

(1) Diog. Laërt., *in* Anaxarcho, *lib. IX*, n. 58.
(2) *C'est dans mon édition le II*ᵉ. *livre, folio* 207, *D.*
(3) Sextus Empiricus adversùs Mathem., *pag.* 146, 153.
(4) Aristoclès, *apud* Eusebium, Præpar. Evangel.. *lib. XIV*, cap. XIX, pag. 765.
(5) *Idem*, *apud eumdem*, *ibidem*, *cap. XX*, pag. 766.

c'est pourquoi Homère les fait naître de l'Océan. Protagoras inféra de ce principe (6), que l'homme est la mesure de toutes choses, et que chacune est justement ce qu'elle paraît, et qu'on ne peut porter aucun jugement des autres. C'est un parfait pyrrhonisme : vous y trouverez d'un côté que les sens sont l'unique règle de nos opinions, et de l'autre qu'il n'y a rien de certain, et que la nature des choses n'a rien de stable, rien qui ne subisse une infinité de variations.

(6) *Ibidem.*

MÉTRODORE, bon peintre et bon philosophe, fut choisi par les Athéniens pour être envoyé à Paul Émile, qui, après avoir pris Persée, roi de Macédoine, leur avait demandé deux hommes, l'un afin de lui donner à instruire ses enfans, l'autre afin de lui faire peindre son triomphe. Il témoigna souhaiter que le précepteur fût un excellent philosophe. Les athéniens lui envoyèrent Métrodore, qui excellait tout ensemble et dans la philosophie et dans la peinture. Paul Émile fut très-content de leur choix. C'est Pline qui conte cela (A). Nous verrons dans les remarques s'il est vrai que Cicéron parle de ce Métrodore, comme le père Hardouin le prétend (B). Je croirais qu'il parle plutôt de Métrodore de Stratonice (C), qui abandonna l'école épicurienne pour s'attacher à Carnéade.

(A) *Les Athéniens l'envoyèrent...* *à Paul Émile, qui fut très-content de leur choix. C'est Pline qui conte cela.*] On sera bien aise de voir ses paroles : *ubi* (Athenis) *eodem tempore erat Metrodorus pictor, idemque philosophus, magnæ in utráque scientiá auctoritatis. Itaque cùm L. Paulus, devicto Perseo, petísset ab Atheniensibus ut sibi quàm probatis-*

simum philosophum mitterent ad erudiendos liberos, itemque pictorem ad triumphum excolendum, Athenienses Metrodorum elegerunt professi eundem in utroque desiderio præstantissimum quod ità Paulus quoque judicavit (1). Vossius se trompe quand il assure que ce Métrodore était médecin (2),

(B) *Nous verrons... s'il est vrai que Cicéron parle de ce Métrodore, comme le père Hardouin le prétend.*] Le père Hardouin s'est imaginé que ce passage de Pline concerne un homme qui fut auditeur de Carnéade, et qui écrivit un livre *de Architectonice,* et un autre *de Poëtis* (3). Voilà trois choses que l'on affirme de lui : on se fonde pour la première, sur l'autorité de Cicéron au Ier. livre *de Oratore;* pour la seconde, sur l'autorité de Pline dans l'*Index* du XXXVe. livre ; et pour la troisième, sur le témoignage de Plutarque, au livre contre les Épicuriens. Examinons cela en rétrogradant. Il est visible que le Métrodore, cité par Plutarque (4) comme ayant écrit des poëtes, est celui qui fut ami d'Épicure. Il ne vivait donc pas au temps de Persée ; car Épicure, qui lui survécut sept ans (5), mourut la 2e. année de la 127e. olympiade (6) : mais Persée ne fut pris par les Romains qu'environ la fin de la 152e. L'*Index* du XXXVe. livre de Pline ne contient rien qui nous engage à donner au Métrodore de Persée les écrits d'architecture : et pour ce qui est du passage de Cicéron, il ne paraît guère convenir à ce Métrodore : rapportons le. *Audivi summos homines quùm quæstor ex Macedoniá venissem Athenas florente academiá, ut temporibus illis ferebatur, quòd eam Carneades, et Clitomachus, et Æschines obtinebant. Erat etiam Metrodorus qui cum illis unà ipsum illum Carneadem diligentius audierat* (7). C'est l'orateur Crassus qui parle ; le

(1) Plin., *lib. XXXV, cap. XI, pag. m.* 230.
(2) Vossius, de Histor. græcis, *pag.* 389.
(3) Harduin., *in* Plinium, *lib. XXXV, cap. XI, pag.* 230.
(4) Plutarch., non posse suaviter vivi, *pag.* 1094, E.
(5) Diog. Laërt., *lib. X, num.* 23.
(6) *Idem, ibidem, num.* 15.
(7) Cicero, de Orat., *lib. I, cap. XI.*

temps qu'il désigne est, selon toutes les apparences, l'an 650 de Rome. Comment donc s'imaginer que le Métrodore de Persée fût encore en vie ? car on l'avait envoyé à Paul Émile environ l'an 585, comme l'un des plus excellens philosophes qu'on pût choisir dans Athènes. Il est plus facile de réfuter Volaterran, qui a cru non-seulement que le Métrodore, qui fut envoyé à Paul Emile, est le disciple de Carnéade, dont Cicéron vient de parler, mais aussi que sa mémoire artificielle a été louée par Cicéron (8). Le Métrodore qui a été loué par cet endroit-là, était de Scepsis, et différait du disciple de Carnéade. En voici la preuve démonstrative. Crassus entendit celui-ci dans Athènes (9), et l'autre dans l'Asie. *Paulum sitiens*, dit-il (10), *istarum artium de quibus loquor, gustavi quæstor in Asiâ, quùm essem æqualem ferè meum ex academiâ rhetorem nactus Metrodorum illum de cujus memoriâ conmemoravit Antonius.* Il est clair qu'il parle de Métrodore de Scepsis ; car Antoine l'orateur avait dit : *Vidi ego summos homines et divinâ propè memoriâ, Athenis Carneadem, in Asiâ quem vivere hodiè aiunt Scepsium Metrodorum, quorum uterque tanquàm litteris in cerâ, sic se aiebat imaginibus in iis locis quos haberet, quæ meminisse vellet, perscribere* (11). Crassus parle peu après en cette manière : *Audivi... et Athenis cùm essem, doctissimos viros, et in Asiâ istum ipsum Scepsium Metrodorum quùm de his ipsis rebus disputaret* (12).

(C)... *Je croirais qu'il parle plutôt de* MÉTRODORE *de Stratonice.*] Nous avons vu (13) que son Métrodore s'était attaché à Carnéade avec beaucoup d'application. Il dit dans un autre livre, que Métrodore le Stratonicien pouvait bien connaître Carnéade (14). On peut donc s'imaginer que ces deux endroits concernent la même personne. Nous voyons d'ailleurs dans Diogène Laërce, un Métrodore de Stratonice qui rompit avec Épicure pour suivre l'école de Carnéade. L'historien s'est trompé au temps ; car la mort d'Épicure a précédé la naissance de Carnéade : mais son erreur ne laisse pas de servir à faire croire que Métrodore, celui dont l'orateur Crassus faisait mention, est Métrodore de Stratonice. Quant à la méprise de Diogène Laërce, voyez M. Ménage (15), et les pièces insérées dans le Journal des Savans, que j'ai citées en un autre endroit. (16.)

(15) Menag., in Diog. Laërtium, *l. X, num.* 9.
(16) *Dans la remarque* (N) *de l'article* CARNÉADE, *tom. IV, pag.* 472.

MÉZIRIAC (CLAUDE–GASPAR–BACHET, SEIGNEUR DE), a été l'un des plus habiles hommes du XVIIe. siècle *. Il *était de Bresse, d'une famille noble et ancienne* (a) (A), comme nous l'apprend M. Pélisson avec plusieurs autres particularités bien curieuses que je ne veux pas copier, car elles se trouvent dans un ouvrage (b), qui est entre les mains de tout le monde. Je me contenterai d'en tirer deux choses : la 1re. est que M. de Méziriac *passa en sa jeunesse beaucoup de temps à Paris et à Rome, et qu'en ce dernier lieu il fit quantité de vers italiens à l'envi avec M. de Vaugelas, qui s'y trouvait aussi ; la 2e., que lorsqu'il était encore à Paris, il se parla de le faire précepteur du roi Louis XIII, et que cela fut cause qu'il se hâta de quitter la*

(8) Volaterr., *lib. XVII, pag. m.* 426.
(9) *Voyez la citation* (7).
(10) Cicero, *de Orat., lib. III, cap. XX.*
(11) Cicero, *de Orat., lib. II, c. LXXXVIII.*
(12) *Idem, ibidem.*
(13) *Dans la remarque précédente, citat.* (7).
(14) *Benè autem nosse Carneadem Stratoniceus Medrodorus putabatur.* Cicero, Academ. Quæst., *lib. II, fol.* 203, *B. Notez que ces paroles n'ont guère de liaison avec les précédentes. On dirait qu'il y a là une lacune.*

* Dans les *Éloges de quelques Auteurs français,* Dijon, 1742, in-8°., Bachet de Méziriac a un article beaucoup plus étendu et plus complet, que celui fait par Bayle, qui y est cependant cité avec éloge.
(a) Pélisson, Histoire de l'Académie française, *pag. m.* 256.
(b) L'histoire de l'Académie française.

cour. *Et il disait depuis, qu'il n'avait jamais été en si grande peine, lui semblant qu'il avait déjà sur ses épaules le pesant fardeau de tout un royaume.* On assure dans le Dictionnaire de Moréri (c) que *depuis il revint à Paris et fut de l'académie française.* Le dernier de ces deux faits est véritable, l'autre est faux (d) : ce savant homme fut choisi pour occuper l'une des places de l'académie naissante, quoiqu'il fût absent ; et lorsque son tour fut venu d'y faire un discours, il en envoya un, qui fut lu dans l'assemblée par M. de Vaugelas (e). On voit dans un livre du sieur Colomiés une particularité dont M. Pélisson ne parle pas : c'est que M. *de Méziriac avait été jésuite à l'âge de vingt ans, et qu'il avait fait sa première classe à Milan, où étant tombé malade, il se fit derechef séculier (f).* Il mourut à Bourg en Bresse (g), le 26 de février 1638 (h), et laissa plusieurs enfans de son mariage avec Philiberte de Chabeu (i). On connaîtra par la remarque que l'on verra ci-dessous, touchant ses écrits (B), que ce fut un homme d'un si grand fonds de génie qu'il y put placer commodément les sciences qui ont entre elles le moins de rapport. Il fut assez bon poëte en français, en italien et en latin, un excellent grammairien, un grand grec, un grand critique. Il connut tous les plus petits sentiers du pays des fables ; la mythologie ne contenait rien qu'il ignorât. Il fut *philosophe et théologien bien versé aux controverses* (k), et il se tirait admirablement des questions les plus abstraites de l'algèbre et des mathématiques. Guichenon a dit que, sans offenser sa mémoire, on lui « peut donner l'éloge que Quin- » tilien a baillé à un grand per- » sonnage de son temps, qui eût » pu laisser de plus beaux ou- » vrages s'il eût voulu, *felix in-* » *genium! quod voluit potuit! ô* » *utinàm meliora voluisset (l) !* » Nous parlerons à part des écrits qu'il destinait à l'impression (C). On se trompe quand on assure qu'il n'avait *guère que quarante-cinq ans* lorsqu'il mourut (D) ; mais je ne saurais marquer bien précisément le nombre de ses années. On dit (m) « que M. D. » S., qui est.... de la famille de » cet illustre académicien, a ce » semble hérité de sa connais- » sance de la fable : il travaille » à en faire une histoire, dont » il n'y aura aucune circon- » stance qui ne soit apuyée ou » ornée de quelque trait d'un » poëte grec ou latin. »

L'un de ses fils a été président

(c) *Au mot* Bachet.

(d) *Je ne prétends pas nier que Méziriac n'ait fait des voyages à Paris ; mais seulement qu'il soit revenu s'y établir, ce qui est le sens du* Moréri.

(e) Pélisson, Hist. de l'Académie française. ; *pag.* 104.

(f) Colomiés, Recueil de Particularités, *pag. m.* 109, 110. *Il marque qu'il avait appris cela de M. Patin.*

(g) Guichenon, Hist. de Bresse, *IIIe. part.*, *pag.* 10.

(h) Pélisson, Histoire de l'Académie française, *pag.* 262.

(i) Guichenon, Histoire de Bresse, *IIIe. part. pag.* 10.

(k) Guichenon, Hist. de Bresse, *IIIe. part. pag.* 10.

(l) *Là-même.*

(m) Diversités curieuses, *tom. VII, pag.* 121, 122, *édit. de Holl.*

du présidial de Bourg en Bresse.
Il se fit admirer de toute la cour,
lorsqu'en 1660 il fut complimenter sa majesté à Lyon (n). Il vivait encore, l'an 1704.

(n) *Tiré du* Mercure Galant *de janvier*
1705, *pag.* 132.

(A) *Il était d'une famille noble et
ancienne.*] Elle doit aux lettres sa
noblesse. « Pierre Bachet, seigneur
» Meyséria, de Vauluysant, et de
» Lyonnières, qui est celui que la
» famille des Bachets reconnaît pour
» tronc, fut conseiller et lieutenant-
» général au bailliage de Bresse, sous
» le roi Henri II, puis juge maje après
» la restitution faite au duc Emma-
» nuel-Philibert de ses états. Il fit
» hommage à ce prince, en l'an 1563,
» des seigneuries de Meyséria, de
» Vauluysant, et de Lyonnières. Son
» testament est du 5 septembre 1565.
» Ce fut un des grands personnages
» de son temps, admiré pour sa
» probité, et pour son érudition ;
» insigne jurisconsulte, qu'on venait
» consulter de tous les pays circon-
» voisins, et grand poëte latin : on
» voit encore de lui deux tomes ma-
» nuscrits de ses consultations, un
» recueil de ses poésies latines, et un
» livre d'épîtres qu'il écrivit aux
» plus doctes hommes de son siècle,
» avec les réponses qui lui furent
» faites, dont la publication serait
» garant du témoignage que je rends
» à sa mémoire (1). » Il épousa, le 10
de décembre 1540, Françoise de Soria,
fille d'Antoine de Soria, gentilhomme
portugais, et premier médecin de
Béatrice de Portugal, duchesse de
Savoie. De ce mariage sortit Jean
Bachet, qui fut conseiller du duc de
Savoie, *et juge des appellations de
Bresse, qui était le premier office de
magistrature en ce pays pendant la.
domination de Savoie : il n'eut pas
moins de doctrine et d'intégrité que
son père. Son testament est du 5
juillet* 1586. Il laissa entre autres enfans notre M. de Méziriac, et Guillaume Bachet (2), *seigneur de Vauluysant ; conseiller du roi, et prési-*

(1) Guichenon, Histoire de Bresse, III*e. part.,*
pag. 9.
(2) *Celui-ci était l'aîné.*

dent en l'élection de Bresse, qui testa
le 22 d'avril* 1631, *et mourut sans
enfans. Entre autres bonnes qualités
qui le rendaient recommandable, il
était très-bon poëte latin et français,
dont il nous a laissé beaucoup de
marques, nommément en cette excellente et naïve traduction de quelques-unes des épîtres d'Ovide, qui
ont été imprimées avec celles de
Claude-Gaspard Bachet, seigneur
de Meyséria, son frère* (3). Vous
remarquerez que Guichenon, historiographe de ce pays-là, nomme toujours *Meyséria*, la seigneurie que
l'auteur dont je donne ici l'article a
toujours nommée *Méziriac* à la tête
de ses ouvrages. Il se donna sans
doute la liberté d'en changer le nom,
afin de le rendre plus coulant, et
moins farouche aux oreilles des
Français, et plus capable d'entrer
dans des poésies *.

(B) *On connaîtra par la remarque...
touchant ses écrits.*] Le premier ouvrage qu'il publia fut imprimé en
1613, sous le titre de *Problèmes
plaisans et délectables qui se font
par les nombres.* Il le fit *sortir en lumière tant pour faire un essai de ses
forces, que pour sonder quel jugement on ferait de ses œuvres, et afin
qu'il servît comme d'avant-coureur à
son Diophante* (4). Onze ans après,
il en fit une seconde édition (5) *corrigée et augmentée de plusieurs propositions et de plusieurs problèmes.*
Et comme il craignit que, son Diophante ayant déjà vu le jour, on ne
s'étonnât *de ce qu'après avoir fait
une œuvre si sérieuse et remplie de
si profondes spéculations comme est
le Diophante, il s'était amusé à re-
toucher ses problèmes,* il prépara
dans sa préface entre autres réponses
celle-ci : (6) *Que les livres sont les
enfans de nos esprits, et qu'outre
l'inclination naturelle qu'ont tous les*

(3) Guichenon, Histoire de Bresse, III*e. part.,*
pag. 9.
* Joly observe que Méziriac n'a fait entrer son
nom dans aucun vers, et qu'il serait difficile de le
faire entrer avec grâce dans la poésie française.
J'ajouterai que le nom de *Méziriac* ne me paraît
pas *plus coulant, moins farouche* que celui de
Meyséria.
(4) Méziriac, *préface de la seconde édition des*
Problèmes.
(5) *A Lyon, chez Pierre Rigaud,* 1624, *in-8°.*
(6) Méziriac, *préface de la seconde édition des*
Problèmes.

pères d'aimer leurs enfans généralement, ils portent encore une affection particulière à leurs premiers nés. C'est pourquoi ce livre étant le premier qui soit parti de ma main, et comme l'enfant premier né de mon esprit, c'est avec juste raison que je le chéris particulièrement, et que je ne me contente pas de l'avoir mis au monde, mais je veux encore prendre le soin de sa conservation et de son accroissance. M. Pélison remarque (7), 1°. que le livre des *Récréations arithmétiques* est un ouvrage où M. de Méziriac *enseigne toutes les subtilités qu'on peut faire dans les jeux, par les nombres, et d'où on a pris une partie des* récréations mathématiques (8); 2°. que son Diophante, *traduit de grec en latin avec des commentaires, est un ouvrage dont M. de Fermat et tous ceux qui en entendent l'algèbre, font très-grande estime,* et que M. de Méziriac *disait lui-même qu'il s'étonnait comment il avait pu venir à bout de cet ouvrage; et qu'il ne l'aurait jamais achevé sans la mélancolie et l'opiniâtreté que lui donnait une fièvre quarte qu'il avait alors.* Vossius (9) ne marque pas bien l'année de cette édition de Diophante. Il la met à l'an 1623, et il fallait la mettre à l'an 1621. L'historiographe de Bresse n'a point commis cette faute, mais il a trop multiplié les éditions de ce livre. Les ouvrages que M. de Méziriac a fait imprimer, dit-il (10), sont : «*Diophanti Alexandrini Arith* » *meticorum libri sex, et de numeris* » *multangulis liber unus;* livre rare » qu'il avait restitué pour la plus » grande partie, et enrichi de très » doctes commentaires. Il fut im » primé premièrement à Paris, en » l'an 1621, et dédié à ce grand ora » cle Antoine Faure *, premier pré » sident de Savoie : depuis il a été » réimprimé plusieurs fois en Alle-

» magne. *Problèmes d'arithmétique* » *et de mathématique; Traduction de* » *quelques épîtres d'Ovide en vers* » *français, avec des commentaires* » *très-curieux; Traité de la Tribula* » *tion, traduit de l'italien de Cac* » *ciaguerra ; Epistolæ et Poëmata* » *varia ; Vie d'Alexandre Lusague;* » *Vie d'Esope,* en laquelle, au ju » gement de tous les doctes, il y a » de très-riches et belles remarques.»
M. Pélisson développe ce que nous voyons là confusément à l'égard des poésies de notre auteur. *On voit de lui un petit livre de poésies italiennes, où il y a des imitations des plus belles comparaisons qui sont dans les huit premiers livres de l'Enéide ; un autre de poésies latines ; plusieurs poésies en français. Il y en a dans le recueil de* 1621, *appelé* Délices de la poésie française, *et dans celui de* 1627 (11). Notez que Diophante n'avait jamais paru qu'en latin. Xylander l'avait publié en cette langue, l'an 1575. Ces paroles de M. Konig, *Casp. quoque Bachetus, an.* 1613, *profundissimis speculationibus eum* (Diophantum) *illustravit* (12), seraient très-justes, si au lieu de 1613 on voyait 1621. Je crois que ses imprimeurs ont mis 1613 au lieu de 1623 ; car Vossius a été sans doute l'original de M. Konig : je me le persuade d'autant plus facilement que je vois ceci dans Vossius : *Anno* CIƆ IƆ CXXIII *Gaspar Bachetus Diophantum illustravit. Imò profundis in eum speculationibus inmortalem sibi gloriam comparavit, ut judicium est Jacobi de Billy Compendiensis, præfatione in algebram* (13). Quant à la remarque de M. Konig, que M. Bouillaud a donné une édition de Diophante, je la crois fausse. Mettons ici une brusquerie de Malherbe « M. de Méziriac, accompagné de » deux ou trois de ses amis, lui ap » portant un livre d'arithmétique » d'un auteur grec, nommé Dio » phante, qu'il avait commenté, et » ses amis louant extraordinairement » ce livre, comme fort utile au pu » blic, Malherbe leur demanda s'il

---

(7) Pélisson, Histoire de l'Académie française, pag. m. 263.

(8) C'est le titre d'un livre qui a été imprimé plusieurs fois. J'en ai l'édition de Paris, 1630, in-8°., qui est accompagnée des remarques de Claude Mydorge.

(9) Vossius, de Scient. Mathemat., pag. 341 et 464.

(10) Guichenon, Hist. de Bresse, III°. part., pag. 111.

* Leclerc dit qu'il faut écrire *Favre;* et que ce Favre était le père de Vaugelas.

(11) Pélisson, Histoire de l'Académie française, pag. 262.

(12) Konig., Biblioth., pag. 252.

(13) Vossius, de Scient. Mathemat., pag. 341.

» ferait amender le pain (14).» Nous verrons dans la remarque suivante l'estime que M. Descartes avait pour cet ouvrage de M. de Méziriac.

(C) *Nous parlerons à part des écrits qu'il destinait à l'impression.*] « Il » avait entrepris une nouvelle traduc- » tion de toutes les œuvres de Plu- » tarque, avec des notes où il vou- » lait faire voir les fautes qu'Amyot » avait faites en la version de cet au- » teur, en éclaircir quantité de pas- » sages qui n'avaient jamais été en- » tendus, et nous ouvrir les trésors » de l'antiquité : il restait peu de » chose à faire de ce grand et pénible » travail, quand il est décédé, qui » est un dommage pour le public » qui ne se peut pas exprimer. Tous » les doctes l'attendaient avec impa- » tience, laquelle fut accrue par la » belle lettre qu'il écrivit à l'acadé- » mie de Paris, pour la remercier de » l'honneur qu'on lui avait fait de » l'y associer, par laquelle il rendit » raison de son dessein. Il nous a en- » core laissé plusieurs pièces ache- » vées, et non imprimées, desquel- » les il serait à souhaiter que le » public ne fût pas frustré plus long- » temps ; savoir : *Elementorum*, » *Arithmeticorum lib.* 13 ; *Tracta- » tus de Geometricis quæstionibus per* » *Algebram.* Ce sont les deux ouvra- » ges qu'il promettait à la fin de sa » préface sur le Diophante. *Le reste » des Épîtres d'Ovide sans commen- » taires ; Apollodori Atheniensis » Grammatici Bibliotheces, sive de » Deorum origine libri tres,* de sa tra- » duction, avec de très-doctes obser- » vations. *Agathemeres,* geographe » Grec, non encore imprimé (15) ».
Ce passage de M. Guichenon contient une petite inexactitude. On y donne pour une lettre de remercîment écrite à messieurs de l'académie française, un discours que M. de Méziriac avait composé pour se conformer aux ré- glemens de l'académie. *On fit par sort avec des billets, un tableau des académiciens ; on ordonna que cha- cun serait obligé de faire à son tour un discours sur telle matière, et de telle longueur qu'il lui plairait*(16)...

(14) Vie de Malherbe, *pag.* 10.
(15) Guichenon, Hist. de Bresse, *IIIe. part.*, pag. 10.
(16) Pélisson, Histoire de l'Académie française, pag. 99.

Il y eut vingt de ces discours prononcés de suite dans l'académie(17)... *Le dix-septième fut envoyé par M. de Méziriac, et lu dans l'assemblée* (*2) *par M. de Vaugelas : il est intitulé* de la Traduction. *En ce discours l'auteur, qui était estimé très-savant aux belles lettres, et surtout en la langue grecque, après avoir loué l'esprit, le travail, et le style d'Amiot, en sa version de Plutarque, et comme il semble, avec assez d'ingénuité, pré- tend montrer qu'en divers passages qu'il a remarqués, jusques au nombre de deux mille, ce grand traducteur a fait des fautes très-grossières de diverses sortes, dont il donne plu- sieurs exemples* (18). Je sais que M. l'abbé Nicaise, dont le zèle pour l'avancement des sciences est assez connu, s'est fort employé à déterrer l'Apollodore de M. de Méziriac, et il n'a pas tenu à lui que les libraires ne l'aient mis sous la presse.

Voici quelques faits qui concernent un autre ouvrage de cet écrivain. M. Baillet raconte que M. Descartes *faisait un cas tout particulier du gé- nie et de la capacité de M. de Mézi- riac, sur tout pour l'arithmétique et l'algèbre, qu'il possédait et un degré de profondeur qui l'égalait à M. Viè- te..... So travail sur Diophante d'A- lexandrie est plus que suffisant pour justifier l'estime que M. Descartes faisait de lui : mais il est à croire que le public aurait encore enchéri sur cette estime, s'il avait vu le traité d'Algèbre de M. de Méziriac, et quelques autres manuscrits de cet auteur, dont le plus important est celui des* (*2) *XIII livres des* Élémens d'arithmétique servant pour l'algè- bre, *écrit en latin, et acheté des hé- ritiers de M. de Méziriac depuis en- viron quinze ou seize années, par une personne de la religion réformée, qui n'a point oublié de l'emporter hors du royaume, au temps de la révolution de l'état où étaient les religionnaires avant la révocation de l'édit de Nan- tes* (19). Il y a dans ce récit une cir-

(17) Là même, pag. 100.
(*2) Le 10 décembre 1635.
(18) Pélisson, Histoire de l'Académie française, pag. 104.
(*2) Catal. des Mss. de Méziriac qui m'a été envoyé de Bourg en Bresse.
(19) Baillet, Vie de M. Descartes, tom. I, pag. 291.

constance qui doit être rectifiée, et
voici un mémoire que j'ai reçu sur
ce sujet (20). « Outre les trois livres
» que M. Bachet de Méziriac a com-
» posés touchant les nombres, et
» qu'il a mis au commencement de
» ses Commentaires sur Diophante,
» il a fait des Élémens d'arithméti-
» que, divisés en XIII livres, qui
» n'ont point été imprimés. On sol-
» licita après sa mort M. de Méziriac,
» son fils, de les donner à imprimer ;
» mais il voulut vendre si cher le
» manuscrit, qu'il ne trouva per-
» sonne qui le voulût acheter. Enfin
» il le vendit à M. d'Alibert, trésorier
» de France à Montauban, qui lui en
» donna quinze cents livres. M. d'A-
» libert s'était proposé de le faire
» imprimer à ses dépens : mais ayant
» été surpris de la mort avant que
» d'avoir pu exécuter son dessein,
» il donna, en mourant, à un de ses
» amis, ce manuscrit qui est tout en-
» tier de la main de M. de Méziriac
» le père. Cet ami le donna depuis à
» M. Case, et M. Case à M. Picard, de
» l'académie royale des sciences. En
» l'année 1679, M. Picard le donna à
» M. l'abbé Galloys, qui, pour ac-
» complir les bonnes intentions de
» M. d'Alibert, l'a offert à plusieurs
» libraires pour le faire imprimer.
» Mais comme ces élémens sont d'une
» science abstraite, et qu'ils sont en
» latin, il n'a trouvé jusqu'ici aucun
» libraire qui en ait voulu entre-
» prendre l'impression. Il y a donc
» quelque chose à corriger dans la
» page 291 de la Ire. partie de la vie
» de M. Descartes, car celui qui a
» acheté ce manuscrit n'était point
» de la religion réformée ; celui à
» qui il a été depuis donné ne l'a
» point emporté hors du royaume ;
» et le manuscrit est encore à Paris. »
Il paraît par une lettre de M. Sarrau (21), que M. Morus avait entrepris de recueillir les compositions
manuscrites de M. de Méziriac, et
qu'on souhaitait qu'il s'aquittât de sa
promesse. M. Sarrau, sans doute, lui
avait inspiré ce beau dessein, lorsqu'il l'avait prié de lui acheter tous
les ouvrages de ce savant homme

(22) ; car il en parla avec des éloges
distingués. Ce fut dans une lettre qu'il
écrivit le 14 de mars 1644. Il croyait
qu'il y avait environ dix ans que
Méziriac était mort. Il ignorait donc
la vraie date.

Au reste, il ne faut pas être surpris
de ce qu'on n'a pu trouver aucun
imprimeur pour le Commentaire de
Méziriac sur Apollodore. Le goût de
cette espèce d'érudition est entièrement éteint, et il y a beaucoup d'apparence que si Méziriac vivait aujourd'hui, on ne lui ferait point
l'honneur de l'aller chercher en Bresse
pour lui donner une place dans l'a-
cadémie Française. Ce qui lui fit
avoir autrefois cet avantage, serait
présentement une raison de ne pas
songer à lui. La politesse de son style,
la beauté de ses vers français, ne
furent point cause qu'on le crut digne
d'être l'un des académiciens ; car il
faut avouer ingénument que sa prose
ni ses vers en notre langue n'avaient
rien d'exquis, et qu'à cet égard il
était fort inférieur à presque tous ses
confrères : la seule réputation de son
savoir, et les preuves qu'il avait données d'une vaste érudition, le firent
choisir. Les temps sont changés : on
ne tient plus compte d'un auteur qui
sait parfaitement la mythologie, les
poëtes grecs, leurs scoliastes, et
qui se sert de cela pour éclaircir, ou
pour corriger les passages difficiles,
un point de chronologie une question de géographie, ou de grammaire, une variation de récits, etc.
On ne se contente pas de préférer à
la lecture des ouvrages d'un tel auteur, celle d'un écrit où il n'y a rien
de semblable, on traite aussi de pédanterie cette sorte d'érudition (23),
et c'est le véritable moyen de rebuter
tous les jeunes gens qui auraient des
dons pour réussir dans l'étude des
humanités. Il n'y a point d'injure
plus offensante que d'être traité de
pédant : c'est pourquoi on ne veut
point prendre la peine d'acquérir
beaucoup de littérature ; car on crain-
drait de s'exposer à cette offense, si
l'on voulait faire paraître que l'on a
bien lu les anciens auteurs. Et où sont

(20) *Dressé par M. l'abbé* Gallois, *et envoyé
par M. Simon de Vallhébert.*
(21) *C'est la* CLXXXV*e, à la page* 190 *de l'é-
dition d'Utrecht.*

(22) *Voyez sa* LXX*e. lettre, pag.* 68 : *il le
nomme toujours Méziriacus au lieu de Mériniacus.*
(23) *Voyez la* Bruyère, *au chapitre des Jugemens, pag. m.* 498 *et suiv.*

les gens qui n'aiment pas à se faire honneur de ce qu'ils savent, et qui ne sont point animés par l'espérance de la gloire? Otez cette espérance, vous refroidissez les plus ardens, vous redoublez la paresse de ceux qui craignent une application pénible. Il ne faut point douter que l'une des principales raisons qui ont fait tomber l'étude des belles-lettres, ne consiste en ce que plusieurs beaux-esprits prétendus ou véritables ont introduit la coutume de condamner comme une science de collége, et comme une crasse pédanterie, les citations de passages grecs, et les remarques d'érudition. Ils ont été assez injustes pour envelopper dans leurs railleries les écrivains qui avaient de la politesse, et de la science du monde : Costar, par exemple. Qui aurait osé aspirer après cela à la gloire du bel-esprit en se parant de ses lectures et de ses remarques de critique? Si l'on s'était contenté de condamner ceux qui citent mal à propos les Platon et les Aristote, les Hippocrate et les Varron, pour prouver une pensée commune à tous les siècles et à toutes les nations (24), on n'aurait pas découragé tant de gens ; mais avec des airs dédaigneux on a relégué hors du beau monde, et dans les colléges, quiconque osait témoigner qu'il avait fait des recueils : on s'est moqué des Costar, et des lettres mêmes de Voiture qui étaient parsemées de latin. L'effet de cette censure a été d'autant plus grand, qu'elle se pouvait couvrir d'un très-beau prétexte, c'était de dire qu'il faut travailler à polir l'esprit, et à former le jugement, et non pas à entasser dans sa mémoire ce que les autres ont dit. Plus cette maxime est véritable, plus a-t-elle flatté les esprits superficiels et paresseux, et les a poussés à tourner en ridicule l'étalage d'érudition. Leur principal motif, peut-être, était d'a-

vilir le bien d'autrui afin d'augmenter le prix du leur ; car si on leur disait, vous condamnez cet auteur qui cite et du grec et du latin ; en feriez-vous bien autant, mettez la main sur votre conscience, le blameriez-vous si vous vous sentiez en état de l'imiter? Il y a beaucoup d'apparence qu'on mettrait bien à l'épreuve leur sincérité. Mais abrégeons cette digression, et disons que les choses en sont venues à un tel point, que les Nouvelles de la République des Lettres du mois dernier (25) nous apprennent que le libraire de Paris, qui veut imprimer la version d'Homère, faite par madame Dacier, ne veut point y joindre l'original. Il appréhende sans doute que la vue des caractères grecs n'épouvante les lecteurs, et ne les dégoûte d'acheter le livre. Considérez, je vous prie, ce qui a été écrit de Paris à M Bernard, et qu'il a inséré dans ses Nouvelles du mois d'octobre dernier. La Télémacomanie est un livre *plein d'esprit et de feu* (26). Il est divisé en deux parties : l'auteur (27) montre dans la première, que l'église a eu toujours de l'aversion pour les romans. *La seconde partie est beaucoup plus longue que la première, mais elle est plus* ENNUYEUSE, PARCE *que l'auteur s'applique uniquement à faire voir les anachronismes et les fautes contre l'histoire et contre la fable, qui sont dans le Télémaque* (28). Jugez par-là du goût dominant, et concluez que le Commentaire sur Apollodore serait sifflé à Paris. Les libraires savent bien cela : ils ne l'imprimeront point. C'est un ouvrage où il y a trop d'érudition.

(D) *On se trompe quand on assure qu'il n'avait guère que quarante-cinq ans lorsqu'il mourut.*] On ne lui donne que cet âge-là dans l'Histoire de l'Académie française. D'autres disent qu'il vécut quarante-sept ans (29). Mais il est sûr qu'il ne mourut pas jeune ; car son père, qui l'avait eu de son premier mariage, se re-

(24) Hérille, *soit qu'il parle, soit qu'il harangue ou qu'il écrive, veut citer : il fait dire au prince des philosophes, que le vin enivre, et à l'orateur romain, que l'eau le tempère : s'il se jette dans la morale, ce n'est pas lui, c'est le divin Platon qui assure que la vertu est aimable, le vice odieux, ou que l'un et l'autre se tournent en habitude : les choses les plus communes, les triviales, et qu'il est même capable de penser, il veut les devoir aux anciens, aux Latins, aux Grecs.* La Bruyère, *là même, pag.* 525.

(25) Bernard, Nouvelles de la République des Lettres, *novembre* 1700, *pag.* 586, 587.
(26) *Là même*, Nouvelles *du mois d'octobre* 1700, *pag.* 385.
(27) *C'est-à-dire, l'abbé* Faydit.
(28) Nouvelles de la République des Lettres, *octobre* 1709, *pag.* 389, 390.
(29) Baillet, Jugem. sur les Poëtes, *num.* 1432.

maria l'an 1586. Le contrat de ce second mariage est daté du 27 de septembre , comme nous l'apprend M. Guichenon. Je voudrais qu'il eût été pour le moins aussi soigneux de marquer le jour natal des personnes, que le jour des mariages et des testamens. L'un ne lui eût pas été plus difficile que l'autre à l'égard de la famille de M. de Méziriac : il connaissait le fils de ce savant homme ; c'est par lui apparemment qu'il recouvra les Mémoires qui lui ont appris ce qu'il rapporte de cette famille. Pourquoi ne lui demandait-il pas les jours de naissance ? S'il l'avait fait nous saurions certainement combien a vécu l'académicien dont nous parlons *.

* Leclerc dit que Méziriac mourut le 26 février 1638, à cinquante sept ans. Cette date est donnée par l'auteur des *Eloges de quelques Auteurs français*, Dijon, 1742, in-8°. Méziriac était né le 9 octobre 1581.

MICYLLUS (Jacques), né à Strasbourg le 6 d'avril 1503, tient un rang bien honorable parmi les savans de son siècle. Il étudia dans les plus célèbres académies d'Allemagne ; et il passa près de cinq ans à celle d'Erford où il lia avec Joachim Camérarius une amitié très-étroite, qui a duré autant que sa vie. Son nom de famille était *Moltzer* (a). Celui de Micyllus lui fut donné, parce qu'il soutint admirablement le personnage de Micyllus (A) dans une représentation de théâtre, où l'on récitait devant un grand nombre d'auditeurs un dialogue de Lucien (b). Il fut connu de bonne heure pour un sujet propre à faire fleurir un collège ; car dès l'an 1527 , il enseignait la langue latine et la langue grecque

(a) Moréri dit *Moltzel;* M. Teissier, *dans ses* Additions à M. de Thou, *Melcher ;* Konig, *dans sa* Bibliothéque, *Motzlérus.*
(b) *Celui qui a pour titre* Somnium seu Gallus.

dans celui de Francfort. Il s'en acquittait si bien, qu'on jeta les yeux sur lui à Heidelberg , pour la profession de la langue grecque, l'an 1532. Il y alla , mais il n'y demeura guère ; car les magistrats de Francfort l'ayant rappelé, il fut reprendre dans leur ville son premier poste. Il retourna à Heidelberg (B), lorsque la réformation y fut reçue (c) ; et il y enseigna publiquement la langue grecque, et chez lui la langue latine , avec beaucoup de succès , jusques à sa mort, qui arriva le 28 de janvier 1558 (C). Il n'y avait pas long-temps qu'il avait conféré avec Mélanchthon, qui était venu à Heidelberg , à la prière de l'électeur Othon Henri , pour concerter les nouveaux statuts de l'académie. Micyllus a été un des meilleurs poëtes qui fussent de son temps en Allemagne (D). Il eut quantité d'enfans; mais il ne laissa que deux fils, dont l'un étudia en droit et fut chancelier de l'électeur palatin; l'autre fut tailleur de son métier dans Heidelberg (d). Je dirai quelque chose de ses ouvrages (E).

(c) *C'est-à-dire l'an* 1546 : *ex* Sleidano , *lib.* XVI.
(d) *Tiré de* Melchior Adam , *in* Vitis Philosophor.

(A) *Il* représenta... *le personnage de Mycillus.*] Hagius, dans la vie de Pierre Lotichius, parle assez exactement de cette aventure ; mais au lieu de dire qu'il la tient d'un homme qui en avait été le spectateur à Francfort (c'était Jean Lonicérus, professeur en grec à Marpourg), il devait citer Micyllus lui-même (1), comme a fait Melchior Adam.

Fortuito quondam Micylli nomina casu Repperi, et in mores transiit ille meos.

Il y a dans Moréri *fortitudo,* au lieu

(1) *Lib. I* Sylvarum.

de *fortuito*, ce qui a été corrigé dans l'édition de Hollande par *ludendo*. Au reste, je mets par tout *Micyllus*, quoique je sache que d'Ablancourt, qui a dit *Micyle* dans sa traduction de Lucien, a été approuvé par M. Ménage (2). Si j'avais été condamné en cela par ce savant homme, je ne l'aurais pas été quant à l'orthographe ; car je ne dis pas *Mycillus*, comme *l'écrivent la plupart des auteurs allemands en parlant de Jacobus Micyllus* ; en quoi *ils ont d'autant plus de tort*, dit-il, *que ce nom lui a été donné pour avoir bien représenté, étant écolier, le personnage de Micyle du coq de Lucien*. M. Ménage n'est pas le seul qui ait dit que Micyllus était alors écolier (3) : je trouve cela assez apparent ; mais il n'est pas trop aisé de l'accorder avec ce qui a été rapporté ci-dessus, que la pièce fut jouée à Francfort ; car on ne voit pas que Micyllus y ait étudié. Melchior Adam le fait passer de Strasbourg aux plus célèbres universités d'Allemagne.

(B) *Il retourna à Heidelberg.*] Melchior Adam ne marque le temps de ce retour que par ces deux caractères, la guerre de Smalcalde, et la réception de l'évangile dans Heidelberg. *Donec sub bellum Smalcaldicum cùm variis Germania concuteretur motibus, atque Heidelbergæ Evangelii doctrina reciperetur, eodem ad græcanicæ linguæ professionem accersitus rediit.* Cela signifie l'an 1546, ou l'an 1547, et s'accorde avec la note marginale où cet auteur dit que Micyllus fut vingt ans au service de la ville de Francfort, et plus de dix, quoiqu'avec interruption, au service des électeurs palatins.

(C) *Il mourut le 28 de janvier 1558.*] Cela montre que Jean Hagius, qui dit (4) que Micyllus, Mélanchthon, et Lotichius Sécundus étaient morts dans la même année, s'est trompé. Il ne devait dire que des deux derniers ; car il est vrai qu'ils moururent en 1560. Moréri ne s'est trompé que dans le jour ; il veut que Micyllus soit mort le 23 de janvier.

(2) Observations sur la Langue française, Ier. *vol.*, *pag.* 346.
(3) Vossius, de Scient. Mathem., *pag.* 78. Teissier, Addit., *tom. I*, *pag.* 139. Konig, Bibl., *pag.* 540.
(4) *In* Vitâ Lotichii Secundi, *pag.* 69.

Apparemment le *duodetrigesimo* de Melchior Adam l'avait ébloui.

(D) *Il a été un des meilleurs poëtes... de son temps en Allemagne.*] Cela n'empêche pas que les critiques ne remarquent bien des défauts dans ses vers, et même des fautes contre la quantité. Voyez la Censure, ou la *Promulsis critica* de Jean Pierre Lotichius, au chapitre XIV, où il s'est glissé une faute d'impression concernant l'année de la naissance de Micyllus M. D. LIII. au lieu de M. D. III. Nous apprenons là même que Micyllus, à l'exemple des plus grands poëtes de l'antiquité, eut très-peu de part aux faveurs de la fortune : *Variam ac novercantem, dum viveret, expertus fortunam.... quæ sors illi cum majorum gentium veteribus poëtis fuit communis.*

(E) *Je dirai quelque chose de ses ouvrages.*] Son traité *de Re metricâ* est un chef-d'œuvre, à ce qu'en dit Mélanchthon. Voici comme il en parle (5) : *De Re metricâ exstant eruditissimi et consummatissimi libri tres Jacobi Micylli, quo nemo latinè scripsit prosodiam eruditiùs aut diligentiùs.* Ses autres ouvrages sont les notes sur Ovide (6), et sur Lucain ; la traduction de quelques pièces de Lucien avec des scolies ; des notes sur la Généalogie des Dieux composée par Bocace ; plusieurs vers grecs, et latins ; une traduction de Tacite en allemand ; *Arithmeticæ ogisticæ libri duo*, etc. (7).

(5) *Apud* Melchior. Adam., *pag.* 181 Philos. German.
(6) L'Épitome de la Bibliothèque de Gesner *excepte les Métamorphoses ; mais on voit dans le Catalogue d'Oxford les notes de Micyllus sur les quinze livres des Métamorphoses.*
(7) *Voyez le titre de ses autres ouvrages, dans l'Épitome de la Bibliothèque de Gesner.*

MICRÆLIUS (JEAN), professeur en théologie à Stettin, naquit à Cuslin en Poméranie, le 3 de septembre 1597. Il commença ses études dans le collège de sa patrie, et dès l'an 1614, il les continua à Stettin, sous Daniel Cramer qui y enseignait la théologie (a), et sous Joachim

(a) *Il fut ensuite surintendant des églises de Poméranie.*

Prætorius, etc. Il y soutint une dispute *de Deo uno et trino*, l'an 1616, qui le fit fort estimer. Il alla l'année suivante à l'académie de Konigsberg, et y soutint une dispute *de Veritate transcendentali*. Il reçut en 1621, dans l'académie de Gryphswald, le grade de maître en philosophie, après avoir soutenu une thèse *de Meteoris* : quelque temps après, il alla à Leipsic, pour y achever ses études, et il fut établi professeur en éloquence au collége royal de Stettin, l'an 1624, et recteur de l'école du sénat, l'an 1627, et recteur du collége royal, et professeur en théologie, l'an 1649, ayant reçu le doctorat en théologie dans l'académie de Gryphswald la même année 1649 (A). Il avait obtenu par ses sollicitations, dès l'an 1642, qu'il y aurait des professeurs en jurisprudence, en médecine et en mathématique, dans le collége royal, et que l'on y entretiendrait un certain nombre d'écoliers aux frais du public. Il fit un voyage en Suède, l'an 1653, et il eut l'honneur de faire la révérence à la reine Christine, qui lui donna des marques très–obligeantes de sa libéralité. Il mourut le 3 décembre 1658. Il avait été marié trois fois (b) (B). Je marquerai le titre de ses principaux ouvrages (C), et je ferai quelques notes (D) sur les additions de son histoire politique.

(b) *Tiré de sa Vie, composée par Daniel Hartnac. Elle est au devant de son Syntagma Historiæ ecclesiasticæ, et au devant de son Syntagma Historiæ politicæ. J'ai tiré aussi quelque chose de Witte, Memor. theolog., pag. 1282, et seq.*

(A) *Il se fit recevoir docteur en théologie. . . . l'an 1649.*] On voulut qu'il demandât ce grade, parce que dans une célèbre dispute qu'il avait eue avec Jean Bergius (1), celui-ci s'était vanté fièrement d'être un ancien docteur en théologie, à quoi Micrælius n'avait pu répondre si ce n'est qu'il avait reçu le grade de maître en philosophie avant Bergius. La reine Christine fit tous les frais de la promotion de Micrælius au doctorat en théologie (2). La dispute dont je parle concernait les différens qui régnent entre les luthériens et les calvinistes.

(B) *Il fut marié trois fois.*] Il épousa sa première femme l'an 1627. Elle était fille de Joachim Prætorius, archidiacre et professeur à Stettin. Il la perdit au bout d'un an avec l'enfant qu'il en avait eu. Il se remaria en 1630, avec une fille de David surintendant de la Poméranie orientale, et il en eut neuf enfans, dont il ne restait que deux (3) en vie quand il mourut. Il prit une troisième femme, l'an 1642, de laquelle il eut six enfans qui lui survécurent. Elle était fille de Michel Hecken, surintendant de Primislaw (4). Toutes ces marques de la féconde bénédiction que Dieu répandit sur lui ayant été détaillées dans son programme funèbre, je n'ai pas cru qu'il fût à propos de les passer sous silence.

(C) *Je marquerai le titre de ses principaux ouvrages.*] Son *Ethnophronius contra Gentiles de Principiis religionis Christianæ* fut imprimé à Stettin en 1647, 1651, et 1674, *in-4º*. Il en donna une continuation l'an 1652, *in-4º*, *contra judaicas depravationes*. Son *Lexicon philosophicum* fut imprimé dans la même ville en 1653, et en 1661, *in-4º*. *Heterodoxia Calviniana de Prædestinatione*, à Stettin 1651, *in-4º*, et 1665, *in-12*. *Syntagma historiarum ecclesiæ*, à la même ville en 1630, 1644, 1660, *in-8º*. Elle a été depuis imprimée *in-4º*, avec la continuation de M. Hartnac. Je me sers de la cinquième édition, qui est de Leipsic 1699, en deux volumes. *Monstrosæ opinionis Isaacii Peyrerii scriptoris Galli de Præadamitis abo-*

(1) *Premier prédicateur aulique de l'électeur de Brandebourg.*
(2) *Ex Dan. Hartnaccio, in Vitâ Micrælii.*
(3) *Une fille qui était mariée, et un fils qui étudiait en théologie.*
(4) *Tiré de son Programme funèbre, apud Witte, Memor. Theolog., pag. 1286, 1287.*

*minanda Fœditas,*à Stettin 1656,*in* 4°. *Syntagma historiarum politicarum* , à Stettin , l'an 1627 et 1633 , *in-*8°, et l'an 1654 , *in-*4°. J'en parlerai dans la remarque qui suit. Ceux qui voudront voir le titre des autres ouvrages de Micrælius , tant latins qu'allemands , n'auront qu'à lire le sieur Witte (5).

(D) *Je ferai quelques notes sur les additions de son Histoire politique.*] La dernière édition est de Leipsic 1702, en deux volumes *in-*4°. En voici le titre tout entier : *Johannis Micrælii Pomerani Historia Politica, quâ imperiorum , regnorum , electoratuum, ducatuum, rerumque publicarum omnium origines, incrementa, fata , bello paceque gesta ad annum à Christo nato* 1648 *describuntur, cum continuatione Danielis Hartnaccii Pomerani , qui ad exitum usquè superioris seculi eandem eâdem methodo juxtà annorum seriem pertexuit , et totum opus autoribus in margine, undè isthæc desumta, adductis , tabulis chronologicis et genealogicis indicibusque planè novis et locupletissimis exornavit.* Je suis sûr que M. Hartnac ne trouvera point mauvais que j'indique certaines choses qui me semblent défectueuses dans ses additions , et qu'ainsi je fasse en sorte, autant qu'il me sera possible, que ceux qui feront réimprimer les Histoires Générales nous donnent de bons *Appendix.* C'est leur coutume d'y faire joindre ce qui s'est passé depuis l'édition précédente jusques à la leur (6) : or quand on trouve une continuation toute faite, celle par exemple de M. Hartnac, on la copie plus volontiers que l'on ne se donne la peine d'en dresser une autre ; mais au moins s'efforce-t-on de rectifier ce que l'on copie , si l'on a quelques avertissemens sur les défauts.

Je dis donc en premier lieu , que M. Hartnac ne distingue pas assez les personnes , leurs noms propres, leurs qualités , etc. Il nous parle d'un condé, *Condœus,* qui prit Gernshac en Allemagne, l'an 1691, et la forteresse d'Herberstein (7). On ne connaît point

de général qui eut nom Condé, cette annéc-là , dans les armées de France. Il dit que le prince Eugène François est fils d'un frère du duc de Savoie (8) : il se trompe , ce duc n'a point de frère , et la parenté de ces deux princes ne vient que de ce qu'ils descendent de Charles-Emmanuel, duc de Savoie, bisaïeul du prince Eugène. Il donne au maréchal de Lorge la qualité de marquis (9) : c'est celle de comte qu'il eût fallu lui donner.

En second lieu , je remarque qu'il ne caractérise pas assez les événemens : il en oublie quelquefois les circonstances les plus essentielles, ou du moins celles dont les lecteurs doivent être instruits pour bien juger de l'état des choses. Je n'en donnerai qu'un exemple : il attribue au prince Eugène d'avoir fait lever le siége de Suze au marquis de Catinat, au mois de juillet 1693 ; d'avoir bombardé Pignerol au mois de septembre , et fait sauter par des mines le fort de Sainte-Brigitte ; d'avoir donné une bataille le mois d'octobre dans laquelle chaque parti perdit bien des gens sans que la victoire se déclarât ; et enfin d'avoir chassé l'ennemi au delà des Alpes. *Marchionem de Catinat Eugenius dux ab urbis Susæ obsidione julio mense fortiter repulit : septembri Pignarolum injectis ignibus globisque majoribus vastavit, fortalitium Brigittæ actis cuniculiis evertit ; octobri denique ambiguo marte et plurimis utrinque cœsis pugnavit, hostem denique difficillimo montes nivesque gradu finibus excedere coëgit* (10). Ce sont les paroles de M. Hartnac : elles sont censurables par bien des endroits; car , 1°. le prince Eugène ne commandait point toutes les troupes , il ne commandait que celles de l'empereur ; le duc de Savoie commandait en chef et en personne toute l'armée : c'était donc à lui qu'il fallait attribuer tous les exploits, puisqu'on n'entrait pas dans le détail, et qu'on marquait simplement les succès les plus notables de la campagne. 2°. Il n'est pas vrai qu'on ait jamais fait lever le siége de Suze à M. de Catinat. Il prit cette ville au mois de novembre 1690, et

(5) Witte, *ibidem, pag.* 1289 *et seq.*

(6) *Conférez ce que je dis dans la* Dissertation sur les Libelles diffamatoires , *num. VIII, et remarque* (A) , *au commencement , tom. XV.*

(7) Hartnaccius, *tom. I, pag.* 565.

(8) *Ibidem, pag.* 566.

(9) *Ibidem, tom. II, pag.* 134.

(10) Hartnaccius, *tom. I, pag.* 568, 569.

il la garda jusques à ce qu'elle fut rendue par la paix, en 1696. On pourrait croire que par méprise, M. Hartnac a dit *Suze* au lieu de *Coni*. J'y consens ; mais, 3°. je remarque que le siége de Coni fut levé en 1691, et non pas en 1693. Je remarque, 4°., que M. de Catinat n'y était point en personne ; 5°. que le prince Eugène ne força point les lignes des assiégeans ; il ne les attaqua pas même. M. de Dulonde, qui commandait les assiégeans, se retira d'ouïe, et sans aucune nécessité à ce que crurent les Français : aussi fut-il arrêté, et disgrâcié (11). Ainsi les phrases de l'historien, *ab obsidione..... fortiter*, *repulit Marchionem de Catinat*, sont trompeuses, puisqu'elles portent à croire que M. de Catinat en personne leva le siége après avoir été bien battu. Un historien exact choisit toujours ses paroles avec tant de soin, qu'il ne donne pas à deviner à ses lecteurs si les assiégeans se retirèrent d'eux-mêmes, ou s'ils attendirent qu'on les attaquât. 6°. Il ne fallait point supprimer la circonstance que le fort de Sainte-Brigitte fut assiégé dans les formes, et que les Français s'y défendirent plusieurs jours, et se retirèrent ensuite dans Pignerol. 7°. Il ne fallait point se borner au bombardement, ni dire que les bombes désolèrent cette place, *vastavit*. La bonne foi exigeait qu'on insinuât que les alliés l'assiégèrent, et qu'ils ne purent la prendre, et que leur bombardement n'y fit pas grand mal (12). 8°. La bonne foi ne saurait permettre que la bataille de la Marsaglia soit comptée parmi celles dont le succès est ambigu. Les écrivains Anti-Français reconnaissent, bon gré mal gré qu'ils en aient, que le maréchal de Catinat gagna celle-là (13). M. Hartnac fait le même aveu dans d'autres endroits de son livre, et cela en reconnaissant la levée du siége de Pignerol (14). 9°. Il est faux que M. de Catinat ait été forcé par les alliés à retourner au delà des Alpes : c'est donc une expression fort impropre que *finibus excedere coegit*. Ils ne purent l'empêcher de séjourner dans le Piémont, et d'y consommer les fourrages autant de temps qu'il jugea à propos ; et il n'en sortit que par les ordres du roi son maître (15).

Il est aisé de voir après tout cela, que j'aurais pu dire, non-seulement que M. Hartnac omet quelques circonstances essentielles, mais aussi qu'il en substitue de fausses qui changent l'espèce du fait. Il a commis cette faute bien sensiblement lorsqu'il a parlé de la prise de Valenciennes ; car non content de n'avoir point dit que cette place fut emportée d'assaut le 8e. jour du siége, il a dit que les Français s'en rendirent maîtres par trahison (16). Si je voulais marquer toutes les méprises semblables à celle qui suit, j'aurais à faire un long catalogue. Il assure que Jean Barth, ayant battu la flotte des Hollandais, l'an 1694, trouva une grande quantité de blé dans les vaisseaux qu'il leur prit (17). Voilà une circonstance fausse substituée à la suppression d'une véritable. Il fallait dire que Jean Barth servait d'escorte à plusieurs navires chargés de blé, et qu'ayant battu les vaisseaux de guerre des Hollandais, il sauva le blé qu'il menait en France (18).

Je dis en troisième lieu, qu'il n'observe pas toujours l'ordre du temps : il transpose quelquefois, il anticipe, il confond les dates. En voici quelques exemples. Il assure que Louis XIV ayant pris Grave au mois de juillet 1672, assiégea et subjugua Maestricht, ravagea le pays de Trèves, s'y empara des villes, et se rendit maître de la principauté d'Orange, et de la comté de Bourgogne ; mais que la ville de Groningue se défendit vigoureusement contre l'évêque de Munster (19). Chacun voit que c'est con‑

(11) *Voyez la* Vie du prince Eugène, *imprimée à la Haye*, 1702, *pag*. 109 *et suiv*.

(12) *Voyez la* Vie du Prince Eugène, *p*. 180 *et suiv*.

(13) *Voyez la même* Vie, *pag*. 300.

(14) *Sabaudi anno* 1692 (il fallait dire 1693) *à Pignaroli obsessione rejecti, iterumque fœderati illorum propè Marsigliam gravi clade mulctati sunt*. Hartnacc., Syntagma Hist. Polit., *tom. II, pag*. 54. *Voyez aussi pag*. 134.

(15) *Voyez la* Vie du prince Eugène, *pag*. 205, 206.

(16) *Valentinianam proditione ceperunt*. Ibid., *pag*. 131.

(17) *Per Johannem Barthium quoque Batavorum naves, numero licet superiores profligat* (Rex Galliæ) *eque captis magnum frumenti copiam aufert*. Ibidem, *pag*. 134.

(18) *Voyez les* Fastes *du père du* Londel, *sous le* 29 *de juin* 1694.

(19) Hartnaccius, *tom. II, pag*. 130, 131.

fondre les temps. Maestricht ne fut subjugué qu'en 1673 , et la Franche-Comté ne fut conquise qu'en 1674. Or la prise de Grave et la résistance de Groningue appartiennent à l'an 1672. Notre auteur ajoute que la France reçut un très-grand échec par la perte de Philisbourg , et par celle du maréchal de Turenne , et que néanmoins après cela elle mit en cendres Haguenau , et bien d'autres villes , et prit Condé et Bouchain. Notez que M. de Turenne fut tué l'an 1675, et Philisbourg tomba au pouvoir des Allemands au mois de septembre 1676, et que Condé et Bouchain furent subjugués au printemps de 1676 , et qu'Haguenau était une ville que les Français faisaient servir de rempart (20). Ils n'avaient garde de la brûler. Rapportons encore deux exemples. Il dit qu'en 1689, le duc de Noailles prit Campredon en Catalogne (21) , et que M. de Bouflers , ayant presque ruiné Kocheim , emporta enfin Mayence (22). Tout le monde sait que Mayence , sans avoir été aucunement attaquée , reçut garnison française au mois d'octobre 1688, et que Kocheim fut emporté par le marquis de Bouflers le 26 d'août 1689 , et que les Français perdirent Mayence après un long siége , le 8 de septembre 1689 (23). Le dernier exemple contient une faute de géographie. M. Hartnac raconte qu'au mois de septembre 1688, les Français , sous la conduite de M. le Dauphin , étant entrés dans les états de son A. Électorale Palatine par le Fort-Louis , bâti sur une île du Rhin , prirent Neustad et Keisersluthern , et puis Spire et Worms (24). Chacun voit que la prise de ces places a dû précéder le passage du Rhin , et qu'en tout cas ce n'est point par le Fort-Louis que l'on doit passer pour se saisir de Neustad.

Il est sûr qu'afin de ranger les choses selon leurs dates , il ne suffit pas d'être muni de bonnes Tables Chronologiques , il faut même consulter un très-bon journal ; et c'est en cela

que les gazettes peuvent être utiles. On rendrait un grand service aux compilateurs de l'histoire, si l'on publiait des fastes tels que ceux de du Londel (25).

(25) *Voyez les* Nouvelles de la République des Lettres, *février* 1699, *pag.* 223.

MILLETIÈRE (THÉOPHILE BRACHET SIEUR DE LA) s'acquit une réputation beaucoup plus grande que bonne *, pour s'être mêlé d'affaires de religion, et avoir tâché d'accorder en France les catholiques et les protestans. L'un de ses antagonistes l'a dépeint de la manière suivante (a) : Qu'après avoir étudié superficiellement en droit à Heidelberg, il fut reçu avocat; qu'il devint si amoureux de la fille d'un procureur, qu'il en tomba dangereusement malade , et qu'il ne voulut ni ne put guérir qu'en l'épousant; qu'il espéra de trouver des causes par le moyen de son beau-père, et que cela fit qu'il s'attacha au barreau ; mais qu'étant demeuré court dans un plaidoyer (b) , il se dégoûta de la pratique du droit, et s'érigea en théologien; qu'on l'entendait disputer sur les matières de religion dans le palais, où il se trouvait encore comme avocat écoutant ; qu'il y crachait de l'hébreu; qu'il

---

* Leclerc a consacré 60 pages de sa *Lettre critique* à la défense de Milletière. Dans ses *remarques* de 1734, il renvoie à sa *Lettre critique :* mais emporté par la soif de critiquer Bayle , il lui reproche jusqu'à l'anecdote rapportée dans la *remarque critique* de l'article GARISSOLES, tom. VII , *remarque critique* qui n'est pourtant pas de Bayle. Joly, qui a copié toutes les remarques de Leclerc , le cite dans une note. Nicéron a donné un article à la *Milletière* dans le 41e. volume de ses *Mémoires*.

(a) Samuël Marésius , *in* Antichristo revelato , *lib. II , cap. ult. , pag.* 562 *et seq.*

(b) *Cùm obmutuisset in frequenti senatu* Idem , ibid.

---

(20) *Montécuculli l'avait assiégée, l'an* 1675.

(21) Hartnaccius, *tom. II, pag.* 133.

(22) *Kecheimium graviter affligit, Moguntiam denique expugnat.* Ibidem.

(23) *Voyez* M. Hartnac *lui-même, au tom.* I, *pag.* 561, 562.

(24) *Tom. I, pag.* 561.

affecta un grand zèle contre l'arminianisme ; qu'il ménagea la conférence de Caméron avec Tilénus ; et que par tous ces mouvemens il obtint la charge d'ancien au consistoire de l'église de Paris, et ensuite celle de député de la province à l'assemblée de La Rochelle ; qu'il eut la principale part aux résolutions tumultueuses de cette assemblée qui bouleversèrent l'état des églises ; qu'on sait assez sa conduite dans cette députation, et avec quelle ferveur il écrivit contre Tilénus, son ennemi particulier (A), et combien le succès de son voyage vers les états généraux fut éloigné de l'espérance qu'il en avait fait concevoir à l'assemblée de La Rochelle ; qu'étant de retour chez soi, il sollicita les affaires du duc de Rohan à la cour, et qu'il se rendit suspect d'avoir trempé dans des entreprises pernicieuses à la patrie, et dans des intelligences avec les étrangers ; qu'il fut pris, et qu'on l'envoya à Toulouse, où, après les douleurs de la question, et un long emprisonnement (B), il forma la première trame du syncrétisme ; qu'ayant recouvré sa liberté par la clémence du prince, et par l'intercession de ses amis, il s'engagea à faire rentrer dans la communion de Rome tous les réformés, et qu'il crut que c'était ainsi qu'il devait faire paraître sa reconnaissance pour la pension annuelle de mille écus qu'on lui donna ; qu'il fit imprimer plusieurs livres sur la réunion des religions (C), et que n'ayant pas déféré aux remontrances du consistoire de Charenton, il fut enfin excommunié, ce qui ne l'em-

pêcha pas d'aller au prêche assidument ; qu'il soutint par une autre voie les dépenses de famille, ce fut en sollicitant comme beau-frère les procès d'une fameuse courtisane qui en effet lui était liée par ce degré d'affinité, car elle était la bâtarde du procureur dont il avait épousé la fille (c); qu'on ne niait pas qu'il ne fût enté sur des familles honorables, mais qu'on savait bien le métier que son aïeul avait exercé dans Orléans (d) (D). Voilà ce que j'ai tiré d'un livre imprimé l'an 1642. On peut voir ailleurs (e), que la Milletière était encore dans la profession extérieure de la religion réformée, l'an 1645, au temps du synode national de Charenton. Les procédures de cette assemblée contre lui l'obligèrent à se déclarer ouvertement (f); c'est-à-dire, qu'il se rangea à la communion romaine. Il fit son abjuration vers la fin de mars 1645. Il continua d'écrire sur la controverse, et de témoigner qu'il croyait aisée la réunion des religions (E). Le premier ouvrage qu'il publia depuis son abjuration fut celui qui contenait les motifs de son changement (g). Il en commença plusieurs autres bientôt après et ne les acheva pas, soit que ses premières pensées discontinuassent à le charmer, soit que le besoin de l'approba-

(c) *Taceo aliud culinæ suæ subsidium ex publicâ sollicitatione in curiâ negotiorum famosæ cujusdam meretriculæ tanquàm affinis suæ*, est enim soceri sui spuria. Maresius *in* Antichristo revelato, *pag.* 565.
(d) *Idem*, *ibid.*, p. 561.
(e) *Dans l'article* AMYRAUT, *au texte, t. I.*
(f) *Voyez la* lettre CX *et* CXIV *de* Sarrau, *édition d'Utrecht*, 1697.
(g) Sarravius, *Epist.* CXVIII, *pag.* 121.

tion des docteurs tînt son esprit à la gêne ; car ils ne consentaient pas à toutes ses opinions, et il résistait à leurs remontrances. Il fut si choqué d'un sermon prononcé par un évêque, où le parallèle que l'on avait fait entre la vierge Marie et Jésus-Christ, la mettait en toutes choses au-dessus, ou pour le moins à côté du fils de Dieu, qu'il dit assez librement qu'il retournerait au giron de l'église protestante, en cas qu'il fût obligé de se trouver plusieurs fois à de semblables prédications (*h*). Voyez les Mémoires de M. l'abbé de Marolles, qui avait pour lui beaucoup d'estime *. Il n'a jamais été ministre, quoique le père Jacob le fasse ministre de Charenton (*i*). Il n'a pas été non plus médecin, comme s'est imaginé M. de Vigneul Marville à la page 229 de ses Mélanges. Il ne voulut pas avouer que l'un de ses livres eût été censuré par la Sorbonne, et néanmoins M. Rivet publia un acte qui portait le nom de la faculté (F). J'ai ouï dire que M. de la Milletière eut un fils qui fut tué à la guerre (*k*), et que l'une de ses filles fut femme d'un M. Catelan, secrétaire du conseil, et que de ce mariage sortit une fille qui fut mariée avec le comte de Jonsac. Il ne faut pas oublier l'ouvrage (G) qu'il dédia au roi d'Angleterre.

(A) *On sait. . . . avec quelle ferveur il écrivit contre Tilénus, son ennemi particulier.*] Au commencement du mois de mars 1621 (1), on vit paraître sous le nom d'Abraham Élintus un avertissement à l'assemblée de la Rochelle (2), dans lequel ceux de la religion étaient fortement exhortés à se soumettre à leur prince, et à ne point entreprendre de se conserver par la guerre la possession des édits. Élintus était l'anagramme de Tilénus, auteur de cet avertissement. La Milletière, sécrétaire de l'assemblée de la Rochelle, fit une réponse à cet imprimé, et l'intitula : *Discours des vraies Raisons pour lesquelles ceux de la religion en France, peuvent et doivent en bonne conscience résister par armes à la persécution ouverte que leur font les ennemis de leur religion et de l'état.* Tilénus répliqua par un livret qui avait pour titre : *Examen d'un écrit intitulé Discours des vraies Raisons pour lesquelles ceux de la religion*, etc. Voyez dans le VIIIe volume du Mercure Français (3), le contenu de ces deux ouvrages. Notez que la chambre de l'édit, séante à Béziers, fit brûler par la main du bourreau la réponse de la Milletière à l'Avertissement de Tilénus, et qu'elle ordonna qu'il serait enquis du nom de l'auteur. Cet arrêt fut prononcé le 6 octobre 1626. Voyez le XIIe volume du Mercure français (4). Au reste le père Ange de Raconis, prédicateur capucin, s'est servi malignement de plusieurs extraits de ces écrits de Tilénus, et de la Milletière, et il nous apprend (5) que *Dumoulin choisit entre tous la Milletière comme son* bouclier *d'Ajax, pour l'opposer au* sieur de Raconis (6), *lors de l'instruction de madame la baronne de Courville.* Notez que Grotius n'approuva point que la Milletière eût publié un ouvrage si capable de rendre odieuse

(*h*) *Ex eodem* Sarravio, epistola CLXX, *pag.* 173, 174.
* Milletière était en 1660, de l'assemblée des savans qui se tenait chez l'abbé de Marolles : c'est, dit Leduchat, ce qu'on voit dans une lettre de G. Patin.
(*i*) Ludovicus Jaeqb à Sancto Carolo carmelitâ, Bibliotth. Pontific. *pag.* 471.
(*k*) *En Allemagne, l'an* 1643. *Voyez* Sarrau, epist. LIII, *pag.* 51.

(1) Mercure français, tom. *VII*, à l'an 1621, *pag.* 223.
(2) *Il est inséré dans le* Mercure Français, *là même.*
(3) *A la page* 155 *et suiv. Voyez aussi* l'Hist. de l'Édit de Nantes, liv. *VIII*, *pag.* 423.
(4) *A la page* 607 *et suiv.*
(5) Ange de Raconis, Glaive de Jézabel, *chap. III, pag.* 313.
(6) *Neveu du capucin.*

aux puissances la cause des *réformés*
(7).

(B) *On l'envoya à Toulouse, où
après les douleurs de la question, et
un long emprisonnement.*] Il nous
apprend lui-même une circonstance
bien particulière de son procès. *J'ai
vu dans mes mains,* dit-il (8), *l'arrêt de
ma mort, dressé de la main du premier président Masuyer sous l'autorité du parlement de Toulouse, auquel je me lisais condamné comme
atteint et convaincu des cas à moi
imposés; et cet arrêt mis dans les
mains du greffier, avant qu'en la délibération du parlement, qui par son
interlocutoire, donna lieu à l'attente,
qui tira depuis, des mains de l'autorité souveraine, ma conservation et
ma délivrance.*

(C) *Il fit imprimer plusieurs livres
sur la réunion des religions.*] Il commença par une lettre qu'il publia en
français, l'an 1634. Elle fut suivie
deux ans après par un ouvrage latin
divisé en deux parties. Il examina
dans la première la dispute de la
primauté de saint Pierre, celle de la
justification, celle de la prière pour
les morts, celle de l'invocation des
saints, et celle de l'eucharistie. Dans
la seconde, il traita de la nature et
de la grâce, et de la prédestination.
Il envoya cet écrit aux plus habiles
ministres. On y fit plusieurs réponses.
Celle de M. Dumoulin fut piquante.
Il y fit une réplique en français que
Grotius ne méprisa pas (9). Je crois
que personne ne réfuta mieux que
M. Daillé le second ouvrage de la
Milletière. Sa réponse est intitulée :
Examen de l'Avis de M. de la Milletière sur l'Accommodement des différends de la religion. Il la publia en
latin et en français, l'an 1636. Cet
Examen fut réfuté par M. de la Milletière, et cette réfutation obligea
M. Daillé de composer une Apologie ;
mais il ne la publia point (10). Son

adversaire fit imprimer un nouvel
ouvrage après la tenue du synode
national l'Alençon, l'an 1637, sous
le titre de *Moyen de la Paix chrétienne en la Réunion des catholiques
et évangeliques sur les Différends de
religion* (11). Il en publia dans la
suite plusieurs autres dont il n'est
pas important de marquer les titres.
Je dirai seulement qu'il devint si
pointilleux, qu'il fit une apologie
de la méthode du père Véron. Il
croyait l'avoir soutenue par des raisons à quoi nul ministre ne pouvait
répondre : c'est de quoi il se vante
page 9 de son *Catholique Réformé*
imprimé à Paris l'an 1642.

Voyons le jugement qu'a fait de
lui l'historien de l'édit de Nantes (12):
« La Milletière était un évaporé,
» plein de lui-même, et persuadé
» que rien n'approchait de son mé-
» rite et de sa capacité. D'ailleurs,
» ou la crainte que la cour, se sou-
» venant du passé, ne lui fit des af-
» faires, ou l'espérance d'acquérir
» beaucoup de gloire, et de faire
» quelque grande fortune par le suc-
» cès de cette entreprise, ou les
» louanges que les Jésuites lui don-
» naient pour l'attirer dans leur par-
» ti, lui gâtèrent l'esprit : de sorte
» qu'il entra tout-à-fait dans le pro-
» jet du cardinal, et qu'il dressa un
» plan d'accommodement justement
» dans les termes que ce prélat
» désirait *. Il donnait le droit à
» l'église romaine presque en toutes
» choses; et, dans celles qu'il ne se
» donnait pas la peine de justifier, il
» se servait d'expressions adoucies,
» sous prétexte de les expliquer, et
» il les faisait passer pour des ques-
» tions qui ne devaient pas empê-
» cher les réformés de se réunir. »

(D) *On ne niait pas qu'il ne fût*

<hr/>

(7) Grotius, epist. CLXXIV, part. I, pag. 65.
Voyez aussi la lettre CLXXV.
(8) La Milletière, *au chap. XII du* Cathol.
réformé, *pag.* 197, 198.
(9) *Molinæus diù expectato missum ad se librum excepit duro responso, ut et priorem fecerant tùm ipse tùm Rivetus. Rescripsit Mileterius Molinæo salsè satis, quippè Gallico sermone que plus valet, et quædam dixit ad Molinæum pertinentia non vanè.* Grotius, epistola DXLI, *inter* Epist. ecclesiast. et theol., *pag.* 793, *edit. in-fol.*
(10) Vie de M. Daillé, *pag.* 21.

(11) Histoire de l'Édit de Nantes, *tom. II, liv.* X, *pag.* 515.
(12) Histoire de l'Édit de Nantes, *tom. II, liv.* X, *pag.* 514, 515.
* Leclerc reproche à Benoist, auteur de l'*Histoire de l'Edit de Nantes,* et par contre-coup à Bayle, d'avoir dit que la Milletière écrivit justement suivant les termes que le cardinal désirait; mais l'auteur des *Éloges de quelques Auteurs français,* 1742, in-8°., après avoir, pages 285-86, cité un passage d'Ancillon, qui confirme le dire de Benoist, met en note, pag. 286 : « l'abbé Leclerc se » trompe en assurant que le cardinal de Richelieu » ne prenait aucune part à ce que faisait la Mille-» tière, en fait de concorde et de pacification. »

enté sur des familles honorables,
mais on savait le métier de son aïeul
.... dans Orléans.] Rapportons les
propres termes de celui qui fit cet
aveu. *Homo malè feriatus putavit non
aliter quàm alios contemptim depri-
mendo , imaginariam suam nobilitatem posse commendari. Quasi nesci-
retur quam artem avus ipsius Aure-
liæ exercuerit; ipsum verò à suis col-
lactaneis semper cum risu exceptum,
quoties nobilitatis suæ sermonem pro
insitâ sibi vanitate ausus est injicere ;
quamvis non negem eum honestis esse
insitum familiis , quas deshonestat
quantùm in se est* (13). M. l'abbé de
Marolles nous apprend que la Milletière était *fils* d'Ignace Brachet, seigneur de la Milletière, et d'Antoinette Faye, fille de Barthélemi Faye,
seigneur d'Espaisse, conseiller au parlement, et président aux enquêtes en
1541 (14). Par cette alliance, notre
pacificateur de religion tenait à plusieurs familles illustres, comme cet
abbé le fait voir dans un grand détail..

(E) *Il continua d'écrire sur la controverse, et de témoigner qu'il croyait
aisée la réunion des religions.*] « Après
» divers avertissemens dont il ne
» profita point, les synodes déclarè-
» rent qu'il n'était plus membre des
» églises réformées, et il n'y en eut
» pas une qui voulût le recevoir à
» sa communion. Il se fit donc ca-
» tholique par nécessité, pour être
» de quelque religion ; et après cela
» il ne cessa de faire le missionnaire,
» et de chercher des conférences, où
» il fut toujours assez maltraité pour
» perdre courage, s'il n'avait été
» d'une opiniâtreté que rien n'était
» capable de vaincre. Charles Dre-
» lincourt, l'un des collègues de Jean
» Daillé, et le vrai fléau des gens
» faits comme la Milletière, acheva
» de le défaire dans une conférence
» dont les actes furent publiés (15). »
Entre autres livres, il publia à Paris

(13) Samuel Maresius, *in Antichristo revelato*,
lib. II, pag. 561.
(14) *Abbé* de Marolles, **Mémoires**, *pag.* 322,
323.
(15) Histoire de l'Édit de Nantes, *tom. II, liv.
X, pag.* 515, 516. Joignez à cela ces paroles du
livre XI. pag. 5-8. Ses écrits furent condamnés
au synode national d'Alençon, l'an 1637, on en
écrivit à ce conciliateur que s'il ne donnait pas
dans six mois une déclaration authentique de sa
repentance au Consistoire de Paris, on ne le tiendrait plus pour membre de l'église réformée.

le Triomphe de la Vérité pour la
paix de l'Église, pour convier le roi
de la Grande-Bretagne d'embrasser
la foi catholique. J'en parlerai ci-
dessous dans la dernière remarque.

Voici un passage assez curieux :
La première conférence *qui s'offre
est du dessein de M. de la Milletière pour la réunion des Églises séparées. Ce vertueux homme tient facile le retour des protestans à l'é-
glise catholique : et comme je lui ai
demandé plusieurs fois le fondement
de sa persuasion, vu les grandes différences d'opinions qui se rencontrent
en certains points malaisés à concilier, il m'a répondu, avec un esprit
de charité qui ne l'échauffe pas moins
qu'il lui donne de lumières, qu'elle
ne dépend que d'une bonne réformation de notre côté, et de connaître les
motifs de la séparation de ceux qui
nous ont quittés, ce qu'il a fait voir
dans plusieurs livres qu'il a écrits exprès; et qu'il ne faut lire que son
Flambeau de l'Église et celui de la
vraie Foi, auxquels on n'a point fait
de réponse, et il est impossible d'y en
faire de bonne : de sorte que ce sont
autant de démonstrations invincibles,
et que si les adversaires n'en demeurent pas d'accord, il ne faut plus que
voir à quoi il tient, et essayer d'obtenir la permission d'en venir à une
conférence réglée. Cependant M. de
la Milletière est fort persuadé qu'il a
démontré, ou qu'il ne lui est pas impossible de démontrer l'infaillibilité
de l'église catholique, dont l'autorité
primitive et absolue réside au saint
siège et en la personne du pape, sans
attendre un concile général.... Il est,
dis-je, persuadé que dans son livre
de l'Eucharistie et de la Transsubstantiation, il a démontré clairement
la véritable doctrine que nous avons
toujours professée, selon les décisions
des saints conciles, et la pure parole
de Dieu, qui est si expresse à ce sujet, avec la tradition : de sorte qu'il ne
faut plus exiger de nous le témoignage des sens et celui de la raison, pour
prouver qu'il n'y a point d'autre
transsubstantiation que celle de passer de la connaissance d'une substance sensible à la connaissance d'une
substance intelligible* (16). C'est ainsi

(16) *Abbé* de Marolles, **Mémoires**, *pag.* 241,
242. *Voyez aussi pag.* 192, 193.

que M. l'abbé de Marolles parlait de lui , l'an 1656.

(F) *Il ne voulut pas avouer que l'un de ses livres eût été censuré par la Sorbonne ; et néanmoins M. Rivet publia un acte qui portait le nom de la faculté.*] Ce ministre, répondant à un petit livre de Grotius (17) , mit dans un appendix (18) douze thèses qu'il avait extraites du traité de la Milletière sur la puissance du pape, et sur le remède des schismes , et il y joignit un décret de la Sorbonne contre le *Moyen de la Paix chrétienne, etc.* Ce décret, daté du 15 de décembre 1637 , devait être publié à Paris (19) ; néanmoins il ne le fut pas. Mais André Rivet en ayant une copie manuscrite, la fit imprimer en Hollande , l'an 1642 , dans l'appendix dont j'ai parlé. La Milletière s'en fâcha beaucoup , et soutint que cette pièce était supposée, et que ce n'était que la censure particulière (20) de *M. Chappellas , bordelais et ci devant jésuite* (21), qui fut créé syndic de la faculté de théologie au mois de décembre 1637. *Au même instant qu'il se vit confirmé, voulant faire éclat par quelque acte de réputation digne de l'humeur de son climat et de la chaleur de son esprit, proposa la visitation de mon livre en la compagnie.* La Milletière ajoute (22) que son livre ne fut point examiné , et que Chappellas, qui avait allégué un ordre de l'autorité souveraine , se trouva bien loin de son compte. *Les raisons de ces différens mouvemens ayant été depuis représentées au lieu d'où le syndic prétendait appuyer son dessein de l'autorité supérieure, sa procédure fut trouvée si hors de propos que lui et M. du Val, le sous-doyen, reçurent commandement exprès de s'en déporter. Il n'a pas laissé pourtant d'user de l'autorité que lui donnait son syndicat, pour faire insérer sa censure particulière dans le registre de la faculté, en date du 15 de décembre, signée de lui et*

de *M. du Val, par la main duquel il avait obtenu le syndicat. C'est donc la censure de M. Chappellas que M. Rivet a fait imprimer, mais non de la faculté de Sorbonne.* Il fait voir par plusieurs marques que cette pièce n'est point émanée de la faculté. M. Rivet (23) n'eut rien à répondre qui montrât que cet exposé fût faux. Quant au reste , il réfuta solidement son adversaire, et il promettait une réponse plus ample, car il intitula son écrit : *Prodromus ad pleniorem refutationem calumniarum, etc.* (24). La Milletière répliqua en latin par une dissertation intitulée : *Crurifragium Prodomi.* Rivet , changeant de dessein, se contenta de publier une lettre de Cuthbert Higlandius (25), qui contenait un conseil de ne plus entrer en lice avec un tel adversaire , et une assez longue liste des fautes de latinité que l'on trouvait dans ce *Crurifragium.* J'apprends néanmoins, dans une lettre de Grotius (26), le titre d'un livre français que Rivet fit imprimer à Rouen, l'an 1642 : *Réponse à trois Lettres , avec la défense du sieur Rivet, contre les calomnies et suppositions du sieur de la Milletière.*

Notez qu'en 1644 , la censure d'un livre de la Milletière par la Sorbonne parut à Paris. Elle avait été adoucie deux ou trois fois en faveur des approbateurs. Les lettres de M. Sarrau vous en diront davantage (27). Grotius manda à son frère que les trois docteurs de Sorbonne qui avaient approuvé le livre de ce conciliateur, furent suspendus pour un an (28) , et que M. Arnauld fit un livre contre la Milletière, par politique. *D. Arnaldus scripsit contra Mileterium, ut ejus odio suum clueret* (29). La Milletière fit aussi ce jugement sur le motif de ce docteur de Sorbonne. Li-

(17) *Les* Notes sur la Consultation de Cassander.
(18) *Voyez le IIIe. volume des* OEuvres d'André Rivet, pag. 976, 977.
(19) *Ne hujus operis condemnati quemquam latiat, censuram hanc typis vulgandam esse decrevit.* Ibidem, pag. 970.
(20) *La* Milletière, Cathol. réformé, p. 194.
(21) *Là même*, pag. 188.
(22) *Là même*, pa5. 193.

(23) *Voyez la page* 1037 *du IIIe. tome de ses* OEuvres.
(24) *Il est à la page* 1035 *du IIIe. tome de ses* OEuvres.
(25) *A la page* 1114 *du même volume.* Sorbière *est l'auteur de cette lettre. Voyez la préface du* Sorbériana.
(26) Grotius, epist. DCXL, *part. II, p.* 949, col. 1.
(27) Sarrarius, epist. I XXXV, LXXXVI.
(28) Grotius, epist. DCCXII, *part. II, pag.* 969, elle est datée du 2 de juillet 1644.
(29) Grotius, epist. DCCXIV, *pag.* 969 : *elle est datée du 16 de juillet* 1644.

sez ces paroles de M. Sarrau (30) : *Arnaldus etiam, quem sibi clàm adstiptulari Bachetus* (31) *arbitrabatur, epistolam edidit ad præsules sui libri approbatores scriptam, in quâ damnatum posteà librum erroris, falsitatis, et hæreseos accusare præverfit. Hæc tamen omnia* κατ᾽ οἰκονομίαν *fieri, jactat Henotes.*

. . . . Credat judæus apella.

Sed quid huic homini facias? Eum ego, qui tàm insanum sapit, Deo irato suo relinquo.

Depuis l'impression de ce qu'on vient de lire, j'ai parcouru l'ouvrage dont j'ai parlé ci-dessus, c'est-à-dire celui qui fut imprimé à Rouen, l'an 1642. Il a pour titre : *Réponses à trois lettres du sieur de la Milletière, sur ses moyens de réunion en la religion ; par André Rivet.... avec la défense dudit sieur Rivet, contre les calomnies et suppositions dudit sieur de la Milletière, en son prétendu catholique réformé ; avec une lettre d'un docte personnage de ce temps sur le même traité.* On y voit un chapitre touchant l'*Histoire* que M. de la Milletière avait donnée *de la censure prétendue fausse attribuée à la faculté de Sorbonne.* M. Rivet proteste (32) que *M. Chappellas, ni aucun de sa part, ne lui avait mis en main cette censure, ni procuré qu'il la fît imprimer.* . . . . (33) *Celui qui lui en donna la copie en Hollande, lui avait dit qu'elle avait été envoyée par M. Grotius.* Il laisse *audit sieur Chappellas* le soin et la peine de se *défendre de ce qui lui était objecté ;* mais il réfute deux objections que M. de la Milletière avait faites pour prouver la nullité de la censure de la Sorbonne. « (34) La première est » qu'*elle n'a pas accoutumé de chan-* » *ter en l'air sans aucune applica-* » *tion raisonnée, et sans spécification* » *des erreurs de l'écrit qu'elle cen-* » *sure. La seconde, que sa façon* » *de faire n'est pas de sonner le toc-* » *sin, et crier* gare , gare , *contre les* » *livres qu'elle censure, et de finir* » *par des apostrophes aux prélats de*

(30) Sarravius, epist. LXXXV, pag. 85, 86.
(31) *Faute d'impression pour* Brachétus. *Il y en a plusieurs autres de cette nature dans les Lettres de M. Sarrau.*
(32) Rivet, Réponses à trois Lettres, pag. 163.
(33) *Là même,* pag. 164.
(34) *Là même,* pag. 167.

» *l'Église.* .... (35) Je m'en vais lui » donner deux exemples assez con- » nus du contraire de ce qu'il dit , » principalement quand ils condam- » nent un livre d'un auteur hors de » leur communion. L'an 1611 , le 22 » d'août, ils publièrent leur censure » contre le livre de feu M. du Ples- » sis, d'heureuse mémoire, intitulé : » *le Mystère d'Iniquité, etc.* Là ils ne » spécifient rien, mais disent en gé- » néral, *qu'ils ont été d'avis que le* » *livre portant ce titre abominable* » *devait être condamné , détesté , et* » *la lecture d'icelui totalement dé-* » *fendue au peuple chrétien , comme* » *étant hérétique, très-furieux , très-* » *séditieux , contraire à la loi divine* » *et naturelle, aux écrits des anciens* » *pères, etc.* Et puis après ajoutent » *le gare , gare,* comme il parle, en » ces termes, *qu'ils avertissent les* » *gens de bien, zélés à la défense de* » *la sainte Église, etc.*, *du péril qui* » pourrait arriver de la lecture de » ce livre ; *prient et conjurent* (notez) » *très-humblement MM. les prélats* » *de l'Église catholique , et les ma-* » *gistrats civils, etc.*, *que de tout leur* » *pouvoir ils tâchent généreusement* » *et avec effet d'empêcher le cours* » *d'une peste si dangereuse et si re-* » *doutable.* Voilà une censure con- » forme en tous ces deux points à ce » que le censuré par la diligence du » sieur Chappellas, nie formellement » être du style de la Sorbonne. Dira- » t-il *que cette censure, injurieuse à* » *la personne de l'auteur, et qui ne re-* » *présente aucune sentence ni maxi-* » *me du livre qu'elle touche, pour* » *en qualifier l'opinion du nom qui* » *note la cause de la censure, n'est* » *point émanée du jugement de cette* » *compagnie?* En voici encore une » autre , sans rien spécifier, et sans » faire aucune application raison- » née de l'an 1629, contre les opus- » cules de *Pierre Picherel,* qui était » décédé en la communion de l'É- » glise romaine, en un petit prieuré » de l'abbaye d'Essome, où, sans au- » cune spécification , le premier de » septembre, ils *condamnent le livre* » *de Picherel* (36) *comme méchant et*

(35) *Là même,* pag. 168.
(36) *Voyez, touchant ce livre de* Picherel, M. Colomiés, Bibliothèque choisie, *pag. 21 et 22 de la seconde édition.*

» *abominable, infecté de la puante*
» *lèpre calvinienne, et puant comme*
» *la caverne de l'enfer* : et veulent
» que cette censure *soit publiée,* avec
» le gare, gare, de peur *que les do-*
» *mestiques de la foi, comme en une*
» *tempête, n'aillent briser le navire*
» *de leur conscience, et ne soient cir-*
» *convenus par la lecture de ce livre*
» *frauduleux.* Elle est aussi *injurieuse*
» *au nom de l'auteur,* qui y est ap-
» pelé *desertor et perduellis* , et ces
» deux censures sont publiées, si-
» gnées du secrétaire du greffier de
» la Sorbonne. »

M. Rivet déclare, à la fin de ce
chapitre , qu'il avait *reçu la cen-*
sure imprimée à Paris, avec l'extrait
des registres de la faculté sur la for-
me du procédé, avec ces mots à la
fin : Excerpta ex monumentis præ-
fatæ facultatis, etc. Signé Philippe
Bouvot, premier bedeau et scribe de
la faculté, le premier jour du mois
de juillet 1642. Il fait ensuite (37)
quelques *considérations sur la nou-*
velle saillie du sieur de la Milletière,
en sa « Remontrance à messieurs de
» la faculté de théologie, assemblés
» en Sorbonne, le premier d'août
» 1642, sur la nullité de la censure
» du sieur Chappellas, etc. Il dit
» (38) que l'acte de cette censure a
» mis le sieur de la Milletière aux
» champs, et lui a fait remuer toutes
» pierres, pour en accabler, s'il pou-
» vait, le sieur Chappellas, qu'il ac-
» cuse de l'avoir forgé lui seul, et de
» l'avoir fait imprimer contre l'in-
» tention de ce collége, par une pure
» surprise, ne leur ayant déclaré
» pour quelles raisons il leur deman-
» dait cet acte, et à quelle fin il s'en
» voulait servir. » Ceci nous apprend
deux choses : 1°. que le sieur Chappellas, voulant réfuter les médisances du sieur de la Milletière, fit voir
au public la suite des procédures de
la faculté ; 2°. que celui-ci continua
de criailler et de chicaner. Or comme
cela peut servir à faire connaître le
caractère de son esprit audacieux,
vain , opiniâtre et brouillon, il n'a
pas été inutile de l'indiquer ; et en
général je me persuade que les extraits que je donne d'André Rivet,
paraîtront curieux et bien instructifs.

(37) Rivet, Réponses à trois Lettres, *pag.* 177.
(38) Là même.

Il ne faut pas oublier l'ouvrage
qu'il dédia au roi d'Angleterre.] J'en
ai donné ci dessus le titre ; et sans
avoir lu cet écrit-là , je m'imagine
que le caractère de l'auteur, cet empressement de se faire de fête aux
occasions distinguées , l'amour du
faste et du théâtre, y paraissent autant ou plus que dans aucun livre
qu'il ait publié. Mes conjectures sont
fondées sur quelques endroits de la
réponse qui fut faite à son épître dédicatoire. Cette réponse est l'ouvrage
d'un évêque anglais, qui était auprès
du roi Charles II, pendant son exil.
Elle fut imprimée à Genève, l'an
1655, *in-*8°. L'avis au lecteur contient
ceci entre autres choses. M. de la Milletière, *ayant une fois passé ce Ru-*
bicon, « devint un de nos plus cruels
» adversaires ; il n'y eut point de
» ministres qu'il ne harcelât ; et, par
» une infinité de petits volumes, il
» s'imagina avoir épuisé tout ce
» grand océan des controverses qui a
» lassé tant de forts génies de l'une
» et de l'autre croyance. La plupart
» de ses ouvrages furent négligés ; et
» ayant trouvé peu d'antagonistes qui
» voulussent courir avec lui dans
» cette carrière, on avait cru que,
» tout rassasié des titres d'honneur
» que sa haute suffisance lui a fait
» obtenir de la libéralité du prince ,
» il s'était dévoué à un perpétuel si-
» lence, jusqu'à ce que M. Aubertin
» ayant composé un docte Traité de
» l'Eucharistie, selon les sentimens
» des Pères, on vit cet ouvrage , qui
» a donné l'alarme jusque dans le
» cœur de *la grande cité,* réveiller
» comme en sursaut M. de la Mille-
» tière, et lui faire prendre la plume
» pour le réfuter à sa mode. Mais ce
» qui a davantage surpris tous les
» spirituels de l'une et de l'autre re-
» ligion, c'est de voir qu'il se soit
» oublié jusqu'au point de dédier
» son livre au roi de la Grande-Bre-
« tagne, prince qu'il savait fort bien
» être d'une croyance toute contraire
» à celle qu'il établissait dans son
» ouvrage, et auquel il ne pouvait
» adresser des choses de cette nature
» sans attirer sa juste indignation, et
» sans fomenter les injustes soupçons
» de ses sujets rebelles : son épître
» dédicatoire n'est qu'un torrent
» d'injures contre l'Église qu'il a

» abandonnée après lui avoir déchi-
» ré les entrailles, que des préjugés
» outrageux à la mémoire du feu roi
» d'Angleterre, que des subornations
» flatteuses pour son successeur ,
» et que des victoires imaginaires
» sur ceux que lui ni les chefs de
» son parti n'oseraient de bonne
» guerre avoir regardés en face ; et
» tout ce bel appareil, joint à la ré-
» futation prétendue de M. Aubertin,
» porte ce titre spécieux et ampoulé,
» du *Triomphe de la Vérité pour la*
» *Paix de l'Église.* Quoique le roi
» d'Angleterre fît d'abord un assez
» mauvais accueil à cette dédicace ,
» il pensa néanmoins croire ceux
» qui le persuadaient de la mépri-
» ser, sans faire paraître en public
» qu'elle lui déplaisait; mais venant
» puis après à considérer que cet at-
» tentat donnait prise aux insultes
» de ses ennemis, il fit commande-
» ment à un docte évêque qui était
» lors près de sa personne , d'y faire
» réponse, sans toucher, sinon en
» passant, à ce superbe livre dont
» elle décorait le frontispice. » Il
ne faut pas cela pour comprendre
que M. de la Milletière écrivait sans
jugement. Toute la terre savait
que les ennemis de Charles Ier. l'a-
vaient accusé d'être fauteur du papisme, et que rien n'était plus propre à fomenter l'aversion des républicains anglais pour la famille de ce
roi, que la pensée qu'il n'avait point
été protestant; et voici un écrivain
qui a l'audace de dédier à Charles II
un livre où il suppose que Charles Ier.
est mort membre invisible de l'Église
romaine (39). L'auteur de la réponse
lui fait là-dessus une remontrance
fort modérée. *Plusieurs et des mieux
avisés trouvent,* lui dit-il(40), *que vous
avez manqué beaucoup de discrétion
en faisant voir le jour à un traité de
la nature qu'est le vôtre, sous la protection de Sa Majesté, sans sa permission et contre sa conscience. Est-
il possible que vous ayez ignoré que
de pareilles insinuations aux vôtres ,
et des bruits sans aucun fondement
que l'on faisait courir, touchant le
dessein que devait avoir le feu roi
son père, de se jeter dans l'Église ro-*

maine, *lui ont fait perdre les cœurs
de quantité de ses sujets ? Et si vous
l'avez su, d'où vient que vous osez
marcher sur les mêmes pas, d'ôter au
fils pour jamais l'espérance de les
recouvrer ?* La réponse qu'il lui fait
ailleurs est un peu plus animée (41):
« Vous avez bien le front d'affirmer
» que ce prince est mort *invisible-
» ment* vrai membre de votre Église,
» ainsi qu'elle est distinguée d'avec
» le reste du monde chrétien : ce qui
» est une vieille fraude pieuse (42),
» et un de vos machiavélismes pour
» acquérir du crédit à votre religion
» par quelques moyens que ce soit,
» ou faux ou légitimes; mais tout-à-
» fait contraire à la confession qu'il
» en fit à sa mort ; contraire à ce
» qu'en savent très - expressément
» ceux qui assistèrent au meurtre de
» ce pieux monarque; et tout cela, je
» m'imagine , sur cette vaine pré-
» somption, *qu'il n'y a point d'autre
» Église que la vôtre qui fût capa-
» ble d'engendrer un tel enfant.* » Notez que l'auteur oppose à cette maxime un dogme très-remarquable, que
l'évêque de Chalcédoine(43) a soute-
« nu dans deux traités qu'il a mis au
» jour, à savoir *que si ceux qui vivent
» dans la communion de l'Église pro-
» testante , s'efforcent d'apprendre la
» vérité , et n'y peuvent atteindre à
» cause de leur insuffisance, mais
» qui l'embrassent implicitement en
» préparant leurs cœurs pour la re-
» cevoir, et sont tout prêts de le faire
» quand il plaira à Dieu de le leur
» révéler* (ce qui est le devoir de
» tout bon chrétien,), *ils ne sau-
» raient manquer d'Église , de foi, ni
» de salut* (44). » Voilà une maxime
(45) qui pourrait fournir bien des
réflexions pour un supplément au
Commentaire philosophique sur *Contrains-les d'entrer.* Cela soit dit en
passant.

Si La Milletière n'avait pas été engagé depuis plus de vingt-cinq ou
trente ans à des études de controver-

(39) Réponse à l'épître dédicatoire de la Milletière , *pag.* 34.
(40) *La même*, *pag.* 35.

(41) Réponse à l'Épître dédicatoire de la Milletière , *pag.* 163.
(42) *Voyez*, tom. I, *pag.* 101 , *la remarque*
(E) *de l'article* ABULPHARAGE.
(43) *Dont il est parlé*, tom. *VIII* , *pag.* 565,
remarque (A) *de l'article* KNOT.
(44) Réponse à la Milletière, *pag.* 165.
(45) *Conférez ce que dit* Caramuel , *cité par*
Nicolle, de l'Unité de l'Église, *pag.* 71.

se, il faudrait lui compter pour une hardiesse beaucoup plus grande que la première, ce que l'on trouve dans ce passage de son antagoniste : « Vous » prenez à tâche de rechercher, ou » plutôt de décider , *pourquoi la* » *main de Dieu, et celle du parle-* » *ment , a été si fort appesantie sur* » *la tête du feu roi et sur celle de* » *son fils ;* et notamment celle de » Dieu , *parce* (dites - vous) *qu'il* » *avait pris le titre de chef de l'égli-* » *se ; Dieu se proposant par cette pu-* » *nition , d'apprendre aux autres* » *princes qui sont dans le schisme ,* » *avec quelle sévérité il peut venger* » *sa gloire , dans l'injure qui est fai-* » *te à l'unité et à l'autorité de son* » *église :* et pour ce qui est de la » main du parlement, *d'autant que* » *ce prince ne voulait pas prêter* » *son consentement à l'abolition de* » *l'épiscopat, et à la suppression de* » *la liturgie et des cérémonies de l'é-* » *glise anglicane* (46). » Je crois cependant que cette témérité est plus excusable que l'autre, dans un homme nourri depuis si long-temps aux disputes de religion ; car il n'est presque pas possible qu'un tel homme ne contracte l'habitude d'imputer les prospérités des orthodoxes à leur zèle pour la foi, et les malheurs des hérétiques à leur fausse religion. Il n'est pas nécessaire de marquer combien ces pensées sont basses, petites et populaires, et néanmoins propres à recevoir de faux ornemens de rhétorique qui leur donnent de l'emphase , et de la pompe. Marquons plutôt la modestie du prélat anglais qui répondit à La Milletière. *En fai-* *sant application de ces afflictions par-* *ticulières selon votre fantaisie mal* *fondée , quel précipice avez - vous* *creusé à la hardiesse et à la liberté* *des autres hommes ? lesquels , s'ils* *veulent s'arroger, comme vous avez* *fait, la licence de juger des malheurs* *de quelques autres princes , peuvent* *aussi bien dire que Dieu les afflige* *parce qu'ils ne veulent pas devenir* *protestans , comme vous prononcez* *du feu roi que Dieu l'a puni parce* *qu'il ne se voulait pas faire papiste* (47). Voilà quelle fut la conclusion de la réponse du prélat à cette par-

tie des réflexions indiscrètes et téméraires de notre Théophile Brachet. Cette réponse comprend plusieurs autres considérations judicieuses , que je ne rapporte pas. Il m'a suffi de prendre celle qui est la plus propre à désabuser tous les esprits raisonnables ; car pour bien connaître la fausseté de ce mauvais lieu commun (48) , il ne faut que prendre garde que toutes les sectes s'en servent, et, s'il m'est permis d'en parler ainsi, que c'est une selle à tous chevaux. Ajoutez encore cette imperfection : il fait le procès à ceux qui l'emploient avec le plus de confiance. La Milletière l'éprouva. *En attendant* *que vous nous fassiez apparaître*, lui répondit-on (49), *la vérité de ce que* *vous dites , permettez-nous de remar-* quer que, ni la constance que la reine Marie (50) *a tant fait éclater pour la* *religion catholique romaine , ni le* *changement de Henri quatrième à la* *même religion , ne les a pu exempter* *d'une fin cruelle et sanglante : quelle* *raison donc avez - vous d'imputer les* *maux que le roi a soufferts aux er-* *reurs de sa religion ? Soyez vous-* *même votre propre juge.*

Mais rien ne montre plus clairement la vanité de la Milletière , et sa passion démesurée d'être en spectacle, que le moyen qu'il propose au roi d'Angleterre de recouvrer ses états. Sa langue , si on l'en veut croire, peut suffire à la production de ce grand événement : il assure d'un côté que ce monarque sera rétabli *en* *ses royaumes , pourvu qu'il se veuille* *convertir à la foi catholique romaine* (51) ; et il dit de l'autre, que si ce prince veut assister à une dispute entre des docteurs catholiques et les ministres de Charenton , on le verra converti bientôt après. C'était faire entendre assez clairement que, si l'on en venait à une telle dispute, il serait l'un des premiers tenans du parti ro-

---

(46) Réponse à la Milletière, *pag.* 42.
(47) Réponse à la Milletière, *pag.* 45, 46.

(48) *Voyez ce qui a été dit, dans ce volume,* *pag.* 116, *remarque* (O) *de l'article* MAROMET II; *et ce qui fut dit dans la* Critique générale de l'Histoire du Calvinisme, *lettre XIX, num.* 3, *p.* 351 *de la troisième édition, sur ce que* Maimbourg *avait dit du prince de Condé, tué à Jarnac.*
(49) Réponse à la Milletière, *pag.* 166, 167.
(50) *C'est la reine d'Écosse, mère du roi Jac-* *ques Ier., et aïeule de Charles Ier., roi d'An-* *gleterre.*
(51) *Voyez la* Réponse à la Milletière , *p.* 150.

main , et par conséquent la cause principale d'un triomphe dont les suites seraient admirables. Considérez un peu ses chimères selon toutes les gradations où l'auteur anglais les a réduites. « Mais nous voici arrivés » au plus spécieux endroit de toute » votre épître. Qui est cette ridicule » proposition que vous faites *d'une* » *conférence par l'autorité de votre* » *monarque, et à la requête de notre* » *roi*, *devant l'archevêque de Paris* » *et son coadjuteur, entre des doc-* » *teurs catholiques romains , et les* » *ministres de l'église de cette grande* » *ville, auxquels vous rendez avec* » justice un assez ample témoignage » *de zèle et de suffisance.* Vous pas-» sez plus avant, car vous supposez » *que ces ministres accepteront la dis-* » *pute, ou que par leurs tergiversa-* » *tions on leur verra trahir la fai-* » *blesse de leur cause :* et vous con-» cluez avec une assurance inimagi-» nable , *que ces mêmes ministres* » *seront là convaincus de la fausseté* » *de leur religion :* et *que leur con-* » *version, ou conviction, donnera* » *ample sujet au roi de la Grande-* » *Bretagne d'embrasser la commu-* » *nion de Rome, et que sa conversion* » *ramènera tous les protestans qui* » *ont encore quelque conscience, au* » *giron de l'église et à l'obéissance* » *du saint-siége.* Permettez un peu » que je réduise au raccourci ces » belles conséquences : si le roi de » la Grande-Bretagne désire une » conférence solennelle, le roi de » France l'ordonnera ; s'il l'ordonne, » les ministres l'accepteront ; s'ils » l'acceptent, ils sont assurés d'être » vaincus ; s'ils sont vaincus , le roi » d'Angleterre changera de religion ; » s'il change de religion , tous les » protestans feront de même (52). » On se figure aisément que la réponse d'où je tire ce passage contient une forte réfutation de ces illusions, et qui n'a pas coûté beaucoup de peine au prélat anglais.

(52) *Là même, pag.* 132, 133.

MILTON (Jean), fameux apologiste du supplice de Charles Ier., roi d'Angleterre *, naquit à

* Dans leur traduction de Bayle, les An-

Londres, l'an 1608 (A). Il nous apprend lui-même *(a)*, qu'après avoir étudié les langues, et un peu de philosophie dans le lieu de sa naissance, il fut envoyé à Cambridge où il continua ses études pendant sept ans, au bout desquels il retourna chez son père (B), qui se tenait alors à la campagne. Qu'ayant passé là cinq années dans la lecture des bons livres grecs et latins, il alla voyager en France et en Italie, à quoi il employa plus de trois ans. Que trouvant à son retour l'Angleterre dans les désordres de la guerre civile, il prit le parti de se tenir enfermé dans son cabinet, et de laisser les événemens aux soins de la Providence. Que l'autorité des évêques ayant été affaiblie, et chacun parlant contre eux, il espéra que ce grand commencement de liberté pourrait délivrer du joug de la servitude le genre humain. Qu'il se crut obligé d'y travailler selon ses forces. Que pour cet effet il fit deux livres sur les moyens de réformer l'église anglicane ; et puis quelques autres contre deux évêques qui avaient écrit en faveur de l'épiscopat. Qu'ayant vu la fin de cette dispute, il considéra qu'outre la liberté ecclésiastique, pour laquelle lui et tant d'autres avaient travaillé heureusement, il y en avait deux autres, savoir la domestique et la civile, qui n'étaient pas moins importantes. Qu'il tourna sa plume du côté de la liberté domestique, pen—

glais firent beaucoup d'additions à cet article. Chaufepié les a comprises dans son dictionnaire.

(*a*) Defensione II pro populo anglicano , *pag.* 60 *et sequentibus editionis Hagæ Comitis* , 1654.

dant que les magistrats travaillaient avec ardeur pour la liberté civile. Qu'ayant considéré que
la liberté domestique se rapportait à trois choses, au mariage,
à l'éducation des enfans et au
droit de philosopher sans contrainte, il écrivit sur le divorce (C), et fit voir que l'Évangile
n'avait point changé les lois sous
lesquelles les Juifs avaient vécu à
cet égard; et que ce serait en vain
que l'on crierait, liberté! liberté!
dans les assemblées publiques,
si l'on était dans sa maison l'esclave d'un sexe inférieur au nôtre.
Qu'ensuite il écrivit sur l'éducation des enfans, et enfin sur la
liberté des imprimeries, afin
d'empêcher qu'un petit nombre
de gens malhabiles, et presque
toujours résolus à supprimer tout
ce qui n'est pas du goût populaire,
ne décident en dernier ressort de
ce qui doit, ou qui ne doit pas sortir de dessous la presse. Qu'après
la sentence de mort rendue contre le roi Charles Ier., il écrivit
sur la thèse générale du droit des
peuples contre les tyrans (D),
et fit un recueil des sentimens
de plusieurs graves théologiens
là-dessus, pour faire taire ceux
qui disaient que la doctrine des
églises protestantes était contraire à ce qui s'était passé depuis peu à Londres. Qu'après cela,
comme il travaillait à l'histoire
de sa nation (E), le conseil d'état,
qui venait d'être établi par l'autorité du parlement, voulut se
servir de sa plume, et lui donna
ordre de réfuter l'*Icon regia*,
qui courait sous le nom du roi
défunt. Qu'il intitula sa réfutation *Iconoclastes* (b). Qu'ayant

été choisi peu après pour réfuter
un ouvrage que Saumaise avait
publié contre le parlement d'Angleterre, il s'engagea à ce travail
quoiqu'il eût presque perdu un
œil (c), et que les médecins lui pré-
dissent comme certaine la perte de
l'autre, s'il s'y engageait (d). Voilà
ce qu'il nous dit de lui-même :
ajoutons-y qu'il devint en effet
aveugle vers ce temps-là; et que sa
réponse au livre de M. de Saumaise fit parler de lui par tout
le monde (e) (F). Il répondit
quelque temps après à un livre
intitulé : *Regii sanguinis Clamor
ad cœlum*, qu'il attribua à M. Morus, quoique ce fût Pierre Dumoulin le fils qui l'eût composé. Comme cette réponse diffa-
mait M. Morus horriblement ;
celui-ci ne voulut point demeurer sans répartie ; mais Milton
lui fit une seconde réponse aussi
sanglante que la première. Il
vécut fort à son aise sous l'usurpation de Cromwel ; et par un
bonheur tout-à-fait extraordinaire, il ne fut point inquiété
ni recherché après le rétablissement de Charles II. On le laissa
tranquille dans son logis, quoique jamais écrivain n'eût porté
l'insulte contre les têtes couronnées, plus avant qu'il avait fait
contre le roi Charles Ier., et
contre sa famille exilée. Son impunité ne vint point de la débonnaireté de Charles II ; mais de
ce qu'il ne se trouva point excepté de l'amnistie générale. On
imprima à Londres, en 1674,

(b) *J'en ai la version française, faite*

sur la 2e. *édition anglaise, et imprimée à
Londres, l'an 1652.*
(c) Defens. II pro Populo angl. pag. 3.5.
(d) *Voyez la remarque* (A).
(e) Defens. II pro Populo angl. pag. 95.

quelques-unes de ses lettres latines , et quelques harangues
qu'il avait récitées en latin, lorsqu'il était écolier. Les lettres latines , qui furent imprimées l'an
1676 (*f*) , et qui avaient été
écrites par les usurpateurs de
l'Angleterre, à diverses princes,
sont de sa façon. Il aimait la
poésie (G), et il y a plusieurs de
ses poëmes , tant en latin qu'en
anglais, qui ont vu le jour , soit
pendant sa vie , soit après sa
mort. Patin a débité beaucoup
de mensonges (H).

Depuis la première édition de
ce dictionnaire, on a publié à
Londres (*g*), la vie de Jean Milton composée en anglais par
M. Toland. J'en ai fait faire
plusieurs extraits en latin, qui
vont me fournir un assez long
supplément de cet article. Milton
était né gentilhomme (I), et fut
élevé conformément à cet état (*h*).
Il eut une passion insatiable pour
les lettres , de sorte que dès l'âge
de douze ans, il s'accoutuma à
veiller jusqu'à minuit, et que la
faiblesse de sa vue, ni ses fré-
quens maux de tête ne furent
point capables de retarder son
inclination studieuse. Il fut envoyé à Cambridge à l'âge de
quinze ans , et dès la même
année il paraphrasa quelques

psaumes en vers anglais. Il composa à dix-sept ans plusieurs
pièces de poésies , les unes en sa
langue maternelle, et les autres
en latin , et toutes d'un caractère
et d'une beauté fort au-dessus
de son âge. Il reçut à Cambridge
le dégré de maître ès arts, et s'en
retourna chez son père. Ceux
qui ont dit qu'il y retourna ayant
été chassé de l'académie de Cambridge pour quelque forfait , ou
rempli pour le moins de ressentiment de ce qu'il n'avait pu y
obtenir nulle promotion , ont
abusé malicieusement de quelques vers contenus dans une élégie latine qu'il adressa à son bon
ami Charles Diodati. C'est sur le
même fondement qu'on a débité
qu'il passait son temps à Londres
avec des filles de joie, et fort
assidu à la comédie. Son voyage
d'Italie lui procura l'amitié des
plus beaux esprits et des plus
illustres savans de ce pays-là (*i*). Il
apprit si bien la langue italienne,
qu'il fut sur le point d'en composer une grammaire, et qu'il
composa de fort bons vers italiens. Il avait le dessein de passer
dans la Sicile et dans la Grèce ;
mais ayant appris les commen-
cemens des troubles de l'Angleterre, il ne jugea pas à propos de
s'occuper à des voyages divertis-
sans , lorsque ses compatriotes
portaient les armes pour le maintien de la liberté. Il s'en revint
donc en son pays , et comme il
passa par Genève , il y contracta
des habitudes avec des gens de
conséquence , qui lui firent savoir, dans la suite , les aventures

(*f*) *On les a réimprimées à Leipsic, en* 1690.

(*g*) *L'an* 1699, *à la tête des œuvres de* Jean Milton, *in folio , et à part, in-8°.*

(*h*) *C'est ce qu'on m'a dit que signifient les mots anglais de M. Toland ,* A Gentle-man by his education and family. *Mais comme Milton , qui devait connaître mieux que personne la qualité de sa famille , s'est contenté de dire,* Defens. II. *pag. m.* 60, *qu'il était né genere honesto , je ne sais si en anglais le mot* Gentleman *n'a pas une signification plus étendue qu'en français le mot* gentilhomme.

(*i*) *Comme* Carlo Doti, Gaddi , Fresco-baldi , Francini, Bonmattei , Coltellini, Chimentelli , Jean-Baptiste Manso.

d'Alexandre Morus, contre lequel il eut à écrire. Il arriva en Angleterre au temps de la deuxième expédition d'Écosse, de Charles Ier.; et parce qu'il fut chargé de la tutelle de ses neveux (*k*), il prit la résolution de devenir leur précepteur : il enseigna aussi à quelques autres écoliers (K). Il épousa, en 1643, Marie Powel, fille d'un juge de paix dans la province d'Oxford. Cette jeune femme ne tarda guère à se dégoûter de lui (L) : elle le quitta au bout d'un mois, et fit clairement connaître qu'elle ne reviendrait point chez lui. Il prit ses mesures là-dessus, et après avoir publié un ouvrage sur le divorce, il se prépara à un second mariage; mais elle se ravisa, et le supplia si ardemment de la reprendre, qu'il se laissa attendrir. Il en eut une fille un an après cette réconciliation, et puis bien d'autres enfans (M). Cette femme étant morte en couche, il en épousa une autre (*l*), qui mourut de la même manière au bout d'un an. Il demeura veuf quelques années, et ne se remaria qu'après le rétablissement de Charles II et l'amnistie qu'il obtint de ce monarque. Il l'avait offensé entre autres livres par celui qui est intitulé *Iconoclastes*, et qui est la réfutation d'un ouvrage qu'on attribuait à Charles Ier. Il soutint que ce monarque n'en était point l'auteur. Le temps a montré qu'il soutint cela avec raison fondement (N). Il se tint caché lorsqu'on rappela Charles II, et ne se montra qu'après la proclamation de l'amnistie. Il

obtint des lettres d'abolition, et ne fut soumis qu'à la seule peine d'être exclus des charges publiques. Quelques-uns ont cru que le roi eut plus de part à cette grande modération par un défaut de mémoire, que par sa clémence. Mais d'autres disent que Milton avait des amis dans la chambres des communes et dans le conseil privé, qui intercédèrent pour lui. Il n'acheva qu'à plusieurs reprises son grand poëme du Paradis perdu; car sa veine ne coulait pas en toute saison, mais seulement au printemps et en automne. Il publia son histoire d'Angleterre (*m*), l'an 1670. Elle s'étend jusques à Guillaume-le-Conquérant, et n'est pas tout-à-fait conforme à l'original de l'auteur. Les censeurs des livres en effacèrent divers endroits qui décrivaient vivement la superstition, l'orgueil et les artifices de l'ancien clergé : ils s'imaginèrent qu'on appliquerait cela au clergé moderne. Le dernier livre qu'il publia est un Traité *de la Vraie Religion, de l'Hérésie, du Schisme, de la Tolérance, et des meilleurs Moyens qu'on puisse employer pour prévenir la propagation du Papisme.* J'en rapporterai un passage (O). Ceux qui dirent que la pauvreté l'avait contraint de se défaire de sa bibliothéque s'abusèrent grossièrement : il ne la vendit que parce qu'il crut qu'il en tirerait plus d'argent que ses héritiers ne sauraient faire; et il est certain qu'il leur a laissé une succession très-considérable (*n*). La goutte fut sa principale maladie : il en

(*k*) *Fils de sa sœur.*
(*l*) *Fille du capitaine Woodcock.*

(*m*) *Elle est en anglais.*
(*n*) 15000 *livres sterlings et autres biens.*

mourut sans une grande douleur, l'an 1674, âgé de soixante-six ans. Ce fut un homme d'une agréable conversation, d'une humeur douce et égale, extraordinairement sobre, et qui se plaisait infiniment à la musique. La secte qui lui plaisait davantage dans sa jeunesse était celle des puritains ; mais dans son âge viril, celle des indépendans et celle des anabaptistes lui devinrent plus agréables, parce qu'elles accordent plus de liberté que les autres à chaque particulier, et qu'il lui semblait que leur pratique s'accordait mieux avec celle des premiers chrétiens. Enfin, quand il fut vieux, il se détacha de toute sorte de communions, et ne fréquenta aucune assemblée chrétienne, et n'observa dans sa maison le rituel d'aucune secte. Quant au reste, il faisait paraître, et par ses actions, et par ses paroles, un profond respect pour Dieu (o). On fit une édition de toutes ses œuvres (p) à Londres, l'an 1699, en trois volumes in-fol. et l'on mit dans les deux premiers ce qu'il a écrit en anglais, et dans le troisième ses traités latins. On verra dans la remarque N, le parallèle que Milton fit entre une prière qui est dans le livre de Charles Ier., et une prière qui se trouve dans le fameux roman qui a pour titre l'*Arcadie de la comtesse de Pembrok.*

(o) *Tiré des extraits latins qu'on a fait faire de la* Vie de Milton, *composée en anglais par M.* Toland. *J'ai ouï dire à des gens qui savent l'anglais, qu'elle est bien écrite, et parsemée de réflexions très-curieuses, et* voyez *l'*Histoire des Ouvrages des Savans, *février* 1699, *pag.* 78 *et suiv.*

(p) *Excepté ses poésies.*

(A) *Il naquit à Londres, l'an* 1608.] C'est ce qu'on apprend par l'inscription qui est au bas de sa taille-douce, dans un de ses livres (1) ; car elle porte qu'en 1671 il avait désigné ses années d'une façon un peu vague, dans sa IIe. apologie, composée en 1653, ou en 1654, s'étant contenté de dire qu'il avait plus de quarante ans (2). Il ne sera pas hors de propos de remarquer pourquoi il apprend au public cette circonstance, puisque cela nous donne lieu de relever quelques faussetés. On lui avait reproché qu'il n'était qu'un petit bout d'homme, qui n'avait que les os et la peau ; et c'était un correctif ajouté à l'application qu'on lui avait faite de ces paroles de Virgile,

Monstrum horrendum, informe, ingens, cui lumen ademptum (3).

Il répondit (4) qu'il ne croyait pas que personne l'eût jamais trouvé laid ; que sa taille approchait plus de la médiocre que de la petite ; qu'il se sentait encore et le courage et les forces dont il avait été pourvu autrefois, lorsque, l'épée au côté, il se croyait en état de tenir tête à des gens beaucoup plus robustes que lui ; que son visage, bien loin d'être pâle, défait et ridé, lui faisait beaucoup d'honneur, puisqu'à l'âge de quarante ans passés il semblait être plus jeune de près de dix ans ; qu'il prenait à témoin de tout cela une infinité de gens qui le connaissaient de vue, et qui le traiteraient justement de ridicule s'il ne disait pas la vérité. Il avoua la dette pour ce qui est d'être aveugle, sans oublier néanmoins de dire que ses yeux ne paraissaient pas avoir le moindre défaut. Il n'y a personne qui puisse douter, après cela, que l'on n'en eût fait accroire à M. Morus et à M. de Saumaise, sur la taille et sur l'extérieur de Milton : je dis à M. de Saumaise ; car il a dit aussi, dans sa Réplique, qu'il avait ouï dire que son adversaire était petit comme un nain, etc. *Relatum quippè est mihi ab illis qui viderunt, esse staturâ pumilionem* (5). *Ab eâ laboriosâ*

(1) *C'est sa* Logique.

(2) *Quadragenario major.* Milton, Défens. II, pag. 31.

(3) Quamquàm nec ingens, quo nihil est exilius, exsanguius, contractius. *Epist. dedicatoria,* Clamor. Regii Sang.

(4) Milton, Défens. II, pag. 30.

(5) Salmas., Respons. ad Milt., *pag.* 3

*et anxiâ longâque meditatione lan-
guorem etiam videtur contraxisse de-
licatum illud et infirmum corpuscu-
lum suum* (6). M. Morus ne contesta
là-dessus quoi que ce soit à cet adversaire : il protesta seulement (7)
qu'il n'avait point prétendu lui reprocher d'être aveugle, puisqu'il ne
l'avait appris que par la réponse de
Milton, et que s'il avait dit quelque
chose qui semblât se rapporter à l'a-
veuglement, il l'avait entendue de
celui de l'âme. Par là il se reconnaissait l'auteur de l'épître dédicatoire
du *Clamor regii Sanguinis* : or comme c'est là qu'il avait dit que rien ne
saurait être plus hâve ni plus décharné que Milton, je crois qu'on l'eût
bien embarrassé, si on l'eût contraint
d'accorder son épître dédicatoire ,
avec l'endroit de sa réponse où il
avoue qu'il avait cru que Milton était
bel homme, et surtout après l'avoir
vu si mignonnement peint à la tête de
ses poésies. *An deformitatem tibi vitio verterem, qui bellum* * *etiam cre-
didi maximè, postquàm tuis prefixam
poematibus* (8) *comptulam iconem illam vidi ?* M. de Saumaise semble se
glorifier d'avoir été cause que Milton
eût perdu son embonpoint et ses
yeux, à répondre à l'apologie du roi
Charles : et bien loin de lui reprocher aucune laideur naturelle, il le
plaint malignement de n'avoir plus
cette beauté qui l'avait rendu si aimable pendant son séjour d'Italie.
*Indè etiam fortassè cerebrum tibi ni-
mis inquies in oculis destillaverat ,
eosque afflixerat. Malo isto magnam
partem tuæ pulchritudinis deperiisse,
pro eo ac debeo doleo. Nam in oculis
maximè viget ac valet formæ decus.
Quid Itali nunc dicerent si te viderent
cum istâ fœdâ lippitudine ? Non haberent ampliùs quod in te laudarent.
Non ergò miror si Salmasium istum
odisti propter quem tantùm tibi labo-
ris et oneris impositum est, undè ægri-
tudo tibi corporis et mentis hæc accidit : et prætereà detrimentum tantum
pristini decoris passus es* (9). *Iste jam*

*lippulus vel cæculus potiùs, olim bel-
lulus pusio* (10). Il s'exprime plus
nettement en un autre endroit (11).
Je ne sais point ce que Milton a opposé à cette dernière médisance, lorsqu'il a eu occasion de parler à ses
amis, touchant la réplique posthume
de M. de Saumaise : mais j'ai ouï dire
que, quand on lui eut appris que son
ennemi se vantait de lui avoir fait
perdre la vue : *et moi* , répondit-il ,
je lui ai fait perdre la vie. Ce conte
est fort vraisemblable, puisqu'on en
trouve le fond dans les livres de ces
deux écrivains. On va le voir. *Sunt,*
dit Milton (12), *qui nos etiam necis
ejus* (Salmasii) *reos faciunt, illosque
nostros nimis acriter strictos aculeos
quos dùm repugnando altiùs sibi in-
fixit, dùm quod præ manibus habebat opus vidit spissius procedere ,
tempus responsionis abiisse , operis
gratiam periisse , recordatione amissæ famæ, existimationis, principum
denique favoris, ob rem regiam malè
defensam ergà se imminuti, triennali
tandem mœstitiâ et animi magis ægritudine quàm morbo confectum obiisse.*
(B) *Il fut envoyé à l'académie de
Cambridge , ... d'où il retourna
chez son père.*] L'auteur du *Clamor
regii Sanguinis* avance sur un ouï-
dire (13), que Milton, chassé de l'académie de Cambridge pour ses mauvaises actions, abandonna le pays, et
se retira en Italie. Milton nie tout
cela , et fait un autre récit qui lui est
extrêmement avantageux. Or , comme ni M. Morus, en répondant au livre où est contenu ce récit, ni M. de
Saumaise dans sa Réplique, où il y a
bien des contes diffamatoires contre
Milton , n'ont rien dit de la sortie
ignominieuse de Cambridge qui lui
avait été objectée, on a lieu de croire
que c'est une fable ; car il faut qu'il
y ait pour ces sortes de procès, quelques principes qu'il ne soit pas permis de nier, et qui fassent une véritable prescription : et quels principes y a-t-il plus dignes de ce rang-là,
que de voir qu'un homme, publique-

(6) *Là même*, pag. 15 et 16.
(7) Fid. publ., *pag.* 31.
* Joly pense que *bellum* signifie *joli*, et non *beau*.
(8) *Par la réponse que Milton fit à ces paroles,*
pag. 84, *il paraît que ces poëmes sont ceux qu'il
publia l'an* 1645, *et qu'il n'était pas content de
son graveur.*
(9) Salmas., Respons. ad Milt. , *pag.* 15 et 16.

(10) *Idem*, *ibidem*, pag. 19.
(11) *Tu quem olim Itali pro fœminâ habuerunt, cuiquam audeas, quòd parùm vir sit*, objicere? Ibidem , *pag.* 23.
(12) Milton, Defens. II, pag. 11.
(13) *Aiunt hominem Cantabrigiensi academiâ
ob flagitia pulsum, dedecus et patriam fugisse,
et in Italiam commigrâsse.* Pag. 8.

ment accusé de choses qu'il est facile de prouver, les nie publiquement sans que ses parties adverses osent soutenir l'accusation ? Quelque ressource qu'on puisse trouver dans des subtilités de métaphysique, pour se défendre contre cette preuve de fausseté, il faut convenir que moralement parlant elle est convaincante : puis donc que Milton a pour lui une telle preuve, nous pouvons compter entre les mensonges qui ont été débités contre lui, ce qui concerne la prétendue sortie de Cambridge.

(C) *Il écrivit sur le divorce.*] On voit par la seizième de ses lettres, écrite en 1654, qu'Aitzéma voulait faire traduire en flamand cet ouvrage de Milton, et que l'auteur aurait mieux aimé une traduction latine, ayant éprouvé que le peuple reçoit de travers tous les sentimens non communs. Il nous apprend là qu'il avait fait trois traités sur cette matière : le premier (14) sous le titre de *Doctrine et Discipline du Divorce;* le second (15) sous le titre de *Tetrachordon,* où il explique les quatre principaux passages de l'Écriture qui concernent ce sujet; le troisième (16) sous le titre d *Colasterion,* où il réfute un petit savant. On avait reproché à Milton (17) d'avoir traité de diabolique la doctrine de Jésus-Christ sur le divorce : telle qu'elle est expliquée par les pères, par les théologiens anciens et modernes, et par toutes les académies et les églises d'Angleterre, de Hollande et de France; et que quant à lui, il prétend que le divorce doit être permis, lors même que la contrariété d'humeurs en est le seul fondement. Il ne répond que ces deux choses (18) : l'une, que le sens donné par le commun des interprètes aux paroles de l'Évangile, pour leur faire signifier qu'après un divorce fait en cas de nécessité, il n'est pas permis de passer à un second mariage, pourrait bien être une doctrine diabolique;

l'autre, qu'il n'est pas vrai que tous les pères, les théologiens anciens et modernes, toutes les académies, etc., soient d'accord sur la matière du divorce, et qu'il a fait voir dans son *Tetrachordon* que sa doctrine est celle de quelques pères, et celle de Bucer, de Fagius, de Pierre Martyr et d'Érasme. Voyez sa IIᵉ. apologie à la page 58. Il est à noter que Milton, qui a tant particularisé plusieurs endroits de sa vie, ne nous a rien appris de son mariage. M. de Saumaise avait pourtant ouï dire, non-seulement qu'il avait été marié, mais aussi qu'il avait répudié sa femme au bout d'un an, à cause qu'elle était de mauvaise humeur (19). En un autre endroit il soupçonne que la jalousie, ou même le panache s'en mêlèrent (20). Milton n'a donc pas plaidé pour le divorce et pour la polygamie, avec le même désintéressement que Lysérus (21); son intérêt personnel le faisait agir (22).

(D) *Il écrivit sur la Thèse générale du droit des peuples contre les tyrans.*] C'est apparemment le livre dont il fait mention dans sa IIᵉ. Apologie (23), lorsqu'il parle ainsi : *id fusiùs docui in eo libro qui nostro idiomate Tenor sive Tenura regum et magistratuum inscriptus est..... Illic ex Luthero, Zuinglio, Calvino, Bucero, Martyre, Parœo, citantur ipsa verbatim loca, ex illo deniquè Knoxo quem unum me Scotum ais innuere, quemque hâc in re reformatos omnes præsertim Gallos illâ ætate condemnâsse. Atqui ille contrà quod ibi narratur, se illam doctrinam nominatim à Calvino, summisque aliis eâ tempestate theologis, quibuscum familiariter consueverat, hausisse affirmat.* Quant à ce que l'auteur du *Clamor regii Sanguinis* accuse Milton (24) d'avoir écrit aux parlementaires, pour les déterminer

---

(14) *Imprimé à Londres, en* 1644.
(15) *Imprimé à Londres, en* 1645.
(16) *Imprimé en* 1645.
(17) *Dans une préface de George Crantzius, docteur en théologie, au devant de la* IIᵉ. *Apologie de Milton, édition de la Haye,* 1654. *Voyez aussi Clam. reg. Sang., pag.* 8.
(18) Defensio pro se, *pag.* 40, *edit. Londin.,* 1655, *in-*12.

(19) *Uxorem suam post annum à nuptiis dicitur res suas sibi habere jussisse ob graves tantùm mores.* Salmas., Resp. ad Milton., pag. 253. *Voyez aussi pag.* 3.
(20) *Si eunuchi omnes fuissent qui domum tuam frequentabant, uxorem fortassè non repudiasses.* Ibidem, pag. 23.
(21) *Voyez les* Nouvelles de la République des Lettres, *mois d'avril* 1685.
(22) *Voyez, ci-dessous, la remarque* (L).
(23) Pag. 101.
(24) Pag. 9.

à une chose sur laquelle ils demeuraient en suspens, je veux dire à la mort du roi, Milton se retranche dans la négative, et prétend n'avoir travaillé sur ces questions qu'après le supplice de ce monarque.

(E) *Comment il travaillait à l'histoire de sa nation.*] Il était, selon M. de Saumaise (25), un petit régent qui enseignait le latin dans Londres ; *ludi trivialis magister Londinensis ; ludi magister in scholâ triviali Londinensi, de pedaneo magistro secretarius parlamenti rebellis factus.* Mais comme dans le Cri du Sang royal, où l'on fait un court récit de ses aventures, on ne dit point qu'il régentât quelque classe, et que d'ailleurs il est apparent qu'il n'eût pas osé raconter fort en détail les divers états et les diverses occupations de sa vie, sans rien dire de sa régence, si elle eût été effective, il semble que les espions avaient mal servi M. de Saumaise. Cependant il ne faut point se fier à ces apparences: nous verrons ci-dessous (26), qu'il y avait quelque fondement dans ce qu'il disait.

(F) *Sa réponse à . . . M. de Saumaise fit parler de lui par tout le monde.*] Je crois que tous les livres en prose que Milton avait publiés, avant que de réfuter M. de Saumaise, étaient en anglais. Il paraît néanmoins par cette réfutation, qu'il avait la langue latine fort en main : on ne peut nier que son style ne soit fort coulant, vif et fleuri, et qu'il n'ait défendu adroitement et ingénieusement la cause des monarchomaques; mais, sans se mêler ici de prononcer sur la matière, je crois pouvoir dire que la manière dont il mania ce grand sujet devint très-mauvaise par le peu de gravité qu'il y garda. On le voit à tout moment, je ne dis pas étaler des railleries piquantes contre M. de Saumaise, car cela ne gâterait pas son ouvrage, et servirait puissamment à mettre de son côté les rieurs, mais faire le goguenard et le bouffon. Ce défaut règne plus visiblement dans ses deux réponses à M. Morus. Elles sont remplies de pointes, et de plaisanteries outrées : le caractère de l'auteur y paraît à nu: c'était un de ces esprits

satiriques qui, à la vérité se plaisent beaucoup à ramasser tous les bruits qui courent au désavantage des gens, et à se faire écrire par les ennemis d'une personne toutes les médisances qu'ils en savent, mais qui se plaisent beaucoup plus encore à insérer ces médisances dans le premier libelle qu'ils publient contre quelqu'un. Sa Réponse à M. de Saumaise fut brûlée à Paris et à Toulouse, par la main du bourreau (27); ce qui ne servit qu'à lui procurer plus de lecteurs. Ce ne fut point le parlement de Paris, comme on l'assure dans le Cri du Sang royal, qui condamna l'ouvrage au feu, mais le lieutenant civil. Milton ne laissa point passer à son adversaire cette méprise (28). Il tira une grande vanité de ce que la reine Christine, à ce qu'il prétend, fit tant de cas de ce livre, qu'elle passa même jusques à mépriser M. de Saumaise qui était alors à sa cour (29). Il est certain que cet ouvrage fut lu avec une grande avidité, comme M. Ziegler, qui en parle d'ailleurs avec un mépris extrême, nous l'assure dans la préface de ses *Exercitationes ad Regicidium Anglorum.* L'anonyme qui publia une apologie, *pro Rege et Populo Anglicano contrà Johannis Polypragmatici (alias Miltoni Angli) defensionem destructivam regis et populi Anglicani* (30), se plaint fort douloureusement de la destinée inégale de Saumaise et de Milton. On n'a pu qu'avec mille peines, dit-il, procurer une édition de l'ouvrage de Saumaise; mais celui de Milton s'est imprimé plusieurs fois. *Quod ornatissimus Salmasius ad tuendum jus et honorem Caroli Britanniæ monarchæ, sceleratorum manibus interfecti, prudenter scripserat, unâ tantum impressione, idque, magnâ cum difficultate in lucem erupit : tanto odio hisce ultimis temporibus, veritatem mundus persequitur. Sed quod scelestissimus Miltonus, ad lacerandam famam regis defuncti, et subvertendum in subditos dominium hæreditarium, invidiosè elaboravit, illius tot sunt exemplaria,*

(25) Resp., *pag.* 1, 3, 14.
(26) *Dans la remarque* (K).

(27) Defens. II, *pag.* 93.
(28) *Ibidem.*
(29) *Ibidem,* pag. 8, 52, 96.
(30) *Je me sers de l'édition d'Anvers,* 1651, *in-12.*

ut nescio cui lectorem remitterem, sic mendaciorum et convitiorum amore flagrant homines ; volumine in decimo sexto perditissimi pretii, usus sum (31).

(G) *Il aimait la poésie.*] M. de Saumaise ayant dit (32), que des gens, qui connaissaient Milton à fond, soutenaient fort sérieusement qu'il ne savait pas le latin, qu'il n'était point capable d'écrire en latin, ajoute que pour lui il est d'un tout autre sentiment, et que Milton étant poëte, peut bien être aussi orateur. Là-dessus il se moque de ses poésies : il dit que les lois de la quantité y ont été violées ; il le prouve par des exemples ; et il conclut que, quand même cet auteur n'y eût pas marqué à quel âge il les avait composées, on n'eût pas laissé de sentir que c'était l'ouvrage d'un écolier. Mais Milton est responsable de ces fautes de jeunesse, poursuit-il, puisqu'il les a fait imprimer depuis peu d'années à Londres. Par la II⁰. lettre de Milton, il paraît qu'il fit imprimer des vers latins en l'année 1628, et par la X⁰., qui est datée du 21 d'avril 1647, qu'il avait publié depuis quelque temps un Recueil de Poésies Anglaises et Latines. Ce Recueil est de l'an 1645. Cela ne sentirait pas trop un homme désabusé des faux bruits qu'on lui apprenait concernant Milton, si l'on traitait à la rigueur M. de Saumaise. Il dit qu'au sentiment de beaucoup de gens, Milton n'avait point écrit l'Apologie du Peuple d'Angleterre, et qu'il n'avait fait que prêter son nom au livre d'un maître d'école français, qui enseignait des enfans à Londres (33). C'étaient toutes fables que je suis bien aise de rapporter, afin de faire en sorte que les auteurs apprennent à n'ajouter point de foi aux médisances dont on leur remplit la tête contre leurs antagonistes. On croit faire sa cour par-là à un homme, et l'on est cause qu'il publie cent sottises. Je ne mets point dans cette classe les quatre mille livres de rente, gagnées par

Milton à écrire pour le parlement, si l'on en croit M. de Saumaise (34) ; car il est très-vraisemblable que Cromwel le récompensa largement. Au reste, Milton a fait deux poëmes en vers non rimés ; l'un sur la tentation d'Ève, l'autre sur la tentation de Jésus-Christ. Le premier est intitulé *le Paradis perdu* ; le second a pour titre *le Paradis recouvré*. Le premier passe pour l'un des plus beaux ouvrages de poésie que l'on ait vus en anglais. Le fameux poëte Dryden en a tiré une pièce de théâtre, qui fut extrêmement applaudie. L'autre n'est pas si bon à beaucoup près ; ce qui fit dire à quelques railleurs, que l'on trouve bien Milton dans le Paradis perdu, mais non pas dans le Paradis recouvré. Ces poëmes ont été traduits en vers latins, et publiés, l'an 1690, par Guillaume Hog, Écossais.

Le même Dryden, admirant le poëme du Paradis perdu a jugé, que la Grèce, l'Italie et l'Angleterre ont produit trois poëtes en différens siècles ; Homère, Virgile, et Milton : que le premier excelle par la sublimité des pensées, et le second par la majesté ; et que la nature, ne pouvant aller au delà, avait formé le troisième par l'assemblage des perfections des deux autres. C'est le sujet d'une épigramme de M. Dryden (35) insérée par M. Toland à la page 129 de la Vie de Milton.

(H) *Patin a débité beaucoup de mensonges.*] « Voilà M. de la Motte-
» le-Vayer, qui vient de sortir de
» céans, et qui m'y a apporté un de
» ses livres nouvellement fait, lequel
» m'a dit que le livre de Milton con-
» tre le feu roi d'Angleterre a été
» brûlé par la main du bourreau ;
» que Milton est prisonnier ; qu'il
» pourra bien être pendu ; que Mil-
» ton n'avait fait ce livre qu'en an-
» glais ; et qu'un nommé Pierre Du-
» moulin, fils de Pierre, ministre de
» Sedan, qui l'avait mis en beau la-
» tin, est en danger de sa vie (36). »
Prenez garde à la personne qui débita ces nouvelles à Guy Patin. Ce n'était pas un nouvelliste du Pont-Neuf, ou du troisième pilier de la grand'salle :

(31) *In monito ad lectorem.*
(32) *Respons., pag. 4 et 5.*
(33) *Eam et multi negant illum auctorem debere agnoscere nisi solo titulo, conscriptam enim esse a ludi magistro quodam Gallo de trivio qui Londini pueros nihil sapere docet. Salmasii Resp. pag. 4.*

(34) *Ibidem, pag. 16.*
(35) *Elle est en anglais.*
(36) *Patin, lettre CLXXXVII, tom. II, pag. 135. Elle est datée du 13 juillet 1660.*

c'était le précepteur de Monsieur, c'était le Caton français, c'était un homme très-docte; il crut bonnement que Dumoulin courait risque de sa vie, pour avoir mis en latin l'écrit de Milton. Cependant ce Dumoulin était l'un des confesseurs du parti royal : il écrivit contre les rebelles, et sa fidélité fut récompensée promptement par Charles II.

(I) *Il était né gentilhomme.*] Jean Milton, son père, issu de la famille des Miltons, considérable dans la province d'Oxford, était fils d'un catholique romain, et en fut déshérité parce qu'il s'était fait protestant. Christophle Milton, son autre fils, étudia en droit, et n'eut pas beaucoup d'esprit. Ce fut un homme superstitieux, et qui s'attacha au parti royal, et qu'on laissa néanmoins dans l'obscurité après que la famille royale fut rétablie. Mais le roi Jacques II, voulant faire déclarer par un corps de juges qu'il était au-dessus des constitutions du royaume, le créa sergent aux lois, et baron de l'échiquier, et puis juge des plaidoyers communs. Ces charges finirent bientôt après par la mort de celui qui les avait obtenues (37).

(K) *Il devint précepteur de ses neveux et de . . . quelques autres écoliers.*] Voici le fondement de ce qu'on a vu ci-dessus (38). J'avais cru que M. de Saumaise avait été mal servi par ses espions; mais je sais présentement qu'il n'est coupable que d'avoir donné un tour odieux à la nouvelle qu'il débitait, que Milton avait été un petit maître d'école. M. Toland avoue qu'une fois Milton, se voyant prié de rendre à quelques enfans de ses amis le même service qu'il rendait à ses neveux, c'est-à-dire de leur enseigner les langues, l'histoire, la géographie, etc., leur accorda cette faveur. Il est donc vrai qu'il tenait école dans son logis, et qu'encore que ce ne fût pas une régence de basse classe dans un collége, comme les expressions de son ennemi l'insinuaient, c'était au fond une véritable pédagogie, et une fonction de régent. Mais d'ailleurs ce n'était pas un juste sujet d'insulte, non pas même en supposant que la

pauvreté l'eût réduit à s'assujettir à une peine si fatigante, pourvu qu'il s'en acquittât fidèlement et habilement. Consultez là-dessus son historien.

(L) *Cette jeune femme ne tarda guères à se dégoûter de lui.*] On allègue plusieurs conjectures sur la cause de son prompt retour à la maison de son père. Elle y avait été élevée dans la pompe et dans les plaisirs, et apparemment cela fut cause qu'elle ne s'accommodait point d'un ménage philosophique tel que celui de Milton : peut-être aussi que la personne de son époux lui était désagréable, ou qu'étant d'une famille royaliste elle ne pouvait souffrir les principes républicains de Milton : et il n'est pas impossible que son père se fût proposé quelque avancement auprès du roi en rompant les nœuds de ce mariage. Quoi qu'il en soit, sa fille retourna chez lui un mois après la célébration des noces, sous prétexte d'aller passer à la campagne le reste de l'été. Son mari consentit à ce voyage sous condition qu'elle reviendrait à la fête de Saint-Michel : et parce qu'elle laissa passer ce terme sans revenir, il lui écrivit plusieurs lettres à quoi elle ne daigna répondre; mais enfin elle déclara catégoriquement qu'elle ne reviendrait point, et renvoya avec mépris le messager de Milton. Celui-ci en fut tellement indigné, qu'il résolut de ne la reconnaître jamais pour son épouse; et afin de faire voir au public la justice de ce dessein, il donna le jour à un ouvrage sur le divorce, l'an 1644. Les raisons qu'il y propose, pour prouver que les mariages ne doivent pas être indissolubles, semblent suspectes venant d'un homme intéressé en cette cause : mais son historien remarque que cela ne peut point les affaiblir; car autrement il faudrait se laisser préoccuper contre les apologies des premiers chrétiens, vu qu'elles ont été composées par des personnes qui gémissaient sous la rigueur des persécutions. Il ajoute que, pour bien juger des commodités d'une région tempérée, il faut avoir passé une partie de sa vie dans des climats trop froids, ou trop chauds; et que tout de même l'on ne peut jamais s'instruire plus exactement des rai-

(37) *Tiré des extraits latins de la Vie de Milton, composée en anglais par M. Toland.*
(38) *Dans la remarque* (E).

sons qui favorisent la bonne cause, que lorsqu'on a éprouvé les dégoûts du mauvais parti. Ceux qui traitent une matière qui ne les concerne point personnellement, ne produisent que des jeux d'imagination, et ne font que s'amuser dans leur loisir, ou, qui pis est, que déclamer sans cette force et sans cette vivacité que l'expérience inspire. D'où il faut conclure que ceux qui n'ont point passé par les incommodités du mariage, sont infiniment moins propres que Milton à décrire et à soutenir les argumens qui attaquent la tyrannie de l'indissolubilité du lien conjugal. On aurait pu croire que les traités qu'il publia touchant le divorce étaient le fruit, ou de sa colère, ou de l'envie de faire parade de son esprit dans le soutien d'un paradoxe, plutôt que le fruit d'une véritable persuasion. Mais pour empêcher qu'on ne fît de lui un tel jugement, il voulut montrer qu'il y allait tout de bon, et mettre en pratique son hypothèse (39). Il rechercha pour cet effet, en mariage, une jeune fille de grand esprit, et tout-à-fait belle. Mais étant un jour chez un ami qu'il allait voir très-souvent, il vit tout d'un coup sa femme qui se jeta à ses genoux, et qui, la larme à l'œil, reconnut sa faute, et lui en demanda pardon. Il fut d'abord inflexible, et l'on aurait dit qu'il serait inexorable; mais cette première dureté de cœur s'amollit bientôt. Sa générosité naturelle, et l'intercession de ses amis le portèrent à une prompte réconciliation, et à oublier tout le passé. Il ne garda point de rancune : il reçut dans son logis le père, la mère, les frères, les sœurs de sa femme, lorsque le parti royal tombait par pièces, et il protégea et nourrit cette parenté jusques à ce qu'elle vît venir un meilleur temps (40). N'y a-t-il pas là de quoi le mettre dans la liste des bons maris, et de quoi le faire servir de preuve à la remarque que tant de gens font, qu'il n'y a rien de plus débonnaire qu'un homme à l'égard d'une épouse qui l'a offensé, et même déshonoré? Celui-ci avait sur les bras, non-seulement

le re.sentiment d'époux, mais même l'intérêt d'auteur : il s'était, pour ainsi dire, lié les mains par ses écrits, sa thèse du divorce appuyée de repliques le portait à soutenir la gageure. Ajoutez à cela qu'il sentait de nouvelles flammes pour une fille charmante par sa beauté et par son esprit : et néanmoins deux ou trois larmes de son épouse le démontèrent; il consentit à tout ce qu'elle voulut. Anciennes résolutions de ne la plus voir, engagement d'auteur, nouvelles amours, tout plia sous la force victorieuse d'un *peccavi* prononcé par une épouse éplorée. Voyez la note (41).

(M) . . . *Il en eut une fille . . . . et puis bien d'autres enfans.*] Un fils, qui mourut l'an 1652, et trois filles, qui lui servirent de lecteur. Il leur apprit à prononcer exactement les mots latins, grecs, hébreux, italiens, français, espagnols; et à mesure qu'il avait besoin d'un livre, il fallait que l'une d'elles lui en fît la lecture. Comme elles n'entendaient pas le sens de ce qu'elles prononçaient, cet exercice leur était fort désagréable : il s'en aperçut par leurs murmures; et prévoyant qu'à l'avenir ce serait une corvée qui leur deviendrait ennuyeuse de plus en plus, il les en dispensa, et leur fit apprendre des choses plus convenables à leur condition, et à leur sexe (42).

(N) *Il soutint que* Charles Ier. *n'était point l'auteur de l'*Εἰκὼν βασιλικὴ. *Le temps a montré qu'il soutint cela avec fondement.*] Il n'est peut-être jamais arrivé aucune chose plus singulière que celle-ci dans ce qui concerne l'histoire des livres. La dispute qui s'est élevée sur le point de fait, a été féconde en écrits. Les parties, ayant jugé que la chose traînait après elle plusieurs conséquences notables, se sont piquées au jeu, et ont mis en usage toute l'industrie des discussions. C'est ce qui m'autorise à donner quelque détail sur cette affaire. Je commence par le livre même qui a pour titre Εἰκὼν Βασιλικὴ. Il a été traduit de l'anglais en diverses

(39) *Qui était, que non-seulement on peut se séparer de sa femme, mais aussi en épouser une autre.*

(40) *Tiré des Extraits de la* Vie de Milton.

(41) *Ceux qui voudront voir une partie des raisons de* Milton *pour le divorce, n'ont qu'à lire l'Extrait de sa Vie, dans le journal de M. de* Beauval, *mois de février* 1699, *pag.* 81 *et suiv.*

(42) *Tiré des Extraits de la* Vie de Milton.

langues. Le sieur Porrée le traduisait en français, et y ajouta une fort longue préface, et dédia sa version au roi d'Angleterre, Charles II. Je me sers de l'édition de Paris, *chez Louys Vendosme*, 1649, *in-12*. En voici le frontispce : EIKΩN BAΣIΛIKH´, LE POURTRAICT DU ROY DE LA GRAND' BRETAGNE. *Fait de sa propre main, durant sa solitude et ses souffrances.* Rom. 8. *Plus que vainqueur, etc.* Bona agere, et mala pati, regium est. *Revue, corrigée, et augmentée de nouveau.* Milton, qui réfuta cet ouvrage, supposa que les amis de Charles Ier., en étaient les véritables auteurs, et qu'ils l'avaient publié afin de rendre plus odieuse la conduite des parlementaires. J'ai une version française de sa réponse *in-12*, et voici tout ce que le titre en contient : EIΚOΝOKΛAΣTHΣ, *ou réponse au livre intitulé* EIΚΩN BAΣIΛIKH´ : *ou le Portrait de sa sacrée majesté durant sa solitude et ses souffrances, par le sieur* JEAN MILTON ; *traduite de l'anglais sur la seconde et plus ample édition, et revue par l'auteur, à laquelle sont ajoutées diverses pièces, mentionnées en ladite réponse, pour la plus grande commodité du lecteur. A Londres, par* Guill. Du-Gard, *imprimeur du conseil d'état, l'an* 1652, *et se vend par* Nicolas Bourne, *à la porte Méridionale de la vieille Bourse.* Voyons un passage de la réplique de Milton au *Clamor regii Sanguinis* : il concerne l'ordre que le roi donna sur l'échafaud, à M. l'évêque de Londres, de faire savoir à son fils qu'il voulait que l'on ne punît jamais les auteurs de son supplice. Cet évêque, pressé par les juges de déclarer ce que le roi lui avait recommandé, avoua enfin ce que c'était. Milton décoche là-dessus cette remarque : *O magis, regemne dicam pietatis, an episcopum rimarum plenum! qui rem tam secretò in pegmate suæ fidei commissam ut effutiret, tam facilè expugnari potuit. At ô taciturne! jampridem Carolus hoc idem inter alia præcepta filio mandaverat, in illâ Icone basilicâ, quem librum ideò scriptum satis apparet, ut omni cum diligentiâ nobis vel invitis secretum illud, quâ ostentatione simulatum erat, eâdem paulò post evulgaretur. Sed video planè decrevisse vos Caro-*

lum quemdam absolutissimum, si non Stuartum hunc, at saltem hyperboreum aliquem et fabulosum, fucatis quibuslibet coloribus depictum, imperitis rerum obtrudere ita fabellam hanc velut acroama quoddam, diverbiis et sententiolis pulchrè distinctam, nescio quem ethologum imitatus, ad inescandas vulgi aures putidè concinnâsti (43). Le sentiment de cet écrivain n'avait point fait d'impression dans les pays étrangers. Tout le monde y était persuadé que le roi Charles Ier. avait fait le livre qui portait son nom. Cela faisait tant d'honneur à sa mémoire, et paraissait si capable de le faire considérer comme un vrai martyr, que l'on jugeait que Milton s'inscrivant en faux n'avait fait que se servir de la ruse des avocats qui nient tout ce qui est trop favorable au parti contraire. Ce qui restait de cromwellistes en Angleterre se conformait au jugement de Milton ; mais leur sentiment était suspect par la raison que je viens dire. Tous les partisans de la cause de Charles Ier. s'opposaient avec ardeur à ce sentiment; et comme les intérêts de leur cause se trouvaient dans l'opinion que ce prince était l'auteur véritable de l'Eἰκὼν βασιλική, ils pouvaient être suspects tout comme les autres, de se servir de l'artifice des avocats. Néanmoins leur opinion prévalait en Angleterre, et ne pouvait être combattue par des faits certains. Enfin il est arrivé des choses qui l'ont détruite. Voici le commencement et le progrès de l'affaire, selon le narré de M. Toland.

L'an 1686, M. Millington vendait à l'encan la bibliothéque de milord Anglesey, et lorsqu'on en fut à l'Icon basilica, il eut le temps de feuilleter l'exemplaire ; car les enchérisseurs étaient fort froids. Il y rencontra une page où milord Anglesey avait écrit de sa propre main ce qui suit : « Le roi Charles II, et le » duc d'Yorck, voyant un exemplaire » manuscrit de cet ouvrage, que je » leur montrai dans la chambre des » seigneurs pendant les dernières » séances du parlement, l'an 1675, » dans lequel exemplaire il y avait » des corrections et des changemens » écrits de la propre main du roi

(43) Milton, Defens. II, *pag. m.* 86.

» Charles Ier., me dirent tous deux
» qu'il était certain que cet ouvrage
» n'avait pas été compilé par le roi
» leur père, mais par le docteur
» Gauden, évêque d'Exeter. Ce que
» j'insère ici pour désabuser les au-
» tres. En foi de quoi j'atteste ce fait
» de ma propre main.

» ANGLESEY. »

Depuis qu'on eut su cette particularité, on s'en entretint beaucoup,
et cela fit qu'il y eut des gens qui
questionnèrent sur ce sujet le docteur Walker, parce qu'ils n'igno-
raient pas les liaisons qu'il avait eues
avec cet évêque d'Exeter. Il leur
avoua ce qu'il en savait; et ayant
été provoqué, et fort offensé par le
docteur Hollingworth, il publia,
pour sa justification, un narré touchant ce livre. Il exposa que le docteur Gauden lui avait communiqué
tout le projet de cette affaire, et
quelques chapitres de l'*Icon basilica*,
et le plan de quelques autres : il
rapporta le subterfuge dont il fut
payé par ce docteur, après qu'il lui
eut fait connaître qu'il n'approuvait
point qu'on trompât ainsi le public.
Il raconta plusieurs autres faits, et
nommément ces trois-ci, comme les
tenant du docteur Gauden : 1°. que
l'évêque de Salisburi s'était chargé
de composer deux chapitres de l'ouvrage ; 2°. que le docteur Gauden
avait envoyé au roi à l'île de Wicht,
par le marquis de Hartford, une
copie de l'*Icon basilica* ; 3°. que le
duc d'York savait fort bien que le
docteur Gauden en était l'auteur.
On ajouta que le fils de ce docteur,
sa femme, et M. Gifford qui avait
copié l'ouvrage, croyaient fermement
qu'il avait été composé dans le lieu
où ils demeuraient. On assura que
l'opinion générale de la famille était
que le docteur Gauden l'avait composé : on allégua que la famille en
avait toujours parlé sur ce pied-là,
soit qu'il fût présent, soit qu'il fût
absent; et qu'il n'avait jamais pris la
négative. Je passe sous silence plusieurs autres preuves ou éclaircissemens qui sont dans la relation du
docteur Walker.

Son narré, quelque temps après, fut
confirmé d'une manière qui passa
pour une découverte totale de l'im-

posture. Voici comment : un marchand de Londres, nommé Arthur
North, homme fort accrédité, et membre de l'église anglicane, avait épousé
la sœur de la femme de Charles Gauden, fils du docteur, et après la
mort de ce beau-frère, il avait eu
soin des affaires de la veuve. Il avait
trouvé parmi les papiers du défunt,
un paquet qui concernait uniquement l'affaire de l'*Icon basilica*. La
veuve du docteur Gauden l'avait
laissé à son fils Jean Gauden, qui
était celui de tous ses enfans qu'elle
aimait avec le plus de tendresse. Celui-ci l'avait laissé à son frère Charles.
On trouva dans ce paquet : 1°. une
lettre du secrétaire Nicolas, écrite
au docteur Gauden ; 2°. la copie
d'une lettre que ce docteur avait
écrite au chancelier Hyde, dans laquelle, entre autres obligations qu'on
lui avait, il fait mention d'un service véritablement royal, et digne
d'une récompense royale, puisqu'il
avait eu pour but de fortifier et d'encourager les amis du roi, et de découvrir et de convertir les ennemis
de ce prince; 3°. la copie d'une lettre qu'il avait écrite au duc d'Yorck,
pour représenter fortement les bons
services qu'il avait rendus ; 4°. une
lettre écrite de la propre main du
chancelier Hyde, le 13 de mars 1661,
par laquelle ce chancelier témoigne
au docteur Gauden qu'il est fâché de
ses importunités, et lui fait excuse
de ce qu'il ne peut encore lui rendre
service. La conclusion de cette lettre
est remarquable; elle contient ces
paroles : « Cette particularité dont
» vous avez fait mention m'a été
» communiquée comme un secret;
» je suis fâché de l'avoir sue : quand
» elle cessera d'être un secret, elle
» ne plaira qu'à M. Milton. » Le
même paquet contient, entre plusieurs autres papiers, une longue
narration écrite par la femme du
docteur Gauden. C'est un récit qui
prouve, d'une manière incontestable,
que son mari est l'auteur de l'*Icon
basilica*. On y voit la confirmation
entière du narré du docteur Walker,
et la plupart des faits que j'ai rapportés ci-dessus, et plusieurs autres
circonstances tout-à-fait curieuses et
extraordinaires. Cette narration, copiée sur l'original, en présence de

quelques personnes doctes et intègres, a été imprimée dans un ouvrage qui a pour titre : *Truth brought to light*, *la Vérité mise au jour.* Voilà les moyens par lesquels cette imposture a été pleinement manifestée. Ce grand secret qu'on avait forgé avec beaucoup d'artifice, et que les personnes intéressées à le tenir caché, avaient fait valoir si adroitement, a été éventé par des incidens bien légers et bien fortuits. Si le docteur Gauden n'avait pas été frustré de l'évêché de Winchester, il n'eût pas tant insisté sur les services qu'il avait rendus par le moyen de cet écrit. Sa veuve n'aurait pas composé la narration, si elle eût été gratifiée du revenu de six mois après la mort de son mari. Les deux princes, fils de Charles Ier., se laissèrent échapper leur secret par une surprise bien casuelle, lorsque milord Anglesey leur montra de l'écriture du roi leur père. Et si d'autres que Millington eussent eu soin de la vente des livres de ce milord, on eût ignoré l'aveu que firent alors ces deux princes. Et si le docteur Hollingworth n'eût pas irrité par l'indiscrétion de son zèle le docteur Walker, celui-ci n'eût point publié sa relation, et s'il ne l'eût point publiée, les papiers de M. North, qui ont mis le comble aux preuves irréfragables du fait, n'eussent point servi à la découverte (44).

Notez que dans tout ceci je ne dois et je ne puis être considéré que comme un simple traducteur des extraits latins que j'ai fait faire du livre anglais que je cite. Notez aussi qu'on a combattu cet endroit-là de la vie de Milton ; car M. Wagstaf a publié des observations pour infirmer le témoignage de milord Anglesey, la narration du docteur Walker, et les papiers de M. North ; mais M. Toland les a réfutées toutes dans son *Amyntor*, où il a de plus discuté tous les témoignages que l'on allègue pour maintenir au roi Charles la propriété de l'*Icon basilica*. On m'a dit que sur l'une et l'autre de ces deux parties de son apologie (45), il n'oublie

rien de tout ce qui est nécessaire pour conserver à ses preuves toute l'évidence et toute la force qu'elles paraissaient avoir avant que l'on eût écrit contre. C'est tout ce que j'en puis dire, n'ayant point lu ce qu'on a fait contre lui, ni ce qu'il a répliqué, et ne le pouvant point entendre, car ce sont tous livres anglais *.

Je finirai cette remarque par une chose dont Milton fit un grand bruit, et qui a été renouvelée dans la dernière dispute sur l'*Icon basilica* : c'est que la prière que le roi Charles Ier. *délivra au docteur Juxon, immédiatement avant sa mort, intitulée :* Prière pour le temps de captivité, *laquelle se trouve imprimée à la fin des meilleures éditions qui se soient faites de son livre* (46), est toute semblable à une prière qui se trouve dans un roman, je veux dire dans l'Arcadie du chevalier Philippe Sidney. Cela paraît par le parallèle que Milton a mis à la fin de sa réponse (47) en la manière suivante.

- Prière du feu roi	- Prière de Pamméla, tirée mot à mot de l'Arcadie de la comtesse de Pembrook, p. 248.
- d'Angleterre pour le temps de captivité.	
- O Dieu tout puissant et éternel, auquel n'y a rien de si grand, qui puisse résister ; ni de si petit, qui soit méprisable ; jette l'œil dessus ma misère, et que ton pouvoir infini daigne m'assigner quelque portion de délivrance, telle que tu trouve-	- O lumière qui vois tout et la vie éternelle de toutes choses, auquel n'y a rien de si grand, qui puisse résister ; ni de si petit qui soit méprisable ; jette l'œil de tes compassions dessus ma misère, et que ton pouvoir infini daigne m'assigner quelque portion de dé-

* Il est certain que Gauden fut l'éditeur de ce livre : il est certain que les chapitres 16 et 24, sont de Duppa. Rapin-Thoyras, Burnet, Hume pensaient que le livre ne pouvait être que de Charles Ier. Une lettre de Gauden, qui se trouve dans les papiers d'État (State Papers) de Clarendon, dément cette opinion. Malcom Laing, qui donna en anglais une *Histoire d'Ecosse*, en 1800, pense que l'*Eikon basiliké* est de Gauden. Voltaire, dans son *Dictionnaire philosophique*, au mot *Ana* et au mot *Epopée*, parle de cet ouvrage, et demande si Charles aurait mis un titre grec à son livre. Depuis qu'un roi de France a eu le sort du roi d'Angleterre, cette question littéraire est devenue aussi en France une affaire de parti.

(46) Milton, pag. m. 24 de l'Iconoclastes.

(47) C'est-à-dire de son Iconoclastes.

(44) *Tiré des Extraits latins de la* Vie de Milton, *par M.* Toland.

(45) *La Réponse aux Objections de M.* Wagstaf, *et la Réponse aux preuves directes alléguées par les partisans du roi Charles.*

» ras pour moi le plus
» expédient : Ne per-
» mets point, ô sei-
» gneur, que l'outra-
» ge triomphe de moi:
» et fais que mes fau-
» tes soient corrigées
» par ta main; ne ren-
» dant point mes in-
» justes ennemis les
» ministres de ta jus-
» tice. Toutefois, ô
» mon Dieu! s'il sem-
» ble à ta sagesse que
» ce soit ici le châti-
» ment le plus conve-
» nable à mes trans-
» gressions. qui sont
» inexcusables ; Si
» cette ingrate capti-
» vité est la plus pro-
» pre à réprimer mes
» désirs trop altiers ;
» Si c'est par ce moyen
» que doit être brisé
» l'orgueil de mon
» cœur, qui n'est pas
» assez humilié ; ô
» seigneur! je me sou-
» mets à ta volonté,
» et embrasse avec al-
» légresse telle amer-
» tume, qu'il te plai-
» ra me faire souffrir.
» Seulement permets-
» moi de te requérir
» ceci (que ma re-
» quête , ô seigneur ,
» soit acceptée de toi,
» puisque c'est toi-
» même, qui me la
» mets au cœur) sa-
» voir, que par ta bon-
» té, qui n'est autre
» chose que toi-même,
» il te plaise faire lui-
» re quelque rayon
» de ta majesté en
» mon entendement ;
» afin que je me la
» reconnais que le
» plus noble de mes
» titres est d'être ta
» créature ; de même
» je puisse en mes plus
» grandes afflictions
» dépendre confidem-
» ment de toi. Fais en
» sorte que l'afflic-
» tion soit l'exercice,
» mais non pas la
» ruine de ma vertu.
» O Dieu , ne permets
» point que leur pou-
» voir prévaille jus-
» qu'à me détruire.
» Et si c'est ta volon-

livrance , telle que
tu trouveras le plus
expédient : Ne per-
mets point , ô sei-
gneur , que l'outra-
ge triomphe de moi;
et fais que mes fau-
tes soient corrigées
par ta main ; et ne
rends point mon in-
juste ennemi le mi-
nistre de ta justice.
Toutefois, ô mon
Dieu ! s'il semble à
ta sagesse que ce
soit ici le châtiment
le plus convenable
à ma folie, qui est
inexcusable ; si cet-
te abjecte captivité
est la plus propre à
réprimer mes dé-
sirs trop altiers ; si
c'est par ce moyen
que doit être brisé
l'orgueil de mon
cœur, qui n'est pas
assez humilié ; ô
Seigneur ! je me sou-
mets à ta volonté,
et embrasse avec
allégresse telle af-
fliction qu'il te
plaira me faire souf-
frir. Seulement per-
mets-moi de te re-
quérir (que ma
requête, ô seigneur,
soit acceptée de toi,
puisque c'est toi-
même qui me la
mets au cœur) per-
mets-moi de requé-
rir , par le plus no-
ble des titres , que
dans ma plus gran-
de affliction je m'at-
tribue d'être ta
créature, et par ta
bonté (qui n'est
autre chose que toi-
même) qu'il te plai-
se faire luire telle-
ment en mon en-
tendement quelque
rayon de ta majes-
té, qu'il puisse tou-
jours dépendre con-
fidemment de toi.
Fais en sorte que l'af-
fliction soit l'exer-
cice, mais non pas
la ruine de ma ver-
tu ; que leur pou-
voir prévaille, mais
non pas jusqu'à me
détruire ; que ma

» té qu'ils continuent
» de plus en plus à
» me tourmenter par
» de semblables souf-
» frances ; toutefois,
» ô seigneur, ne per-
» mets jamais que
» leur malice passe
» si avant que de
» m'empêcher de con-
» server toujours un
» esprit pur, et une
» résolution ferme et
» inébranlable de te
» servir sans crainte
» ni présomption ;
» Mais cependant
» avec cette humble
» confiance , qui te
» puisse être plus
» agréable , en telle
» sorte qu'à la fin je
» puisse parvenir en
» ton royaume éter-
» nel par les mérites
» de ton fils, notre
» seul et unique sau-
» veur, Jésus-Christ.
» Amen. »

» grandeur soit leur
» proie ; que mon
» tourment soit la
» douceur de leur
» vengeance ; qu'ils
» m'affligent (s'il te
» semble bon ainsi)
» de plus en plus de
» punitions : Mais, ô
» Seigneur , ne per-
» mets pas que leur
» malice passe si avant
» que de m'empêcher
» de conserver un es-
» prit pur dans un
» corps pur. »

« La version faite de l'Arcadie en
» français, imprimée à Paris l'an
» 1625, ne suivant pas exactement
» l'original anglais, j'ai été obligé
» de tourner la prière de Pamméla
» sur l'anglais de mot à mot, comme
» la prière du roi en avait été tirée ,
» ainsi qu'il apparaîtra, en confé-
» rant l'une avec l'autre. »

(O) Je rapporterai un passage de
son livre de la Vraie Religion, etc.]
C'est afin que l'on connaisse les principes de cet écrivain, chose aussi nécessaire qu'aucune autre dans les
articles d'un Dictionnaire historique,
qui concernent les auteurs. « L'er-
» reur vient de la fragilité humaine,
» et aucun homme n'est infaillible.
» Mais si les luthériens, les calvi-
» nistes, les anabaptistes, les soci-
» niens et les arminiens, qui font
» profession de prendre la seule pa-
» role de Dieu pour la règle de leur
» foi et de leur obéissance, appli-
» quent tout leur soin et toute la
» sincérité de leur cœur à lire, à
» étudier, et à demander l'illumina-
» tion du Saint Esprit, afin d'enten-
» dre cette règle, et d'y conformer
» leur vie, ils font tout ce qui dé-
» pend de l'homme. Dieu sans doute
» leur pardonnera leurs erreurs ,

» comme il fit grâce aux amis de
» Job, honnêtes gens et pieux, quoi-
» qu'ils bronchassent lourdement sur
» quelques points de doctrine. Mais,
» dira-t-on, la condition des chré-
» tiens est bien différente, puisque
» Dieu leur a promis de leur ensei-
» gner toutes choses. Il est vrai,
» pourvu que par toutes choses on
» n'entende que les articles absolu-
» ment nécessaires au salut. Or si
» l'on examine tranquillement, et
» selon l'instinct de la charité, des
» matières dont les protestans dis-
» putent entre eux avec le plus de
» chaleur, on trouvera qu'elles ne
» sont pas de ce genre. Le luthérien
» croit la consubstantiation : c'est
» une erreur sans contredit; mais
» non pas une erreur mortelle. On
» blâme les calvinistes sur la doc-
» trine de la prédestination, comme
» s'ils faisaient Dieu auteur du pé-
» ché. Il est pourtant sûr qu'ils n'ont
» point dans l'âme aucune pensée
» qui répugne à l'honneur de Dieu ;
» mais par un zèle un peu trop ar-
» dent peut être, ils s'attachent à sa
» puissance absolue, non sans allé-
» guer sa propre parole. On accuse
» les anabaptistes de nier que les en-
» fans doivent être baptisés : ils ré-
» pondent qu'ils ne nient que ce que
» l'Écriture Sainte rejette. On ob-
» jecte aux sociniens et aux ariens
» qu'ils combattent la Trinité : ils
» assurent néanmoins qu'ils croient
» le Père, le Fils, et le Saint Esprit,
» selon l'Écriture et selon le symbole
» des apôtres; et que pour ce qui est
» des termes, *Trinité*, *Triunité*,
» *Coessentialité*, *Tripersonalité*, et
» autres semblables, ils les rejettent
» comme des notions d'école qui ne
» se trouvent point dans l'Écriture,
» laquelle selon l'axiome général des
» protestans est assez claire pour
» fournir en mots propres t conve-
» nables l'explication des doctrines
» qu'elle contient. Enfin, on accuse
» les arminiens d'élever le franc ar-
» bitre sur les ruines de la grâce ;
» c'est ce qu'ils nient dans tous leurs
» écrits, et ils citent l'Écriture pour
» soutenir tous leurs dogmes. Nous
» ne pouvons nier que les fonda-
» teurs de toutes ces nouvelles sectes
» n'aient été doctes, vénérables, et
» pieux et zélés, comme on peut

» le voir par la description de leur
» vie et par la bonne renommée de
» leurs sectateurs, parmi lesquels il
» y a beaucoup de personnes rele-
» vées, savantes, qui entendent bien
» l'Écriture, et dont la vie est irré-
» prochable. Il n'est pas possible de
» s'imaginer que Dieu veuille que
» des ouvriers dans sa vigne, si la-
» borieux et si zélés, et qui souf-
» frent très-souvent plusieurs maux
» pour la conscience, soient aban-
» donnés à des hérésies mortelles et
» à un sens réprouvé, eux qui ont
» imploré l'assistance de son saint
» Esprit en tant de rencontres. Il est
» plus croyable que, n'ayant donné
» à aucun homme le don d'infaillibi-
» lité, il leur a pardonné leurs er-
» reurs, et s'est contenté bénigne-
» ment des pieux efforts avec les-
» quels ils ont examiné toutes choses
» sincèrement et selon la règle de
» l'Écriture, et sous la direction cé-
» leste telle que leurs prières ont pu
» obtenir. Où est donc le protestant
» qui, attaché aux mêmes principes,
» et condamnant la foi implicite,
» veuille persécuter de pareilles
» gens, au lieu de les tolérer en
» charité ? La persécution ne prou-
» verait-elle pas qu'il abandonne son
» propre principe ? Si quelqu'un de-
» mande jusqu'où il est bon de les
» tolérer, je réponds, 1°., que la
» tolérance doit être égale envers
» tous, puisqu'ils sont tous protes-
» tans ; 2°., que par cette tolérance
» il leur doit être permis de rendre
» raison de leur foi en toutes ren-
» contres, soit par des disputes, et
» par des prédications dans leurs as-
» semblées publiques, soit par des
» livres imprimés (48). » Après cela,
Milton montre que le papisme doit
être entièrement privé du bénéfice
de la tolérance, non pas en tant que
c'est une religion, mais en tant que
c'est une faction tyrannique qui opprime toutes les autres *. Il montre
aussi que le moyen le plus efficace
d'en empêcher l'augmentation dans
l'Angleterre, est d'y tolérer toutes

(48) Milton, *dans le livre anglais de* verâ Religione, Hæresi, etc., *selon les Extraits latins de
sa Vie, par M.* Toland.
    * Joly, là-dessus, rapporte un long passage
des *Mémoires d'Avrigny*, qui invective Bayle.
C'est à ce passage qu'il renvoyait dans sa note sur
la fin du texte de l'article JAPON, tom. VIII.

sortes de protestans, et en général toutes autres sectes dont les principes ne favorisent ni le vice ni la sédition.

Par ce morceau de la doctrine de Milton, on peut aisément connaître qu'il n'y avait personne qui eût plus de zèle que lui pour la tolérance ; car ceux qui n'en excluent pas le papisme, et qui par conséquent la limitent beaucoup moins que lui, ne sont pas comme il le semble d'abord ses plus fidèles sectateurs. Ceux-ci, par un excès d'amitié pour la tolérance, sont intolérans au dernier point à l'égard des sectes persécutrices : et comme le papisme est de temps immémorial le parti qui persécute le plus, et qu'il ne cesse de tourmenter le corps et l'âme des autres chrétiens, partout où il le peut faire, c'est principalement à son expulsion que concluent les tolérans les plus outrés. Ils prétendent raisonner conséquemment, et ils ne savent comment accorder l'édit de l'empereur de la Chine avec cette haute sagesse dont on le loue. Je parle de l'édit de tolérance qu'il a fait pour les chrétiens, et dont un jésuite a donné une belle histoire (49). Ils croient qu'un prince sage n'eût pas accordé aux missionnaires du pape et à leurs néophytes la liberté de conscience, avant que de s'informer quels sont leurs principes de conversion, et de quelle manière leurs prédécesseurs en ont usé. S'il eût cherché là-dessus tous les éclaircissemens que la bonne politique demandait, il n'eût point permis aux missionnaires ce qu'il leur accorde, il eût su que ce sont des gens qui prétendent que Jésus-Christ leur ordonne de contraindre d'entrer, c'est-à-dire de bannir, d'emprisonner, de torturer, de tuer, de dragonner tous ceux qui refusent de se convertir à l'Évangile, et de détrôner les princes qui s'opposent à ses progrès. On ne voit point que l'empereur de la Chine se pût laver d'une imprudence inexcusable, si sachant cela il eût néanmoins accordé l'édit (50). Il faut

donc croire pour son honneur qu'il n'en savait rien, et par cela même il est blâmable, il ne s'est point informé de ce qu'il fallait qu'il sût. Apparemment il ne vivra pas assez pour avoir lieu de se repentir de sa négligence : mais il ne faut point répondre que ses descendans ne maudiront pas sa mémoire ; car peut-être se verront-ils obligés plus tôt qu'on ne pense à résister à des séditions dangereuses, excitées par les sectateurs de la nouvelle religion, et à égorger s'ils ne veulent être égorgés. Il faudra peut-être jouer au plus fin comme autrefois dans le Japon (51). Ne craignez pas que les missionnaires s'amusent à se quereller, quand il faudra mettre en pratique le dogme de la contrainte, et celui des soulévemens et des dragonnades. Les thomistes, les scotistes et les molinistes oublieront alors tous leurs différends et travailleront d'une même épaule à l'exécution du contrains-les d'entrer. Aujourd'hui (52) toute l'Europe retentit de leurs disputes : ils s'entr'accusent à Rome ; les congrégations des cardinaux, la Sorbonne, les princes, les auteurs, se trémoussent là-dessus, et se donnent cent mouvemens. Et il est bien étrange que les divisions des missionnaires, leurs disputes et leurs entre-mangeries, qui ne peuvent être inconnues aux nouveaux chrétiens du Levant, leur permettent de faire les grands progrès dont ils se vantent (53). Ils ne seraient point de mauvaise intelligence, s'il n'était question que de vexer et de tourmenter les idolâtres de la Chine. Mais brisons-là : ce sont des objets contraires à la tranquillité d'un écrivain, et à celle de plusieurs lecteurs. Ils se chagrinent assez de ne pouvoir parcourir une gazette, sans y trouver quantité de gens persécutés en France, au Palatinat, etc.

Pour revenir à Milton, et finir par lui, je dirai qu'il me serait bien difficile de marquer pourquoi il se détacha de toutes les sectes chrétiennes ; car son propre historien laisse

---

(49) *Le père* Charles le Gobien : *son livre a été imprimé à Paris, l'an* 1698, *in-12. J'en ai cité quelque chose, tom.* . *I V pag.* 99, *citation* (33) *de l'article* BRACHMANES.

(50) *Voyez le* Commentaire philosophique sur Contrains les d'entrer, part. *I, pag.* 81 *et suiv.*

(51) *Conférez ce que dessus, remarque* (E) *de l'article* JAPON, *tom. VIII, pag.* 328.

(52) *On écrit ceci en novembre* 1700.

(53) *Voyez le même* Commentaire philosophique, *au supplément, pag.* 117 *et suiv.*

indécise la question, si ce fut à cause qu'il lui déplaisait de les voir embarrassées dans une infinité de disputes destituées de charité, et de remarquer en elles un esprit de domination et un penchant à persécuter, qu'il considérait comme une portion de papisme, inséparablement annexée à toutes les communions ; ou bien si ce fut à cause qu'il était persuadé qu'on peut être homme de bien sans souscrire au formulaire d'aucune secte, et que toutes les sectes avaient corrompu en quelque chose les statuts de Jésus-Christ (54).

(54) *Tiré des Extraits de la Vie de Milton, par M.* Toland.

MINUTOLI (a). Les personnes les plus distinguées de la maison Minutoli de Lucques, qui s'y transféra de Florence, environ l'an 1300, après avoir joui de toutes les dignités de la république Florentine, sont les suivantes, sans parler de l'antianat et du grade de gonfalonier qui leur a été commun.

Jacques Minutoli, qui naquit l'an 1434, de François Minutoli, sénateur, et de Marguerite Balbani, de famille aussi très-noble, devint très-savant dans l'étude du droit, tant civil que canonique, etc. Étant allé à Rome, le pape Pie II le fit abréviateur des lettres apostoliques, l'an 1460 ; et le pape Paul II, l'ayant fait un des commissaires de l'armée papale, dans la guerre du saint siége contre Robert Malatesta, seigneur de Rimini, il se conduisit si prudemment et avec tant de courage dans cet emploi, qu'il réduisit à l'obéissance toute l'Ombrie, et surtout Spolète et

(a) *Mémoire touchant la maison Minuto-li. Voyez les* avertissemens sur la seconde édition, [où Bayle dit avoir reçu trop tard ces mémoires pour avoir pu les employer.]

Città di Castello : ce qui donna lieu au savant Antonius Campanus d'en parler ainsi dans ses lettres à Gentil d'Urbino, *Audio Minutulum nostrum cooptatum esse collegio tuorum : id si est, pugnacem collegam accepisti, et qui jampridem didicit tueri communem dignitatem, nam Picena illa fuga non pugna fuit, et ipse inter primipilos dimicans eâ die virum se præbuit.*

Sed quò post pugnam victricia moverit arma !
Quâ victis pacem conditione dedit ?
Anne Faventinis etiam nunc finibus instat ?
Aut fractis illis altera bella parat ?

Après la guerre de Rimini, il fut fait secrétaire de la pénitencerie apostolique et comte du sacré palais de Saint-Jean-de-Latran, par Paul II.

L'empereur Frédéric III lui fit bien des caresses, et l'honora du titre de comte palatin, qui était alors une dignité considérable.

Sous le pontificat de Sixte IV, il eut le gouvernement de Spoléto, et ayant fait diverses choses favorables au saint siége, le pape Sixte crut de l'en devoir récompenser en lui donnant l'évêché de Nocéra dans l'Ombrie, et peu de temps après il l'envoya avec le cardinal légat, Jean la Balue, vers Louis XI, roi de France, qui l'eut en une telle considération, qu'il le fit son agent auprès des papes, et obtint qu'il fût transféré de l'évêché de Nocéra à celui d'Agde en Languedoc : et en la même année 1481, il fut envoyé avec les ambassadeurs du roi, pour persuader le sénat de Venise de se joindre à la pacification de l'Italie qui venait d'être résolue à

Rome. Le roi l'en récompensa encore par une riche abbaye dans Poitiers, et en le laissant jouir de l'archevêché de Cambrai. Il mourut en France fort regretté. On voit plusieurs de ses lettres latines dans le recueil de celles du cardinal de Pavie, Jacques Amannati Picolomini , à qui il rendait compte en manière de journal , des succès de la guerre de Rimini, parce que ce cardinal souhaitait des mémoires pour l'histoire de son temps qu'il avait commencé d'écrire. Messieurs de Sainte-Marthe le nomment dans leur *Gallia Christiana ;* mais ils n'ont pas bien marqué son nom au catalogue des évêques d'Agde, où il est appellé *Jacobus de Munitolis Lucensis ,* pour *de Minutolis.*

FRANÇOIS MINUTOLI, neveu de cet évêque , rendit de si importans services à la république de Pise , qu'elle l'agrégea au nombre de ses familles nobles , l'an 1496.

JEAN BAPTISTE MINUTOLI, fils de ce François et d'Angéla Michéli , a écrit diverses lettres latines , que l'on voit dans un recueil fait par Jean Michel Brutus, sous le nom de *Epistolæ clarorum Virorum.* Il y en a de Denis Lambin, d'Angélus Bargæus, et de quelques autres , et une en particulier de Jean Michel Brutus, qui est un éloge et une apologie du commerce en grand , pour tâcher de persuader audit Jean Baptiste, qu'il ne ferait point de tort à sa noblesse , quand il vaincrait la répugnance qu'il avait pour le négoce à quoi on voulait l'engager, à l'exemple des Bonvisi , des Arnolfini , des Michéli ,

et de divers autres qui ne pasaient pas moins pour gentilhommes , quoiqu'ils exerçassent un grand commerce : et cette savante lettre mériterait bien d'être mise dans le code des marchands comme propre à leur faire beaucoup d'honneur.

PAULIN MINUTOLI , fils de Paul et d'Angéla Poggi , s'étant mis en religion parmi les chanoines de Saint-Jean-de-Latran, obtint par degrés toutes les prélatures de son ordre, dont le pape Alexandre VII le fit enfin abbé général. C'est lui qui a laissé cette belle bibliothéque, qu'on voit à Lucques au monastère de Saint-Frédian, et où sa mémoire a été honorée d'un buste de marbre avec cette inscription qui lui donne le nom de Jérôme, qu'il prit quand il entra dans l'ordre.

DOMINO *HIERONYMO MINUTOLO*
NOBILI LUCENSI.

Ob eximias dotes ad cuncta Lateranensis
Congregationis munera evecto
Iisdemque strenuè perfuncto , denique
Alexandri VII pontif. max.
Providentiâ abbati generali ,
Quòd domûs hujus splendori
Alumnorum utilitati consulens
Ipse universalis litteraturæ
Vivens promptuarium ,
Bibliothecam erexerit annuisque
Reditibus communierit ,
Domino Johanne Santino præside ,
P. P. P. P.
Vixit annos 63. Obiit totius
Urbis mærore 1667.

NICOLAS MINUTOLI , frère du précédent, embrassa aussi la vie religieuse dans la congrégation des olivetains de l'ordre de Saint-Benoît, où il prit le nom de *Dominique.* Il devint abbé de Saint-Pontien de Lucques , et puis général de son ordre, dans la visite duquel il reçut divers honneurs par toute l'Italie, et principalement à Naples, où les seigneurs titrés qui portent le nom de Minutoli en ce royaume-là, le reconnaissant pour parent, furent cause que les élus de la noblesse et du peuple lui allèrent en corps au devant. L'éloge de son administration pendant son généralat se voit tout du long au IVe. tome de l'*Italia regnante* du sieur Léti, avec ce titre :

REVERENDISSIMI PATRIS D. DOMINICI MINUTOLI LUCENSIS CONGREGATIONIS OLIVETANÆ ABBATIS GENERALIS ILLUSTRIS IN BENEDICTIONE MEMORIA.

On y rapporte un trait assez remarquable au sujet de ses ouvrages : c'est qu'avant son généralat, un de ses prédécesseurs l'ayant chargé de faire quelque chose sur la bulle *in Cœna Domini*, le commentaire qu'il composa là-dessus remplit un gros in-fol. qui fut imprimé, non pas sous le nom de l'auteur, mais sous celui de l'abbé qui lui avait commandé d'écrire : ce qui fit que quand l'auteur voulut faire présent d'un des exemplaires à son frère, pour le mettre en sa bibliothéque de Saint-Frédian, le frère refusa de le recevoir, que le véritable auteur ne se fît connaître ; ce qu'il ne fit qu'en écrivant ce sixain par impromptu au dos de la première page :

Hunc ego conscripsi librum, tulit alter honores ,
Veste mihi tantùm et nomine consimilis :
Nam mihi Luca est patria , frater sum illius à quo
Nobilis erecta hæc bibliotheca fuit.
Ipse dedi librum , retulit pro munere frater
Quod placuit libris adnumerare suis.

Il n'a paru sous son nom que deux volumes imprimés à Venise sous le nom d'*Affetti di devotione* che devono sentir li sacerdoti avanti e doppo la celebratione ; cavati dalli evangelii correnti : mais il a laissé divers manuscrits qui mériteraient de voir le jour.

JEAN PHILIPPE MINUTOLI, frère des deux précédens, ayant suivi les armes, fut fait général des milices de Ranuce II, duc de Parme, qui lui confia sa forteresse de Plaisance, où, après avoir commandé plusieurs années, il mourut, l'an 1675, fort regretté du duc, qui ne lui donna qu'un prince de Parme pour successeur.

FRANÇOIS MINUTOLI, fils de ce Jean Baptiste dont nous avons parlé, épousa Anne Antelminelli, dernière héritière de la fameuse maison des Antelminelli, de laquelle était Castruce Castracani, qui se rendit chef des Gibelins et prince de Lucques.

ANTOINE III MINUTOLI, fut un médecin de réputation, auquel *Réinérus Solénander*, qui était médecin des ducs de Clèves, a écrit quelques lettres que l'on voit dans ses œuvres intitulées *Consilia medica*.

JAQUES V MINUTOLI, après avoir excellé dans la médecine, se fit jésuite et devint confesseur du pape Grégoire XV, qui avait une entière confiance en lui, et qui à sa considération, fit un riche legs à la Compagnie.

BONAVENTURE II MINUTOLI, fils de MARC ANTOINE II et de Catherine del Portico, fut trésorier général de Ranuce Ier., duc de Parme.

BERNARDIN IV MINUTOLI, fils de FRANÇOIS IV et de Marie Bottini, étant protonotaire apostolique et prieur de Saint-Paulin et de Saint-Donat de Lucques , est mort il y a une vingtaine d'années en odeur de sainteté, ayant contracté la maladie dont il mourut, en même temps qu'un sien cousin-germain, de la maison Spada, chevalier de Malte, de la puanteur des malades qu'ils visitaient et servaient tous les jours dans les hôpitaux et dans les prisons, employant tout leur revenu à les secourir.

CHARLES MINUTOLI, frère dudit Bernardin, et qui a déjà été quelquefois gonfalonier, vit encore, père de dix fils dont quelques-uns sont déjà en religion.

VINCENT II MINUTOLI, fils de PAULIN III et de Laura Cénami, s'étant arrêté à Genève, l'an 1594, et y ayant embrassé la religion réformée, s'y maria peu de temps après avec Suzanne, fille de Michel Burlamachi et de Claire Calandrini, ce qui a donné lieu à la branche des Minutoli aujourd'hui établie à Genève, et de laquelle est

VINCENT III MINUTOLI, fils de PAULIN II et de Madeleine des Perrot de Paris.

Les Minutoli de Lucques ont aussi fait depuis trois cents ans une branche à Messine, qui a pour chef aujourd'hui don JEAN MINUTOLI, baron de Calari. Elle a eu divers prélats et fait plusieurs chevaliers de Malte. Elle porte les mêmes armes que ceux de Lucques, qui sont parti, au 1 d'or, chargé d'une demi-aigle de sable couronnée, armée et becquée d'or, et au 2 d'argent chargé de trois paux de gueules, et pour cimier une licorne naissante patée et membrée d'or : au lieu que les Minutoli de Naples portent de gueules au lion d'or rampant, vairé d'azur et d'argent et chargé d'une couronne ducale.

Leur origine est si ancienne, qu'elle n'est pas connue. Quelques-uns la tirent de la maison Capèce, qui, ayant encouru la disgrâce de la maison d'Anjou à cause de la fidélité qu'elle témoigna pour les rois de la branche de Souabe, et en particulier pour Conradin, fut obligée de sortir du royaume après la défaite de celui-ci, pour éviter la colère du roi Charles Ier. qui avait juré qu'il les exterminerait tous : ce qui fit qu'ils se répandirent en divers endroits de l'Italie où on prétend qu'ils changèrent de nom et d'armes, se faisant nommer les uns Aprani, les autres Sconditi, les autres Guindazzi, les autres Zurli, les autres Piscicelli, les autres Galeoti, les autres Minutoli, etc. ; après quoi le pape, ne pouvant pas souffrir la dispersion et la désolation d'une semblable famille, la réconcilia avec la maison d'Anjou. Mais plusieurs tiennent que ces noms-là existaient à Naples, non-seulement avant la venue des Angevins, mais encore du temps des Souabes, des Normands et même des empereurs grecs, et surtout le nom des Minutoli, comme on le vérifie par des actes authentiques qui sont et dans les archives et en plusieurs monastères de Naples. Or, soit que ce ne fussent que des surnoms de la maison Capèce, soit que ce fussent des familles qui en étaient indépendantes, il est sûr que les Minutoli ont tellement fleuri sous le règne de Charles Ier. d'Anjou, qu'on trouve qu'il ceignit chevaliers vingt-huit seigneurs de ce nom-là et qu'il chérit particulièrement Constantin et Roger Minutoli, faisant celui-là général de ses arbalétriers, et lui donnant la baronnie d'Ursimarso en Calabre, et accordant à celui-ci de mettre la couronne d'or sur l'écusson de ses armes.

Pour voir combien cette famille a été féconde en personnages distingués et dans l'église et dans les armes, on n'a qu'à voir leur chapelle, appellée de Sainte-Anastasie, qui est dans la cathédrale à la droite en entrant, où l'on voit des peintures à fresque, des statues et des reliefs d'une quarantaine de personnes remarquables, avec les marques de leurs grands emplois ecclésiastiques et militaires, depuis l'an 1062 jusqu'à l'an 1466 : les autres de la famille, qui sont morts après, n'ayant pu y être placés, mais ayant été mis dans d'autres chapelles et églises fondées par leurs ancêtres et dont ils avaient le juspatronat.

Les ecclésiastiques sont :

Joannes Minutulus, cardinalis Stæ.-Mariæ Transtiberinæ, anno 1062.

Philippus Minutulus, archiepiscopus salernitanus 1273. Il mourut l'an 1303, et on lui fit cette épitaphe :

Magnanimus, sapiens, prudens, famáque serenus
Philippus præsul morum dulcedine plenus
Minutulus, patriæ decus et flos, alta propago,
Híc silet, híc tegitur, jacet híc probitatis imago.

Ursus Minutulus, archiepiscopus salernitanus, qui mourut l'an 1327, avec cette inscription sur son tombeau :

Hoc jacet in tumulo Dominus Minutulus Ursus,
Pontificalis apex, quem profert linea rursùs
Virtutum vitis, Philippi vera propago,
Pontificum gemma et cunctæ probitatis imago,
Parthenope natum; Salernum pontificatum
Flent quæ tale datum, moritur super omnia gratum.
Parthenopeque tibi Salernum Præsulis hujus
Commendatur corpus; animam Deum accipe cujus.

Henricus Minutulus, archiepiscopus tranensis, dein neapolitanus, ac posteà cardinalis episcopus tusculanus et posteà sabinus. Il mourut à Bologne, le 17 de juin 1412, et son corps fut transféré à Naples. Ce fut lui qui fit bâtir le beau portail de la cathédrale, orné de tant de beaux reliefs, et où l'on admire tant que les deux colonnes maîtresses et l'architrave de porphyre ne soient que trois seules pièces. C'est à la face de ce beau portail qu'on voit ce cardinal en marbre à genoux, et dans l'architrave on a gravé cette inscription :

Nullius in longum et sinè schemate tempus honoris
Porta fui rutilans, nunc janua plena decoris,
Me meus et sacræ quondàm Minutulus aulæ
Excoluit propriis Henricus sumptibus hujus
Præsul, apostolicæ nunc constans cardo columnæ.
Cui precor incolumem vitam post fata perennem.
Hoc opus exactum mille currentibus annis
Quò quater et centum septem Verbum caro factum est.

Ce qui marque qu'il fut fait l'an 1407.

Petrus Minutulus, episcopus rapollensis, anno 1470.

Petrus Minutulus, episcopus aprutinus, et princeps Terami, 1478.

Outre cela, il y a un grand nombre de laïques très-distingués à la cour et dans les armées. Le Campanile en nomme jusqu'à treize qui ont été vice-rois ou gouverneurs de provinces.

A côté de la chapelle dont on a parlé on voit un tombeau de marbre, de Jean-Baptiste Minutoli, avec sa statue et cette épitaphe :

Joanni Baptistæ Capyccio Minutolo, *equiti pietate et magnanimitate insigni, qui quòd in se videret* Henrici Capyccii Minutuli cardinalis amplissimi *lineam desinere, legatis raro charitatis exemplo vicies mille ducatis ad reliquæ familiæ perpetuam utilitatem et decus institutoque suorum bonorum hærede hospitali D. Mariæ Annuntiatæ, in crucis tandem se humili sacello, condi voluit.* Beatrix Torella *mater infelix superstes,* Julia Caracciola *viro incomparabili amoris monumentum P. Obiit anno Domini* 1586 *ætatis suæ LV.*

Dans l'église de Saint-Démétrius de laquelle la maison Minutoli a le patronat, on voit cette inscription :

Ædicula nobilissimæ Gentis Minutulæ antè annos CD extructa, dotata, Divisque Simeoni et Demetrio dicata, Demùm cùm in anno M. et D. ad successores Scipionis Andreæ filii pervenisset ad prolatandum Templum hoc areamque diruta P. P. congregationis oratorii grati animi ergò sacellum intrà Templum eidem familiæ concesserunt. Horatius Minutulus *Hierosolymitani ordinis jus vetustate exoletum, ac ferè amissum restituit*

et monumentum hoc gentilitiæ pietatis P. C. Anno MDCXIV.

Ils ont toujours été avec leurs rois dans les conseils et dans les expéditions. Ils ont possédé et ils possèdent de grands biens et de grands fiefs. Ils se sont alliés à toutes les meilleures familles du royaume, comme entre autres à celles de Sansévérino, d'Aquino, Castriote, Brancace de Capoue, Loffrédo, Filanghiéri, Filomarini, Pignatelli, Rota, Révertéra, del Tufo, Caraffo, Caraccioli, y ayant passé vingt mariages réciproques de ces deux dernières avec la maison Minutoli.

LIVIE MINUTOLI, fille d'ANDRÉ et de Lucrèce de Vulcano, fut mariée à don Louis de Silva des ducs de Pastrano, chevalier de l'Habit de Saint-Jacques et commandant du château de Capouane. Étant devenue veuve, l'estime qu'on faisait de sa vertu et de son esprit porta l'empereur Charles V à la choisir pour l'éducation de madame Marguerite d'Autriche sa fille ; et sa sage conduite lui fit avoir toute sorte de crédit auprès de S. M. J. On lit son épitaphe à Naples dans la chapelle de la famille de Silva, qu'elle avait fait agréger au siége de Capouane, dont est celle des Minutoli.

Livia Minutula, conjux Loysii Alphonsi Silvæ Lusitani et Christi equitis, arcisque Capuanæ præfecti, hanc sibi et suis elegit sepulturam, anno salutis 1536.

Dans la cathédrale, derrière le grand autel, il y a un marbre où l'on voit le monument de Marielle Minutoli, mariée à

Gilles Safiréra, vice-roi de Naples pour le roi Alphonse :

Hic jacet corpus Mariellœ Minutulœ uxoris Domini Ægidii Safirerœ viceregis serenissimi Domini Alphonsi Dei gratiâ Aragonum et Siciliœ Regis, etc. in regno Neapolitano, quœ obiit die mensis novembris anno Domini 1430.

Ceux qui souhaiteraient un plus grand détail des emplois et des actions des personnes de cette famille, dont il y a encore à Naples trois branches, à savoir celle de don ANTOINE MINUTOLI, celle de FRANÇOIS-MARIE MINUTOLI, duc de Valentino, mari de Diane (araffe, et celle des princes de Ruodi, n'ont qu'à lire ce qu'en a écrit depuis peu le comte Biaggio Aldimari dans son histoire des familles nobles de Naples, où il a suivi, digéré, et augmenté ce qu'en avait écrit Philibert Campanilé.

MYRRHA, mère d'Adonis et fille de Cinyras (A), roi de Cypre, ou d'Assyrie, devint amoureuse de son père, et ne se donna point de repos qu'elle n'eût couché avec lui. Sa nourrice, à qui elle fit confidence de sa passion, lui donna les moyens de se contenter. Elle prit son temps lorsqu'à cause de la fête de Cérès, la reine était neuf jours sans coucher avec son mari (B), et fit accroire à ce prince qu'une jeune fille fort belle souhaitait de lui accorder la dernière faveur sans être vue. La proposition fut acceptée : on mena donc de nuit la jeune Myrrha à son père Cinyras. Quand ce jeu eut assez duré, on eut envie de voir celle

dont on avait eu la jouissance : on fit apporter de la lumière; et l'on connut qu'on avait couché avec sa fille (a). Cinyras prit son épée pour tuer Myrrha : celleci prit la fuite, et se sauva jusques au pays des Sabéens, où elle fut métamorphosée en l'arbre qui fournit la myrrhe. L'enfant dont elle était grosse ne laissa pas de croître, et de sortir de ce tronc d'arbre (C) quand son terme fut venu. Les naïades en prirent soin. Ce fut le plus beau garçon du monde, en un mot ce fut Adonis, dont j'ai parlé en son temps (b). Plusieurs auteurs disent que Myrrha ne conçut point d'elle-même cette passion, et que le mal venait de plus haut, et de quelque divinité offensée (D); car voilà comment les païens se représentaient leurs dieux, sous l'idée d'un être qui punit le crime, en poussant le criminel dans un nouveau crime. Ovide n'a point suivi ces auteurs dans le fait particulier de Myrrha : il a déclaré au contraire que Cupidon s'en lavait les mains (c). Il en a donné tout le blâme aux Furies infernales. Ceux qui croient que Myrrha était la femme de Cham, fils de Noé (E), amènent la chose d'un peu bien loin.

(a) *Cùm tandem Cinyras avidus cognoscere amantem*
Post tot concubitus, illato lumine, vidit
Et scelus et natam.
Ovidius, Metam: lib. X, vs. 472.
(b) *Ex* Ovidio, Metamorphos. *lib. X.* Voyez aussi Plutarque, *dans ses Parallèles*, *pag. m.* 310 *citant les* Métamorphoses *de* Théodore; Servius in Eclog. X Virgil.
(c) *Voyez la remarque* (D).

(A) *Fille de Cinyras.*] Antonius Libéralis (1) l'a nommée Smyrna et l'a fait naître de Théias et de la
(1) *Cap. XXXIV.*

nymphe Orithye sur le mont Liban. Mais, selon d'autres, elle fut fille de Cinyras et de Cenchréis. Ovide a été de ce sentiment; et je m'étonne que M. de Méziriac (2) l'ait nié à l'égard de Cenchréis. Ce poëte remarque, 1°. Que la mère de Myrrha était femme de Cinyras, lorsque Myrrha était amoureuse de son père :

> . . . . *Conataque sæpè fateri,*
> *Sæpe tenet vocem, pudibundaque vestibus ora*
> *Texit, et O, dixit felicem* conjuge matrem!

2°. Que la nourrice de Myrrha prit son temps lorsque Cinyras couchait seul, sa femme Cenchréis étant occupée avec les autres femmes aux mystères de Cérès

> . . . . *Turbâ Cenchreis in illâ*
> *Regis abest conjux, arcanaque sacra frequentat.*
> *Ergò legitimâ vacuus dum conjuge lectus.*

N'est-ce pas dire que Cenchéis était la mère de Myrrha?

(B) *La reine était neuf jours sans coucher avec son mari.*] Quelle prodigieuse différence de ces siècles-là au nôtre! Car puisqu'il fallut que la nourrice se servît de cette occasion, c'est une preuve que pendant le reste de l'année le roi couchait aussi régulièrement avec sa femme, chaque nuit, que le plus petit bourgeois. A présent tous les mois de l'année seraient propres à cette nourrice si elle avait un tel coup à faire.

(C) *L'enfant ne laissa pas.... de sortir de ce tronc d'arbre.*] Les uns (3) disent que la fille de Cinyras devint un arbre, pendant que son père la poursuivait l'épée à la main pour la tuer. On ajoute que le coup qu'il donna à cet arbre fit naître Adonis. D'autres (4) disent que Myrrha se délivra de son fruit dès qu'elle eut été reconnue, et qu'ensuite Jupiter la changea en arbre, pour exaucer la prière qu'elle faisait de n'être ni parmi les vivans, ni parmi les morts.

(D) *Plusieurs auteurs disent que le mal venait de quelque divinité offensée.*] Les uns (5) disent que la colère du Soleil fut cause de cette passion

incestueuse. D'autres (6) recourent à Vénus irritée de ce que Cenchréis, mère de Myrrha, avait préféré à la beauté de cette déesse celle de sa fille; ou de ce que Myrrha avait dit en se peignant, que ses cheveux étaient plus beaux que ceux de Vénus (7). Toutes ces hypothèses étaient impies: c'était se jouer de la nature divine avec plus d'audace qu'un historien honnête homme ne voudrait en témoigner contre des gens de mauvaise réputation, s'il manquait de preuves certaines. Voyez la note (8), et notez qu'Ovide a disculpé Cupidon, et qu'il rejette sur les Furies toute la faute de Myrrha :

> *Ipse negat nocuisse tibi sua tela Cupido,*
> *Myrrha, facesque suas à crimine vindicat isto.*
> *Stipite te Stygio tumidisque adflavit Echidnis,*
> *E tribus una soror . . . . (9).*

(E) *Quelques-uns croient que Myrrha était la femme de Cham, fils de Noé.*] Ils supposent (10) que la femme de Cham accompagnée d'*Adonis, le plus jeune de sa famille,* s'aperçut toute la première de la nudité de Noé, et qu'elle en fit avertir Cham qui le dit encore à ses frères. Or comme dans le style des Hébreux, *voir ou découvrir la nudité de quelqu'un* (11), signifie deux choses, la simple vue ou la jouissance; il est arrivé que Myrrha, qui n'avait fait que voir, a eu la mauvaise réputation d'être passée au dernier acte. On confirme cette explication (12) par un passage où nous lisons que la nourrice de Myrrha trouva Cinyras ivre :

> *Nacta gravem vino Cyniram malè sedula nutrix* (13).

Mais comme il y a des auteurs qui disent que Myrrha enivra son père, afin de coucher avec lui; il semblerait plus à propos de la prendre pour l'une des filles de Loth, que pour l'une des belles-filles de Noé, si d'ailleurs les faits s'accordaient également avec cette conjecture.

(6) Hygin., *cap. LVIII.*
(7) Scholiast. Theocriti in Idyll. I.
(8) Conférez l'article Alcinoë, *tom. I, pag.* 394, *et* l'article Egialée, *tom. VI, pag.* 100, *remarque* (C).
(9) Ovid., Metam., *lib. X, vs.* 311.
(10) *Voyez la Bibliothèque universelle, tom. III, pag.* 8.
(11) Là même, pag. 21.
(12) Là même, pag. 20.
(13) Ovid., Metam., *lib. X, vs.* 438.

---

(2) Commentaires sur les Épîtres d'Ovide, *pag.* 397.
(3) Hygin., *cap. CLXIV*, Fulgent., Mythol., *lib. III, cap. VIII.*
(4) Anton. Liberal., *cap. XXXIV.*
(5) Servius, in Eclog. X Virgil.

MODRÉVIUS (André-Fricius), secrétaire de Sigismond Auguste, roi de Pologne, se fit estimer beaucoup par son savoir et par ses ouvrages. Il goûta d'assez bonne heure ce qu'on appelait les nouvelles opinions (a), et quoiqu'il se ménageât, il devint suspect aux catholiques, et enfin il se découvrit jusques au point qu'ils le regardèrent comme un apostat (A). On s'aperçoit par une lettre (b), qu'il écrivit à Jean Laski, l'an 1536, qu'il n'était pas ennemi des luthériens. Son traité *de Ecclesiâ* qui devait être le quatrième livre de l'ouvrage *de Republicâ emendandâ*, qu'il fit mettre sous la presse à Cracovie, l'an 1551, trouva des censeurs qui en arrêtèrent l'impression deux ou trois ans (c). Il le publia ensuite avec une apologie qui éclaircissait les choses dont on s'était scandalisé. Il devait aller à Trente avec les ambassadeurs de Pologne; mais cette désignation fut changée (d). Les anti-trinitaires de Pologne l'ont mis dans le catalogue de leurs auteurs. On verra ci-dessous le titre de ses principaux ouvrages (B), avec quelques particularités. Grotius l'a mis au nombres des conciliateurs de religion (e).

(a) Stanislas Lubiénicius, Histor. Reformat. Polon. lib. *I*, cap. *V*. pag. 18.

(b) Elle est la *IX*e. de la première Centurie, *dans le recueil de* lettres *publié par* Simon Abbés Gabbéma.

(c) *Voyez l'Épître dédicatoire et la préface du IV*e. livre de Republicâ emendandâ.

(d) Modrevius, *præfat. lib. IV* de Republicâ emendandâ, pag. 193 édit. Basil. 1554, *in-folio*.

(e) Grotius, in Consultationem Cassandri.

(A) *Les catholiques... le regardèrent comme un apostat.*] Voici de quelle

manière Simon Starovolscius parle de lui : *Regius secretarius, seu mavis lutulenti illius subulci Lutheri, cujus nefariis dogmatibus imbutus, infestabat ecclesiæ portas, dicendo quæ non oportuit, scribendo quæ non licuit, et agendo quæ non decuit* (1). Il paraît, par une préface de Modrévius, que Pie V ordonna de le punir, car voici les plaintes qu'il fait à ce pape : *Non abs re mihi facere visus sum, si ipse ad te has controversias deferrem, tibique hunc librum dicarem, qui occasionem præberet tibi eas dijudicandi, simulque studia mea exilia tibi commendaret. De quibus tu videris sinistram opinionem concepisse : ac proptereâ iis, penès quos est potestas, edixisse ut me de possessiunculis meis dejicerent : fortunis everterent : ac extorrem facerent domo, foro, penatibus, congressu hominum. Hoccine humanum factum sanctissime pater* (2) ? Le pape Paul IV, ajoute-t-il, avait fait expédier de semblables ordres adressés à l'évêque de Vladislavie; mais il s'apaisa quand il eut ouï mes raisons. *Non sum oblitus, à Paulo papâ ejus nomini quarto simile edictum in me scriptum fuisse ad Johannem Droievium episcopum Wladislaviæ. Cui quidem papæ rescripsi ego libro illi dicato de ordinibus ecclesiæ. In quo rationem illi reddidi vitæ, et actionum mearum : simulque causas ostendi quamobrem in me non debuerit esse immitis et adeò ferox. Assensus est ille orationi nostræ non obscurè, nec ullam deinceps perniciem nobis machinatus est. Droievius quoque nihil in me cogitavit, quàm quod virum bonum et optimum principem deceret* (3). Je suis persuadé que cette préface de Modrévius ni le Traité qui la suit n'eussent point porté Pie V à révoquer son ordonnance, et que la condition de l'auteur ne fut pas meilleure après la composition de cet ouvrage que pendant qu'il y travaillait. Il nous apprend qu'il le fit au milieu de mille soins, obligé de changer souvent de demeure, et inquiété de la peur de perdre son patrimoine. *Partim labores domestici, partim*

(1) Simon Starovolscius, *in* centum Polonorum Elogiis, pag. 81.

(2) Modrevius, in *præf.* Silvæ tertiæ, pag. 152, 153.

(3) Id.m, ibid., pag. 154, 155.

cura liberorum , partim negotia civi-
lia, maximè autem frequens cursita-
tio domicilii quœrendi causá me sibi
vendicárunt (4). *Hœc scripsi sollicitus*
de bonis meis patriis avitisque , de
quibus periclitor authoritatis tuœ
prœtextus, quœ abs te tanquàm ful-
men quoddam vulnificum vibrata est
(5).

(B) *On verra.... le titre de ses prin-*
cipaux ouvrages.] Ses cinq livres *de*
Republicâ emendanda, dont le 1er.
traite *de Moribus*, le 2e. *de Legibus*,
le 3e. *de Bello*, le 4e. *de Ecclesiâ*, le
5e. *de Scholâ*, furent imprimés à Cracovie l'an 1551, si l'on en croit l'a-
bréviateur de Gesner (6) ; mais il ne
faut pas l'en croire (7). Ils furent réimprimés à Bâle, chez Oporin, *in*-8°.
et *in-folio*, l'an 1554 , avec deux
dialogues du même auteur, *De utrá-*
que specie Eucharistiœ à laïcis su-
mendâ, et avec son explication de
ces paroles de saint Paul (8) , il est
bon à l'homme de ne toucher point
de femme. On publia à Bâle, en 1562,
in-4°. , un autre recueil de ses écrits,
qui contient trois livres: *de Peccato*
originis ; de Libero arbitrio ; de Pro-
videntiâ et Prœdestinatione, trois
livres de *Mediatore, quibus accessit*
Naratio simplex rei novœ et ejusdem
pessimi exempli : simul et Querela
de Injuriis, et *Expostulatio cum Sta-*
nislao Orichovio Roxolano (9). Il fit
un autre ouvrage par l'ordre du roi
son maître, pour tâcher d'assoupir
les différends qui régnaient dans la
Pologne au sujet de la Trinité. Il est
divisé en quatre silves. La Ire. est datée du mois de décembre 1565, et
traite *de tribus Personis et uná Es-*
sentiá Dei. La IIe. est de même date,
et traite *de necessitate Conventûs ha-*
bendi ad sedandas Religionis Contro-
versias. La IIIe. est datée du mois de
juin 1568 , et traite *de Jesu Christo*
filio Dei et hominis , eodemque Deo
et Domino nostro. La IVe. est datée
du mois de juin 1569 , et traite *de*
Homousio et de iis quœ hùc pertinent.
Ces quatre silves, accompagnées d'un

Appendix sur la question *quomodò*
unio divinœ et humanœ naturœ Christi
facta sit in personâ non in naturá ,
cùm tamen eadem prorsùs res sint
natura et persona in Domino nostro,
furent imprimées à Racovie, l'an
1590 (10). L'abréviateur de Gesner
fit mention de cet ouvrage, l'an 1583,
comme d'un livre qui n'était pas imprimé, et qui contenait seulement
trois silves, dont la dernière traitait
du baptême des enfans (11). Le premier de ces trois faits est véritable,
les deux autres sont faux. Notez que
Modrévius avait envoyé ses silves à
Bâle afin qu'elles fussent imprimées
par Oporin, qui en devait envoyer
des exemplaires aux universités catholiques, luthériennes et calvinistes
(12) ; mais Trécius, voulant empêcher
la publication de ce livre , pria Oporin de lui en montrer le manuscrit,
et l'ayant eu une fois, il ne le voulut
point rendre (13). L'auteur s'en plaignit au palatin de Cracovie , et demanda instamment que le plagiaire
fût obligé à restituer. Il n'en put venir à bout, et il se vit obligé de refaire son ouvrage. *Tandem potentiœ*
Palatini Trecio patrocinantis cedere:
postremò scrinia sua excutere et re-
jectâ omni morâ, opus illud ex adver-
sariis et chartis ferè rejectaneis denuò
moliri, et absolvere, antequàm mors
eum occuparet. Atque ita tandem
prœstantissimum illud , licet mole
perexiguum Sylvarum opus , ab in-
teritu vindicatum habemus (14). L'auteur de ce latin suppose que Modrévius en usa ainsi, parce que Modrévius
donnait plus de force aux raisons des
Anti-trinitaires qu'à celles des Tri-
nitaires. *Ille prœdam petitam in cas-*
ses suos nactus et inibi argumenta
veritatis responsionibus , exceptioni-
bus , et objectionibus Trinitariorum
longè fortiora animadvertens , Basi-
leâ protinùs excessit , evasit, erupit ,
et librum Fricianum bonâ fide sibi
commodatum abstulit , et sic editio-
nem libri sufflaminavit (15). Zanchius

---

(4) *Idem , in 2 prœfat.* Sylvæ III, *pag.* 157.
(5) *Idem, in fine* Sylvæ III, *pag.* 216.
(6) Epitome Biblioth. Gesneri, *pag. m.* 43.
(7) *On n'imprima alors que les trois premiers.*
Voyez la préface du IVe.
(8) Ire. aux Corinth., *chap. VII.*
(9) Epit. Gesneri, *pag.* 43.

(10) Biblioth. Antitrinit. , *pag.* 36.
(11) Epitome Gesneri, *pag.* 43.
(12) Modrev., *prœf.* Silvæ IV.
(13) Stanisl. Lubieniecius, Histor. Reform. Po-
lonicæ, *lib. III, cap. IX, pag.* 221.
(14) *Idem , ibidem, pag.* 222. *Voyez aussi*
Biblioth. antitrin., *pag.* 38.
(15) Lubieniecius, Histor. Reform. Polon., *pag.*
221.

avait vu en manuscrit la première de ces IV silves, et la trouvant dangereuse, il l'a réfuta dans son livre *de Tribus Elohim*. Il ne désigne l'auteur que par le nom de *Mediator* ; et il en fait cas, comme il paraît par son épître dédicatoire à Edmond Grindal (16).

La manière sceptique dont Modrévius a examiné les mystères a déplu aux catholiques et aux protestans. Il est néanmoins vrai que pour s'acquitter de l'ordre qu'il avait du roi de Pologne, il devait en user de cette manière. On l'avait chargé de l'instruction du procès, comme le médiateur de la concorde (17) : il fallait donc qu'il rapportât sincèrement les raisons des deux parties, et qu'il se défît de tout préjugé. Il avait ouï dire à Dudithius une chose qui lui parut très-solide ; c'est qu'un homme qui a pris parti pour ou contre la Trinité, n'est propre ni à être arbitre ni à être juge entre ceux qui la nient et ceux qui la croient. *Is negabat eum qui alterutri seu de Trinitate seu de quavis re aliá sententiæ adhærescat, medium se inter partes ipsas inferre, controversiamque dirimere atque sedare posse. Neutri parti addictum esse oportere qui vel partes ipsas in concordiam reducere vellet æqualitate decernendi, vel secundùm partem alteram decernere quod justum et legibus consonum esse judicaret. Qui ad eum modum neuter non esset, eum partes judicem capere non solere, et ab alio datum ejurare consuesse : nimirum quem ex opinione imbibitá pendentem verisimile esset vel tacitá reprehensione contrarium sentientes condemnásse. Nam ut pius esset et eruditus qui et dissereret et judicaret, fieri tamen posse ut opinione præjudicatá nitens falsum judicaret* (18). Cette pensée de Dudithius est très-conforme à l'usage, car où est l'homme qui veuille choisir pour arbitres ou pour juges de ses différends ceux qu'il sait être persuadés qu'il a tort? il est même vrai que de telles gens ne sont guère propres à prononcer une sentence équitable. C'est domage qu'une maxime comme

celle-là ne puisse avoir lieu dans les disputes de religion ; mais l'état des choses est tel, qu'il faut nécessairement que ces disputes soient jugées dans l'église même où elles naissent, ce qui entraîne inévitablement que les mêmes personnes soient juges et parties. Il serait inutile de murmurer là-dessus, car la nécessité n'a point de loi. Notez en passant l'une des raisons qui ont rendu vain le travail des médiateurs de religion, et qui les ont fait haïr. Si l'on croit qu'ils sont parfaitement neutres, on les déteste comme des impies ; si l'on croit qu'ils penchent plus d'un côté, ils sont suspects et odieux à l'un des partis, et ne contentent pas pleinement l'autre : l'on veut tout ou rien.

Au reste, les livres *de Republicá emendandá* sont fort estimés ; ils ont fait ranger l'auteur parmi ceux qui ont écrit le plus sensément de la politique. *Gravioribus politicis haud dubiè annumerandus est, egregiè inter disputat, magnáque libertate in vulgares errores politicos invehitur* (19). Je joins à cela un passage de la harangue que fit Cunæus, pour montrer que l'académie de Leyde avait eu raison de condamner au dernier supplice un écolier qui avait tué un bourgeois. Le prince Janutius Radziwil, qui étudiait alors à Leyde, avait déclamé aigrement contre les juges : *Novit illustrissimus princeps Razevilius*, c'est Cunæus qui parle (20), *noverunt omnes qui ejus studiis præsunt quàm sint pulchra et luculenta ea quæ de cæde cujuscumque hominis in regno Poloniæ ultimo supplicio punienda scripsit vir amplissimus et rerum civilium ac Republicæ regundæ gnarissimus Andreas Fricius Modrevius ad Sigismundum secundum Poloniæ regem.* Modrévius, dans l'épître dédicatoire de son ouvrage *de Republicá emendandá*, a fait mention du livre où il expliqua amplement la nécessité de punir de mort les homicides. Ce traité a pour titre : *Lascius*, et consiste en quatre harangues qui ont été ajoutées au volume *de Republicá emendandá*, à l'édition de Bâle 1559.

(16) *Voyez la préface de celui qui fit imprimer les IV Sylves.*

(17) *Voyez l'épître dédicatoire de sa Ire. Sylve.*

(18) Modrevius. præfat. Silvæ I.

(19) Joh. Andreas Bosius, Dissert. Isagogica de comparandâ Prudentiâ civili, *pag. m.* 361.

(20) Cunæus, orat. XVII, *pag.* 341, *edit. Lips.,* 1693. *Cette harangue fut prononcée, l'onzième de février* 1632.

Qu'il me soit permis de n'effacer pas une chose que j'avais écrite avant que d'avoir pu consulter l'ouvrage *de Republicâ emendandâ*. La voici : « C'est sans doute pour ce livre-là » que Modrévius reçut les louanges » que l'on rapporte dans la Biblio- » thèque des anti-trinitaires (21). » C'est sans doute celui de ses livres » qui fut traduit en français, en alle- » mand et en espagnol. J'en parlerais » plus affirmativement si j'avais en » main la préface dont on rapporte un » morceau dans cette Bibliothéque. » Sandius, qui le rapporte, n'est pas » excusable de nous laisser en sus- » pens. Il devait employer une pa- » renthèse pour déterminer la notion » vague de ces paroles de Modrévius, » *est qui laudando librum meum di-* » *cat, etc.* Je suis bien persuadé » qu'elles sont très-claires dans l'ori- » ginal : ce qui les précède fait sans » doute entendre quel est le livre » dont il s'agit. Mais quand elles » sont détachées de leur masse, elles » sont obscures. C'était le devoir de » Sandius d'y remédier; et voilà un » bon avis à ceux qui citent et à ceux » qui prétendraient que j'allonge » trop les citations. Je ne le fais qu'a- » fin que chacun entende sans peine » ce que je cite ». Ceux qui sauront juger des choses conviendront que j'ai pu laisser ceci dans l'état où je l'ai trouvé après avoir vu par la lecture de Modrévius, qu'il s'agit du livre *de Republicâ emendandâ*.

(21) *A la page* 37, *ex præfatione Silvæ tertiæ* Modrevii.

MOLIÈRE, fameux comédien. Cherchez POQUELIN, tome XII.

MOLIONIDES. C'est ainsi qu'on nomme deux frères qui ont bonne part à l'histoire fabuleuse. Ils étaient fils d'Actor et de Molione (A), et se nommaient l'un Eurytus, l'autre Ctéatus. Quelques - uns prétendent qu'Actor n'était que leur père putatif, et que Neptune était leur vrai père (a). D'autres, tout au rebours,

(a) Scholiast. Homeri in Iliad. *lib.* XI, *vs.* 749, *et* 750.

font passer Actor pour le vrai père, et Neptune pour le putatif (b). On a pu voir sous le mot ACTOR, que celui dont je parle ici régnait dans l'Élide conjointement avec Augias. Les Molionides étaient les plus braves de leur temps, et ce fut à eux qu'Augias donna le commandement de ses troupes, quand il sut qu'Hercule venait l'attaquer. Une maladie ayant saisi Hercule dès le commencement de l'expédition, il fut bien aise de faire la paix avec les Molionides : mais, ceux-ci ayant été informés ensuite qu'il était malade, se prévalurent de l'occasion. Ils surprirent son armée et tuèrent bon nombre de gens. Hercule, quelque temps après, leur joua un tour de supercherie; il leur dressa des embûches à Cléone, lorsqu'ils allaient, de la part des Éliens, assister aux sacrifices de toute la Grèce, durant la célébration des jeux isthmiques, et les tua. C'est ce que nous apprenons d'Apollodore (c). Pausanias n'attribue ni à la maladie d'Hercule, ni à la mauvaise foi des Molionides, mais à leur seule valeur, le peu de succès de ce héros (d), et la nécessité qui le força d'employer la trahison pour se défaire de tels ennemis. Il les fit tuer à Cléone, lorsqu'ils allaient assister aux jeux isthmiques. Molione leur mère travailla avec tant

(b) Apollod., Bibliotb., *lib. II.*
(c) *Idem. Voyez aussi* Pindare, Olymp. od. X.
(d) "Ατε γὰρ καὶ τόλμῃ καὶ ταῖς ἡλι- κίαις τοῦ "Ακτορος τῶν παίδων ἀκμαζόν- των, ἐτρέπεθ' ὑπ' αὐτῶν ἀεὶ τὸ συμμα- χικὸν τοῦ 'Ηρακλέους. *Herculis enim auxilia ab Actoris filiis audaciâ et ætate vi- gentibus facilè rejiciebantur.* Pausan., *lib.* V, *pag. m.* 148.

de vigilance à découvrir les auteurs de l'assassinat, qu'elle en
vint à bout : mais les Argiens
ne voulurent point livrer Hercule
(e) aux habitans de l'Élide. Ceux-
ci demandèrent aux Corinthiens
que les Argiens fussent désormais exclus du spectacle des jeux
isthmiques, comme infracteurs
des lois sacrées de ces jeux; mais
ils ne l'obtinrent pas. Alors Molione donna sa malédiction aux
Éliens qui assisteraient à ce spectacle ; ce qui fit une telle impression sur eux, qu'au temps
même de Pausanias les athlètes
de cette nation n'assistaient jamais aux jeux isthmiques. Les
Molionides avaient épousé les
deux filles de Dexaménus, roi
d'Olène (f). Chacun laissa un
fils : celui d'Eurytus eut nom
Talpius, celui de Ctéatus s'appela Amphimachus. Ils régnèrent
après la mort d'Augias, conjointement avec son fils Agasthènes.
Au reste, les fables disent que
les Molionides étaient deux co-
chers qui avaient bien deux têtes,
quatre mains et quatre pieds,
mais un corps seulement; l'un
tenait la bride , et l'autre le
fouet. Ils s'entendaient parfaitement, et jamais Hercule ne put
les vaincre que par artifice. On
a voulu apparemment réprésen-
ter par cet emblème le pouvoir
de la concorde (g). Quelques-
uns ont dit que ces frères
étaient nés dans un œuf d'argent
(B). Je ne sais point si les deux
Molons de Suidas ont été tirés
des Molionides (C).

(A) *Ils étaient fils d'Actor et de
Molione.*] Avec Pausanias on croit
ordinairement qu'ils furent nommés
Molionides à cause de leur mère (1).
Le Scoliaste d'Homère ne croit point
qu'ils aient été nommés Μολίονε par
cette raison , dans les vers 749 de
l'onzième livre de l'Iliade , mais ἀπὸ
τῆς κατὰ τὴν μάχην μολύνσεως. Il se
fonde sur un principe qu'Eustathius
fait valoir dans une autre occasion;
c'est qu'Homère ne désigne personne
par des noms empruntés des mères.

(B) *Quelques-uns ont dit que ces
deux frères étaient nés dans un œuf
d'argent.*] Voyez les vers d'Ibycus
qu'Athenée cite (2) ; mais prenez
garde que la traduction de Dalechamp
n'y est exempte ni des péchés d'o-
mission , ni des péchés de commission. Elle n'exprime point la τέκνα
Μολιόνας de l'original , et elle tourne
κτανόντα par *interfecerunt*, au lieu
d'*interfectorem*.

(C) *Je ne sais si les deux Molons
de Suidas ont été tirés des Molionides.*] Cet auteur, ayant dit que Molon est un nom propre, cite un passage d'Aristophane (3), qui fait voir
qu'on disait anciennement par manière de proverbe , *petit comme Molon.* Ce pouvait être une contre-vérité , ou une ironie , comme quand
nos paysans disent *léger comme un
bœuf*: mais Suidas prend la chose au
pied de la lettre; il dit que ces termes s'appliquaient aux hommes qui
avaient un petit corps, et qu'il y
avait eu deux Molons bateliers et brigands. Érasme (4) a suivi l'explication
de Suidas; mais il lui fait dire que
l'un des deux Molons était bateleur ,
et l'autre larron. Suidas ne dit point
cela : il ne fait aucun partage de ces
deux métiers ; et bien loin de favoriser la conjecture d'Érasme, qui est
que ces deux Molons étaient d'une
petitesse de taille connue de tout le
monde , il la combat en quelque façon par le terme de λωποδύται ; ce
sont ceux qui volent sur les grands
chemins ; ce sont ceux qui dépouillent ou qui détroussent les gens , à
quoi les hommes très-petits n'osent

(e) *Il demeurait alors à Tirynthe.*
(f) Pausanias , *lib. V, pag.* 149.
(g) *Voyez* Plutarque *au commencement
du* Traité de l'Amitié fraternelle *et* Adr.
Junius, Adag. XXXI , cent. V.

(1) Καλουμένων ἀπὸ Μολιόνης τῆς μητέρος.
Pausan. , in Arcad. , pag. 248.
(2) Athen., *lib. II, cap. XVI, pag.* 59, A.
(3) *In* Ranis , *act. I, sc. II.*
(4) Adag. LVII, *chil. III, cent. V.*

guère se commettre ; c'est beaucoup mieux l'affaire d'un grand pendard. Adrien Junius (5), qui entendait fort bien le grec, a pris le proverbe d'Aristophane dans un sens ironique; de sorte que Molon, selon lui, est un homme d'une taille gigantesque. Je crois qu'il a plus de raison que Suidas. M. Hofman (6) dit que, selon Didyme, il y a eu deux Molons : l'un bateleur , et d'une taille excessive ; l'autre voleur d'habits , *fur vestiarius* , et fort petit homme.

(5) Adag. XXXI, *cent. V.*
(6) *Au I*er. *vol.*, *pag.* 1047.

MOLSA (François - Marie) , l'un des bons poëtes du XVIe. siècle , était de Modène. Ses vers latins et italiens le mirent dans une telle réputation, que , pour peu qu'il se fût aidé par une sage conduite, il serait monté à une haute fortune; mais il se gouvernait si mal , que les patrons des beaux esprits ne le purent avancer, quelque bonne volonté qu'ils eussent pour lui (a). Il était si débauché, qu'il se mettait au dessus des précautions les plus nécessaires à ceux qui veulent éviter le dernier mépris (A). Il joignait au crime la bassesse et l'impudence ; de sorte qu'il ne faut point s'étonner qu'il soit mort de la vérole (b). Il trouva une occasion favorable de faire paraître qu'il était bon orateur et que sa prose ne cédait point à ses poésies. Ayant vu le peuple romain fort indigné contre Laurent de Médicis , qui avait coupé la tête à plusieurs anciennes statues, il l'accusa de cet attentat , et fit là-dessus une harangue si

(a) *Voyez la remarque* (*A*).
(b) *Ab illâ* (Venere) *meritum pudendo contractu miserabilis morbi quo periret venenum hausit.* Paul. Jovius, Elog. cap. CIV. *pag. m.* 244.

forte, qu'il le remplit de confusion et de désespoir (B). Il mourut, non pas l'an 1548 (c) , comme l'assure M. de Thou , mais au mois de février 1544 (C) , et il laissa un fils qui fut père d'une illustre fille , dont je vais parler. Le Boccalini s'est bien diverti aux dépens du Molsa (D).

J'ai lu des lettres (d), où il se plaint bien tristement de sa misère, et de l'avarice du pape Paul III. Ses pièces latines ont paru sous le nom de *Franciscus Marius Molsa ;* car il crut que le nom féminin *Maria* , *masculinisé* par les Toscans , ne conviendrait guère à la langue latine (e) Son *Capitolo in lode de' Fichi* , a couru sous le nom *del P. Siceo* , et fut honoré d'un commentaire par *ser Agresto* , c'est-à-dire par Annibal Caro. Ce commentaire fut imprimé in-4°., l'an 1539 (*f*) (E). Le Molsa prit le surnom de Furnius , à cause qu'il avait une maîtresse qui s'appelait Furnia. Elle fit ensuite le métier de courtisane. Voyez la remarque (C), où vous trouverez aussi quelques éloges qui furent donnés à cet auteur, et bien d'autres particularités. On a dit de lui entre autres choses , qu'il mourut si chrétiennement, qu'il ne fallait point révoquer en doute que son âme ne fût montée tout droit au ciel (F).

(c) Thuan. lib. *V* , *circà finem.*
(d) *Elles furent écrites l'an* 1538 , *et sont imprimées avec celles du cardinal Sadolet , au livre XVI, pag.* 643 *et suiv. de l'édition de Lyon ,* 1554.
(e) Giovanni Mario de Crescembeni, Istoria della volgar Poësià , *pag.* 106.
(f) Crescembeni, Istoria della volgar Poësia , *pag.* 328. On *verra ci-dessous que l'imprimeur de l'édition de* 1584 *dit que la première est de l'an* 1538.

(A) *Il était si débauché, qu'il se mettait au-dessus des précautions les plus nécessaires à ceux qui veulent éviter le dernier mépris.*] La corruption prodigieuse qui règne parmi les hommes, n'empêche pas que même les gens peu vertueux ne conçoivent du mépris et de l'horreur pour ceux qui ne veulent point garder les bienséances dans l'usage des plaisirs illégitimes. De là vint que Molsa se perdit de réputation, et arrêta tout le cours de sa fortune ; ce qui ne lui serait pas arrivé, si ses débauches avaient été ménagées avec plus de discrétion. Nous allons entendre Paul Jove. *Latinis elegiis, et etruscis rythmis pari gratiâ ludendo Musas exercuit ; tantâ quidem omnium commendatione, ut per triginta annos, qui Romœ Mecœnatis nomen tulére, insigni liberalitate, studioque adjutum adipiscendis honoribus efferre contenderint : prægravante semper ejus Genio, quùm redivivis toties amoribus occupatus, par ingenio studium substraheret, neque habitu, vel incessu, ullove nobili commercio carminum famam tueretur ; fœdè prodigus, honestique nescius pudoris, neglectum rerum omnium ad innoxiæ libertatis nomen revocabat usquè adeò supinè, ut summæ laudis, et clarioris fortunæ certissimam spem facilè corruperit* (1).

(B) *Il fit une harangue si forte contre L. de Médicis, qu'il le remplit de confusion et de désespoir.*] On a cru que Laurent de Médicis fut si consterné de l'infamie dont cette harangue le nota, que pour l'effacer il se résolut de redonner la liberté à la ville de Florence, par l'assassinat d'Alexandre de Médicis, son proche parent (2). *Sempiternam ingenii laudem retulit* (Molsa) *non à jucundo tantùm carmine, quo lascivisse videtur, sed pedestri etiam gravique facundiâ, quâ Laurentium Medicem, nefariâ libidine antiquis statuis noctu illustria capita detrahentem, apud Romanos ab eâ injuriâ dolore percitos accusavit. Eâ enim perscriptâ oratione, Laurentium usquè adeò pudore, et metu perennis probri consternatum ferunt, ut atroci animo, quo*

(1) Paulus Jovius, *in Elogiis, cap. CIV, pag. m.* 243.
(2) Il le commit l'an 1537.

inustam ignominiæ notam novitate facinoris obscuraret, interficiendi principis, amicique singularis immane consilium susceperit ; scilicet ut Diis invitis patriæ libertas pararetur (3).

(C) *Il mourut, non pas l'an 1548, comme l'assure M. de Thou, mais au mois de février* 1544.] J'eusse peut-être ignoré toute ma vie cette faute de M. de Thou, si le hasard ne m'eût fait tomber sur le volume des lettres de Luc Contile. J'y en trouvai une qui fut écrite à Bernardo Spina, et qui est datée de Modène, le 14 de février 1543 (4). Le Contile y raconte que le matin de ce jour-là il avait vu le Molsa, et l'avait trouvé atteint d'une maladie incurable. C'était une hydropisie qui lui avait fait enfler, non pas les jambes selon la coutume, mais la tête. Trifon se tenait toujours au chevet du lit, et divertissait le malade le mieux qu'il pouvait. *Stà sempre al capezzal del letto il buon Trifone, e burla, e giamba co'l Molza, et io me ne piglio spasso, e perche in somma lo tengon per morto, voglio vederne in fine, perche io, come mi rallegrai della sua vita, voglio dolermi della sua morte* (5). Ces paroles italiennes nous font connaître que le Contile voulait voir la fin de cela, et que tout le monde jugeait qu'elle était fort proche. On se trompa ; car nous apprenons par une lettre qu'il écrivit de Milan, le 21 de février 1543, à Claudio Toloméi, qu'il avait assisté eux funérailles du Molsa : *Havrete saputa la morte dell'unico Molza. Io giunsi a tempo di viderlo vivo e mi fu lecito d'accompagnarlo al sepolcro morto* (6). Après avoir lu ces choses, je ne doutai point que M. de Thou ne se fût trompé : néanmoins je voulus avoir de bons éclaircissemens ; et pour cet effet je m'adressai à M. de la Monnoie, qui eut la bonté de m'écrire tant de particu-

(3) Jovius, *in Elogiis, cap. CIV, pag.* 244.
(4) Notez que tant ici que dans le passage de la citation (5), il faut 1544, et non 1543 : je dirai dans la page suivante que peut-être le Contile suivait la date de ceux qui ne commençaient point l'année au mois de janvier. Peut-être aussi que la date de l'année n'était point dans l'original de sa lettre, qu'en l'y ajoutant, lorsqu'on l'imprima, on mit 1543, au lieu de 1544.
(5) Luca Contile, Lettere, *lib. I, folio* 85, *de l'édition de Pavie,* 1564, *in-8º.*
(6) *Idem, ibidem, folio* 86.

larités touchant le Molsa, que ce sera faire un très-grand plaisir à mon lecteur, que de les produire ici. « (7) » Le Molsa n'est pas mort en 1548, » mais en 1544. Cela se justifie par » trois lettres d'Annibal Caro, son » intime ami ; la première, écrite de » Rome au Molsa malade à Modène, » est du 2 de janvier 1544 ; la se- » conde du 11 de février, même an- » née, servant de réponse à celle » qu'il paraît que le Molsa lui avait » faite ; et la troisième du 6 de mars » suivant, par laquelle il mande au » Varchi la mort du Molsa comme » une chose toute recente : *Con le* » *lagrime a gli occhi*, ce sont les » mots par où il débute, *vi dico che'l* » *nostro da ben Molsa è morto, e per* » *lo gravissimo dolore ch'io ne sento*, » *non ne posso dir altro.....* C'était » un heureux naturel que le Molsa : » l'étude le perfectionna, il joignit » l'érudition à la politesse, la con- » naissance du grec, et même, selon » Lilius Gyraldus, de l'hébreu à celle » du latin et de sa langue. Il réussi- » sait en prose, en vers, dans le sé- » rieux, dans le comique, en sorte » qu'allant bien loin au-delà du ju- » gement qu'avait fait de lui son » compatriote Sadolet, qu'il excelle- » rait en quelque genre de composi- » tion que ce fût auquel il voudrait » se fixer, il a excellé en tous sans » se fixer à pas un. Le P. Rapin l'a » regardé parmi les modernes com- » me un modèle de l'élégie latine. » Son caractère était celui de Ti- » bulle, sur quoi vous pouvez voir » Barthélemi Riccius *de Imitatione*. » Ses pièces auraient pu être encore » plus châtiées, si la mort ne l'eût » prévenu. Il est difficile de l'excuser » sur sa vie licencieuse, à moins que » d'admettre cette morale corrom- » pue sur les principes de laquelle » il se persuadait que, pourvu qu'il » s'abstînt des grands crimes, tels » que l'athéisme, le larcin, le meur- » tre, et toutes sortes de violences, » il pouvait dans une innocente li- » berté goûter les plaisirs des sens. » Aussi, à l'entendre, était-il plus » pur qu'une hermine, et jamais vie » ne fut plus irréprochable que la » sienne. Il se flatte que quelqu'un, » venant un jour à la parcourir, la

(7) La Monnoie, Lettre MS.

» proposera en exemple, et que ce » sera la matière de son Panégyri- » que :

» *Tum faciles memoret mores, et puriter acta*
» *Percurrat vitæ tempora quæque meæ,*

» dit-il, dans cette belle élégie qu'il » fit peu de jours avant sa mort. Sa » prédiction fut suivie d'un prompt » accomplissement. Il reçut de Paul » Pansa, bon poëte latin, précepteur » du fameux Jean Louis de Fiesque, » des louanges telles qu'il les deman- » dait.

» *Hocne meret probitas? hocne meret pietas?*

» dit celui-ci ; et quatre vers après :

» *Quid prodest vixisse* pium, *aut odisse profa-*
num
» *Vulgus, et à sævis abstinuisse malis ?*

» Schradérus et Sweertius rappor- » tent, qui plus est, une glorieuse » inscription consacrée à sa mémoire » dans la cathédrale de Modène, en » ces termes : *Si animarum auctio* » *fieret, Franciscum Molzam licita-* » *rentur Virtutes, Patria, et Catha-* » *rina ejus uxor, quæ illi et sibi vi-* » *vens hoc posuit....* Le Guidiccione, » depuis évêque de Fossombrone, » n'a pas parlé moins honorablement » de la vertu de Molsa. *Datemi no-* » *velle del Molsa*, dit-il dans une » lettre au Toloméi, *ch'io lo desi-* » *dero fuor di misura*, *cioè se egli* » *vuol fare povero il mondo, e ricchi* » *i cieli con la sua anima, perche* » *intendo che egli è infermo d'una* » *acuta febre.* Paul Jove, qui dans » le fond ne l'a blâmé que parce qu'il » ne sauvait pas assez les bienséan- » ces, ne devait pourtant pas igno- » rer que celui dont il censurait la » conduite, avait été mis, même » pour les mœurs, en parallèle avec » lui et avec beaucoup d'honnêtes » gens ses contemporains, par Lon- » gueil, dans sa seconde défense. *Quid* » *hîc Paulum Jovium commemorem?* » *Angelum Colotium, Antonium,* » *Marosticum ? Quid Marium Mol-* » *sam , Hieronymum Nigrum ,* » *M. Antonium Flaminium, Geor-* » *gium Sauromanum, viros tùm ab* » *omni elegantiore doctrinâ instruc-* » *tissimos, tùm ingenuâ animorum* » *probitate optimos, atque totius vitæ* » *innocentiâ integerrimos ?* C'était » alors néanmoins le fort de la dé-

» bauche du Molsa. Il avait une maî-
» tresse nommée Furnie, qu'il aimait
» passionnément, jusqu'à en avoir
» pris le nom de Furnius; et peut-
» être fut-ce d'elle aussi qu'il prit le
» mal dont il mourut. Nous avons
» une lettre du même Longueil à Fur-
» nius Marius Molsa, où sont ces pa-
» roles curieuses, *Cujus quidem rei*
» *me primum suis litteris certiorem*
» *fecit Flavius Chrysolinus, deindè*
» *Q. Lælius Maximus, quem Quinti*
» *prænomen secutum esse arbitror,*
» *quòd Quintiæ alicujus, ut tu Fur-*
» *niæ, consuetudine istic teneatur.*
» Elle devint peu de temps après
» courtisane publique. C'est encore
» une particularité que nous tenons
» de Longueil. *Nam de agresti illâ,*
» dit-il livre 4, écrivant à Flaminius,
» *in quam se obstrusurum esse Fur-*
» *nius Molsa affirmaret, speluncâ,*
» *factus sum à Brissone nostro cer-*
» *tior. Ac de Furnio quidem non*
» *valdè sum miratus, vult enim Fur-*
» *niam suam imitari, quam sese in*
» *recentem istum luparum furnum*
» *jam abdidisse intelligo.* Sur la fin
» de cette lettre, comme il était prêt
» à la fermer, il marque par apos-
» tille sa surprise d'une blessure
» qu'il venait d'apprendre qu'avait
» reçue le Molsa. *His scriptis, nec-*
» *dùm datis, accepi à Mariano litte-*
» *ras ex quibus cognovi quid Molsæ*
» *nostro istic accidisset. O casum acer-*
» *bum! Ait ille quidem à medicis ho-*
» *minem nondùm esse deploratum,*
» *quanquàm ad septum transversum*
» *vulnus pertineat. Verùm me solli-*
» *citum habet continens ista febris,*
» *quæ nisi citò dissolvitur...... Sed*
» *non queo plura præ dolore scribere.*
» On peut voir aussi la lettre qui
» suit, et une italienne du Sanga,
» dans le recueil de l'Atanagi, écrite
» de Tortose, le 27 de juin 1522, àJean
» BaptisteMentébuona, où il est parlé
» de cette blessure, et où il dit de
» plus que le Molsa s'était dégoûté
» de saFurnie. Il est aisé d'en deviner
» la raison par le passage que j'ai al-
» légué de la lettre de Longueil à
» Flaminius. *Che non credero io ho-*
» *ramai*, dit le Sanga, *poiche il*
» *Molsa ha sostenuto di mutare amo-*
» *re, e lasciare quella, quella tanto*
» *unica S. Furnia, e lasciarsi cadere*
» *in amore, dove havrà men bella*

» *materia di scrivere? In un tempo*
» *medesimo ho inteso che fù ferito, e*
» *che era senza pericolo; poiche così*
» *è, manco me ne duole. Pregovi*
» *vedendolo, che mi raccomandiate a*
» *lui, et al resto della compagnia*
» *bestiale, e benche sia il fior d'essa,*
» *pur separatamente mi raccomanda-*
» *rete al divino, divinissimo M. Ga-*
» *briello, etc.* On reconnaît par là
» qu'il y avait alors à Rome une aca-
» démie de beaux esprits sous le non
» de *Compagnia bestiale*, à cause de
» l'indolence dans laquelle apparem-
» ment ils faisaient profession de vi-
» vre. Je n'ai pu trouver jusqu'ici
» précisément à quel âge mourut le
» Molsa : je juge seulement que ce ne
» fut pas dans un âge fort avancé,
» me fondant en cela sur ces vers de
» l'élégie que j'ai citée :

> *Hic jacet antè annos crudeli tabe peremptus*
> *Molsa; ter injecto pulvere, pastor, abi.*

» Et sur celui-ci, vers la fin,

> *Antè diem Elysios cogor cognoscere campos.*

» C'est aussi le sens de ce bel endroit
» de Paul Pansa dans son élégie sur
» la mort de cet illustre :

> *Cur, Atropos, ausa es*
> *Pendula adhuc tereti rumpere pensa colo?*

Je croyais trouver beaucoup de faits
touchant notre Molsa dans l'*Istoria
della volgar Poesia* que l'abbé Giovanni Mario de Crescembeni a publiée
depuis peu; mais j'y ai seulement
trouvé (8) que ce poète vécut au-
delà de l'an 1540, et qu'il mourut
assez vieux à la cour du cardinal Far-
nèze. Cela est bien vague, et ne s'accorde point avec le Contile, témoin
oculaire. Ce fut au mois de février
1544. Je sais bien que la date de sa
lettre porte l'an 1543, mais il faut
supposer que c'est selon le calcul de
ceux qui ne commençaient l'année
qu'au mois de mars, ou à Pâques ;
car autrement il y aurait de la méprise dans sa date. Voyez les preuves
de M. de la Monnoie, et joignez-y ce
passage d'une lettre qui fut écrite de
Rome, le 15 de janvier 1544, à Trifon
Benzio (9). *Raccomandatemi, vi pre-*

(8) *A la page* 106.
(9) *Nous avons vu ci-dessus, citation* (5), *qu'il
se tenait auprès du malade pour le divertir.*

go, *caldamente al Molsa, e datemi avviso de la sanità sua, perch'a' giorni passati n'havevo udite dispiacevoli nuove* (10). C'est Claudio Toloméi qui parle ainsi. Il avait écrit, le 11 décembre 1543, une lettre au même Trifon, dans laquelle il le priait de saluer Molsa (11), et de faire un sonnet ou une épigramme sur la mort d'une femme illustre (12); j'observe cela afin d'apprendre à mes lecteurs, en chemin faisant, que ce Trifon était poëte.

(D) *Le Boccalini s'est bien diverti aux dépens du Molsa.*] Il introduit Christophe Colomb, Fernand Cortès, Magellan, Vasco de Gama, Améric Vespuce, etc., qui demandent à Apollon que vu la découverte d'un nouveau monde, dont on leur est redevable et dont ils étaient les utilités, leur mémoire soit consacrée à l'immortalité par des monumens proportionnés à leurs services. Le chancelier du Parnasse minutait déjà l'arrêt, lorsque le Molsa comparut pour s'opposer à leur requête. Il avait la tête toute pelée, le menton sans aucun poil, le nez pouri, le visage plein de croûtes et d'emplâtres. Voilà, s'écria-t-il en montrant ses plaies, voilà les bijoux et les beaux présens que ces messieurs nous ont apportés de leur nouveau monde: ils nous en ont apporté une maudite maladie, inconnue à nos ancêtres (13), contagieuse, honteuse (14), funeste à la génération; un vilain mal de Naples dont vous voyez les effets sur mon visage, et dont tout mon corps est affecté. Là-dessus il se tourne vers Christophe Colomb, et commence à déboutonner son haut de chausses; mais les Muses, qui craignirent qu'un objet trop malhonnête ne salît la pureté de leurs regards, lui firent faire défense de passer outre. Il s'arrêta;

mais il continua de parler avec tant de force, sur les grands inconvéniens que la découverte du Nouveau Monde avait apportés, qu'Apollon fit dire aux supplians, qu'ils eussent à se retirer au plus vite avec leur or et leur argent, et leur mal de Naples. *Comparve Maria Molso, poeta di molto grido, ma per non haver nel capo, e nella barba pelo alcuno, fatto molto diforme, oltre che più mostruoso lo rendeva l'esser senza il naso, pieno di gomme, e di croste, e di doglie, il quale col dito mostrando le sue piaghe, con alta voce, queste disse: (ó sire) che qui vedete nella mia faccia sono i nuovi Mondi, i nuovi riti, et i nuovi costumi de gl' Indiani... Con queste gioie, delle quali tutta mi videte bollata la faccia, et impiagata la persona, questi temerarii honno abbellito, ed arrichito il Mondo; con queste croste, e con queste eterne e crudelissime doglie, ch' ho per tutta la vita, questi implaccabili nemici del genere humano, hanno corrotta la stessa humana generazione. Poi voltatosi il Molsa verso il Colombo cominciò a sciorsi le brache, quando le serenissime Muse, per non contaminare, con la vista di qualche cosa oscena, i purissimi occhi loro, a i lettori commendarano, ch'egli fosse impedito* (15).

Il y a bien des gens qui, en comparant ce chapitre de Boccalin avec une scène des *Précieuses* de Molière, affirmeraient sans hésiter que notre comique a pillé l'auteur italien; mais je n'ai garde d'en user ainsi. Molière n'avait besoin que de son génie pour imaginer cet incident; mille et mille personnes moins ingénieuses que lui l'eussent inventé. Voici le fait. Jodelet et Mascarille racontent devant les deux précieuses leurs prétendus beaux exploits. Le premier s'exprime ainsi (16): *Il m'en doit bien souvenir ma foi : j'y fus blessé à la jambe d'un coup de grenade, dont je porte encore les marques. Tâtez un peu, de grâce, vous sentirez quel coup c'était-là.* CATHOS. *Il est vrai que la cicatrice est grande.* MASCARILLE. *Donnez moi un peu votre main, et tâtez celui-ci : là, justement au derrière de la tête.* Y

(10) Lettere di M. Claudio Tolomei, libro terzo, folio 114, édition de Venise, 1553.

(11) Ibidem, folio 93.

(12) È morto la Mancina esempio e idolo raro d'honestà et di bellezza.... essendo ella morta per cagion di parto, dite, etc. Ibidem.

(13) Ignote a tutta la medecina, e a tutta la chirurgia passata. Boccalin, Ragguagli di Parnasso, cent. II, cap. XC, pag. m. 272.

(14) Appettare il genere humano di un morbo tanto contagioso, così crudele, e vergognoso, che gran disputa è tra i dotti s'egli più deturpi il corpo, ò svergogni la riputazione. Ibid., pag. 271.

(15) Ibid. pag. 271, 272.
(16) Dans la scène XI de la comédie des Précieuses ridicules.

êtes-vous ? Magdelon. *Oui , je sens quelque chose.* Mascar. *C'est un coup de mousquet que je reçus la dernière campagne que j'ai faite.* Jodelet. *Voici un coup qui me perça de part en part à l'attaque de Gravelines.* Mascar. (mettant la main sur le bouton de son haut de chausse) *Je vais vous montrer une furieuse plaie.* Magdel. *Il n'est pas nécessaire , nous le croyons sans y regarder.* Mascar. *Ce sont des marques honorables , qui font voir ce qu'on est.* Cathos. *Nous ne doutons point de ce que vous êtes.*

Boccalin n'a pas dit sans quelque mystère que le Molsa était mort d'avoir mangé trop de figues (17) ; car il faut savoir que ce poëte avait fait des vers sur ce fruit-là , par allusion à des parties qu'on ne nomme pas. Ces vers sont pour le moins aussi sales que ceux de Jean de la Casa, qui font tant crier les protestans ; mais comme le Molsa n'avait point été inquisiteur, ni dans les charges ecclésiastiques , ses impuretés n'ont pas été objectées à la communion romaine. *Il est sûr, que si les emplois que le mérite de monseigneur de la Casa lui procura, ne l'eussent obligé , en qualité de nonce, à rechercher les personnes qui de son temps prévariquaient dans la religion , on n'aurait non plus songé à son Capitolo qu'à ceux du Bernin , du Mauro , du Molsa , qui ne sont pas moins licencieux , et que le seul bonheur d'avoir été faits par des auteurs sans conséquence a sauvés de la censure des protestans.* Voilà ce que M. de la Monnoie écrivit à M. l'abbé Nicaise, et qui fut communiqué à M. Ménage (18). Notez que le livre où Voëtius rencontra le *Capitolo del Forno,* c'est-à-dire les vers de Jean de la Casa qui l'ont fait passer pour panégyriste de la sodomie, est un recueil de pièces sales composées par divers poëtes, et nommément par notre Molsa. Cela paraît par ce titre : *Il primo libro dell' Opere burlesche di M. Francesco Berni, di M. Gio. della Casa, del Varchi, del Mauro, di M. Bino , del Molza , del Dolce , e del Firenzuola* (19). Ce livre fut

imprimé à Florence , chez Bernard Junta , l'an 1548. M. Voët déposa son exemplaire dans la bibliothèque d'Utrecht, comme dans un lieu de sûreté (20) ; mais ses précautions furent inutiles : cet ouvrage est disparu, et l'on ne doute point que les Français ne l'aient tiré de cette bibliothéque , pendant qu'ils furent les maîtres d'Utrecht, l'an 1672 et l'an 1673 (21). Cela soit dit en passant. J'ai besoin encore d'un passage de M. Ménage. Les *Capitoli in terza rima,* dit-il (22), *sur des choses honnêtes , mais qui avaient relation à des choses déshonnêtes , étaient en ce temps-là fort à la mode : ce qui paraît par le* Capitolo della Fava *du Mauro , et par celui* delle Fiche *du Molsa, si célèbre par le Commentaire de Ser Agresto , c'est-à-dire d'Annibal Caro.* Voyons le jugement de Boccalin sur le *Capitolo della Fava ,* et sur celui *delle Fiche.* Il introduit la célèbre Laura Terracina, qui ayant été agrégée au sacré collége des poëtes , et voulant choisir pour mari ou le Molsa , ou le Mauro, examina les Figues de celui-là , et la Fève de celui-ci , et se détermina pour la Fève : l'ayant trouvée d'un plus haut goût , et plus succulente que les Figues. *Volle prima , che amendue le mostrassero le poesie loro , le quali dipoi, che con esatissima diligenza piu volte ella hebbe rilette, e ben considerate , tralasciate le Fiche del Molza , come contate con stile enervato , e molto languido , si attacò alla Fava del Mauro , nella quale il parve di trovar maggior succo di concetti , e che quell' argomento fosse disteso con piu sodezza di verso* (23). Je crois que Boccalin n'a pas dessein de nous donner là une bonne idée de la chasteté de cette Laura.

(E) *Ce Commentaire fut imprimé , in-*4°*. , l'an* 1539.] Il fut réimprimé, *in-*8°*. , l'an* 1584 , pour servir d'escorte aux *Raggionamenti* de l'Arétin, et par là vous pouvez juger de la qualité de l'ouvrage. Voici tout le titre : *Commento di Ser Agresto da*

(17) All' hora che Mario Molza per lo soverchio uso de' fichi passò all' altra vita. Ragguagli XXXIII, Centur. I, pag. m. 90.
(18) Voyez l'Anti-Baillet, chap. CXX.
(19) Voyez les Disputes théologiques de Gisbert Voëtius, tom. I, pag. 205.
(20) Exemplar illud intuli in Bibliothecam publicam, ut sub publicâ custodiâ perpetuum Sanctitatis Romanæ monimentum exstaret , et perfractè negantibus ostendi posset. Voët. , ibid.
(21) Voyez Lomeyer, de Bibliothecis , cap. X, pag. 300.
(22) Anti-Baillet, cap. CXIX.
(23) Boccalin., Ragguagli, XXXV, centur. II , pag. 130.

Ficaruolo , sopra la prima Ficata del Padre Siceo ; con la Diceria de' Nasi.
L'imprimeur , prenant qualité d'héritier de Barbagrigia , se promet que cette nouvelle édition ne sera pas moins agréable que celle de l'an 1538 qui fut la première , et déclare qu'il la donne pour s'acquitter de la promesse qu'il avait faite depuis peu en publiant les *Ragionamenti* de l'Arétin.
Ecco (Amorevole Leggitore) che io non mi domentico punto della promessa che ti feci a mesi passati , quando per mezzo della stampa mia ti presentai i Ragionamenti di Pietro Aretino , conciosia cosa che da quella mosso , hoggi io mi sia risoluto di presentarti ancora il piacevole , e sottil Commento del valente Ser Agresto da Ficaruolo , sopra la prima Ficata del Padre Siceo , il quale mi giova di credere , che non ti debba esser punto hoggi men caro di quello che egli ti fosse l'anno 1538 quando , dalla felice memoria del mio babbo , ti fu presentato la prima fiata , nè (credo) che ti debba esser men caro , che ti sieno stati i prenomati Ragionamenti. L'imprimeur de la première édition s'était nommé Barbagrigia , et avait adressé sa préface conjointement à l'auteur Molsa , et au commentateur Annibal Caro , et leur avait dit qu'en comparaison de plusieurs pièces grecques , latines , et italiennes , leur ouvrage pouvait passer pour fort honnête , vu que les obscénités n'y étaient point nues , mais habillées de pied en cap , et qu'après tout ils avaient fait sagement de s'en délivrer sur le papier; car s'ils les eussent gardées dans leur corps , elles eussent pu démonter leur tête , ou corrompre pour le moins leur chasteté , étant presque nécessaire que ce que l'on ne dit pas on le fasse. *Quanto alla lascivia . . . . . Messer Ludovico Fabbro da Fano , che m'è . . . . . . consiglier dell' opere , che io stampo : mi dice , che gli hanno pur tanto di gentilezza , et di modestia : che dove quelli di gli altri in questo genere , tanto de' Greci , quanto de' Latini , et de' volgari, vanno la più parte ignudi , et senza brache : essi vanno tutti vestiti , et con le mutande. Et quello , che più importa , è , che eglino non vi stanno più in corpo che così : oltre al pericolo* detto di sopra di farvi impazzare , *potrebbono al meno far divenir lascivi et scorretti voi quali essi sono. Sendo quasi forza , che quello , che non si dice , si faccia.* Le commentateur a commencé par un prologue digne de la pièce. Il y représente, 1°. , que l'auteur de la *Ficheide* ou du *Ficheido*, ayant pris les figues pour son sujet , leur donne l'un et l'autre sexe, et emploie confusément le sens littéral, et le sens allégorique. *Bastivi per hora di sapere , ch' il poeta , non senza misterio la battezza hermafroditi : e che per tutta l'opera troverete , che hanno confusamente due sessi , et dui sensi , et di questi uno è secondo la lettera , l'altro secondo il misterio , come di sotto vedrete* (24) ; 2°., que c'est un juge très-compétent en cette matière ; qu'il a mis plus de temps à l'examiner qu'Endymion à spéculer les mouvemens de la lune , et que s'il n'a pu la pénétrer jusqu'au fond, il est allé plus avant que tous les autres. *Ma per monstrare quanto sia competente giudice in questa causa (come dicono i legisti) mi par solamente da dirvi : che egli , oltre all' esser gran poeta , è grandissimo filosofo naturale : ed ha speso più tempo a investigare i segreti della natura ficale , che Endimione a speculare i moti della luna. E se quello ne fu tenuto dalla luna per innamorato : questo n'è stato chiamato dal mondo per padre : come se ognuno li fosse figliuolo. E come Alberto fu detto Magno per havere scoperti i segreti delle donne : esso è cognominato divino , et perfetto , per haver rivelati i segreti de' Fichi. E con tutto , che di sotti confessi di non haverne tocco ancor fundo , si vede pure , che s'è disteso più à dentro , che nessun' altro* (25). Je ne rapporte ces choses qu'afin qu'on sache le jugement qu'on faisait du Molsa. On en pourra de plus inférer qu'il régnait alors parmi les poëtes d'Italie beaucoup de licence. Les uns à l'envi des autres s'exerçaient sur des sujets à double sens. M. Ménage eût pu ajouter aux exemples qu'il a cités (26) le fameux Bembo , qui choisit pour sa matière une herbe dont le nom faisait bientôt

(24) *Proemio del Commentatore, pag.* 10.
(25) *Ibid.*
(26) *Ci-dessus, citation* (22).

pressentir de quoi il était question.
Je m'expliquerai par les paroles d'un
autre écrivain. « Il y a un *Petrus*
» *Mathæus*, docteur en l'un et l'au-
» tre droit, qui fit l'an 1587 un Re-
» cueil de plusieurs poésies latines
» des poëtes italiens........ Entre
» ces poésies les deux plus belles
» pièces qui s'y trouvent sont les plus
» honteuses , la Priapée de Bembe ,
» où il se joue de son esprit, parlant
» de l'herbe que nous appelons la
» menthe , par une rencontre de ce
» mot avec la mentule latine, et en-
» core la Siphilis de Fracastor, où il
» décrit l'origine et le progrès de la
» vérole (27). »

(F) *On a dit* ..... *qu'il ne fallait
point douter que son âme ne fût montée tout droit au ciel.*] Le Contile emploie entre autres raisons celle là pour
consoler ceux qui pouvaient s'affliger
de la mort de ce bel esprit. Il avait
allégué les raisons pour lesquelles ils
devaient s'en affliger, et puis il tourne la médaille de cette manière : *Debbano adunque i suoi parenti ed amici
piangerlo con dolore intenso. Non
debbano poi dolersene , perche hanno
conosciuto, che quella era la sua hora,
nella quale mostrò tanto zelo christiano , che dicono à viva voce esser lui
salito in cielo : era la sua hora pari-
menti inquanto alla età , la quale
stanca di questa vita, ha mostro il
suo determinato fine , fuggendo il
pericolo delle morti subitane , le
quali succedono quasi sempre à quella
età. So che voi in prima fronte vi
dorrete di quello honorato amico ,
dipoi non vi dorrete , ma restarete
contento di quel fine, che certifica la
salute di quell' anima , che in questa
vita valse tanto* (28). Il me semble
que les mœurs de cet homme-là devaient faire craindre , malgré les
bonnes dispositions qu'il fit paraître
en mourant, qu'il n'eût besoin de
plusieurs années de purgatoire.

(27) Pasquier, Catéchisme des Jésuites , *livre
III , chap. IX, pag. m.* 378.
(28) Luca Contile, Lettere, *libre I , folio* 86
verso.

MOLSA (TARQUINIA), petite-
fille du précédent, a été une des
plus illustres dames de son siècle. Son esprit et son savoir, ac-

compagnés des grâces du corps
étaient soutenus par une grande
vertu (A). Ayant perdu son mari sans en avoir eu des enfans (*a*),
elle ne voulut jamais se remarier , quoiqu'elle fut encore fort
jeune : elle marqua si vivement
sa douleur, qu'elle mérita d'être
comparée avec Artémise (B). Son
père ayant reconnu qu'elle était
née pour les sciences , la fit instruire par les plus excellens maîtres qu'on pût trouver (C). Elle
fut extrêmement considérée à la
cour du duc de Ferrare : en un
mot, son mérite eut tant d'é-
clat , que la ville de Rome la gratifia d'un privilége dont on n'a-
vait point d'exemples ; ce fut celui de la bourgeoisie romaine
(D). Vous trouverez le détail de
toutes ces choses dans les remarques.

(*a*) Hilar. de Coste, Élog. des Dames
Illustr. *tom, II , pag.* 800. *Il ne fait que
traduire , l'Élog. de cette dame, composé par*
Pierre-Paul de Ribéra.

(A) *Son esprit et son savoir , ac-
compagnés des grâces du corps ,
étaient soutenus par une grande vertu.*] François Patrice, l'un des plus
savans personnages de ce temps-là, est
ma caution; car voici ce qu'il lui écrit,
après avoir étalé toutes les choses
qu'elle savait. *His tot tantisque ingenii ornamentis comites sese addide-
runt nobilitas generis , pulchritudo
eximia , mores animi insignes , pudi-
citia singularis* (1). Un chanoine de
Latran a donné à cet éloge plus d'é-
tendue : *Elle était naturellement aimable*, dit-il (2), *et d'une rare beauté;
de sorte qu'étant en un âge plus avancé , son visage , sa gentillesse , et sa
bonne grâce firent paraître que le
dire d'Euripide est véritable : Que
non-seulement le printemps , mais*

(1) Franciscus Patricius , *in epist. dedicatoria
terii unui Discussion. Peripateticarum.*
(2) Pierre Paul de Ribéra , *ubi infrà , citat.* (-).
Selon la version d'Hilarion de Coste, Élog. des
Dames illustres, *tom. II , pag.* 800.

aussi *l'automne des vraies beautés est agréable : toutefois les perfections de l'esprit surpassèrent beaucoup celles du corps , ayant égalé les plus célèbres personnages en vertu et en doctrine. Elle n'a pas aussi cédé à aucune femme en honnêteté et en modestie , dont elle a fait toujours profession , avec d'autant plus de gloire et d'avantage , qu'elle a été honorée de la visite des plus excellens hommes de diverses nations* (3) , *qui ayant ouï faire un grand récit de ses rares vertus , et de ses mérites , ont voulu satisfaire à leur curiosité et sont venus de bien loin pour la voir et lui parler, comme à une merveille de son siècle. Cette vanité, qui flatte si doucement l'esprit de son sexe, n'a jamais touché le sien ; au contraire , elle fuyait avec une grande sagesse et modestie les occasions qui la pouvaient faire paraître ; préférant une vie retirée du monde , à l'état que ses qualités extraordinaires lui pouvaient apporter; le tempérament qu'elle y avait trouvé ne sentait ni la présomption de soi-même , ni le mépris d'autrui. Ces* paroles sont du minime Hilarion de Coste ; mais elles ne sont que la traduction de l'italien du chanoine de Latran. Appliquez ceci aux citations que vous allez lire de ce même moine.

(B) *Elle mérita d'être comparée avec Artémise.*] J'en parle ainsi sous la caution d'un grand philosophe : *Proh dolor !* dit-il (4) , *postquàm maritus tuus Paulus Porrinus , virorum optimus ad superos migravit , Musas omnes ac Gratias, luctu ac tenebris obduxisti. Artemisiam alteram te factam dolemus. Fuit quidem illi tibi maritus incomparabilis. Sed et tu uxor illi incomparabilis et admiranda. Da locum prudentiæ , ac fortitudini tuæ , da finem lachrymis.* L'épître dédicatoire dont j'ai tiré ces paroles n'est point datée ; mais le livre où elle se trouve fut imprimé à Bâle , l'an 1581.

(C) *Son père . . . . . la fit instruire par les plus excellens maîtres qu'on*

(3) *Confirmons cela par ces paroles de* François Patrice , discussionum peripateticarum epist. dedicatoria : Elegantes ac docti viri quique non cives tantùm tui, sed quotquot Italia, quotquot Europa protulit , Mutinam visunt , ut te Mutina visant , yt mirentur, ut colant, cerebrum Jovis penè supremi alteram Minervam.

(4) Francisc. Patricius , *ibid*.

put trouver.] « (5) Camille Molsa , » chevalier de l'ordre de Saint-Jac- » ques d'Espagne , qui était fils du » grand François - Marie Molsa de » Modène , orateur et très-excellent » poëte latin et italien . . . ayant re- » marqué dès sa jeunesse la bonté et » l'excellence de son esprit, l'envoya » avec ses frères pour apprendre les » principes de la grammaire. Jean » Politiano , natif de Modène, très- » docte en toutes les sciences , très- » vertueux et de sainte vie , fut son » maître. Elle apprit encore les let- » tres humaines, à bien écrire , et à » composer correctement sous la con- » duite de Lazare Labadini , célèbre » grammairien de ce temps-là , com- » me elle l'a élégamment réduite en » pratique par ses compositions en » prose et en vers latins. Elle se ren- » dit savante en la rhétorique d'Aris- » tote sous Camille Corcapani. Le » méthématicien Antoine Guarini, » lui enseigna la sphère. Elle apprit » la poésie de François Patricio, phi- » losophe fameux, la logique et toute » la philosophie de P. Latoni , et » du même , l'entière et la parfaite » connaissance de la langue grecque. » Rabbi Abraham lui enseigna les » principes de la langue hébraïque. » L'aïeul de ce rabbin avait appris la » même langue au grand Molsa , » l'aïeul de Tarquinie , ensuite de » quoi, par ses propres soins et l'in- » clination que ces grands hommes » voyaient en son esprit pour l'étude, » elle y fit un notable progrès , jus- » que-là que les plus subtiles ques- » tions de la théologie ne lui étaient » point difficiles. Jean-Marie Barbier, » homme de grand savoir et fort ju- » dicieux, la forma dans la politesse » de la langue toscane , en laquelle » elle a non-seulement composé plu- » sieurs vers faciles et élégans , mais » aussi diverses lettres et autres œu- » vres fort estimées par les plus polis » et les plus savans d'Italie. Avec ses » inventions particulières elle a mêlé » quantité de traductions d'œuvres » grecques et latines , dans lesquel- » les elle a exprimé si heureusement » et si proprement les pensées des » auteurs, qu'elle a mis ses lecteurs » en doute si elle n'avait pas une

(5) Hilar. de Coste, Éloges des Dames illustres , tom. II . pag. 799, 800, *et suiv*.

» plus parfaite connaissance de ces
» langues-là que de la sienne pro-
» pre. Elle commença à apprendre la
» musique pour s'entretenir et diver-
» tir de ses études plus sérieuses ; de
» sorte qu'elle surpassa de beaucoup
» toutes les dames qui avaient chanté
» avec un grand applaudissement et
» ravi les oreilles d'admiration. La
» conduite de sa voix , qu'elle avait
» acquise par les vraies règles des
» bons livres et des meilleurs auteurs,
» dont plusieurs ont eu cette louable
» ambition de lui pouvoir montrer
» quelque chose rare de cette profes-
» sion , comme firent entre autres
» Giaches d'Uverto, Lusasco Lusachi,
» et Horace, dit de la Viole, duquel
» instrument outre le luth Tarqui-
» nia avait coutume de jouer une
» partie , y joignant une autre avec
» sa voix , et avec tant d'adresse et
» de science , que l'on n'en saurait
» pas souhaiter davantage , si bien
» qu'Alfonse II, duc de Ferrare (6) ,
» prince très-judicieux, et qui avait
» une extrême passion pour toutes les
» belles et les bonnes choses, demeu-
» ra ravi d'admiration , ayant trouvé
» beaucoup plus de merveilles en
» cette dame que l'on ne lui en
» avait pas rapporté. Peu après elle
» institua ce célèbre concert des da-
» mes qui l'ont grandement respec-
» tée , et après la mort de son mari
» lui ont fait l'honneur de l'appeler
» toujours en leur compagnie , afin
» que par sa présence elle perfection-
» nât ce chœur de musique qu'elle
» avait si bien commencé. » Ces paroles d'Hilarion de Coste sont traduites
de l'italien d'un chanoine régulier de
Saint-Jean de Latran (7). Il ne marque
pas assez bien ce que Patrice enseigna
à cette dame. C'est pourquoi je rectifie sa narration par les paroles de

(6) *Confirmez* cela par ces paroles de Patricius *ubi supra*, citat. (3). Quanti te serenissimus Alphonsus Atestinus II princeps noster ? Quanti principes mulieres Lucretia atque Leonora , sorores ejus faciunt ?

(7) *Nommé* Pierre Paul de Ribéra de Valence. *Il a* fait l'éloge *de notre* Tarquinia *dans le* XIV *livre d'un ouvrage qui a pour titre :* Le Glorie immortali de' Triomfi , ed heroiche imprese d'ottocento quaranta cinque donne illustri antiche e moderne , dotate di conditioni e scienze segnalate : Cioè in sacra scrittura , theologia , profetia, filosofia, retorica , grammatica , medicina , astrologia , leggi civili , pittura , musica , armi , ed in altre virtu principali.

Patrice même , qui nous apprennent
qu'il lui enseigna la langue grecque,
et qu'il lui fit lire Platon. Tout ce
qu'il dit à la louange de Tarquinia ,
par rapport à l'érudition , mérite
d'être rapporté, et peut servir de
supplément à la narration de Ribéra.
Non tu , dit-il (8) , *ut aliæ solent ,
summis labris libros attigisti. Tu non
modò Hetruscam politissimam linguam , sed latinam , sed græcam ,
optimè calles. Tu in hâc non modò
historicos atque oratores , sed et philosophos , sed et Platonem ipsum ,
Jovis eloquium æmulantem , sed et
poëtas quoslibet , sed et Pindarum ,
sine hæsitatione ullâ , et legis et in-
telligis. Hanc tu , quòd omnium hominum admirationem vincat , in Platone , tribus mensibus me prælegente
edidicisti. Tu in latina omnium generum carmina pangis, in Hetrusca
poemata condis , quàm salita , Jupiter , atque arguta ! Tu logicas omnes
spinas demetisti. Tu moralem philosophiam , Plutarchicam , Aristotelicam , Platonicamque obibisti. Tu
magnos profectus in physiologiâ fe-
cisti. Tu theologiam catholicam, toto
pectore hausisti. Quid musicen omnis
generis referam ? In quâ te omnis ,
non modò musicorum , sed et musarum chorus et admiratur , et stupet.
Te ne virorum quidem ullus in mu-
sicâ præstantissimorum , non modò
non superat , sed nec adæquat. Cùm
ad hendecachordum canis , cùm acu-
tam gravemque eodem utramque tempore , alteram ad lyram pulsas ,
alteram cantas , gratiæ te omnes or-
nant , circumstant , stupescuntque.
Quas utinam possem ita exprimere ,
ut qui hæc legeret , te audire putaret.
Sed, Dii boni ! quæ eloquentia ? quæ
argutiæ , qui sales ? quæ jucunditas
in conversando , quæ humanitas , quæ
urbanitas ? Longè meritò judiciosis-
simus Benedictus Manzolius civis
tuus , et episcopus regiensis te , non
solùm patri tuo Camillo viro eloquen-
tissimo , sed etiam avo tuo , viro us-
quequaque magno Francisco Mario
Molziæ audet præferre.*

(D) *La ville de Rome la gratifia...
de la bourgeoisie romaine.*] « (9) Tout

(8) Patricius, *epist. dedicat.* Discuss. Peripatetic.

(9) Hilar. de Coste , Éloge des Dames illustres , tom. II , pag. 802 , 803.

» l'univers a donné un applaudisse-
» ment universel à ses mérites , mais
» particulièrement le sénat et le peu-
» ple romain , par un authentique
» témoignage et reconnaissance ,
» l'ayant , dans un décret du sénat
» (où il est fait mention de toutes
» ses qualités et de ses mérites) ho-
» norée du titre d'*Unique*, lui don-
» nant à elle le droit de citoyenne
» romaine, et à tous ceux de la mai-
» son de Molsa , comme vous verrez
» par les paroles de ce privilége et
» de cette patente. . . . *Quod Fabius*
» *Matheus Franciscus Soricius Equ.*
» *Dominicus Coccia Cons. de Tar-*
» *quiniá Molsá Mutinense Camilli*
» *filiá civitate romaná donanda ad*
» *senatum retulére S. P. Q. R. de*
» *eâ re ita fieri censuit. Etsi novum*
» *atque inusitatum est in civium nu-*
» *merum à senatu fœminas cooptari,*
» *quarum virtus, ac fama domestico-*
» *rum parietum finibus contineri cùm*
» *debeat , rarò publicis in negotiis*
» *usui reipublicæ esse solet; tamen*
» *si aliqua inter eas unquàm extite-*
» *rit , quæ non solùm cæteras sui or-*
» *dinis, sed viros etiam virtutibus pe-*
» *nè omnibus supergrediatur, æquum*
» *est, ut novo exemplo, novisque inu-*
» *sitatisque meritis , novi itidem ho-*
» *nores inusitatique persolvantur.*
» *Cùm itaque Turquinia Molsa Mu-*
» *tinæ antiquissima ac florentissima*
» *populi romani colonia, Camillo pa-*
» *tre in equitum ordinem D. Jacobi*
» *ab Hispaniæ regibus institutum, ob*
» *merita ac nobilitatem adjecto, ge-*
» *nita* (10), *celebres illas romanas*
» *heroinas æmuletur , virtutibusque*
» *exprimat , ut ei nihil præter pa-*
» *triam romanam deesse videatur, ne*
» *hoc unum ad absolutam ejus glo-*
» *riam desiderari possit , senatus po-*
» *pulusque romanus civitate donan-*
» *dam censuit , etc.* Ribéra n'a mis
» que ces paroles latines dans l'éloge
» de Tarquinia Molsa, et toute cette
» patente en italien, où sont rappor-
» tées toutes les qualités et les études
» de cette héroïne , la noblesse de sa
» maison, et les faits de ses ancêtres

» dont j'ai parlé ci-dessus. Le décret
» a été rendu au Capitole, le 8 dé-
» cembre M. D. C. , Curtio Martolo
» étant pour lors chancelier du sénat
» et du peuple romain, Angelo Fos-
» co, chancelier du sénat et du peu-
» ple. »

MONANTHEUIL (HENRI DE),
en latin *Monantholius* (A) , natif de Reims en Champagne ,
était professeur royal à Paris, en
mathématiques, dès l'an 1577 (a)
(B). Il a été aussi doyen de la
faculté de médecine de Paris (b).
Il avait été élevé sous la discipline de Ramus, au collége de
Prêle, et il était fort attaché à la
philosophie de ce nouveau chef
de parti. M. de Thou, qui nous
apprend cette particularité (c) ,
parle avec éloge de Monantheuil,
qui lui avait enseigné l'arithmétique et la géométrie. Il avait
été précepteur du savant Pierre
de Lamoignon (d), dont Théodore de Bèze a fait l'épitaphe en
vers latins. Il publia à Paris, en
1599, la traduction latine des
mécaniques d'Aristote (e) (C),
et y joignit un fort savant commentaire. La mort * l'empêcha
d'achever un grand ouvrage de
mathématique auquel il avait
long-temps travaillé, et qui devait avoir pour titre : *Heptatech-
non mathematicum.* Nous dirons
quelque chose de ses autres livres dans les remarques. Il était
des amis particuliers du garde

(10) Hilarion de Coste *a traduit ceci misérablement :* Et parce, *dit-il ,* que Tarquinia Molsa,
native de Modène , (ancienne et florissante colonie du peuple romain) et qui pour ses mérites
et sa noblesse a été fille de Camille , chevalier de
l'ordre de Saint-Jacques , institué par les rois
d'Espagne.

(a) Du Breul, Antiquités de Paris , *pag.*
567.
(b) Ménage Rem. sur la Vie de P. Ayrault,
pag. 254.
(c) Thuan. , de Vitâ suâ, *lib. I.*
(d) *Oncle du premier président de Lamoignon.* Ménage, Remarques sur la Vie de P.
Ayrault, *pag.* 254.
(e) Vossius, de Scient. Mathem. , *p.* 306.
* Il mourut en 1606, dit Leclerc , âgé de
soixante et dix ans.

des sceaux du Vair, et il est le *musée* dont M. du Vair a fait mention dans son livre de la Constance. Il eut un fils nommé THIERRI DE MONANTHEUIL, qui fut avocat au parlement de Paris, et qui a composé un livre intitulé *de Puncto* (D), qu'il a dédié à son père. Ce Thierri mourut à Paris en 1621, âgé de cinquante ans. Sa sœur CATHERINE fut mariée à Jérôme Goulu, comme nous l'avons déjà remarqué (*f*). Voyez M. Ménage (*g*).

(*f*) Ci-dessus, tom. *VII*, pag. 184, remarque (A) de l'article GOULU (Jérôme).

(*g*) Remarques sur la Vie de P. Ayrault, pag. 254.

(A) *En latin* Monantholius.] C'est sans doute son vrai nom latin : mais parce que Vossius le nomme, je ne sais pourquoi *Monatholius*, M. Moréri non - seulement ne l'a pas mis sous son nom français, comme il devait faire, il l'a encore mis sous un nom latin un peu altéré, je veux dire sous celui de *Monatholius*. Il n'a rien ajouté au petit article qu'il en a trouvé dans Vossius.

(B) *Il était professeur royal. . . . . dès l'an* 1577.] Je croirais aisément qu'il prit possession de cette charge en 1574, étant déjà professeur en médecine ; je le croirais, dis-je, aisément sur ce titre de harangue rapporté par du Verdier Vau-Privas, dans le Supplément de l'Épitome de la Bibliothèque de Gesner. *Henrici Monantholii, Rhemi scholarum medicinæ professoris, Oratio pro mathematicis artibus, Parisiis habita, ibidemque excusa in-4°. apud Dyonisium à Prato* 1574. Mais cet autre titre de harangue que je vois à la page 367 de la IIᵉ. partie du Catalogue de M. de Thou pourrait tenir en suspens, *Henrici Monantholii Oratio pro suo in regiam cathedram ritu*, Paris.* 1585.

* Ni Bayle, ni Leclerc, ni Joly, n'avaient vu ce livre qui porte *reditu* et non *ritu*. Au reste « tous ceux qui ont parlé de Henri de Monantheuil, « l'ont fait, dit Goujet, avec peu d'exactitude, « faute d'avoir consulté ses ouvrages. » On peut

(C) *Il publia. . . . la traduction latine des Mécaniques d'Aristote.*] Quand je vois d'un côté que le sieur Konig (1), sur le témoignage de Cardan, nous parle d'un François *Monantholius*, auteur d'un livre intitulé : *Ludus iatromathematicus* ; et de l'autre que Henri de Monantheuil a fait un livre intitulé : *Ludus iatromathematicus musis factus ad averruncandum tres academiæ perniciosissimos hostes* πόλεμον, λιμόν, λοιμόν (2), j'ai quelque disposition à croire que d'un auteur on nous en fait deux, et qu'ainsi le *Petrus Monantholius* dont on nous parle immédiatement après, comme d'un auteur qui publia des commentaires, à Paris, sur la Rhétorique d'Aristote, l'an 1599, est une nouvelle multiplication du même écrivain, et la prise d'un ouvrage de rhétorique pour un traité de mécanique. Je n'ose néanmoins rien décider, n'ayant point en ma disposition une bibliothèque assez bien fournie.

(D) THIERRI. . . . *son fils. . . . a composé un livre intitulé* de Puncto.] Monantheuil le père a écrit sur le même sujet. Voyez dans le Catalogue de M. de Thou, ce titre : *Henr. Monantholii de Puncto primo geometriæ principio*, 4. *Lugd. Bat. Commel.* 1600. Le Catalogue d'Oxford n'a point ce traité ; mais on y voit un panégyrique *Henrico IV, Galliarum regi, dictus*, imprimé à Paris en 1594, et une *Admonitio ad Jac. Peletarium de Angulo contactus*, imprimée à Paris en 1581.

lire l'article que Goujet lui a donné dans son *Mémoire sur le Collége royal de France.*

(1) Biblioth. pag. 548.

(2) *Voyez* Lindenius renovat., pag. 397.

MONARDES (NICOLAS), médecin de Séville, florissait au XVIᵉ. siècle, et s'acquit beaucoup de réputation par la pratique de son art (*a*), et par les ouvrages qu'il publia (A). Quelques - uns croient qu'il mourut l'an 1588 ; mais il y a plus d'apparence qu'il mourut l'an

(*a*) *Voyez la remarque.*

1578 (*b*). Nous montrerons dans la remarque que les éditions de ses livres n'ont pas été bien rapportées par don Nicolas Antonio.

(*b*) Nicol. Antonius, *in* Biblioth. Scriptor. Hispanor., *tom. II, pag.* 122.

(A) *Il s'acquit beaucoup de réputation.... par les ouvrages qu'il publia.*] Le livre qui a pour titre: *de secandâ venâ in pleuritide inter Græcos et Arabes Concordia*, fut imprimé à Seville, l'an 1539, in-4°. Son traité *de rosâ et partibus ejus ; de Succi rosarum Temperaturâ ; de Rosis persicis seu Alexandrinis ; de Malis, Citris, Aurantiis et Limoniis*, fut imprimé à Anvers, l'an 1565, in-8°. (1). L'ouvrage où il expliqua les vertus des drogues que l'on avait apportées de l'Amérique, *de las drogas de las Indias*, fut extrêmement profitable au genre humain, car il enseigna le remède de beaucoup de maladies. Il procura aussi à Monardes beaucoup de gloire. Ecoutons-le là-dessus : *Quæ* (prima pars) *superioribus annis tam felicibus auspiciis in publicum prodiit ut indè hominum vita tot morborum periculis objecta multiplicia eademque præsentanea remedia sibi paraverit, atque ego bonorum judicio non mediocrem eruditionis et diligentiæ laudem reportaverim* (2). C'est ainsi qu'il parle touchant la première partie de cet ouvrage, dans une épître dédicatoire au pape Grégoire XIII (3). Il ajoute que le désir de travailler pour le bien public le porta, bien plus que les applaudissemens dont il jouissait, à composer une seconde partie, et il observe qu'elle fut d'une utilité admirable. *Posteà non tam auræ popularis* (quamquàm ea secundissimè afflabat) *suavitate illectus, quàm communis utilitatis amore commotus, alterum ejusdem argumenti syntagma concinnavi : in quo innumera medicamenta quæ hactenùs intrà naturæ arcana delituerant, magno humanæ salutis emolumento in lucem produxi* (4). Notez qu'avant

que de publier quelque chose sur cet te matière, il savait par une longue expérience la souveraine vertu des médicamens de l'Amérique. *Quùm rerum medicinalium ab Occidentali usquè Indiâ, ad nos convectarum utilitates adeò mirabiles ut ægrotos quamplurimos penè jam deploratos sanaverint, assiduâ medendi periclitatione atque longinqui temporis usu percepissem ; eas res.... vid ac ratione tractare constitui* (5). Notez aussi que don Nicolas Antonio eût dû nous apprendre que les deux premières parties de cet ouvrage furent imprimées l'une après l'autre. Il ne savait point cela ; il veut bien qu'on croie qu'elles parurent en même temps, et pour la première fois l'an 1569, in-8°. *De las drogas de las Indias*, dit-il (6), *duobus tomis qui primùm editi sunt ab authore, anno* 1569. Ce qu'il ajoute n'est pas plus exact : *posteà adjunctâ tertio, unum ex tribus majoris formæ volumen publicavit, anno* 1580, *in-4°.* Il est sûr que la troisième partie fut imprimée avec les deux autres, in-4°., dès l'an 1574, à Séville, chez Alonso Escrivano. J'ai cette édition : elle est dédiée au pape Grégoire XIII, et ce fut pour faire plaisir à ce pontife que l'auteur la publia en cet état. *Quæ meorum studiorum monumenta quùm ejusce modi genium habuerint, ut Sanctitati tuæ summè placuerint, eaque Romam ex ultimâ Hispaniâ deferenda curaveris, operæ pretium me tibi facturum existimavi, si utramque hujus operis partem conjungerem, ac nunc primùm tuâ potissimum caussâ tertiam adjicerem* (7). Il y joignit trois dialogues : le premier, *de la Piedra Bezaar, y de la Yerva escuerçonera ;* le deuxième, *de la Nieve y del Bever frio ;* le troisième, *de las Grandezas del Hierro, y de sus Virtudes medicinales.* Les deux premiers avaient déjà vu le jour (8) ; mais le troisième n'avait pas encore été imprimé. Nicolas Antonio n'a point connu d'autre édition du troisième que celle de l'an 1580. Tous ces ouvrages espa-

(1) Nicol. Antonio, Biblioth. Scriptor. Hispan., tom. II, pag. 122.
(2) Nicol. Monardus, *epist. dedicatoria.*
(3) Elle est au devant de l'édition de Séville 1574.
(4) Nicol. Monardus, *epist. dedicatoria.*

(5) Là même.
(6) Nicol. Antonio, Biblioth. Hispan. tom. II, pag. 122.
(7) Nicol. Monardus, *epist. dedicatoria.*
(8) Celui De la piedra Bezaar, etc., *à Séville*, l'an 1569, in-8°., celui De la nieve, etc., *à Séville* 1571, in-8°. Nicol. Antonio, Biblioth. Hispan., tom. II, pag. 122.

gnols de notre Monardes ont été traduits en latin par Clusius, et en italien par Annibal Brigantus. Le même Clusius a traduit aussi en latin les trois livres de Monardes, *de varios Secretos y Experiencias de Medicina.* Ceux des Drogues de l'Amérique ont été traduits en anglais par je ne sais qui, et en français par Antoine Colin, maître apothicaire juré de la ville de Lyon. Le *Lindenius renovatus* ne marque l'année d'aucune édition espagnole.

MONIME, femme de Mithridate, toucha le cœur de ce prince dès la première fois qu'il la vit. Ce fut dans la ville de Stratonicée peu après qu'il eut remporté de grands avantages sur les généraux romains Oppius, Manius, etc. Il trouva si belle cette fille, qu'il s'en empara, et qu'il la fit mettre dans son sérail (a). D'autres disent qu'elle était de Milet, et que Mithridate ne put parvenir à la dernière faveur qu'en prenant la belle voie, c'est-à-dire qu'en l'épousant. Il l'attaqua par des sollicitations, il lui envoya tout à la fois quinze mille écus; mais tout cela fut inutile, il en fallut venir au contrat de mariage, il ne coucha avec elle qu'après l'avoir signé et qu'après l'avoir ornée du diadème et de la qualité de reine (b) (A). Cette conduite la rendit célèbre par toute la Grèce. Sa condition n'eut que de l'éclat; les biens réels n'y furent point. La pauvre Monime regretta souvent son pays natal, et fit une triste fin (B) ; car Mithridate vaincu par Luculle, et craignant que ses femmes ne tombassent au pouvoir de l'ennemi, les fit tuer. Il avait donné le gouverne-

ment d'Éphèse à Philopœmen, père de Monime (c). On ne peut douter que sa passion pour cette belle personne n'ait duré; car après sa mort on trouva parmi ses papiers les lettres lascives qu'il lui avait écrites, et qu'il en avait reçues (d).

(c) Appian., *in* Mithrid., pag. 134.
(d) Plut., *in* Pompeio, pag. 639.

(A) *Mithridate..... ne coucha avec elle, ... qu'après l'avoir ornée.... de la qualité de reine.*] Ταύτης ὁ πλεῖςὸς ἦν λόγος ἐν τοῖς Ἕλλησιν, ὅτι, τοῦ βασιλέως πειςῶντος αὐτὴν, καὶ μυρίους πεντακισχιλίους χρυσοῦς πειςιπέμψαντος, ἀντίσχε μέχρις οὗ γάμων ἐγένοντο συνθῆκαι, κα' διάδημα πέμψας αὐτῇ, βασίλισσαν ἀνηγόρευσεν. *Erat hujus celebre inter Græcos nomen, quòd quùm eam rex attentaret, et quindecim millia aureorum misisset, eatenùs fuerit renisa, dium sponsaliis factis missoque diademate appellavit reginam* (1).

(B) *Les biens réels n'y furent point : elle regretta.... son pays natal, et fit une triste fin.*] Plutarque va nous expliquer cela dans l'endroit où il rapporte que Mithridate fuyant Lucullus, envoya Bacchides, l'un de ses eunuques, à ses sœurs et à ses femmes, avec ordre de les faire mourir. *La pauvre dame,* dit-il (2), parlant de notre Monime, *tout le temps auparavant, depuis que ce roi barbare l'eust espousée, avoit vescu en grande desplaisance, ne faisant continuellement autre chose que deplorer la malheureuse beauté de son corps, laquelle au lieu d'un mari lui avoit donné un maistre, et au lieu de compagnie conjugale et que doit avoir une dame d'honneur, lui avoit baillé une garde et garnison d'hommes barbares, qui la tenoyent comme prisonniere, loin du doux pays de la Grece, en lieu où elle n'avoit qu'un songe et une ombre des biens qu'elle avoit esperez, et au contraire avoit reelement perdu les veritables, dont paravant elle jouyssoit au païs de sa naissance : et quand ce Bacchilides fut arrivé devers elle, et leur eust fait commandement de par le roy qu'elles eussent à eslire la ma-*

(a) Appian, *in* Mithridaticis, p. m. 123.
(b) Plutarchus, *in* Lucullo, pag. 503, A.

(1) Plutarchus, *in* Lucullo, pag. 503, *A.*
(2) *Idem, ibid.* Je me sers de la version d'Amyot.

niere de mourir qu'il leur sembleroit à chacune plus aisée et la moins douloureuse, elle s'attacha d'alentour de la teste son bandeau royal, et le nouant à l'entour du col s'en pendit; mais le bandeau ne fut pas assez fort et se rompit incontinent, et lors elle se prit à dire, O maudit et malheureux tissu, ne me serviras-tu point au moins à ce triste service? en disant ces paroles, elle le jetta contre terre crachant dessus, et tendit la gorge à Bacchilides pour la lui couper.

MONIN (JEAN-ÉDOUARD DU), natif de Gy, *en la comté de Bourgogne (a)*, publia un très-grand nombre de poésies (A), sous le règne de Henri III. On l'a mis dans le catalogue des esprits extraordinaires (B). Il fut tué à l'âge de vingt-six ans *(b)*. On dit que du Perron fut accusé d'avoir eu part à ce meurtre (C), et qu'il eut besoin d'impétrer des lettres d'abolition. Je pense que d'Aubigné a commis un anachronisme en parlant de du Monin (D).

(a) Du Verdier Vau - Privas, Biblioth. franç., *pag.* 729.
(b) *Voyez la rem.* (B).

(A) *Il publia un très-grand nombre de poésies.*] Voici le catalogue que l'on en trouve dans la Bibliothéque de du Verdier (1) : « Comparaison » philosophique du soleil et de la » lune à nostre ame et intellect selon » Merc. Trismegiste et quelques pla- » toniques. Ensemble quelques dis- » cours poëtiques et sonnets : le tout » mis sur la fin de la version latine » qu'il a faict de la sepmaine de » Guillaume de Saluste sieur du Bar- » tas qu'il a intitulée *Ber sithias sivè* » *mundi Creatio*, et impr. à Paris 8, » par Hylaire le Bouc, 1579. Les nou- » velles OEuvres de Jean-Édouard du » Monyn, poëte-philosophe, conte- » nant discours, hymnes, odes, » amours, contr'amours, eclogues, » elegies, anagrammes et épigram- » mes, impr. à Paris 12 par Jean » Parent, 1582. L'Uranologie, ou le

(1) Du Verdier, *pag.* 729.

» Ciel, contenant outre l'ordinaire » doctrine de la sphère plusieurs » beaux discours. impr. à Paris 12 » par Guillaume Julian, 1583. *Mis-* » *cellaneorum poeticorum libri. Pa-* » *risiis* 8°. *+1.* » Claude du Verdier (2), fils de celui qui me fournit ce passage, a censuré en plusieurs choses notre du Monin, et voici ce que le père Lescalopier remarque au sujet de la traduction latine de du Bartas : *Moninus. ... nimis incultus poëta visus est, interpresque parùm fidus* (3).

(B) *On l'a mis dans le catalogue des esprits extraordinaires.*] Gabriel Naudé, voulant prouver (4) que *Pic, comte de la Mirande*, n'est pas le seul qui ait acquis dans sa jeunesse une érudition prodigieuse, dit (5) que Paul de la Scale *soutint l'an* 1553 *à Boulogne, mille cinq cent quarante-trois conclusions sur toutes sortes de matières, et ce auparavant qu'il eût atteint l'âge de vingt-deux ans.* Il allègue ensuite les exemples de Postel, de Gesner, d'Érasme, d'Agrippa, de Maldonat, *et finalement de cet Edouard du Monin, que l'on peut dire n'avoir été composé que de feu et d'esprit, puisqu'il s'était acquis, auparavant l'an* 26 *de son âge, auquel il fut tué* *+1*, *la connaissance des langues italienne, espagnole, latine, grecque et hébraïque, et de la philosophie, médecine, mathématique*

* Le père Niceron a donné dans le 31e. volume de ses *Mémoires,* une liste imparfaite des ouvrages de J. E. du Monin. Joly y ajoute quelques détails. Il parle d'un *Commentaire de du Monin sur Perse*, qui doit avoir été imprimé d'après les termes dans lesquels l'auteur en parle. Joly donne aussi quelques détails sur le volume intitulé : *le Phénix*, 1585, in-12, de 155 feuillets. C'est un mélange de poésies diverses où l'on trouve *l'Orbecc-Oronte*, *tragédie;* mais Joly lui-même a oublié ou n'a pas connu un ouvrage de du Monin intitulé : *le Quaresme*, etc, 1584, in-4°., qui contient aussi une tragédie allégorique ayant pour titre : *la Peste de la Peste*, ou *Jugement de Dieu;* la *Bibliothéque du Théâtre Français*, I, 256-260, donne l'analyse des deux pièces de du Monin.
(2) *Voyez son* In Auctores penè omnes, antiquos potissimùm, *Censio.*
(3) Lescalop. in Cicer. de Nat. Deorum, *p.* 234.
(4) Naudé, Apologie des grands Hommes, *pag.* 499. *Voyez-le aussi au* Syntagma de Studio liberali, *pag. m.* 87, *et au* Dialogue de Mascurat, *pag.* 468.
(5) *La même, pag.* 503.
* Leclerc observe que lorsqu'il fut tué du Monin avait plus de vingt-six ans, puisque en tête de son *Manipulus Poeticus*, 1579, il y a un quatrain sur *son portrait* de vingt-deux ans. Il serait donc né en 1557 et avait vingt-neuf ans lorsqu'il fut assassiné le 5 novembre 1586.

et théologie, avec une telle facilité à la poésie de toutes ces langues, qu'il translata en vers latins, et en moins de cinquante jours l'OEuvre de la Création de du Bartas, et vit imprimer devant sa mort cinq ou six justes volumes de ses poésies, qui furent hautement louées par les plus beaux esprits du dernier siècle, Fumée, Perron, Goulu, Daurat, Morel, Baïf et du Bartas.

(C) Du Perron fut accusé d'avoir eu part à ce meurtre.] J'ai lu cela dans un livre de Gisbert Voëtius, à l'endroit où il raconte les progrès de la fortune du cardinal du Perron. Perronus, dit-il (6), si cum illo (Plessæo Mornæo) comparetur, quis qualisve fuerit, judicent illi qui virum propiùs nôrunt : ministri reformati filium fuisse constat, cui nomen Perroni fuit inditum à vico ejusdem nominis in quo Genevæ habitaverat pater, priùsquàm in Normandiam veniret. A patre initio fuisse educatum in spem ministerii, sed à D. de Matignon, cui carmina quædam obtulerat, inductum fuisse ut Lutetiam se conferret, ubi fortunæ lautioris poëtæ spes esset sub Henrico III ibi innotuisse, et cum aliis nonnullis postulatum fuisse cædis Eduardi du Monin, etiam poëtæ, qui versibus suis eum perstrinxerat, adeò ut, litteras gratiæ, quas vocant, à rege obtinuerit, cui à lectionibus fuit, donec oratione apud eum habitâ, quia probabat Deum esse (7), obtulit se die sequenti contrarium probaturum *, si regi adlubesceret. Quam ob caussam jussus auld excedere, paulatim tamen se nonnullis insinuavit, maximè cardinali Vindocinensi. Et tandem se immiscuit iis qui regem Henricum IV ad religionis mutationem pertraxerunt, undè ei ad episcopatum primò, deindè ad cardinalatum patuit via. Notez qu'il ne cite personne, et cependant il aimait fort à citer.

(D) Je pense que d'Aubigné a commis un anachronisme en parlant de du Monin.] Il dit (8) que du Monin, que le roi nomma le poëte des chevau légers, joua un tour de malice à une dame qui l'avait prié de lui faire une élégie sur les embarras que les carrosses causaient dans les rues. Il s'en excusa, et lui ayant dit qu'il s'en allait à Lyon, celant qu'il s'allait rendre au duc de Savoie (9), elle le pria de lui faire faire une tapisserie avec des emblèmes. Il s'acquitta de la commission, et fit faire une tapisserie qui était de quatre triomphes, chacun de trois pantes : le premier était le triomphe d'impiété; le second de l'ignorance; le troisième de poltronnerie; le quatrième de gueuserie (10). La brodure des grotesques, ajoute l'auteur, est d'écriture en chiffres que personne n'entendait; mais du Monin qui ne craint plus rien pour avoir passé le mont du chat, en a envoyé l'explication et les mémoires tout du long au petit chevalier. La dame dont d'Aubigné se veut moquer est sans doute la femme du sieur de la Varenne; il suppose qu'elle dit à du Monin que le roi avait ôté à Madame une tapisserie de cent cinquante mille écus pour la donner à la duchesse, et qu'il eût été plus honnête au roi, maintenant qu'elle était morte, d'en faire un présent à Monsieur (11), que de se faire héritier de la défunte. La duchesse dont il s'agit là est Gabrielle d'Estrée, maîtresse de Henri IV, laquelle mourut l'an 1599. Il faut donc que d'Aubigné prétende que du Monin était en vie cette année-là. Mais comment peut-on accorder cette hypothèse avec ce que l'on a vu ci-dessus (12), qu'il fut tué sous le règne de Henri III, à l'âge de vingt-six ans (13), et que ses principaux ouvrages furent imprimés avant l'année 1584 (14)? Il était encore en vie cette année-là, à ce qu'assure la Croix du Maine (15). Il faut ou que d'Aubigné brouille et confonde la chronologie, ou qu'il parle d'un Monin différent de celui-ci.

(6) Gisb. Voetius, Desper. Causa Papatûs, pag. 677, 678.
(7) Voyez le Journal de Henri III, au 25 novemb. 1583, et l'épître dédicatoire de la Confession de Sanci.
* Joly reproche à Bayle d'avoir répété cette accusation contre du Perron, sans la réfuter.
(8) D'Aubigné, au livre IV du baron de Fæneste, chap. XVI, pag. m. 285.

(9) La même, pag. 286.
(10) La même, pag. 288.
(11) Il faut entendre par ce mot le mari de la dame qui parlait à du Monin.
(12) Dans la rem. (C).
(13) Dans la rem. (B).
(14) Dans la rem. (A).
(15) Pag. 221 de sa Bibliothèque.

MONSERRAT MONTANNES
(Michel), a vécu au XVIIe. siècle.

C'était un Espagnol qui abandonna l'église romaine pour entrer dans la communion des réformés, et qui publia quelques petits livres de controverse. J'en ai vu un (a), qu'il intitula *Aviso sobre los Abusos de la Iglesia romana*. Il y fait voir qu'il avait fort lu l'Écriture; car il la cite à tout moment. Il conclut son ouvrage par exhorter sa nation à se convertir, et par décrire les désordres que les vœux du célibat causent en Espagne (A). Il observe entre autres choses que les confesseurs permettent aux religieuses un remède d'incontinence très-criminel, lorsqu'elles déclarent qu'elles brûlent (b). Tout cela est suivi d'un grand nombre de passages de la Bible à la louange du mariage. Il avait fait imprimer un autre traité, l'an 1631 (c).

(a) *Imprimé à la Haye*, l'an 1633 : *il fut approuvé par* Henri Arnold, *ministre de Delft*.

(b) Y a las encerradas monias, sus confessores les conseden que tengan su viril de barro para sus concupicentias, por que dizen que se queman, y assi las remedian con este gran pecado. *Avisos sobre los Abusos de la Iglesia romana*, pag. 126.

(c) *A la Haye, avec l'approbation du même* Arnold. *Il est en espagnol, et a pour titre*, que le Pape est l'Antechrist.

(A) *Il décrit les désordres que les vœux du célibat causent en Espagne.*] Il assure que les clercs séculiers et réguliers sortent bien armés, et qu'ils frappent si rudement lorsqu'on les attaque, que les archers de la justice les redoutent. *Quanto al voto, bien sabeys lo que los religiosos y clerigos hazen, que salen de sus casas con espada y broquel, que la misma justicia y corretes temen de encontranse con ellos, por que dan golpes dezatinados por causa del gran ardor libidinoso, y tambien por*

no ser presos y conocidos. Y muchos canonigos, por mas modestia, se van a los partidos, despues de los maytines a purgasse con las rameras, para poder dormir. Los demas de la cleresia tienen sus desguaceros y concubinas y muchos hijos dellas (1).

(1) Monserrate Montannes, *pag.* 126. *Je copie mot-à-mot jusqu'aux fautes d'impression qui peuvent y être.*

MONSTRELET * (Enguerrand de),
auteur d'une Chronique de France, qui a été imprimée plusieurs fois (A), et qui s'étend depuis l'année 1400 jusques à 1467, a vécu au XVe. siècle. Il était *sorti d'une famille noble et ancienne (a)*, et il fut gouverneur de la ville de Cambrai. Comme cette ville se tenait neutre entre les Français, les Anglais et les Bourguignons, il jouissait de tout le repos qu'un historien pouvait souhaiter, et de la commodité d'apprendre les relations de tous les partis. Quelques-uns disent qu'il écrit *avec d'autant plus de fidélité qu'il était dans une place où rien ne l'obligeait à rechercher l'amitié d'un parti, et à redouter la haine de l'autre (b)*; mais il est plus sûr de dire qu'il s'est montré un peu trop partial pour la maison de Bourgogne (B). Il entretenait correspondance avec des hérauts, avec des agens, et avec d'autres *personnes considérables par leur administration*, et il cherchait de *nouvelles connaissances dans le rapport du public (c)*. Il a en-

* Je crois, dit La Monoie, qu'il faut prononcer *Montrelet* ; l'autre prononciation ayant une vilaine équivoque, que l'auteur avait intérêt d'éviter.

(a) Bullart, Académie des Scienc. tom. I, pag. 129.

(b) *Là-même*.

(c) Là même.

*richi son histoire par les édits,
les lettres des rois et des princes, leurs paroles remarquables,
les articles de paix et de trèves,
les capitulations des villes, les
sommations, etc. (d).* Je ne sais
ni l'année de sa naissance, ni
l'année de sa mort.

(d) *Là même.*

(A) *Sa Chronique a été imprimée*
(*). Je ne connais point de plus ancienne édition que celle de l'an 1512,
à Paris (1) On en fit une autre dans
la même ville l'an 1572. Celle-ci fut
revue et corrigée *sur l'exemplaire de
la librairie du Roi* (2). Du Chesne
parle d'une édition de Paris, 1603
(3). Joignez à celles-là l'édition du
Louvre *.

(B) *Il s'est montré un peu trop partial pour la maison de Bourgogne*]
M. de Sponde l'appelle *Burgundi
fautorem* (4), quoiqu'en un autre
endroit (5) il le reconnaisse pour un
écrivain sincère et de beaucoup
d'exactitude à marquer les temps. La
Popelinière le rend suspect ; car voici comment il parle : *Enguerrand
de Monstrelet recueillant ce qui est
survenu de plus notable en France
après Froissard, ne s'y est guère*

(*) Monstrelet passe pour un historien peu judicieux, et Rabelais, liv. III ch. XXIV,l'a repris comme un vrai diseur de rien, qui, dès l'entrée de son
histoire, avait bronché contre les règles prescrites
aux historiens par Lucien. Du reste, de toutes les
éditions de Monstrelet, celles où Denis Sauvage a
mis la main sont les moindres, à cause de la liberté qu'il s'est donnée d'en changer beaucoup de
mots et de phrases, dont même il n'a pas toujours
rendu le sens. A la suite de ces éditions altérées,
sont quelques additions, imprimées sous le titre
de Continuation de Monstrelet. REM. CRIT.

(1) La Croix du Maine, *pag.* 75.
(2) Du Verdier, Biblioth. française, *pag* 277.
(3) Du Chesne, Biblioth. des histor. de France,
pag. m. 50.
* Le père Lelong dans la *Bibl. Hist. de la
France,* dit qu'il n'y a point d'édition du Monstrelet, donnée au Louvre. Les exemplaires datés
de 1572, 1595, 1603, ne sont qu'une même édition. M. Brunet, dans son *Manuel du libraire,*
cite une édition de 1518, inconnue au père Lelong,
et deux éditions sans date données par Antoine
Vérard. Voyez dans les *Mémoires de l'Académie
des inscriptions,* tome 43, le *Mémoire* de M.
Dacier, *sur la Vie ;* et les *Chroniques de Monstrelet.*
(4) Spondan. *ad ann.* 1415, *num.* 52, *pag.
m.* 753.
(5) *Idem, ad ann.* 1467, *num.* 2.

montré mieux disant ni plus judicieux,
mais un peu plus véritable et moins
passionné (6). Comme il venait d'accuser Froissard d'une extrême partialité pour les Anglais contre les
Français, il ne prétend pas que nous
donnions à Monstrelet un désintéressement considérable. Un historien
un peu moins passionné que celui
qui l'est beaucoup, n'est pas fort fidèle. Il ajoute que Monstrelet a continué son histoire *jusques au roi Louis
XII,* et il le place sous l'an 1500. Je
crois qu'il se trompe à l'égard de
cette dernière date, et je suis sûr que
la Chronique de Monstrelet ne passe
pas les cinq ou six premières années
du règne de Louis XI, car elle finit
aux funérailles de Philippe-le-Bon,
duc de Bourgogne. La Popelinière se
servait d'une édition où les libraires
avaient mis des supplémens jusques
à Louis XII. C'est ce qui l'a fait errer.

(6) La Popelinière, Histoire des Histoires, *livr.
VIII, pag.* 435.

MONTAIGU (JEAN DE), grand-
maître de France sous Charles VI,
eut le malheur de déplaire au duc
de Bourgogne, qui abusa si violemment de l'autorité qu'il s'était
acquise dans le royaume, qu'il le
fit décapiter le 17 d'octobre 1409
(a). Quelques-uns disent que la
mémoire de ce grand-maître fut
justifiée trois ans après (A), lorsque le crédit de son oppresseur
fut passé; et qu'on ordonna que
ses os seraient enterrés honorablement. François Ier. fit là-dessus une réflexion qui donna lieu
à une réponse fort sensée. On la
verra ci-dessous (B). Consultez la
suite du Ménagiana (b).

(a) *Et non pas le 7 d'octobre 1408, comme
l'assure Moréri. Selon lui, dans un même
jour on eût arrêté cet homme; on lui eût
donné des commissaires; on l'eût mis à la
question ; on l'eût condamné à perdre la
tête, et on l'eût décapité.*
(b) *Pag.* 87, 88, *édit. de Hollande.*

(A) *Quelques-uns disent que sa mémoire... fut justifiée trois ans après.*]
M. Ménage le nie ; voici ses paroles :

elles sont pleines de faits curieux.
« (1) Jacques du Breuil, dans ses An-
» tiquités de Paris, au chapitre de la
» Fondation des Célestins de Marcou-
» cy, a écrit que le corps de Jean de
» Montaigu avait été porté à Montfau-
» con, dans un sac rempli d'épices,
» et que, pendant tout le temps qu'il
» fut à Montfaucon, les célestins de
» Marcoucy donnaient tous les jours
» une certaine somme au bourreau de
» Paris pour le garder; et que 4 ans
» après son exécution sa mémoire
» ayant été justifiée à la sollicitation
» du vidame de Laonnois, son fils,
» gendre du connétable d'Albret, ses
» biens furent rendus à ses héritiers.
» Il est vrai que le corps de Jean de
» Montaigu fut dépendu le 27 de sep-
» tembre 1412, quelques années après
» qu'il eut été mis à Montfaucon.
» Mais ce que dit du Breuil de ce sac
» rempli d'épices et de la garde faite
» du corps de Jean de Montaigu par
» le bourreau, est une fable. Il n'est
» point vrai non plus que sa mémoire
» ait été justifiée. Pour ses biens,
» quoiqu'il eût été condamné sans la
» participation de Charles VI, Char-
» les VI en donna la confiscation à
» Louis, duc de Guienne, dauphin.
» Mais il est vrai (ce que j'ai appris
» de M. Perron (2), qui a fait une
» étude particulière de la vie de Jean
» de Montaigu), que les biens de Jean
» de Montaigu furent enfin rendus à
» ses héritiers *. »

(B) *François I*[er]*... donna lieu à une
réponse fort sensée. On la verra ci-
dessous.*] Je me servirai des termes
d'Étienne Pasquier. *Le mesme roi,* dit-
il en parlant de François Ier. (3), *passant par les célestins de Marcoucy,
s'informant de quelques moines de
leans, qui avoit fondé ce monastere,
luy fut par aucuns respondu que
c'estoit messire Jean de Montaigu
grand maistre de France, sous le re-
gne de Charles VI. Ce seigneur avoit
esté autresfois pendu au gibet de Pa-*

(1) Ménage, Histoire de Sablé, livr. X, chap.
V, pag. 271.
(2) Il a publié un livre intitulé, l'Anastase de
Marcoucy, ou Recherches curieuses de son Origine, Progrès et Agrandissement. Le Journal des
Savans du 13 juin 1695 en parle.
* Leclerc dit que ce Perron était de Langres,
et mourut en 1696, dans sa quatre-vingt onzième
année.
(3) Pasquier, Recherches de la France, liv. VI,
chap. VIII, pag. m. 471.

*ris, à la sollicitation du duc de Bour-
gogne, qui lors gourmandoit toute la
France. Le roy François comme bon
coustumier qu'il estoit de tenir tousjours quelque propos de merite, dit à
la compagnie qu'il s'esmerveilloit
grandement comme cettuy, qui avoit
longuement gouverné le roy son
maistre, avoit esté condamné à mort,
veu qu'après quelque suite d'années ses
os furent ensevelis avec honneur en ce
lieu, par ordonnance de justice : et
qu'il falloit donc conclure par cela que
les juges avoient mal jugé. A quoy il
y eut un moine qui respondit au roy
d'une parole assez brusque, qu'il s'u-
busoit aucunement, parce que le procés du sieur de Montaigu n'avoit esté
fait par juges, ains seulement par
commissaires, comme s'il eust voulu
inferer en son lourdois que tels commissaires deleguez à l'appetit d'un
seigneur qui pouvoit lors toutes choses, n'apportoient en leurs jugemens
la conscience des bons juges. Soit que
cette parole fust proferée par un
moine en son gros lourdois, ou par
un artifice affeté, elle appresta à
rire, combien qu'elle se deust tourner
à edification : car à bien dire les
commissions, encore qu'elles ne soient
pratiquées, si sont elles tousjours
suspectes envers toutes personnes graves, et semble à plusieurs que tels
juges soient choisis à la poste de ceux
qui les y font commettre, pour en
rapporter tel profit, ou telle vengeance qu'ils se sont projettez dessus le
masque de justice. Ce que mesmement reconnu par le parlement, pour
obvier aux scandales et foule du peuple qui ordinairement en adviennent,
en une mercuriale qui fut faite de
nostre temps, il fut par serment so-
lemnel arresté qu'aucun conseiller
de la cour n'entreroit en commission,
si tous les commissaires et deputez
n'estoient tirez du mesme corps, et non
mandiez d'unes et d'autres cours sou-
veraines. En quoy neanmoins ne n'est
du tout apporter medecine à la maladie, ains quelque temperament seulement* (4). On ne se conforme guère à
ces bonnes considérations.

(4) Voyez l'article GRANDIER, rem. (F), tom.
VII, pag. 200.

MONTAUBAN, ville de
Guienne dans le Querci, sur la

rivière de Tarn, est célèbre par bien des endroits. Un homme illustre (a) m'a déjà communiqué de fort bons mémoires touchant cette ville-là ; mais comme il m'en a promis de beaucoup plus amples, et plus exacts, je renvoie cet article à un autre temps, afin de le mettre tout à la fois dans la meilleure posture que je pourrai. Je n'en touche qu'une chose qui est un peu étrangère : elle regarde un petit livre que M. l'abbé de la Roque a inséré dans ses Mémoires de l'Église (A).

(a) M. YSARN, ci-devant ministre de Montauban, présentement d'Amsterdam. Son mérite est fort connu, et même par de bons livres imprimés.

(A) Un petit livre que M. l'abbé de la Roque a inséré dans ses Mémoires de l'Église.] En voici le titre : Montauban justifié, ou Réponse aux Fidèles de la R. P. R. qui demandent, 1°. si l'on peut faire son salut dans l'église romaine ; 2°. s'il leur est permis, pour des avantages temporels, et particulièrement en temps d'affliction, de changer de religion, par J. D. B. et J. L. J. ministres du saint Évangile. Pour faire connaître à quelle occasion cet ouvrage fut publié, je dois dire qu'il y eut à Montauban une émotion populaire environ l'an 1661. On y envoya des gens de guerre quelques mois après, et on les logea principalement chez ceux de la religion, et comme on permit aux soldats de commettre du désordre, et de vivre à discrétion, et qu'on les mettait plusieurs ensemble au même logis, ils faisaient craindre bientôt à leur hôte de se voir à la besace. D'ailleurs, on déchargeait du logement des soldats tous les habitans qui se faisaient catholiques. Cela fut cause qu'un très-grand nombre de bourgeois de Montauban embrassèrent cette religion (1). C'est ce qui donna lieu au livre dont nous parlons, où l'auteur se proposa de faire l'apologie

(1) La plupart revinrent à la protestante, dès que la tempête fut passée.

des habitans qui aimèrent mieux aller à la messe que de voir ruiner leur famille. Il était facile de reconnaître dans cet écrit la plume d'un missionnaire : cependant l'abbé de la Roque, plusieurs années après, le mit tout en entier dans ses Mémoires de l'Église (2) comme l'ouvrage d'un bon protestant. Il avance avec la dernière hardiesse que ce livre fut publié par deux ministres de la haute Guienne, à la face de toutes leurs églises et de tous leurs confrères, sans que personne du parti prît soin de désabuser le public, de ce que ces deux-là enseignèrent que les huguenots pouvaient sans scrupule de conscience se faire catholiques, etc. Avec la même hardiesse il assure que cet ouvrage assoupit le trouble et l'inquiétude dans les consciences et dans les familles ; lorsque plusieurs particuliers de Montauban abjurèrent la religion protestante pour être délivrés du logement des soldats ; c'est pour cela, ajoute-t-il, que je l'insère tout entier dans mes mémoires, et parce qu'il est curieux et si rare qu'il ne s'en trouve plus d'exemplaires. Cette conduite est l'effet ou d'une crasse ignorance ou d'une fraude inexcusable. Aucun homme de la religion ne prit pour le livre d'un ministre Montauban justifié. On soupçonna le père Meynier, grand persécuteur à chicanes, d'en être l'auteur, comme aussi d'une Harangue qui avait couru quelque temps auparavant (3), et que M. Eustache, ministre de Montpellier avait réfutée par un petit livre intitulé l'Orateur Tertulle convaincu. Ce soupçon était bien fondé, car le continuateur d'Alegambe donne au jésuite Meynier, le livre dont nous parlons. L'abbé de la Roque devait-il ignorer ce fait? Et n'y avait-il pas assez de marques de supposition dans tout cet ouvrage? Au reste, il est si plein de passages d'auteurs protestants où l'on reconnaît que la vraie église est répandue en diverses communions, sans en excepter la romaine, qu'il est étrange que M. Nicole ait regardé le système de M. Jurieu comme quelque chose de nouveau.

(2) Publiés à Paris l'an 1690.
(3) Elle avait pour titre, Harangue des Sages de la R. P. R. à la Reine. Voyez ci-dessus la remarque (A) de l'article EUSTACHE, tom. VI, pag. 375.

MONTÉCATIN (Antoine), natif de Ferrare, a fleuri au XVIe. siècle. Il fit des leçons publiques sur divers sujets, dans sa patrie, et enfin y fut le premier professeur en philosophie. Il fut très-particulièrement considéré d'Alfonse II, duc de Ferrare, qui le députa à la cour de Rome et à la cour de France, et qui l'honora de plusieurs autres emplois (A). Il mourut à Ferrare, en 1599, âgé de soixante-trois ans (a). On a plusieurs volumes de sa façon (B).

(a) Tiré d'Agostino Superbi da Ferrara, pag. 83, et 84 dell' Apparato de gli Huomini illustri della città di Ferrara.

(A) Le duc de Ferrare... l'honora de plusieurs... emplois.] Voici ce que l'on a mis dans l'épitaphe de Montécatin, rapportée par Agostino Superbi (1) : Alfonso II duci serenissimo aures, consilia, operam fideliter præstitit. Legationes pro illo ad regem Gall. ad Summos Pont. perfecit. Urbem Regii rexit; non semel universam ditionem consiliarius pro dux administravit. Ferrariæ tribunatum gessit.

(B) On a plusieurs volumes de sa façon.] Il publia à Ferrare, en 1587, un Commentaire sur le Ier. livre de la Politique d'Aristote. C'est un in-folio dédié au cardinal Rusticucci, et imprimé chez Victorio Baldino, imprimeur du duc. On y voit au commencement, vingt-deux tables qui contiennent l'analyse de l'ouvrage entier d'Aristote sur la politique. Il fit un semblable Commentaire sur le IIe. livre du même ouvrage d'Aristote, et le publia à Ferrare, chez Benoît Mammarellus, l'an 1594, in-folio, avec ce titre : Aristotelis Politicorum, hoc est, civilium librorum liber secundus, ab Antonio Montecatino in latinam linguam conversus, et partitionibus, resolutionibus, scholiis illustratus. Il le dédia au cardinal Pierre Aldobrandin, neveu de Thomas Aldobrandin qui a fait une traduction de Diogène Laërce. Il dit qu'un discours qui s'était passé à Rome entre

(1) Dans son Apparat des Hommes illustres de Ferrare, pag. 84.

lui et ce traducteur, il y avait vingt-huit ans, le détermina à dédier son ouvrage à ce jeune cardinal. L'année ne paraît pas à la date de l'épître dédicatoire, mais sans doute il faut sous-entendre l'an 1594. Il joignit à ce volume trois autres traités, savoir : Platonis libri decem de Republicâ, et Antonii Montecatini in eos partitiones, et quasi paraphrasis quædam : Platonis libri duodecim de Legibus, vel de Legumlatione et Epinomis, et leges quæ in libris illis sparsim sunt diffusæ, ab Antonio Montecatino in epitomen et ordinem quemdam redactæ : quinque veterum Rerumpublicarum Hippodamiæ, Laconicæ, Creticæ, Carthaginiensis, Atheniensis contra quas Aristoteles in posteriori parte secundi Politici disputavit, antiqua fragmenta. Son Commentaire sur le IIIe. livre des Politiques d'Aristote, fut imprimé à Ferrare l'an 1579, in-folio, chez Victorio Baldino. Il y avait fait imprimer (2), en 1591, son Commentaire in octavum librum Physicæ Aristotelis. Je ne saurais marquer l'année de l'impression de son Commentaire in primam partem libri tertii Aristotelis de Animâ. Voyons si Naudé a parlé avantageusement de cet auteur. Ad Platonem quod attinet, dit-il (3), tres, quos noverim, Commentatores solunmodò nactus est, Antonium nempè Montecatinum qui libros de Republicâ Platonis et Aristotelis diexodicis notis, tabulis, distinctionibus explicare conatus, nunquàm neque sibi, neque lectori suo satisfecit.

(2) In-folio.
(3) Naudæus, Bibliogr. Polit. pag. m. 27.

MONTFLEURI, fameux comédien qui se fit admirer longtemps sur le théâtre de l'hôtel de Bourgogne, laissa un fils qui n'embrassa point la profession de comédien, mais qui composa plusieurs pièces de théâtre qui furent très-bien reçues. On les a recueillies en un corps, l'an 1705, vingt ans après la mort de l'auteur. Elles sont en deux volumes et au nombre de quatorze (a).

(a) Tiré du Merc. Gal. d'août 1705, p. 324.

MONTGAILLARD (Bernard de), connu sous le nom de *Petit Feuillant* (A) au temps de la ligue, fils de Bertrand de Percin, seigneur de Montgaillard (B), naquit l'an 1563. Il se fit feuillant l'année 1570, et il se mit à prêcher tout aussitôt, quoiqu'il n'eût pas étudié en théologie. Il prêcha à Rieux, à Rhodès et à Toulouse, avec tant de succès, qu'on lui appliquait les paroles de l'Écriture, *bienheureux est le ventre qui t'a porté*. La cour de France ne fut pas moins charmée de ses sermons que la province de Languedoc. Il s'en alla à Paris lorsque le roi Henri III y attira les feuillans, et il n'y eut pas plus tôt prêché deux fois, que le prince et la reine-mère voulurent qu'il fît le sermon que l'on devait faire aux augustins le jour de la création des chevaliers du Saint-Esprit. Il réussit admirablement dans ce sermon, et il n'eut pas un moindre succès en prêchant au Louvre et ailleurs ; et cela fit que le roi voulut qu'il prêchât tout un carême dans la paroisse royale de Saint-Germain-de-l'Auxerrois. Ces sermons, et ceux qu'il fit à Saint-Severin, lui acquirent la réputation du plus célèbre prédicateur *qu'on eût vu de mémoire d'homme à Paris, tant il avait de talens pour la chaire, et principalement pour émouvoir et dominer les passions, et pour dompter les âmes*. Quelques dévotes, et entre autres la demoiselle Acarie, le choisirent pour leur unique directeur (C). Il pratiquait tant d'austérités parmi les feuillans, que le pape lui commanda de quitter cet ordre

pour empêcher qu'elles n'abrégeassent sa vie. Ayant épousé avec trop de feu les intérêts de la ligue (D), il se retira dans le Pays-Bas, où il fut fort considéré. Il fit quelques oraisons funèbres *(a)* par ordre de l'archiduc Albert, et puis celle de ce prince, l'an 1622 *(b)*. Il était alors abbé d'Orval. Il mourut hydropique dans cette abbaye, le 8 de juin 1628. *Il avait toujours souhaité qu'on l'enterrât sous une gouttière, et ce ne fut que pour éviter le blâme d'affectation, qu'il consentit enfin que son corps fût mis au pied des escaliers qui vont du grand dortoir à l'église.* On a publié sa vie, où l'on débite que Dieu fit de grands miracles, et pour lui, et par lui (E). On n'ose pas y nier qu'il n'ait couru de terribles médisances contre sa réputation (F), mais on soutient que c'étaient des calomnies, et qu'il n'attenta jamais à la vie de Henri-le-Grand *(c)* (G). Il

(a) *Celle de l'archiduc Ernest, frère de l'archiduc Albert, et celle de l'impératrice leur mère.*

(b) *Cet archiduc décéda le 13 de juillet 1621. Sa pompe funèbre fut faite le 12 de mars suivant : l'abbé d'Orval fit le sermon.*

(c) *Tiré d'un mémoire qui m'a été communiqué par l'auteur des* notes sur la confession catholique de Sancy, *et sur le Catholicon d'Espagne. Il l'a tiré d'un livre dont il m'a envoyé le titre en ces termes :* Les saintes montagnes et collines d'Orval et de Clairevaux : vive représentation de la vie exemplaire et religieux trépas du révérend père en Dieu don Bernard de Montgaillard, abbé de l'abbaye d'Orval, de l'ordre de Cîteaux au pays de Luxembourg, prédicateur ordinaire de leurs altesses sérénissimes, sur le modèle de l'incomparable saint Bernard, abbé de Clairevaux, et du grand législateur Moïse. Au jour et célébrité de ses exèques faites solemnellement trois jours durant, en l'église d'Orval, les 10, 11, 12ᵉ. jours d'octobre, l'an 1628. Par révérend père en Dieu messire F.-André Valladier, docteur en théologie, conseiller, aumônier, et prédi-

faudra dire un mot de sa taille-douce (H). N'oublions pas que Juste Lipse loua beaucoup la piété et l'éloquence de ce moine (d).

cateur ordinaire du roi très-chrétien, abbé de l'abbaye royale de Saint-Arnould de Metz, de l'ordre de Saint-Benoît. Imprimé à Luxembourg, chez Hubert Reuland, 1629.
(d) *Voyez la* I.XXIXe. *lettre de la Centurie de Lipse ad Germanos et Gallos.*

(A) *Il fut connu . . . . sous le nom de Petit Feuillant.*] Cela pourrait faire croire que sa taille était fort petite ; elle était néanmoins médiocre : mais on lui donna ce nom lorsqu'il commença d'être connu à Paris. Il était fort petit en ce temps-là : et quoiqu'il eût vingt ans , il n'avait pas fait encore toute sa crue (1). Ce nom lui demeura, lors même qu'un âge plus avancé l'eut tiré du nombre des petits hommes. Voilà un éclaircissement qui m'est venu de la même main que le corps de cet article. J'en suis redevable au curieux et savant auteur des Notes sur la Confession de Sancy, et sur le Catholicon d'Espagne.
(B) *Il était fils de Bertrand de Percin , seigneur de Montgaillard.*] Et d'Antoinette du Vaillet, tous deux de noble et ancienne maison de la ville de Toulouse. La famille de Montgaillard subsiste encore avec éclat. Monseigneur l'évêque de Saint-Pons, si connu par ses écrits, et fort estimé des protestants, à cause qu'il désapprouva hautement la violence qu'on faisait à ceux de la religion pour les contraindre de communier (2), est de cette famille.
(C) *Quelques dévotes, et . . . . . la*

demoiselle *Acarie , le choisirent pour leur unique directeur.*] Elle était femme du sieur Acarie , maître des comptes. Il fut appelé *par ironie le laquais de la ligue, parce que, étant boiteux , il était un de ceux qui allaient et venaient et agissaient avec le plus d'empressement pour les intérêts du parti. C'est celui-là même qui fut mari de la bienheureuse Marie de l'Incarnation, des bons exemples de laquelle il profita mal (3).*
L'auteur des nouvelles Notes sur le Catholicon m'a communiqué une remarque qu'il a faite. Puisque la femme de ce furieux ligueur, dit-il, était sous la direction du Petit Feuillant, elle n'avait garde de désapprouver la ligue : ce ne fut donc pas à cet égard que son mari profita mal de ses exemples. Pour mieux connaître cette femme , il faut lire ce qui suit : « Marie Alais(*), femme de cet hom-» me , était une dévote (*2) connue » aujourd'hui sous le nom de la » bienheureuse Marie de l'Incarna-» tion : étant veuve , elle se retira » en la maison des béguines , appe-» lée la chapelle Sainte-Avoye : qui » est une maison de veuves, dont » elle fut la supérieure (*3) ; sa Vie » est imprimée à Paris, chez Thier-» ry (4). »
(D) *Il avait épousé avec trop de feu les intérêts de la ligue.*] L'auteur des Notes sur la Confession de Sancy m'a fait savoir que l'on dit fort peu de chose de cette partie de la vie du Petit Feuillant, dans le livre dont il m'a communiqué les extraits. Malheureuse loi du panégyrique , qui permet de supprimer les infamies de celui qu'on loue ! Mais on a beau les

(1) *Conférez ce qui est dit dans l'article* MARETS (*Samuel des-*) *remarque* (A), tom. X, pag. 246.
(2) *Les deux lettres qu'il écrivit là-dessus furent insérées dans la Lettre Pastorale de M. Jurieu du 1er. de mars 1688. Il les écrivit au comte d'Usson (frère de M. de Bonrepaux, ambassadeur de France en Danemarck et en Hollande) qui commandait les troupes en ces quartiers-là , et qui a été fait lieutenant général, l'an .1696. Vous trouverez l'une de ces lettres, avec plusieurs réflexions à la louange de la conduite de ce prélat, dans la préface d'un très-bon livre qui fut imprimé l'an 1689, et qui est intitulé : l'Impiété des Communions forcées. M. Lepage , qui en est l'auteur, et qui avait été ministre de Dieppe, est mort ministre de l'église wallonne de Rotterdam, le 19 novembre 1701.*

(3) Maimbourg , Histoire de la Ligue, livr. *I* , pag. 57. *Il cite les* Notes sur le Catholicon; *c'est-à-dire les notes de l'édition de 1677. Mais ces notes disent seulement qu'il fut appelé* laquais *par ironie , parce qu'il était boiteux. C'est une mauvaise raison. Ce que Maimbourg y supplée est plus vraisemblable ; mais il ne devait pas y laisser la qualité de boiteux , comme une partie de la raison pourquoi on le nomma laquais.*
(*1) Cet endroit, qui me regarde , a besoin d'être rectifié, du moins par un renvoi à ce qui se lit pag. 400 du *Catholicon d'Espagne*, éd. de 1699. La demoiselle Acarie et Marie Alais sont deux personnes très-différentes. REM. CRIT.
(*2) *Maimbourg, Hist. de la Ligue, l. Ier. en* 1584.
(*3) *Bonfons Ant. de Paris, fol.* 165, *édition de* 1605.
(4) Notes sur le Catholicon , *pag.* 478. *Hollande*, édit. *de Hollande* 1696.

supprimer dans ce livre-là , elles se trouvent ailleurs. Voici un passage du Catholicon , à l'endroit où est décrite la procession de la ligue : *Entre autres y avait six capucins, ayant chacun un morion en tête , et au-dessus une plume de coq, revêtus de cottes de mailles , épée ceinte au côté par-dessous leurs habits, l'un portant une lance , l'autre une croix , l'un un épieu, l'autre une arquebuse, et l'autre une arbalète, le tout rouillé par humilité catholique : les autres presque tous avaient des piques qu'ils branlaient souvent , par faute de meilleur passe-temps , hormis un feuillant boiteux* (*¹), *qui, armé tout à cru se faisait faire place avec une épée à deux mains, et une hache d'armes à sa ceinture, son bréviaire pendu par derrière, et le faisait bon voir sur un pied faisant le moulinet devant les dames* (5). J'ai mis au bas la note de l'édition de 1677. L'auteur des nouvelles toute a observé dans la page 308 , que *cette action de frère Bernard* de Montgaillard *est très-véritable ;* mais qu'elle ne fut point faite dans la procession pour les états de la ligue , l'an 1593 , comme le suppose l'auteur du Catholicon : elle fut faite *lors de la montre des ecclésiastiques et des moines au siège de Paris ,* l'an 1590. Il nous renvoie à M. de Thou dont je vais citer les paroles : *Omnium oculos in se convertebat Bernardus è foliaceno ordine, adhuc juvenis, nuper Henrico III rege concionibus notus apud populum, qui altero pede claudus nusquam certo loco consistens , sed hùc illùc cursitans , modò in fronte , modò in agminis tergo latum ensem ambabus manibus rotabat, et claudicationis vitium gladiatoriâ mobilitate emendabat* (6). M. Maimbourg va nous apprendre la part qu'eut ce moine aux horribles crimes des liguers (7) : « Les prédicateurs, dont les plus si-
» gnalés étaient les curés Pelletier ,
» Boucher, Guincestre, Pigenat, et
» Aubry ; le père Bernard de Mont-

» gaillard, surnommé le Petit Feuil-
» lant, et le fameux cordelier Feu-
» ardent, prêchant dans les paroisses
» de Paris durant les fêtes de Noël ,
» changèrent leurs sermons en invec-
» tives contre la personne sacrée du
» roi , etc. . . . (8). On reçut à Paris
» la duchesse avec toute sorte d'hon-
» neurs et une joie incroyable du
» peuple, qui la révérait comme la
» mère de deux saints martyrs ; et le
» Petit Feuillant (*), prêchant un jour
» en sa présence, s'emporta jusqu'à
» faire , en se tournant vers elle ,
» une apostrophe au feu duc de Guise
» en ces termes : *O saint et glorieux*
» *martyr de Dieu, béni est le ventre*
» *qui t'a porté, et les mamelles qui*
» *t'ont allaité !* » Il ne se contenta pas d'être en chaire un cornet de sédition ; car il suborna un assassin pour faire tuer Henri IV. Voyez la remarque (G).

(E) *On . . . . débite que Dieu fit de grands miracles , et pour lui, et par lui.*] Il fut guéri deux fois par miracle , et avec l'intercession de la Sainte Vierge , sa protectrice. Le premier de ces deux miracles « se fit à Paris ,
» environ l'an 1589, par Roze, évê-
» que de Senlis, qui , à la sollicitation
» du provincial des jésuites, consentit
» enfin à toucher la langue de cet
» homme , auquel un catarrhe mor-
» tel avait ôté la parole ; en sorte
» que la prononciation faite par le
» saint Roze du mot *effata,* suivi de
» l'hymne *Ave maris stella,* chanté
» par MM. de Mayenne et de Ne-
» mours avec les religieux du cou-
» vent , quand ce vint aux mots *ut*
» *videntes Jesum,* le mourant pour
» lequel on avait déjà dit l'oraison ,
» *Egredere anima christiana ,* dit
» *Jesum ,* parla depuis, et prêcha le
» dimanche suivant , second jour
» d'après le miracle. L'autre aven-
» ture est de l'an 1619, auquel temps
» F. Bernard étant presque réduit au
» désespoir par une rétention d'urine
» de 14 jours, la vierge de Montai-
» gu, à laquelle on avait fait une
» neuvaine pour lui , le délivra de
» vingt-deux livres d'eau , et d'une
» pierre qu'il rendit parmi (9). »

(*¹) *C'était frère Bernard , dit le Petit Feuillant, qui se retira depuis en Flandre , où il a vécu long-temps possédant une abbaye.*
(5) Catholicon, *pag.* 15.
(6) Thuan, *lib. XCVIII , circâ fin. pag. m.* 359, *ad ann.* 1590.
(7) Maimbourg, Hist. de la Ligue, *liv. III,* *pag.* 295.

(8) *La même, pag.* 305.
(*) *Journal de Henri III.*
(9) *Du Mémoire communiqué par l'auteur des* Notes sur la Confession de Sancy.

D'ailleurs le panégyrique de ce feuillant est plein *de révélations, de contemplations et d'extases , qui étaient si fréquentes au défunt qu'il en perdait le boire et le manger , et que même il y serait mort si lui-même n'avait obtenu enfin que Dieu le délivrât des plus violentes.... A peine fut-il expiré , que l'hydropisie dont il était mort donna lieu à un miracle. Comme il était devenu extraordinairement enflé , son corps n'avait pu d'abord entrer tout-à-fait dans le cercueil de plomb qu'on lui avait destiné. En attendant qu'on l'eût élargi un religieux se prévalut de cette conjoncture pour baiser encore une fois son pauvre abbé : dans ce moment il sentit émaner de la face du mort une odeur si divine et si miraculeuse , qu'il lui sembla d'en être tout renouvelé de corps et d'esprit..... Une personne religieuse de mérite et de qualité, toujours remplie de l'idée du saint abbé , lui dit en dormant, vous êtes heureux , à quoi il répondit, oui je suis bienheureux. Son panégyriste était d'ailleurs si persuadé qu'il n'avait point passé par le feu du purgatoire , qu'aux trois messes qu'il célébra à sa mémoire, pendant les trois jours des exèques, il ne lui vint pas seulement la pensée de prier Dieu pour son âme* (10). Par ces morceaux, mon lecteur pourra juger aisément que notre panégyriste n'a point démenti son caractère. Je m'étonne que les catholiques osent reprocher aux protestans , que l'Angleterre fourmille de fanatiques depuis la réformation.

(F) *On n'ose pas nier qu'il n'ait couru de terribles médisances contre sa réputation.*] « Quoiqu'il voulût » passer principalement pour fort » chaste et fort débonnaire, on l'ac- » cusa plus d'une fois de donner » souvent accès dans sa maison à des » femmes de mauvaise vie (ce que » son panégyriste se plaint d'avoir » de commun avec lui). On préten- » dit aussi que le Petit Feuillant » avait fait mourir d'une mort hor- » rible un de ses religieux : sur ce » qu'on apprit que ce moine, qui , » à ce qu'on dit , avait la charge » d'une des forges de l'abbaye d'Or-

» val, était tombé dans cette forge, » et y avait été mis en cendres. On » publia d'abord qu'il s'y était pré- » cipité lui-même; mais s'étant trou- » vé que non , on ne douta pas en » France que son abbé ne l'y eût fait » jeter pour se venger de quelque » injure qu'il pouvait en avoir reçue. » Une autre fois encore , un gentil- » homme l'accusa à deux différentes » reprises d'avoir voulu le faire as- » sassiner : il est vrai que le gentil- » homme succomba dans ses accusa- » tions , mais il ne paraît pas si ce » fut par défaut de preuves, ou par » l'excès de faveur que l'archiduc » portait à cet abbé (11). »

(G) *On soutient qu'il n'attenta jamais à la vie de Henri-le-Grand.*] Il est difficile de ne le pas croire coupable de cette horrible entreprise , quand on lit avec attention ces paroles de Pierre-Victor Cayet : *Le lendemain que fut pris le prieur des jacobins , fut aussi arrêté le sieur de Rougemont , lequel ayant entendu que le roi Henri IV était aux faubourgs de Paris , s'y était rendu : mais sur un avis que ledit sieur roi, avait eu de son entreprise , fut pris , mené et conduit en même temps que ledit prieur , à la conciergerie de Tours. Interrogé , confesse qu'étant de la religion prétendue réformée , il s'était, dès l'an 85, retiré à Sedan , d'où la nécessité qu'avait sa famille l'avait fait revenir en sa maison en se faisant catholique. Mais qu'au mois de juillet dernier, étant à Paris rencontré par le Petit Feuillant , après plusieurs paroles qu'il lui dit touchant sa conversion , étant tombés de propos en autre sur la nécessité et le peu de moyens dudit Rougemont, il lui dit qu'il pouvait faire un service à Dieu et à l'église ; et qu'il lui avait répondu qu'il serait très-heureux s'il le pouvait faire : ledit feuillant lui dit que oui , en tuant le roi de Navarre , ce qu'exécutant il se pouvait assurer qu'il ne manquerait de commodités ; mais que sur cette proposition ayant eu plusieurs paroles en diverses fois avec ledit feuillant , comment cela se pourrait aisément faire ; enfin il s'accordèrent qu'il s'en irait en l'armée royale , et que faisant*

---

(10) *La même.*

(11) *Tiré du susdit* Mémoire.

semblant d'être derechef hérétique, il trouverait le moyen de tuer le roi de Navarre d'un coup de pistolet. Et que lui ayant dit qu'il n'avait point d'argent pour se mettre en équipage, afin d'aller en l'armée, que le Petit Feuillant lui bailla quatre cents écus : lesquels ayant reçus il se retira en sa maison près de Corbeil, avec promesse d'exécuter leur complot; mais qu'au contraire il en fit avertir monsieur de Lanoue pour le faire savoir au roi. Aussi que ledit Petit Feuillant quelque temps après lui avait récrit, et le sollicitait d'exécuter leur dessein ; mais qu'il avait gardé ses lettres, et ne lui avait envoyé que des excuses pour son argent ; et n'était point venu aux faubourgs de Paris que pour faire service au roi. Toutes ses excuses eussent été impertinentes, s'il n'eût vérifié l'avis par lui donné à monsieur de Lanoue : et après une longue prison, par arrêt il lui fut fait défense d'approcher le roi de dix lieues : ce sont là de terribles desseins pour gens d'église. Ce passage se trouve au feuillet 228 du 1er. tome de la Chronologie novenaire, de Pierre-Victor Cayet, sous l'an 1589, et m'a été indiqué par l'auteur des nouvelles Notes sur le Catholicon. Le panégyriste du Petit Feuillant insiste peu sur les années de la ligue : il n'en dit que des choses vagues, et qu'il tourne d'un beau côté ; et il expose en général que ce religieux « eut la gloi- » re d'avoir été l'organe le plus puis- » sant, le plus foudroyant, et le plus » zélé, mais aussi le plus sincère et » le plus désintéressé pour faire ren- » trer Henri IV au giron de l'église. » Il est vrai qu'il insinue aussi, » qu'on l'accusa d'avoir eu part à » quelques-unes des conspirations » qui se firent contre la vie de ce » prince ; mais il dit aussi que ce » prince l'en justifia par ses ambas- » sadeurs auprès de Clément VIII, » à qui même ils eurent ordre de té- » moigner l'estime que Henri IV fai- » sait de don Bernard (12). » Ceci demandait la citation de quelque livre imprimé, et du bon coin *.

(H) Il faudra dire un mot de sa taille-douce.] « Le panégyriste dit » que notre abbé ne couchait jamais » que sur une planche, et qu'un es- » cabeau lui servait d'oreiller. En » récompense, on voit qu'il prenait » ses aises pendant le jour, car son » portrait nous le représente étant » dans une chambre, assis dans un » beau fauteuil garni d'un carreau » magnifique, qu'on prendrait pour » être rempli du plus fin duvet. » Devant ses yeux se voit le portrait » d'une N.-D. pour laquelle le saint » abbé fait couler de sa plume ces » paroles : O domina mea, quid hic » facio ? educ è carcere animam » meam, ad confitendum nomini tuo. » Dans l'éloignement se voit un tas » de volumes en feu (13), et par la » suite du livre, on voit que cela » dénote les volumes composés par » le Petit Feuillant, auxquels, au » sortir d'une maladie, et par humi- » lité, cet abbé mit lui-même le feu, » voyant qu'un de ses religieux, au- » quel il avait commandé de le faire » y témoignait de la répugnance. A » son côté est un agneau, figure de » celui que le livre dit lui être appa- » ru ensuite d'une voix qui, à la veille » de plusieurs calomnies qu'il eut à » essuyer en Flandres lui cria la nuit, » par trois fois, alarme. A ses pieds » sont quatre mitres: celle de l'évêché » d'Angers, que peu après l'arrivée » des feuillans à Paris, Henri III lui » fit offrir par MM. de Monthelon et » Miron, conseillers en la cour, et » qu'il refusa : celles de l'évêché de » Pamiers, et de la célèbre abbaye » de Marimond, qu'il refusa aussi, » et même s'employa pour les faire » tomber à d'autres ; et celle de l'ab- » baye de Nizelle, que l'archiduc lui » donna pour le tenir près de lui ; » mais qu'il ne garda que jusques à » la première vacance de la grande » et opulente abbaye d'Orval (14). »

(13) La seule pièce qui ait paru sous son nom est l'Oraison funèbre de l'archiduc Albert.
(14) Tiré du Mémoire de l'auteur des Notes sur la Confession de Sancy.

(12) Tiré du Mémoire communiqué par l'auteur des Notes sur la Confession de Sancy.

* Leclerc dit que Bayle aurait dû faire semblable réflexion sur le passage de Cayet qui intente l'accusation, et que Bayle a transcrit.

MONT JOSIEU (a) (LOUIS DE), en latin Demontjosius, ou De-

(a) Du Verdier, Bibl. franç., pag. 806, le nomme Mont-jouziou.

montjosus, gentilhomme du pays de Rouergue au XVIe. siècle, se distingua par son savoir, et publia quelques livres (A). Il montra les mathématiques à Monsieur, frère du roi (*b*), et au duc de Joyeuse (*c*), et il accompagna ce dernier à Rome, l'an 1583 (*d*). Il y composa un livre qui témoigna qu'il était un excellent antiquaire (B). Étant revenu en France, il s'appliqua à illustrer la mécanique des anciens, et à la faire servir aux utilités publiques. Il se chargea de la commission de rendre nette des boues et des immondices la ville de Paris; mais cette entreprise lui fit perdre presque tout son bien. Ce malheur fut suivi d'un beaucoup plus grand, car il épousa une très-méchante femme qui fut cause de sa mort. Il eût exécuté beaucoup plus de choses qu'il n'en exécuta, si la fortune lui eût été plus favorable. Il était doux et commode dans ses manières, et d'un esprit tout-à-fait propre aux beaux-arts. C'est l'éloge que M. de Thou lui donne.

(*b*) La Croix du Maine, *pag.* 497.
(*c*) *Idem*, *pag.* 296.
(*d*) Thuan. *lib. LXXVIII*, *pag.* 478.

(A) *Il publia quelques livres.*] Voici la liste qu'on en trouve dans du Verdier Vau-Privas (1): *Un traité des Semaines de Daniel, et des Paroles du prophète Ézéchiel, imprimé à Paris l'an* 1582. *Item un autre traité de la nouvelle Cosmographie, auquel il montre les erreurs des astronomes quant aux triplicités et signes. Item deux livres de la Doctrine de Platon, et de l'explication des Nombres platoniques, œuvre excellent, et de grande érudition. Il a écrit aussi en latin un livre très-utile*, de Re num-

(1) Du Verdier, Biblioth. franç. *pag.* 806.

mariâ et ponderibus. Item les Préceptes de Rhétorique, mis exactement en table par une singulière méthode. Il manque à cette liste le principal ouvrage de cet auteur ; c'est celui dont je vais parler, et qui ne fut imprimé qu'après la Bibliothéque française de du Verdier Vau-Privas.

(B). . . . *Composa un livre, qui témoigna qu'il était un excellent antiquaire.*] Ce livre est intitulé *Gallus Romæ hospes*, et fut imprimé à Rome, l'an 1585, *in-*4°., et dédié au pape Sixte V. Voici ce qu'en dit M. de Thou. *Ludovicus Demontiosius rarâ rei antiquariæ doctrinâ insignis, ... Romæ hospes multa ad urbis terrarum olim dominæ illustrationem, atque interdùm plura, quàm multi romani cives, paucorum mensium, quo in eâ fuit, spatio contulit, V libellis Sixto V inscriptis, in quibus de obeliscis, Jano bifronte, Septizonio, Panthæo, symmetriâ templorum, caryatidibus, quas Gallus Italos docuit, de sculpturâ veterum, cœlaturâ, sculpturâ gemmarum, picturâ, foro romano, aliisque urbis locis non aliis scripta, et recentiorum plerosque errores notat* (2). Il y a dans cet ouvrage un traité *de Picturâ et Sculpturâ Antiquorum*, qui a été réimprimé à Amsterdam en 1649, avec Vitruve.

(2) Thuan. *lib. LXVIII, pag. m.* 478.

MONTMAUR (*a*) (PIERRE DE), professeur à Paris, en langue grecque, dans le collége royal, sous le règne de Louis XIII *, a

(*a*) J'ai trouvé dans des livres imprimés le nom orthographié en plusieurs manières, Monmor, Mommor, Monmaur, Mommaur, Montmor. J'ai suivi celle dont il se servait.
* Sallengre a donné une *Histoire de Pierre de Montmaur*, la Haye, 1715, 2 vol. petit in-8°. La *Vie de P. Montmaur* occupe 82 pages dans le Ier. volume. Elle est précédée d'une préface en 50 pages ; le reste des deux volumes est un recueil de toutes les pièces qui ont été faites contre Montmaur : Joly remarque que Sallengre a oublié l'épigramme que voici, de Furetière contre Montmaur:
On disputait avec chaleur.
Quel mal faisait plus de douleur.
Tel disait : c'est la sciatique ;
Tel, la pierre ; tel, la colique,
Quand Montmaur un des contendans
Dit que c'était le mal de dents.
Sallengre déclare avoir *profité de plusieurs*

passé pour le plus grand parasite
de son temps (A), et il se rendit si odieux aux beaux esprits,
qu'ils employèrent contre lui
tous les traits, et toutes les inventions de la satire la plus outrageante (B). Il étudia les humanités chez les jésuites de Bordeaux (*b*); et comme il avait une
mémoire extraordinaire, il fit
concevoir de si hautes espérances du progrès de ses études,
qu'on l'engagea à prendre l'habit de jésuite. On l'envoya à
Rome où il enseigna la grammaire pendant trois ans avec
beaucoup de réputation (*c*). On
le congédia ensuite, parce que
l'on vit que sa santé était chan-
celante. Il s'érigea en vendeur
de drogues à Avignon, et amassa
bien de l'argent par ce moyen
(*d*). Après cela il vint à Paris; et
n'ayant pas trouvé son compte
au barreau (*e*), il se tourna du
côté de la poésie (*f*), parce
qu'il espéra de participer aux
présens dont le cardinal de Richelieu gratifiait les bons poëtes * : il cultiva ce qu'il y avait
de plus puérile dans ce bel art,
je veux dire les anagrammes, et
tels autres jeux de mots (C). Il

succéda à Goulu dans la chaire
de professeur royal en langue
grecque (*g*). Voilà les faits véritables que j'ai cru pouvoir tirer
de sa Vie, composée par M. Ménage, où ils sont mêlés avec
beaucoup de fictions ingénieuses
et satiriques. Je n'y ai pu découvrir la patrie de Montmaur;
mais, si l'on prenait au pied de
la lettre certaines paroles d'une
autre satire, l'on assurerait qu'il
naquit dans le Querci. Ce serait
se tromper; car il naquit dans le
Limousin (D). J'ai lu dans les
Mémoires de l'abbé de Villeloin,
qu'en 1617 il fut donné pour
précepteur au fils aîné du maréchal de Praslin (E). Je rapporterai une histoire très-curieuse
qui fera voir tout à la fois ses
hâbleries, et la fausseté d'un
conte qu'on publia contre lui
(F). Il me semble qu'on peut
dire sans se tromper que cet
homme-là n'était pas à beaucoup près aussi méprisable qu'on
le représente. Il aimait trop la
bonne chère; il allait manger
chez les grands plus souvent
qu'il n'eût fallu; il y parlait
avec trop de faste, je n'en doute
point; mais si la fécondité de sa
mémoire, si sa lecture, si sa
présence d'esprit, ne l'eussent
rendu recommandable (G), aurait-il eu tant d'accès chez M. le
chancelier *, chez M. le président de Mesmes, et auprès de
quelques autres personnes éminentes, et par leur rang, et par
leur bon goût, et par leur érudition ? Gardons-nous bien de
prendre pour un fidèle portrait
les descriptions satiriques que

---

*réflexions également curieuses et instructives
de Bayle.* Il relève aussi quelques méprises
échappées *à cet habile homme dont la
mémoire sera toujours en recommandation
aux gens de lettres.*

(*b*) Menagius *in* Vitâ Gargilii Mamurræ,
pag. m. 10.

(*c*) *Idem, ibid., pag.* 11.

(*d*) *Idem, ibidem.*

(*e*) *Idem, ibid., pag.* 12.

(*f*) *Idem, ibid., pag.* 15.

Leclerc observe que Montmaur fut,
ainsi que le dit Bayle dans la remarque (M),
nommé à la chaire du collège de France, dès
1623, et que ce ne fut qu'après 1624, que
Richelieu commença à répandre des libéralités sur des poètes. L'idée que Bayle suppose à Montmaur est donc fausse.

(*g*) *Idem, ibid., pag.* 17.
* Le chancelier d'Aligre.

l'on fit et de sa personne et de ses actions. Les meilleurs poëtes, les meilleurs esprits du temps, se donnèrent le mot, et conspirèrent contre lui, et ils tâchèrent de renvier les uns sur les autres pour le tourner en ridicule ; de sorte qu'ils inventèrent une infinité de fictions : il faut donc prendre cela pour des jeux d'esprit et des romans, et non pas pour un narré historique (H). Balzac s'enrôla avec tant de zèle dans cette espèce de croisade, qu'il voulut bien prendre la peine de descendre du haut de sa gravité, afin de donner à ses pensées quelque air de plaisanterie badine. C'était pour lui une occupation plus fatigante, que ne l'eût été pour Scarron un écrit sérieux et guindé. Il fit plus, car il sonna le tocsin, il anima ses amis à prendre la plume, et à fournir leur quote part (I). C'est une chose assez remarquable que les suppôts de la faculté des arts de l'université de Paris n'accoururent point au secours de leur confrère Pierre de Montmaur. C'est un signe qu'il n'avait su se faire aimer ni des régens de collège, ni des beaux esprits. C'eût été un étrange tintamarre si ces régens eussent fait une contre-ligue en sa faveur, et se fussent mis en devoir de faire servir toute leur grammaire, et toute leur rhétorique en prose et en vers contre ses persécuteurs. Il y a des personnes de mérite qui condamnent le déchaînement de ceux-ci (K) : les passages que je rapporterai là-dessus contiennent des choses qui illustreront cet article. Montmaur logeait au collége de Bon-

cour, et cela fournit une matière de plaisanterie (L). Il mourut l'an 1648 (M). Il publia quelque chose contre Busbec (h). On dit qu'il avait cinq mille livres de rente, et qu'il était fort avare (i).

(h) *Busbequium mortuum nec responsurum invasit.* Menag. *in* Vitâ Mamurræ, *pag.* 30. *Voyez la remarque* (B).
(i) Suite du Ménagiana, *pag.* 200, *édition de Hollande.*

(A) *Il a passé pour le plus grand parasite de son temps.*] Je ne citerai que quatre vers de M. Boileau.

Tandis que Pelletier, crotté jusqu'à l'échine,
S'en va chercher son pain de cuisine en cuisine,
Savant en ce métier, si cher aux beaux esprits,
Dont Montmaur autrefois fit leçon dans Paris (1).

(B) *Il se rendit si odieux aux beaux esprits, qu'ils employèrent contre lui tous les traits. . . . de la satire la plus outrageante.*] Je tirerai du *Valésiana* le commentaire de ce texte. « Le professeur Montmaur aimait à » faire bonne chère aux dépens d'au- » trui. Il s'était donné entrée chez » tous les grands qui tenaient table » ouverte, par quelques bons mots » grecs et latins qu'il leur débitait » pour son écot. Après avoir bien bu » et mangé, pour divertir ses hôtes, » il se mettait à médire de tous les » savans tant vivans que morts. Et il » n'y en avait pas un qui n'eût un » coup de dent. La plupart des sa- » vans se crurent obligés de le célé- » brer comme il le méritait, et de lui » rendre justice. Ce fut M. Ménage » qui sonna pour ainsi dire le tocsin » contre lui. Il composa sa Vie en » latin, * et à la fin de cette pièce, » il exhorta, par une petite épigram- » me de cinq vers (2), tous les savans » à prendre les armes contre cet en- » nemi commun. Je (3) ne voulus » pas être des derniers à prendre

(1) Boileau, satire I , *vs.* 77.
* Cette Vie n'est tout au plus que de 1636; la dédicace, du moins, est datée du 20 octobre de cette année ; Voyez ci-après la note ajoutée sur la remarque (I).
(2) *Vous la trouverez ci-dessous dans la remarque* (I).
(3) *C'est-à-dire* Hadrien Valois.

» parti dans une guerre si plaisante :
» je fis imprimer deux pièces latines
» de ce professeur, l'une en prose,
» et l'autre en vers, avec des notes ;
» et quoique ces deux pièces ensem-
» ble ne tinssent que huit pages, je
» les divisai en deux tomes *. J'a-
» joutai ensuite sa Vie, composée par
» M. Ménage, et tous les vers latins
» et francais que je pus ramasser des
» uns et des autres ; auxquels je joi-
» gnis quelques épigrammes latines
» que j'avais faites sur lui. Comme
» chacun prenait des noms de guer-
» re , j'en fis de même, et pris celui
« de *Quintus Januarius Fronto.* Ces
» trois noms me convenaient parfai-
» tement : *Quintus*, parce que j'é-
» tais le cinquième de mes frères ;
» *Januarius*, parce que je suis né
» dans le mois de janvier ; et *Fronto*,
» parce que j'ai le front large et éle-
» vé. Le livre fut imprimé à Paris, en
» 1643, in-4°. avec ce titre : *Petri*
» *Monmauri Græcarum litterarum*
» *professoris regii Opera in duos to-*
» *mos divisa, iterùm edita et notis*
» *nunc primùm illustrata à Quinto*
» *Januario Frontone.* Il est fort rare
» (4). »

Quelque rare qu'il soit, j'en ai vu
pourtant un exemplaire. C'est M. Simon de Valhebert (5) qui m'a fait la
grâce de me l'envoyer. Le ridicule à
quoi l'on expose le pauvre Montmaur
toucherait les plus stupides ; car on
y donne pour le premier tome de ses
ouvrages un écrit intitulé : *Nemesis*
in maledicos calumniatoris Busbe-
quii Manes, ob convicia ab eo temerè,
malignè, falsò, et contrà jus gentium
Epistolæ XLII inserta adversùs au-
gusta Galliæ parlamenta, et qui ne
contient que deux pages. Il n'y a là
que de la prose ; mais le second volume contient un peu de prose et un
peu de vers. La prose consiste dans
une lettre de trois pages, *amicissimo,*
doctissimo , et suprà sæculi fidem et
morem candido D. D. MAIGNE DUCIS

FRONTIACI μαχαρίτου *præceptori.* Le
reste est de la même longueur, et
consiste en une élégie dont le titre
est presque aussi long que la pièce
même. Le voici : *Epicedion Genero-*
siss. Principis ELEONORI AURELIANEN-
SIS DUCIS FRONTIACI, *quem* XXXV *vul-*
neribus confossum in obsidione Mon-
tispessulani fortiter et strenuè dimi-
cantem acerba et immatura mors op-
pressit annos natum XVII , paucis
antè diebus quàm pax firmaretur. Et
matris mœstissimæ illustriss. Princip.
ANNÆ NOMPARIS CALMONTIÆ *prosopo-*
pœia. Ceci avait été imprimé l'an
1622, dix ans avant la courte invective contre Busbec. J'ai vu aussi , par
la faveur de M. Simon de Valhebert,
un livre *in-*12, imprimé en Allemagne (6) l'an 1665. Il a pour titre :
Epulum parasiticum, quod erudili
conditores, instructoresque Car. Fe-
ramusius, Ægid. Menagius, Joh.
Franciscus Saracenus, Nic. Rigaltius,
et Joh. Lud. Balsacius *hilarem epu-*
lantibus in modum , Macrino Parasi-
togrammatico, Gargilio Mamurræ parasito pædagogo, Gargilio Macroni
parasitosophistæ, G. Orbilio Muscæ,
L. Biberio Curculioni atque Barboni
jucundè apparirunt et comiter. Tout
cela est précédé d'une préface très-
docte et convenable à la matière. Ce
Recueil contient les cinq plus fortes
satires qui aient paru contre Montmaur. Aussi voyez-vous que des gens
d'une érudition profonde s'en mêlèrent : vous voyez M. Rigault dans le
titre de ce Recueil : c'est lui qui fit
Funus parasiticum, sive L. Biberii
Curculionis parasiti, mortualia ad
ritum prisci funeris *. C'est l'une des
cinq pièces. On l'a jointe au traité de
Kirchmannus *de Funeribus Romano-*
rum, à l'édition d'Amsterdam 1672.
L'ingénieux Sarrasin qui prit part à
cette guerre fut un des plus braves
combattans. On voit beaucoup de politesse, et une littérature bien choisie et bien appliquée, dans son *At-*
tici secundi G. Orbilius Musca, sive

---

* Sallengre continuant la plaisanterie de Valois, dit être en état d'ajouter un *troisième tome*
aux *OEuvres de Montmaur*, et il transcrit une
Lettre de Montmaur à Paul Demay, datée du 18
août 1634.

(4) *Valésiana*, *pag. 36 et suiv. édit. de Hollande.*

(5) *Bibliothécaire de M. l'abbé Bignon. Voyez
ci-dessus, citation* (60) *de l'article* ESOPE, *tom.
VI, pag. 287.*

(6) *A Nuremberg.*

* Le *Funus parasiticum* est bien de Nicolas
Rigault, mais cette pièce n'est point contre Montmaur. Rigault la composa à Poitiers, en 1596,
et la fit imprimer à Paris, en 1601, in-4 , avant
que Montmaur fût connu. C'est l'éditeur de l'*E-
pulum parasiticum* imprimé à Nuremberg, en
1665, qui, d'après la remarque de Sallengre, a
induit Bayle en erreur.

Bellum parasiticum, satira. C'est aussi l'une des cinq pièces. On ne l'a pas oubliée dans le recueil des OEuvres de Sarrasin.

Je m'en vais coter quelques autres pièces qui furent faites contre Montmaur, outre celles dont je parlerai ci-dessous. M. de Vion d'Alibrai fit LXXIII épigrammes *contre ce parasite. Le Recueil en est intitulé Anti-Gomor*, et *c'est un des Anti dont* M. Baillet *ne s'est pas souvenu* (7) *¹. Vous trouverez deux de ces LXXIII épigrammes dans la seconde édition du Ménagiana, avec quelques vers de Malleville sur le même sujet. Hadrien Valois ne fut pas le seul qui prit le parti de publier avec des notes les écrits du parasite ; car je trouve ces paroles dans la Vie de Mamurra écrite par M. Ménage (8) : *Præter eos autem* (libros Mamurræ) *qui in vulgus sunt editi, in quos doctissimæ juxtà atque elegantissimæ extant* *² M. Dentonis notæ, scripsit et alios* (9).

(C) *Il cultiva les anagrammes et tels autres jeux de mots.*] Voici un passage des Origines de la Langue française (10) : « Montmorisme. Nous
» appelons ainsi , il n'y a pas long-
» temps , ces rencontres qui ne con-
» sistent que dans un jeu de paroles
» que les latins appellent *annomi-*
» *nationes*. Et nous les appelons de
» la sorte , à cause de Pierre Mont-
» maur , professeur du roi dans la
» langue grecque , qui affectait ces
» jeux de paroles. Les Grecs ont dit
» de même γοργιάζειν , à cause du rhé-
» teur Gorgias le Léontin , qui affec-
» tait aussi ces annominations (11).
» Voyez Philostrate , dans son épître

» à Julie Auguste. » Joignons à cela un passage du Catalogue des auteurs qui firent présent de leurs ouvrages à M. l'abbé de Marolles. *Pierre de* Montmaur , *professeur du roi en langue grecque, pour plusieurs devises et inscriptions latines , qui sont presque toujours dans des allusions aux noms, et dans des choses à double sens , où son esprit se plaisait grandement* (12).

(D) *L'on assurerait qu'il naquit dans le Querci. Ce serait se tromper: car il naquit dans le Limousin.*] Féramus , avocat au parlement de Paris , fut un de ceux qui écrivirent le plus malignement contre Montmaur. Il fit un poëme latin intitulé : *Macrini parasitogrammatici* ΗΜΕΡΑ *adCelsum,* que M. de Valois le jeune inséra dans son Recueil , et que M. Ménage fit entrer depuis dans son livre de Miscellanées (13). C'est aussi l'une des cinq pièces du Recueil de Nuremberg *. Voici un morceau de ce poëme : nous en donnerons quelques autres dans les remarques suivantes.

Tu, MEMMI , decus Aonidum immortale
   Sororum ,
Qui famam ingentem meritis superantibus im-
   ples ,
Tu desperatis restas spes unica rebus.
Et Musas quòd doctus amas , quòd Pallade
   Græcâ
Insignis , mediis clarum caput inseris astris,
Macrinum pateris bonus , et misereris egeni
Tabentisque fame , nullo miserante , sophistæ.
Græca etenim cùm verba sonat, licet ore Ca-
   durco ,
Illa placent, seris didicit quæ Græculus annis.
Ecce tibi properatus adest , et Κοίρανε χαῖρε
Ingeminans , mensæ optatum sortitur hono-
   rem (14).

Mais l'auteur anonyme de l'Histoire de la vie et de la mort du grand Mogor (15), s'exprime plus clairement ; car il affirme sans détour que Montmaur naquit à Cahors, et que sa mère y menait la vie d'une femme prostituée. Je me défiais de ces écrits satiriques, et pour avoir de meilleures instructions, je m'adressai à M. Simon de Valhebert, qui pouvait avoir ouï dire à M. Ménage beaucoup de choses particulières, et qui pouvait trouver chez M. l'abbé Bignon, plusieurs im-

(7) *Ménagiana , pag.* 314 *de la* 2ᵉ. *édition de Hollande.*
*¹ P. Marchand, qui parle de cet *anti* dans l'article Anti-Garasse de son *Dictionnaire*, dit qu'il ne sait s'il a été imprimé : il l'avait été dans l'*Histoire de P. Montmaur par Sallengre.*
(8) *Là-même , pag.* 314 , 315.
*² Ce mot *extant*, ainsi que l'observe Sallengre, ne signifie pas que les remarques de Marcus Dento avaient été publiées lorsque Ménage écrivait, mais qu'elles existaient entre ses mains. Ce Marcus Dento n'est autre que Hadrien de Valois, qui après avoir composé ces notes sous ce nom, y mit, en les publiant en 1643, le nom de *Quintus Januarius Fronto.*
(9) *Menag. in Vità Gargilii Mamurræ, p.* 31.
(10) *Ménage, Origines de la Langue française, pag.* 510, *édit. de* 1694.
(11) *Ce n'était point en cela que consistait le caractère de Gorgias, ni le* γοργιάζειν.

(12) *Abbé* de Marolles, *Dénombrement des auteurs, pag.* 425.
(13) *Imprimé à Paris*, l'an 1652, *in-*4.
* *Voyez la remarque* (B).
(14) Menagii Miscellan. *pag.* 11, 12, *libri adoptivi.*
(15) *Elle est dans le recueil d'*Hadrien Valois.

primés concernant Montmaur. Il a eu la bonté de m'informer entre autres choses de celle-ci (16), que ce professeur *était natif de la paroisse de Bétaille dans le bas Limousin* *. Depuis cela j'ai lu un poëme de Balzac, qui témoigne que la province de Limousin était le pays natal de ce personnage.

*Ne jactet nimis Auratum, cunasque Mureti :
Nobilis hunc quoque tam claris natalibus,
    asper
Eduxit pago Lemovix ; dein magna Tholosa
Civem habuit, propriumque tenet nunc maxima rerum,
Haud cedens dominæ formosa Lutetia Romæ* (17).

Vous remarquerez en passant que les autres écrivains, qui ont fait satiriquement sa vie, l'envoient d'abord à Bordeaux, et ne parlent point de Toulouse ; mais Balzac l'envoie tout droit du Limousin à Toulouse, et puis à Paris.

(E) *En 1617, il fut donné pour précepteur au fils aîné du maréchal de Praslin.*] L'abbé de Marolles observe que les trois fils du duc de Nevers n'avaient *qu'un précepteur appelé G. G. de la ville d'Orléans, homme d'un petit génie, qui fut pourtant préféré à plusieurs, et entre autres à Pierre Montmaur, surnommé le Grec, qui alla prendre la place que celui-ci occupait auprès du fils aîné du maréchal de Praslin.* Ce que dit M. ˉ̈ˉnage, que par contre-vérité on le surnomma le Grec, n'est qu'une plaisanterie de satirique. *Sed quod fidem omnem superat, græcè tunc nesciebat, GRÆCUS enim eâ tempestate per antiphrasim, quòd minimè Græcus esset, ab invidis ac malevolis vocabatur* (18).

(F) *Je rapporterai une histoire. . . . qui fera voir. . . . ses hâbleries, et la fausseté d'un conte. . . . contre lui.*] J'ai lu cette histoire dans un ouvrage qui n'est presque point connu hors du pays où il a été imprimé. Cela m'en-

courage à la donner toute entière. Il n'est pas besoin de la traduire, il suffira d'observer en faveur de ceux qui n'entendent pas le latin, que notre Montmaur, ayant dit à M.ˉ le chancelier que l'on trouvait certaines choses dans tels et dans tels auteurs, eut la confusion de ne pouvoir point avérer cela quand on mit ces livres sur table. *Mommorius græcarum litterarum professor regius, solus sui ordinis eques, et apud urbis proceres inexhaustæ dictionis, eruditionis, ac memoriæ, ideòque gratus mensarum assecla, coràm illustrissimo cancellario, (is repentè me acciri jussum, et curru suo humaniter acceptum, in villulam amici, paulò ultrà suburbia, exspatiatum duxerat) multos authores laudavit, græcos et latinos, ad locum quemdam D. Pauli, ubi ad bestiarios et damnatos alluditur. Ego subdubitavi de fide laudantis, aliosque qui aderant, in meam sententiam adduxi, nonnisi consultis libris ei credendum. Postridiè, ubi diluxit, scripsi ad unum è familiaribus et domesticis illustrissimi cancellarii, me animi causâ, domum vesperi reversum adiisse authores ab eo citatos, nil eorum quæ dixerat, reperiisse : non credideram fore, ut id resciret Dominus, aut porrò suâ curâ dignum duceret. Biduo pòst ad solitum prandium ivit Mommorius, multis jocis super mensam exagitatus est, tanquàm falsi suspectus, aut planè reus. Illicò homo miræ confidentiæ partes agere, velut in scenâ, cavillari, vociferari, vix exspectare dùm è mensâ surgeretur, appellare singulos et universos. Præsertim illustrissimam matronam, quæ ad latus viri erat, ut, quæ testis et conscia objectorum fuisset, suo de accusatore triumpho interesse vellet : et cedo, inquit, libros, Hesychium, Manilii astronomica, Strabonem, alios ; qui cùm sat citò reperiri non possent à novo nomenclatore, quamvis in refertissimâ bibliothecâ, mittitur confestim servus à pedibus meos postulatum, mox etiam currus, qui me adveheret. Adventu meo non parva expectatio omnium, quorsùm res evaderet, nam, tametsi hominis histrioniam satis intelligebant, ob ingentem tamen fiduciam, vel a me ipso vera dicere propè credebatur. Itum est in cubiculum supe-*

(16) *Qu'il avait apprise de M. Baluse.*

* C'est l'opinion adoptée par Sallengre; mais dans le *Barboniana* imprimé dans le tome II des *Mélanges de Bruys*, on dit qu'il était de Cuercy en Périgord ; et Jolr ne manque pas d'opposer cela à l'opinion de Bayle. Goujet, dans son *Mémoire sur le Collège royal de France*, est de l'avis de Bayle.

(17) Balzac, *à la page 162 du Barbon.*

(18) Menagius, *in Vitâ Gargilii Mamurræ, pag.* 16.

rius , prolato omni librorum instru-
mento , sedit illustriss. cancellarius
tanquàm supremus judex , assidebant
duo libellorum supplicum ex-magis-
tri ; consistoriani comites , aliquot
abbates , et viri honesti complures
utrimque : totam controversiam expo-
suit disertè et dilucidè heros ille maxi-
mus , laudatâ nonnihil etiam modes-
tiâ meâ , tum jussit Mommorium ex
libris , quorum jam copia fieret , suas
authoritates petere. Ibi noster tergi-
versari , aliena concionari , verborum
diverticula quœrere , concesso semel
quod petierat , mox aliud requirens ,
eas editiones parùm commodas cau-
sari ; nec interim de sententiâ dece-
dere , nec manus dare ; cùm urgere-
tur à cancellario , nihilominùs com-
perendinationem petere. Sesqui-ho-
ram fermè tenuit ea declinatio , donec
pronuntiatum est , falsi manifestum
esse , et solutâ risu concione , Bata-
viœ ex-legatus ad ignem , ex tempore
hos vernaculos recitavit à se factos :

> Montmaur, c'est fait de ta mémoire,
> Tu bronches sous le vieux Bourbon ;
> Tous les auteurs te font faux-bond,
> Si tu n'as recours au grimoire (19).

La lettre de Nicolas Bourbon, d'où je
tire ce récit, est datée du 3 de novembre 1637. La chose s'était passée cinq
ou six jours auparavant (20). Montmaur n'avait donc pas été chassé de
l'hôtel de M. le chancelier , lorsque
sa Vie fut écrite satiriquement par
M. Ménage, l'an 1636 (21). Il y a donc
apparence que les paroles que je vais
citer sont une pure fiction , ou qu'elles ne furent fondées que sur un faux
bruit. *Mamurram è convivio propter*
nescio quid infandum Magnus No-
mophylax turpiter ejecit : quo infor-
tunii genere acerbius homini parasito
accidere nullum potest. Aristippum
quidem Dionysius olim consputavit ,
ac postremus ut accumberet jussit :
sed tamen ut accumberet jussit , nec
cenâ , ut Mamurra , privatus est

Aristippus (22). M. Féramus , qui fit
un poëme contre Montmaur , avant
que M. Ménage publiât la Vie de Gar-
gilius Mamurra (23) , suppose en divers endroits que M. le chancelier
avait interdit sa maison à ce professeur. Il exprime cela admirablement.

> *Sed plurimus hæret*
> *Claras antè domos atque alta palatia magni*
> SEGUERII, *cùm fortunæ , sortisque recordans*
> (*Quâ licuit quondam divinæ accumbere men-*
> *sæ*)
> *In vetitas audax irrumpere cogitat ædes.*
> *Ah ! quoties votis precibusque, et supplice*
> *fletu*
> *Admittiis petiit. Sed inexorabilis ille*
> *Janitor , Helvetiæ duris de rupibus ortus ,*
> *Arcet ab ingressu, prohibetque, et justa mi-*
> *natur*
> *Verbera , et offensi Domini pro crimine pœ-*
> *nas ,*
> *Intentans fustem, sumptamque iratior hastam,*
> *Ni cedat procul et retrò vestigia vertat*(24)

(G) *Si la fécondité de sa mémoire,*
si sa lecture, si sa présence d'esprit,
ne l'eussent rendu recommandable.]
Voici ce que M. Ménage a été contraint d'avouer : *Cùm felici adeò*
Mamurra esset memoriâ, ut legentis
modò , cuncta quæ olim in libris di-
dicerat , posset referre , memorem
illum convivam MEMMIUS *non oderat*
(25). Il y a quelque apparence que
Montmaur se fit beaucoup d'ennemis
par l'éclat de sa mémoire. Elle le faisait régner dans les compagnies , ou
pour mieux dire elle l'y érigeait en
tyran. Un homme qui peut débiter
tout ce qu'il a lu , et qui se donne
des airs de maître en faisant sortir
de sa bouche, avec la dernière facilité , un torrent de science , étonne
dans une conversation les autres savans. Ils paraissent petits comme des
nains auprès de lui : ils ne peuvent
l'empêcher de tenir le dé , et ils n'o-
sent même l'entreprendre ; ils soup-
çonnent quelquefois qu'il se trompe,
mais ils n'ont pas l'assurance de le
contredire , ils se défient de leur mémoire , et ils redoutent la sienne
dans les choses mêmes où il leur semble qu'il a tort. Nous avons vu ci-

---

(19) Nicolaus Borbonius Epistolâ V ad Clau-
dium Memmium, Avauxium , *pag.* 471. *Elle est*
à la fin du livre de Charles Ogier, *intitulé* Iter Da-
nicum , Suecicum, Polonicum, *imprimé à Paris,*
1656, *in-*8°.

(20) Dies erat Simoni et Judæ Apost. Sacer.
Idem, ibid. pag. 473.

(21) *L'Épître dédicatoire de la Vie de Gar-*
gilius Mamurra *est datée d'Angers, le* 20 *d'octo-*
bre 1636.

(22) Menagius , *in* Vitâ Gargil. Mamurræ ,
pag. 22.

(23) *Cela paraît par l'Épître dédicatoire de*
la Vie de Mamurra.

(24) Miscellan. Menag. *pag.* 9 *libri adoptivi*
Voyez aussi p. 16, *et* 19.

(25) Menag. , *in* Vitâ Mamurræ , *pag.* 19. *Con-*
férez avec ceci le commencement du passage de
Nicolas Bourbon, *rapporté ci-dessus, citation* (19).

dessus *¹ que le savant Nicolas Bourbon, rempli de doutes sur les citations de Montmaur, n'osa lui faire un procès que quand il eut consulté à loisir sa bibliothèque *². Si vous joignez à cela que Montmaur était médisant et présomptueux, vous comprendrez sans aucune peine qu'il a dû être haï. Une beauté fière, qui offusque et qui éclipse toutes les autres dans les compagnies, est un objet odieux aux femmes. Les savans ne sont guère mieux disposés en semblable cas. Ceux qui virent qu'on ne pouvait tenir tête à ce professeur avec la langue recoururent à la plume, et le diffamèrent par écrit à qui mieux mieux.

J'ai ouï dire qu'un avocat, fils d'un huissier, lia un jour une partie avec quelques-uns de ses amis, pour mortifier Montmaur qui devait dîner chez le président de Mesmes. La troupe conjurée se rendit de très-bonne heure chez ce président. L'avocat et ses amis étaient convenus de ne laisser point parler ce professeur, ils devaient se relever les uns les autres (et dès que l'un aurait achevé ce qu'il voudrait dire, un autre devait prendre la parole. Montmaur n'eut pas plus tôt paru dans la chambre, que l'avocat lui cria guerre ! guerre ! Vous dégénérez bien, répondit Montmaur, car votre père ne fait que crier paix-là ! paix-là (26) ! Ce fut un coup de foudre qui déconcerta les conjurés. L'avocat fut si interdit, qu'il ne put dire aucun mot pendant le repas. Je crois qu'en plusieurs autres rencontres Montmaur, par son babil et par son audace, se démêla aisément des pièges qu'on lui tendait. Je ne sais si ce fut un coup de hasard, ou un coup fait à la main; mais enfin un jour qu'il dînait chez M. le chancelier Séguier, on laissa tomber sur lui un plat de potage en desservant. Il se posséda à merveille, et se mit à dire en regardant le chancelier (qu'il crut la cause de cette pièce), summum jus, summa injuria, et il mit tous les rieurs de son côté

par cette prompte allusion (27). Elle est fort ingénieuse, mais on n'en peut faire voir le fin dans une version française. C'est un jeu de mots qui roule sur ce que le chancelier de France est le chef de la justice, et que jus signifie en latin deux choses, la justice et du bouillon.

Notez qu'il y eut bien des personnes qui blâmèrent M. Ménage d'avoir composé une pièce si satirique contre Montmaur (28), et qu'il s'excusa entre autres raisons sur celle-ci, qu'il n'avait pas prétendu décrire la vie d'un parasite particulier, mais le caractère même de parasite par des traits d'invention. C'était vouloir se justifier par un mensonge (29). *Non parasitum unum aliquem, non assentatorem, sed omnes parasitos, omnes assentatores sub Mamurræ fictis conquisitisque vitiis deformati personâ, describere mihi mens fuit (30). Je ne crois pas que M. Ménage ait jamais rien fait où l'érudition, l'esprit, et la politesse de langage, aient mieux paru ensemble. M. Simon de Valhebert m'a écrit qu'il a une pièce qui lui paraît être de M. Ménage : elle est tout-à-fait du style de sa requête des dictionnaires : elle est écrite d'une main qu'il ne connaît pas, mais avec quelques corrections de la main de M. Ménage, et a pour titre : Requête de Petrus Montmaur, professeur du roi en langue hellénique, à nos seigneurs de parlement. Elle contient plus de trois cents vers où son histoire paraît fort bien décrite, et ces vers sont de la même mesure que la Requête des Dictionnaires *. J'ai pris

*¹ Remarque (F).

*² Joly observe que Bourbon raconte différemment le fait, et cite le passage du Borboniana. Ce passage est imprimé à la suite des Mémoires de Bruys, II, 300.

(26) C'est l'occupation des huissiers pendant l'audience du palais.

(27) Voyez la Suite du Ménagiana, pag. 201 édit. de Hollande.

(28) Næ igitur in nos iniqui fuêre qui hunc nobis de Mamurrâ ludum.... velut atrox et flagitiosum facinus objecerunt. Menag. sub fin. epist. dedicat. Vitæ Mamurræ.

(29) M. Ménage parlait contre sa conscience, et M. de Balzac aussi, lorsqu'il disait dans la préface de son Barbon, que l'idée qu'il s'était proposée est une chose vague, et qui n'a nul objet défini........ C'était un spectre et un fantôme de ma façon, un homme artificiel que j'avais fait et organisé. Et par conséquent n'étant pas de même espèce que les autres hommes, et n'ayant pas un seul parent dans le monde, personne ne pouvait prendre part à ses intérêts, ni se scandaliser de son infamie.

(30) Menagius, sub fin. epist. dedicat. Vitæ Mamurræ.

* La Requête de Petrus Montmaur est imprimée pag. 6-16 du tome II de l'Histoire de P. Montmaur par Sallengre.

garde que M. Ménage n'a point adopté le conte qui se voit dans quelques pièces du recueil d'Hadrien Valois, c'est que Montmaur donna un si rude coup de bûche sur la tête au portier du collége de Boncour, qu'il le tua. Voyez la remarque suivante :

(H) *Il faut.... prendre cela pour des jeux d'esprit..., et non pas pour un narré historique.*] Mais que pensera-t-on du fait dont je viens de faire mention? Il ne semble pas que les satiriques les plus outrés soient capables de publier un mensonge tel que celui-ci, qu'un homme est actuellement en prison à cause d'un meurtre. Il est pourtant vrai qu'il y eut des adversaires de Montmaur qui affirmèrent qu'il fut emprisonné pour un crime de cette espèce. Se fondèrent-ils sur quelque réalité? On aurait infiniment plus de peine à l'affirmer qu'à le nier ; et surtout quand on prend garde que la plupart de ces auteurs satiriques se turent à l'égard de cet homicide, qui était pourtant la matière la plus favorable qu'ils eussent pu souhaiter à l'entreprise qu'ils avaient formée de rendre Montmaur l'horreur et l'exécration du public. En tous cas voici cette accusation :

> *Quoi que ce soit, le parasite,*
> *Est mieux traité qu'il ne mérite :*
> *On ne lui peut faire d'ennui ;*
> *Métamorphoser sa personne*
> *En loup, en porc, en une tonne,*
> *C'est encor trop d'honneur pour lui.*
> *Qu'il le soit une marmite,*
> *En tournebroche ou léchefrite,*
> *En perroquet, en un corbeau ;*
> *C'est une grâce très-visible,*
> *Le bien façonner n'est possible*
> *Qu'aux pieds délicats d'un bourreau.*
> *Aussi ce messer Sicophante,*
> *Pour montrer que c'est son attente,*
> *Fit l'autre jour un joli tour,*
> *Cassant d'une bûche flottée*
> *La lourde caboche éventée*
> *Du gros Janitor de Boncour.*
> *Mais ce grand chercheur de lippée*
> *N'eut plus tôt fait cette équipée,*
> *Qu'il se vit abscus du péché :*
> *Car il reçut telle mornifle*
> *Sur son gras museau qui renifle,*
> *Que son œil en resta poché.*
> *Et qui pis est, dame justice*
> *Pour châtier son maléfice,*
> *Grippant ce cuistre en triste arroi,*
> *Les pieds nus, un torchon en tête,*
> *Conduisit cette male bête*
> *Dans la noire maison du roi.*
> *Tous ses compagnons de cuisine,*
> *Et ceux qui craignent la famine,*
> *S'opposent à sa liberté,*
> *Criant partout que sa présence*

Sans doute affamera la France,
Et qu'elle a causé la cherté (31).

Vous allez voir en latin un semblable jeu (32).

Horatii Gentilis Perusini in MAMURRAM, ob cæsum ab eo collegii Harcurtii (33) Janitorem

> CÆDE nocens, hominisque reus Mamurra perempti
> Emissus vinclis est, Genovefa, tuis.
> Et potuit reperire vades, quia plurima crimen
> men
> Elevat hoc ratio, nil graviusque meret.
> Janitor occisus nimirum haud penditur assis,
> Nec propter dabitur talio vile caput :
> Cumque illi Mamurra petitum stipite grandi
> Comminuit cerebrum, perdiderat proprium*.

(I) *Balzac s'enrôla..... et voulut bien... descendre du haut de sa gravité.... et anima ses amis à prendre la plume, et à fournir leur quote part.*] Il ne fut pas le premier qui prêcha cette croisade : cet honneur est dû à l'historien de Mamurra *² , comme on l'a vu ci-dessus (34). Cet

(31) *Éloge historique du sieur Gomor, au Recueil d'*Hadrien Valois.

(32) *Il est au même Recueil d'*Hadrien Valois, *à la fin de l'Orbilius Musca, de Sarrasin.*

(33) *Selon le passage précédent il faut dire le* collége de Boncour *et non pas de Harcourt, comme aussi selon l'auteur d'une ode latine* ad Balzacium, *qui est dans le recueil d'*Hadrien Valois, *et qui porte que Montmaur, coupable d'avoir tué ce portier, n'évita la corde que par le moyen de l'argent qu'on donna aux juges.*

*¹ Sallengre raconte « une particularité fort « plaisante touchant Montmaur : c'est que le re- « mède dont usait ce parasite pour se guérir de « certains accès de mélancolie auxquels il était « sujet, était, dit-on, de se faire fustiger à tour « de bras. »

*² Balzac est (dit Sallengre) le premier de tous ceux qui ont écrit contre Montmaur. *L'Indignatio* in *Theonem ludimagistrum, ex-jesuitam, laudatorem ineptissimum eminentissimi cardinalis Valetæ* est datée de MDCXIX ; mais il faut corriger le chiffre et marquer MDCXXI, puisque Lysis, c'est-à-dire Louis de Nogaret de la Valette, qu'on y qualifie de cardinal, ne le fut que le 11 de février 1621. Sallengre parle aussi d'une lettre en vers latins, de Balzac à Boisrobert dans laquelle il le prie d'attaquer Montmaur. Ces deux pièces composées avant le *Barbon*, furent imprimées à sa suite en 1648 ; et c'est ce qui a induit Bayle en erreur. Après Balzac, Ch. Féramus se mit sur les rangs et publia : *Macrini parasitico-grammatici* ΗΜΕΡΑ, avec quatre autres petites pièces. Ménage ne fut que le troisième.

(34) *Dans la remarque* (B) *au passage du Valésiana. Joignez à cela ce passage de* Furetière, *pag.* 101 *de la Nouvelle Allégorique : Le plus malheureux de tous fut* Montmaur, *chef des Allusions, et qui avait aussi un régiment entretenu chez les Équivoques. Il fut livré à* Ménage, *juge sévère et critique, qui recherche sa vie de bout à autre, et lui fit son procès sur chaque action. Après l'avoir convaincu de plusieurs crimes, il le condamna à être passé par les armes poéti-*

historien mit à la fin de son livre une épigramme, où par ses exhortations et par ses imprécations il animait tout le monde à prendre parti dans la guerre contre Montmaur.

Quisquis legerit hæc, poeta fiat :
Et de Cenipetâ mihi jocosos
Scribat Gargilio repentè versus.
Qui non scripserit, inter eruditos
Insulsissimus ambulet patronos.

Voilà quelle fut la conclusion de l'histoire de Mamurra. On a pu donc dire avec beaucoup de raison que M. Ménage sonna le tocsin ; et l'on pourrait aussi dire par une autre métaphore, qu'il battit la caisse pour lever du monde. M. de Balzac ne manqua pas de s'enrôler, ni d'exhorter ses amis à prendre les armes. Il servit et dans l'infanterie et dans la cavalerie. Le Barbon (25), ouvrage en prose qu'il envoya à M. Ménage, fut accompagné de deux poëmes dont l'un est intitulé : *Indignatio in Theonem ludimagistrum , ex-jesuitam, laudatorem ineptissimum eminentissimi cardinalis Valetæ* (36), et l'autre est une lettre à M. de Boisrobert, où il le prie d'attaquer Montmaur, et de trouver bon qu'il encourage M. Féramus à une pareille entreprise.

Nec solùm tibi Semidei dicantur, at ipse
Thersites , ipse antiquo qui dictus Homero,
Ore animoque canis ; pridem cui sensus honesti est,
Extinctusque in fronte pudor. Fœdissima longas
Bestia det pœnas. Descende ad probra latini
Nominis , ac turpes Mamurrâ interprete Graios,
Pollutumque notis omni ex auctore volumen.
Monstra refer verborum, alio quæ vexit ab orbe,
Terribiles Griphos, etc (37).
. . . .
. . . .
Hìc docto te Marte potens , Ferrame , vocamus,
Antè alios : (ea vota meo sint grata Metello)
Cùm tot tela volent, tot in unum tela parentur,
Otia agas , tuaque arma neges communibus armis ?
Vana piumne putet deformi parcere monstro,
Relligio ? Tune invictos torquebis iambos
In caput alterius ? Vivetne obscænus amator,

ques, *préalablement appliqué à la berne ordinaire et extraordinaire. Il fut même son parrain, et lui tira le premier coup ; ensuite tous les autres amusoyent allèrent à la file, etc.*

(35) *Il fut imprimé à Paris, in-8°. l'an* 1648.
(36) *Il est dans le recueil qu'*Hadrien Valois *publia l'an* 1643.
(37) Balzac, *à la page* 160, 161, *du Barbon.*

Atque hostis Musarum, omnis temerator honesti,
Pindi tetra lues? Pestem tamen ille minorem
Scaligeri Tullique cliens , et Cæsare læso
Conspicuus sæclis, nigro devovit Averno :
Nec tales Verona tulit sinè vindice chartas (38).

A voir la manière dont ces messieurs travaillaient à grossir leur ligue, et à convoquer l'arrière-ban de la république des lettres, on dirait qu'il était question, non pas de faire lever le siége de la montagne de Parnasse à des barbares résolus de livrer les Muses à la discrétion du soldat, mais de la reprendre sur ces *incirconcis*, et de remettre en liberté les chastes filles de mémoire détenues dans les noirs cachots d'une nation sacrilége, impure et abominable.

Il y eut des gens qui censurèrent quelque chose dans ces vers latins de Balzac. On y trouva de l'obscurité et de l'inhumanité. L'obscurité consistait dans les paroles qui désignent le poëte Catulle. Nous avons vu ci-dessus (39) ce que Balzac répondit ; et vous pourrez voir dans ses Entretiens, sa réponse quant au reproche de cruauté. Il y fait voir que l'on a eu tort de dire qu'il était plus inhumain envers le nouveau Mamurra, que Catulle ne l'était à l'égard de ses ennemis. *Je n'ai parlé*, dit-il (40), *que d'une simple exécration poétique, ou pour le plus d'une simple mort ; car, en bon latin, dévouer à l'enfer, ou à l'Averne, ne va pas au delà de la mort ; et la ciguë, la corde, l'épée, la peuvent donner. Mais le vindicatif Catulle enchérit sur tous ces supplices communs. Il parle de la dernière, et de la plus cruelle de toutes les peines : il condamne à être brûlé tout vif le mauvais poëte dont il s'agit, comme un sorcier, ou un athée.*

Infelicibus ustulanda flammis.

Et plus bas,

Et vos intereà venite in ignem.

D'autres le blâment de s'être mêlé d'une espèce de composition à quoi ils jugent qu'il n'était pas propre. Considérez, je vous prie, ce passage de M. Guéret : « On a encore cette » malheureuse fantaisie de préten-

(38) *Idem, ibid., pag.* 161.
(39) *Dans la remarque* (K) *de l'article* CATULLE, *tom. IV, pag.* 600.
(40) Balzac, *Entret.* VXII, *pag. m.* 204.

» dre réussir en toutes choses ; on
» ne veut point passer pour avoir un
» génie borné : comme il n'y a guère
» de poëte qui n'étende sa juridiction
» depuis l'épigramme jusqu'au poëme
» épique, on ne voit presque point
» aussi d'orateur qui du panégyri-
» que ne descende jusqu'au billet
» doux... Scarron, que la nature fit
» tout burlesque, et dont l'esprit et
» le corps furent tournés tout ex-
» près pour ce caractère, eut bien
» l'audace de vouloir composer une
» tragédie; et sans doute qu'il l'au-
» rait fait, si la mort n'eût prévenu
» la témérité de son entreprise. En-
» fin Balzac lui-même a suivi ce mau-
» vais exemple ; et non content de
» remporter la gloire du grand style,
» il a voulu montrer par le Barbon,
» qu'il n'était pas moins propre à la
» raillerie : cependant il s'est trompé
» de ce côté-là ; les délicats n'ont pas
» été de son goût, et son Barbon n'a
» fait que gâter ses œuvres. Suivons
» toujours notre naturel, ne sortons
» jamais du genre qui nous est pro-
» pre, et n'envions point aux autres
» la gloire que nous ne saurions ac-
» quérir comme eux (41). » M. de
Balzac avait reçu des nouvelles plus
agréables touchant son Barbon : car
on lui manda que cet ouvrage avait
eu un très-grand succès, et qu'on
l'admirait dans Paris. Voici le commencement d'une de ses lettres à
M. Ménage. *Benè est, abundè est,
plus sat est etiam mihi. Quæ scripsi
ego olim, municipalis ille et orator
et historicus, probata nuper sunt Lutetiæ Parisiorum. In amplissimo orbis terrarum theatro Barbo meus sal-
tavit et placuit* (42). Il me semble
que le jugement de M. Guéret n'a
pas assez d'équité. Le Barbon, je l'a-
voue, est d'un style trop sérieux : la
plaisanterie n'y est pas tournée avec
cette gaieté, ni cette facilité, que
d'autres auraient répandue ; mais le
ridicule de la pédanterie y est marqué vivement et heureusement par
beaucoup de caractères très-singu-
liers.

Si l'on veut trouver quelques excuses pour la vivacité du ressentiment de Balzac, il faudra que l'on

consulte le poëme de Féramus. C'est
là qu'on peut lire, non-seulement
que Montmaur exerçait sa médisance
contre les Scaliger, les Saumaise et
les Grotius, mais aussi qu'il traitait
M. de Balzac avec le dernier mépris.

Te quoque, BALZACI, nostræ decus addite
    genti,
Urbe vetat, patriâque jubet torpescere villâ,
Indecorem regique tuo nova condere regna
Quærere, et efficto virtutes principe dignas(43).

Vous voyez bien que l'offense était
personnelle, et qu'il ne s'agissait
pas seulement de soutenir la cause
publique. J'ai quelque soupçon que
le passage que j'ai cité dans l'article
de DESBARREAUX (44) concerne notre
Montmaur. Ce serait encore une nouvelle preuve de la violence du ressentiment de Balzac.

(K) *Il y a des personnes de mérite qui condamnent le déchaînement
des persécuteurs de Montmaur.*] Trois
autorités me suffiront. Je citerai premièrement M. Cousin : *Entre les poésies*, dit-il (45), *que M. Ménage composa en ce temps-là, il y en eut deux
qui firent beaucoup de bruit. L'une
fut la métamorphose du Pédant parasite en perroquet. Il entendait sous
ce nom un professeur en langue
grecque, contre lequel plusieurs autres poëtes s'étaient déchaînés, et
qu'ils avaient déchiré de gaieté de
cœur par des satires injurieuses et
inhumaines ; l'autre fut la fameuse
Requête des dictionnaires. C'est ainsi
qu'il parle dans son prétendu éloge
de M. Ménage ; et vous remarquerez,
s'il vous plaît, qu'il ne dit rien de
la vie de Mamurra*, qui est un écrit
tout autrement considérable que la

(41) Guéret, Guerre des Auteurs, *pag. m.* 137,
138.
(42) Balzac, Epist. select., *pag. m.* 182.

(43) Feramus, *apud* Menagium *in* libro adoptivo, *pag.* 14.
(44) *Citation* (20).
(45) Journal des Savans du 11 *d'août* 1692,
pag. 542, *édit. de* Hollande.
  * Sallengre explique le silence de Cousin par
la brouille qui survint entre lui et Ménage, pour
l'épigramme que ce dernier s'était permise sur
l'impuissance du président, et que voici :

  Le grand traducteur de Procope
  Faillit à tomber en syncope
  Au moment qu'il fut ajourné
  Pour consommer son mariage.
  Ah! dit-il, le pénible ouvrage,
  Et que je suis infortuné !
  Moi qui fais de belles harangues,
  Moi qui traduis en toutes langues,
  A quoi sert mon vaste savoir,
  Puisque partout on me diffame
  Pour n'avoir pas eu le pouvoir
  De traduire une fille en femme ?

métamorphose qu'il a cotée. Je suis moins étonné de son silence, que de celui des amis de M. Ménage, qui ont mis un abrégé de sa Vie à la tête de la suite du Ménagiana. Ils ne disent rien de cette Vie de Mamurra.

Mon second témoin s'appelle en son nom de guerre Vigneul Marville. Copions une partie de son discours (46). « Le professeur Montmaur n'é-
» tait pas un homme aussi méprisa-
» ble que la plupart le croient. C'é-
» tait un fort bel esprit, qui avait de
» grands talens. Les langues grec-
» ques et latines lui étaient comme
» naturelles. Il avait lu tous les bons
» auteurs de l'antiquité ; et aidé
» d'une prodigieuse mémoire, jointe
» à beaucoup de vivacité, il faisait
» des applications très-heureuses de
» ce qu'il avait remarqué de plus
» beau. Il est vrai que c'était pres-
» que toujours avec malignité ; ce
» qui excita contre lui la fureur de
» ceux qui étaient les objets de ses
» plaisanteries. Avec ce génie il s'in-
» troduisait facilement chez les per-
» sonnes de qualité qui aimaient les
» joies du Parnasse. L'avarice le gâ-
» tait, car il avait du bien dont il
» n'usait pas; et il recherchait trop
» la bonne chère. Il disait à ses amis:
» Messieurs, fournissez les viandes
» et le vin, et moi je fournirai le
» sel. Aussi le répandait-il à pleines
» mains aux bonnes tables où il se
» trouvait. Son humeur satirique n'a-
» vait point de bornes; et il était
» Lucien partout. Il en voulait sur-
» tout aux méchans poëtes... Jamais
» on n'a tant écrit de satires en prose
» et en vers contre personne, que
» contre Montmaur. Chacun s'y épui-
» sait : il en reste encore aujour-
» d'hui des recueils entiers. Ce qu'il
» y a de meilleur est de M. Ménage.
» Les amis de Montmaur lui avaient
» conseillé de faire imprimer ses
» bons mots contre ces écrivains im-
» portuns : mais l'amour du repos
» lui liait les mains ; et il se con-
» tenta de rire de ces bagatelles et de
» les mépriser. Quelqu'un lui disant
» que M. Ménage l'avait métamor-
» phosé en perroquet : bon (ré-
» pondit-il , je ne manquerai ni de
» vin pour me réjouir , ni de bec

(46) Vigneul Marville , Mélange d'histoire et de littérature, pag. 86 de la 1re. édition de Rouen.

» pour me défendre : et parce qu'on
» louait beaucoup cette métamor-
» phose , il ajoutait : ce n'est pas
» merveille qu'un grand parleur
» comme Ménage ait fait un bon
» perroquet. Montmaur porta plus
» impatiemment le refus que mes-
» sieurs Dupuy lui firent de l'entrée
» de leur cabinet, qui était le réduit
» des plus honnêtes gens de Paris.
» Ces messieurs , graves comme des
» Catons, prenaient les sciences du
» côté de leur plus grand sérieux ,
» et ne souffraient pas aisément ceux
» qui n'ont, pour ainsi dire, que
» le polichinel de la littérature. Ils
» n'entendaient point raillerie , et il
» aurait mieux valu faire un solé-
» cisme au nez de l'université , que
» de se relâcher à turlupiner en leur
» présence (47) *. »

Mon troisième témoin est le père Vavasseur. Il n'a point nommé Montmaur, mais il l'a désigné d'une manière si intelligible , qu'on doit être certain qu'il parle de lui. Il n'en fait point l'éloge : il le charge de quelques défauts très-grands et très-haïssables , et lui rend d'ailleurs justice sur l'érudition, et il condamne non seulement les auteurs qui le déchirèrent avec tant d'emportement, mais aussi les magistrats qui tolérèrent cette licence. Il fait ensuite une réflexion assez judicieuse; c'est qu'il arrive, par un juste jugement de Dieu, que les princes et les ministres qui ont négligé de punir l'audace des écrivains hérétiques et des faiseurs de libelle, portent la peine de leur nonchalance, et se trouvent exposés à la fureur des médisans. Je ne donne là qu'un crayon grossier des pensées

(47) Là même , pag. 88.
* Joly reproche à Bayle de faire grand fond sur le témoignage de Vigneul Marville (Bonaventure d'Argonne) qui n'avait pas connu Montmaur. Il pense, avec Leclerc, qu'il aurait mieux valu citer l'abbé de Marolles, qui , dans la liste des gens de lettres qui lui ont fait présent de leurs livres, dit . « j'ai bien connu Montmaur » etc., etc. , et ajoute un peu plus loin ,

«Montmaur, nommé le Grec, eut la mémoire heureuse;
C'était un savant homme, et l'on fit sans sujet
Contre lui force vers qui plurent en effet ;
Mais son âme contre eux se montra généreuse.»
Je n'ai pas trouvé ces vers, ni la phrase citée par Leclerc et Joly , dans l'édition donnée par Goujet, des Mémoires de Marolles (et du Dénombrement des gens de lettres , etc.) 1755 , 3 volumes in-12.

de ce jésuite. Il les a exprimées fort noblement dans un ouvrage qu'on ne trouve presque plus chez les libraires. C'est pourquoi je ne serai point blâmable si je mets ici ses paroles. *Vidimus quemdam nuper non expertem litterarum, sed cui nihil placeret, nec pulchrum videretur, nisi quòd esset suum. Hunc propter ipsius odiosissimos mores, nemo tum poeta sive scriptor alius nefas duxit conscindere omnibus probris. Quanquam non rectè nec ratione, meâ quidem sententiâ, et pessimo exemplo. Non enim, si dignus is contumeliâ; perhonesti, graves, litterati viri digni tamen, qui contumeliam inferrent. Et erant alioquin in isto, quæ amare posses sinè moribus, memoria, cognitio sermonis græci, varietas aliqua doctrinæ et copia; undè discerent nonnihil etiam periti, quamvis hominem non probarent. Sed valuit nimirum maledicentia, grata cunctis, etiam iis, qui neque sibi maledici, neque maledicere ipsi aliis velint. Atque hanc, ut à me antè dictum est, maledicentiam vetant, natura, ratio, mos, disciplina, jura, leges : ubique gentium ac terrarum, atque in omni memoriâ pœnæ maledicis graves propositæ. Crimen tamen impunitum persæpè et olim fuit, et nunc est, et erit, vel veterno et socordiâ, vel prævaricatione eorum, à quibus oportuerit pro officio vindicari. Ac multa peccant principes, et in his illud, quod tantam petulantiam, ità ut meretur, quantùmque possunt, non coërceant, nec populo caveant satis, nec privatos conservent ab injuriâ. Interim nutu divini numinis et providentiâ quid fit? Ne ab istis quidem abstinetur tam lentè ferentibus probra in alios : immò linguas hominum magis infestas habent, minùsque sermones effugiunt obtrectatorum : et audire plerumque coguntur ipsi, quæ nolint, quia dealiis patiantur dici, quæ non debeant* (48).

Voilà les autorités que j'avais promises. Il n'y a point de doute que si l'on s'arrête simplement aux déclarations formelles et libérales, le jésuite Vavasseur ne soit celui qui condamne le plus fortement les ad-

versaires de notre homme : mais si l'on pèse les conséquences des expressions, Vigneul Marville est celui qui lance sur eux les arrêts les plus foudroyans; car lorsqu'il déclare que *Montmaur était un fort bel esprit, qui avait lu tous les bons auteurs de l'antiquité, et qui avait de grands talens*, une intelligence profonde et du grec et du latin, *une mémoire prodigieuse jointe à beaucoup de vivacité*, etc., il accuse d'une injustice très-énorme les satires qui furent faites contre lui. Tout ce qu'il avoue à l'avantage de Montmaur, sont autant de coups de barre sur la tête des auteurs de ces satires, puisqu'elles s'accordent toutes à faire passer ce professeur pour le plus sot et le plus ignorant de tous les hommes; et notez que les louanges qu'il lui a données doivent être d'autant plus de poids, qu'il n'a point dissimulé les défauts du personnage. Ce qu'il remarque de son insensibilité est surprenant, et je doute que l'on eût pu rien imaginer de mieux entendu, que de rire comme fit Montmaur des écrits de ses censeurs. Mais il y a lieu de s'étonner qu'un homme qui avait tant de lecture, tant de mémoire et tant de présence d'esprit, n'ait voulu rien composer en cette rencontre, et que dans toute sa vie il n'ait presque rien publié. Il faut croire que le feu de son esprit avait besoin de la présence des objets vivans, et que cette vaste mémoire se trouvait en quelque façon engourdie, lorsqu'il s'agissait de composer dans le silence et dans la retraite du cabinet (49). Il faut croire, dis-je, que Montmaur expérimenta, comme quelques autres, qu'il y avait infiniment moins de peine à bien discourir sur-le-champ, qu'à composer un bon livre. Le moyen de rendre utile au public le savoir de ce professeur, aurait été de lui donner un disciple judicieux, qui ne l'eût presque point quitté, et qui eût recueilli tout ce qu'il lui eût entendu dire. Nous aurions en ce cas un Montmauriana qui serait peut-être un bon livre. Je crois qu'il y eut des gens qui désapprouvèrent le mépris de notre Montmaur pour les satires qui coururent.

(48) Franciscus Vavassor, de epigrammate, *cap.*, X, *pag.* 98, 99. *Ce livre fut imprimé à Paris l'an* 1672, *in-*8°.

(49) *Conférés ce que dessus*, remarque (B) de *l'article* CRÉMONIN, *tom. V*, *pag.* 321.

contre lui, et qui eussent souhaité qu'il en demandât justice à messieurs du châtelet ; car on ne se contenta pas de l'accuser d'ignorance et d'un vain amusement à des anagrammes et à de mauvaises pointes : la justice ne se mêle point de ces sortes de procès, *nihil hæc ad edictum prætoris :* on l'accusa aussi d'être bâtard et meurtrier, comme on l'a vu ci-dessus (50): et voici un passage qui l'accuse d'avoir été un faussaire et un sodomite :

> *Jadis dans un fameux procès,*
> *Dont il eut un honteux succès,*
> *Il appela d'une sentence ,*
> *Qui n'épargnait que la potence,*
> *Quand de tout point il eut été*
> *Convaincu d'une fausseté :*
> *Car il imitait de nature*
> *Toute sorte de signature,*
> *Et gagna tout en jugement*
> *Quand il ne tint qu'à son serment.*
> *Il eut d'autres vices encore*
> *Que je tairai, car je l'honore.*
> *L'on dit que son valet un jour*
> *L'accusa de la sale amour,*
> *Imputant à ce parasite*
> *Le crime d'être sodomite (51).*

Cela passe la raillerie : on est responsable d'une telle accusation au tribunal criminel. L'*actio injuriarum* a lieu en cette rencontre (52), et l'accusé peut avoir recours à la loi du code *Si quis famosum,* selon laquelle un diffamateur qui ne produit point de preuves valables doit être puni comme un calomniateur.

(L) *Il logeait au collège de Boncour, et cela fournit une matière de plaisanterie.*] Prouvons ce fait par ces paroles de M. Ménage.

> *Quà collis, Genoefa, tuus supereminet urbem,*
> *Stat Becodina domus, docti celeberrima quondàm*
> *Atria Gallandi, summo rectore juventæ.*
> . . . .
> *Illic exiguo conduxerat ære penates*
> *Gargilius (53).*

et par ces beaux vers de Féramus :

> *Qua posuit stabiles Parisina académia sedes,*
> *In monte excelso, mons eminet altior. Illic*
> *Exiguâ parvos habitat mercede penates.*
> *Non illuc studia, et docti vicinia Phœbi*
> *Pellexêre hominem, sed ut hinc toti incubet urbi,*

(50) *Dans les rem.* (D) *et* (H).
(51) Histoire de la Vie et de la Mort du grand Mogor, *pag.* 25, 26, *au Recueil d'*Hadrien Valois.
(52) *Conférez avec ceci ces mots d'*Horace, *epist.* I, *vs.* 152, *lib. II :*

> Quin etiam lex
> Pœnaque lata , malo quæ nollet carmine quemquam
> Describi.

(53) Menag. Miscell. , *pag.* 7 *et* 8.

> *Majoresque alto speculetur vertice fumos,*
> *In tua jejunus ruiturus prandia,* MEMMI ,
> *Vel famosa tuæ,* BONELLI , *fercula mensæ,*
> *Seu vestras ,* HANEQUINE , *dapes tantâ*
> *arte paratas,*
> *Et quicumque alii mensâ præstatis opimâ*
> *Luculli illustres, Mævenatesque beati* (54).

Vous voyez que l'on prétend qu'il ne se logea dans ce collège qu'afin de mieux découvrir la fumée des cuisines de Paris, car c'était le lieu le plus haut de toute la ville. Mais s'il était commode par cette raison , il était incommode par sa trop grande distance des maisons où le parasite trouvait à dîner. Cela fit qu'il fut contraint de se pourvoir d'un cheval. Voyons là - dessus les plaisanteries de M. Ménage. *Verùm cùm summo in cacumine montis Genovefani tunc temporis habitaret, ut hinc scilicet culinarum fumos, ex quibus auguria captabat, commodiùs prospicere posset ; atque adeò horum omnium quos assiduè colebat, ab ejus tugurio domus longè distarent : ne ad illorum cœnas ac prandia tardiùs accederet, equum sibi comparavit : qui, quoniàm Becodianâ in scholâ* (*), *quam* Parnassum Parisiensem *Ronsardus vocare solebat, stabulabatur, Pegasus est appellatus ; de quo carmen est* SPESSEI (55). Le commencement de ce passage contient une jolie pensée, savoir que Montmaur, en consultant les augures, n'attendait pas que des vautours ou quelque autre espèce d'oiseaux se présentassent, il n'était attentif qu'à la fumée des cuisines. Il eût fallu dire, conséquemment à cela (56) qu'ayant voulu connaître les disciplines augurales, il se borna à la capnomancie (57). La raillerie de ces messieurs est devenue un lieu commun pour ceux qui veulent caractériser le parasitisme. Ils disent qu'un parasite, sortant de son logis sans savoir encore où il dînera, conduit ses pas dans les rues de Paris dans la direction de la fumée des cuisines ; que cette fumée est sa boussole et son étoile polaire, etc.

(54) Feramus, *in* Macrini Parasito-grammatici ἡμέρᾳ ; *init. apud* Menaginm, Miscellan. , *in libro adoptivo, pag.* 7.
(*) Binetus *in Vitâ* Ronsardi.
(55) Menagius, *in* Vitâ Mamurræ , *pag. m.* 20.
(56) *C'est-à-dire dans l'endroit où* M. Ménage *donne la liste des arts et des sciences que Mamurra voulut savoir.*
(57) *C'est l'art de deviner par la fumée.*

33

(M) Montmaur *mourut l'an* 1648.]
Je n'ai vu cela dans aucun livre;
mais je le tiens pour indubitable;
car M. Simon de Valhebert, qui a
pris la peine de me l'écrire, l'avait
su de M. l'abbé Gallois, qui, en consultant les registres du collége royal,
avait trouvé que Montmaur fut reçu
en survivance de la chaire de professeur royal en langue grecque à la
place de Jérôme Goulu (58), l'an
1623, et qu'il mourut l'an 1648, et
eut pour successeur Jacques Pigis *.

(58) *Parisien qui mourut l'an* 1639.

* Sallengre, et après lui Goujet, disent que
Montmaur mourut le 7 septembre 1648. Goujet
dit que le successeur de Montmaur au collége de
France fut Jean Aubert, mort le 1er. novembre
1650 et à qui succéda Jacques Pigis.

MONTPENSIER (LA DUCHES-
SE DE), favorite de Catherine de
Médicis. Cherchez LONGVIC, tom.
IX, page 346.

MOPSUS. Il y a principale-
ment deux personnes de ce nom
dans les livres des anciens : l'un
était fils d'Ampycus et de Chlo-
ris; l'autre était fils de Tirésias,
selon quelques-uns, ou de Manto, fille de Tirésias, selon quelques autres (a). Nous allons dire
quelque chose de chacun. Mopsus, fils d'Ampycus, était élève
d'Apollon dans la science des
augures, et se fit extrêmement
valoir par cette science durant
l'expédition des Argonautes (b).
On le surnomme Titarésien (c),
du nom de sa patrie qui était
dans le pays des Lapithes en
Thessalie. Ce ne fut point en
son pays qu'il obtint sa principale gloire, mais en Afrique. Il
y avait pris terre s'étant égaré

de sa route en revenant de Colchos, et y était mort d'une
morsure de serpent (d). Il fut
enterré, dit-on, près de Teuchira, l'une des villes de la Pentapole (e) (A), et honoré d'un
temple dans la province de Cyrène (B), qui devint fameux par
un oracle, dont la première institution est attribuée à Battus
le Cyrénien (f). Ammien Marcellin nous apprend (g) que les
mânes héroïques de Mopsus, enterrés en Afrique, soulageaient
plusieurs sortes de douleurs, et
les guérissaient la plupart du
temps. Cet historien fait là une
faute qui lui est commune avec
quelques autres auteurs (C).
Quant à l'autre Mopsus, je vois
que le même Strabon, qui le fait
fils de Tirésias, à la fin du IXe.
livre, le fait fils d'Apollon et de
Manto dans le livre XIII et dans
le XIVe., et que Pausanias (h) le
fait fils de Manto et de Rhacius,
chef d'une colonie qui était passée de l'île de Crète en Asie. Rien
de tout cela n'est facile à concilier
avec la royauté d'Argos, ni avec
l'épithète nationale d'Argien
qu'on lui a donnée (D). Tous ceux
qui parlent de lui en font un
grand maître dans la science de
deviner. On prétend qu'il fit crever Calchas, le fameux Calchas,
qui avait eu l'intendance générale
des augures pendant la longue
guerre de Troie; qu'il le fit, dis-
je, crever, en disputant avec lui
à qui mieux devinerait (E). Cal-

(a) Hygin. *cap. XIV;* Scholiasti. Apollon., *in lib. I*, *vs.* 65.
(b) Hygin. *ibid.,* Apollon. Argonaut., *lib.
I vs.* 65. Valer. Flaccus, Argun. *lib. I, vs.*
383, *et passim alibi.* Statius, Theb., *lib.
III, vs.* 521.
(c) Apollon., *lib. I*, *vs.* 65; Hesiod. *in*
Scuto.

(d) Apollon., *lib. I, vs.* 80, *et lib. IV,
vs.* 1520.
(e) Lycophron. Cassand. *vs.* 877; Clem.
Alexandrin. Stromat., *lib. I.*
(f) Clem. Alex., *ibid.*
(g) *Lib. XIV, cap. VIII.*
(h) *Lib. VII, pag.* 207.

chas était allé à pied de Troie à Claros avec Amphilochus, et, pour éprouver les forces de Mopsus, il lui avait demandé en lui montrant une truie pleine, combien elle portait de petits. On lui fit réponse qu'elle en portait trois, dont l'un était une femelle. La chose se trouva véritable. Mopsus demanda à son tour à Calchas le nombre précis des figues qui étaient sur un certain figuier. Calchas ne le put dire et en mourut de regret (*i*). Personne, s'il est tant soit peu versé dans les livres, ne s'étonnera que ce conte soit rapporté diversement; car à juger des choses par l'expérience, c'est une fatalité que notre nature humaine ne peut éviter. Il y a donc des auteurs qui disent (*k*) que ce fut Calchas qui demanda le nombre des figues (*l*), et que Mopsus lui répondit qu'il y en avait dix mille, et qu'elles pourraient tenir toutes à une près dans une certaine mesure qu'il lui nomma. Cette réponse, parfaitement vérifiée par l'épreuve, fit mourir Calchas de chagrin. D'autres disent que Calchas ne donna à deviner que le nombre des petits de la truie, et que la seule justesse de la réponse qu'on lui fit le tua, sans qu'il fût besoin qu'on lui proposât à son tour une question qu'il ne put soudre. Il y en a qui soutiennent que ceci se passa non à Claros, mais dans la Cilicie (*m*). Une autre espèce de

contestation fit périr Mopsus (F); car on conte (*n*) que lui et Amphilochus partirent de Troie, et s'en allèrent bâtir la ville de Mallus dans la Cilicie. Qu'Amphilochus en sortit pour aller à Argos. Que n'y trouvant point ce qu'il avait espéré, il fut rejoindre Mopsus, qui ne voulut plus de lui. Qu'ils se battirent en duel et s'entretuèrent, et que leurs tombeaux, que l'on montrait à Margasa, proche de la rivière de Pyrame, furent tellement situés, que de l'un on ne pouvait pas avoir la vue de l'autre. Il est certain que la Cilicie n'a pas été le moindre théâtre de Mopsus : il y a bâti des villes (*o*) : celle qui s'appelait Mopsueste (*p*) avait une relation particulière à sa personne; et c'était dans la Cilicie qu'il était révéré comme un dieu, et qu'il rendait des oracles (*q*). Plutarque en conte une histoire qui confondit l'incrédulité des épicuriens (*r*).

Notez que l'application à deviner n'empêcha point Mopsus de procréer des enfans. Il eut trois filles, Rhode, Méliade et Pamphylie : leur nom fut donné à quelques pays (*s*).

(*n*) *Idem*, *ibid. et* Lycophr. *vs.* 439.

(*o*) Cicero, *lib. I*, de Divinat. Pompon. Mela, *lib. I*, *cap. XIV*, *et ibi* Isaac. Vossius.

(*p*) Μόψου ἑστία, quasi lares Mopsi. *Voyez* Strabon, *lib. XIV*, *pag.* 465. Mopsuestia vatis illius domicilium Mopsi, *dit* Ammien Marcellin, *au livre XIV*. Saint Jérôme *l'appelle* Mopsi viculum. *Voyez* Berkelius in Stephan. *pag.* 567, *et* Photius, Biblioth. *num.* 176, *pag.* 392.

(*q*) Tertull., de Animâ, *cap. XLVI*; Origenes, *lib. III*, contrà Celsum; Euseb. de Laudibus Constant.

(*r*) Plutarch. de Oracul. defectu.

(*s*) Photius, Bibliot. *num.* 176, *pag.* 392 *ex* Theopompo.

(*i*) Strabo, *lib. XIII*, *pag. m.* 442 ; Lycophr., *vs.* 425.

(*k*) Strabo, *ibid.*

(*l*) Servius in Eclog. VI Virgilii, *vs.* 72, *dit en s'appuyant sur le poëte* Euphorion, *que c'étaient des pommes.*

(*m*) Strabo, *lib. XIV*, *pag.* 464.

(A) *Teuchira, l'une des villes de la Pentapole.*] J'ai suivi la pensée du savant M. de Valois (1), qui a prouvé, par Lycophron, que Mopsus fut enterré près de Teuchira. Je ne veux pourtant point dissimuler qu'en examinant le passage de ce poëte ténébreux, je n'aie cru que le tombeau de notre argonaute y a été caractérisé plutôt par rapport à Ausigda, sur la rivière de Cinyphe, que par rapport à Teuchira. Or cette rivière n'est pas peu éloignée de la Pentapole (2). D'ailleurs, j'avoue que je ne devine point pourquoi M. de Valois prétend que si Mopsus a été enterré dans la Pentapole, Ammien Marcellin n'a pas dû faire mention *du rivage d'Afrique et du gazon punique* (3) ; mais qu'on peut aisément le justifier par l'autorité de ceux qui ont dit que Mopsus était péri en Afrique; du nombre desquels sont Tertullien et Apulée, à qui l'on peut associer Apollonius et Sénèque (4) qui le font mourir dans la Libye. Ce raisonnement suppose que la Pentapole n'était point une partie de l'Afrique ; mais je ne saurais m'imaginer, vu le grand nombre d'habiles gens qui soutiennent le contraire, qu'il n'ait été fort permis à Ammien Marcellin de le soutenir aussi : il se guinde quelquefois sur les phrases poétiques, où l'on préfère le nom général au particulier. Après tout, dans la Cassandre de Lycophron, on voit que la côte de Teuchira est appelée le logis inhabité d'Atlas. N'est-ce pas avoir voulu désigner en général les côtes d'Afrique ?

(B) *Il fut honoré d'un temple dans la province de Cyrène.*] Si l'on aime mieux le témoignage d'un païen que celui de Clément Alexandrin, on n'a qu'à lire ces paroles d'Apulée : *Tantùm eos Deos appellant qui ex eodem numero justè ac prudenter vitæ curriculo gubernato, pro numine posteà ab hominibus proditi fanis et cerimoniis vulgò advertuntur, ut in Bœotiâ Amphiaraüs,* IN AFRICA MOPSUS*, in Ægypto Osiris, alius aliubi gentium*

(5). Lutatius, scoliaste du poëte Stace, dit en parlant du même Mopsus : *In tantùm magnus fuit in augurali peritiá, ut post mortem templa ei dicata sint, à quorum adytis sæpè homines responsa accipiunt.* On a déjà vu le témoignage (6) de Marcellin.

(C) *Ammien Marcellin fait une faute qui lui est commune avec quelques auteurs.*] C'est qu'il confond l'Argonaute Mopsus avec le fils ou le petit-fils de Tirésias. Barthius (7) observe que même les anciens écrivains les confondent l'un avec l'autre, et il accuse nommément Servius de l'avoir fait : à tort l'en accuse-t-il puisque Servius (8) ne parle qu'en général de Mopsus. L'accusation serait plus juste contre Ammien Marcellin, dont Barthius cite le passage comme une bonne preuve de deux choses : 1°. que le tombeau de Mopsus était en Afrique; 2°. qu'il n'est pas possible que Strabon ait vu dans la Cilicie le tombeau de ce Mopsus. Il nous laisse à deviner lequel de ces deux anciens auteurs se trompe, et ne voit pas, dans le passage qu'il cite, l'erreur d'Ammien Marcellin. C'est M. de Valois qui l'a remarquée. La chose est claire. Cet historien dit, d'un côté, que la ville de Mopsus a été le siége ou le domicile du devin Mopsus; et, de l'autre, que ce Mopsus ayant été poussé sur les rivages d'Afrique, en revenant de la conquête de la toison d'or, y mourut; et que son tombeau y fait des miracles. Celui qui a donné son nom à Mopsueste, et celui qui a fondé diverses villes dans la Cilicie, sont sans doute le même Mopsus : or celui-ci est contemporain de Calchas et d'Amphilochus, et a fleuri après la guerre de Troie ; il n'est donc pas celui qui fit le voyage des Argonautes. Clément Alexandriu n'a pas pris garde à cela, puisque, comme le remarque M. de Valois, il a cru que le Mopsus qui fleurissait au temps de la guerre de Troie avait été de ce voyage. Je ne lui objecte point, comme feraient d'autres (9), la trop longue vie que

(1) Henric. Valesius in Marcell., *pag.* 4₁.

(2) *Voyez* Mela, *libr. I, cap. VII.*

(3) *Quod si ita est malè hîc Africæ litus, et cespitem punicum posuit Marcellinus.* Vales. in Marcellin., *pag.* 4₁.

(4) *Voyez la rem.* (E).

(5) Apul. de Deo Socratis.

(6) *Dans le corps de cet article.*

(7) In Statium, *tom. II*, *pag.* 818.

(8) In Eclog. VI, *vs.* 7₂.

(9) Lloyd, *qui allègue contre ceux qui confondent les deux Mopsus,* quod Argonautica expedi-

cette supposition entraîne après soi : je me contente de dire qu'il devait se souvenir que Mopsus perdit la vie en revenant de Colchos. Pamelius(10) prend pour l'Argonaute celui qui rendait des oracles dans la Cilicie. On verra bientôt un ou deux faux pas de Meursius. On distingue dans Calepin trois Mopsus : 1°. le devin, qui fonda la ville de Phasèle sur les confins de la Pamphilie; 2°. Le Lapithe, fils d'Ampycus; 3°. celui qui disputa contre Calchas.

(D) *L'épithète nationale d'Argien lui a été donnée.*] M. de Valois (11) pour distinguer nos deux Mopsus, nomme le premier *Lapitham* (12), ou *Thessalum*, et le dernier *Argivum*. Or quand on considère que Tirésias était Thébain, et qu'on songe à la terrible et cruelle guerre que ceux d'Argos firent deux fois aux Thébains, pendant la vie de Tirésias, on ne voit guère qu'il ait eu un fils qui, pour son titre de distinction, ait porté le titre d'homme d'Argos. Si Manto a été prêtresse de Delphes, et qu'Apollon l'ait rendue mère de Mopsus, pourquoi ce Mopsus s'appellera-t-il Argien? ou pourquoi aura-t-il ce titre, s'il est né du mariage qu'elle contracta en Asie avec Rhacius? On trouverait là-dedans moins de ténèbres, s'il était le fils qu'elle eut d'Alcméon (13). Quoi qu'il en soit, Cicéron assure qu'il était roi d'Argos : *Amphilochus et Mopsus Argivorum reges fuerunt, sed iidem augures : iique urbes in orâ maritimâ Ciliciæ græcas condidêre* (14). Si jamais le commentaire de Méziriac sur Apollodore voit le jour, ce que je souhaite beaucoup plus que je ne l'espère, on y apprendra bien des choses sur les deux Mopsus (15).

(E) *On prétend qu'il fit crever*

Calchas..... *en disputant avec lui à qui mieux devinerait.*] Les continuateurs de Moréri ont fait plusieurs fautes en rapportant cette dispute. 1°. Ils ont représenté Mopsus comme l'agresseur, et ils ne devaient pas le faire, puisqu'il ne paraît comme tel dans aucune des différentes relations que Strabon a rapportées. 2°. Ils ne devaient point citer Hésiode, sans ajouter que c'est dans Strabon que l'on trouve ce qu'il a dit là-dessus. Cette addition est nécessaire toutes les fois qu'on cite un auteur dont l'ouvrage ne se trouve plus, et n'est connu que parce que d'autres le citent. 3°. Ils ne devaient point citer Hésiode en aucune façon, puisqu'ils ne rapportent pas comme lui la chose. Ils disent que Mopsus demanda à Calchas le nombre des figues ; mais Hésiode dit que ce fut Calchas qui le demanda à Mopsus. Ils ont sans doute été trompés par Charles Étienne (16), après MM. Lloyd et Hofman. 4°. Ils ne devaient point citer le premier livre de l'Iliade ; car il ne contient rien de ce qu'ils disent. Je suis moins surpris de tout cela que de l'étrange méprise de Meursius. Ce savant homme (17) a prétendu que Mopsus eut du dessous dans cette dispute, si l'on s'en rapporte à Sénèque le tragique. *Seneca Mopsum inferiorem factum vult in Medeâ :*

> *Omnibus verax, sibi falsus uni*
> *Concidit Mopsus, caruitque Thebis*
> *Ille qui verè cecinit futura.*

Premièrement il ne s'agit point ici du Mopsus qui disputa contre Calchas, mais de Mopsus l'Argonaute. En second lieu, Sénèque n'a voulu dire sinon que Mopsus, avec toute son habileté prophétique, n'avait pas laissé de mourir dans l'expédition. Je rapporterai tout le passage, puisque d'ailleurs il n'est pas exempt de fausseté.

> *Ite nunc, fortes, perarate Pontum*
> *Sorte timendâ.*
> *Idmonem, quamvis benè fata nôsset,*
> *Condidit serpens Libycis arenis.*

tio generatione integrâ bellum Trojanum antecessit; et Barthius in Statium, tom. *II*, pag. 818, qui tranche net que ille Argonautarum vates attingere minimè potuit tempora à reditu Trojæ. Calvisius soutient le contraire, ad ann. mundi 2727.

(10) In Tertull. de Animâ, cap. *XLVI*.

(11) In Ammian. Marcellin., lib. *XIV*, pag. 40 et 41.

(12) C'est l'épithète que Strabon lui donne.

(13) *Voyez* Apollodore, Biblioth., lib. *III*, pag. m. 200.

(14) Cicero de Divinat., lib. *I*, cap. *XL*.

(15) *Voyez* son Commentaire sur les Épîtres d'Ovide. pag. 911.

(16) *Dolore contabuit, quòd propositâ sibi à Mopso caprifico (ut refert Hesiodus) aut (ut Pherecydes mavult) sue gravidâ, conjicere non potuisset, quot in illâ ficus essent, quotve hæc utero suculas gereret; quos tamen Mopsus sine nllo errore divinavit.* Car. Steph. in voce Calchas, pag. m. 546.

(17) Comment. in Lycophron., pag. 205.

Omnibus verax, sibi falsus uni
Concidit Mopsus, caruitque Thebis
Ille qui verè cecinit futura.

Il y a là trois exemples de la triste destinée des plus grands devins. Le dernier est celui de Tirésias, qui mourut fugitif de Thèbes : le premier est celui d'Idmon, qui fut tué en Afrique par un serpent ; l'autre est celui de Mopsus, dont Sénèque se contente de dire d'une façon vague qu'il périt. En cela il prend l'un pour l'autre : il attribue à Idmon ce qui ne lui convient pas ; car c'est Mopsus qui fut tué en Afrique par un serpent. Outre Apollonius que j'ai cité, voici comme Hygin en parle (18). *Mopsus Ampyci filius ab serpentis morsu in Africâ obiit.* Je n'ignore pas les contorsions que l'on donne à ce passage, et les différentes manières de le ponctuer que les critiques ont imaginées. Rhodiginus (19) se félicita sans doute beaucoup d'avoir mis un point après *condidit,* et d'avoir pris *serpens* pour un participe. Mais je ne crois pas qu'aujourd'hui aucun homme de bon goût trouve cela plus vraisemblable, que de dire que le poëte latin s'est trompé. Ne voyons-nous pas les plus habiles historiens confondre des faits peu éloignés de leur temps, et aussi illustres que le pouvait être dans l'imagination d'un poëte tragique la mort d'un devin d'armée ? Grutérus (20) qui rapporte à Mopsus le *caruit Thebis,* songeait-il bien que Mopsus était Lapithe ? Il change je ne sais combien de prétérits en futurs: il veut que Sénèque ait péché contre l'histoire ; mais non pas que la tentation d'entasser plusieurs grands exemples de moralité dans un *chorus,* l'ait fait recourir à l'asile de la *prolepse,* ou ait confondu sa chronologie. Je puis bien dire présentement que les paroles de Sénèque ne prouvent point ce à quoi M. de Valois les emploie, je veux dire la mort de Mopsus en Afrique. Les passages qu'il rapporte de Tertullien et d'Apulée, prouvent seulement que Mopsus était honoré comme un Dieu en ce pays-là ; mais il faudrait trouver dans un auteur quelque chose de plus précis, pour

pouvoir le prendre à témoin du décès d'un homme en tel ou tel lieu.

(F) *Une autre espèce de contestation fit périr Mopsus.*] Ceci ne regardant point Calchas, je puis dire que le traducteur de Strabon n'a pas bien rendu ces paroles, οὐ μόνον δὲ τὴν περὶ τῆς μαντικῆς ἔριν μεμυθεύκασιν, ἀλλὰ καὶ τῆς ἀρχῆς, *neque de divinatione duntaxat eos contendisse fabulantur, sed etiam de imperio* (21). Cet *eos* se rapporte nécessairement à Calchas et à Mopsus ; il faut donc s'attendre à les voir disputer du commandement : néanmoins on ne trouve point cela dans la suite ; c'est Mopsus et Amphilochus qui se querellent. Strabon s'est exprimé d'une manière à n'avoir aucune part à cette petite censure.

(21) Strabo, *lib. XIV, pag.* 464.

MORGUES (Matthieu de), sieur de Saint-Germain, prédicateur ordinaire de Louis XIII, et premier aumônier de Marie de Médicis, mère de ce monarque, fit extrêmement parler de lui par quantité de libelles qu'il publia contre le cardinal de Richelieu. Il naquit dans le Vélay au Languedoc (a), et d'une famille qui avait été louée par Louis Pulci, précepteur de Léon X (b). Il se fit jésuite, et il régenta quelques classes dans Avignon, au collége de la société (c). Il abandonna cette profession quelque temps après; et sautant adroitement les murailles de ce collége (d), il capitula en liberté, et accommoda cette affaire le mieux qu'il put (A). Il employa pour sa justification une manière de dilemme qui fut rétorquée con-

(18) Fabulâ *XIV, pag. m.* 46, 47.
(19) Antiq. Lect., *lib. XXIX, cap. XV.*
(20) *Apud Senecam Scriverii, pag.* 237.

(a) Matthieu de Morgues, Lettre de Change protestée, *pag. m.* 946.
(b) *Là-même, pag.* 947.
(c) Première Lettre de Change de Sabin à Nicocléon, *à la page* 711 *des pièces pour servir à l'Histoire, édition de* 1643, *in-4°.*
(d) *Là-même, pag.* 713.

tre lui (B). Il prêcha dans Paris avec beaucoup de succès (C), et dès l'an 1613, il devint prédicateur de la reine Marguerite (e). Il eut la même charge auprès du roi, l'an 1615, à la place du père Portugais, et l'an 1620, auprès de la reine-mère. Il avait été curé de Notre-Dame-des-Vertus auprès de Paris. Ceux qui écrivirent contre lui l'accusèrent d'avoir vendu cette cure, mais il le nia (D). Il fut nommé à l'évêché de Toulon par Louis XIII, et ne put jamais obtenir ses bulles. Il donna le meilleur tour qu'il lui fut possible à sa réponse aux reproches qui lui furent faits là-dessus (E). Il se retira chez son père après la détention de Marie de Médicis. Le cardinal de Richelieu, qui avait pris des mesures pour l'arrêter prisonnier dans cette retraite (F), manqua son coup, car Saint-Germain se sauva avant que les archers arrivassent. La reine-mère étant sortie de Compiègne (ƒ), et voulant publier une apologie, l'envoya querir et le chargea de répondre à un écrit intitulé : *La Défense du roi et de ses ministres*, où l'honneur de cette princesse n'avait pas été ménagé. Il publia en 1631 la réponse qu'elle souhaitait (G), et puis plusieurs autres livres contre les flatteurs du cardinal de Richelieu (g). Ce qu'il y eut d'incommode fut qu'il avait publié des livres remplis de louanges pour ce cardinal (H). Cela donnait lieu à ses ennemis de le

battre de ses propres armes. Il suivit Marie de Médicis hors du royaume, et ne retourna en France qu'après la mort du cardinal. Il fit disparaître l'un de ses principaux antagonistes, neveu du père Sirmond (I); et, comme il l'avait prédit pendant sa disgrâce (h), il obtint le privilége de faire imprimer ses livres. Il vécut jusques en 1670 (i). Il logea long-temps aux Incurables, dans le faubourg Saint-Germain, et il y mourut à l'âge de quatre-vingt-huit ans (k). Il y prêchait chaque année le panégyrique de saint Joseph (K). Il vantait beaucoup l'histoire qu'il avait faite de Louis-le-Juste, et qu'il devait charger ses héritiers de faire imprimer après sa mort. Patin a parlé plus d'une fois de cet ouvrage (L). Balzac maltraite beaucoup Matthieu de Morgues dans la 1re. lettre du livre VIII (*l*). *Il fallait*, dit-il, *que pour couronner son inconstance, de déserteur que nous l'avons vu de plus d'une douzaine de partis, pour son dernier métier il devint parasite des Espagnols, et secrétaire des mauvais Français qui sont à leur cour.* Notez qu'il ne fut pas disposé envers le cardinal Mazarin comme envers le cardinal de Richelieu; car s'il en faut croire le Patiniana, il fit *le libelle intitulé : bons Avis sur plusieurs mauvais Avis. C'est une défense du cardinal Mazarin*, à laquelle on croit que M. le La-

(e) Matthieu de Morgues, Reparties sur la Réponse à la Remontrance au roi, *pag*. 7.

(ƒ) *Là même, pag*. 5.

(g) Du Châtelet, Sirmond, Balzac, Dupleix, etc.

(h) *Voyez la remarque* (I).

(i) Patin, lettre DXXX, à *la page* 580 *du IIIe. tome.*

(k) *Là même, pag*. 579.

(l) *Dans l'édition in-folio, elle est datée du* 15 *de juillet* 1625 ; *mais il faut lire* 1635.

boureur *fit une réponse pour M. le prince. Toutes les deux pièces ne valent rien* (m)*.

(m) Patiniana, *pag.* 107, *édit. de Paris*, 1701.

* Le père Niceron, qui a consacré un article à Morgues dans le tome XXXV de ses *Mémoires*, cite pour toute autorité Bayle. Il ajoute que les œuvres de Morgues *fournissent la plus grande partie des circonstances de sa vie.* Mais Bayle et Niceron ont oublié dans la liste des ouvrages de Morgues, son *Traité de la dignité de l'aumône chrétienne*, Paris, 1661, cité, dit Joly, parmi les livres in-4°. de la bibliothèque de M. Galloys, n°. 351.

(A) *Il sauta les murailles du collège des jésuites d'Avignon... et accommoda cette affaire le mieux qu'il put.*] Ce qu'il avance sur ce sujet n'est pas compatible avec ce qu'on lui objecta. L'objection porte qu'il se *fit prêtre dans l'apostasie, avant qu'avoir dénoué par une dispense les liens qui le tenaient encore attaché par un bout à l'ordre qu'il venait d'abandonner* (1). *Plusieurs*, continuet-on, *le peuvent avoir ouï dire quelquefois au cardinal Spada, devant lequel tu fus long-temps le pleureur, pour voir si tu le pourrais émouvoir à quelque compassion.* Or voici ce qu'il avait répondu à un auteur qui l'avait nommé *jésuite renié* : « Celui que vous » accusez déclare qu'il a été fort » jeune dans une compagnie qu'il n'a » point quittée ni par légèreté ni pour » se jeter dans les plaisirs. Il se fût » marié s'il eût voulu, après sa re- » traite, et pouvait choisir une autre » profession que celle qu'il a prise, » n'ayant aucun ordre sacré ni l'âge » pour le prendre (2). » Cela ne signifie-t-il point qu'il sortit de chez les jésuites avant que d'y avoir fait aucun vœu? Comment pouvait-il donc tenir à leur ordre par un bout? Notez qu'il ne répond rien sur ce qu'on lui avait dit qu'il régenta quelques classes chez les jésuites d'Avignon. Il faut donc croire que c'est un fait véritable. D'où il s'ensuit qu'il a déguisé les choses, lorsqu'il a dit qu'il lui

(1) Première Lettre de Change de Sabin à Nicocléon, *à la page* 716 *du* Recueil des pièces pour servir à l'Histoire, *édition de* 1643, *in-4*.

(2) Morgues, Reparties sur la réponse à la Remontrance, *pag.* 7.

était libre de se marier en sortant de cette société. *

(B) *Il employa.... une manière de dilemme qui fut rétorquée contre lui.*] « Il nous dit que si les jésuites sont » gens de bien, il doit être loué d'a- » voir hanté bonne compagnie : s'ils » sont méchans, il ne mérite pas » d'être méprisé pour s'en être sé- » paré. Mais il est vrai qu'ils sont » vertueux, et que ce serait un mal » de n'être plus avec eux, si on était » devenu vicieux, ou qu'on ne les » eût pu quitter en conscience, ni » eux dispenser avec justice un hom- » me qui n'avait point fait de profes- » sion (3). » Voilà sa réponse. Nous allons voir ce qui lui fût répliqué : *Ton argument ressemble à ces poignards, dont on se servait anciennement aux tragédies : il rentre dans soi-même, sans porter coup. Je le tourne contre toi, et dis : Si les jésuites sont méchans, tu dois être blâmé d'avoir hanté mauvaise compagnie : s'ils sont bons, tu ne peux nier qu'il ne te soit reprochable de les avoir laissés. Il n'y a rien à dire là-dessus. Mais il est vrai qu'ils sont vertueux, dis-tu. Ça bien toujours été mon opinion ; mais ce n'a pas toujours été la tienne. Tu n'en parlais pas de la sorte, quand après avoir fait le contre-poids des jésuites et des huguenots, tu condamnais également les uns et les autres à vider le royaume. Ton discours se voit encore imprimé* (4). *Joignons à cela un autre passage qui nous apprend plus distinctement qu'il haïssait la société qu'il avait quittée. Dis-nous, de quel ordre était ce jeune religieux de ta classe à qui tu fis tenir tes écrits par dessus les murs, avant que de sauter à bas ; car on n'est pas bien assuré s'il était carme ou jacobin..... Dis-nous, quel fut le motif de cet arrêt par lequel tu condamnas depuis, dans un de tes livres, à sortir de France ceux de chez lesquels tu étais sorti. Qui dit que ce fût le dépit de voir à*

* Il n'a en cela, dit Leclerc, rien déguisé, ni menti. Un jésuite qui, après ses premiers vœux, sort de la société avec la permission de son général peut se marier ; cette permission le relevant de ses vœux.

(3) Morgues, Reparties sur la réponse à la Remontrance, *pag.* 8.

(4) Première Lettre de Change de Sabin à Niçocléon, *pag.* 716.

l'oreille du roi un de cette compagnie, qui ne faisait pas autrement goûter tes prédications à sa majesté. Qui soutient que ce fut le seul de plaire à celui qui le conserva dans la cour du palais avec toi : mais il est très-certain, qu'un autre de leurs ennemis t'ayant demandé pourquoi, bannissant les ministres conjointement avec eux, tu reléguais ces bons pères en un meilleur terroir que les autres, à qui tu voulais néanmoins beaucoup moins de mal, tu lui répondis, que c'était afin que s'y trouvant mieux ils songeassent moins à revenir au pays d'où tu les chassais (5). Quelques pages auparavant on lui avait reproché d'avoir fait un livre contre un jésuite qu'il ne pouvait supporter auprès du roi dans le Louvre (6), et on l'avait fait souvenir (7) que des trois mots dont il composa son beau titre les deux premiers étaient de Rome et le troisième d'Athènes.

(C) *Il prêcha dans Paris avec beaucoup de succès.*] Il assure dans un écrit publié l'an 1631, qu'il avait prêché deux mille fois dans la capitale du royaume (8). Il dit ailleurs (9) qu'il n'y avait point de paroisse dans cette grande ville où il n'eût prêché. *Toute la cour*, ajoute-t-il (10), *a estimé mes prédications : les docteurs, les bacheliers, les religieux et les plus célèbres avocats de Paris, les ont recherchées : beaucoup de curieux y ont rempli leurs tablettes, et un grand nombre de bourgeois de bon sens y ont trouvé de quoi se contenter.*

(D) *Ses ennemis l'accusèrent d'avoir vendu cette cure, mais il le nia.*] Jean Sirmond, sous le faux nom de Sabin, lui parle de cette manière (11) : *Tu n'entends pas bien seulement les deux langues que l'usage ordinaire rend les plus communes aux honnêtes gens.*

C'est pourquoi je trouve que ce fut une espèce de prodigalité spirituelle à cet homme de bien, qui, pour récompense de ce peu que tu fus capable d'en enseigner bien ou mal à ces jeunes enfans dont il t'avait commis l'instruction, te donna cette cure (12) que tu vendis au bout de quelques années, pour aller débiter ton mauvais français autour de la table de la feue reine Marguerite. Notez qu'on observe (13) qu'il avait été curé d'Aubervilliers. Voyons ses défenses au reproche d'avoir vendu sa cure de Notre-Dame-des-Vertus *. Je la remis, dit-il (14), entre les mains de feu M. Galemant, premier directeur des carmelines en France. Je ne peux avoir commis simonie qu'avec un saint, qui a fait tant de merveilles en sa vie, et tant de miracles après sa mort, qu'on parle de le béatifier. Ainsi pour me précipiter en enfer, Sabin veut arracher un bienheureux du paradis. La vérité est que la reine Marguerite de Valois me tira de ce lieu, où le grand abord du peuple fait des bruits qui sont ennemis du repos nécessaire à un homme de lettres. Le cardinal de Joyeuse me fit commander par cette princesse de remettre ce bénéfice entre les mains de M. de Galemant, qui avait été son grand vicaire à Rohan : il le résigna bientôt après aux pères de l'oratoire, qui le possèdent encore, et savent que je n'en eus jamais récompense.

(E) *Il donna le meilleur tour qu'il lui fut possible à sa réponse aux reproches sur le refus des bulles.*] L'un de ses adversaires publia ceci (15) : *C'est un jésuite renié, qui en ses entretiens n'en avait point ici de si ordinaire que de parler contre la puissance du pape, sous prétexte de la défense des privilèges de l'église gallicane, jetant par ce moyen tant qu'il pouvait des semences de division entre l'église et l'état. . . . . Le plus*

(5) *Là même*, pag. 730.

(6) *Là même*, pag. 710.

(7) *A cause qu'il avait blâmé son adversaire d'avoir pris le nom de Cléonville, moitié grec et moitié romain.*

(8) Morgues, Reparties à la réponse, pag. m. 11.

(9) *Le même*, Lettre de change protestée, pag. 925, 926.

(10) *Là même*, pag. 940.

(11) Première Lettre de Change de Sabin, pag. 725.

(12) *Dans la page 714 on lui avait reproché* la vente de sa cure de Notre-Dame-des-Vertus.

(13) *Là même*, pag. 729.

* Leclerc observe qu'Aubervilliers et Notre-Dame-des-Vertus sont une seule et même paroisse sous deux noms différens.

(14) Morgues, Lettre de change protestée, pag. 923, 924.

(15) Réponse au libelle intitulé très-humble, etc. Remontrance au roi, à la page 560 du Recueil des pièces.

grand ami qu'il ait jamais eu a été Fancan, homme reconnu de tous pour impie, et qui avait réputation de ne croire pas en Dieu; et qui est convaincu d'avoir toujours favorisé les intérêts de l'hérésie, dedans et dehors le royaume, contre le roi. Ces mœurs, ces discours, et ces hantises lui ont donné si mauvaise réputation, que le roi, à la recommandation de quelques-uns qui ne le connaissent pas assez, l'ayant nommé à l'évêché de Toulon, il y a quelques années, il n'a pas trouvé d'assez puissans témoignages de gens de bien, pour pouvoir induire sa sainteté à lui accorder ses bulles, de sorte qu'il a été contraint de se défaire de son évêché. Je ne rapporte point la réponse de Matthieu de Morgues touchant ses liaisons avec Fancan (16); je m'arrête à ce qui concerne le refus des bulles. « Celui qu'il accuse lui assure que » jamais il n'a disputé des priviléges » de l'église gallicane ni pour ni » contre. Ce n'est pas aussi ce qui » arrêta ses bulles, mais les mauvais » offices du cardinal, qui se laissa » persuader par deux hommes ma- » lins, que la dignité d'évêque ren- » drait plus considérable auprès de » la reine celui qu'on avait toujours » éloigné parce qu'on se défiait de » ses connaissances et de son courage. » Si Mulot était en colère contre le » cardinal, il découvrirait ce qu'il » traita avec feu M. d'Herbault, secré- » taire d'état; et si l'évêque de Mende, » du Plessis, vivait, et qu'il voulût » dire la vérité, on saurait les tours » de souplesse que le cardinal a joués » en cette affaire. Sa sainteté connut » la malice, et un des plus sages ca- » valiers de France peut témoigner » ce que le pape dit sur ce sujet en » accordant les bulles qui étaient » commandées lorsque la permission » de tirer récompense de l'évêché fut » demandée pour d'autres considéra- » tions (17). » Il répondit à peu près la même chose au sieur Sirmond. *Sabin dit aussi que les bulles de l'évêché de Toulon m'ont été refusées : il se trompe. Le cardinal de Richelieu a pu les arrêter par ses artifices, mais non pas les faire refuser. Sa sainteté est trop juste, pour me ra-*

vir la récompense des services que j'avais rendus vingt ans à l'église; et le roi trop généreux, pour souffrir qu'on ait condamné sa nomination. Certaines personnes, contre les préceptes de charité, se joignirent aux appréhensions du cardinal, qui me traversait: mais la difficulté était levée, lorsque de . mon mouvement je demandai au roi qu'il me permît de choisir un évêque : ce que S. M. m'octroya avec regret. Je retins une partie du revenu, que la vengeance du cardinal m'a ôtée, parce que j'ai défendu la réputation de la princesse qui lui en a donné cent fois davantage (18). Il ne nie pas qu'il n'ait eu des liaisons d'amitié avec MM. Servin, Gillot et Derivaux, ces bons Gaulois, savans magistrats et juges incorruptibles (19).*

Je rapporte ces choses, afin qu'on voie quel était l'esprit qui avançait ou qui reculait en ce temps-là les promotions. Je pense que ces mauvaises intrigues ne finiront qu'avec le monde.

(F) *Le cardinal de Richelieu avait pris des mesures pour l'arrêter prisonnier dans sa retraite.*] Le cardinal de Richelieu *fit expédier une commission adressante au sieur de Machault, intendant de Languedoc, pour arrêter prisonnier* Matthieu de Morgues. *Cet intendant se déchargea de la commission sur le prévôt de Nîmes, et sur celui de Vélay, et écrivit au juge Mage du Puy et à quelques seigneurs de tenir la main pour le service du roi à cette capture.* La commission portait, *qu'on prît Saint-Germain vif ou mort; qu'on le saisît sans faire inventaire de tous les papiers qu'on trouverait dans le logis, et qu'on les envoyât à Beaucaire, cependant que le prisonnier serait conduit à Mende, pour être mis entre les mains de l'évêque* (20). *L'auteur croit que ce prélat, qui avait été valet du cardinal, l'eût fait étrangler ou empoisonner sans bruit. Il fut averti de l'entreprise le soir auparavant, et quitta le logis de son père, et trouva une retraite dans le pays le plus rude de France, où il fut caché six semaines avec toute sorte d'incommodités*

(16) *Elle est à la page* 11 *et* 12 *de ses* Reparties.
(17) Morgues, Reparties, *pag.* 10.

(18) *Le même*, Lettre de Change protestée. *pag.* 924, 925.
(19) *La même, pag.* 925.
(20) *Le même*, Reparties, *pag.* 4.

pour sa santé..... Ce qui fut, dit-il,
le plus cruel en toute cette procédure,
fut l'affliction que donna la présence
des prevôts et archers à mon père et
à ma mère, qui étaient bien vieux ;
car ils me voyaient *le plus jeune de*
huit enfans ayant des cheveux gris.
Il prétend que le cardinal le voulut
perdre pour l'empêcher de faire une
histoire. *Ce bon seigneur,* dit-il (21),
savait bien que Saint-Germain n'était
pas homme du temps, que Dieu lui
avait donné un peu d'esprit pour re-
marquer ce qui se passait, que son
âme était assez bonne pour ne laisser
point accabler l'innocence sans sou-
pirer, et que son courage ne serait
point si lâche de renier sa maîtresse
dans sa passion. Ce cardinal se défia
de ces qualités qui ne sont pas celles
qu'il désire : il s'imagina ce qui n'était
pas, mais ce qui pouvait être.... Il se
résolut de faire arrêter prisonnier
celui qui ne faisait rien qui pût dé-
plaire, mais qui pouvait dresser dans
une autre saison la véritable histoire
du temps, et écrire franchement ce
qu'il avait connu de bien en la con-
duite de la reine, et de mal en celle
du cardinal.
Il y a beaucoup d'apparence que le
cardinal redoutait la plume de Saint-
Germain, et qu'il avait un pressen-
timent des libelles qu'elle devait faire
éclore, et qui chagrinèrent cruellement son éminence. On voit que dans
toutes les négociations pour le rappel
de la reine-mère il stipulait que Saint-
Germain, qui, *par des libelles diffa-*
matoires n'avait rien oublié pour lui
ravir sa réputation, fût livré au roi
(22). Ce grand homme avait le faible
d'être infiniment sensible aux satires,
comme je l'ai rapporté ailleurs (23).

(G) *Il publia en* 1631 *la réponse*
qu'elle souhaitait.] Elle a pour titre :
Vrais et bons avis de François Fidèle,
sur les Calomnies et Blasphèmes du
sieur des Montagnes, ou Examen du
libelle intitulé, Défense du roi et de
ses ministres. C'est un des principaux
traités du Recueil des pièces pour la
défense de la reine-mère, qui a été si
souvent réimprimé.

(21) *Là même, pag. 3 et 4.*
(22) *Voyez la Vie du cardinal de Richelieu.*
tom. II, pag. 162, 175, édition de Hollande
1694.
(23) *Dans l'article* GRANDIER, *au texte, entre*
les remarq. (D) *et* (E), *tom. VII, pag. 195.*

(H) *Il avait publié des livres rem-*
plis de louanges pour le cardinal de
Richelieu.] L'auteur de la Réponse à
sa Remontrance au roi (24) lui en cita
divers passages pour le convaincre
d'une contradiction qui lui ôtât toute
créance. On lui allégua aussi (25)
l'extrait d'une lettre qu'il avait écrite
le 7 juin 1627 à monsieur le cardinal,
où il lui promit un attachement perpétuel et inviolable, fondé sur le souvenir des grands bienfaits qu'il avait
reçus, et sur l'admiration des qualités éminentes de ce ministre. C'était
quelque chose d'embarrassant pour
notre de Morgues. Voici ce qu'il dit
pour sa justification. 1°. Il supposa
que ses adversaires le faisaient passer
pour un auteur satirique, à cause des
livres qu'il avait écrits avant sa rupture avec monsieur le cardinal. Mais
ce n'était point leur pensée, ils ne le
traitaient de la sorte qu'en vertu des
livres qu'il publia pour la reine mère
depuis qu'elle fut en guerre avec ce
ministre. Il pouvait comprendre si
facilement ce qu'ils entendaient, qu'il
y a lieu de le soupçonner ici de mauvaise foi. 2°. Il prétendit que les mauvaises actions du cardinal n'avaient
été découvertes que depuis la grande
persécution de la reine-mère. Citons
ses paroles sur chacun de ces deux
points.

Saint-Germain n'a jamais rien écrit
touchant les affaires publiques, que
deux pièces, l'une par l'ordre du car-
dinal, et l'autre par son instante
prière. La première fut les Vérités
Chrétiennes, *l'an* 1620, *pour soute-*
nir que la reine avait sujet de se plain-
dre de ceux qui lui avaient ravi l'é-
ducation de ses enfans..... Monsieur
le cardinal approuva grandement cet
écrit, qui fut le manifeste d'Angers.
Peut-être qu'il appelle maintenant
libelle diffamatoire ce qu'il a pris en
une autre saison pour un ouvrage
rempli de raisons divines et humaines,
et qui a servi à son dessein....... Le
second écrit auquel on voudrait faire
porter le nom de libelle infâme est le
Théologien sans passion, fait pour la
défense de monsieur le cardinal, et
pour faire taire quantité d'écrivains
étrangers, aidés par les mémoires de

(24) *Elle est dans le recueil de M. du Châtelet.*
(25) *Recueil de M. du Châtelet, pag. m. 560,*
561.

quelques *Français, qui avaient donné un si grand déplaisir à ce bon seigneur, que son esprit et son corps en étaient également malades. S'il demeure d'accord que ce livret soit méchant, ayant été apostillé et augmenté de sa main, sur un original fait sur ses mémoires, sacrifié à ses prières, et au commandement qu'il en fit donner à l'auteur par la reine (laquelle comme bonne maîtresse voulait retirer le cardinal du désespoir) l'ouvrier se condamnera plutôt d'avoir excédé en louanges que d'avoir offensé par calomnies. Encore faudrait-il considérer que cet écrit fut fait l'an 1626, auquel temps le cardinal était dans la modestie, dans les bonnes grâces de sa maîtresse, et couvrait ses desseins jusques à ce qu'il eût acquis la puissance pour les faire valoir : de sorte qu'on ne peut dire que les choses qui ont été dites à son avantage devant qu'il mît tout le royaume et toute l'Europe en confusion, puissent servir de justification à celui qui n'est accusé que de crimes plus récens, ni de conviction contre un homme qui a estimé le cardinal lorsqu'il n'était point ou changé ou découvert (26)..... Si vous dites que Saint-Germain a* changé de discours, *il vous dira que le cardinal a changé de façon de vivre; que Dieu même nous traite d'une autre sorte quand nous sommes pécheurs, qu'il ne faisait lorsque nous étions en sa grâce. Le cardinal n'avait pas encore découvert ses entreprises...... Celui que vous accusez de légèreté ... a* appris depuis l'an 1626, *les mauvaises actions que le cardinal avait faites devant ce temps-là, et les publiques qu'on a vues nous ont portés à nous mieux informer des secrètes...... la contradiction doit être pour un même temps, et pour une même action* (27).

On m'avouera qu'il n'était guère possible de faire une meilleure apologie que celle-là, de l'inconstance de plume dont il était accusé. S'il agissait sincèrement dans ce moyen de défense, c'est une autre question. On pourrait dire par conjecture, que si les intérêts du cardinal eussent été toujours combinés avec ceux de la reine-mère, et qu'il eût fait toutes

(26) Morgues, Reparties, *pag.* 8.
(27) *Là même, pag.* 12.

les autres choses qu'il fit, excepté les duretés qu'elle essuya, Saint-Germain eût continué à le louer, et à le défendre contre les libelles des Autrichiens et des Français mécontens. Les découvertes qu'il eût pu faire sur les actions de ce grand ministre, n'eussent pas été destinées à l'instruction du public. Avouons néanmoins qu'il fut louable en bien des choses; car il n'aurait pas été maltraité par le cardinal, s'il n'eût fait paraître une âme ferme, incapable de lâcheté, et capable de sacrifier sa fortune à la fidélité pour les intérêts de sa maîtresse. Nous verrons ci-dessous (28) les louanges qu'un critique lui a données.

Notez qu'il avoue dans la lettre du 7 de juin 1627, qu'il a de grandes obligations au cardinal, et qu'il en a reçu beaucoup de bienfaits. Cependant, voici comme il parle dans un ouvrage publié l'an 1631 (29) : *Ce bon prélat, qui appelle vénale la plume qui a écrit pour le cardinal, ... a oublié de lui demander ce qu'il avait donné à Saint-Germain pour le Théologien sans passion, et pour la récompense de plusieurs autres signalés services, comme pour la recherche exacte faite dedans et dehors le royaume, des papiers, mémoires, instructions, et traités qui le pouvaient rendre savant dans les affaires étrangères, et d'un grand nombre de curiosités* (30), *et agréables inventions qu'il a désirées et payées d'un remercîment suivi le lendemain ou le même jour d'un mauvais office dans l'esprit de la reine, et surtout auprès du nonce de sa sainteté, auquel il fit entendre que Saint-Germain était auteur du Théologien sans passion, où il était désigné en termes couverts, encore que le cardinal eût mis de sa main le trait qui le pouvait offenser. Voilà la monnaie avec laquelle il a payé la plume qu'on appelle vénale.* Ceci est non-seulement curieux, mais même fort vraisemblable. Le cardinal avait des vues si longues, tant d'ambition et tant d'ennemis, tant d'embûches à prévenir et à dresser, qu'il fallait qu'il

(28) *Dans la remarque* (K).
(29) Morgues, Reparties, *pag.* 9.
(30) *Joignez à ceci ces paroles de la* Lettre de Change protestée, *pag.* 941 : Le cardinal de Richelieu, que tous ses flatteurs tiennent pour le plus délicat esprit de ce temps, a souvent employé et éprouvé le mien en choses solides et curieuses, en latin, en français, en prose et en vers.

semât des piéges partout, et que son arc eût toujours deux cordes.

(I) *Il fit disparaître . . . . . le neveu du père Sirmond.*] J'ai trouvé ce fait dans l'Histoire de l'Académie française. « M. Sirmond . . . . fit pour » ce cardinal divers écrits sur les » affaires du temps, presque tous » sous des noms supposés. L'abbé de » Saint-Germain, qui était l'écrivain » du parti contraire, le maltraita » fort dans cette pièce, qu'il appe- » lait *l'Ambassadeur chimérique.* Il » y fit une réponse, qui est dans le » recueil de M. du Châtelet. L'abbé » de Saint-Germain répliqua, et le » traita encore plus injurieusement ; » ce qui l'obligea de faire un nouvel » écrit pour sa défense. Mais le car- » dinal de Richelieu, et le roi Louis » XIII, moururent là-dessus, et il » ne put jamais obtenir sous la ré- » gence un privilége pour faire im- » primer cet ouvrage. Cela le fâcha » beaucoup ; et voyant d'ailleurs que » son ennemi était de retour à la » cour, et que la faveur ne serait » plus de son côté, il se retira en » Auvergne, où il mourut âgé d'en- » viron soixante ans (31). » Ce M. Sir- mond était de l'académie française, et vous voyez qu'il eut le chagrin d'être forcé de céder à un écrivain rebelle, qui non-seulement l'avait maltraité, mais qui même avait ré- pandu son venin sur tout le corps de l'académie. Elle eut à peu près le même destin que Sirmond ; elle ne fut point vengée, et vit le triomphe de son censeur, et les ouvrages de ce fier critique imprimés avec privi- lége du roi. M. Pellisson me fournit des preuves. *Le premier qui écrivit contre l'académie,* dit-il (32), *fut l'abbé de Saint-Germain, qui était alors à Bruxelles, accompagnant la reine-mère Marie de Médicis dans son exil. Comme il déchirait sans ces- se par ses écrits, et avec une animo- sité étrange, toutes les actions du cardinal de Richelieu, il ne manqua pas de parler fort injurieusement de* l'ACADÉMIE FRANÇAISE, *qu'il confon- dait même avec cette autre académie que le gazetier Renaudot avait établie au bureau d'adresse ; soit qu'il voulût*

ainsi se *méprendre, soit qu'en effet il ne se fût pas bien informé de ce qui se passait à Paris. L'académie ne voulut point y répondre par un ou- vrage exprès ; mais M. du Châtelet, qui en était, et qui répondait alors pour le cardinal à la plupart de ces libelles de Bruxelles, fut prié, après la proposition qu'il en fit lui-même dans l'assemblée, d'ajouter sur ce su- jet quelques lignes, qui furent ensuite lues et approuvées par la compa- gnie* *. Les pièces de l'abbé de Saint- Germain contre le cardinal de Ri- chelieu ont été imprimées depuis à Paris (33) en deux volumes, après la mort du feu roi Louis XIII : les ré- ponses de M. du Châtelet étaient dans une pièce qu'il n'acheva point, étant prévenu par la mort, et qui n'a point été imprimée.*

(K) *Il. . . . . . préchait chaque an- née le panégyrique de saint Joseph.*] J'ai appris cela dans une critique très-ingénieuse, qui est la suite du Parnasse réformé, et qui a pour titre : *la Guerre des Auteurs anciens et mo- dernes.* M. Guéret y suppose qu'à l'arrivée de l'abbé de Morgues au Parnasse, le cardinal de Richelieu et Balzac le voulurent empêcher *de prendre son rang parmi les histo- riens,* et que cette éminence lui tint ce discours : « Voici donc, voici cet » homme, qui seul a troublé la gloi- » re de mon ministère : voici cette » plume unique que je n'ai jamais » su gagner ; et je tiens maintenant » celui après lequel j'ai fait marcher » des légions entières, et dont la re- » cherche m'a fait perdre plus d'une » campagne. Je savais bien, continua- » t-il, que je l'attraperais en l'un ou » en l'autre monde. Il faut aujour- » d'hui qu'il paie tous les maux » qu'il m'a coûtés, il faut que je me » venge de cette malignité opiniâtre » que la crainte des châtimens ni » l'appât des récompenses n'ont pu » corriger ; et, si la divinité qui pré- » side ici ne m'en fait justice, je lui » ferai bien connaître que je n'ai pas

(31) Pellisson, Histoire de l'Académie fran- çaise, pag. m. 305.

(32) *La même, pag.* 67 *et suiv.*

(*) *Reg.* 9. et 30. juillet 1635.

(33) Matthieu de Morgues *avait espéré cela ; car dans la préface du Recueil de ses ouvrages, qu'il fit imprimer à Anvers, il se servit de ces paroles :* J'ai espérance qu'un jour mes écrits seront imprimés à Paris fort correctement, sous le privi- lége du grand sceau.

» epuisé toutes mes forces à la Ro-
» chelle (34). » On suppose que cet
abbé, *d'un visage intrépide, et au-*
dessus de la crainte, ne fit que secouer
la tête, et que, *regardant l'éminen-*
ce : Votre fierté, dit-il, n'est plus
de saison; vous n'avez plus d'armées
pour la soutenir; le temps de votre
règne est passé, et j'ai l'avantage que
la vérité marche à mes côtés, et que
je suis dans un lieu où vous ne tenez
de rang que celui d'auteur (35).
M. Guéret ajoute (36) que l'abbé se
sauva de la *tempête que l'on voulait*
soulever contre lui : mais il y eut de
grandes contestations, à qui l'aurait
entre les historiens et les faiseurs de
libelles pendant les guerres. Les uns
et les autres alléguaient de fortes rai-
sons sur ce sujet; et jamais le diffé-
rent n'eût cessé, si lui-même, fati-
gué de cette ennuyeuse cérémonie, ne
se fût avisé de gagner une petite émi-
nence joignant au Parnasse, où les
savans de son caractère et de sa pro-
fession, se mettent à l'écart pour n'a-
voir rien de commun avec les autres,
qu'ils nomment profanes. Birouat qui
l'aperçut le premier courut au-devant
de lui, et après plusieurs embrassades
réciproques : Vous renoncez donc, lui
dit-il, au panégyrique de saint Jo-
seph, et ce bon saint vient de perdre
en vous un de ses adorateurs plus zé-
lés et son prédicateur ordinaire (*).
Si j'ai allégué plus de choses que
le texte de cette remarque n'en demandait, ç'a été pour faire servir
une introduction qui nous apprend
ce qu'un bel esprit pensait de notre
Matthieu de Morgues.

(L) *Patin a parlé plus d'une fois*
de son Histoire de Louis XIII.] Voici
un extrait de sa lettre CCCLI, datée
du 20 de mars 1665. « Hier, jour saint
» Joseph, monsieur Matthieu de Mor-
» gues, âgé de quatre-vingt deux ans,
» fit un sermon dans les Incurables,
» où il demeure, en l'honneur de saint
» Joseph, en présence de la reine :
» c'est celui qui écrivait à Bruxelles
» contre le cardinal de Richelieu,
» pour la reine-mère, dont il était

» aumônier ; c'est un savant homme
» et grand personnage, qui a devers
» soi la parfaite *Histoire du feu roi*
» *Louis XIII*, laquelle il ne veut
» être imprimée qu'après sa mort. Il
» en a fait faire six copies manuscrites
» qu'il a commises à six de ses bons
» amis, qui ne manqueront point
» d'exécuter ses intentions en temps
» propre (37). » Voyons aussi ce
qu'il a dit dans la lettre CDLVIII. *Il*
y a apparence que cette histoire (38)
sera réfutée par celle qu'on nous pro-
met de monsieur Matthieu de Mor-
gues, sieur de Saint-Germain, qui
commence à la naissance du roi
Louis XIII jusqu'à sa mort : ce
monsieur de Saint-Germain ne veut
point que son histoire soit imprimée
de son vivant, mais seulement tôt
après sa mort, et m'a dit qu'il l'a
mise entre les mains de gens qui ne
lui manqueront point. Notez qu'il est
âgé de quatre-vingt-quatre ans : je
souhaite point sa mort, et j'en serais
bien fâché ; mais je voudrais bien
avoir vu cette histoire, de laquelle je
lui ai ouï dire de très-belles particu-
larités, et d'étranges vérités, tant
aux dépens du cardinal de Richelieu,
que pour la défense de la reine-mère
(39). Cet homme, dit-il ailleurs (40),
sait une infinité de particularités de la
cour depuis 60 ans, et en a vu une
partie, y étant auprès de la reine-
mère : l'histoire qu'il a écrite sera
fort belle ; il y aura divers mémoires
qui ont été cachés jusques ici qui se-
ront révélés ; il y aura des vérités
fort sanglantes du gouvernement de
ce cardinal, qui a régenté la France
trop cruellement, et in virgâ ferreâ.

Voilà deux hommes, dont l'un n'é-
tait guère propre à faire l'histoire du
cardinal de Richelieu, et l'autre était
fort disposé à ne point lire équita-
blement. Patin haïssait l'abus de la
puissance souveraine : la raison et la
nature lui inspiraient cette passion.
Par-là il était tombé dans une aversion sans bornes pour le cardinal de
Richelieu : il eût donc ajouté foi à

---

(34) Guerre des Auteurs, *pag.* 104, *édit. de*
Hollande.

(35) *Là même, pag.* 106.

(36) *Là même, pag.* 109.

(*) *Tous les ans il prêchait aux Incurables*
le jour de Saint-Joseph.

(37) Patin, lettre CCCLI, *pag.* 39 *du III*e.
tome.

(38) *Celle du cardinal de* Richelieu, par le
père le Moine.

(39) Patin, lettre CD LVIII, *pag.* 345 *du*
III*e. tome.*

(40) Lettre D XXIX, *pag.* 574 *du même volume.*

toutes les médisances d'un historien de ce cardinal ; il n'eût donc pas jugé comme il fallait de la qualité de cette histoire ; car pour être équitable il ne faut être prévenu ni d'amitié, ni d'inimitié. A plus forte raison doit-on dire que Matthieu de Morgues n'était pas propre à faire l'histoire dont il s'agit. Il avait été persécuté de cette éminence : il la haïssait mortellement ; il eût donc empoisonné les faits ; tout lui eût paru criminel ; et si quelque chose lui eût paru belle, il l'eût supprimée ou ternie. Il est certain que ceux qui ont eu des relations à ce cardinal nous en ont laissé de mauvais portraits ; les uns en ont dit trop de bien, et les autres trop de mal. Les uns voulaient reconnaître ou s'attirer ses bienfaits, et les autres se venger de ses injures : ils manquaient tous du désintéressement qui est essentiel à un bon historien ; ils espéraient, ou ils craignaient, ou ils haïssaient (41). Matthieu de Morgues aurait eu néanmoins cet avantage, que la plupart des lecteurs eussent donné un beau nom à la licence qu'il aurait prise. Vous trouverez ci-dessus (42) dans un passage de Tacite, une exposition de ce que j'ai dit. Convenons qu'on est naturellement plus porté à soupçonner les historiens qui louent, que ceux qui blâment. Voyez la remarque (A) de l'article du maréchal de MARILLAC.

(41) *Statui res gestas populi romani... perscribere, eò magis quòd mihi à spe, metu, partibus reip. animus liber erat.* Sallustius, *in Proœm. Belli Catilin.*

(42) *Dans l'article* MARILLAC (Louis de), *citat.* (14), *dans ce volume, pag.* 298.

MORIN (JEAN-BAPTISTE), médecin, et professeur royal en mathématiques à Paris, naquit le 23 de février 1583, à Villefranche en Beaujolais. Il fit son cours de philosophie à Aix en Provence, et puis il étudia en médecine à Avignon, et y fut reçu docteur en cette faculté, l'an 1613. L'année suivante il s'en alla à Paris, et entra chez messire Claude Dormi, évêque de Boulogne, qui l'envoya faire

des recherches sur la nature des métaux dans les mines de Hongrie. Il descendit plusieurs fois dans les plus profondes ; et ayant cru reconnaître que la terre est divisée comme l'air en trois régions, il fit un livre là-dessus (A). Étant de retour chez son prélat, qui entretenait un astrologue écossais, il commença de goûter l'astrologie judiciaire (B), et il chercha par les régles de cette science, les évènemens de l'année 1617. Il trouva que l'évêque de Boulogne était menacé, ou de la mort, ou de la prison ; et il ne manqua pas de l'en avertir. Le prélat ne fit qu'en rire (a) ; mais s'étant mêlé d'intrigues d'état, et n'ayant pas pris le bon parti, il fut traité de rebelle et mis en prison. Morin entra chez le duc de Luxembourg, frère du connétable de Luines, l'an 1621 (C), et y demeura huit ans. Dès qu'il eut su la mort de Sainclair (b), professeur royal en mathématiques, il demanda de lui succéder, et cela lui fut accordé. Il prêta le serment de cette charge au mois de février 1630. On lui avait persuadé d'épouser la veuve de son prédécesseur ; mais dès la première fois qu'il voulut lui rendre visite, il trouva qu'on était prêt de la porter au sépulcre (D). Dès lors il prit une ferme résolution de ne se point marier, et il y persévéra toute sa vie. Il se fit beaucoup d'amis. Il eut accès chez les grands, et même chez le cardinal de Richelieu (E) ; et il obtint sous le car-

(a) *Il était pourtant infatué de l'astrologie.* Morin. *Astrolog. gallica., lib. XXIII, pag.* 648.

(b) *Il mourut le* 29 *de juin* 1629.

dinal Mazarin une pension de deux milles livres, qui lui a été toujours payée fort exactement. Il était consulté sur l'avenir par plusieurs personnes, et l'on prétend que ses horoscopes ont souvent prédit la vérité (F). Il ne fut pas heureux dans ses prédictions concernant un secrétaire d'état qui était fort dépendant de ses oracles astrologiques (G). Il publia quantité de livres (H); mais il n'eut pas la satisfaction de voir imprimé son ouvrage favori, qui lui avait coûté trente ans de travail, et qui n'a paru qu'après sa mort. Je parle de son *Astrologia gallica* (c). Il eut entre autres adversaires l'illustre Gassendi (I). Il mourut à Paris, le 6 de novembre 1656, et fut enterré dans l'église de Saint-Étienne-du-Mont, sa paroisse (d). Ce que Gui Patin a dit de lui vaut la peine d'être rapporté (K) : il en parle comme d'un fou ; et il est sûr que pour le moins il y avait des grains de folie dans cette tête. On embarrassa extrêmement ce personnage, sur ce qu'il disait que l'antechrist était né (L). Mais quelque absurde qu'il fût dans la plupart de ses principes, il comprit fort bien une chose dont on ne saurait désabuser les péripatéticiens ; c'est que tout ce qu'ils enseignent sur les formes substantielles est de la dernière impertinence (M). Il ne faut pas oublier qu'il reçut de M. Descartes divers témoignages d'estime (N), et qu'il ne s'en faut guère qu'il n'ait égalé

Cardan, par un récit ingénu de plusieurs choses qui lui étaient désavantageuses (O).

(A) *Il fit un livre là-dessus.*] Ce fut le premier ouvrage qu'il publia : il parut l'an 1619 sous ce titre : *Mundi sublunaris Anatomia.* Ceux qui ont composé sa Vie prétendent qu'il prouva par tant de bons argumens, que les entrailles de la terre sont divisées en trois régions, qu'il fit faire fortune à ce sentiment, sans s'appuyer de l'autorité d'aucun ancien philosophe (1). Un sentiment fait fortune lorsqu'il trouve des sectateurs. Voilà ce que je veux dire. Au reste, cet ouvrage fut dédié à M. du Vair, garde des sceaux (2), qui avait été le patron de notre Morin à Aix en Provence, pendant qu'il y était premier président, et qui fut même son disciple dans l'étude des mathématiques, l'an 1608. Ayant connu combien Morin était propre aux sciences, il l'encouragea à reprendre ses études. C'est Morin qui le raconte. *Anno quippe 1608, illustrissimus D. du Vair, senatus Aquensis protopræses fuit meus in mathematicis discipulus; qui, observatá mei ingenii ad scientias aptitudine, tam validè mihi persuasit studia mea per decennium intermissa repetere, ut anno 1609, aquis sextiis ingressus sim philosophiæ cursum, sub D. Marco Antonio, tunc temporis philosopho celeberrimo ; et anno 1611, cursum medicinæ sub professoribus regiis Fontano et Merindolo, viris etiam librorum editione famosis* (3).

(B) *Son prélat entretenait un astrologue écossais, il commença de goûter l'astrologie judiciaire.*] Cet astrologue se nommait Davisson : il renonça à l'astrologie, et s'attacha à la médecine, et se rendit fort célèbre

(c) *Voyez la remarque* (K).
(d) *Tiré de sa Vie, imprimée en latin à la tête de son* Astrologia gallica. *Je n'ai pu trouver celle qui fut imprimée en français à Paris, l'an* 1660, *in-12.*

(1) *Ut enim tres in regiones aër distinctus est, sic etiam triplex regio in terræ visceribus animadverti potest summa, media, infima, et id quidem validissimis rationum momentis adeò stabilivit, edito hujus argumenti ad annum 1619 libello, ut hæc sententia etsi nullâ philosophorum veterum authoritate fulciatur, suos tamen habeat sectatores.* Vita Jo. Bapt. Morini, pag. 3, num. 16.
(2) Vincentius Panurgus, *in epistolâ de tribus Impostoribus, pag.* 14.
(3) Morinus, *in Defensione suæ Dissertationis de atomis et vacuo, pag.* 5.

par ses ouvrages, et par le cours de chimie qu'il enseigna publiquement dans le jardin royal à Paris (4). Il fut appelé en Pologne (5), et il eut l'honneur d'y être premier médecin de la reine (6). Je m'en vais dire une chose remarquable. Il se dégoûta de l'astrologie, à cause de l'incertitude qu'il y trouvait, et s'attacha à la médecine. Morin, au contraire, par une semblable raison, se dégoûta de la médecine et s'appliqua à l'astrologie, *est verò quod in ipso* (Davissono) *ac Morino non leviter admiremur, artium nempè quas profitebantur factam ab utroque veluti permutationem : astrologiam Scotus, scientiam alter medicam sectabatur ; uterque processu temporis, post experimenta complura in arte propriâ, nil subesse certi deprehendit, undè animus amborum fluctuans, in quo pedem figeret, non inveniebat. Tædet itaque hunc et illum aberrantis plerumque judicii, medicus ergò in astrologum vertitur, et in medicum astrologus, tam secundo exitu ut beati transfugæ inter hujus ætatis viros insignes annumerari mereantur* (7).

(C) *Morin entra chez le duc de Luxembourg... l'an* 1621.] Ceux qui ont donné sa vie laissent ici un vide avec peu de jugement. Ils disent que par la prison de l'évêque de Boulogne, Morin se serait trouvé sans appui s'il ne fût entré chez ce duc, l'an 1621, et ils venaient de dire que cet évêque fut emprisonné l'an 1617. Que devint donc Morin dans cet intervalle de quatre années? C'est ce qu'il fallait du moins indiquer. Remplissons cette lacune par un passage de Morin même, qui nous apprendra que depuis la chute de son prélat, il demeura chez l'abbé de la Bretonnière en qualité de médecin ordinaire, jusqu'à ce qu'il entrât chez le frère du connétable, pendant le siége de Montauban. *Mansi,* dit-il (8), *apud Episcopum* 4 *annis, tùm sollicitatus à reverendissimo D. de la Bretonnière sancti Ebrulphi in Normaniâ abbatis optimi, me cum ipso durante gravi peste*

(4) *Il fut imprimé à Paris l'an* 1635.
(5) Vita Morini, *pag.* 4, *num.* 21.
(6) *Ibid.*
(7) *Ibid.*
(8) Morin, in Defens. suæ Dissertationis de Atomis, *pag.* 106, 107.

Parisiensi in Normaniam contuli, ejus medicus ordinarius. Anno autem 1621 *dùm Rex obsideret Montem Albanum, vocatus fui in aulam ab illustrissimo mihique valdè amico domino Ludovico Tronsono, regi à sanctioribus consiliis et secretis, ut essem Medicus ordinarius ducis à Luxemburgo, quod ægrè tulit optimus abbas.* Il se plaint souvent de l'ingratitude de ce duc, et il avoue qu'elle l'obligea de le quitter, et qu'en sortant de chez lui il le menaça d'une maladie qui l'emporta dans deux ans (9).

(D) *On lui avait persuadé d'épouser la veuve de son prédécesseur :.... il trouva qu'on était prêt de la porter au sépulcre.*] Morin se réglait sur les astres dans sa conduite, et comme il ne trouvait pas qu'ils lui conseillassent de se marier, il avait envie de vivre dans le célibat. Néanmoins les exhortations de ses amis l'ébranlèrent de telle sorte, qu'il songea tout de bon au mariage, quand il eut bien considéré que la veuve de Sainclair passait pour riche, et qu'il s'offrait une occasion favorable de succéder, non-seulement à la chaire de professeur, mais aussi à son lit et à son argent. Il était en chemin pour aller rendre ses devoirs à cette veuve et pour lui faire la première ouverture de son dessein. Mais voyant la porte du logis tendue de noir, et apprenant des voisins que cette femme serait bientôt enterrée, il fut saisi d'un étrange étonnement, et forma sur-le-champ un dessein ferme de ne se point marier. Ne doutons point que cela ne fortifiât dans son âme la bonne opinion qu'il avait conçue de l'astrologie. *Hoc honore magisterioque pollentem familiares amici conjugio proposito stabilire firmiùs voluerunt : vivebat antecessoris conjux memorati modo Sanclari, non abjicienda quidem illa planè, et quàm opibus non contemnendis instructam popularis fama jactabat, par est, inquiunt, ut quemadmodùm Sanclari cathedræ, sic et ejusdem opibus ductâ ipsius uxore succedas : consilio istiusmodi sæpiùs*

(9) *Quem demùm fui coactus deserere ob summam ejus ingratitudinem, prædicens illi antè discessum morbum lethalem intrà biennium, ex quo etiam mortuus est.* Morinus, Astrolog. gallica, *lib.* XVII, *pag.* 398.

34

repetito Morinus *tandem acquievit,*
Dominamque invisere eâ mente con-
stituit, et procum gerere primâ vice :
propior factus œdibus nigrâ veste vi-
det limen obseptum, docentque vicini
Sanclari *conjugem esse mox ad tumu-*
lum efferendam. Id audiens quantùm
obstupuerit, cogitate : tùm verò de
cœlibatu perpetuo consilium sibi quon-
dàm ducibus astris injectum, certis-
simum fore decrevit, omnibusque in
posterum renunciare nuptiis, et quic-
quid vitæ reliquum esset in doctrinis
ac librorum seu lectione, seu scriptione
placido tenore transigere, atque in
amicorum convictu suavissimè conse-
nescere. Hoc fixum apud se ratumque
nunquàm posteà violavit. Quid enim
libero lectulo jucundius ? numquid
uni conjugi molestiarum plerumque
seminario tot amicos tamque illustres
anteferret (10)? Tout cela est digne
d'un professeur en mathématiques. Il
fallut souvent revenir à la charge
pour lui persuader de se marier : il
fallut joindre les motifs de l'utilité
aux raisons de la justice; et, lorsqu'enfin on eut obtenu son consentement, il se prépara à la première
visite avec tant de quiétude, que la
dame eut le loisir de mourir avant
que de la recevoir. Il demandait si
peu de nouvelles de sa maîtresse,
qu'avant que d'avoir ouï rien dire de
sa maladie il sut qu'elle allait être
enterrée, et il ne le sut qu'en se portant sur les lieux pour faire la première déclaration d'amour. Cela est
bien philosophe.

Son thème natal ne lui présageait
que des malheurs du côté du sexe
(11). Il avoue qu'en l'année 1605 il
reçut deux grandes blessures à cause
d'une femme (12), et qu'après la grâce
de Dieu, il doit à l'astrologie le bonheur d'avoir arrêté les funestes suites
de son étoile; car ayant connu ce que
pouvait un certain astre dans l'exaltation de Vénus qui se rencontrait dans
son horoscope, il prit garde de plus
près à lui, et connut d'où étaient sorties les infortunes par où il avait pas-

sé à cause des femmes. *Tot mala, in-*
fortunia, magnaque vitæ pericula
mihi propter mulieres acciderunt in
juventute, ut jam illa recogitando
stupeam, multoque plura et forsan
deteriora mihi accidissent, nisi Deus
Opt. Max. meî misertus fuisset, ab
eisque me liberâsset, et astrologia cir-
cà 35 meæ nativitatis annum quo huic
scientiæ studere cœpi, infaustæ et
mihi per experientiam periculosæ il-
lius constitutionis monuisset (13).

(E) *Il eut accès chez les grands, et*
même chez le cardinal de Richelieu.]
L'auteur de la Vie de Morin parle de
cela en ces termes (14) : *Richelius car-*
dinalis, immensus ille genius, judicio
nunquàm, ubi quempiam pertentâsset,
errante, dignum eâ existimatione Morinum *duxit, ut ipsum ad'secretius*
Museum admitteret, deque negotiis
momenti gravissimi consuleret. C'est
un récit bien mutilé, et tel que le
donnent les faiseurs d'éloges ; on n'y
trouve point le changement du cardinal envers Morin, ni la colère furieuse de cet astrologue contre le
cardinal. Suppléons à cette omission.
Morin faussement imbu de la pensée
qu'il avait trouvé la vraie science des
longitudes, et que le cardinal lui
faisait une très-grande injustice en lui
refusant la récompense qu'une telle
découverte méritait (15), conçut un
dépit extrême et un vif ressentiment
qui a duré autant que sa vie. Il n'alla
plus voir cette éminence, et ce ne fut
que pour l'amour de M. de Chavigny
son patron, et pour la gloire de l'astrologie, qu'il travailla à un pronostic que ce cardinal lui fit demander.
Priusquàm Parisiis discederet (16)
optavit scire quid de suâ valetudine
atque vitâ sentirem eo in itinere, non
quidem per se (quem ab annis 4 *non*
videram ob denegatam mihi remune-
rationem scientiæ longitudinum à me
inventæ (17), *utcunque suo scripto*
eam mihi pollicitus fuisset) sed inter-
posito magnate sibi fidissimo, et mi-

(10) *Vita Morini , pag.* 6, *num.* 32.
(11) *Voyez la remarque* (O).
(12) *Die nonâ julii* 1605 *duo periculosissima*
vulnera propter famosam mulierem. Morinus ,
Astrolog. gallica, lib. XXIII , pag. 617. *Il y*
a quelque apparence qu'il prend ici famosus en
mauvaise part.

(13) *Idem, ibidem.*
(14) *Pag.* 6, *num.* 33.
(15) *Voyez la remarq.* (H) *à la fin.*
(16) C'était pour le voyage du Roussillon, l'an
1642.
(17) *Testantur quidem omnes astronomi me*
scientiam illam perfectè demonstrâsse, sed car-
dinalis Richelius *perfidiâ et proditione commis-*
sariorum meorum me promisso præmio iniquè
fraudavit. Morin., *Astrolog. gall. , lib. XXIV ,*
pag. 687.

hi amico, scilicet illustrissimo D. comite de Chavigny, qui ad tertiam
usquè vicem meum eâ de re judicium
petiit, quod libenter recusâssem, si
potuissem : at ipsius magnatis obstrictus beneficiis, et pro honore astrologiæ tandem respondi cardinalem
eo in itinere cum vitæ periculo ægro-
taturum (18). Il a parlé désavantageu-
sement de cette éminence dans ses livres, et lui a imputé tous les malheurs
de l'Europe (19), et surtout la guerre
que la France déclara à l'Espagne l'an
1635. Il remarque que le cardinal la
déclara sans consulter ni les états du
royaume, ni les parlemens. *Galliâ
bellis civilibus, et extraneis adhuc vi-
gentibus, admodum attenuatâ, cardinalis Richelius, inconsultis regni
comitiis, aut senatibus, sed spontè
propriâ, horrendum bellum inter reges Galliæ et Hispaniæ declaravit,
quod adhuc perdurat, quamvis omnia
passim ad extremam desolationem re-
dacta conspiciantur* (20). Voyez ce qui
lui fut répondu par M. Bernier, qui
l'accusa d'ingratitude et de mal parler
de la personne de Louis XIII, et de
donner même une atteinte à l'autorité
royale : *Anne, quantumve sit crimen publicè efferre, non posse chris-
tianissimum regem indicere bellum,
inconsultis comitiis, aut senatibus,
disceptare meum non est.... verùm jus
belli indicendi abstulisse regi, ut illud
tranferres in cardinalem Richelium,
non video qui possit id crimen à publicis ac regiis animadversoribus tolerari. Prætereo quàm injurius, et in-
gratus sis adversùs tantum cardinalem, à quo tot bona accepisti, et cui
maledicere tamen tàm privatim quàm
publicè non desinis, eo duntaxat nomine, quòd ex satiore immensam tuam
aviditatem noluerit, dùm ob tuam illam chimæram longitudinum inventa-
rum, contendisti tibi ab illo deberi*

montes aureos. *Nempè hoc loco illi
attribuis non modò usurpatam tyran-
nicè authoritatem, etc.* (21).

(F) *On prétend que ses horoscopes
ont souvent prédit la vérité.*] Son coup
d'essai fut de prédire l'emprisonnement de l'évêque de Boulogne; mais
il fit chef-d'œuvre, et il passa maître
en prédisant que Louis XIII, atteint
d'une dangereuse maladie à Lyon,
n'en mourrait pas. *Præsignificatus
Bononiensi præsuli carcer..... quasi
primùm in hâc facultate specimen
Morino fuisse dici potest. Ab hoc
tyrocinio magisterium assecutus est,
Ludovico XIII Lugduni ægrotante*
(22). La reine-mère, étonnée des funestes prédictions de quelques autres
astrologues, écrivit au cardinal de
Bérulle de faire travailler à l'horoscope du roi par Jean-Baptiste Morin.
Celui-ci exécuta volontiers cet ordre,
et trouva dans les étoiles que la maladie du roi serait grande, mais non
pas mortelle. Sa prédiction fut juste,
et il en fut récompensé royalement :
les autres devins furent envoyés aux
galères. *Quod cùm ex prædicto conti-
gisset splendidam vati suo mercedem
ac rege dignam contulit, cæteris qui
malè monuerant, ad remum aman-
datis* (23), *forsitan quòd minimè jussi
in annos principis inquisissent* (24).
Là-dessus on nous assure qu'il aurait
dû être le seul qui eût permission de
contempler l'étoile du roi, comme
autrefois il n'y avait qu'un seul homme qui pût peindre le grand Alexandre (25). L'un des médecins de Louis
XIV (26) eut envie de faire créer une
charge d'astrologue de cour en faveur
de notre Morin, et sur ce pied-là de
le donner pour adjoint aux médecins
de sa majesté. Il forma cette entreprise parce qu'il s'était servi heureusement des prédictions de cet homme
en plusieurs rencontres. Ce dessein
ne fut pas exécuté. *Is Morinum vera*

---

18) Morin., ibid., lib. XXIII, pag. 613.

(19) *Qui bellis per totam Europam excitatis
pluribus hominum millionibus ferro, flammâ,
fame, peste, aliisque modis causa mortis extitit.*
Idem, ibidem. *Pluribus per totam Europam fer-
rò, flammis, sanguine, fame, peste, et cadave-
ribus horridam, idem contrà cardinalem depre-
cantibus, quod olim Brutus post cladem Philip
picam noctu astra intuens contrà Antonium,
ex Apiano,*

Juppiter, ut ferias qui horum est causa malorum.
Ibid., pag. 647.

(20) *Idem, in Dissertat. de atomis et Vacuo,
pag.* 31.

(21) Berner. Anatom. ridiculi muris, pag. 192,
193.

(22) Vita Morini, pag. 13, num. 61.

(23) *Conférez ce qui est dit dans l'article* Luro-
RIUS, *citation* (4), *tome* IX, *pag.* 585.

(24) Vita Morini, pag. 13, num. 61.

(25) *Morino soli regalem horoscopum intueri ae
examinare liceat, ut olim uni Apelli concessum
est Alexandrum in tabulâ pingere.* Vita Morini,
ibidem.

(26) Vautier, *qui avait été premier médecin de
Marie de Médicis.*

ex sideribus vaticinantem cùm sæpiùs comperisset, ac crebrò ejus operam feliciter atque utiliter expertus esset, multis eum meritis sibi planè addixit, hocque agitaverat animo, et ipsâ re jam satagebat eum astrologum inter aulica ministeria constituendum esse, qui primario medicorum regis come esset adjumento futurus, et quidem ex Galeni (*) placito.* Morin ayant fait savoir que Louis XIII était menacé de quelque malheur, on représenta à ce prince de ne sortir pas ce jour-là. Il ne sortit point toute la matinée, mais s'ennuyant après dîner il voulut sortir pour prendre quelques oiseaux, et il tomba. *Que Morin ne le sache pas,* dit-il, *car il en serait trop glorieux. Pomeridiano tempore contineri pertæsus aviculis poni retia jubet, dumque ipse attentiùs ea tenderet non advertens concidit, fune arctiùs tibiis alligato, qui scindi nec mora debuit. Rex assurgens : cavete, inquit, Morinus nesciat, nimiùm ex casu meo tumoris admitteret* (27). Le cardinal de Richelieu voulant savoir si Gustave-Adolphe vivrait long-temps, envoya l'heure de la naissance de ce prince à Morin, qui ne se trompa que de peu de jours à marquer la mort de ce grand guerrier ; et cette méprise vint de ce que l'heure n'avait pas été marquée dans toute la précision ; il y manqua quelques minutes (28). A propos de quoi l'on nous parle de l'épée de Gustave, qui tomba entre les mains de Morin ; on nous décrit les figures que cet astrologue y observa, car il se connaissait en talismans. On ajoute que le cardinal de Richelieu se trouva très-bien des avis de notre Morin, par qui il avait fait faire son horoscope (29), et qu'il ne partit pas pour le voyage de Perpignan sans consulter cet oracle astrologique qui ne se trompa que de dix heures sur la mort de son éminence (30). Ayant vu la figure de la nativité de Cinq-Mars, sans savoir de qui elle était, il répondit que cet homme-là aurait la tête tranchée. Je laisse quan-

tité d'autres exemples dont on donne là le catalogue, et je me contente de dire que l'on insinue que les plus grandes objections qui lui étaient faites consistaient à dire qu'il s'était trompé de six jours sur la mort de Louis-le-Juste (31), et de seize sur la mort du connétable de Lesdiguières (32), et qu'il n'avait point donné à sa bienfaitrice Marie de Médicis les secours qui lui étaient nécessaires ; car au contraire cette bonne reine se plaignait que les astrologues étaient la cause de ses malheurs. On répond sur ce dernier chef, que jamais Morin n'avait consulté les astres sur le destin de cette reine, et qu'ayant eu ordre de le faire peu de jours avant qu'elle sortît du royaume, il n'eut pas le temps d'achever sa composition ; la reine partit sans en avertir Morin, et sans attendre que son horoscope fût fait. *Cur amabo siderum ille adeò peritus, et per ea rerum futurarum acerrimus indagator, dominam suam Mariam Medicæam meritam de ipso quam obtimè nullâ opitulatione ab stellis obtentâ juvit? Sic aiunt æmuli : nonne sæpiùs, exaggerant iidem, de suis faticinis astrologis conquesta est, se tanquàm à præstigiatoribus deceptam in tot calamitatum incidisse voragines, undè emergere nequiverit? E nimverò quidnam isti caperatâ fronte censores dicturi sunt, ubi audierunt reginæ hujus nativitatem nunquàm à Morino exploratam fuisse? cùm tamen paucis antè diebus quàm ad exteros se fugâ reciperet, id ipsum fieri jusserit, astrologo autem Morino non admonito re infectâ discessisse* (33)? Nous parlerons ci-dessous de ses prédictions contre Gassendi. Je suis sûr que les personnes les plus incrédules seront bien aises de trouver ici les faits que je viens de rapporter, car ils prouvent que les plus grands hommes d'état se laissent infatuer de l'astrologie judiciaire, et que même dans le XVIIᵉ siècle on n'a pas été exempt de cette folie à la cour des plus grands princes de l'Europe (34). La reine Christine voulut voir Morin, quand elle fut à Paris la première fois, et

(*) *Lib.* 3, *de Diebus decretoriis.*
(27) Vita Morini, *pag.* 13, *num.* 62.
(28) Vita Morini, *pag.* 14, *num.* 65. *Voyez aussi* Morin. Astrolog. gall., *lib. XVII*, *pag.* 399.
(29) Vita Morini, *pag.* 15, *num.* 74.
(30) *Ibidem, num.* 73.
(31) *Ibidem, pag.* 13, *num.* 36.
(32) *Ibidem, num.* 64.
(33) *Ibidem, pag.* 15, *num.* 76.
(34) *Voyez la remarque suivante.*

témoigna qu'elle le prenait pour l'astrologue le plus éclairé qui fût au monde (35). C'est une marque qu'elle lui avait donné à faire des horoscopes, ou qu'elle avait pris la peine d'étudier ceux qu'il avait composés. J'observe que la méprise de six jours touchant la mort de Louis-le-Juste ne semble rien quand on ne la considère que d'une vue générale; mais quand on sait les circonstances que Gassendi en a racontées, on ne peut s'empêcher de dire que c'est l'une des plus grandes mortifications qu'un astrologue puisse recevoir.

Gassendi raconte que Morin lui rendit une visite le 29 d'avril 1643, et lui dit : Je me souviens que vous m'avouâtes il y a cinq ou six mois que si je pouvais vous marquer le jour que mourrait un grand personnage sur l'horoscope duquel je m'étais fort occupé, et qui avait alors une grande maladie, vous prendriez cela pour une preuve très-notable et de ma capacité et de l'excellence de mon art. Je viens vous apprendre que le roi mourra le 8 de mai prochain. Gassendi n'a pas oublié de remarquer que Morin ne lui avait fait aucune réponse touchant ce grand personnage qui était si malade (36), et qui était mort depuis. Il remarque aussi qu'à la fin d'avril 1643, les médecins assuraient que le roi Louis XIII mourrait bientôt ; mais quant au jour de sa mort, il y avait entre eux quelque sorte de variété. Morin déclara à Gassendi que le 3 de mai serait extrêmement périlleux à ce monarque, qui pourtant traînerait encore cinq jours et non davantage. Gassendi, sans s'arrêter à la considération que ce pronostic se faisait lorsqu'on n'avait plus d'espérance de la guérison du roi, attendit l'issue comme quelque chose qui pouvait être de conséquence par rapport à l'astrologie, vu qu'il n'avait aucun lieu de soupçonner que les présages que la médecine fournit, servissent de fondement à la prédiction de Morin, et qu'il savait que cet astrologue avait étudié le thème natal de Louis XIII avec une infinité de

soins, et s'était vanté d'avoir découvert par là le jour des aventures particulières de ce monarque pendant tout le cours de sa vie. Si son art devait réussir, c'était donc principalement par rapport au dernier jour de la vie de ce roi. Et notez que l'on écrivit à Gassendi que Morin avait dit à d'autres gens que, par les règles de l'astrologie, le roi courait risque de finir non-seulement le 8ᵉ. jour de mai, et dans les jours précédens, mais aussi le 16 et le 17 du même mois. Il ne disait rien du 14, qui fut pourtant le dernier de ce monarque (37). On voit donc manifestement que sa prétendue science était abusive, et que l'erreur de six jours est ici un coup décisif.

(G) *Il ne fut pas heureux dans ses prédictions concernant un secrétaire d'état... fort dépendant de ses oracles astrologiques.*] Je parle du comte de Chavigny. On va voir sa crédulité pour l'astrologie. Ayant résolu d'aller en Provence l'an 1646, il voulut avoir avec lui notre Morin ; mais comme cet astrologue ne faisait rien sans l'avis des astres, il ne voulut point s'engager à ce voyage, qu'en cas qu'ils lui promissent un bon succès. Il demanda donc du temps pour les consulter, et après cela il promit d'accompagner son Mécène (38). Il le pria de lui permettre de choisir l'heure propice pour leur départ, et il l'assura que l'expérience lui apprendrait combien il importe de commencer ses entreprises sous un aspect favorable des étoiles (39). M. de Chavigny ne contesta rien et l'assura de sa soumission. Morin trouva qu'il fallait partir le 9 du mois de mai, à quatre heures neuf minutes du matin, et pria que tout fût prêt pour ce moment. Les ordres du maître furent si précis et si bien exécutés, qu'à ce moment-là il ne manquait rien aux

(35) *Quâ primùm vice Lutetiam venit Morinum ad videndum accersiri jussit, quem in astrologicis omnium perspicacissimum palàm et clarè testata est.* Vita Morini, pag. 16, num. 80.

(36) *C'était sans doute le cardinal de Richelieu.*

(37) *Je tire ceci de la page 128 et 129 du livre de M.* Bernier, Anatomia ridiculi muris ; *mais c'est un passage que M.* Bernier *rapporte de l'Apologie de* Gassendi *adversus alas Jo.* Morini.

(38) Morini Astrolog. gallica, libr. *XXVI*, cap. *VII.*

(39) *Illustrissimum dominum . . . . . ab astrologiâ non alienum rogavi, ut ipsi placeret me diem et horam ad proficiscendum fortunatam eligere, seque experturum quanti esset momenti suscepta sub congruo cæli statu inchoare.* Ibidem, pag. 778.

préparatifs du voyage. Il y avait dans
son jardin quatre bons cadrans où
l'on observa pendant demi-heure les
approches de la minute choisie, et
l'on monta en carrosse justement lorsque l'ombre des cadrans était sur le
point de toucher à cette minute. Ils
arrivèrent heureusement à Antibes ;
lorsque M. de Chavigny, qui en était
comte, voulut retourner à Paris, il
fut averti par son astrologue qu'il
fallait choisir au ciel l'heure du départ. Il ne fut pas moins docile que
la première fois. Il fit préparer toutes
choses avec tant d'exactitude que lui
et sa suite montèrent à cheval précisément à quatre heures vingt-sept
minutes du matin, le 2 juillet (40).
Le retour fut fort heureux, le maître
et ses domestiques et ses chevaux se
portèrent bien malgré la chaleur de
la saison. Mais quand il fut à Paris,
il découvrit quelques trames de cabinet contre sa fortune. On l'accusait
entre autres choses d'avoir amené
avec lui un astrologue afin de consulter l'avenir sur la destinée du roi et
sur celle de la reine et sur celle du
cardinal Mazarin, etc. (41). Comme
il vit que ses adversaires l'avaient rendu fort suspect, il demanda deux
fois à Morin si les astres le menaçaient
de quelque infortune. Morin l'assura
que non, et lui conseilla d'aller
voir le cardinal ; mais il l'avertit que
toutes les heures n'étaient pas bonnes,
et qu'il lui en choisirait une par les
règles de l'astrologie. Il lui marqua
l'heure où la dixième maison, qui
est celle des dignités, allait très-bien
(42). Chavigny prit ses mesures là-
dessus, et fut bien reçu du cardinal
(43). Je ne rapporte toutes ces choses,
qu'afin qu'on voie les faiblesses de
ceux qui sont au timon. La destinée
des peuples et des royaumes est entre leurs mains, pendant que la leur
dépend des caprices et des visions
d'un astrologue. Leurs passions et
leurs idées ont ordinairement plus de

part au gouvernement que les volontés
du monarque, parce qu'ils lui inspi-
rent adroitement de vouloir ce qu'il
leur plaît. Ainsi, lorsqu'ils se conduisent par les conseils d'un astrologue,
ne peut-on pas dire que le bonheur et
que le malheur des peuples dépend de
cet astrologue ? Ce secrétaire d'état fut
nommé, l'an 1645, à l'ambassade de
Munster (44). Peut-être y aurait-il amené Morin, pour savoir de lui quand
il faudrait présenter tel ou tel mémoire, telle ou telle réponse. N'eût-
ce pas été s'exposer à perdre mille
bonnes occasions d'avancer la paix
générale, si nécessaire à toute l'Europe ? Morin faisait tant de cas du
dogme des élections (45), qu'il ne
croyait pas qu'il y eût rien de plus
utile aux monarques, ou à leurs premiers ministres, qu'un conseil de
trois astrologues qui eussent les figures de nativité, non-seulement de
tous les princes voisins, mais aussi de
tous les grands de la cour (46). Par
ce moyen, disait-il, on saurait le
temps favorable à commencer une
guerre, et quel serait le prince allié
qui agirait le premier, et quels généraux il faudrait choisir. On n'en donnerait pas la première pointe, comme
l'on fait ordinairement, à un prince
malheureux ; on ne prendrait pas
l'année qui lui est la plus contraire,
et qui est la plus propice au prince
ennemi : on ne donnerait pas le commandement des armées à des généraux infortunés : et ce que je dis,
ajoute-t-il, de la guerre, se doit appliquer au mariage des rois, aux
ambassades, etc. Venons à la fausseté
de ses prédictions touchant le comte
de Chavigny.

Il lui avait prédit une maladie, et
non pas l'emprisonnement : néanmoins M. de Chavigny ne fut point
malade, et fut arrêté prisonnier.
Voici comment on excuse cet astrologue : on prétend qu'il avait prévu
et la prison, et la maladie, et qu'il
penchait plus à décider pour la prison, mais qu'il fit néanmoins tout le
contraire, parce que M. de Chavigny

(40) *Fuerant rursus omnia pro discessu pa-
rata ad ipsum momentum, exspectavitque mecum illustrissimus dominus in suo cubiculo,
fenestris ad orientem apertis donec solem ortum
conspexit, tuncque morâ conscendit equum
cum toto comitatu.* Morin., Astrolog. gallica,
pag. 782.
(41) *Ibidem,* pag. 783.
(42) *Ibidem,* pag. 784.
(43) *Ibidem.*

(44) *Ibidem,* pag. 779. *Cette nomination fut
révoquée.*
(45) *C'est ainsi que les astrologues appellent le
choix des temps selon les aspects des planètes,
et selon le thème du ciel.*
(46) Morin. Astrolog., gallica, cap. III, pag.
773.

avait déclaré qu'il se moquerait d'u-
ne prédiction d'emprisonnement. *Ul-
timum quod insimulant* Chavinii *carcer est, quæ solùm fuit erroris in-
terceptio : cùm enim in annuâ ipsius
revolutione ex astris et morbum et
carcerem colligeret, et ad carcerem
prædicendum proclivior fuisset astrologus, ægritudine tamen rem decidit.
Namque et ipse* Chavignius *hujus
fortè qui carceris esset, metus dissi-
mulator, aut tale nihil sibi metuens
(se quippè apud aulam gratiosissi-
mum esse confidebat) carcerem sibi
frustrà intentari dixerat; vates itaque
noster arti suæ non satis credulus
hâc vice hallucinatus est* (47). Que
voilà une mauvaise excuse ! On lui
reprocha aussi de s'être trompé sur
le mariage de la fille de ce seigneur.
Je rapporte un peu au long les paroles de M. Bernier, parce qu'elles
nous apprennent les fourberies de
ces gens-là. *Illis* (quos habere amicos vultis et à quibus magnam mercedem speratis) *scilicet omnia fausta,
ac vitam præcipuè longævam pol-
licenini ; nam aliqua quidem hisce ,
illisque temporibus occursura pericula ; sed benignos esse siderum aspectus, qui malignis potentiores, illa su-
peranda præmonstrent. Quamquàm
ne sic quidem defugere odium, ac in-
famiam potestis ; quùm loquuti ad
gratiam , et juxtà inania vestra placita, spe inani illos lactatis, quâ se
delusos dùm sentiunt , mirùm quibus
vos , artemque vestram diris devo-
veant. Id verò , ut tibi imprimis contingat, familiare est , cui publicitùs
exprobrata sunt innumera propè , et
nota publicè exempla , ut circà filiam
illustris comitis* Chavinii ; *ut circà
filium illustris præsidis* Gobelini ; *ut
circà præfectum ærarii bullonium̃ ; ut
circà illum, cujus caussâ cæsus fustibus , litem intentâsti coram judice
sanctæ* Genovefæ (48).

(H) *Il publia quantité de livres.*]
Puisque j'ai parlé (49) du premier ,
il faut commencer ici par le second.
Il fut imprimé l'an 1623, sous le titre de *Astronomicarum Domorum*

Cabala detecta. En 1624(50) , n'ayant
pu réfuter de vive voix, comme il s'y
était préparé , les thèses qu'Antoine
Villon (51) lui voulait faire soutenir, il
les réfuta par écrit. Ce Villon , que
l'on appelait ordinairement le soldat
philosophe , avait affiché des thèses
contre la doctrine d'Aristote , qui
devaient être soutenues dans l'hôtel
de la feue reine Marguerite. L'assemblée était déjà fort nombreuse , lorsque le premier président envoya
faire défense à Villon , et à ses deux
camarades de soutenir leurs propositions. Il y eut ensuite un arrêt du
parlement contre eux , et contre leurs
thèses. Voyez le Mercure français
(52) , vous y trouverez un *Abrégé* de
l'écrit de notre Morin contre la doctrine de ces novateurs. On assure dans
sa Vie (53) , que cet ouvrage le fit
passer pour un habile chimiste , et
pour un subtil philosophe ; et à propos de cela on nous raconte une chose qui est digne d'être rapportée.
Morin s'était appliqué aux travaux
chimiques chez l'évêque de Boulogne , et puis il avait conféré de
cette science avec de grands maîtres ;
il s'était même entretenu touchant le
grand œuvre avec deux célèbres personnages , dont l'un avait vu la pierre philosophale , et l'autre avait assisté aux expériences qu'un certain
Sylvius avait faites de sa poudre de
projection devant le roi. Ce Sylvius
fut condamné pour ses crimes ; mais
son art ne fut nullement réprouvé :
ses écrits furent gardés par le cardinal de Richelieu, qui s'en servit pour
faire chercher la pierre philosophale
dans sa maison de Ruel. *Alter* Sylvio
*quodam ipsimet regi sui pulveris ex-
perimentum præbente interfuerat ,
quod quidem enarrare prolixiùs non
est hujus loci ; nôsse suffecerit ob scelera damnato* Sylvio *, artis tamen
ejus mysterium minimè damnatum
esse, cùm posteà* Richeliæus *cardinalis ex hujus disciplinâ damnati, scriptis ab eodem tradita , in fornaculis
Ruellianis jusserit multa tentari* (54).
L'an 1633 , Morin publia *Trigono-*

---

(47) *Vita Morini, pag.* 16, *num.* 79.
(48) Berner. Anatomia ridic. muris, *pag.* 138.
Morin., Defens. Dissertat. , *pag.* 121 , *répondant
à Bernier, nie ce qui concerne la fille de M. de
Chavigny.*
(49) *Dans la rem.* (A).

(50) *Voyez sa Vie , pag.* 9, *num.* 38.
(51) *Il était Provençal.* Vinc. Panurgus , de
tribus Impostoribus, *pag.* 57.
(52) *Tome X, pag.* 504 *et suiv. à l'an.* 1624.
(53) *Pag.* 9, *num.* 38.
(54) *Vita Morini , pag.* 9 , *num.* 39.

metriæ canonicæ libros tres ; et l'an 1635, un livre intitulé : *quod Deus sit* (55). Il le composa selon la méthode géométrique , pour guérir l'un de ses amis qui était tombé dans l'athéisme Il le dédia au clergé de France, et il crut mériter par cet ouvrage *une pension congrue* pour toute sa vie (56). Il l'augmenta l'an 1655, et le fit réimprimer sous ce titre : *De verá Cognitione Dei ex solo naturæ lumine* (57) ; c'est le premier livre de son *Astrologia gallica*. Il y eut un Pierre Baudouin, sieur de Montarcis, son ancien disciple , qui s'éleva contre lui à l'occasion de ce traité , qu'il prétendit être une copie d'un discours de Richard de Saint-Victor. Il lui intenta le même crime de plagiaire à l'égard de plusieurs autres écrits. Voilà ce que nous apprend l'auteur de la Vie de Morin (58) ; mais Morin lui-même , qui ne dit rien de cela , assure au contraire que ce M. de Montarcis était son voleur (59). Cette accusation fut cause sans doute qu'en récriminant on soutint que Jean-Baptiste Morin était plagiaire. Il serait à souhaiter qu'il y eût moins de confusion , et plus d'ordre chronologique , dans la liste qu'on nous a donnée de ses ouvrages. Cette confusion m'empêche de faire ici ce que je voudrais ; car pour la rectifier il faudrait que j'eusse plus de temps et plus de livres que je n'en ai. Continuons néanmoins. Morin publia un livre l'an 1631 , qui l'engagea à des répliques. Il l'intitula : *Famosi problematis de telluris Motu vel Quiete hactenius optata Solutio.* Il se déclara contre Copernic, et il soutint ce premier ouvrage contre un médecin nommé Lansberge , et contre M. Bouillaud ; car il publia , l'an 1634 , *Responsio pro telluris Motu;* et l'an 1642, *Tycho Brahœus in Philolaum pro telluris Quiete.* L'année suivante, il écrivit contre Gassendi sur la même matière , comme on le verra ci-dessous. Sa dispute sur les longitudes ne fut pas moins opiniâtre : il prétendit les avoir trouvées ; cela paraît par son livre *Longitudinum terrestrium et cœlestium nova et hactenius optata Scientia* , publié l'an 1634. Les Hollandais avaient promis cent mille francs à celui qui pourrait faire cette découverte : le roi d'Espagne en avait promis trois cent mille (60). Morin prétendit avoir mérité cette récompense ; car il crut avoir découvert les longitudes, et en avoir donné la démonstration dans une assemblée qui se tint à l'arsenal de Paris , le 30 de mars 1634 (61) ; mais on lui contesta cette gloire : les experts nommés par le cardinal de Richelieu furent contre lui. George Frommius (62) soutint que c'était à Longomontanus que cette invention était due : le père du Liris, récollet se vanta d'avoir mieux trouvé ce mystère. Vallangrénus, cosmographe de sa majesté catholique à Bruxelles, s'en vanta aussi (63). Morin eut tous ces gens-là sur les bras , et fut obligé de se munir d'attestations contre le rapport des commissaires du cardinal de Richelieu (64). Il ne se décontenança point ; il prit toujours l'affirmative sans mollir. Voyez le livre qu'il publia en 1640 : *Astronomia jam à fundamentis integrè et exactè restituta.* Sa grande consolation fut qu'il obtint une pension de deux mille livres , l'an 1645. *Hunc denique laborem velut in agro sterili non periisse commonstrat præmium ab ipso rege, consilioque ipsius secretiore tandem obtentum , cùm enim ipsis anno 1645 , libellum supplicem obtulisset , bina librarum millia in pensionem annuam ex regii montis abbatiá consecutus est* (65). N'oublions pas ses Notes astrologiques contre le marquis de Vilennes (66), ni sa Réfutation des Préadamites (67).

(55) Vita Morini, pag. 9, num. 40. *Le jugement que M. Descartes fit de ce livre se lit dans sa Vie,* composée par M. Baillet , tom. II , pag. 118.
(56) *Propter quod pensionem congruam in reliquum meœ vitæ tempus meruissem à comitiis gallicani cleri convocatis anno* 1635. Morinus , Defens. suæ Dissert. de Atomis et Vacuo, pag. 90.
(57) Vita Morini , num. 40.
(58) Ibidem.
(59) Morin., Defens. suæ Dissert. de Atomis et Vacuo, pag. 90, 91. *Il dit que ce plagiaire avait publié,* l'an 1651, Tractatus de Fundamentis scientiæ generalis et universalis.

(60) Vita Morini , *pag.* 11, *num.* 50.
(61) Ibidem, pag. 11 , num. 51.
(62) *Professeur à Copenhague.*
(63) Vita Morini , pag. 8 , num. ?
(64) Ibidem , pag. 12 , num. 52.
(65) Ibidem , num. 54.
(66) *Voyez le Mercure galant, tom. I , où il est parlé de l'académie d'Aubignac , et au mois de février 1678 , pag.* 93.
(67) Refutatio compendiosa erronei ac detestandi libri de Præadamitis. Vita Morini, pag. 10, num. 45.

Ce marquis se mêlait d'astrologie, et voulait bien que le public en fût informé ; car il fit imprimer un livre qu'on attribue à Ptolémée (68). Au bout de quatre ans, Morin l'attaqua avec un peu trop de colère, comme on l'avoue dans sa Vie (69), en l'excusant néaumoins sur son grand zèle pour la vérité (70). Je suis redevable à M. Clément, qui est si digne par son savoir et par son inclination obligeante de l'emploi qu'il a (71) ; je lui suis, dis-je, redevable d'un catalogue des ouvrages de Jean-Baptiste Morin, où j'ai trouvé des traités dont l'écrivain de sa Vie ne parle pas. En voici deux de cette nature : *Ad australes et boreales Astrologos pro Astrologiâ restituendâ epistolæ* (72). Lettres écrites au sieur Morin approuvant son invention des longitudes : et sa réponse à Hérigone (73).

Allongeons cette remarque pour donner un plus grand éclaircissement sur les prétentions de Morin par rapport aux longitudes. Il soutient (74) avec la dernière hardiesse, que les commissaires nommés par le cardinal lui firent mille chicanes le jour de l'expérience ; mais qu'il s'en tira si heureusement, qu'il les contraignit de témoigner à l'assemblée que ses démonstrations étaient bonnes. Dix jours après, continue-t-il, les sieurs Paschal, Mydorge, Beaugrand, Boulenger et Hérigone (75) se rassemblèrent par ordre du cardinal, afin d'examiner de nouveau cette doctrine, sur les quatre chefs que son éminence leur présenta. Ils rendirent un jugement tout contraire à leur première déclaration, et le montrèrent au cardinal qui leur commanda de le publier. Morin en appela aux plus fameux astronomes de l'Europe, et

en obtint des réponses condamnatoires de la seconde sentence des commissaires. *Ab illis commissariis proditus, et à cardinali Richelio fraudatus promisso præmio, de illâ secundâ sententiâ provocavi ad celebriores Europæ astronomos quibus scripsi librumque meum transmisi, qui omnes suis ad me responsis primam sententiam approbárunt, secundam verò falsitatis et iniquitatis unanimiter condennárunt* (76). Cela ne lui servit de rien pendant la vie du cardinal, et ne fut pas inutile après sa mort ; car Morin s'étant adressé au conseil du roi, et ayant mis en lumière une longue relation, obtint justice par une pension de deux mille livres. Il fit voir que les commissaires avaient trahi leur conscience pour complaire au cardinal. Je le rapporte comme je le trouve dans son livre ; mais j'y ajoute bien peu de foi. *Postulationem meam narratoriam quantâ potui arte composui, ut evidentissimè pateret injustitia in me perpetrata à cardinali Richelio, quem constabat excitásse commissarios meos ut suam in me secundam ferrent sententiam primæ ac veræ prorsùs contrariam* (77). Il en voulait surtout au sieur Hérigone, et il écrivit contre lui violemment. Il nie qu'il eût été son disciple. Voyez la note (78).

(I) *Il eut entre autres adversaires l'illustre Gassendi.*] Voici l'origine de cette dispute. L'an 1642, Gassendi fit imprimer deux lettres qu'il avait écrites à Pierre du Puy, *de Motu impresso à motore translato*. Il y combattait fortement les objections de ceux qui disent que la terre ne se meut pas : Morin était de ceux-là, et l'un des tenans contre Copernic. Il crut donc que c'était à lui que l'on en voulait ; il se plaignit que Gassendi, violant les lois de leur ancienne amitié, se portait pour agresseur ; en un mot, il prit la plume, et publia un livre contre Gassendi, l'an 1643

(68) Centiloquium Ptolemæo vulgò adscriptum. *Ibid.* num. 43.

(69) *Si quid in eis est quod quispiam jure possit carpere, non diffitebor contrà authorem hunc nobilem calentis ingenii leves quosdam insultus haberi.* Ibidem.

(70) *Præfervidi erat, neque sat tolerantis animi, sed qui amore veritatis caleret ardentiùs.* Ibidem.

(71) *A Paris dans la bibliothèque du roi.*

(72) *Imprimé l'an 1628, in-8º.*

(73) *Imprimé l'an 1635, in-4º.*

(74) Morin., Astrologia gallic., lib. XXIII, *pag.* 623.

(75) *Ils étaient commissaires dans cette cause.*

(76) Morin., Astrologia gallica, *pag.* 623.

(77) *Idem,* ibidem.

(78) *Fallitur dùm ait Herigonum fuisse meum in mathematicis præceptorem. Nam dùm in illum scripsi, quòd fuisset ignarus, perfidus et proditor judex in meâ longitudinum causâ : pro suâ defensione mihi respondens inania, non oblitus fuisset mihi exprobrare, quòd ejus fuissem discipulus ingratissimus.* Morin., in Defens. Dissert., *pag.* 107.

(79). Gassendi le réfuta la même année sans s'emporter , mais en raisonnant fortement (80). Il ne publia point cet ouvrage , et il s'engagea même à le supprimer lorsqu'il se réconcilia avec Morin, par l'entremise du baron de Tourves (81) : néanmoins il fut imprimé l'an 1649, avec une violente préface composée par Neuré ami de l'auteur. Gassendi en fit ses excuses à Morin , et lui protesta qu'il n'avait rien su de l'impression de son ouvrage (82). Sa lettre fut rendue publique par Morin, qui la joignit avec un livre qu'il fit imprimer. Gassendi lui écrivit une autre lettre, pour se plaindre qu'on eût publié la précédente. Morin publia encore un fragment de celle-ci avec un nouveau libelle. Alors Gassendi rompit tout commerce avec lui, et ne daigna plus avoir égard aux écrits d'un tel adversaire : mais ses amis prirent autrement la chose : ils publièrent toute entière sa seconde lettre, et résolurent de pousser à bout cet astrologue. C'est pourquoi dès qu'ils eurent vu la dissertation de *Atomis et Vacuo* qu'il publia à Paris , l'an 1650, contre la philosophie d'Épicure , que Gassendi avait mise au jour (83), ils le réfutèrent impitoyablement. Bernier fit paraître un livre (84) qu'il intitula : *Anatomia ridiculi muris*, qui fut suivi deux ans après du *Favilla ridiculi muris* , ouvrage où il mit en pièces l'Apologie que Morin avait publiée (85) pour sa Dissertation. Celui-ci fut si outré de colère , qu'il fit voir le jour (86) à un livre dont voici le titre : *Vincentii Panurgi Epistola de tribus Impostoribus.* Ces trois imposteurs étaient Gassendi, Bernier et Neuré.

On le berna principalement pour avoir osé prédire que Gassendi aurait une maladie mortelle l'an 1650 , et que l'effet de la maladie éclaterait, ou sur la fin du mois de juillet, ou au commencement du mois d'août.

Cette prédiction astrologique fut fausse , et attira sur son auteur une grêle de reproches et d'insultes. *Quâ providentiâ factum dicam* , ce sont les paroles de M. Bernier (87), *ô rerum bonarum inanissime , futilissimeque Morine! ut ultrò mihi præbueris ansam, quam captare ab aliquot elapsis mensibus gestiebam (neque ego solus, sed multi etiam alii , quibus veritas cordi est) ut propalarem , scilicet mendaciloquium illud insigne , quo in æternum opprobrium tuæ damnatæ astrologiæ ausus es securè atque impudenter prædicere ter, et publicis etiam scriptis evulgare,* Gassendum mortali morbo laboraturum , et vim morbi extremam , ex quâ deberet ejus mors consequi futuram in ipso-met julii , angustique confinio superioris anni millesimi sexcentesimi quinquagesimi. Morin (88) répondit comme font tous les faux prophètes , qu'il n'avait pas dit positivement que le sieur Gassendi mourrait cette année-là ; mais qu'il l'avait seulement averti d'un péril mortel, qui pouvait être évité par de bonnes précautions. L'un de ses antagonistes fut plus exact que M. Bernier : car il reconnut les restrictions de l'astrologue. *Astrologus Morinus ad stabiliendam ampliùs suarum prædictionum certitudinem judicat ex astris ac divinat , sed cum præcautionibus consuetis almanactarum quòd D. Gassendus morietur anno 1650* (89). Mais nonobstant ces petites précautions , cet astrologue n'était pas indigne d'être bafoué comme il le fut. Je ne rapporterai point tout ce que Gassendi a observé là-dessus (90) ; je me contente de ces paroles de son abréviateur (91). « Je » pourrais ici rapporter en détail » l'horoscope de M. Maridat (92), » conseiller au grand conseil, dans » laquelle on verrait que l'astrologue » Jean-Baptiste Morin , qui l'a dres- » sée , a aussi bien réussi que Nostra-

---

(79) *Intitulé*, Alæ telluris fractæ.

(80) *Sa réfutation est comprise dans la III*e. *lettre du traité* de Motu impresso à motore translato , oper. tom. III , edit. lugd. 1658.

(81) Morin. , *in* Defens. Dissert. , *pag.* 21.

(82) *Là même. Voyez aussi* l'Anatom. ridiculi muris , *pag.* 8.

(83) *A Lyon*, l'an 1649, *en* 3 *volumes in-folio.*

(84) *A Paris l'an* 1651.

(85) *A Paris l'an* 1651.

(86) *A Paris l'an* 1654.

(87) Bernerius , *in* Anatomiâ ridiculi muris, *pag.* 127.

(88) Morin., *in* Defens. Dissertat. , *pag.* 114.

(89) *Apud* Morinum, *ibid.*, *pag.* 112.

(90) Gassend. Physicæ *sect. II , lib. VI* , *pag.* 747 *tom. I Operum.*

(91) Bernier , Abrégé de la Philosophie de Gassendi , *tom. IV , pag.* 485 , 486, *édit. de* 1684.

(92) *Voyez-le dans* Gassendi, *Oper. tom. I* , *pag.* 746. 747.

» damus dans celle de M. Sufférdy ;
» mais tout cela est tellement plein
» de sottises , de badineries, et de
» faux événemens , et sent tellement
» le charlatan, et la bohémienne qui
» ne bute qu'à tromper , et à attra-
» per une pièce d'argent , que j'ai de
» la peine à m'y arrêter. Je dirai seu-
» lement à la honte éternelle de cet
» astrologue Morin, que voyant que
» M. Gassendi, qui se moquait de son
» astrologie judiciaire, était infirme,
» et atteint d'une fluxion sur la poi-
» trine , il fut assez impudent pour
» prédire et faire savoir à tout le
» monde par un imprimé exprès ,
» qu'il mourrait sur la fin de juillet
» ou au commencement d'août de
» l'année 1650 , prétendant par-là
» ériger un trophée à son astrologie ;
» et cependant M. Gassendi ne se por-
» ta jamais mieux qu'en ce temps-là,
» et il reprit tellement ses forces ,
» qu'il me souvient que le 5 de fé-
» vrier de l'année suivante (93), nous
» montâmes ensemble la montagne
» de Toulon pour faire les expérien-
» ces du vide. »

Il est bon de voir de combien d'é-
chappatoires Morin se savait servir,
quand ses prédictions ne lui réussis-
saient pas. Il supposait que les influences des astres n'agissent point nécessairement, et que l'homme sage
en peut détourner l'effet. *Potest qui
sciens est (hoc est qui propriâ vel alterius scientiâ monitus est) multos
stellarum effectus avertere , ex Ptolemæo , aphor. 5 Centiloquii.* Qui est
ipsemet aphorismus quem citat D. Thomas, dum superiùs dixit *sapiens dominabitur astris* (94). Appliquant cela
à sa prédiction contre Gassendi, il
remarque que ce philosophe en évita
le coup par de bonnes et de salutai-
res précautions , par une diète régu-
lière , par des exercices modérés , et
en se transportant à Toulon où l'air
lui était plus favorable (95). Il ajoute
qu'apparemment la peur de la prédiction l'obligea à prier Dieu plus
ardemment de lui conserver la santé,

et que ses prières ayant été exaucées
démentirent l'astrologie , qui sans
cela n'aurait pas été trompeuse (96).
*Deindè etiamsi data prædictio mea
tabellioni , fuisset quò ad effectum ab
astris naturaliter inevitabilis , nonne
Gassendus prædictionis meæ conscius
ex suprà positis, potuisset ut Ezechias
lib. 4, reg. cap. 20, rogare DEUM
secretò , qui ipsum à morbo vel morte
liberâsset supernaturaliter, sicque delusus et adhuc pro falso prophetâ
habitus fuissem ! Nonne ægroti et
nautæ in procellâ de vitâ naturaliter
desperantes votis liberantur. . . . His
ergò omnibus supernaturaliter libera-
tis , nunquid astrologus mortem eo
tempore prædicens ex causis naturalibus , pro falso prophetâ erit habendus ? Certè non magis quàm Jonas ,
qui ex ipsius DEI verbo Ninivitis ,
et hominum universalem prædixit
subversionem ; quæ tamen non est
subsecuta , quòd insigni pœnitentiâ
à rege ad minimum pecus , sibi præ-
caverint adversùs iram DEI, qui illorum misertus est* (97). Courage , messieurs les astrologues, vous ne demeu-
rerez jamais court , puisque vous
cherchez un asile dans les exemples de
l'Écriture. Menacez de tout ce qu'il
vous plaira, de la mort, de l'exil ,
de la prison : promettez tout ce qu'il
vous plaira, la santé, les richesses, les
honneurs ; quoi qu'il en arrive , vous
aurez une réponse toute prête. Ceux
à qui vous promettiez des biens , et
qui n'en ont pas joui , ne se sont pas
bien conduits : ils n'ont pas prié Dieu
dévotement ; ceux que vous aviez
menacés de l'infortune , ont été prudens et dévots. Cela me fait souvenir
des commentateurs apocalyptiques ,
qui , ayant promis une délivrance
qui n'est pas venue , s'en prennent
aux mauvaises mœurs de leur prochain. C'est une ressource assurée.
N'oublions pas deux bonnes remarques des disciples de Gassendi. 1°. Ils
soutirent que c'est une effronterie
punissable par le magistrat , que de
publier qu'un tel et un tel mourront
une telle année ; car combien y a-t-il
de gens qu'une semblable menace est

---

(93) *C'est-à-dire l'année* 1650, *qui est la suivante par rapport au temps où Morin avait publié sa prédiction : il la publia l'an* 1649. *M.
Bernier en abrégeant a oublié de lever cette
équivoque.*

(94) *Morin. , in* Defens. Dissert. *, pag.* 114.

(95) *Ibidem, pag.* 116, 117.

(96) *Fortassis Gassendus mortem admodùm
metuens , nec omninò suæ confidens rigidæ dictæ,
DEUM precatus est , qui ipsum exaudivit. Ibidem , pag.* 120.

(97) *Morin. , in* Defens. Dissertat. *, pag.* 119.

capable de faire mourir ? *Fieri nihil
posse impudentiùs, quàm mortem homini viventi publico scripto prædicere,
esse nihil virgâ censoriâ publicique
cognitoris animadversione dignius,
quàm captandæ mortis occasionem
ingerere, quàm oculos omnium in
unum, quasi in commune aliquod
spectaculum, convertere; quàm illi
si credulus fuerit (uti nemo ferè
non est), causam mortis objicere;
cùm constet multos ex solo mortis hoc
modo prænunciatæ metu, morbum,
mortemque contraxisse (98).....
Ecqua est certè vindictæ species adversùs credulum inimicum major,
quàm ut illi prædicatur ab astrologo
futurum, ut tali tempore moriatur,
aut in gravi mortis periculo sit; cùm
exindè nihil fieri possit illius animo
ærumnosius, nihil, quod, ob causam
jam dictam, possit illi magis et morbum
et mortem inducere (99) ? 2°.* Que de
tels prophètes s'engagent presque nécessairement à une démarche anti-
chrétienne, c'est-à-dire à s'informer
curieusement si ceux qu'ils ont menacés sont bien malades, et à s'affliger
de leur bon état: car où sont les gens
qui n'aiment mieux voir dans le tombeau celui dont ils ont prédit la mort,
que de se voir dans l'ignominie d'a-
voir été faux prophètes ? *Permisit
Deus durare adhuc ti, si fortè actu-
rus pœnitentiam fores; cùm ob mala
alia, tùm ob id, quòd ipsemet volens
fecisses tibi necessitatem expetendi
mortem tui proximi, ne cogereris de-
lusæ artis, prædictionisque falsi confusionem sustinere, quæ ad desperationem te adigeret* (100).

On publia, pendant le cours de
cette querelle, bien des contes contre
Morin. On lui reprocha entre autres
choses, 1°. qu'il avait été maître
d'école jusqu'à l'âge de quarante ans,
et qu'on l'avait vu, la plume à l'o-
reille et l'écritoire à la ceinture, demander de porte en porte si quelqu'un voulait apprendre à lire, à
écrire et à chiffrer à tant par mois
(101); 2°. qu'il promit à un jeune

gentilhomme dont il avait fait l'horoscope, un grand bonheur dans les
armes, et principalement dans les
duels, ce qui fut cause que ce garçon devint querelleur, et voulut se
battre pour une légère offense avec
un homme qui le tua. On ajouta que
le frère aîné du défunt, ayant su la
prédiction de Morin, lui déchargea
sur le dos toute sa colère : que les
coups furent si pesans, qu'il fallut
que les chirurgiens en dressassent un
procès verbal, et que l'on en portât
plainte à la justice de Sainte-Geneviève; mais que les pères de la doctrine chrétienne s'interposèrent pour
terminer le procès, et firent donner
au battu une bonne somme, qu'il reçut comme une très-douce consolation (102); 3°. Que son avarice était
sordide, et qu'il ne faisait des horoscopes que pour attraper de l'argent.
Il réfute le premier reproche, en
prouvant que depuis qu'il fut reçu
médecin, jusqu'à ce qu'on lui donna
la profession en mathématiques, il fut
ou chez l'évêque de Boulogne, ou
chez l'abbé de la Bretonnière, ou
chez le duc de Luxembourg (103).
Remarquez qu'il n'était âgé que de
trente ans, lorsqu'il fut promu au
doctorat en médecine. Voyez la dernière remarque (104). Il réfute le
second reproche, en soutenant que
si l'on veut interroger, ou ses voisins,
et nommément M. Colletet, ou les
juges de Sainte-Geneviève, ou les pères de la doctrine chrétienne, on
trouvera qu'ils n'ont nulle connaissance de cette aventure (105). Enfin,
il dit qu'il n'est point avare, et qu'il
ne l'a jamais été, et que son étoile
prouve qu'il est aussi libéral que
Gassendi est épargnant, selon sa figure de nativité. Il soutient que les
leçons particulières d'astrologie lui
eussent valu cent mille francs, s'il
eût voulu avoir pour disciples tous
ceux qui le voulaient être; mais qu'il
avait toujours refusé ceux même qui
étaient recommandables par leur
haute condition; qu'on n'a que faire
de lui parler de ses nièces : Dieu y a

(98) Bernerius, Anatomia ridiculi muris, pag.
133, 134.

(99) Ibid, pag. 137.

(100) Ibid., pag. 136.

(101) Me calamo supra aurem et scriptorio in
latere ostiatim mendicâsse scolasticum, ut stipendio mensurno docerem legere, scribere, et

computare. Morin., in Defens. Dissertat. pag.
106.

(102) Ibid., pag. 108.

(103) Ibid., pag. 106, 107.

(104) Citation (137).

(105) Morin., in Defens. Dissertat., pag. 108.

pourvu, dit-il, par mes travaux et par mes dépenses. J'en ai mis deux dans les couvens de Ville-Franche ; et, quant à la troisième qui veut un mari, je lui tiens tout prêts mille écus pour payer sa dot en argent comptant, dès que l'occasion en sera venue. *Nec curent ampliùs de pecuniis necessariis ad conjugia nepotularum mearum..... Placuit enim DEO suam ergà illas providentiam exercere meis laboribus atque expensis : duas enim feci religiosas Francopoli, in monasteriis B. Mariæ Visitationis et Divæ Ursulinæ ; et quia nubere vult tertia, ad hujus præsentaneam dotem, seorsim reposita sunt à me librarum tria millia. Quod absit à me dici vanitatis gratiâ : sed duntaxat ad repellendum à me tetrum illud avaritiæ sordidæ crimen, quod mihi imponit anatomista murium. Etenim pro tenuitate meâ etiam à puero fui semper liberalis ; quippè tantùm natus ad liberalitatem, quantùm Gassendus ad avaritiam, ut ex utriusque figuris cœlestibus atque vitâ patebit, nullisque unquàm peperci sumptibus pro veritatis et honoris mei defensione. Sique lucri et pecuniarum fuissem cupidus, plus quàm centum millia librarum mihi comparâssem Parisiis , ex privatis solùm astrologiæ lectionibus ; sed nullos habere volui discipulos etiam magnates, mihi qualem voluissem mercedem offerentes* (106). Dans un autre livre (107), il fait savoir au public qu'il l'a mariée comme elle le souhaitait, et que les malheurs de la guerre ne l'en avaient point empêché. Ce n'est pas un grand miracle ; car il avoue que son revenu annuel était d'environ quatre mille francs (108). Il se reconnaît redevable de cette fortune à l'astrologie. Ce fut par-là qu'il acquit les bonnes grâces de Marie de Médicis, qui lui fit donner la charge de professeur (109).

(K) *Ce que Gui Patin a dit de lui vaut la peine d'être rapporté.*] « J'apprends que *l'Astrologia gallica* du sieur Jean Morin , natif de Ville-

» Franche en Beaujolais, jadis docteur en médecine de Valence (110), » professeur du roi ès mathématiques dans notre collège royal , est » enfin achevée à la Haye en Hollande : l'on m'a dit qu'il y a bien » là-dedans des injures contre les » médecins de Paris , et les autres » aussi , qui ne veulent admettre ni » l'astrologie judiciaire, ni la chimie ; et je ne m'en étonne pas, car » cet homme était fou. Ce sont deux » volumes *in-folio*, pour l'édition » desquels la reine de Pologne a » donné deux mille écus, à la recommandation d'un sien secrétaire » qui aime l'astrologie. Voilà comment les princes sont trompés : si » c'était un bon livre qui pût être » utile au public, on ne trouverait » point d'imprimeur , ni personne » qui s'en voulût charger (111). » Il avait dit dans une autre lettre (112) : *Voici encore une mort que j'ai à vous annoncer. C'est celle du sieur Morin, Beaujolais, professeur du roi en mathématiques. Si bien que je voilà mort au bout d'un an, aussi-bien que M. Gassendi : mais ils n'ont garde de se mordre l'un l'autre , car l'un est à Saint-Nicolas-des-Champs et l'autre à Saint-Étienne-du-Mont. L'un était bien sage , et l'autre était fou et demi-enragé ; mais quoi qu'il en soit, c'est chose certaine qu'en l'autre monde ils auront le nez fait l'un comme l'autre, malgré toutes les mathématiques, et toute la prétendue judiciaire des astrologues, dont Morin était coiffé.* Il est vrai que l'*Astrologia gallica* de Jean-Baptiste Morin fut imprimée à la Haye, l'an 1661. Ce n'est qu'un volume *in-folio*, divisé en vingt-six livres. L'auteur avait employé trente ans à le faire. Il espérait de le voir sortir de dessous la presse (113) ; car il en avait déjà envoyé les quatorze premiers livres au

(106) *Ibid.*, *pag.* 110.
(107) *In Præfat.* Astrolog. gallicæ, *pag.* 31. *Voici ses paroles :* Tertiam ad votum suum marito copulavi etiam difficillimis bellorum nostrorum temporibus.
(108) *Ibid.*
(109) *Ibid.*

(110) *Il fallait dire* d'Avignon.
(111) Gui Patin, lettre *CCXXXIII* , datée du 18 *février* 1661 , *pag.* 319, du *II*e. tome.
(112) *La CVIII.* Elle est datée du 7 de novemb. 1656. *Voyez la page* 419 du *I*er. tome des Lettres de Patin.
(113) *Jam editionis hujus operis trigenta annos integros accuratissimè limati stabat in procinctu, librosque quatuordecim priores ad typographum Batavum transtulerat, cùm id meditantem mors oppressit.* Vita Morini , *pag.* 12, *num.* 55.

libraire de Hollande qui le devait imprimer : la mort survint là-dessus,
et faucha cette espérance. Il y a deux
épîtres dédicatoires dans ce volume :
l'une est de l'auteur à Jésus-Christ ;
l'autre d'un anonyme (114) à la reine
de Pologne, Louise-Marie de Gonzague. Cette princesse anima Morin à
ce grand travail, et paya les frais de
l'impression. *Authori animum ne
tanto operi deesset, subsidium ut illud
in publicum proferret, regali curâ,
regali munificentiâ addidisti* (115).
Pendant qu'on parlait de la marier
avec un prince, Morin assura que ce
mariage ne se ferait pas, et qu'elle
était destinée à épouser un monarque. Ce fut l'une de ses plus belles
prédictions. L'auteur de sa Vie la fait
fort valoir. *At quàm omnibus suis
partibus absolutum fuit vaticinium
illud* Mariæ, *tunc principi, nunc verò reginæ* Poloniæ *ab* Morino *editum ! De futuro ipsius conjugio cum
illustrissimo principe didebatur rumor, quod quidem potissimùm illi
fuisset, ac plurimæ dignitatis : nihilominùs tamen haud ineundum fore
noster asseruit, cùm regem ei conjugem astra pollicerentur* (116). Je
croirais sans peine qu'il eut la hardiesse d'avancer cette prédiction ;
car outre que cette princesse était
un parti royal, et qu'il y avait assez
d'apparence qu'elle épouserait un
roi, il faut savoir que Morin avait
naturellement beaucoup de témérité, et qu'il savait bien se ménager
plusieurs portes de derrière en cas
que ses prédictions se trouvassent
fausses (117). D'ailleurs cette dame
ajoutait beaucoup de foi à l'astrologie, et c'est à de telles gens que les
astrologues promettent plus hardiment les dignités. L'abbé de Marolles, qui la connaissait à fond, mérite
d'être cité. *Une autre fois*, dit-il ,
(118) *parlant contre l'astrologie judiciaire chez madame la princesse,
qui avait beaucoup d'inclination à
l'admettre, à cause de l'expérience et
de la satisfaction qu'il y avait de
connaître les choses futures par son*

moyen, *j'eus contre moi non - seulement son secrétaire, qui était homme
d'esprit, et versé dans cette science,
et son premier médecin, Augustin
Corade, qui exerce son art avec tant
de bonheur, mais aussi M. l'abbé de
Belozane et quelques autres.* Il ne
faut plus s'étonner de ses dépenses
pour un livre dont l'auteur l'avait
flatté de l'espérance d'une couronne
qu'elle porta effectivement. C'est peut-
être à cette promesse astrologique
qu'elle faisait allusion, lorsqu'elle fit
la réponse que l'on va lire. *Elle fut
au palais d'Orléans, où comme l'abbé de la Rivière lui eut dit qu'il avait
souhaité passionnément de la voir
femme de Monsieur, elle lui repartit en riant que Monsieur n'était pas
roi, et qu'elle était destinée pour être
reine* (119). L'abbé de Marolles raconte cela, lorsqu'il rapporte les visites qu'elle fit après la cérémonie de
son mariage avec le roi de Pologne.

(L) *Il disait que l'Antechrist était
né.*] Et même qu'il allait paraître,
et qu'en peu de temps il achèverait
les conquêtes que la tradition lui
promet. Quand on demandait à Morin comment il serait possible que
l'Antechrist s'emparât sitôt de tant
de villes fortifiées, il fera tomber les
nues, répondait-il, une armée de magiciens qui égorgeront les soldats et
les habitans : presque la moitié des
hommes, ajoutait-il, sont magiciens,
comme l'assurent ceux qui ont été au
sabbat, et tous les magiciens sont
hommes de guerre. *Eccui enim jam
fabula non es ob famosam illam non
modò adventantis, sed etiam jam pro
foribus existentis Antichristi prædic-
tionem ; de quâ dùm ex te quæreretur,
qui posset tam citò, ac ipse efferres,
expugnare Antichristus tot arces
munitissimas ; solitus fuisti excipere ;
cùm ex relatu eorum, qui ex sabba-
tis magorum adveniunt, dimidia penè
hominum pars in magis sit, ac magi
omnes milites sint, qui Sathanæ nomen dedere, quique ab Antichristo,
tanquàm summo duce deducendi in
militiam sunt ; fore, ut cùm volet
Antichristus expugnare urbes, quæ
spontaneam sui deditionem non fecerint, eam magorum nubem emittat
sursùm in aërem, quæ supernè ir-
ruens stragem tam civium, quàm mi-*

(114) *Qui désigne son nom par ces lettres G.
T. D. G. V.*

(115) *Epist. dedicat.*

(116) *Vita Morini, pag.* 14, *num.* 72.

(117) *Voyez la remarque* (I), *au* 2. alinéa.

(118) *Mémoires, pag.* 148, *à l'ann.* 1643.

(119) *Là même, pag.* 166, *à l'ann.* 1645.

litum immanem edat (120). L'auteur de sa Vie lui a fourni trois excuses : 1°. qu'il avait lu, dans un livre du cardinal Cusan, que les oracles de l'Écriture établissent la fin du monde à l'année 1675; 2°. qu'Alabaster, homme très - versé dans la cabale et dans la Bible, avait publié la même chose; 3°. que plusieurs énergumènes en divers pays avaient déclaré à leurs exorcistes que la bête de l'Apocalypse était née. *Cardinalis Cusani scriptoris minimè contemnendi* conjecturam de ultimis temporibus *legerat, quo libro ad annum* 1675 *totius orbis terminus ac interitus ex litteris astruitur inspiratis. Idem scripsit Anglus* Alabaster in tubarum Spiraculis *libro edito author, inquam, Orientis idiomata, et scripturas et cabalam mirificè callens. Compluriùm exorcismorum qui habentur excusi volutârat* Morinus *historias , in quibus passim energumeni in variis regionibus natam esse bestiam proclamârunt, quod creditu facile nequitia temporis nostri præstat et suadet* (121). Ne voilà-t-il pas trois belles raisons?

(M) *Il comprit.... que tout ce que les péripatéticiens enseignent sur les formes substantielles est de la dernière impertinence.*] Si l'on ne le savait par expérience, on aurait de la peine à croire qu'il fût possible que des gens d'esprit, et qui emploient toute leur vie à philosopher, soutinssent (122) qu'une substance distincte de la matière est néanmoins matérielle, et ne subsiste que dépendamment de la matière; qu'elle est tirée de la puissance de la matière sans y avoir existé auparavant ; qu'elle n'est composée, ni de la matière, ni d'aucune autre chose préexistante, et que nonobstant cela elle n'est pas un être créé : enfin que sans l'aide d'une connaissance qui la dirige dans ses opérations, elle produit la machine des animaux et celle des plantes. Ils soutiennent tous ces dogmes monstrueux, après avoir été accablés des objections d'un père Maignan , d'un Gassendi , etc. ; c'est

ce qui étonne davantage. Morin reconnut toutes ces absurdités, et abandonna sur tous ces dogmes la secte péripatéticienne. *Quæstionem de ortu vel productione formarum substantialium esse totius physices difficillimam ; quæque maximorum virorum ac præsertim neotericorum ingenia torsit. Dùm alii volunt eas educi de potentiâ materiæ , alii ipsas de novo creari, alii eas produci à corporibus cœlestibus, alii eas esse tantùm quandam elementalium qualitatum proportionem ; sicque eas esse accidentales, et alii alia. Ego verò in Astrologiâ gallicâ, lib.* 20, *qui inscribitur, de actione universali corporum cœlestium, sectione* 4, *capitibus* 7 : *omnes hasce opiniones rationis examini subjicio, ac evidenter probo nullas ipsarum esse posse veras : omnium autem absurdissimam , esse eductionem formæ de potentiâ materiæ* (123). Le mal est qu'il substitua à ces doctrines une hypothèse bien environnée de difficultés. Il adopta le sentiment qu'il crut trouver dans les livres d'un Danois (124) ; savoir que la forme substantielle de chaque corps est un esprit immatériel que Dieu, dès le commencement de la création, a orné de la connaissance nécessaire à construire les organes à quoi cette forme doit être unie. *Arbitror formam physicam substantialem corporum mixtorum (animâ rationali exceptâ) aliud non esse quàm spiritum immaterialem seminis cujusque rei ; cui Severinus ipse proprias et specificas attribuit signaturas internas coloris, odoris , saporis, mirabilemque scientiam à Deo inditam initio creationis, quâ seminis cujusque spiritus quilibet ad generationem excitatus à causis efficientibus, congrua sibi primo adsciscit rei generandæ principia corporis ac elementa , quæ sunt ipsius rei materia , à quâ ipsa forma primò et per se differt; deindèque corporis sui fabricæ et organisationi incumbit per innatam ac essentialem sibi scientiam ipsam adeò regulariter; ut ejusdem plantæ omnes flores inter se , folia inter se , et fructus inter se, conveniant in omnibus signaturis, et simu-*

(120) Bernerius, Anatomia ridiculi muris, *pag.* 185.

(121) Vita Morini, *pag.* 16, *num.* 77.

(122) *Voyez la remarque de l'article* Goalæus (David) *tom. VII , pag.* 160.

(123) Morinus, *in* Defens. Dissert., *pag.* 66.

(124) Petrus Severinus, *in* Ideâ medicinæ philosophicæ.

*liter conveniant, cum foliis, floribus,
et fructibus cujusvis alterius plantæ
ejusdem speciei : quod sanè cum
scientiâ mechanicâ, talis seminis virtuti inditâ, ejusque signaturis essen-
tialibus, concipi facilè potest ; quasi
mentis alicujus regulare opus, quod
in aranearum telis, apum alveolis,
cæterisque animalium actionibus patet adhuc evidentiùs : aliter verò concipi nequit cum assensu rationis* (125).
Il a raison de dire qu'il n'y a rien
de plus absurde que de soutenir que
le mouvement seul des atomes est
capable de produire cette admirable
régularité qui se trouve dans les
plantes, cette conformité des fruits et
des feuilles dans les arbres de même
espèce, etc. Il est mille fois plus difficile de former une feuille d'arbre,
que d'imprimer une page de Cicéron (126) : puis donc que jamais un
arrangement de caractères, qui ne
serait dirigé par aucun choix, ne produirait une page de Cicéron, il ne
faut pas croire qu'un arrangement
d'atomes non dirigé puisse produire
une feuille d'arbre ou une pomme.
Il semble donc qu'il faille donner
aux plantes un principe intelligent
qui choisisse et qui arrange les matériaux des feuilles, etc. (c'est le sentiment de Morin), ou que la plante
soit organisée dans sa semence, c'est
l'opinion de plusieurs cartésiens.
*Nihil excogitari potest absurdius
quàm quòd illa similitudo florum,
foliorum, et fructuum ejusdem arboris
in colore, odore, sapore et conforma-
tione', prodeat ex solo motu atomorum, à quo sunt situs et ordo ipsarum : nec inter omnes flores, folia et
fructus pomi, ullus accidat flos, fo-
lium, vel fructus pyri aut alterius
plantæ ab ipso atomorum motu. Hic
enim nisi per aliquam regatur speci-
ficam scientiam, quæ in atomis concipi vel explicari nequit, causabit
duntaxat fortuitos situs et ordines
atomorum, qui vel nunquàm efficient
aliquam determinatæ speciei plan-
tam ; vel saltem hanc multis extraneis foliis, floribus et fructibus infi-
cient, si tantùm planta generetur, et*
non potiùs chymæra diversarum genere rerum* (127).

(N) *Il reçut de M. Descartes divers
témoignages d'estime.*] Il fit connaissance avec lui l'an 1626 (128). Quelque
temps après il lui fit présent de son
livre des Longitudes, et en fut remercié par une lettre fort obligeante
(129). Il lui envoya des objections
touchant sa lumière, l'an 1638 (130).
Ces paroles de sa lettre sont remarquables. *J'ai toujours été l'un de vos
partisans, et de mon naturel je hais
et je déteste cette racaille d'esprits
malins qui, voyant paraître quelque
esprit relevé comme un astre nouveau, au lieu de lui savoir bon gré de
ses labeurs et nouvelles inventions,
s'enflent d'envie contre lui, et n'ont
autre but que d'offusquer ou éteindre
son nom, sa gloire et ses mérites ;
bien qu'ils soient par lui tirés de l'i-
gnorance des choses dont libéralement
il leur donne la connaissance. J'ai
passé par ces piques, et je sais ce
qu'en vaut l'aune. La postérité plain-
dra mon malheur ; et, parlant de ce
siècle de fer, elle dira avec vérité que
la fortune n'était pas pour les hommes savans. Je souhaite néanmoins
qu'elle vous soit plus favorable qu'à
moi. Quel orgueil ! quelle vanité !*
M. Descartes répondit à ces objections ; Morin répliqua (131) « et nous
» avons encore ce second écrit inséré
» au premier tome des lettres de
» M. Descartes (*1), et suivi d'une
» nouvelle réponse que M. Descartes
» y fit, dès le mois de septembre,
» avec une diligence qui le surprit,
» mais qui lui fit connaître qu'il
» avait de la considération pour lui.
» M. Morin (*2) feignit de n'être pas
» entièrement satisfait de cette se-
» conde réponse ; et il en prit occa-
» sion de lui faire une nouvelle ré-
» plique (*3) au mois d'octobre, afin

(125) *Morinus*, in Defensione Dissertationis,
pag. 66.
(126) *Conférez ce qui a été dit ci-dessus, remarque* (D) *de l'article* CAÏNITES, *au 1er. alinéa.
tom. IV, pag. 308.*

(127) *Morin., in Defens. Dissertat., pag. 67.*
(128) *Voyez M. Baillet, Vie de Descartes,
tom. I, pag. 138.*
(129) *C'est la LVIII du 1er. volume de Descartes. Voyez la Vie de Descartes par M. Baillet,
tom. I, pag. 265.*
(130) *Voyez la LVIIIe. lettre du même volume.*
(131) *Baillet, Vie de Descartes, tom. 1er.,
pag. 357.*
(*1) *Pag. 221. du 1er. tome.*
(*2) *Pag. 234. du 1er. tome.*
(*3) *Cet écrit se trouve au 1er. vol. des Lettres
de M. Desc., pag. 242.*

» de se procurer l'honneur d'écrire
» le dernier. M. Descartes, toujours
» fort éloigné d'ambitionner une
» gloire si fausse, acheva de recon-
» naître à cette marque le caractère
» de l'esprit de M. Morin. Il ne vou-
» lut pas lui refuser la satisfaction
» qu'il souhaitait de lui, puisqu'elle
» lui coûtait si peu. C'est (*1) pour-
» quoi il manda au père Mersenne,
» vers le milieu du mois de novembre,
» qu'il ne ferait plus de réponse à
» M. Morin, puisqu'il ne le désirait
» pas. » Il est sûr que M. Descartes
ne méprisa point les objections de
cet homme. *Il les jugea dignes de
considération dès qu'il les eut reçues,
et préférables à celles de M. Petit,
pour leur solidité et pour la nature
de leur difficulté. Il en (*2) écrivit
plus d'une fois au père Mersenne,
pour lui faire témoigner de sa part
à M. Morin que non-seulement il
avait reçu son écrit en très-bonne
part, mais qu'il lui avait encore obligation de ses objections, comme étant
très-propres à lui faire rechercher la
vérité de plus près; et (*3) qu'il ne
manquerait pas d'y répondre le plus
ponctuellement, le plus civilement
et le plus tôt qu'il lui serait possible*
(132). Mais ne finissons pas cette remarque sans rapporter une chose qui
puisse édifier les lecteurs, autant que
les plaintes orgueilleuses du professeur royal en mathématiques les ont
dû scandaliser. Nous avons vu que
Morin avait fini ses objections par….
*des plaintes sur le malheur où il se
voyait par les pratiques de ses envieux, en souhaitant que la fortune
lui fût plus favorable qu'elle n'était
ordinairement au commun des savans.*
M. Descartes, à qui ce langage ne
convenait guère, eut plus de peine à
répondre à cette conclusion qu'à tout
le reste. « (*4) Je ne prétends nulle-
» ment, lui dit-il à ce sujet, mériter
» les honnêtetés dont vous usez à
» mon égard sur la fin de votre
» écrit, et je n'aurais néanmoins pas
» de grâce à les réfuter. C'est pour-
» quoi je puis seulement dire que je
» plains et vous l'erreur de la for-

(*1) Pag. 416, tom. 2.
(*2) Tom. III des Lettres, pag. 390.
(*3) Pag. 396, tom. 3 et pag. 360.
(132) Baillet, Vie de Descartes, tom. I, p. 355.
(*4) Pag. 219, 220, tom. 1.

» tune en ce qu'elle ne reconnaît pas
» assez votre mérite. Mais, pour moi,
» particulier, grâces à Dieu, elle ne
» m'a encore jamais fait ni bien ni
» mal, et je ne sais pas même pour
» l'avenir si je dois plutôt désirer ses
» faveurs que les craindre. Car com-
» me il ne me paraît pas honnête de
» rien emprunter de personne qu'on
» ne puisse rendre avec usure, il me
» semble que ce serait une grande
» charge pour moi que de me sentir
» redevable au public (133). » Voilà
quel doit être le langage d'un vrai
philosophe; M. Descartes aurait mérité ce titre par la seule qualité dont
il parle là. Mais, pour Morin, il déshonorait la philosophie par ses murmures contre l'injustice de son siècle. Il faisait paraître une âme vénale et avide de pensions et de récompenses : faux savant, faux philosophe.

(O) *Il a fait un récit ingénu de plusieurs choses qui lui étaient désavantageuses.*] Il dit (134) que sa mère,
malade à la mort, le déshérita et lui
refusa sa bénédiction. On la fit un
peu revenir de cette haine : les prêtres et les parens lui représentèrent
que son testament serait cassé, et
qu'elle courrait un grand risque d'être
damnée : ainsi elle consentit à lui
donner sa bénédiction, et à lui laisser un legs, le plus petit qu'elle put.
Il prétend que la cause de cette haine
fut qu'il avait dit à son frère aîné,
leur père et leur mère étant malades,
qu'il aimerait mieux la guérison de
son père que la guérison de sa mère,
s'il fallait que l'un des deux n'en ré-
chappât point. La mère mourut deux
jours après dans les dispositions que
l'on vient de voir contre son fils.
Voilà un fait très-peu honorable et à
la mère et à l'enfant; mais il n'y a
rien qui coûte trop à un astrologue,
quand il en peut donner des raisons
selon ses principes. Morin est dans le
cas; il trouve (135) dans son horoscope, que sa propre mère a dû le
haïr. Il y trouve aussi qu'il a dû être
emprisonné plusieurs fois; et il avoue
que dans sa jeunesse il s'est vu fort
proche de ce malheur à cause de sa

(133) Baillet, Vie de Descartes, tom. I, p. 358.
(134) In Astrologiâ gallicâ, lib. XVII, pag.
398.
(135) Ubi suprà.

paillardise et de son esprit vindicatif (136). L'influence maligne de quelques planètes de son horoscope ayant été corrigée par les aspects favorables de quelques autres, la prison fut convertie en une autre espèce de mal qui sympathisait avec la captivité ; car depuis l'âge de seize ans , jusques à celui de quarante-six, Morin fut toujours chez quelque maître. Il en servit seize successivement ; il fut chez des notaires, chez des maîtres à écrire (137), chez des présidens, chez des évêques, chez des abbés, et enfin chez le duc de Luxembourg. La raison pourquoi il changeait de servitude si souvent, est qu'il se brouillait avec la maîtresse du logis, ou qu'il survenait des accidens imprévus, ou que les maîtres se rendaient coupables d'une énorme ingratitude. *Quod autem per carceres fieri non potuit, per servitutem effecit cumulus ille planetarum in duodecimâ domo... est enim servitus... species quædam incarcerationis quòd homo in alienâ domo non liber, sed alteri mancipatus vivere teneatur. Siquidem ab anno 16 ad 46 vita mea fuit perpetua servitus, dominosque habui 16 quos omnes dereliqui vel ob jurgia cum dominabus, quarum imperium sæne ferre nollem odia passus sum... vel ob casus repentinos, vel ob dominorum intolerabilem ingratitudinem* (138). Il trouve la cause de tous ces événemens dans sa figure de nativité : ses querelles avec l'hôtesse, l'ingratitude de ses maîtres, la chétive condition des uns, la médiocrité des autres, le haut rang de quelques-uns. Il n'y a point d'étoiles qui aient mieux réussi à son dam que celles qui le menaçaient du côté des femmes (139). J'ai déjà parlé (140) des deux blessures qu'il reçut pour une femme galante. Ce fut peut-être dans un lieu de prostitution. Je ne compte pour rien la violence que lui firent des gens de guerre qui, à l'instigation de quel-

ques garces, entrèrent chez lui (141). Un honnête homme n'est pas à couvert d'un tel affront ; n'alléguons rien d'équivoque. Il avoue (142) qu'ayant eu l'honneur d'être connu des rois et des reines, des princes et des cardinaux, et des premiers de l'état, il n'y a eu tout au plus que cinq personnes de haut rang qui l'aient aimé, et qui lui aient fait du bien, soit à cause de sa science, soit à cause de sa candeur, soit par sympathie ; et qu'au contraire l'envie ou l'antipathie l'ont exposé à la haine d'un si grand nombre de gens, qu'il a horreur d'y songer. *Horret memoria referre quot inimicos habuerim vel ob invidiam, vel ob antipathiam* (143). Pour ne rien dire du reste, peut-on voir un plus grand défaut que celui d'un homme qui se plaint d'avoir été un objet d'envie, et qui se vante d'avoir été aimé de quelques grands à cause de son savoir ? Ses plus grands accusateurs, sur le chapitre de la vanité et de la vénalité, sont ses propres livres. Il se vante dans l'une de ses réponses d'avoir soutenu une guerre continuelle, pendant dix-sept ans, contre quinze mathématiciens ou philosophes, et de les avoir tous réduits à une honteuse retraite. Il dit qu'en l'année 1636 sa réputation fut répandue presque par toute l'Europe (144). A tout propos il nous parle de sa prétendue démonstration des longitudes comme d'une chose dont les plus fameux mathématiciens reconnurent publiquement la vérité. Il devait donc être content ; la gloire de l'invention lui demeurait ; le public lui rendait justice par ses louanges. Cependant Morin ne parle presque jamais de cela sans s'emporter brutalement contre le premier ministre qui ne lui avait pas fait toucher l'argent que cette invention méritait. N'est-ce point témoigner une âme vénale, basse, sordide, qui, au lieu de travailler pour la belle gloire, ou plutôt par un motif entièrement désintéressé, ne compte pour rien la gloire, lorsque les pensions et les ré-

---

(136) *Pariumque abfuit quin in meâ juventute verificatum fuerit ob vindictæ et libidinis passiones.* Ibid.

(137) *Voilà sans doute le fondement du reproche dont j'ai parlé ci-dessus, citation* (101).

(138) Morin., *Astrolog. gallic. lib. XVII, pag.* 398.

(139) *Propter* ☽ *et* ♀ *in duodecimâ quæ mihi ex parte mulierum multa mala, damna, vitæque pericula pepererunt.* Idem, ibidem.

(140) *Dans la remarque* (D), *citat.* (12).

(141) *Astrolog. gallic., lib. XXIII, pag.* 649.

(142) *Ibid., lib. XVII, pag.* 398.

(143) *Ibid., pag.* 398, 399.

(144) *Tunc verò nominis mei fama per totam ferme Europam diffusa est. Ibid., lib. XXIII, pag.* 649.

compenses pécuniaires ne sont pas de la partie? Au reste, il n'était pas aussi connu par toute l'Europe, depuis l'an 1636, qu'il le prétendait. Son nom et ses livres n'ont pu trouver place dans un livre de Vossius (145), où l'on voit une longue liste des mathématiciens et des astrologues, etc. anciens et modernes.

(145) *Celui de* Scientiis mathematicis. *Il s'étend jusqu'en 1646 et plus.*

MORIN (SIMON), fanatique brûlé à Paris, l'an 1663. Son esprit était en désordre depuis long-temps (A). Il soutenait (*a*), qu'il se devait faire bientôt *une réformation générale de l'église et que tous les peuples allaient être convertis à la vraie foi.* Il prétendait *que ce grand renouvellement se devait faire par le second avénement de* JÉSUS-CHRIST *dans son état de gloire, et incorporé en lui Morin; et que pour l'exécution des choses auxquelles il était destiné, il devait être accompagné d'un grand nombre d'âmes parfaites, et participantes à l'état glorieux de* JÉSUS-CHRIST, *qu'il appelait pour cela des combattans de gloire.* Le sieur Jean des Marets de l'académie française feignit d'être son disciple, et découvrit par ce moyen cet horrible fanatisme (B). Morin avait déjà quelques sectateurs. J'ai ouï dire, 1°. Qu'il avait promis de ressusciter au troisième jour, et que de là vint qu'il s'assembla beaucoup de canaille à l'endroit où il fut brûlé (*b*); 2°. que M. le premier président de Lamoignon lui demanda s'il était écrit quelque part que le grand prophète ou nouveau

(*a*) *Voyez la préface des* Lettres visionnaires.
(*b*) *C'était en* Grève.

messie passerait par le feu, et que Morin déjà condamné cita ce verset du psaume XVI, *Igne me examinâsti, et non est inventa in me iniquitas.* L'auteur que je cite dans les remarques observe que le XVIIe siècle. a été fécond en fanatiques (C). Je viens de recevoir un mémoire très-curieux concernant notre Morin (D).

Depuis la seconde édition j'ai appris quelques circonstances de son procès, qui pourront servir de supplément et de correctif à son article (E).

(A) *Son esprit était en désordre depuis long-temps.*] Voyez le livre intitulé *Pensées de Simon Morin :* il fut imprimé l'an 1647. On n'y mit ni le nom de l'imprimeur, ni le nom du lieu où on l'imprima. L'auteur était en prison à Paris pour les erreurs des illuminés, lorsque les amis de Gassendi écrivirent contre l'astrologue Jean-Baptiste Morin, auquel ils reprochèrent qu'il était ou frère ou parent de ce prisonnier. L'astrologue prit cela pour le second de leurs mensonges. *Secunda* (impostura) *dùm asserit quemdam Simonem Morinum in carceribus archiepiscopatús hujusce asservatum, ob illuminatorum doctrinam quam profitetur, esse meum consanguineum sive fratrem* (1).

(B) *Des Marets...... feignit d'être son disciple, et découvrit......... son fanatisme.*] Il était lui-même un grand fanatique (2), et il s'attendait à une admirable et sainte révolution; mais, s'imaginant qu'elle ne se ferait point par les voies que Morin marquait, ni par celles d'un autre visionnaire nommé Charpy de Sainte-Croix (3), il se mit en tête de com-

(1) Joh. Baptista Morinus, *in* Defensione suæ dissertationis de Atomis et Vacuo, *pag.* 105. *Ce livre fut imprimé l'an* 1650.
(2) *Voyez ci-dessus son article.*
(3) *Il est auteur d'un livre intitulé* L'ancienne Nouveauté de l'Ecriture Sainte, *que M.* Arnauld *réfuta. Le Journal des Savans du* 1er. *de mars* 1666 *fait mention de cette réfutation. Ce visionnaire renonça à ses erreurs. Voyez la* Question curieuse si M. Arnauld est hérétique? *pag.* 147, *édit. de* 1695.

hattre ces deux personnages. « Char-
» py prétendait que toutes ces mer-
» veilles se devaient faire par un
» certain lieutenant de Jésus-Christ,
» de la race de Juda, auquel il ap-
» pliquait les plus claires prophéties
» du messie (4). » On a vu dans le
corps de cet article la prétention de
Morin, et voici celle du sieur des
Marets. Je la rapporte selon les termes d'un auteur qui se servait du
temps présent. *Le sieur des Marets
enseigne comme eux qu'il est vrai que
le monde se va réformer, que toutes
les sectes vont être réunies à la religion catholique ; mais que tout cela
se doit faire par le grand prophète
Éliacim Michaël, qui n'est autre que
le sieur des Marets de Saint-Sorlin,
et par une armée de cent quarante-
quatre mille victimes ou âmes anéan-
ties, qu'il doit assembler pour les
donner au roi, afin qu'elles exécutent
sous ses ordres cette haute entreprise,
selon les lumières divinement inspirées au sieur des Marets. Il est bien
visible que ce dernier prophète ne pouvait pas s'accorder avec ces deux autres, et qu'il avait dans ses visions de
quoi détruire les leurs. Car, comme
on a vu un fou, qui, s'imaginant être
Dieu le père, réfutait d'une manière
convaincante un autre fou qui croyait
être Dieu le fils ; parce, disait-il,
que moi qui suis Dieu le père, je sais
bien que je ne l'ai point engendré ;
de même le sieur des Marets n'avait
pas de peine à se prouver à soi-même
que les pensées de Morin et de Charpy étaient fausses. Charpy, disait-il,
s'imagine que le monde doit être re-
formé par un lieutenant de Jésus-
Christ, joint avec les juifs ; et Morin
dit que ce sera par Jésus-Christ
même incorporé en lui, et accompagné des combattans de gloire. Or
je suis bien assuré qu'ils se trompent,
puisque c'est par moi-même, des
Marets de Saint-Sorlin, Éliacim
Michaël, et par mes victimes, que
tout cela se doit opérer. Après les
avoir ainsi condamnés d'illusion par
cette preuve très-démonstrative à son
égard, il se crut obligé de les poursuivre de toutes ses forces. Ainsi il n'a
point eu de repos qu'il n'ait perdu
Morin, en y employant même les tra-*

*hisons les plus indignes d'un honnête
homme et d'un chrétien. Et il se vante
lui-même, dans sa réponse, d'avoir été
cause de la prison de Charpy* (5).

Voici les moyens qu'il employa : il
dépose (6) qu'il eût quelques entretiens avec damoiselle Marguerite Langlois, dite la Malherbe, et avec une
autre nommée mademoiselle de la
Chapelle : « *que d'abord elle crai-
» gnait de se découvrir, mais que peu
» à peu il l'apprivoisa à se communi-
» quer à lui, et qu'elle commença à
» lui parler de ce Morin et de sa
» femme ; qu'elle lui dit, qu'il était
» certain que l'esprit de Jésus-Christ
» était incorporé et ressuscité en
» M. Morin, pour son second avéne-
» ment en terre ; qu'il était le fils de
» l'homme, à qui Dieu avait donné
» tout jugement sur la terre. Après
» cela il décrit son entrevue avec Mo-
» rin, qui se fit le lendemain ; et il
» dit que d'abord Morin lui voulut
» paraître un homme fort saint et de
» grand recueillement ; mais qu'après
» quelques discours, voyant que s'il
» s'humiliait tant devant lui, qui vou-
» lait paraître si haut, il pourrait le
» traiter long-temps en novice, et
» qu'il n'avait pas tant de temps à
» perdre, il ne feignit point de lui
» dire ce qu'il savait des états inté-
» rieurs selon leurs degrés, et de la
» spiritualité : qu'alors Morin tout
» ravi lui prit la main, et la serra
» entre les deux siennes, et lui dit
» qu'il voyait bien qu'il était spirituel
» et dans l'état de grâce, et qu'il s'en
» fallait peu qu'il ne fût parfait, et
» dans l'état de la gloire* (7)....... Il
» rapporte dans la suite de sa dépo-
» sition, plusieurs erreurs qu'il ap-
» prit de la bouche même de Morin,
» dans un autre entretien qu'il eut
» avec lui : comme, *qu'il ne faut plus
» penser à la mort de Jésus-Christ ;
» que l'impeccabilité est en ceux qui
» sont divins et parfaits ; que toutes
» sortes d'œuvres sont indifférentes.*
» Pendant toutes ces visites que le
» sieur des Marets rendait à Morin
» et à ses demoiselles, il feignit tou-
» jours de vouloir être son disciple.

(5) Là même.
(6) *Voyez* la IIe. lettre visionnaire, *pag.* m.
266. *On y cite la déposition du sieur des Marets.*
(7) *Voyez la IIe. lettre visionnaire, pag.* 267.

» Mais Morin, pour s'assurer de lui
» davantage, lui envoya, comme il
» est dit dans cette déposition, une
» lettre, le 21 décembre (8), jour de
» Saint-Thomas, qui lui fut apportée
» par sa fille aînée, par laquelle le-
» dit Morin désirait de lui une sou-
» mission aveugle et sincère, pour
» aveuglément suivre et sincèrement
» observer tout ce qu'il lui ordonne-
» rait, sans réserve de temps ni de
» chose, selon qu'on le peut voir dans
» ladite lettre..... Cette demande de
» Morin fit naître quelque doute dans
» son esprit, ne voulant donner au-
» cun consentement pour chose qui
» pût être mal..... Mais enfin.... ju-
» geant que s'il ne feignait d'adhé-
» rer à quelque chose, pour décou-
» vrir tous les secrets de la cabale,
» tout commerce cesserait entr'eux,
» il se résolut de lui envoyer par écrit
» son consentement, pour aveuglé-
» ment suivre et sincèrement observer
» tout ce que Simon Morin lui ordon-
» nerait. A quoi il ajouta ces mots
» (de la part de Dieu et selon Dieu),
» par lesquels il témoignait qu'il ne
» se soumettait qu'à ce qui lui serait
» ordonné de la part de Dieu, et se-
» lon Dieu (9)... Ce ne fut pas là la fin
» des déguisemens du sieur des Ma-
» rets. Il eut encore plusieurs entre-
» tiens avec Morin, dans le même
» esprit de dissimulation et de trom-
» perie. Il lui écrivit plusieurs let-
» tres, comme son disciple. Il en
» reçut plusieurs, comme de son
» maître. Il souffrait que cet illu-
» miné, et ses demoiselles abusées,
» le considérassent comme étant en-
» tièrement de leur cabale. Et enfin
» il en vint jusqu'à cet excès prodi-
» gieux que je vas rapporter en ses
» propres termes. Pour faire que
» Morin et sa femme, qui était tour-
» mentée par son diable sur son su-
» jet, ne le soupçonnât pas, il se ré-
» solut de lui donner par la première
» lettre qu'il lui écrivit une déclara-
» tion, qu'il le reconnaissait pour le
» fils de l'homme, et pour le fils de
» Dieu en lui, sachant bien que Mo-
» rin est fils d'un homme, et que le
» fils de Dieu est en lui comme en
» tout. Cette lettre, dit-il, du pre-
» mier février 1662, fut si agréable à

(8) 1661.
(9) IIe. letttre visionnaire, pag. 268.

» Morin, que, pour le reconnaître de
» cette déclaration, qu'il croyait fort
» nette, il lui écrivit une réponse du
» 2 février, par laquelle il lui donne,
» comme par une grande grâce, la
» qualité de son précurseur, le nom-
» mant un véritable Jean-Baptiste
» ressuscité. »

Le janséniste que je copie réfute
ensuite, par les principes de saint
Augustin, cette fourbe du sieur des
Marets. Il dit presque les mêmes
choses que M. Arnauld a observées
depuis, en se plaignant de l'imposture d'un faux Arnauld, par laquelle
on fit tomber dans le panneau un professeur de Douai.

(C) L'auteur que je cite.... observe
que le XVIIe. siècle a été fécond en
fanatiques.] Voici les paroles de cet
auteur (10) : « Notre siècle, qui a été
» aussi fécond qu'aucun autre en
» choses extraordinaires, l'a été par-
» ticulièrement en fanatiques ; et il
» semble même que les esprits soient
» tournés, je ne sais comment, de
» ce côté-là, et qu'ils y aient une
» pente naturelle. Car, comme dans
» les maladies contagieuses on voit
» d'ordinaire que tous les autres
» maux dégénèrent en pestes et en
» charbons, de même on a vu sou-
» vent, en ce siècle, que les dévo-
» tions déréglées et établies sur des
» caprices humains dégénèrent en
» illusions fanatiques. L'histoire des
» ermites de Caen a été célèbre par
» tout le royaume ; et si l'on avait
» fait la recherche qu'on devait de
» la compagnie du Saint-Sacrement,
» on aurait peut-être découvert bien
» d'autres choses de cette nature. »
Il étale ensuite les visions de Charpy-
de-Sainte-Croix, celles de Morin, et
celles de des Marets. S'il y eût joint
celles qui en ce temps-là se débitaient en Hollande (11), il eût bien
fortifié sa thèse. La queue de ce
même siècle ne dément pas les autres
parties. dignum patellá operculum.

(D) Je viens de recevoir un mémoire
très-curieux concernant notre Morin
(12).] En voici quelques extraits dans
les propres termes de l'original : « Si-

(10) Préface des Lettres visionnaires, p. 225.
(11) Voyez la remarq. (I) de l'article MARETS
(Samuel des).
(12) Il a été communiqué au libraire par
M. l'abbé B.

» mon Morin était natif d'Aumale, » et il avait autrefois été commis de » M. Charron, trésorier de l'extraor- » dinaire des guerres. C'était un hom- » me sans lettres et d'une ignorance » grossière, qui, s'étant voulu mêler » de spiritualité, tomba dans de » grandes erreurs. Il ne se contenta » pas de les débiter en cachette à di- » verses personnes qui le regardaient » comme un fou, il les renferma en » partie dans le livre qu'il fit impri- » mer en cachette, en 1647, in-8°., » sous le titre de *Pensées de Morin*, » *dédiées au roi :* c'est un tissu de rê- » veries et d'ignorances, qui renfer- » ment les principales erreurs con- » damnées depuis dans les quiétistes, » si ce n'est qu'il les pousse encore » plus loin qu'aucun n'a fait. Car il » enseigne formellement que les plus » grands péchés ne font pas perdre » la grâce, et qu'ils servent au con- » traire à abattre l'orgueil humain. » Il entend de ces sortes de désordres » les paroles de saint Paul, que l'on » entend ordinairement des tenta- » tions. Il dit qu'en toute secte et na- » tion Dieu a des élus vrais membres » de l'Église.

» Que parmi les moyens de se dé- » pouiller de toute propriété et pré- » somption, un directeur peut inter- » dire à son pénitent l'assistance à la » messe aux jours de fête, la com- » munion, etc. ; lui ordonner la » communion sans confession ; dé- » fendre ce qui est commandé, et » commander ce qui est défendu.

» Que Dieu permit que saint Pierre » le niât pour épurer sa présomption; » que son désir de mourir pour Jésus- » Christ n'était point vertu parfaite; » ni la négation, vice destructif de la » vertu ; qu'il nia des lèvres et non » du cœur.

» Il nie que le péché de saint Pierre » ait été péché à mort.

» Il dit que saint Paul avait été » non-seulement en l'infirmité de sa » chair, mais même qu'il devait y être » et s'y soumettre, et qu'il avait suc- » combé aux tentations de la chair.

» Que la fréquente communion » n'est utile qu'aux commençans, » parce que Jésus-Christ se trouve » mieux sous le pain des croix, que » sous le lait du pain.

» Qu'on pouvait manger avant la

» communion, non-seulement pour » cause d'infirmité, mais par l'avis » du directeur, pour se mortifier.

» Que toute chute précédée de » crainte et suivie de plaisir n'est pas » péché, mais un témoignage de no- » tre impuissance qui doit servir à » nous humilier.

» C'est à peu près à quoi se réduit » la théologie de ce fanatique, qui » est sans aucuns principes.

» Il fit imprimer avec ces Pensées » divers cantiques dont le style est » pitoyable.

» Il fut quelque temps en prison, » et relâché comme un visionnaire, » jusqu'en 1661. Alors des Marets- » Saint-Sorlin, qui avait été en gran- » des liaisons avec lui, et fait sem- » blant, à ce qu'il avoue lui-même » dans ses écrits, de le reconnaître » pour le fils de l'homme ressuscité, » le dénonça et se rendit son accusa- » teur..... On fit à cette occasion le » procès à Morin, et enfin il fut con- » damné à être brûlé vif; ce qui fut » exécuté au mois de mars 1663. » On dit qu'il avait quelques disci- » ples qui furent envoyés aux galères, » et feu M. de Neuré disait en avoir » vu un à Marseille qui croyait que » Morin était ressuscité. Mais ceux » qui ont connu M. de Neuré savent » qu'il n'y avait pas grand fond à » faire sur les histoires qu'il contait, » quand elles tendaient au liberti- » nage : car il représentait cet homme » comme très-sérieusement convain- » cu de la résurrection de Morin. Cet » homme mourut assez constamment, » et on disait alors que les juges » avaient été bien rigoureux, et qu'il » aurait suffi de le mettre aux Petites- » Maisons. Ceux-ci se défendaient » sur le grand nombre d'impiétés » qu'il avait reconnues pour être ses » opinions, et qu'il soutenait, non pas » à la vérité avec esprit, mais de sang- » froid et avec une grande opiniâ- » treté. »

(E) *J'ai appris quelques circon- stances de son procès qui pourront servir de supplément et de correctif à son article.*] « Le 14 du même » mois (de mars 1663), un nommé » Simon Morin, natif de Richemont, » proche Aumale (*), par arrêt de

(*) *Sa sentence dit aussi qu'il était de Riche- mont, proche Aumale.*

» la cour du parlement, après avoir
» fait amende honorable, nu en che-
» mise, la corde au cou et la torche
» au poing, devant la principale
» porte de l'église Notre-Dame, où il
» fut conduit dans un tombereau,
» fut ensuite mené à la place de
» Grève, et là attaché à un poteau
» pour y être brûlé vif, avec son
» livre intitulé Pensées de Morin, en-
» semble tous ses écrits et son procès,
» puis ses cendres jetées au vent,
» pour punition d'avoir pris la qua-
» lité de fils de Dieu; et ses com-
» plices condamnés d'assister à son
» exécution, puis d'être attachés à la
» chaîne pour y servir le roi à perpé-
» tuité, après avoir été fustigés par la
» main de l'exécuteur de la haute jus-
» tice, et avoir été flétris et marqués
» de fleurs de lys sur les épaules dex-
» tre et senestre. *C'est ce que nous ap-*
» *prend François Colletet, fils de*
» *Guillaume, dans son Abrégé des*
» *Annales de Paris, imprimé en 1664,*
» *in-12, à la page 452. Pour éclaircir*
» *davantage ce qui regarde Morin,*
» *ajoutons ce qu'on a tiré de la sen-*
» *tence de mort rendue contre lui : il*
» *fut condamné dès le 7 mars; mais*
» *l'exécution fut remise jusqu'au 14,*
» *afin de le confronter à ses complices*
» *et tâcher d'en découvrir davantage.*
» *François Rondon, prêtre, curé de*
» *la Madeleine-lès-Amiens, qui*
» *avait fait, dit cette sentence, de*
» mauvaises et criantes actions, *Ma-*
» *rin Thouret, prêtre, et Jean Poi-*
» *tou, maître d'école, assistèrent au*
» *supplice, et de là envoyés aux ga-*
» *lères. Marguerite Langlois, veuve*
» *de feu Claude Nadot, dit Malher-*
» *be, fut fustigée au pied du poteau.*
» *Jeanne Honatier, femme dudit Si-*
» *mon Morin, et Claude Morin, leur*
» *fils, furent renvoyés libres, et sor-*
» *tirent de prison* (13). »

(13) Mémoire manuscrit communiqué par
M. Lancelot.

MORISON (ROBERT), méde-
cin et professeur en botanique
à Oxford, naquit à Abredon,
l'an 1620. Il y fut reçu maître
ès arts, l'an 1638, et peu après
il y enseigna la philosophie. Il
étudia en même temps les mathématiques, et puis il s'appliqua à la botanique; et comme
son père et sa mère souhaitaient
qu'il devînt théologien, il apprit
l'hébreu, et composa même pour
son usage particulier une grammaire hébraïque. Mais son inclination pour la connaissance des
herbes fut si forte, qu'il fallut
qu'on le laissât tourner de ce
côté-là toutes ses études. Il s'y
avançait beaucoup lorsque les
guerres civiles le contraignirent
de sortir de son pays, ce qu'il
ne fit pas sans avoir signalé son
zèle pour les intérêts du roi, et
son courage dans le combat qui
fut donné sur un pont (a) entre
les habitans d'Abredon, et les
troupes presbytériennes. Il y fut
blessé à la tête dangereusement.
Il s'en alla en France dès qu'il
fut guéri de cette blessure, et s'é-
tant fixé à Paris, il s'attacha avec
une extrême ardeur à la botanique, et à l'anatomie. Il prit le
bonnet de docteur en médecine,
à Angers, l'an 1648; et comme
sa réputation de grand botaniste
était fort connue, il fut attiré
auprès du duc d'Orléans, qui, en
1650, lui donna la direction du
Jardin royal de Blois. Il exerça
cet emploi jusqu'à la mort de ce
prince, et puis il passa en Angleterre, au mois d'août 1660. Charles II, à qui le duc d'Orléans
l'avait présenté à Blois, au mois
de février de la même année, le
fit venir à Londres, et lui donna le titre de son médecin, et
celui de professeur royal en
botanique, avec une pension de

(a) *Ad pontem fluminis Deæ.* Vita Ro-
berti Morisonis. *La Dée est une rivière
à l'embouchure de laquelle Abredon est
situé.*

200 livres sterling (*b*) par an. Le *Prœludium Botanicum*, qu'il publia à Londres, l'an 1669, le fit tellement estimer, que l'université d'Oxford l'appela pour la profession en botanique. Il l'accepta sous le bon plaisir du roi, et il en remplit les devoirs avec une application et une habileté surprenantes. Il mourut à Londres l'an 1683, à l'âge de soixante-trois ans. Le public a vu une partie très-considérable des ouvrages à quoi il avait travaillé (A), et où il suivait une méthode toute nouvelle, et qui a été fort louée des connaisseurs (*c*).

(*b*) *Une livre sterling vaut environ 11 florins de Hollande, et 23 livres de France.*

(*c*) *Tiré de sa* Vie, *à la tête de la IIIᵉ. partie du* Plantarum Historia Oxoniensis universalis.

(A) *Le public a vu une partie . . . des ouvrages à quoi il avait travaillé.*] Étant au service de Gaston de France, duc d'Orléans, il apporta au jardin de Blois deux cent cinquante plantes dont personne n'avait donné la description, et il forma une nouvelle méthode d'expliquer la botanique. Il la fit voir à ce duc, qui l'exhorta à faire, selon ce plan, l'histoire des plantes, et qui lui promit de fournir aux frais, et de lui laisser tout le profit. La mort de ce prince empêcha l'exécution de ce dessein. Mais quand Morison se vit aux rois d'Angleterre, il songea plus que jamais à ce grand travail. J'ai parlé (1) du *Prœludium Botanicum*, qu'il publia en 1669. J'ajoute qu'en 1672 on vit paraître la section IXᵉ. de la IIᵉ. partie de son Histoire des Plantes. L'université d'Oxford contribua beaucoup d'argent pour l'impression de ce livre, que l'auteur donnait comme un échantillon de son grand ouvrage. Il fut si encouragé par les louanges, et par les exhortations qu'on lui écrivit, qu'il publia en 1680, la seconde partie de son Histoire des Plantes. C'est un gros

(1) *Dans le corps de l'article.*

volume *in-folio* dont voici le titre: *Plantarum Historiæ universalis Oxoniensis, pars secunda, seu Herbarum Distributio nova per tabulas cognationis et affinitatis ex libro naturæ observata et detecta.* Cet ouvrage fut fort estimé ; et l'on peut voir la manière avantageuse dont M. Herman (2) en parla dans la préface de son *Hortus Lugduno Batavus.* Quelques-uns blâmèrent la partie de ce volume intitulée, *Hallucinationes Caspari Bauhini*, etc. : ils crurent qu'il y avait de l'orgueil dans la liberté qu'il s'était donnée de censurer des écrivains, qui avaient rendu de si grands services à la botanique. Notre auteur, animé par le succès de ce gros volume, travailla diligemment à la continuation ; mais il mourut trop tôt pour pouvoir mettre la dernière main à la IIIᵉ. partie. Il a donc fallu recourir aux soins d'une autre personne. On jeta les yeux sur Jacques Bobart (3), botaniste très-habile, et très-versé dans la méthode qu'il avait apprise de Morison. C'est par son travail qu'enfin cette IIIᵉ. partie a vu le jour, l'an 1699. C'est un *in-folio.* On ne sait point ce qu'est devenue la Iʳᵉ. (4).

(2) *Professeur en médecine et en botanique à Leyde.*

(3) *Il est directeur du jardin de l'académie d'Oxford.*

(4) *Tiré de la* Vie de Morison, *à la tête de la IIIᵉ. partie de son Histoire des Plantes.*

MORLIN (JOACHIM), sectateur rigide de Luther (A), naquit l'an 1514. Il fit les fonctions de ministre en divers lieux (*a*), et nommément à Arnstad, d'où les magistrats le chassèrent, l'an 1543 (*b*), à cause qu'ils ne s'accommodaient pas de son zèle trop ardent (B). Il fut appelé à Konigsberg dans la Prusse, pour y être professeur ; et il y fut le tenant contre Osiander, qui soutenait une doctrine nouvelle sur

(*a*) Melch. Adam., *in* Vit. Theol. p. 456.

(*b*) Seckendorf, Hist. Lutheran., *lib. III,* pag. 468, *num.* 9. *Voyez aussi* Micrælius, Syntagm. Hist. Eccles., *pag.* 774.

la justification. Il combattit cette nouveauté avec une ardeur extrême et par ses écrits et par ses sermons ; mais il succomba sous le crédit de son adversaire, qui le fit chasser de la Prusse, l'an 1552, nonobstant les intercessions du peuple (c). Il se retira à Brunswick, où il fut donné pour collègue au fameux Chemnice. Il se mêla dans les disputes du temps (C), et il fut de presque toutes les conférences où l'on agita les matières du franc arbitre, et de la nécessité des bonnes œuvres, etc. Il retourna dans la Prusse, l'an 1566, et y fut créé évêque de la province de Sambie, par le roi de Pologne, Sigismond Auguste, et par Albert, duc de Prusse, qui n'était plus infatué de son Osiander. Il exerça cette charge tout le reste de sa vie, et mourut l'an 1571, ayant voulu se faire tailler contre l'avis de ses médecins. Il publia plusieurs livres (d) (D), et laissa un fils aussi amateur que lui des disputes théologiques (E). J'ai oublié de dire que, quand il fut reçu docteur en théologie à Wittemberg, l'an 1540, on lui proposa une question que Luther avait dressée, touchant l'usage des biens d'église (F).

(c) *Etsi plebs ad principem pro eo supplex intercederet.* Melch. Adam., *in* Vit. Theol., *pag.* 456.

(d) *Tiré de* Melch. Adam., Vit. Theologor., *pag.* 455.

(A) *Sectateur rigide de Luther.*] Je le remarque après Melchior Adam. *Fuit Lutheri sector et acer doctrinæ ejus in toto ministerio suo custos . . . in articulo de cœnâ sententiam Lutheri retinuit, quod Christi corpus in, sub, aut cum pane sit* (1).

(1) Melch. Adam., *in* Vitis Theolog., *pag.* 457.

(B) *Son zèle trop ardent.*] Mélanchthon, qui le connaissait sans doute, le représente d'un naturel trop impétueux, et trop adonné aux contestations. Ayant ouï dire qu'Héshusius s'en retournait à Rostoch, avec le dessein de se trouver à la dispute de Brême, il crut que Morlin était l'auteur de tout ce manége. Je lui ai souvent prédit, ajoute-t-il, qu'il exciterait plus de tempêtes qu'il n'en pourrait apaiser. *Cogitavi horum consiliorum architectum esse Morlinum, et is habet socios harum technarum artifices. Scribam Davidi Chytræo ne instituant disputationem theatricam, quæ non parvos motus excitatura sit, si procedat. Tibi etiam hortator sum, ut si te in certamen vocabunt postules tibi quoque concedi ut accersas Petrum Martyrem, me, et alios quosdam amicos. Novi genesim Morlini : et sæpè ei prædixi, eum moturum, quæ sedare non poterit* (2).

(C) *Il se mêla dans les disputes du temps.*] L'auteur que je cite dans les remarques précédentes, a raison de dire qu'il n'y a presque point eu de siècle où les disputes des théologiens aient été plus fréquentes qu'elles le furent du temps de notre Morlin. Mettons à part les grandes disputes des catholiques romains, et des protestans : considérons seulement le luthéranisme. Bon Dieu ! quelles divisions ne vit-on pas entre les théologiens de ce parti-là, et avec quelle chaleur et quelle aigreur ne furent-elles pas soutenues ? Tout ce que l'Afrique et l'Asie ont produit d'esprits ardens n'étaient que flegme, en comparaison de ces docteurs germaniques. On dit que notre Morlin s'opposait à la sépulture de ceux qui étaient allés aux sermons d'André Osiander, et qu'il ne voulut jamais se laisser persuader de baptiser leurs enfans. *Dogma Osiandri quantoperè detestentur qui confessionis Augustanæ censeri volunt, cùm ex Wittembergensium doctorum censura, tùm ex Matthiæ Flacci, et Joachimi Merlini non scriptis magis quàm factis, abundè cuivis perspicere licet. Nam quo loco Morlinus habuerit eos,*

(2) Philipp. Melancht. Epist. ad Albertum Hardenbergium, *apud* Melchior. Adamum, *in* Vitis Theolog., *pag.* 457.

qui cùm gregis sui essent, Osiandri sermones audiebant, obscurum non est. Nec sepultura mortuos dignabatur, nec infantes eorum ut baptizaret, adduci potuit (3). Se peut-il voir une prévention plus énorme que celle-là, et un zèle plus furieux? Ce qu'il y a d'admirable là - dedans est que le luthéranisme se soit maintenu au milieu de tant de disputes violentes. Il a fait mentir la maxime, *Concordiâ res parvæ crescunt, discordiâ maximæ dilabuntur* (4). On en pourrait tirer une preuve d'une protection spéciale de Dieu ; car il semble que, selon le train des choses humaines, ce que Jésus-Christ a dit dans son Évangile, *tout royaume divisé contre soi-même sera réduit en désert, et nulle ville ou maison divisée contre soi-même ne subsistera* (5), doit être véritable : s'il se trouve donc des cas où cela n'arrive point, il faut que l'on y suppose le doigt de Dieu. Cette manière de raisonner est fort spécieuse et fort probable ; mais remarquons en passant que Jésus-Christ n'a point allégué cette maxime, comme un axiome dont la vérité soit universelle, métaphysiquement parlant : elle n'a qu'une universalité morale; et je crois même que Jésus-Christ ne s'en servait qu'*ad hominem* contre les Juifs. L'agrandissement de la république romaine, au milieu des divisions violentes et continuelles qui l'agitaient, n'est pas une exception moins insigne à cette règle générale, que la conservation du luthéranisme parmi les schismes qui le désolaient, et qui fournissaient tant de matière d'insultes, et de conséquences à l'ennemi commun. Revenons à notre Morlin, et rapportons ce que Melchior Adam en dit : *Brunsvigæ dùm ecclesiasten agit; variæ, ut nullum ferè seculum feracius fuit theologicarum rixarum, quàm superius, excitatæ fuerunt, super variis capitibus religionis controversiæ, utpote de necessitate bonorum operum : de libertate voluntatis humanæ : de adiaphoris : de particulâ solâ in enunciatione illâ : Fide justificamur:*

et de aliis. Harum causa plerisque conventibus actionibusque institutis interfuit Morlinus (6).

(D) *Il publia plusieurs livres.*] Melchior Adam en donne ces titres : *Psalmorum Davidis Enarratio; Catechismus Germanicus; Postilla et explicatio summaria evangeliorum dominicalium; Refutatio mendacii theologorum Heidelbergensium, de Luthero; de Vocatione ministrorum, et quatenus magistratui fas sit eos ab officio removere; Defensio adversùs accusationem novorum Wittembergensium theologorum; de Peccato originis contra Manichæorum deliria; Epistola ad Osiandrum.* M. de Seckendorf (7) parle d'un livre publié par notre Morlin, l'an 1565, dans lequel se trouvent au long plusieurs choses que Luther dit en présence de quelques personnes un peu avant sa mort.

(E) *Il laissa un fils aussi amateur que lui des disputes théologiques.*] Il s'appelait MARC JÉRÔME MORLINUS. Il s'agrégea à la faction de Wigandus contre Héshusius, dans la dispute *de abstracto* (8).

(F) *On lui proposa une question... touchant l'usage des biens d'église.*] M. de Seckendorf a inséré dans son Histoire du Luthéranisme (9) la question qui fut proposée. On demandait si les revenus destinés à l'entretien des ministres de l'Évangile, et aux écoles, devaient être ôtés à ceux qui combattaient l'Évangile, c'est-à-dire aux moines et au clergé romain (10). Celui qui faisait cette question, y ajouta les raisons qui le tenaient en suspens. D'un côté, dit-il, ce n'est pas aux ministres de l'Évangile de contraindre personne, et on ne saurait ôter leurs biens aux impies sans se servir de violence. D'autre côté, nous savons que saint Augustin a soutenu, que l'empereur avait eu raison de donner aux orthodoxes les revenus ecclésiastiques des donatistes. Les magistrats sont obligés de

---

(3) Hosius, de expresso verbo, Dei, apud Prateolum, Elencho Hæret., pag. m. 512.

(4) Sallust., de Bello Jugurth., pag. m. 214.

(5) Evang. de saint Matth., chap. XII, vs. 25.

(6) Melch. Adam., in Vitis Theolog., p. 456.

(7) Seckendorf., Hist. Lutheran., lib. III, pag. 693.

(8) Micrælius, Syntagm. Hist. Eccles., p. 77

(9) Lib. III, pag. 313, num. 10.

(10) Ei (Morlino) ut moris est, quæstio proposita fuit per ephebum à Luthero conscripta, his verbis, utrum reditus donati ecclesiis ad Evangelii ministros alendos, etc. Ibid.

faire en sorte que chacun jouisse de ce qui lui appartient. Or les revenus dont il s'agit n'appartiennent pas à des chanoines impies, mais à la vraie église : il faut donc que les magistrats orthodoxes en usent avec ces impies comme avec des larrons (11). S'ils ne le font pas, les bons pasteurs et les pauvres écoliers périront. Si Morlinus avait envie de répondre conformément à l'intention de Luther, il ne lui était pas difficile de prendre bientôt sa dernière résolution : car il paraissait aisément que Luther était d'avis qu'on destinât à l'entretien des ministres et des écoles les biens de l'église romaine.

(11) *Hi reditus non sunt impiorum canonicorum , sed sunt veræ ecclesiæ. Quare magistratus ecclesiæ debet etiam pœnam sumere de impiis tanquàm prædonibus.* Ibid.

MORUS (ALEXANDRE), l'un des plus grands prédicateurs de son siècle dans le parti réformé *, était fils d'un Écossais , qui était principal du collège que ceux de la religion avaient à Castres dans le Languedoc. Il naquit en 1616, dans cette ville-là , et comme il avait l'esprit fort vif, les progrès de ces études furent fort prompts. N'ayant guère plus de vingt ans (a), il fut envoyé à Genève, pour y continuer ses études de théologie; et voyant que la profession en grec, qui était vacante, allait être disputée, et que les curateurs de l'académie avaient exhorté par leur programme les étrangers aussi-bien que les citoyens à entrer en lice, il se mit sur les rangs avec plusieurs autres compétiteurs , ministres , avocats, et médecins, presque tous plus âgés que lui de la moitié, et se fit tellement admirer par la belle et éloquente manière de tourner les choses, dans toutes les preuves d'érudition qu'il fallut produire, que le prix de la dispute lui demeura (b). Ayant exercé cette charge environ trois ans , il succéda à celles que M. Spanheim , qu'on avait appelé à Leyde (c), laissa vacante (d) , qui étaient celle de professeur en théologie dans l'académie , et celle de ministre dans l'église de Genève. Comme il était grand prédicateur, et qu'il avait joint avec cette qualité beaucoup de littérature (e), il ne faut pas s'étonner que tous ses collègues n'aient pas été de ses amis. Mais il faut avouer qu'il y avait bien d'autres choses qui lui suscitaient des traverses ; car , sans parler de ses mœurs, qui dans tous les lieux où il a vécu ont été un objet de médisance par rapport à l'amour des femmes , ses meilleurs amis demeuraient d'accord qu'il avait beaucoup d'imprudence, et qu'il était fort mal endurant (A). Quoi qu'il en soit, il se forma dans Genève deux partis, l'un pour lui, l'autre contre lui; et il ne faut pas douter que le premier de ces deux partis ne fût composé, non-seulement des personnes qui avaient de l'estime et

« Article, dit Leclerc, où Bayle en contradiction avec lui-même, se fait l'apologiste d'un protestant sur des faits , et criants et prouvés suffisamment, pendant que sur de semblables faits , mais incomparablement moins bien prouvés , il a condamné Cayet et quelques autres. Je n'en ferai pas le détail , je me trouve trop pressé. On le trouvera dans ma Lettre critique pages 228-239. »

(a) Alex. Mori Fides publica, *pag.* 225.

(b) *Voyez* la Vie d'Étienne le Clerc, l'un des concurrens , imprimée à Amsterdam, en 1685, à la tête des Quæstiones Sacræ de David le Clerc, etc.

(c) Il y vint en 1642.

(d) Mori Fides publica, *pag.* 226.

(e) *Voyez* ce que Tanaquil le Fèvre lui écrit, epistolar. lib. I, pag. 219.

de l'amitié pour M. Morus, mais aussi des personnes qui sans l'aimer, ni sans l'estimer, voyaient leurs ennemis à la tête du parti contraire. L'on voit tous les jours des exemples de cela. Je ne sais comment M. Morus se procura les bonnes grâces de M. de Saumaise; mais il est certain que celui-ci attira l'autre dans les Provinces-Unies. Quelques-uns prétendent que ce fut pour chagriner M. Spanheim (B), qui avait été brouillé à Genève avec M. Morus. d'abord M. de Saumaise tâcha de lui procurer une chaire de théologie à Harderwic (*f*), et la chose n'ayant pu réussir, il le fit appeler à Middelbourg. M. Morus, acceptant la vocation, partit de Genève en 1649, chargé d'un bon témoignage d'orthodoxie (C). Il se présenta au synode des églises wallones, assemblé à Maestricht(*g*): il y prêcha avec l'applaudissement de tout l'auditoire ; et puis il alla prendre possession à Middelbourg de la charge de professeur en théologie dans l'école illustre, et de celle de pasteur de l'église. Messieurs d'Amsterdam, à son arrivée en Hollande, lui offrirent la profession en histoire (*h*), que la mort de Vossius avait rendue vacante dans leur école illustre ; et n'ayant pu le détacher des engagemens qu'il avait pris avec la ville de Middelbourg, ils firent venir David Blondel : et néanmoins trois ans après, ayant ouï dire que l'on offrait à M. Morus une chaire de théologie en France, ils lui renouvelèrent leurs offres.

Il accepta alors cette vocation, et la remplit en habile homme. Il y fit une éclipse par un voyage en Italie qui fut assez long (D), et duquel on dit qu'il n'eut pas sujet de se repentir (E). Durant ce voyage, il fit un beau poëme (*i*), sur la défaite de la flotte turque par les Vénitiens. Ce poëme lui valut une chaîne d'or dont la république de Venise lui fit présent. Il revint exercer sa charge ; et après quelques bourrasques essuyées dans les synodes wallons *(F), il passa en France pour y être ministre de l'église de Paris, où plusieurs personnes le souhaitaient. Plusieurs autres s'y opposèrent, et se présentèrent à quelques synodes provinciaux, et puis au synode national de Loudun (*k*), chargées de sacs de papiers contre M. Morus. Toutes leurs accusations furent éludées, ou trouvées nulles (G); car il fut reçu ministre de l'église de Paris. M. Daillé, qui l'avait servi de tout son crédit dans plusieurs synodes (H), ne fut pas longtemps à s'en repentir; il s'éleva entre eux une querelle fort violente, qui causa mille partialités dans le troupeau. En général, M. Morus, au milieu des applaudissemens que sa manière inimitable de prêcher (I) lui attirait d'une foule extraordinaire d'audi-

(*i*) *Voyez-en l'éloge dans les* lettres de Tanaquil le Fèvre, *liv. II, pag.* 157.

* Joly dit que ce fut par son livre : *Victoria gratiæ : Alexandri Mori de gratiâ et libero arbitrio Disputationes Genovenses adversùs Dionysium Petavium, jesuitam,* dont la seconde édition est de 1652, in-4°. Daniel Heinsius et Frédéric Spanheim, personnages que Saumaise n'aimait pas, y sont maltraités, et Saumaise y est loué.

(*h*) *Il commença le* 10 *de novembre* 1659, *et finit le* 10 *de janvier* 1660.

(*f*) *Voyez la rem.* (C).
(*g*) Fid. publica, *pag.* 157.
(*h*) *Ibid., pag.* 213.

teurs, eut à Paris le chagrin de
voir sa réputation attaquée par
des personnes de mérite, qui le
traduisirent tout de nouveau aux
synodes(K), d'où il ne se sauva que
comme par feu. Sa mort qui fut
très-édifiante, et les marques de
piété qu'il fit paraître durant sa
dernière maladie, effacèrent le
souvenir de ce qu'il pouvait y
avoir eu d'irrégulier dans sa conduite. Il mourut à Paris, chez
madame la duchesse de Rohan,
au mois de septembre 1670. Il
n'avait jamais été marié. On
verra ci-dessous le titre de ses
ouvrages (L). Je parle de la querelle qu'il eut avec Jean Mil-
ton(M); et j'observe qu'il y a des
choses dans le *Ménagiana* qui lui
sont glorieuses. On y en trouve
aussi qui ne le sont point (N).
Un de ses derniers panégyristes
raconte un fait qui n'est pas
vrai (O).

Le jugement, que M. Che-
vreau a fait du caractère de
M. Morus, est très-conforme à
celui de plusieurs autres connaisseurs, et témoigne en même
temps que les choses que l'on
écrit à un homme ne ressemblent pas toujours à celles que
l'on dit de lui dans les lettres
que l'on écrit à d'autres gens (*l*)
(P). Je ne veux point passer sous
silence que l'illustre M. Huet
donne de très-grands éloges à
M. Morus, dans quelques poésies
latines qu'il lui adresse. Voyez
la page 30 et 77 des poésies de ce
savant prélat, à l'édition d'U-
trecht 1700 (*m*).

(A) *Ses amis demeuraient d'accord
qu'il avait beaucoup d'imprudence,
et qu'il était... mal endurant.*] On reconnaît dans une préface (1), où l'on
prend parti pour M. Morus, que son
naturel trop prompt, sa trop grande
liberté de parler, et la trop forte passion de s'élever au-dessus des autres,
avaient souvent donné lieu aux inimitiés qui avaient toujours régné entre lui et ses émules. On ajoute qu'on
n'avait ouï rien dire à M. Spanheim
contre M. Morus, si ce n'est qu'il
était altier : on dit aussi qu'au jugement de Saumaise, M. Morus ajoutait
trop de foi à de faux amis, et qu'il
n'était pas assez laborieux ; mais
qu'au reste c'était un très-bel esprit,
et capable de toutes choses. M. Diodati, dans une lettre (2) qu'il écrivit
en faveur de M. Morus à M. de Saumaise, avoue que ce ministre ne s'é-
tait jamais porté qu'à une défense
innocente, mais qu'il l'avait fait avec
de la chaleur et de la vigueur, qui
avait souventes fois nui à ceux qui
l'avaient aggressé ;..... Que son naturel était bon, et sans fraude ni ar-
rière-pensée, franc et noble,.. prompt
et fort sensible aux indignités, mais
qui se revenait aisément ; qui ne pro-
voquait point, mais aussi qui avait
de terribles ergots pour se défendre.
Je n'ai guère vu de personne (poursuit-il) qui se soient glorifiées de l'a-
voir entrepris. Conscia virtus, et si
vous y ajoutez, genus irritabile va-
tum, le rendent bien armé contre
ses assaillans. Qu'il me soit permis de
faire une réflexion en peu de mots,
sur l'illusion que l'on se fait en matière d'amitié. Voilà M. Diodati qui,
parce qu'il avait de la tendresse pour
M. Morus, ne compte pour rien un
défaut très-capital et très indigne
d'un ministre, je veux dire un esprit
vindicatif au souverain degré, une
fierté et un emportement extrêmes :
c'est dans le fond flétrir un ministre,
et le destituer entièrement de l'esprit
évangélique qui doit être inséparable
de son caractère, que d'avouer ce
que M. Diodati en avoue ; et néanmoins il ne croyait pas que ce fût

(*l*) *Voyez*, tom. *VII*, pag. 282, *la remarque* (M) *de l'article* GROTIUS.
(*m*) *C'est la* 4ᵉ. : *on y a joint ses notes sur*
l'Anthologie.

(1) *Au-devant de la* II. Apologie de Milton,
édit. Hagæ Comit. 1654. George Crantzius, *docteur en théologie*, *est l'auteur de cette préface.*
(2) *Produite dans le* Fides publica, *pag.* 111
et suiv.

rabattre grand'chose des louanges qu'il répandait à pleines mains sur son ami. Il excuse le mieux qu'il peut l'humeur vindicative de M. Morus : *L'importunité*, dit-il (3), *de ses malveillans semblait bien mériter que de fois à autre ils fussent ainsi émouchetés, pour leur enseigner le repos.* Je vois tous les jours des gens qui s'aveuglent de telle sorte sur le chapitre de tel ministre dont ils se seront entêtés, sous prétexte des grands dons qu'ils lui attribuent, qu'ils parlent de son ismaélisme (4) presque avec éloge. *C'est un dangereux ennemi*, disent-ils, *que monsieur un tel, il a bec et ongles, malheureux qui se joue à lui* (5), comme s'il s'agissait de parler à la païenne d'un colonel de dragons, ou comme si un ministre de l'Évangile était un chevalier du Chardon, armé d'une devise menaçante, *Nemo me impunè lacessit*, nul ne s'y frotte (6).

Qui me commorit, (meliùs non tangere, clamo)
Flebit; et insignis totâ cantabitur urbe (7).

Il est difficile de croire que de tels ministres soient autrement attachés à la religion que par les liens de la vanité, et parce qu'elle leur fournit les moyens de s'ériger en petits tyrans. Encore un coup, parcourez tous les défauts à quoi la nature humaine est sujette, vous n'en trouverez point de plus opposé à l'esprit du christianisme, que la violence qui paraît dans les querelles de quelques-uns de ces messieurs. Elle témoigne que dans chaque démêlé ils veulent donner à connaître leur puissance, jusques au point que personne à l'avenir ne soit assez téméraire pour leur résister. Sans avoir lu Homère, ils mettent mieux en pratique les paroles d'Agamemnon, qu'aucun texte de l'Écriture.

. . . .'Εγὼ δέ κ' ἄγω Βρισηΐδα καλλιπά-
ρηον

(3) Fides publica, *pag.* 114.
(4) Milton, Defensio pro se, *pag.* 134, *produit une lettre où l'on dit de M. Morus ce qui fut prédit d'Ismaël, que ses mains étaient contre tous, et les mains de tous contre lui.*
(5) Δυσμενέων παῖδές τῷ σῷ μένετ ἀντιασείαν. *Voyez* Homère, Iliad., *lib.* VI, *vs.* 127.
(6) *C'était celle d'un roi de Navarre. Voyez le père* Bouhours, Entret. des Devises, *pag. m.* 463, 464.
(7) Horat., sat. I, vs. 45, lib. II.

Αὐτὸς ἰὼν κλισίηνδε, τὸ σὸν γέρας,
ὄφρ' εὖ εἰδῆς ·
Ὅσσον φέρτερός εἰμι σέθεν, ςυγέῃ δὲ
καὶ ἄλλος
Ἶσον ἐμοὶ φάσθαι, καὶ ὁμοιωθήμεναι
ἄντην.
. . . . . *Ego autem abducam Briseïda pulchram-genas,*
Ipse profectus ad tentorium, tuum præmium :
ut benè intelligas
Quantò potentior sum te : tineat autem et alius
Æqualem se mihi dicere, et comparari contrà (8).

Voyez Milton aux pages 44 et 190 de sa Réplique. Voyez aussi l'Histoire de l'Édit de Nantes, où l'on avoue que Morus *entre ses belles qualités en avait qui ne lui faisaient pas honneur; qu'il était imprudent, impérieux, satirique, méprisant; et qu'il ne trouvait presque rien de bon que ses ouvrages, et les louanges de ses approbateurs* (9).

(B) *Quelques-uns prétendent que ce fut pour chagriner M. Spanheim.*] Sorbière sera mon garant; car voici ce qu'il écrit à M. Patin (10) : *Je ne vous puis dire de M. Spanheim, que ce que l'on publiait lorsqu'il fut décédé, que Saumaise l'avait tué, et que Morus avait été le poignard. L'histoire est longue, et pour la toucher en peu de mots, je n'ai à vous dire si ce n'est que M. de Saumaise n'aimait point feu M. Spanheim, par quelque jalousie d'esprit et de réputation dans l'école; que pour le mortifier il fit appeler en Hollande M. Morus, duquel il ne connaissait que le nom, mais qui était le fléau et l'aversion de son collègue; que le docteur remua ciel et terre pour l'empêcher de venir, et qu'il mourut lorsqu'il eut nouvelles que son adversaire était en chemin . . . . . Il joint à cela un court éloge de M. Spanheim, et puis il ajoute touchant M. Morus, je n'en puis pas porter mon jugement sans vous le rendre suspect, pour ce qu'il est mon intime ami depuis le collège, c'est à-dire depuis plus de vingt-cinq ans, et que j'ai livré pour lui des batailles où le père Jarrige s'est rencontré : Mais il est très-certain, et tout le monde avoue qu'il a l'esprit tout de feu, qu'il a de vastes*

(8) Homer., Iliad., lib. I, vs. 184.
(9) Histoire de l'Édit de Nantes, tom. III, pag. 454.
(10) Sorbière, lettre LXIV, pag. 442.

pensées, qu'il brille et qu'il éclate extraordinairement.

La lettre que M. Spanheim écrivit à Vossius, au mois de mars 1648 (11), mérite d'être considérée, et peut servir de confirmation à quelques-unes des choses que Sorbière vient de nous dire. On y trouve en particulier ce fait-ci, que M. Godefroi (12) n'avait écrit un témoignage si avantageux et si glorieux à M. Morus, que par haine pour M. Spanheim. Celui-ci menaçait de faire savoir au public tout ce qui s'était passé à Genève par rapport aux bons témoignages que M. Morus y avait obtenus, et quelle avait été la vie et la conduite de M. Morus. J'apprends par la même lettre, que M. Morus protesta avec serment aux magistrats de Genève, qu'il n'avait point eu en vue M. Spanheim dans la harangue dont je parlerai ci-dessous (13).

(C) *Il partit de Genève chargé d'un très-bon témoignage d'orthodoxie.*] Ce témoignage lui fut donné par l'église de Genève, le 26 de janvier 1648 : il est tout du long en latin et en français dans le *Fides publica* de M. Morus (14); et l'on y voit de plus que les ennemis de ce ministre, pour frustrer les bonnes intentions de Saumaise qui le voulait établir en Gueldre, professeur en théologie, répandirent dans le monde que M. Morus était un pernicieux hérétique, qui non-seulement croyait que, selon les intentions de Dieu, Jésus-Christ a souffert également pour tous les hommes, et que le péché d'Adam ne nous est pas imputé ; mais aussi que le Saint-Esprit n'est point Dieu, où l'on n'est pas obligé d'être persuadé qu'il le soit. L'église de Genève donna là-dessus à l'accusé un témoignage si plein d'éloges, qu'il a plus l'air d'un panégyrique de rhétoricien, que d'une sentence d'absolution. M. Morus y paraît plus blanc que neige à tous égards, et pour la doctrine, et pour la bonne vie. On y soutient que ses plus passionnés ennemis ne peuvent lui reprocher quoi que ce soit qui

mérite aucune censure (15). Nous verrons néanmoins ci-dessous (16), que Milton reçut de Genève divers mémoires qui noircissaient terriblement M. Morus.

(D) *Il fit une éclipse à sa profession en histoire, par un voyage en Italie qui fut assez long.*] On voit dans une harangue latine qu'il récita à Amsterdam, après son retour d'Italie, pourquoi il n'était pas retourné plus tôt. Il y expose plusieurs dangers qu'il avait courus. Au reste, ceux qui disent qu'il entreprit ce voyage sans en avertir ses supérieurs n'ont pas trop de tort ; car le congé qu'il obtint à Amsterdam, le 20 de décembre 1654, n'avait été demandé que pour un voyage en France, qui devait durer trois ou quatre mois. Mais quand M. Morus fut de retour, il se présenta au synode de Leyde au mois de mai 1656, et dit qu'il avait trouvé en Italie de grandes apparences d'y avancer la gloire de Dieu, par la prédication de l'Évangile. Il fut remercié de ses bons conseils.

(E) *Il n'eut pas sujet de se repentir du voyage d'Italie.*] On conte qu'étant tombé dangereusement malade à Florence, il dit tant de belles choses au médecin qui le traitait, que ce médecin en fut tout rempli d'admiration, et qu'en ayant rendu compte au grand-duc, il lui inspira le désir de voir ce docte étranger; de sorte que M. Morus, étant guéri, fut introduit à l'audience de son altesse, et la charma tellement par ses discours, qu'il en reçut dans la suite plusieurs marques d'une estime et d'une affection particulière. D'autres disent que M. Morus était connu de ce prince avant qu'il tombât malade. Voici ce qu'on trouve dans un petit livre qui vient de paraître (17) : *Le grand-duc de Toscane reçut humainement M. Morus dans ses états et dans sa capitale, il le favorisa de son*

---

(11) *Elle est la CDXLVII., parmi celles qui ont été écrites à Vossius.*

(12) *Professeur en droit à Genève.*

(13) *Dans la remarque* (L).

(14) *Pag. m.* 81.

(15) *Si vitæ integritatem spectes, hinc te niveus morum candor retrahit, illinc admirabilis et sibi semper constans innocentia. Apostolus vult episcopum esse ἀνέγκλητον. Nihil utique illi vel ab infensissimis hostibus et livori felle maligno turgentibus meritò objici queat, quod justæ sit reprehensioni obnoxium.*

(16) *Dans la remarque* (M), *citation* (30).

(17) Panégyrique de M. Morus, *imprimé à Amsterdam,* 1695, *pag.* 14.

amitié et de son estime, il lui envoya son médecin dans la maladie qu'il eut à Florence, et lui fit un riche présent, digne de celui qui le donnait, et digne de celui qui le recevait......... On dit que le médecin que ce duc envoya pour visiter ce malade, et pour le traiter dans sa maladie, fut tellement surpris, dans les entretiens qu'il eut avec lui, de l'entendre raisonner avec tant de force, tant de profondeur et tant de pénétration sur toute sorte de sciences et principalement sur la médecine, qu'il avoua, quelque habile qu'il fût lui-même dans sa profession, que son malade en savait plus dans la médecine, qu'il n'en avait appris lui-même dans cette science, où il avait donné tous ses soins et toutes ses veilles.

(F) *Après quelques bourrasques essuyées dans les synodes wallons.*] En effet, au mois d'avril 1659, le synode de Tergou le cita, sur quelques plaintes qui avaient été portées contre lui. Il alla bien à Tergou, mais il ne jugea pas à propos de se présenter au synode ; il fit seulement savoir à la compagnie qu'il ne dépendait plus que des églises de France, auxquelles il s'était engagé. Il ne prévint point par-là sa condamnation, comme il l'avait cru ; car le synode déclara qu'il n'était point en état d'exercer avec édification son ministère en ce pays, ni d'y communier (18). Le synode de Nimègue confirma ce jugement au mois de septembre 1659 (19), nonobstant les lettres de l'église de Paris, touchant l'admission de M. Morus à cette église, accompagnées d'un acte du synode d'Aï, du 8 mai 1659, qui ratifiait cette admission. M. de Thou, qui était alors ambassadeur de France à la Haye, se mêla de la chose en faveur

(18) *Voici les paroles du synode, article XXVII :* La compagnie a déclaré que ledit Alexandre Morus était incapable d'exercer aucune fonction du saint ministère de l'Evangile au milieu de nous, et d'y participer à la sainte cène du Seigneur, jusques à ce que, par une sincère repentance de ses péchés et une conversation sans reproche, il ait réparé tant de scandales qu'il nous a donnés, etc.

(19) *La compagnie a jugé, que la compagnie alors avait eu de très-suffisantes raisons pour prononcer cette sentence ; et partant, le présent synode a approuvé, ratifié, et confirmé de nouveau l'article 27 du précédent synode.* Actes du synode de Nimègue du mois de septembre 1659, article XXI.

de M. Morus, par un grand mémoire qu'il présenta à MM. les États généraux, qui ordonnèrent, par acte du 6 avril 1660, communiqué au synode de Harlem, qu'on les informât des procédures qui avaient été tenues dans cette affaire. Ce synode députa trois pasteurs et deux anciens à MM. les États, pour leur donner l'éclaircissement qu'ils souhaiteraient. Je pense qu'on en demeura là.

(G) *Toutes leurs accusations furent éludées ou trouvées nulles.*] Rapportons ce que l'on trouve sur ce sujet dans l'Histoire de l'Édit de Nantes. Le commissaire du roi au synode national de Loudun « ne s'opposa » point à la lecture des informa- » tions envoyées de Hollande contre » Alexandre Morus, de qui le minis- » tère était alors recherché par l'é- » glise de Paris. Il voulut bien même » qu'on jugeant on eût égard à ces ac- » tes, et que les avis y fussent fondés ; » mais il fit insérer dans l'arrêté du » synode une espèce de protestation » qui portait que le jugement serait » rendu suivant les libertés de l'édit, » les lois de la discipline et les usa- » ges du royaume, sans s'assujettir à » nulle autorité, juridiction, ni ju- » gement étranger, ni renvoyer l'é- » tranger à la juridiction, ou au ju- » gement d'autres que ceux du royau- » me, ce qui serait contraire aux » ordonnances et édits, bien et avan- » tage des sujets du roi. Par ce moyen » ce fut le commissaire plutôt que le » synode qui jugea l'affaire, parce » que l'instruction n'en étant pas » achevée dans le pays où l'accusa- » tion était née, et la protestation du » commissaire empêchant d'y ren- » voyer Morus, pour se justifier sur » les lieux, on ne trouvait pas les » informations suffisantes pour le » convaincre. Il fut donc absous, et » on confirma la vocation qui lui » était adressée. Mais il serait mal- » aisé de dire si cette vocation fit » plus de bien que de mal, parce » qu'elle porta dans le consistoire » et dans l'église une si grande divi- » sion, que l'un des partis appelait » édification ce que l'autre appelait » scandale ; qu'il parut de grands » excès d'un côté, des soupçons de » passion de l'autre ; quelque chose » de trop recherché pour détruire

» Morus, et quelque chose de trop
» violent pour le maintenir. Un sy-
» node provincial de la province de
» Berri termina l'affaire par la per-
» mission du roi ; et on l'accusa d'a-
» voir été un peu partial en faveur
» de l'accusé, et de s'être fait un peu
» trop de plaisir de mortifier un
» consistoire aussi célèbre que celui
» de Charenton, qui, par le mérite
» et la capacité de ceux qui le com-
» posaient, était alors comme l'o-
» racle de toutes les églises (20). »

(H) *M. Daillé.... l'avait servi de
tout son crédit dans plusieurs synodes.*] Je me suis cru obligé de mettre
ici les insultes que les adversaires de
M. Daillé lui firent pour ce sujet, et
ce qu'il leur répondit pour sa justification, car cela fait partie des aventures de M. Morus. Voici donc ce que
le sieur Cottiby, autrefois ministre à
Poitiers, reprocha à M. Daillé (21) :
*Ce qui me surprend davantage, c'est
de me voir accusé par vous, monsieur, de qui j'aurais espéré le plus
de protection et de support, si par
malheur il m'était arrivé de tomber
dans quelque faute qui m'eût obligé
de comparaître devant ces tribunaux
où vous tenez d'ordinaire un rang si
éminent : car que ne devais-je point
raisonnablement attendre d'un homme qui, en la personne de l'un de ses
confrères, s'est déclaré le défenseur
et l'avocat de l'une des plus impures
vies du monde ; et qui, après avoir
plaidé sa cause dans un synode provincial de l'Ile-de-France, a bien été
assez hardi, dans le national, dont il
était le chef, (digne chef d'un tel
corps), de le maintenir hautement, je
ne dirai pas contre les fidèles mémoires des ministres de Rouen, de
Caen et de Lyon ; mais, ce qui est
plus étonnant, contre une foule d'accusations de quelques provinces entières, et tout cela par je ne sais combien de détours bien moins innocens
que ceux de la langue.* Le père Adam
fit à peu près les mêmes reproches ;
mais voici ce que M. Daillé lui répond (22) : « Pourquoi voulez-vous
» que je l'eusse condamné et jugé

» indigne des offices que la charité
» doit à tous ses prochains dans le
» besoin, moi qui l'avais ouï, moi
» qui ne l'avais pas seulement ouï,
» mais qui, après avoir pris une
» exacte connaissance de la cause avec
» toute la diligence et toute l'appli-
» cation d'esprit dont je suis capa-
» ble, étais demeuré convaincu de
» son innocence? Quand je n'aurais
» dû ces petits devoirs qu'à ma con-
» science, son sentiment me justifie
» assez contre les violences et les
» médisances étranges où votre pro-
» sélyte s'emporte contre moi en cet
» endroit. Mais vous et lui avez d'au-
» tant plus de tort de blâmer ma
» conduite dans cette affaire, que
» j'y ai rendu les offices que vous
» reprenez non proprement à mon
» sentiment particulier, mais à l'or-
» dre de mes supérieurs ; première-
» ment à l'ordre du consistoire de
» mon église, qui me chargea, moi
» et les autres députés, de cette af-
» faire, dans le synode de l'Ile-de-
» France dont votre prosélyte fait
» mention, et qui fut celui qui se
» tint à la Ferté-sous-Jouarre, l'an
» 1655, et puis deux ans après à
» l'ordre, non de mon consistoire et
» de mon église seulement, mais
» aussi du synode entier de ces pro-
» vinces, tenu à Aï en Champagne,
» l'an 1659. J'ai fait le moins mal
» qu'il m'a été possible, ce que les
» compagnies dont je dépends m'ont
» enjoint et commandé expressément,
» ce que ma conscience, bien loin
» d'en être choquée, approuvait com-
» me juste et raisonnable. Quel cri-
» me ai-je commis en cela? Certai-
» nement quand au fond le défen-
» seur serait aussi coupable comme
» je le tiens innocent, toujours est-
» il évident que je n'aurais point de
» part dans le vice qui, en ce cas-là,
» se trouverait dans les deux juge-
» mens qui l'ont justifié ; car j'y ai
» seulement défendu une cause que
» je croyais et que je crois encore
» très-juste : je n'ai eu et n'ai pu
» avoir de voix dans la sentence qui
» y a été prononcée. J'y ai fait l'of-
» fice de l'avocat et non de juge.
» Encore faut-il que j'ajoute que je
» ne fis ni l'un ni l'autre dans le sy-
» node national qui a prononcé le
» dernier arrêt sur cette affaire ; le

(20) *Histoire de l'Édit de Nantes, tom. III, liv.
V, pag.* 315, *à l'ann.* 1659.
(21) Cottiby, *Réplique à M. Daillé, pag.* 17.
(22) Daillé, *Réplique au père Adam, part.
III, pag.* 154.

» défenseur qui était présent y ayant
» lui - même plaidé sa cause en cinq
» ou six audiences entières, avec
» tant de force et d'évidence, que
» grâces à Dieu il n'eut besoin de
» l'aide d'aucun. » Voyez ci-dessous
la remarque (M) vers la fin.

(I) *Sa manière inimitable de prê-*
» *cher.*] Elle consistait en certaines
saillies d'imagination qui contenaient
des allusions ingénieuses, et je ne
sais quel air de paradoxe fort capable de surprendre l'auditeur, et de
le tenir toujours attentif. Mais la manière dont il débitait ces choses en
faisait le principal agrément. De là
vient que sur le papier ses sermons
ne sont pas à beaucoup près si admirables, et que la plupart de ceux qui
ont voulu l'imiter se sont rendus ridicules. Le désir de l'imiter, qui
commençait à gâter beaucoup de
jeunes ministres, obligea le synode
de l'Ile-de-France, en l'année 1675,
à faire un acte qui fut lu en chaire à
Charenton et ailleurs, par lequel on
commandait d'éviter, dans l'exposition de la parole de Dieu, les jeux
d'imagination et de mots, etc. On
sera bien aise de voir ici le jugement
d'un historien qui est sans comparaison meilleur connaisseur que moi.
Il *était*, dit - il en parlant de notre
Morus (23), *extraordinairement suivi
du peuple ; et ceux qui se connaissaient le moins à ce qui mérite l'admiration, étaient néanmoins ses plus
passionnés admirateurs. On disputait
entre les personnes de bon goût, si ce
qu'on trouvait en lui de plus beau
était solide ou apparent, et si on le
devait nommer un éclair ou une lumière. Mais ceux-mêmes qui prononçaient contre lui ne pouvaient s'empêcher de l'entendre avec plaisir, et
de sentir en eux les mêmes mouvemens qu'il excitait dans les autres.
Quelques - uns ont cru qu'il avait
beaucoup moins d'érudition qu'on ne se
l'imaginait communément ; mais personne n'a douté qu'il ne sût mettre en
œuvre fort heureusement ce qu'il possédait, et donner un grand lustre à ce
qu'il exposait au jugement du public.
Quoi qu'il en soit, jamais homme n'a
reçu des applaudissemens plus flatteurs que lui, et n'a pu s'appliquer*

(23) Histoire de l'Édit de Nantes, tom. III,
liv. *VII*, pag. 453.

*mieux ce qu'on a dit de quelque au-
tre, que s'il ne méritait pas les jugemens avantageux qu'on faisait de
lui, au moins il ravissait à ses auditeurs la liberté d'en faire de désobli-
geans.* Il avait dit, dans la page 316,
que *les manières* de Morus *ne plaisaient pas à tout le monde, et qu'on
a vu presque toujours mal réussir ses
imitateurs.*

(K) *On le traduisit tout de nouveau
aux synodes.*] On peut dire que
M. Morus ne fut pas long - temps en
paix dans l'église de Paris ; car, dès le
mois de septembre 1661, on porta
des plaintes contre lui au consistoire, qui n'eurent point de suite ;
et peut-être n'en eurent - elles point
à cause qu'il demanda son congé
pour aller en Angleterre, au mois de
décembre 1661. Il en revint au mois
de juin 1662. Tout aussitôt les plaintes ayant été renouvelées, le consistoire ordonna qu'il serait ouï, mais
qu'en attendant il s'abstiendrait de
prêcher. Ses partisans le voulurent
faire prêcher en dépit du consistoire,
et pour cet effet ils se saisirent des
avenues de la chaire, et ne voulurent
point souffrir que le fils de M. Daillé
y montât ; ce qui causa un si terrible désordre, qu'il n'y eut point de
prédication le matin de ce dimanche.
Quelques chefs de famille eurent recours au parlement, qui ordonna, le
27 de juillet 1662, que l'on assem-
blerait un colloque. Ce colloque suspendit M. Morus pour un an. Le synode de l'Ile-de-France confirma et
aggrava même cette suspension ; mais
celui de la province de Berri, auquel
ce ministre en appela, le rétablit
dans sa charge (24). Ces sortes d'ap-
pels étaient permis par les réglemens
des synodes nationaux.

(L) *On verra ci-dessous le titre de
ses ouvrages.*] On a de lui un traité
de Gratiâ et libero Arbitrio ; un
autre de *Scripturâ sacrâ sive de
causâ Dei* [*1] ; un commentaire sur le
chapitre LIII d'Isaïe ; des Notes *ad
loca quædam novi Fœderis* [*2] ; une
réponse à Milton, sous le titre de
Alexandri Mori Fides publica ; des

(24) *Tout ceci est narré amplement dans l'Histoire de l'Édit de Nantes, à la fin du VII*[e]. *livre
du III*[e]. *tome.*
[*1] Middelbourg, 1653, in-4°., dit Joly.
[*2] Londres, 1661, in-8[y]. dit Joly, d'après Lelong.

harangues et des poëmes en latin. Depuis sa mort on a imprimé quelques fragmens de ses sermons, et même quelques sermons tout entiers (25) : disons un mot sur ses harangues. Il en prononça trois à Genève, qui sont fort belles : la latinité en est plus docte qu'élégante ; il aimait les phrases peu communes, et les significations de mots dont on ne trouvait presque point d'exemples. De ces trois harangues il y en a une qui est un panégyrique de Calvin, et une autre qui a pour titre, *de Pace*, dans laquelle il condamna fortement, sans nommer personne, MM. Amyraut et Spanheim, qui étaient en guerre ouverte sur la grâce universelle. Il leur dit leurs vérités comme il faut. Ce fut une véritable mercuriale ; il s'en donna au cœur joie. Disons aussi un petit mot sur ses poésies latines. On estime beaucoup celles qu'il fit sur la naissance de Notre-Seigneur, et pour rendre grâces à Dieu après une grande maladie. M. Pérachon, qui était alors protestant, les traduisit en vers français, et les publia à Paris, l'an 16.... * Je ne me souviens point d'avoir vu d'autres vers français de M. Morus, que la réponse qu'il fit sur les mêmes rimes à un sonnet que Corras lui adressa après son abjuration.

(M) *La querelle qu'il eut avec Jean Milton.*] L'origine de cette querelle fut qu'en 1652 M. Morus fit imprimer à la Haye un livre de Pierre du Moulin le fils (26), et le dédia sous le nom de l'imprimeur (27) au roi de la Grande-Bretagne. Ce livre, intitulé *Regii sanguinis Clamor ad cœlum adversus Parricidas anglicanos*, est une invective bien poussée contre les parlementaires : Milton en particulier y est extrêmement maltraité. L'épître dédicatoire ne le ménage pas mieux ; mais il est déchiré en pièces beaucoup plus furieusement dans les vers qui sont à la fin du livre. Milton, qui avait laissé sans repartie divers écrits violens publiés contre les parlementaires, ne put garder le silence à l'égard de celui-ci, où il se voyait personnellement intéressé, tant par les éloges immenses que l'on y donnait à Saumaise, que par les injures terribles dont il s'y trouvait accablé. Il répondit donc, et supposa, soit de bonne foi, soit par ruse, afin d'avoir plus de prise sur celui qu'il réfuterait, que cet ouvrage avait Morus pour auteur (28). Il le traita comme un chien, ou plutôt comme un bouc ; car il l'accusa de mille impudicités, et nommément d'avoir débauché une servante à Genève, et de l'avoir entretenue depuis qu'elle eut un mari ; et d'avoir engrossé la femme de chambre de madame de Saumaise, sous promesse de mariage. Il l'accusa d'avoir été convaincu de diverses hérésies à Genève, et de les avoir honteusement abjurées de bouche, mais non pas de cœur. Il l'accusa d'avoir été huit ou dix mois dans Genève, privé de ses gages et de ses fonctions de professeur et de ministre, à cause du procès d'adultère, etc., qui lui avait été intenté, dont l'issue, dit-il, aurait été sa condamnation, s'il n'eût esquivé le jugement définitif, en déclarant qu'il voulait sortir de la ville. Il l'accusa d'avoir été interdit des fonctions du ministère par les magistrats d'Amsterdam : enfin il le diffama de la manière du monde la plus cruelle, répandant sur les contes qu'il en faisait un tas de railleries bouffonnes. M. Morus lui opposa une pile d'attestations d'orthodoxie et de bonne vie, que les consistoires, les académies, les synodes et les magistrats des lieux où il avait vécu lui avaient données. Il lui fit voir que les juges, tant civils qu'ecclésiastiques, qui avaient connu des prétentions de la femme de chambre de madame de Saumaise, les avaient déclarées nulles, et qu'il était sorti

(25) *A la Haye*, 1685. *Voyez les Nouvelles de la République des Lettres, mois de mars* 1685, *pag. 333 de la seconde édition. On a imprimé dix-huit de ses Sermons sur le* VIIIe. *chapitre de l'Epître aux Romains, à Amsterdam, l'an* 1691.
* *Dans la Bibliothèque française,* XXXIX, 262, on remarque que Bayle en employant le pluriel, semble parler ici de deux poèmes différens. Il ne s'agit pourtant que d'un seul, qui est celui que Perrachon a traduit sous le titre de : *Poème sur la Naissance de Jésus-Christ,* Paris, 1665, in-folio, dit Joly, réimprimé en 1669.
(26) *Voyez* Daillé, Réplique au père Adam, IIe. part., *pag.* 127. Colomiès, Biblioth. choisie, *pag.* 19.
(27) *Il y eut des exemplaires où M. Morus mit son nom, à ce que dit Milton,* Defens. pro se, *pag.* 23, 25.

(28) Le Catalogue de la Bibliothèque d'Oxford le donne aussi à M. Morus.

pur et net de cette affaire, malgré le complot de cette dame, qui avait mis tout en œuvre contre lui (29). Il fit voir par des certificats authentiques des magistrats d'Amsterdam, du consistoire wallon, et des curateurs de l'école illustre de la même ville, qu'il n'avait jamais été interdit de ses fonctions de ministre. Je n'ignore pas qu'il n'y ait des exceptions à alléguer contre les certificats de bonne vie, et qu'il ne soit un peu étrange que ceux que Morus obtint à Genève aient été si différens du témoignage de la voix publique : car, après tout, il est certain que Milton avait reçu des mémoires de Genève, et qu'il produit (30) une lettre écrite de cette ville, qui assure que tout le monde admirait qu'il eût été si fidèlement instruit sur le chapitre de M. Morus. Il ne demeure point court à l'égard des certificats : il dit (31) en particulier de ceux de Genève, qu'ils furent donnés avant que les accusateurs de M. Morus pour fait d'adultère l'eussent attaqué formellement. On sait d'ailleurs que la plus grosse tempête que ce ministre ait essuyé à Genève, s'éleva depuis les attestations obtenues le 25 de janvier 1648 : et quelqu'un a publié (32) que le magistrat de cette ville cassa l'acte de déposition décrétée contre M. Morus par le consistoire ; et qu'il commanda au consistoire de donner à ce ministre un témoignage de bonne vie. Mais enfin il y a incomparablement plus d'exceptions à alléguer contre les bruits diffamatoires, qu'un auteur comme Milton est capable de recueillir, que contre les certificats : de sorte que, tout bien compté, je serais d'avis que, vu ceux qui ont été produits par sa partie, et les inconvéniens qu'on aurait à craindre si des accusations vagues, et sans preuve juridique, l'emportaient sur des justifications

revêtues de formalités, il demeurât chargé de la note d'un calomniateur public, sauf dans les faits où il se pourrait munir du secours de quelques actes authentiques. Je serais d'avis nommément que le distique qu'il fit insérer dans la gazette de Londres, fût déclaré une turlupinade diabolique. Le voici : car je ne crois pas que M. Colomiés (33) ait voulu parler d'un autre distique.

Galli ex concubitu gravidam te, Pontia (34), *Mori*,
　Quis benè moratam morigeramque neget?

La haine de Milton a été assez opiniâtre, comme il paraît par une lettre (35) qu'il écrivit lorsqu'il s'agissait de l'affaire de M. Morus au synode national de Loudun. Il croyait que, quand même on n'y ordonnerait autre chose que la déposition de ce ministre, il arriverait à ce synode ce qui n'était encore arrivé à aucun autre, c'est-à-dire d'avoir une heureuse issue. *Synodo intereà protestantium Laodunensi* (36), *propediem, ut scribis, convocandæ, precor id quod nulli adhuc synodo contigit, felicem exitum, non Nazianzenicum, felicem autem huic nunc satis futurum si nihil aliud decreverit quàm ejiciendum esse Morum.* Cette lettre est datée du 20 décembre 1659 ; c'est-à-dire du 30 selon le nouveau style. Le synode avait donc déjà duré près de deux mois, et cependant Milton en parle comme d'une assemblée à venir ; ce qui fait voir qu'il n'avait guère de correspondances en France. Dans une autre lettre (37) il parle encore plus durement de la vocation de M. Morus à Charenton ; c'est sans le nommer.

(N) *Il y a des choses dans le Ménagiana qui lui sont glorieuses. On y en trouve aussi qui ne le sont point.*] « M. Morus déclara avant que de » mourir, que personne ne l'avait

---

(29) *Illa mihi graviter jam dudum infensa*....... nihil intentatum reliquit ut me in nassam infaustissimi matrimonii compingeret. Quod ubi sensit innotuisse vulgo, me verò palam vehementissimèque reluctari, *Acheronta movebo*, inquit, *et perdam ipsum*, quâ sæpè formulâ utitur. *Morus, Fides publica, pag.* 190.

(30) Milton, Defens. pro se, *pag.* 132.

(31) *Idem, pag.* 92, 141.

(32) Ludov. Molinæus, Parænesi ad ædificat., *pag.* 433.

(33) Bibliothéque choisie, *pag.* 19.

(34) *C'est ainsi qu'il nommait la femme de chambre de madame de Saumaise. M. Morus, sans dire quel était son vrai nom, nie que Milton l'eût bien nommée. Voyez* Miltoni Defens. pro se, *pag.* 164.

(35) *C'est la* XXIX*ᵉ.*

(36) *Il eût fallu dire Juliodunensi, ou Lausdunensi, etc.*

(37) *C'est la* XXIV*ᵉ., et elle est datée du* 1ᵉʳ. d'août 1657.

» plus tenté que moi de changer de
» religion. Madame la duchesse d'Ai-
» guillon me donna ordre de lui of-
» frir de sa part quatre mille livres
» de pension. Je fis parler de cette
» affaire à M. de Péréfixe, alors ar-
» chevêque de Paris, par M. l'abbé
» Gaudin, et M. de Péréfixe en
» parla au roi. Sa majesté dit là-
» dessus qu'il n'était pas temps, et
» que cela ferait tort à M. Morus,
» parce qu'il était alors en procès
» avec ses confrères. M. Morus met-
» tait la division partout où il se
» trouvait. Il l'avait mise en Hol-
» lande et ailleurs, de même qu'à
» Paris. Je le comparais à Hélène,
» qui avait excité la guerre partout
» où elle avait été (38)..... M. le ma-
» réchal de Grammont étant allé, par
» ordre du roi, voir le ministre Mo-
» rus qui était malade à l'extrémité,
» à son retour le roi lui demanda
» comment il était ? Le maréchal lui
» dit : Sire, je l'ai vu mourir, il est
» mort en bon huguenot ; mais une
» chose en quoi je le trouve encore
» plus à plaindre, c'est qu'il est
» mort dans une religion qui n'est
» maintenant non plus à la mode
» qu'un chapeau pointu (39). »

(O) *Un de ses derniers panégyristes
raconte un fait qui n'est pas vrai.*]
« La Sorbonne en (40) fut un jour
» tout alarmée, et il se passa une
» chose glorieuse pour M. Morus,
» qui fit rougir tous ses docteurs, et
» qu'ils regardèrent comme une es-
» pèce d'enchantement. Un homme,
» dont le visage ne leur était nulle-
» ment connu, et qu'ils prirent d'a-
» bord pour quelque prêtre de vil-
» lage, s'étant trouvé dans une de
» leurs disputes, demanda au pro-
» fesseur qui présidait alors dans
» cette assemblée, s'il lui voulait
» permettre de proposer quelques
» argumens. Ce qui lui ayant été ac-
» cordé, il s'en acquitta d'une ma-
» nière qui lui gagna bientôt l'es-
» time de tous ces docteurs ; et com-
» me ce nouvel antagoniste poussait
» ces argumens d'une terrible force,
» et au delà de ce qu'on en devait

» attendre, ils passèrent de l'estime
» à l'admiration. Mais quand ils
» virent que ce puissant adversaire
» les poussait à bout, et qu'ils ne
» savaient plus que répondre à la
» force de ses raisons, toute leur
» admiration et toute leur estime se
» changea en colère et en indigna-
» tion, et la dispute s'échauffa si
» fort, que s'il ne fût sorti adroi-
» tement de ce lieu si dangereux,
» il avait à craindre quelque mau-
» vais tour : mais il imita Jésus-
» Christ, notre grand maître, quand
» il sortit du temple pour éviter les
» embûches des pharisiens qu'il ve-
» nait de confondre ; de même notre
» Morus, après avoir fermé la bou-
» che aux pharisiens de ces derniers
» siècles, les amusa par de douces
» paroles, sortit de leur synagogue,
» et ainsi s'en alla. Après qu'il leur
» eut échappé, ils le firent suivre
» de loin par un de leurs disciples,
» pour découvrir le lieu où il entre-
» rait, et pour s'informer ensuite
» quelle était cette espèce d'homme,
» qui en savait lui seul plus que
» toute la Sorbonne ensemble : ce
» qui ayant été remarqué par celui
» qu'ils désiraient tant de connaître,
» il se tourna vers celui qui le sui-
» vait, et ne lui dit que ces deux
» mots en le quittant : *Memento
» Mori;* ce qui fit juger d'abord à
» ceux qui l'avaient envoyé, que
» celui qui leur avait donné tant de
» peine était cet homme si célèbre,
» l'une des colonnes de l'église de
» Charenton, et la terreur de la re-
» ligion romaine (41). » Voilà ce
qu'on trouve dans un ouvrage qui
paraît depuis un an, et qui mérite
d'être lu. Il y a plus de vingt-cinq
ans que je fis ce conte en présence
d'un docteur en théologie, curé de
R., homme d'esprit et fort versé
dans les coutumes de sa religion.
J'étais persuadé de ce fait ; car je
l'avais ouï dire en diverses occasions
à d'habiles gens, et à l'âge que j'avais
alors, je ne me défiais guère de ce
qui était narré par de telles bou-
ches *. Le docteur me répondit,

(38) Ménagiana, *pag.* 153 *de la seconde édition de Hollande.*

(39) Suite du Ménagiana, *pag.* 82.

(40) *C'est-à-dire, de la force du génie de M. Morus.*

(41) Panégyrique d'Alexandre Morus, *imprimé à Amsterdam, chez Jean du Fresne, l'an* 1695, *pag.* 14, 15, 16.
* Cette rétractation de Bayle prouve sa bonne foi. Joly et Leclerc le louent de s'être rétracté.

voilà un fort joli conte ; la conclusion en est fort ingénieuse ; mais soyez assuré que c'est un roman ; car ceux qui proposent des argumens contre les thèses qui sont soutenues en Sorbonne, sont toujours des gens connus, et gradués dans la faculté, et revêtus même des habits, ou des ornemens de cérémonie qui leur conviennent. Si l'auteur du conte avait su cela, il aurait choisi une autre scène.

(P) *Le jugement de M. Chevreau... est très-conforme..., et témoigne en même temps que les choses qu'on écrit à un homme ne ressemblent pas toujours à celles que l'on écrit de lui... à d'autres gens.*] Lisez les deux lettres qu'il lui écrivit l'an 1660 (42), l'une en français, et l'autre en latin ; et comparez-les avec ce passage de sa lettre à M. le Fèvre : « Vous savez » qu'il y a des hommes qui naturellement aiment le parfum de » quelque côté qu'il puisse venir, » qui le demandent comme une » dette, et qui s'y sont tellement » accoutumés, qu'on ne leur peut » plaire qu'avec un encensoir à la » main. C'est une faiblesse qui fait » pitié, mais qui est humaine : » outre que la profonde érudition » de notre ami (43) dans les belles-» lettres, la connaissance exacte qu'il » a du grec, et de toutes les langues » orientales, méritent bien qu'on le » considère, et qu'on le distingue » d'avec tant d'autres qui ne lui ressemblent que par son défaut. Ce » qui m'en a plu dans les fréquentes » conversations que nous avons eues, » c'est qu'il m'a toujours dit de » bonne foi qu'il était infiniment » au-dessous de M. Daillé, qu'il croit » plus solide que votre Calvin. Avec » tout cela, un proposant que vous » connaissez vient de m'assurer que » M. Morus l'emporte, du consentement de tout le monde, sur » M. Daillé; que ses actions publi-» ques d'imagination et de boutade, » plaisent beaucoup plus par leur » nouveauté, que l'éloquence de » M. Daillé qui serait son maître » (44).... Ce que je crains, est qu'il

(42) OEuvres mêlées de M. Chevreau, *pag.* 4o et 5o.
(43) *C'est-à-dire* M. Morus.
(44) OEuvres mêlées de M. Chevreau, *pag.* 48.

» ne s'entête de ces merveilleux ap-» plaudissemens ; qu'il n'ait pas la » force de se faire la moindre vio-» lence dans son humeur libre ; et » qu'il ne succombe dans son pen-» chant,... sans avoir égard à son » caractère, à sa réputation et à sa » fortune (45). M. Morus, dit-il dans » une autre lettre (46), a beaucoup » d'érudition et d'esprit ; peu de re-» ligion et de jugement. Il est mal-» propre, ambitieux, inquiet, chan-» geant, hardi, présomptueux et » irrésolu. Il sait le latin, le grec, » l'hébreu, l'arabe ; et ne sait pas » vivre. »

(45) *Là même*, pag. 49.
(46) *Là même*, pag. 409.

MOSYNIENS ou MOSYNOE-CIENS (a). C'est ainsi que l'on nommait certains montagnards qui se logeaient sur des arbres (b), ou dans quelques tours de bois (c) au voisinage du Pont-Euxin (d). Leurs coutumes étaient si contraires à celles des autres nations, qu'ils faisaient à la vue du public ce qu'on fait ailleurs dans la maison; et pour ce qui est des choses que l'on fait ailleurs publiquement, ils les faisaient dans leurs logis (e). Ils n'exceptèrent point de cette règle renversée l'œuvre de la chair (A). Leur plus haute tour de bois servait de demeure au roi, prince misérable; car il fallait qu'il terminât tous leurs différens comme juge; et s'il lui arrivait de mal juger, on l'emprisonnait le jour même, et on ne lui fournissait aucun aliment (f) (B). Leur

(a) *C'est-à-dire* habitans dans des tours. *Voyez* Apoll. Argon., lib. II, vs. 1020 et seq.; et Strabon, ubi infrà.
(b) Strabo, lib. XII, pag. 378.
(c) Id. ibid.
(d) Pompon. Mela, lib. I, cap. XIX, et Dionysius Periegetes, vs. 766.
(e) Apoll. Argon., lib. II, vs. 1020 et sequent.
(f) Tiré d'Apollonius, ibid.

royaume était électif, et ils tenaient en tout temps leur prince sous la chaîne, et sous une forte garde (*g*). Ils se nourrissaient de gland, et de la chair des bêtes sauvages, et ils dressaient des embûches aux voyageurs (*h*), et traitaient très-mal les étrangers (*i*). Ils se faisaient des marques par tout le corps (*k*). Consultez Xénophon au Ve. livre de l'expédition de Cyrus le jeune. Il y a donné un long détail de leur manière de s'armer et de se nourrir, etc. Il dit qu'étant seuls ils parlaient, ils riaient et ils dansaient, tout comme s'ils eussent été en compagnie.

(*g*) Pompon. Mela, *lib. I*, *cap. XIX*. *Voyez aussi* Diodore de Sicile, *lib. XIV*, *cap. XXXI*.

(*h*) Strabo. *lib. XII*, *pag.* 378.

(*i*) Pomponius Mela, *lib. I*, *cap. XIX*.

(*k*) *Idem*, *ibid*.

(A) *Ils n'exceptèrent point de cette règle renversée l'œuvre de la chair.*] Apollonius a raison de les comparer à des pourceaux, puisqu'ils n'avaient point de honte de se porter à cet acte sous les yeux de leur prochain.

Oὐδ' εὐνῆς αἰδὼς ἐπιδήμιος, ἀλλὰ σύες ὥς
Φορβάδες, οὐδ' ἠβαιὸν ἀτυζόμενοι παρεόντας,
Μίσγονται χαμάδις ξυνῇ φιλότητι γυναικῶν.

Nec eos in populo pudet cœtus Veneris : sed,
   in vicem porcorum
Gregalium, nihil quicquam reveriti arbitros
Humi et in propatulo commiscent cum uxori-
   bus corpora (1).

Le scoliaste observe qu'il ne faut point entendre qu'ils s'accouplassent ainsi en public avec toutes sortes de femmes indifféremment, mais chacun avec la sienne. Pomponius Méla ne fait point cette distinction. *Propatulo vescuntur*, dit-il (2), PROMIS-

(1) Apoll., Argon., *lib. II*, *vs.* 1025, *pag.* m. 243, 244.

(2) Pomponius Mela, *lib. I*, *cap. XIX*, *pag.* m. 22.

cuè *concumbunt et palàm.* Je ne sais point sur quoi ce scoliaste se fondait. Aurait-il voulu se servir de la maxime, que dans les choses douteuses il faut toujours recourir au sens le plus favorable, et passer *in mitiorem ?* Mais les phrases d'Apollonius semblent fort claires contre l'exception, et autoriser nettement Pomponius Méla. Diodore de Sicile ne l'a guère moins autorisé (3). Notez qu'on trouve dans Xénophon que les Mosynœciens, avec lesquels il fit alliance, eurent une extrême envie d'embrasser les garces qui suivaient le camp des Grecs, et de le faire en public selon leur coutume (4). Au reste, la monstrueuse impudence de ces gens-là a paru dans d'autres peuples (5).

(B) *On emprisonnait le roi le jour même, et on ne lui fournissait aucun aliment.*] Rapportons les termes d'Apollonius.

Ἦν γάρ που τὶ θεμιςεύων ἀλίτηται,
Λιμῷ μιν κεῖν ἦμαρ ἐπικλείσαντες
   ἔχουσιν.

. . . *Nam si quid alicubi in jure dicundo deli-*
   ret,
Ipsum eodem die in custodiam datum, suffo-
   cant inediâ (6).

Pintien accuse Pomponius Méla de n'avoir pas bien compris la pensée d'Apollonius : il prétend que ce poëte grec a voulu dire que les Mosynœciens enfermaient leur roi le jour même de la sentence injuste, et le condamnaient à mourir de faim. Pomponius Méla dit seulement que, pour le punir d'avoir ordonné quelque injustice, ils le condamnaient à jeûner un jour entier. *Reges suffragio deligunt, vinculisque et arctissimâ custodiâ tenent : atque ubi culpam pravè quid imperando meruére, inediâ diei totius afficiunt* (7). Pintien se fonde sur le témoignage de deux auteurs qui ont été allégués par le scoliaste, et sur celui de Nicolas Damascène, qu'il a lu dans les recueils de Stobée. *Mela verba illa* ad famem

(3) Diodor. Siculus, *lib. XIV*, *cap. XXXI*.

(4) Xenophon, de Expedit. Cyri, *lib. V*, *pag.* m. 209.

(5) *Voyez* la remarque (D) *de l'article* HIPPARCHIA, *tom. VIII*, *pag.* 142.

(6) Apollonius, Argon., *lib. II*, *vs.* 1030.

(7) Pomponius Mela, *lib. I*, *cap. XIX*, *p.* 22.

illo die, *pro* illius diei *accepit. At Apollonii enarratores contrà intelligunt ; eo ipso die quo contrà jus pronunciaverit in carcerem trudi, quoad fame pereat, citantque suæ expositionis assertores Ephorum et Nymphodorum. Addo ego astipulari interpretibus Apollonii, Nicolaum de moribus gentium referente Joanne Stobæo* (8). Voici tout le passage du scoliaste : Ἱστορεῖ Ἔφορος καὶ Νυμφόδωρος περὶ τούτων, ὅτι τὸν βασιλέα αὐτῶν ἄδικόν τι κρίναντα, ἐγκλείουσι καὶ λιμαγχονοῦσι. Je l'ai rapporté, afin qu'on vît que le critique étend un peu trop ses droits ; car il est faux que le scoliaste donne aux paroles du texte l'explication de Pintien, et qu'ensuite il la prouve par l'autorité d'Éphore, et de Nymphodore : il cite simplement ce qu'ont dit ces deux auteurs. Je suis pourtant de l'avis de Pintien, et je trouve qu'Isaac Vossius l'a réfuté pitoyablement. Il suppose que pour les fautes les plus légères les Mosynœciens condamnaient leur roi au jeûne d'un jour, et que pour les fautes graves ils le condamnaient à mourir de faim (9). Il donne cela pour le véritable sens des paroles d'Apollonius, et il soutient qu'elles ont été bien interprétées par Pomponius Méla (10). *Interpretatio Melæ*, ajoute-t-il, *ut facilior ita quoque melior.* Voilà une chose bien étrange : Apollonius aura voulu nous instruire de la distinction que faisait ce peuple entre les petites fautes de son prince, et les grandes fautes : il aura voulu que nous sussions que pour celles-là on faisait jeûner ce prince un jour entier, et pour celles-ci jusqu'à la mort ; et néanmoins il n'aura coulé dans son récit ni phrase, ni mot, qui insinue cette distinction. Pomponius Méla aura très-bien expliqué le sens d'Apollonius, et néanmoins il n'aura rien dit de la punition des grandes fautes ; il se sera arrêté aux idées les moins désavantageuses à une nation qu'Apollonius voulait décrier ; il se sera tu absolument à l'égard du fait qui la pouvait rendre plus odieuse ; enfin il n'aura marqué dans ses expressions aucune trace de la distinction dont il s'agit. Où sont les gens qui digéreront cela ? Pour qui est-ce qu'Isaac Vossius prenait ses lecteurs ? On trouverait mille fautes de cette nature dans les meilleurs écrivains, si l'on se donnait la peine d'éplucher rigoureusement leurs livres.

Notez qu'il faut convenir qu'Apollonius s'est expliqué trop confusément : c'est ce qui a fait errer Pomponius Méla. Je m'étonne que Diodore de Sicile ne dise rien de cette loi ; lui qui observe que ces barbares tenaient enfermé leur prince toute sa vie dans le donjon de leur capitale (11).

(11) *Locus iste aliorum castellorum veluti caput et primaria regionis arx, fuit : in cujus parte editissimâ rex aulam habebat. Patrius autem hic mos pro lege erat, ut per totam inibi vitam rex subsistens mandata populis indè distribueret. Diodorus Siculus, lib. XIV, cap. XXXI, pag. m.* 5g2.

MOTHE LE VAYER (François de la). Cherchez Vayer, t. XIV.

MOTTE ou MOTHE (la), ville

de Lorraine. Le Moréri marque où elle était située, et qu'elle fut prise par les Français, l'an 1634 (A) et que *depuis elle a été ruinée.* Cela est trop vague ; on a besoin d'un récit un peu mieux circonstancié. Disons donc que cette place fut rendue au duc de Lorraine, par un traité de paix, l'an 1641 ; mais comme ce prince n'exécuta point ce traité, le cardinal de Richelieu souhaita passionnément de lui enlever la Motte : il n'en vint pas néanmoins à bout ; les troupes de France qui la bloquèrent furent contraintes de se retirer (B). On ne travailla tout de bon à la réduire, qu'en 1645. Le cardinal Mazarin la fit assiéger par Magalotti son neveu, qui poussa les attaques avec beaucoup de vigueur, et qui trouva d'autant

(8) Pintianus, Castigat. in Pomponium Melam, *pag. m.* 37.

(9) Isaacus Vossius, in Melam, *pag. m.* 104.

(10) *Hic quidem videtur sensus esse verborum Apollonii quæ rectè interpretatus est Méla, licet contrarium existimet Pintianus aliique viri magni.* Idem, *ibidem.*

plus de résistance qu'on ne croyait pas qu'il observerait la capitulation qu'il accorderait (C). Le marquis de Villeroi, qui lui succéda au commandement de l'armée, contraignit le gouverneur de la place à capituler : il lui promit entre autres choses qu'elle ne serait ni rasée ni démantelée ; mais cet article ne fut point observé : le ressentiment de la reine-mère l'emporta sur l'obligation de tenir parole (D).

(A) *Elle fut prise par les Français, l'an* 1634.] Voici un petit détail. Louis XIII ordonna au maréchal de la Force, « qui demeurait toujours » sur les frontières de Lorraine avec » des troupes, de réduire sous son » obéissance toutes les places qui ne » reconnaissaient pas encore son au- » torité. La Motte, comme la plus » forte, fut la première attaquée, et » donna seule plus de peine au ma- » réchal que toutes les autres, quoi- » que n'étant pas suffisamment pour- » vue de gens, et de munitions de » guerre et de bouche, et ne pou- » vant être secourue, à cause de la » conjoncture du temps favorable au » roi en ces quartiers-là. Elle ne se » défendit pas autant qu'elle aurait » pu faire, étant la plus forte qui » fût en Lorraine, et pour sa situa- » tion sur le roc, qui en rend les » approches très-difficiles, et pour » n'être commandée de nulle part. » Elle fut rendue néanmoins au bout » de trois mois, après que M. d'Iche, » qui en était gouverneur, et qui la » défendait, y eût été tué d'un éclat » de canon (1). »

(B) *Les troupes de France qui la bloquèrent furent contraintes de se retirer.*] « Les armes du roi étant » alors occupées en divers endroits » contre l'Espagne, tout ce que put » faire M. du Hallier, avec le petit » corps d'armée qu'on lui laissa, fut » d'y former une espèce de blocus, » dans l'espérance de l'affamer, sa- » chant bien qu'elle n'était pas bien » fournie de vivres : mais le duc ne

» lui en donna pas le loisir ; car, ap- » prenant les extrémités des assiégés, » il leva le siége de Tanes qu'il avait » attaqué, pour venir à leur secours, » et contraignit M. du Hallier, après » quelque escarmouche , de se re- » tirer avec perte de son bagage , » ayant auparavant envoyé son ca- » non à Chaumont, pour une plus » sûre précaution (2). »

(C) *On ne croyait pas que Magalotti observerait la capitulation qu'il accorderait.*] Voici la raison qu'en donne M. le marquis de Beauvau. *Magalotti s'étant rendu maître de la contrescarpe , il fit d'autant plus promptement jouer la mine à un bastion , qu'il rencontra heureusement force veines dans le roc ; mais son bonheur ne fut pas de longue durée ; car ayant réduit les assiégés à soutenir l'assaut, ou à capituler, Clicot pour ne recevoir aucun reproche en son honneur, quoiqu'il se vît sans apparence de secours, et pour la crainte qu'il eut aussi que Magalotti ne lui tiendrait point la capitulation qu'il ferait avec lui , comme il l'avait juré dans la colère , piqué des injures infâmes et outrageuses dont la reinemère , le cardinal , et lui avaient été chargés pendant le siège , prit la résolution de se défendre jusqu'à l'extrémité* (3).

(D) *Le ressentiment de la reinemère l'emporta sur l'obligation de tenir parole.*] Nous venons de voir la cause de l'indignation de cette princesse , et voici quelles en furent les suites , « cette capitulation fut exac- » tement observée pour ce qui regar- » dait les gens de guerre et les meu- » bles du duc ; mais les fortifica- » tions, et toute la ville, sans en » excepter même l'église , furent si » entièrement rasées , qu'il n'en » paraît pas les moindres vestiges » présentement : la reine-mère ayant » si vivement ressenti les injures » atroces dont on l'avait outragée , » qu'elle aima mieux manquer à sa » parole qu'à sa vengeance... Voilà » la fin de la Motte, qui pour sa » situation et la force de ses rem- » parts taillés dans le roc paraissait » imprenable , et les matériaux de » cette malheureuse ville , comme

(1) Mémoires du marquis de Beauvau, p. 55.

(2) Là même, pag. 79.
(3) Là même, p. 86.

» par une juste rétribution des rui-
» nes qu'elle avait causées aux vil-
» lages des environs par les courses
» et les brigandages, servirent à leur
» réparation (4). »

Le marquis de Beauvau a condamné avec raison cette sensibilité
de la reine-mère. *Il y a sujet de
s'étonner*, dit-il (5), *qu'une si grande
et si vertueuse princesse, qui avait
toujours donné d'insignes marques de
piété, et dont la bonté était naturelle, n'ait pas été capable de digérer des injures, ordinaires à l'insolence des gens de guerre, lesquelles
ne peuvent jamais blesser la réputation; et que, pour se venger d'une
blessure plus imaginaire qu'effective,
elle ait bien voulu hasarder de flétrir
sa gloire par le manquement de sa
parole, et ruiner plusieurs particuliers innocens par la désolation d'une
ville entière, dont les ruines ne peuvent jamais être si cachées à la postérité, qu'elle puisse oublier cette
action.* La reine eût mieux fait de
mépriser ces injures soldatesques, et
d'imiter Catherine de Médicis (6).
Mais si pour faire un exemple elle
voulait à toute force punir la ville
qui s'était portée à ces excès de bru-
talité et de fureur, il ne fallait point
l'admettre à capituler, il fallait la
prendre d'assaut ou la contraindre
de se rendre à discrétion quoi qu'il
en coûtât; et alors sans contrevenir
à la foi publique, on eût pu donner
à la vengeance tout ce qu'on aurait
voulu.

(4) Mémoires du marquis de Beauvau, *pag.* 87.
(5) *Là même.*
(6) *Voyez la Dissertation sur les Libelles diffamatoires, num.* xiii, *à la fin de ce Dictionnaire.*

MOTTE - AIGRON (Jacques
de la) s'est fait connaître par
la qualité d'auteur pendant la
fameuse querelle de Balzac avec
le général des feuillans, le père
Goulu. Il avait fait une préface
sur les lettres de Balzac, et il
avait pris la commission, conjointement avec M. de Vaugelas (A),
de porter au père Goulu un
exemplaire de l'apologie de Balzac, dans laquelle on maltrai-

tait fort un jeune feuillant.
Comme le père Goulu prit l'en-
voi de cet exemplaire pour un
cartel de défi (a), il se mit tout
aussitôt à écrire contre Balzac,
d'une manière très-emportée,
et il décocha quelques traits contre le sieur de la Motte-Aigron;
ceux-ci entre autres, qu'*il était
fils d'un fort honnête apothicaire*,
et qu'*il vivait ordinairement à la
table de Balzac* (b). On prétend
que ce fut violer en quelque sorte
les droits de l'hospitalité, puisque le père Goulu avait logé plus
d'une fois chez le père du sieur
de la Motte-Aigron (c); mais
d'autre côté cela pouvait faire
croire qu'il savait les choses d'o-
riginal. Quoi qu'il en soit, il piqua cruellement son homme, et
il fut cause que peu après on
informa le public dans la dédicace d'un livre, que le prétendu
apothicaire du père Goulu était
Abraham Aigron, écuyer, conseiller du roi, et élu d'Angou-
lême. Cette épître dédicatoire
n'est pas mal écrite (d); mais
comme elle est en latin à la tête
de la réponse que la Motte-Aigron
fit en français au père Goulu,
on y a trouvé une affectation
qui a servi à faire plus désapprouver les grands éloges que l'auteur répand sur son père à pleines
mains, et qu'il tourne du côté
le plus capable d'éloigner tout

(a) *Préface de la II*e. *partie des* lettres
de Phyllarque, *et* Ire. lettre de la IIe. partie.
(b) Lettre XIIIe. de Phyllarq. Ire. partie.
(c) La Motte-Aigron, réponse à Phyllarq.,
pag. 318, 322. *Voyez l'art.* Goulu (Jean),
remarque (N), tom. VII, pag. 183.
(d) *Voyez parmi les* lettres de Balzac,
celle qu'il écrivit en 1622, à la Motte-Aigron, où il lui donne de grands éloges, et
nommément pour la belle latinité d'une pièce
manuscrite.

soupçon de pharmacie. Non content de ce début, il nous apprend dans le corps du livre (e) que *son bisaïeul, ayant accompagné Henri II au voyage d'Allemagne, fut un des premiers capitaines que ce roi laissa dans Metz*, et un de ceux qui défendirent le plus courageusement cette place contre Charles-Quint. Il ajoute que sa bisaïeule, Catherine de la Barde, était *d'une maison aussi noble qu'aucune autre du pays*, et que son *grand-oncle du côté maternel eut l'honneur d'être secrétaire des commandemens*, *et principal ministre de Marguerite, femme de Henri d'Albret, roi de Navarre.* Le père Goulu avait déjà changé de style, puisqu'avant la publication de cet ouvrage il avait dit *que le sieur de la Motte-Aigron était trop honnête gentilhomme pour dénier, etc. (f).* Examinera qui voudra si cela est équivalent à une bonne rétractation : je ne le crois pas ; et j'ai ouï dire qu'il était vrai que le père du sieur de la Motte-Aigron avait été apothicaire, mais qu'il releva sa condition en achetant l'office d'élu, et qu'enfin il fut maire de Cognac en Angoumois. M. de Malleville en a touché quelque chose dans une épigramme qui n'a point été insérée au recueil de ses poésies (B). Je n'ai pu déterrer ce que devint notre auteur (C), après la publication de sa réponse, en 1628, ni ce que devint le dessein qu'il semblait avoir de rétablir, dès qu'il aurait terrassé le général des feuil-

lans, les fruits de ses veilles que le feu lui avait ruinés : c'étaient des travaux qui concernaient l'histoire d'Espagne, et quelques autres matières (g). C'est à ceux qui composeront la Bibliothéque d'Angoumois à nous l'apprendre.

J'ai vu depuis quelques jours un livre, où l'on assure que la peine que la Motte-Aigron se donna d'écrire contre Phyllarque, et en faveur de Balzac, fut une semence de haine entre lui et ce dernier, parce que Balzac voulait que l'on crût qu'il était l'auteur véritable de l'ouvrage qui paraîtrait sous le nom de la Motte-Aigron (D).

(g) *Voyez son épître dédicatoire.*

(A) *Conjointement avec M. de Vaugelas.*] Le père Goulu, dans la préface de la IIe. partie de ses lettres, dit que celui qui accompagnait la Motte-Aigron était le prieur de Chives ; (il y a des lettres à ce prieur parmi celles de Balzac) mais la Motte-Aigron nous apprend (1) que celui, avec lequel il alla voir le père Goulu, était M. de Vaugelas.

(B) *Malleville..... dans une épigramme qui n'a point été insérée au recueil de ses poésies.*] Sorel, ayant remarqué que la Motte-Aigron, *pour montrer où le mal le tenait à ceux qui y entendaient quelque chose, et pour donner une grande opinion de sa race, dédia son livre à son père, par une épître latine avec de hautes qualités*, ajoute ces paroles : *S'il nous était permis ici, nous dirions l'épigramme que le sieur de Malleville fit sur ce sujet ; mais de certains officiers de France y étant intéressés, nous sommes dans une conjoncture où ce serait insulter à leurs malheurs* (2). Pour moi qui ne sais point quelle peut être cette conjoncture, et qui en tout cas la crois tout-

(e) *Pag.* 306, 307.
(f) *Préface de la IIe. partie des lettres de Phyllarque.*

(1) Réponse à Phyllarque, *pag.* 299.
(2) Bibliothèque française, *pag.* 132 de la seconde édition.

à-fait passée, je ne ferai point difficulté de rapporter cette épigramme.
La voici donc :

> Objet du mépris de Goulu,
> Que ton insolence est publique,
> Depuis que ton père est élu,
> Et qu'il a fermé sa boutique !
> Mais bien que cette qualité,
> Si l'on en croit ta vanité,
> N'en trouve point qui la seconde :
> Il n'en est pourtant pas ainsi :
> C'est un beau titre en l'autre monde ;
> Mais on s'en moque en celui-ci.

Depuis la composition de cet article,
il m'est tombé entre les mains un
ouvrage (3) où ces vers se trouvent.
(C) *Je n'ai pu déterrer ce que
devint notre auteur.*] J'ai seulement
su par une lettre de Balzac, datée du
29 de juillet 1634 (4), que la Motte-
Aigron s'était marié à la Rochelle ;
qu'il avait quelque charge de police,
et qu'il y avait eu quelque brouillerie
entre eux deux. Le Ménagiana (5)
nous apprend qu'il fut conseiller au
présidial de la Rochelle.
(D) *Balzac voulait que l'on crût
qu'il était l'auteur véritable de l'ouvrage qui paraîtrait sous le nom de
la Motte-Aigron.*] Vous verrez le
détail de tout ceci dans ces paroles
de Javersac (6) : « Cela n'empêcha
» pas que je me sentisse grande-
» ment offensé de sa requête et de
» son procédé : ce que toutefois je
» trouvai moins étrange, après
» avoir considéré de quelle sorte il
» avait traité M. de la Motte-Aigron,
» que les plus étroits liens dont la
» nature unit les volontés de deux
» frères avaient toujours attaché à sa
» fortune. Les obligations où l'avaient
» mis cent bons offices, que son
» aimable franchise lui a rendus
» depuis l'innocence de ses pre-
» mières actions jusques à cette
» heure, ne lui ont point été si con-
» sidérables que sa propre vanité.
» Après qu'ils eurent partagé leurs
» desseins, pour écrire contre Phyl-
» larque, et que Balzac eut pris le
» plus de champ, et le plus de ma-
» tière, comme plus stérile et inté-

» ressé que l'autre, il ne se contenta
» pas d'avoir plus d'une année de
» temps et de liberté, pour avancer
» son œuvre, tandis que son ami
» était esclave de ses juges à la pour-
» suite d'un arrêt que la justice lui
» a rendu honorable. Il a voulu par
» plusieurs raisons faire supprimer
» le livre qu'un honnête loisir, après
» sa paix, lui avait permis de mettre
» déjà sous la presse. Il fait bien,
» pour se conserver la qualité de
» seul éloquent, d'empêcher qu'il
» n'y ait que lui qui écrive, afin que
» pour être sans pareil, on ne trouve
» personne à qui l'accomparer. Je
» crois qu'il n'en ferait pas moins
» que ce subtil ingénieux des poètes,
» qui faisait mourir les plus capa-
» bles de ses disciples, de peur qu'ils
» l'excellassent en son art. Il est si
» envieux de la gloire de ses amis
» mêmes, qu'il n'a jamais bien con-
» fessé que le sieur de la Motte-
» Aigron ait fait la préface de ses
» lettres, ne voulant point avoir de
» gloire à partager avec personne :
» et aujourd'hui même je suis cer-
» tain que d'une ingrate et vaine
» imposture, il a voulu persuader
» obliquement que ce livre qui est
» attendu ne connaîtrait M. de la
» Motte que pour parrain, après
» l'avoir nommé, mais qu'il en était
» le véritable père ; ce que je suis
» être d'autant plus faux qu'il est
» très-véritable que le sieur de la
» Motte a séparé tous ses intérêts
» d'avec ceux de Balzac, faisant
» gloire d'en être désobligé, pour
» avoir une raison à le fuir, et pour
» profiter de l'exemple de son apolo-
» giste (7), dont il a gâté le nom,
» qu'on estimait beaucoup plus que
» le sien même. » La préface du sieur
de la Motte-Aigron peut servir de
quelque preuve à ce narré-là ; car
voici de quelle manière elle commence. *L'avis qui m'est venu de
divers endroits que, quoique ce livre
ne soit pas fort bon, quelques-uns
pourtant lui voulaient donner un
maître à leur fantaisie, m'oblige de
vous avertir que cette aventure est
toute mienne, et qu'il n'y a point ici
de Roger qui combatte sous les armes
de Léon. Certes, bien que je ne puisse*

(3) Ménagiana, pag. 132 de la première édition
de Hollande.
(4) C'est la XXXIXe. du VIe. livre, édition
in-folio.
(5) Pag. 131.
(6) Javersac, Discours d'Aristarque à Calidoxe,
pag. 158 et suiv.

(7) Voyez la remarque (D) de l'article BALZAC,
tom. III.

assez louer la complaisance de ceux qui permettent qu'on leur fasse des enfans, et que la bonté de leur naturel me ravisse, si est-ce que je ne serais pas assez généreux pour être de leur opinion, et ne pourrais souffrir encore aujourd'hui qu'on me fît mes livres : mon imagination ne m'obéit pas de telle sorte que je puisse jamais lui persuader, que des ouvrages tels que ceux-là fussent à moi, et ne ferais pas plus de conscience de toucher au bien d'autrui que de recevoir des bienfaits de cette nature (8). La conclusion de cette préface est du même ton que l'exorde ; car elle contient ceci : *Mais pour revenir à ce qui me touche, quoiqu'il soit fort véritable que ma vie n'ait pas été telle que je n'aie quelques amis, et de ceux-là mêmement qui entendent l'art d'écrire, sachez toutefois que, pour ce qui regarde la façon de cet ouvrage, ils m'ont été aussi étrangers que ceux qui vivent aux extrémités du monde, ou que me le furent jadis ceux qui ont passé dans l'opinion de quelques-uns pour les auteurs de la préface* (9), laquelle j'ai fait ajouter à la fin de ce discours. C'est parler en homme de cœur ; il n'y a que des gens lâches, qui veuillent passer pour auteurs d'un livre qu'ils n'ont point fait : on aurait beau dire qu'ils aiment la gloire si ardemment qu'ils y veulent parvenir par l'adoption, lorsqu'ils ne le peuvent par la génération ; ce désir de gloire ne laisse pas d'être la marque d'un cœur bas. Les *custodinos* d'un évêché sont moins poltrons que les *custodinos* d'un livre. Ceux-ci sont coupables du cocuage volontaire : qu'on dise tant qu'on voudra que ce n'est qu'un cocuage d'esprit, c'est néanmoins une tache, c'est une honte.

(8) La Motte-Aigron, *avertissement au lecteur dans sa* Réponse à Phyllarque. *Voyez la remarque* (D) *de l'article de* BALZAC, tom. III, p. 71.
(9) *C'est-à-dire la préface des* Lettres *de Balzac.*

MOUGNE (ROBERTE), publia en 1616 (a), un livre intitulé *le Cabinet de la veuve chrétienne*, contenant prières et méditations sur divers sujets de l'Écriture

(a) *A Paris, chez Antoine Joallin, in-16, avec privilége du roi.*

Sainte, et le dédia *à très-sage et vertueuse dame, Benigne de Rabutin, baronne d'Huban, dame d'Espeville et de Brinon.* Elle apprend dans l'épître dédicatoire, datée de Blois, le 7 de juillet 1615, qu'elle était *veuve depuis vingt-six ans* [1]. On trouve après cette épître un sonnet *à mademoiselle du Chesne Belon ma mère, sur son cabinet de la veuve chrétienne.* Nicolas Vignier ministre du saint évangile est l'auteur de ce sonnet [2], et nous apprend que *la plume immortelle* du mari de notre Mougne *peignit dans ses doctes écrits les traits des vertus* de cette femme. Elle était de la religion, et fait paraître dans son livre une piété judicieuse et nourrie du bon suc de la parole de Dieu. La dame de Rabutin qu'elle nomme *rare patron de piété, de chasteté, de charité, lequel en peut servir d'exemple à toutes veuves chrétiennes,* était aussi de la religion.

[1] Elle était, dit Leclerc, veuve de Belon, sieur du Chesne.
[2] Il avait, dit Leclerc, épousé Olympe Belon et était gendre de Roberte Mougne. Nicolas Vignier fut le père de Jérôme Vignier, prêtre de l'oratoire.

MOULIN (PIERRE DU), l'un des plus célèbres ministres que les réformés de France aient jamais eus, naquit * . . . . . .

. . . .

Il est à remarquer qu'il ne croyait point l'histoire de la papesse Jeanne (A).

* Cet article est un de ceux que Bayle n'avait que commencés, et qui ne parurent que dans l'édition de 1720. Bayle eût certainement parlé de quelques-uns des 75 ouvrages de du Moulin dont on trouve la liste dans l'ouvrage intitulé : *Tous les Synodes des églises réformées de France,* tom. II, pag. 273.

(A) *Il ne croyait point l'histoire de la papesse Jeanne.*] M. Sarrau nous l'apprend dans un passage que j'ai rapporté ailleurs (1), et qui contient une preuve tirée de ce que M. du Moulin, qui était si propre à plaisanter, n'avait jamais fait mention de la papesse, quoique ce fût une matière qui aurait pu lui fournir bien des railleries. Apportons une autre preuve. Le jésuite Pétra Sancta *¹ publia en 1634 quelques notes sur une lettre de du Moulin à Balzac, et y joignit la réfutation de certaines choses que ce ministre lui avait dites touchant le cérémonial de Rome, par rapport à l'installation du pape. Il n'avait pas oublié la chaire percée. Le jésuite se servit de cette occasion pour réfuter en peu de mots l'histoire de la papesse. Du Moulin lui répliqua (2), et consacra tout un chapitre (3) à justifier ce qu'il avait dit touchant les cérémonies de l'installation du pape; mais il ne dit pas un mot, ni de la chaire percée, ni de la papesse. Ce qui prouve manifestement qu'il n'en croyait rien; car pour un homme qui eût cru la chose, c'était une occasion indispensable de disputer là-dessus. Rivet, partisan de la tradition de la papesse, n'oublia pas de rompre une lance en répondant à ce même écrit de Pétra Sancta (4) *².

(1) *Dans la remarque* (I) *de l'article* BLONDEL (David), *à la fin, tom. III, pag.* 473.
*¹ Ce jésuite, dit Joly, se nommait Silvester Pétra Sancta.
(2) *Son livre est intitulé:* Hyperaspistes sive Defensor veritatis adversus calumnias, etc. : *il est imprimé à Genève,* 1636, *in-*8°.
(3) C'est le XXII°. *du* I°°. *livre.*
(4) *Voyez le* III°. *tome de ses* OEuvres, *pag.* 587.
*² Joly dit que l'on peut consulter le nouveau Recueil des Lettres de G. Patin, lettre du 16 mai 1636; ainsi que deux lettres de Chapelain à Balzac, des 8 décembre 1632, et 25 janvier 1633, qu'on trouve dans les *Mélanges* de Chapelain. Il existe une *Relation des dernières heures de M. du Moulin, décédé à Sedan, le 10 mars 1658,* Sedan, 1658, *in-*8°.. Joly, qui ne connaissait pas cette édition, dit que la *Relation* fait partie du *Récit des dernières heures de MM. du Plessis Mornai, Rivet, du Moulin,* Genève, 1666, *in-*12. Quant au livre intitulé : *La Légende dorée de P. du Moulin,* contenant l'histoire de sa vie et de ses *écrits,* c'est une diatribe dont on ignore l'auteur. Du Moulin a place dans le *Theatrum de Fréher,* si souvent cité par Bayle; et un anonyme a écrit sa Vie, imprimée dans les *Vitæ selectorum aliquot Virorum,* recueillies par Guillaume Bates (en latin *Batesius),* Londres, 1681, *in-*4°.

MUCIE, femme de Pompée, était la troisième fille de Quintus Mutius Scévola (a), et la sœur de Quintus Métellus Céler (A). Elle se plongea dans l'adultère avec si peu de retenue, que son mari fut contraint de la renvoyer, quoiqu'il en eût eu trois enfans (b). Ce fut pendant qu'il remportait tant de gloire dans la guerre contre Mithridate, que Mucie se débaucha. Il apprit cette mauvaise nouvelle, et ne s'en émut pas beaucoup; mais en s'approchant de l'Italie, il considéra d'un sens rassis l'importance de ce déshonneur, et il en fut si touché, qu'il envoya à sa femme la lettre de divorce (c). L'on a observé que la Providence voulut mettre par-là un contre-poids à la gloire qu'il venait de s'acquérir (B). Il se plaignit de Jules César, le corrupteur de Mucie (C), et il avait coutume, non sans gémir, de l'appeler son Égysthe, par allusion au galant de Clytemnestre, femme d'Agamemnon; mais il ne laissa pas de s'allier avec lui quelque temps après. L'intérêt de son ambition passa l'éponge sur un si juste ressentiment (D). On lui en fit de cruels reproches (d). Mucie trouva bientôt un autre mari : elle devint l'épouse de Marcus Scaurus, et lui donna des enfans. Pompée eut quelque chagrin contre ce nouvel époux : il se fâcha que l'on méprisât à un tel point son jugement (E). Auguste se servit de

(a) Ascon. Pedianus, *in* Argum. Orat. Ciceronis pro Scauro, *pag. m.* 170.
(b) *Voyez les paroles de* Suétone, *dans la* remarque (C).
(c) Plutarch., *in* Pompeio, *pag.* 641.
(d) *Voyez la remarque* (C).

cette Mucie pour faire en sorte
que Sextus Pompée son fils ne
s'unît pas contre lui avec Marc
Antoine, mais plutôt avec lui
contre Marc Antoine (e). L'on
ne peut douter qu'il n'eût pour
elle bien des égards, puisqu'a-
près la journée d'Actium il fit
grâce de la vie à Marcus Scaurus, fils de cette dame (ƒ), et
qu'il n'usa de cette clémence
qu'en considération de Mucie.
Cela nous montre que de tout
temps la plupart des grands seigneurs ont regardé le cocuage
comme une honte bourgeoise,
et que les dames qui n'ont perdu
que la bonne renommée n'ont
guère perdu par rapport à la
fortune et au crédit. Je remarquerai par occasion que Pompée ne fut pas heureux en mariage (F).

(e) Dio, lib. XLVIII, pag. m. 418, ad
ann. 714.

(ƒ) Idem, lib. LI, pag. 508.

(A) *Elle était sœur de Quintus
Métellus Céler.*] Cicéron nous apprend cela dans une lettre qu'il
écrivit à Métellus. *Egi cum Claudiâ,*
dit-il (1), *uxore tuâ, et cum vestrâ
sorore Muciâ, cujus ergà me studium pro Cn. Pompeii necessitudine
multis in rebus perspexeram, ut eum
ab illâ injuriâ deterrerent* (2). Ce passage montre que Q. Métellus Céler,
et Q. Métellus Népos, étaient frères
de Mucie, c'est-à-dire, selon Manuce (3), ou ses cousins germains,
ou ses frères utérins. Ce dernier sentiment me paraît plus vraisemblable.
Je crois que la mère de Mucie épousa
Quintus Mucius Scévola, après avoir
eu de Quintellus Métellus Népos les
deux frères dont j'ai parlé. Voyez
ci-dessous un passage de Dion.

(1) Cicero, epist. II, lib. V, ad Famil., pag.
229, 230.

(2) C'est-à-dire, Quintus Métellus Népos, frère de celui à qui Cicéron écrit.

(3) Manutius, in Cicer. epist. II, lib. V, ad
Famil.

(B) *L'on a observé que la Providence voulut mettre par-là un contre-
poids à la gloire que Pompée venoit
de s'acquérir.*] Plutarque a fait cette
observation : *Si pensoit bien*, dit-il
(4) parlant de Pompée, *à son retour
en Italie y devoir arriver le plus honoré homme du monde, et desiroit se
trouver en sa maison avec sa femme
et ses enfans, comme aussi il cuidoit
bien y estre attendu d'eux en grande
devotion : mais le Dieu, qui a soin
de mesler tousjours parmy les grandes
et illustres faveurs de la fortune,
quelque chose de sinistre, le guettoit
en chemin, et luy dressoit embusche
en sa propre maison pour luy rendre
son retour douloureux ; car sa femme
Mutia en son absence s'estoit mal
gouvernée. Or cependant qu'il en
estoit loin, il ne tint conte des rapports qu'on luy en fit : mais quand
il approcha de l'Italie, et qu'il eut
ainsi, comme je pense, l'entendement
plus à delivre pour penser de pres
aux mauvais rapports qu'on luy en
avoit fait : alors il luy envoia de-
noncer qu'il la renonçoit et repudioit pour femme, sans avoir lors escrit, ny jamais dit depuis pour quelle
cause il la repudioit : mais la cause
en est escrite ès Epistres de Cicéron.*
Apprenons de là que la mémoire
de Plutarque était plus vaste que
fidèle. Il se souvenait que Cicéron
avoit écrit quelque chose du divorce
de Mucie, et cela avec des louanges
de la conduite de Pompée. Sur la foi
de sa mémoire, et sans consulter les
lettres de Cicéron, il avança que
l'on y trouvait les causes de ce divorce : mais il se trompe ; et si nous
avions tous les auteurs qu'il allègue,
nous trouverions qu'il a fait souvent
de pareilles fautes. Voici tout ce qu'a
dit Cicéron : *Divortium Muciæ vehementer probetur* (5). C'est dans
une lettre qui fut écrite l'an du triomphe de Pompée, c'est-à-dire l'an de
Rome 692.

(C) *Il se plaignit de Jules César,
le corrupteur de Mucie.*] Suétone,
ayant nommé plusieurs femmes que
César avait aimées, finit par Mucie,
et s'exprime ainsi : *Etiam Cn. Pom-*

(4) Plutarque, dans la Vie de Pompée, pag.
641 : je me sers de la version d'Amyot.

(5) Cicero, epist. XII, lib. I, ad Atticum,
pag. 67.

peii Muciam. Nam certè Pompeio et à Curionibus patre et filio, et à multis exprobratum est quòd cujus caussâ post tres liberos exegisset uxorem, et quem gemens Ægysthum appellare consuësset, ejus posteà filiam potentiæ cupiditate in matrimonium recepisset.

(D).... *L'intérét de son ambition passa l'éponge sur un si juste ressentiment.*] Les plus courageux de tous les hommes agissent en bien des rencontres comme les plus lâches : ils oublient les outrages les plus sanglans, pourvu que le dessein de s'agrandir trouve son compte dans la réconciliation. Pompée, au retour de la guerre de Mithridate, voulait faire ratifier toute sa conduite, et obtenir des terres pour les soldats (6) : c'était porter ses vues bien loin. Il fit créer consuls les deux personnes dont il attendait le plus de faveur ; mais il s'y trompa : l'un, savoir Afranius, était plus propre à danser qu'à toute autre chose ; l'autre, savoir Metellus Céler, le contrecarra en tout et partout, dans la colère où il était depuis le divorce de sa sœur Mucie (7). Ainsi Pompée n'obtenant rien, et sentant la diminution de son crédit, forma une ligue avec Crassus et avec César, laquelle fut la source maudite du renversement de l'état. Voilà presque toujours la chaîne des plus grandes révolutions. Faites-en l'analyse, vous les réduirez à un adultère. Si Mucie avait été une honnête femme, César n'eût point couché avec elle ; en ce cas-là Pompée ne l'aurait pas répudiée ; ne la répudiant pas, il aurait eu pour ami Metellus Céler ; l'ayant pour ami, il ne se fût point associé avec Crassus et avec César ; association funeste ! comme Caton le sut bien prédire (8). On employa les mariages à mieux cimenter la ligue. César, qui avait promis sa fille à

Servilius Cépion, se dédit de sa parole, et choisit Pompée pour son gendre, et fit espérer à Servilius la fille de Pompée, quoiqu'elle fût destinée au fils de Sylla. Celle de Pison fut mariée avec César, ce qui procura à Pison le consulat. Alors Caton ne put se tenir de s'écrier contre cette espèce de maquerellage, contre ce vilain trafic des dignités achetées par des noces. Ἐνταῦθα δὴ καὶ σφόδρα μαρτυρομένου Κάτωνος, καὶ βοῶντος, οὐκ ἀνεκτὸν εἶναι, γάμοις, διαμαστροπευομένης τῆς ἡγεμονίας, καὶ διὰ γυναίων εἰς ἐπαρχίας καὶ στρατεύματα καὶ δυνάμεις ἀλλήλους ἀντεισαγόντων. *Quo tempore palàm testatus est Cato, clamavitque rem indignam esse, et addiceretur nuptiarum lenociniis imperium, ac per mulieres mutuò se ad provincias, imperia, exercitus proveherent* (9).

(E) *Pompée se fâcha que l'on méprisât... son jugement.*] Et il le fit bien sentir à Scaurus, accusé de concussion l'an de Rome 699 (10). Scaurus avait une grande confiance aux bons offices de Pompée (11). Il avait un fils qui était frère utérin des fils de Pompée : c'était le fondement de son espérance ; mais il y fut attrapé, car Pompée ne le servit point : il fut moins sensible à la liaison de sang qui était entre ses fils et le fils de l'accusé, qu'à l'affront qu'il avait reçu d'un homme qui avait marqué de l'estime pour une femme que lui Pompée avait flétrie. Je ne dis rien là que je n'aie lu dans un ancien écrivain, et qui ne soit vraisemblable. *In eo judicio neque Pompeius propensum adjutorium præbuit, (videbatur enim apud animum ejus non minùs offensiio contraxisse, quòd judicium ejus in Mutiam, crimine impudicitiæ ab eo dimissam, leviùs fecisse existimaretur, cùm eam ipse probâsset, quàm gratiæ acquisisse necessitudinis jure, quòd ex eâdem uterque liberos haberet) neque Cato ab æquitate eâ, quâ vitam ejus, et magistratum illum decebat, quoquàm deflexit* (12).

(F) *Pompée ne fut pas heureux en*

(6) Dio, *ubi infrà.*

(7) Μέτελλος δὲ ὀργῇ ὅτι τὴν ἀδελφὴν αὐτοῦ, καίτοι παῖδας ἐξ αὐτῆς ἔχων, ἀπεπέμπετο, καὶ πάνυ πρὸς πάντα ἀντέπραξεν. *Metellus verò Pompeio iratus qui ejus sorori, susceptis etiam ex eâ liberis nuntium remisisset, in omnibus ei actionibus obstitit.* Dio, lib. XXXVII, pag. 58, ad ann. 693.

(8) Plutarch., *in Cæsare, pag.* 713. *Voyez-le aussi in Pompeio, pag.* 644.

(9) *Idem, ibidem, pag.* 714, *A.*

(10) Ascon. Pedianus, *in Argum.* Orat. Ciceron., pro Scauro, *pag.* 168.

(11) *Idem, ibidem, pag.* 170.

(12 *Idem, ibid.*

mariage.] Il eut cinq femmes. La première se nommait Antistia. Il la répudia malgré lui, pour complaire à Sylla le dictateur, qui voulut qu'il épousât Émilie, fille de Scaurus et de Métella. Celle-ci était alors femme de Sylla. Émilie était mariée et grosse. C'est pourquoi Pompée ne l'épousa que pour céder aux volontés impérieuses du dictateur. Il n'approuvait point dans son âme que l'on arrachât Émilie enceinte à son mari, et qu'on l'obligeât à répudier misérablement et ignominieusement Antistia (13), dont le père n'avait été tué que parce qu'on le soupçonnait de favoriser le parti de Sylla, à cause de Pompée. La mère d'Antistia s'était tuée en apprenant la fin tragique de son mari. Pompée ne fut pas long-temps avec Émilie ; car elle mourut en accouchant de l'enfant dont elle était grosse quand elle entra chez Pompée (14). Il se maria ensuite avec Mucie ; et, après l'avoir répudiée, avec Julie, fille de César, laquelle devait épouser Cépion dans peu de jours (15). Soit qu'il l'aimât, soit qu'à cause qu'il en était tendrement aimé, il ne voulût pas se séparer d'elle, il s'amusa à la promener de lieu en lieu, et à lui montrer les plus belles maisons de plaisance de l'Italie, sans se mêler des affaires (16). Cette vie molle lui fit du tort, et l'exposa à la médisance. Cela ne dura guère. Il se fit des meurtres proche de lui un jour de comices, et il fut obligé de prendre d'autres habits, car le sang avait sali ceux qu'il portait. Julie, les ayant vus en cet état entre les mains des domestiques, fut si émue qu'elle tomba évanouie, et qu'elle fit une fausse couche. Quelque temps après

elle devint grosse, et mourut en accouchant d'une fille (17), qui ne vécut que peu de jours (18). Enfin, il épousa Cornélie, et quoiqu'elle fût d'un grand mérite, il eut le malheur d'apprendre qu'on blâmait beaucoup ce mariage. Voici une citation de Plutarque bien curieuse : « Pompejus, retournant en la ville, espousa Cornelia, la fille de Metellus Scipion, non fille, ains de nagueres demeurée vefve de Publius Crassus le fils, qui fut occis par les Parthes, auquel elle avoit esté mariée la première fois. Ceste dame avait beaucoup de graces pour attraire un homme à l'aymer outre celles de sa beauté ; car elle estoit honnestement exercitée aux lettres, bien apprise à jouer de la lyre, et sçavante en la geometrie, et si prenoit plaisir à ouyr propos de la philosophie, non point en vain et sans fruit : mais qui plus est, elle n'estoit point pour tout cela ny fascheuse ny glorieuse, comme le deviennent ordinairement les jeunes femmes qui ont ces parties et ces sciences-là. Davantage elle estoit fille d'un pere auquel on n'eust sceu que reprendre, ny quant à la noblesse de sa race, ny quant à l'honneur de sa vie ; toutes fois les uns reprenoient en ce mariage, que l'âge n'estoit point sortable, pource que Cornelia estoit jeune assez pour estre plustost mariée à son fils ; et les plus honnestes estimoient qu'en ce faisant il avoit mis à non chaloir la chose publique au temps qu'elle estoit en si grands affaires, pour auxquels remedier elle mesme l'avoit choysi comme médecin, et s'estoit jetté entre les bras de luy seul, et cependant il s'amusoit à faire nopces et festes, là où plustost il devoit penser que son consulat estoit une publique calamité, pource qu'il ne luy eust pas esté ainsi baillé extraordinairement à luy seul, contre la coustume, et les loix, si les affaires publiques se fussent bien portez (19). » Cette illustre dame se repentit de n'avoir

(13) Ἐξελαυνομένης τῆς Ἀντιςίας ἀτίμως καὶ οἰκτρῶς. *Expellitur Antistia ignominiosè miserèque.* Plutarch., *in Pompeio, pag.* 613, B.

(14) *Tiré de* Plutarque, *ibidem.*

(15) Plutarch., *ibidem, pag.* 644.

(16) *Idem, ibidem, pag.* 647, B. *Vous trouverez aussi ces paroles, ibidem, pag.* 644, F. Ταχὺ μέντοι καὶ αὐτὸς ἐμαλάσσετο τῷ τῆς κόρης ἔρωτι, καὶ προσεῖχεν ἐκείνῃ τὰ πολλὰ καὶ συνδιημέρευεν ἐν ἀγροῖς καὶ κήποις, ἠμέλει δὲ τῶν κατ' ἀγορὰν πραττομένων. *Brevi tamen ipse quoque uxoris juvenculæ emollitus est amore, ac ferè assiduus cum eâ ruri, et in hortis egit. Postmisit etiam negotia forensia.*

(17) *Ex* Plutarcho, *ibidem, pag.* 647.

(18) *Idem, in Cæsare, pag.* 719, C.

(19) Plut., *in Pompeio, pag.* 648. *Je me sers de la version d'*Amyot.

pas exécuté la résolution qu'elle avait prise de se tuer, quand elle se vit privée de son premier mari (20) : elle s'en repentit, dis-je, en voyant Pompée sur le rivage de Mitylène, dans un triste état après la bataille de Pharsale. On l'avait laissée dans cette ville pendant la guerre : elle y avait reçu des nouvelles si avantageuses touchant le combat de Dyrrachium (21), qu'elle l'avait cru décisif, et qu'elle n'en attendait point d'autre suite que d'apprendre que son époux poursuivait César. On lui avait amplifié les pertes de l'ennemi pour la flatter, pour la réjouir; c'est la coutume. Jugez de sa désolation, quand elle vit son mari réfugié à l'île de Lesbos, sur un vaisseau d'emprunt (22). Elle fut sa fidèle compagne dans sa fuite jusques en Égypte (23) ; et ayant recouvré ses cendres, elle les enterra sur le mont d'Albe (24). Mais cette fidélité fut, par accident, ce qui le perdit; car si elle ne l'eût pas suivi, il se serait réfugié au pays des Parthes, et non en Égypte où on le tua. On assure que la seule chose, qui le détourna de s'en aller vers l'Euphrate, fut la crainte du déshonneur à quoi la beauté et la jeunesse de Cornélie pouvaient l'exposer parmi des peuples lascifs. Il était si délicat sur ce chapitre, qu'il craignait même les faux jugemens. Cela montre qu'il ne fut pas trop heureux dans son dernier mariage, et qu'une épouse jeune et belle n'est guère commode à un voyageur (25). Quoi qu'il en soit, vous serez bien aises de trouver ici un passage de Plutarque. *Theophane Lesbien disoit que ce luy sembloit une grande folie, que de laisser le royaume d'Egypte, qui n'estoit qu'à trois journées... pour s'aller jetter entre les mains des Parthes..., mener une jeune femme de la maison des Scipions entre des barbares, qui ne mesurent leur puissance ny leur grandeur, sinon en la licence de commettre toutes les vilanies et toutes les* infamies *qu'il leur plaist : car pose encore qu'elle ne soit point violée par eux, si est-ce neantmoins chose indigne, qu'on puisse penser qu'elle l'ait peu estre, pour avoir esté en la puissance de ceux qui ont eu moyen de le faire. Il n'y eut que ceste raison seule, ainsi comme l'on dit, qui destourna Pompeius de prendre le chemin d'Euphrates, au moins si nous voulons consentir que ç'ait esté le discours de la raison, et non sa mauvaise fortune qui l'ait guidé à prendre le chemin qu'il suivit* (26).

Je ne sais à laquelle de ces cinq épouses de Pompée l'on doit appliquer ce qu'on lit dans Suétone. Un grammairien fort savant avait pour patrons Pompée et Caius Memmius. Il porta à la femme de Pompée un billet d'amour de Memmius. La dame le déféra à son mari, qui lui défendit l'entrée de sa maison (27). Tout bien compté, il ne faut point prendre cela pour une bonne fortune de mariage, mais plutôt pour une infortune. Il est fâcheux d'être trahi par un savant qu'on avait aimé; d'être trahi, dis-je, par son homme d'étude, par l'homme de lettres de son hôtel. Il n'est point agréable d'apprendre qu'un homme tel que Caius Memmius tâche de séduire votre épouse, et lui propose par écrit un commerce de galanterie. On est bien aise, qu'au lieu d'y répondre favorablement, elle vous montre la lettre, et vous nomme le porteur ; mais enfin il vaudrait mieux que rien de toutes ces choses n'arrivât. L'imagination ne s'arrête pas où l'on voudrait. Qui vous répondra que pareils messages ont été toujours, ou seront toujours repoussés de cette manière ? Qui vous répondra qu'il ne faut point dire ici *non amo nimiùm diligentes,* trop de précaution est ruse : vous découvrez une intrigue afin de cacher les autres, et de les mettre à couvert de tout soupçon? L'imagination, vous dis-je, est

(20) Plut. *in* Pompeio, *pag.* 659, *A.*
(21) *Idem, ibidem, pag.* 658.
(22) *Idem, ibidem.*
(23) *Idem, ibidem, pag.* 659 *et seq.*
(24) *Idem, ibidem, pag.* 662.
(25) *Voyez la remarque* (G) *de l'article* SARA, *tom. XIII.*

(26) Plutarch., *in* Pompeio, *pag.* 660 : *je me sers de la version d'Amyot.*
(27) Curtius Nicia hæsit Cn. Pompeio et Caio Memmio ; sed quùm codicillos Memmii ad Pompeii uxorem de stupro pertulisset, proditus ab eâ Pompeium offendit, domoque ei interdictum est. Sueton., de clar. Gramm., *cap. XIV.*

une coureuse qui se tourne de tous côtés dès qu'on la réveille. Souhaitez qu'on la laisse bien dormir.

Si quelques-uns trouvent étrange que je mette ici des choses qui sont étrangères à l'article de Mucie, je leur fais savoir que j'en use ainsi afin que l'on trouve ensemble ce qui concerne les mariages de Pompée. L'article de ce grand homme sera si long, que par prudence j'en détache des morceaux pour le rendre moins prolixe. J'ai déjà fait la même chose en de pareilles rencontres.

MUNUZA (a), vaillant capitaine maure (A), et gouverneur de Cerdaigne pour les Sarrasins, qui venaient de conquérir l'Espagne au commencement du VIIIᵉ. siècle, fit une alliance secrète avec Eudes, duc d'Aquitaine, au préjudice de ces conquérans. Il se plaignait qu'ils traitaient fort mal tous les Maures ; mais outre cette raison, qui n'était peut-être qu'un prétexte dont il était bien aise de couvrir la trahison qu'il méditait, il en avait une autre. Il aimait avec une extrême passion la princesse d'Aquitaine (B), et il savait bien qu'il ne l'obtiendrait qu'en la faisant souveraine, et qu'en promettant de faire la guerre aux Sarrasins, afin qu'ils ne pussent pas détourner Eudes, duc d'Aquitaine, d'attaquer en même temps Charles Martel. L'amour fut donc le grand principe de la révolte de Munuza. C'était le plus laid de tous les hommes : au contraire la fille d'Eudes était une beauté rare. Il était d'ailleurs mahométan, au lieu que la princesse était zélée pour le christianisme. Tout cela n'empêcha point qu'elle ne lui fût li-

vrée : l'ambition du père passa par dessus la répugnance de la fille. Munuza tint sa parole, il prit les armes dès que le mariage eut été conclu ; mais ce fut avec un méchant succès. Abdérame, gouverneur d'Espagne (b), le poussa si vivement, qu'il le contraignit de se renfermer dans Puycerda. Munuza eut quelque espérance d'y tenir bon, comme faisait don Pélage dans les montagnes d'Asturie ; mais comme l'eau vint à lui manquer, et qu'il se voyait fort odieux aux habitans, il quitta ce poste, et il se mit en chemin par des routes qu'il croyait inconnues, pour se retirer avec sa femme auprès du duc d'Aquitaine. On le poursuivit, et il ne put se voir en ce triste état sans tomber dans le désespoir : de sorte qu'il se précipita du haut des montagnes (c), pour n'être point mené vivant à ses ennemis. Sa tête fut portée à Abdérame. Sa femme lui fut aussi amenée (C) ; et comme Abdérame la trouva trop belle pour lui, il l'envoya au calife (d). Il aima mieux faire ce présent à son souverain en faveur de son ambition, que de le garder pour ses plaisirs particuliers. Il ne faut point douter qu'il ne découvrît l'alliance qui avait été entre Munuza et Eudes, et qu'entre autres motifs il ne se proposât le châtiment du beau-père, qui avait poussé le beau-fils à se soulever. Aussi vit-on que personne ne fut plus alarmé qu'Eudes de l'expédition

(a) D'autres le nomment Munioz. Rodéric de Tolède le nomme Muniz.

(b) Le calife Iscam lui avait donné cette charge.
(c) En 731.
(d) Voyez l'Histoire de France de Cordemoi, tom. I, pag. 403.

d'Abdérame, et que personne n'en souffrit autant que lui : ce qui sert à réfuter ceux qui l'accusent d'avoir attiré les Sarrasins, comme je l'ai remarqué ailleurs (e).

(e) *Dans la remarque* (I) *de l'article* d'ABDÉRAME, *tom. I, pag.* 32.

(A) *Capitaine maure.*] Augustin Curion (1) parle de deux capitaines goths, sujets du roi d'Espagne, qui favorisèrent les Sarrasins : l'un s'appelait *Mugnuza*, et l'autre *Mugnos* : celui-ci, seigneur de Cerdaigne, *Cerdaniæ Regulus*, obtint des Sarrasins le gouvernement des places voisines ; et comme il connaissait le pays, et que d'ailleurs il était fort inhumain, il fit beaucoup de mal aux Espagnols (2) qui, des montagnes et des bois où ils se réfugièrent, faisaient des courses sur les Sarrasins. S'étant voulu plaindre de ce qu'on n'observait point le traité qu'on avait fait par son entremise avec Eudes, son beau-père, il fut assiégé par Abdérame ; il se sauva, et fut pris et décapité : ainsi périrent bientôt, dit cet auteur (3), les traîtres de la patrie. Quelles confusions dans cette histoire ! Les uns disent que Munuza était un Maure mahométan, qui se rebella contre son calife ; les autres que c'était un Espagnol et un chrétien, qui se jeta dans le parti des Sarrasins, et y demeura fidèle à quelques plaintes près. Rodéric de Tolède (4) dit que Muniz, gendre d'Eudes, avait fait mourir plusieurs chrétiens, et brûler l'évêque Anambalde.

(B) *Il aimait... la princesse d'Aquitaine.*] Elle était fille d'Eudes ; mais j'avoue que je ne sais point comment elle s'appelait, encore que j'aie lu dans Mézerai (5) qu'elle avait nom *Lampagia ;* et dans un autre auteur, (6) qu'elle s'appelait *Ménine* ou *Nu-*

(1) Histor. Sarracen., lib. I, pag. m. 81.
(2) *Contra quos exercitum duxit Mugnoces vir immanissimus, qui quòd regionum et locorum peritus esset, magnis eos cladibus afflixit.* August. Curio, Histor. Sarracen., lib. I, pag. m. 88.
(3) *Lib. II,* pag. 112.
(4) Histor. Arab., cap. XIII.
(5) Abrégé chronol., tom. I, pag. m. 192. Moréri *a copié cette faute.*
(6) Audigier, Origine des Français, tom. II, pag. 244.

mérane (7). Ce qui me tient en suspens à l'égard de *Lampagia,* est de voir que la Chronique des évêques d'Auxerre (8) donne ce nom à la fille d'un autre Eudes, femme d'Aimon roi de Sarragosse. *Contigit eo tempore* (c'est ainsi que parle cette Chronique) *Pipinum filium prioris Karoli Aquitaniam ex vocatione Eudonis Aquitanorum ducis adversùs Aimonem Cæsar-Augustæ regem perrexisse,* qui *Lampagiam ipsius Eudonis filiam in conjugium sumpserat, et fœdus conjugii ruperat.* Il est bien certain qu'il ne s'agit point du beau-père de Munuza dans ce passage, car outre qu'il mourut quelques années avant que Pepin succédât à Charles Martel, personne n'a dit qu'il ait jamais eu recours à ses voisins pour la vengeance des injures faites à sa fille par son mari. Voilà donc une Lampagia qui n'est point la femme de Munuza ; cependant, puisqu'il y a des écrivains (9) qui appliquent à Eudes beau-père de Munuza, les paroles de la Chronique d'Auxerre, et qui, par conséquent, le font père de Lampagia ; il n'est pas hors d'apparence que par une semblable erreur, on ait dit que la fille qu'on donna au gouverneur de Cerdaigne s'appelait Lampagia. Ainsi par cette voie l'on ne saurait découvrir rien de certain touchant le vrai nom de la femme de Munuza. Passons aux autres noms qu'on lui donne. On prétend qu'elle s'appelait Ménine ou Numérane (10), et l'on tâche de le prouver par des monuments conservés dans la Biscaye, et sur la foi desquels Garibai rapporte qu'Eudes eut une fille nommée Ménine ou Numérane, qui fut femme de Froïla, roi des Asturies. Pour faire quelque chose de cette preuve, il faut supposer que la princesse d'Aquitaine, dont le gouverneur de Cerdaigne devint amoureux, épousa en secondes noces Froïla, roi des Asturies. C'est aussi ce que l'on suppose (11). *Elle fut alliée deux fois,* la

(7) Oihenart, *pag.* 191, dit *Momérana.*
(8) *Voyez-en les extraits au I*er*. tome* Veterum Franciæ Historicorum, *publiés par* Duchesne.
(9) Oihenart, Histor. Vascon., *pag.* 367. Audigier, Origine des Français, tom. II, *pag.* 220. Notez *qu'Audigier, pag.* 240, dit fort bien que *Lampagia était fille de Hunaud, fils d'Eudes.*
(10) Audigier, Origine des Français, tom. II, pag. 245.
(11) *Là même.*

première avec *Munioz*, roi de Cerdaigne, *Sarrasin révolté contre Iscam Miramolin*, qui sous les auspices d'*Abdérame*, son lieutenant général en Espagne, et de *Froïla*, roi des *Asturies*, alliés pour lors du *Miramolin*, défit *Munioz* demeuré parmi les morts sur le champ de bataille en 737 (12), laissant cette belle veuve au pouvoir d'*Abdérame*, qui la destina pour le sérail d'*Iscam*... *Toutefois le roi Froïla en étant devenu passionné, le Miramolin la renvoya fort honnêtement, et Froïla l'épousa....* Les auteurs français et espagnols donnent partant mal deux filles à Eudes; l'une du nom de *Ménine*, mariée à *Froïla*; l'autre du nom de *Numérane*, mariée à *Munioz* étant certain que ce n'en est qu'une même, alliée successivement à ces deux rois, dont le nom s'est un peu réfléchi dans l'idiome espagnol et dans l'idiome maure, mais n'est au fond nullement différent. On ne fonde cette supposition que sur ces paroles de Sébastien de Salamanque. *Nuninam quandam adolescentulam è Vasconum prædá sibi servari præcipiens (Froïla) posteà eam in regale conjugium copulans* (13). Mais qui ne voit la faiblesse de cette preuve? En 1er. lieu, la femme d'un gouverneur de Cerdaigne, Maure de nation, et qui n'avait pas de troupes gasconnes à son service, ne pouvait pas être une partie du butin fait sur les Gascons. En 2e. lieu, la femme de ce gouverneur fut remise à Abdérame qui l'envoya à son calife. Elle n'était donc point la Nunine de Sébastien de Salamanque; car puisque Froïla donna ordre qu'on lui mît à part cette Nunine, c'est un signe manifeste qu'Abdérame n'en avait point disposé. Il semble même que s'il eût été présent à l'action où cette Nunine fut prise, Froïla n'aurait eu rien à commander touchant cette partie du butin. En 3e. lieu, à ces paroles, *Froïla commanda qu'on lui gardât une certaine petite fille trouvée parmi le butin fait sur les Gascons, et puis l'épousa,* pouvaient être expliquées de cette sorte, *Froïla devint passionnément amoureux de la* veuve du gouverneur de *Cerdaigne*, laquelle était tombée au pouvoir d'*Abdérame*, et avait été envoyée au *Miramolin* qui la renvoya fort honnêtement, et *Froïla l'épousa;* si, dis-je, ces sortes d'explications étaient une fois permises, il n'y aurait rien qu'on ne pût trouver partout; et il ne serait pas difficile de prouver le blanc par le noir. Je ne demande point s'il y a de l'apparence qu'aucun auteur ait pu traiter de *quandam adolescentulam è Vasconum prædá*, la fille d'un duc d'Aquitaine, la veuve d'un gouverneur de province devenu chef de parti, la plus belle princesse de son temps; je ne demande pas, dis-je, cela, quelque raisonnable qu'il soit, de peur qu'on ne me réponde que les auteurs en ce temps-là écrivaient d'une manière fort simple et fort négligée. J'ai assez d'autres preuves sans celle-ci contre les suppositions de M. Audigier. Car, sans tant de façons, il ne faut que considérer les paroles qui précèdent immédiatement celles qu'il cite (14), et l'on touchera au doigt la fausseté de ses imaginations : *Vascones rebellantes superavit atque edomuit, Nuninam quandam adolescentulam ex Vasconum prædá sibi servari præcipiens,* etc. Il est manifeste que ce butin fut gagné, non lorsque le gouverneur de Cerdaigne se précipita, mais lorsque le roi des Asturies punit la rébellion de quelques-uns de ses sujets. Or comme ce roi des Asturies ne pouvait point avoir de sujets rebelles au delà des Pyrénées à son égard, il est clair que les Gascons qu'il dompta n'étaient point sous l'obéissance d'Eudes, duc d'Aquitaine; comment donc est-ce que la fille d'Eudes se serait trouvée parmi le butin ? Le savant Ambroise Moralès (15) a fait voir que les Gascons dont il est parlé dans ce passage de Sébastien de Salamanque, sont les habitans d'Alava, *Alavenses.* Concluons 1°. qu'il n'y a nulle apparence que la belle veuve ait jamais revu l'Europe depuis qu'elle eut mis le pied dans le sérail du calife Iscam ; on n'avait garde de se dessaisir d'un tel morceau en faveur de Froïla, dont l'alliance avec le Mi-

---

(12) *Voyez la remarque suivante.*

(13) Oihenart, Not. Vascon., pag. 191, *dit qu'il y a dans le manuscrit du collége de Navarre, à Paris,* Muniam, *et dans l'imprimé* Muninam.

(14) *Il a cité le passage tout entier. p.* 224.
(15) Lib. XIII, cap. XVII et XXV, apud Oihenart, pag. 192.

ramolin est un fait que je tiens pour très-douteux ; 2°. que la fille d'Eudes, femme de Froïla roi des Asturies, de laquelle font mention les monumens de Garibai, est différente de celle qui fut mariée à Munuza ; 3°. que cette certaine Nunine , que Froïla donna ordre qu'on lui gardât, et qu'il épousa dans la suite, n'est point la Ménine ou la Numérana fille d'Eudes, qui fut femme de Froïla, selon les monumens de Garibai ; 4°. que, sans se trop tourmenter à mettre d'accord Garibai et Sébastien de Salamanque , il vaut mieux dire que l'un des deux se trompe , et en tout cas préférer celui-ci à celui-là. Catel (16) remarque que *le nom* de la fille d'Eudes , *mariée à Munios, seigneur de Cerdaigne,* est ignoré.

(C) *Sa femme fut aussi amenée à* Abdérame.] Voici deux passages formels (17) : le premier est de Rodéric de Tolède ; le second , d'Isidore de Badajos. *Viri exercitûs caput Muniz præcipitio jam collisum cæde secundâ detruncant , et cum filiâ Eudonis regi suo læti præsentant. Abdiramen autem de rebellis interitu jucundatus ejus uxorem , cùm esset pulcherrimâ, summo regi trans maria honorificè destinavit.* Écoutons maintenant Isidore de Badajos : *Cujus caput ubi eum jacentem repererunt trucidant, et regi unâ cum filiâ Eudonis memorati ducis præsentant, quam ille maria transvectans sublimi principi procurat honorificè destinandam.* Il paraît par-là que M. Audigier se trompe lorsqu'il dit que *Munioz demeura parmi les morts sur le champ de bataille,* en 737, car premièrement, la mort de ce gouverneur précéda l'expédition d'Abdérame : elle est donc antérieure à l'an 732. Secondement, ce gouverneur ne fut point tué dans une bataille , il se sauvait par des routes inconnues ; et se voyant poursuivi, et ne voulant point tomber vif au pouvoir des Sarrasins , il se précipita du haut d'un rocher. Mézerai ne suit point le bon parti lorsqu'il dit qu'Abdérame prit prisonnier Munuza dans la Cerdaigne (18).

(16) Histoire du Languedoc, *pag.* 525.

(17) *Cités par* Audigier, tom. II, *pag.* 220. Il *attribue,* pag. 245, à Isidore de Badajos, *ce qu'il avait attribué à* Rodéric de Tolède, *pag.* 220.

(18) Abrégé chronol., *tom. I, pag.* 192.

MUSAC *, gentilhomme bourguignon, composa une conférence académique qui fut imprimée à Paris, l'an 1629. Elle est divisée en trois parties, et contient 334 pages in-8°. J'en donnerai quelques extraits, qui pourront servir de supplément à l'histoire de la dispute de Balzac avec le père Goulu (A). Je m'étonne que le sieur Sorel n'ait rien dit de cet ouvrage , lorsqu'il a fait le détail de cette fameuse querelle (a).

* Ce *Musac, gentilhomme bourguignon,* n'est autre que Camus , évêque de Belley, qui pour se déguiser mit sur le titre de son livre l'anagramme de son nom. Leclerc en tire la preuve du *Catalogue des livres imprimés de Mgr. l'évêque de Belley*, donné par lui-même, où il cite pour son 31e. ouvrage la *Conférence académique*. Baillet ayant élevé à 600 le nombre des écrits de Camus, la Monnoie dit que ces 600 pourraient être réduits à 100. Mais, depuis , ce même Monnoie avoue qu'il était allé trop loin dans sa réduction, et qu'il aurait dû mettre 200. Niceron en effet, dans le 36e. volume de ses *Mémoires*, cite 186 ouvrages dont quelques-uns ont plusieurs tomes. Joly cite en l'honneur de Camus un passage d'une lettre de Grotius, de la fin de 1644 , et le fragment d'une lettre de Boursault, où il est dit que *jamais homme n'a été plus anti-moine que M. de Belley*. Boursault ajoute que Camus ne cessait de fulminer contre les moines, et d'avertir d'être en garde contre leurs révérences intéressées, disant : *que les moines ressemblent à des cruches qui ne se baissent que pour s'emplir.*

(a) *Dans sa* Bibliothéq. française, *pag.* 120 *et suiv.*

(A) *Je donnerai quelques extraits qui pourront servir de supplément à l'Histoire de la dispute de Balzac avec le père Goulu.*] Les personnages de cette conférence académique sont huit en nombre. Quelques-uns d'eux parlent pour Balzac ou contre Balzac; quelques autres pour ou contre le père Goulu; et enfin l'un exerce l'office de juge. On trouve à la page 47 que *le judicieux Valentin qui a dressé le tombeau de l'orateur français et suivi le Trason pas à pas, examinant l'Apologie* (1) *page après page, y a*

(1) *C'est-à-dire l'*Apologie de Balzac, *composée par le prieur* Ogier.

remarqué beaucoup de *défauts*. Nous allons voir de quelle manière on parlait de quelques livres que Balzac devait donner au public ; elle était la plus propre du monde à les faire trouver mauvais, quelque bons qu'ils eussent pu être, car enfin ils auraient été infiniment au-dessous de la haute idée qu'on en donnait. Les amis et les ennemis d'un auteur ne sauraient lui rendre un plus mauvais office que d'annoncer ses ouvrages sous une notion si pompeuse. C'est étouffer un enfant à force ou sous prétexte de le caresser. « Il fera voir, si on lui don-
» ne du loisir et si on a de la pa-
» tience, qu'il peut aussi bien réussir
» aux pièces amples qu'aux brèves,
» et qu'il a tellement en main les
» armes de l'éloquence qu'il se sert
» aussi dextrement de l'épée que du
» poignard. Ce sera lorsque paraîtront
» sur le théâtre du monde, ce Prince,
» qui doit effacer la gloire de tous
» les autres en la même sorte que le
» soleil engloutit les étoiles à son
» lever; cette Solitude admirable, qui
» ôtera le lustre à la République de
» Platon ; ce Jugement redoutable,
» qui examinera tout l'univers et qui,
» à l'imitation du dernier, rendra à
» un chacun selon ses œuvres, et
» cette Histoire incomparable, où,
» comme dans un miroir enchanté,
» paraîtront les actions les plus ca-
» chées de la vie humaine, et qui
» servira de règle à la morale et à la
» politique, à quoi s'arrêtera comme
» à un principe invariable, toute la
» postérité (2). » Cette même raillerie avait été débitée en d'autres termes : « Tout le monde s'attend avec
» beaucoup d'impatience de voir
» bientôt grossir les œuvres de l'au-
» teur des Lettres de ce grand ou-
» vrage dont il parle tant et depuis
» si long-temps ; et que là il dé-
» ploiera les maîtresses voiles de son
» éloquence incomparable, et ban-
» dant tous les nerfs de son esprit
» qu'il découvrira tous les ressorts
» de sa doctrine, cette Solitude ou
» cet Ermitage, où il entrera plus de
» pièces qu'en la République de Pla-
» ton ; ce Prince, travail inimitable
» dont le fragment, qui s'est fait voir
» comme un échantillon, a été dé-
» chiré en lambeaux par Phyllarque,

(2) Conférence académique, *pag.* 194.

» fera voir si la principauté des beaux
» esprits lui demeurera, ou si la
» couronne lui durera aussi peu sur
» la tête qu'au roi de Bohême. Ce
» grand Jugement des Vivans et des
» Morts (si ce mot se peut dire sans
» blasphème et sans usurper l'of-
» fice du fils de Dieu à qui le père a
» donné tout jugement), ce Jugement
» qui doit passer celui de Michel
» Ange et de l'Archange encore, s'il
» lui plaît ainsi, et balancer toutes
» les actions des hommes d'un si juste
» poids qu'il sera égal à celui du
» sanctuaire ; ce Jugement dernier
» du premier de tous les éloquens,
» qui doit censurer tout l'univers,
» et sans miséricorde faire le procès
» à des criminels que les parlemens
» adorent, c'est-à-dire aux rois et à
» la faveur, avec une bien plus am-
» ple liberté et un ton bien plus re-
» doutable que celui des Lettres ; où
» les papes, les rois, les cardinaux,
» les princes d'Italie et des autres
» nations, sont pincés jusques au vif;
» sans doute cet effroyable Jugement
» où l'éloquence sera assise sur un
» trône de feu avec des foudres à la
» main, et son ministre couvert de
» lauriers comme un Alexandre, fera
» trembler les morts et les vivans, et
» passera les censures de l'Arétin,
» dont la langue et la plume ne par-
» donnèrent qu'à la divinité qu'il ne
» connaissait pas (3). » Ce qui suit
concerne le sieur de Javersac (4). *A ce*
dernier l'Acates de Phyllarque, écri-
vant à Palémon, semble avoir de telle
sorte humé le vent, qu'il en ait perdu
la parole, et lui avoir fermé la bouche
sans lui donner un chapeau de pour-
pre (5)..... *Ce n'est pas qu'il n'ait fort*
bonne opinion de son esprit et beau-
coup meilleure de sa valeur, qu'il dé-
peint dans son discours d'Aristarque
(Ainsi se nomme-t-il) à Calidore.
avec des couleurs qui ont de l'air de
roman, encore qu'il assure que cette
histoire n'est pas une fable. Mais en
son premier discours, adressé à Ni-
candre, il faut avouer que, s'étant

(3) Conférence académique, *pag.* 133 *et suiv.*

(4) *Là même, pag.* 266 *et suiv. Voyez aussi*
pag. 207.

(5) *Allusion à une cérémonie de la cour de*
Rome ; c'est que le pape ferme la bouche aux
nouveaux cardinaux, et puis la leur ouvre dans
un autre consistoire.

proposé de combattre tout à la fois
deux grands ennemis, il se démêle du
principal avec si peu d'avantage qu'il
semble que l'autre qu'il n'avait tou-
ché qu'en passant pouvait bien se
passer d'exercer une si violente ven-
geance que celle qui est décrite en
l'aventure de l'île enchantée (6). *Mais*
c'est à lui de démêler cette querelle
avec Narcisse qui l'attend il y a long-
temps au pré aux Clercs, à couvert
néanmoins de tous les mauvais vents,
et auprès du soleil, de la nuit et des
mauvais jours, à trente journées de
la guerre. Résolu de se battre avec des
épées dont les lames soient, non de da-
mas, mais de satin, et des pistolets
chargés de prunes de Gênes et de
poudre de Cypre.... Un adversaire*
plus magnifique et plus digne de con-
sidération, c'est, à mon avis, l'au-
teur de la Réponse à Phyllarque (7),
qui est le même de la préface des
Belles-Lettres, et selon l'opinion de
quelques-uns de ce généreux ouvrage
qui porte pour titre : la Défaite du Pa-
ladin. Cette Réponse est une pièce
concertée, où, quoique l'écrivain as-
sure le contraire, on tient que Nar-
cisse a bonne part, bien que non pas
telle qu'en l'apologie que chacun lui
attribue (8).

Les parties ayant dit ou pour ou
contre Balzac et son adversaire toutes leurs raisons, celui à qui elles
déférèrent le jugement de la cause
donna cet arrêt :

Je vous juge tous deux dignes de la génisse (9),
Tant vous êtes égaux en ce bel exercice
De parler et répondre. Assez braves guerriers,
Tous deux également couronnés de lauriers,
Élevez notre langue au plus haut de sa gloire,
Et consacrez vos noms au temple de mémoi-
re (10).

(6) C'est celle qui est décrite dans la Défaite
du paladin Javersac. *Voyez* la remarque (A) de
l'article JAVERSAC, tom. *VIII*, pag. 341.

(7) C'est-à-dire LA MOTTE-AIGRON. *Voyez* son
article, dans ce volume, pag. 570. On le nomme
le sieur d'Aigremont, dans la page 193 de la
Conférence académique.

(8) Conférence académique, pag. 269.

(9) *Imitation d'un semblable jugement qui est
à la fin de la IIIᵉ. églogue de Virgile, et vitulâ
tu dignus et hic, etc.*

(10) Conférence académique, pag. 328.

MUSCULUS (WOLFGANG),
l'un des plus célèbres théologiens
du XVIᵉ. siècle, naquit à Dieuze
en Lorraine, le 8 de septembre

1497. Son père qui était un ton-
nelier, le voyant enclin à l'étude le destina aux lettres; mais
il fallut que l'écolier pourvût
lui-même à sa subsistance, c'est-
à-dire qu'il mendiât son pain en
chantant de porte en porte. Il
chanta un jour à vêpres dans un
couvent de bénédictins (a) si
heureusement, qu'on lui offrit
gratis l'habit de l'ordre. Il accepta la proposition. Il n'avait
alors que quinze ans. Il s'appliqua beaucoup à l'étude et devint
un très-bon prédicateur. Il approuva les sentimens de Luther,
et les soutint fortement en toutes rencontres; et cela fit beaucoup d'impression sur plusieurs
de ses confrères; car la plupart
des bénédictins de ce couvent
quittèrent le froc. Il se fit d'autre côté beaucoup d'ennemis, et
se trouva exposé à divers dangers; mais enfin il se tira de ces
embarras par la profession ouverte du luthéranisme. Il se sauva à Strasbourg, vers la fin de
l'an 1527, et y épousa en face
d'église, le 27 de décembre de la
même année, Marguerite Barth,
qu'il avait fiancée avant que de
sortir du monastère. N'ayant
pas de quoi subsister, il mit sa
femme pour servante chez un
ministre, et se rendit apprenti
du métier de tisserand chez un
maître qui le chassa deux mois
après (b). Il s'était résolu à gagner sa vie au travail des fortifi-
cations de Strasbourg (c); mais

(a) *Au pays de Lutzelstein.*

(b) *Ce fut à cause que Musculus disputait
trop avec un ministre anabaptiste qui logeait chez le tisserand.*

(c) *Conférez ce que dessus*, remarque (I)
de l'article JUNIUS (François), tom. *VIII*,
pag. 488.

la veille du jour qu'il devait commencer cette corvée, il fut averti que les magistrats le destinaient à prêcher tous les dimanches dans le village de Dorlisheim. Il en fut bien aise, et il s'acquitta exactement de cette fonction; elle ne l'engageait point à la résidence, il partait de Strasbourg le samedi et il revenait le lundi. Il logeait le reste du temps chez Martin Bucer (A). La chose prit une autre face quelques mois après; car on trouva à propos qu'il résidât. Il se transporta donc à Dorlisheim, et y souffrit les rigueurs de la pauvreté fort constamment (B). On le rappela à Strasbourg au bout d'un an, pour l'emploi de ministre diacre dans la principale église. L'ayant exercé environ deux ans, il fut appelé à Augsbourg, et commença d'y prêcher le 22 de janvier 1531. La charge de ministre qu'il y exerça fut fort pesante pendant les premières années; car il eut à combattre non-seulement les catholiques romains, mais aussi les anabaptistes. Il s'opposa aux personnes qui étaient d'avis que l'on fît mourir ceux-ci, et il obtint peu à peu des magistrats que le papisme fût entièrement chassé (C). Il servit l'église d'Augsbourg jusques au temps où les magistrats eurent la faiblesse de recevoir l'*Intérim*, l'an 1548. Il sortit alors de la ville, et se retira en Suisse. Sa femme et ses huit enfants le suivirent au bout de quelques semaines. Il fut les prendre à Constance, le 30 de juillet; et après avoir attendu à Zurich qu'il se présentât quelque vocation commode, il fut appelé

par messieurs de Berne, l'an 1549, pour la profession en théologie. Il l'accepta agréablement, et il en remplit les fonctions avec toutes sortes de soins; et, afin de témoigner sa reconnaissance à la ville de Berne, il ne voulut jamais accepter les emplois qu'on lui offrait en d'autres lieux (D). Il se borna aux leçons de théologie, et refusa la chaire de prédicateur qui lui fut offerte (E). Il mourut à Berne, le 30 d'août 1563 (d). Ce fut un homme fort laborieux et fort docte, et qui publia beaucoup de livres (F). Il fut aussi employé à quelques députations ecclésiastiques très-importantes (G). Il se rendit assez habile dans la langue grecque, et dans l'hébreu, quoiqu'il eût commencé bien tard à les étudier (H). Nous rapporterons quelques jugemens que l'on fait de ses écrits (I). On a remarqué qu'il renonça à la doctrine de Zuingle dans le concordat de Wittemberg, et qu'il l'embrassa tout de nouveau après qu'il se fut retiré d'Augsbourg (e). Voyez la remarque (G). Il ne faut pas le confondre avec ANDRÉ MUSCULUS, auteur luthérien, et professeur en théologie à Francfort-sur-l'Oder, et surintendant général des églises de la marche de Brandebourg au XVIᵉ. siècle. Il était né à Schnéberg dans la Misnie, et il mourut l'an 1580 (f). Il fut un ardent promoteur

(d) *Tiré de* Melchior Adam, *in* Vitâ Musculi, pag. 367 *et seq.* Vitarum Theologor. *Tout ce qu'il a dit est tiré de la* Vie de Musculus *son fils. On la trouve au-devant du* Synopsis Festalium Concionum Wolfgangi Musculi, *édition de Bâle*, 1595, *in-*8°.

(e) Micrælius, Synt. Hist. Eccles. p. 781, édit. 1699.

(f) *Ex* Micrælio, *ibid.*

du dogme de l'ubiquité , et il s'expliqua d'une manière très-hardie (K). Il publia un fort grand nombre de livres (g), et comme il était persuadé qu'on verrait bientôt de grandes révolutions dans l'Allemagne , et même que la fin du monde s'approchait, il écrivit sur ces matières avec l'emphase d'un homme qui prétend avoir la clef des oracles du Vieux et du Nouveau Testament. Les controversistes romains ont trouvé, dans l'un des ouvrages qu'il fit là-dessus , une chose qu'ils ont bien prônée (L).

(g) *Voyez* l'Epitome de la Bibliothéque de Gesner, *pag.* 46 *et* 47.

(A) *Il logeait le reste du temps chez Martin Bucer.*] Il y gagnait sa nourriture par la fonction de copiste, car l'écriture de Bucer était si mauvaise que les imprimeurs ne la pouvaient pas lire; il y était lui-même assez souvent embarrassé; il avait de la peine à la déchiffrer; mais Musculus, qui la savait lire couramment, peignait à merveille , et c'est pourquoi il rendit un bon office à Martin Bucer, occupé alors à divers ouvrages que l'on mettait sous la presse. Rapportons les paroles de Melchior Adam, on y trouvera des circonstances. *Adeò malè pingebat Bucerus, ut quæ scriberet, à typographis, imò ab ipso-met sæpè Bucero , difficillimè lege-rentur :* Musculus *verò ea legebat expeditissimè, et pingebat elegantis-simè. Descripsit itaque ei cùm alia plura, tùm verò potissimùm explica-tionem Zephaniæ prophetæ, quæ ex-tat, in cujus fronte ejus leguntur carmina, et Psalterium illud totum, quod sub Aretii Felini nomine in lu-cem edidit* (1). Érasme, Lipse, et plusieurs autres grands auteurs, ont eu le même défaut que Martin Bucer; et il y a très-peu d'hommes doctes qui possèdent la qualité contraire comme Musculus la possédait. Cela

était encore plus rare au XVIe. siècle qu'au XVIIe.

(B) *Il se transporta à Dorlisheim, et y souffrit les rigueurs de la pau-vreté fort constamment.*] Il n'avait pour tous meubles que le petit lit qu'il avait fait emporter de son couvent. Ses paroissiens eurent assez de charité pour lui offrir les ustensiles nécessaires ; mais il coucha sur un peu de paille étendue par terre (2). L'historien observe que sa femme était prête d'accoucher (3) , et c'est là-dessus que M. Baillet se fonde pour dire que *les protestans content, par-mi les mortifications les plus héroï-ques* de Musculus, *celle d'avoir cou-ché sur la dure , parce qu'il avait eu la générosité d'abandonner à sa femme le lit qu'il avait apporté de son cou-vent, d'autant qu'elle en avait besoin pour ses couches* (4). Il servit un an l'église de ce village sans toucher un seul denier de pension. Enfin , les magistrats de Strasbourg le tirèrent de la misère, en lui assignant quelque chose des deniers publics. *Annum totum in illâ ecclesiâ docuit, cùm ne teruncium quidem à quoquam stipendii loco acciperet, nec etiam pe-teret ; sed in summâ paupertate pa-tientissimè et tranquillè viveret. Quò minùs autem illi stipendium solvere-tur, in causâ erat abbas cœnobii* Ho-henforst, *qui cùm omnes illius eccle-siæ decimas, et census annuos col-ligeret , ministro tamen Evangelii stipendium pendere recusabat ; tan-dem* Averorgentinenses *ut ipsius pe-nuriam sublevarent , aliquam illi pe-cuniæ summam, è publico ærario benignè numerârunt* (5).

(C) *Il obtint..... des magistrats d'Augsbourg que le papisme en fût entièrement chassé.*] Musculus fut d'a-bord ministre au temple de Sainte-Croix. Les catholiques qui occupaient encore l'église de Notre-Dame, et plu-sieurs autres des meilleures, et la plupart des couvens , remuaient ciel et terre , non-seulement pour se main-tenir, mais aussi pour chasser les lu-thériens. Ils furent bien combattus

(1) Melch. Adam., *in Vitis Theol. german. pag.* 374.

(2) *Parium autem straminis solo instratum illi pro lectico erat.* Idem, ibidem.
(3) *Cùm uxor ejus jam partui vicina esset.* Id., ibidem.
(4) Baillet, *artic.* XI, § 2 *des Anti.*
(5) Melch. Adam., *in Vitis Theol. german., pag.* 374.

par tous les ministres ; mais l'ardeur de Musculus éclata infiniment plus que celle de ses collègues. De là vint que les catholiques l'eurent principalement en aversion. Il fit tant par ses journées, que, le 22 de juillet 1534, le sénat et le peuple d'Augsbourg leur défendirent absolument de prêcher en aucun lieu de la ville, et ne leur laissèrent que huit endroits où ils leur permirent de dire la messe. Ils l'abolirent partout ailleurs avec les images ; et enfin, le 17 de janvier 1537, le grand conseil chassa tous les prêtres et tous les moines, et repurgea d'idolâtrie ces huit endroits, et les consacra au service protestant. Alors Musculus fut fait ministre de l'église qui avait été consacrée à la Sainte Vierge. Il commença d'y prêcher le 15 de juillet 1537, et continua de le faire tranquillement jusqu'au 30 de juillet 1547 (6). Mais depuis ce jour-là jusqu'à sa sortie d'Augsbourg, son ministère fut exposé à de grands troubles. Charles-Quint, ayant fait son entrée dans la ville, fit rendre aux catholiques l'église de Notre-Dame. Musculus prêcha dans d'autres églises avec son ardeur et sa liberté accoutumée. On l'épiait ; on le déférait à l'empereur sur le pied d'un prédicateur séditieux et injurieux. Michel Sidonius, suffragant de l'archevêque de Mayence, allait souvent à ses sermons, et en faisait des extraits sur ses tablettes. Le sénat, craignant que ce ministre ne fût insulté, le fit garder par trois hommes qui le conduisaient au temple, et le ramenaient à son logis. Il y eut souvent des tumultes devant ce logis : les domestiques du cardinal d'Augsbourg y firent des attroupemens avec mille injures et mille risées, et cassèrent à coups de pierres les vitres de Musculus. Les Espagnols et les prêtres lui tendirent des embûches, et l'accablèrent de médisances et de huées (7). C'est ainsi que les choses de ce monde haussent et baissent : chacun a son tour.

(D) *Il ne voulut jamais accepter les emplois qu'on lui offrait en d'autres lieux.*] On tâcha trois fois de l'attirer en Angleterre, et surtout après la

mort de Martin Bucer. La ville d'Augsbourg ayant recouvré sa première liberté, l'an 1552, le mit au nombre de ses ministres exilés qu'elle rappela. Ceux de Strasbourg, les électeurs palatins Othon Henri, et Frédéric, et le landgrave de Hesse, le sollicitèrent souvent de venir servir leurs églises et leurs académies, et lui promirent de grosses pensions. Il s'en excusa entre autres raisons sur celle-ci principalement, qu'il voulait consacrer tout le reste de sa vie au service de la république de Berne qui l'avait si humainement retiré de son exil (8). Cette conduite est très-louable, et il n'y a pas beaucoup de gens qui aient la force de la tenir.

(E) *Il se borna aux leçons de théologie, et refusa la chaire de prédicateur qui lui fut offerte.*] Ceci montre que M. de Thou ne devait pas dire que Musculus exerçait à Berne la charge de pasteur, *pastoris munere defungens* (9).

(F) *Il publia beaucoup de livres.*] Il commença par des traductions de grec en latin. Le premier ouvrage de cette nature qu'il publia (10) fut le Commentaire de saint Chrysostome sur les Épîtres de saint Paul aux Romains, aux Éphésiens, aux Philippiens, aux Colossiens et aux Thessaloniciens. Il publia (11) ensuite le second tome des Œuvres de saint Basile, et puis les Scolies du même père sur les Psaumes, et plusieurs traités de saint Athanase et de saint Cyrille ; l'Histoire Ecclésiastique d'Eusèbe, de Socrate, de Sozomène, de Théodoret et d'Évagrius ; et Polybe. Voici les principaux ouvrages qu'il composa de son chef : deux sermons *de Missâ papisticâ*, prononcés pendant la diète de Ratisbonne, en 1541. Ils furent imprimés à Wittemberg, et puis à Augsbourg, *cum additione de externis Missæ Abusibus*. Cochlæus écrivit contre cet ouvrage, l'an 1544 ; et de là sortit l'*Anti-Cochlæus* (12), que Musculus publia en latin et en

(6) *Idem, ibidem, pag.* 377.
(7) *Tiré de* Melchior Adam, *in* Vitis Theol. german., *pag.* 380, 381.

(8) *Ex eodem, pag.* 384, 385.
(9) Thuan., t. XXXV, (et non pas l. XXXVI, comme Konig a cité) sub fin., pag. m. 716.
(10) *A Bâle, chez Hervagius, l'an* 1536.
(11) *Ibidem, anno* 1540.
(12) *Voyez M.* Baillet, article XI, § 2 des Anti.

allemand à Augsbourg, la même année. Il publia quatre dialogues cinq ans après, sous le nom d'*Eutichius Myon*, et sous le titre de *Proscérus* (13), sur la question si un protestant peut communiquer extérieurement aux superstitions papales. Son Commentaire sur les Psaumes fut imprimé l'an 1550. Celui qu'il fit sur la Genèse fut publié l'an 1554. Il en publia un sur l'Épître de saint Paul aux Romains, l'an 1555 ; un sur la Genèse, l'an 1557 ; un sur les Épîtres aux Corinthiens, l'an 1559 ; un sur l'Épître aux Galates et sur l'Épître aux Éphésiens, l'an 1561. Son Commentaire sur les Épîtres aux Philippiens, aux Colossiens et aux Thessaloniciens, et sur les premiers chapitres de la première à Timothée, fut publié après sa mort par ses héritiers. Ses Lieux Communs sont un ouvrage à quoi il travailla pendant dix ans, et qu'il mit au jour l'an 1560 (14). Quelqu'un remarque qu'il y découvrit les abus sordides de la taxe de la chancellerie romaine. Cette observation ne vaudrait rien dans une version française : donnons-la donc en latin. *Minimè ridiculus hic* MUSCULUS *papistis habetur, præcipuè cum turpissimam illam nundinationem, taxarum scilicet cancellariæ apostolicæ, id est scelerum omnium et blasphemiarum thesaurum toti mundo in locis suis communibus aperuerit : quo facto crassi illi Romani elephanti, insatiabiles ventres, furere videntur, non secùs ac si ipsorum in proboscidas, mures, ad rabiem usquè eosdem vexantes, irrepsissent. Magnus igitur* MUSCULUS *existimandus, qui in romani Plutonis purgatoriique regis auream Cameram atque Adyta penetravit* (15). Je ne parle point des ouvrages que Musculus composa en allemand ; mais je dirai qu'il écrivit de sa main tout ce grand nombre de volumes, et qu'il n'eut jamais de co-

piste (16) ; et que si ses ouvrages furent très-utiles au parti des protestans, comme ils le furent sans doute, ils ne le sont plus : il y a long-temps que personne ne les lit ; et c'est peut-être une fausse délicatesse, et un trop grand attachement aux méthodes à la mode. On donne presque pour rien, dans les encans des bibliothèques, les œuvres de Musculus, et celles des autres théologiens de ce temps-là.

(G) *Il fut employé à quelques députations ecclésiastiques très-importantes.*] Il fut députe avec Boniface Lycosthène, par le sénat d'Augsbourg, l'an 1536, au synode qui se devait tenir à Eisenac, et où l'on devait traiter de la réunion des protestans sur la doctrine de la cène. On ne fit rien à Eisenac. Luther écrivit aux théologiens qui y étaient arrivés, que sa santé ne permettait pas qu'il entreprît un long voyage, et les pria de s'approcher un peu plus. Ils partirent donc d'Eisenac, et poussèrent jusqu'à Wittemberg, et y dressèrent et conclurent un concordat. Musculus et plusieurs autres, très-persuadés de la fausseté de la doctrine de Luther sur la présence réelle, consentirent néanmoins à des articles de concorde, où ils abandonnaient les explications nettes et précises dont ils s'étaient servis jusque-là. Ils eurent de bonnes raisons de se relâcher ; car ils espérèrent qu'au grand bien de la république et de l'église, ils feraient cesser par ce moyen une controverse considérable, et ramèneraient la paix qu'on souhaitait depuis si long-temps : mais l'événement leur ayant fait voir que tous ces détours et ces ambages de paroles ne contentaient point les opiniâtres, et faisaient errer les simples, et donnaient lieu de penser que les sectateurs du sens de figure avaient changé d'opinions, ils revinrent à leur premier langage, ils s'expliquèrent rondement et nettement, et dirent tout haut ce qu'ils pensaient. Vous voyez bien que je narre là une affaire délicate, et que si je ne faisais voir que je traduis fidèlement les propres termes de l'auteur de la Vie de Musculus, je m'exposerais à la censure de quelques lecteurs. Préve-

(13) Epit. Biblioth. Gesneri, *pag. m.* 825. *Ils furent imprimés en français, à Londres, l'an* 1550, *traduits par* V. *Poullain, qui les intitula* le Temporiseur. *Notez que le titre* Proscérus *est une allusion au mot grec* προσκαιρος, *Temporarius.*

(14) *Ex* Melch. Adamo, *in* Vitis Theol. German., *pag.* 383. *Je m'étonne que* Melchior Adam *ne parle point du* Commentaire de Musculus sur l'Évangile de saint Matthieu, et sur l'Évangile de saint Jean.

(15) Jac. Verheiden, *in* Effigiebus et Elogiis præstantium Theolog., *pag.* 101.

(16) Melch. Adam, *in* Vitis Theol. german., *pag.* 383.

nous leur malignité, copions le latin de l'original. *Quibus autem rationibus, cùm ipse* (Musculus) *tùm alii multi boni viri, impulsi sint; ut, cùm in hâc causâ crassam quorundam sententiam minimè amplecterentur, in hanc tamen concordiam consentirent, deque suâ, quâ hactenùs, docuerant, perspicuitate nonnihil decederent, prudentes viri facilè intelligunt. Nimirùm quòd persuasum hoc illis esset, facturos se id summo cum ecclesiæ et reipublicæ bono. Sic enim solum gravem et malè consultam illam de hâc causâ controversiam tolli, ecclesiis diù desideratam pacem restitui, et respublica etiam firmiùs conjungi et consociari posse. Postquàm verò, rerum eventu edocti, his quasi fucis verborum pertinacioribus non satis fieri, simpliciores verò in errorem abduci, seque apud omnes bonos in suspicionem mutatæ sententiæ venire cernerent, ad pristinam suam perspicuitatem reversi, et palam quid sentirent, professi sunt* (17). Ceux qui disent, avec des airs de déclamateur, qu'il faudrait vider les controverses par des formulaires vagues, équivoques et embarrassés, où chaque parti trouvât son compte, pourraient-ils bien indiquer beaucoup de traités de paix de religion conclus de cette manière? N'avait-on pas fait à Wittemberg ce qu'ils croient si utile (18)? On vient de voir que le fruit de tout cela ne dura guère.

Musculus fut député du sénat d'Ausbourg, pour assister aux conférences qui se tinrent entre les théologiens protestans et les théologiens catholiques pendant la diète de Worms, entre l'an 1540 et l'an 1541. Il fut l'un des secrétaires de la conférence de Ratisbonne entre Mélanchthon et Eccius, et il en dressa les actes (19). Les habitans de Donavert, ayant embrassé la réformation, l'an 1544, prièrent ceux d'Ausbourg de leur envoyer un théologien qui dressât chez eux une église, et qui jetât les fondemens de la vraie foi. Musculus fut choisi pour cette fonction, et fit

sa première prédication, le 28 de décembre, à ces nouveaux convertis, et leur annonça la parole chaque jour trois mois de suite (20).

(G) *Il se rendit habile dans la langue grecque et dans l'hébreu, quoiqu'il eût commencé bien tard à les étudier.*] Il commença à étudier l'hébreu lorsqu'il fut ministre à Strasbourg: il avait bien trente-deux ou trente-trois ans. On assure qu'il s'avança beaucoup et fort vite dans l'intelligence de cette langue. *Tantam brevi ejus linguæ cognitionem sibi comparavit, ut non sacra solùm Biblia, sed et rabbinorum obscurissimos commentarios, et Chaldaicos etiam interpretes, perfectè intelligeret* (21). On ajoute (22) que pendant qu'il fut ministre à Augsbourg, il apprit assez bien l'arabe sans l'aide d'aucun maître. Il avait quarante ans lorsqu'il commença d'étudier la langue grecque: Xystus Bétuléius, premier régent dans le collége d'Augsbourg, lui en enseigna les premières règles (23). On doit admirer que Musculus, s'étant avisé si tard d'étudier le grec, en ait acquis tant de connaissance.

(I) *Nous rapporterons quelques jugemens que l'on fait de ses écrits.*] M. Huet loue à certains égards ses traductions, mais il ne le trouve pas assez docte ni en grec ni en latin. *Wolfgangus Musculus, vir bonus, sed græcæ linguæ notitiâ imparatus, neque latinâ valdè instructus, brevitate et nitore, simplicitate etiam ac fide commendatur: nam et ea quæ intelligebat, et ea quæ non intelligebat, uti poterat, expressit: nihil videas illum studio prætermittere, nihil alienum substituere* (*): *cæteroquin hallucinatur sæpè, utpote earum artium rudis, quas qui colunt, eruditi appellantur* (24). Vous ferez bien de consulter tout le passage de Casaubon que M. Huet indique, vous y trouverez un parallèle entre Pérot et Musculus, par rapport à leur traduction de Polybe. Voyons ce que l'on a dit d'une autre version de ce

(17) *Idem, ibidem,* pag. 379.
(18) *Conférez ce que dessus, remarque* (B) *de l'article* BUCER, tom. *IV,* pag. 202.
(19) Melch. Adam, *in* Vitis Theol. german., pag. 379, 380.

(20) *Idem, ibidem.*
(21) *Idem, ibidem,* pag. 376.
(22) *Idem, ibidem,* pag. 378.
(23) Melch. Adam, *in* Vitis Theol. german., pag. 378.
(*) Casaub. *Præfat. ad Polyb.*
(24) Huet., de claris Interpretibus, p. m. 225.

ministre. « Musculus, protestant, » entreprit une nouvelle traduction » de l'Histoire d'Eusèbe, qu'il fit » assez heureusement : il s'est fort » attaché à la lettre, et a traduit le » texte avec beaucoup de netteté et » de brièveté ; mais il n'a pas tou- » jours bien entendu son auteur, et » il a laissé plusieurs fautes dans sa » version (25). » On trouve que dans son Commentaire sur les Psaumes, il fait paraître « beaucoup plus de » modestie, et même plus de respect » pour l'antiquité, que la plupart » des autres protestans ;..... que la » méthode qu'il a suivie..... est assez » exacte ;.... qu'on peut dire que cet » auteur a connu la véritable ma- » nière d'expliquer l'Écriture ; mais » il n'a pas eu tous les secours néces- » saires pour y réussir parfaitement, » parce qu'il n'était pas assez exercé » dans l'étude des langues et de la » critique. Il examine cependant sans » préoccupation les anciennes tra- » ductions grecques et latines, et il » a eu assez de lumières pour connaî- » tre que les points, qui sont au- « jourd'hui dans le texte hébreu, n'y » étaient point aux temps des Sep- » tante et de saint Jérôme (26). » Vous verrez ailleurs (27) ce que l'on juge de son Commentaire sur l'Évangile de saint Jean, et sur l'Épître aux Romains. Baudouin remarque que Musculus débita dans ses Lieux Communs certaines choses qui auraient dû modérer l'esprit de Calvin, quant au supplice des hérétiques, mais qui l'enflammèrent davantage ; de sorte qu'écrivant sur Zacharie, il poussa ce dogme si loin qu'il semble qu'il veut mettre le glaive entre les mains des particuliers pour tuer les hérétiques (28). Je ne garantis point le fait ; et je ne rapporte cela qu'afin de montrer à mes lecteurs que l'on a jugé que Musculus a désapprouvé le supplice de Servet. Quelques-uns croient que par un défaut ordinaire aux disputeurs, il s'éloigne tellement d'une

extrémité, qu'il s'approche trop de l'autre, comme lorsque pour combattre les anabaptistes il diminue plus qu'il ne faut l'autorité des pasteurs. Voyez les passages que M. Crénius a recueillis sur ce sujet (29).

Notez que M. Simon prétend que Musculus, dans son Commentaire sur l'Épître aux Romains, se tient neutre entre les diverses manières d'expliquer la prédestination. « Il rapporte » sur les endroits les plus embarras- » sés les explications des anciens » commentateurs, et il n'est pas de » lui-même fort décisif. C'est pour- » quoi sur ces mots du chapitre 9, » *itaque non volentis neque curren- » tis*, etc., il donne en abrégé les » diverses interprétations qu'il avait » lues, sans néanmoins prendre parti. » Il tâche de concilier la grâce avec » le libre arbitre, attribuant à l'un » et à l'autre ce qui leur est dû : *Ab* » *hujusmodi contentionibus*, dit-il, » *nos libenter abstinemus, credentes* » *homini quidem esse voluntatem et* » *conatum, sed quatenùs ad velle et* » *currere divinitùs, vel ex gratiâ,* » *vel ex indignatione Dei fuerit mo- » tus.* Il improuve néanmoins l'opi- » nion de ceux qui ont recours avec » les pères grecs à la prescience de » Dieu, croyant qu'elle ne se peut » accorder avec la pensée de saint » Paul : *Hæc sententia planè aliena* » *est à Paulo, qui omnia tribuit mi- » serentis Dei liberæ voluntati et gra- » tiæ* (30). » Je ne comprends point le ménagement de ce ministre ; car le passage latin que M. Simon rapporte contient en effet ce qu'il y a de plus rigide dans l'hypothèse de Calvin. Ceux qui combattent le franc-arbitre avec le plus de rigueur n'ont jamais nié que l'âme de l'homme, en tant que mue de Dieu, ne veuille et ne tende ou ici ou là.

(K) ANDRÉ MUSCULUS... *fut un ardent promoteur du dogme de l'ubiquité, et il s'expliqua d'une manière très-hardie.*] Hospinien observe que ce dogme fut inventé par Brentius, que Jacques André y ajouta l'hypothèse du corps *majestatique* de Jésus-Christ ; mais qu'elle parut eu-

(25) Du Pin, Biblioth., *tom. II, pag.* 4, *col.* 1, *édition de Hollande.*

(26) Simon, Histoire critique du Vieux Testament, *liv. III, chap. XIV, pag.* m. 438.

(27) *Le même*, Histoire critique des Commentateurs du Nouveau Testament, *chap. L, pag.* 749 *et suiv.*

(28) *Voyez* Fr. Balduini Responsio altera ad Joh. Calvinum.

(29) Crenius, Animadvers., *part. VII, pag.* 149 *et seq. Voyez-le aussi pag.* 148.

(30) Simon, Hist. crit. des Commentat. du Nouveau Testament, *chap. L, pag.* 750.

tychienne et *monophysitique* au jugement même de quantité de luthériens, et qu'au fond elle est visiblement réfutée par l'article du Symbole des Apôtres , *il est monté au ciel*. C'est pourquoi, ajoute-t-il , André Musculus, venant au secours de Jacques André dans un péril si pressant, enseigna que l'ascension de Jésus-Christ n'avait été autre chose qu'une cessation de la visibilité de sa chair. Il soutint que cette chair est encore dans les nues où elle disparut aux yeux des apôtres , et que selon le style de l'Écriture, et la propriété des termes monter et descendre , il ne faut s'imaginer aucun changement de lieu dans l'ascension de Jésus-Christ. Voici un peu au long les paroles d'Hospinien ; car , dans le récit de semblables paradoxes , plus on abrége, plus on court risque d'imposer à son lecteur. « *Idcircò Jacobo* » *Andreæ succenturiatus est in gravi* » *isto periculo* Andreas Musculus, *qui* » *ascensionem Christi in cœlos dixit* » *esse*, disparentiam, et evanescen-» *tiam duntaxat carnis Christi in his* » *nubibus , ubi adhùc sit, et versetur,* » *sed non visibili modo , formâ , et* » *eo conversationis genere , quo antè* » *ascensionem et mortem conversatus* » *est cum suis apostolis. Sic enim* » *sectionæ* 3 , *articulorum Marchiti-* » *corum, articulo* 6, *scribit:* Constare » *ex Spiritûs Sancti grammaticâ*, et » *vocabuli descendere vel ascendere* » *proprietate, filii hominis ascensio-* » *nem in cœlum nihil aliud esse ,* » *quàm visibilem disparentiam , ac* » *ut propriissimè loquitur Lucas Ac-* » *tor.* 1 , *subductionem per nubem* » *ex oculis apostolorum , discessio-* » *nem ex hâc mortali hominum vitâ,* » *transmigrationem ex visibili con-* » *versatione hominum , evanescen-* » *tiam ex oculis hominum palpabilis* » *et visibilis hujus vitæ conversatio-* » *nis, ingressum in cœlum, regnum* » *Dei patris gloriosum. Et artic.* 7. » *Hanc , dicit ,* ascensionem non fac-» *tam esse motione physicâ de loco* » *in locum,* etc. (31). » C'est ainsi que les cartésiens raisonnent sur le mouvement des esprits : ils n'y admettent aucun changement de lieu , ils prétendent que la sortie de l'âme

hors du corps n'est autre chose qu'une cessation de la relation qui avait régné pendant la vie de l'homme entre les modifications du cerveau et les pensées de l'âme. Mais quand on avance des hypothèses semblables touchant des êtres réellement étendus comme est le corps de Jésus-Christ , on ne saurait se faire entendre à qui que ce soit. Le même Musculus déclara dans un sermon , l'an 1564 , que ceux qui enseignent que Jésus-Christ n'est mort qu'à l'égard de sa nature humaine, appartiennent au diable en corps et en âme , et que la doctrine orthodoxe est qu'il est mort et selon sa nature humaine et selon sa nature divine. « *Andreas Musculus* quoque hoc » anno feriâ quartâ septimanæ mag-» næ antè Pascha publicè pro sug-» gestu ad populum hæc verba inter » alia locutus est. *Hic est diaboli ,* » *qui docet filium hominis passum et* » *mortuum esse : et quisquis in hâc* » *sententiâ perrexerit , diaboli est.* » *Iterùm dico : Quicunque docent ,* » *Christum secundùm humanitatem* » *tantùm mortuum esse, animâ et* » *corpore , diaboli sunt. Hæc autem* » *vera est sententia , Christum secun-* » *dùm utramque naturam , divinam* » *et humanam , mortuum esse* (32). » Il publia un livre, l'an 1575, pour faire voir qu'il n'est nullement nécessaire que le corps glorieux de Jésus-Christ occupe physiquement aucun espace. *Contrà necessitatem physicæ locationis in corpore Christi clarificato et glorioso* (33). Ce qu'il y a d'étrange et de bien fâcheux, c'est que ces doctrines absurdes qui naissent l'une de l'autre, dès qu'on a une fois posé une présence réelle de Jésus-Christ au sacrement de l'Eucharistie , etc. , ont eu des défenseurs qui ne manquaient ni d'esprit , ni d'éloquence , ni d'érudition , et qui ont trouvé des ressources infinies pour éluder les objections de leurs adversaires. Il faut avouer ingénument que pour satisfaire aux raisons des ubiquistes on se voit contraint de dire des choses qui ne sont pas plus concevables que l'ubiquité.

---

(31) Hospin., Histor. Sacrament., *part. II,* *pag.* 492 , *ad ann.* 1561.

(32) *Idem , ibidem , pag.* 553, *ad ann.* 1564.
(33) *Idem , ibidem , pag.* 600. *Voyez aussi* Bèze , *au Traité* de Unione hypostaticâ , *p.* 89 , *tom. III Operum.*

(L) *Les catholiques romains ont trouvé, dans l'un des ouvrages qu'il publia là-dessus, une chose qu'ils ont bien prônée.*] L'Épitome de la Bibliothéque de Gesner (34) m'apprend qu'André Musculus publia un livre à Francfort sur l'Oder, l'an 1577, *de Mesech et Kedar, de Gog et Magog, de magná Calamitate antè finem mundi;* et qu'en 1578, il fit imprimer au même lieu, *Considerationes appropinquantis ultini Judicii.* Ces deux ouvrages avaient été précédés par l'exposition d'une prophétie de Jésus-Christ appliquée au malheur prochain de l'Allemagne. *Prophetiam Domini nostri Jesu-Christi, de imminente Germaniæ Infortunio, exposuit anno 1557, Francoford. ad Viadrum* (35). C'est dans ce dernier écrit que l'on a trouvé le passage dont les controversistes du parti romain ont abusé, pour faire accroire que les protestans méprisent si fort leurs ministres, qu'ils ne veulent point de leur alliance. Un jésuite irlandais donnant ce titre, *Quam infamis sit ubivis conditio ministrorum,* à l'un des chapitres de sa *Britannomachia ministrorum* (36), allègue d'abord ce passage d'André Musculus, et cite le feuillet 27 du Traité de la Prophétie. *Ut jam quis prædicantem agere velit, præoptaret, scio, nunquàm se in lucem hanc prodiisse. Parentes quoque in primo lavacro aquis suffocatum esse mallent. Quod si etiam aliqui ex nostris liberis prædicantes fieri fortassè cuperent, infamiæ et turpitudinis metuadspirare non possunt. Usu venit etiam, cùm quis juvenis virginem aliquam sibi in matrimonio locari poscit, ut eum parentes virginis, aut etiam virgo ipsa, sciscitentur, utrùm prædicans fieri cogitet. Habemus etiam (quod multò magis horrendum est auditu) eorum exempla, qui ne repudiarentur, hác lege et conditione matrimonium contraxerunt, ut se prædicantes nunquàm fore jurejurando promitterent.* Il dit ensuite que Downham, à la page 67 de ses Sermons, fait la même plainte touchant l'Angleterre. Je crois que ce Downham avait en vue les premiers temps de la réforme sous la reine Élisabeth; car Sandérus rapporte que les *nouveaux prédicans avaient été au commencement si négligens ou malheureux en élisant des femmes, qu'ils les avaient toutes prises déshonnétes et paillardes, ce qui était un scandale aux moindres de leur secte, et moquerie aux catholiques. Élisabeth fit un édit que les évéques et les prétres ne prendraient en mariage que femme témoignée honnête et vertueuse par les jugemens de quelques-uns; mais;* ajoute-t-il, *cela ne remédia pas au mal, parce que d'un côté plusieurs ne pouvaient étre sans femmes non plus que sans pain, comme ils disaient, et que de l'autre ils ne trouvaient personne ni des catholiques ni des hérétiques mémes qui voulût donner leur fille en mariage; car on estimait déshonnéte d'étre femme de prétre, et selon les lois du royaume tels mariages ne sont que des adultéres, et telles femmes n'ont point rang selon celui du mari, ce qui est contre la nature du vrai mariage. Élisabeth,* dit-il, *ne reçoit point en sa cour les femmes des prétres: les princesses n'ont point de familiarité avec elles, on ne les nomme point femmes d'archevéques, et leurs maris les doivent garder au logis comme instrumens ou vases de leurs paillardises et nécessités* (37). Tout le monde sait que Sandérus écrivit ce livre avec tant d'emportement, et tant de passion, qu'il ne mérite que peu de créance. Mais en tout cas les choses ont bien changé depuis ce temps-là sur l'article dont nous parlons : et pour ce qui est du passage d'André Musculus, il est visible que les adversaires en abusent. Il est aisé de conjecturer que ce docteur luthérien rempli de cette hypothèse, que l'Allemagne allait ressentir les fléaux de la justice divine, contenus dans une prophétie de Jésus-Christ, exagéra le mépris que l'on témoignait pour la parole de Dieu, et qu'il déclama trop fortement sur le peu d'honneur que l'on faisait aux ministres. Échauffé de cette idée, il représenta par des figures hyperboliques l'aversion du ministère, comme si un père eût mieux aimé que son fils fût mort

(34) *A la page 47.*
(35) Epitome Bibliothec. Gesneri, *pag. 47.*
(36) *La section X du chapitre V du IIIᵉ. livre de Henri Fitz-Simon, pag.* 342.

(37) Sandérus, *du Schisme d'Angleterre, folio* 238. *Je me sers de la traduction française, imprimée l'an* 1587.

au berceau , que de le voir prédicateur ; et comme si les pères , d'une
jeune fille même , eussent demandé
soigneusement à celui qui la recherchait en mariage , *voulez-vous être
ministre ?* enfin comme si , pour n'ê-
tre pas refusé dans la recherche d'une
fille , il eût fallu protester avec serment qu'on ne se consacrerait jamais
au ministère de la parole de Dieu. Les
ennemis des protestans n'ont pas manqué de se prévaloir de ces exagéra-
tions (38). Au pis aller, l'on peut dire
véritablement que les protestans de
France n'ont point donné lieu à un
tel reproche : ils ont eu toujours la
très-bonne et la très-louable coutume
d'honorer et de respecter leurs pasteurs : et il est certain que ceux qui
étaient dans le ministère évangélique , se mariaient plus avantageusement , que s'ils eussent été laïques.

(38) *Voyez* l'Hypocrisis Marci Antonii de Dominis detecta, auctore Fideli Annoso Verementano
Theologo, *pag.* 87, *où l'on rapporte le passage
d'*André Musculus. *Voyez aussi* Justus Calvinus,
in Analysi Tertulliani de Præscript. advers. Hæret., *cap.* XLI, *num.* 5, *pag. m.* 132 ; *et* Sil-
vestre Petra Sancta, Not. in epist. Molinæi ad
Balsacium, *cap. I, où ils parlent du mépris des
ministres.*

MUSSO (CORNÉLIO) , évêque
de Bitonto , l'un des plus grands
prédicateurs de son siècle , naquit à Plaisance en Italie , au
mois d'avril 1511. Il embrassa
la religion de saint François afin
d'accomplir un vœu de sa mère
(A), et dès l'âge de neuf ans il entra au monastère des conventuels
de Plaisance. La vivacité de son
esprit , la force de sa mémoire ,
ses dispositions à devenir grand
prédicateur (B) obligèrent le père
Jacques Rosa de Candazzo à le
prendre pour disciple. Il le mena à Carpi , et en d'autres lieux ,
et le fit étudier sous de bons maîtres. Le jeune homme apprit très-
bien les humanités , et prêcha si
éloquemment qu'il s'acquit bientôt beaucoup de réputation , et
l'amitié de Leonello Pio de Carpi

(a) qui l'envoya à Venise avec
des lettres de recommandation
pour lui donner lieu de prêcher
devant le sénat, et d'obtenir une
place dans les études de Padoue.
Cette affaire fut heureuse. Cornélio Musso, tout petit et décharné qu'il était (C), se fit admirer par ses sermons, et Pierre
Zéno , Louis et Jacques Cornaro ,
le favorisèrent si ardemment
qu'ils lui procurèrent un poste
honorable dans le couvent des
franciscains de Padoue , où , sans
négliger l'art oratoire, il s'appliqua à l'étude de la philosophie
sous le célèbre Zimara, et à celle
de la théologie sous le père Si-
monetta. Il prit le degré de
bachelier, et fit des leçons et
des disputes, qui le firent passer
pour un esprit rare. Il prêcha
un carême dans Padoue avec de
grands applaudissemens : il soutint des thèses pendant plusieurs
jours, et enfin il fut promu au
doctorat en théologie comme à
une récompense de son mérite.
Pierre Bembo, qui fut depuis
cardinal, l'honora de son amitié
et lui donna de bons conseils sur
la rhétorique, et sur le style latin et toscan. Lampridius (b)
l'instruisit en la langue grecque,
d'autres dans l'hébreu et le chal-
déen, pour l'intelligence du texte
de l'Écriture. Il fut nommé pour
prêcher tout un carême dans le
couvent de son ordre à Venise.
Il fit la même fonction dans les
chaires les plus illustres d'Italie,
et nommément à Milan où il

(a) *Il avait un fils qui fut cardinal.*
(b) *Lampridio Maestro in quei tempi
delli illustrissimi signori Gonzaghi Giu-
seppo Musso, nella Vita di Cornelio , ubi
infrà , citation* (h).

fut fort estimé du duc (c). On lui donna la charge de professeur ordinaire en métaphysique dans l'académie de Pavie, et il eut plusieurs fois ce prince pour auditeur. Cette académie ayant été dissipée après la mort de ce duc, et à cause des confusions de la guerre, il fut appelé à Boulogne pour y professer la métaphysique, et on lui donna plus de gages que l'on n'en avait jamais donné à des religieux; et parce que plusieurs villes à l'envi les unes des autres le demandaient pour prédicateur du carême (d), on le dispensa des leçons académiques pendant ce temps-là. Mais en récompense on lui fit faire des leçons sur l'Écriture les jours de fête, dans les autres temps de l'année. Les Épîtres de saint Paul furent le sujet de ces leçons. Un concurrent s'éleva, qui expliquant d'une manière hétérodoxe les mêmes Épîtres, fit naître beaucoup de tumultes; car il s'attira quantité de sectateurs. Il fallut que le cardinal Campeggio, évêque de Boulogne, employât son autorité pour arrêter ce désordre en chassant les novateurs, et en imposant à ce concurrent la honte d'une rétractation publique. Il conçut dès lors une amitié particulière pour Cornélio Musso, et le présenta à Paul III, qui le retint à Rome pour le faire prêcher à Saint-Laurent in Damazo, et pour le mettre en qualité de théologien auprès du cardinal son petit-fils. Il n'y avait pas long-temps qu'O-

chin, qui avait prêché dans cette église, s'était retiré de Rome, après avoir disputé avec notre Cornélio qui le convainquit d'être un faux frère. Le nouveau prédicateur de Saint-Laurent attira à son auditoire une grande foule, et ayant été élevé à l'évêché de Bertinoro, au bout de quatre ans, il ne discontinua de prêcher que lorsqu'on voulut qu'il fît des leçons sur les Épîtres de saint Paul, dans la même église. Elles furent fort goûtées; et comme le pape voulut l'entendre quelquefois, et qu'il ne pouvait le faire commodément hors du palais apostolique, il le tira de ces exercices publics, et lui donna une autre fonction : ce fut de prêcher en latin sur l'évangile du jour dans la chambre ou à la table de sa sainteté, et d'ouvrir une dispute immédiatement après pour répondre aux objections qui lui seraient proposées. Il y eut là un grand concours d'ecclésiastiques séculiers et réguliers : quelques cardinaux et plusieurs prélats s'y rendaient : le pape même y proposait quelquefois et des réponses et des objections ; et parce qu'il fut fort content de l'habileté de Musso, il le pourvut de l'évêché de Bitonte (e), et l'envoya au concile pour y être l'un des savans qui disputeraient sur les matières (D). Celle de la justification passa par les mains de Musso ; ce fut lui qui la digéra, et qui l'éclaircit avec une application très-particulière. Le concile ayant été transféré de Trente à Boulogne, fut enfin interrompu. Paul

---

(c) C'était François Sforce.

(d) Accio che potesse predicare e soddisfare alle cittadi, che a gara l'una dell'altra un' anno o due avanti lo ricercavano sempre. G. Musso, ubi infrà cita, h.

(e) Par permutation avec celui de Bertinore.

III mourut. Jules III lui succéda, qui fit beaucoup de caresses à l'évêque de Bitonte, et le choisit pour son prélat domestique et assistant. Il ne l'envoya au concile que lorsqu'il eut su du légat que la présence d'un si docte évêque était très-nécessaire. L'assemblée ayant été séparée, Musso alla voir son évêché, et s'y arrêta jusques à la création de Pie IV : alors il fit un voyage à Rome, et y eut auprès du pape le même emploi qu'il y avait eu sous Jules III et sous Paul III ; car Pie IV le chargea de la fonction de prêcher, et de soutenir des disputes à sa table. Il se souvenait qu'étant *in minoribus* il avait souvent disputé avec lui en pareil lieu sous le papat de Paul III. Quelque temps après (*f*) il l'envoya en Allemagne avec son neveu ; ce qui lui fournit une occasion de se faire fort estimer à la cour de Ferdinand. Il l'employa ensuite dans Rome aux affaires de l'inquisition, et à l'examen des matières qu'on traitait à Trente. Ce prélat sortit de Rome après la clôture du concile, et se retira à Bitonte où il s'appliqua à la réforme des abus, et à toutes les fonctions d'un bon évêque. Il voulut établir un séminaire ; mais il fut contraint de renoncer à cette entreprise par les obstacles qu'on lui suscita. Après une résidence de dix ans, il résolut d'aller rendre ses devoirs à Pie V, et puis de voir sa patrie ; et enfin de se transporter à Venise pour y mettre sous la presse quelques ouvrages. Il arriva à Rome lorsque Grégoire XIII avait déjà succédé

(*f*) En 1550.

à Pie V. Le nouveau pape le retint pour son assistant, et ne voulut pas lui permettre de continuer son voyage avant l'ouverture du jubilé. Musso ne vécut point jusqu'à ce temps-là : il mourut à Rome le 9 de janvier 1574, à l'âge de près de soixante-trois ans (*g*). On loue extrêmement sa chasteté, sa sobriété (E), son oubli des injures (F), sa dévotion, etc. Il composa plusieurs ouvrages dont quelques-uns ont paru (*h*) (G).

(*g*) *Et non pas de* 64, *comme dit* Moréri *après* le Ghilini.

(*h*) *Tiré de sa* Vie, *composée en italien par* Don Giuseppe Musso, sua creatura. *Elle est à la tête* delle Prediche Quadragesimali, *etc.* di Cornelio Musso. *Je me sers de l'édition de Venise,* 1603.

(A) *Il embrassa la religion de saint François afin d'accomplir un vœu de sa mère.*] Notons d'abord que le jour de sa naissance fut un mercredi de la semaine de Pâques. Sa mère, pour avoir exactement observé les abstinences du carême, avait affaibli sa santé ; de là vint que les douleurs de l'enfantement pensèrent la faire mourir. Dans ce triste état, elle implora le secours d'en haut ; elle eût recours à l'intercession de la Sainte Vierge, et à celle de saint François ; et comme elle avait une grande dévotion pour ce saint, elle fit un vœu, portant que s'il obtenait que ses douleurs se passassent, et qu'elle accouchât d'un fils, elle le consacrerait à Dieu dans sa religion séraphique. Dès qu'elle eut formé ce vœu, elle se sentit soulagée, et elle accoucha de notre Cornélio. Il fut nommé Nicolas, comme son aïeul paternel ; mais étant entré en religion, il voulut être appelé *Frà Cornelio*, parce que sa mère se nommait Cornélia. Il savait le vœu qu'elle fit pendant le travail d'enfant : et il y fit beaucoup d'attention quand elle fut morte ; et ce fut cette attention qui l'engagea à se faire moine (1).

(B) *La force de sa mémoire, ses*

(1) *Tiré de sa* Vie, *composée par don* Giuseppe Musso.

*dispositions à devenir grand prédica-
teur.*] Après avoir entendu un sermon il le savait tout entier, et il le
pouvait réciter si couramment, qu'on
eût dit qu'il l'avait fait. On avait raison d'admirer cela. *Si scoprì di spi-
rito così gentile, e dotato di memoria
così eccellente, ch' era di gran mara-
viglia, e di stupore à tutti, intanto
che stando egli ad udir le prediche
che si facevano tal' hora nella chiesa,
le apprendeva così bene, e le recitava
poi con prontezza tale che pareano
veramente cose sue* (2). Quand on lui
faisait réciter de tels sermons, il
imitait parfaitement les manières et
les gestes du prédicateur. On en fit
l'expérience plus d'une fois devant le
prédicateur ordinaire des cordeliers
conventuels, qui fut bien surpris de
se voir si bien copié. *Questo commosse
di modo il figliuolo, che oltre il farle
vedere più volte isperienza delle sue
prediche, ch' egli recitava in refetto-
rio, l'imitava talmente con i movi-
menti e co' gesti, che parea fusse
stato nel predicar assiduamente am-
maestrato ed essercitato da lui* (3). Il
était facile à un tel jeune homme de
devenir bon orateur. Il n'avait qu'à
se proposer pour modèle l'action
d'un grand maître. Notez que Musso
avait le talent de discourir sans beaucoup de préparation. Une oraison funèbre, le panégyrique d'un saint,
lui coûtaient fort peu de temps : c'é-
tait à lui que ses supérieurs s'adressaient pour des impromptu dans ce
genre quand on en avait besoin (4).

(C) *Tout petit et décharné qu'il
était.*] La première fois qu'on le vit
en chaire à Venise, on n'attendit rien
de sa petite figure ; mais on se désabusa après qu'il eut fait entendre sa
voix. *Quivi invitati li primi senatori
di Vinegia, lo fece salire in pulpito,
ove veduto da loro così giovanetto,
di picciola statura, languido ed este-
nuato nell' aspetto, ogn' uno fra se
stesso faceva giudicio ch' egli non ha-
vesse nè scienza, nè forze, per nego-
cio tale : ma udita ch' hebbero la voce,*

*e che furono sentiti i suoi alti con-
cetti, con quella singular' attione naturale datagli da Dio, tutti all' hora
l'esaltarono* (5). Il y a des prédicateurs qu'on peut comparer au rossignol : maigres et petits ils ont la voix
si sonore, et ils font retentir si fortement toutes les voûtes d'un temple,
qu'on jugerait à les entendre sans les
voir qu'ils ont une taille gigantesque. Regardez-les, vous tombez dans
la surprise de celui qui put comparer
enfin la petitesse des rossignols avec
la force de leur chant. Il y a, si je ne
me trompe, une fable sur cela ; et je
me souviens de la remarque de ce
Lacédémonien qui, ayant plumé un
rossignol, le définit une chose qui n'é-
tait que voix (6). Que la bonne mine
est un favorable précurseur pour celui
qui parle en public ! elle dispose
l'assemblée à bien écouter, elle
ébranle les suffrages avant qu'il ouvre
la bouche. Il n'a pas besoin de la moitié de l'éloquence qui est nécessaire à
un prédicateur de petite mine, pour
remporter l'applaudissement. Ceci
est un grand éloge de l'action et des
pensées de notre Musso. Il n'a donc
pas été inutile de faire cette remarque. Il faut savoir qu'on le nomma
le Chrysostome des Italiens, comme
le remarque M. Drelincourt (7).

(D) *Paul III l'envoya au concile,
pour y être l'un des savans, qui disputeraient sur les matières.*] Rassem-
blons ici ce que fit Musso dans le
concile de Trente. Il fut l'un des plus
diligens à y aller : les légats ne trouvèrent à Trente que le seul évêque
de Cava, mais ils furent bientôt suivis par Thomas Campeggio, évêque
de Feltro, et par Cornelio Musso (8).
Celui-ci prêcha en latin à l'ouverture
du concile (9). Son sermon, dont
vous trouverez le précis dans le père
Paul (10), fut critiqué (11). Palavi-

---

(2) Giuseppe **Musso**, *nella* Vita di Corn.
Musso.

(3) *Ibidem.*

(4) *Hinc factum ut funebribus cujuspiam enco-
miis inopinato dicendis, vel sanctorum facta statis
diebus præpropero patrum suorum monitu cele-
brandis præter Mussum sufficeret nemo.* Imperialis, *in Museo Histor.*, *pag.* 68.

(5) Giuseppe **Musso**, *nella* Vita di Corn.
Musso.

(6) Plut., *in* Laconicis Apophth., *pag.* 233, *A.*

(7) Drelincourt, Demandes à l'évêque de Belley,
pag. m. 37. *Il cite un sermon de l'évêque de
Bitonte, sur le Magnificat, où le prédicateur in-
voque la Vierge par ces paroles de Térence :*
Lucina, Lucina fer opem.

(8) Palavicin, Isto. del Concilio, *lib. V, cap.
VIII, num.* 9, *ad ann.* 1545.

(9) *Idem, ibidem, cap. XVII, num.* 9.

(10) Fra-Paolo, Hist. du Concile de Trente,
liv. II, pag. m. 121, *à l'ann.* 1545.

(11) *Là même, pag.* 122.

cin a bien de la peine à réfuter cette critique, quoiqu'il y emploie tout son savoir-faire (12). Des gens encore plus incommodes que les censeurs d'un sermon, s'élevèrent contre l'évêque de Bitonte ; car ses créanciers, je veux dire ceux qui avaient des pensions sur son évêché, le poursuivirent par les voies les plus rigoureuses. Laissons raconter cela au père Paul. « Dans la congrégation du 5 de » mars 1546, l'évêque de Bitonte, » qui venait d'être cité à Rome par » l'auteur, à la requête de ses pen- » sionnaires, qui voulaient qu'il fût » contraint par excommunication, » selon le style de cette cour, à payer » ce qu'il leur devait, se plaignit de » cette procédure, disant, que ses » pensionnaires avaient raison, mais » que lui n'avait point de tort, ne » pouvant pas être au concile, et » payer ses pensions. Si bien qu'il » fallait qu'il en fût déchargé, ou » qu'il fût gratifié d'une somme équi- » valente (*1). Les prélats pauvres s'in- » téressèrent pour lui, comme ayant » une cause commune, et quelques- » uns ne feignirent point de dire » qu'il était injurieux au concile, » qu'un officier de la cour de Rome » procédât par censures contre un » évêque qui assistait au concile. » Qu'après un tel excès, le monde » aurait bien raison de dire que le » concile n'était pas libre. Que pour » leur honneur, il fallait citer l'audi- » teur à Trente, ou du moins faire » contre lui quelque démonstration » de ressentiment qui mît à couvert » la dignité du concile. D'autres se » mirent à parler contre les pen- » sions, disant qu'il était bien juste » que les églises riches soulageassent » les églises pauvres, mais par cha- » rité, et non par contrainte, ni » jusqu'à s'ôter le nécessaire : et que » saint Paul l'enseignait ainsi (*2). » Qu'il était injuste que les évêques » pauvres fussent forcés par censures » à retrancher de leur nécessaire » pour en accommoder les riches ; et

» que cet abus méritait bien que le » concile y pourvût, en rétablissant » l'ancien usage. Mais les légats con- » sidérant où pourraient aboutir de » si justes plaintes, y mirent fin » en promettant qu'ils écriraient à » Rome, pour faire cesser les procé- » dures contre l'évêque, et lui faire » donner de quoi pouvoir subsister » au concile (13). » Palavicin assure (14) que les actes de cette congréga- tion ne disent rien de ces plaintes, ou de ces réflexions de prélats, et il ajoute qu'elles eussent été mal fon- dées, puisqu'il serait très-injuste de prétendre à la dispense de payer ses dettes, sous ombre que l'on assiste à un concile. Il ne nie point que Musso, cité devant l'auditeur, n'ait représenté modestement aux légats ses nécessi- tés, et ne leur ait demandé leur as- sistance. Il l'obtint. Ils le recomman- dèrent au pape, qui, pour cette fois, voulut bien le soulager par un pré- sent de cent écus d'or.

On remarque (15) que cet évêque soutint fortement que l'Écriture et les traditions méritent le même res- pect ; mais qu'enfin il se relâcha, et qu'il proposa qu'au lieu de *respect égal*, on dît *un respect semblable* : sa proposition fut rejetée ; Palavicin blâme ce relâchement. *Ben' è di ma- raviglia*, dit-il, *che il Musso haven- do per se la bontà della causa, la forza della ragione, e 'l numero de' seguaci si ritirasse nella vegnente congregazione, dalla sentenza felice- mente difesa ; e proponesse che in luogo d'uguale, si ponesse, simi- gliante : Il che non sortì approvazio- ne.* Ce prélat fut plus orthodoxe sur le chapitre de la résidence ; car il as- sura par bien des raisons qu'elle était de droit divin (16). Il mit en pratique ce dogme passablement bien : *Finito ultimamente, e chiuso il sacro conci- lio, e desiderando esso monsignore di ritornar alla sua chiesa, far la re- sidenza, e mettere in observanza il sacro concilio, anzi quello ch' egli haveva sempre predicato al mondo, mantenuto nel medesimo sacro conci-*

(12) Palavicin, Istor. del Concilio, *lib. V, cap. XVIII.*

(*1) *De six cents écus que valait son évêché, il en devait deux vents de pension.*

(*2) Vestra abundantia illorum inopiam suppleat. 2 Cor. 8. Unusquisque prout destinavit in corde suo, non ex tristitiâ, aut ex necessitate. Hilarem enim datorem diligit Deus. 2 Cor. 9.

(13) Fra-Paolo, Hist. du Concile de Trente, *liv. II, pag.* 140, 141. *Je me sers de la traduc- tion d'Amelot de la Houssaie.*

(14) Palavic., *lib. VI, cap. XIII, num.* 4, *pag. m.* 636.

(15) *Idem, ibidem, cap. XIV, num.* 3, *p.* 639.

(16) *Idem, lib. VII, cap. VI, num.* 7. *p.* 709.

lio , e persuaso à sua beatitudine in materia della residenza , con dire spesso, ubi oves , ibi pastor : ibi pastor ubi oves . . . . chiese licenza à sua beatitudine, e l' hebbe, così partì per Bitonto (17). Ses éclaircissemens sur la doctrine de la Justification furent applaudis dans le concile (18) : il rejeta les hypothèses rigides quant au dogme de la prédestination (19), et il fit l'apologie de la cour de Rome contre ceux qui attribuaient aux papes les abus des élections des évêques, et ceux de la pluralité des bénéfices (20). En un mot, il fut regardé comme le bras droit du concile (21). Lui et l'archevêque de Matéra furent ceux à qui les dépêches des légats donnèrent le plus de louanges(22).

Voici un passage qui contient un péché de commission et un péché d'omission. *Inde Bertinori , mox Bitonti antistes electus : Germaniam ad suadendum Ferdinando imperatori concilium transmissus ; ad id porrò Tridenti illâ totius orbis celebritate initum Julii tertii , mox Pii quarti pontificum nutu bis profectus, disputatoris, arbitri , examinatoris susceptam acriter provinciam exercuit (23).* Musso fut envoyé au concile par Paul III , et n'y fut point envoyé par Pie IV. On n'a point donc dit ce qu'il fallait dire ; et l'on a dit ce qu'il ne fallait pas dire. Si vous voulez une autre faute, vous n'avez qu'à considérer que l'on suppose qu'il fut envoyé en Allemagne avant que Jules III le députât au concile. Fausseté palpable ; car ce fut Pie IV qui l'envoya à la cour de Ferdinand.

(E) *On loue extrêmement sa chasteté, sa sobriété.*] On prétend qu'il mourut vierge. *Poscia egli visse castissimo , e continentissimo in tutto il tempo suo , e si tiene che di quella integrità virginale, che nacque, si morisse ancora, poiche non si scorse mai in esso nè detto, nè fatto men ch' onesto in tutta la vita sua, di che n' hanno fatto fede quelli che*

l' hanno servita dalla gioventù sino alla sua morte. Nel mangiare , e nel bere fu molto sobrio , poiche bevea più acqua che vino , e di una ò di due sorte sole di cibi , e quelli semplici , si contentava (24).

(F) . . . . *Son oubli des injures.*] Il fut exposé aux persécutions et aux calomnies de ses envieux, et il n'en eut point de ressentiment. *Come anco patientissimo , e modestissimo in sopportar le persecutioni e le calumnie de' suoi emuli ed adversarii che gli erano fatte , rendendo à ciascuno sempre bene per male , e pregando il Signore che a loro perdonasse (25).* Ses calomniateurs qui tâchèrent de l'opprimer n'y réussirent point ; car au contraire toute la confusion tomba sur eux (26) : mais ils ne laissèrent pas d'arrêter le cours de sa fortune ; ils empêchèrent qu'il ne parvînt aux dignités (*) qu'il avait lieu de se promettre (27). Si l'on savait le détail de tous ces procès, l'on connaîtrait mieux jusqu'où il faut s'étonner de ce qu'un tel homme n'a obtenu pour récompense de tant de travaux que l'évêché de Bitonte.

(G) *Il composa plusieurs ouvrages dont quelques - uns ont paru.*] Son Traité de *Visitatione* et de *modo visitandi* , fut imprimé sous le titre de *Synodus Bitontina.* L'auteur qui m'apprend cela ajoute que les trois livres *de Deo et de divinâ Historiâ* seraient bientôt imprimés (28). Je trouve dans le Ghilini (29) que l'on a cinq livres de Cornélio Musso *de Historiâ divinâ.* Mais les principaux ouvrages de ce prélat sont ses Sermons. On en publia plusieurs volumes après sa mort. *Scrisse molti volumi di Prediche , chiamati quadragesimali , oltre quelle stravaganti che vanno fuori di diverse materie e soggetti* (30). On voit à la tête du

(17) Giuseppe Musso, Vita di Corn. Musso.
(18) Palavic., Ist. del Concilio, lib. *VIII*, cap. *IV*, num. 14.
(19) Fra-Paolo, liv. *II*, pag. 195.
(20) Là même , pag. 231 232.
(21) Palavicin, Isor. del Concilio, lib. *VIII*, cap. *VII*, num. 4, pag. 780.
(22) Idem, ibidem.
(23) Imperialis, in Musæo historico, pag. 68.

(24) Giuseppe Musso, Vita di Corn. Musso.
(25) Idem, ibidem.
(26) Voyez le Ghilini , Teatro, part. I, p. 39.
(*) Nommément à celle de cardinal, refusée à l'évêque de Bitonte par le pape, à qui on dit à l'oreille que cet évêque était bâtard. Voyez les Notes sur la Confession de Sanci, édit. de 1699, pag. 431. REM. CRIT.
(27) Communi litteratorum fato livoris tetros expertus aculeos destinata sibi honorum fastigia non attigit. Imperialis , in Musæo historico, pag. 68.
(28) Giuseppe Musso , Vita di Corn. Musso.
(29) Ghilini, Teatro, part. I, pag. 40.
(30) Giuseppe Musso, Vita di Corn. Musso.

premier volume un discours de Bernardin Tomitano, touchant les beautés, la méthode, et le caractère des Sermons de notre Cornélio. Les *Prediche quadragesimali* furent dédiées au cardinal Farnèse, l'an 1586, par Giuseppe Musso. Vous pouvez voir dans Moréri, que Gabriel Chapuis publia une traduction française des Sermons de ce prélat, l'an 1584.

MUSTAPHA, empereur des Turcs, succéda à son frère Achmet, mort le 15 de novembre 1617 (a). On connut bientôt qu'on s'était trompé en le croyant plus capable de régner qu'Osman, fils d'Achmet; c'est pourquoi on le déposa au bout de deux mois, et l'on établit Osman sur le trône de son père. Nous verrons ailleurs (b) comment Mustapha fut rétabli, et puis encore déposé.

(a) *Mercure français, tom. V, à l'an* 1617, *pag. m.* 185.
(b) *Dans l'article* OSMAN, *tom. XI.*

MUSURUS (MARC), natif de Candie, se distingua parmi les hommes doctes qui parurent en Italie vers le commencement du XVIᵉ siècle. Il enseigna les lettres grecques dans l'université de Padoue avec beaucoup de réputation, et avec tant d'attachemen aux fonctions de cette charge, qu'à peine laissait-il passer quatre jours toutes les années sans faire des leçons publiques (a). Il les faisait ordinairement à sept heures du matin. Il entendait admirablement la langue latine; ce que l'on n'avait guère remarqué dans aucun Grec transplanté en Occident (b), et il étudiait avec ardeur la philosophie. Voilà ce que dit de lui un homme qui le connaissait personnellement (A). Quelques-uns disent

(a) Erasm. epist. V. *liA. XXIII*, p. 1209.
(b) *Idem, ibid.*

que le désir de s'avancer l'obligea d'aller à Rome (B), pour faire sa cour à Léon X. Ce ne fut pas inutilement, vu qu'il obtint de ce pape l'archevêché de Malvazia dans la Morée : mais à peine avait-il été orné de ce beau titre, qu'il mourut à Rome, pendant l'automne de l'an 1517 (c). Ce fut d'hydropisie, si nous en croyons Paul Jove (d), qui ajoute que le chagrin de n'avoir pas été élevé au cardinalat le fit tomber dans une extrême langueur. On ajoute qu'il était bon poëte, et que l'éloge de Platon, qu'il composa en vers grecs, et qui fut mis à la tête des œuvres de ce philosophe, fut reçu avec de grands applaudissemens, et considéré comme une pièce qui allait de pair avec les meilleures de l'antiquité. Le même Paul Jove prétend que la ligue qui fit la guerre aux Vénitiens, obligea Musurus à quitter sa profession, et à se tenir dans le repos du cabinet. Ce n'est pas narrer les choses exactement (e). M. Varillas a fait un article tout-à-fait joli de notre Musurus (f); mais jusqu'à ce qu'on me produise de bonnes preuves de son narré, il me semblera que presque tous les embellissemens en sont romanesques (C). Nous ferons quelques réflexions sur son récit (D), et sur l'abrégé qu'on en donne dans le Supplément de Moréri (E). Musurus n'a pas été oublié dans la liste des savans malheureux (F); mais

(c) Paulus Bombasius, epist. ad Erasmum, XXIII, *lib. II, inter Erasmianas.*
(d) *In Elogiis, cap. XXX.*
(e) *Voyez la remarque* (B).
(f) Anecdotes de Florence, *pag.* 180, 181, 182.

il y est représenté comme un homme si éloigné de l'ambition, que les dignités lui paraissaient un fardeau insupportable. Nous voilà bien éloignés des auteurs qui parlent de lui. Il ne publia qu'un petit nombre de vers grecs, et quelques préfaces en prose (G). Le public lui est redevable de la première édition d'Aristophane et d'Athénée (H). Nous rapporterons le jugement qu'Érasme faisait de lui (I). André Schottus n'a point dû lui attribuer le grand *Etymologicum* (K). Le sieur Paul Fréher a commis une lourde faute (L).

(A) *Un homme qui le connaissait personnellement.*] C'est d'Érasme que je veux parler. Je m'assure que plusieurs trouveront ici avec plaisir ce qu'il raconte de Musurus. *Patavii neminem vidi celebrem, mortuos tantùm commemoro, præter* Raphaëlem Regium *hominem admodùm natu grandem,*

. . . . *Sed cruda viro viridisque senectus.*

Erat tùm, ut opinor, non minor annis septuaginta, et tamen nulla fuit hyems tam aspera quin ille manè horâ septimâ adiret M. Musurum *græcè profitentem, qui toto anno vix quatuor intermittebat dies quin publicè profiteretur. Juvenes hyemis rigorem ferre non poterant, illum senem nec pudor nec hyems abigebat ab auditorio.* Musurus *autem antè senectutem periit, posteaquàm ex benignitate* Leonis *cœperat esse archiepiscopus, vir natione* Græcus, *nimirùm* Cretensis, *sed latinæ linguæ usquè ad miraculum doctus, quod vix ulli* Græco *contigit præter* Theodorum Gazam, *et* Johannem Lascarem *qui adhuc in vivis est. Deindè totius philosophiæ non tantùm studiosissimus, vir summis rebus natus, si licuisset superesse* (1). La lettre d'où j'ai tiré ces paroles fut écrite l'an 1524. Érasme y dit quelque chose du père de Marc Musurus, bon vieillard qui ne savait que sa langue maternelle (2).

(1) Erasm., epist. V, *lib.* XXIII, *p.* 1209.
(2) *Quodam die eum domi ipsius cænaturus*

C'est quelque chose de considérable, et de bien glorieux au professeur grec, que cette assiduité avec laquelle un savant homme, tel que Raphaël Régius, fréquentait toutes ses leçons à l'âge de soixante et dix ans. Si tous les éloges que Musurus a reçus de Cœlius Rhodiginus, dans une épître dédicatoire (3) sont véritables, on aurait tort de lui refuser le titre de grand personnage.

Je m'en vais citer un auteur qui lui attribue une très - grande lecture, beaucoup de mémoire, une extrême pénétration, une clarté admirable, et une tendresse merveilleuse pour son père. *Nihil erat tam reconditum, quod non aperiret, nec tam involutum quod non expediret Musurus, verè Musarum custos et antistes. Omnia legerat, excusserat omnia. Schemata loquutionum, fabulas, historias, ritus veteres ad unguem callebat. Hanc tam consummatam eruditionem etiam insignis pietas commendabat, dùm patrem græculum jam grandævum amanter sedulòque foveret* (4).

(B) *Le désir de s'avancer l'obligea d'aller à Rome.* Selon Paul Jove (5), ce fut la guerre qui le contraignit à quitter sa profession de Padoue, lorsqu'il se forma une ligue formidable contre la république de Venise (6). Il faudrait donc qu'il fût sorti de Padoue l'an 1509. Paul Jove veut que depuis cette retraite, Musurus se soit tenu en repos dans son cabinet, jusques à ce qu'il alla à Rome, où Léon X attirait par des récompenses les plus célèbres génies. Mais, comme je vois dans une lettre qui fut écrite à Érasme, l'an 1518, que le sénat de Venise venait de faire savoir au public qu'au bout de deux mois on élirait un professeur des lettres grecques, pour succéder à Marc Musurus (7),

essem et adesset pater seniculus, qui nihil nisi græcè sciebat. Idem, *ibidem.*
(3) *A la tête du* XIV*e. livre des* Antiques Leçons.
(4) Beat. Rhenan., *in* Vitâ Erasmi, *pag. m.* 33, 34.
(5) Jovius, *in* Elogiis, *cap.* XXX.
(6) *Sævâ conjuratione externarum gentium afflictis bello Venetis indè exturbatus.* Idem, ibid.
(7) *Scias in senatu Veneto sancitum esse, atque etiam præconio publicatum, eligendum esse successorem Marco Musuro, qui publicè Græcas litteras auditores doceat, stipendiumque centenorum aureorum decretum.* Epist. Erasm. XXVIII, *lib.* X, *pag.* 530.

je suis fort tenté de rejeter ce que dit Paul Jove ; car je ne trouve nullement vraisemblable que depuis qu'en 1509, les Vénitiens eurent repoussé l'empereur Maximilien qui avait assiégé Padoue, et que leurs affaires se rétablirent assez avantageusement, ils n'aient songé à remplir la profession de la langue grecque qu'en 1518. Mais voici des paroles d'Alde Manuce, qui nous apprennent que Paul Jove n'a point parlé exactement. Elles témoignent que Musurus faisait des leçons dans Venise sur les anciens auteurs grecs, lorsqu'il fut attiré par Léon X. *Hæc autem à nobis præstari tibi potuerunt suasore adjutoreque M. Musuro , quem nuper heroicarum litterarum decus Venetiis propagantem Græcicæ priscis autoribus partim illustri juventuti enarrandis non sinè laude , partim emendatione castigationeque in pristinum nitorem quoad ejus fieri poterat , restituendis , Leo X , Pont. Opt. Max. sponte suâ nihil tale cogitantem admirabili consensu sacrosanctorum cardinalium in archiepiscopalem dignitatem evexit* (8). Alde Manuce reconnaît là les secours qu'il avait reçus de Musurus pour l'édition de Pausanias. Disons en passant, qu'on voit à la tête de cette édition une lettre grecque de Musurus à Jean Lascaris, de laquelle M. Perrault se peut prévaloir ; car elle réfute ceux qui n'admirent que l'antiquité.

Pour rectifier la narration de Paul Jove, l'on doit supposer que Marc Musurus en quittant Padoue se retira à Venise, et qu'il y fit des leçons jusques au temps qu'il alla à Rome. Il faut dire aussi que le successeur que le sénat de Venise lui voulait donner l'an 1518, devait remplir non la chaire de Padoue, mais celle de Venise. Nous verrons ci-dessous (9) dans un passage de Piérius Valérianus, que Musurus enseigna premièrement à Padoue, et puis à Venise. Il enseignait à Venise en 1513 et en 1514 comme nous l'apprend Manuce dans l'épître dédicatoire de son Athénée.

(C) *Tous les embellissemens du récit de Varillas sont romanesques.*] Il nous apprend que Musurus s'était déjà signalé en Candie par sa critique

sur les auteurs grecs, lorsque la république de Venise lui donna une chaire à Padoue ; *que le nombre de ses auditeurs y fut si grand , qu'il fallut agrandir l'école publique , et permettre à Musurus d'enseigner la grammaire le matin, et la poésie le soir, pour satisfaire ceux qui voulaient l'entendre expliquer ces deux arts libéraux ; qu'il continua de professer jusqu'à ce que la guerre déserta son auditoire, et l'obligea lui-même de penser à sa sûreté; qu'il se retira à Rome, où il composa un poëme* (10) *qui fut trouvé trop admirable pour lui être attribué; qu'on aima mieux donc le soupçonner de l'avoir trouvé dans un ancien manuscrit, et publié sous son nom ; que cette défiance était fondée sur ce qu'il n'était pas possible qu'un homme fît alors un ouvrage, où le caractère et les grâces qu'avait eus la poésie grecque au siècle d'Alexandre, fussent établis dans le plus haut point de leur perfection; que Musurus aida de son côté à confirmer cette pensée , car il ne voulut plus rien composer de cette nature , de peur de diminuer par une pièce faible ou moins achevée la haute réputation où il était parvenu tout d'un coup, et sans y penser ; qu'il se contenta de faire voir, en expliquant aux Romains les plus beaux endroits, d'Homère, d'Hésiode, de Théocrite et d'Anacréon , qu'il avait pu les imiter puisqu'il en connaissait si parfaitement le tour et la délicatesse ; et de mener une vie si réglée, que l'on vint insensiblement à cesser de le soupçonner d'injustice ; qu'il en était là quand Léon X fut élu pape; qu'il ressentit les premières gratifications de ce pontife, et qu'il fut pourvu de l'archevêché de Raguse ; qu'il se mit aussitôt à faire des brigues pour être cardinal ; qu'il quitta ses livres pour étudier l'intrigue ; qu'il s'y rendit si habile, que le pape étonné de ce changement lui en fit la guerre , et l'en railla quelquefois; qu'il ne laissa pas de continuer , et qu'il prit tant de nouvelles mesures avec ceux qu'il voyait être bien en cour , qu'ils lui donnèrent assurance d'un chapeau à la première promotion ; que le pape avait pris plaisir de les tromper, afin de se divertir mieux de ce que Musu-*

(8) Aldus Manutius, præfat. in Pausaniam.
(9) Dans la remarque (F).

(10) C'est l'Éloge de Platon.

rus ferait en suite ; que Musurus ne manqua pas d'ajuster sa maison , d'augmenter son train , ni même de préparer le remercîment qu'il prétendait faire ; que n'ayant pas été compris dans la promotion des trente-un qui furent ajoutés au sacré collège , sa vertu se trouva fort faible pour digérer l'affront qu'il pensait avoir reçu; qu'il s'en plaignit comme d'un mépris fait à toute la nation grecque en sa personne, et que pour porter son ressentiment aussi loin qu'il pouvait aller , il en fut malade de l'hydropisie dont il mourut.

(D) *Nous ferons quelques réflexions sur son récit.*] 1°. J'ai de la peine à m'imaginer que s'il avait été nécessaire d'agrandir l'école publique, pour faire place au grand nombre des auditeurs, Érasme, qui ne pouvait pas l'ignorer, n'en eût rien dit dans le passage cité ci-dessus (11) , où il rapporte à quelle heure et avec quelle exactitude Musurus faisait ses leçons ; quelle était la diligence d'un vieillard de soixante et dix ans à s'y trouver, et combien elle surpassait pendant le froid celle des jeunes étudians. 2°. J'ai déjà dit (12) que Musurus quittant Padoue, lorsqu'en 1509 les états des Vénitiens furent ravagés par l'ennemi , ne se détacha point du service de la république de Venise. J'ajoute que, selon Paul Jove, il fit le panégyrique de Platon avant que d'aller à Rome. D'où est-ce que M. Varillas a pris que ce poëme fut composé dans Rome même. 3°. Si ce poëme n'est que l'une des épigrammes qu'on a imprimées à la tête des OEuvre de Platon , comme Vossius (13) et M. Baillet (14) l'assurent, c'est une exagération qui passe toutes les bornes de la bonne rhétorique, que de dire tout ce que M. Varillas en dit. Il eût mieux fait de traduire littéralement Paul Jove : c'est un auteur qui n'a pas un grand besoin de paraphrase ; il est lui-même le paraphraste de ses pensées , tant il aime à les étendre sur un grand nombre de paroles étudiées. Or voici

ce qu'il a dit de cet éloge de Platon : *Extat id poëma , et in limine operum Platonis legitur, commendatione publicâ cum antiquis elegantiâ comparandum* (15). Mais encore un coup, si ce poëme n'est qu'une épigramme, qu'y a-t-il de plus puérile que de remarquer avec Paul Jove, que la guerre ne réduisit point Musurus à un tel repos , qu'il ne fît des vers à la louange de Platon (16) ? N'est-ce pas bien faire voir qu'un professeur, que l'on a contraint de renoncer à sa charge, ne s'est point plongé dans une absolue oisiveté , que de dire qu'il a fait une épigramme ? Je ne veux point dissimuler ce que Vossius débite, qu'on croit que ce fut principalement à cause de cette épigramme que Léon X éleva Musurus à l'archiépiscopat (17). Considérez l'exhortation que je ferai ci-dessous (18). 4°. C'est un misérable moyen de persuader son innocence , à l'égard du larcin d'une pensée , que de mener une bonne vie : on n'a jamais remarqué qu'un écrivain plagiaire ait été moins dans l'ordre par rapport aux bonnes mœurs, que ceux qui citent , et qui ne se parent point des plumes d'autrui. C'est sans doute un défaut moral, et un vrai péché que le plagiat des auteurs ; mais c'est un péché de telle nature, qu'il ne règne ni plus ni moins dans un homme voluptueux et débauché, que dans un homme chaste et sobre. 5°. Musurus n'obtint la mitre qu'en 1517 : il n'est donc pas vrai qu'il ait ressenti les premières gratifications de Léon X , qui fut créé pape l'an 1513. 6°. Il ne fut point pourvu de l'archevêché de Raguse , mais de celui de Malvasia dans la Morée. *Archiepiscopus Epidaurensis* dans Paul Jove , ne signifie ni Raguse la vieille, ni Raguse la nouvelle; c'est la même prélature que d'autres nomment *Monembasiensis.* Aussi voyons-nous qu'un ami d'Érasme (19)

(11) *Dans la remarque* (A), *citation* (1).
(12) *Dans la remarque* (B).
(13) Vossius, de Poët. græc., pag. 84.
(14) Jugemens sur les Poëtes, num. 1248. Il n'y a rien de Musurus dans l'édition de Platon de Francfort, 1602, traduit par Ficin ; ni dans celle de 1578 , de Henri Étienne , traduit par de Serres.

(15) Jovius, Elogior., cap. XXX.
(16) Indè exturbatus ita tranquillum otium quæsivit, ut græco carmine divi Platonis laudes decantaret. Idem, ibidem.
(17) Vossius, de Poëtis græcis, p. 84. Konig en rapportant cela, met par abus Léon XI pour Léon X.
(18) *Dans la remarque* (G).
(19) Paul Bombasius. Sa lettre, parmi celles d'Érasme , est la XXIII°. du II°. livre , et datée du 6 décembre 1517.

lui écrivant la mort de Musurus, se sert de ces paroles : *Marcus Musurus qui paulò antè* (20) *Monovasiensis archiepiscopus esse cœperat, hoc autumno Romæ agens in communem abiit locum.* Lorenzo Crasso (21), qui n'a presque rien su touchant Musurus que ce qu'il en avait lu dans Paul Jove, a pris *archiepiscopus Epidaurensis,* pour *archevêque de Raguse:* bien d'autres y ont été attrapés comme lui. 7°. Il y eut si peu de temps entre la nomination de Musurus à l'archevêché de Malvasia, et la promotion des trente et un cardinaux, que tout ce que M. Varillas lui fait faire dans cet intervalle, toutes ces brigues, toutes ces mesures pour parvenir au cardinalat, ne peuvent être qu'un pur roman. Au reste, Musurus n'aurait pas été le dernier qui se serait plaint du peu d'égard qu'on avait à Rome pour la nation grecque, quand on faisait une promotion de cardinaux. Nous avons vu (22) qu'Arsénius fit cette plainte à Paul III. 8°. Le passage que je cite (23) convainc M. Varillas d'avoir mal représenté la plainte que faisait Musurus. Je tombe d'accord qu'un historien peut représenter les gens selon ce qu'ils pensent, encore qu'ils ne le disent pas : mais cela demande deux conditions; l'une, qu'il soit manifeste, ou tout-à-fait vraisemblable qu'ils le pensent une telle chose; l'autre, que l'on avertisse qu'ils ne disent pas cette chose, mais qu'ils font assez connaître qu'ils la pensent. M. Varillas n'a point observé la dernière de ces conditions : il représente Musurus, non pas comme se plaignant au fond de l'âme, mais comme se plaignant de vive voix, et en propres termes, que la nation grecque avait été méprisée en sa personne. Ce n'est point ainsi qu'il se plaignait : il se contentait de dire que d'avoir créé dans un seul jour plus de trente cardinaux, sans y avoir compris au-

cun Grec, était un affront à la nation. Il n'y a rien là selon les paroles qui concerne la personne de Musurus ; les expressions peuvent recevoir ce sens, que si quelque Grec avait eu part à la promotion, Musurus n'eût pas fait de plaintes de ce qu'on l'aurait oublié. On voit bien, me dira-t-on, quelle est sa pensée. Je l'avoue : il fallait donc dire qu'il pensait cela, et non pas qu'il le disait.

(E)... *Et sur l'abrégé qu'on en donne dans le Supplément de Moréri.*] Je n'ai rien à dire là-dessus, si ce n'est que l'auteur du Supplément n'a rectifié en quoi que ce soit les Anecdotes de M. Varillas.

(F) *Il n'a pas été oublié dans la liste des savans malheureux.*] Voici les paroles de Piérius Valérianus : *Neque Marci Musuri sortem quisquam lætam dixerit, qui licet et Patavii, et Venetiis apud nobilitatem vestram summâ omnium commendatione, et gratiâ complures annos græcas litteras docuisset, et doctrinæ nomine ab Leone Decimo pontifice Maximo duplici flaminis honore decoratus, à Julio ejus pontificis fratre tunc cardinali sacerdote, qui nunc est summus pontifex, in amicitiam susceptus magnâ omnium dilectione coleretur, nescio quâ tamen animi mœstitiâ clàm exulceratus, ut qui non modò non dignitatem ullam, aut beneficii commodum in eo vitæ colore duceret, qui hominum opinione judicatur amplissimus, sed sibi summâ in libertate versari solito summam etiam deformitatem, et miseriam arbitraretur, in occultum ex eâ curâ incidit morbum, cujus nulli medicorum causâ cognitâ, interque tacitas anxietates, miserrimasque fortunæ suæ deplorationes diutissimè vexatus expiravit* (24).

(G) *Il ne publia qu'un petit nombre de vers grecs, et quelques préfaces en prose.*] Ces paroles de Gesner me paraissent considérables : *Marcus Musurus Cretensis scripsit epigrammata aliquot, præcipuè in Græcos libros per Nicolaum Blastum Venetiis impressos circà annum* 1500, *quibus ipse opinor corrigendis præfuit : item præfationes aliquas prosâ, ut in etymologicon græcum, etc.* (25).

(20) Paul Jove *dit dans le même sens :* Vix ostentatis mitræ insignibus expirârit.
(21) Istor. de Poëti græci.
(22) *Tom. II, pag.* 443, *citation* (1) *de l'article* Arsénius, Arch. de Monembasiâ.
(23) *Quùm sæpè quærreretur græci generis neminem ipsum probro gentis lectum fuisse, quandò princeps in donandâ purpurâ maximè liberalis, uno comitiali die supra triginta nationum omnium delecta capita galero purpureo perovndisset.* Jovius, Elog., *cap.* XXX.

(24) Pier. Val., de Litt. infelicit., *lib. I, p.* 11
(25) Gesner., *in* Biblioth., *folio* 495 *verso.*

C'est pour deux raisons qu'elles me paraissent considérables ; car elles me donnent lieu d'exhorter ceux qui ont à leur portée les bibliothéques nécessaires, de vérifier en 1er. lieu si l'épigramme pour Platon se rencontre parmi les autres que Musurus publia vers l'an 1500 ; en 2e. lieu, s'il a été correcteur d'imprimerie à Venise, chez Blastus, comme l'a cru Gesner. On se pourrait bien moquer de Paul Jove, et de plusieurs autres, si cette épigramme avait précédé la fameuse ligue de Cambrai contre la république de Venise.

J'avais espéré que l'exhortation, que l'on vient de lire, me procurerait tous les éclaircissemens dont j'avais besoin : cependant personne n'a eu la bonté de venir à mon secours ; mais j'ai trouvé quelque chose dans le livre de M. Chevillier. J'y ai vu que notre Musurus a été effectivement correcteur d'imprimerie (26), et que *ce fut lui qui corrigea le grand* Etymologicon *qui fut imprimé à Venise, in-fol., l'année* 1499, *par Zacharie Calliergus aux dépens de Nicolas Blastus* (27). « J'y ai vu aussi
» qu'*Alde Manuce, avec qui il tra-*
» *vaillait à corriger les manuscrits*
» *grecs, et renvoyait les feuilles des*
» *impressions, fit son éloge en ces*
» *termes sur le* Platon *grec de* 1513:
» *Musurus Cretensis, magno vir ju-*
» *dicio, magnâ doctrinâ, qui hos*
» *Platonis libros accuratè recogno-*
» *vit, cum antiquissimis conferens*
» *exemplaribus, ut unâ mecum,*
» *quod semper facit, multum adju-*
» *menti afferret et Græcis et nostris*
» *hominibus.* » J'étais encore dans l'ignorance à l'égard du poëme où Musurus a fait l'éloge de Platon, et j'en ai été tiré par le bon office de M. de Villemandi (28), qui a pris la peine de consulter l'exemplaire de la bibliothéque de Leyde. Il m'a écrit que le Platon imprimé à Venise, *in œdibus Aldi et Andreæ Soceri*, l'an 1513, contient après l'épître dédicatoire (29), un poëme grec de deux

cents vers hexamètres et pentamètres, qui remplit quatre pages, et qui est de la façon de Musurus ; et un éloge de Platon. Nous pouvons conclure de-là que Vossius n'a point dû le qualifier une épigramme ; mais il est pourtant certain que Paul Jove en a tiré une preuve ridicule, que l'auteur n'avait pas été un fainéant depuis sa sortie de Padoue. Philippe Munckérus fit imprimer à Amsterdam, en 1681, ce poëme de Musurus, *cum versione latinâ et elegantissimâ Zenobii Acciaioli metaphrasi poëticâ.* Cela fait 40 pag. in-4°.

(H) *Le public lui est redevable de la première édition... d'Athénée.*] Nous avons dit en son lieu (30) que Casaubon trouvait fort défectueuse cette édition : néanmoins Alde Manuce, qui l'imprima, loue beaucoup les soins de Musurus. Voici ce qu'il dit : *Musurus noster libros hos sic accuratè recensuit collatos et cum multis exemplaribus, et cum epitome ut infinitis penè in locis eos emendaverit, carminaque quæ veluti prosa in aliis legebantur, in sua metra restituerit. Adde quòd primus et secundus liber, qui in aliis deerant, ex epitome additi sunt cum bonâ parte tertii libri : erat enim hic ista capite, quo factum est, ut iidem ferè hi existimari possint, qui erant integri, quoniam ea est materia, ut non multa subtrahi ex eis potuerint* (31).

(I) *Le jugement qu'Érasme faisait de lui.*] Voyez ce que j'ai déjà cité (32) d'une de ses lettres ; et ajoutez-y ce qui suit : *M. Musurum propius novi, virum insigniter eruditum in omni disciplinarum genere, in carmine subobscurum et affectatum : oratione prosa præter unam alteranve præfationem nihil, quod sciam, reliquit. Mirabar hominem græcum tantum scire latinè. Et hunc fortuna retraxit à Musis, dùm Leonis favore Romam accitus incipit archiepiscopus esse, fato præreptus est* (33). Ces paroles nous portent à croire que Musurus renonça à la profession des lettres, dès que Léon X lui eut fait la

---

(26) *Voyez, tom. IX, pag.* 82, *citation* (28) *de l'article* LASCARIS (Jean).

(27) Chev., Orig. de l'Impr. de Paris, *pag.* 104.

(28) *Dont il est parlé, tom. II, pag.* 439, *citation* (4) *de l'article* ABRACA, *et dans les* Nouvelles de la République des Lettres, *octob.* 1685, *art. V, et août* 1686, *art. VI.*

(29) *Adressée à Léon X.*

(30) *Tom. II, pag.* 498, *remarque* (D) *de l'article* ATHÉNÉE.

(31) Aldus, *in præfat.* Athenæi.

(32) *Ci-dessus, remarque* (A).

(33) Erasm., *in* Ciceroniano.

grâce de l'attirer à Rome : cependant il est certain qu'il fut professeur à Rome. Lisez ces vers :

Ce *mien père* (34), *Angevin, gentilhomme de race,*
L'un des premiers Français qui les muses embrasse,
D'ignorance ennemi, désireux de savoir,
Passant torrens et monts jusqu'à Rome alla voir
Musur Candiot : qu'il ouït pour apprendre
Le grec des vieux auteurs, et pour docte s'y rendre :
Où si bien travailla, que dedans quelques ans
Il se fit admirer, et des plus suffisans.

(K) *André Schottus n'a point dit lui attribuer le grand* Etymologicum.] C'est M. Ménage (35) qui a relevé cette méprise, et qui l'a réfutée en remarquant qu'Eustathius a cité cet *Etymologicum.* Cela était digne de la parenthèse que l'on va voir. *Auctor magni Etymologici quisquis tandem ille sit (Nicam esse scribit amicus noster Isaacus Vossius in Notis ad Pomponium Melam : quod an verum sit nescio : certè falsum esse scio, quod vir doctissimus Andreas Schottus, in præfatione ad proverbia Græcorum, existimabat, auctorem hujus libri esse Marcum Musurum, siquidem ab Eustathio Magnum Etymologicum laudatur) auctor, inquam, Etymologici conditorem academiæ, et academum et ecademum fuisse dictum scribit.*

(L) *Paul Fréher a commis une lourde faute.*] Non-seulement il a mis Musurus au nombre des cardinaux, mais même il s'est appuyé sur le témoignage de Paul Jove. Il ne cite que cet auteur, et il en rapporte des paroles qui prouvent visiblement que Musurus mourut de chagrin pour n'avoir pas obtenu la pourpre. *Vix degustatâ cardinalatûs dignitate Romœ exspirârit,* dit néanmoins Paul Fréhérus (36).

(34) *C'est* Antoine de Baïf, *qui parle de Lazare de Baïf, son père, dans une lettre à Charles IX : elle est au-devant de ses OEuvres, imprimées à Paris, l'an* 1573, *in-8r.*
(35) Notis ad Diog. Laërtium, *lib. III*, *num.* 7, *pag.* 141.
(36) *In* Theatro Viror. erudit., *pag.* 25.

MUTIUS (Huldric (a)), professeur à Bâle, dans le XVIe siècle, était suisse de nation (b). Il pu-

(a) *Et non pas* Henri *comme dans* Konig.
(b) *In Villario Stocken proximè episcopicellam urbem Turgoviæ Helvetiorum ut Goldastus l. 1. Bohem. p.* 14, *scribit ,natus.*

blia divers ouvrages, dont le plus considérable, si je ne me trompe, est une Histoire d'Allemagne (A). qu'il fit imprimer à Bâle, l'an 1539, in-fol. M. du Plessis Mornai en cite quelques morceaux que je mettrai ci-dessous, à cause qu'ils peuvent servir de supplément à une remarque de l'article de Grégoire VII (c).

Michaël. Hertzius, *in Biblioth. germanicâ,* num. XL.
(c) *C'est la remarque* (c).

(A) Il publia... *une Histoire d'Allemagne.... M. du Plessis Mornai en cite quelques morceaux..... qui peuvent servir de supplément à l'article de Grégoire VII.*] Elle est intitulée *de Germanorum primâ origine, moribus, institutis, legibus, et memorabilibus pace et bello gestis omnium omnium sœculorum usquè ad mensem Augusti anni trigesimi noni suprà millesimum quingentesimum, libri Chronici XXXI, ex probatioribus germanicis scriptoribus in latinam linguam tralati* (1). M. du Plessis Mornai, ayant à prouver que l'ordonnance de Grégoire VII, sur le célibat des prêtres, fut très-mal reçue en Allemagne, rapporte entre autres choses ce qui suit. « Huldricus Mu-
» tius, qui traite cette histoire au
» long, en son quinzième livre, re-
» cueillie des plus approuvez au-
» theurs de l'histoire Germanique,
» nous deduit; que l'evêque de Con-
» stance ne voulant point imposer
» cette loi, le pape Gregoire libera
» son clergé de son serment envers
» l'evêque : (*) *Cet evêque toute*
» *fois ,* dit-il, *comme plusieurs té-*
» *moignent , ennemi des prêtres for-*
» *nicateurs , bien que protecteur des*
» *mariez :* que l'archevêque de
» Maience étoit de même opinion,
» mais dissimuloit pour crainte du
» pape : que le clergé se défendoit
» par l'Evangile, par l'apôtre, par
» l'institution de Dieu ; se soumet-
» toit même au jugement de l'eglise,

(1) Gesner., *in* Biblioth., *folio* 342.
(*) P. Huldricus Mutius, *lib.* 15, *pag.* 132. *Sunt authores qui dicunt episcopum illum Constantiensem omninò infensos habuisse scortatores, patrocinatumque conjugio sacerdotum.*

» pour ne s'en départir jamais ;
» *Modò non apertè contrà domini*
» *institutionem faciat; pourveu qu'elle*
» ne déroge point apertement, à l'in-
» stitution du Seigneur. Le pape, au
» contraire, menaçoit de son excom-
» munication ; *Animabus Sathanæ*
» *traditis, corpora supplicio afficien-*
» *da, potestati sæculari traditurum ;*
» *qu'après avoir livré les ames à*
» *Sathan, il livreroit les corps au*
» *bras seculier, pour estre menez au*
» *supplice.* Poursuit ; que *quo quis-*
» *que vir melior aut sacerdos sanc-*
» *tior, hoc pluribus vehementiùs re-*
» *pugnabat ; que les plus gens de*
» *bien et les plus saincts d'entre les*
» *prestres estoient ceux qui resis-*
» *toient le plus.* Tant s'en faut, que
» les SS. ministres de l'eglise de ce
» tems-là estimassent que cette loi
» peust adjouster à leur saincteté !
» et pour venir à l'issue de ce con-
» cile (*) ; que plusieurs contesterent
» et disputerent tout haut contre la
» resolution du siege romain : quel-
» ques-uns toutefois, mais peu, soit
» qu'ils craignissent d'estre reduits à
» la faim, s'il leur falloit quitter

(*) Item, pag. 133. *Quidam audacioris spiritus
contrà sententiam Romanæ sedis, multis magnâ
voce disserebant: Nonnulli, pauci tamen, vel timentes famem, si essent sacerdotia relinquenda,
vel alioqui non amantes uxores, libenter uxores
concubinis commutantes, responderunt se ecclesiasticis constitutionibus sacro-sanctæ synodi ob-
temperaturos. Horum quidam posteà clam usi
sunt uxoribus suis, retinuêreque sic uxores et sacerdotia. Ii verò qui suas uxores non amabant,
vel cum ancillis suis, vel cum adulteris mulieribus, quas multas ipsi fecerunt, vel cum vulgari
immundâ meretricum egerunt, et quod diu
habuerunt loco uxorum. Ii autem qui contrà præsti-
tam fidem uxoribus, et adversus Dei constitutio-
nem, putabant salvâ conscientiâ, Dei præcepto de-
specto, hominum constitutionibus obsequi non licere, nihil aliud responderunt quàm sententias ex
Scripturâ, et disputando molesti apostolico legato
fuerunt, qui occluserat aures suas ad eorum argumenta. Itaque mandatum est illis, ut relictis
suis quibus præerant ecclesiis aliò se conferrent,
ne turbarent eos qui in eorum locum essent mit-
tendi. Si quis aliter faceret, excommunicationem
animæ et corporis interitum præsentissimum ex-
pectaret. Sed sacerdotum illius ecclesiæ major
pars (nescio quâ fiduciâ) obdurata, domum re-
versâ, apud plebem suam causam ex suggestu,
contra pontificem romanum egerunt, et quod diu
alius ab alio audierat de matrimonio ex Bibliâ,
singuli plebem suam docebant, refellentes opinionem domini papæ, quam odiosissimis nominibus appellabant. Hæcque prædicabant quamprimùm veniebant domum per aliquot dies, continuis
quatuor aut quinque horis ; nam sciebant illis non
diu fore locum concionandi, nisi populum para-
ret, ut novam è Româ venientem opinionem non
admitterent.*

» leurs cures ; soit que n'aimans
» gueres leurs femmes, ils desiras-
» sent les changer à des concubines ,
» respondirent qu'ils obeiroient aux
» constitutions ecclesiastiques du
» sainct concile. Desquels, dit-il ,
» aucuns se servirent depuis de leurs
» femmes secretement, et par ce
» moien retindrent et leurs femmes ,
» et leurs cures : et ceux, qui n'ai-
» moient pas leurs femmes, s'accoin-
» terent avec leurs chambrieres, ou
» bien avec d'autres femmes mariées,
» dont ils desbaucherent bon nom-
» bre , ou bien avec les putains du
» bordeau , en lieu de leurs femmes.
» Mais ceux qui ne pensoient pas
» qu'il leur fust loisible en sainc
» conscience, d'obeir aux constitu-
» tions humaines, contre la foi don-
» née à leurs femmes , contre l'insti-
» tution de Dieu , et ses comman-
» demens ; pour toute response, ame-
» nerent des passages de l'Escriture ,
» et par leurs disputes importunerent
» le legat apostolique , qui avoit
» estouppé ses aureilles à leurs argu-
» mens. Parquoi il leur fut com-
» mandé, qu'en delaissant les eglises
» qu'ils avoient en charge, ils se re-
» tirassent ailleurs, et ne troublas-
» sent point ceux qui seroient envoiez
» en leur place. Si quelcun y contre-
» venoit, qu'il fit estat d'estre excom-
» munié , et de perdre à l'instant
» corps et ame. Mais la plus grand
» part des prestres de l'eglise de ce
» diocese demeurans fermes , quand
» ils furent de retour chez eux , eurent
» la confiance de plaider leur cause
» devant leur peuple , et la debattre
» en pleine chaire contre le pontife
» romain , enseignant chacun d'eux
» à leurs paroissiens , ce qu'ils avoient
» appris les uns des autres , de l'E-
» criture saincte , touchant le ma-
» riage , et refutans l'opinion du pape,
» à laquelle ils s'donnoient des noms
» fort odieux. Et ces choses se mi-
» rent-ils à prescher si tost qu'ils
» furent de retour chez eux , pen-
» dant quelques jours , quatre ou
» cinq heures d'arrache-pied à chas-
» que fois , car ils sçavoient bien
» qu'ils n'auroient gueres long tems
» le moien de prescher , s'ils ne pre-
» paroient et disposoient de bonne
» heure le peuple , à ce qu'il ne re-
» ceust point la nouvelle opinion ve-

» nant de Rome. Tant qu'enfin, il
» fallut que les fauteurs du pape
» missent la main au sang : car, dit-
» il , (*¹) quand ils virent que les
» curez ne faisoient conte ni de leurs
» menaces , ni de leurs execrations ,
» en ayans empoigné quelques-uns
» des plus excellens , ils les mirent
» à mort, en intention d'intimider
» les autres par cet exemple. Mais ,
» dit-il , il en advint tout autrement,
» entant que (*²) ceux-là aians esté
» executez à mort, lesquels ils te-
» noient estre gens de bien , et crai-
» gnans Dieu, et defenseurs de la
» verité, ils commencerent à mepriser
» toute la puissance et authorité du
» siege romain, et en parler mal ,
» tellement qu'ils avoient pour sus-
» pect tout ce qu'ils entendoient plaire
» audit pontife : et plusieurs , mesmes
» des autres eveschez , conspiroient
» avec eux. Tant qu'enfin une si
» grande multitude non seulement en
» Allemagne , mais aussi ès Gaules ,
» se banda contre l'evesque de Rome,
» que par tout on faisoit et disoit
» impunément contre son siege. Et
» notez ce qu'il dit ; tant en Alle-
» magne , qu'en Gaule : où tout au
» rebours de l'intention du pape et
» de son concile tenu à Rome (*³),

(*¹) Et paulò post. Ubi animadverterunt Pa-
rochos nihil minùs , nihil execrationibus moveri ,
aliquos præstantiores diversæ partis captos interfecerunt, hoc exemplo alios deterrere volentes.
(*²) Et paulò post. Supplicio affectis quos ipsi
bonos , et Deum timentes viros , veritatemque de-
fendentes judicabant, inceperunt omnem potestatem et autoritatem Romanæ sedis contemnere ,
malè de eâ loqui , et quicquid pontifici romano
intelligebant placere , illis suspectum erat , con-
spirabantque multi cum eis etiam sub aliis epi-
scopatibus, donec tanta multitudo non solùm in
Germaniâ, sed etiam in Galliâ, in eam contrà
romanum pontificem sententiam adducta sit, ut
impunè ubique et facerent et dicerent, contrà sedem apostolicam Romæ, etc.
(*³) Ibidem. Sacerdotes non uxoratos observabant, deprehensos in scortatione sententiis ex Bi-
bliis et pontificum constitutionibus confutabant,
et accusabant palàm coram populo, conferre ju-
bebant scortatorem meretricis Sathanæque mem-

» ils observoient les prestres non
» mariez ; et s'ils en surprenoient
» quelques-uns en paillardise , ils les
» redarguoient par les textes de l'E-
» criture , et des constitutions des
» papes , et les accusoient publique-
» ment devant le peuple , requerans
» qu'il fist comparaison d'un pail-
» lard , entretenant une putain , et
» membre de Sathan , avec un hom-
» me vivant chastement en mariage ,
» nourrissant et instruisant ses enfans
» selon l'institution de Dieu. Bref,
» en ce temps l'eglise occidentale
» estoit fort troublée , et le ciel estoit
» meslé avec la terre. Et cette dis-
» corde fut cause que plusieurs s'a-
» joignirent à l'eglise orientale. »

Fronton du Duc, répliquant à cet
ouvrage de du Plessis , s'est contenté
de cette note générale. Nous ne faisons point d'estat de ce que du Plessis nous entasse ici tiré de l'histoire
de Hulric Mutius , lequel on sçait
avoir esté protestant de religion ,
Allemand de nation , et menteur impudent de profession , et toutesfois il
ne peut nier que l'empereur enfin ne
se mit du costé du pape : et faisant
assembler un concile à Mayence
presta main forte à la severité de la
discipline ecclesiastique , et faisant
condamner les refractaires remit en
paix l'Alemaigne , et la saincteté du
celibat de l'eglise (*) ; ce qui vient
tout au rebours de ce que du Plessis
nous vouloit faire voir icy d'un empereur (3).

brum , et maritum castè viventem , et liberos juxtà
Dei institutionem educantem. Breviter , erat magna illo tempore in ecclesiâ occidentali turbatio,
cœlum miscebatur terræ. Atque hæc discordia
fecit ut multi orientali ecclesiæ accesserint.
(*) Cæsar Româ reversus in concilio Moguntiæ
habito , eis qui sacerdotum conjugia sublata vo-
lebant, accessit, aliis qui ei opinioni resisterent
condemnatis : sic pacem in Germaniam constitu-
tam. Espencæus, de Continentiâ, lib. I, cap.
XII, ex Mutio.
(3) Fronton du Duc , Réfutation de la prétendue Vérification du sieur du Plessis, pag. 542.

FIN DU DIXIÈME VOLUME.

5837689R00338

Printed in Great Britain
by Amazon.co.uk, Ltd.,
Marston Gate.